nopces qui se faisoient en Athenes, voire le repetoit-on souuent auec grande
clameur par forme de chanson nuptia-
le, & pour signe de bon augure, ainsi
que les Romains raclamoient leur Thalasse. L'on le peignoit comme vn beau
ieune hôme couronné de diuerses fleurs,
& specialement de marjolaine, tenant en
sa main droicte vn flambeau allumé, &
en sa gauche le voile rouge ou iaune.
Cartari en ses Imag. des Dieux.

¶ *Il estoit feint fils de Bacchus & de Ve-*
nus, pour signifier que la bonne chere & les
delices de la volupté font souuent naistre
les mariages, & en ce que quelques autres le
font fils d'Vranie, ils ont voulu môstrer l'o-
rigine des mariages, qui se font premiere-
ment au Ciel, dit par les Grecs ouranos.
De ce que l'on le peignoit comme vn ieune
homme couronné de fleurs, cela monstre l'e-
stat ordinaire des mariez, qui doiuent estre
en leur fleurissante ieunesse, ou bien la ioye
& le contentement que l'on reçoit au ma-
riage. Ce flambeau allumé declare l'affectiô
ardente & reciproque qui doit estre entre
les conioicts: Et le voile marque la pudeur
& chaste honte qu'ils doiuet auoir en leurs
legitimes plaisirs; c'est pourquoy les nou-
uellement espousées s'en couuroient la teste
& le visage en signe de chasteté.

Hymette

montagne tres-renom-
mée de l'Attique, fort
remplie de fleurs odoriferantes, & pour
ce le miel qui se tiroit là pres des abeilles, y estoit fort excellent. *Pline li.* 11. *ch.*
13. L'on tiroit aussi d'icelle du marbre
fort precieux.

Hypatia

noble femme d'Alexandrie,
fille de Theon le Geome-
trien, & femme du Philosophe Isidore,
laquelle enseignoit publiquement, faisant profession de plusieurs sortes de
sciences & disciplines. *Suidas.*

Hyperborées

peuples Septen-
trionaux, ainsi
appellez, selon *Festus*, pour ce qu'ils
sont au delà du vent Borée ou du Nord,
ou plutost pource qu'ils excedent en

leur vie vn siecle humain, que les Grecs
appellent *Hyperbainein oron:* & de faict
ils viuent si long-temps, qu'ils ne meurent point que lors qu'ils se faschent de
viure; & lors les vieillards qui s'en-
nuyent en cette vie, apres auoir faict
grand chere, se vont precipiter dans la
mer. L'on tient que leur demeure est
vers les Poles du monde, où le iour est
de six mois continuels, & la nuict d'autant. L'air y est extremement temperé,
pour ce que leur contrée n'est opposée
à aucun vent fascheux: & pour ce ils
n'ont pour maisons que la couuerture
des forests, & ne viuent que de ce que
la terre apporte, y estant si fertile, qu'elle
produit deux fois l'année: Ne sçauent
que c'est de procez, de noises, ny de maladie. *Pline liu.* 4. *chap.*12. qui en dit encore d'autres particularitez, lesquelles
toutesfois semblent fabuleuses, comme
aussi *Mela & Strabon.*

Hyperides

Orateur Athenien,
Æmulateur de De-
mosthene, homme de grande authorité
ayant mesme manié les affaires publiques. L'on dit qu'ayant vn iour pris
la deffense de la courtisane Phryne, qui
estoit accusée de crime de leze-Majesté
Diuine; comme les Iuges estoient prests
de la condamner, il la fist venir deuant
eux en la place, & luy deschirant sa robbe, leur monstra son estomach à descouuert; de maniere que les Iuges, pour sa
grande beauté, l'absolurent. Ayant esté
pris & mené vers Antipater ennemy des
Atheniens, comme il fut mis à la gehe-
ne, il se tronçonna luy-mesme la langue
auec les dents, afin qu'il ne pust rien descouurir des secrets de leur ville. *Plutarq.*
en la vie des dix Orateurs.

Hyperion

fils du Ciel, & frere de
Saturne que les An-
ciens ont feint estre pere du Soleil &
de la Lune; & mesmes il est pris quelquefois pour le Soleil, chez les Poëtes.
Diodore.

¶ *Cet Hyperion a esté estimé pere du Soleil*

& de la Lune , pour auoir le premier defcouuert auec vne obferuation exacte les
mouuemens de ces deux Aftres & en auoir
donné la connoiffance aux autres.

¶ Si ce n'eft que nous vueillions entendre
par iceluy la diuine prouidence, qui a donné l'Eftre à toutes chofes, ce qui fignifie
Hyperion en Grec, qui veut dire , Celuy
qui va par deffus.

Hypermneftre l'vne des 50. fil-
les de Danaüs
Roy d'Egypte , lefquelles mariées à autant de fils de fon frere Ægypte, tuerent
tous leurs maris fors elle, qui efpargna le
fien, nommé Lyncée , qui depuis apres
tua Danaüs. Il fe voit dans Ouide vne
epiftre d'elle à Lyncée. Voy Danaüs.

Hypficratée femme tres-illuftre,
laquelle aima tant
le Roy Mithridates fon mary , qu'elle
changea fes beaux accouftremens en habits d'homme , fift tondre fes cheueux,
& apprint à picquer les cheuaux, & ainfi
l'affiftoit par tout où il alloit ; & mefmes ayant efté vaincu par Pompée, elle
le fuiuit par des lieux afpres & difficiles,
d'vne conftance & courage mafle , ne fe
laffant aucunement de feruir fa perfonne, ny mefmes de penfer fon cheual. Plut.
en la vie de Pompée. Val. le Grand liu. 4.
chap 6.

Hypfiphile fille de Thoas , &
Royne de l'Ifle de
Lemnos , laquelle feule garantit fon
pere de la mort, en ayans les femmes de
l'Ifle tué tous les hommes , pour laquelle pieté elle fut bannie, & en fuitte prife par les Corfaires , & vendüe à Lycurgue Roy de Thrace , lequel l'ayant benignement receuë, luy commit la nourriture de fon enfant , nommé Archemore.
Voy Archemore.

Hyrcanie Prouince du Royaume
de Perfe , appellée par
les Barbares Girgiam ou Corcam , felon
Niger, Mefandre & Hyrach, felon d'autres, Diargument felon Mercator. Ses
bornes font au Couchant la Medie ; au

Leuant la Margiane ; au Midy la Parthie , de laquelle elle eft feparée par le
Mont Coron ; & au Septentrion la mer
de Bachu. Cette contrée eft toute pleine, & fertile en froment, vin, miel, & autres fruicts. L'on y voit auffi force chefnes , pins & fapins , & de plufieurs fortes
de beftes fauuages & farouches , comme tigres, pantheres, leopards, & autres.
Sa Capitale fe nomme Hyrcana, Magin
en fa Geog.

Hyrcanus (qui eftoit nommé Iean)
fils de Simon , auquel il
fucceda au gouuernement, & à la Sacrificature des Iuifs , où il acquit grand
honneur : deftruifit les Samaritains &
leur Sanctuaire qu'ils auoient au Mont
Garizin depuis 200. ans. Vainquit Ptolemée fon beaufrere : Enioignit la Cir-
concifion aux Idumeens & autres fub-
iuguez : Empieta la Syrie apres la mort
d'Antiochus : Repara les murailles de
Hierufalem : Fift amitié auec les Romains. Mais depuis ayant efté abandonné par les Pharifeens , il fe rangea du cofté des Saduceens , & perfecuta les vrays
Iuifs & gens de bien. Ses geftes font
compris au 4. liure des Machabées, qui
fe void entre les Grecs, & dans Iofephe
liu. 13. des Antiquitez Iud. Il mourut
ayant gouuerné le peuple 31. an, l'an du
monde 3983. Il fut grand en Principauté, en Sacerdoce, & en don & Prophetie.
4. Machab.

Hyrcanus II. du nom, fils aif-
né d'Alexandre
Iamneus : regna fur les Iuifs apres la
mort de fa mere Salomé ; mais qui n'y
fut que trois mois, ayant efté chaffé par
fon puifné Ariftobulus maintenu des
Saduceens : auec lequel toutesfois il
s'accorda, que fe démettant de la Royauté il feroit Grand Preftre. Mais fix ans
apres s'eftant refugié vers Pompée, il
fut par luy reftably au Royaume de Iudée, où il regna feul quelque temps : toutesfois enfin il fut deliuré à Antigonus
fils de fon frere Ariftobulus II. qui luy

couppa les oreilles , afin qu'il ne fuſt plus Grand Preſtre ny Gouuerneur des Iuifs. Mais eſtant reſté ſeul en vie de la race des Aſſamonées , Herode Aſcalonite fiſt mourir apres auoir gouuerné les Iuifs 34. ans l'an du monde 4054. *Ioſephe lin.14. de ſes Antiq.Iud.*

Hyreus pauure villageois de Bœoce , pere putatif d'Orion.

Voy Orion.

Hyſtaſpes fils de Darius Roy des Perſes & d'Aſtoſſa fille de Cyrus. *Herodot. liu.7.*

Il y en eut vn autre de ce nom deuant luy , fils d'Arſamenes & pere de Darius. *Herodot. liu. 1.*

I

IA fille puiſnée d'Atlas , & ſœur de Maïa mere de Mercure. *Hom. liure 14. de l'Odyſſ.*

Iabel fils de Lamech & d'Adad ſeptieſme apres Adam , reſtablit l'exercice Paſtoral intermis par la mort d'Abel , ayant eſté auſſi inuenteur des tentes & chariots pour la cómodité des Paſteurs. *Geneſ. 4.* A eſté le premier autheur des peuples Nomades.

Iabes Cité de la Iudée, de laquelle les habitans n'ayans daigné ſe rendre en l'armée des Iſraëlites pour combattre la Tribu de Benjamin & s'aſſembler en Maſpha pour cet effect , furent tous mis au fil de l'eſpée , tant hommes, femmes,qu'enfans, fors 400. vierges qui furent reſeruées pour les hommes qui eſtoient reſtez de la Tribu de Beniamin, laquelle auoit eſté auparauant deſtruite. *Iuges chap.* 21.

Iacchus l'vn des noms de Bacchus du verbe Grec *Iacehein* , qui ſignifie crier à haute voix , ce qu'auoient de couſtume de practiquer les Bacchantes ſes Preſtreſſes,lors qu'elles celebroiét les feſtes Orgies. *Voy* Bacchantes.

Iacob, Interpr. de l'Hebrieu , *Supplantateur* ou *Athlete* (ou bié

pour ce qu'il auoit ſupplanté ſon frere en la benediction paternelle. *Geneſ.* 27. ou qu'il auoit luirté auec Dieu *Gen.*32.) fils d'Iſaac & de Rebecca , ſe battit dans le ventre de ſa mere auec ſon frere Eſaü ſon gemeau , qui luy vendit , eſtant deuenu gráð, le droict de ſa primogeniture pour vn potage de lentilles. *Gen.*25. & pour ce receut la benediction de ſon pere,& preference à Eſaü,duquel ſuy ât le courroux, il paſſa en la Meſopotanie , mais en chemin Dieu s'apparut à luy,qui luy promit vne gráde poſterité & proſperité,auquel il erigea vn autel,*ch.*27.& 28. Eſtát donc arriué vers le Libá, il le ſeruit 7. ans pour Lia,& ſept autres pour Rachel: De Lia il eut ſix fils & vne fille,*cha.*29. de Rachel vn fils nommé Ioſeph,ſans ceux qu'il eut de ſes ſeruantes Balam & Zelpha,*ch.*30. Mais s'eſtant departy de beau-pere Laban pour retourner deuers ſó pere Iſaac, Dieu luy apparut en forme d'hôme auec lequel il luitta , & lors fut appellé Iſraël pour ce qu'il auoit eſté le plus fort contre Dieu,*chap.*3e. & 32. Il fut apres pencontré de ſon frere Eſaü, lequel il appaiſa par preſens, *chap.* 33. Et comme dechef la promeſſe de la multiplicatió de ſa ſemence luy fut continuée de par Dieu, il erigea en ce lieu là vn Autel de pietre, l'oignit

l'oignit d'huyle & l'appella Bethel.
Ainſi paruint en la terre de Chanaan
auec ſes onze fils, ſes femmes & ſa fille
Dina, & vint depuis en Hebron, où il
fut vingt-deux ans auec ſon pere Iſaac
qu'il enſeuelit, chap. 35. En apres il deſcendit en Egypte auec toute ſa famille,
au nombre de 70. ou 75. Geneſ. 46. où
apres auoir adopté Manaſſes & Ephraim
enfans de Ioſeph, & auoir prophetiſé de
ſa poſterité, & ſpecialement de Ieſus-
Chriſt, il mourut l'an 17. de ſa deſcente
en Egypte, de ſon aage le 147. & du
monde 2256. ayant veſcu 50. ans auec
Sem fils de Noé. Seder-Olam chap. I.
Son corps fut porté en Chanaan au ſepulchre de ſes pere & ayeul. Geneſ. 48.
49. & 10. De ſes onze fils, & de deux
de Ioſeph ſont ſortis les treize tributs
d'Iſraël.

Iacobins, ou Freres Preſcheurs,
Ordre entre les quatre
qu'on appelle Mendians, qui a pris ſon
origine de S. Dominique Eſpagnol, lequel alla à Rome au Concile de Latran,
auec 16. ſiens Diſciples (qui ſe meſloient
tous de preſcher, & pource furent appellez Preſcheurs) pour le faire confirmer par Innocent III. & depuis encore
par Honorius III. l'an 1206. & le 6. de
l'Empire de Frederic II. Cet Ordre eſt
diuiſé en 2. ſçauoir en ceux de l'Obſer-
uance & les Conuentuels, qui a apporté de grands fruicts par tout le monde,
voire iuſques aux extremitez des Indes,
dont il y auoit eu deſia du temps de Genebrard 4143. Conuens. Palmer. Plat. &
Moriſe ch. 32. de l'Hiſt. des Relig.

Iacobites, Heretiques & Schiſmatiques ainſi appel-
lez d'vn certain Iacques Syrien (& non
de l'Apoſtre S. Iacques, comme l'eſtiment ignoramment les Centuriateurs
de Magdebourg) lequel compoſa l'vne
des douze ſectes prouenuës des erreurs
de Dioſcorus & d'Eutyches, leſquelles
ont encore grande vogue en diuerſes
contrées de l'Orient. Ils obſeruent la

Circonciſion comme les Mahometans,
& au lieu de Bapteſme cauteriſent d'vn
fer chaud les petits enfas ioües & mains,
eſtimans que c'eſt celuy du feu dont parle S. Matthieu chap. 3. Ils font encore
les meſmes marques en leurs bras en
forme de Croix. En lieu de la Confeſſion
auriculaire, ils iettent vn peu d'encens
dans vn rechaud, & ainſi eſtiment que
leurs offenſes montent en haut auec la
fumée, & qu'elles ſont ainſi effacées.
Font le ſigne de la Croix auec vn doigt
ſeulement, pour monſtrer qu'ils n'aduoüent qu'vne nature en Ieſus-Chriſt.
Communient ſous les deux eſpeces.
Reiettent les SS. Peres, & ont dauantage quelques autres erreurs recitées par
Prateole & Sanderus, & par Nicephore
liu. 18. ch. 52. & 53. Ils ont vne Chappelle
pour eux dans l'Egliſe du S. Sepulchre
en Hieruſalem. Et ſans auoir aucune demeure propre, ils ſont eſpandus par diuers endroits de l'Aſie & de l'Egypte,
voire iuſques en Nubie & Ethiopie, &
en plus de 40. Royaumes, tant en terre
ferme qu'és Iſles vers l'Orient & le Midy. Ils ont vn Patriarche ſeparé, qu'ils
appellent Iacolit. Quant à leur langage,
ils en ont vn propre & particulier, & vne
eſcriture pareillemét telle que l'Hebreu
l'eſt aux Iuifs. Touchant leurs façons de
vies & mœurs voy Theuet li. 11. ch. 18. de
ſa Coſmog. vniuerſ. & le Pere Boucher en
ſon Bouquet ſacré.

S. Iacques le Majeur, premier Martyr des Apoſtres, fut maſ-
ſacré en Hieruſalem par Herodes Agrippa, l'an de ſalut 10. & le 3. de l'Empire
de Claudius. Act. 12.

S. Iacques auſſi Apoſtre, ſurnommé frere de noſtre Sei-
gneur, le Mineur, le Iuſte, & Alphée,
fut eſtably le premier Eueſque ou Patriarche de Hieruſalem, qu'il gouuerna
30. ans, comme recite ſainct Chryſoſtome Homil. 87. ſur S. Iean. Epiphane hereſ. 29. & 78. teſmoigne qu'il portoit en
la teſte vne lame ou fueille d'or, orne-

ment de la dignité Episcopale dont peut estre ont pris origine les Mitres de nos Euesques. *Baron. ann.* 34. Enfin aagé de 96. ans, il fut precipité du haut du temple,& puis lapidé par le commandement du Pontife Ananus Saducéen, l'an de grace 63. *Iosephe li.* 20. *ch.* 8. *de ses Antiq. Iud. Egesippe l.* 5. *de son hist. Clem. Alex. liu.* 7. *de ses Hypotyposes.* Nous auons de luy vne Epistre couchée és liures Canoniques, comme aussi sa Lithurgie. ou Messe en Grec, authorisée par le Concile general de Constantinople. *Can.* 32. *& plusieurs autres.*

Iacques I. du nom Roy d'Angleterre, qui l'estoit aparauant d'Escosse , VI. du mesme nom, estant descendu en droicte ligne de Marguerite fille aisnée du Roy Henry VII. & sœur de Henry VIII. mariée à Iacques IV. Roy d'Escosse ayeule de Marie Stuard sa mere , se qualifia Roy de la Grande Bretagne, comprenant lors l'Angleterre, l'Escosse, & l'Irlande. Fit vn Edict de cessation d'armes entre les Anglois & les Espagnols : Mais reiecta la requeste des Catholiques Anglois, qui pretendoient quelque alteration en la Religion à son aduenement à la Couronne : Confirma l'alliance auec le Roy de France, par le Marquis de Rhosny : Punit quelques conspirateurs contre sa personne , mais auec grande clemence; faisant toutesfois puis apres bannir les Ecclesiastiques du Royaume , & y enjoignant vne seule forme de Religion. Cependant se descouurit quelque grande coniuration contre luy, où le P. Garnet & huict autres des principaux furent executez, dont s'ensuiuit le serment qu'il exigea des Catholiques de ses pays, que le Pape ne le pouuoit deposer, ny disposer d'aucun de ses Estats, sur l'approbation duquel il y eut de grandes contestations faictes d'vne & d'autre part entre les Catholiques mesmes. Mourut l'an 1625. apres auoir regné enuiron 22. ans. Il eut de sa femme

fille de Frederic II. Roy de Dannemarch quatre enfans , sçauoit Henry l'aisné, qui est decedé , Charles premier du nom à present regnant, qui a espousé Anne de Bourbon fille de France & sœur de nostre Roy Louys le Iuste , & Elizabeth mariée au Comte Palatin , & Marguerite. Ce Prince a esté doüé de grandes vertus, mais docte par sur tout, ayant mesmes escrit quelques liures sur les affaires d'Estat & les matieres de la Foy ; cherissant les hommes de lettres , que l'on eut peu mettre entre les plus grands Roys, s'il eust adiousté à ses tiltres grands & releuez celuy de Catholique , se rendant mediateur de la reconciliation de son Royaume à la vraye Eglise.

Iaddus Sacrificateur des Iuifs , appellé Simon le Iuste par Dauid. Abraham *en sa Cabale.* Ce fut luy qui auec vne trouppe de Sacrificateurs vint au deuant d'Alexandre le Grad auec ses ornements Pontificaux , ayant son Ephod azuré & enrichy de fin or, portant sa Mitre sur sa teste , estoffée d'vne lame d'or, où le nom de Dieu estoit engraué : mais lequel Alexandre ayant aperceu (qui neantmoins venoit pour destruire la ville de Hierusalé) descendit de cheual, se mit à genoux , & adora Dieu en la personne de son Sacrificateur, entra dans la ville auec luy , laquelle il enrichit de plusieurs presents & grands priuileges. Et comme plusieurs s'estonnoient de tel changement & de telle subjection , illeur dit que cet homme en cet habit luy estoit apparu en Macedoine, qui l'auoit encouragé de passer hardiment en Asie , & l'auoit aduerty qu'il subiugueroit les Perses. *Iosephe li.* 11. *ch.* 8. *de ses Antiq. Iudaiq.* Et c'est à l'aduenture de celuy-cy dont Alexandre parle en son Epistre qu'il escrit à sa mere, d'vn Prestre qui luy auoit reuelé que les Dieux des Gentils estoient hommes. S. *Cyprian de la vanité des Idoles.* Enfin Iaddus mourut l'an du monde 3760. ayant presidé dix ans. *Genebr.*

Iaffa ville & port notable en Syrie, (appellée autrement Ioppe par les Hiſtoires ſacrées & profanes) où deſcendent communement ceux qui vont en Hieruſalem, & en la Terre ſainɔte. Pline *liu.* 5. *ch.* 13. dit que cette ville a eſté deuant le Deluge. L'on y trafique par le moyen de la mer Mediterranée.

Iainuille ville de la Champagne, ſur les frontieres de la Lorraine, ſize ſur la riuiere de Marne, ceinte de murailles par le Roy Louys VI. diɔt le Gros ; & erigée en Principauté par Henry II. Elle eſt l'appennage ordinaire du fils puiſné de la maiſon de Guyſe.

Iair Galaadite de la lignée de Manaſſé, gouuerna Iſraël vingt-deux ans, homme heureux en lignée, & auſſi en beaucoup d'autres choſes, car il auoit 30. fils tous Cheualiers adroiɔts & des plus remarquables en toutes les villes de Galaad. Il mourut l'an du monde 2975. *Iuges* 10.

Iamaique, Iſle de l'Amerique, qu'on nomme de preſent de S. Iacques : Elle a à ſon Orient l'Eſpagnole : au Midy les Iſles de S. Bernard & Carthagene : au Nord celle de Cuba : & au Couchant la pointe de Iucatan. Sa longueur eſt de 55. lieuës, ſa largeur de 25. & ſon circuit de 150. L'air qui y eſt fort bon, fait que ſon terroir eſt fertil, & qu'elle nourrit quātité de beſtiaux. Il y a auſſi quelques mines d'or ; auſſi l'on en tire force ſucre & cotton. Ses villes ſont Seuille & Oriſtagne. Chriſtophe Colomb ſubiuga les habitans de l'Iſle & la rendit tributaire à l'Eſpagnol. *Mercat en ſon Atlas.*

Iamblichus Philoſophe Pythagoricien, natif de Chalcide en Syrie, du temps de Conſtantin le Grand, & diſciple de Porphyre, lequel il eſgala peu pres en doɔtrine, ſinon qu'il eſtoit plus rude en ſon parler ; & comme diſoit Platon de Xenocrates, la grace du diſcours defaillant en luy. Il

eſtoit ce neantmoins tellement moriginé & reglé en ſes aɔtions, qu'il eſtoit recogneu pour tel auec admiration par ceux de ſon temps. *S. Hieroſme fait de luy mention.*

Iamnes & Mambres,

deux renommez Enchanteurs de Pharaon qui par leur Magie reſiſterēt à Moyſe, & firent pluſieurs miracles deuāt luy. Iaçoit que leurs noms ne ſoient deſignez en l'Exode, ſi eſt-ce que d'iceux ſont mention l'Apoſtre en la 2. *Ep. a Timoth. ch.* 3 R. Nathan *en ſon Baal. Haruc*, & Numenius d'Apamée *au* 3. *l. du bien*, rapporté par Euſebe *en ſon li.* 9. *de la Prep. Euang.* L'on void certain liure intitulé de leurs noms, mais qui eſt mis entre les apocryphes par le Pape Gelaſe. *Sixte Siennois liu.* 2. *de ſa ſainɔte Biblioth.*

Ianicule villette ſituée en vne montagne portāt meſme nom, par delà le Tibre, ainſi appellée de Ianus ſon fondateur, comme quelques vns ont eſtimé ; ou bien pource que c'eſtoit la porte (diɔte par les Latins *Ianua*) des Romains qui alloient en la Toſcane. *Virg. liu.* 8. *de l'Æneide.*

Ianiſſaires ſont les ſoldats de la garde du Grand Turc, appellez par eux *Ianniſſarler*, leſquels ſont pour la pluſpart enfans des Chreſtiens, qu'ils enleuent par force de diuerſes Prouinces. De 40. ou 50. mille qu'ils eſtoient auparauant, ils furent reduits au nombre de 12000. par le Sultan Selim, à cauſe de la trop grande authorité qu'ils auoient, eſliſans à l'Empire qui bon leur ſembloit. Ils ſont grandement experts & façonnez au trauail, à la ſobrieté, & à l'obeyſſance ; & de fait l'on nourrira touſiours vingt de ces ſoldats au lieu de ſix de nos Europée̅s. Leurs armes ſont arcs, ſymeterres, & arquebuſes à long tuyau, dont ils ſçauent fort dextrement vſer. Ils ont leurs Dizeniers, Centeniers, & leur Capitaine general, nommé Aga, ſous lequel ils vont

tous, à pied : Ils ont par iour de 4. à 8.
aspres (qui valent dix deniers piece) l'vn
plus & l'autre moins , car mesmes on a
esgard quand ils ont des enfans en leur
augmentant leurs gages. Ils sont habillez tous les ans de gros drap perd, viuent dix ou douze ensemble & tousiours
aux champs, fors ceux qui sont mariez,
qui demeurent auec leurs femmes.
Quand ils deuiennent vieils & qu'ils ne
peuuent plus seruir à la garde, on les enuoye comme mortes payes en quelques
places du Grand Turc. *Postel en son hist.*
de la Republiq. des Turcs, & Ant. Geof-
froy en sa description de la Cour du
Grand Turc.

Ianus fut vn tres-ancien Roy de l'I-
talie, lequel ayant fort humainement receu Saturne chassé par son fils
Iupiter, apprint de luy quant & quant
la maniere de viure, changeant celle qui
auparauant estoit rude, aspre & sauua-
gé, en vne autre plus douce, honneste &
ciuile ; comme aussi il fut instruict à labourer la terre & planter toutes sortes
de fruicts ; en recompense dequoy Ianus luy donna la moitié de son Royaume ; & ainsi vescurent ensemble en si
grande paix & concorde, que les Poëtes
ont pris de là subiet de dire , que de
leur temps vn aage doré , auquel le
monde viuoit sans trouble, & sans guerre , auec abondance de toutes choses,
sans aucun trauail. Ayant donc ce Ianus ainsi faict tant de biens-faicts aux
hommes ; il fut honoré comme vn Dieu
que l'on peignoit auec deux visages. Et
comme il auoit le premier , selon Macrobe , dedié des Temples à l'honneur
des Dieux, & institué la maniere de leur
sacrifier , il fut pareillement recogneu
de ce nombre , & de telle façon que
les Romains ne sacrifioient iamais à aucun autre, qu'ils n'inuoquassent premierement Ianus ; & pource croyoient-ils
qu'il demeurast continuellement aux
portes du Ciel, pour donner entrée aux
prieres des mortels. C'est pourquoy, se-

lon le mesme Macrobe , ils le prenoient
pour le Soleil , qu'ils disoient auoir la
garde des portes du Ciel, veu que l'entrée & la sortie luy en est libre ; & pource ils firent à deux faces, monstrans
que le Soleil n'a besoin de se retourner
derriere pour voir l'vne & l'autre partie du monde , & aussi qu'il a veu les
choses passées, & verra celles qui sont
à l'aduenir. Ils luy mettoient en la main
vne baguette & vne clef, afin que par
celle-là l'on recogneust que le Soleil
gouuerne & modere le monde ; & par
l'autre, qu'il ouure le iour quand il vient
à l'illuminer , & le ferme lors que s'en
allant il nous laisse, & que la nuict nous
couure de tenebres. Et en cette façon il estoit quelquefois pris pour le
Dieu de l'an , & pour ce estoit peint
ayant en ses deux mains le nombre 365.
qui en sont les iours. *Suidas.* Et ainsi ces
deux faces designoient le temps ; dont
l'vne est ieune qui signifie le present, &
l'autre barbuë & de plus grand aage, signifiant le passé. L'on la peignoit aussi
auec quatre visages, qui demonstrent les
quatre changemens , du Printemps, de
l'Esté, de l'Automne & de l'Hyuer. Et à
Rome il y auoit son Temple, où estoient
quatre portes, comme aussi certaines ni-
ches qui contenoient des statuës repre-
sentants les mois & les quatre saisons
de l'an. Quand on commençoit la guerre l'vn des Consuls auoit de coustume
d'ouurir les portes de ce Temple, & de
les clorre aussi quand il y auoit paix vniuerselle. Ce qui fut institué par Numa,
comme recite Plutarque *en sa vie.* Son
Temple fut seulement fermé par trois
fois durant l'Empire Romain, iusques
au temps de Nostre Seigneur , sçauoir lors que Numa Pompilius regnoit ; depuis apres la premiere guerre
Punique ; & la troisiesme apres la victoire d'Auguste en la bataille d'A-
ctium.

¶ *L'on peut remarquer en ce Ianus vne*
histoire veritable d'vn Prince tres-sage &

aduisé, qui regnoit en Italie dés les premiers temps, pendāt lesquels son Royaume florissoit en grands biens, & les peuples de loy. ne s'adonnoient qu'à labourer les terres & iouyr en repos de ce qu'elles rapportoiēt: Et pour cette sienne grāde prudence & felicité, il fut estimé auoir deux visages, en ce qu'il faisoit profit des choses passées, & preuoyoit celles qui estoient à aduenir, & pource aussi fut appellé apres sa mort le Pere des Dieux; ce qui fait croire qu'ils ont pris ce Ianus pour Noé secōd fondateur du monde, & lequel il poliça, laboura la terre, & planta la vigne. Genes.9. Aussi à cause de cette inuention il fut nommé Iainus, du mot Hebrieu-Araméen Iain, qui signifie vin, (bien que d'autres le disēt yssu de Iauan fils de Iaphet.) Genes.12. Au reste ils luy donnoient pareillement vn double visage, tant pour sa singuliere prudence, comme voulans marquer qu'il auoit esté deuant & apres le Deluge vniuersel, dont ils auoient entendu parler.

Iapet *fils du Ciel, dit Titan, & de la terre, homme puissant en authorité entre les Thessaliens, mais fort altier & arrogant, plus renommé par les faits de ses enfans que des siens propres. Eut de la Nymphe Asie, Hesper, Atlas, Epimethée & Promethée.*

❡ *Les Poëtes l'ont feint pere de Promethée, qu'ils croyoiēt auoir basty l'hōme du limon de la terre: pource qu'estant certain que ce Iapet est le Iaphet fils de Noé remarqué és sainctes letres, il est à croire qu'il leur auoit laissé la doctrine de nostre premier Protoplastre Adam: C'est pourquoy ils l'auoient aussi feint fils du Ciel & de la Terre, estant le plus ancien, auec son pere Noé, apres la reparation du monde.*

Iaphet *fils aisné de Noé, fut autheur des peuples Européens & Septentrionaux. Genes 10. Iosephe liu.1.ch.6. de ses Antiq.Iud. Aussi son pere luy donna deux benedictions tres-notables; l'vne en la grande estenduë de pays que luy & les siens deuoient posseder; l'autre en la grace que Dieu leur feroit les lo-*

geant és tabernacles de Semse est à dire, les receuant en son Eglise; ce qui a esté accomply en la vocation des Gentils, lesquels principalement ont remply l'Europe, partie bien que moindre de la terre, qui a eu d'ordinaire plus d'habitans, & qui ont eu vn plus long-temps la cognoissance de la vraye Religion. Il est appellé par Hesiode & les autres Poëtes tant Grecs que Latins, Iapet pere de Promethée. Canton en ses Frag. des Orig.

Iapon *Isle appellée par les Anciens Chryse, & par Marc Paul Venitien Zipamgri, est des plus grandes des Isles Orientales; aussi est ce vn corps & amas de plusieurs Isles separées seulement par de petits golfes, destroits, & tournoyemens de mer. Mercatoreestime que c'est la Chersonese dorée de Ptolemée, dite de present Malaca (combien que d'autres disent qu'elle en est esloignée de 500. lieuës.) Ces Isles ont à leur Leuant la Nouuelle Espagne: au Nord les Scythes ou Tartares: au Couchant la Chine: & au Midy les terres incogneuës, auec vn grand bras de mer. La longueur de toute cette terre est de pres de 200. lieuës, mais sa largeur n'est au plus que de 30. & de 10. au moins. L'air de ce pays est fort sain, combien qu'il soit froid & remply de neiges: le terroir y est montueux & sterile: ils ont grande abondance de riz, dont le Roy tire tous les ans plus de 2000000. d'or, & en quelques lieux du froment qu'ils recueillent au mois de May. M. Paul Venitien, dit qu'en ce pays il se truue si grande quantité d'or, que de son temps le Palais du Roy estoit couuert de lames d'or: il y a aussi force pierreries & entr'autres de grosses perles rouges, qui surpassent en beauté les blanches. L'on y void aussi de toutes sortes d'animaux tant priuez que sauuages, comme en nostre contrée, toutesfois ils ne mangent gueres que des sauuages, & viuent ordinairemeut de riz. Il y a deux montagnes qui sont fort renommées, dont*

l'vne eſt ſi grande qu'elle ſurpaſſe les
nuées de beaucoup ; & l'autre dont
ſortent des flammes de feu. Elle contient ſoixante-ſix petites Seigneuries ou
Royaumes, leſquels ſont de preſent diuiſez en trois Principaux: Le premier
qui porte maintenant le nom du Iapon,
en côtient cinquante-trois, dont les plus
puiſſans ſont ceux de Meaco & d'Ama-
guncé: Le ſecond eſt appellé Ximo, qui
en comprend neuf, dont les principaux
ſont Bungo & Figen: Et le troiſieſme eſt
Xicoum, qui en contient quatre. Tout
le Iapon a obey autrefois à vn ſeul Prince, qui ſe nommoit Dair ; mais depuis
500. ans le Seigneur de Coquinay, qui
s'appelle Prince de la Tanze, où ſont les
cinq Royaumes d'autour de la ville de
Meaco principale ville du pays, ſe dict
ſouuerain Mõarque du Iapon: Les habitans ſont de couleur oliuaſtre, ingenieux, de bon entretien, point meſdiſans, blaſphemateurs ny larrons, au reſte fort endurcis au labeur, ambitieux,
mais diſſimulez & traiſtres, voire ſi
cruels, qu'il y en a entr'eux qui tuét leurs
enfans de peur de les nourrir. Il parlent
tous vn meſme langage, mais il eſt ſi variable & de tant de ſortes, qu'il ſemble à
bon droit qu'il ſoit diuers, car de chaque choſe il y a pluſieurs noms, deſquels
ils ſe ſeruent aux occaſions, des vns par
meſpris, des autres par honneur ; des
vns entre les Princes, des autres entre
le peuple ; des vns entre les hommes, &
des autres entre les femmes : Outre cela
ils parlent autrement qu'ils n'eſcriuent,
& de plus ils vſent de characteres tels
que chacun ſignifie certaine choſe, voire meſme pluſieurs dictions à la mode
des anciens Egyptiens, & des Chinois.
Eſcriuent du haut en bas, & non pas de
ſeneſtre à dextre, Ils ſe ſeruent de l'Imprimerie comme nous. Quand ils portent le dueil ils s'habillét de blanc. Maffée liu. 6. de ſon Hiſt. des Indes. Thenet
liu. 12. ch. 13. de ſa Coſmogr.

LES Iaponnois ont des impietez &
opinions fort eſtranges, adorent le Ciel
& les eſtoilles, quelques-vns auſſi les animaux : Nient la prouidence de Dieu &
l'immortalité des ames, ce neantmoins
les Bonzes qui ſont leurs Preſtres, donnent apprehenſion de l'Enfer au cõmun
peuple. Voy Bonzes. Ont encore quelques autres Dieux particuliers nommez
Cames, Amide, Xaque, & les Fotoques
qui ſont leurs principales Deitez. Mais
en l'année 1542. les Portugais s'en eſtans
emparez, François Xauier, Thurian, &
autres Ieſuites (qui ont maintenant des
ſeminaires à Bongo) quelques années
apres y firent vn voyage, & y ietterent les
premiers fondemens de la Religion, qui
y eſt deſia beaucoup aduancée, & s'y
portent auec vn grand zele: ſi bien que
les Roys de Bongo, de Fiungo, & quelques autres Princes de Iapon enuoyerét
l'an 1585. leurs Ambaſſadeurs vers le Pape
Gregoire XIII. pour preſter obeyſ-
ſance au S. Siege Apoſtolique. Anthoine Galuane en ſon liu. des Inuenteurs du
nouueau monde, Gotar Arthus en ſa nouuelle Hiſt. de l'Inde Orient. chap. 56. Et
les lettres qui ſont eſcrites tous les ans par
les Peres Ieſuiſtes.

Iapygie contrée de la Poüille és confins de l'Italie, qui prend la
forme d'vne Cherſoneſe, de laquelle
l'Iſthme s'eſtend depuis la ville de Tarente iuſques à celle de Brindeze. Elle fut
ainſi appellée d'vn certain Iapyx fils de
Dedale, ſelon Solin, en ſon Polyhiſtor. &
Meſſapie par les Grecs. Elle eſtoit fort
peuplée & auoit treize villes, mais il ne
s'y void de preſent que les deux villes
ſuſdites. Strab. liu. 6.

Iarbas Roy des Getules. Voy Didon.

Iarchas, certain Roy des Indiens,
grand Philoſophe, lequel
eſtant aſſis en ſon throſne Royal tout
d'or, faiſoit profeſſion d'enſeigner la ſageſſe, ce qu'il reputoit à grand honneur.
Philoſtr. en la vie d'Apollonius. Fit ſept
anneaux qui repreſentoient les ſept Pla-

nettes, mais d'vne si grande proprieté,
que les ayant donnez à Apollonius Tyaneus il vescut en les portât en pleine ieunesse plus de 100. ans. *Cœl. li. 6. ch. 12.*

Iared, interpr. de l'Hebrieu *descente*,
(ainsi appellé comme par Pro-
phetie, estant nay lors que le monde vint
au declin de la Religion & des mœurs,
introduit par Lamech & ses fils) fut fils
de Malaléel, & pere d'Enoch. Mourut
234 ans deuant le Deluge, aagé de 962.
ans. & du monde 1422. *Genes. 5.*

Iasion fis de Iupiter & d'Electre, que
la Deesse Ceres ayma de telle
façon, qu'en sa faueur elle apporta aux
nopces de sa sœur Hermione vne grande quantité de pain, & l'honora de son
lict, duquel elle eut Plutus estimé Dieu
des richesses. *Diodor. liu. 6.* Les fables
adioustent qu'il fut foudroyé de Iupiter
par ialousie.

Iason fils d'Æson Roy de Thessalie, &
de Polymede ou d'Alcimede,
lequel son pere mourant laissa en la tutelle de son frere Pelias, comme aussi son
Royaume, à la charge qu'il le rendroit à
son fils, lors qu'il seroit venu en aage :
Mais Alcimede ayant pour suspecte la
fidelité de Pelias, le donna à Chiron
pour l'instruire en la Medecine ; & lors
qu'il fut deuenu grand, il requist son oncle de luy restituer son Royaume, ce
qu'il luy accorda, pourueu qu'il fit le
voyage de la Colchide pour auoir la toison d'or de Phryxe : Estant donc accompagné de plusieurs Argonautes, il equip-
pa le nauire d'Argos, & print la route de
Colchos, & comme il estoit en chemin,
il fut receu en l'Isle de Lemnos par Hypsiphile, de laquelle s'estant enamou-
raché, il eut des enfans; puis en suitte fut
accueilly par le Roy Phinée, & ainsi paruint en Colchos, où Medée qui en estoit
deuenuë amoureuse luy donna l'industrie & le moyen de dompter les Taureaux qui iettoient du feu par la bouche,
comme aussi de tuer le Dragon gardien
du butin de la toison d'or, ensemble les
hommes armez qui nasquirent de ses
dents semées en terre ; & ainsi apres plusieurs dangers & trauaux se rendit maistre de cette exquise toison, emmenant
quant & soy sa bien aymée Medée, de
laquelle il eut puis apres deux fils. Mais
s'estant depuis attaché à l'amour de
Creuse fille de Creon Roy des Atheniens, Medée les fit brusler dans son
Palais auec sa nouuelle espouse & toute
leur suitte. Il y en a d'autres qui tiennent que Iason s'estant reconcilié auec
Medée, il remit son beau-pere Oeta qui
en auoit esté chassé par son frere, & qu'il
fit plusieurs autres exploits pour lesquels
il merita des honneurs diuins en Asie.
Ouide liu. 7. de ses Metam.

¶ *Nous voyons en ce Iason l'image d'vn
ieune Prince courageux, & doué d'vn bon
conseil, lequel piqué d'vne genereuse pointe de gloire, tasche non seulement de s'endurcir au trauail, & donner preuue de sa
valeur par l'entreprise de plusieurs perilleux desseins, mais aussi de medeciner ses
passions par vn bon conseil. C'est pourquoy le nom de ses meres, Alcimede & Polymede, comme aussi celuy de son amie
Medée emportent la signification de conseil; & dauantage il fut instruit dans l'Eschole de Chiron Grand Maistre en l'Art
de Medecine, mais specialement homme de
bien & iuste, afin de le preseruer des voluptez impures & deshonnestes : dont ainsi
muny il est feint d'auoir dompté les Taureaux vomissans le feu; & ces hommes armez qui naissoient des dents semées en terre
de ce dragon hideux : pour monstrer que par
le bon conseil, qui est la Medecine de l'ame
l'on peut vaincre la cholere, l'enuie, l'opiniastreté, & autres furieux monstres de
passions qui combattent nostre ame : aussi
fut-ce par cette mesme prudence qu'il surmonta tant de difficultez, & dangers en sa
nauigation, & qu'il conquit genereusement
la toison d'or, laquelle marque les thresors & richesses dont s'enrichissent ceux
qui font ces perilleux voyages és terres
estrangeres.*

Iason, 16. Pontife des Iuifs depuis la captiuité de Babylone, fut inftalé au Sacerdoce par Antiochus Epiphanes, qui en auoit chaffé Onias fon frere, & pour ce luy bailloit tous les ans 3660. talents. 2. *Machab.* 4. Fut le premier qui introduifit en Hierufalem les Lettres & la Religion des Grecs. Enfin il fut chaffé par fon frere Menelaüs, & mourut miferablement en Lacedemone, apres auoir gouuerné les Iuifs trois ans, enuiron l'an du monde 3911. 2. *Machab.* 5.

Iason Cyrenéen Iuif, Hiftorien tres-fidelle, qui a efcrit 5. liures de l'Hiftoire des Machabées, dont on a fait vn abregé qui eft le fecond des Machabées. *Sixt. Sienn. de fa fainte Bibl.*

Iafus Ifle de Carie, dont les habitans ne viuent que de poiffon, eftant leur terroir du tout fterile : d'icelle furent natifs le Poëte Choerile, & Diodore le Dialecticien, furnommé Cronus. *Strab. liu.* 14.

Iaua, nom de deux Ifles des Indes Orientales, fçauoir, ¶ La grande, fituée prés celle de Sumatra, en tirant vers l'Orient & le Midy, laquelle a bien 3000. lieües de tour, & de longueur 570. Elle eft fituée par delà l'Æquateur entre le 6. & 13. degré du Pole Meridional, comprenant le 3. & 4. paralelles. I. Scaliger l'appelle vn petit monde pour fa fertilité & richeffes, car elle produit en abondance toutes fortes de fruicts, & fur tout du riz. Il y a auffi quantité d'or & de bon cuiure, & des meilleures efmeraudes du monde, comme auffi de toutes fortes d'efpiceries. L'on y void vne forte d'oyfeaux femblables aux pigeons, mais fans pieds. L'on y trouue force foye dans les bofcages. Les vents y dominent de telle façon, qu'ils ne ceffent en aucune façon ny nuict, ny iour. Les infulaires qui font en partie Mores, & en partie naturels font de petite ftature, mais bien formez & larges de vifages, vont tous nuds

pour la plufpart, fors les parties honteufes. Ils font des plus ciuils de toutes les Indes Orientales, fe vantants d'eftre iffus des Chinois, auffi font ils fuperbes, menteurs & cruels : font toutesfois fort vaillans en guerre, grands Pyrates & propres à la marine : Au refte ils ne viuent que de chats, fouris & d'autres animaux immondes. Là il y a beaucoup de Roys qui font Mahometans, lefquels toutesfois obeyffent à vn Souuerain, qui eft Payen. ¶ La 2. dicte petite, eft plus Meridionale que la grande, mais en partie incogneuë. L'on tient que fon circuit eft de 2000. lieües, ayant prefque les mefmes qualitez que Iaua la Grande, & fes peuples mefmes mœurs. *Magin en fa Geogr.*

Iaxartes fleuue de la Scythie Afiatique, l'vn des plus grands fleuues d'Orient, qui fe va defgorger dans la mer Cafpie. *Strab. liu.* 11.

Iaziges, dict Metanaftes, peuples d'Europe, & ayans à l'Orient la Dace : au Couchant & au Midy vne partie de l'Allemagne; & au Nord la Sarmatie. Quelques-vns eftiment que c'eft cette contrée habitée par les peuples walachés & Hongrois, que les Allemans appellent *Sigemburgen*, & les François Tranfiluanie. *Ptolem. liu.* 3. *chap.* 23 *Strab. liu.* 7.

I B

Iberie fut appellée premierement cette contrée d'Efpagne, que nous difons de prefent Arragon (*Voy Celtiberie*) laquelle eft trauerfée par le fleuue Iberus, & laquelle puis apres les Celtes peuples Gaulois vindrent habiter, dont elle fut appellée Celtiberie, de l'vne & de l'autre nation. Ce neantmoins apres toute l'Efpagne fut appellée Iberie.

¶ Il y a vne autre contrée de ce nom prés la Colchide & l'Armenie, qui eft enuironnée des monts Caucafes, qui rapporte

rapporte force venins ; les peuples de laquelle ont donné le nom & l'origine aux Iberiens dicts depuis Espagnols. *Varron.* Bien qu'au contraire d'autres tiennent que ceux-cy ont esté autheurs des Iberiens de l'Asie.

Iberus fleuue d'Epagne appellé de present *Ebro*, qui prenant sa source de la Biscaye augmenté de plusieurs autres fleuues, & ayant couru enuiron 460. milles, se vient desgorger par deux bouches auec tant de violence dans la mer Mediterranée qu'il y garde encor sa douceur plus de 50. pas auant. *Mercat. en son Atlas.*

Ibicus certain Poëte Lyrique desbordé en toutes sortes de lasciuetez, lequel on tient que se sentant meurtrir dans vn bois par les larrons, attesta les gruës qui voloient par dessus sa teste pour estre vangeresses de sa mort : dont aduint que l'vn de ces larrons estant en vn lieu public, & voyant des gruës dist à ses compagnons: *Voyà les vangeurs de la mort d'Ibicus.* Ce qu'estant entendu par aucuns,qui le rapporterent aux Magistrats, ils furent par soupçon mis à la question où ils confesserent le faict, & pour iceluy punis à mort. *Erasme en ses Adages.*

I C

Icare fils d'Oebale & pere d'Erigone ; lequel ayant faict boire du vin que Bacchus luy auoit donné, à certains Pastres des marches d'Athenes, eux non accoustumez à tel breuuage, le tuerent & ietterent dans vn puits : mais vne petite chienne nommée Mera qu'auoit Icare, s'en retourna aussi tost, vers sa fille nommée Erigone, laquelle apres auoir prononcé force maledictions à l'encontre des meurtriers de son pere, s'alla pendre & estrangler, suiuie puis apres de cette petite chienne qui en mourut de douleur. Mais par la commiseration de Iupiter, elle fut muée au

signe de la Canicule, Icare en celuy de Bootes, & Erigone au signe du Zodiaque que nous appellons la Vierge. *Higin liu. 2. de sa Poes. Astron.*

Icare fils de Dædale, qui s'en estant fuy en Candie, & estant retenu prisonnier par Minos Roy de Candie, s'attacha, par l'instruction de son pere, sur les espaules des aisles pour tascher de s'enuoler : mais pour s'estre trop pres approché du Soleil qui luy fist fondre la cire de ses aisles, il tomba dans la mer Ægée pres de Samos qui depuis fut appellée mer Icarienne, & appellee encor de present *mar di Nicaria*, selon Castalde : comme aussi l'isle voisine qui s'appelloit auparauant *Doliche Macris & Ichthiœsa*, & de present *Nicaria* qui a en son circuit 37. milles ou enuiron. *Magin. Ouide liu 8. de ses Metam.*

Icthyophages certains peuples vagabons pres le riuage de la mer rouge, qui viuent seulement de poisson, dont ils ont pris leur nom, ils en font mesmes du pain y meslans vn peu de froment, les font cuire au Soleil & les mangent aussi ordinairement crus ; & non seulement s'en nourrissent mais aussi leurs bestiaux : bastissent leurs maisons d'ossemens de poissons, & des costes de Baleines en font des poutres & soliueaux ; & de leurs machoires des portes, & courent les toicts d'escailles. *Strab. liu. 15.*

Iconomaques ou Iconoclastes qui veut dire en Grec *Oppugnateurs* ou *Bris-images*, s'esleuerent principalement vers le 8. siecle, lesquels furent condamnez par le 7. Concile general qui est le 2. de Nicée celebré pour la manutention des sainctes Images. *Baron. ann. 723. Bellarm. liu. 3. chap. 6. des Saincts.*

I D

Ida montagne tres haute de la Phrygie, qui regarde la Troade : Abonde

Pppp

en quantité d'eaux & produit plusieurs fleuues. Ce fut sur les costes de ce mont que Paris donna sa sentence pour la pomme d'or en faueur de Venus contre les autres deux Deesses Iunon & Pallas. Cybele la grande mere des Dieux y estoit aussi adorée. *Homer. liu. 8. de l'I-liade Ouide en ses Fast.*

¶ Il y en eut vne autre de ce nom, située au milieu de l'Isle de Candie qu'vn grand nombre de villettes enuironnent en forme de Couronnes : Elle fut ainsi nommée par les Corybantes & Cure-tes, dits aussi Idéens, qui luy donnerent ce nom à cause de leur demeure ancien-ne au mont Ida de Phrygie. *Voy* Dactyles Idéens.

Idalium villette de Cypre, ainsi appellée pour ce que Chal-cenor ayant esté chargé de l'oracle qu'il bastist vne ville là où il apperceuroit le Soleil Leuant, il y eut vn de ses compa-gnons qui s'escria à luy en Grec *Eidon alion*, c'est à dire, ie voids le Soleil; & de là Chalcenor en prist bon augure, & donna à sa ville le nom d'Idalium. D'el-le le mont prochain iadis consacré à Venus fut dict Idale, d'où elle fut ap-pellée Idalienne. *Estienne.*

Idanthyrse Roy des Scythes, tresbelliqueux, qui fist des grands exploicts : Subiugua vne bonne partie de l'Asie, voire passa ius-ques en l'Egypte auec heureux succez. *Strab. liu. 15.*

Ida fils d'Apharée, ou plustost de Ne-ptune, lequel ayant pris de son pe-re des cheuaux tres alaigres s'en seruit pour rauir Marpesse fille d'Euene Roy d'Ætolie, laquelle s'esbatoit dans vn bois sacré à Diane : dequoy son pere (qui ne la vouloit donner à aucun, que premierement il ne l'eust gaignée à la course ; & qui mesme faisoit mourir ceux qui s'y estoient engagez temerai-rement) emporté de douleur se preci-pita és eaux du fleuue Licolme dict de-puis de son nom Euene. Au surplus

comme il l'emmenoit, Apollon espris de la beauté de la fille luy voulut enle-uer, & y eust vn grand combat sans que Mercure par le commandement de Iu-piter donna le choix à Marpesse de sui-ure lequel des deux elle voudroit : Mais elle craignant qu'Apollon ne la delais-sast lors qu'elle seroit sur l'aage, aima mieux se donner à Idas. *Homere liu. 9. de l'Iliade. Ouide en ses Fast.*

Iddo ou Addo Prophete de Dieu, a escrit vn liure contre Ieroboam Roy d'Israël ; & deux autres des gestes de Roboam & d'Abia Roys de Iuda. A vescu depuis Salomon iusques au temps d'Asa Roy de Iuda. Ses liures, qui ne se trouuent point toutesfois, sont citez *au 2. du Paralip. chap. 9. 12. & 13*

Ides est appellé chaque 13. du mois (excepté en Mars, May, Iuillet, & Octobre, esquels les Ides sont le 15.) ou elles commencent, & en retrogradant viennent tousiours iusques aux Nones entre lesquelles il y a tousiours 7. iours inclusiuement : Et pource qu'elles di-uisent le mois en deux, elles sont ainsi appellées du verbe Latin ancien *Iduare* ou bien du mot Grec *Eidos* qui signifie beauté, pour ce que la Lune estant lors toute pleine est en sa perfection de beauté. *Plutarq. aux demandes des choses Romaines.* Les Romains reputoient le iour des Ides sainct & sacré, & y cele-broient des festes fort solemnelles, spe-cialement à Iupiter, desquelles faict mention Alexand. d'Alex. *liu. 3. chap. 18.* Mais le lendemain d'icelles comme pa-reillement celuy des Calendes & des Nones, estoit estimé fort malencôtreux (aussi n'estoient ils dediez qu'aux de-my-Dieux) de sorte qu'ils n'entrepre-noient rien en ces iours-là ; & cette su-perstition vint de ce que les Romains furent deffaits par les Gaulois, & qu'ils perdirent la ville de Rome le lende-main des Ides de Iuillet. *Tite Liue.*

Idomeneé fils de Deucalion & neueu de Minos Roy

de Candie, lequel assista les Grecs au siege de Troye: Mais s'en retournant en son pays comme il fut surpris sur mer d'vne grande tempeste, il fist vœu de sacrifier aux Dieux la premiere chose qu'il rencontreroit: & pour satisfaire à son vœu, comme il vouloit immoler son fils qui luy estoit le premier venu au deuant, il fut chassé de son Royaume & s'enfuit en la Calabre où il bastist vne ville pres le Promontoire Salentin dict de present *Cap. S. Lucas. Seruius sur le 3. de l'Æneid.*

Idumée contrée de la Palestine qui prend son commencement du mont Cassius, & de là se vient rendre vers l'Orient iusques en Iudée: Elle est appellée des sainctes lettres Edom à cause d Esaü surnommé Edom qui l'habita premierement. *Iosephe liu. 2. chap. 1. des Antiq. Iud.* Et depuis fut nommée *Bosra & Nabathée* à cause de ces peuples Arabes dont on estime que ses habitans ont tiré leur origine. *Strab. li. 16.* Cette region est assez fertile de la part qu'elle regarde la mer, mais approchant de l'Arabie elle est sterile, estant remplie de lieux aspres & montueux, quoy qu'elle porte par tout des palmiers & autres arbres: Elle est aussi fort seiche, manquant d'eaux. Leurs peuples bien qu'ils fussent de la race d'Abrahá, & qu'ils imitassent en quelques lieux la Loy des Iuifs leurs voisins, estoient ce neantmoins addonnez à la superstition, & à l'adoration des Idoles: & pour ce suject persecutoient presque tousiours les vrais Iuifs, mesmes furent cause de l'entiere destruction de Hierusalem du temps des Vespasians, comme tesmoignent Iosephe & Egesippe *en leurs liures de la guerre des Iuifs.* Leurs mœurs sont de present conformes à celles des Arabes leurs voisins, estans fort seditieux & desireux de choses nouuelles. Leur langue est composée de la Syriaque & de l'Arabique. *Sixte Siennois liu. 8. de sa saincte Biblioth.*

S. Iean Baptiste fils de Zacharie, & d'Elizabeth, bien qu'estans hors d'aage d'auoir des enfans. *Luc 1.* Fut vn grand Prophete & le Precurseur de Iesus-Christ, appellé le Grand Prestre R. Iohannan par les Iuifs. *Chron. des Hebr. des Roys d'Israël du 2. temps.* Commença à Prescher l'Euangile & à Baptiser. *Matth. 3. Marc 1. Iean 1.* Son vestement estoit de peaux de chameau, & son viure de sauterelles & de miel sauuage, c'est ce qui l'a faict appeller le Prince de la vie Monastique par S. Hierosme *Epist. 2. à Eustochium,* & par S. Chrysostome *Hom. 1 sur S. Marc.* Il eut la teste tranchée à la requeste de Herodias femme de Philippe frere de Herodes Antipas Roy des Iuifs. *Matth. 14.* Il fut appellé Helie. *Malach. 4. Matth. 11. Luc. 1.*

S. Iean l'Euangeliste fils de Zebedée, l'vn des douze Apostres & vniquement aimé de Iesus-Christ. *Iean 13. 19. 20. 21.* Apres la mort des SS. Pierre & Paul, ayant delaissé la Iudée, il s'addonna du tout à prescher les Gentils, & tint son siege à Ephese. Ayant depuis esté accusé soubs l'Empereur Domitian, il fut ietté pour la Foy dans vne chaudiere d'huile boüillâte, d'où estant sorty sain & sauf il fut relegué en l'isle de Pathmos où il composa les sacrées reuelations de l'Apocalypse, l'an de grace 97. *S. Hierosme en son Catal.* Mais ayant esté rappellé d'exil par l'Edit de Nerua, il reuint à Ephese où il dicta ses Euangiles & ses trois Epistres à cause des Ebionites Heretiques, ou quoy que s'en soit, les ayant auparauant faicts, il les publia. *Iren. liu. 3. chap. 3.* Mourut aagé de 99 ans, & de grace le 101.

Iean I. Toscan, 55. Pape & renommé en saincteté & erudition. L'Empereur Iustin ayant faict vn Edict

Pppp ij

d'exterminer tous les Arriens , & de clorre leurs temples , il fut contrainct par Theodoric Roy d'Italie qui les fauorisoit, d'aller en Ambassade vers luy afin qu'il reuoquast ses Edicts , ou autrement qu'il ruineroit toutes les Eglises d'Italie : L'Empereur donc luy fist de tres-grands honneurs, se prosterna à ses pieds, & mesme luy donna la premiere place de son Throsne : il le couronna aussi auant que de partir; ainsi Iustin fut le premier des Empereurs couronné par le Pape. *Tom. 2. des Concil. Blond. liu. 3. Decad. 1.* Mais estant de retour de sa legation, jaçoit qu'il eust obtenu le restablissement des Arriens, ce neantmoins estant suspect à Theodoric, il fut ietté par son commandement en vne prison hideuse en laquelleil mourut l'an de grace 527. ayant tenu le Siege 2. ans, 8. mois, 28. iours. A laissé deux Epistres Decretales. *P. Diac. liu. 17. Palmer. Onuph.*

Iean II. Romain , 58. receut la Confession de Foy de l'Empereur Iustinian signée de sa main auec de tres-riches presens pour offrir à l'Eglise de S. Pierre. Il mourut le 2. an 4. mois de son Pontificat l'an de salut 535. Il a laissé vne Epistre Decretale de l'egalité du Pere & du Fils. *Tom. des Concil. Plat. Onuph.*

Iean III. Romain, 63. Pape, couronna l'Empereur Iustin le ieune. *Onuphr. liu. 2.* Fist reparer les Eglises, & aggrandit les cemetieres des Martyrs. Mourut le 13. an de son Pontificat, & de salut 576. *Euagr. liu. 5. chap. 16. Niceph.* De son temps commença l'heresie des Monothelites.

Iean IV. natif de Dalmatie, 74. Pape, racheta plusieurs Chrestiens detenus captifs par les Sarrazins. *Blond. liu. 10. Decad. 1.* Escriuit aux Escossois contre l'heresie de Pelagius qui repulluloit entr'eux. *Bede de l'Ordre des temps.* Mourut l'an de grace 640. apres auoir gouuerné l'Eglise 1. an, 9. mois,

9. iours. *Naucler.*

Iean V. natif d'Antioche, 84. Pape, liberal enuers les pauures, procura dans la Sicile la remise des tributs : ayant esté consacré par trois Euesques, sçauoir d'Ostie, de Port, & de Velitre, il ordonna que le mesme s'obserueroit à l'aduenir; ce qui se pratique encore auiourd huy, veu qu'aupararauant le Pape estoit seulement conduit en la Chaire S. Pierre pour y estre assis quelque temps. *Volater.* Il mourut n'ayant tenu le Siege qu'vn an, de salut le 688. *Plat. Sigeb. Naucler. Onuphr.*

Iean VI. Grec de nation, 87. Pape, fut fort studieux à reparer les Eglises, & rachepter les captifs. *Regino liu. 1.* L'on tient qu'il mourut par le martyre l'an de grace 705 ayant presidé 3. ans, 3. mois. *Faisceau des Temps, Ado de Vienne, Marian. Escossois.*

Iean VII. aussi Grec, 88. Pape, fut comme son predecesseur grandement curieux de consacrer & orner les Temples & Cimetieres. Aripert Roy des Lombards luy donna toute la Ligurie ou seigneurie de Gennes, & tout ce que les Empereurs de Grece auoient occupé de ce que le Grand Constantin & Charlemagne auoient donné au S. Siege. Ayant gouuerné son trouppeau 2. ans, 7. mois, 17. iours, mourut l'an de salut 707. *Guill. Nangiac, Bede* qui vinoit de ce temps là, *& autres.*
*Quelques vns mettent apres ce Iean VII. vn pretendu Iean VIII. qu'ils disent auoir esté femme que l'on nomme vulgairement la Papesse Ieanne, pour la refutation de laquelle fable voy en son mot Ieanne.

Iean VIII. Romain, 110. Pape, homme docte en Grec & en Latin, a descrit la vie de S. Gregoire le Grand. *Trithem.* Couronna trois de nos Roys pour Empereurs en 4. ans, sçauoir, Charles le Chauue à Rome, Louys le Begue en vn Concile tenu à Troyes, & Charles le Gros apres son retour à Rome ; ce que iamais n'est aduenu à aucun autre Pape. *Aimon, l.u.5.chap.32. & suiu.Ottho Frising. liu 6.chap. 7. & 8. de son Hist.* Chassa les Sarrazins de l'Italie & de la Sicile. *Plat. Sigeb.* Mourut le 10. de son Pontificat, & de grace 884.

Iean IX. Romain, 119. Pape, scandaleux, esmeut de grandes diuisions confirmant les actes de Formosus contre les Decrets d'Estienne. Il mourut ayant tenu le Siege 2. ans 15. iours, l'an de salut 901. *Sigeb. Palmer. Onuphr.*

Iean X. Romain, 126. Pape, estant plus martial que Religieux, chassa les Sarrazins d'Italie, de la Calabre, & de la Poüille, auec l'aide de Constantin Empereur Grec: Mais pour s'estre trop enorgueilly de cette victoire, & auoir vsé de quelques violences, il fut banny de Rome l'an 929. & enfin tué en prison, ayant presidé 13. ans, 2. mois, 3. iours. *Plat. Naucler.*

Iean XI. Romain, 129. Pape, reprint aspremens le Roy d'Angleterre & le menaça d'excommunication, dautant que par sa faute il laissoit deschoir la Religion en son Royaume. *Polyd. Virg. liu. 6. de son Hist. d'Anglet.* Il mourut l'an 12. de son Pontificat, & de salut 937. *Volat. & Palmer.* De son temps les Noruegiens auec leur Roy embrasserent la Foy Chrestiéne. *Crantz.*

Iean XII. Romain, 134. Pape, occupa par la puissance de son pere la dignité Pontificale laquelle il exerça aussi tres-indignement. Fist coupper le nez à vn de ses Cardinaux, & à l'autre la main, pour ce qu'ils auoiét aduerty l'Empereur Othon de sa vie detestable : dont Othon estant venu à Rome & y ayant esté Couróné par luy, il assembla vn Synode où il le fist deposer mettant en sa place Leon VIII. *Luitprand liu. 6. chap. 7.* Mais apres le depart de l'Empereur, il fut derechef reintegré en sa dignité (combien que quelques autheurs disent que ce fut vn autre de mesme nom) qu'il exerça en

tout enuiron 9. ans, 7. mois, puis mourut l'an de grace 964. *Plat. Marian Escossois, Nau ler, Palmer. & autres.* Onuphre dict que ce fut le premier qui changea son nom, & qu'il s'appelloit auparauant Octauian, d'autres estiment que ce fut Sergius II. *Genebr. en sa Chronol.*

Iean XIII. Romain, 136. Pape, receut à son commencement plusieurs indignitez des Romains qui furent punis par l'Empereur Othon, en reconnoissance dequoy il crea pour Cæsar Othon II. son fils: Enuoya en Pologne le Cardinal Tusculan pour y planter la Foy & establir des Euesques. *Cromer liu. 3.* Obtint de l'Empereur Othon en vn Concile tenu en la ville de Rauenne, la Seigneurie de Rauenne, & beaucoup d'autres choses qui auoient desia esté données au S. Siege par les Empereurs Constantin le Grand & Charlemagne. Il tint le Siege 6. ans, & 11. mois, puis mourut l'an de salut 972. *Plat. Sigeb. Palmer. & autres.*

Iean XIV. Romain, 141. Pape, fut aussi en prison pour sa meschante vie, le 3. de son Pontificat, où il mourut de faim selon quelques vns, l'an de salut 684. *Onuphr. Naucler. Plat. &c.*

Iean XV. Romain, 142. Pape, fut hay de tous pour son auarice, & pource qu'il distribuoit seulement les biens de l'Eglise à ses parens, dont il bailla vn tres pernicieux exemple à la posterité. Il fut mis en prison comme son predecesseur, & y mourut le 8. de son Pontificat, l'an 984. *Plat. Onuphr.*

Iean XVI. Romain, 143. Pape, fut homme de rare doctrine, dont rendent tesmoignage ses œuures. Il fut contrainct de quitter Rome & s'en aller en Toscane, trauaillé par la tyrannie de Crescentius Consul Romain qui vouloit vsurper l'authorité souueraine : mais lequel le r'appella puis apres & luy demanda pardon, craignant la venuë de l'Empereur. Inſtitua la feſte des morts par le conſeil de S. Odile Abbé de Clugny. *Polid. Virg.liu. 6.ch. 8.de l'Inuention des choſes. Bergom. liu.* 12. Puis ayant tres-ſagement gouuerné ſon Egliſe 10. ans, 8. mois ,10. iours, mourut l'an 995. De ſoý temps la Moſcouie & la Pruſe receurent la Foy, *Chron. de Pologne liu. 2.ch.3.& Munſter en ſa Coſmogr.*

Iean XVII. Grec,145. Pape, homme meſchant & deteſtable, que pluſieurs ne mettent au nombre des Papes, pour ce qu'il occupa le Siege du viuant de Gregoire V. Auſſi fut il puny ſeuerement auec le ſeditieux Creſcentius par le commandement de l'Empereur Othon III. l'an 998. ayant iniuſtement vſurpé le Siege 10. mois. *Onuphr.*

Iean XVIII. Romain, 147. Pape, qui ne tint le Siege qùe 4. mois,20. iours, puis mourut l'an 1002. ſans auoir rien laiſſé de memorable. *Plat.*

Iean XIX. Pape 148. addonné à l'oiſiueté, n'a rien fait de remarquable. Tint le Siege 4. ans, 4. mois, & mourut l'an 1007. *Naucler. Volat.*

Iean XX. Tuſculan,151.Pape, donna à Cohrard la Couronne Imperiale, par lequel il fut deffendu des ſeditions des Romains : puis l'an 1051. il mourut ayant gouuerné l'Egliſe 11. ans, 1. mois, 9.iours.*Volat. & Plat.*

Iean XXI. natif de Liſbone ville de Portugal,193. Pape, homme docte & ſpecialement en Philoſophie & en la Medecine, dont il a laiſſé quelques liures : Mais peu accort & aduiſé és affaires du monde.Il mourut le 8. de ſon Pontificat, par la cheute d'vne chambre qu'il auoit faict baſtir en ſon Palais à Viterbe, l'an 1277. *Hirſaug en ſa Chron.*

Iean XXII. François, natif de Cahors, 201. Pape,

fût inſtalé en la Chaire Pontificale par l'aſſiſtance de Louys Hutin Roy de Frāce. Erigea Tholoſe en Archeueſché, & la fiſt Metropolitaine de ſix Eueſchez. Diuiſa l'Eueſché de Poictiers en trois, ſçauoir vn celuy de Poictiers , de Maillezais, & de Luçon. Couronna pour Roy de Pologne Vladiſlaus Loehtek en l'an 1320. Condamna Iean de Poliaco qui preſchoit contre les Ordres mendians, comme auſſi ceux qui tenoient que Ieſus-Chriſt & ſes Apoſtres n'auoient rien poſſedé en propre. *Extrauag. Cum inter nonnullos de verbor. ſignificat. Mere des Hiſt.* Il tint & preſcha publiquement que les ames des treſpaſſez ne iouïſſoiét de la viſion de Dieu deuant la reſurrection,ainſi que l'auoient tenu Lactance & Irenée, & ſemblét méme approuuer pluſieurs Peres, Tertulian, Victorin, S. Ambroiſe, S. Auguſtin, S. Bernard , & autres tant Grecs que Latins. Lequel erreur toutefois il abiura, à ce eſmeu par le Decret de la Sorbonne de Paris. *Sixte Siennois liu. 6. annotat. 345.* Il mourut l'an 1335; le 19. de ſon Pontificat. *Genebr.en ſa Chron.*

Iean XXIII. Neapolitain , 213. Pape, eſtant paruenu au Pontificat par force & non par eſlection libre & Canonique, fut fort depraué en mœurs, ſi bien qu'il fut eſlu au Concile de Conſtance auec Gregoire XII. & Benoiſt XIII. qui ſe diſoient Papes en vn meſme temps, & fut eſleu Martin V. Si bien qu'il fut depoſé l'an 1417. ayant tenu le Siege 5.ans,15.iours. *Cromer liu. 17. de ſon Hiſt.de Polog. Plat.*

S. Iean Chryſoſtome ,

Voy Chryſoſtome.

S. Iean Damaſcene Moine & Preſtre d'illuſtre famille, eut grand credit enuers les Sarrazins iuſques à eſtre faict le premier Conſeiller de leur Roy: Combattit long-temps pour les Images : Ramaſſa le premier la Theologie qui eſtoit

disperſée dans les liures des anciens Peres Grecs, ce qu'a faict PierreLombard
entre les Latins. A eſcrit beaucoup de
liures en Grec & en Latin, & ſelon quelques vns en Arabe, deſquels faict mention Tritheme *au Catalogue des Eſcri-*
uains ſacrez. Zonare tom. 3. Suid. Il floriſſoit du temps du Pape Gregoire III.
& de l'Empereur Leon III. dict Icono-
maque.

Iean Duns ſurnommé Leſcot &
le Docteur ſubtil, auſſi
eſtoit-il doüé d'vne erudition admirable, mais de grande obſcurité, ce qui
luy fiſt donner auſſi ce nom de Leſcot
du mot Grec *Scoteinos* qui veut dire obſcur & tenebreux. Il eſt aſſez conneu és
Eſcholes pour auoir dreſſé vne eſpece
de Theologie Scholaſtique en quelque
façon differente des autres. A auſſi eſcrit ſur les Euangiles & ſur les Epiſtres
de S. Paul. Mourut l'an 1308. de Lethar-
gie, meſmes il fut enterré tout vif, car
apres ſa mort l'on trouua qu'il auoit
mangé vne partie de ſon bras. *Hirſaug*
en ſa Chron.

Iean Zimiſces mary de Theodora fille de Ro-
main le Ieune, fut Empereur de Conſtantinople apres auoir tué Nicephore
Phocas. S'aſſocia à l'Empire ſes beau-
freres Conſtantin & Baſile. Bardas Scle-
rus ſon Lieutenant repouſſa les Sarrazins de deuant Antioche : Deffiſt les
Roxolans qui auec les Bulgaires fourrageoient tout le pays de Thrace : Rangea auſſi à leur deuoir quelques villes d'Aſie qui ſe vouloient reuolter.
Mais ayant attiré les Manichéens d'A-
ſie en Europe, Dieu permiſt pour cet-
tu impieté qu'vn ſien valet de chambre
l'empoiſonna euiron l'an 976. apres
auoir eſté Empereur 6. ans & 6. mois
Baron.

Iean Cantacuzen tuteur de
Iean Pa-
leologue & ſon compagnon à l'Empire
l'an de ſalut 1541. *Voy le mot ſuiuant.*

Iean Paleologue ſurnommé
Caloian ,
ſucceda à ſó pere Andronic III. en l'Empire de Conſtantinople, ayant eu pour
ſon tuteur & pour compagnon à l'Empire Cantacuzen, ce neantmoins ſur la
fin eut guerre auec luy, & le chaſſa, Mais
Cantacuzen errayant attiré les Turcs en
l'Europe, par l'aide d'iceux priſt Conſtantinople, toutefois ſans y faire tort
à perſonne, ſe portant comme compagnon de l'Empire à Iean Paleologue ,
& pour ſigne d'amitié il luy donna ſa
fille en mariage ; lequel ce neantmoins
bannit puis apres ſon beaupere , & le
contraignit de luy laiſſer l'Empire, &
de ſe faire Moine. Ainſi Paleologue venu à chef de pluſieurs guerres, mourut
l'an 1384. ayant regné 16 ans auec ſon
tuteur beaupere Cantacuzen , & 27.
tout ſeul. *Onuphr. Egnate liu. 2. Cuſpin.*
Calcondyl. l. 1. de l'Eſtat des Turcs. Turſel.
& autres.

Iean dict auſſi Paleologue , fils aiſné
de Manuël Empereur de Conſtantinople, fut plus enclin à la paix
qu'à la guerre, s'accordant auec tous les
Princes. Puis auec pluſieurs grands Seigneurs & Prelats de Grece, il s'achemina au Concile de Florence, où les
deux Egliſes Grecque & Latine furent
reünies. Mourut l'an de grace 1445. ſans
laiſſer aucuns enfans, ayant tenu l'Empire 27. ans. *Turſell. liu. 10. Calcond. liu.*
6. Palmer. Naucler, & autres.

Iean fils aiſné de Philippes de Valois,
& 51. Roy de France ; pour pre-
mice de ſon regne il fiſt decapiter Raoul
Comte d'Eu & de Guynes , & Conneſtable de France, qui auoit intelligence auec l'Anglois. Il inſtitua l'Ordre des Cheualiers de l'Eſtoile, deuenu
enfin tellement commun , qu'il eſt demeuré au Cheualier du guet & à ſes
Archers. Pardonna à Charles Roy de
Nauarre ſon beau frere (qui luy ſuſcita
en ſuitte d'eſtranges confuſions) le
meurtre de Charles d'Eſpagne Conne-

stable de France, lequel ce neantmoins
se ligua apres auec l'Anglois ; mais le
Roy Iean fist prendre quatre de ses cō-
plices, & le fist mettre prisonnier: dont
à cette occasion Philippe frere du Nauarrois & leurs cōfidens allerent en Angleterre vers le Roy Edoüard, lequel ils
susciterent de faire la guerre à Iean ; &
à cet effect Edouard enuoya le Duc de
Clocestre vers son fils Edouard Prince
de Galles qui gouuernoit la Guyenne,
qui tous deux assēblerent vn corps d'armée pres Poictiers ; & bien que le Roy
Iean eust tout l'aduantage pardessus le
Prince Edouard, le nombre, la force, le
lustre, le païs, le preiugé, & auec soy l'eslite de sa caualarie lors estimée la meilleure de l'Europe: ce neantmoins l'armée Françoise fut entierement defaicte,
1700. Gentilshommes tuez, & 5. à 6.
mille du commun; 100. enseignes em-
portées en triomphe, le Roy Iean pris
prisonnier, Philippes son second fils, &
plusieurs autres Princes & Seigneurs
de marque: De là Iean fut mené en Angleterre: pour la deliurance duquel le
Daulphin eut de grandes difficultez
auec les Parisiens qui se reuolterent
contre luy, iusques là que le Preuost
des Marchands luy ayant esmeu vne
sedition luy osta son chapperon, & luy
mist le sien sur la teste pour le faire declarer partisan de leur ligue : Mais le
Daulphin se retira de Paris, & fut declaré Regent par les Estats assemblez en
Champagne: Et en suitte nonobstant
toutes les trauerses du Roy de Nauarre ligué auec les Parisiens (& qui estoit
sorty de prison) chassa de Paris les garnisons Angloises qui y auoient esté mises par le Nauarrois & ses partisans, où
le Preuost des Marchands qui le fauorisoit fut tué. Et cependant le Roy
Edouard vint en France où il assiegea
Paris sans succez ; enfin espouuanté
pres de Chartres par vn tonnerre il fist
la paix à Bretigny pour la deliurance
du Roy Iean, en asseurance de laquelle

l'on bailla des ostages: mais pour les difficultez qui se trouuerent à l'execution,
il retourna en Angleterre où il mourut
l'an 1364. ayant regné 14. ans. Il fut
homme de bien, mais Prince malheureux: sage aux choses communes, mais
peu aduisé & non assez consideré és
grandes. Peu auant son deceds la Bourgogne fut reincorporée à la Couronne
de France, par le deceds de son Duc
Philippe mort sans enfans, & en fut
exclus Charles Roy de Nauarre : Les
Comtez d'Aniou, & du Mayne furent
aussi erigées en Duchez. De Ieanne
Comtesse de Boulogne, il eut quatre
fils, Charles, Louys, Iean & Philippes,
& vne fille nommée Ieanne. *Gaguin*
liu. 9. Emile liu. 9. du Tillet & autres.

Iean I. du nom fils de Henry II. Roy
de Castille & son successeur,
ordonna qu'en tous ses pays on cottast
dans les contracts & histoires les années
depuis la naissance de nostre Seigneur,
au lieu qu'auparauant on les dattoit en
Espagne du temps de l'*Æra* ou Here
de Cæsar, que les vns prenoient du
temps de Iules Cæsar, & les autres d'Auguste: Establit deux Ordres de Cheualiers en son Royaume surnommez de
la Coulombe & de la Raison: Estant à
la chasse il se rompit le col tombant de
dessus son cheual apres auoir regné 11.
ans, & laissé de Dona Leonor fille du
Roy d'Arragon deux fils, sçauoir Henry qui luy succeda, & Dom Ferdinand
qui fut Roy d'Arragon. *I. Vaseus en sa*
Chron. d'Esp.

Iean II. fils de Henry III. & son
successeur au Royaume de
Castille, estant encor fort ieune sous
la tutelle de Dona Catherine sa mere,
& de l'Infant D. Ferdinand, ordonna
que tous les Iuifs vuideroient de son
Royaume ; dont quelques vns qui ay-
merent mieux se faire baptiser furét appellez Marans, estans iceuy pires que les
vrays Iuifs. Mourut apres auoir regné
50. ans, ayant laissé pour son successeur
Henry

Henry IV. *Ann. d'Esp. Alphonse de Car-*
thagene en son Hist. d'Espag. Louys de
Mayerne Turquet en son Hist. generale
d'Esp. Roderic, Sanctius & autres.

Iean dict Sans terre, fut Roy d'Angleterre apres son frere Richard
I. Eut debat auec Arthus Comte de
Bretagne fils de Geoffroy son frere
aisné, pour la Couronne qui appartenoit de droict legitime audit Arthus :
lequel nonobstant qu'il fust maintenu
par nostre Roy Auguste Philippes II.
qui luy auoit fiancé Marie de France sa
fille, fut surpris dans Mirebeau par iean,
lequel le tua inhumainement : à l'occasion dequoy il fut adiourné à la Cour
des Pairs, & condamné comme atteint
& conuaincu de parricide, & en suitte
Philippes confisqua & s'empara de toute la Normandie, qui deslors fut reunie
à la Couronne de France, comme aussi tost apres de l'Anjou, de la Touraine,
& du Maine. Mais Iean ayant dressé vne
puissante armée reuint en Poictou, re-
gaigna quelques villes, & en ce voyage prist Montauban & Angers. Il y
eut depuis interdiction contre luy &
son Royaume, donnée par le Pape pour
l'eslection de l'Archeuesque de Cantorbie : & pour ce subiect il chassa les
Euesques d'Angleterre, & confisqua
leurs biens, en suitte dequoy le
Royaume d'Angleterre fut donné par
le Pape à Philippes Roy de France, lequel se preparant pour l'occuper, le Roy
Iean ploya soubs l'authorité du Pape, &
pour satisfaction se constitua vassal de
l'Eglise Romaine, luy payant de rente
annuelle mille marcs de sterlins, outre le don annuel d'vn sterlin pour feu
iadis octroyé par Inas l'an 740. & depuis augmenté par Ethelwphe qu'on
appelloit ordinairement le denier de S.
Pierre. Cependant apres la victoire de
Bouines gaignée sur luy par le Roy Philippes, les Anglois se reuolterent contre luy, & se liguerent auec Louys VIII.
fils de Philippes lequel passa en Angle-

terre, de laquelle il se rendit presque totalement maistre, nonobstant les exco-
munications du Pape qui l'auoit pris
en sa protection comme son seigneur
feodal : Mais sur ces entrefaictes Iean
mourut de poison (selon quelques vns)
le 17. de son regne, & de salut 1216. Il
eust Isabeau fille du Comte d'Angou-
lesme, trois fils & quatre filles, desquels
son aisné Henry III. luy succeda. *Iean*
Maior en son Hist. d'Escosse. Polyd. Virg.
en son Hist. d'Anglet. Matth. Paris, &
& autres.

Iean des Temps Escuyer de
l'Empereur
Charlemagne, vescut plus de 360. ans,
estant paruenu iusques à Louys le ieune, selon le tesmoignage de plusieurs
graues Autheurs. *Guill. Nangiac, Gaguin*
liu. 6. Naucler, & le Suplement des Chron.
¶ Il y a encore plusieurs autres Ieans
signalez, de toutes professions ; mais
pour leur trop grand nombre ils ont
esté obmis.

Ieanne fille de Henry Roy de Nauarre, Comtesse Palatine de
Champagne & de Brie, fut espouse du
Roy Philippes le Bel duquel elle eut
trois fils & vne fille. Fonda le College
Royal de Nauarre à Paris. Trespassa
l'an 1304.
¶ Il y en eut vne autre II. de ce nom, fille de Hugues Comte de Bourgogne, &
femme du Roy Philippes le Long (qui
fonda à Paris le College Royal de
Bourgogne) de laquelle il eut vn fils
nommé Louys qui mourut ieune, & 4.
filles.
¶ Il y en eut vne autre, III du nom, fille
de Louys Comte d Eureux, & troisiesme femme de Charles le Bel. Trespassa
l'an 1370. elle gist à S. Denis.
¶ Il y en eut vne autre, IV. du nom, fille de Robert Duc de Bourgogne, &
premiere femme de Philippe de Va-
loys duquel elle eut deux fils. Moyennant son mariage, le Duché de Bourgogne fut ioinct à la Couronne.

¶ Il y en eut vn autre de ce nom, fille de Guillaume Comte de Boulogne, & la seconde femme de Iean Roy de France duquel elle eut quatre fils & vne fille.

¶ Il y en eut vne autre, VI. du nom, fille de Pierre ou de Charles Duc de Bourbon, & femme de Charles 6. duquel elle eut trois fils & vne fille.

¶ Il y en eut vn autre, VII. du nom, fille du Roy Louys XI. & féme de Louys XII. qui fut de luy repudiée pour sa sterilité, & apres iceluy elle vescut sainctement.

Ieanne, faussement dicte la Papesse, que quelques Autheurs modernes mettent entre Leon IV. & Benoist III. & nomment Iean VII. & d'autres Iean VIII. Cette fable a esté reputée verité par le vulgaire ignorant, & maintenuë telle à cors & à cry malicieusement par les Heretiques & Politiques de ce siecle. Mais la faulseté en apparoist premierement auec pleine euidence, en ce qu'elle n'est rapportée par le plus ancien de ses Autheurs que plus de 200. ans apres ce temps auquel ils la placent tous, voire par personnes passionnées pour la plufpart & interessées au parti des Empereurs contre les Papes. Le premier Architecte en fut Marian l'Escoffois qui la compila l'an 1086. ensuiuy de Martin Polonnois l'an 1310. Et encore ny eux ny autres qui les ont suiuis, racontent le faict côme chose asseurée, ains en parlent comme d'vne fable le rapportans tout auec incertitude & au bruit commun. Ils presuposent donc qu'vne pauure fille Allemande ou Angloise apres auoir couru plusieurs vniuersitez, caché son sexe, changé son nom pour prendre celuy de Iean l'Anglois, en faueur de son amy qui estoit de la Grande Bretagne, se rendit d'Athenes à Rome où elle enseigna publiquement és Escholes durant 6. ans, où elle fist tellement paroistre son sçauoir que le clergé & le Peuple l'esleu-

rent Pape apres Leon IV. & sceut si bien dissimuler son sexe qu'aucun ne s'en apperceut iusques à ce que par l'accointance d'vn Cardinal elle accoucha allant en procession & en plaine ruë, & au mesme instant rendit l'ame. Mais comme le mensonge de soy-mesme ne peut subsister, ils sont tous differents en toutes les circonstances dont cette bourde est reuestuë. Les vns la nôment Agnes, qui Geliberte, qui Isabelle, qui Iutte, qui Dorothée. Les vns la font Allemande, & les autres tant ils sont aueuglez la font Angloise natiue de Majence, auec vne contradiction du tout euidente. Les vns la font de bonne & saincte vie, les autres fort desbordée. Les vns disent qu'elle estudia à Athenes, bien que lors Athenes fut toute ruinée, selon *Zonare & Cedren*. Les vns la font succeder à Leon V. d'autres à Leon IV. qui à Martin I. qui à Benoist III. qui a Nicolas I. Les autres disent qu'elle accoucha allant du Vatican en procession au Latran, ignorans que les Papes n'ont demeuré au Vatican que du temps du Pape Boniface IX. enuiron l'an 1390. Quelques vns aussi asseurent qu'elle tint le Siege vn an & cinq mois, les autres deux ans & demy, & les autres 4. mois seulement. Les vns l'appellét Iean VII. & les autres VIII. & toutefois Iean VII. estoit Grec ayant precedé plus de 160. ans deuãt le temps pretendu; & Iean VIII. estoit Romain qui presida plus de 20. ans apres, & tint le Siege 10. ans. Il y a plus, c'est que Leon IX. escriuant quelque cent ans apres à Michel Patriarche de Constantinople, pour la preseance de l'Eglise de Rome, luy reproche pour rabaisser son orgueil qu'vne femme a tenu le Siege à Constantinople, ce qu'il n'eust pas faict si le Siege Romain eust esté entaché de semblable ignominie. Et les Grecs eussent volontiers pris cette oceasion de censurer les Occidentaux (auec lesquels ils eurent de grands differents depuis.)

s il y euft eu quelque apparence de verité. Mais la plus grande & euidente
marque de la fauffeté de cette Hiftoire
pretenduë paroift en ce que tous les
Autheurs qui viuoient de ce temps
là, ny trois & quatre fiecles apres n'en
font aucune mention, mefmes Ana-
ftafe Bibliothecaire, & Adon de Vienne refmoins oculaires difent expref-
fément qu'apres Leon IV. (apres lequel
ils mettent cette Ieanne) y eut feulement quinze iours de vacance, & fut
efleu lors immediatement Benoift III.
Auquel recit fe conforment tous ceux
de ce fiecle là qui nous ont laiffé l'Hiftoire Pontificale, Luitprand, Regino,
Hermannus Contractus, Lambert,
Othon de Frifingue, l'Abbé d'Vfperg,
Leon d'Oftie, Iean de Cremone &
autres. Si bien qu'on peut affeurer que
c'eft vne pure fable remplie de contradictions & impertinences compofées
400. ans apres par les flatteurs des Empereurs lors ennemis des Papes, & cul-
tiuées depuis par les Heretiques & Politiques de ce temps, afin de denigrer la
gloire & auilir l'authorité du S. Siege
Apoftolique. Ce qui donna lieu à l'inuention fe doit rapporter felon la coniecture d'Onuphrius à la vie débordée
de Iean XII. lequel fe laiffant gouuerner par vne femme defbauchée nommée Ieanne, donna fujet de dire que ce
n'eftoit pas le Pape mais la Papeffe qui
faifoit toutes chofes. Auentin prend
fon origine d'vne renommée Courtifane nommé Theodora, laquelle commandant alors à Rome, fift par fes menées declarer Pape vn fien fauory nommé Iean, lequel pour s'eftre affujeti à
elle, fut furnommé Ieanne la Papeffe,
& Theodora pareillement nommé
Ieanne pource qu'elle gouuernoit tout.
*Onuphrius, Bellarmin, Florimond de
Raymond, Genebrard, & le P. Cotton en
fon Inft. Cathol. marquent à plein la fauffeté & origine de cette fable.*

Ieanne d'Arc nommée la Pucelle d'Orleans,
natiue de Domremy pres de Vaucou-
leurs pays de Barrois, fille iffuë de bas
lieu de pauures gens champeftres, aagée
de 18. à 20. ans a feruy d'vn memorable
exemple de proüeffe & de vertu à la pofterité: Car ayant du téps du Roy Charles VII. (lors que la France eftoit prefque toute reuoltée de l'obeiffance de
fon Prince naturel) declaré qu'elle
auoit reuelation de Dieu de chaffer les
Anglois d'Orleans, & faire Couronner
le Roy à Rheims; elle fut introduicte
deuant le Roy, lequel elle recogneut
nonobftant qu'il euft pris l'habit d'vn
villageois, & auec vne contenance af-
feuree confirma l'effect de ce qu'elle
auoit promis. Sa contenance eftoit modefte, ciuile, douce, & refoluë: Ses propos moderez & retenus: Ses deportemens froids & reffentans vne grande
chafteté, fans babil ny ioyeufeté courtifane. Le Roy Charles preffé de la neceffité l'employa lors & fut conduicte à
Orleans pour encommencer l'œuure
qu'elle difoit vouloir executer: L'on luy
donna armes & cheuaux, vne efpée qui
eftoit en Touraine en vn lieu nommé
Sainte Catherine de Fierebois, luy fut
apportée: Iacques de Rieux Marefchal
de France, & Loüys de Cullant Admiral eurent commandement de l'accompagner pour côduire aux affiegez d'Orleans vn auitaillement: & ainfi elle paffa
brauemét à la barbe de l'armée des Anglois fans qu'ils ofaffent s'efbranler: &
apres y auoir mené derechef vn autre
grand rafraichiffemét, voyans Orleans
fortifié de viures & de courage, elle
fut d'aduis d'attaquer les ennemis, &
ayant à cet effect admonefté vn chacun
de preparer fa confcience, elle donna fi
à propos le lendemain & auec tant de
courage fur eux, quelle les contraignit
de leuer le fiege. Cela faict, elle donna
aduis au Confeil de faire conduire le
Roy à Rheims pour y eftre Sacré, lequel

fut ſuiuy, nonobſtant les difficultez qui s'y preſentoient: mais qui fut exeeuté auec vn ſi heureux ſuccez que la generale reſtauration de tout le Royaume s'en enſuiuit par l'entiere obeiſſance de toutes les villes & prouinces. Toutefois apres le Sacre du Roy, elle s'eſtant voulu retirer en ſon pays, diſant auoir executé tout ce qui luy auoit eſté commandé de Dieu, elle fut encore retenuë par les plus grands de France, & en ſuitte fiſt beaucoup d'autres ſignalez exploicts meſmes deuant Paris où elle fut bleſſée: Mais comme eſtant dans la ville de Compiegne aſſiegée par les Anglois, elle euſt faict vne ſortie ſur l'ennemy, elle fut priſe par la trahiſon du Capitaine de la ville, & de là menée à Roüen où afin de la condamner ſous quelque couleur de verité, les Anglois luy impoſerent pluſieurs crimes (ayans meſme mandié à cet effect les aduis des Theologiens, afin que l'iniquité fut couuerte d'vne belle procedure) la declareret deſnaturée, pour auoir profané ſon ſexe, idolatre, heretique, & ſorciere; & bien qu'elle reſpondit pertinemment à toutes ces accuſations, & que la verité triomphaſt en ſa bouche à leur deshonneur; la violence l'emporta, qui affublée du manteau de pieté & de religion, la condamna à priſon perpetuelle où elle fut vn peu plus d'vn an, mais en ſuitte le Duc de Bethfort la fiſt bruſler l'an 1413. Gerſon, Ritius en ſon liu. 3. des Roys de France, & autres, meſmes Meyer autheur Anglois en ſes Annales de Flandres, maintiennent qu'elle eſtoit innocente. Et de faict par ſentence Apostolique, donnée par trois Legats du Pape depuis enuoyez à la requeſte de ſes parens pour en faire la perquiſition; le iugement des Anglois fut apres pluſieurs teſmoins irreprochables ouys, qui l'auoient frequentée, declaré faux & donné contre toute equité. Le Roy donna lettre d'anobliſſement à ſes parens, & pour armoiries vne eſpée d'ar-

gent en champ d'azur auec vne couronne ſur la poincte de l'eſpée, ayant vne fleur de Lys d'or de chacun coſté, & auec permiſſion de ſe pouuoir ſurnommer Du Lys, en teſmoignage de ce que leur parente auoit ſi bien aidé à remettre le Lys de la France en leur ſplédeur. Belleforeſt a deſcrit ſa vie en ſes grandes Annal. Gaguin l. 10. & autres.

Iebus Cité Metropolitaine de la Iudée, qui fut depuis appellée Salem, & en ſuitte Hieruſalem. D'elle ſes peuples furent nommez Iebuſéens. Ioſué 15. Iuges. 19. Voy Hieruſalem.

Iechonias (dict auſſi Ioachim) fils de Ioakim appellé Ioſias. Matth. 1. Fut conſtitué le 21. Roy de Iuda en Hieruſalem par Nabuchodonoſor lequel au bout de trois mois & dix iours le fiſt mener captif en Babylone auec ſa mere & toute ſa famille, enſemble tous les Chefs & Principaux de la nation Iuiue. 4. Roys chap. 4. Et là il demeura en priſon 37. ans, iuſques à Euilmerodach fils de Nabuchodonoſor qui l'en deliura, & ſe tint en Babylone en la Cour du Roy en grand honneur. Ierem. 52.

Iehu fut le 10. Roy d'Iſraël, & oinct par le commandement du Prophete Eliſée; en ſuitte de quoy il extermina toute la race d'Achab Roy d'Iſraël, comme il luy auoit eſté enioinct par le Prophete: C'eſt pourquoy auſſitoſt il tua Ioram & Ochoſias Roys de Iuda: Fiſt precipiter Iezabel veſue d'Achab. 4. Roys. 9. Fiſt en ſuitte tuer 70. fils d'Achab, & 42. freres d'Ochoſias; comme auſſi tous les Preſtres de Baal, & puis les fiſt bruſler dans leur temple: Ne laiſſa toutefois d'adorer les Veaux d'or en Bethel, Mourut l'an du monde 3310. apres en auoir regné 28. laiſſant pour ſon ſucceſſeur Ioachas ſon fils. 4. Roys chap. 10. Ioſephe l. 6. chap. 4. 5. & 6.

Iehu fils de Hanani, predit la ruine de Baaſa Roy d'Iſraël, comme auſſi reprint le bon Roy de Iuda Iosaphat, de donner secours au meschant Achab. Il a escrit l'histoire des Roys d'Israël. 2. *Paralip.* 19. & 2.

Iephté fils bastard d'vn Galaadite, fut esleu pour sa valeur Iuge & Gouuerneur d'Israël; & en cette qualité il vainquit les Ammonites ses ennemis, & deliura le peuple Hebrieu de leur tyrannie : Mais ayant fait vœu assez temerairement de sacrifier à Dieu la premiere chose qui se presenteroit à luy apres la victoire; icelle estant aduenuë, sa fille vnique encore ieune vint au deuant de luy, laquelle il immola, luy ayant donné terme de deux mois pour plorer sa virginité : & de là vint vne coustume obseruée en Israël, que toutes les vierges s'assembloient tous les ans pour faire de grandes plainctes sur la fille de Iephté. *Iuges* 11. Iephté en suitte ayant tué bien 42000. de la Tribu d'Ephraim qui s'estoient reuoltez, mourut l'an du môde 2981. apres auoir gouuerné le peuple d'Israël 6. ans *Iuges* 12. *Iosephe liu.* 5. *chap.* 9.

Ieremie Prestre des Iuifs, & mis entre les quatre grãds & plus signalez Prophetes, qui fut sanctifié au ventre de sa mere. *Ierem. chap.* 1. Nous a laissé entre les liures Sacrez vn liure de Prophetie, vn de Lamentations, & 2. Epistres addressées aux Iuifs captifs en Babylone; dont l'vne est couchée au 29. *chap. de Ierem.* & l'autre au 6. *chap. de Baruch* l'vn des 12. petits Prophetes qui estoit son Secretaire. Il a escrit aussi plusieurs autres traictez rapportez aux liures Sacrez. Les Talmudistes Hebrieux luy attribuent les deux derniers liures des Roys. Il endura force persecutions pour la Religion, & specialement pour les Propheties qu'il publia contre les Iuifs. *Ierem. chap.* 18. 29. 26. 36. Iusques là d'estre ietté dans vn puits plein de bourbe, par l'enuie des Grands & faux Prophetes de Hierusalem : d'où ayant esté retiré pour estre remis en prison, il

en fut apres deliuré par le commandement exprés du Roy de Babylone Nabuchodonosor apres qu'il eut pris par force la ville de Hierusalé, luy donnant aussi permission de s'aller habituer où il voudroit, *chap.* 37. 38. & 39. Il se retira en Egypte auec sa famille où il ietta les semences d'vne saincte & secrette Philosophie diuulguée iusques en Grece, embrassée depuis par les Hierophantes: Et quelques années apres fut lapidé en Egypte, selon S. Hierosme. Les Hebrieux toutefois *sur le Seder* rapportent qu'il retourna en Iudée auec le Prophete Baruch, le 27. du regne de Nabuchodonosor. *R. Selomo sur Ieremie.*

Iericho ville de Iudée. *Voy* Hiericho.

Ieroboam fils de Nabat de la Tribu d'Ephraim, fut esleu apres la mort de Salomon (car il s'en estoit fuy en Egypte de son viuant) par le peuple d'Israël pour leur premier Roy : car tous les Iuifs estoient diuisez & auoient quitté Roboam fils de Salomon pour sa tyrannie, auquel il ne resta que les deux Tribus de Iuda & de Beniamin, les dix autres Tribus ayans suiuy Ieroboam. Afin donc que le peuple ne retournast plus en Hierusalem, où il sçauoit qu'estoit la vraye Religion, Hieroboam se rendit Schismatique, erigeant autel contre autel; bastit deux temples aux extremitez de son Royaume, l'vn en Bethel, & l'autre en Dan, & mist à chacun d'iceux vn veau d'or pour estre adoré : Vsurpa le Sacerdoce, & y aduança indifferemment toutes sortes de personnes sans se soucier de la preference attribuée à la famille de Leui par la Loy de Dieu 3. *Roys chap.* 12. Retenoit toutefois la Circoncision, l'ordre des Sacrifices, & les ceremonies de la Loy Mosaïque, mesmes n'abolit aucunement les Colleges des Prophetes qui habitoient paisiblement dans les enceinctes de son gouuernement. Ainsi apres ce changement ceux qui affectionnoient la vraye Religion se retirerent aux Cantons des Tribus de Iuda & de Beniamin; & d'autres se refugierent en Ethiopie où regnoit lors la Royne de Saba qui auoit eu alliance estroicte auec Salomon. Il y eut en suitte vn Prophete qui l'ayant repris aigrement de ce qu'il entreprenoit luy-mesme de sacrifier, comme il estendoit la main pour le retenir, cette main deuint seiche en vn instant ne la pouuant retirer à soy iusques à ce que par les prieres du Prophete sa fonction accoustumée luy eust esté renduë 3. Roys 13. Il regna 22. ans, & mourut l'an du monde 3186.

Ioroboam II. du nom, fils de Ioas auquel il succeda au Royaume d'Israël lequel il restablit en son ancienne splendeur, fut homme toutefois peruers & meschant. Mourut enuiron l'an du monde 3384. apres auoir gouuerné Israël 41. an 4. Roys chap. 13. & 14.

Ierusalé, *Voy* Hierusalem.

Iessé de la Tribu de Iuda, fut fils d'Obed & pere de Dauid. *Matth.* chap. 1.

Iesuates, certains Religieux de l'Ordre de S. Hierosme que l'on appelle ainsi pour ce qu'ils auoient tousiours le nom de Iesus en la bouche. Leur Ordre fut institué en l'an 1355. par Iean Colombin gentil-homme Siennois lequel y disposa sa femme qui vescut aussi de sa part en perpetuelle chasteté. Ils furent accusez de l'erreur des Fraticelles, mais ils en furent iustifiez par le Pape Vrbain VI. qui leur donna l'habit blanc. Ces Religieux ne sont pas Prestres, ains vacquent seulement à l'Oraison. *Morise* chap. 38. *de l'Hist. des Relig. Sabell. Ennead* 11. *l.* 9. *Polyd. Virg. li.* 7. *chap.* 4. *de l'Inuent. des choses.*

Iesuistes Religieux qui ont pris le nom de la societé de Iesus, à laquelle tous fidelles sont appellez

selon le tesmoignage de l'Apostre 1. *Corinth.* chap. 1. *vers.* 7. Leur Ordre fut fondé par S. Ignace de Loyola gentil-homme Espagnol, lequel ayant practiqué les armes iusques en l'aage de trente ans, prit conseil de quitter le monde & s'addonner du tout au seruice de Dieu, faisant principalement vœu de conuertir les pecheurs, heretiques & infidelles. Le Pape Paul III. approuua & confirma leur Ordre l'an 1540. Et en suitte Iules III. Pie IV. & V. & Gregoire XIII. comme aussi le Concile de Trente *Sess.* 25 *chap.* 16. *Surius Diegholi.* 1. *de ses explic. Orthodoxes.* Ces Religieux font profession de combattre les infidelles & heretiques: mais specialement d'instruire la ieunesse où ils ont profité tres-heureusement en ces derniers siecles. D'eux sont sortis de grands personnages en toutes sortes de sciences, & specialement en la Theologie en laquelle ils florissent entre tous par leurs doctes escrits & predications continuelles, si bien qu'ils ont merité non seulement les loüanges de tous les gens de bien; mais aussi d'estre declarez ennemis iurez, & le fleau des heretiques de ce temps. Plusieurs Catholiques de vray leurs imputent (car les autres objections des heretiques leur tournent à loüange) de se mesler trop auant dans les affaires d'Estat, voire de s'ingerer en la cognoissance trop particuliere des negoces des familles, & en vn mot de se trauestir & iouër tous personnages, leur donnant ce brocard *Iesuita omnis homo.* Mais (outre que la calomnie s'y void mélangée) si l'on considere d'vne part; Que les plus Grands ont le plus de besoin d'instruction comme estans dauantage exposez au peril des pechez, & aussi seruans de plus grand exemple; Que tant les affaires publiques que les plus priuées requierent d'estre conduites par la prudence & par la Religion; Que d'autre part la sagesse doit rechercher la folie, puisque pour sa vanité & ignorance icelle ne rechercheroit iamais sa maistresse : Qu'en vn mot la conuersation des mondains est du tout necessaire à leur conuersion : à l'aduanture ne blasmera t'on si legeremét leurs comportemens comme mauuais, ny leur zele comme indiscret ; puisque mesme en cela ils ensuiuent leur maistre Iesus, lequel hantoit plus volontiers les peagers & mal viuants, que ceux qui se portans bien n'auoient point besoin de Medecins : & qu'ils practiquét le mesme que l'Apostre *lequel se faisoit tout à tous, afin de les gaigner à Christ.*

IESVS (autrement dict CHRIST, qui est le Nom appellatif & d'eslection) est le Nom propre du Verbe incarné, ainsi appellé au rapport de l'Ange, *pource qu'il sauueroit son peuple. Matth. 1. vers. 21.* C'est ce nouueau Nom que la bouche du Seigneur deuoit expressémét declarer, selon le tesmoignage d'Esaïe *chap. 62. vers. 2.* Aussi conuiét il auec celuy incommunicable de Dieu, IEHOVA, en ce qu'il est en l'Hebrieu pareillement *Tetragrammaton,* c'est à dire cóposé de 4. lettres ainsi que la Sybile l'auoit predict. *Reuclin liu. 3. chap. 15.* Et ce nom dit chez les Grecs IΗΣΟΥΣ, faisant le nombre de 888. selon leur chiffre, nous represente par ces trois Octonaires nostre total repos, lequel consiste au triple Sabath de *nature ; de grace & de gloire.* C'est enfin ce nom tresauguste & tres-venerable, *qui est par dessus tout autre nom, lequel a esté donné au Fils de Dieu pour s'estre aneanty & abaissé iusques à la mort, voire la mort de la Croix : afin qu'au Nom de Iesus tout genouil flechisse, de ceux qui sont és Cieux, en terre & dessoubs la terre. Philipp. ch. 2. vers. 7. 8. 9. 10. & 11.* ¶ Il a esté de vray communiqué à trois personnages signalez du vieil testament : mais pour nous figurer la puissance & excelléce du fils de Dieu, c'est à sçauoir : Premierement à Iesus ou Iosué fils de Naué, pour ce qu'il est nostre vray Capitaine par lequel nous

sommes introduicts en la Terre promise ; Secondement à Iesus fils de Iosedech grand Pontife, pour ce qu'il est non seulement nostre Sacrificateur, mais le Sacrifice mesme selon l'ordre d'Aaron immolé sur la Croix : comme aussi selon l'ordre de Melchisedech, en l'institution du diuin Sacrement de l'Autel : Et tiercement à Iesus fils de Sirach, surnommé l'Ecclesiastique, estant nostre Seigneur Iesus le vray Docteur & supréme Catechiste de nos ames. Touchant la vie duquel *Voy* CHRIST.

Iezabel fille du Roy des Sidoniens, & femme d'Achab Roy d'Israël, qu'elle incita à toutes sortes de superstitions & idolatries, *3. Roys 16.* Persecuta grandement tous les Prophetes de Dieu, tellement qu'Elie estimoit qu'il fust demeuré tout seul. Incita Achab son mary à faire mourir Naboth par faux tesmoignage afin d'auoir sa vigne, *chap. 21.* Enfin elle fut precipitée d'vne fenestre par le commandement de Iehu Roy d'Israël, & fut mangée des chiens, comme il auoit esté predict par le Prophete Elie. *4. Roys, chap. 9.*

S. Ignace Disciple de S. Iean l'Euangeliste, fut le 3. Patriarche d'Antioche. Il institua le premier le chant alternatif des Hymnes & Pseaumes en l'Eglise, d'où est deriué la distinction des deux chœurs qui fut espanduë par toutes les Eglises du temps de Constantius. *Socrat. liu. 6. chap. 8. Et Niceph. liu. 13. chap. 8.* veu qu'auparauant c'estoit la coustume de chanter en commun apres qu'vn auoit coumencé. *Denis liu 3. de son Eccles. Hierach.* Il a escrit de tres-belles Epistres qui cófirment les Traditions Apostoliques. Il fut martyrisé l'an de salut 110. du temps de la persecution de Traian ayant esté exposé aux bestes, *Euagr. liu. 1. chap. 16. de son Hist. Eccles.*

¶ Il y en eut vn autre de ce nom, dict Loyola, gentil-homme de Biscaye, lequel fonda auec dix autres de ses com-

pagnons l'Ordre des Iesuites, dont il
eut confirmation l'an 1540. Mourut l'an
1556. & fut canonisé par le Pape Paul V.

Ilia (autrement appellé Rhea & Syluia) fille de Numitor Roy des Albanois, laquelle son oncle Amulius
(apres auoir chassé Numitor & tué son
fils) rendit Religieuse au Temple de
la Deesse Vesta, afin que soubs ce voile de virginité elle fust frustrée d'esperance de lignée; neantmoins estant allée querir de l'eau au Tybre elle s'y en-
dormit, si qu'en sommeillant il luy fut
aduis que le Dieu Mars l'accointoit; ainsi deuenuë enceinte (ou autrement) elle accoucha de Romulus & Remus qui
par le commandement d'Amulius furent exposez, & elle fut enterrée toute viue pres du Tybre. Plutarque toutefois *en la vie de Romulus* dict que l'on
luy pardonna, racontant toute cette
Histoire diuersement côme beaucoup
d'autres Historiens. *Eutrop. Tit. Liu.*
liu.1. de sa Decad.1.

Iliade ouurage tres-renommé d'Homere, ainsi appellé pource
qu'il contient la guerre de la ville de
Troye (dicte Ilium par les Grecs) &
sa destruction: Et d'autant qu'il n'y a
aucun espece de mal qui n'y soit comprise, on vse de ce mot d'Iliade pour signifier toute sorte de calamité.

Ilium ville metropolitaine de la Troade, ainsi dicte pource qu'elle fut
amplifiée par son Roy Ilus, estant auparauant appellée Troye. *Voy* Troye.

Illyrie region de l'Europe fort ample, dicte de present Esclauo-
nie, qui a pris son nom d'Illyric fils de
Polypheme, selon Appian. *Voy* Esclauonie.

Ilus fils de Tros Roy des Troyens, &
pere de Laomedon duquel la ville de Troye fut appellé Ilium; parce
qu'il en auoit releué les murs, dont les
fondemens auoient esté premierement
iettez par le Roy Dardanus. *Virgil. liu.*
1. de l'Æneid.

Imaus partie du mont Caucase, qui
ayant diuisé l'Inde de la Scythie, couppe encore la Scythie en deux.
Plin. liu.6. chap.17. Ptolem. en sa 9. Ta-
ble de l'Asie.

Inaque premier Roy des Argiens,
qui a donné le nom au fleu-
ue Inaque, lequel les Poëtes feignent
auoir esté pere d'Io engrossée par Iupiter changée en vache *Voy* Io.

Incubes ont esté nommez ces De-
my-dieux, dicts autrement
Faunes, Satyres, & Syluains; pource
qu'ils estoient grandement desireux de
l'accointance des femmes. *Voy* Faunes
& Ægipans. De là est que plusieurs
estiment qu'ils viennent coucher auec
les personnes la nuict; & ce neantmoins ce n'est qu'vne simple maladie
nommée aussi Incube, & par les Grecs
Ephialtes, c'est à dire *Sauteur*, qui est vne
suffocation ou oppression de corps, laquelle se faict la nuict à cause d'vne vapeur espaisse & froide qui remplit les
ventricules du cerueau, & qui empesche que les esprits animaux ne soient
portez par les nerfs; & cette stupidité
est causée par les gourmandises, yurongneries & cruditez

Indie contrée tres-noble & tres-grãde de l'Asie, si bien que quelques Geographes l'ont mise pour l'v-
ne des principales parties du monde.
Elle a pris son nom de la riuiere Indus,
appellée des Habitans *Diul* & *Hynd.*
Elle est bornée, selon Strabon & Pline,
vers l'Occident de la riuiere Indus qui
la separe de la Perse: vers le Nord du
mont Taurus: à l'Orient de la mer O-
rientale: & du Midy de la mer Indique:
mais à present les Geographes modernes comprennent soubs ces noms vne
grande

grande partie du pays qui est pardelà le fleuue Indus. Ptolemée la diuise en deux, sçauoir, celle qui est au deça le fleuue du Gange (qui est la partie la plus Occidentale) appellée par l'Escriture *Euilath*, & à present *Indostan* : Et l'autre qui est au dela est l'Orientale appellée *Seria*, & par les habitans *Macijn*, selon Niger, & selon d'autres la Chine. Et est de si grande estenduë qu'elle comprend en sa longueur 53. Meridiens, sçauoir depuis le plus Occidental 106. iusques au plus Oriental 150. & en sa largeur elle s'estend presque depuis l'Æquateur iusques au 44. degré vers le Nord, qui est vers le milieu de 6. climat où le plus long iour d'Esté est de 15. heures & demie. Le Ciel y est fort doux & benin, & toutefois de diuerse temperature à cause de son estenduë. Ce pays est general, surpasse en beauté, en situation & en fertilité de son terroir toutes les autres parties du monde. On y moissonne deux fois l'an, y ayant deux Hyuers & deux Estez : il y a aussi toute sorte de fruicts, & grains en abondance fors du fourment, & du vin qui y est rare, à quoy seruent grandement les riuieres qui se desbordent cóme en Egypte : mais sur tout elle rapporte en abondance de l'orge, du riz, du miel, mesmes de l'encens, de la myrrhe, gingembre, canelle, bausme, nard, & autres espiceries & senteurs aromatiques comme en l'Arabie & en l'Æthiopie, comme aussi plusieurs especes de medicaments & racines d'arbres tát nuisibles que profitables. Sa mer & sa terre luy produisent de toute sorte de pierres precieuses, comme diamants, earboncles, saphirs, ametistes, calchedoines, agathes, &c. Il y a pareillement des mines d'or, d'argent, de fer, & d'autres metaux fors du plomb & de l'airain, selon Pline. Il y a force animaux tant priuez que sauuages, & beaucoup plus grands qu'en aucune partie du monde. Il y a quantité d'Elephans, de

Dragons d'enorme grandeur en ses deserts qui incommodent fort le pays, & des chiés aussi forts que des lyons. L'on y void aussi des singes blancs, & le cameleon qu'on dit ne viure que de l'air seulement comme mesmes plusieurs sortes d'oiseaux qui nous sont inconneuz outre ceux qui nous sont ordinaires. Elle est arrousée de bien soixante grands fleuues, entre lesquels l'Indus ou Inder & le Gange tiennent le premier rang, & le renommé lac de Chyamay qui a 400. milles de tour, dont prennent leur origine plusieurs fleuues. A aussi des montagnes qui n'ont aucune verdeur ny ne portent aucun arbre, mais en recompése il y en a de si hautes dans ses forests, qu'vne flesche n'y peut atteindre, & des rameaux de si grande estenduë qu'ils occupent bien deux stades, selon Solin. Pline recite qu'elle côtenoit 118. grandes nations lesquelles seules entre toutes celles de la terre auoient demeuré dans leurs contrées sans voyager. *Plin li.6.ch.17.* L'on comte iusqu'à 153. de leurs Roys depuis le Pere Liber dit Bacchus iusqu'à Alexandre le Grand Strabon escrit qu'il n'y a eu que Liber, Hercule, & Alexandre le Grád qui les auoit subiugué, iaçoit que Cyrus & Semiramis y ayent tasché. Les Indes de present comprennent plusieurs pays & puissants Royaumes : dont les principaux sont ceux de la Chine, de Siam, de Pegu, de Bengale, de Narsingue, Calicut, Decan, Malabar, Cambaie, &c. Les Isles du Iapon, les Moluques, Iaua, Borneo, Sumatra, Philippines & plusieurs autres. Elles ont aussi grand nombre de villes, car mesmes Alexandre le Grand y en conquist bien 500. (cóbien qu'il n'en n'ait pas eu la connoissance de la troisiesme partie, au dire de Pline) entre lesquelles Calicut estoit la Capitale : mais cet honneur luy est à present contesté par celle de Goa demeure du Viceroy d'Espagne. Cette contrée qui auoit esté si long

Rrrr

temps inconuë aux Européens, fut premierement descouuerte par vn certain Portugais nommé Guasco lequel ayant le premier passé le Cap de BonneEsperance, y arriua l'an de salut 1407. *Pline, Strabon, Theuet liu. 12. chap. 23. de sa Cosmog. Ortel. Magin & autres.*

Indiens peuples de cette grãde partie de la terre, different entr'eux pour le present (car leurs mœurs nous ont esté inconnuës iusques en ces derniers siecles) en leurs mœurs, façons de faire, en leur Religion. Aussi y a il entr'autres quatre nations principales, sçauoir des Indiens naturels qui sont pour la pluspart tous Payens, des Iuifs, des Mahometans qu'on appelle Scythes, Perses & Tartares qui se tiennent au milieu, & les autres sont Mores & Arabes qui habitent les costes & occupent les villes marchandes & maritimes ; finalement il y a beaucoup de Chrestiens tant des nouueaux pour la pluspart Espagnols, que des vieils qui tiennét la Religion qu'y planta S. Thomas qu'ils estiment fort, & honorent comme vn grand Docteur. Les Indiens naturels font de couleur brune, viuent iusques à 130 ans, vont tous nuds pour la pluspart, horsmis les parties honteuses, les pieds & la teste qu'ils couurent plus pour la chaleur que pour le froid. Leur ornement consiste en perles & autres ioyaux, portent de lõgues barbes, & les cheueux courts : font grandement lascifs, font ignorans pour la pluspart, viuants plus suiuant leur coustume que selon les loix : s'appliquent à la Medecine, à l'Astrologie, & aux Arts Magiques; au reste sont simples en leurs affaires, point querelleux, ny larrons. Ils espousent tant de femmes qu'ils veulent, d'entre lesquelles il y en a vne plus cherie qui se fait brusler auec le corps de son mary mort. Ils ne trouuent point aussi deshonneste d'auoir affaire auec leurs meres, sœurs & parens deuant tout le monde. La

Noblesse y est fort estimée ; faut que tous y viuent de mesme mestier ou trafic qu'ont fait leurs predecesseurs. Leur force militaire gist aux soldats qu'ils appellent Naires, qu'on choisit d'entre les Nobles dés l'aage de 7 ans, lesquels on dresse à l'exercice des armes. Les Marchands y sont fort en estime, & ont priuilege de Noblesse. Leurs Prestres qui se disent estre descendus des Brachmanes appellez par les Grecs Gymnosophistes sont entr'eux en grand honneur. *Voy.* Brachmanes & Gymnosophistes. Touchãt leurs mœurs plus particuliers, voy les mots de ses Prouinces. *Iean Huyhgen de Linschoten en son Itineraire. Magin en sa Geogr.*

Indigetes furent appellez entre les Anciens, les hommes deifiez, & lesquels de mortels estoient mis au nombre des immortels à cause de leurs faicts memorables, comme Hercule, Ænée, Romulus, Cæsar, & autres. L'on appelloit de ce nom les Dieux particuliers & tutelaires de quelque lieu, comme *Ibi degenies*, c'est à dire, demeurans là, & attachez à quelque place. *Tite Liue liu. 8. Macrob. liu. 8. chap. 9. du songe de Scipion.*

Indus ou Inder fleuue tres-grand de l'Asie, qui a donné le nom aux Indes qu'il arrouse. On dict qu'Alexandre le Grand ne le peust nauiguer qu'en cinq mois continuels, bien que chaque iour il n'y voguast moins de 600. stades. Il prend sa source du mont Paropamyslus (dit de present *Naugocrot*) qui depend du mont Caucase ; d'où apres auoir receu 19. grosses riuieres entre lesquelles est le grand fleuue Hydaspes de sa grossi de 4. autres riuieres, & le fleuue Cantabra qui en ameine 3. se va desgorger dans la mer Oceane du Couchãt ayant vn cours tousiours moderé. *Plin. li. 6. ch. 26. Arian liu. 5. des gestes d'Alex.*

Ingolstad ville de Bauiere en Allemagne, situé pres le Danube. Elle est renommée pour son

Vniuersité erigée l'ã 14:0. & anoblie depuis de plusieurs priuileges par Louys Duc de Bauiere, & le Pape Pie II. *Merc.*

Innocent I.
Escossois 42. Pape d'vne grande probité de vie, excommunia l'Empereur Arcadius & Eudoxia sa femme, laquelle il deietta de l'Empire pour auoir substitué l'heretique Arsacius à S. Chrysostome. *Niceph. liu. 13. chap. 34.* Chassa le premier les Nouatians de Rome. *Socrat. liu. 6. chap. 9.* Condamna les Albeloites, Nazaréens, Predestinez, Antropomorphites, & autres. Les Conciles de Carthage, & Mileuitain, luy escriuirent comme reciproquement luy à eux, ainsi que le tesmoigne S. August. *Epist.* 90 91. 92. & 93. A laissé plusieurs autres Epistres pleines de grande erudition. Fist dauantage quelques Sainctes constitutions, qu'on ieusnast le Samedy ; que ceux qui vendroient les Saincts Chresmes & autres sainctes huiles fussent punis comme Simoniaques ; que nul ne presumast de iuger le Pape. *Can. Nemo, quæst. 3.* Mourut l'an de salut 421. apres auoir sainctement gouuerné l'Eglise 15. ans, 2. mois, 25. iours. *Theodoret. liu. 5. chap. 23.* De son temps la ville de Rome fut mise à sac par Alaric Roy des Goths. Et le Talmud (qui est vn amas de traditions) fut composé par les Iuifs. *S. Hierosme sur le 8. chap. d'Isaye.*

Innocent II.
Romain, 170. Pape, ayant pris les armes contre Roger Roy de Sicile, fut pris en bataille & mis en prison, pendant lequel temps quelques meschans garnemens créerent vn Antipape nómé Anaclete : Ce qui fist qu'Innocent eschappé de prison vint en France; où il assembla deux Conciles contre son Antipape, l'vn à Clermont, & l'autre à Rheims, où il oignit & sacra le Roy de France Louys VII. dit le ieune. *Annon. liu. 5. ch. 53.* Il en celebra aussi vn autre à Plaisance, puis prist la route de Rome. Passa par Pise (où il celebra aussi vn Concile)

& y pacifia les Pisans auec les Genois. *Plat.* Il eut en suitte vn grand secours côtre Anaclete, de l'Empereur Lothaire, lequel il courôna. *Palmer. en sa Chron.* Il appaisa beaucoup de troubles & seditions qui estoient entre les Romains & les peuples voisins Albanois, Tusculans, Tiburtins, Prenestins, & autres du Latium : Establissant à Rome des Senateurs Cheualiers, ausquels commanderoit vn Patrice, à l'exemple des anciens Romains, où par mesme moyen fut ordonné que le peuple seroit exclus de l'election des Papes. *Onuphr.* Mourut ayant tenu le Siege 14. ans, 7. mois, 13. iours, l'an de grace 1144. *Plat. Naucler, Palmer. & autres.* De son temps florissoit le Grand S Bernard.

Innocent III.
natif d'Agnanie, 182. Pape, personnage de profond sçauoir en toutes sciences liberales, en Iurisprudence & Theologie, aussi se void il plus de ses Constitutions és cinq liures des Decrets, que de tous les autres Pontifes ensemble ; lesquelles partant il commanda estre leuës és Vniuersitez, & obseruées és iugemens. Somma les Princes Chrestiens de prendre les armes contre les Sarrazins qui occupoient l'Espagne. Excommunia l'Empereur Othon pour ce qu'il auoit enuahy quelques terres de la Poüille appartenátes à l'Eglise, & Frederic II. fut designé pour Empereur, mais qui ne fut couronné à cause de la paix faicte auec Othon. *Hirsang. en sa Chron.* Publia le tres-grand & solemnel Concile de Latran qui est le 12. general ou œcumenique. Procura la conuersion de la Liuonie à la Foy. *Blond. liu. 6. decad. 2.* Puis mourut l'an de salut 1216. ayant dignement gouuerné son trouppeau 18. ans, 7. mois, 26. iours. De son temps furent instituez les Ordres mendians, Carmes, Augustins, Iacobins, & Cordeliers. Comme aussi en mesme temps s'esleueret plusieurs Heretiques, sçauoir les Albigeois Trinitaires, Alma-

ric, & autres. *Gaguin.liu. 6. Polyd.Virg. liu.16.de son Hist.d'Anglet.Naucler,&c.*

Innocent IV.
Gennois,189· Pape, hôme sçauant mist en lumiere beaucoup d'œuures doctes, entr'autres l'Apparat aux Decretales & les Authentiques & l'Apologetique touchant l'authorité du Pontife contre les entreprises des Empereurs. *Volat. liu. 22.* Excomunia au Concile de Lyon L'Empereur Frederic II. pour estre rebelle au S. Siege, auoir saccagé l'Italie, & suscité les factions des Guelfes & Gibelins ; anquel le Pape subrogea à l'Empire, & esleut Henry Landgraue de Thuringe, & apres sa mort, Guillaume Comte de Hollande ; dont s'ensuiuit peu apres la mort de Frederic apres qu'il eust esté deffait par le Pape. *Cromer liu. 8. des affaires de Pologne.* Ordonna que les Cardinaux porteroient le Chapeau rouge & iroient à cheual. *Volat.liu. 22.* En fin l'an de salut 1254. il passa de ce monde en l'autre, ayant tenu le Siege 11. ans, 9. mois, 12. iours. *Plat. Naucler, Palmer.*

Innocent V.
Bourguignon, natif de Tarentaise, 191. Pape, fut le premier d'entre les Iacobins qui paruint au souuerain Pontificat : Fut grandement versé és sainctes lettres, amateur de la paix publique, laquelle il establit entre les Pisans & Toscans, & l'eust mise pareillement entre les Gennois & Venitiens, s'il n'eust esté preuenu de la mort le 6. an de son Pontificat, l'an de grace 1276. *Trithem. en sa Chron. Plat.*

Innocent VI.
Lymosin, 205 Pape, personage fort docte en droict Canon & Ciuil, amateur des Religieux ; ne confera iamais les benefices qu'à gens capables, les côtraignant d'y resister. Couronna l'Empereur Charles IV. *Hirsaug. en sa Chron.* Fist la paix entre les Anglois & François. Reforma sa Cour & la despence de sa maison. En fin la mort le rauit l'an

1393. ayant tenu le Siege 9. ans, 8 mois, 6. iours. *Naucler, Volat. Palmer. Plat. &c.*

Innocent VII.
natif de la ville de Sulmone en Italie, 110. Pape, fut nonchaat d'esteindre plusieurs troubles & reuoltes qui s'estoient esleuées à Rome ; & apres en auoir faict mourir plusieurs, il s'enfuit de Rome : mais ayant depuis faict son accord, il y retourna, ayant tousiours pour Antipape en Auignon Pierre de la Lune. Mourut le 2. an de son Pontificat, & de grace 1407 *Plat.*

Innocent VIII.
Gennois, 221. Pape de naturel tres-humain, exhorta les Princes Chrestiens contre les Turcs ; il prist en sa protection la Noblesse d'Espagne sousleuée contre leur Roy Ferdinand auec lequel toutefois il s'accorda ; puis apres pacifia les Colomnois auec les Vrsins. Fist executer la Iustice auec grande seuerité, ayant faict mourir quelques siens officiers faussaires. Le grand seigneur Baiazeth luy enuoya le fer de la lance qui transperça le costé de Nostre Seigneur. *Iouius de l'Estat des Turcs.* Puis l'an de salut 1492. il passa en vne meilleure vie, ayant tenu le Siege 8. ans & 26. iours. *Onuphr.*

Innocent IX.
Boulonnois, 138. Pape, personage docte & de grande prudence. Mourut, comme l'on tient, empoisonné deux mois apres sa creation, l'an 1591. *Tursell. liu 10.*

Ino
fille de Cadmus & d'Hermione, laquelle ayant esté mariée en secondes nopces à Athamas qui auoit repudié Nephelé, se monstra vrayement maratre enuers les enfans du premier lict de son mary, dont indignée Iunon (ou selon Ouide, pour se vanger contre Cadmus) remplit de telle fureur & rage le cœur d'Athmas, que d'vne main parricide il arracha vn de ses enfans d'entre les bras de sa femme Ino & le froissa contre les pierres; ce que voyant:

Ino s'alla precipiter dans la Mer auec
son autre fils Melicerte : Mais Neptune
la recent au nombre des Deesses Marines sous le nom de Leucothoé (qui est
appellée Matute & Aurore;) & son fils
Melicerte pour Dieu sous celuy de Palemon : & ont esté estimez depuis presi
der à ceux qui voyagent sur mer. *Ouide
liu.4. de ses Metam. Voy* Athamas.

I O

Io fille du fleuue Inaque, laquelle Iupiter en estant deuenu amoureux châ-
gea en vache, pour en iouyr plus paisi-
blemét, & pour obuier aux ialousies de
sa femme Iunon : Mais elle pour le priuer de ses amours la luy demanda en
don, laquelle estant obteuuë, elle l'a cô-
mist en la garde d'Argus qui auoit cent
yeux, mais lequel fut apres tué de Mercure par le commandement de Iupiter :
dont Iunon derechef irritée, fist pi-
quer cette vache par des tahons, si bien
qu'elle se precipita en bras de la Mer
Mediterranée (qui d'elle fut nommée
Ioniéne) au dessus de l'emboucheure de
la Mer Adriatique entre les Isles de Sicile & de Candie, qu'elle trauersa à nage & passa iusques au Nil, où estant, Iupiter meu de compassion luy redonna
sa premiere forme ; & dict on qu'elle
espousa depuis Osiris Roy d'Ægypte, &
apres sa mort fut adorée sous le nom
d'Isis. *Ouide liu.* 1. *de ses Metam. Suidas.
Voy* Argus.

Ioab fils de Saruia Colonel de l'armée du Roy Dauid, tua en trahison Abner beaupere de Saül & Prince de sa gendarmerie, contre la parole
que luy auoit donnée Dauid. 2. *Roys
chap.* 4. Reconcilia Absalon à son pere
Dauid, *ch.* 14. Il tua aussi Amasus Prince de la gendarmerie de Iuda : Pour lesquels meurtres il fut luy mesme massacré apres la mort de Dauid, & de son
commandement, par son fils Salomon
3. *Roys chap.* 2.

Ioachas fille de Iehu, & 11. Roy d'Israël, ensuiuit les traces

meschants du Roy Ieroboam, faisant
pecher Israël ; dont Dieu courroucé,
l'affligea & son peuple par Hasaël &
Benadab son fils Roys de Syrie ; ayant
toutefois en fin eu recours à Dieu, &
faict penitence, la paix luy fut octroyée
& à tout Israël. Mourut & fut inhumé
en Samarie apres auoir regné 17. ans,
l'an du monde 3343. 4. *Roys chap.* 13.

Ioachas second fils de Iosias, fut le
19. Roy de Iuda ; en ua hit le
Royaume au preiudice d'Eliachin ou
Ioachim son aisné. Il fut impie & fort
sanguinaire, c'est pourquoy Dieu permist que Nechao Roy d'Egypte le prist
& l'emmena captif en son pays où il
mourut ayant seulemnt regné 3. mois,
enuiron l'an du monde 3557. 4. *Roys
chap.* 23.

Ioachim autrement Eliachim, fils
aisné de Iosias & frere
de Ioachas estably par le Roy d'Egypte
Nechao, à raison dequoy il luy payoit
tribut de 100 talents d'argent & vn d'or
par chacun an. Il regna en Ierusalem
auec toute impieté & idolatrie par l'espace de 11. ans. C'est pourquoy Dieu
permist qu'il s'associa auec Nechao
Roy d'Egypte, contre Nabuchodonosor Roy des Babyloniens, lequel subi-
iugua ce neantmoins l'Egypte & la Iudée, prist Ioachim, le tint captif 3. ans :
mais s'estant rebellé il le fist mourir,
puis commanda qu'il fustieれté hors les
murailles, & qu'il demeurast sans sepulture, constituant son fils Ioachim
dict Iechonias Roy de la Iudée en sa
place. 4. *Roys, chap.* 24. & *Iosphe liu.* 10.
chap. 8. *de ses Ant. Iud.*

Ioas le plus ieune des fils d'Ochosias,
fut le 10. Roy de Iuda, ayant esté
6. ans caché, & garanty de la furieuse
tyrannie d'Athalia sa grand mere (qui
estoit fille d'Achab & mere d'Ochosias
femme tres meschâte, & laquelle auoit
exterminé toute la race Royale fors luy)
fut enfin apres que le Sacrificateur
Ioiada eut faict tuer Athalia esleué au

throſne Royal. 4. *Roys* 11. Il fiſt reparer le temple qui auoit eſté deſtruict par Athalia, des deniers qui eſtoient offerts & mis dans les troncs eſtablis au temple à cet effect. 4. *Roys* 12. Auſſi fut-il bon Prince du commencement: Mais quand Ioiada fut decedé il fiſt mourir ſon fils Zacharie, en punition dequoy tout le Royaume de Iuda fut expoſé à la mercy d'Azaël Roy de Syrie, qui tua les principaux du peuple, & emporta les threſors & richeſſes de Ieruſalem, & luy meſme peu de temps apres fut tué par ſes ſeruiteurs, ayant regné 40. ans, 4. *Roys* 12.

Ioas fils de Ioachas fut le 12. Roy d'Iſraël où il regna 17. ans: eut guerre auec Amaſias Roy de Iuda lequel il priſt & deſtruiſit la ville de Ieruſalem, remportant en Samarie tout l'or, l'argent & les threſors qu'il auoit trouué dans la maiſon Royale & dans le temple. 2. *Paralip.* 25. Et jaçoit qu'il ſe gouuernaſt meſchamment comme auoit fait ſon pere; toutefois il ſe plaiſoit en la conuerſation des Prophetes, & principalement d'Eliſée, par le conſeil duquel il vainquit Benadab Roy de Syrie, & luy oſta les villes que ſon pere Azaël auoit enuahies ſur Iſraël. 4. *Roys* 13. Enfin mourut en Samarie l'an 1343. laiſſant pour ſon ſucceſſeur ſon fils Ieroboam. 4 *Roys* 14.

Ioathan fils d'Oſias 13. Roy de Iuda, fut bon Prince & vertueux, fiſt baſtir le portique du temple, enſemble pluſieurs villes & chaſteaux és montagnes de Iuda: ſurmonta les Ammonites auſquels il impoſa tribut de 100. talents d'argét & de 10000. meſures de grain. Il ſe fiſt aymer de ſes ſubiects, & ſe rendit formidable à ſes ennemis, puis mourut ayant regné 16. ans, & fut enterré eu la Cité de Dauid enuiron l'an du monde 3324. 4. *Roys* 15. 2. *Paralipomen.* 27.

Iob, interpr de l'Hebr. *gemiſſant* ou *endurant l'inimitié*, Prince Arabe en la terre de Hus, deſcendu de la poſterité de Nachor frere d'Abrahã. *S. Hieroſme & R. Selomo.* ou bien ſelon les 70. Interpretes, d'Eſaü. Eſpouſa Dina fille de Iacob. *Philon & le Paraphr. Chald.* Fut vn perſonnage fort ſimple & craignant Dieu, mis pour exemple de la patience. Car Dieu ayant laſché la bride à Satan pour l'affliger, non ſeulement en la perte de ſes biens qui eſtoient en grand nombre, mais auſſi en la mort de ſes ſept enfans & de ſes trois filles: & dauantage en vne maladie incurable & douloureuſe à l'extremité dont il fut frappé; il ne laiſſa toutefois de benir Dieu, ſupportant auec patience cette calamité; ſi bien que Dieu en recónoiſſáce de telle humilité luy redonna au double tout ce qu'il auoit perdu, & depuis encore veſcut 140. ans en toute proſperité: puis mourut ayant veu ſes fils iuſqu'à la quatrieſme generation aagé de 210. ans qui fut pendant tout le téps que les Iſraélites furent en Egypte. *Seder Olam, chap.* 3. Moyſe a traduict ſon Hiſtoire de l'Arabe en Hebrieu qui eſt couché entre les liures Canoniques, ſelon le teſmoignage des Iuifs, ou bien du Syriaque auquel elle auoit eſté eſcrite par luy-meſme. *Origen. liu.* 1. *ſur Iob.*

Iocaſte fille de Creon Roy des Thebains, femme de Laius & mere d'Oedippe, laquelle apres la mort de ſon mary eſpouſa outre ſon ſceu ſon fils Oedippe duquel elle eut puis apres Eteocle & Polinice leſquels s'eſtant occis l'vn l'autre ſur le debat de la ſucceſſion paternelle, cela fut cauſe qu'elle ſe tua elle-meſmé. *Stace liu.* 2. *de ſa Thebaid.*

Iocabel femme d'Amram, & mere de Moyſe & d'Aaron. *Ioſephe liu.* 2 *chap.* 5. *des ſes Ant. Iud.*

Ioctan fils puiſné de Heber, oncle paternel de Rehu, fut pere de treize fils, leſquels peuplerent les Indes & tout l'Orient. *Geneſ. chap.* 10. ils se sont aussi estendus dans l'Amerique, dont le denombrement particulier de leur demeure est faict par Genebrad, *liu. 1. de sa Chronol.*

Ioël fils de Phatuël, l'vn des douze petits Prophetes, menace les Iuifs de destruction s'ils ne sont penitence : leur denonce le dernier iugement ; les console ce neantmoins par les douceurs de la beatitude future. Prophetisoit du temps du Roy Manassés. Nous auons de luy trois Chapitres *és liures Canôniques.*

Ioiada souuerain Pontife des Iuifs, fist tuer Athalia qui auôit exterminé toute la race Royale, & vsurpé le Royaume ; & ayant faict vne saincte ligue auec les principaux du peuple & les soldats, il esleua au throsne Royal Ioas seul resté de la sêmence Royale. Fist en suitte destruire le temple de Baal, & ainsi le Royaume de Iuda demeura en paix. 4. *Roys* 11. Il eut vn fils nommé Zacharie le Prophete qui fut toutefois mis à mort par le commandement de Ioas. *chap.* 13.

Ioigny ou Iuigny Comté de Champagne, qui la separe de la Bourgogne : elle a de present vne vilette de mesme nom, appellée par les Latins *Iouinium*, soubs la iurisdiction du Bailly de Troye.

Iolas fils d'Iphicle, & neueu d'Hercule auquel il ayda à surmonter l Hydre, bruslant ce qui pulluloit à mesure qu'Hercule le couppoit, dont en reconnoissance d'vn si bon office, Hebé Deesse & femme d'Hercule le remist en son ieune aage. *Ouide liu. 9. de ses Metam.* Apres la mort d'Hercule il vint en l'Isle de Sardaigne où il habita auec ceux qui y estoient de Toscane. *Strab. liu.* 5.

Iole fille d'Euryte Roy d'Oechalie, de laquelle, Hercule s'estant enamouré, & luy estant refusée en mariage par son pere, iaçoit qu'il l'eust meritée pour sa victoire, selon les conditions

qu'il en auoit faictes auec luy, fut en leuée par Hercule qui tua Euryte, & apres en auoir iouy la donna à son fils Hillus. *Ouid. liu. 9. de ses Metamorph. Voy Hercule.*

Ion fils de Xutus duquel furent appellez Ioniens ceux qui habitoient l'Achaïe contrée du Peloponnese. *Herodot. liu.* 7.

Ionadab fils de Rechab Prophete tres-illustre, & familier de Iehu Roy d'Israël, 4. *Roys chap.* 10. duquel les enfans par son commandement, comme pelerins & estrangers sur la terre, n'edifioient aucunes maisons, ains demeuroient en des tabernacles, ne labouroient ny semoient la terre ; ne plâtoient vignes & ne beuuoient point de vin, dont ses descendants appellez Rechabites faisoient le mesme vœu. *Ierem.* 35. & dura leur Religion plus de 300. ans. *Genebr. liu. 1. de sa Chronol.*

Ionas l'vn des douze petits Prophetes du téps de Ieroboam fils de Ioas Roy d'Israël, auquel il predit qu'il vaincroit les Syriens, & aggrandiroit son Royaume. Eut commandement de Dieu d'aller prescher la penitêce à Niniue : Mais pensant fuir la presence de Dieu, il s'embarqua dans vn nauire pour aller en Thrace, & s'estant esleuée vne terrible tempeste à son subiet, les Mariniers ietterent le sort, lequel estant tombé sur luy, il fut ietté en mer, mais par miracle fut receu dans le ventre d'vne Baleine, où apres auoir esté trois iours & trois nuicts, la Baleine le vomit sur le bord de la mer, & là ayant impetré pardon il s'en alla en Niniue, où ayant presché la penitence, le Roy & le peuple se conuertirent à Dieu ; & de ce faict mention son liure couché és sacrez Cayers. L'on tient que c'est ce Prophete disciple d'Elisée qui fut ennuyé pour consacrer Iehu Roy d'Israël en Ramoth-Galaad. *Seder-Olam, chap.* 18.

Ionathas second fils de Mathathias, Chef des Machabées, fut

Duc & conducteur des Iuifs, apres la mort de son frere aisné Iudas : surmonta Bacchides Colonnel du Roy de Syrie Demetrius, contre lequel son frere Iudas auoit bataillé & perdu la vie ; toutefois fist paix auec Bacchides, luy faisant rendre les prisonniers, & tout ce qu'il auoit pris en guerre : vainquit aussi vn autre Capitaine de Demetrius, dit Apollonius : & y ayant contestation entre Demetrius & Alexandre, qui vouloient succeder à Antiochus Epiphanes, il suiuit le party d'Alexandre duquel il receut le vestement Sacerdotal & la couronne : & depuis ce temps là la souueraine Sacrificature fut transferée aux Machabées. Ayant depuis chassé les estrangers de Iudée il renouuella alliance auec les Romains, puis il fut traistreusement tué par Tryphon en la ville de Ptolemée, ayant gouuerné le peuple 18. ans l'an du monde 3944. 1. *Machab. 9. 10. 11. & 12.*

¶ Il y en eut vn autre de ce nom, fils du Roy Saül, lequel fut amy tres familier du Roy Dauid, & qui empescha son pere par plusieurs fois de le mettre à mort. 1. *Roys chap 18. 19. & 20.* Il fut tué enfin auec ses freres & son pere Saül en vne bataille contre les Philistins, *chap. 31.*

¶ Il y en eut vn autre de ce nom, 6. Souuerain Pontife des Iuifs depuis la captiuité de Babylone, il estoit contéporain du Prophete Nehemie. *Nehem. 12.*

Ionie Prouince d'Asie Mineur, situé entre l'Æolide & la Carie, vis à vis de l'Isle de Chios, & la mer Icarienne. Elle est loüée pour sa fertilité & bonne temperature de son air. Ses habitans furent appellez Ioniens de certains peuples de Grece ainsi nommez. L'on y voyoit iadis de tres-celebres Citez, comme Milet, Ephese iadis lumiere de toute l'Asie, Clazomene, Colophon, &c. *Magin. en sa Geog.*

Ionienne mer, est cette partie de la mer Mediterranée, qui (comméce au dessus de l'embouchéure du Golfe de Venise, & s'estend entre les Isles de Sicile & de Candie. Ptolemée y comprend aussi sous ce nom cette partie de la mer Adriatique, qui arrouse les costes de la Macedoine au Couchant. Quelques-vns luy donnent ce nom d'vn certain Ion fils de Dyrrachius lequel Hercule, ayant tué par mesgarde, ietta dans la mer pour eternifer sa mémoire. D'autre d'Io fille d'Inache qui la trauersa transformée en vache. D'autres enfin de la Prouince d'Ionie contrée de l'Asie mineur.

Ioinuille, *Voy* **Iainuille.**

Ioppé ville maritime de la Palestine vulgairement *Puerto Iaffa.* Elle fut iadis la demeure Royale de Cephée pere d'Andromede, laquelle pres de là fut exposée au monstre marin : bien que d'autres estiment que ce fut pres d'vne autre ville de mesme nom située és Indes. *Voy* Iaffa.

Ioram fils d'Achab, & frere d'Ochosias, auquel il succeda au Royaume d'Israël, & en fut le 9. Roy, il ensuiuit le train du meschant Ieroboam ; destruisit ce neantmoins les idoles de Baal, estant assisté des armes de Iosaphat Roy de Iuda & du Roy d'Edom il remporta la victoire suiuant la Prophetie d'Elisée, sur Mesa Roy de Moab, qui luy refusoit le tribut accoustumé. Ayant esté blessé en vne bataille contre Asaël Roy de Syrie, comme il estoit en Iezraël pour s'y faire panser : il fut tué (auec Ochosias Roy de Iuda qui l'estoit venu visiter) par Iehu, esleu Roy d'Israël du Prophete Elisée, apres auoir regné 12. ans, du monde 3282. 4. *Roys chap. 3. & 9.*

Ioram fils de Iosaphat, & 7. Roy de Iuda, fist tuer ses petits freres pour commander plus paisiblement : Espousa Athalia fille d'Achab qui le porta à toute meschanceté & idolatrie, nonobstant les sainctes admonitions d'Elie. C'est pourquoy Dieu permist que

que les Philiſtins & Arabes pillerent
ſon Royaume & ſon Palais, & tuerent
tous ſes enfans, horſmis ſon fils Ochoſias : & meſmes les Iduméens, leſquels
depuis le temps de Dauid auoient eſté
touſiours ſubjets au Royaume de Iuda,
s'en ſeparerent lors, & eſtablirent vn
Royaume ſeparé. Dieu luy enuoya auſſi
vne dyſſenterie fort douloureuſe qui luy
fit vuider tous les boyaux, & de laquelle il mourut, ayant langui deux ans, a-
pres auoir regné 8. ans, du monde 3280.
2. Paralip. 21.

Iordain, interpr. de l'Hebr. *Fleuue*
du Iugement, fleuue de la
Paleſtine ayant ſes eaux tres-douces, où
ont de couſtume de ſe lauer les Pelerins.
Il prend ſa ſource de deux fontaines qui
ſont au pied du mont Liban, nommées
Ior & Dan, dont on a fait ce mot de
Iourdain. Il s'eſtend depuis le Septentrion iuſques au Midy, & ſe va rendre
dans la Mer morte, apres auoir formé vn
lac tres-celebre dit de Genezareth ou
mer de Galilée. *Pline liu.5. ch.15. Ma-*
gin en ſa Geogr.

Iornandes Eueſque des Goths,
deſcrit amplement l'o-
rigine des Roys, familles, voyages, &
principales guerres de ſa nation iuſques
à l'an 550. du temps de l'Empereur Iuſtinian. *Genebr. liu.3. de ſa Chronol.*

Ios Iſle de la mer Ægée, l'vne des Sporades à l'entour de Candie, fort celebre à cauſe du ſepulchre d'Homere qui y
eſt. *Pline liu. 4. ch. 12.*

Ioſaphat fils du Roy Aſa, & le 6.
Roy de Iuda: fut vn Prin-
ce tres-bon, iuſte & religieux, enuoya
par toutes les villes de ſon Royaume,
pour enſeigner la Loy de Dieu au peuple, y eſtabliſſant auſſi des Iuges pour y
exercer la iuſtice. Fiſt auſſi de beaux re-
glemens pour la diſcipline militaire ; car
il eſtablit vne gendarmerie tres-puiſſan-
te, & munit les Citez de Iuda de garniſons tres-fortes. Rendit les Philiſtins
& Arabes tributaires. 2. Paral. 17. Fiſt

alliance auec Achab, & maria ſon fils
Ioram à Athalia. fille d'Achab Roy d'Iſraël (dont il fut repris par le Prophete Iehu) c'eſt pourquoy il aſſiſta Ioram
& Ochoſias fils & ſucceſſeurs d'Achab,
contre les Moabites, dont il fut vainqueur miraculeuſement. 4. Roys chap.3.
Ioſephe liure 9. chap. 1. de ſes Antiq. Iud.
Comme auſſi en vne bataille qu'il eut de
ſon Chef auec eux, les Ammonites, &
Syriens, où il r'emporta la victoire ſans
coup frapper : Car tous ſes ennemis ſe
tuerent les vns les autres, ſi bien que
depuis il fut en terreur à toutes les nations voiſines, & floriſſant touſiours en
paix & proſperité ; puis mourut ayant
regné 25. ans, l'an du monde 3272. 2. Paralip. 20.

Ioſeph premier fils de Iacob, & de
Rachel, & 11. en ordre des
enfans d'Iſraël. Ses freres le voyans aymé de ſon pere, & auſſi qu'il leur auoit
declaré quelques ſiens ſonges, qui pro-
nonçoient ſa future domination & authorité par deſſus eux, conceurent vne
enuie contre luy, & conſpirerent ſa mort;
mais Dieu le preſerua ſi bien qu'ils le
ietterent ſeulement en vne Ciſterne ſans
eau, puis de là l'ayans retiré, ils le
vendirent à des Iſmaëlites, qui le menans
en Egypte le reuendirent à Putiphar.
Geneſ. 37. Mais la femme de ſon maiſtre
en eſtant deuenué amoureuſe, & ne l'a-
yant pû fleſchir par ſes prieres laſciues,
feignit qu'il la vouloit forcer, & ainſi le
fit mettre en priſon, où il fut treize ans:
& eſtant arriué qu'il expliqua les ſonges
du Panetier & de l'Eſchanſon du Roy
d'Egypte, il fut par le moyen de cettuy-
cy deliuré de priſon, qui fiſt mention
au Roy de ſon induſtrie, & art de deuination. Dont en ſuitte il expliqua le ſonge du Roy, lequel prononçoit abondance de biens par toute l'Egypte par ſept
années, & ſept autres ſteriles conſecuti-
uemét, dont le Roy le prit en telle amitié
qu'il le fit Gouuerneur de tout ſon Royaume. Ainſi y ayant accreu en hôneur &

SSſſ

puissance il y fist venir son pere & ses freres, auec toute leur famille, de la terre de Chanaan (qui fut le trente-neufiesme de son aage, & le vingt-deuxiesme qu'il auoit esté vendu, *Seder-Olam*) esquels habiterent apres en la terre de Gessen en Egypte en qualité de Pasteurs. Son pere Iacob l'ayma tant, qu'en mourant il luy donna vne portion par dessus ses freres, & adopta ses fils Ephraim & Manasses : il enseuelit en suitte son pere, & le transporta en la terre de Chanaan, auec vne grande pompe funebre. Et apres auoir prophetisé à ses freres, & leur auoir enchargé de transporter aussi ses os au sepulchre de ses peres, il mourut aagé de 110. ans, enuiron l'an du monde 2310. *Genes. depuis le ch. 39. iusqu'au dernier, qui est le 50.* Les histoires prophanes mesmes qui font mention de l'excellence de son esprit, disent qu'il fut le premier interprete des songes, ayat vne grande cognoissance du droict diuin & humain, duquel on receuoit les Oracles comme d'vn Dieu. *Iust. liu. 36. de son histoire, Philo. Bibl. Alex. Polihystor, Aristeas,* & autres: mesmes les Egyptiés en vindrent à telle superstition, qu'ils en formerent vn Dieu au nom de Serapis, c'est à dire le Prince des bœufs, & luy dedierent vn simulachre & vn temple, où l'on nourrissoit vn bœuf sous le nom d'Apis pour symbole de l'Agriculture. Ce simulachre fut abatu par Theophile Patriarche d'Alexandrie, du temps de l'Empereur Theodose le Grand.

¶ Il y en eut vn autre de ce nom fils d'vn autre Iacob, lequel fut espoux de la saincte Vierge Mere du fils de Dieu. *Math. chap. 1.*

¶ Il y en eut vn autre dit d'Arimathée, qui estoit Disciple secret de Iesus-Christ, & qui l'enseuelit fort precieusement dans vn monument tout neuf. *Matth. 27. Marc 15.* L'on tient qu'il fut en Angleterre pour y planter la Foy. *Bede en son hist. Eccles.*

Iosephe

nommé Flaue, fils de Mathatias Hebrieu, tres-illustre Sacrificateur des Iuifs, extraict du costé paternel de la lignée des Sacrificateurs, & du costé maternel du sang Royal. En sa premiere adolescence il ensuiuit les sectes des Esseniens & autres religions des Iuifs qui estoient tres-austeres entre ceux de sa religion, puis celle des Pharisees: il s'entremit en suitte des affaires ciuiles, & fut Gouuerneur de la Galilée, conseillant tousiours ceux de sa nation de s'entretenir en paix auec les Romains. Depuis il vint à Rome pour la cause de quelques Sacrificateurs ses amis, où il fut tres-bien receu par l'Empereur Neron, & de Poppea sa femme. Au siege de Hierusalem fait par Vespasian, il fut pris prisonnier par les Romains, & emmené deuant Vespasian, qui l'eut depuis en grand respect, comme aussi ses fils Titus & Domitian, iusques là d'auoir esté honoré d'vne statuë d'or à Rome. *Suidas.* Il a esté aussi Historien tres graue & tres-fidelle, qui nous a laissé l'Antiquité Iudaïque, l'Histoire de la guerre des Iuifs & autres liures qui se trouuent de present. *Eusebe liu. 3. chap. 9. de son Hist. Eccles.* Il a rendu vn tres-celebre tesmoignage de nostre Sauueur, le disant plus qu'homme, que c'estoit le Christ, le Precepteur de ceux qui oyoient & receuoient choses vrayes, qu'il estoit apparue troisiesme iour apres sa mort, que les Prophetes auoient predit de luy auec plusieurs autres choses grandes & merueilleuses. *Iosephe li. 18. de ses Ant. Iud.*

Iosias

fils d'Amon & son successeur au Royaume de Iuda, dont il fut le 18. Roy, fut vn bon Prince, en suiuant les traces du Roy Dauid. Il purgea son Royaume d'idolatrie: destruisit les idoles & temples de Baal: Fist rebastir le Temple de Salomon qui estoit tout en ruine, & à cet effet se seruit du Souuerain Pontife Elcias, & ayant trouué le liure de la Loy de Dieu dans

l'Arche, le fit lire publiquement faifant penitence auec grande deuotion,
en fuppliant Dieu de pardonner à fon
peuple, lequel auoit enfraint l'alliance
qui y eftoit contenuë, & adiurant fes fujets de la garder à l'aduenir. Enfin affiftant de fes forces Nabuchodonofor Roy
de Babylone, il fut tué en vne bataille
côtre Necha Roy d'Egypte. *Ierem.46.*
Et depuis fa mort la Iudée fut renduë
tributaire à l'Egyptien, regretté grandement de fon peuple, mefme par Hieremie, qui pour ce compofa fes Lamentations. Sa mort aduint le 31. an de fon
regne, & du monde 3557. 4. *Roys, chap.*
21. 22. & 23.

Iofua ou Cyrifcelebes, qu'aucuns
nomment mal Calapin fils aif-
né de Baiazeth, fut (apres la deffaicte de
fon pere) defpoüillé de l'Afie par Tamberlan : Mais eftant efchappé cuidant
fe pouuoir ietter dans Andrinopolis, il
fut pris & mené prifonnier vers l'Empereur de Conftantinople, lequel toutesfois au lieu de le mal traicter, le relaf-
cha : dont Iofua recouura puis apres fon
Royaume & refifta fort bien à Sigifmond Roy de Hongrie, qui luy vouloit
empefcher le paffage, mettant toute fon
armée en déroute; & ainfi ayant pris
courage, il courut fus au Defpote de Seruie, & rauagea les terres de l'Empire de
Conftantinople : Mais preuenu de malade le fixiefme an de fon regne, ou felon
d'autres, il fut tué par fon frere puifné
Muftapha l'an 1407, *Laonic, Calchondyl.*
Turfell. &c.

Iofué (interpreté de l'Hebrieu *Sau-*
ueur) fils de Nun, de la tribu
d'Ephraim, vaillant Capitaine, vray Type de noftre Sauueur Iefus Chrift, non
feulement de nom, mais auffi d'effect.
Eut commandement de Dieu apres la
mort de Moyfe, de conquerir la Terre
de Promiffion : à cet effet apres auoir
enuoyé des efpies, il paffa le Iourdain à
pied fec. *Iofué chap.3. & 4.* Fift circon-
cir les enfans d'Ifraël, deuant que de

les introduire en la terre; & l'Ange de
Dieu luy apparut. *chap. 5.* Print la ville
de Iericho par miracle. *chap. 6.* Força la
ville de Haï, & fift pendre le Roy d'i-
celle. *chap. 8.* Affocia les Gabaonites au
peuple d'Ifraël, & en fuitte furmonta
les cinq Roys qui auoient affiegé leur
ville de Gabaon, où par fes prieres il arrefta le cours du Soleil. *ch. 9. & 10.* Enfin il vainquit & deffift iufques au nombre de 31. Roys, tant au deça qu'au delà
du Iourdain. *ch. 12.* Puis diuifa les terres conqueftées aux lignées d'Ifraël depuis le 13. *ch. iufqu'au 23.* Mourut aagé
de 110. ans, apres auoir gouuerné le peuple d'Ifraël 18. l'an du monde 1727. *Iof.*
chap. 23. & 24. Son liure intitulé de fon
nom & efcrit par luy fe void és Liures
Canoniques. *Iofué chap. 24.*

Iouinian ou Iouian, fucceda en
l'Empire Romain à Iu-
lian l'Apoftat; fut vn Prince de bel efprit, addonné aux lettres, & fort affectionné à la Religion Chreftienne, fi
bien que combattant fous fon predeceffeur, il ayma mieux quitter le baudrier militaire que de facrifier aux dieux.
Eftant efleu à l'Empire, il le refufa &
ne le voulut accepter, qu'au prealable fes foldats & fubjets ne fe fuffent
faicts Chreftiens, difant qu'il ne vouloit
eftre Empereur des Payens. *Nicephor.*
liu.10.ch.8. Auffi reftitua-t'il en fon entier la Religion Chreftienne : fift fermer les temples des idoles, r'appella
d'exil les Euefques Chreftiens, & fpecialement fainct Athanafe, qui auoient
efté bannis pour l'herefie d'Arrius. *So-*
crat.liu. 3. chap. 24. en fon Hift. Ecclef.
Fift caffer & reuoquer toutes les Ordonnances que Iulian auoit faites contre
les Chreftiens, & voulut que l'on fift
profeffion de la feule Religion Chreftienne. *Sozom.liu.6.ch.3.* L'on dit toutesfois qu'il refpecta les Philofophes &
Magiciens, pour laquelle faute Dieu
permift qu'il fuft trouué mort vne nuict,
eftouffé par la fumée, n'eftant aagé

que de 33. ans, & n'ayant tenu le sceptre que 8. mois, enuiron l'an de salut 364. Il fut contraint de faire vne paix fort honteuse auec les Perses à cause des ruines qu'auoit receu l'Empire sous l'Apostat Iulian. *Theodoret liu. 4. chap. 24. Ruffin, Eutrope.*

Iouinian heresiarque, lequel semoit ses erreurs du temps du Pape Liberius. *Sabell. liure 8. Enn. 7.* Esgaloit le merite du mariage à la virginité. *S. Hierosme liu. 1. contre Iouinian, S. August. heres. 82.* Soustenoit que la saincte Vierge auoit perdu sa virginité en enfantant nostre Sauueur, & qu'elle auoit eu cognoissance de Ioseph. Que l'abstinence de certaine viande estoit inutile. *ibid.* Reputoit les pechez esgaux à la mode des Stoïciens, comme aussi la recompense de tous au Ciel. *S. Hierosme liu. 1. contre Iouinian.* Que l'homme regeneré au Baptesme ne pouuoit tomber en peché, ny perdre la grace. *S. August. heres. 82.*

I P

Iphianasse fille de Proëte Roy des Argiens, laquelle auec sa sœur Lisippe, ayants entré en mespris de la Deesse Iunon, & preferé leur beauté à la sienne, furent par elle reduites à telle fureur, qu'elles croyoient estre vaches: mais vn certain Melampus s'estant offert à leur pere pour les guerir en vint à bout, apres auoir appaisé Iunon, & par ce moyen eut en mariage Iphianasse auec vne partie du Royaume de Proëte.

¶ De ce nom est aussi appellé la fille de Clytemnestre. *Voy* Iphigenie.

Iphicle fils d'Amphitrion, nay d'vne mesme ventrée auec Hercules. *Suidas.*

¶ Il y en eut vn autre qu'Hesiode tesmoigne auoir esté d'vne telle legereté de corps & vistesse de pieds, qu'il alloit sur les eaux comme sur terre, & sur des

espics de bled sans les ployer. *Cœl. liu. 5. ch. 5. de ses Anc. Leçons.*

Iphicrate Athenien, grand guerrier & expert au fait des armes, lequel le premier escriuit son nom dans les despoüilles prises sur les ennemis, veu qu'auparauant on y exprimoit seulement le nom de la Cité des vainqueurs. *Suidas.*

Iphigenie (appellée Iphianasse par Lucrece & Homere) fille d'Agamemnon & de Clytemnestre; de laquelle la fable ou plutost l'Histoire desguisée est telle. Agamemnon en l'Aulide ayant tué vn cerf sacré, à Diane la Deesse, excita des tempestes qui retardoient la nauigation des Grecs, tellement qu'il fut resolu entr'eux de l'appaiser, ce qui se deuoit faire (selon la response de l'Oracle) par le sang de celuy qui l'auoit offensée. Iphigenie doncques fut choisie pour cet effet, & emmenée par les ruses d'Vlysse: Mais comme elle estoit sur le buscher, Diane touchée de pieté, elle mesme entournant d'vne nuée cette fille innocente, l'enleua, & mist vne biche en sa place, pendant que les Grecs estoient occupez à parfaire leur sacrifice. De là, elle fut transportée en la region Taurique, où elle fut establie par le Roy Thoas Prestresse de cette Deesse, à laquelle l'on sacrifioit en ce lieu là des victimes humaines, & specialement les estrangers Grecs: Dont arriua qu'estant son frere Oreste venu en ce pays pour se purger de son parricide; comme on le vouloit immoler, elle le preserua de la mort, & s'enfuyant quant & luy, enleua l'idole de la Deesse, & la porta en Italie, où elle fut placée dans la forest Arycine; & là mesmes s'y continuoient tousiours ces sacrifices execrables d'hommes. *Ouide liu. 12. de ses Metam. Euripide.*

Iphimedie, femme du Geant Aloëus, de laquelle il eut deux gemeaux Otus & Ephialtes. *Voy* Aloëus & Ephialtes.

Iphis ieune amoureux, lequel se pendit de desespoir, pour ne pouuoir acquerir les bonnes graces de sa
maistresse Anaxarete. *Ouide li.14. de ses
Metam. Voy* Anaxarete.

Iphis fille de Lygde & de Telethuse
habitans de Pheste en Candie;
elle fut conseruée par sa mere (à laquelle lors qu'elle estoit enceinte, son
pere auoit donné charge de tuer son
fruict si c'estoit vne fille) qui cacha son
sexe si dextrement, qu'il fut tousiours
incogneu iusques à ce qu'elle fut fiancée par son pere, comme garçon, à vne
ieune fille nommée Ianthe; & lors Telethuse ne pouuant plus desguiser la
fraude, pria la Deesse Isis de l'assister,
laquelle touchée de pitié, la changea en
vn beau ieune homme, & ainsi se parfi-
rent leurs nopces heureusement. *Ouide
liure 9. de ses Metamorphoses.*

I R

Irene mere de l'Empereur Constantin sixiesme, auec laquelle elle
gouuerna l'Empire neuf ans : & pour demeurer paisible en l'Empire, fit que Nicephore oncle de son fils eut les yeux
creuez, & fut relegué en vn Monastere:
assembla vn Concile general à Nicée de
350. Euesques en faueur des images : &
ainsi pendant son gouuernement les
Eglises d'Orient receurent les images
és Temples : Mais son fils Constantin
s'ennuyant de son gouuernement, la
reduisit à vne vie particuliere, lequel
toutesfois s'estant depuis abandonné à
toutes sortes de desbauches & tyrannies, Irene qui estoit d'vn esprit ambitieux, prit cette occasion, & pratiquant
la faueur du peuple le fist soufleuer,
se saisit de la personne de son fils, & luy
fist creuer les yeux cinq ans apres, &
en mesme iour qu'elle les auoit fait creuer à son oncle Nicephore. *Zonare to 3.*
Mais le Soleil eut honte de cette horrible action, & s'eclypsa par dix-sept iours.

P. Diacre liu. 23. Blond. liure 1. Decad. 2.
Elle donc ainsi restablie enuoya des Ambassadeurs à Charlemagne pour luy demander la paix, & aussi comme quelques-vns ont escrit, afin qu'il la prist
à femme, estans tous deux vefues (ce
qui ne reussit pour ce subject) la paix
toutesfois ne se fist entre les deux
Empires, lesquels furent separez de ce
temps-là. Celuy de Grece ayant les
terres qu'il possedoit en l'Asie, la pluspart du Royaume de Naples, les Isles de
Sicile, de Candie, & la Prouince d'Albanie, qui est vne partie de l'Esclauonie,
sans compter toute la Grece & la Thrace; la ville de Venise demeurant exempte de la subiection de l'vn & de l'autre.
Mais à peine eut-elle iouy du gouuernement trois ans apres, ou selon d'autres
cinq, que s'estant rendue insupportable
par son ambition, vn certain personnage nommé Nicephore, la despouilla
de son authorité, & l'exila en l'isle de
Lesbos dans vn Monastere enuiron l'an
de salut 802. Elle est remarquable pour
auoir esté tres-belle de corps, comme
de l'esprit, si son ambition ne luy eust
donné cette tache de cruauté enuers
son fils. *Bar. ann. 796. & suiu. P. Diacre, & autres.*

S. Irenée disciple de sainct Polycarpe, fut apres le martyre
de Photin Euesque de Lyon subrogé en
sa place. A escrit en Grec plusieurs doctes liures (dont beaucoup ont esté perdus) & specialement des Commentaires sur l'Apocalypse, selon le tesmoignage d'Eusebe, où se void la confirmation
des Traditions Apostoliques. Tertullian *contre Valentinian*, l'appelle tres-
curieux explorateur de toutes sciences.
Il fut martyrisé auec presque tout le
peuple de sa Cité en la persecution de
l'Empereur Seuere, enuiron l'an 179.
*Eusebe liu. 5. chap. 6. & ann. 189. Baron.
ann. 205.*

Iris fille de Thaumas & d'Electre, &
soeur des Harpyes, selon Hesiode

en sa *Theogonie*. Les Poëtes la feignent la Meſſagere & Porte-nouuelle de Iunon , la diſans eſtre aupres de cette Deeſſe , ce qu'eſtoit Mercure aupres de Iupiter. Meſmes croyoient-ils que nulle ame de femme ne ſe pouuoit diſſoudre d'auec le corps , ſinon par ſon moyen; comme nulle des hommes, ſinon par le moyen de Mercure. Ils la repreſentoient auec vne robbe de diuerſes couleurs à demy trouſſée pour monſtrer ſa promptitude à obeyr au commandement de ſa maiſtreſſe.

Par cette Iris, les Anciens ont entendu l'Arc en Ciel, ainſi appellé du verbe Grec, Eirein, qui ſignifie dire ou annoncer, pource qu'il ſignifie les pluyes. Elle eſt Meſſagere de Iunon, c'eſt à dire de l'air : & fille de Thaumas, qui veut dire merueille: dautant que la formation de ce meteore eſt du tout admirable , ſa robbe bigarée de diuerſes couleurs, & ſpecialement de bleu & de rouge , deſigne les deux ruines du monde , ſçauoir le bleu, celle qui arriua par les eaux du deluge : & l'autre qui eſt rouge, marque l'embraſement poſterieur & deſtruction totale de ce monde, qui doit arriuer par le feu: auſſi fut-il donné pour ſigne de paix à Noé, que la terre ne ſeroit plus ſubmergée par les eaux. Geneſ. 9.

Irlande, Iſle de l'Ocean Septentrional, que les Anciens nommoient Hibernie , les autres Iuuerne, Ierne & Iris , & de preſent par les naturels *Erin*; eſt aſſiſe entre le Cercle Arctique & le Tropique de l'Eſcreuiſſe. Elle s'eſtend du Su au Nord en forme ouale; & eſt plus petite de moitié que la grande Bretagne : Elle comprend en latitude 4 degrez & demy entre le 20. & le 25. paralelles. Son plus grand iour eſt de 16. heures , & d'enuiron 3. quarts, vers le Midy , & vers le Nord de pres de 18. heures. Elle a à ſon Leuant l'Angleterre , dont elle eſt ſeparée par vne mer orageuſe d'enuiron vne iournée de nauigation: Au Couchant la grand' mer Oceane : Au Nord l'Iſle Iſlande , de

laquelle elle n'eſt eſloignée que d'vne iournée de mer ; & au Midy elle a l'Eſpagne qui en eſt diſtante de trois iournées. Quelques-vns font ſa longueur du Midy au Septentrion de 70. lieuës d'Allemagne , & ſa largeur d'Occident en Orient de 23. lieuës. Elle iouyt d'vn air fort doux & temperé , bien que non aſſez bon pour faire meurir les grains. On n'y entend gueres le tonnerre, l'air y eſt grandement humide ; c'eſt pourquoy les habitans ſont fort trauaillez de catharres. Le pays eſt montueux, mareſcageux & plein de foreſts , expoſé aux vents & pluyes plus que les autres terres : Il y a toutesfois de belles plaines fertiles en paſturages , qui fait que cette Iſle abonde en laict, beurre & fourmage: le bled y eſt court & menu , & les vignes y ſont plus pour ornement que pour fruicts qu'elles portent. Cette Iſle ne produit rien de venimeux , ny meſme aucune beſte malfaiſante que le loup & le renard. Il y a quantité de cheuaux , comme auſſi force faucons, eſperuiers & grües, mais point de perdrix , phaiſans & roſſignols. Les animaux ſont plus petits qu'en aucun autre pays. Il y a certain bois nageant ſur la mer, dont il coule vne eſpece de gomme qui s'endurcit apres , dont naiſſent des animaux qui ont premierement vie, puis prennent des aiſles & volent enfin par l'air , ou nagent ſur l'eau : il y a encore d'autres oyeaux nommez martinets moindres que les merles , qui eſtans morts & mis en vn lieu ſec renouuellent leurs plumes tous les ans ſi on les y prend , voire conſeruent les habits de la teigne eſtans mis auec dans les coffres. En Momonie (qui eſt vne des contrées de cette Iſle) il y a vn lac dans lequel y a deux Iſles, où en la plus grande il n'y eſt iamais entré femme ny aucun animal feminin qui ne ſoit mort incontinent. Il y a auſſi vne Iſle en Vltonie en vn canton de laquelle il y a des malings eſprits qui y dominent ſi bien que si quelque personne se hazarde d'y coucher, il est aussi-tost tourmenté & gehenné : on l'appelle le Purgatoire de sainct Patrice. En ce mesme quartier d'Vltonie il y a vne fontaine, laquelle à cause de sa grande froideur change le bois qu'on y iette en pierre par laps de temps. En Momonie il y en a vne autre à laquelle si tost que quelqu'vn touche, il commence à pleuuoir incontinent. Cette Isle estoit iadis commandée par plusieurs Seigneurs, mais elle est maintenant sous la puissance des Anglois depuis l'an 1175. lors que Roderic Roy de Connacie se qualifioit Roy de toute l'Isle pensant subiuguer les autres petits Roys qui dominoient, lesquels se voyants trop foibles, se rangerent de leur bon gré sous l'obeyssance de Henry second Roy d'Angleterre : & depuis ses successeurs Roys l'occuperent en qualité de Seigneurs seulement, iusques à Henry huictiesme, lequel en fut declaré Roy par l'aduis des Estats & principaux de cette Isle. Et depuis les Roys d'Angleterre y ont enuoyé & enuoyent encore de present des Viceroys qui la gouuernent au nom de leurs Maiestez, & ces Viceroys ont puissance de faire la guerre ou la paix, ordonner & disposer des Magistrats, excepté de quelques-vns ; remettre tous crimes, hors-mis ceux de leze-Majesté. Elle est diuisée de present en cinq principales contrées, sçauoir en la Momonie, qui est au Midy ; en la Lagenie, qui est au Leuant ; en la Connacie, au Couchant ; en l'Vltonie, au Nord ; & la Medie, qui est presque au milieu. Ses villes sont Dublin, (qui est sa Capitale) waterford, Corsagie & autres *Gireld. Polydor. Neubrig. & I. Maior.*

Irlandois, peuples de cette Isle,

iadis fort sauuages, qui se repaissoient de chair humaine, comme le tesmoignent Strabon liure 4. & sainct Hierosme : Mesmes ils tenoient pour chose honneste de manger le corps de leurs parens apres leur mort : Reputoient les incestes licites, & mesmes le droict & l'iniustice leur estoient choses indifferentes.

Maintenant les mœurs de ses habitans sont de deux sortes : Les plus barbares & qui ne veulent obeyr aux loix, sont nommez *Vvild-Irisch*, ou Irlandois sauuages : Les autres qui sont plus doux & politiques, obeyssent par les Loix, & sont appellez Anglois-Irlandois, à cause du comerce iournalier qu'ils ont auec l'Anglois, dont ils parlent aussi la langue. Ils sont ordinairement tous forts, agiles & de grand courage, s'exposans librement à toute sorte de peril ; mais impatiens au trauail & autres incomoditez ; sont aussi fort adonnez à l'amour, constans en leur amitié, irreconciliables en leur hayne, & du tout extremes en leurs passions ; se plaisent grandement à l'oisiueté, si bien qu'ils ayment mieux mandier que de gaigner leur vie par vn honneste trauail ; affectionnent la musique. Ils changent de femmes & de maris pour legere cause, de sorte qu'on ne peut sçauoir la verité du mariage iusques à ce qu'ils meurent. Les Religieux y gardent fort austerement leur Regle. Ils sont pareillement fort superstitieux & adonnez aux enchantements & sorceleries, comme aussi au larcin, lequel entr'eux ne porte point d'infamie.

Quant à leur Religion, il receurent la foy l'an de salut 335. du temps que Fincomard regnoit en Escosse : Ce qui aduint par le moyen de la Reyne, gaignée par vne femme d'entre les Pictes ou Escossois, qui en suitte conuertit le Roy, dont s'ensuiuit la reduction de ses subjets au Christianisme. Ils ont vescu en cette mesme Religion iusques au Roy d'Angleterre Henry 8. qui y sema premierement l'heresie : Les Catholiques y sont grandement persecutez, & n'y osent faire aucun exercice de leur relig. ō qu'en payant tribut : mesmes s'en sont retirez pour la pluspart & refugiez de tous les

coſtes de l'Europe. Il y a quatre Archeueſchez, ſçauoir celuy de Dublin, d'Ar-
mach Primatie de l'Iſle, Caſſil, & de
Thouame, & ces quatre ont 29. Suffragants. Leur authorité eſtoit iadis grande, mais auiourd'huy le Roy d'Angleterre qui a vſurpé auſſi la puiſſance ſpiri-
-tuelle, la leur a toute retranchée. *Ortel.*
Magin en ſa Geogr. Mercat. en ſon Atlas,
Girald. & autres.

Irmengrade fille d'Ingrame Duc
d'Angers, premiere
femme de Louys le Debonnaire, dont il
eut trois fils, ſçauoir Lothaire, Pepin,
& Louys. Elle fut d'vn doux & pitoya-
ble naturel. Elle giſt en la grande Egliſe
d'Angers.

Irom Roy de Tyr. *Voy* Hiram.

Irus certain pauure mendiant de l'Iſle
d'Ihaque, que ſeruoit de porte-
poulet aux Courtiſans de Penelopé,
femme d'Vlyſſe. Iceluy l'ayant rencontré à ſon retour de la guerre de Troye,
le tua d'vn coup de poing. *Homere liu.*
18. de ſon Odyſſée. Sa pauureté fut ſi
grande que l'on appelle encore du nom
d'Irus cèux que l'on cognoiſt eſtre ne-
ceſſiteux. *Ouid.*

I S

Iſaac, interpreté de l'Hebrieu *ris*, ou
ioye, fut fils d'Abraham & de
Sara. *Geneſ.* 21. Il fut offert en ſacrifice
à Dieu, & de ſon commandement par ſon
pere Abraham, eſtant lors âgé de trente-
ſept ans: il porta luy-meſme le bois dont
il deuoit eſtre immolé: mais il en fut deliuré par l'Ange, Dieu ſe contentant de
la volonté du pere. *Geneſ.* 22. Il eſpouſa
Rebeca ſa couſine, fille de Bathuël. *Ge-*
neſ. 24. laquelle eſtant ce neantmoins
ſterile, luy enfanta deux gemeaux, ſçauoir Eſaü & Iacob *Geneſ.* 25. Il ſe retira
depuis en Gerara ville de la Paleſtine à
cauſe de la famine, où il entendit de la
part de Dieu, la meſme promeſſe qui

auoit eſté faite à ſon pere, touchant la
multiplication & benediction de ſa ſemence, & de faict Dieu luy donna là de
toutes ſortes de biens à foiſon; *Geneſ.* 26.
Eſtant aagé de cent dix-ſept ans il deuint
aueugle, & donna ſa benediction à ſon
puiſné Iacob, & y fut preferé à ſon frere
Eſaü: Enfin il mourut en Hebron & y
fut enterré (auſſi c'eſtoit le ſepulchre de
ſes peres) par ſes fils. *Geneſ.* 15. eſtant
aagé de cent quatre-vingt ans, dix deuant
la deſcente de Iacob, & des Iſraëlites en
Egypte, & du monde 2123. Luy ſeul retint le vray ſeruice de Dieu, s'eſtant Iſmaël & les autres enfans d'Abraham addonnez à l'idolatrie & autres impietez:
& pource il a eſté en pluſieurs façons le
Prototype de noſtre Sauueur Ieſus-
Chriſt; comme Iſmaël autre fils d'A-
braham pere des Arabes, dicts depuis
Sarrazins, l'a eſté du ſeducteur Mahomet, ainſi que le remarquent tous les
Peres.

Iſaac Comnene, Empereur
d'Orient,
ayant dépoüillé de l'Empire ſon predeceſſeur Michel l'Ancien, auec l'ayde du
Patriarche de Conſtantinople, ce neantmoins le depoſa puis apres du Patriarchat & le bannit. Il fut preux & vaillant,
mais arrogant: vn mal de coſté l'ayant
pris à la chaſſe, il ſe fiſt Moyne, ayant
inſtitué pour ſon ſucceſſeur Conſtantin
Ducas. Les autres tiennent qu'il mourut de frayeur le 2. an de ſon Empire,
ayant pourſuiuy à la chaſſe à l'entour de
Naples vn ſanglier horrible à voir, ou
plutoſt vn phantoſme qui s'alla plonger
en la mer, & qu'vn coup de foudre ſuruint, dont Comnene fut tellement eſper-
du, qu'il tomba de ſon cheual en terre, ce
qui arriua enuiron l'an de ſalut 1060.
Baron. ann. 1057.

Iſaac dit l'Ange auſſi Empereur d'O-
rient, ſucceſſeur d'Andronic. Les
cinq premieres années de ſon Empire
furent paiſibles & agreables: mais apres
la victoire des Grecs contre les Siciliens,
il deſ-

il defcouurit-fon naturel fordide &
cruel, conduifant fes affaires par frau-
des & cauaillations, fe mocquant de fes
feruiteurs. Mefmes les Perfes & Vvala-
ques s'efleuerent contre luy à fon grand
def-auantage ; vn de fes Lieütenans
nommé Branas le vint affieger dans
Conftantinople où il euft efté pris fans
l'affiftance de Conrad Marquis de
Montferrat. Il fift depuis beaucoup
de maux au Patriarche de Conftantinople & aux Ecclefiaftiques, mais toft
apres fon frere Alexis luy braffa vne
confpiration, fi bien que l'ayant furpris,
il le priua des yeux & de l'Empire qu'il
auoit ja gouuerné 10. ans. Et bien-qu'il
fuft depuis deliuré de prifon par fon
fils Alexius affifté des François & Venitiens, il mourut toutesfois toft apres,
fçauoir enuiron l'an 1193.

Ifabelle fille d'Emanuël Roy de
Portugal, & femme de
l'Empereur Charles le Quint. Elle eut
de luy cinq enfans, deux fils defquels
l'aifné nommé Philippes luy fucceda au
Royaume d'Efpagne, & trois filles. Puis
mourut l'an 1539.

¶ Il y en eut vne autre de ce nom, fille
du Roy de France Philippes IV. & ef-
poufe du Roy d'Angleterre Edouard
V. lequel elle depofa du Royaume. *Voy*
Edouard V.

¶ Il y en eut vne autre de ce nom, femme de Ferdinand VI. Princeffe chafte
& vertueufe de laquelle il eut quatre
filles & vn fils.

Ifaïe, *Voy* Efaïe,

Ifaurie contrée de l'Afie Mineur,
voifine de la Cilicie vers le
mont Taurus, de laquelle P. Seruilius
pour l'auoir fubiuguée fut furnommé
Ifauricus. *Strab. liu.* 12.

Isbofeth fils de Saül, lequel maintenu par Abner fon Lieu-
tenant, regna enuiron 7. ans & demy
fur Ifraël, cependant que le Roy Dauid
regnoit fur Iuda, auec lequel il eut

guerre continuelle. En fin il fut tué
eftant fur fon lict, par quelques traiftres,
lefquels Dauid toutesfois fift mourir.
2. Roys chap. 3. *&* 4.

Ifchia Ifle, l'vne des plus grandes
qui foit és enuirons du golfe
de Pouffoles & de Naples. Elle a bien
en fon tour enuiron 18. milles, prefque
toute enfermée de rochers. Elle eft tres-
fertile en vin & en bons fruicts. Il y a
plufieurs bains d'eaux chaudes, comme
auffi il y a plufieurs veines de foulfre, &
pour ce elle eft grandement fubiecte
aux embrazemens, comme il aduint l'an
de falut 1301. du temps de Charles II.
Roy de Sicile, car le feu y dura bien l'efpace de deux mois, y ayant embrazé vne
grande partie de la ville d'Ifchia. *Magin en fa Geogr.*

Ifchonomache femme de Pirithous, autre-
ment appellée Hippodamie. *Voy* Hippodamie.

Ifdigerté Monarque des Perfes,
enuiron l'an de falut
406. fut en telle eftime vers l'Empereur Arcadius, que venant à mourir il
le conftitua tuteur de fon fils, auffi obferua t'il eftroictement l'alliance laquelle fon pere auoit faicte auec les
Romains, & enuoya au ieune Prince
Theodofe vn vertueux & fage Gouuerneur, lequel fe rendit le Protecteur de
l'Empire & Conferuateur des droicts
de fon mineur. Ifdigerté fut de là en
auant le fupport des Chreftiens, leur
ayant efté auparauant fort cruel, par le
confeil de fes Mages & Sacrificateurs; à
quoy ayda beaucoup vn S. Euefque
de Mefopotamie nommé Marunthe, lequel auoit guery Varany fils du Roy
qui eftoit demoniaque, felon P. Diacre, ou bien felon Socrate, pour ce qu'il
auoit guary le Roy mefme d'vn mal de
tefte par le feul figne de la Croix: & y
a grande apparence qu'il fe fuft faict
Chreftien fans fes Mages qui auoient
vn grand credit en fon Royaume. Il

Tttt

mourut l'an de grace 427. ayant tenu le sceptre 21. an.

Isere fleuue, qui venant de Sauoye, passe par Grenoble & Romans en Dauphiné, & de là se va rendre dans le Rhosne pres de Valence.

Isidore Euesque de Seuille, appellé le Ieune à la difference de l'Ancien Euesque de Cordoüe, fut disciple de S. Gregoire le Grand, & d'vne grande saincteté & erudition exquise: A faict vn recueil en forme de lieux communs de tous les Peres; comme aussi vn à part à la suscitation de 80. Euesques, des Decrets & Canons contenus és Epistres des Papes Clemens, Anacletes, Euariste, & autres iusques à Sylueftre I. A aussi composé l'Histoire des Goths commençant au Roy Athanaric iusques au 3. an du regne de Suintille, c'est à sçauoir depuis l'an de grace 369. iusques à l'an 626. A escrit encores plusieurs autres liures mentionnez par Tritheme. Erigea vn fameux College à Seuille dont sont sortis plusieurs doctes personnages. *Vasée.* Presida au 2. Concile de Seuille. *Baron. ann.* 619. Mourut l'an de grace 636 aprés auoir gouuerné son Eglise 40. ans. *Alphonse.*

¶ Il y en eut vn autre de ce nom, surnommé l'Ancien, Euesque de Cordoüe, fort versé és Sainctes lettres, qui a escrit sur les liures des Roys, & vne Chronique depuis le premier Consulat de Theodose soubs lequel il florissoit, iusques en l'an 490. *Tritheme en son Catal.*

¶ Il y en eut vn autre de ce nom, dict Pelusiote disciple de S. Chrysostome, Abbé en Egypte de vie tres-austere, qui a escrit vn grand nombre de liures sur les sainctes Escritures. Florissoit soubs Theodose le Ieune, l'an 440. *Nicephore liu.* 14. *chap.* 53.

Isis Deesse honorée par les Egyptiens qu'ils tenoient auoir esté femme de leur Roy Osiris; L'on la nommoit auparauant Io, fille d'Inache Roy des Argiens, laquelle auoit esté aymée de Iu-

piter, & par luy transmuée en vache pour esuiter les ialousies de Iunon; mais que depuis ayant receu sa premiere forme par la faueur de son Amant (touchant laquelle fable, *Voy* Argus & Io) elle vint en Egypte, où elle espousa Osiris: & d'autant que l'vn & l'autre furent cause de grands biens tant que par leur sage gouuernement qu'aussi pour leurs belles inuentions, & principalement celle de l'Agriculture, ils meriterent des honneurs diuins, & furent adorez, sçauoir Osiris, sous le nom d'Apis & de Serapis, & Io soubs celuy d'Isis. Les Anciens la prenoient pour la Lune, & pource ils la representoient vestuë de noir (pource que cet astre n'est de soy qu'vn corps opaque & obscur,) & ayant des cornes argentines sur la teste. Aussi Eusebe *liu.* 1. *de sa prepar. Euang.* tesmoigne que les Egyptiens ayans les premiers obserué le cours & mouuemét des astres, ont estimé Dieux le Soleil & la Lune, designant par cet Osiris le Soleil, & la Lune par cette Isis, ausquels ils faisoient de grands honneurs, & de faict toutes leurs ceremonies estoient remplis des actions mysterieuses de ces Dieux, comme se void tres-amplement dans Plutarque *au traicté qu'il a fait d'Isis & d'Osiris. Voy* Apis & Osiris.

Islande Isle Septentrionale de l'Europe, situé sous le cercle Arctique, ainsi appellée en langage du pays, comme qui diroit Terre glacée: Elle estoit appellée Thule par Ptolemée & les autres Anciens: Sa longueur est de cent lieuës d'Allemagne, selon quelques vns; & sa largeur de 65. Son plus long iour d'Esté lors que le Soleil entre au premier degré de l'Escreuisse est precisément de 24. heures, & la nuit n'est que d'vn instant; comme au contraire en Hyuer lors que le Soleil entre au Capricorne, il n'y a qu'vn moment de iour, & la nuict est de 24. heures. Le ciel y est fort rigoureux à cause du froid

& que la bize y fouffle auec tant de vé-
hemence que la terre n'y produit ny ne
peut receuoir la femence, toutesfois les
endroicts où le pays eft plat, il y a des
campagnes & prairies fi graffes & abondantes en herbes qu'on y faict repaiftre
les beftes par mefure, autrement elles
creueroient pour trop manger : les
Bœufs & les Vaches y font fans cornes,
mais les Moutons ne font pas de mefme :
Ils ont de petits Chiens en grand nombre qu'ils cheriffent fort, & ont auffi des
Faucons, des Corbeaux, de Lieures, &
des Ours blancs : il n'y a prefque point
d'autres bois que des Geneuriers. On
y void vne fontaine laquelle transfor-
me en dureté pierreufe tout ce qui eft
expofé à fon exhalaifon. Il y en a d'autres dont l'eau eftant beuë tuë comme
fi c'eftoit du poifon. Sa mer proche luy
fournit vne infinité de poiffons dont les
habitans fe nourriffent, & en font vn
grand traffic : Ils y trouue des poiffons
fi grands & monftrueux que ce font autant de merueilles de nature, car entre
autres il y a vne efpece de baleine qui
femble vne Ifle, & renuerfe les nauires
auec fes aifles.

Entre fes montagnes il y en a trois
fort hautes, dont les fommets font toufiours couuerts de neiges, & le pied eft
tout en feu ; la plus grande fe nomme
Hecla, fituée vers l'Occident la 2. de la
Croix, & la 3. Helga : en celle d'Hecla
il y a force mines de foulfre, & duquel
les marchands font vn grand trafic ;
mais cette montagne tonne quelquesfois auec tant de bruict & de tempefte
que c'eft merueilles ie titant hors de fes
entrailles des cailloux d'eftrange grandeur, dont toute la terre eft couuerte à plus de vingt iects de pierre, delà ceux qui s'en voulent approcher font
le plus fouuent abyfmez dans des ou-
uertures & gouffres de foulfres qui font
tellement couuerts de cendres qu'on ne
peut s'en prendre garde, à caufe de quoy
le vulgaire eftime que c'eft la prifon des

ames foüillées ; & ce qui leur donne
dauantage cefte creance, c'eft que la
glace qui fe fond au bout de huict mois,
venant à donner contre le riuage y faict
vn grand efclat, & pource tient-on que
c'eft la plainete & le cry des ames ; & de
plus, c'eft qu'on y void en aucuns endroicts des efprits qui apparoiffent vifi-
blement aux viuans, voire les feruent
& difparoiffent quand le temps eft expiré, ainfi que le tefmoigne Olaüs
le Grand, Monfter & autres.

Cette Ifle depuis l'an 1260. eft foubs
la domination du Roy de Dannemarch,
qui y enuoye tous les ans vn Gouuerneur : Il y a deux Euefchez, fçauoir
Schalholt, & Holam, qui ont fous foy
chacun quatre Monafteres.

LES Infulaires ont leurs demeures
taillées en des rochers & montagnes,
auffi n'ont ils point de villes. Quelquesfois auffi ils baftiffent quelques logettes
d'offements de poiffons : Ils couchent
fous vn mefme toict auec leurs beftes :
Ils viuet fort fimplemét & ne cherchent
autre chofe que ce que la nature octroye
aux hommes ; mais les marchands Anglois & autres eftrangers leur ont apporté leurs vices auec leur marchādifes,
toutes chofes font prefque en commun
fors les femmes : Ils font fort curieux
de faire des chanfons à la loüauge de
leurs anceftres defquels ils en grauent
les faicts vertueux dans des rochers &
de grandes pierres : Leur langage eft
vieil Allemand ou Cimbrique, felon le
tefmoignage d'Ortelius. *Magin. Mercat.*

Ifle de France

eft cette partie
du Royaume de
France, en la Gaule Belgique, ainfi appellée, pource qu'elle eft comme enfermée dans l'enclos des riuieres de
Seine, Marne, Ayfne & Oyfe ; & auffi
que felon plufieurs, les Gaulois & Sicambriens s'y arrefterent premierement
qu'en aucun lieu de Gaule, fous le nom
de Francs ou François, fi bien qu'elle n'a
point retenu d'autre nom particulier

Tttt ij

que celuy de France, comme ont faict
toutes les autres prouinces du Royaume : & en cette façon elle comprend
plusieurs villes signalées, comme entr'autres, Paris capitale de tout le
Royaume, Soissons, Corbeil, S. Denis,
Pontoise, Poissy, &c. Quelques modernes toutesfois restreignent l'Isle de
France à l'vne des 4 parties de la Pre-
uosté & Vicomté de Paris, n'y comprenant que ce qui est depuis S. Denis iusques à Poissy & Montmorancy, & generalement tout ce qui est entre les destours & serpentements de la Seine en
tirant vers la Picardie & la Normandie. Quoy que c'en soit, ce pays est abondant en fourment, seigle, orge, &c. fertile en vins, fruicts, pasturages, & generalement tout ce qui peut seruir à l'vsage de l'homme ; mesmes elle rapporte
particulierement force pierre de taille, & du plastre, dont on bastit les maisons & Chasteaux qui y sont en grand
nombre magnifiquement esleuez.

Ismaël fils premier nay d'Abraham,
de sa seruante Agar, il fut
ainsi nommé par l'Ange (pour ce qu'il
auoit esté octroyé de Dieu par les prieres d'Abraham) qui luy predit quand
& quand qu'il seroit farouche & cruel,
dont la main seroit contre tous, & celle
d'vn chacun côtre luy ; mais qu'il esten-
droit ses tabernacles vis à vis de ses freres, & sa semence seroit multipliée sans
nombre. Genes. 16. Ayant esté chassé
auec sa mere par Sara femme legitime
d'Abraham, il fut preserué de mourir
de soif par vn Ange, & depuis espousa
vne femme Egyptienne de laquelle il
eut douze fils. Genes. 21. Ils ont esté Princes des Arabes qui ont possedé & nommé presque toutes les regions de l'Arabie, mesmes de la Deserte & Pierreuse ;
maudites nations selon la chair, ayans
perpetuelle contraste & inimitié contre Isaac & les enfans de la promesse
qui sont nais selon l'esprit, suiuant le
tesmoignage de S. Paul. Galat. chap. 4.

Aussi d'eux sont descendus les Agareniens, Ismaëlites, Arabes, Sarrazins, &
les Turcs & Mahometans (comme mesme Mahomet se vante en son Alcoran)
lesquels mesmes affligent & persecu-
tent encores le peuple de Dieu. Il mourut aagé de 157. ans, apres auoir (auec
son frere Isaac (enterré son pere Abraham. Genes. 25. Iosephe liu. 1. chap. 12. de
ses Antiq. Iudaïques.

Ismaël petit fils d'Vsunchassan, &
premier Roy de Perse de la
lignée des Sophians, il estoit beau à
merueilles & d'vne façon graue &
courtoise, nourry par vn Prestre Armenien : Donna vne forte bataille contre
Alamut son predecesseur ; força Tauris
où il s'estoit refugié, en laquelle il exerça de grandes cruautez, lesquelles il cô-
tinua sur ceux qui refusoient d'estre de
sa secte, qui estoit celle d'Alli gendre &
sectateur du faux Prophete Mahomet,
& de faict il y fist paroistre tant de superstition que l'on dict qu'il ne vouloit
rien manger, que ce qui luy estoit donné en aumosne, & ce qui luy restoit le
donnoit aux pauures. Ainsi la reputation de son courage & de sa religion le
fist suiure auec grande ardeur des Persans, par l'aide desquels il se rendit
puissant & redoutable, & estendit les limites de son Empire plus qu'aucun de
ses predecesseurs : Deffist Murar-Chan
Sultan de Bagadet, comme aussi le Sultan Calib qui tenoit la Prouince de
Diarbech ou Mesopotamie ; Força la
ville de Casrie ou Cæsarée, & s'empara de plusieurs pays & Prouinces, mesmes sur le Grand Cham de Tartarie où
il exerça partout des cruautez nompareilles : mais il fut specialement ennemy iuré des Turcs, ayant mesmes conuié l'Empereur Maximilian I. le Roy
Louys XII. & les Venitiens de s'armer
contre luy : il enuoya aussi pour cet effect des Ambassadeurs au Roy de Cambaie & aux Indes vers le Viceroy des
Portugais, ce qui il faisoit aussi pour

augmenter & eftendre fa nouuelle religion à laquelle il fe monftra grandemét
zelé. Mais ayant entrepris la guerre côtre Selim Empereur des Turcs, il luy liura vne furieufe bataille en Armenie
pres de Calderane, & laquelle toutesfois il perdit auec la ville de Tauris qui
fut toute faccagée: Ce neantmoins If-
maël luy donnant fur la queuë pres le
fleuue Euphrate, il recouura vne grande partie de fes pertes; & depuis ce téps
là ont efté touſiours prouignées les grā-
des inimitiez qui font entre le Perfan &
le Turc. Il mourut l'an 1521. apres auoir
gouuerné la Monarchie de Perſe 20.
ans. *Iouius. liu. 5. des Hommes illuftres.*

Ifmenias Thebain, lequel iouoit fi
dextrement de la flufte &
auec telle harmonie qu'il en gueriffoit
les gouttes fciatiques. *Alex. d'Alex. li. 2.
ch. 17.* Et toutefois Antifthenes difoit de
luy qu'il ne valoit rien: pource que s'il
euft efté bon, il n'euft pas efté fluteur.
Plutarq. en la vie de Pericles.

Ifocrate Lacedemonien, Orateur
tres-inuentif & d'vn ftile
fort net, iaçoit qu'il n'euft iamais parlé
en public qu'vne feule fois, il dreffa
toutefois vne Efchole & fe mift à apprendre aux autres, & à eſcrire, là où il
compofa fon Oraifon Panegyrique, &
quelques autres deliberatiues où il gaigna beaucoup. Fut Precepteur de Demofthene, auffi eftoit-il expert pour enfeigner fon art; & à quelqu'vn qui luy
demandoit comme il eftoit poffible qu'il
rendir les autres Orateurs fi fuffifans à
bien dire, veu qu'il ne l'eftoit pas luy-
mefme? *Pour ce;* repliqua t'il, *que les
cueux ne peuuent pas couper, mais elles rendent bien le fer apte & propre à coupper.*
Difoit, *Qu'il falloit qu'vn homme de bien
contint non feulement fes mains, mais auffi
fes yeux.* Difoit auffi, *Que le propre de la
Rhetorique eftoit de faire les chofes grand-
des, petites, & les petites, grandes.* Mourut aagé de 106. ans. *Plutarq. en la vie
des dix Orateurs.*

Ifraël, interpr. de l'Hebr. *Homme
voyant Dieu,* ou *furmontant
Dieu.* Nom lequel fut donné par l'Ange à Iacob, pour ce qu'il l'auoit vaincu
à la luicte, *Genef. 32.* De ce nom les Hebrieux qui defcendirent de fa fouche
furét auffi appellés Ifraëlites qui eftoient
diuifez en 12. Tribus; mais du depuis
que du temps de Roboam fils de Salomon, ils furent diuifez en deux Royaumes, & que Ieroboam eut attiré dix Tribus à foy, fon Royaume feulement retint le nom d'Ifraël; & celuy de Roboam
ne comprenoit que les deux autres Tribus, lequel prift celuy de Iuda: Ce
neantmoins tout le peuple Iuif eft communément appellé dans l'Efcriture,
fainéte, & autres Autheurs facrez, le
peuple d'Ifraël. *Voy Iuifs.*

Iffachar 5. fils de Iacob & de fa femme Lia, & 9. en ordre des
enfans d'Ifraël. *Genef. 30.* Eft comparé
par fon pere à l'Afne fort gifant entre
les bornes; auffi fut-il bon laboureur
de terre, aymant le repos & la fimplicité. *Genef. 49.* De fa lignée fortirent d'E-
gypte au deffus de 20. ans, 54400. combatans. *Nomb. chap. 1.*

Iffus ville de la Cilicie pres du mont
Aman, non loin du lieu auquel
Alexandre furmonta Darius, & pour ce
cette ville fut du depuis diéte *Nicopolis,*
c'eft à dire, ville de Viétoire. *Ptolem. en
la 4. table de l'Afie.*

Ifter fleuue de l'Europe, appellé autrement Danube, & vulgaire-
ment Dunoé & Donaw. *Voy* Danube.

Iftrie contrée d'Italie, laquelle eft
comme vne prefqu'Ille enui-
rônée de mer horfmis vers le Nord:
Elle commence fes bornes, felon Leander, depuis la riuiere de Rifan ou For-
mion, l'ayant auec vne partie de la mer
Adriatique à fon Occident; comme auffi
à fon Midy la mefme mer; & de la tirant
à fon Orient iufques à l'emboucheure
de la riuiere d'Arfie: Bornée à fon Nord
des Alpes qui la diuifent de la Carniola.

Ce païs eſt montueux, abonde toutefois en vins, huiles, froments & paſturages, comme auſſi en ſalines : Entre ſes
montagnes il y en à vne grande, au ſommet de laquelle il y a vne fontaine qui
produict force bonnes herbes medicinales ; il s'y trouue auſſi force carrieres
de marbre. Les anciens habitans ont
tiré leur origine des Colches qui furent
enuoyez afin de pourſuiure les Argonautes qui auoient enleué la fille du
Roy Oeta. Ses villes plus renommées
ſont Iuſtinopolis autrement dicte *Cabo
d'Iſtria*, ville Epiſcopale & la Metropolitaine de toute la contrée, Parenzo,
Apola, & quelques autres. Elle eſt en
partie ſoubs la puiſſance des Veñitiens,
& en partie ſoubs celle de la maiſon
d'Auſtriche. *Maginen ſa Geogr.*

I T

Italie region tres-noble & la plus renommée de l'Europe, voire de
tout le monde, comme ayant eſté ſans
contredit reputée la Princeſſe & Royne
de toutes les nations. Elle a eu diuerſes
appellations, ou bien ſelon ſes qualitez,
comme Oenotrie du vin qu'elle a en
abondance ; ou bien à cauſe des Roys
qui l'ont commandée, comme Saturnie,
Auſonie, Heſperie, & finalement Italie
de ſon Roy Italus, ou bien d'vn Roy des
Siciliens de meſme nom qui donna des
Loix aux Italiens & leur enſeigna l'A-
griculture : & ces noms eſtoient donnez
ſeulement à l'ancienne Italie limitée par
le fleuve Rubicon ; mais depuis ayant
changé de bornes ſelon la variété des
temps, elle eſt maintenant Peninſule
ou preſqu'Iſle enfermée, ſçauoir eſt, à
l'Orient par le Golfe de Venise & la
mer Ionienne ; à ſon Couchant par le
fleuue du Var auec les Alpes qui la ſe-
parent de la France ; au Midy elle a la
mer Liguſtique ou de Gênes, & celle de
Toſcane ; & au Nord en partie les Alpes qui la diuiſent de l'Allemagne, &

en partie le golfe de Veniſe. Pline, Solin & autres la font de forme de fueilles
de cheſne, eſtant plus longue que large ;
mais les modernes plus exacts la figu-
rent en forme de iambe d'homme prenant le deſſus de ſon genoüil des Alpes
vers la Lombardie en continuant touſiours en bas iuſques au pied dont le talon eſt la terre d'Otrante, & les orteils
aboutiſſent vers la ville de Rhezo qui
regarde la Sicile ; eſtant le gras de la
iambe vers la Marque d'Ancone le long
de la coſte du golfe Venitien. La longueur qui prend depuis la cité d'Oſtie,
& venant droict à Rome & de là à Capoüe, puis à Rhezo qui eſt ſur la Marche de Calabre, & contient ſelon Solin
& Pline 1020. milles d'Italie ; & ſa largeur où elle eſt plus eſtenduë entre les
fleuues du Var & d'Arſa qui eſt Iſtrie
eſt de 420. milles, & en ſa moindre largeur on compte 136. milles : Elle comprend auſſi en ſa longueur 14. Meridiens,
ſçauoir depuis le 27. qui eſt le plus Occidental iuſques au 42. qui eſt le plus
Oriental ; & quant à ſa largeur, elle cōprend 8. degrés ſeulemét, d'autant qu'elle eſt ſituée entre le 38. paralelle (qui eſt
ſon plus Meridional) iuſques au 46.
(qui eſt ſon plus Septentrional.) Si bien
que l'Italie occupe le 5. & 6. climat où
il y a chāgement du iour artificiel d'vne
heure en toute ſon eſtenduë, car en la
partie plus Meridionale le iour eſt de
14. heures & 3. cinquieſmes ; & en la
plus Septentrionale, le meſme iour eſt
de 15. heures & auſſi 3. cinquieſmes.
Quant à l'excellence de cette contrée
l'on peut dire ſelon Pline *liu. 3. chap. 5.*
que nature eſtoit lors en ſes plus ioyeu-
ſes penſées quand elle la fiſt, ſoit que
l'on conſidere la ſalubre temperature
de l'air, la fertilité de ſon terroir & ſes
graſſes campagnes pour toutes ſortes
de grains, & de faict ſes vallées, collines & prairies tant plaiſantes & her-
beuſes pour la nourriture de tous beſtiaux, ſes belles & grandes foreſts, ſes

riuieres & fontaines, auec la mer qui est
enrichie de si nobles & riches ports,
l'on peut dire que c'est vne terre que
nature a estenduë en la mer pour subuenir à tous les humains. Elle abonde
en toutes sortes de metaux comme aussi
en soulfre, argent vif, alun, salines, &c.
Il y a aussi quantité de carrieres dont
l'on tire du marbre, il y a pareillement
de l'albastre, cristal, azur, vitriol, mesmes quelques pierres precieuses. Ses
fleuues plus signalez sont le Pô, le Rubicon, l'Atiso, le Tibre, le Tesin, Men-
zio, Oglio, Adda, &c. Ses montagnes
sont les Alpes qui la bornent au Septentrion & au Couchant, & l'Appennin qui
la couppe le long entre l'vne & l'autre
mer. Plusieurs Chorographies l'ont diuisée & tous diuersement, Pline, Strabon, & Ptolemée; mais la plus moderne
diuision est celle de Leander qui en
faict 19. contrées, c'est à sçauoir, 1. la
Seigneurie de Gennes, 2. la Toscane, 3. la
Duché de Spolete, 4. la Campagne de
Rome, 5. la Terre de labeur, 6. la Basilicate, 7. la Calabre basse, 8. la haute Calabre, 9. la Terre d'Otrante, 10 la Terre
de Barry, 11. la Puglie Piane, 12. l'Abruzze, 13. la Marque d'Ancone, 14. la Romagne, 15. la Lombardie de delà le Pô, 16.
la Lombardie de deçà le Pô, 17. la Marque Treuisane ou Seigneurie de Venise, 18. le Friul, 9. & l Istrie. Tous les autheurs tant Grecs que Latins nous placent diuers peuples en l'Italie, deuant
la fondation de Rome, qui auoient de
tres florissans Empires, comme Siciliens, Aborigenes, Liguriens, Hetrusques ou Toscans, &c. lesquels furent
adioincts à celuy des Romains lequel a
esté tellement renommé par toutes les
nations de l'vniuers, pour sa puissance &
estenduë qu'il n'y a aucun autheur qui
n'en donne la connoissance. Voy Rome.
*Sempronius Polybe liu. 2. Strab. li 6. Pline
li. 3. chap. 5. 6 7. & suiuans.* Mais depuis
la decadence de l'Empire, elle a esté dis-
sipée en diuers gouuernemens lesquels

ont esté occupez par don, conqueste, ou
souffrace, sçauoir en premier lieu par le
S. Siege qui possede la Campagne de
Rome, la Marque d'Ancone, & la Romagne ; par le Roy d'Espagne qui y
possede le Royaume de Naples comprenant la Campagne heureuse ou Terre de labeur, la Principauté, la Basilicate, les deux Calabres, la terre d'Otrante, l'Apoüille, la Terre de Barry & l'A-
bruzze ; par le grand Duc de Florence
qui iouyst de la Toscane & de plusieurs
autres terres ; par les Ducs d'Vrbin; de
Mantouë qui est seigneur de la Lombardie & du Marquisat de Montferrat,
Modene &c. par plusieurs Republiques
& entr'autres celles de Venise qui côma-
de au Friuli & à l'Istrie, &c. celle de Gennes, & de Luques. Ælian tesmoigne que
iadis il y auoit iusques à 1166. villes,
mais à present il n'y en a pas plus de 300.
qui meritent ce nom, & où il y ait siege
Episcopal, entre lesquelles tiennent
le premier lieu Rome la Saincte iadis la
Royne de l'vniuers, Venise la Riche,
Milan la grande ; Gennes la Superbe,
Florence la Belle, Rauenne l'Antique,
Naples la Noble, & Bologne la Grasse;
& encores plusieurs autres, Padouë,
Sienne, Ferrare, Pauie, Pise, &c. desquelles est parlé en leurs mots. *Blonde,
Leander, Volateran, & autres.*

Italiens ont esté fort renommez, specialement à cause de la ville
de Rome leur capitale, & pource ont
esté tenus comme Seigneurs du monde,
& dauantage comme maistres en toutes sciences, de grand & subtil esprit, &
fort eloquens. Les gens d'àpresent sont
courtois, hônestes, & fort ciuilisez, mais
pleins de fard & dissimulez, n'oublians
aisément les iniures: Ils sont aussi cupi-
des d'honneur & de gloire fort propres,
aux armes & pleins de courage, mais
non tant qu'anciennement: Ils sont en
general grandement ialoux de leurs
femmes, lesquelles ils resserrent fort
estroictement dans leur logis sans en

permettre la veuë à personne. Quant à leur religion ils estoient anciennement portez au seruice des faux Dieux, auec grande superstition ; mais depuis qu'ils eurent receu la foy par les predications des bien-heureux Apostres S. Pierre & S. Paul, elle s'y est fort & tres-heureusement accreuë par la constance des Martyrs, l'authorité du S. Siege, & la pieté, doctrine & vertu des grands personnages qui y ont flory ; & mesmes l'Apostre les loüoit, que de son temps leur foy estoit annoncée par tout le monde, ayant eu l'honneur de donner la reigle de la foy à toutes les nations : aussi ont ils toussiours retenu la pureté de la religion Chrestienne, sans se laisser peruertir par les heretiques qui ont infecté pour la pluspart toutes les autres contrées du monde. *Magin, Mercat. & Ort. Blond. Sabell. Leander en sa description d'Italie.*

Italus surnommé Kitim, chassa son frere Hesperus d'Espagne, & le contraignit de se retirer en l'Italie lors appellée Saturnie, & luy donna le nom d'Italie qu'elle retient encore auiourd'huy. *Berose.*

Ithaque Isle de la mer Ionienne, vis à vis de l'Epire, en laquelle regna Vlysse, elle est fort métueuse, remplie de rochers, & abondante en chevres en laquelle nul lieure ne peut viure. *Virg. liu. 2. de l'Æneid.* Elle a de tour enuiron 50. milles, & a vne ville de mesme nom. L'on appelle de present cette Isle *Val du compere. Magin. en sa Geogr.*

Ithobal Roy des Tyriens & Sydoniens, & pere de Iezabel qui fut femme d'Achab Roy d'Israël, & lequel elle peruertit à toute sorte d'impietez. *Ioseph. liu. 8. chap. 7. de ses Ant. Iud.*

Ituréens peuples de la Syrie, voisine de l'Arabie, dont ceux qui logent és montagnes exercent des brigandages, & font des coursés sur ceux qui habitent les plaines & la cam-

pagne, qui ne s'occupent qu'à l'Agriculture. *Strab. liu. 16.*

Itys ou **Ityle** fils de Terée & de Progne, lequel Progne despeça & donna à manger à son mary, pour ce qu'il auoit violé sa sœur Philomele. *Voy* Progne.

¶ Il y en eut vn autre fils d'Ædon. *Voy* Ædon.

I V

Iuba Roy des deux Mauritanies, plus renommé, selon Pline, par son sçauoir excellét que par ses Royaumes : Tint le party de Pompée contre Cæsar, mesmes deffit Curion enuoyé par Cæsar en Afrique auec son armée : mais apres la déroute de Pompée, & s'estant ioinct auec les forces de Scipion, il fut surmonté par Cæsar, si bien que ne luy restant aucune esperance de salut, luy & Petreius se tuerent l'vn l'autre. *Plut. en la vie de Cæsar.*

Iubal l'vn des fils de Lamech, & frere de Iabel, appellé par Moyse le pere de ceux qui manient la harpe & les orgues, soubs lesquels mots sont entendus diuers instruments de Musique qui rendent son par diuers moyens ; comme on void les vns resonner par le simple mouuement des doigts, comme le luth ; les autres par l'archet, comme la lyre ; les autres par le souffle humain, comme le haut bois ; les autres par le souffle artificiel, comme les orgues, dont semble estre procedé le mot de *Iubiler*, qui a cours en beaucoup de lágues. *Gen. 4.* dont se void la fausseté des Autheurs Payens lesquels ont attribué cette inuention à Amphiraüs & à Amphion, comme Pline ; & à Orphée & Apollon comme Diodore Sicilien *liu. 5.*

Iucatan presqu'Isle de l'Amerique, située sur la mer de Nord, au golfe Mexican contenant bien de circuit 900. milles, & qui est riche en bled, miel, & cire. Ses habitans sont courageux & guerriers, se seruent de dards & de boude boucliers qui leur couurent tout le corps · Souloient se peindre la face de noir: Ne mangent point de chair humaine comme les autres peuples voisins ; aussi faisoient ils honneur au signe de la Croix deuant la venuë des Chrestiens: Elle est sous la puissance de l'Espagnol. *Mag. en sa Oeograph.*

Iuda interpreté de l'Hebrieu, *Loüange,* 4. fils de Iacob & de Lia, *Genes. chap.* 29. empescha que son frere Ioseph ne fust tué par ses autres freres, & leur conseilla de le vendre aux Ismaëlites, *chap.* 37. Il obtint en la derniere benediction de son pere Iacob la dignité Royale entre ses freres, victoire sur ses ennemis & le premier siege en l'Eglise, *chap.* 47. Il eut par inceste Phares & Zaram, de Thamar vefue de Her & d'Onam, ignorant que ce fust sa bru, *chap.* 38. De sa lignée sortirent d'Egypte au-dessus de 20. ans 74600. combattans *Nomb. chap.* 1. De luy sont descendus Iessé, Dauid, Salomon, & les Roys de Iuda, comme aussi nostre Sauueur Iesus Christ, selon la chair & la Prophetie de Iacob, *Genes.* 49. & *Matth.* 1. Aussi pour ce suiect le Royaume de Iuda prist son nom de luy : car combien qu'il ne comprist que deux tribus des douze d'Israel, sçauoir la sienne & celle de Benjamin, ce neatmoins d'autant qu'en ce Royaume fut tousiours conserué le vray seruice de Dieu, à cause de Hierusalem qui en estoit la capitale, tout ce que les 12. Tribus possedoient fut d'vn nom commun appellé Iudée.

Iudas Machabée de la race des Hasmonéés, fils de Mathathias, & de son successeur à sa dignité & principauté, fut le premier Capitaine des Iuifs, lequel remist son pays en sa premiere liberté; extermina les idoles, & reforma le peuple selon la loy de Dieu. Son regne comença l'onziesme an de celuy d'Antiochus Épiphanes Roy de Syrie. Il surmonta en bataille iusques à neuf fois ses ennemis;

vainquit Apollonius, Seron, Lysias & Gorgias Lieutenans des Roys de Syrie, apres lesquelles deffaictes il purifia & restaura le temple de Dieu, offrit sacrifices, & voulut que l'on celebrast ce iour de feste à perpetuité entre les Iuifs. 1. *Machab. chap.* 4. Dauantage apres la deffaicte de Gorgias il fist faire la queste de 12000. drachmes d'argent qu'il enuoya en Hierusalem, afin que l'on y fist des sacrifices pour les pechez de ceux qui estoient morts, suiuant la coustume de l'Eglise Iudaïque. 1. *Mach. chap.* 2. Il surmonta aussi les Iduméens, & les autres nations voisines qui trauailloient le peuple d'Israel, & depuis encores Bacchides & Nicanor Lieutenants de Demetrius, auec leur faux Euesque Alcimus, 1. *Mach.* 7. Mais apres auoir faict alliance auec les Romains, il fut tué en fin en vn combat qu'il eut derechef à l'encontre de Bacchides & d'Alcimus, ayant gouuerné le peuple Iuif 4. ans, l'an du monde 3926. *Voy* le 1. des Machabées *chap.* 2. & *suiu.* & le 2. des Machabées *depuis le* 10. *chap. iusques à la fin.*

Iudas Galiléen de nation, & Phariséen de profession, lequel apres qu'Auguste eut enuoyé Cyrenius pour faire le denombrement de la Syrie & de la Iudée, sollicita les peuples Iuifs à se reuolter contre ce decret, excitant le peuple à conseruer sa liberté, & la maintenir par batailles & combats. *Act.* 5. Ioseph. *l.* 18. *chap.* 1. *de ses Ant. Iud.* Il y en eut plusieurs de sa race qui l'ensuiuirent en cette secte, & se faisoient appeller Zelateurs, soustenant qu'il ne falloit payer le tribut aux Romains, & que l'on pouuoit se deliurer de leur subiection par toutes sortes de voyes, & mesmes iusques aux enfans d'entr'eux enduroient diuers supplices pour le maintien de leur damnable opinion. *Iosephe l.* 7. *chap.* 30. & 37. *de la guerre Iud.*

Iudas dit Iscariot, esleu Apostre de Iesus-Christ, *Matth.* 10. & qui

VVuu

eſtoit ſon deſpenſier ordinaire, vendit noſtre Sauueur pour 30. deniers *Matth.* 26. Mais eſtant entré en deſeſpoir apres auoir ietté au Temple ces deniers, il ſe pendit, dont ſes entrailles luy ſortirent par le milieu. *Matth.* 27.

S. Iude qui eſt appellé Thadée, frere de S. Iacques le Mineur, & l'vn des douze Apoſtres, nous a laiſſé vne Epiſtre Canonique que S. Hieroſme, Euſebe, & quelques anciens ont toutesfois reiettée du Canon. Apres auoir preſché en Meſopotamie, & en Perſe, il fut martyriſé en la ville de Beryte, l'an de grace 60. *S. Hieroſme en ſon Catalog.*

Iudée partie plus celebre & principale de la Paleſtine, où terre Sainéte, ſi bien qu'elle en a pris le nom à cauſe du Royaume de Iuda, comprenant la ville de Hieruſalem capitale de toute la Paleſtine: Elle eſt ſituée entre le lac Aſphaltite, ou mer morte, la mer Mediterranée, l'Idumée, & la Samarie: Le Ciel y eſt fort benin & temperé, ce qui luy faiét produire toutes ſortes de fruiéts neceſſaires & delicieux en abondance, ainſi qu'elle eſt celebrée par les Eſcriuains tant ſacrez que prophanes, & ſpecialement par ſon legiſlateur Moyſe, *Deuteron.* 8. car meſmes on y vendange trois fois l'année, & y a certains fruicts qu'on garde tout le long de l'an ſur les arbres. Il y auoit iadis bien 380. villes celebres, dont la capitale de toute la terre Sainéte eſtoit Hieruſalem, ſes autres eſtoient Bethlehem, Rama, Gaza, &c: mais qui ſont de preſent preſque tout à faiét ruinées: & à peine en reſte il de preſent 4. ou 5. en leur entier: Elle eſtoit appellée Chanaam (auparauant la conqueſte qu'en firent les enfans d'Iſraël) à cauſe des peuples qui l'habitoient nommez Chananéens, & depuis Terre de promiſſion, Iſraël, & vulgairement terre Sainéte.

Apres la conqueſte qui en fut faiéte par Ioſué, elle fut commandée par les Iuges ou Ducs eſleétifs l'eſpace de 450. ans, iuſques eu temps du Prophete Samuel: puis la forme du gouuernement eſtant changée elle fut ſous les Roys, depuis le Roy Saül iuſques au Roy Sedechias (qui fut emmené captif en Babylone) énuiron 500. ans; toutesfois le Royaume d'Iſraël qui commença à Ieroboam du temps de Roboam, fils de Salomon, iuſques à Oſée qui fut tranſporté en Aſſyrie par Salmanaſar, ne iura que 258. ans. 4. *Roys* 17. 18. Apres les 70. ans de la captiuité de Babylone, ils furent gouuernez par des Ducs & Princes (bien que la principale auétorité fut entre les ſouuerains Pontifes, dont partie d'iceux exercerent lors le Sacerdoce) ſçauoir 346. ans depuis Zorobabel iuſques à Ariſtobulus fils d'Hircanus qui le premier priſt la qualité de Roy, & depuis Ariſtobulus iuſques à Coponius qui fut premier Preteur ou Preſidét enuoyé en Iudée par les Romains 117. ans, & depuis Coponius iuſques à la deſtruétion de Hieruſalem faiéte par Titus enuiron 59. ans ſeulement, ayans eſté depuis reſtablis par l'Empereur Adrian qui l'auoit faiét réedifier, & depuis ils furent totalement chaſſez de la Iudée, de laquelle s'emparerent tant les Chreſtiens qu'en ſuitte les Sarrazins, Turcs & Mahometans qui la poſſedent de preſent comme a eſté dit *au mot de* Hieruſalem.

Iuifs peuples de la Iudée, qui ont eſté grandement cheris de Dieu, & comblez de toutes ſortes de benediétions remplies de miracles, ſpecialement quand ils ſe ſont tenus attachez au ſeruice de Dieu: & ces benediétions extraordinaires ont paru en leur enfance: lors qu'ils furent retirez par Moyſe de la ſeruitude d'Egypte auec puiſſance merueilleuſe, comme il ſe voit depuis le 7. *de l'Exode* iuſques au 16. *chap.* lors qu'ils furent nourris miraculeuſement de la manne & des cailles au deſert: lors qu'ils eurent l'honneur

d'eltre instruicts specialement par la
bouche de Dieu, non seulement au cult
& ceremonies de leur religion, mais aussi en leurs loix iudicielles, polices,
mœurs & façons de viure plus particulieres, comme il se voit *és liures du Leuitique, Nombres, & Deuteronome*:
lors qu'ils furent introduicts miraculeu-
ment en la terre de promission par Iosué leur Capitaine qui y subiugua iusques a 31. Roys. *Iosué* lors qu'en suitte
ils furent commandez par les Iuges, &
depuis soubs les Roys Saül, Dauid, Salomon, Asa, Iosaphat, Osias, Ezechias,
Iosias; comme aussi par les Princes Esdras, Zorobabel, & les Machabées sous
l'Empire & gouuernement desquels les
Iuifs firent des conquestes remplies
de merueilles, comme toutes les Histoires sacrées du Vieil testament en font
foy: Mais tout au contraire quand ils
ont abandonné Dieu, & qu'ils se sont
addonnez aux idolatries, ils ont esté affligez de toutes sortes de maux ; de
peste, de guerre, & de famine, & ont
esté reduicts en captiuité, ayans subi le
ioug des Egyptiens, Chaldéens, Medes, Perses, Mecedoniens, & Romains,
dont la premiere fut faicte (du temps
d'Achaz Roy de Iuda) par Teglat Phalassar Roy des Assyriens, comme aussi
que'ques années apres par Salmanasar
son successeur du temps d'Osée Roy
d'Israël qui renuersa du tout le Royaume d'Israël, transportant en l'Assyrie
les Israëlites qui lors furent dispersez
en diuerses contrées du monde, comme
au païs de Colches au rapport de Iosephe *li. 1. contre Appion*, & en celuy des
Tartares qui depuis ont tousiours receu la Circoncision. Ils furent depuis
encores subiuguez à diuerses fois &
mis en seruitude à cause de leurs impietez & celles de leurs Roys, estans rendus tributaires des Perses & Grecs, iusques aux Machabées: Mais principalement est signalée cette captiuité Babylonienne qui dura 70. ans & qui ar-

riüa (selon la prediction des Prophetes) l'onziesme de Sedechias où tous
les Principaux du peuple furent transportez en Assyrie par Nabuchodonosor, l'an du monde 3638. enuiron 483.
ans deuant la venuë de Iesus-Christ, duquel ayans mesprisé la noble visitation,
le crucifians comme vn malfaicteur, ils
furent abandonnez à toutes sortes de
maledictions & miseres dont la plus
notable fut celle qui arriua soubs Titus, où Hierusalem leur retraicte fut
bruslée, onze cents mil Iuifs moururent,
& leur nation fut totalement destruicte;
si bien qu'ils ont esté depuis espars en
toutes les Prouinces de la terre errants
& vagabonds sans aucune retraicte,
serfs & tyrannisez de tout le monde: &
iaçoit que par plusieurs fois quelques
seditieux d'entr'eux comme du temps
de nostre Seigneur vn nommé Iudas
Gaulonite, vn Theodas Barcosba, & autres se soient sousleuez en diuers temps
se qualifians la Messie promis, si est-ce
que tost apres ils ont esté desconfits auec
telle honte qu'ils sont maintenant l'opprobre de toutes les nations, haïs indifferemment tant des Chrestiens que des
Turcs, Mussulmans, Arabes & autres
diuerses religions. *Philon Iuif en son li.
de sa legation à G. Cesar. Socrat. liu. 6.
ch. 38. & Iosephe en ses liures de la guerre
des Iuifs.* Ils ont esté plusieurs fois chassez de France, mais leur dernier exil fut
l'an 1396. cent ans deuant qu'ils furent
chassez d'Espagne soubs Ferdinand V.
Vasée. Pour le iourd'huy les Iuifs de la
Turquie & de l'Orient portent la bar-
rete rouge; & de couleur iaune en France & par toute l'Italie: il s'en void aussi
en la Russie ou Lithuanie, lesquels tous
s'amusent à prester deniers à vsure & à
leuer des peages & imposts publics: il
y en a aussi quelques-vns qui s'addonnent à la cognoissance des arts liberaux,
à l'Astronomie & Medecine. *T. Biblian-
der en son Comment. de la raison commune de toutes les langues & lettres.*

VVuu ij

Touchant leurs anciennes mœurs, police, estat, religion, & ceremonies, Voy
le Deuteronome & le Leuitique, & pref-
que tout le Vieil testament, & Iosephe en
ses antiquitez Iudaiq. & de la guerre des
Iuifs. Mais quant à leur estat, mœurs &
ceremonies depuis la derniere destruction faite par Titus, comme aussi de leur
estat present, voy le *Seder-Olam* qui est
le liure des Annales du peuple Iudaique,
le liure de la caballe de R. Abraham Le-
uite Espagnol; iceux liures traduicts par
Genebrard, *le Talmud, & autres.*

Iudith Iuisue vefue de la famille de
Ruben, femme tres-chaste &
religieuse; laquelle, pour deliurer le
peuple des Iuifs assiegé dans la ville de
Bethulie par Holoferne general d'armée du Roy Nabuchodonofor, se tranfporta ornée de ses beaux atours & vestemens iufques dans le camp des ennemis deuant Holoferne, feignant s'enfuir de la ville pour sa sauueté; mais
quelques iours apres Holoferne estant
espris de sa beauté la fist venir pour en
iouyr, lequel s'estant enyuré pour cet
effect plus que de coustume, elle de là
prenant l'occasion luy trancha la teste,
laquelle elle apporta la nuict mesme à
ses concitoyens, aufquels elle conseilla
de faire vne fortie fur les ennemis: ce
qu'ayans fait les assiegez, ils les mirent
aifément en fuitte, estans tous effrayez
de la mort inopinée de leur Capitaine.
Elle vefcut 125. ans. *Philon Iuif.* Cette
Histoire est rapportée dans vn liure intitulé de son nom, couché dans l'ancien
Testament; & qui fut compofé (felon
Philon) par le Sacrificateur Ioachim
fils de Iefus: & iaçoit que ce liure n'ait
esté mis qu'au 2. Canon de la Synagogue, comme estant le contenu d'iceluy
posterieur à Efdras autheur du premier
Canon, fi est ce qu'il a esté toufiours
reputé pour Canonique en l'Eglife Catholique; & specialement par le premier
Concile de Nicée. *Sixte Sienn. li. 1. de*
fa fainéte Biblioth.

Iudith fille de Welfon Comte d'Al-
torf, feconde femme de Louys
le Debonnaire de laquelle il eut Charles le Chauue lequel fut fupporté par
fa mere qui le vouloit aggrandir au preiudice des autres enfans de son mary; fi
bien qu'ils furent contrainéts de faire
la guerre à Louys, mefmes l'enfermer
pour quelque temps pour ce fujet en vn
Monaftere à Soiffons, & elle autre part
auec son fils Charles. Ses enfans toutefois luy demanderent pardon, & fut
Louys reftably, qui depuis couronna de
son viuant son fils Charles dit le Chauue
pour Roy de France. *Du Tillet, Ga-*
guin, & autres.

Iuges, est vn liure de la Saincte Bible, ainfi appellé pour ce qu'il
traicte des Iuges & Magiftrats des Iuifs
(qui eftoient en partie créez par la voix
des Sages comme Iephté *Iuges chap. 11.*
& en partie par vne vocation fpeciale.
Iuges chap. 2.) lefquels ont fuccedé à Iofué, & des chofes qui font aduenuës durant leur temps, fçauoir depuis Othoniel, ou la mort de Iofué iufques au premier an de la Principauté d'Heli Sacrificateur, qui font enuiron 317 ans. Quelques vns font Ezechias, d'autres Efdras,
autheurs de ce liuré. *Sixte Sienn. liu. 1.*
de fa fainéte Biblioth.

Iugurtha fils de Manaftabalis, &
frere de Micipfa Roy des
Numidiens, lequel son oncle mourant
laiffa heritier de son Royaume, à la
charge de le remettre entre les mains
de ses deux fils Adherbal & Hiempfal
lors qu'ils feroient venus en aage: mais
luy les occit ce neantmoins en trahifon
afin de regner feul, dont les Romains
estans indignez firent la guerre à Iugurtha, lequel en fuitte apres diuers fuccez
fut en fin trahi par son beaupere Boc-
chus Roy de la Mauritanie qui le liura
à Sylla, & luy à Marius lequel le mena
en triomphe à Rome; & apres fut mené
en prifon où il perdit l'entendement,
& fix iours apres la vie, qui fut vne pu-

nition digne des meschancetez qu'il auoit comm ses. *Plutarque es vies de C. Marius, & de Sylla, Sallust. en la guerre Iugurth.*

Iuifs, *Voy* Iudée.

Iuigny, *Voy* Ioigny.

Iuilliers, vulgairement dicte, *Gulick*, Duché de l'Allemagne voisine de celle de Cleues située entre les fleuues de Rhin & de la Meuse. Elle a retenu cette appellation de sa ville capitale, laquelle fut bastie par Iules Cesar qui luy donna ce nom. Le païs produict du fourment en abondance, & y a de fort bons cheuaux. *Mercat. en son Atlas.* Plusieurs y pretendent droict; mais l'Espagnol s'en est emparé depuis quelques années.

Iule, autrement dit Ascanius, fils de Ænée, duquel est sorty la famille des Iules dont estoit ce grand Dictateur Cesar qui fut appellé Iule & qui donna ce nom au mois de Iuillet à cause qu'il y fut né.

Iules I. du nom Romain, 36. Pape, estant r'appellé d'exil où il auoit esté ennoyé par l'Empereur Constantius Arrien, assembla vn Concile à Rome de 116. Euesques pour confirmer le Concile general de Nicée, & anathematiser Arrius. Les Saincts Athanase & Marcel ayans esté despoüillez de leurs Euesehez, & S. Athanase banny par les calomnies des Arriens, il reprint les Euesques d'Orient d'auoir presumé d'assembler vn Concile & de les auoir condamnez sans l'adueu du Siege Apostolique; & prenant en main la cause de S. Athanase le cita & ses accusateurs, de comparoir deuant luy à cause de la preference de l'Eglise Romaine. *Sozomene l. 3. chap. 8. & Socrate l. 2. ch. 15.* Ainsi l'vn & l'autre furent restablis comme il apparoist dans S. Athanase *Apolog. 2. &* par vne Epistre de ce Pape, inserée au premier tome des Conciles, addressée

aux Euesques Orientaux. Decreta qu'vn Prestre ne pourroit estre conuenu sinon deuant vn Iuge Ecclesiastique. *Can. 15. etiam, quæst. 11.* On luy attribuë, mais faussement, vne Epistre à Denis Euesque de Corinthe, comme le monstre Leonce Grec *des sectes.* Vrsacius & Valens Euesques Arriens vinrent à Rome, & y retractèrêt leurs erreurs à ses pieds. *S. Athanase en son Apolog. Socrat. liu. 2. chap. 19* Puis ayant sainctement gouuerné son trouppeau 5 ans, 2. mois, 6. iours, il alla receuoir le salaire de ses trauaux l'an de salut 356. *Ruffin liu. 1. ch. 21. Onuphr, Adon de Vienne, & autres.* Pendant son Pontificat furent celebrez plusieurs Conciliabules heretiques, comme aussi plusieurs Conciles Prouinciaux Catholiques, car durant ce temps l'Arianisme auoit vne grande vogue.

Iules II. Gennois, 224. Pape, homme fort martial & plus adroict aux armes qu'aux lettres, recouura Bologne sur les Venitiens, comme aussi Fayence, Friul, Imole, Seruie, & autres terres de l'Eglise empietées par les Venitiens, lesquels il excommunia; comme aussi le Duc de Ferrare qui occupoit les Salines: Il prist Modene & la Mirande deffenduë par les François qui maintenoient le Ferrarois. *P. Ioue.* Louys XII. Roy de France fauteur du Duc, le fist citer en vn Concile à Pise, mais le Pape en fist celebrer vn autre à Latran où il excommunia les Florentins qui auoient concedé la ville au Concile pretendu, & le Roy Louys donnant son Royaume au premier occupant dont s'ensuiuit l'vsurpation du Royaume de Nauarre. *Guicchardin liu. 11. de son Hist.* Il eut recours à Maximilian & à Henry VIII. Roy d'Angleterre, contre la France, qui fut cause d'vne grande guerre & de cette sanglante route de Rauenne; à la fin toutefois par l'aide des Venitiens & des Suisses, il chassa tout à fait les François hors d'Italie. *Surius en son Hist.* En fin il mourut l'an de salut 1513. ayant tenu le siege 9. ans, 3. mois; 12. iours. *Onuph. P. Ioue, Guicch. &c.*

Iules III. Romain, 229. Pape, personnage eloquent & docte, s'entremesla de la paix entre l'Empereur & le Roy de France, & entre quelques Princes d'Italie qui estoient en guerre: inuestit du Royaume de Naples Philippes fils de Charles le Quint. Vn certain Patriarche de l'Assyrie, Syrie, & Perse, nommé Siud, vint deuers luy pour luy prester obeïssance au nom de toutes les Eglises d'Orient; qui auparauant estoient entachées de l'erreur de Nestorius: André Mazius a redigé par escrit sa profession de foy en l'an 1552. Ce Pape estoit liberal & affable, mais subject à ses plaisirs. Mourut l'an de grace 1555. & de son Pontificat le 5. t. mois, 16. iours. *Onuphr. Supplément de Platine, &c.*

Iules Cesar, *Voy* Cesar.

Iulia fille d'Auguste, & femme en premieres nopces de M. Agrippa duquel elle eut Agrippine mere de Neron & en secondes nopces espousa l'Empereur Tibere. *Suet. en la vie d'Auguste.* ¶ il y en eut vne autre dicte Meduilina & Camilla qui estoit destinée pour seconde femme de l'Empereur Claude Cesar, mais mourut le iour des nopces. ¶ Vne autre de ce nom, sixiesme & derniere femme de l'Empereur Claude Cesar, dite aussi Agrippine *Voy* Agrippine. ¶ Vne autre, fille de l'Empereur Titus, laquelle son oncle Domitian rauit à son mary pour estre sa femme, mais laquelle il fist auorter puis apres, dont elle mourut. ¶ Vne autre, femme de l'Empereur Seuere, & mere de Geta, laquelle fut de vie tres debordée, mesmes dit on qu'elle trempoit en la coniuration faicte contre son mary, apres la mort duquel elle espousa son beau fils Bassian; s'estant reti-

rée en Anthioche, elle s'y procura la mort.

Iulian Didius Empereur. *Voy* Didius.

Iulian surnommé l'Apostat, fut esleu Cesar par l'Empereur Constantius son cousin & predecesseur, qui l'adopta aussi puis apres & luy donna pour femme sa sœur Helene: en suitte dequoy il alla faire la guerre en Allemagne, où il repara beaucoup de dommages faits à l'Empire & ayant remporté plusieurs victoires sur les Allemans, il fut du consentement de toute l'armée appellé Empereur & Auguste; ce qui donna telle ialousie à Constantius qu'il quitta la guerre d'Orient pour la tourner contre luy; mais la mort l'ayant surpris, il institua ce neantmoins Iulian pour son successeur: Aussi-tost donc qu'il fut esleu par cette mort de Constantius, il abiura lors tout ouuertement la Religion Chrestienne de laquelle il auoit faict profession, contre laquelle il escriuit mesmes des liures refutez doctement par S. Cyrille, & fist ouurir les temples des Payens: Et combien qu'il fut ennemy iuré des Chrestiens, il ne les persecuta point par glaiue, mais tint vne procedure nouuelle, comme Ruffin & S. Hierosme tesmoignent: Ce fut de les induire à renoncer à leur foy, & sacrifier aux Idoles par largesses, charges honorables & douces paroles; mesmes se rendoit par ruse amiable composi:eur des differents qui estoient entre les Orthodoxes & Heretiques, donnant licence à vn chacun d'exercer librement sa Religion. *Ammian Marcell. l. 22.* Il fist des Edicts par lesquels il ostoit aux Chrestiens la liberté d'enseigner en public, d'apprendre & d'estudier aux sciences, les bannissant dauantage de toutes charges en faict de police, de iustice, ou de guerre; & ce genre de persecution fut l'vn des plus grands que l'Eglise ait supporté à cause de ceux qui se reuolterent. Mais comme il estoit en chemin pour

guerroyer les Perses, mesmes ayant obtenu quelques aduantages sur eux, il fist
vœu (comme racontent Orose & S.
Hierosme) de faire vn sacrifice de Chrestiens s'il obtenoit la victoire; mais Dieu
pour preuenir ses cruautez permist
qu'en vne embuscade qui luy fut dres-
sée il fust blessé d'vne flesche, pour lequel coup se sentant peu à peu defaillir,
il remplit sa main de sang & le ietta en
l'air, s'escriant, *En fin tu as esté vainqueur Galileen.* (ce qu'il entendoit de
Iesus - Christ duquel il s'estoit declaré
ennemy iuré) puis discourant tousiours
de l'immortalité de l'ame, il rendit l'esprit & mourut 7. ans apres auoir esté
faict Cesar, le 3. an de son Empire, le 33.
de son aage, & de Nostre Seigneur 366.
S. Hierosme en sa Chron. Ann. 366. Ce
Prince fut excellent en toutes vertus, si
bien qu'en bonté on le comparoit à Titus, en clemence à Antonin, en heureux
euenements à Trajan, & és sciences aux
anciens Philosophes : Aussi fut il tres-
docte & tres-eloquent, doüé d'vne singuliere memoire, liberal, ioyeux, prenant plaisir à faire iustice à chacun sans
exception de personne ; fort attrempé
en son boire, manger & dormir, chaste,
continent & ennemy des plaisirs de la
chair, & de si grand courage que bien
qu'il fust naturellement delicat, il se ha-
zardoit souuent plus qu'il n'estoit requis à vn Capitaine & Empereur. Eutrope, Aurelius Victor, & Ammian Marcellin remarquent en luy toutes ces vertus ; mais ce lustre fut effacé par cette
ambitieuse conuoitise de vaine gloire qui
le possedoit, & par son apostasie & l'impieté horrible qu'il exerçoit en la Magie,
ce qui obscurcissoit toutes ses perfections, s'estant ainsi laissé emmener
loing du droict chemin par les persuasions de Libanius son Precepteur & de
Maximus le Philosophe : Il se mist mesmes en deuoir de faire reedifier le Temple de Hierusalem, & à cet effect fist venir des artisans de toutes parts, afin de

rendre vaine la prediction du Saueur,
touchant sa destruction, mais il sortit vn
feu des fondements qui en ayant brusté
plusieurs luy fist lascher son dessein.
*Ammi. Marcell. l. 23. S. Ambroise epist.
29. à Theodose.*

Iunius Brutus, *Voy* Brutus.

Iunon fille de Saturne & d'Ops, fut
femme & sœur de Iupiter, l'on
tient qu'elle nasquit d'vne ventrée auec
Iupiter en la ville d'Argos, & fut nourrie par les Nymphes filles de l'Ocean.
Iupiter l'accointa premierement en la
forme d'vn Cocu, lors qu'elle estoit fille. Elle engendra Mars, Argé, Illithye,
Hebe ; comme aussi Vulcain, mais sans
cognoissance d'homme. Les Anciens
la faisoient Presidente des nopces, &
pource elle fut surnommée Nopciere,
Pronube, & Iugale ; & pourtant aucuns
l'ont peinte debout & vestuë, tenant
des testes de pauot en la main auec vn
ioug à ses pieds, signifians par le ioug
que le mary & la femme deuoient demeurer ioincts ensemble ; & par les testes de pauot, leur lignée foisonnante :
Aussi les Dames souloient luy faire des
vœux pour le mariage de leurs filles,
comme à celle qui en auoit la charge ; &
mesmes pour cette cause Numa deffendit par vne Loy qu'aucune putain n'en-
trast au téple de Iunon. L'on tenoit aussi
qu'elle assistoit les femmes enceintes,
d'où elle prist le nom de Lucine pource
qu'elle donnoit la iouyssance de la lumiere à ceux qui naissoient : Elle fut aussi tenuë Deesse des richesses, ayant en sa
disposition les grandeurs & Royaumes
de ce monde. Ceux de la ville de Lanuuium l'adoroient soubs le nom de Hospi-
te, c'est à dire Gardienne, la statuë de
laquelle ils vestoient d'vne peau de Cheure, & à icelle les Consuls auoiét accoustumé de sacrifier. Ciceron. *au li. 1. de
la Diuinat.* dit qu'elle estoit aussi honorée sous le nom de Moneta, du verbe
Latin *Monere* qui signifie aduertir »

pour ce qu'elle donna aduis par vn tremblement de terre & vne voix qui s'entendit de son temple, de la venuë des
Gaulois & de leur entreprise sur la ville
de Rome: En ce temple qui estoit au
Capitole estoient gardez les liures qui
contenoient les destinées de l'Empire
Romain. Les Poëtes feignent qu'estant
suruenu vn grand discord entre elle &
Iupiter, il la garotta de chaisnes d'or, &
attacha à ses pieds deux grosses enclumes de fer qui la tiennent suspenduë en
l'air. Son pourtraict est comme d'vne
noble matrone, ayant la teste couuerte,
tenant vn sceptre en sa main, montée sur
vn char somptueusement equippé, tiré
par des Paons; à laquelle l'on adioignoit
Iris qui estoit sa messagere, accompagnée de bien 14. Nymphes. L'Oye luy
fut consacrée, le Paon, & le Vautour.

¶ *Par Iunon, quelques Mythologiens Naturalistes interpretent l'Element de l'air,
& quelques-vns celuy de la terre. L'on la
feint sœur & femme de Iupiter, pource
qu'elle est voisine de l'Element du feu entendu par Iupiter, lequel lors qu'il s'e-
schauffe en l'amour de Iunon (qui est l'air
ou la terre) & qu'il l'embrasse, toutes
sortes d'arbres & de fruicts viennent à
pousser, estant de besoin que l'air soit esmeu par la chaleur des corps cœlestes pour
engendrer quelque chose. Elle fut nourrie
par les Nymphes filles de l'Ocean, pour
ce que l'air se faict de la plus subtile partie
des eaux, comme la terre de leur plus grossiere portion. Elle engendra Vulcain; pour
ce que l'air eschauffé procrée le feu entendu par Vulcain, ainsi que l'air froid &
grossier faict l'eau. Elle eut aussi Hebé qui
estoit Deesse de ioye & de puberté, pour
ce que de la bonne disposition de l'air prennent leur naissance & accroissement toutes sortes de plantes Elle enfanta Mars
Dieu de la guerre, pource que l'air par
vn mouuement diuin imprime és courages des hommes, les semences des guerres
& de discorde. On la nommoit aussi Nopciere & commise sur les nopces & ma-*

*riages, pource que la benignité de l'air
donne l'amour & amene toutes choses en
lumiere; & pour cette mesme raison la
creut-on estre Deesse des richesses. Par ce
voile qui luy cachoit la teste, nous entendrons les changemens qui arriuent en l'air,
desquels il est rendu obscurcy & troublé.
Et les Poëtes ont feint qu'elle fut garrotée
par Iupiter, par ce que l'air inferieur est
par vne vertu naturelle conioinct indis-
solublement auec le corps superieur du feu
entendu par Iupiter, comme dit Platon
en son Timée. Et ces enclumes pendans
en l'air sont l'eau & la terre qui y semblent
pendre, veu que l'air s'estend sur eux
deux. Le Vautour luy estoit consacré pour
ce qu'il s'empraint (comme veulent plusieurs) de l'air & du vent; l'Oye, pource
que cet animal a cette proprieté de sentir
tout changement de temps tant petit soit-
il, & pource mesme l'on en nourrissoit aux
despens du public au Capitole; le Paon,
pource que c'est vn animal fier, ambitieux & vain, tels que sont ceux que Iunon fauorise de ses richesses, lesquelles aussi
attirent à elle nos cœurs, comme le Paon
par sa beauté tire a soy les yeux des regar-
dans. Les Nymphes qui l'accompagnent
signifient les mutations de l'air par les diuers accidens qui apparoissent en iceluy.
Platon & Apulée interpretent assez subtilement cette fable, & entre les Chrestiens
Arnobe & Tertullien se mocquans de l'erreur & folie des Gentils.*

Iuo Euesque de Chartres, a fait vn recueil des Decrets des Saincts Peres & Pontifes, à l'exemple d'Isidore &
de Burchard duquel les Iurisconsultes
se seruirent iusques au temps de Gratian. Mourut enuiron l'an 1214. *Sigeb.
Tritheme.*

Iupiter a esté estimé par tous les
Anciens, le souuerain pere
des hommes, & Roy de tous les Dieux,
Mais touchant son origine, naissance &
education, tous les Poëtes sont presque differens, la raison est, de ce qu'il y
en a eu plusieurs qui ont porté ce nom,
Varron

Varron mefme en met iufques à
300. mais Ciceron *liu. 3. de la nature des*
Dieux, en met trois principaux, deux
defquels ont efté nais en Arcadie : le
premier ayant pour pere Æther, & cettuy-cy fut pere de Bacchus & de Proferpine ; & le fecond pour pere Cœlus, & pour fille Minerue : & le troifiefme qui fut fils de Saturne nafquit en
Candie où fe voyoit fon fepulchre. Ce
neantmoins le plus communément les
Poëtes rapportent les geftes & faicts
memorables de tous les autres à ce dernier. Ils difent donc qu'Ops ou Rhée
femme de Saturne l'enfanta d'vne portée auec Iunon en l'Ifle de Crete, qui le
mift entre les mains des Curetes (c'e-
ftoient certains peuples du mont Ida)
lefquels l'efleuerét & nourrirent fecrettement de peur qu'il fuft deuoré de fon
pere Saturne : Car il auoit paffé accord
auec fon frere Titan de deuorer tous les
enfans mafles qui luy viendroient à
naiftre afin que par ce moyen il fuft heritier de fon frere (touchant la nourriture duquel *voy* Corybantes & Curetes) Mefmes dit-on que comme l'on
ioüoit des cymbales & autres inftrumens d'airain retentiffans, de peur qu'il
ne fuft entendu par fon pere, les mouches auolerent à ce tintamarre & le
nourrirent, dont elles font appellées
filles du Ciel & nourriffes de Iupiter :
Les autres difent que les Nymphes l'efleuerent, les autres qu'il retta vne Cheure, (*voy* Ægioche,) Ce pendant Rhée
pour rendre Saturne content, enuelop-
pa vne pierre dans les linges & faiffeaux qu'elle luy fift aualler en guife
d'enfant. Ayant donc Iupiter ainfi heureufement euité la dent de fon pere &
reconnu le mal qu'il luy machinoit auec
fes Titans, leur fift la guerre ; & les
ayans vaincus chaftra fon pere & luy
coupa le membre viril, lequel fut ietté
en la mer, & du meflange d'iceluy auec
l'efcume prift naiffance la Deeffe Venus. En fuitte de cette victoire & de plu-

fieurs autres conqueftes, il edifia des
temples, inftitua des facrifices à fon
grand pere Cœlus, & r'appella les hommes à vne façon de viure plus humaine
& gracieufe, leur enfeigna de manger le
gland, qui ne viuoient auparauant que
de chair humaine, pour cette raifon le
chefne luy fut confacré ; mais d'autant
qu'ils luy reftoient deux freres Neptune
& Pluton qui auoient efté côme luy preferuez de la gloutonnie de Saturne, il
les voulut partager : Ainfi le Ciel luy
efcheut en fort ; l'Empire de la mer à
Neptune ; & celuy des Enfers à Pluton,
comme le tefmoigne Homere. Depuis
fe voyant paifible, il s'addonna du tout
à fes plaifirs & voluptez, remplissant
tout le monde d'infames paillardifes,
lefquelles pour practiquer plus facilement, il empruntoit diuerfes formes
tantoft d'vn Coçu, d'vn Cigne, d'vn
Taureau, d'vn Aigle, d'vn Belier, d'vn
Satyre, d'vn Paftre, d'vn Serpent ; fe
trâsforma auffi en feu, & en pluye d'or,
tout ainfi que nous le dépeignent Homere *au 14. de l'Iliad.* & Ouid. *liu. 6. de*
fes Metamorph. Et de ces gentilleffes luy
nafquirent vne infinité d'enfans adul-
terins dont tous les liures des anciens
Poëtes font remplis. Ce neantmoins
nonobftant toutes ces abominations &
mefchancetez par luy commifes, il fut
collqué par l'aueuglée antiquité, au
nombre des Dieux, voire côme maiftre
& fouuerain de tous, auquel on edifia
des Temples & confacra des Autels par
toutes les nations Payennes ; mais toutefois foubs diuers noms & figures, felon fes proüeffes & les bienfaicts que
les peuples eftimoient receuoir de luy
ou en efperoient, ou mefmes felon les
lieux où il eftoit adoré, comme en Libye
les Afriquains le veneroient fou le nom
d'Ammon par la figure d'vn Belier, où
il auoit vn Temple tres fuperbe & vne
ftatuë mife entre les 7. merueilles du
monde. Il fut auffi appellé Nemeen,
Gamelien, Olympien, & d'autres noms

X x x x

lans nombre : Il eſtoit auſſi peinct diuerſement, ſpecialement par les Egyptiens grands artiſans des Idoles & figures des Dieux. Plutarque eſcrit qu'en
Crete fut iadis vn ſimulachre de Iupiter lequel n'auoit point d'oreilles, ſi-
gnifians que quiconque commande ſur
les autres & les a en ſon gouuernement
ne doit iamais ſe departir du droict
pour les paroles & rapports d'autruy,
au contraire les Lacedemoniens luy en
donnoient quatre, comme eſcoutant &
entendant tout ce qui ſe rapporte pareillement à la prudence d'vn Prince
qui doit ouyr & entendre toutes les
plainctes de ſon peuple. Mais on le
peignoit communément comme vn Roy
ſeant en ſon throſne auec grauité, ayant
vn ſceptre en la main ſeneſtre, & le foudre en la droicte, eſtant accompagné
d'vn Aigle qui luy eſt conſacré.

⸿ Par ce Iupin, ſelon Seneque en ſes queſtions naturelles, les Anciens n'ont autre
choſe voulu entendre que cette pure intelligence & ſouuerain Dieu qui a creé le monde & en diſpoſe ſelon ſa bonne volonté; &
partant ils l'ont faict fils d'Æther ou du
Iour, ayant creu qu'il auoit le premier eſ-
claircy les tenebres d'ignorance & fait con-
noiſtre la verité aux hommes : C'eſt pourquoy
auſſi les Latins l'ont nommé Iupiter,
c'eſt à dire, Pere aidant ou ſecourant; &
pource l'on luy mettoit le ſceptre en la main,
l'eſtimans le Souuerain & le Roy de tous
les Dieux. Mais ceux qui ont par luy entendu l'Element du feu & l'ont adoré ſous
ce nom, l'ont eſtimé fils de Saturne, c'eſt à
dire, au temps; par ce qu'apres la creation
des Cieux & du Temps, Dieu auroit formé
le feu & les autres Elements : C'eſt pourquoy
on la faict frere & mary de Iunon entenduë
pour l'air, à cauſe que le feu eſt voiſin de
l'air & qu'il l'eſchauffe par ſa chaleur luy
faiſant produire toutes choſes. Ils diſent
qu'il couppa le membre viril à Saturne, ſon
pere, ce qui demonſtre l'vnité de la region
Elementaire, & que le Temps n'en peut
produire d'autres. Il ne fut pas doré par

Saturne, d'autant que cette plage celeſte &
luiſante ne ſent aucune violence de temps,
& ne reçoit aucune corruption comme les
autres Elements : Et d'autant que c'eſt le
plus haut des Elements d'où vient la chaleur, l'antiquité pour cette conſideration
l'a feint qu'il darde des foudres & eſclairs;
& pour ce meſme ſubiect l'Aigle luy eſt
conſacré, d'autant que luy ſeul des animaux
n'en peut eſtre atteint; bien que cette fiction ait eſté inuentee à cauſe, comme ils diſent, qu'il rauit Ganymede en forme d'Aigle. Quant à ſes pourtraicts, ils ſont tous
diuers ſelon les qualitez de l'air, ou ſelon
l'humeur des nations par leſquelles ce Dieu
eſtoit adoré, leſquelles ſont en partie deſcri-
tes par Cartarien ſes Images des Dieux, &
Noël le Côte l. 2. c 1 de ſes Mythologies.

Iuſtice, laquelle nous ne prenons
pas icy pour vne vertu, mais
pour vne Deeſſe que les Anciens nommoient autrement Aſtrée, fut fille de Iupiter & de Themis. Le Philoſophe
Chryſippe au rapport d'Aule Gelle liu.
14. nous faict ſon image en forme d'v-
ne vierge ayant le regard aſpre & formidable, la lumiere des yeux penetrante, auec vn maintien ny trop bas, ny
trop hautain, mais temperé & adoucy
de la dignité d'vne triſteſſe reſpectueu-
ſe. Les Anciens plus communément la
repreſentoient auſſi en forme d'vne
Vierge nuë, aſſiſe ſur vne pierre quarrée, ayant en vne main la balance egale,
& en l'autre l'eſpée toute nuë.

⸿ La Iuſtice eſt dicte fille de Iupiter, pour ce
qu'elle eſt toute diuine, inſpirée du Ciel, &
compagne de la Diuinité meſme. Ce regard
aigu & penetrant denote, ſelon Platon, que la
Iuſtice voit tout, & que ſes miniſtres doiuēt
penetrer par leur œil tres-vigilāt iuſques à
la plus occulte verité : Sa virginité, & ce
terrible aſpect meſlangé de douceur ſignifie
que ny les riches preſens, ny les belles parolles, ny autre choſe ne doit corrompre & empeſcher de iuger pour le droict d'vne tres-
ferme ſeuerité, ſe monſtrans terribles aux
coupables & meſchans, & gracieux aux

bons. Cette assiette sur vne pierre quarrée monstre qu'elle doit estre la solidité & constance de leurs iugemens & conseils ; cette balance esgale, qu'ils ne doiuent auoir inclination affectée ny pour l'vne ny pour l'autre partie ; & cette espée, la prompte punition qu'ils doiuent faire des meschás. Ce qui la faisoit prendre aussi par quelques vns pour la Deesse Nemesis qui estoit vengeresse des forfaicts. Voy Pierius en ses Hieroglifiques, & le mot Astrée.

Iustin I. du nom, natif de Thrace, de vile & basse condition, car il fut bouuier, paruint à l'Empire par sa valeur ; aussi apres la mort d'Anastase il gaigna les soldats en achetant leur voix des deniers que luy auoit dóné vn certain Richard nommé Amantius, aux fins d'y faire eslire son amy Theocretian, enquoy il les deceut ; mais iceux s'en estans voulu venger, Iustin les fist mourir : comme aussi vn autre nommé Vatilian qui mesconnoissant ses biensfaicts auoit coniuré contre luy Il se monstra grandement affectionné à la Religion Catholique, chassa les Arriens, r'appella les Euesques qui auoiét esté bannis sous Anastase Empereur Arrien ; renuoya au Pape Hormisda les questions que les Heretiques luy adressoient pour estre receuës : Fist vn accueil grandement honorable au Pape Iean I. iusques à se prosterner par trois fois à ses pieds, & le mettre en son throsne, aussi fut-il le premier des Empereurs couronné par le Pape. *Blond. liu. 3. decad. 1.* Restaura les villes d'Edesse & d'Anazarbe, d'où vient que l'vne & l'autre furent appellées Iustinople. *Euagr. liu. 4. chap. 8.* Apres auoir dés son viuant esleu Cæsar Iustinian son neueu & adopté pour son successeur, il eut quelques heureux succez de guerre sur les Perses par le moyen de ses Capitaines Scytha & Belisaire. Il mourut 4. mois apres, à Constantinople, l'an du salut 529, & de son Empire l'onziesme, *Procop. & autres.*

Iustin II. de ce nom, Empereur Romain, petit fils de Iustinian & son successeur, fut assez prompt & bon entendement, mais fort vicieux, car il deuint auaricieux & tyran, & negligét en sa charge, bien qu'au commencement il fust bien voulu d'vn chacun : Fist la guerre aux Perses, sur lesquels il remporta plusieurs victoires par vn sien Lieutenant nommé Martin : si que les affaires d'Orient furent paisibles : Mais ayant degradé vn sien Gouuerneur de toute l'Italie nommé Narses qui l'auoit ce neantmoins seruy tres-fidellement, & auec heureux succez, ce personnage de grand cœur ne pouuant supporter tel affront, sollicita Alboin Roy des Lombards de s'emparer de l'Italie, laquelle occasion Alboin prist & en vint aisément à bout. Ainsi les Lombards en l'espace de 3. ans se rendirent maistres de toute cette partie d'Italie depuis Bologne la grasse iusques à Milan qui fut depuis de leur nom appellée Lombardie, laquelle ils possederent en suitte par l'espace de 2. ans. Longinus ce neantmoins nouueau Gouuerneur d'Italie pour l'Empereur Iustin, qui ne pouuoit empescher leurs progrez, y dressa toutefois vne nouuelle façon de gouuernemét, laquelle s'y continua depuis vn longtemps, car il prist le nom & tiltre d'Exarque ; & s'estant arresté à Rauenne, mist en toutes les villes d'Italie vn gouuerneur qui s'appelloit Duc, hormis à Rome dont le Gouuerneur s'appelloit President ; de sorte que l'authorité du Senat & la dignité des Consuls fut totalement abolie. Ce pendant Iustin plongé en delices & en tous vices viuoit sans soucy en Constantinople où il mourut l'onziesme an de son Empire, & de grace 579. ou 576. selon d'autres, laissant pour son successeur Tibere II. qu'il auoit creé Cæsar, *P. Diacre, & P. Orose.*

Iustin Historiographe, lequel a reduict en Epitome compris en

44. liures la grande Histoire de Trogé Pompee, qui est depuis Ninus III. Roy des Assyriens, iusques au 25, de l'Empire d'Auguste, ce qu'il a faict auec vne si grande facilité qu'il en semble plustost estre l'autheur qu'abbreuiateur. Il florissoit enuiron l'an de salut 150.

Iustinian I.

du nom, succeda à l'Empire à Iustin I. son oncle : Ses conquestes & victoires ont esté tres-grandes & remarquables, lesquelles toutefois il n'obtint que par le moyen de ses Lieutenans, & specialement par Belisaire, Iean & Narses : Il deffist donc par Belisaire en plusieurs rencontres & batailles Cabades Roy des Perses, sur lequel il rencontra la Mesopotamie & la pluspart de ce que les Perses auoient empieté : Reprima aussi par l'assistance du mesme la sedition excitée à Constantinople par Hippatius qui auoit pris le tiltre d'Empereur. Il enuoya apres Belisaire en la guerre d'Afrique, lequel mist en route Gilimer Roy des Vvandales : Prist Carthage, & ayant recôquis l'Affrique amena à Constantinople Gilimer qu'il auoit pris prisonnier auec vn grand & riche butin : de sorte que l'Affrique fut reconquise 96. ans apres que l'Empire Romain l'eut perduë, comme faict mention le mesme Iustinian au Code. *Titul. De Off. Pratoris* Belisaire aussi eut charge de chasser de l'Italie & de la Sicile les Goths contre lesquels il se comporta auec tant de valeur & prudence qu'il en vint à bout : Print & tua leur Roy Theodat, & en suitte surmonta Viriges successeur de Theodat (non toutefois sans grandes difficultez) lequel il emmena prisonnier à Constantinople en triomphe : Mais estant r'appellé d'Italie par l'Empereur, il fut enuoyé contre Cosroé Roy des Perses qui auoit surmonté plusieurs Capitaines Imperialistes, lequel il reprima heureusement par sa valeur. Les Goths toutefois s'aduançans en Italie, il fut contrainct d'y

retourner : mais sa maladie suruenant, Rome fut aussi tost rauagée par Totila Roy des Goths lequel en fut depuis chassé par le mesme Belisaire qui en suitte deffist les Huns en Thrace ; mais tost apres Totila ayant derechef pris Rome, Narses autre Lieutenât de l'Empereur le vainquit & tua en bataille : comme aussi Teia successeur de Totila, Puis poursuiuant sa poincte, abolit le nom & la domination des Goths en Italie. Enfin Iustinian fut vn Prince tres-excellent & tres-soigneux des affaires de la guerre, pouruoyant en tous lieux de Valeureux Capitaines, de soldats & deniers, sans toutefois tyranniser son peuple ; de sorte qu'il remist l'Empire en sa splendeur : Il n'eust pas moins de soin des affaires de la paix, car (bien qu'il ne sceust pas mesme lire, selon Suidas) il fist reduire les Loix & les constitutions des precedens Empereurs (qui estoient esparses en plusieurs liures contenus en 3 Codes, sçauoir Hermogenien, Gregorien, & Theodosien) a 12. liures qu'on appelle le Code de Iustinian : Comme aussi abregea les Loix de tous les anciens Iurisconsultes & Magistrats desquels il y auoit pres de deux mille volumes, & les reduisit à 50. qu'on appelle maintenant Digestes ou Pandectes, & en fist de plus faire vn abregé compris en 4. liures des Institutes, se seruant à cet effect de Teophile ; Dorothée & Trebonian fort excellens Iurisconsultes & Philosophes. *tir. De nouo Codice faciendo, & tir. De Iust. Cod. confirmando.* Il fut aussi curieux de somptueux bastimens, mais il est blasmé d'auoir trop presté l'oreille aux calomniateurs, comme aussi d'auoir en sa vieillesse esté infecté de l'heresie d'Eutyches, & maintenu que nostre Seigneur auoit esté impassible, laquelle heresie toutefois le Pape Agathon luy fist adiurer. *Pl. Diacre liu.* 17. Ils'ingera bien auant des affaires Ecclesiastiques, mesme ordonna qu'aucun ne peust estre esleu

Euefque qui euft eu des femmes & des
enfans, veu que par le Concile de Nicée ils ponuoient eftre ordonnez au
moyen que les mariez fuffent feparez
de lict. *Conftit. 6. & 137. és Nouelles.* Enfin cet Empereur eftant aagé de 8 ans,
paffa de cette vie en l'autre le 39. de fon
Empire, & de NoftreSeigneur 578. *Procope li. 1. Iornandes. P. Diac. &c.* On dit
ce neantmoins qu'il mourut infenfé.
Euagr. liu. 4. chap. 29. Niceph. li. 17. Bien
que les SS. Gregoire & Agathon en
ayent parlé fort honorablement.

Iuftinian II. fils de Conftantin

IV. & fon fucceffeur à l'Empire de Conftantinople, fut
deux fois efleu & obey, & auffi deux au-
tres fois homme priué & defpoüillé de
l'Empire, ayant faict fes entrées & for-
ties auec deux ou trois autres Empereurs de fon temps, à fçauoir Leontius,
Abfimarus & Philippicus, fi bien que
cette Hiftoire reffemble à vne Tragi-
comedie. Ayant donc apres la mort de
fon pere efté efleué au throfne Imperial, il leua force foldats pour recouurer & garder l'Afrique, ce qui donna
telle terreur aux Mahometans qu'ils
demanderent la paix laquelle il leur accorda auec de grands aduantages pour
l'Empire : Ce neantmoins pouffé d'orgueil il l'enfreignit le premier, renou-
uellant la guerre, ce qui luy fucceda
mal & fut contrainct luy-mefme d'accepter la paix auec perte. Il fufcita auffi
mal à propos la guerre contre les Bulgares où il eut du pire : Et comme il
eftoit inconftant & volage auffi bien en
paix qu'en guerre, il affembla vn faux
Concile à Conftantinople pour deffaire ce qui auoit efté determiné au Concile de l'an precedent, lequel le Pape
Seruius improuua, ayant ratifié ce Concile premier, dont l'Empereur indigné
enuoya vn fien Capitaine nommé Zacharie pour fe faifir du Pape ; mais lequel eftoit tant aimé de tous que fans
fon interuention mefme Zacharie euft

efté mis à mort. *P. Diac. liu 6.* A caufe
de cecy & de plufieurs autres mesfaicts,
Iuftinian fut fi odieux qu'vn fien Capitaine nommé Leontius fe reuolta contre luy, fe faifit de fa perfonne ; & l'ayant
priué de fon Empire, luy fift coupper le
nez, les oreilles (& la langue auffi, felon quelques vns) & ainfi desfiguré le
relegua en la ville de Cherfone en Afie,
le 10. an de fon Empire. Mais ce Leontius ayant efté negligent de donner ordre aux affaires d'Affrique, Abfimatus
general de l'armée qui y eftoit, prift la
qualité d'Empereur, & auffi toft vint à
Conftantinople où il fe faifit de Leontius & luy fift receuoir le mefme cha-
ftiement qu'il auoit faict fentir à Iuftinian, le condamnant à perpetuelle prifon ; ce qui aduint le 3. an de l'Empire de
Leontius, & de falut 699. Abfimarus
euft long temps fubfifté s'il fe fuft tenu
coy ; mais exerçant fes trahifons & mefchancetez, voire mefme contre fes plus
amis & familiers il effaya de plus de faire tuer Iuftinian lequel s'en eftant apperceu eut recours à Caian Roy des Ba-
uariens qui luy dôna a femme vne fienne fille, & toutefois l'ayant abandonné
il eut recours à Trebellius Roy de Bulgarie qui affifta Iuftinian de telle façon
qu'il prift la ville de Conftantinople, fe
faifit d'Abfinus lequel il fift mourir,
auec Leontius (qui eftoit prifonnier,)
comme rebelle. Mais Iuftinian ayant
mal reconnu le bien faict de Trebellius
& luy voulant enuahir fon pays, il fut
par luy deffaict ; & comme il eftoit timide & vindicatif voulant fe deffaire de
Philippus relegué au Royaume de
Pont par Abfimarus, Philippicus fut
contrainct non feulement de fe deffendre, mais auffi de fe rendre aggref-
feur, lequel obtint la victoire contre
luy & le tua en bataille auec fon fils Tibere, l'an de Noftre Seigneur 712. &
26. apres qu'il fut efleu Empereur pour
la premiere fois. Ce Prince fut malheureux, puis que de fon temps furuinrent

X xxx iij

de si grandes calamitez au monde : Et de faict, pendant ces contrastes & boutehors, les Mahometans s'emparerent de l'Afrique sur les Chrestiens, se rendans maistres de la Mauritanie, de l'Egypte, Arabie, & autres pays de l'Oriët, Parmy toutefois ses vices & miseres, il porta grand respect à l'Eglise Romaine & au Pape, & specialemët à Constantin luy demandant absolution de ses pechez auec grande humilité : il donna quant & quant plusieurs grands priuileges à l'Eglise Romaine, & fut le premier des Empereurs qui baisa les pieds au Pape. *Plat. Blond. liu. 10. decad. 1. Æmil. liu. 1.* D'où est venu la coustume aux Roys & Empereurs de baiser les pieds des Papes. *Bede liu. 2. de l'Ordre des temps. Regino liu. 2.*

Iustinople villeEpiscopale & Capitale de l'Istrie, elle fust bastie par les Colches, & augmentée par l'Empereur Iustin ; & depuis ayant esté rauagée & bruslée par les Genois, elle fust rebastie & nommée *Cabo d'Istria. Magin. Voy* Istrie.

Iutland ou Iutie que quelques vns nomment Gothie (demeure ancienne des Cimbres, & pour ce appellée par les anciens Historiens & Geographes, Cimbrique Chersonese) principale contrée de Dannemarch qui est situde en sa partie Occidentale. Elle s'estend vers le Nord en forme de presqu'Isle entre les mers-Baltique à son Orient, & Germanique à son Occident : Bornée du costé du Midy, du fleuue d'Elbe, depuis lequel elle s'estend enlongueur (qui est d'enuiron 80. mille) vers le Septentrion iusques au Cap Cimbrique dit vulgairement *Scagen.* Elle est diuisée en la Septentrionale & Meridionale ; La Septentrionale qui s'estend vers la Norwegue, finit à Scagen, ayant sa plus grande estenduë pres d'Alebourg vers le golfe de Lymford : La Meridionale dicte Nordalbinge comprend les deux Du-

chez de Schlesz-wick & de Holsace, lesquelles appartiennent au Roy de Dannemarch & au Duc de Holsace Elle est fertile en grains, mais specialement en pasturages, si bien qu'on y mene vn nóbre incroyable de bestes à cornes des autres Prouinces, mais il n'y croist point de vin : il y a quantité de riuieres, comme aussi de poisson, Quant à leur origine, valeur, mœurs & police. *Voy* Cimbrique Chersonese, & Mercator *en son Atlas.*

Iuturne fille de Danaüs & sœur de Turnus Roy des Rutulois, laquelle Iupiter (apres en auoir ioüy) rendit immortelle & Nymphe du fleuue Numique : Elle assista son frere contre Ænée, mais voyant le danger où il estoit, elle s'alla ietter de despoir dans le fleuue Numique. D'autres disent qu'elle eut affaire au Roy Latin, & que cela estant descouuert elle s'alla, de honte precipiter dans ce mesme fleuue. *Virg. liu. 12. de l'Æneid.* ❡ *La verité est, que Iuturne est vne fontaine au champ Latin qui se rend au fleuue Numique dont a pris pied cette fable.*

Iuuenal, nommé Decius Iunius, natif d'Aquin, Poëte Satyrique fort recommandable, sauf qu'il entremesle en ses Poëmes beaucoup de traicts capables de corrompre les bonnes mœurs. Florissoit soubs Domitian, & vesquit iusques au temps de Nerua en vn aage decrepit *Vol. 1. en son Antrop.*

Iuuencus Prestre Espagnol, a traduit en vers Hexametres les quatre Saincts Euangelistes, enuiron l'an 332. *S. Hierosme en sa Chron.*

Iuuentas fille de Iunon, fut adorée par les Romains pour Deesse de Ieunesse. Les Grecs l'appellent Hebé. *Voy* Hebé.

I X

Ixion fils de Phlegias, ou selon d'autres, d'Ætion ou de Leonte, ou

de Iupiter, lequel ayant espousé Die
fille de Deionée, fut si mesconnoissant
des bienfaicts receus de son beaupere,
& tant abominable, que de le faire
mourir cruellement; l'enormité duquel
crime fut si desplaisant aux Dieux
qu'ils le rendirent enragé, & fut long
temps vagabond par le pays sans trouuer aucun qui peust l'absoudre & puri-
fier de ce forfaict : Mais finalement Iupiter voyant la grande contrition qu'il
en auoit non seulement l'en purgea,
mais aussi l'accueillit au Ciel auec tant
d'honneur que de le faire boire & manger à sa table ; à raison dequoy s'estant
enorgueilly, il fut si presomptueux que
de s'attaquer à Iunon & de luy tenir
propos d'amour, laquelle en ayant aduerty Iupiter, il supposa pour en sçauoir la verité) vne nuë soubs sa forme
auec laquelle Ixion accomplit ses desirs,
dont nasquirent les Centaures ; mais
s'estant de plus glorifié d'auoir eu affaire à vne telle Deesse, Iupiter ne le pouuant faire mourir pource qu'il auoit
mangé de l'Ambrosie, le precipita tout
vif aux Enfers, où il est attaché à vne
rouë qui tourne & vire perpetuellement. *Virg. liu. 3. de ses Georg.*

*Fulgence au 2. de sa Mythol. rapporte
cela à l'Histoire, ne repugnant à la verité
que cet Ixion eust ainsi mal traicté son beau-
pere; comme aussi peut-on probablement asseurer qu'il se soit retiré chez quelque Roy
(car les puissans Roys estoient anciennemēt
Iupiters) duquel il ait voulu courtiser la
femme, & que ce Roy luy ait supposé vne esclaue laquelle, selon Zetzes autheur Grec, se
nommoit Nephelé, qui en Grec veut dire*

nuée, dont nasquit vn certain qui le premier fut dit Centaure : Et dautant que par
cette impudente temerité il fut chassé de la
Cour & degradé de l'honneur qu'il auoit
auparauant, gehenné ce neantmoins d'vne
perpetuelle vanité & ambition ; l'on dit
qu'il fut precipité aux Enfers, & attaché
à vne rouë pour ce qu'en elle il n'y a rien de
stable, mais ce qui est en haut se void aussi
tost renuersé en bas. Plutarque en la vie
d'Agis & de Cleomenes, rapporte fort à
propos cette fable d'Ixion aux ambitieux :
car comme il n'embrassa qu'vne nuë au lieu
de Iunon dont nasquirent les Centaures ;
ainsi ceux qui sont attraicts & allechez
seulement de vaine gloire comme d'vne
image de vertu, ne peuuent rien produire de
parfaict & de loüable, mais toutes choses
bastardes & illegitimes, transportez par
plusieurs agitations, & asseruis aux con-
uoitises & affections de leur courage.*

L Y

Iynx fille de la Deesse Suadele ou Pitho, laquelle par ses philtres &
enchantemens amoureux attira Iupiter
en l'amour d'Io : en indignation dequoy
elle fut chãgée en vn oyseau qui retient
encore ce nom que les François nomment Bergeronnette ou Balequeuë.
Cœl. liu. 9. chap. 4.

❡ *Cela se doit entendre des venefices amoureux ausquels les entrailles de cet oyseau
auec certaines barbotteries de paroles sont
fort vtiles, comme disent plusieurs. Et mesmes les Grecs en ont faict vn prouerbe sur
celuy qui semble comme forcer les autres à
l'aymer en disant, Qu'il porte du Iynx.*

L

LA   LA

Aban frere de Rebecca femme d'Isaac, & oncle & beaupere de Iacob, lequel espousa ses deux filles Lia & Rachel l'ayant seruy pour cet effect 14. ans. *Genes.* 29. Mais enuiant la prosperité de son gendre, à la suscitation de ses fils, il le persecuta & poursuiuit pour le mettre à mort : toutefois la deffense qu'il eut de la part de Dieu de luy nuire, fist qu'il s'accorda auec luy & le renuoya en paix en son pays. *Genes.* 31. Le liure Cabalistique du Zoardes Hebrieu le faict Souuerain Maistre en la Magie, & dit qu'il exerça contre Iacob pour la frauder de son Loyer, de dix sortes d'enchantemens. Aussi l'Escriture le qualifie idolatre. *Gen.* 31.

Labda fut fille d'Amphion de la race des Bacchiades Corinthiens, laquelle pour ce qu'elle estoit boiteuse fut mesprisée par ceux de sa famille, & pour ce fut contrainête de se marier à vn homme de basse condition nommé Ætion dont elle eut vn fils. Mais d'autant que l'Oracle auoit denoncé aux Corinthiens que cet enfant deuoit enuahir vn iour la tyrannie de Corinthe, ils deputerent iusques à dix hommes pour l'aller massacrer, mais ayans eu commission les vns apres les autres d'executer ce decret, aucun d'en tr'ux n'eut le courage de mettre la main sur l'enfant : Mais comme ils se blasmoient l'vn l'autre de leur lascheté, Labda qui entendit cette conspiration le cacha dans vn coffre dit par les Grecs *Cypselos*, lequel nom il retint ; & depuis il

fut suiuant l'Oracle, tyran de Corinthe & pere de Periander. *Herodot. li.* 5. *Plutarq. au banquet des sept Sages.*

Labdacus fils de Phœnix, lequel regnant à Thebes engendra Laïus pere d'Oedippe qui luy succeda, duquel aussi il fut nommé Labdacide ainsi que tous les Thebains. *Stace liu. 6. de sa Thebaid.*

Labeo Iurisconsulte tres-renommé lequel estoit dauantage tres-expert en toutes sortes de sciences & bonnes lettres. Il fut en grande reputation du temps d'Auguste, noté toutefois pour estre trop roide obseruateur du droict ancien. *Gell. liu.* 13. *chap.* 10. & 12. ¶ De ce nom aussi estoient appellez tous ceux qui auoient de grosses leures, que les Latins nomment *Labi*.

Laberius, nommé Decius, Cheualier Romain, lequel employoit d'ordinaire son estude à composer des Farces où il fut si excellent que l'Empereur Auguste luy en ayant ouy vn iour reciter quelqu'vne, luy dóna 50. sesterces & vn anneau d'or de grande valeur. *Macrob. liu.* 2. *de ses Saturnales. Gellius, Seneq. l.* 7. *de ses Declam.*

Labienus, dit Titus, Lieutenant pour Cæsar és Gaules, vaillant & experimenté Capitaine, ayant faict plusieurs exploicts genereux en faueur de Cæsar, il se rangea puis apres au party de Pompée ; mesmes apres la déroute de Pharsale il sollicita les Parthes de se ioindre auec ses forces pour contrequarrer Cæsar. *Strab. liu.* 14. *de sa Geogr. Lucain liu.* 5. ¶ Il y en eut vn autre de mesme nom & surnom, Historien d'vne franchise demesu-

demesurée, s'attaquant indifferemment à toutes sortes de personnes, dont ses ennemis s'esmeurent tant qu'ils firent brusler ses liures; ce qu'il porta si impatiemment, que pour ne suruiure à ses œuures il s'enferma dans le monument de ses ancestres, & là s'y enseuelit deuant sa mort. *Seneque.*

Labradée surnom de Iupiter, qui estoit adoré par les Cariens; ainsi appellé, pource que l'on le peignoit ayant en main vne hache appellée par les Cariens *Labris*, qui estoit aussi l'armoirie des Rois de Lydie. *Cœl.Rhod. liu.6.chap.11. de ses ancienn.leçons.* Dans vn sien temple il y auoit vne fontaine où Pline dit y auoir veu des anguilles qui venoient manger en la main, & qui auoiét d'abondant des affiquets d'or pendus aux ouyes. *Pline li.32.ch.2.*

Labyrinthe, est appellé le lieu qui a tant de chemins entrelassez les vns dans les autres, que leurs destours recourbez difficilement peuuent estre trouuez. Les Autheurs en font mention de quatre principaux, c'est à sçauoir, celuy de Candie basty par l'ingénieux Dedale, du commandement de Minos qui y enferma le Minotaure. Le second estoit en Egypte au gouuernement de Heracleopolis, le plus grand ouurage & admirable qui ait iamais esté faict, auquel Herodote dit que tous les Roys d'Egypte ont contribué, & sur lequel on tient que Dedale prist le modelle du sien : dont toutesfois il n'en imita pas la centiesme partie. Le troisiesme fut fait en l'Isle de Lemnos, ayant bien 150. colomnes de marbre : & le quatriesme en Italie basty par Porsenna Roy des Toscans, au lieu de son sepulchre. Tous ces quatre sont particulierent descrits par Pline *liu.36. chap.13.*

Laccoplutes, interpr. du Grec, *Riches des Thresors*, furent appellez les descendans de Callias. *Voy Callias.*

Lacedemone, ville iadis trescélèbre du Peloponnese, autrement dicte Sparte, appellée de present Misithre. *Magin.* Elle fut bastie par Lacedemon fils de Iupiter, & de Taygete, dont elle prist le nom; policée en suitte par les ordonnances du sage Legislateur Lycurgue. Son premier Roy fut Eurysthée qui y regna 42. ans enuiron l'an du monde 3144. Et son dernier fut Cleomenes, qui fut chassé par Antigonus, & tué par Ptolemée Philopator. *Genebr. en sa Chronol.* Elle auoit pareillement certains Magistrats nommez Ephores, qui tenoient en bride les Roys de Sparte, & controlloient les autres Magistrats, mesmes les Roys defaillans en leur charge: voire auoient du commencement telle authorité en la ville de Lacedemone qu'en celle de Rome les Tribuns du peuple. Le Roy & les Ephores prestoient tous les mois le serment les vns deuant les autres; les Ephores au nom de la ville, & le Roy au nom de luy mesme: Le serment du Roy estoit, qu'il commanderoit selon les Loix à la ville; & celuy de la ville, qu'il maintiendroit le regne tousiours en estat. *Voy* Ephores. Tandis qu'elle a obserué les Loix de Lycurgue, elle a tousiours esté la premiere de la Grece, en gloire & en bonté de gouuernement l'espace de plus de 500. ans, aussi a elle produict les plus grands Capitaines du monde & en plus grande quantité. *Plutarque.*

Lacedemoniens ont esté les peuples les plus illustres, mieux policez & instruicts en toutes sortes de bonnes mœurs & de vertus, specialement apres que leur République eut receu son reglement par les ordonnances de leur Legislateur Lycurgue: & de faict aussi, Platon a tiré la pluspart dés Loix de sa Republique de la leur, comme vn patron sur lequel se doit façonner toute sorte de bon gouuernement: Premierement ils

Yyyy

auoient en grande recommandation la
production, l'education & l'instruction
des enfans; ils vouloient à cet effect que
les femmes s'exerçaffent à la courfe,
luitte, au ieu de la bale de fer, & autres
combats comme les hommes, afin que
les enfans qui naiftroient de telles perfonnes fuffent plus robuftes; auffi fe
marioient plus pour auoir lignée &
produire des citoyens vaillants & a-
droiéts aux armes, que pour autre chofe : C'eft pourquoy les vieillards ou autres qui ne pouuoient auoir des enfans
deuoiēt donner leurs femmes à quelque
ieune hôme fort & vertueux afin de leur
fufciter lignée, & neantmoins les enfans eftoient reputez du mary fans aucun reproche; & pour ce requeroient-ils
vn aage meur pour le mariage, afin qu'ils
peuffent produire des enfans excellents
en grandeur & en force. Ils ne les enue-
loppoient aucunemēt lors qu'ils eftoient
au berceau, les accouftumoient dauantage aux tenebres & à la folitude, fans
les nourrir en aucune delicateffe : eftans
ainfi efleuez ils les mettoient fous la
charge & conduite de certains Magiftrats publics, qu'ils nommoient Paido-
nomes. Et afin de les façonner à l'induftrie & leur ofter la feineantife, ils
leurs permettoient de defrober : mais à
condition que celuy qui y feroit furpris
fuft battu rudement, pour auoir man-
qué d'efprit & de diligence; tefmoin ce
Lacedemonien qui ayma mieux fe laif-
fer defchirer le ventre par vn Renard
qu'il auoit pris & caché fous fon manteau, que de le deceler. Lycurgue vouloit auffi qu'ils mangeaffent en public,
afin que là ils euffent honte pour la compagnie de faire ou dire quelque chofe
deshonnefte, & qu'ils fuffent efclairez
en leurs fuperfluitez : & à cet effect, il
donna licence aux plus vieils (qui leur
eftoient en grand refpect comme leurs
propres peres) de cenfurer les actions
des ieunes : Ils les accouftumoient de
plus en vn trauail continuel, à s'entre-

battre & luitter enfemble à toutes les
rencontres, leur donnant par ce moyen
de l'emulation. Seneque dit que les Lacedemoniens auoient de couftume d'experimenter la bonne nourriture & la
vertu de leurs enfans, les faifans defchirer tout le long du iour à coups de
foüet, & ceux qui l'enduroient plus patiemment & plus long-temps en eftoient
les plus honorez & les mieux prifez. Ce
qu'ils practiquoient tous les ans deuant
l'Autel de Diane, qu'ils nommoient Or-
tie, c'eft à dire, *droicte & roide*; & cette emulation de combat s'appelloit la
Foüettade. *Plutarq. en la vie de Lycur-*
gue. Et non feulement accouftumoient
les ieunes garçons à la luitte, mais auffi
les filles, & de plus vouloient qu'elles
dançaffent & chantaffent toutes nuës en
la prefence des ieunes hommes : tous
lefquels exercices, mefmes des femmes,
ont efté approuuez par le diuin Platon,
liu. 5. de fa Repub fe mocquant de ceux
qui par trop delicats s'offencent de cette nudité, & qui defnient aux femmes
les mefmes exercices que font les hommes. Ils retranchoient auffi toute cupi-
dité d'auoir en cette façon: C'eft qu'ils
fe feruoient reciproquement quand ils
auoient befoin de quelque chofe, de ce
qui eftoit és logis de leurs voifins, & en
difpofoient librement. Auffi ne fai-
foient-ils aucune recherche de l'or ny
de l'argent, & fi l'on en trouuoit en
quelque lieu, le poffeffeur eftoit puny;
mefmes pour cet effect ils firent faire
vne forte de grande monnoye qu'on ne
pouuoit cacher, finon dans vn grand
lieu. Des lettres ils en apprenoient pour
la neceffité feulement, & au demeurant
banniffoient de leur pays toute autre
fcience curieufe, comme pareillement
tous les eftrangers de peur qu'ils n'in-
fectaffent leur Cité de leurs mœurs corrompuës : Et leur eftude eftoit de bien
obeyr à leurs Capitaines, & vaincre en
combattant ou mourir fur la place.
Quand ils marchoient en bataille pour

aller choquer l'ennemy , ils balloient au
fon des fluftes & chanfons pour inciter
les cœurs de leurs gens à la vaillance &
au mefpris de la mort , afin auffi que la
vehemence belliqueufe meflée auec la
douceur de la mufique en fuft temperée
de bon accord & harmonie , & que la
raifon leur demeuraft entierè ; & mefme auffi és batailles auant le choc de la
charge , le Roy auoit accouftume de facrifier aux Mufes , afin que les combattans euffent la grace de faire quelque
chofe heureux & digne de memoire.
Leur langage eftoit fimple , court , fans
fard , ny affetterie quelconque : & leurs
chanfons contenoient les loüanges de
ceux qui auoient vefcu vertueufement,
& qui eftoient morts pour la deffenfe de
leur pays. Lycurgue leur deffendit toutefois tous epitaphes & infcriptions des
fepultures , comme auffi toutes fomptuofitez funebres & toutes les lamentations
qui s'y faifoient.

Qvant à leur Religion , ils adoroient principalement le Dieu Mars , auquel ils facrifioient vn bœuf , quand ils
auoient vaincu leurs ennemis par fineffe ; & luy immoloient vn coq quand
ç'auoit efté par viue force. Ils honoroiét
auffi Venus armée , & faifoient tous les
images des Dieux tant mafles que femelles auec des lances & iauelines en leurs
mains , comme ayans tous la vertu militaire & guerriere. Et le fommaire de leurs
prieres eftoit , que les Dieux leurs don-
naffent honneur pour bien faire & rien
plus. *Plutarq. au traiclé des dicts & faicts
memorables des Lacedemoniens.* Ceux de
cette contrée font maintenant femba-
bles en mœurs & religion que les autres
Grecs. *Voy* Grecs.

Lachefis, l'vne des trois Parques,
fille de Iupiter & de The-
mis (felon Hefiode *en fa Theogonie,*) ou
de la Nuict & de l'Erebe. Les Anciens
la croyoient affifter au cours de la vie
humaine , auffi ce mot eft interpreté du
Grec , *Sort* ; parce qu'ils eftimoient que

le hazard auoit fouueraine authorité fur
les affaires du monde , rejettans toute
prouidence Diuine. *Voy* Parques.

Lacin, certain bandoulier, lequel (ra-
uageant les extremitez d'Ita-
lie) Hercules mift à mort , & là mefme il
baftit vn temple dedié en l'honneur de
Iunon Lacinienne. *Virg. l. 5. de l'Æneid.*
¶ De luy a pris le nom le Promontoire
là pres qui diuife la mer Ionienne de l'A-
driatique.

Laconie, contrée du Peloponnefe,
qui s'eftend vers les Promontoires de Mallées & de Tenare, dits
de prefent *Capo Malio & capo Metapan.*
L'on y void plufieurs beaux golfes , le
plus large duquel eft celuy que l'on nôme Laconique , auiourd'huy le golfe de
Colochine. Elle fut iadis appellée *Heca-
tompolis* , des cent Citez qui y eftoient.
La riuiere d'Eurotas appellée de prefent
Vafilopotamo paffe par le milieu. C'eft
le plus beau pays de toute la Morée , où
il y a de grandes campagnes tres-fertiles,
mais mal-aifées à cultiuer à caufe de l'afpreté du terroir , caufée par les monts qui
l'enuironnent. Pline dit que la terre y eft
fubiete aux tremblemens. Sa ville capitale eft Lacedemone , nômée auffi Sparte. *Strab. li. 8. & Magin en leurs Geogr.*
Touchant fes mœurs , police & religion.
Voy Lacedemoniens.

Lactance, furnommé Firmian,
Docteur Chreftien,
Philofophe tres-eloquent , fut difciple
d'Arnobe , & fur la fin de fes iours
Precepteur de Crifpe fils de Conftantin
le Grand , Cefar en France. *Sainct Hierofme en fon Catal.* Il vint à vne extreme
pauureté nonobftant fa fcience. Il nous
a laiffé plufieurs beaux efcrits , & entr'autres ce liure des Diuines Inftitutions contre les Gentils. *Eufebe en fa
Chron.*

Lacydes, Philofophe Cyrenéen,
premier Inftituteur de la
nouuelle Academie , fut difciple & fucceffeur d'Arcefilaus , grandement ftu-

dieux & agreable en son parler. *Diog.*
Laerce li. 4. de la vie des Philosophes. Il
auoit vne Oye qui ne l'abandonnoit ny
iour ny nuict, ny en public ny en particulier, iusques là de le suiure au bain &
aux estuues. *Plin. li. 10. ch. 22.*

¶ Il y en eut vn autre de ce nom, Roy
des Argiens, lequel pource qu'il portoit
sa perruque trop curieusement accou-
strée, & que son alleure estoit trop molle
& delicate, fut soupçonné d'estre impudique. *Plutarque au traicté, comme l'on*
pourra receuoir vtilité de son ennemy.

Ladas coureur d'Alexandre le Grand,
qui estoit d'vn pied si agile qu'il
marchoit sur le sablon sans y imprimer
ses vestiges, à raison dequoy on luy dedia vne statuë à Argos au temple de Venus. *Martial liu. 2.*

Ladislaüs Roy de Pologne & de
Hongrie. *voy* Vladis-
laüs.

Ladon fleuue d'Arcadie lequel se
réd en celuy d'Alphée. *Strab.*
liu. 8. Pres iceluy les Poëtes ont feint
que la Nymphe Syrinx poursuiuie par
le Dieu Pan, auoit esté changée en vn
oyseau marescageux. *Ouide liu. 1, de sa*
Metamorphose.

C. Lælius, grand amy de Scipion
l'Africain, par le con-
seil duquel il fist tous les hauts exploits.
Lequel fut en telle estime à Rome, selon Plutarque, que l'on le surnomma le
Sage. *Plutarque en la vie des Gracches.*
Ciceron.

Laërce, *Voy* Diogene.

Laërtes fils d'Acrise, & pere d'Vlysse.
Ouide en son epist. à Penelo-
pé, & au 13 li. de ses Metamor.

Læstrigons peuples sauuages &
tres-inhumains, ha-
bitans de Formies, dicte de present Nô-
le, ville de la Campanie; ils viuoient
de chair humaine, & les disoit-on yssus
du Dieu Neptune, comme les Cyclopes & Cercyons; & pour ce addonnez à

toute sorte de cruautez & barbarie. *A.*
Gell. li. 15. ch. 21. Leur Chef estoit appellé Antiphates. *voy* Antiphates.

Lagenie, l'vne des cinquiesmes parties principales de l'Irlan-
de, appellée par les Anglois *Leynster,* &
par les habitans *Leighnigh.* Son terroir
est grandement fertil, & le Ciel benin,
contenant sept ou huict Comtez, comme
les descrit Cambden du temps de Ptolemée. Les Gauches, Brigantins & Me-
piens l'habitoient. Dublin est sa ville capitale, comme de toute l'Isle. *Mercat.*
en son Atlas, & Magin en sa Geograph.
Voy Irlande.

Lagus fut le pere de Ptolemée succes-
seur d'Alexandre le Grand au
Royaume d'Egypte, auquel Ptolemée
Philadelphe succeda.

Laictoure ville tres-ancienne de la
Guyenne, en la Comté
d'Armagnac dite des Latins *Tauropoliü*
& *vrbs Lactoratensis.* Son chasteau basty
sur vn roc est vne des plus anciennes forteresses de l'Europe, dont les fondemens
sont attribuez au Grand Pompée. Elle
est honorée d'vne Seneschaussée, & d'vn
Euesché, qui depend de l'Archeuesché
d'Auch.

Laïs, courtisane renommée, fille d'Alcibiades (comme tesmoigne Plutarque en sa vie) natiue de Sicile, combien qu'on l'appelle Corinthienne, pour
ce qu'elle vint à Corinthe & y fist son
seiour. Elle fut tellement belle & at-
trayante, qu'elle enflammoit de son
amour toute la Grece, mais personne ne
l'obtenoit, qu'il ne luy baillast tout ce
qu'elle demandoit, d'où vient le Prouerbe: *Qu'il n'estoit permis à tout homme*
d'aller à Corinthe. Et de faict, les preten-
dans achetoient si cherement ses bonnes
graces, que ses plus riches amans s'en
degoustoient. Ce neantmoins Demosthene estant pareillement alleché de la
renommée de sa beauté, vint expres d'A-
thenes à Corinthe; mais comme elle luy
eut demandé 10000. drachmes pour vne

feule nuict, *Ia n'aduienne* (ce dit-il) *que i'achepte si cherement vn repentir. Gell. liu.1. ch.* 8. Elle fut enfin par la ialoufie d'autres femmes menée dans vn temple de Venus, où ils la lapident & affommerent à coups de pierre. *Plutarq. au traité de l'Amour.*

Laius fils de Labdaque Roy des Thebains, mary d'Iocafte, & pere d'Oedippe, par lequel il fut tué felon la prediction de l'Oracle. *Voy* Iocafte & Oedippe.

Lambale ville tres-ancienne de Bretagne, prife par Vigenere pour la Capitale des Ambiliates de Cæfar. Eft de prefent celle du Duché de Penthieure, qui eftoit iadis le partage des puifnez de Bretagne.

Lamech fils de Mathufalem, & pere de Noé, qu'il engendra en l'aage de 180. ans, & vefcut 777. ans. De fon temps mourut Adam, & prefque tous les autres Patriarches, comme auffi les enfans de Dieu rechercherent les filles des hommes & s'accouplerent auec elles, dont nafquirent les Geants. *Genef.* 4 & 5. Fut le feptiefme depuis Adam; renommé pour eftre fanguinaire, auffi tua-t'il Cain fon trifayeul. Prophetifa toutesfois le Deluge & la benediction en la perfonne de fon fils. Fut le premier qui inftitua la Polygamie ayant efpoufé deux femmes. Il mourut l'an du mon de 1656.

Lamies ont efté eftimées par les Anciens certaines femmes forcieres ou pluftoft fantofmes de malings efprits, qui empruntans la forme & femblace de belles femmes deuoroient les enfans & ieunes hommes, les attrapans par doux attraicts & blandiffemens. Philoftrate *en la vie d'Apollonius,* les appelle Larues, Lemures & Empufes, qui font paillards outre mefure, & dauantage conuoiteux de manger la chair humaine. Et pourroit bien eftre ceux que nous appellons vulgairement Loups-garoux & Luictons, ou pluftoft

ce que nous nommons Fées. L'origine de ce nom eft tiré d'vne fable rapportée par Suidas & Fauorin, lefquels efcriuent qu'il y eut vne certaine femme belle, nommée Lamie, laquelle Iupiter ayant amoureufement embraffée, Iunon par ialoufie luy fift mourir tout ce qui nafquit d'elle; dont elle conceut tant de faffcherie & de regret, qu'elle deuint non feulement laide & difforme, mais auffi que d'impatience & de rage pour la perte de fes enfans, & d'enuie mortelle fur ceux qui en auoient, qu'elle deuoroit tous ceux qu'elle rencontroit; & pour ce elle fut appelle Lamie à caufe de la grandeur de fon gofier, dit par les Grecs *Lamos.* Dion Chryfoftome raconte autrement de ces Lamies, difant qu'és deferts de Lybie il y a quelques beftes cruelles, qui ont le vifage & l'eftomach comme vne femme, & qui ont tant de grace & donnent tant de plaifir qu'à leur regard on les iuge douces & debonnaires, mais le refte du corps qui eft caché fe va changeant & aboutiffant en ferpent terrible & efpouuentable. Toutesfois cette beauté apparente attire les hommes à elles, fi bien qu'en eftans approchez elles les faififfent & les deuorent puis apres. Le mefme Philoftrate dit *au lieu preallegué,* qu'il en defchaffa vne de Corinthe, qui auoit ainfi voulu decenoir vn ieune homme nommé Menippus.

¶ *Cette apparente fiction femble eftre authorifée de quelque verité tirée du 4. des Lamentations de Ieremie. Les Lamies ont defcouuert leurs mammelles. Et de fait le mot Hebrieu a efté rendu par Empufe, des 72. Interpretes.*

¶ *Que fi c'eft vne pure fable, l'on en peut apliquer aifémét l'allegorie à la lubricité & paillardife, qui caufe la ruine des hommes, toutefois fous la iouyffance d'vn bien, mais qui eft fardé & defguifé.*

Lampetie fille du Soleil & de Neæra, laquelle fon pere mift auec fa fœur Phaëthufe pour

bergeres & gardiennes de ses troupeaux.
Ce neantmoins les compagnons d'Vlyſ-
fe en ayans enleué d'iceux malgré elles,
Iupiter les foudroya à la priere d'Apollon. *Homere liu.* 12. *de l'Odyſſ.* Ouide
toutefois *au liu.* 2. *de ſes Metamor.* faict
cette Lampetie & Phaëthuſe filles d'A-
pollon & de Clymene,& ſœurs de Phaëthon, leſquelles s'affligerent tellement
de la mort de leur frere, que les Dieux
les changerent en peupliers, & leurs larmes en ambre. *voy* Heliades.

Lampride Hiſtorien. *Voy* Ælie.

Lampſaque, dicte auparauant
Pithyuſe,& de pre-
ſent *Lampſico*, vil'e d'Aſie ſituée au riuage de l'Helleſpont entre les fleuues Si-
moïs & Granic. En icelle le Dieu Priape
eſtoit grandement honoré. *Ouide liu.6.
de ſes Faſt.* Elle eſt renommée pour vn
temple ſuperbe de la mere des Dieux
qui y eſtoit,& pour ſon port tres-celebre.
Strab.liu.13. Ses peuples ont eſté touſ-
jours fort paiſibles & obeïſſans aux Romains. *Cic.en ſa* 3. *Verrine.*

Lanclaſtre, contrée de l'Angleterre, honorée du
tiltre de Comté du Palatin, de laquelle
tige ſont yſſus quelques Roys d'Angleterre, comme Henry VI. Elle eſt bornée à ſon Leuant par le Duché d'York:
à ſon Couchant par la Mer d'Irlande:
au Midy par le fleuue Marſey : & au
Nord par le weſtmorland. Ses campagnes ſont aſſez fertiles en fromens & orges, & pres ſes montagnes en auoines.
Sa capitale eſt Lanclaſtre accompagnée
de quelques autres. Son lac dit *Merton*
eſt le plus grand de toute l'Iſle. *Mercat.
en ſon Atlas.*

Landus ou Lando, Sabin,124. Pape,
dautant vile condition com-
me de peu de merite, ne tint le ſiege que
6. mois & mourut l'an 916.

Langres ville tres-ancienne ſur la
frontiere de Champagne,
de tres-belle & gracieuſe aſſiette. Ptole-
lemée l'appelle *Andomatumum*; & d'autres, *Ciuitas Lingonenſis* à cauſe de
Longho 6. Roy des Gaules ſon fonda-
teur.Lucain honore ces peuples du tiltre
de belliqueux, & Tacite dit qu'Othon
Empereur leur donna le droict de bour-
geoiſie Romaine. Elle fut priſe & ruinée
par les Vvandales l'an 411. Son Eueſque,
qui eſt vn des ſuffragans de l'Archeueſque de Lyon, porte le tiltre de Duc &
Pair de France, & Seigneur ſpirituel &
temporel, ayant Bailliage, Iuges & autres Officiers de Iuſtice. Son Dioceſe
s'eſtend ſur bien mille Parroiſſes.

Languedoc, Prouince des plus
belles de France,
qui eſtoit en la Gaule, iadis dicte Nar-
bonnoiſe, appellée par excellence la ſeconde Italie. Les Goths qui s'en ſaiſirent
apres en auoir chaſſé les Romains, la
nommerent Gothie,& puis Languedoc,
comme qui diroit Langue de Goth : Elle
a pour ſes bornes au Leuant la Prouence
& le Dauphiné : au Nord le Quercy &
l'Auuergne : au Couchant la Gaſcogne:
& au Midy la mer Mediterranée.On luy
a attribué depuis quelques années la
Comté de Foix, combien qu'auparauant elle fuſt de Guyenne. Ce pays
en general eſt vn des meilleurs de France, foiſonnant en bleds & vins, fruicts,
& ſpecialement en oliues, voire tellement gras, qu'en pluſieurs de ſes contrées il eſt impoſſible d'en ſortir lors
qu'il y a pleu. Il y a abondance en quelques endroicts de poix, encens, liege,
litharge, marbre, iaſpe, ardoiſe, de
tuffes, mais le paſtel qui eſt fort propre
aux teintures, luy eſt tres peculier &
dont la Prouince faict vn grand traffic.
Ses villes principales ſont Tholoſe, qui
eſt ſa capitale, Narbonne, Carcaſſon-
ne,Niſmes,Montpellier, Caſtres, Montauban, Agde, Beziers, & autres. Elle
eſt de fort grande eſtenduë comprenant
22. Dioceſes,dont le ſeul Viuarets qui a
de longueur plus de vingt lieuës le long
du Rhoſne,n'eſt pris que pour vn. Les

Vvifigoths qui en chafferent les Romains, en furent puis apres chaffez par les François, fous la conduite de noftre grand Clouis. Charlemagne y eftablit depuis des Gouuerneurs, qui furent appellez Comtes de Tholofe (honorez depuis du tiltre de Pairs de France par Hugues Capet) en ont efté poffeffeurs iufques au Roy S. Louys, duquel le frere nommé Alphonfe efpoufa Ieanne fille vnique de Raimond dernier Comte de Tholofe, ainfi la Comté fut reunie à la Couronne de France. Ses habitans font bons Catholiques pour la plufpart, & ennemis des opinions nouuelles, font d'affez gentil efprit, & addonez aux lettres, mais font fubiets à s'efmouuoir au moindre bruit ; peu courtois aux eftrangers, & qui viuent affez mechaniquement chez eux. S. Martial enueyé en Guyenne par les Apoftres, y fema la Religion Chreftienne.

Laocoon fut fils de Priam & de Hecube, & Preftre d'Apollon Tymbreen, qui le premier diffuada l'introduction du cheual de bois dans la ville de Troye) que les Grecs ce neantmoins feignans l'auoir dedié à Minerue, auoient remply de foldats) à raifon dequoy l'on dit que par l'indignation des Dieux il fut à l'inftant auuglé, comme violateur du prefent qui fe faifoit à Minerue, & qu'alors auffi furgirent de la mer deux gros ferpens qui eftranglerent deux de fes fils. *Virgile liu. 2. de l'Æneide.*

Laodamie fille de Bellerophon & d'Achemene, laquelle Iupiter efpris de fa beauté accointa & en eut Sarpedon, qui fut puis apres Roy de Lycie : dequoy s'eftant enorgueillie, elle fut occife à coups de flefches par la Deeffe Diane. *Homere au 6. de l'Iliade.*

¶ Il y en eut vne autre, fille d'Acafte & de Laodothée, qui ayant fceu la mort de fon mary Protefilaus tué par Hector, ne voulut luy furuiure, mais defira auant

que mourir de voir fon ombre, laquelle ayant veuë elle expira en voulant l'embraffer. *Ouide epift. 10.*

Laodicé fille d'Agamemnon, l'vne de celles qui fut prefentée pour choix en mariage à Achilles.

¶ Vne autre fille de Priam & de Hecube, qui fut mariée à Helicaon fils d'Antenor Roy de Thace.

Laodicée ville de Phrygie, affife fur le fleuue Lycus, nômée auparauant Diofpolis & Rhoas, celebrée entre les plus illuftres villes de l'Afie. Ses citoyens Hieron, Zenon l'Orateur & Polemon fon fils l'augmenterent de beaucoup, & ce dernier merita d'en eftre declaré Roy par l'aduis & permiffion de M. Anthoine & d'Octaue Cefar. Sa contrée voifine eft fort fubiete aux tremblemens de terre, & eft renômée pour fes laines delicates *Strab. liu. 2. Pline li. 5. chap. 29.* Là fut tenu vn Concile contre les Arriens, approuué par celuy de Trulles. *Ifidore tome 1. des Conciles,* où il eft mis fous les Papes Liberius & Damafe.

¶ Il y en a eu quelques autres de ce nom, mais qui ne font fi renommées.

Laodoque fils d'Antenor Troyen, ieune homme fort belliqueux, duquel Pallas prift la forme pour perfuader à Pandare de darder vne flefche contre Menelaus au preiudice du traicté fait entr'eux. *Homere en fon Iliade liu. 4.*

Laomedon fils d'Ilus Roy de Troye, lequel ayant faict paction auec Apollon & Mercure à certain prix de baftir les murs de cette ville, leur defnia apres l'ouurage parfaict le falaire qu'il leur auoit promis ; dequoy eftans indignez, vn chacun d'eux affligea la ville de fon fleau, c'eft à fçauoir Apollon de pefte, & Neptune de l'innondation d'eauës, lequel de plus fift naiftre vn Monftre marin, qui n'efpargnoit non plus les hommes que les beftes, & rauageoit tout le plat pays ; fi bien que par l'aduis de l'Oracle il fut contraint d'exposer sa fille Hesione à la mercy de ce Monstre : Mais Hercule ayant fait entreprise de la deliurer, au moyen que Laomedon luy donnast quelques cheuaux fées, comme il l'eut executée fidelement, Laomedon ne tint conte de sa part d'accomplir sa promesse ; si bien qu'Hercule luy fist la guerre, le mist à mort, & maria cette fille à Telamon, par l'aide duquel il auoit pris la ville de Troye ; ce neantmoins Priam fils de Laomedon rebastit apres la ville. *Voy* Hesione.

Laon ville de Vermandois en Picardie, appellée par les Anciens *Laudunum* : Elle fut aggrandie par Clouis & par sainct Remy Prelat de Rheims qui y establit vn siege Episcopal dependant de l'Archeuesché de Rheims. Hugues Capet l'erigea depuis en Duché & Pairrie Ecclesiastique, en consideration de ce que l'Euesque du lieu nommé Ancelin luy auoit liuré entre les mains Charles de Lorraine, sur lequel il empieta l'Estat Royal de France.

Lapidoth mary de la Prophetisse Debora. *Iuges* 4. Que quelques-vns coniecturent estre le meime que Barach. *Voy* Barach.

Lapithes, peuples de la Thessalie, yssus d'vne illustre & ancienne famille, ayans pris leur nom & leur origine de Lapithe fils d'Apollon & de la Nymphe Stilbé. Ils habitoient iadis les monts de Pinde & d'Othys, & eurent pour leur Roy Pirithous, aux nopces duquel & de Hippodamie ils eurent vn grand combat auec les Centaures, l'insolence desquels ils reprimerent, comme le feint Ouide *liu.* 12. *des Metam.* L'on tient qu'ils ont les premiers inuenté les brides des cheuaux, & qu'ils les ont aussi domptez. *Virgil. liu.* 3. *des Georg.*

Lapord est appellée cette contrée de la Biscaye, qui contient deux Dioceses, sçauoir celuy de Bayonne & celuy d'Acqs. Le pays y est assez maigre, mais porte force arbres fruictiers.

Lapponie, contrée qui s'estend depuis les frontieres de Suede iusques à la mer du Nord. Les habitans plus Orientaux de ce pays qui sont nommez *Dic Kiloppes,* c'est à dire Lappons sauuages, sont tributaires du Moscouite : Mais les Occidentaux obeyssent au Roy de Suede, & tiennent le pays qu'on nomme Scricfinie. Ce pays ne produit aucun bled, il y a force ours blancs. En lieu de cheuaux ils ont certaine espece de beste semblable à vn Boeuf qui ne porte point, mais tire leurs charrettes tres-legerement & fort vistement. Ces peuples sont petits, mais fort adroicts, specialement à tirer de l'arc. Ne se seruent ny de pain, ny de sel, ny d'aucune friandise, mais viuent seulement de poisson & de bestes sauuages ; aussi ne sont-ils addonnez qu'à la chasse & à la pesche. Ils habitent en des logis fort bas, couuerts d'escorce d'arbres ou gazons de terre, où toutesfois ils ne s'arrestent gueres, changeans souuent de lieu. Ils sont fort sauuages & soupçonneux, fuyans la compagnie des estrangers. Ils sont d'vn naturel amoureux & lascif, au reste grands sorciers. Ils n'ont aucune monnoye, mais eschangent leurs peaux & poissons auec d'autres marchandises. Se seruent d'habillemens estroicts & le plus souuent de peaux de veaux marins ou d'ours. *Maginenfa Geogr.*

Lares estoiet appellez certains Dieux ou plustost Dæmons, adorez par les Anciens, comme gardiens priuez de leurs maisons & des carrefours, ruës & villes, selon Ouide *en ses Fastes.* Ils les croyoient fils de Mercure & de Lare ou Laronde fille d'Almon, laquelle ayant decelé à Iunon les amours secrets de Iupiter, eut la langue couppée & fut chassée aux Enfers par son commandement ; dont Mercure à qui en fut donnée

donnée la charge, la força fur le chemin, & en eut ces Dæmons appellez de
fon nom Lares. Les Romains leur folemnifoient certaines feftes aux carrefours, nommées Compitales, & leur facrifioient des enfans pour le falut de leur
famille. Mais depuis ils leurs firent offrande de tefte d'aux & de pauot. On
leur immoloit auffi des chiens comme à
Diane, pource qu'on croyoit qu'ils fuffent gardiens & protecteurs des maifons,
comme cet animal domeftique qui fe
rend accoftable aux familiers, & reuef-
che aux eftrangers. Le foyer leur eftoit
dedié, appellé des Latins *Lar*, & leur y
faifoit-on des offrandes comme aux Penates (auec lefquels quelques-vns les
confondent) & pource ce fut auffi nommé *Lararium* le lieu facré où ces Dieux
eftoient adorez. *Voy* Penates.

Laurentia, renommée Courtifane, laquelle inftitua le
peuple Romain fon heritier, & depuis fut
eftimée Deeffe, fous le nom de Flora.
Voy Flora.

Lariffe eft le nom de plufieurs villes,
¶ vne en Theffalie baftie par
Acrife, de laquelle Achilles fut furnommé Lariffćen. ¶ Vne autre en Candie,
voifine de la Iapygie. ¶ Vne autre au
Peloponnefe qui feruoit de fortereffe
aux Argiens. ¶ Vne autre au territoire
d'Attique. ¶ Vne autre en Italie, baftie
par les Pelagiens, felon Diodore *liu. 1.*
¶ Comme encore quelques autres mentionnées par *Strabon l. 9. & 13. Eftienne
& Lycophron.*

Larius lac des plus amples de l'Italie, contenant en fa longueur
bien 300. ftades, & en fa largeur 30. Le
fleuue Abdua paffe par fon milieu & en
rend les eaux plus douces, & de là fe
vient rendre dans le Pô, non loin de la
ville de Cremone. Il eft ainfi appellé
d'vne certaine efpece d'oyfeau de riuiere noir, qui y frequente, nommé par
les Foulques & par les Grecs. *Laros.
Strab. liu.* 4. Il eft fitué pres la ville de

Come, & pource les Italiens le nomment de prefent *Lago di Como.*

Lafthenes Thebain, fut de telle
viteffe qu'il furpaffa à
la courfe depuis la ville de Coronée iufques à celle de Thebes, vn des meilleurs
cheuaux de fon temps. *Alex. d'Alex. li.
2. chap. 21.*

Lafthenie femme de Mantinée,
tellement affectionnée
à l'eftude de la Philofophie, qu'elle prit
l'habit d'homme pour aller entendre
Platon en fon efchole. *Diog. Laerce en la
vie des Philofophes.*

Latran eft appellé ce Palais fuperbe
& magnifique à Rome, qui
eft dedié & confacré à l'Euangelifte S.
Iean. Il fut ainfi nommé d'vn certain
Conful Romain, dit Lateran (lequel fut
tué par le commandement de Neron)
auquel il appartenoit; & depuis fut
grandement enrichy, augmenté & confacré au feruice de Dieu par Conftantin
le Grand, & en fuitte fut la demeure du
Pontife Romain. *Niceph. liu. 7. chap.
49. S. Hierofme en fon Epift. à Ocean.* Il
eft auffi fort renommé pour fes Conciles,
& fpecialement de cinq generaux qui
ont efté tenus, fçauoir; Le premier qui
eft le 9. general compofé de 900. Peres,
tenu l'an 1122. fous Calixte fecond contre les Turcs & Sarrazins pour le recouurement de la Terre fainte. *Krantz liu.
3. chap. 40. de fon Hift. de Saxe.* Le fecond, qui eft le 10. vniuerfel, compofé
de 1000. Peres, & tenu l'an 1139. fous
Innocent fecond, pour le priuilege des
Ecclefiaftiques, & contre les Antipapes.
Plat. Le 3. qui eft l'vnziefme œcumenique fous Alexandre 3. de 300. Euefques,
pour la reformation des mœurs tant des
Ecclefiaftiques que Laïcs, portant def-
fenfes d'affifter les infidelles; comme
auffi contre les fectes des Waudois, Cathares & Publicains, tenu fous Alexandre l'an 1179. *Onuphr.* Le 4. qui eft le 12.
vniuerfel, appellé le tres-general, pource que c'eft le plus celebre qui ait iamais

ZZ zz

esté fait , tenu sous Innocent III. l'an
1215. où assisterent en personnes les Patriarches de Hierusalem & de Constantinople , & les Deputez de ceux d'Alexandrie & d'Antioche , 70. Archeuesques, tant Grecs que Latins, 400. Euesques, 12. Abbez, 800. Prieurs Conuentuels ; les Ambassadeurs des Empereurs
d'Orient & d'Occident s'y trouuerent
aussi, & les Orateurs des Roys de France, d'Espagne, d'Angleterre , de Hierusalem & de Cypre. On y traicta contre
les Albigeois , Almaric , & les erreurs de
Ioachim l'Abbé, comme aussi touchant
les mœurs de l'Estat Ecclesiastique , &
pour le recouurement de la Terre-sain-
cte. Tom. 3 des Concil. & y fut approuué
le mot de Transsubstantiation. Onuphr.
Le 5. qui est le 17. des generaux , tenu
sous le Pape Iule II. & finy sous Leon
X. l'an 1517. contre le Concile de Pise,
contre les Turcs , & pour la reformation des mœurs. Genebr. Sleidan liu. 1.
& Surius.

Lathyre surnom de Ptolemée qui
succeda au Royaume d'E-
gypte à Ptolemée Alexandre; ayant esté
deietté de sa mere, il recouura derechef
le Royaume. Regna 8. ans , & mourut
l'an de la fondatiõ de Rome 676. Geneb.

Latin fils de Faune & de la Nymphe
Mariee, ou bien d'Vlysse & de
Circé, comme veut Hesiode: & cinquiesme Roy des Laurétes & Aborigenes peuples anciens d'Italie (qui furent depuis
de son nom appellez Latins , & la contrée où ils demeuroient Latium.) Eut
d'Amata sœur de Danaüs Roy des Rutulois, vne fille nommée Lauinie qui fut
fiancée à Ænée.

Latium, tres-ancienne contrée d'I-
talie , ainsi appellée de La-
tin son Roy , ou plutost du verbe Latin
Latere , c'est à dire , cacher; pource que
selon les Poëtes, Saturne fuyant la violence de son fils Iupiter s'y cacha : Mais
maintenant elle s'appelle le territoire de
Rome, ou Campagna di Roma, à la dif-

ference de la Campanie heureuse, dicte
Terre de labour. Ses bornes sont diuerses entre les Autheurs, mais les plus communes sont à l'Orient le fleuue Liris , dit
de present Gariglian: au Midy la mer de
Toscane : au Couchant le Tybre : & à
son Nord le Mont Appennin. Ce pays
est diuisé en l'Ancien & Nouueau ; l'Ancien Latium s'estend depuis la bouche
du Tybre iusques au Mont Circel par
l'espace de bien 50. milles ; & le Nouueau depuis le Mont Circel iusques au
fleuue Gariglian. Il est situé sous le 5.
climat, occupant les 12. & 13. paralelles,
où le plus long iour d'Esté est presque
de 15 heures ; enfermée entre les 34. &
35. & demy degrez des Meridians. Son
territoire est mis entre les plus fertils
fort en quelque contrée, où il est aspre
& pierreux , remply de lacs & marais.
Il a esté grandement habité, ayant receu
sa grandeur du voisinage de Rome, qui
est sa Capitale, voire l'a iadis esté de tout
le monde au temporel , & l'est encore
pour le spirituel. Il y a dauantage quelques autres petites villes, comme Ardée,
Ostie, Terracine, Preneste , Tiuoli , A-
gnanie, &c. Ses premiers habitans furent les Siciliens , Aborigenes , Pelagiens, Arcadiens , Aronces , Volsques,
Osques, & Ausons. Mercat.en son Atlas.
& Magin en sa Geogr. Ses peuples qui
estoient appellez Aborigenes deuant
l'aduenement d'Ænée en Italie, & depuis Latins, ont esté de tout temps nais
& affectionnez à la guerre, faisans au
commencement peu d'estat des lettres;
mais ayans accreu leur Empire, ils embrasserent les sciences à bon escient, où
ils s'y rendirent maistres pardessus les
autres nations. Quant à leurs autres
mœurs, religion & police, voy Italiens
& Romains.

Latone fille de Coée le Titan & de
Phœbé , selon Hesiode &
Ouide; ou de Saturne, selon Homere.
Laquelle ayant conceu de Iupiter, A-
pollon & Diane, Iuno ialouse esmeut

contr'elle le serpent Python qui la poursuiuit à toute outrance par toute la terre,
tant qu'à la fin apres plusieurs erreurs,
elle paruint en l'Isle de Delos, laquelle
pour lors estoit encore errante & enueloppée dans les ondes de la mer, (mais
qui puis apres fut descouuerte & affer-
mie par le commandement de Neptune)
où elle accoucha premierement de Diane, puis par le moyen d'icelle (qui luy
seruit de sage femme) d'Apollon, lequel
venu en aage deffist auec ses flesches ce
Python qui auoit tant tourmenté sa mere. *Ouide liu.6. de ses Metam.*

¶ *L'on feint Latone (qui signifie chez les
Grecs oubly) estre mere d'Apollon inuenteur de la Musique, & de Diane Deesse de
la chasse, pource que tant la suauité de
l'harmonie musicale, que l'exercice de la
chasse ont beaucoup de vertu pour effacer
& faire mettre en oubly les maux & chagrins de l'esprit.*

¶ *Mais les Physiciens par Latone ont entendu la Terre, laquelle estoit gardée par
Iunon, c'est à dire, l'air nuageux & espais,
d'enfanter Apollo & Diane, c'est à sçauoir
que ces deux lumieres le Soleil & la Lune
ne fussent venus, & par maniere de dire ne
nasquissét. Mais la vertude Neptune permit enfin que la terre qui estoit cachée sous
l'eau parut, laquelle estât seiche & separee
des eaux, les vapeurs furent detenues, &
ainsi paruret ces deux astres. Et parce Python sont signifiez les torrents & rauages
d'eaux qui couuret la face de la terre (qui
en leurs cours sinueux imitent le serpent) &
qui empeschent la terre qu'elle ne produise,
& de ce qu'Apollon estant deuenu grand le
deffist, est entendu le Soleil, lors que par ses
chaleurs & rayons ardans qui sont autant
de sagettes, il asseiche ces humiditez, & apporte ainsi vn soulagement à sa mere.*

Laual
ville du Mayne, & ancienne Comté, possedée maintenant par le
Seigneur de la Trimoüille. Elle est renommée pour le trafic de ses toiles.

Lauaur
ville de Languedoc, dicte
des Latins *Vaurum,* dont

l'Euesché (qui depend de l'Archeuesché de Tholose) s'estend bien sur 114.
Parroisses.

Lauerna,
autrement dicte Furnie,
Deesse des Larrons, en
la protection de laquelle ils estoiét; dont
ils auoient de coustume de diuiser leur
butin dans vn bois qui luy estoit consacré. D'icelle fut appellée à Rome la porte Lauernale, à cause du voisinage de
son temple. *Fest. Perse.*

Lauinie
fille du Roy Latin & d'A-
mata, laquelle ayant esté
accordée à Turnus, fut pour satisfaire
à l'Oracle (qui vouloit qu'elle fut donnée à vn estranger) fiancée puis apres à
Ænée; surquoy Turnus ayant pris occasion de luy faire la guerre, il fut surmonté par luy, & priué de la vie. Mais apres
la mort d'Ænée, Lauinie craignant d'e-
stre mal-traictée de son beau fils Ascanius, se retira dans vne forest vers le pasteur Tyrrhée, & là y enfanta enceinte
qu'elle estoit d'Ænée, Iule qu'elle nomma Syluius, du mot Latin *Sylua,* qui
veut dire forest, & Posthumus, pource
qu'il estoit venu au monde apres que son
pere auoit esté inhumé. Toutesfois Ascanius la r'appella depuis, & luy donna la
ville de Lauinium pour s'y habiter,
qu'elle laissa apres sa mort à son fils Iule.
Virg. liu. 12. de ses Æneid.

Lauinium
fut vne ville du Latium
bastie par Ænée, & ap-
pellée ainsi du nom de Lauinia sa seconde
femme. *T. Liue liu. 2.*

Lauraguez
Comté de Languedoc,
fort abondante en pa-
stels, dont s'y fait vn grand trafic.

S. Laurent
Diacre contemporain
de S. Cyprian, fut ro-
sty sur le gril auec vne grande constance
sous l'Empereur Decius, pour ne vouloir deceler les richesses de l'Eglise, qui
estoient destinées pour les pauures. *Voy
l'Hymne de Prudentius. S. Ambr. liu. 1.
des Off. Euseb. en sa Chroniq.* Touchant
les miracles de ses sainctes Reliques,

Voy Sainct Gregoire le Grand, *liure* 3. *epift.* 50.

Laurentia nourrice de Romulus & Remus, appellée Louue pour fon impudicité, d'où vient la fable que ces deux auoient esté nourris d'vne Louue. *Voy* Acca.

Laurentum, ville du Latium, baftie par le Roy Picus ; ainfi appellée d'vne foreft de lauriers, en la place de laquelle elle fut baftie : d'icelle furent appellez les peuples Laurentes.

Laureolus, nom de certain brigand, que les Poëtes feignoient auoir efté pendu, puis defchiré par vn ours : de laquelle fable on tient que Domitian voulut en faire vne Hiftoire, car il fit en la prefence du peuple fupplicier vn criminel de ce nom, en la mefme façon que l'autre auoit efté feint. *Martial en l'Amphiteatre de Cefar.*

Laxamates, certains peuples pres le lac Mœotide, defquels les hommes ont de couftume de combatre à pied, & les femmes à cheual ; & ne font point mariées qu'au prealable elles n'ayent tué quelqu'vn des ennemis. *Alex. liu. 1. chap. 24. & li. 6. chap. 22.*

Lazare, certain pauure mendiant, lequel ayant efté deietté du Mauuais-riche, fut receu apres fa mort dans le fein d'Abraham, qui ne le voulut enuoyer à ce Mauuais-riche, (bien que fupplié par lùy pour cet effet) lors qu'il eftoit és tourmens de l'Enfer, pour rafraichir fa langue d'vne feule goute d'eau ; ny auffi le renuoyer en ce monde pour aduertir les freres de ce Mauuais-riche qu'ils priffent garde de le fuiure. *Luc. 16.*

¶ Il y en eut vn autre de ce nom, frere de Marie Magdeleine & de Marthe, lequel fut reffufcité à leur priere par Iefus-Chrift. *Iean 11.* Et depuis il fut Euefque de Marfeille. *Baron. ann.* 31.

Leæna fameufe Courtifane d'Athenes, fort familiere d'Harmodius & d'Ariftogiton, pource qu'elle chantoit bien & ioüoit des mieux de la cithare : Eftant affez informée de l'entreprife que ces deux ieunes hommes braffoient pour tuer Pififtrate, ne les voulut oncques deceler pour aucun tourment qu'on luy fit, ains afin d'en ofter l'occafion fe couppa la langue auec les dents, & la cracha contre le tyran. En memoire dequoy les Atheniens voulans honorer fa conftance, fans toutesfois celebrer l'infamie d'vne telle putain, firent faire vne Lyonneffe, appellée des Latins *Leæna*, qu'ils firent faire fans langue. *Pl. l. 34. chap. 8.*

Leandre ieune homme Grec, d'Adyde ville au deftroit de Conftantinople ou de l'Hellefpont, lequel pour aller voir Ero demeurante à Cefte à l'autre riuage du deftroit, trauerfoit de nuict à nage ce petit bras de mer ; mais enfin il s'y noya, voulant paffer les flots de la mer efmeuë. Mufeus Poëte Grec a defcrit fes amours tragiques, & Ouide l'a fuiuy *en fes Epiftres.*

Learque fils d'Athamas & d'Ino, que fon pere infenfé tua cruellement ; ce que voyant Ino, elle fe precipita dans la mer auec fon autre fils Melicerte. *Voy* Athamas & Ino.

Lechée port renommé vers le golfe de Corinthe, lequel arroufe l'Ifthme du Peloponefe vers l'Occident, il eft oppofé au fein Sarronic qui eft vers l'Orient. *Strab. liu. 8.*

Leck & Check, deux freres, Capitaines des Efclauons, lefquels fortans de Ruffie & Sarmatie, vinrent aux terres mydefertes, qui auoient efté auparauant habitées par les Wandales, puis fe feparerent en deux bandes, l'vne defquelles entra fous la conduitte de Leck dans

la Silefie, Royaume qu'on appelle de
prefent Pologne, où ils furent premierement nômez Leckes du nom de leur
premier Duc; puis Polaques, qu'on dit
autrement Polonois, & leur pays *Pol-*
leckie (du mot *Pole*, qui fignifie en leur
langue autant que Campagne raze)
comme qui diroit, Campagne & pays
de Leck. Et l'autre bande de ces Efclauons entra fous la conduitte de Check
dans la Germanie ou Allemagne, au païs
habité par les anciens Boïes Gaulois,
(qu'on appelle de prefent Boheme) lefquels le recogneurent tous pour leur
Chef, & les Efclauons les appellent encore Checkes du nom d'iceluy. *Cromer.*
en fon Hift. Polen.

Leda femme de Lyndare Roy de Laconie, laquelle fut accointée de
Iupiter fous la forme d'vn Cygne, eftant
la groffe de Tyndare; c'eft pourquoy fon
terme venu, elle engendra deux œufs,
de l'vn defquels naiquirent Pollux &
Helene, eftimez de la femence de Iupiter; & de l'autre Caftor & Clytemneftre
du fait de Tyndare. *Ouide en l'epiftre*
d'Helene à Paris.

Leiden ville de Hollande, fituée
(felon Pline & Ptolemée)
vers le milieu de la bouche du Rhin, les
Latins l'appellent *Lugdunum Batauorū.*
Mercat. en fon Atlas.

Leir Roy de la Grand' Bretagne, laquelle il gouuerna prudemment
durant quarante années: Mais ayant marié trois fiennes filles, l'vne à Morgan Roy
d'Efcoffe; l'autre à Enninus Roy de Cornoüaille, & la 3. à Aganippus Roy de
Neuftrie au pays de Gaule, les deux premiers gendres luy firent la guerre & le
depofederent de fon Royaume, mais
fon dernier Aganippus à la perfuafion de
fa femme Cordile, le reftablit. Puis
mourut enuiron l'an du monde 3149.
Hift. d'Angl.

Leleges peuples d'Afie, mais Grecs
d'origine; ainfi appellez du
verbe Latin *legere* qui fignifie recueillir;

pource qu'ils font affemblez & recueillis de diuers lieux. Ils s'habituerent premierement en des Ifles, puis pafferent
en la terre ferme, en partie dans la Myfie,
(où Homere femble placer vne grande
partie de ces peuples) & en cette contrée de l'Ionie, qui eft proche de la Carie, d'où vient que Milet Capitale de
l'Ionie eft appellée Lelegeïde. *Pline liu.*
4. chap. 7. dit que les Locres Epicnemidiens (la contrée defquels eft arroufée
du fleuue Cephife) eftoient auparauant
apellez Leleges. *Strab. liu. 7.*

Leman, lac és frontieres de la Sauoye, de la Comté de
Bourgogne & des Suiffes, affis entre les
villes de Geneue & de Lofane (& pourtant appellée de ces trois diuers noms,
lac de Geneue, lac de Lofane, & lac Leman) trauerfé par le fleuue du Rhofne
fans y meflanger fes eaux. Il fut ainfi
appellé du Roy Leman, qui regnoit en
Gaule enuiron l'an du monde 2590. felon Manethon. Enfemble les peuples
des enuirons d'iceluy furent nommez
Lemans, & d t on que ces peuples qui
eftoient Gaulois, donnerent depuis leur
nom d'Allemanie au pays d'Alface qui
eft fitué au deçà du Rhin, & confequem-
ment que les premiers qui ont porté
le nom d'Allemans eftoient Gaulois,
lefquels trauerfans le Rhin impoferent le
mefme nom d'Allemagne au pays de
Sueue, & à la plus grande partie de l'ancien pays de Tuyfcon, auquel ils furent
appellez Allemans, pour tefmoignage
qu'ils eftoient tous fortis des enuirons du
lac de Leman, car *al* en langage Allemād
fignifie *tous,* felon le tefmoignage de plufieurs graues Autheurs. *C. Tacite en fon*
liure des mœurs des Germains, Ifidore de
Seuille liu. 9. des Orig. Sabell. Ennead. 6.
liu. 2. Fl. Vopifcus, & autres.

Lemnos Ifle de la mer Ægée ou Archipelague, ayant au Nord
la Thrace ou Romanie, & à fon Couchant le Mont Athos. Elle eftoit appellée Ophiufe à caufe du grand nombre

de ferpens qui y eſtoient , & Dioſpolis
à cauſe de ſes deux villes , & de preſent
Stalimene par les Italiens & Turcs. Elle
eſt plus longue que large , en tirant de
l'Orient vers le Couchant , & contient
enuiron cent milles. Les villes ſont
Lemnos, autrement *Myrine*, & Hephe-
ſtia , dite de preſent *Cochine*, qui eſt preſque toute ruinée. L'on tient qu'il y a
enuiron trente-cinq bourgs & villages
remplis d'habitans fort riches , qui parlent tous Grec, & ſont Chreſtiens pour la
pluſpart, fors ceux qui habitent les for-
tereſſes. Pline fait mention d'vn Labyrinthe ſemblable à ceux d'Egypte & de
Candie : Mais Bellon teſmoin oculaire
dit qu'il n'y en a aucune marque. *Magin
en ſa Geogr.* Les Poëtes ont feint que
Vulcain y auoit eſté precipité & qu'il y
faiſoit ſa demeure ordinaire ; Ce qui ſe
doit entendre à cauſe des terres pleines de ſoulfre & d'alun qui quelquefois iettent des flammes quaſi inextinguibles. Cette Iſle eſt fertile en toutes
choſes (il y a toutesfois faute de bois)
ſpecialement en vins. On y trouue particulierement vne ſorte de terre qu'on
nomme Sigil'ée, qui eſt bonne contre la
peſte & les fluxions, on en fait de petites maſſes qui ſont marquées de characteres Turcs, & la tire-t'on ſeulement en
vne petite coline pres la cité de Cochine, le 6. iour d'Aouſt auec grande ceremonie , & le Turc en fait preſent à nos
Ambaſſadeurs.

Lemurales, feſtes anciennement
dediées aux Lemu-
res qui ſont ces eſprits qui vont de
nuict , que nous appellons communement Loups-garoux ou Luictons ; pour
leſquels chaſſer de la maiſon , les Anciens auoient de couſtume de ietter des
febues noires derriere le dos , & faire
vn tintamarre auec des poiſles & vaſes
d'airain ; ainſi ils penſoient par telles ceremonies appaiſer les manes. *Alex. d'A-
lex. liu. 3. chap. 12. de ſes iours geniaux.*
Ces feſtes ſe celebroiét au mois de May,

lors l'on fermoit tous les temples, & toutes les nopces eſtoient interdictes, & reputées malencontreuſes , ce que le vulgaire eſtime encore de preſent. *Ouide li.
5. des Faſtes.*

Lentules, tres-noble famille de
Rome , ainſi appellez;
ou bien dautant que leur Autheur naſquit auec la forme d'vne lentille au viſage; ou bien pource qu'il eſtoit fort habile à enſemencer des lentilles, comme
l'on dit des Ciceons & des Piſons pour
leur induſtrie à ſemer des chiches & des
pois.

S. Leon I. du nom , Toſcan , 47.
Pape , ſurnommé le
Grand, pour ſon inſigne erudition , eloquence & ſainteté incomparable : Priſt
le gouuernail de l'Egliſe en vn temps
fort turbulent: Arreſta tout court par ſes
ſainctes admonitions Attyla le fleau de
Dieu, qui venoit pour deſtruire Rome.
Iouius des Hommes illuſtres. De là vint
en prouerbe , qu'Attyla ne redouta iamais que le loup (c'eſt à ſçauoir ſainct
Loup Eueſque de Troye, qui l'empeſcha de deſtruire la ville de Troye) & le
lyon (qui eſt ce ſainct Leon dont nous
parlons.) Conuoqua en la ville de Chalcedoine le 4. Concile general compoſé
de 630. Eueſques, contre Dioſcorus &
Eutyches, pour les deux natures en Ieſus-Chriſt. *Euagr. liu. 2. ch. 2. Niceph.
liu. 15 chap. 2.* Reprima auſſi les Neſtoriens & Eutychiens qui auoient aſſemblé
vn faux Synode à Epheſe: Reſiſta à Ana-
tolius Patriarche de Conſtantinople, qui
vouloit empieter l'authorité ſur toutes
les Egliſes , comme il teſmoigne en ſes
*Epiſtres 51. 52. & 53. à l'Empereur Mar-
cian.* Abrogea en l'Occident (car Nectarius auoit deſia fait le meſme en Orient)
la publication des pechez qui ſe faiſóit
par le Preſtre apres la Confeſſion priuée & auriculaire. *Epiſt. 68.* Ordonna
qu'en la Meſſe on diſt *Orate pro me fra-
tres. &c.* y adiouſtant *Hoc ſanctum ſacri-
ficium.* Puis ayant ſainctement regy ſon

trouppeau 21. an, 1. mois & treize iours, il alla receuoir le salaire de ses trauaux l'an de salut 463. *Onuphr. Plat. Sigeb. Naucler*, &c. Auant ce Pape l'Eglise Romaine nombroit les ans depuis la Passion de Iesus-Christ, mais depuis luy on commença à compter de son Incarnation, qui sont trente-trois ans aparauant. *Bede liure de Temps, chap. 47.* De son temps les Wandales passez d'Affrique en Italie sous leur Roy Genseric, prindrent la ville de Rome & la saccagerent par l'espace de 14. iours, lesquels ce neantmoins furét empeschez de la brusler par le Pape Leon & l'imperatrice Eudoxia. Les Acephales heretiques s'esleuerent aussi de son temps. *Plat. Leonce des sectes.*

Leon II.
Sicilien, 82. Pape, homme fort sçauant en Grec & en Latin, dont rendent tesmoignage ses doctes œuures, fut aussi tres-expert en la Musique, & pour ce reduisit le chant de l'Eglise en meilleure melodie. *Plat.* Il fut doüé de plusieurs vertus, pieté, iustice, & humanité. Ordonna le baiser de paix à la Messe, & que l'on arrousast le peuple d'eau beniste : Confirma les Decrets du 6. Concile general de Constantinople : Ordonna que l'on donneroit à l'aduenir le manteau Archiepiscopal gratuitement. *Volat. Faisseau des temps.* Mais la mort luy fit quiter ce monde l'an 686. n'ayant tenu le Siege que 10. mois. *Onuph. Adon de Vienne,* &c.

Leon III.
Romain, 99. Pape, homme entier, chaste, eloquent, amateur des gens de lettres, benin enuers tous, charitable enuers les pauures, ce neantmoins il ne peust s'exempter de Paschal & Campulus, lesquels en pleine procession l'apprehenderent, le battirent, luy arracherent les yeux, & luy coupperent la langue que Dieu luy rendit miraculeusement : mais s'estant eschappé, il fut restably par le moyen de Charles le Grand, lequel estant venu à Rome, Leon se purgea

par solemnel serment de tous les crimes qu'on luy auoit imposez. *Regin. liu. 2. de sa Chron.* Et en consideration de tant de biensfaicts receus de Charlemagne, il le proclama Empereur du consentement de tous les Prelats & du peuple, le consacra & oignit, & son fils Pepin Roy d'Italie. Ainsi fut l'Empire remis sus en Occident, 230. ans apres sa decadence sous Augustule. Il institua les Litanies qui se disent aux Rogations. Puis mourut l'an de salut 800. & de son Pontificat le quatriesme. *Adon de Vienne, Palmer, Plat.*

Leon IV.
Romain, 106. Pape, personnage de grande saincteté, chassa (par ses oraisons & le signe de la Croix) de l'Eglise de saincte Luce vn Basilic, qui par son haleine pestilente en infectoit & tuoit plusieurs : Remporta vne grosse victoire sur les Sarrazins, qui lors rauageoient toute l'Italie, & fit submerger leur flotte par la vertu de ses prieres : Restaura les murs de la ville de Rome, & y fit faire plusieurs tours, & specialement au mont Vatican, qui fut puis apres la demeure des Pontifes Romains, Alidulphe Roy d'Angleterre se rendit son tributaire. *Polyd. Virg. liu. 4. & 5. de son Hist. d'Angleterre. Sabell.* Enfin il mourut apres auoir gouuerné sagement l'Eglise 8. ans, 3. mois, & 6. iours, l'an de grace 855. *Adon de Vienne Onuph. Plat. Nang.*

Leon V.
Aretin, 121. Pape, fut emprisonné dans vn Monastere par les menées de Christophe sien familier, homme superbe & ambitieux, qui fut son successeur, dont outré de douleur il mourut l'an de salut 904. n'ayant tenu le Siege qu'vn mois & 10. iours. *Plat. Palm.*

Leon VI.
Romain, 127. Pape se comporta modestement selon le temps, & eust chassé hors des confins d'Italie les Barbares communs ennemis, mais il ne vescut que 7. mois, quinze iours en la dignité Pontificale, &

mourut l'an de Nostre Seigneur 930.
Naucler.

Leon VII.
Romain, 130. Pape, en
3. ans, 6. mois & 10.
iours qu'il tint le Siege, ne fit rien digne
de memoire, & mourut l'an de grace
940. *Plat.*

Leon VIII.
Romain, 135. Pa-
pe, fut instalé en la
Chaire de sainct Pierre, ayant esté Iean
XII. condamné par contumace au Concile Romain & dechassé pour sa meschante vie (bien que quelques-vns luy
fassent preceder Benoist V. démis par
l'Empereur Othon.) Voyant la grande
instabilité du peuple, il transporta par vn
decret toute l'authorité de creer les Papes à la personne de l'Empereur, & restitua à Othon les donations faictes à l'E-
glise par Iustin. Il mourut l'an 965. ayant
gouuerné l'Eglise pres de deux ans.
Can. in Synodo 63. dist. Il y a entre les
Historiens vne grande diuersité, touchant l'approbation & eslection de ces
Papes qui s'entrefaisoient & defaisoient
à l'appetit du peuple Romain & des Empereurs, dont voy *Genebrard*, *Platine &*
Sigebert.

Leon IX.
d'Alsace en Allemagne,
d'illustre Maison, 157.
Pape, fut homme de bonne vie & de
grand sçauoir, fort charitable aux estrangers, de sorte que sa maison estoit ouuerte à tous; & mesme dit-on que Nostre Seigneur s'apparut à luy en forme
d'vn ladre, qu'il fit coucher auec luy.
Sigebert. L'on dit qu'estant venu à Rome par le commandement de l'Empereur, en equipage de Pape deuant que
d'estre esleu, il fut admonesté par Hil-
debrand Moine de se mettre en estat
d'homme priué, attendu que l'Empereur
n'auoit pas l'authorité d'eslire le Pape;
auquel bon conseil il acquiesça, & ainsi
il fut declaré Pape, & depuis mesmes
restablit le premier par ses decrets lès
droicts de l'Eglise touchant l'Eslection
du Pontife à l'exclusion des Empe-

reurs, qui auoient vsurpé ce droict par
l'espace de bien cent cinquante ans.
Composa plusieurs Hymnes sur la loüange des Saincts, & beaucoup de liures
contre les erreurs des Grecs, & specialement contre Michel Patriarche de Constantinople. *Sigeb.* Consacra plusieurs
Eglises & Autels en diuers lieux en Allemagne. *Hirsaug. en sa Chron.* Plusieurs
nations estrangeres luy enuoyerent leurs
Legats pour se soufmettre à l'Eglise Romaine. *Hermann. Contract.* Enuoya trois
Legats à Constantinople vers l'Empereur Constantin neufiesme, pour con-
fondre les erreurs des Grecs. Excommunia l'heretique Berengaire. A son instan-
ce l'Empereur de Constantinople reedifia le Téple du Sepulchre de Iesus-Christ
en Hierusalem. *Palmer.* Enfin plein de
merites, il alla iouïr d'vne vie bien-heu-
reuse l'an 1054. apres auoir sainctement
gouuerné son troupeau 5. ans, 2. mois,
6. iours. Apres sa mort il fut renommé
en miracles. *Sigeb. Plat. Naucl. Onuph.*
Volat. & autres.

Leon X.
Florentin, de l'illustre
maison de Medicis, 225.
Pape, personnage eloquent & liberal, debonnaire, magnifique, & amateur des
hommes doctes & vertueux, mais vn
peu trop addonné à ses plaisirs, specialement à la Musique. Publia la Croisade
contre les Turcs & Infidelles, publiant
remission de ses pechez à qui donneroit
de ses biens à cet effet, où selon quelques Autheurs se commirent beaucoup
d'abus, & de là peut-estre (Dieu le permettant ainsi) prist occasion Martin
Luther Augustin, de prescher contre les
Indulgences, & de faire ce dangereux
schisme qui a diuisé toute la Chrestienté.
Surius en son Histoire. Sleidan. Abrogea la Pragmatique Sanction. Fist ses
concordats auec le Roy de France François premier, touchant la nomination és
Eueschez & Abbayes, qui en effect n'est
que pour introduire le mystere d'iniquité dans l'Eglise Gallicane; car de là sont
sorties

sorties tant de simonies, confidences, &
l'extinction en vn mot de toute science,
vertu & pieté. Priua le Duc d'Vrbin de
sa Duché & la donna à Laurens de Medicis pere de Catherine de Medicis
Royne de France. Il gouuerna l'Eglise
8. ans, 8. mois, 21. iour, & mourut de
poison, ou côme veulent quelques vns
de la ioye qu'il eut de la prise de Milan
sur les François, l'an de salut 1522. *Supplément de Plat.* De son temps le Royaume de Manicongo en Affrique, tributaire du Roy d'Espagne, receut la Foy.
L'on contraignit aussi de ce temps tous
les Infidelles de vuider le Royaume de
Grenade, ou de se faire Chrestiens. *Con-
tinuat. de Palmer.*

Leon XI.
aussi Florentin, & pa-
reillement de la tres-
illustre famille de Medicis, 140. Pape.
Mourut 26. iours apres son eslection,
l'an 1605.

Leon I.
du nom Empereur, surnom-
mé le Grand, natif de Thra-
ce, ayant esté esleu par les suffrages du
Senat & gens de guerre, gouuerna
l'Empire auec beaucoup de prudence
& de sagesse, & s'acquist au commence-
mentvne telle reputation, que ny l'Asie,
ny la Perse, ny l'Affrique ne luy oserent
faire la guerre ; mais il y eut en recompense dans l'Empire d'Occident en l'I-
talie & en la Sicile de tres-grands changemens où s'esleuerent plusieurs Empereurs accomparez seulement de nom
& non pas de puissance & d'authorité
aux Anciens. Cependant donc qu'il
gouuernoit auec beaucoup de valeur
la Grece & l'Orient, plusieurs Empereurs s'entresuiuirent & iouïerent au
boutehors en Italie, Auitus, Maiora-
nus, Leuerianus & Anthemius. Et s'estant Genseric Roy des Vvandales ietté
dans l'Italie afin de s'en rendre maistre,
Leon l'en chassa & son Lieutenant nommé Basiliscus qui estoit son beaufrere, &
d'Anthemius Seuerus qui y estoit estably Empereur : Comme aussi reprima

& fit tuer Aspar & Ardaburius son fils,
Tyrans qui s'estoient reuoltez contre
luy à Constantinople. Conceda l'Austriche & la Hongrie aux Ostrogoths redoutant leur force. Cependant Rithi-
mer & Olibrius, Glicerius & Nepos succederent les vns aux autres à l'Empire
d'Occident (soit legitimement ou autrement) & regnerent peu de temps, ce
qui fut cause de plusieurs reuoltes &
tumultes en Italie. Et comme Augustu-
lus gouuernoit Rome auec le nom &
l'authorité d'Empereur, suruint la mort
de Leon à Constantinople, l'an 476.
apres auoir tenu l'Empire 17. ans auec
beaucoup de valeur & de reputation,
comme vn excellent Prince. *P. Diacre.*

Leon II.
petit fils de Leon le Grand,
ayant esté esleu Empereur
par son ayeul, tint l'Empire quelques
mois, mais de sa propre volonté il y renonça & le donna à son pere Zenon, lequel il couronna luy-mesme & se rendit son sujet & homme priué : laquelle
obeïssance peut estre marquée comme
chose estrange & miraculeuse. Ainsi
mourut peu de iours apres, bien que
Paul Diacre raconte que son propre pere luy pourchassa la mort, mais que luy
se faisant Prestre l'eschappa. *Iornandes.*

Leon III.
dit Isaurique, apres que
Theodose III. se fut dé-
mis volontairement de l'Empire & rendu Moine, fut substitué en sa place, &
iaçoit qu'il fut de bas lieu, &, comme
quelques-vns estiment, cousturier, il deuint par sa valeur General d'armée, & en
fin Empereur. De son temps les Sarrazins sous la conduite de Zulemon
Masgada & Soliman leurs Capitaines,
desia Seigneurs d'Asie, d'Affrique & de
l'Espagne, s'espancherent en la Grece
pour s'en emparer & vindrét au destroit
de Constantinople auec vne armée nauale de 3000. nauires, & vn incroyable
nombre de gens, entrerent au destroit
de Constantinople & assiegerent la ville
trois ans durant, mais elle fut deliurée.

miraculeusement, car toute cette armée fut affligée de peste & de famine, & le reste fut mis à sac par les Bulgares, leurs vaisseaux mis à fonds voire consomme z du feu du Ciel & de la gresle, ce qui arriua l'an 719. *Sabell. Blond. liu.* I. *decad.* 10. *Cuspinian,* P. *Diacre liu.* 21. Eut aussi vn heureux succez contre Tibere qui s'estoit sousleué en Sicile, puis le fist mourir; mais au lieu de remercier Dieu de tant de bienfaicts & soulager ses villes & ses subiects du dommage receu, il fist tout le contraire, se mist à persecuter les personnes d'authorité: Imposa à Rome & en Italie de nouueaux tributs, mais specialement se rendit ennemy iuré des Images, despoüillant les Temples & Eglises de ce qu'ils auoient de plus precieux & de plus sainct; de laquelle fureur il ne peust estre destourné par les sages aduis du Pape Gregoire II. qui, pour ce fut contraint de l'excommunier, comme aussi luy de sa part saisit le patrimoine de l'Eglise, & adiugea au fisc ce qui appartenoit au Pape en la Sicile & en la Calabre. P. *Diacre liu.* 21. *Sigebert.* Mesmes attenta contre la personne du Pape, ayant enuoyé en Italie vn certain Exarque nommé Eruftius, à cet effect: mais ses desseins ne succedans, il se mist derechef à abbattre & bruiler les Images, chassa S. Germain Patriarche de Constantinople, à ce incité par certains Iuifs. En suitte desquelles impietez Gregoire III. continua l'excommunication de son predecesseur en vn Concile. De son temps suruindrent és contrées d'Orient de prodigieux tremblemens de terre, si bien que plusieurs villes tant de l'Asie mineur que de la Grece furent totalement destruictes, ce qui fut vn presage des maux suiuans, car les Sarrazins entrerent en l'Asie mineur, de la plusspart de laquelle ils se firent maistres. Les Prouinces dicelle & de Grece, d'Italie, de Sicile, & de Candie subiectes à l'Empire, furent par luy grandement foulées d'emprunts & d'imposts insupportables. Ainsi ayant gouuerné l'Empire l'espace de 24. ans, il mourut d'vne dyssenterie l'an de Nostre Seigneur 741. P. *Diacre, Blond., Iornand, Cusp.*

Leon IV fils de Constantin Copronyme, & qui auoit esté son compagnon à l'Empire, se conforma à son pere en toutes sortes de vices & impietez lesquelles toutefois il sceut cacher dés le commencement auec belles apparences, mais en fin il leua le masque & se môstra trescruel & immoderé en toutes ses actions, priuant les plus grands de leurs dignitez & de la vie. Fut aussi grand persecuteur des Images comme son pere: Transporta les Iacobites heretiques de la Syrie en la Thrace. P. *Diacre liu.* 23. *Zonare tom.* 3. Il passa en Asie & en Syrie contre les Sarrazins, mais sans aucun effect, y ayât perdu & ses gens & sa reputation: ainsi se passerent 5. ans de son regne sans faire acte digne de memoire, ayant enleué du Temple de saincte Sophie vne Couronne d'or que l'Empereur Maurice auoit dediée à l'image de la Vierge, & l'ayant mise sur sa teste il luy vint vne apostume & mourut d'vne grosse fieure l'an 782. *Blond. lin.* 1. *decad.* 2. De son temps florissoient les beaux faicts de Charles le Grand és Prouinces de France & d'Allemagne, descrits par Florian Docan *en sa grande Hist. d'Espag.*

Leon V dit l'Armenien, successeur en l'Empire d'Orient à Michel Curopalate, enorgueilly de la victoire qu'il auoit obtenuë contre les Bulgares; deuint si superbe & rigoureux à ses subiects qu'il s'en acquist leur haine & malueillance, laquelle s'accreut de ce qu'il fist oster les Images des Temples, ainsi qu'auoient faict quelques-vns de ses predecesseurs, tellement que Dieu permist qu'vn nommé Michel surnommé le Begue (homme de bas lieu, mais qui auoit esté par luy esleué) qu'il tenoit pour lors en prison,

eut le credit de le faire tuer dans l'E-
glise & prist l'Empire pour soy, septans
& demy apres que Leon l'eut occupé;
ayant laissé 4. fils, qui toutefois ne par-
uindrent à l'Empire, ains furent releguez & sa femme recluse en vn Mona-
nastere enuiron l'an 810. *Zonare tom.* 3.

Leon VI. surnommé le Philosophe, assez vigilant en la
conduite de ses affaires dont il auoit
besoin; car plusieurs peuples Barbares
& voisins le serroient de pres de tous
costez, aspirans à s'emparer de l'Empire d'Orient: Eut guerre contre les Bulgares, Russiens, autres peuples de
l'Europe, & en Asie contre les Armeniens, Perses, & autres infidelles; ayant
esté trahy par les Bulgares, il les reprima auec l'aide des Turcs qui lors commencerent à prendre ce nom: Eut depuis guerre contre les Sarrazins qui
rauageoient la Sicile, les Iles de Lemnos & des Cyclades, mais auec perte
tant d'vne part que d'autre. Mourut
d'vne colique, ayant esté Empereur 17.
ans, 3. mois, & de salut 904. Cet Empereur fut si curieux & deffiant qu'il se
desguisa vne nuict pour esprouuer les
gens du guet, qui le battirêt tresbien &
le mirent en prison, mais le lendemain
il leur donna de l'argent & les honora.
De son temps arriua vne grande famine tellement qu'on viuoit de chair humaine en beaucoup de lieux. *L'Abbé
d'Vsperg. Zonare tom.* 3.

Leon Philosophe Byzantin, auditeur
de Platon, lequel comme il eust
vn iour demandé à Philippes de Macedoine pourquoy il faisoit la guerre à
son pays, & que Philippes eust respondu, que c'estoit pour l'amour qu'il luy
portoit, & affin de s'en rendre iouïs-
sant, il luy repartit tout aussi tost, que
les Amans ne se deuoient seruir d'instrumens guerriers mais musicaux: Le
mesme voyant qu'il ne se pouuoit emparer de Byzance à cause des bons conseils de Leon, le rendit tellemêt odieux

vers ses concitoyens (le calomniant de
luy auoir voulu vendre la ville, ce qu'il
n'auoit accepté, pour ce qu'il ne vouloit à son dire desrober la victoire)
qu'ayant esté faict prisonnier par eux
il se pendit de desespoir. L'on tient
qu'il vint vn iour à Athenes pour faire
des remonstrances de pacification aux
habitans qui estoient tombez en de
grandes dissensions, & côme estant môté
en la chaire aux harangues, il fust veu
fort petit, chacun s'en print à rire, dequoy luy s'apperceuant : *Et que feriez
vous donc*, dit-il, *si vous voyez ma femme
laquelle à peine me vient iusques au genoüil*; alors la risée fut encore plus grande : Et neantmoins, repliqua t'il, tous
petits que nous sommes quand nous
entrons en querelle, la ville de Byzance
n'est pas assez grande pour nous contenir tous deux. Et ainsi de cette rencontre inopinée, il print occasion de les
mettre d'accord. *Plutarque au traicté de
l'instruction pour ceux qui manient les affaires d'Estat. Philostrate en la vie des Sophistes.*

Leon ancienne ville & Vicomté de
la basse Bretagne dont fut iadis seigneur ce Tristan tant renommé
par nos vieux Romans Elle fut erigée
en Euesché (qui s'estend sur enuiron
100. Paroisses & depend de l'Archeuesché de Tours) du temps du Pape
Iean III. & de Chilperic II. du
Roy de France, enuiron l'an de salut
570. Son premier Euesque fut S. Paul
dont elle a depuis pris le nom.

Leon ville capitale d'vn Royaume
d'Espagne, qui luy a aussi donné ce nom François Taraffa deriue
d'vn certain Leouigilde Roy des
Goths & d'Espagne. Ce fut là premierement que Pelagius Roy des Vuisi-
goths auec l'aide des Chrestiens qui
s'estoiêt refugiez és Asturies, establit sa
principauté l'espace de 20. ans enuiron
l'an 716. là où depuis ayant reietté les Enseignes des Roys Goths ses predeces-

leurs, il print pour armoiries vn Lyon rugiſſant en champ rouge ; & ayant empieté ce pays ſur les Sarrazins, s'en qualifia Roy, bien que depuis il ne prit que le tiltre de Comte. Ce Royaume a depuis eſté reuny à la Couronne d'Eſpagne ſous Alphonſe. *Mercat. en ſon Atlas.*

Leonidas Roy des Lacedemoniens, de la famille des Heraclides, incomparable en proüeſſe & valeur, oſa bien attaquer 500000. Perſans auec 300. ſeulement pres le pas de Thermopyles ; & comme les ſiens prenoient leur refection, il leur dit : *Diſnez compagnons en intention de ſouper en l'autre monde.* Ainſi ſe ruant ſur les Barbares, tout percé de coups qu'il eſtoit, il fendit ce neantmoins la preſſe iuſques à arriuer à la perſonne de Xerxes, auquel il oſta le Diademe de la teſte, puis ainſi mourut ; mais Xerxes ayant fait ouurir ſon corps on trouua ſon cœur velu. *Plutarq. en ſes Paralell. Val. Max. liu. 3. chap. 2.* L'on dit qu'eſtant vn iour enquis, pourquoy les gens de bien prefereroient vne mort honorable à vne vie honteuſe, *Pource*, dit il, *qu'ils eſtiment le mourir commun à la nature, mais le bien mourir propre à eux.* Auſſi quand Xerxes luy eut offert la Monarchie de toute la Grece pourueu qu'il ne s'opiniaſtraſt à combattre contre luy, il luy fit reſponſe : *Si tu ſçauois en quoy conſiſte le bien de la vie humaine, tu ne conuoiterois pas ce qui eſt à autruy ; mais quant à moy i'ayme plus cher mourir pour le ſalut de la Grece, que de commander à tous ceux de ma nation.* Plutarq. au traitté des dicts notables des Lacedemoniens.

Leontius valeureux Capitaine & bien experimenté és affaires de guerre, ayant exercé dignement de belles & grandes charges ſous l'Empereur Iuſtinian II. fut par luy ſoupçoné d'affecter l'Empire, & pour ce le fit mettre en priſon, où il fut quelque temps : mais luy briſant les priſons aſ-

ſiſté de Gallinicius Patriarche de Conſtantinople fit ſouſleuer le peuple & ſe ſaiſit de Iuſtinian qu'il relegua à Cherſone ville d'Aſie, apres luy auoir fait coupper le nez, les oreilles, & la langue : mais ayant enuoyé vne armée en Affrique contre les Sarrazins, & eſtant negligent de pouruoir aux choſes qui luy eſtoient neceſſaires, vn certain Tibere dit autrement Abſimarus, prenant occaſion du meſcontentement des ſoldats, prit le tiltre d'Empereur, s'empara de la ville de Conſtantinople, ſe ſaiſit de la perſonne de Leontius, auquel il fit mutiler le nez & le mettre en vne eſtroite priſon ſur la fin des trois ans de ſon Empire, & de ſalut 699. Mais Trebellius Roy des Bulgares ayant reſtably Iuſtinian en ſon ſiege, il commanda qu'on apprehendaſt Leonce & Tibere qui furent attachez à la queuë de deux cheuaux, & ainſi apres eſté traiſnez par toute la ville & foulez aux pieds, il les fit decapiter, & arracher les yeux au Patriarche qu'il enuoya à Rome. *Zonare tome 3.*

Leoſthenes vaillant Capitaine Athenien, lequel apres pluſieurs preuues de ſa valeur ayant eſté occis en vne bataille contre les Lacedemoniens, ſa femme nommée Democion fille du Prince des Areopagites ſe tua de regret. *S. Hieroſme contre Iouinian. Suidas.*

Leouigilde ou Lenogilde Roy des Eſpagnes, fit tant qu'il demeura Roy des Goths, tant deçà que delà les Pyrenées : Adioignit en ſuitte à ſa Couronne apres la mort de ſon frere Luiba, le Royaume de Grenade & la Biſcaye : S'aſſocia au Gouuernement ſes deux fils Hermenigilde & Richarede ; mais le premier ſon aiſné qu'il auoit marié à Iugunde fille de Sigebert Roy des François, s'eſtant reuolté contre luy, il le deſpouilla de toutes ſes dignitez, & toſt apres le fit decapiter vn iour de Paſques. Eſtant Arrien, il se conuertit sur la fin de ses iours; puis mourut à Tolede enuiron 580. apres auoir regné 18. ans, ou selon aucuns 22. *Fr. Taraffa des Roys d'Espagne.*

M. Lepidus Capitaine souuerain des Romains, & l'vn des Triumuirs auec M. Antoine & Auguste lesquels se liguerent ensemble, & comme si l'Empire eust esté leur propre heritage le partagerent à eux trois, tellement qu'Auguste eut la haute & basse Libye auec les Isles de Sicile & de Sardaigne : les Espagnes & la Gaule Narbonnoise escheurent à Lepidus : & le reste des Gaules fut pour M. Antoine. Ils arresterent aussi qu'on les appelleroit Triumuirs, ordonnez pour le restablissement de la chose publique, auec authorité souueraine pour cinq ans, qu'ils donneroient les Estats & Offices à qui bon leur sembleroit, sans en demander aduis au Senat ny au peuple. Ils establirent aussi Lepidus Consul pour l'an suiuant, & luy donnerent Rome & l'Italie tandis qu'eux deux iroient contre Cassius & Brutus; mais comme il se promettoit la Sicile & beaucoup dauantage, & qu'il fauorisoit en quelque façon Pompée, Auguste son ennemy se rendit maistre de son camp & gagna ses soldats, il luy donna toutefois la vie & l'Office de Pontife souuerain à Rome où il le renuoya : Aucuns disent neantmoins qu'il fut relegué. *Plutarq. és Vies d'Antoine & d'Octaue Cesar.*

Lepontins, certains peuples qui habitent pres les Alpes qu'on dit estre le mesme que Grisons. *Voy Grisons.*

Leptines Orateur Athenien fort renommé, qui maintenoit le peuple contre les plus puissans d'Athenes, & contre lequel Demosthene a escrit vne Oraison.

Lerne, certain marais situé au territoire Argien, fort celebre par cet Hydre serpét à sept testes qui gastoit tout le pays, qu'Hercule y desconfit. *Strab. liu. 8.* L'on tient qu'en ce lieu le voisinage y portoit toutes sortes d'immondices, ce qui rendoit de grandes puanteurs & exhalaisons infectes, dont est venu le prouerbe, *Lerne de maux,* pour signifier vn amas de plusieurs calamitez ensemble. L'on tient aussi que les Danaïdes y ietterent les testes de leurs maris qu'ils auoient tuez la premiere nuict de leurs nopces.

Leros Islette, l'vne des Sporades, située en la mer Ionienne, voisine de la Carie. *Strab. liu. 10.* Ayant seulement en son circuit 18. milles, contient quelques vieilles forteresses sises sur des collines gardées par les Turcs & Grecs. Elle abonde en bois d'Aloës. *Magin en sa Geogr.* Ses anciens habitans ont esté estimez fort vicieux & de mœurs corrompuës.

Lesbos Isle de l'Archipel, que l'on voit à l'opposite du pays de Phrigie, a bien sept milles de la terre ferme : L'on l'appelloit anciennement Antisse, Macarée, Pelasgie, Lasie, Egire, & Ethiope (selon Pline & autres) où se voyent huict villes, maintenant elle s'appelle Metelin du nom de sa capitale, dite autrefois Mytilene : Son circuit est de bien 168. milles, ou de 130. selon d'autres : sa longueur qui est du Leuant au Couchant de 70. milles, & sa largeur de 14. milles. L'air y est fort sain & benin, aussi elle rapporte des fruicts en abondance, specialement du froment, toutefois tant deuers l'Orient que du Couchant elle est montueuse & remplie de Cyprez, Hestres, & autres arbres propres à faire nauires. L'on tire aussi de ses montagnes du marbre. Le vin de cette Isle est tenu pour le meilleur de la Grece. L'on y nourrit quantité de bons cheuaux, petits de vray, mais bien pris & proportionnez. Les Turcs tiennent garnison en Metelin, & les Grecs Chrestiens habitent les champs. *Magin en sa Geo-graph. Strab. liu. 13.*

Lescar

ville de Bearn, dicte des La-tins, *Ciuitas Lascuriensium,* est vn siege Episcopal dependant de l'Ar-cheuesché d'Auschs.

Lestores

peuples barbares des In-des pardelà le Gange, qui habitent le Royaume de Pegu. *Voy.* Pegu.

Lestrigons *Voy* Læstrig.

Lethe

fleuue de l'Affrique en la Li-bye, lequel apres vn long cours s'engoulfre dans la terre, puis de rechef apparoist à quelques lieües de là : c'est ce qui a induit les Poëtes de feindre que c'estoit vn des fleuues des Enfers, auquel ils ont donné ceste vertu que quiconque en auroit gousté per-droit incontinent le souuenir de tou-tes choses passées ; & pour ce l'ont nommé *Lethé,* c'est à dire, oubliance.

¶ *Soubs ceste fiction, ils n'ont entendu autre chose que l'estat de ceux qui decedent, les-quels boiuent l'eau glacée d'oubliance : c'est à dire, lors qu'ils ont perdu toute chaleur, ils sont aussi despouillez de toute cognoissance & apprehension des choses passées & toutes leurs entreprises s'esuanoüissent auec eux, estant le sepulchre, la retraicte de l'ou-bliance & du silence : Et mesmes les Pytha-goriciens qui soustenoient la Metempsycose ou Transmigration des ames d'vn corps en vn autre, disoient que quand les ames estoiēt deualées és Enfers & auoient longuement seiourné és champs Elisiens, deuant que d'ob-tenir passeport pour retourner au monde, elles beuuoient de l'eau du fleuue Lethé, & ce pour deux raisons : la premiere, afin qu'elles oubliassent les plaisirs dont elles a-uoient ioüy au seiour des champs Elysiens ; qu'aussi afin qu'elles ne se souuinssent plus des calamitez & chagrins qu'elles auoient eu és, durant leur seiour au monde, n'estant vray semblable qu'aucunes ames eussent voulu rentrer en nouueaux corps pour cou-rir semblable risque si elles n'eussent esté en-*

yurées de l'eau de Lethé.

Leucadie

presqu'Isle contre le golfe de Larte, qui au-trefois auoit esté couppée d'auec la terre ferme, & depuis reiointe par la force des vents qui comblerent de sa-ble les tranchées qu'on auoit faictes pour la separer d'auec la terre ferme. Sa ville capitale s'appelloit Nerison. *Plineliu. 4. chap. 1.*

Leucates

promontoire de l'Acar-nanie aupres le golfe de Larte, ainsi appellée de la blancheur de sa pierre : Elle est fort celebre pour vn Temple d'Apollon qui s'y voyoit *Virg. liu. 3. d'Æneid.*

Leuce

Isle de la Mer maior ou Mer noire, autrement nommée Macaron & Zagor, & Achillée, pour ce qu'en icelle Achille y fut enterré. Elle est située vis à vis de la bouche du fleu-ue Borysthene, qui peut auoir 10. mil-les de circuit. *Pline liu. 4. chap. 13.*

¶ Il y a quelques villes de ce nom, dont Pline faict mention, mais qui ne sont signalées.

Leucippus

Philosophe Abderi-tain, ou selon d'au-tres Milesien, disciple de Zenon, & l'vn de ceux qui a donné cours à la secte d'Epicure. Il faisoit toutes choses infi-nies & se transformantes les vnes és au-tres, disant que l'vniuers estoit vn infi-ny, partie vuide & partie remply de corps ou atomes, de la rencontre des-quels se faisoient des mondes nouueaux & infinis, *Diog. Laerce liu. 9. de la Vie des Philosophes. Voy.* Plutarque *au 1. liure des opinions Philosophiques,* & Aristote *és li-ures de Physique* où il dispute contre ceux qui establissoient des principes infinis.

Leucogees,

autrement *Solfata-ria,* certaines colli-nes du Royaume de Naples qui sont entre les villes de Naples & de Pous-soles, où l'on trouue de la craye blan-che de grand prix, comme aussi du soulfre que l'on tire des mines & que l'on affine puis apres au feu. Il s'y void aussi certains bains dont l'eau est souueraine aux yeux & à guerir les playes. *Pline liu.18.chap.11.li.31.cha.2.& liu.35.ch.15.*

Leucon
Roy de Pont, lequel fut tué par son frere Oxyloque pour ce qu'il entretenoit sa femme peu chastement. *Ouide en son Ibis.*

Leucosie
Isle de la Mer de Toscane, voisine de la Basilicate, peu esloignée de la terre ferme, ainsi dicte d'vne des Syrenes de mesme nom, laquelle pour n'auoir peu charmer Vlysse par son doux chant, de dueil se precipita dedans la Mer. *Strabon liu. 6.* ¶ La Samothrace fut aussi, selon Aristote, premierement appellée de ce nom.

Leucothee,
autrement dicte Ino, femme d'Athamas qui pour euiter la fureur de son mary se precipita en la Mer où elle fut recogneuë pour Deesse. Ce mot luy a esté donné de la Blancheur: Aussi par elle les Anciens ne nous ont voulu signifier autre chose que l'escume blanche des flots. *Voy* Ino & Athamas.

Leucothoe
fille d'Orchame Roy de Babylone, de la beauté de laquelle Apollon estant espris se transfigura en la forme d'Eurynome mere de l'Infante, & l'ayant abordée vn soir en cet habit fist retirer toutes ses Damoiselles; puis reprenant sa forme, obtint d'elle facilement par ses prieres vn consentement à ses amours. Mais le pere aduerty de cette ruse par Clytie ialouse qui brusloit d'autre part de l'amour d'Apollon, comme il estoit d'vn naturel cruel, il enterra sa fille toute vive: Mais Apollon portant cette mort auec grand creuecœur, ne pouuant toutefois retarder son destin de mort, la transmua en vn arbre qui porte l'encens. *Ouide liu. 4. de ses Metamorph.*

Cette fiction n'est que pour monstrer le na-

turel de cet arbre qui ne croist qu'ès lieux chauds tels qu'estoit Babylone où l'on void grande quantité de ces arbres : Comme aussi pour nous remarquer l'vtilité d'iceluy aux medicamens ; à raison dequoy il est appliqué à Apollon iadis estimé Dieu de la Medecine.

Leuctres,
petit village du territoire de Thespies, pres duquel ce grand Capitaine Thebain Epaminondas surmonta les Lacedemoniens de telle façon qu'ils ne peurent de puis recouurer l'Empire de Grece qu'ils possedoient auparauant. *Strab. liu.9. de sa Geog.* L'on rapporte la cause de ce malheur au violement & meurtre des filles de Scedasus Leuctrien faict par vn Lacedemonien, dont les Dieux se vangerent en ce lieu là, selon Plutarque au traicté des diuers accidens arriuez pour l'amour. *Voy* Scedasus.

Leui,
troisiesme fils de Iacob & de Lia. *Genes. 29.* lequel auec son frere Simeon tua en trahison les Sichimites qui auoient violé leur sœur Dina *chap. 34.* Ceux de sa tribu furent dediez au seruice de Dieu, & pour ce furent ils exemptez de la guerre, de peur qu'ils ne fussent occupez aux choses concernantes la vie terrienne, & par ce moyen ils deuinssent paresseux au deuoir de leur charge. Moyse ordonna qu'apres la conqueste de la terre de Chanaan, ils eussent 48. villes du pays des meilleures & des plus belles auec le territoire ioignant icelle tant que 2000. coudées se pourroient estendre. Ordonna aussi que tout le peuple payeroit aux Leuites & Sacrificateurs la dixiesme partie de tous les fruicts & reuenus annuels. Comme aussi qu'entre iceux les Sacrificateurs particulierement en auroient 13. villes, & que les Leuites leur donneroient pareillement la dixiesme partie des decimes qu'ils auroient receus du peuple. *Iosephe li. 4. chap. 4. de ses Antiq. Iudaïq.* Touchant ce qui concerne leur demeure, droit

& entretien. *Voy le* 10. *& le* 15. *chap. du Lé-
uitique*, *le* 18. *& 35. des Nombres*, *le* 10. 12.
14. 18. *& 26. du Deuteronome*, *le* 13. 18.
& 21. de Iosué. Quant à leur ministere &
office : *Voy le* 3. 4. 8. *des Nombres*, *le* 3. *de
Iosué*, *le* 1. *du Paralip. chap.* 6. *& 9. le 2. du
Paralip. chap.* 19. Le zele de cette Tribu
parut lors que tous les autres enfans
d'Israël eurent adoré le Veau d'or ; car
il n'y eut que ceux de cette lignée qui se
ioignirent auec Moyse, & exterminerent iusques à 23. mille des coulpables
pour ce crime d'Idolatrie. *Exode* 32.
Apres, la diuision des Royaumes de Iuda & d'Israël, entre Roboam & Ieroboam, les Leuites furent tous chassez
par Ieroboam, & se retirerent tous au
Royaume de Iuda. 2 *Paralip. chap.* 11.

Leuitique
est ainsi appellé le liure
de la lignée de Leui qui
estoit la lignée Sacerdotale, pour ce
qu'en iceluy est principalement traicté
des Sacrifices des Leuites & autres ceremonies de la Loy & Ordonnances diuines ; comme des Festes, des Decimes,
des vœux, &c. où sont inserez dauantage plusieurs Loix tant morales que iudicielles : Il contient 27. chapitres, & est
couché entre les Protocanoniques du
vieil Testament.

Leuiathan
poisson marin, selon
Iob *chapitre* 40. que les
Iuifs au tesmoignage de S. Hierosme
appellent le grand Dragon ou Serpent,
que les Theologiens appliquent alle-
goriquement au Diable.

Leutychides
homme Lacedemo-
nien ennemy de De-
maratus, lequel auec l'assistance de Cleomenes Capitaine des Lacedemoniens, il
chassa du Royaume de Sparte, & s'en
fit Roy ; mais ayant esté accusé de peculat, il s'enfuit à Tegée où il mourut.
Herodot. liu. 6.

Leuuarden
ville capitale de la Fri-
se, riche & bien mu-
nie de bastions & forteresses. Il y a vne
Cour Souueraine, & la Chancellerie de

toute la Prouince ; elle appartient à l'Espagnol comme toute la contrée. *Mercat.
en son Atlas.*

Leyr
fleuue qui prend sa source du
pays d'Artois pres de Teroüen-
ne, & de là vient rendre à Gand auec la
riuiere de l'Escauld. *Mercat. en son Atlas.*

Leyr, *voy* Leir.

Lia
fille aisnée de Laban, & femme du
Patriarche Iacob, pour laquelle
auoir, il seruit sept ans son beau-pere Laban, laquelle luy engendra plusieurs fils
qui furent peu d'vne partie des douze
Tribus d'Israël. *Genes.* 29. *&* 30.

Liban
montagne tres-renommée de
la Syrie, qui diuise la Phœnice
de la Galilée, & s'estend bien 1500. stades du costé de la Cœlesyrie. *Plin. liu.* 5.
chap. 20. *Strab. liu.* 16. *de sa Geogr.* Elle est
fort renommée dans les sacrez cayers ;
aussi est-elle riche, fertile, belle, &
agreable, remplie de belles fontaines,
boçages & iardins où se voyent de nobles arbres, citronniers, orangers, grenadiers, cedres, figuiers, & autres fruictiers excellens : Il y croist aussi des bleds
& vins tres-delicats & sauoureux, ce
neantmoins en quelques endroits elle
est pierreuse, espineuse & terrible, remplie d'Ours, Lions, Leopards, & autres
bestes cruelles : Elle comprend bien en
son circuit 100. lieuës entre la mer Mediterranée, la terre Saincte, l'Armenie,
& la Mesopotamie ; & nonobstant les
grandes chaleurs du pays il y a tousiours
des neiges en aucuns endroits, ce qui
luy a donné ce nom de Liban, interp.
de l'Hebr. *blanc.* Les Maronites peuples
Chrestiens, iadis infectez de l'heresie
des Monothelites, mais maintenant recognoissant le Pape, l'occupent entierement, dont il y en a bien 15000. capables d'aller à la guerre sans les femmes
& enfans : Ils y ont deux chefs, l'vn Spirituel

rituel qui est vn Patriarche Religieux de l'Ordre de S. Anthoine, & l'autre Temporel qui porte qualité de Prince: Ils y portent aussi le Turban blanc & non ailleurs, car il n'appartient qu'aux Turcs. *Le P. Boucher en son Bouquet sacré. Voy.* Maronites.

Libanius Sophiste d'Antioche, Disciple de Diophantes, lequel corrompit & divertit de la foy Iulian l'Apostat. Il a descrit les loüanges des Empereurs Constantin & Iulian, & nous a laissé de plus quelques Epistres & liures de Rhetorique. Il paruint iusques à l'Empire de Theodose le vieil. *Suidas.*

Liber est appellé le Dieu Bacchus, d'autant que le vin pour lequel il est souuent pris, deliure l'esprit de soucy, ou pour ce qu'il donna la liberté au pays de Bœoce. *Voy.* Bacchus.

Liberales, Festes instituées en l'honneur de Bacchus. *Voy* Bacchanales.

Liberius Rom. 37. Pape, fut banny pour auoir resisté aux Arriens; ce neantmoins 2. ans apres pressé de miseres, & craignant la mort il soubscriuit selon Platine, Onuphre & autres, à la condemnation de S. Athanase, & communiqua auec les Arriens, bien que plusieurs graues Autheurs Basile *epist.* 74. Ambroise *lib. 3 de la Virginité*, Epiphane *heres.*75. Athanase *en sa 2. Apolog.* Theodoret *liu. 2. chap. 17. & autres*, le purgent de ceste faulse accusation, & le tiennent pour tres-Catholique: Cependant Felix I I. fut de son viuant & en son absence creé Pape; mais apres le martyre de Felix, Liberius fut restably au throsne Pontifical, où il presida en tout 12. ans, 3. mois, 4. iours, & mourut l'an de salut 368. *Socrate Sosomene.* Il decreta qu'au temps de Caresme & de Iesune, la plaiderie cessast, & qu'en ces iours l'on gardast chasteté, mesmes en mariage. De son temps interuint la 10. persecution sus-

citée par Iulian l'Apostat. Iouinian, Marcel, Eunomius, Photin, semerent leurs heresies. *Sabell. liu. 6. Ennead. 7. Niceph. 5. Aug. liu. des heres. ch. 54.* mais sur tout és derniers ans de l'Empire de Constantius, presque toutes les Eglises estoient infectées de l'Arrianisme. *S. Hierosme en sa Chron.*

Liberté fut reputée vne Deesse par les Romains, & luy fut basty vn Temple au mont Auentin à Rome, par Titus Sempronius Gracchus. Cesar apres sa victoire fut surnommé Liberateur de la Patrie, en memoire dequoy les Senateurs edifierent vn Temple à la Liberté: les Grecs aussi auoient ceste Deesse en singuliere veneration, & l'inuoquoient sous le nom d'Eleutherie. Le signe de la Liberté estoit vn chappeau ou bonnet, par ce que lors qu'on affranchissoit vn esclaue, on luy rasoit les cheueux, & luy bailloit on vn chappeau pour se couurir.

Libethra certaine fontaine dediée aux Muses, située en la Magnesie voisine de la Thessalie. *Pline liu. 4. chap. 9.* & pource les Muses furent appellées Libethrides. *Mela liu. 2.* Iaçoit que Strabon *liu. 10.* leur donne ce nom d'vn certain mont de la Thrace nommé Libethrus, au pied duquel il y auoit vn temple dedié aux Muses par les Thraces.

Libitine Deesse que les Anciens croyoient estre la superintendante & conseruatrice des droicts des morts. L'on deriue ce mot du Latin *Libido*, c'est à dire conuoitise, pour ce que l'on l'estimoit estre la mesme que Venus; dont Plutarque rendant raison, dit que c'estoit pour aduertir vn chacun de l'humaine fragilité, en ce que le commencement de nostre vie n'estoit gueres esloigné de la fin, attendu que l'on attribuoit la superiorité de l'vn & de l'autre à vne mesme puissance & diuinité. *Plut. en la Vie de Numa.* Les autres disent que c'estoit Proserpine la femme de Pluton, laquelle ils croyoient presider aux morts, pource que l'on l'estimoit la Royne des Enfers, & à cet effect mesmes reseruoit on dans son temple les choses qui estoient vtiles aux funerailles, & ceux qui les vendoient ou loüoient estoient appellez *Labitinarij*, ainsi que tesmoigne Vlpian *au titre de Institoria actione*. Ce mot se prend tropiquement és Poëtes pour la mort mesme.

Libra, l'vn des douze signes d'u Zodiaque qui estoit estimé estre du temps de Cesar, au 21. de Septembre. & de present au 17. lors que le Soleil y entrant faict l'Equinoxe Automnal.

Liburnie contrée située entre l'Istrie & la Dalmatie, ainsi appellée d'vn certain Liburnien du pays d'Attrique, selon Estienne. L'on l'appelle de present Croacie, & Crabaten qui est soubs la puissance du Duc d'Austriche. *Voy* Croacie.

Libye, notable partie de l'Affrique, appellée anciennement Olympie, Oceanie, Coryphé, Hesperie, Ortygie, Æthiopie, Cyrene, Ophiusse, & par les Hebrieux Ludin, selon Arrias Montanus, mais de present elle se nomme Sarra, c'est à dire, *deserte*, estant pour la pluspart infertile & remplie de sablons. Quelques Geographes la font là 3. les autres la 4. & quelques autres encore la 6. partie de l'Affrique, mais les plus modernes ensuiuans Mercator, n'en font que la 7. partie, prenant son commencement du Royaume de Gaoga apres le Nil, & s'estendant vers l'Occident iusques au Royaume de Galatha contigu de la mer Atlantique. Bornée au Septentrion par le Royaume de Numidie; & au Su par les Negres. La pluspart de la Libye est infertile, remplie de sablons & despourueüe d'eaux, si ce n'est en quelques lieux encore est elle salée, si bien que les voyageurs qui passent par là sont contraincts d'en porter pour leur proui-

sion comme ceux qui vont de Fez à Tombut Royaume des Negres, & au Grand Caire. Il s'y void plusieurs sortes d'animaux sauuages. Ophres fils de Madian, & petit fils d'Abraham & de Cetura, s'empara de la Libye, laquelle les enfans de ses enfans ont depuis occupée, & fut nommée Affrique de son nom. *Iosepheliu. 1. chap. 15. de ses Antiq. Iudaiq.* L'on diuise de present ses deserts en cinq contrées selon le nombre des peuples qui y demeurent, sçauoir Zanaga, Zuenziga, Targa, Lempta & Bordea, ausquelles plusieurs petites sont rapportées. Ses habitans y viuent sans aucunes Loix, menans vne vie miserable sans vertu ny cognoissance de lettres, s'addonnans à la chasse, mais principalement au brigandage. Il se trouue toutefois en certains endroits quelques Africains Arabes qui viuent plus humainement & sont grandemēt hospitaliers; ils sont de courte vie, ne passans guere 60. ans, sont toutefois fort sains, comme aussi fort sobres & abstinens, viuans ordinairement de laict, de beurre, & de chair de chameau sans aucun vsage de pain. Leur vestement est aussi fort simple, faict de quelque gros drap fort court & estroit, n'ayans pour leur coucher que des licts d'herbes ou de iones. *Magin en sa Geogr. Strab. liu. 17.*

Lichas valet d'Hercules, par lequel Deianire femme d'Hercules, ialouse de ses amours à l'endroict d'Iole, enuoya la chemise infectée du sang du Centaure Nessus, dont la poison fist entrer Hercule en telle rage qu'il ietta Lichas dans la mer. Mais Thetis prenant cōpassion de son desastre, le chāgea en rocher qui paroist encores dās la mer Euboique. *Ouid. li. 9. de ses Met. Voy* Deianire. ¶ Et mesmes là pres se voyēt trois Isles qui sont à cause de luy encore nommées Lichades. *Strab. liu. 9.*

Licinius fils d'vn pauure artisan au pays de Dace, toute-

fois sage & prudent és affaires de guerre, fust faict Cesar par l'Empereur Galerius, & depuis aussi apres sa mort il
prist la qualité d'Empereur & possession de l'Esclauonie & de la Grece, ce
pendant que Maxence gouuernoit l'I-
talie, Constantin la France, l'Angleterre, l'Espagne, & vne partie de l'Allemagne; & Maximin l'Orient. Mais cettuy
cy portant enuie à Licinius, luy fist la
guerre où il fut toutefois desconfit:
Ainsi Licinius s'empara de l'Orient, &
fist mourir dauantage Valens subrogé
à Maximin. Si bien qu'aussi apres la
mort de Maxence deffaict par Constantin, Licinius & Constantin demeurerent seuls possesseurs de l'Empire.
Mais apres auoir bien pacifiquement
gouuerné l'Empire par l'espace de 12.
ans, poussé d'enuie contre Constantin
qu'il voyoit fauoriser les Chrestiens, il
se mist à les persecuter; ainsi s'alluma la
guerre contr'eux deux où Constantin
remporta sur luy deux victoires, auquel
toutefois il pardonna par l'entremise
de Constance sœur de Constantin qui
estoit femme de Licinius; mais qu'il
fist en fin mourir apres vne troisiesme
rebellion, ayant esté 15. ans Empereur
l'an de grace 327. *Niceph. liu.* 7. *chap.* 45.
Aurele Victor. Ce Licinius fut tres-
cruel, luxurieux, vilain, auare, conuoiteux, ignorant & ennemy des bonnes
lettres, disant que c'estoit vne peste cômune; au reste grand persecuteur des
Chrestiens: il fut ce neantmoins tres-
valeureux & fort exercé aux armes tout
le temps de sa vie. Il appelloit les flatteurs & courtisans les teignes & souris
des Palais des Princes. *Eusebe, Zosime,*
& autres.

Liege Duché & Euesché de la haute
Allemagne, ainsi appellée à
cause de la legion Romaine qui fut
deffaicte en la vallée où se void sa ville
principalle de mesme nom. Il a au
Couchant & au Nord le Brabant: au
Leuant la Meuse auec le Duché de

Limbourg: & au Midy le Comté de
Namur. Son air est temperé & salubre, & son terroir fertil & abondant en
grains & en toutes sortes de fruicts
fors du costé de Luxembourg où il
est vn peu sterile à cause de ses forests
& montagnes: il est pareillement riche en minieres de fer & de plomb,
mesmes il y a de l'or en quelques lieux.
Ses carrieres sont fournies de marbre
blanc que les Grecs appellent albastre,
& d'autres pierres dont les habitans
font vn grand trafic, & specialement
de celles dont on faict le feu qui seruent de charbons comme au Pays bas
les tourbes; elles sont d'vne matiere
tendre, legere, & extremement noire,
s'allument lors qu'on les approche du
feu, rendent vne grande chaleur laquelle s'augmente auec de l'eau: Ces
charbons furent premierement trouuez és enuirons de la ville de Liege par
vn estranger, en l'an de salut 1198. Les
Eburons, Tongres & Centrons (selon
Cesar & autres Anciens) l'habiterent
premierement. Ce pays comprend en
soy plusieurs Seigneuries en souueraineté, car outre l'Euesché il y a le Duché de Bouillon, le Marquisat de Fran-
chimont, les Comtez de Loots &
d'Haspengou, force Baronnies, & beaucoup de riches Abbayes, auec vne partie de la vieille Lorraine: On y compte
outre plus 24. villes murées, 1500. villages auec Eglises portant clochers. Sa
ville capitale est aussi appellée Liege,
située proche de la riuiere de Meuse en
vne vallée tres-agreable bastie comme
aucuns tiennent par Ambiorix Prince
Gaulois duquel Cesar faict mention,
augmentée depuis par S. Hubert Duc
d'Aquitaine. Les Eglises, Palais, &
maisons y sont fort somptueusement
basties. Les habitans sont riches &
& opulens; mais seditieux, n'aiment
point les estrangers; addonnez à leur
plaisir & paresse, leur langage est vn
François corrompu; ils sont subiects

à leur Euefque (qui eft Prince de l'Empire & vn des fuffragans de l'Archeuefque de Cologne) tant és chofes temporelles que fpirituelles ; font toutefois gouuernez par des Efcheuins ; retenans quelque efpece de Republique: les caufes fpirituelles reffortiffent à Cologne, & les temporelles à Spire. *Mercat. en fon Atlas, Magin, & autres.* Et bien que ce foit vne ville Imperiale, fi eft ce qu'elle n'a autre marque de fubiection finon que quelque petite contribution quand l'Empereur va faire la guerre au Turc. En ce pays fe trouuent les eaux medecinales de Spa qui guariffent plufieurs fortes de maladies.

Ligarius noble Romain, fignalé par cette elegante Oraifon que Ciceron a faicte pour fa deffenfe.

Ligny ville és confins de Champagne, erigée en Comté par le Roy Iean, ou felon d'autres par fon fils Charles V. dit le Sage.

Ligurie l'vne des premieres contrées d'Italie, ainfi appellée d'vn certain Ligon Capitaine de Iapet, ou felon d'autres d'vn certain nommé Ligyfte qui là vint premierement habiter. Elle eft affife entre les riuieres de Var & celle de Macre ou Maigre: Elle a pour fes bornes au Couchant les Alpes qui diuifent la Prouence de l'Italie: au Leuant la Tofcane: au Midy la cofte de Gennes : & au Nord l'Appenin, & vne partie de la Lombardie de deçà le Pô. Elle eft diuifée en deux, fçauoir la Ligurie de delà l'Appennin (qui eft le Monferrat, *voy* Monferrat,) & en celle de deçà l'Appennin (qui eft la riuiere ou Seigneurie de Gennes.) *Magin en fa Geogr. Voy* Gennes.

Lilybée Promontoire de la Sicile du cofté qu'elle regarde la Libye, pres duquel il y a vne ville de mefme nom : L'on tient qu'il y en a trois principaux en cette Ifle, celuy qui

tire vers la Grece s'appelle *Pachinum*; celuy qui eft vers l'Italie, vis à vis de cet efcueil qu'on nomme Scylla, s'appelle *Pelorus*; & cettui-cy qui regarde le Midy qui fe nomme Lilybée, & de prefent *Marfala. Pompon. liu. 2. Strab. li. 6.*

Limagne contrée de la baffe Auuergne, eftimée pour l'vne des meilleures de France.

Limbourg Duché contenu fous celuy de Brabant auquel il fut annexé l'an 1293. il recognoift ce neantmoins pour le fpirituel l'Euefque de Liege. Son territoire eft tres-fertil en toutes chofes neceffaires à la vie fors en vin. Il s'y trouue des herbes grandement medicinales, des minieres de Fer & de plomb, des marbres pour les baftimens, & des eaux grandement profitables tant pour la volupté que pour la fanté. Sa capitale eft Limbourg qui luy a donné le nom, qui eft affife en lieu haut & muny de tours & murailles tresfortes, arroufée de la riuiere de Vefe abondante en poiffons, specialement en truites de grandeur demefurée. *Magin en fa Geograph.*

Limofin Prouince tres fignalée de France, bornée par le Berry, le Bourbonnois, l'Auuergne, & le Perigord. Ce pays eft diuifé en Haut & Bas : le Haut comprend plufieurs belles villes & bourgs dont la capitale eft Limoges ville belle & affez grande, baftie par vn nommé Lemouix Prince Gaulois enuiron l'an du monde 1800. en laquelle il eftablit le fiege de fa petite Royauté. Elle eft affife partie en vn vallon & en partie fur la crouppe d'vne petite colline bien fortifiée de murailles & de profonds foffez : Elle eftoit forte, grande, & remplie de peuple dés le temps de Cæfar comme il tefmoigne *en fes Commentaires.* Elle a fouffert depuis plufieurs grandes ruines, car les Goths (felon Sidonius Apollinaris,) les François, & fpecialement les Anglois l'ont ruinée les vns apres les

autres. Elle est honorée du tiltre de
Vicomté : il y a aussi Seneschaussée &
siege Presidial estably par Henry II.
anoblie dauantage par la naissance de
plusieurs grands personnages, de cinq
ou six Papes, de Iean d'Aurat Poëte,
Antoine Muret Orateur, & autres. S.
Martial qui la conuertit y ietta les premiers fondements de l'Eglise Cathedrale qu'il dedia à S. Estienne dés le
temps des Apostres : erigée depuis en
Euesché (qui depend de l'Archeuesché
de Bourges) qui s'estend sur 411. parroisses. Le bas Limosin qui est limitrophe de l'Auuergne & du Perigord, est
proprement appellé la Marche, dont la
principalle ville est Tulle, siege Episcopat, assise en vn terroir aspre &
montueux : Tout ce pays en general
est assez froid & maigre, où il n'y a
gueres de froment, mais porte forces
seigles, orges, panicles, raues, chastaignes dont mesmes ils font du pain. Ses
riuieres sont fort abondantes en poisson. En ce pays est l'Abbaye de Grand-
mond principale de tout l'Ordre institué par vn Gentilhomme d'Auuergne
nommé Estienne, l'an 1076. Les habitans sont fins, processifs & prudens en
ce qui regarde leur grain, sont laborieux
& bons mesnagers, & viuent auec peu
de despens : Ils se tiennent fort vnis ensemble, si bien que l'on void aux villages des maisons où il y a plus de cent
personnes de mesme sang qui viuent
en commun ainsi qu'en vn College.
Quant aux Nobles ils y sont magnifiques & martiaux, mais querelleux.

Line

Line fils d'Apollon & de Terpsichoré, ou (selon quelques autres) de
Mercure & de la Muse Vranie ; Musicien tres-expert, & Precepteur d'Orphée, Hercule & Thamiras. L'on dit
qu'il fut tué par Hercule de sa harpe,
pour s'estre mocqué de sa rusticité.
Pausan. liu. 9. En effect Line estoit vn
braue Poëte Thebain qui le premier a
apporté de la Phœnice les lettres aux

Grecs. Hermodore Platonicien *liu. 2.*
de ses discours, le dit auoir esté fils de
Mercure & d'Vranie. Qui a escrit vn
liure de la *Creation du Monde, du cours*
du Soleil & de la Lune, & de la generation
des animaux, disant, que toutes choses
auoient esté creées ensemble, en ce
suiui par Anaxagoras : Qu'il mourut
dauantage en l'Eubœe transpercé d'v-
ne flèche par Apollon.

¶ Il y en eut vn autre, fils d'Apollon &
de la Nymphe Psammate fille de Cro-
tope Roy des Argiens, lequel fut abandonné par sa mere aux chiens de peur
que son adultere ne fust descouuert.

S. Linus

S. Linus Toscan, 2. Pape, ou plustost Coeuesque & Coad-
iuteur de S. Pierre, duquel S. Paul escrit au *liu. 2. à Timothée, chap. dernier.* Car
il gouuernoit l'Eglise de Rome cependant que S. Pierre estoit allé planter
la Foy en Asie & autres contrées ; car
bien que S. Pierre eust ordonné S. Clément pour son successeur, si est ce que
Clément defera le regime de l'Eglise à
Linus, craignât que cet exemple n'ame-
nast vne coustume pernicieuse à l'Eglise
de faire successiue & hereditaire la dignité Pontificale à laquelle pource il
renonça & la mist en election laquelle
tomba sur S. Linus, puis sur S. Clete,
qui auoient esté coadiuteurs de S. Pierre de son viuant ; c'est pourquoy sainct
Hierosme & Epiphane *heres. 27.* ne font
S. Clement que le 4. Pape apres S. Pierre : Mais d'autres, comme Onuphrius,
disent qu'il n'a pas esté proprement
Pape & successeur de Sainct Pierre,
mais son coadiuteur, estant presque
mort aussi tost que luy. Il fut homme
de tres-saincte vie, & renommé à cause
de plusieurs miracles : Interdict aux
femmes l'entrée de l'Eglise, si elles
n'estoient voilées : Redigea par escrit
les Actes de S. Pierre, & specialement
sa dispute contre Simon le Magicien.
En fin il fut decapité par le commandement de Saturnin Consul ; & enseuely

au Vatican apres auoir gouuerné l'E-
glife 11. ans, 3. mois, 10. iours. *Iren. li. 3.
chap. 3. Eufebe liu. 3. chap. 2. de fon Hift.
Ecclefiaft.*

Lipare Ifle, l'vne des fept Æolies fituées entre celle de Sicile &
de l'Italie : Elle eftoit auparauant nommée Thermeffa à caufe des bains
chauds qui y eftoient, & Meligunis
felon Pline. Son Roy Liparus fucceffeur d'Æole luy donna ce nom. Elle a
bien en fon circuit enuiron 12. milles,
affez fertile & fpecialement en fruicts
qui y font tref-doux. Sa terre eft alu-
mineufe & pleine de foulfre, remplie
de bains chauds & de feux fortans de
terre : c'eft pourquoy les Fables ont
feint que Vulcain Dieu du feu y faifoit fa demeure & Æole (eftimé Dieu
des vents) pource que ce Roy predi-
foit par la qualité de ces feux le vent
qui denoit leuer. Les Turcs, l'an 1544.
la rauagerent & mirent toute à feu &
à fang, mais elle fut reftablie par Charles V. qui en chaffa les Turcs, & y enuoya vne colonie d'Efpagnols. *Magin
en fa Geogr. Pline liu. 3. chap. 9. Strab. li. 6.
& N. le Conte liu. 2. chap. 6. de fes Myth.*

Lipfe (nommé Iufte) Flamand, Hiftoriographe du Roy d'Efpa-
gne, homme docte en toutes fortes de
fciences & de grand iugement, qui a
rendu pareillement de grands tefmoi-
gnages de fa vertu & pieté. Mourut
l'an de falut 1606.

Liryope Nymphe Marine, fille de
l'Occean & de Thetys, de
laquelle Cephife engendra le beau Nar-
ciffe. *Ouide liu. 3. de fes Metam.*

Liris fleuue de la Campanie, qui paffant par les ruines de la ville de
Minturne, fe vient rendre dans le golfe
de Caiete pres de Nole, il s'appelle de
prefent *Garigliano.*

Lisbone ville trefcelebre & la ca-
pitale du Royaume de
Portugal, elle eftoit iadis appellée
Vliffyppo ou Olyfippo par Varron,

Pline & autres anciens, pour ce que felon Strabon, elle eftoit eftimée auoir
efté baftie par Vlyffe, bien que Pline
affeure qu'elle eftoit de la fondation
des citoyens Romains ; on l'appelle
de prefent Lifbonne, & les Portugais
Lisboa. Elle eft fituée prefque à l'emboucheure du Tage, en vn lieu fort
plaifant qui comprend en fa grandeur
cinq petites collines & autant de vallées, ayant bien 7. milles de circuit, enuironnée de la mer vers le Midy, & de
la terre ferme des autres coftez. Elle
contient bien 20000. maifons entre lefquelles il s'en trouue vn grand nombre
de tres fuperbe & magnifique ftructure : du cofté de la mer elle a 22. portes,
& du cofté de la terre 16. enuironnée
de 77. tours, ayans 25. Paroiffes outre
les Monafteres. C'eft vne des villes plus
renommées pour le trafic de toute la
terre, attendu qu'on y aborde de toutes
les parties du monde pour y apporter
des marchandifes eftrangeres. *Mercat
en fon Atlas. Damiau. de Goes la defcrit
tres-exactement.*

Liffus fleuue de Thrace, l'vn de ceux
que les Efcriuains Grecs di-
fent auoir efté affeiché par l'armée de
Xerxes. *Herodot. liu. 6.*

Lifyeux ville ancienne de la haute
Normandie, dont l'Euef-
que (qui eft vn des fuffragans de l'Archeuefque de Roüen) eft Comte & Seigneur temporel.

Lithuanie Prouince, tres-ample
du Royaume de Po-
logne, laquelle eft ainfi appellée du
nom Latin *Lituus*, qui fignifie cor de
chaffe, pour ce qu'elle y eft fort ordinaire. C'eft vn tres-grand pays proche
de la Mofcouie, ayant à fon Leuant
cette partie de Ruffie qui obeit au
Grand Knez : au Couchant la Podla-
fie, la Maffouie & la Pologne, & fe
deftournant vn peu vers le Nord va
toucher la Pruffe : & au Septentrion
elle regarde la Liuonie & la Samogitie :

& au Midy la Podolie & la Volhinie.
Le Ciel y eſt fort rude, & l'Hyuer froi-
dureux, le pays mareſcageux & preſque tout couuert de foreſts ; & pour ce
de tres-difficile accez, ſi bien que l'on y
trafique plus facilement en Hyuer
lors que les glaces ont rendu les chemins plus fermes. Elle a force fromens,
mais peu de vins. Produiᵭ de toutes
ſortes d'animaux, mais qui ſont fort
petits. Elle nourriſt des Ours, Alces,
Buffles, Eſlans, Cheuaux ſauuages. Il
s'y trouue auſſi force Martres, Zibeli-
nes, & grand nombre d'Hermines, &
entr'autres vn animal noir treſ-goulu
nommé *Roſſomaka*, de la grandeur d'vn
chien, reſſemblant de la teſte à vn chat,
& du corps & de la queuë à vn renard;
comme auſſi beaucoup de poix, de miel
& de cire. En ces parties plus Septentrionales le plus long iour d'Eſté eſt de
18. heures, & au Midy n'eſt pas moins
de 16. Cette Prouince eſtoit iadis ſi
pauure & de ſi petite reputation entre
les Ruſſiens que les Princes de Kinie
ne tiroient d'eux en ſigne de ſubiection
que des haillons, du liege, & autres
choſes viles. Les Cheualiers Teuto-
miens leur ont faiᵭ la guerre quelque
temps, iuſques à ce que l'an 1413. leur
grand Duc Iagiellon qui fut depuis
appellé Vladiſlaus, ayant eſpouſé la
Princeſſe Ediege ſeule reſtée de la maiſon Royale de Pologne ; & s'eſtant faiᵭ
Chreſtien, à ce preſſé par ſes freres
Croiſez Teutoniques ſe rendit aux Polonois : Ce Duché eſt à preſent diuiſé
en dix Palatinats ou Prouinces, deſquels la Metropolitaine eſt Vilne qui
eſt belle & riche, auſſi grande que Cracouie. Il y a auſſi la ville de Nouogrod
qui a de circuit ſept lieuës d'Allemagne. Sigiſmond Auguſte Roy de Pologne, reünit le premier en l'aſſemblée
generale qui ſe tint à Lubin, les Palatins & Chaſtellains de Lithuanie en vn
corps de Republique auec les Polonois, & aſſigna à ces Seigneurs le lieu,

& le rang qu'ils tiendroient au Senat.

Ses peuples ſe conduiſent allans
par pays par l'eſtoille du Nord ainſi
qu'on faiᵭ ſur mer : n'ont aucun vſage
de monnoye : ne ſe ſeruent que de Hongres & iamais ne les ferrent : portent
des habillemens longs à la façon des
Tartares : rompent entr'eux les mariages fort aiſement & ſe remarient quand
il leur plaiſt : les femmes du pays ont
par la permiſſion de leurs maris, des
muguets & courtiſans deſquels ils ſe
ſeruent au lieu d'amour quand bon leur
ſemble; mais il n'eſt permis à vn homme
marié d'auoir vne maiſtreſſe & luy eſt
à deshonneur. Quand quelqu'vn eſt
condamné à la mort, il eſt forcé de ſe
punir & tuer luy-meſme, que s'il refuſe
il eſt tant battu qu'il eſt contrainᵭ de
ſe l'aduancer. Ils vont plus à la guerre
par force que de deſir qu'ils ayent de
combattre & de ſeruir leur General, ſi
bien que c'eſt l'ordinaire entr'eux de
racheter cette ſeruitude & ſubiection
auec de l'argent, & à cet effeᵭ le pu-
blie-t'on à ſon de trompe parmy les armées ; ainſi ils ſont licentiez pour certain tribut. Les Grands & Puiſſans y
tyranniſent grandement le menu peuple, car ils entrent és maiſons des Pay-
ſans, les battent & leur rauiſſent ce que
bon leur ſemble.

Qvant à leur Religion ils auoient
anciennement pour leurs Dieux, le feu, le
bois & les ſerpens, auſſi leurs Sacrificateurs prediſoient par la pyroman-
tie ou deuination qui ſe faiᵭ par le
feu : Et de preſent l'on y enſuit en quelques contrées la religion des Latins, &
en quelques autres comme en Nouogrod & aux parties des Ruſſiens l'on y
garde les ceremonies & façons des
Grecs, meſmes à Vilne où eſt le ſiege
Epiſcopal il y a plus d'Egliſes Grecques
que de Romaines. *Ortel. en ſes Threſ.*
Geograph. Monſter tient qu'ils parlent
pour la pluſpart le langage Eſclauon,
bien qu'en quelques villes ils ſe ſeruent

de trois ou quatre fortes de langue.

T. Liue natif de Padoüe, Hiftorien tres fidelle & eloquent. Il eft loüé grandement par Quintilian & par S. Hierofme lequel affeure *en fon epift. à Paulin*, que l'on y accouroit des derniers quartiers de l'Efpagne & des Gaules, comme à vn miracle. A defcrit l'Hiftoire Romaine par l'efpace de 750. ans, iufques au 41. de l'Empire d'Augufte, en 140. ou 142. liures dont nous en reftent encore 45. Mourut à Padoüé le 4. de l'Empire de Tibere. *Eufebe ann. 19. Theuet liu. 7. chap. 133. des Hommes illuftres.*

❡ Il y en eut vn autre de ce nom, furnómé Andronicus, Poëte Latin tres-ancien; qui inuenta le premier à Rome, des fables & les publia 160. ans apres la mort de Sophocle & d'Euripide. *Cic. au liu. intit. Brutus. A, Gell. li 17. chap. 21.* Les filles chantoient fes vers parmy la ville pour appaifer l'ire des Dieux.

Liuia Drufilla fut recherchée d'Augufte pour eftre fa 3. femme, bien qu'auparauant elle fut mariée à Tibere Neron : Elle vefcut iufques à 80. ans, fans aucune maladie, & apres fa mort toutes les Dames Romaines porterent le dueil vn an durant par ordonnance du Senat. Elle fut mere de l'Empereur Tibere. *Suet. en la vie d'Augufte, & Corn. Tacite liu. 2. & 3. de fes Annal.*

❡ Il y en eut vne autre de ce nom, furnommée Horeftilia, laquelle eftant femme de Cn. Pifon, fut enleuée par l'Empereur Caligula pour eftre fa feconde femme, mais peu de temps apres fut repudiée pour eftre allée reuoir fon premier mary.

Liuonie ou Liefland, Prouince tres-ample du Royaume de Pologne, ayant de longueur pres de la mer Baltique 125. lieuës d'Allemagne, & en fa longueur pour le moins 40. auoifinée des Pruffiens, Ruffiens & Lithuaniens. Elle a pour fes bornes

au Leuant la Ruffie feparée par la riuiere de Nerue & le lac de Beibas : au Midy par la Samogitie : au Couchant par la mer Baltique ; & au Nord par le golfe de Finlande. Ce pays eft tout marefcageux & tout plat, arroufé de beaucoup de riuieres, mais fertil, qui n'eft toutefois gueres cultiué, abondant en beftes tant priuées que fauuages. Il s'y trouue grande quátité de cire, de miel & de poix. Il y a beaucoup de lacs dont le principal eft Beibas qui a 45. milles de long. Entre les animaux s'y voyent des alces, loups ceruiers, linx, martres, hermines, caftors, & lievres qui y font de diuerfe couleur blancs en Hyuer & cendrez en Efté. La Liuonie eft diuifée en trois parties où les habitans ont diuers mœurs & langages ; fçauoir en l'Eftie, Lettée & Curland defquelles la capitale eft la ville de Riga tres forte place & bien munie d'Artillerie. Les Liuoniens font fins, cauteleux & trompeurs. Olaus le Grand liu. 18. chap. 45. faict mention que là plufieurs hommes fe transforment tous les ans en loups parmy ce peuple ; ce qu'ils font principalement le iour de Noël où ils font des rauages merueilleux tant contre les hommes que contre les beftes. Ils font fort addonnez à l'oifiueté, à la gourmandife & l'yurongnerie, & fpecialement les Grands qui en font gloire ; & pour entretenir ces defbordemés & defpences exceffiues, ils rançonnent les payfans outre mefure. Quand ils enterrêt quelqu'vn, ils tournent autour de luy en beuuant, le conuient à boire, efpandant fa part fur luy : Ils mettent auffi dans fa foffe aupres de luy vne coignée, du vin & des viandes, & vn peu d'argent pour faire fon voyage. Les femmes y font braues & pompeufes, aiment à viure en oifiueté & delices. Il faut que le marié rauiffe fon efpoufée quand il fe veut marier.

Quant à leur Religion, le Paganifme y a efté longtéps, la Religion Chreftiéne
                                            y fur

y fut plantée l'an 1272. par vn nommé
Menard, & depuis fut augmentée par
certains Cheualiers Teutoniques d'Allemagne qui s'y establirent par armes,
lesquels toutesfois embrasserent apres
l'heresie de Luther enuiron l'an 1518.
& eurent forte guerre auec les Euefques qui y furent maintenus par le Roy
de Pologne soubs la puissance duquel
cette prouince est de present, retenant
toutesfois son droict municipal. Il y a
encore plusieurs d'entr'eux qui adorent le Soleil, la Lune, les arbres & les
pierres ; d'autres ensuiuent les sectes
de Luther & de Caluin, specialement
és villes. On y compte cinq Euefchez
desquels Regia (qui est la capitale de
toute la prouince) tient le premier lieu,
à cause qu'elle porte tiltre d'Archeuefché. *Mercat. en son Atlas. Magin en sa*
Geogr. Ortel. & autres.

Lixe ville de la Mauritanie au Royaume de Fez, dicte autrement
Larah ou Lassarel que Claude. Cæsar
erigea en Colonie. Les Anciens en ont
dit merueilles, car là estoit le Palais du
Roy Antée & le lieu où il combattit
contre Hercule, & les iardins & ver-
gers des Hesperides tant renommez,
lesquels sont clos d'vn bras de mer en
biaisant tout à l'entour: ce qui a faict
feindre aux Poëtes que ces iardins
estoient gardez d'vn dragon à cause
de l'obliquité & flexuosité du bras de
mer qui les ceint : mais Pline qui faict
ce rapport, se moque de ces mensonges
inuentez par les Grecs, attendu que de
son temps il ne s'en trouuoit aucune
trace *Pline liu. 5. chap. 1.*

L O

Loches ville de Touraine sur la
riuiere d'Indre, qui estoit
de l'ancien patrimoine des premiers
Comtes d'Anjou, & l'vne de leurs demeures: il s'y void vn chasteau dont la
reputation le rend l'vne des bonnes,

belles, & fortes places de France, Il y a
vn gros donjon lequel sert pour tenir
en seure garde ceux dont nos Roys se
veulent asseurer.

Locres ou Opuntiens, certains
peuples de Grece qui ha-
bitent l'vn & l'autre costé du mont
Parnasse, entre lesquels ceux qui demeurent vers la plage Occidentale iufques au golfe de Lepante entre les
Ætoliens & Phocenses sont appellez
Osoles & Hesperiens : Et ceux qui sont
de l'autre costé vers la partie Orientale & s'estendent vers l'Isle de Negrepont, sont appellez Epicnemidiens à
cause de la montagne de Cnemide, &
Opuntiens de leur ville appellée Opunte. *strab. liu. 9.* Leur plus grande ville
& capitale estoit Amphisse. Quelques
vns aussi y mettent Naupacte qui est de
present appellée *Lepanto. Magin en sa*
Geographie.

¶ Il y en a d'autres de ce nom, habitans
de cette contrée d'Italie qu'on appelle
la Grande Grece, lesquels habitoient
vne ville de mesme nom, bastie par
ceux qui suiuirent Aiax Oilée à la guerre de Troye. *Seruius sur l'Æneid.*

Locrin fils aisné de Brutus & son
successeur en cette partie
de la Grande Bretagne qui fut de son
nom appellée Loegrie. Il donna à son
frere Camber la Cambrie dicte de present Galles ; & à son autre frere Albanactus l'Albanie, qu'on a depuis nommée Escosse : mais cettuy Albanactus
ayant esté tué en guerre par Humber
Roy des Huns, Locrin & Camber pour
vanger leur frere attaquerent Humber,
lequel ils poursuiuirent si viuement
qu'il tomba dans vn fleuue qui retient
encore ce nom d'Humbre, & toute la
contrée Northumbelland : Et tost apres
Locrin fut seigneur de toute l'Isle par
la mort de sondit frere Camber ; mais
s'estant amouraché d'vne ieune captiue nommée Estrilde, Gondolene sa femme fille du Duc de Cornubie qui en

estoit ialouse luy fist la guerre où il fut tué en la bataille, ayant regné 10. ans enuiron l'an du monde 2872. *Histoire d'Angleterre.*

Locusta, certaine Magicienne, familiere de l'Empereur Neron, laquelle il fist venir des Gaules. D'icelle Agrippine se seruit pour faire mourir son mary l'Empereur Claude, & Neron pour faire mourir Britannicus fils de son beaupere Claude. C. *Tacite liure* 11. *&* 12. *de ses Ann.*

Lodesve ville de Languedoc, sur la riuiere d'Orb, dicte des Latins *Luteua.* Elle fut erigée en Euesché, dependant de l'Archeuesché de Narbonne par le Pape Iean XXII. lequel s'estend sur bien 200. Paroisses.

Logistes, interpr. du Grec *supputateurs* ou *estimateurs,* estoient appellez certains Magistrats à Athenes lesquels estoient esleuz par le Senat des Areopagites pour examiner les comptes de tout le maniement de la Republique: si bien qu'aucun du Senat ne pouuoit aller hors la ville, ne consacrer aucune chose aux Dieux, ny affranchir leurs esclaues, ny auoir aucune puissance sur leurs propres biens, qu'au préalable ils n'eussent rendu compte de leur charge à ces Logistes qui estoient comme Maistres du Senat. *Eschine en l'Oraison contre Demosthene & Ctesiphon.* L'interprete d'Aristophane toutefois estime que c'estoient les mesmes que les Agoranomes desquels la charge estoit du tout semblable à celle des Ædiles à Rome. *Voy Ædiles.*

Loire, l'vn des quatre fleuues plus signalez du Royaume de France, il prend sa source en Auuergne d'vn lieu nommé la Font de Loire, & de là ayant couru plusieurs pays & passé par Roanne, Neuers, Suilly, Gergeau, Orleans, Blois, Amboise, Tours, Saumur, & le Pont de Cé, se va rendre dans la mer pres de Nantes. Ce fleuue n'est beaucoup profond, mais de gran-

de estenduë en quelques lieux: Il reçoit beaucoup de riuieres nauigables, comme celle de Cher, Vienne & le Maine.

Lombardie, notable contrée d'Italie, appellée premierement Gaule Cisalpine, c'est à dire qui est au deçà des Alpes (à cause des Gaulois qui ayans passé les Alpes pour conquester l'Italie s'y arresterent) à la difference de la Transalpine, d'où ils venoient: d'où vient qu'Ausone l'appelle la vieille Gaule, & Appian l'Italie Gauloise. Les Alpes & l'Appennin la bornent du costé du Nord, du Couchant & du Midy: & la mer Adriatique ou golfe de Venise du Leuant. Iaçoit que ce pays soit remply de forests & de montagnes en plusieurs lieux, si est-ce qu'il est estimé l'vn des plus fertils de l'Italie, abondant en grains, vins, fruicts, & trespropre au pasturage. Elle est arrousée de plusieurs fleuues fort poissonneux comme du Po, le Tesin, & d'autres en grand nombre; & pareillement de force lacs, comme du lac Benacus dit par les Italiens *Lago di grada;* du Larius qui est celuy qu'on nomme de present *Lago di Como.* L'on diuise communément la Lombardie en deux, sçauoir, en la Cispadane appellée iadis Æmilie, & de present par les Italiens *Lombardia di qua dal Po,* dont le Monferrat faict partie; & en icelle sont les villes de Plaisance, de Parme, de Modene, & la Mirande: & en la Transpadane dicte *della del Po,* qui comprend les Duchez de Milan & de Mantoüe, Bresse, Bergame, Pauie, Treme, Come, &c. Il y a huict ou neuf Eueschez qui dependent de l'Archeuesché de Milan; quatre qui recognoissent l'Archeuesque de Rauenne; & deux le Patriarche d'Aquilée.

Lombards peuples de cette contrée de l'Italie, ainsi appellée Lombardie à cause de leurs iauelines qui semblent auoir laissé le nom aux hallebardes & iauelines des Bardes ; ou à cause qu'ils demeuroient en pays plat & fertil dict *Bord* par les Allemans. Il y en a qui estiment ce nom venir des Lingons ou Langons ou Bardes peuples Gaulois ; c'est pourquoy les vieils Autheurs Latins escriuent *Langobardi & Lingobardi.* Quant à leur origine, il y a diuerses opinions, les vns tiennent qu'ils demeuroient en Saxe le long du fleuue Albis és contrées où sont auiourd'huy les Euesch'ez de Magdebourg & d'Halberstard. Ptolémée *liure 2. chapitre 11. de sa Geogr.* & C. Tacite les font descendre du pays de Suaube : Mais Paul. Diacre suiuy du docte Lazius en son 12 *liure des migrations Septentrionales*, dit qu'ils ont habité premierement la Scandinauie ou Schonland Isle de la mer Baltique où ils multiplierent de telle façon que partie d'iceux vindrent descendre és quartiers de Magdebourg ; comme aussi selon P. Orose, vne partie d'iceux en sortirent soubs la conduitte de deux Capitaines nommez Ibor & Agion, & se vinrent camper en la Scoringe quartier de la Liuonie & de la Prusse, & de là en la Mauringie & en Rugiland ; ces deux Chefs morts, leur Roy Agilmond eut la guerre contre les Bulgares, lequel ayant esté tué, Lamisson luy succeda & posseda vne partie de la Pologne & amena ses troupes vers le Rhin, au quartier du Palatinat, comme le remarquent Tacite *liure 2. de ses Hist.* & Vell. Patercule *en la vie de Tibere.* Puis rebroussans chemin au bout de quelques années, ils s'habituerent en Morauie où ils eurent guerre contre les Herules, Sueues & Gepides, puis se rendirent maistres de la Hongrie soubs le support de l'Empereur Iustinian auquel ils payerent tribut, comme Procopius & P. Diacre le declarent : d'où puis apres Alboin leur Roy appellé en Italie par les practiques de Narses s'y achemina, & s'empara de cette partie qui s'appella de

leur nom Lombardie (soubs le 2. an de l'Empire de Iustin II. au mesme temps que Longin ietta les premiers fondemens de l'Exarquat) où ils s'arresterent & regneret enuiron 213. ans, en fin desquels Charlemagne vainquit Didier leur 22. & dernier Roy auquel desaillit le Royaume des Lombards en Italie y commencé par Alboin, *blond. decad. 1 liure 2.*

Lombez ou Lombers ville de Gascogne, dicte des Latins *Lombaria*, erigée en Euesché (qui depend de l'Archeuesché de Tholose) par le Pape Iean XXII.

Lomond, que les habitans du pays appellent *Loumond*, lac d'Escosse fort profond ayant bien en sa longueur 24. milles, & en sa largeur 8. milles ; où se voyent 30. Islés remplies de bourgades & de temples. L'on dit de ce lac trois choses signalées : Qu'il nourrit des poissons sans arresté ; que ses eaux s'enflent & se tourmentent si fort par fois, voire en temps calme que nul n'y peut alors mettre à la voile ; & l'autre singularité est qu'vne de ses Isles fort abondante en pasturage nage & flotte au gré du vent. *Mercat. en son Atlas, Magin en sa Geogr.*

Londres ville tres-ancienne & la capitale de tout le Royaume d'Angleterre, iadis appellée Nouuelle Troye, & *Augusta* par Ammian, & de present *Londinum*; elle est située sur le fleuue Tamise en vn terroir fort fertil & soubs vn ciel fort doux : Elle a vn pont de pierre de la longueur de 330. pas, ordonné des deux costez de magnifiques & riches edifices : Elle a outre vne forteresse appellée la Tour, où est le magasin des armes de toute l'Angleterre. Il y a aussi vn port tres-celebre, frequenté de toutes nations. Les Roys y reçoiuent la Couronne & s'y font consacrer ; & là se celebre le Parlement general de tout le Royaume.

Longin, l'vn des Capitaines de l'Empereur Iustin II. lequel apres que Narses fut deposé du gouuernement de l'Italie par le conseil de l'Imperatrice Sophie fut estably en sa place, y dressant vne nouuelle façon de Republique : car il prist le nom & titre d'Exarque qui signifie General ou souuerain Gouuerneur; & s'estant aresté à Rauenne sans se soucier de Rome, il mist en toutes les villes d'Italie vn Gouuerneur qui s'appelloit Duc, d'où semble auoir commencé le titre & la dignité des Ducs, & en cette maniere chacun gouuernoit vne ville, & non comme au temps passé où en toute vne Prouince n'y auoit qu'vn Gouuerneur. On mist seulement à Rome pour plusgrand honneur vn Gouuerneur qui se nommoit President, de sorte que par ce moyen l'authorité du Senat fut totallement abolie, & la dignité des Consuls ne fut plus telle qu'elle estoit anciennement. Et ce Longin fortifia si bien cette nouueauté, mettant de bonnes garnisons en toutes les villes d'Italie, que nonobstant les forces d'Alboin Roy des Lombards, que Narses auoit appellé à son secours, il s'y establist de telle façon que cette dignité demeura en vigueur par l'espace de bien 164. ans. *Blond. liu. 8. decad. 1.*

Loth fils de Aram, & frere de Sara femme d'Abraham. *Seder Olam.* Ayant receu par hospitalité deux Anges, il fut deliuré par eux de la ruine de Sodome auec sa femme, (laquelle toutefois fut conuertie en vne statuë de sel pour auoir regardé derriere soy contre la deffense qui luy en auoit esté faicte) & ses deux filles : Mais s'estant sauué en la prochaine montagne, il fut enyuré par ses deux filles, lesquelles coucherent auec luy l'vne apres l'autre. *Genes. 19.* Ayant engendré de l'aisnée vn fils nommé Moab pere des Moabites, & de la plus jeune Ammon qui fut pere des Ammonites. *Ioseph liu. 1.*

chap. 11. de ses Antiquitez Iudaiques.

Lorraine Duché en Souueraineté, enclos dans l'ancien pays de Gaule, entre la France & l'Allemagne, laquelle prend son nom de Lothaire fils ou petit fils de Louys le Debonnaire, lequel eut cette contrée au partage qu'il fist auec ses freres, & pource les Allemans l'appellerent (côme encore de present) *Lotar-tijck* ou *Loth-reych.* Les bornes de la Lorraine estoient anciennement de plusgrande estenduë; elle s'appelloit Austrasie, diuisée en haute & basse, & contenuë entre les riuieres du Rhin, de l'Escaud & de la Meuse; mais la basse a diuers noms pour le iourd'huy, & est subiecte à diuers Princes : la haute qui estoit appellée Mosellanique & Thuringie ne recognoist de present qu'vn superieur, ayant seule retenu le nom de Lorraine. D'icelle les bornes sont du costé d'Orient, l'Alsatie : au Midy la Bourgogne : au Couchant la Champagne: & au Nord la forest d'Ardenne. Son circuit peut tenir, y compris la Duché de Bar, enuiron quatorze iournées de chemin. Bien que ce pays soit remply de montagnes & de forests, si est ce qu'il n'a besoin des autres Prouinces; car son terroir est gras & fertil tant en grains, vins, que pasturages. Elle produict diuers animaux, & entr'autres de fort bons cheuaux. Elle est arrousée d'vne quantité de riuieres fort poissonneuses, sçauoir, la Meuse, la Moselle, Mortane, Murthe, & autres. Il y a aussi des bains excellens, notamment en vn lieu nommé Plombieres, dont les eaux chaudes guarissent des gouttes & de plusieurs autres sortes de maladies. Il y a aussi plusieurs mines d'argent, de plomb, & de fer, mesmes elle produict des perles qu'on pesche au pied du mont Vogese, autrement le mont des Faucilles: On y trouue aussi des pierres d'azur & des cassidoines d'admirable grandeur, dont se font des

couppes toutes d'vne piece : mais elle
est fur tout riche en falines dont fe faict
vn grand trafic. Elle fut feparée comme a esté dit, de la Couronne de France
par le partage qui fut donné à Lothaire
fils de Louys le Debonnaire, & ayant
esté gouuernée par trois ou quatre
Roys ; elle fut enfuitte demembrée &
reduitte au tiltre de Duché, ayant esté
mife en la maifon qui la poffede encore de prefent, dont fut Chef ce genereux Prince Godefroy de Buillon Roy
conquerant de Hierufalem. Il s'y void
plufieurs belles villes, comme Mets,
Thoul & Verdun (qui releuét toutefois
de prefent de la Couronne de France)
Pont-a-Mouffon, S. Nicolas & autres,
dont la capitale est Nancy. Le Duc de
Lorraine tire de fon pays plus de
500000. efcus ; & comme il ne foule
point fon peuple de tailles, auffi est-il en
bonne intelligence auec tous fes voifins.

　　Les Lorrains participent aux mœurs
des François & Allemans, car quelques-vns y parlent vn langage corrompu & la plufpart François : auffi font ils
francs, courageux & honneftes comme
les premiers ; mais rudes, groffiers &
addonnez au vin comme les feconds. Ne
reçoiuent autre Religion que la Catholique. *Orthel. Mercat. & Campeius qui
l'a defcrit.*

Lothaire

fils de Louys d'Outre-
mer & fon fucceffeur au
Royaume de France dont il en fut le 34.
Roy, fut auffi l'heritier du malheur &
perfidie de fon pere. Apres auoir faict
alliance auec l'Empereur Othon II. il
entreprift d'empieter l'estar de Richard
Duc de Normadie, ores par fineffes, ores
par force ouuerte ; mais il fut toufiours
repouffé & battu, ce qui neantmoins
apporta vne infinité de maux & confu-
fions. A cette vaine querelle contre les
Normans il en adioufta vne autre qui
fut de rompre l'alliance auec l'Empereur, & faire la guerre aux Allemans
pour recouurer la Lorraine qu'il difoit

luy appartenir de droict, & pour cet
effect il fufcita Regnier & Lambert fils
du Comte de Mons affin de les inte-
reffer en cefte conquefte : Mais Othon
pour rompre fon entreprife en inueftit
Charles (qui estoit mefcontent de fon
frere Lothaire) lequel auoit eu recours
à luy, tronquant neantmoins ce pays de
grandes feigneuries données aux Euefques de Cologne & de Liege, & mefmes à la charge qu'elle releueroit de
l'Empire : Ainfi Lothaire par fon inhumanité & fes folles entreprifes, perdit
pour la France cette Prouince, puis
mourut hay de tous l'an de falut 964. &
de fon regne le 31. ayant laiffé pour heritier de la Couronne & de fes malheurs
Louys V. dernier de fa race.

Lothaire

Empereur d'Occident, &
fils aifné de Louys le
Debonnaire qu'il auoit trefmal traitté,
ne fe contenta de ce qu'il luy auoit laiffé par l'ordonnance teftamentaire de
fon pere, ains voulut encore s'emparer
de ce qui estoit efcheu à Louys & Charles fes freres ; ce qui alluma vne fan-
glante guerre entr'eux, en laquelle fe
donnerent plufieurs batailles où fe perdit la plufpart de la Nobleffe de France & vn fi grad nombre de foldats que
les Historiens en mettent iufques à plus
de 100000. tuez en vn feul combat ;
& iaçoit que Lothaire y euft eu du pire
& fuft reduict à l'extremité, fi est ce que
la neceffité des affaires les mift d'accord
par l'entremife de l'Archeuefque de Rauenne ; au moyen dequoy Charles eut
la France, Louys l'Allemagne, Lothaire le tiltre d'Empereur d'Italie, la Prouence, & l'Auftrafie, laquelle il voulut
estre de fon nom appellée *Lotharingia*,
c'est à dire Lorraine : Apres cela il alla à
Rome où il fe fift couronner par le Pape Sergius II. pour Empereur, & fon
fils Louys pour fon fucceffeur. *Crantz.
liure premier chapitre trente trois.* Mais depuis cette deffaicte fes Estats ayans esté
grandement diminuez, preffé d'autre-

part d'auoir entrepris contre son pere & ses freres, pout l'ambition de regner il quitta l'honneur qu'il auoit recherché auec tant d'ardeur & se rendit Moine en l'Abbaye de Pluuiers où il mourut l'an 855. ayant gouuerné l'Empire 15. ans, & laisse pour successeurs de ses Royaumes Louys, Lothaire & Charles. *Sigeb. Aimon.*

Lothaire II.

qui estoit auparauant Duc de Saxe, fut à cause de ses vertus & de ses proüesses esleu Empereur d'Allemagne apres la mort des deux Henris pere & fils, à ce porté par Sainct Bernard & le Pape Honorius I I. qui menaça d'excommunication le Duc de Suaube son competiteur, lequel neanmoins auoit desia esté couronné de la couronne de fer par l'Archeuesque de Milan, auec la faueur de Frederic son frere. Depuis le Pape Innocent I I. ayant esté depossedé par l'Antipape Anaclete, il fut restably en son siege par Lothaire auec grande solemnité & pource le couronna : Mais peu de iours apres, ce Pape ayant esté depuis degradé par Roger Roy des deux Siciles : Lothaire vint derechef en Italie auec vne puissante armée où il restablit Innocent, s'estant rendu maistre de la Poüille, de la Calabre, & de la pluspart de ce que Roger possedoir, mais cóme victorieux il s'en retournoit en Allemagne, il mourut ayant esté Empereur 14. ans, l'an de grace 1138. Ce Prince fut droicturier & aimant Iustice, car de son temps l'on vid fleurir le Droict ciuil, & les Loix Imperiales qui estoient cóme ensueulies au sepulchre d'oubliance : car Irnerius tira hors des anciennes Librairies les liures des Loix que Iustinian auoit faictes : Abregea sçauoir les Institutes, les Authentiques, les Digestes & le Code ; & commanda cet Empereur que ces liures fussent leus publiquement és Escholes, & qu'on eust à decider les procez par ce Droict ciuil. *Palmer. en sa Chron. Hir-*

saug, & autres.

Lothophages,

certains peuples de l'Affrique, ainsi appellez d'vn certain arbre nommé *Lothos* dont le fruict (duquel ils se nourrissent) est si doux & sauoureux au goust, que quiconque en auoit vne fois tasté il oublioit son pays & sa maison, d'où vint que les compagnons d'Vlysse ayans abordé en ces contrées, à peine en peurent ils estre retirez y estans allechez par la douceur de ce fruict. *Homere liure 9. de l'Odyss.* Les Poëtes feignent que la Nymphe Lothos fuyant les impudiques baisers du lascif Priape, fut changée en cet arbre là, qui retient encore son nom. *Ouid. liure neuf de ses Metam.* Strabon *liure dixsept*, rapporte que des peuples de ce nom habitent certaines regions grandement seiches & arides, mais qu'ayans mangé d'vne herbe & racine nommée Lothos, ils n'ont plus aucune soif. Ces peuples ont de coustume de ietter les corps morts dans la mer sans auoir autre soin de leurs sepultures. *Alexand. d' Alex. liure troisiesme chapitre 2.*

Loudun

villette du ressort de Tours, recognoissant Poictiers pour le spirituel, l'on en faict Iules Cesar premier fondateur, & pour ce est appellée des Latins *Iuliodunum*, comme qui diroit la forteresse de Iules. Son terroir est fort fecond, & ses campagnes tres-agreables tant pour sa fertilité que pour ses belles prairies & fontaines.

S. Loup

Euesque de Troye, personnage de grande pieté, lequel accompagné de Sainct Germain Euesque d'Auxerre combatit l'heresie des Pelagiens & en purgea l'Angleterre. *Sigeb. Ann. 435. Onuphr. en sa Chron. Prosp.* Il empescha (selon quelques vns) par sa seule presence qu'Attyla dit le fleau de Dieu, ne ruynast la ville de Troye. Il florissoit en l'an 430. du temps du Pape S. Celestin.

Louuain ville tres-ancienne des Pays-bas, & capitale du Duché de Brabant, situéc en tresbelle assiette, ayant plus de 4. milles de tour de murailles lesquelles renferment plusieurs prez, vignes & beaux iardins. Il y a vne des plus belles & fameuses Vniuersités de toute l'Europe, fondée l'an 1426. par Iean IV. Duc de Brabant, soubs le Pape Martin V. illustrée depuis & enrichie par les liberalitez de Philippes II. Roy d'Espagne. *Monst. en sa Cosmog. & Guichardin en sa description des Pays-bas.*

Louys surnommé le Debonnaire, premier du nom, Empereur d'Occident, & 25. Roy de France, fut fils vnique de Charlemagne & couroné à Aix en Allemagne auec sa femme Irmingrade par le Pape Estienne V. *Plat.* Son naturel facile rendoit son authorité contemptible & dedans & dehors le Royaume, si bien que les subjects de cette Couronne se desbaucherent de son obeissance, Saxons, Normans, Danois, Bretons, lesquels toutesfois il reprima, mais auec grande peine, accoisant leurs rebellions par des conditions desraisonnables. Il fist partage à ses enfans qu'il eut d'Irmingrade fille d'Ingrame Duc d'Angers, les ayans rendus compagnons de son authorité: à Lothaire son aisné il donna l'Italie & l'associa à l'Empire: à Pepin l'Aquitaine: à Louys la Bauiere, & voulut que tous portassent le nom de Roy. Mais Bernard son neueu qui possedoit l'Italie, s'estant rebellé contre luy, effrayé ce neantmoins des forces de Louys, se liura luy mesme entre ses mains, lequel non seulemēt le depoüilla de son Royaume d'Italie, mais le confina en prison perpetuelle, luy fist creuer les yeux auec tous ses alliez, & tost apres les fist tous mourir: Outre cet excez qui le rendit odieux, il se laissa du tout posseder à Iudith sa seconde femme, Allemande ambitieuse, qui abusant

de sa facilité faisoit l'Emperiere & la Royne par tout, au mescontentement des plus Grands: ce qui esmeut ses enfans par le conseil de ses malcontens, de se reuolter contre luy, & pour donner couleur à ce dessein, Lothaire dressa vne armée & conuoqua vn Concile national à Lyon où Louys comparant receut la censure des Prelats & fut relegué en vn Monastere à Soissons pour y vacquer à la deuotion, & contrainct quitter l'Empire & le Royaume à ses enfans; & iaçoit qu'il fut remis cinq ans apres en sa dignité Imperiale par Louys & Pepin, si est-ce que son autre fils Lothaire le reprist prisonnier: Mais ayant esté derechef restably, il pardonna à ses enfans & leur fist partage, laissans à Lothaire le Royaume d'Austrasie depuis la riuiere de Meuse iusques en Hongrie pour en estre Empereur: à Louys la Bauiere, & à Charles la France, Pepin iouyssant de la Guyenne, puis mourut l'an 27. de son Empire, & de grace 840. Ce Prince fut grandement deuot & religieux, & dit-on que malade il se repeut l'espace de 40. iours de la seule Saincte Eucharistie. *Ammon. chap. 19.* Il renonça au droict d'eslire les Pontifes de Rome, en faueur du Clergé Romain, lequel droict auoit esté octroyé par le Pape Adrian à Charlemagne & à ses successeurs. Confirma les donations & restitutions (& non donna de nouueau comme quelques vns pretendent) qui auoient esté faictes aux Papes, des terres & Prouinces qui leur auoient esté ostées. *Volat. liu. 3. Can. Ego Ludouic. & seqq. dist. 63.*

Louys II. dit le Begue, fils de Charles le Chauue, & 27. Roy de France, succeda aussi à l'Empire à son pere, trauersé ce neantmoins par les Princes Italiens & Allemans qui desiroient Charles, dit le Gros, pour Empereur, & remettre la splendeur de la dignité Imperiale fort diminuée. Chastia les Normans pour les pilleries

qu'ils auoient exercées en Picardie,
Flandres & Brabant. Le Pape Iean VIII.
vint en France pour auoir de luy fecours , lequel fut humainement recueilly , qui puis apres le couronna en
la ville de Troye : (mais ce Pape confirma neantmoins apres le tiltre d'Empereur à Charles , & annulla le couronnement de Louys , pource qu'il auoit
mieux fecouru que Louys , Rome &
l'Italie affaillie par les Mores) apres le
depart duquel il mourut , ayant regné
2. ans , l'an 881. relaissant sa femme enceinte de Charles dit le Simple qui ce
neantmoins est supplanté par deux siens
bastards Louys I I I. & Carloman, lesquels n'ayans esté establis que Regens
empieterent la Royauté , & succederent ensemble à ses Couronnes.

Louys & Carloman fils il-legiti-
mes , selon quelques-vns , de Louys le
Begue , luy succederent en qualité de Regens , & comme vsurpateurs, au Royaume de France lequel ils partagerent. Louys eut le pays de delà le Loire , & Carloman celuy de deça. Ils eurent de grandes trauerses par les Normans , desquels Louys ayans esté vaincu , il mourut de despit ; & Carloman
tost apres fut deschiré par vn sanglier
à la chasse : Ausquels succeda son fils
quelques deux ans apres enuiron l'an
de grace 884.

Louys III. dit le Faineant, 29. Roy
de France , duquel le
nom marque la valeur , aussi mourut il
incontinent, relaissant à Charles le Gros
(premier Prince du sang Royal) la Couronne Françoise.

Louys IV. dit d'Outremer , 33.
Roy de France , fils de
Charles le Simple ; apres la mort de son
pere (qui auoit esté despouillé du Royaume par trahison de Hebert Comte de Vermandois , y ayant faict establir en sa place Raoul Roy de Bourgogne) il se retira en Angleterre par

Ogine sa mere fille d'Edouard Roy
d'Angleterre où il se iourna 9. ans Mais
aduenant la mort de Raoul , il fut r'appellé par les Estats de France , & receu
auec beaucoup d'applaudissement de
tous. Espousa Herbergue sœur aisnée
de l'Empereur Othon II. de laquelle il
eut cinq fils dont Lothaire luy succeda
au Royaume de France : Mais Hugues
le Grand , son Maistre & Comte de Paris , qui espousa la sœur puisnée d'O-
thon prendra sa place & montera sur le
throsne Royal pour establir la Monarchie Françoise. Ce Prince fut perfide
& vindicatif , mais voulant s'emparer
de la personne de Richard pupille , fils
de Guillaume Duc de Normandie , ensemble de son Estat; Aigrold Roy des
Danois secourut Richard en cette affliction , & par vn accident inopiné
Louys fut pris prisonnier & mené en
triomphe à Roüen , où il fut contrainct
de faire vn accord tres-ruineux pour
luy , dont en suitte portant ennie à la
prosperité de Hugues duquel Richard
auoit espousé la fille , il luy suscita la
guerre laquelle il fut forcé ce neantmoins d'appaiser apres. Et espiant les
occasions de luy nuire , il fist pendre Hebert Comte de Vermandois le
plus familier amy de Hugues (non toutefois sans sujet , car il auoit faict mourir son pere en trahison) l'ayant atté
artificieusement dans la ville de Laon.
Et luy apres tous ses exploicts faicts durant son regne de 27. ans , mourut à
Rheims l'an 955. Du Tillet

Louys V. 35. Roy de France , &
dernier de sa race , mou-
rut apres auoir seulement regné vn an
sans enfans, sans amis , sans memoire,
laissant la place vuide à la necessité parmy la tempeste de l'Estat affin d'y establit Hugues Capet premier de sa lignée qui remedieroit aux fautes de la
race bastarde de Charlemagne; & re-
donneroit à la Couronne de France
son premier lustre : Et ce changement
arriua

arriua l'an de grace 987.

Louys VI.

dit le Gros, 40. Roy de France, & couronné du viuant de son pere Philippes. Plusieurs Seigneurs de son Royaume se banderent auec Henry I. Roy d'Angleterre pour le trauerser, mais il reprima heureusement ces premiers rebelles, & remporta vne victoire sur celuy-cy, pres de Gisors. Cependant s'estant esmeuës de grandes contentions entre les Empereurs Henry IV. & V. contre le Pape, pour la nomination des Pontifes Romains, & l'inuestiture des Eueschez: Louys se rendit protecteur consecutiuement des Papes Paschal, Gelase, Calixte II. & Innocent II. qu'il accueillit benignement en France, *Æmile liure 5.* Et nonobstant les oppositions de l'Anglois moyenna l'accord auec l'Empereur à l'aduantage des Papes, ausquels le droict des inuestitures fut accordé leur appartenir. Il appaisa quand & quand plusieurs troubles aduenuës en Flandres, en Bourbonnois, & en Auuergne. Il fut excommunié par Estienne Euesque de Paris, pour ce qu'il vsurpoit les biens Ecclesiastiques dont parle S. Bernard *en sa 2. Epist. qu'il escrit au Pape Honorius.* Il eut de sa femme Berthe six fils & vne fille : son aisné Philippes qu'il auoit faict couronner de son viuant, mourut estant fracassé de la cheute d'vn cheual brusque effrayé par vn pourceau qui s'estoit mis entre ses iambes. Louys aussi mourut apres auoir regné 29. ans, l'an 1137. laissant pour son successeur Louys VII. qui auoit esté ia couronné par Innocent II. & regné auec luy.

Louys VII.

surnommé le Ieune, 41. Roy de France. Les affaires du Leuant succedant mal, l'on fist vn second voyage en la Terre Saincte pour la deffense des Chrestiens soubs le Pape Lucius II. ou en penitence de ce qu'il auoit faict brusler 1300. personnes de diuers sexes. *Annon.*

liure 3. chap. 53. Par la suscitation de S. Bernard, luy & l'Empereur Conrad y allerent en personnes auec l'eslite de leurs subjects, mais sans beaucoup d'effect. Cependant l'on tient qu'Eleonor ou Alienor femme du Roy se laissa aller à l'amour impudique de Saladin Capitaine des Sarrazins, ce qui fut cause en partie du prompt retour du Roy, affin de la repudier; & luy ayant rendu la Guyenne dont elle estoit seule heritiere, il retint ce neantmoins les enfans prouenus de ce mariage. Espousa puis apres Constance fille d'Alphonse Roy de Galice: Fist guerre à l'Anglois pour le soustien de Raimond auquel l'on contestoit sa Comté de Tholose mais qui fut assoupie par le mariage de Marguerite fille de Louys, auec Henry fils aisné du Roy d'Angleterre Henry: & estant depuis suruenu quelque discord entre ces deux icy, il fut esteinct par l'entremise de Louys qui d'abondant do na en mariage son autre fille Alix à Richard autre fils d'Henry. Maintint le Pape Alexandre III. qu'il receut en France fort honorablement contre l'Empereur Frideric I. Fist couronner son fils Philippes Dieu donné, puis mourut tost apres, l'an 1180. apres auoir regné 43. ans.

Louys VIII.

fils de Philippes Auguste, & 43. Roy de France, passa en Angleterre du viuant de son pere, mais il y fist plus de bruit que de fruict. De son regne le Languedoc fut remis au corps du domaine Royal duquel il auoit esté desmembré par le mesnage de Hugues Capet, & laissé comme en heritage à ses Comtes. Le sujet en fut par la ruine du Comte Raymond, lequel s'estant rendu Chef des Albigeois heretiques qui estoient espars au Languedoc, Dauphiné, Gascogne, & Prouence, Simon Comte de Montfort fut esleu Chef de l'armée qui les deuoit combattre, où il se comporta auec tant

Ddddd

d'heur & de valeur qu'il les extermina
presque tous, forçant le Comte Raymond bien qu'assisté d'Alphonse d'Arragon & des Comtes de Foix & de
Cominges, de se retirer en Espagne.
Et iaçoit que Raymond se fust restably
par plusieurs fois, si est-ce que le Concile Oecumenique de Latran ayant ad-
iugé son pays au Comte de Monfort,
& sa mort estant aduenuë (Amautry son
fils en ayant cedé le droiĉt à nostre Roy
Louys) le Comte Raymond fut en fin
contrainĉt d'abandonner ces Albigeois,
traiĉter auec le Pape, & auec Louys, lequel ainsi s'empara de toute la Prouince & la réunit à la Couronne, y establissant vn Mareschal de la Foy pour
retenir en bride ces rebelles. Mais comme il s'en retournoit il mourut à Mont-
pensier l'an 1226. ayant laissé de sa femme Blanche quatre fils, sçauoir Louys
qui luy succeda, Robert premier Comte
d'Artois, Alphonse Comte de Poiĉtiers,
& Charles Comte d'Anjou & du Mayne & Roy de Naples & de Sicile. Ne
regna que 3. ans. Ce Prince n'est ny
descrié pour ses vices, ny loüé pour ses
vertus; en cela seulement signalé qu'il
a esté fils d'vn excellent pere, & pere
d'vn excellent fils, c'est à sçauoir de

Louys IX. surnommé le Sainĉt,
44. Roy de France,
fut couronné à Rheims à l'aage de douze
ans; mais soubs la Regence de Blanche
sa mere Espagnole, sage & courageu-
se Princesse qui prist le gouuernement
de sa personne & de son Royaume, selon l'ordonnance de son pere Louys
VIII. Mais bien que cette Regence ne
fust au gré des Princes qui maintenoient cette prerogatiue leur appartenir & non à vne femme estrangere; si
est-ce que la prudence de Blanche, & le
sage bonheur de Louys preualurent
contre les reuoltes & trauerses de Philippes Comte de Boulogne oncle paternel du Roy; de Robert Comte de
Champagne, & Pierre de Dreux Duc

de Bretagne, Princes du sang, gens courageux & entrepreneurs. Le mariage
d'Alphonse frere du Roy auec Ieanne
fille vnique de Raymond Comte de
Tholose, par lequel le Languedoc fut
honorablement annexé à la Couronne, dissipa vne grande partie de ces
brigues & affoiblit le party des malcontens. Pierre de Dreux en suitte se
voyant abandonné de tous, luy fist
hommage de la Bretagne dont il acquist
le nom de Mauçler comme ayant faiĉt
vn si lourd pas de Clerc. Ces troubles
appaisez, il se fist voir par tout son
Royaume pour s'authoriser en la bienueillance de ses peuples, receuant par
tout les hommages de sa Noblesse, &
y ordonnant beaucoup de choses selon
les occurrences. Mania son frere Charles Comte d'Anjou à Beatrix fille de
Raymond Comte de Prouence. Il conuertit lors tout son esprit à la reformation de son Royaume, laquelle il commença par soy mesme & de sa maison,
puis l'estendit à la Religion & à la Iustice principales colomnes de l'Estat. De
ce temps y auoit de cruelles & tragiques diuisions entre les Papes & Empereurs en l'Italie & l'Allemagne, lesquelles il mist peine d'assoupir, se
monstrant neutre en tous leurs differens: Mais son frere Charles d'vn autre naturel & ambitieux, suscité par le
Pape Vrbain, se rendit Maistre des deux
Royaumes de Naples & de Sicile, &
en chassa Mainfroy, & en suitte eut
l'intendance de l'Empire qui luy fut
conferé par ce Pape. Cependant Louys
entreprist le voyage du Leuant par l'ex-
hortation des Papes Honorius III. &
Innocent III. ayant laissé le gouuer-
ment du Royaume à sa mere. Le Roy
des Tartares esmeu de sa sainĉteté, luy
ennoya des Ambassadeurs, mais la
mauuaise vie des Chrestiens empescha
d'en recueillir le fruiĉt de sa conuersion. Apres auoir enleué Damiette aux
Mamelus, il assiegea le Grand Caire.

en Egypte : Mais Melexela Sultan de
Babylone ayant gagné le canal du Nil
par lequel l'on apportoit des viures
en l'armée Chreſtienne, elle fut apres
beaucoup d'autres incommoditez aiſément battuë, ſi bien que Louys fut contrainct de ſe rendre à compoſition, &
pour racheter ſa vie, l'on accorda au
Sultan pour ſa rançon 8000. liures
d'or ; dont Louys en paya 4000. con-
tant, & laiſſa le S. Sacrement pour gages des autres 4000. qu'il paya toſt apres
auant que s'en retourner en France,
& retira ſon gage. A ſon retour qui
fut cinq ans apres ſon depart, il commença par la reformation des ſiens,
reſtabliſſant les Ordonnances touchant
l'Egliſe, la Iuſtice & le ſoulagement du
peuple, contre les diſſolutions publiques, blaſphemes, bordeaux, brelans,
ieux, & autres infametez : Regla les
mariages, debtes, impoſitions, offices,
benefices. Il creut en zele, modeſtie,
prudence & diligence, plus aimé &
honoré des ſiens qu'il n'auoit onceſté
auant ſon depart, eſtant reputé comme
vn miracle entre les Roys : auſſi s'em-
ploya-t'il à compoſer les differens entre ſes voiſins, ſe rendant general arbitre entre les Chreſtiens : Accorda les
Anglois conduicts par Simon de Montfort, qui s'eſtoient eſmeus contre le
Roy Henry & Richard ſon frere, & pacifia le trouble excité par les enfans de
Marguerite Comteſſe de Flandre, pour
la ſucceſſion de cette Comté; comme auſſi les differens eſmeus entre ſon frere Alphonſe & Iaqques Roy d'Arragon, pour
les Comtez de Tholoſe & de Rouſſil-
lon : Mais comme par trop inconſidere-
ment il ſe fuſt reſolu en vn ſecond voyage du Leuant, ce zele luy ſucceda mal: car
apres auoir faict alliance auec l'Anglois
& borné ſes pretentions aux pays qui
ſont par delà la Couronne, aux Quercy, Limoſin & Xainctonge, iuſques à la
riuiere de Charante qu'il tiendroit à
foy & hommage de la Couronne, il ſe

croiſt derechef & priſt la route d'Affrique auec 40000. hommes : où ayant
pris Carthage, reſolu d'emporter la
ville de Thunes, la peſte qui auoit deſia
preſque toute perduë l'armée entra au
pauillon Royal & frappa Louys (bien
que d'autres diſent qu'il mourut de
dyſenterie) lequel recognoiſſant ſa fin
approcher, fiſt appeller ſon fils Philippes auquel il fiſt de treſbelles &
remarquables remonſtrances, l'exhor-
tant à ſeruir Dieu, viure vertueuſement,
& gouuerner ſon peuple paternelle-
ment ſoubs l'obeïſſance des Loix, puis
rendit ſon ame à Dieu pour prendre
ſon vray repos au Ciel, l'an de grace
1270. le 56. de ſon aage, & le 44. de
ſon regne. Son corps fut rapporté en
France, & fut Canoniſé par le Pape
Boniface IV. Il eut de Marguerite fille
de Raymond Comte de Prouence ſa
femme, ſage & douce Princeſſe, cinq
fils, & quatre filles, ſes fils furent Louys
qui mourut ieune, Philippes, ſurnommé le Hardy Roy de France, Pierre
Comte d'Alençon, Robert auſſi Comte
d'Alençon apres la mort de Pierre, &
Robert Comte de Clermont en Beau-
uoiſis dont eſt deſcendu noſtre Roy
Louys XIII. Ce Prince a eſté le Patron
à tous Roys & Prince, de Religion,
d'equité, de prudence, de clemence, de
valeur, de magnanimité, de patience,
de continence pour aimer la pieté, la
Iuſtice, l'ordre, la paix, & ioindre l'a-
mour des choſes ſainctes, & la modeſtie
des mœurs auec les armes, & le bien de
l'Eſtat. Il menoit vne vie digne d'vn
Roy, aimant & honorant la Religion
auec beaucoup de zele & de reuerence, auſſi ſa maiſon eſtoit comme vne
Egliſe bien reglée: Se plaiſoit à lire
l'Eſcriture Saincte, laquelle il fiſt traduire en langue Françoiſe : honoroit
les Eccleſiaſtiques dignes de leurs charges, ſeuere cenſeur de ceux qui en abu-
ſoient. Ordonna que les exactions &
charges inſupportables impoſées par

la Cour de Rome (ce sont les propres mots de son Edit) au Royaume de France, & qui pourroient d'oresnauant estre imposées, ne fussent leuées en façon quelconque sans raison euidente & son expresse volonté, & le consentement de l'Eglise Gallicane : Ne voulut conferer à aucun les benefices, remettant ce droict aux Collateurs ordinaires suiuant les anciens Canons. *Guaguin. liure 7.* Et mesme dit-on qu'il ietta au feu vne Bulle du Pape qui luy donnoit ce pouuoir de conferer. *Genebr. anno 1254. en sa Chronol.* Enquoy ses successeurs l'ont tres-mal ensuiuy. Prohiba fort rigoureusement la vente des Offices, pouruoyant aux charges vacantes selon le merite des personnes, auec cognoissance de cause, pour induire les gens de bien & d'entendement à s'addonner aux lettres Il aimoit les lettres & lettrez, & se plaisoit a ouyr & lire les bonnes choses; aussi l'Vniuersité de Paris auoit vne tres-grande authorité de son temps, comme la fille aisnée des Roys. Imposa grosses peines à la maluersation des Iuges. Donnoit libre audience aux plaintes de son peuple, & principalement aux Bois de Vincennes où il se plaisoit bien souuent soubs vn arbre en tres-grande simplicité comme vn pere donnant conseil à son enfant. Diminua les tailles & subsides imposez sur le peuple par ses predecesseurs, & toutefois mesnageoit si bien les reuenus publics qu'il y en auoit assez pour son train & ses grandes affaires, & pour en donner aux pauures, vesues & orphelins, & le reste pour le bastiment des Temples : & de faict il a edifié & reparé plusieurs Eglises & Monasteres en vn grand nombre : Fonda la Saincte Chapelle de Paris expressément pour y mettre la Saincte Couronne d'espines, comme aussi y mist l'esponge & le fer de la lance, auec vne partie de la vraye Croix, les ayant rachetez des Venitiens ausquels Baudouin les auoit

engagez. Son ame estoit vrayement Royale propre au bastiment de ce grand Estat, heroïque, valeureuse, prudence, actiue, mais encline à la paix : aussi Dieu la luy donna plus grande que soubs Roy qui ait oncques vescu, & auec tant d'authorité & d'obeïssance qu'il n'y auoit grand, moyen ny petit qui ne s'estimast heureux d'obeyr à vn si bon & sage Prince : Aussi s'est-il acquis le venerable nom de Sainct dont la posterité l'a honoré à fort bon tiltre. *Le Sieur de Ioinuille son familier a dignement descrit sa Vie. Guaguin liure septiesme Blond. liure 8. decad. 2. Palm. en sa Chron. AEmile, & autres.*

Louis X.

dict Hutin, 47. Roy de France, & fils de Philippes le Bel. Son regne fut court, plein de troubles & confusions selon son naturel turbulent & mutin (aussi Hutin signifie en vieil François *mutin* ;) il fut aussi Prince fort cholere, imprudent, outrageux, couurant ses mortelles passions du voile de son authorité. Il auoit desia esté couronné à Pampelune pour Roy de Nauarre du viuant de son pere. *Vasee en sa Chron. d'Esp. liure neufiesme.* Fist pendre Enguerand de Marigny Comte de Longueuille, surintendant des finances de France, pour peculat & concussion, au gibet de Monfaucon qu'il auoit faict bastir, ce que quelques-vns luy tournent à blasme : Rendit sedentaire le Parlement de Paris qui n'auoit que deux seances par an. Rappella les Iuifs en France : En fin il mourut d'vne mort presque subite, ayant à peine regné vn an & demy, l'an de salut 1316. Il laissa de sa premiere femme Marguerite fille de Robert Duc de Bourgogne, vne fille nommée Ieanne ; & de Constance sa seconde, vn fils posthume nommé Iean qui ne vescut que 8. iours. *Du Tillet.*

Louis XI.

55. Roy de France, apres la mort de son pere Charles VII. reuint de Flandres

accompagné de Philippes Duc de Bourgogne pour se faire couroner à Rheims,
mais eut d'estranges trauerses tant par
les domestiques qu'estrangers : Car
presque aussi tost les Princes & autres
Grands ayans esté desapointez (par
Louys & se voyans mesprisez, ausquels
il auoit mesme interdit le plaisir de la
chasse sous grosses peines ; mesmes Mô-
sieur Charles Duc de Berry son frere,
s'esleuerent tous contre luy sous pretexte du bien public où fut attiré le Bourguignon mescontent de ce que Louys
portoit Henry VI. contre Edoüard Roy
d'Angleterre allié de Philippes : Et de
là s'ensuiuit la memorable bataille de
Montlchery funeste aux deux partis,
Mais le Roy pour dissiper leurs forces,
fist la paix de Conflans, octroya la
Normandie en appennage à son frere,
la Comté de Montfort au Duc de Bretagne, donna l'Estat de Connestable au
Comte de S. Paul, & contenta les autres, remettant vn chacun d'eux és charges & dignitez qu'ils possedoient soubs
Charles VII. son pere ; mais c'estoit
afin de les diuiser : car tost apres il osta
la Normandie à son frere nonobstant
l'assistance du Breton : toutefois pressé
par le Duc de Bourgogne, il luy donna les Comtez de Brie & de Champagne qu'en suitte il luy fist eschanger
auec le Duché de Guyenne pour le separer du voisinage du Bourguignon.
Cependant Louys assista d'hommes &
d'argent le Comte de Vvaruich contre
Edoüard Roy d'Angleterre qui en
auoit chassé Henry VI. l'ayant accueilly honorablement auec Marguerite femme de Henry, le Prince de Galles leur fils & autres qui s'estoient refugiez vers luy : & au moyen de ce secours Vvaruich reconquist le Royaume
d'Angleterre pour Henry, mais qui fut
regagné peu de iours apres par E-
doüard secouru du Bourguignon. Les
Ducs tant de Guyenne qui estoit frere
du Roy, que de Bretagne & de Bour-

gogne, se liguerent contre Louys mais
qui dissipa tost apres leurs practiques
& intelligences, car interuenant la mort
du Duc de Guyenne, iaçoit que le Bourguignon continuast ses exploicts militaires, si est-ce que se voyant abandonné
du Breton qui s'estoit desia appoincté
auec Louys, il fut aussi contraint de
s'accorder auec luy par le traicté de
Bouuines où tous ensemble conspire-
rent contre le Connestable qui les auoit
trahis : Aussi nonobstant ses menées &
intelligences, Louys sceut si bien dissimuler qu'apres auoir traicté auec l'Anglois par le traicté de Picquigny, & en
suitte auec le Bourguignon & le Breton, il l'attrapa enfin & luy fist trancher
la teste à cause qu'il auoit esmeu tous
les troubles precedens. Mais apres la
mort de Charles Duc de Bourgogne,
plusieurs notables places furent reduictes en l'obeissance du Roy, & la
Bourgogne fut réunie à la Couronne.
Sur la fin de ses iours comme il se dis-
posoit à policer son Royaume, reformer la Iustice, & regler la Cour de Parlement, comme aussi à soulager son
peuple qu'il auoit fort oppressé, il luy
suruint vn syntome & trouble d'esprit
qui le rendoit du tout insuportable
aux siens, & soupçonneux au possible,
voire de ses propres enfans, n'ayant que
deux ou trois personnes de peu d'estof-
fe esquels il se fioit, mais finalement il
rendit l'ame à Dieu, ayant vescu 61. an,
& regné 23. l'an de salut 1483.
Ce Prince fut accort, sage en aduersité, courageux & resolu aux grandes affaires, laborieux & de bon sens,
sçachant executer ses projects par ruses
& simulations, continent, n'ayant cogneu aucune autre femme que la sienne, liberal au reste enuers les Eglises &
tous ceux qu'il cognoissoit estre vtiles
à ses desseins : Mais ces vertus estoient
contrepoinctées par d'autres vices,
mesdisant, vindicatif, cruel, exacteur,
ayant augmenté les imposts sur le peu-

ple plus qu'aucun de ses predeceſſeurs, impatient, trompeur, meſſiant, & ennemy des Grands, ce qui le rendit inquieté en ſon regne, en ſa vie & en ſa mort; fut ennemy des lettres, auſſi ne voulut il que ſon fils Charles ſceuſt autre Latin que ces cinq mots, *Qui neſcit diſſimulare neſcit regnare*, qui ne ſçait diſſimuler ne ſçait regner. Il inſtitua l'Ordre des Cheualiers de S. Michel, comme auſſi vn Parlement à Grenoble, & reſtablit celuy de Dijon : eſtablit pareillement le premier les Poſtes par toute la France : priſt auſſi le premier des Suiſſes pour ſa garde, ayant caſſé les Francs-Archers pour les pilleries qu'ils faiſoient ſur le peuple. *Guaguin liure* 10. Auoit deliberé s'il n'euſt eſté preuenu de mort, de reduire toute la France à l'obſeruation de meſme droiɛt & couſtume, & à ſe ſeruir de meſme poids & meſure. *Philippes de Commines*. Il eut en premieres nopces de Charlotte fille du Duc de Sauoye, trois fils & trois filles, dont ſon ſecond fils Charles VIII. luy ſucceda. L'on tient que René Roy de Naples & de Sicile, ſe voyant ſans enfans maſles, donna à Louys non ſeulement la Duché d'Anjou dont le Roy s'eſtoit deſia emparé, ains encore tout le droiɛt qu'il auoit és Royaumes de Hieruſalem, Naples, & de Sicile.

Louys XII.
fils de Charles Duc d'Orleans, & 57. Roy de France, ſucceda à Charles VIII. decedé ſans hoirs, eſtant le plus proche en ligne collaterale des Roys deſcendus de Philippes de Valois. Toſt apres ſon aduenement à la Couronne, il eſtablit pluſieurs belles Ordonnances ſur les frais abuſifs qui ſe faiſoient à la pourſuitte des affaires en Iuſtice, reprimant l'Vniuerſité de Paris qui s'oppoſoit à la publication d'icelle. Il repudia Madame Ieanne de France, à cauſe de ſa ſterilité, & print à femme Anne de Bretagne vefue de Charles VIII. Il eſtendit ſon Empire par delà les limites de Gaule, ſoubmettant à ſon obeiſſance deux des plus nobles & puiſſantes Citez de l'Europe, Milan auec la Lombardie & la Republique de Gennes, enſemble les Iſles de Corſegue & de Chio. Reconquiſt & partagea le Royaume de Naples auec Ferdinand Roy d'Eſpagne, mais en ſuitte le perdit par la tromperie & deſloyauté de l'Eſpagnol ; & qui depuis luy fut cedé par Louys en faueur du mariage faiɛt entre Ferdinand & Germaine ſœur de Gaſton de Foix, fille d'vne ſœur de ſa Majeſté : fiſt ligue auec l'Empereur Maximilian, Ferdinand & le Pape, contre les Venitiens leſquels il miſt en déroute à la iournée d'Agnadel : Mais le Pape Iules I I. ayant receu les Venitiens en grace, ſe banda contre les François, leſquels toutefois mirent en route ſon armée qui aſſiegeoit Bologne. Fiſt celebrer auec l'Empereur contre le Pape le Concile de Piſe qui fut depuis transferé à Lyon, où Iules fut ſuſpendu de ſon Papat, dont indigné il donna le Royaume de France, comme auſſi celuy de Nauarre en proye au premier conquerant ; & puis apres s'enſuiuit la iournée de Rauenne gagnée contre les Eſpagnols par Gaſton de Foix du Roy qui y fut tué. Cependant la Nauarre fut vſurpée par l'Eſpagnol ſur Iean d'Albret allié de Louys, & ſuiuant l'interdiɛtion fulminée par Iules. Louys fut en ſuitte depoſſedé du Milannois & de ſes autres Eſtats d'Italie, dont le ſieur de la Trimoüille Lieutenant pour le Roy fut chaſſé par les Suiſſes, & depuis le Roy tourna ſes armes contre l'Empereur & l'Anglois dont s'enſuiuit la iournée des Eſperons, funeſte aux François : Mais ce trouble fut appaiſé par le mariage de Louys veuf d'Anne auec Marie ſœur du Roy d'Angleterre Henry VIII. Et comme noſtre Roy dreſſoit vne armée de nouueau pour reconquerir le Milannois, la mort luy retrancha cette deliberation pour

la faire renaiſtre en l'ame de ſon ſucceſſeur François I. Ainſi mourut Louys
ſans enfans, l'an de ſalut 1515. & de ſon
regne le 17. Ce Prince fut excellent en
bonté de nature, douceur & ſuauité de
mœurs, liberal, amy de Iuſtice & de candeur , ennemy de flatterie & d'enuie,
entier, bon à ſes domeſtiques , humain
à ſes ennemis , chaſte, loyal , religieux,
reſpecté de ſes ſubiects & des eſtrangers, & qui pour comble de tiltre d'hôneur merita à bon droict le glorieux
ſurnom de PERE DE SON PEVPLE, auſſi
ſes vertus feliciterent & multiplierent
ce Royaume à millions en Nobles, marchands & menu peuple , ſi qu'on ne
vid iamais la France ſi puiſſante d'armes & de gens , ſi populeuſe & ſi riche
que ſoubs ſon gouuernement.

LOVYS XIII. aagé d'en-
uiró neuf
ans, ſucceda à ſon pere Henry le Grand,
és Royaumes de France & de Nauarre: Auſſi toſt qu'il y fut paruenu, il declara la Royne ſa Mere Regente , pour
auoir ſoin de ſa perſonne & de l'admi-
niſtration des affaires pendant ſa minorité. Cinq mois apres ou enuiron, il
fut oingt & ſacré à Rheims, & en ſuitte
de ce furent conclus les mariages de
l'Infante Anne d'Auſtriche auec le
Roy, & de Madame auec le Prince d'Eſpagne ; à raiſon dequoy en ſigne de ré-
iouyſſance furent faicts de part & d'autre force tournois & carrouſels. En
l'an 1614. le Prince de Condé & autres
ſe retirerent de la Cour pour la ialou-
ſie de trop grande authorité du Marquis d'Ancre, mais ce trouble fut appaiſé par le traicté faict à S. Menehouſt:
& depuis le Roy fiſt vn voyage en
Poictou à cauſe du tumulte de Poictiers ; mais eſtant retourné à Paris, il ſe
declara Majeur, & peu apres fiſt aſſembler les Eſtats generaux des Notables à
Paris, & en ſuitte fut executé le voyage
de Guyenne pour l'accompliſſement
des deux mariages de France & d'Eſ-

pagne , nonobſtant les trauerſes des
Princes qui ſe retirerent de la Cour &
leuerent des trouppes pour s'y oppo-
ſer. Cependant le Prince de Condé,
l'armée duquel auoit reſiſté quelque
temps à celle du Roy, conduicte par le
Mareſchal de Boisdauphin, ſe rendit en
l'obeiſſance de ſa Maieſté par le traicté
de Loudun ; lequel ce neantmoins peu
apres fut arreſté priſonnier , pour laquelle detention les Princes s'eſloigne-
rent derechef de la Cour : Mais comme tout ſe preparoit à vne reuolte, le
Roy ſe deffiſt tres-ſagement du Mareſchal d'Ancre : Et de là s'enſuiuit vne
generale réunion des Princes à la volonté de ſa Majeſté. Toſt apres Victor
Amedée fils du Duc de Sauoye eſpouſa Madame Chriſtine ſœur du Roy. Ce
pendant la Royne Mere qui auoit eu
quelque meſcontentement fut remiſe
plus que iamais és bonnes graces du
Roy qui luy octroya le Gouuernement
d'Aniou ; & toſt apres Monſieur le
Prince fut mis en liberté : Mais les volontez du Roy & de la Royne s'eſtans
derechef aigries, il y eut de nouueaux
remuemens, terminez, ce neantmoins
par la douceur du Roy apres la priſe du
Pont de Cé. Sur ces entrefaictes le
Roy ayant donné aux Eccleſiaſtiques
de Bearn mainleuée de leurs biens
nonobſtant l'oppoſition des religionnaires du pays qui les auoient vſurpez,
cela eſmeut de nouueaux troubles , &
fut occaſion que le Roy y fiſt vn voyage, y reſtabliſſant non ſeulement les
depoſſedez en leurs biens, mais auſſi y
remettant l'exercice de la Religion Catholique qui y auoit eſté diſcontinuée
depuis 60. ans ou enuiron, dont s'enſuiuit l'aſſemblée ſeditieuſe des Pretendus reformez en la ville de la Rochelle : ce qui donna ſuiect au Roy de
faire ſon voyage de Poictou affin d'y
pouruoir, & affin d'oſter à iceux les
villes qu'ils tenoient tant par vſurpation que par conceſſion des Roys pre-

cedens : Et à cet effect il leur osta soit par force ou par composition toutes leurs villes exceptées Montauban & la Rochelle qui font mine de faire resistance. Depuis le Sieur de Soubize qui s'estoit derechef reuolté auec quelques Religionnaires, fut mis en déroute par deux ou trois fois. Et le Mareschal Desdiguieres fut enuoyé en Italie tant pour la protection du Duc de Sauoye, qu'aussi pour le differend des pays de la Valtoline , & autres pretendus par l'Espagnol. Ainsi nostre Roy se void trauersé quand & quand par deux puissans ennemis, de l'Estat & de la Religion, sçauoir par les ligues & pretentions ambitieuses de l'Espagnol , & par les mutineries & rebellions de ceux de la Religion pretenduë reformée. Que si le soing qu'il a pour le bien de l'Estat luy peut fournir des moyens pour reprimer l'audace de ce conquerant , & rabatre le vol de ses sourcilleux desseins, le zele qu'il a pour sa Religion luy en fera naistre encore dauantage pour chastier par la verge de sa puissance & authorité la reuolte de ceux qui se preualent de la discorde des Princes Catholiques, & sous pretexte de chasser la domination estrangere & tendre au bien public, veulent introduire l'Anarchie & fonder l'impieté dans l'Estat qui n'est toutefois maintenu que par la Religion. Ce Prince est vrayement bon, genereux & enclin à la vertu, ayant cela de singulier qu'il n'est sensible à aucuns des vices dont ont esté entachez la pluspart de ses predecesseurs, & le sont ordinairement les Grands Princes. Que si les fidelles seruices des François secondoient autant ses loüables desseins, comme l'amour qu'il a vers ses subiects & au bien de son Estat le portent aux salutaires conseils, nous verrions les Lis autant florissans que iamais. Mais i'attendray que Dieu continuë ses benedictions en la prosperité & estenduë de son Empire, pour esten-

dre quand & quand auec plus de sujet le merite de ses loüanges.

Louys surnommé le Debonnaire, premier de ce nom, Empereur & Roy de France. *Voy* le au rang des Roys de France.

Louys II. de ce nom Empereur, fils de l'Empereur Lothaire I. que quelques Historiens confondent auec son oncle de mesme nom Roy d'Allemagne, attribuans les faicts de l'vn à l'autre. Fut vn fort bon Chrestien, craignant Dieu, aimant son Eglise & ses Ministres, misericordieux , debonnaire & veritable en ses promesses. Apres auoir faict confirmer son election à Rome, il chassa les Mores d'Italie qui l'auoient enuahie. Agidulphe Duc de Beneuent ayant faict reuolter contre luy plusieurs villes, prenant le party de l'Empereur d'Orient fut enfin contrainct de luy demander pardon, mais auec trahison ; car Louys ayant par son conseil cassé toute son armée , le perfide Agidulphe s'efforça de le tuer dans son Palais; d'où Louys s'estant eschappé enuoya vne puissante armée en Sardagne contre luy, & ainsi demeura paisible Empereur, Puis mourut à Milan, l'an 876. apres en auoir regné 21. ou 19. selon d'autres. De son temps il pleut trois iours durant en Bresse ville d'Italie, du sang aussi naturel comme si c'eust esté d'vn animal fraischement tué. *Naucler. Volat.*

Louis surnommé le Begue, III. de ce nom Empereur, & II Roy de France. *Voy* le en l'ordre des Roys de France.

Louis IV. fils d'Arnoul & son successeur à l'Empire d'Occident, fut esleu par les Allemans nonobstant les oppositions des Romains & autres Italiens qui esleurent Beranger Duc de Friul lequel se rendit maistre de la Lombardie en despit de Louys, soustenant que l'Italie estoit le vray siege de l'Empire Romain, & que l'Allema-

l'Allemagne se pouuoit pluſtoſt dire patrimoine des ſucceſſeurs de Charlemagne, dont Louys eſtoit yſſu, que non pas Empire. Et ce pendant que Beranger s'emparoit de l'Italie, les Hongrois coururent ſus à Louys ; ſi bien qu'ayant eſté par eux deffaict en bataille rangée, il fut contrainct d'acheter la paix ; & ce neantmoins non contens, fourragerent là haut & baſſe Allemagne & en ſuitte l'Italie, de laquelle ils ne peurent eſtre chaſſez que par argent que leur donna Beranger qui traicta auec eux. Lors Louys ialoux de ce que Beranger auoit vſurpé le nom & la dignité d'Empereur, vint en Italie & le deffiſt en bataille : Mais Louys s'eſtant retiré en vne ville apres cette deffaicte comme vn hôme ſans ſoin, Beranger fin & ruſé practiqua quelques ſiens domeſtiques qui luy donnerent entrée en icelle ; ſi bien que s'eſtant ſaiſi de l'Empereur, il le retint priſonnier, dont apres il mourut de douleur & d'ennuy : bien que quelques Hiſtoriens diſent que Louys n'eut point de victoire, ains ſeulement qu'il ſe retira de crainte à Verone, où il vint en la puiſſance de Beranger ; & d'autres diſent qu'il mourut en Allemagne de ſa mort naturelle, ce qui aduint l'an de ſalut 912. apres auoir tenu l'Empire 11. ans. *Naucler*, *Blond*. *Volat*. *Cuſpin*. Cet Empereur fut le dernier de la race de Charlemagne.

Louys Duc de Bauiere, fut eſleu Empereur, & le V. du nom, apres la mort de Henry VII. & couronné à Aix, toutefois Frederic d'Auſtriche qui auoit vne partie des voix des Eſlecteurs, ſe fiſt couronner à Bonne, ce qui forma deux factions & alluma vne guerre ciuile de 8. ou 9. ans, tant en Allemagne qu'en Italie : Mais enfin à la ſeconde bataille qui ſe donna tres-cruelle entr'eux, la victoire demeura à Louys lequel priſt priſonnier Frederic. Et nonobſtant l'oppoſition du Pape Iean XXIII. & ſon excommunica-

tion, Louys demeura ſeul Empereur, mais il n'eut point pour cela faute de guerres & de contradictions, car Leopold frere de Frederic fiſt tant auec ſes parens que par l'entremiſe du Pape ſupporté du Roy de France qui vouloit s'attribuer l'Empire & en priuer Louys, il fut enfin contrainct de laiſſer aller Frederic libre en ſes Eſtats d'Auſtriche où il mourut peu apres. Ainſi Louys eſtant ſeul Empereur paſſa en Italie où il ſe fiſt couronner à Rome luy & ſa femme, & fiſt eſlire vn autre Pape oppoſé à Iean qui eſtoit en Auignon ; ce qui cauſa pluſieurs changemens en l'Eſtat d'Italie, qui fut lors pour la plus grande partie oſtée aux Empereurs, & eut Louys beaucoup de peine de ſe iuſtifier en pleine diette contre les accuſations du Pape. Et à cette haine implacable de Iean ſuccederent les Papes Benoiſt XI. & Clement VI. dont ce dernier fut cauſe que Charles fils du Roy de Boheme fut eſleu en ſa place, ce qui cauſa de grands tumultes en Italie & en Allemagne : les vns tenans pour Louys, les autres pour Charles. Mais enfin la guerre ceſſa par la ſoudaine mort de Louys qui arriua eſtant tombé de deſſus ſon cheual, ſaiſi d'vne apoplexie, apres auoir tenu l'Empire 33. ans, y compris les 9. auec Frederic, l'an de grace 1357. *Blond*. *Naucler*.

L V

S. Luc Medecin d'Antioche, & côpagnon de S. Paul en ſes voyages. 2. à *Timoth*. *ch*. 4. *Coloſſ*. 4. A la ſuaſion duquel il a eſcrit ſon Euangile & les Actes des Apoſtres, côme auſſi il preſcha en France, en Dalmatie, Italie & Macedoine. *Epiph*. *hereſ*. 51. Nicephore *liure* 14. & 15. *de ſon Hiſt. Eccleſ*. rapporte qu'il a tiré au vif le portraict de la Vierge Marie qui fut transporté par l'Imperatrice Pulcheria, d'Antioche à Conſtan-

Eeee

tinople. Il s'en void vn aussi de sa main à
Rome en l'Eglise de Saincte Marie. Il
vescut 74. ans en Celibat. *S. Hierosme*
en son Catalog. Nicephore dit qu'il fut
pendu en vn oliuier.

Lucain natif de Cordoüe, Poëte
docte & de grand esprit, fut
neueu de Seneque le Philosophe, &
disciple de Cornutus. Il fut au commencement fort chery de Neron qui le
promeut à la Quæsture & au College
des Augures : mais enfin estant tombé
en son indignation pour auoir mieux
que luy representé au theatre la personne d'Orphée, il se laissa porter à la
coniuration de Pison, pour laquelle
estant pris, il eut le choix de sa mort;
ainsi il eut les veines couppées, ayant à
peine atteint 30. ans. *Crinit. en sa Vie.* Il
fut tres-docte Escriuain, & composa
plusieurs beaux œuures desquels n'est
resté que la Guerre ciuile d'entre Cæsar
& Pompée.

Lucanie, Prouince d'Italie, auiourd'huy appellée *Ba-*
silicate, a pour ses bornes au Couchant
le fleuue Silare limité de la Campanie:
au Midy la mer de Toscane : au Leuant
le fleuue Laüs & la basse Calabre, &
vne partie de la haute : & au Septentrion la terre de Barri. Son pays est
presque par tout montueux, remply de
bois, & pour cette cause fort subiect
aux voleries & brigandages. Elle contient quelques villes, comme Pæste renommée pour ses roses qui y croissent
deux fois l'année, Acropolis & autres.
Elle faict partie du Royaume de Naples, & obeyt au Roy des Espagnes.
Magin en sa Geogr. & Mercat.

 Les Lucains que l'on tient auoir esté
originaires des Samnites auoient de
coustume d'exposer leurs enfans dans
les forests, où ils estoient esleuez tous
nuds & sans aucuns seruiteurs, & qui
ne viuoient que de ce qu'ils prenoient
à la chasse, & pour leur boire n'auoient
que de l'eau toute pure. *Alex. d'Alex.*

liure 2. chapitre 25. Ils estoient grandement
hospitaliers, aussi auoient ils vne Loy
par laquelle si quelqu'vn auoit chassé
vn estranger ou passant de sa maison
apres Soleil couché, il estoit condamné
à l'amende. *liure 4. chap. 10.*

Luceres furent appellez la Tribu
ou derniere partie du
peuple Romain, au temps de Romulus
premier Roy des Romains : Car selon
T. Liue & Plutarque *en la Vie de Romu-*
lus, tous les habitans de Rome furent
distribuez en trois lignées; dont ceux
de Romulus furent appellez *Ramnenses*,
ceux du costé de Tatius Chef des Sabins, *Tatienses*; & ceux de la 3. *Luceres*,
d'vn certain Lucere leur conducteur
qui accourut auec grand nombre de
gens ramassez à la ville de Rome lors
que Romulus y eut donné franchise
(selon Varron) ou bien à cause des
boscages qui y estoient que les Latins
appellent *Lucos*. Or qu'il n'y eust que
ces trois lignées, le mot mesme de *Tri-*
bu le monstre, comme aussi le mot de
Tribun qui estoit Chef de ces Tributs.
Plut. en la Vie de Romul.

Lucerne, vne des principales villes des Cantons de Suis-
ses, ainsi appellée à cause d'vne tour où
l'on mettoit de la lumiere la nuict. Elle
est arrousée d'vne riuiere nommée Russ,
qui sort d'vn grand lac par lequel sont
portées toutes sortes de marchandises
en Italie. Elle estoit iadis en la puissance de l'Abbé de Murbac par la donation de Pepin Roy de France : mais
ayant esté depuis acheptée de l'Empereur Albert d'Austriche, elle secoüa le
ioug de la domination des Empereurs
estant par eux oppressée, & se mist en
l'alliance des Suisses l'an 1322. *Mercat.*
en son Atlas.

Lucian natif de Samos, autheur
fort elegant & facecieux
en ses escrits. Il a vescu soubs l'Empereur Trajan : & ayant faict profession
de la Religion Chrestienne, en fut apres

deferteur : mais enfin la punition s'en enfuiuit, car il fut defchiré des chiens.

S. Lucian

Preftre d'Antioche, fort eloquent & bien verfé és langues Hebraïques, l'vn de ceux qui ont corrigé la verfion corrompuë des 70. Sa traduction eftoit fuiuie par les Chreftiens depuis Antioche iufques à Conftantinople. Endura le martyre foubs Maximin. *Suidas en fa vie, & s. Hierofme en fa Preface fur le Paralip.*

Lucifer

eft appellé ce premier Ange de Lumiere, lequel pour fon orgueil fut precipité du Ciel aux Enfers auec la tierce partie des Anges, qui depuis eftans confirmez & endurcis au mal (car auparauant ils auoient efté creez bons) tentent les hommes au peché, & font appellez Diables. *Voy* Diables. Ce qui femble eftre confirmé par Efaie *chap.* 14. De là peut eftre venuë la fiction des Poëtes qui l'ont dit fils de Iupiter & de l'Aurore, pource qu'il fut creé de Dieu deuant le Soleil, auffi que l'Aurore le precede. Et c'eft pourquoy les Aftrologues l'ont dict eftre cette brillante eftoile qu'ils nomment auffi Venus, qui le matin marchât deuant le Soleil s'appelle Lucifer ou Porte-iour, & le foir cheminant derriere luy fe nomme Hefper, c'eft à dire, l'eftoille du Vefpre.

Lucifer

Euefque heretique ou pluftoft fchifmatique, lequel contre l'authorité du Concile de Nicée ne vouloit receuoir auec honneur Epifcopal en l'Eglife les Euefques qui s'eftoient laiffez tomber en herefie, bien qu'ils en euffent faict fatisfaction. *Sainct Auguft. heref. 81. S. Hierofme contre les Luciferiens.* Il croyoit auffi l'ame engendrée par transfufion, & qu'elle procedoit de la chair. *s. Auguftin heref. 8. Sainct Hierofme en fa Chron.*

Lucilius

Poëte de tres-illuftre famille, que l'on tient auoir efté le Coryphée des Poëtes Satyriques. Fut inhumé à Naples auec honneur public. *Eufebe.*

Lucine

Deeffe que les Anciens ont dit prefider aux accouchemens, de laquelle ils mettoient l'image deuant la porte de leur maifon, comme eftant leur gardienne & portiere, croyás qu'elle donnoit aux creatures humaines le commencement de la vie & la iouïffance de la lumiere dont elle a pris le nom. La plufpart eftiment qu'elle eft la mefme que Diane fille de Latone, & qu'auffi toft qu'elle fut née elle feruit de fage femme à fa mere enfantant Apollon. Ce neantmoins Paufanias tient qu'elle vint des Hyperborées en Delos pour feruir à Latone en fa gefine. Son image eftoit faicte de forte qu'elle eftendoit vne main vuide, ce qui demonftroit qu'elle eftoit prefte de receuoir l'enfant & le mettre en lumiere ; & en l'autre portoit vn flambeau pour monftrer les douleurs tresgriefues qui bruflent & confument les accouchées. L'on luy faifoit porter des guirlandes de Dyctame pour ce qu'il feruoit beaucoup à faciliter l'enfantement. Quelques-vns auffi la font fille de Iupiter & de Iunon, comme Paufanias & Callimaque. D'autres la prennent auffi pour Iunon mefme, felon Ciceron *en la Nat. des Dieux.*

¶ *Ce que les Anciens nous ont feinct que cette Lucine eftoit Diane ou la Lune, doit eftre pris d'vne caufe naturelle, dautant que felon l'eftat & cours d'icelle les humeurs fe comportent, & les enfantemens font faciles ou malaifez : Et dautant que cela fe faict par le moyen de l'air (qui agift & opere és corps inferieurs) entendu quelquefois par Iupiter, & quelquefois par Iunon, cette Lucine eft dicte fille de Iupiter & de Iunon. Et pour ce mefme luy dedioit on les paupieres, & l'appelloit on Lucine pour ce qu'elle donne la lumiere aux enfans. Voy Diane & Iunon.*

Lucius

auant nom duquel fe feruoient les Anciens, & eft ainfi appellé pour ce que le premier

qui porta ce nom nafquit à la premiere
lumiere.

S. **Lucius I.** Romain 23. Pape, ordonna que deux Pre-
ftres & trois Diacres accompagneroient
toufiours l'Euefque comme tefmoins
de fes deportemens. Aucuns tiennent
que ce fut luy qui interdit aux gens
d'Eglife le mariage. *Grat. dift. 8. chap.*
Miniftri Altaris. De luy fe void vne
Epiftre aux Euefques de Gaule & d'Efpagne. *Tom. 1. des Concil.* Fut martyrifé
foubs l'Empereur Valerian, apres auoir
tenu le fiege 3. ans, 3. mois, 3. iours, l'an
de falut 257. *Damafe, Onuphr.*

Lucius II. Boulonnois, 172. Pape, procura l'entreprife
de la conquefte de Hierufalem, à la fuafion de S. Bernard. Affembla vn Concile en France contre Abaillard : Puis
mourut l'an de grace 1145. & l'onziefme
mois de fon Pontificat. *Plat.*

Lucius III. natif de la ville de
Lucques en Tofcane,
cent feptáte-feptiéme Pape, perfonnage
de grande doctrine, follicita l'Empereur
Frederic I. & Philippe II. dit Dieu donné Roy de France, & Henry II. Roy d'Angleterre, au quatriefme voyage de la
Terre Saincte, pour le fecours des
Chreftiens. S'eftant voulu efforcer d'a-
bolir du tout l'authorité & nombre des
Senateurs de Rome, il en fut chaffé, &
mourut à Verone apres auoir gouuerné
l'Eglife 4. ans, 2. mois, 18. iours, l'an
1185. *Onuphr. Plat.*

Lucius. fils de Coylus & fon fucceffeur au Royaume de la
Grande Bretagne : A fa requefte le Pontife de Rome Eleuthere enuoya Fuga-
tius & Damian pour l'inftruire à la foy,
lefquels le baptiferent, & ainfi fut le
premier Roy Chreftien de la Grande
Bretagne. Il y eftablit puis apres 28.
Euefchez lefquels il diftingua en Prouinces, & trois Metropolitains ou Ar-
cheuefchez, Yorch, Londres & Caer-
lon. Regna 12. ans, & mourut fans en-

fans, qui fut caufe que l'Empereur Se-
nere paffa en la Grande Bretagne, & y
eftablit fon fils Baffian enuiron l'an 182.
Bede liure 1. chapitre 4.

Lucius Gouuerneur de Treues fous
l'Empereur Honorius, le-
quel donna le premier commencement
de l'eftabliffement de l'Empire des François en Gaule : Car ayant pris par force
la femme d'vn notable citoyen, cet excez donna fubiect à ceux de la ville
d'appeller les François à leur aide qui
chafferent les Romains & s'emparerent
de la ville, & de là eftendans plus loing
leurs conqueftes fe rendirent maiftres
de tous les pays qui font outre les riuieres de l'Efcault & de la Somme : Et
enfin ayant gagné Paris & terres voifines, donnerent leur nom au pays de
leur conquefte.

Luçon ville de Poictou, dicte des
Latins *Ciuitas Luxoniensium*,
erigée en Euefché (par le Pape Iean
XXII.) qui comprend bien 213. Paroif-
fes, & depend de l'Archeuefché de
Bordeaux.

Lucques ville de la Tofcane, ainfi
dicte d'vn certain Lucu-
mon Roy des Tofcans. Elle eft affife en
vne plaine forte d'affiette & ceinte de
bonnes murailles, & bien pourueuë de
munitions & d'artillerie, ayant en fon
circuit 3. milles. Elle fut dominée par
les Goths, puis par les Empereurs de
Conftantinople, Fafeoles, Spinoles,
Florentins & Pifans : Mais elle fut depuis mife en franchife par vn Cardinal
que Charles Duc de Boheme y auoit
eftably pour gouuerneur, fi bien qu'elle fe gouuerne maintenant par certain
nombre de perfonnes efleus qui font
vne petite Republique. Les habitans y
font de gentil efprit, fort deuotieux,
aimans leur liberté, fidelles, courtois,
affables & francs enuers toutes fortes
de perfonnes. Les femmes auffi y font
communément chaftes. Leur plus grand
trafic fe faict de draps d'or & de foye.

Magin en sa Geogr. Mercat.

Lucrece Poëte d'illustre famille, de gentil esprit & grand perscrutateur de la nature, ayant expliqué en six liures qu'il nous a laissez de la nature des choses, de beaux secrets, mais qui doiuent estre leus sobrement, dautant qu'il a ensuiuy la doctrine d'Epicure directement contraire à la verité. Sa propre femme le fist mourir par vn breuuage qu'elle luy donna, pensant par iceluy concilier son amitié. Quelques-vns disent qu'en estant deuenu insensé il se tua. *Euseb. & Volat. liure 6. de son Anthropologie.*

Lucresse fille de Tricipitinus, & femme de Collatinus, ayant esté surprise en sa Chambre par Sixtus Tarquinius qui la menaçoit de mort, & puis de mettre vn esclaue mort aupres d'elle, & publier puis apres qu'il les auroit trouuez paillardans ensemble, pour euiter telle infamie se laissa violer : mais le lendemain ayant faict assembler ses peres, mary & autres siens parens, & apres leur auoir declaré le faict, se tua en leur presence, dont s'ensuiuit le changement de l'Estat de Rome : Car ses parens & amis n'ayans peu supporter telle iniure, chasserent Tarquin hors de la ville & auec luy le nom de Roy, en la place duquel ils esleurent deux Consuls. *T. Liue liure 1. de son Hist. Val. le Grand liure 6. chap. 1.* Elle est haut loüée par tous les Historiens Romains, mais blasmée par S. Augustin *liure 1. chap. 19.* rapportant ce faict plustost à l'infirmité de la honte, qu'à l'amour de la vertu de chasteté : Car (dit ce Docteur) *si elle estoit adultere, pourquoy est-elle loüée; & si pudique, pourquoy se tua-t'elle?*

Lucrin lac de la Terre de Labour pres le golfe de Baies & de Puzzoli, lequel se ioinct le plus souuent au lac Auerne lors que la mer voisine est agitée d'orages. Il est ainsi appellé du gain (que les Latins disent *lucrum*) que l'on y faict à cause de l'abondance

de ses poissons. *Senec. epist. 76.*

Q. Luctacius dit Catulus. *Voy Catulus.*

M. Lucullus Capitaine Romain tres-illustre, se rendit partisan de Sylla : Apres auoir esté esleu Consul, le peuple luy donna la charge de faire la guerre à Mithridates pour l'execution dequoy il passa en l'Asie où il remist la discipline militaire : Deliura de peril Cotta son Collegue qui auoit esté battu sur mer & sur terre par Mithridates, auquel il fist leuer le siege de la ville de Cizique. Ayant entré au Royaume de Pont, il remporta deux victoires sur Mithridates, lequel s'estant fuy vers Tigranes son gendre, & ayans tous deux ensemble dressé vne puissante armée, ils furent ce neantmoins desconfits par Lucullus, en laquelle les Romains tuerent bien en vne seule bataille 100000. hommes sans en perdre que cinq. Si bien que T. Liue tesmoigne que les Romains ne se trouuerent iamais en bataille vainqueurs auec si petit nombre de combattans contre vne si grande multitude, les vainqueurs n'estans pas à la vingtiesme partie des vaincus : Mais depuis Lucullus deliberant d'aller faire la guerre aux Parthes, il en fut retenu par la desobeissance de ses soldats, & depuis son bonheur commença à s'esuanoüir par le mescontentement des Grands & des petits (car il les mesprisoit & ne se faisoit point aimer des siens) & par les calomnies de ses malueillans à Rome: dont arriua que par ces desordres & mutineries de ses soldats, Tigranes & Mithridates se remirent sus, & remporterent quelques batailles sur les Romains. Cependant Pompée estant enuoyé en Asie par le Senat pour luy estre subrogé au commandement de l'armée, il s'en retourna à Rome où il entra en triomphe auec des magnificences nompareilles; car l'on y porta la statuë de Mithridates toute d'or, de six pieds de haut, auec fon pauois tout couuert de pierres precieufes, enfemble vn grand nombre de mulets chargez des maffes d'or & d'argent fondu & monnoyé, auec plufieurs licts, vaiffelles & autres meubles de grande valeur; auffi fut-il le premier qui fut appellé Empereur. Mais apres tous ces trauaux & trophées, il quitta le maniement des affaires publiques & fe donna du bon temps à toutes fortes de delices, y employant cette richeffe plantureufe & ample qu'il auoit acquife és charges de guerre qu'il auoit maniées; en quoy il a furpaffé la fomptuofité de tous les Romains qui l'ont deuancé, car outre qu'il auoit des Palais fuperbes où il n'y auoit rien à defirer pour les delices, il faifoit percer des montagnes à iour & fufpendre à voute: Faifoit paffer & courir à force la mer à l'entour de fes maifons, voire en faifoit fonder & baftir dans la mer mefme. Sa vanité auffi paroiffoit en fa defpenfe ordinaire de table, en fe faifant feruir auec toutes fortes de viandes delicates exquifement appreftées en vaiffelle d'or & d'argent enrichies de pierres precieufes. Il auoit diuerfes falles affignées quand il vouloit prédre fes repas, & les fiens fçauoiét combien il falloit y defpendre & quel ordre il falloit tenir: il y en auoit vne entr'autres qui fe nommoit d'Apollon où le difner s'appreftoit au pris de 50000. efcu: Mais entre fes defpenfes diffoluës il en fift vn honnefte & loüable, ayant faict dreffer vne fort ample Librairie remplie de toutes fortes de liures, où tous les hommes doctes & ftudieux qu'il cheriffoit grandement auoient libre entrée, prenant luy-mefme plaifir de communiquer auec eux, auffi fa maifon eftoit vne retraicte & vn recours pour tous ceux qui venoient de la Grece à Rome. L'on tient que peu deuant fa mort l'entendement luy varia, s'affoibliffant par l'aage petit à pezir: d'autres difent que Callifthenes

fon affranchy luy donna certain philtre empoifonné, mais à intention qu'il l'aimaft dauantage, ce qui luy troubla fes fens tellement que fon frere fut eftably fon curateur dés fon viuant. Ainfi mourut ce grand perfonnage de belle taille, fage, bien aduifé, eloquent, amateur des hommes doctes, vaillant en guerre, & heureux du commencemear, mais malheureux fur la fin de fes iours, & par trop voluptueux. *Plutarq. en fa vie. Velleius.*

Lucus Roy des Gaules enuiron l'an du monde 2208. il aima fort la chaffe, & donna commencement à la ville de Paris laquelle fut appellée de fon nom Lutece ou Lucothece, & fes habitans Lucéens, Lucenfes & Lucothecions. *Berofe, & plufieurs autres.*

Lud fils de Sem, autheur des peuples Ludiens, dicts depuis Lydiens. *Iofephe liure 1. chap. 6. de fes Ant. Iud.*

¶ Il y en eut vn autre de ce nom, Roy de la grande Bretagne, exceffif en feftins & banquets, au refte grand baftiffeur de villes: Il enuironna de murailles la ville de Troye neufue, & depuis Londres où les Roys font leur principale demeure. Regna 11. ans, enuiron l'an du monde 3912.

Lugdus qui regnoit és Gaules enuiron l'an du monde 2337. fut premier fondateur, comme quelques-vns tiennent, de la ville de Lyon dicte pour ce des Latins *Lugdunum. Berofe.*

Luitprand Roy des Lombards, iufte, clement, & tellement religieux qu'il ne permettoit qu'on baftift aucun Temple fans fon aduis & entremife: pouffé toutesfois d'vne ambitieufe conuoitife de regner, il affiegea la ville de Rome, mais peu apres leua le fiège à la requefte de Charles Martel Duc des François fon intime amy, en la protection duquel le Pape Gregoire III. s'eftoit mis.

¶ Il y en eut vn autre de ce nom, Diacre

de Pauie, lequel a defcrit en fix liures l'Hiftoire des chofes aduenuës en l'Europe depuis l'an de falut 858. iufques à 930. qui eftoit du temps de l'Empereur Othon le Grand. *Bellarm. ann.* 946.

Lune ville de Tofeane, voifine de la mer renommée pour fon port & pour fes carrieres dont l'on tire du marbre blanc. *Strab. liure 5.*

Lunebourg ville tres-infigne de Saxe, baftie comme l'on tient par I. Cæfar, & eut ce nom à caufe qu'il y auoit vne Idole de la Lune qui y eftoit adorée, laquelle fut abbatuë par Charlemagne. Elle fut erigée de Comté en Duché par l'Empereur Frederic II. l'an 1123. C'eft maintenant vne ville fort bien munie, de figure quarrée, longue de 1450. pas, & large de 900. Elle eft riche pour le trafic de fon fel que luy produict vne fontaine. *Monfter en fa Cofmogr. Mercat. en fon Atlas.*

Lupercales feftes anciennement celebrées par les Romains en l'honneur de Pan Lycée (Dieu des Pafteurs) dont l'on rapporte l'inftitution à Euander, lequel eftant fugitif de l'Arcadie fe vint refugier en Italie. Elles fe folemnifoient au mois de Feurier, durant lefquelles plufieurs ieunes hommes & de ceux mefmes qui eftoient en Magiftrat couroient tous nuds parmy la ville, frappans par ieu & en riant auec des courroyes de cuir à tout le poil tous qu'ils rencontroient par le chemin, & fpecialement les Dames qui tenoient à honneur d'aller au deuant d'eux, & prefentoient leurs mains & leur ventre à frapper, ayans opinion que cela les rendoit plus propres à enfanter & leur oftoit la fterilité. Ses Miniftres s'appelloient Luperques, pour ce qu'en ces facrifices qu'on faifoit à ce Dieu des Paftres l'on immoloit le Chien qui eft l'ennemy du Loup, dit par les Latins *lupus*, de la dent duquel le Dieu Pan eftoit eftimé

preferuer leurs trouppeaux. L'on rapporte cette nudité de ce qu'vn iour lors de la celebration des feftes furuindrent des brigans qui emmenerent les oüailles des Romains; dont Romulus & Remus pour les pourfuiure plus alaigrement, mirent leurs robbes, & firent tant qu'ils les attraperent; & pour ce que cela leur auoit fuccedé heureufement, ils obferuerent depuis la couftume de fe defpoüiller és Lupercales. *Plutarque és Vies de Romulus & de I. Cæfar. Ouide liure 2. des Faft.* Le Pape Gelafe I. les abolit entre les Romains enuiron l'an de grace 495. *Onuph.*

Luface contrée de l'Allemagne, affife entre les fleuues d'Albe & d'Odere, & les montagnes de Boheme. Elle eft diuifée en haulte & baffe qui dependent & l'vne & l'autre de la Saxe. La riuiere de Neffe l'arroufe. Sa capitale eft Gorlits. Elle abonde en toutes fortes de grains *Magin en fa Geogr.*

Lufignan ville de Poiчtou, fort renommée & affez ancienne, baftie (comme l'on eftime) par cefte fameufe Melufine fœur de Guillaume Duc d'Aquitaine, dont tous nos Romans font remplis, iaçoit qu'il y ait vne grande diuerfité entre les Hiftoriens touchant fon origine, fi eft ce que l'on tient que ceux de la maifon de Lufignan en font defcendus en ligne feminine, & en mafculine des Ducs d'Aquitaine yffus de Merouée fils naturel de Theodoric Roy d'Orleans. L'on faiчt defcendre de cette maifon plufieurs Roys de Hierufalem, de Cypre, & d'Armenie; & encores plufieurs illuftres familles de France fe vantent d'en auoir tiré leur origine, comme celles de la Rochefoucaut, Soubize, Luxembourg, Chafteau-neuf, & autres. Guy dernier Comte de Lufignan fe voyant priué d'enfans, donna cette ville par teftament au Roy Philippes le Bel.

Lusitanie, 3. partie d'Espagne tirant vers l'Ocean Occidental, ainsi appellée de Lusus & Lysias qui y accompagnerent Bacchus en ses furies & Bacchanales, selon Varron & Pline *liure* 3. *chap.* 1. Elle est bornée au Septentrion par le fleuue dit de present *Rio duero* ; à son Couchant par cette partie de la mer Atlantique qui est entre les embouchenres des fleuues Guadiana & Ducro ; au Midy par le Royaume de Grenade ; & à l'Orient par vne partie de l'Arragon. *Ptolem. liure* 4. *chap.* 5. *Pline liure* 4. *chap.* 21. Elle prend de present le nom de Royaume de Portugal, pource qu'elle en comprend la plus grande part. *Voy* Portugal.

Lutece a esté appellée la ville de Paris, du mot Latin *Lutum* qui signifie fange, pour l'abondance des boües qui y sont ; ou bien du mot Grec *Leucoteuchia* qui veut dire blancheur, laquelle paroist en ses maisons enduites de plastre. *Voy* Paris.

Luther Heretique signalé & comme le Chef & Coryphée des autres de ce siecle. Fut natif d'Islebe ville de Saxe, mais ayant esté quelque temps de l'Ordre des Freres Hermites de S. Augustin, portant enuie aux Iacobins, ausquels le Pape Leon X. auoit commis la promulgation des Indulgences par l'entremise d'Albert Euesque de Majence ; il s'en offença de telle façon qu'il apostasia & deuint Heretique, commençant à vomir son venin par l'impugnation de ces indulgences l'an 1517. & de là en auant supporté par Frederic Duc de Saxe & de quelques autres Princes, il continua de semer sa doctrine, laquelle s'est du depuis espanduë par toute l'Europe : Et ce neantmoins il ne publia ses heresies tout à coup, mais auec progrez, impugnant tantost vn point & tantost vn autre de la Religion Catholique, où il se monstroit tellement passioné & remply de vanité, qu'il en fut mesmes repris de ses disciples & amis : voire en vint iusques là (ce qui monstre l'incertitude & desespoir de sa doctrine) de se glorifier au liure qu'il a faict *de la Messe priuée*, qu'il auoit esté meu à l'abolition d'icelle par les argumens que luy en auoit donné le Diable. *Sleidan & Surius en son Hist.* Commettant d'autrepart des actes indignes d'vn Chrestien, comme lors qu'il contracta mariage auec Catherine de Bore Nonnain ranie au Monastere de Nymique : Aussi fist il vne mort conforme à sa vie, car s'estant allé coucher vn soir tout ioyeux apres auoir bien beu, il fut le lendemain au matin trouué roide mort dans son lict. Ses liures qui sont en tresgrand nombre furent anathematisez par les Theologiens de Paris, Cologne & Louuain, & iugez dignes du feu par l'Empereur Charles le Quint & le Pape Leon X. *Sleidan liure* 20. *Carion liure* 3. Quelques-vns l'ont proclamé estre l'Antechrist pour estre le Chef & le Patriarche des Heretiques en Occident ; & de faict son nom לולתר *Luter*, rend en characteres Hebraïques le nombre de l'Antechrist 666. *Apocal.* 13. De luy ont pris le nom les Lutheriens.

Lutheriens sectateurs de Luther ; lesquels se sont diuisez en plusieurs sectes & escadrons, Zuingliens, Carolostadiens, Anabaptistes, Confessionistes, & autres qui sont en tel nombre que l'on en compte iusques à 128. *Lindan, staphile.* Quant à leurs erreurs, ils sont en tres-grād nombre, & qui leur sont communs auec les Caluinistes & autres Heretiques de ce temps : Toutefois ils en ont de trespeculiers, comme en premier lieu, de rejetter vne grande partie des liures Canoniques, plusieurs chapitres d'Esther de Iob, de l'Ecclesiaste, l'Epistre aux Hebrieux, celle de S. Iacques, la 2. de S. Pierre, les 2. dernieres de S. Iean, celle de S. Iude, & l'Apocalypse. *Bellarmin en ses Controuerses liure* 1. *de la Parolle de Dieu.*

Seconde-

Secondement d'admettre la transub-
stantiation au S. Sacrement de l'Autel c'est à sçauoir que la substance du
pain & du vin demeurant celle du
corps & du sang de Iesus-Christ y est
aussi reellement conjoincte. Tiercement en establissant la iustification par
vne foy speciale : laquelle consiste seulement en l'apprehension particuliere
que chaque fidelle fait de la iustice de
Iesus-Christ, & qu'il s'applique par la
creance qu'il a d'estre iustifié Quarte-
ment & par dependance abolissans tout
a fait les bonnes œuures, soustenant
Luther *en sa capt. Babyl. & ailleurs, Que
le Chrestien ne peut perdre son salut, quand
bien il le voudroit, s'il ne laisse de croire : &
qu'il n'y a aucun peché qui puisse causer la
damnation, hormis l'incredulité.* Et au liure
de la liberté Chrestienne il soustient, *Que
nul œuure, nulle loy n'est requise au Chrestien
pour son salut,* iusques là de dire, *sur le
22. chapitre de Genes.* que l'Apostre Sainct
Iacques radote, Asseurant que l'homme
n'est pas iustifié par la foy seulement.
Cinquiesmemét en ce qu'ils establissent
la polygamie, comme l'enseigne Luther,
sur le 16. de la Genese, comme aussi qu'il
est permis de faire le diuorce & rompre
le mariage pour legere cause, *le mesme
au liure qu'il a fait des causes matrimonia-
les.* Mais s'ils s'accordent en plusieurs
poincts auec les Caluinistes & Religionnaires de ce temps, ils discordent
aussi en plusieurs autres qui les rendent
ennemis mortels les vns des autres ; cōme d'embrasser l'vsage des images, des
ornements & ceremonies de l'Eglise,
la doctrine du Purgatoire, de la realité
& l'adoration de l'Eucharistie ; la reten-
tion des noms & dignitez de la Hierarchie Ecclesiastique, & autres poincts
importants mentionnez par Cocceius,
liure 2. de l'orig. de l'heresie, chap. 15.

Luxembourg
Duché de la bas-
se Allemagne,
ainsi appellée de la capitale du mesme
nom. Ses bornes sont au Nord, le Lie-

ge & la Comté de Namur : au Midy la
Lorraine : au Leuant, le fleuue Moselle
auec l'Euesché de Treues : & au Couchant la riuiere de Meuse auec la forest
d'Ardenne. Elle est diuisée en deux
parties, dont l'vne s'appelle *Famenne,*
& l'autre *Ardenne,* celle-là est plus fertile en bleds, & en vins : & celle-cy en
forests, qui luy donne grande quantité
de bestes fauues & noires ; l'air aussi y
est assez gracieux. Il y a dauantage force mines de fer qui en fournit toute
l'Allemagne. Ce païs contient 23. villes & pres de 1200. villages. Sa Metropolitaine est Luxembourg que Ptolomée nommé *Augusta Romanduorum,* ville
où se voyent plusieurs belles Eglises &
maisons bien basties, mais qui a souffert plusieurs ruines aux guerres qui
ont esté entre les maisons de France &
d'Austriche. L'on parle en tout ce païs
Allemand & François, selon la situation deslieux de cette Duché, & le res-
fort des causes s'en va à Malines. L'Empereur Henry VII. de Cōmté l'erigea en
Duché selon Guicchardin : Ce que d'autres n'attribuent qu'à l'Empereur Charles IV. Son estat Politique est composé
de 3. membres, le Clergé, la Noblesse &
les principales villes. La famille des Princes qui l'ont possedée est mise entre les
plus illustres de la Chrestienté, car
d'elles sont sortis plusieurs Empereurs.
Ortel Mercat.

L Y

Lyæe
surnom de Bacchus, ainsi appellé du verbe Grec *Lyein,* c'est
à dire chasser, parce que le vin chasse les
soucis du cœur de l'homme : Les Latins
ayans eu esgard à cela l'ont nommé
Liber. *Voy* Bacchus.

Lycæe
montagne d'Arcadie iadis
appellée Olympe, dediée à
Iupiter, pour ce que l'on croyoit qu'il y
auoit pris naissance, selon Pausanias
en ses Arcadiq. Lycaon y consacra pre-
Fffff

mierement vn autel à ce Dieu, ſur lequel ayant ſacrifié vn enfant, il fut pour
cette meſchanceté transformé en loup.
Il y auoit dauantage vn bois ſacré, où ſi
quelqu'vn auec irreuerence, il
ne paſſoit point l'an ſans mourir, en
iceluy auſſi ſe voyoit vne fontaine nommée Agno, d'vne proprieté ſi admirable que ſi l'on remuoit ſon eau auec vn
rameau de cheſne és ſacrifices, il s'eſleuoit d'icelle incontinent vne vapeur, laquelle aſſemblant les nuées produiſoit
tout auſſi toſt grande abondance de
pluye. *Pauſan.* L'on tient pareillement
qu'en cette montagne les animaux n'ont
aucune ombre. *Cœl. liure 24. ch. 27.* L'on
y celebroit certaines feſtes, dictes pour
ce Lycæennes, en l'honneur de Pan
Dieu des Paſteurs, leſquelles Euander
transfera en Italie, & furent nommées
Lupercales. *Ouid. liure 2. de ſes Faſt.*

Lycambe
fils de Neobule, *Voy*
Archiloque.

Lycaon
fils de Pelage & petit fils
de Iupiter, Tyran d'Arca-
die, lequel par vne infinité de meurtres
commis ſur ceux qu'il receuoit en ſon
logis, irrita tellement Iupiter qu'il ſe ve-
ſtit de la forme d'vn homme, puis ſe rendit chez cet impie afin d'auoir iuſte occaſion de le punir: mais luy ſe mocquant
de l'honneur & de l'accueil que ſes ſubjets luy faiſoient, fiſt deſſein de le maſſacrer dans le lict: & de plus ſa cruauté
ne ſe bornant pas encore là, fiſt coupper la gorge à certains Moloſſes qui
luy auoient eſté baillez en oſtage, faiſant preparer ces viandes & les ſeruit
ſur la table. Ce que voyant Iupiter, il
foudroya le logis & transforma ce cruel
Lycaon en vn loup. *Ouid. liure premier de ſes
Metam.* Pauſanias toutesfois *en ſes Arcad.* dict que ce fut ſeulement pour
auoir eſgorgé vn enfant ſur l'autel de
Iupiter Lycæen.

¶ *Les Poëtes ont feint cette transformation
en loup, pour denoter la rapacité & cruauté
de ce Tyran, rapportans ſa ſanglante humeur*

à ſon nom tiré du Grec Lycos, qui ſignifie
loup. *Cette fable auſſi nous enſeigne à dete-
ſter l'impieté & la perfidie, & à cherir les
droicts de l'hoſpitalité, leſquels eſtans violez,
attirent en ſuitte la vengeance diuine.*

¶ Quelques-vns toutesfois eſtiment ce changement vray ſemblable, ayant eſté confirmée
par l'experience, ainſi que nous le liſons de
Nabuchodonoſor changé en bœuf & mangeant l'herbe des champs l'eſpace de ſept ans.
Dan. chap. 4 & *S. Auguſtin en ſa Cité de
Dieu, allegue de Varron, qu'il y a vn certain marais en Arcadie, lequel les Arcadiens
outrepaſſant, ſont auſſi toſt trans-formez en
loups, & apres dix ans expirez ils recouurent
leur premiere forme, pourueu que durans
iceux ils n'ayent point mangé de chair humaine, dequoy qui voudra voir pluſieurs
preuues liſe* le ſecond liure de la Demo-
nomanie de Bodin au traicté de la Lycan-
thropie.

Lycaſte
fameuſe courtiſane. *Voy*
Butes.

Lycaonie
contrée de l'Aſie faiſant
partie de la Cappadoce,
laquelle auoiſine l'Arcadie du coſté
quelle regarde la Pamphylie. *Ptol. liure 5.
chap. 6.* ¶ L'Arcadie a auſſi eſté appellée
de ce nom.

Lycée
lieu tres-celebre pres d'Athenes où Ariſtote liſoit en Philoſophie, comme Platon en ſon Academie. Ses auditeurs eſtoient appellez
Peripateticiens, parce qu'ils diſpu-
toient en ſe pourmenant. *Cic. liure 1. de
ſes queſt. Academ.*

Lycie
jadis nommée Mylias & Ogygie
ſelon Eſtienne, & de preſent
Briequie ſelon Giraue, & Beneſaaean ſelon Theuet contrée de l'Aſie Mineur
qui a pour ſes bornes au Couchant &
au Nord la Carie: au Leuant la Pamphylie: & au Midy la mer de Lycie enuiron 1000. pas de nauigation. Ce
païs eſt fort aſpre & faſcheux à cauſe
du mont Taurus qui s'y eſleue: toute
fois ſes campagnes ſont aſſez fertiles.
En cette contrée ſe trouue auſſi ce mont

Chimere tant renommé par les Poëtes, dont le sommet estoit plein de Lyons, le milieu de Chevres, & le bas de Serpes. Il y auoit autrefois 60. villes dont il en restoit encore 36. du temps de S. Paul, la metropolitaine desquelles estoit Patare, renommée pour vn oracle d'Apollon qui y estoit, & à cause de la naissance de S. Nicolas. *Magin.* Ses peuples auoient cette coustume de prendre leur nom de celuy de leur mere & non celuy de leur pere, comme les autres nations. *Cæl. Rhod. liure 29. chap. 20.*

Lycien fut surnommé Apollon, où à cause de la lumiere (dicte *Lycé* par les Grecs) qui precede le Soleil, ou bien pource qu'il estoit adoré en la ville de Patare capitale de Lycie, où il auoit vn temple tres superbe auquel il rendoit ses oracles.

Lycomede Roy de l'Isle de Scyros, en la cour duquel Thetys voulut que son fils Achille fut nourry en cachette : & à cette fin fut mis en habit deguisé auec les filles du Roy, de peur d'estre descouuert, d'autant qu'elle sçauoit par Prophetie qu'il mourroit en la guerre de Troye, s'il y alloit : Mais lors de ce desguisement il eut si priuée accointance auec Deidamie fille du Roy qu'il l'engrossa d'vn fils nommé Pyrrhus, qui fut en apres chef des Grecs.

Lycon Philosophe Peripateticien natif de la Troade, homme fort eloquent & habile pour l'instruction de la ieunesse. Il estoit aussi vestu fort proprement, gardant tousiours la netteté en toutes ses actions : Il estoit doüé d'vne grande force de corps. Et souloit dire que la honte & le desir de loüange seruoient de mesme aux enfans que les brides aux cheuaux. Il tint l'escole 44. ans., mourut de la Podagre aagé de 74. *Laerce liure 5. de la vie des Philosophes.*

Lycophron Poëte excellent natif de Chalcide, l'vn

des sept qui florirent du temps de Ptolemée Philadelphe, lequel le cherissoit grandement pour ce qu'il faisoit tresbien des anagrammes. De toutes ses tragedies, il ne nous reste que celle de Cassandre, qui est vn poëme assez obscur *suidas.*

¶ Il y en eut vn autre de ce nom, fils de Periander Roy des Corinthiens & de Melissa, laquelle Periander ayant tuée d'vn coup de pied comme elle estoit grosse : Lycophron ayma mieux mourir & se priuer de la succession de son pere que de retourner à Corinthe. *Laerce liure 1. de la vie des Philosophes. Herod. liure 3.*

Lycopolis ville d'Egypte, ainsi appellée pource que les loups degastans le territoire des Egyptiens, & en ayans esté par eux chassez ils bastirent vne ville là où ils auoient dressé leur armée à cet effect, & pour ce là nommerent Lycopolis, c'est à dire ville des Loups. *Diod. Sic. liure 2.*

Lycurgue legislateur tres-renommé des Lacedemoniens, fils de Polydectes & frere d'Eunomus Roy de Sparte, au Royaume duquel il succeda : ayant ce neantmoins recogneu la grossesse de la femme de son frere, il ne voulut prendre que la qualité de tuteur de son nepueu Posthume nommé Charilaus auquel il remist le gouuernement du Royaume estant paruenu en l'aage. Mais se voyant enuié & mal voulu des siens, il se bannit volontairement, & voyagea en Candie où il obserua la forme de viure & de gouuerner la chose publique, hantant & conferant auec les plus gens de bien: Voyagea aussi en Asie & en Egypte, recueillant de toutes parts les ordonnances plus salutaires & conuenables pour l'administration d'vne republique. Cependant les Lacedemoniens le r'appellerent, & lors forma dessein de remuer tout le gouuernement de la chose publique & changer entierement toute la police. A cet effect il s'achemina à

l'oracle de Delphes où la prophetife
Pithye luy octroya de la part d'Apollon
la grace de pouuoir eſtablir de bonnes
loix en fon païs : ce qui l'encouragea
d'autant plus y ayant trouué vne pleine
obeiſſance entre fes citoyens, & les principaux de la ville qui luy affiſterent. La
premiere choſe qu'il fiſt fut d'eſtablir
vn Senat de 28. Conſeillers, lequel meſlé auec la puiſſance des Roys & conjoinct à eux quant à l'authorité des
choſes de conſequence, fut (ainſi que
dit Platon) vn contrepoids ſalutaire au
corps vniuerſel de la choſe publique. Il
fit en ſuitte vn departement de toutes
les terres de Sparte, les diuiſant egale-
ment à tous les citoyens : & afin de leur
faire oſter toute auarice & conuoitiſe;
il deſcria toutes ſortes de monnoyes
d'or & d'argent, & ordonna que l'on
vſeroit de monnoye de fer ſeulement,
de laquelle encore vne groſſe & peſan-
te maſſe eſtoit de bien peu de prix, afin
que ce fuſt vne choſe qu'on ne peuſt cacher aiſément, & qu'il n'y euſt grand
profit à la poſſeder. Bannit de ſa Republique tous meſtiers inutils, toutes
marchandiſes eſtrangeres, comme auſſi
toutes perſonnes qui entretiennent les
curioſitez, delices & ſuperfluitez, comme Rhetoriciens, Deuins, Maquere-
aux, Ioyaliers, Orfeures, & autres telles gens qui nourriſſent & entretiennent les delices & ſuperfluitez des hommes & les rendent laſches à la vertu.
Reigla dauantage les banquets & con-
uiues, meſmes les ordinaires tant és
viandes qu'en la richeſſe des tables &
licts ſomptueux qui s'y employoient
auparauant. Ainſi les accouſtuma-il à
vne grande ſobrieté, & pour cet effect
deſtina certaines ſalles publiques, afin
que chacun y beuſt & mangeaſt, &
qu'ainſi l'on remarquaſt leur contenance, leur frugalité, & qu'auſſi ils entre-
tinſſent entr'eux les amitiez. En fin il re-
gloit la diſcipline & façon de viure d'vn
chacun, eſtimant qu'il n'y auoit perſon-

ne à qui il fuſt loiſible & permis de viure à ſa volonté : ains eſtoient dedans
leurs villes ne plus ne moins que dans
vn camp, n'eſtans nais pour ſeruir à eux
meſmes ains à leurs païs. Il a auſſi faict
des ordonnances touchant la production, education & inſtruction des enfans; le faict des mariages & de la guerre, & autres couſtumes tres-vtiles qu'il
eſtablit, deſquels Voy le mot LACEDE-
MONIENS. Au reſte il ne voulut qu'on
miſt aucune de ſes loix par eſcrit, eſtimant qu'elles deuoient pluſtoſt eſtre
empraintes és mœurs des hommes par
la nourriture. Et voyant que les principaux poincts de ſon gouuernement
auoient pris pied, & que ſa forme de
police eſtoit aſſez forte pour ſe maintenir & ſe conſeruer d'elle meſme, il
trouua ce moyen de rendre ſes loix immortelles, afin qu'elles ne peuſſent eſtre
changées : C'eſt qu'il fiſt aſſembler le
peuple & luy remonſtra que la police &
l'eſtat de la choſe publique eſtoit aſſez
bien eſtably, mais qu'il y auoit vn poinct
de plus grande conſequence, lequel il
ne pouuoit encore declarer iuſques à
ce qu'il en euſt communiqué à l'oracle:
Que cependant il falloit qu'ils obſer-
uaſſent ſes loix ſans y rien changer ou
alterer, iuſques à ce qu'il fuſt de retour
de la ville de Delphes pour leur donner aduis de ce que ce Dieu luy auroit
conſeillé. Ce que tous, tant grands que
petits, luy ayans iuré, il alla vers l'oracle
pour le conſulter touchant cette affaire,
lequel luy reſpõdit que ſes loix eſtoient
tres-bonnes, & que la ville gardant
cette forme de gouuernement ſeroit
tres-glorieuſe & tres-renómée. Lequel
oracle Lycurgue ayant fait eſcrire, l'enuoya à Sparte, & ſe fiſt mourir luy
meſme par abſtinence en la ville de
Cyrrhe où il eſtoit. Puis auant que
mourir commanda qu'on jettaſt ſes os
en la mer, depeur qu'eſtans tranſpor-
tez à Sparte, les habitans n'euſſent de
là occaſion de ſe tenir abſous de leur

ferment, pour puis apres aneantir ou in-
nouer ses statuts. Ce que les Spartains
ayans recognu, pour honorer sa memoire luy instituerent des honneurs &
seru ces diuins. *Plut. en sa vie.* Il florissoit
enuiron du temps de la fondation de
Rome.

Lycurgue fils de Dryas Roy de
Thrace que les Poëtes
ont feint auoir esté tellement ennemy
de Bacchus, qu'il auroit outragé les
nourrisses & ministresses de ce Dieu,
auquel il donna mesmes telle espouuante qu'il fut contraint de se retirer à
Naxe: dont il seroit aduenu par vne iuste vengeance, que voulant mettre le
premier la main à l'extirpation des vignes en haine de Bacchus, il se seroit
couppé les iambes.

¶ *Plutarque au traicté comme il faut lire les Poëtes, & en celuy de la vertu
morale rapporte cecy à l'Histoire, disant que
Lycurgue voyant les Thraciens extremement
addonnez au vin, fist arracher toutes les
vignes de son Royaume.*

Lyderic dict le Buc fut fait le premier forestier de toute l'e-
stenduë & païs de Flandre par le Roy
de France Dagobert I. enuiron l'an de
salut 629. à cause qu'il auoit vaillamment deffait vn certain Tyran seigneur
de Buc meurtrier de son pere. Il iouyt
de cet estat enuiron 38 ans, auec vne
grande obseruation de iustice. Ses successeurs depuis prindrent ce tiltre honorable dont le pouuoir & gouuernement s'estendoit, non seulement sur la
terre qui estoit lors pleine de forests &
de bocages: mais aussi sur la mer faisant
l'office d'Amiraux. *Iacques Meyer en son
Histoire de Flandre Sigeb.*

Lydie contrée de l'Asie Mineur, appellée Lud ès lettres sacrées
selon Arrias Montanus, iadis nommée
Mæonie, & depuis Lydie d'vn certain
Lydus fils d'Atys. Elle est enuironnée
de la Phrygie, Mysie, & Carie. Elle fut
iadis fort renommée à cause de son fleu-

ue Pactole & de quelques autres qui
descendent du mont Tmole qui portoient de l'or parmy leur sablon. Ce
païs estoit grandement fertil, & principalement en vins & saffran. Il y a eu
plusieurs villes signalées, Philadelphie,
Magnesie, & Sardis demeure du Roy
Crœsus & capitale de toute la prouince. *Magin.* Le Royaume des Lydiens
commença à Ardisus fils d'Haliattes,
& dura 230. ans soubs 9. Roys iusques à
Crœsus, & de son regne le 10. *Euseb.*
Les Lydiens se sont premierement seruis d'argent monnoyé; renommez au
reste pour leurs lasciuetez. *Herod. liure 1.*

Lyncée l'vn des Argonautes qui
tindrent compagnie à Iason
lors qu'il alla conquester la toison d'or,
lequel les Poëtes tiennent auoir eu la
veuë si penetrante qu'il voyoit à trauers
les parois & arbres, & remarquoit de
l'œil les choses les plus esloignées iusques à 130000. pas *Val. Flacc. liure 1. de
ses Argon. Apollon liure 1. Pausan. en ses
Messeniaques, & autres.* Aucuns tiennent
que ce fut le premier qui trouua les mines soubs terres, à raison dequoy les
Poëtes dressent ces feintes.

¶ Il y en eut vn autre, frere d'Idas, qui
tous deux entreprindrent le combat
contre Castor & Pollux, à cause du rapt
qu'ils auoient fait de deux filles qui leur
auoient esté accordées, où ce Lyncée
ayant tué Castor fut aussi occis par Pollux. Ce qu'Idas voulant vanger sur son
aduersaire. Iupiter le foudroya estant
prest de le tuer. *Ouid. liure 5. des Fast.*

Lyncestis fleuue de la Macedoine,
dont l'eau est vn peu ai-
grette & enyure comme le vin. *Plin. liu.
2. chap. 103.*

¶ Il y a vne contrée de ce nom vers le
Couchant de la Macedoine, de laquelle la capitale est Heraclée. *Ptolem. liure
3. chapitre 13.*

Lyncus Roy de Scythie, tres-
cruel Tyran, lequel ayant
entré en ialousie contre Triptoleme

que Ceres auoit enuoyé pour communiquer l'vsage de l'Agriculture aux hommes, au lieu de les caresser apres l'auoir
accueilly en son logis delibera de le
faire mourir. Mais Ceres pour punir le
traistre dessein de ce Roy perfide le
changea en ceste beste marquetée de
diuerses couleurs, pour indice de son
malicieux & variable esprit, laquelle de
son nom nous appellons Lynx. *Ouid. liu.*
5. de sa Metam.

Lyon ville tres-renommée en la Frã-
ce, jadis la principale & capitale de la Gaule Celtique. Elle est en la
plus belle & delicieuse situation qu'aucune autre ville de l'Europe, entre les
deux grands fleuues du Rosne & de la
Saone. Plusieurs tiennent qu'enuiron
l'an du monde 2337. Lugdus 3. Roy des
Gaules en fut le premier fondateur, &
pour ce fut nommé *Lugdunum* des mots
Lugdus & *Dunum* à cause que *Dunum*
signifie vne montagne en vieil langage
Gaulois: d'autant que cette ville est assise sur vne montagne, & que depuis
elle fut restaurée par L. Munacius Plancus Lieutenant en Gaule pour les Romains soubs l'Empire d'Auguste (bien
que quelques modernes l'en facent fondateur, ce qui n'est pas, attendu que
plusieurs anciens autheurs T. Liue, Plutarque, Suetone, & autres en parlent,
comme d'vne ville ancienne tres-florissante soubs le nom d'Isle, à cause du lieu
de son assiette) & cette ville vint depuis
à telle authorité, que la pluspart de la
Gaule Celtique en fut long-temps appellée Lyonnoise: & que la Colonie
Romaine qui y fut establie en porta
aussi le nom de Lugda. Les Empereurs
Romains honorerent ses habitans de
tous les droicts & priuileges dont se
seruoit la ville de Rome, voulans qu'ils
eussent leur voix & suffrages en l'Eslection des Magistrats & droicts de l'Empire. Ils y establirent aussi les foires de
toute l'Europe, & voulurent qu'on y
battist de la monnoye d'or & d'argent.

Et pour comble de gloire y fonderent
des Escholes publiques qui y ont esté
long-temps tres-florissantes, selô le tesmoignage de S. Hierosme: Et mesmes
l'Empereur Caligula y institua vn certain lieu nommé *Athenacum* (à cause de
Minerue deesse des Sciences dicte des
Grecs *Athena*) où est de present l'Abbaye d'Aisnay où les plus excellens Orateurs debattoient à qui auroit le prix
de l'Eloquence, & où les vaincus estoient
contraints d'effacer de la langue leurs
escrits, autrement ils estoient precipi-
tez dans la riuiere, selon que le tesmoigne Suetone *chap. 20. de la vie de Calig.*
Et ce concert se faisoit deuant l'autel
du temple que Plancus auoit fait bastir
en l'honneur d'Auguste, aux despens
communs de 60. nations de Gaule, lesquelles pour faire preuue de leur affection enuers ce Prince, y auoient faict
mettre 60. statuës enrichies de leurs
noms. *Dion liure 54.* Elle fut entierement
bruslée soubs l'Empire de Neron, qui
fist present d'vn million d'or pour la
rebastir. Les Empereurs Aurelius Vé-
rus & Septimius Seuerus la saccagerent
en suite par le fer & par le feu, mais qui
a esté tousiours reedifiée & est venuë à
vne telle grandeur qu'elle tient vn des
premiers rangs entre les plus grandes
villes de toutes les Gaules. Quant à
son gouuernement, elle a esté long-
temps depuis regie par des Comtes he-
reditaires, & en apres la Comté fut
transferée à l'Eglise iusques en l'an 1307.
que Philippes le Bel l'annexa à la Couronne. C'est le cœur & la clef du Royaume, par laquelle on a accez & commerce facile en l'Italie, Allemagne, &
autres prouinces de l'Europe, & où
l'on fait trafic de toutes marchandises.
Charles 9. y fist bastir vne inexpugnable citadelle pour brider les rebelles &
ceux de la religion qui y auoient fait
de grandes ruines. Sainct Irenée enuoyé
par l'Apostre fut son premier Euesque
qui y termina sa vie par le martyre, &

lors selon le tefmoignage d'Eufebe , y fut eftablie la Primatie des Gaules , auſſi ſon Eglife eſt des premieres en dignité, comme en Antiquité : ſon Archeueſque a de grandes prerogatiues & preeminences. Ses Chanoines doiuent eſtre nobles de 4. races , & l'honneur d'eſtre du nombre a eſté conferé aux plus grãds Princes de la Chreſtienté , comme aux Roys tres-Chreſtiens , aux Ducs de Saüoye, de Bourgongne , de Berry , &c. Son Archeueſché a quatre Suffragants, Authun, Maſcon, Chalon & Langres: Et outre ces prerogatiues , elle eſt pareillement renommée pour pluſieurs Conciles qui y ont eſté tenus , & principalement pour 2. Generaux , ſçauoir le premier qui eſt le 13. Oecumenique celebré ſoubs le Pape Innocent IV. l'an 1244. contre l'Empereur Frederic II. & pour le recouurement de la Terre Saincte, où Frederic fut priué de l'Empire, & Sainct Louys Roy de France eſtably chef des expeditions du Leuant. *Æmil. liure 7. Nangiac. Tom. 3. des Concil. &* le 2. qui eſt le 14. Vniuerſel celebré l'an 1274. où aſſiſterent 1000. Peres, deſquels il y en auoit 500. Eueſques , & y preſida le Pape Gregoire 10. contre l'erreur des Grecs , où fut determiné que le Sainct Eſprit procede du Pere & du Fils. *Gagain liure 7. Blond. liure 8.* Il y a vn ſiege Preſidial qui releue du Parlemẽt de Paris, & vne Seneſchauſſée. Cette ville a donné le nom à la contrée & Seneſchauſſée de Lyonnois dont elle eſt la capitale , de laquelle les bornes ſont au Nord la Breſſe, au Leuant la Saüoye, au Midy le Dauphiné , & le Languedoc ſuiuant le cours du Rhoſne , & au Couchant les païs de Foreſt & d'Auuergne.

Lyque certain banny de Thebes, lequel ayant eſpié l'occaſion de la deſcente d'Hercule aux enfers, tua Creon & vſurpa ſon Royaume. Mais comme il pretendoit de violer Megare femme de Hercule , il fut occis à ſon retour auec tous les ſiens. *Seneq.*

en la Trag. intit. Hercule furieux.

¶ Il y en eut vne autre de ce nom mary d'Antiope , laquelle il repudia pour auoir eſté engroſſie par Iupiter , *Voy* Antiope & Amphyon.

Lyre eſt vn ſigne cœleſte compoſé de dix Eſtoilles, qui ſe leue au ſigne de la Balance. Et pour ce que la ſituation de ſes Eſtoilles ſemble faire comme vne lire ou harpe, l'Aſtronomie fabuleuſe à dict que c'eſtoit celle d'Orphée , laquelle luy auoit eſté donnée par Apollon, qui l'auoit pareillement euë en don de Mercure inuenteur d'icelle , & laquelle puis apres pour honorer ſa memoire, les Muſes tranſlaterent au Ciel ſoubs l'apparence de ce ſigne. Et les Iudiciaires tiennent que ceux qui naiſſent ſoubs cet aſtre ſont adroicts & prennent plaiſir à manier les inſtrumẽts *Higin & Picolomini en leurs liures des Eſtoilles.*

Lyrneſſe ville de la Troade & païs natal de Briſeis , laquelle Achille rauit durant le ſiege de Troye, ayant ſurpris le lieu & occis ſon mary Minos qui y commandoit. *Homer. liure 3. de l'Iliad.*

Lyſander tres-renommé General d'armée des Lacedemoniens , lequel ayant eſté ordonné Admiral de Sparte , fiſt la guerre aux Atheniens & les deſconfit en vne bataille: baſtiſſant en ſuitte les fondements de grands changements & nouuelletez qu'il eſtablit depuis és citez de la Grece. Mais il s'y porta en hõme malicieux & trompeur, n'eſtimant rien honneſte que ce qui eſtoit profitable, auſſi diſoit-il, *Qu'il falloit tromper les enfans auec le ieu des oſſelets, & les hommes auec les ſerments.* S'eſtant acquis les bonnes graces de Cyrus Roy de Perſe , il deſconfit derechef auec ſon aſſiſtance l'armée nauale des Atheniens , & en apres remua l'eſtat des villes , & eſtablit pour ſoy par merueilleuſes pratiques la principauté ſur toutes les citez la Grece, sans espargner la vie & les biens de plusieurs : contraignit Athenes de se rendre ; fist demolir ses murailles & fortifications, & y changea le gouuernement : enuoya force or & argent à Sparte, n'en faisant conte d'en retenir pour soy. Mais estant venu à vne authorité & puissance plus grande que n'auoit iamais eu Grec auant luy, il deuint si outrecuidé & impie qu'il accepta des autels, sacrifices & loüanges des Grecs comme eust esté vn Dieu, puis il se rendit tellement cruel, perfide & insuportable qu'il fut contraint de se retirer loing de Lacedemone : Mais en son absence les Roys ayans changé l'ordre qu'il auoit establý au gouuernement de plusieurs villes, il s'y opposa à son retour par diuerses sortes. Et à cet effect ce Lysander fist declarer Agesilaus Roy de Sparte, lequel ce neantmoins recognoissant mal ce bien faict le mist hors de credit par enuie qu'il portoit à son authorité : dont estant dépité afin de supplanter Agesilaus, il inuenta des ruses pour changer l'estat de Sparte & rendre effectiue la Royauté qui estoit successiue, ce qui toutefois ne luy succeda. Et tost apres il fut tué en vne guerre contre les Thebains, auquel les Spartiates firent de grands honneurs apres sa mort & ses filles pareillement. *Plut. en sa vie.*

Lysias

Syracusain, fils de Cephale l'vn des dix Orateurs, l'eloquence duquel est grandement loüée par Ciceron *au liur. int. Brutus.*

¶ Il y en eut vn autre de ce nom general de l'armée d'Antiochus, qui fut pris & occis par le commandement de Demetrius. *1. Machab. 3. & 7.*

Lysidice

fille de Pelops & d'Hippodamie, femme d'Electrion de laquelle il eut Alcmene, mere d'Hercule. *Plut.*

Lysippe

l'vne des filles de Proëte, laquelle auec sa sœur Iphianasse s'estans osées preferer à Iunon, furent tellement alienées de leur bons sens qu'elles se croyoient estre changées en vaches.

Lysippus

statuaire renommé, natif de Sicyonie, qui florissoit enuiron l'an 430. de la fondation de Rome, lequel fut en telle reputation qu'Alexandre le Grand, deffendit qu'autre que luy ne jettast en Bronze son image : comme de n'estre pourtraict que par Appelles. *Plut. au Traité de la vertu ou fortune d'Alexandre.*

Lysimaque

fils d'Agatocles yssu de noble lieu de Macedoine, & l'vn des successeurs d'Alexandre le Grand, non moins recommandable pour ses vertus que pour sa race : car il s'addonna tellement aux lettres & à la Philosophie, qu'il s'assuiettissoit d'aller escouter vn certain Callisthenes, que pour lors Alexandre le Grand detenoit prisonnier, & auquel il donna du poison pour se deliurer de cette misere. Cë qui despleut tant au Roy qu'il le fist exposer à vn Lyon : mais cela luy seruit de champ d'honneur, car s'estant enuironné le bras de son manteau il le fourra dans la gueule beante de cette beste, laquelle il estouffa luy avant arraché la langue. Ce qui fut cause qu'Alexandre l'eut en plus grande recommandation qu'auparauant. *Iustin liure 13. 14. & 15.*

¶ Il y en eut vn autre de ce nom fils d'Aristides le iuste, auquel (pour la memoire des seruices de son pere) l'on donna aux despens du public cent mines d'argent & cent arpens de terre & quatre dragmes par iour de prouisíon ordinaire. *Plut. en la vie d'Aristides.*

MAACHA

M

M A   M A

Aacha fille de Thomay Roy de Geſſur, femme de Dauid & mere d'Abſalom. 2. *Roys* 3.

¶ Il y en eut vn autre de ce nom, fille d'Abeſſalom & mere d'Abias Roy de Iuda. 3. *Roys* 15.

Macarée fille d'Aeole, lequel ayant engroſſé ſa ſœur Canace, craignant la fureur de ſon pere, vint à Delphes, où il fut fait Preſtre d'Apollon. *Voy* Canace.

Macarie fille d'Hercule, lequel ayāt ſceu par la reſponſe de l'Oracle, que les Atheniens pourroient eſtre vainqueurs des Lacedemoniens, ſi l'vn des enfans d'Hercule ſe voüoit en mourant aux Dieux : ſans faire difficulté ſe couppa la gorge. Ce qui fiſt que les Atheniens ayans eu l'aduantage l'adorerent depuis comme mediatrice de leurs victoires. *Pauſan.*

Macedoine tres-ample Region de la Grece, ainſi appellée de ſon Roy Macedon fils d'Oſyris. Elle ſe nommoit auparauant Emathie & Pæonie ſelon Pline, & depuis Æmonie ſelon T. Liue : comme auſſi Pierie ſelon Solin : & Celthim és Machabées. Ce païs eſt aſſis entre deux grandes mers, c'eſt à ſçauoir l'Archipelague à ſon Leuant, & la mer Ionique à ſon Couchant; ayant au Nord vne partie de la Dalmatie, & la haute Myſie : & au Midy l'Epire proprement dicte Albanie & l'Achaïe. Elle eſt enuironnée de grandes montagnes, & grandement fertile, mais ce qui

eſt du coſté de la mer Ionique, qui eſt l'Albanie, eſt remply de foreſts. Et cette partie porte de l'or & de l'argent, & meſme ſelon Ariſtote on y trouua iadis vne eſpece d'or qui eſtoit incogneuë : Elle produiſt ces pierres d'Aigle blanche, nōmées Pēantides, autrement Gemonides, qui ſeruent aux femmes pour faire conceuoir, & ſoulagēt celles qui ſont en trauail d'enfant. Ses mōtagnes ſont Olympe, Pelion, Oſſa, Pinde, Nymphée, & Athos. Ses fleuues ſont Axius, Erigone, Aliacmon, & Penée, là eſt auſſi Tempé, lieu tant renommé dans les Eſcriuains pour ſon ſeiour agreable. Elle cōprend pluſieurs Prouinces, entre leſquelles eſt la Theſſalie, nommée de preſent *Comēnolitari*, qui eſt la plus excellente de toutes. Elle contenoit iadis quantité de villes tres-renommées, iuſqu'au nombre de 150. ſelon Pline, & entre aures Stagyre païs d'Ariſtote, Appollonie, Dyrrachium, dite de preſent *Durazzo*, Aulon, & maintenant Theſſalonique eſt la principale, qui eſt la demeure du Sangiac de Macedoine. Caranus ietta les premiers fondemens de ſon Royaume, auquel regnerent ſucceſſiuemēt 17. Roys iuſqu'à Alexande le Grand. *Velleius li.* 1. *Solin ch.*15. Et dura ce Royaume iuſques aux Machabées enuiron 600. ans. *Voy* Caranus. Elle eſt renommée pour deux de ſes Rois, ſçauoir Philippes & Alexandre le Grand ſon fils, qui ont fait des conqueſtes merueilleuſes par tout le monde, iuſques là d'auoir obtenu l'Empire de cet Vniuers. Auſſi ces peuples ont eſté grands guérriers, & amateurs des lettres, dont ſont ſortis pluſieurs ſigna-

Ggggg.

lez perſonnages. *Pli.li.4.chap.10. Marc.*
en ſon Atlas, Magin en ſa Geogr.

Macedonius heretique, premie-
remët Eueſque de
Conſtantinople, reputoit le S. Eſprit vne
creature: d'autres diſent qu'il eſtimoit
le S. Eſprit n'eſtre point Dieu, ains eſtre
la Deïté du Pere & du Fils, & n'auoir
aucune propre ſubſtance. *S. Aug. hereſ.*
52. Epiph. hereſ. 74. De luy ont pris le
nom les Macedoniens.

Machabées furent nommez ces
Princes entre les
Iuifs, qui eſtoient leurs Ducs enſemble
& leurs ſouuerains Preſtres (que l'on
tient auoir eſté du coſté paternel de la
Tribu Royale de Iuda, & du coſté maternel de la Sacerdotale des Leuites (deſquels le premier fut Mathathias, qui s'oppoſa à la tyrannie & impieté d'Antiochus Epiphanes Roy de Syrie, l'an 11. de
ſon regne, lequel auoit preſque aboly
& exterminé la Religion Iudaïque: auſſi
fut-ce lors la plus notable captiuité &
perſecution que les Iuifs ayent receu,
veu qu'és deux precedentes, ſçauoir en
celle d'Egypte & celle de Babylone, ils
n'eſtoient priuez, que de la liberté du
pays: mais en celle-cy ils le furent auſſi
de l'exercice de leur Religion. Or donc
ce genereux Prince exhorta ſes enfans
à la guerre contre le Tyran, laquelle ils
continuerent contre ſes ſuceſſeurs par
l'eſpace de trente ans, leſquels ils ſur-
monterent ſelon la prediction de Daniel
chapitre 11, mais qui ce neantmoins tous
moururent d'vne mort violente, afin
que les Princes apprenent de ne rien
eſperer en ce monde, mais en Dieu, &
qu'ils doiuent conſeruer & aggrandir
leur Empire par leur propre ſang. Leur
poſterité dura depuis entre les Hebrieux 103. ans, iuſques au Roy & Pontife Iean Hyrcanus. *Ioſeph. liu. 4. de ſes*
Antiq. Iudaiq. Leurs geſtes ſont compriſes en deux liures qui ont eſté eſcris
par deux autheurs: Le premier a eſté eſcrit en Hebrieu ſelon ſainct Hieroſme,

en la Preface ſur les Roys. Et le ſecond en
Grec par Ioſephe fils de Mathathias, ſelon le meſme *au 2. li. contre les Pelagiens:*
ou bien par Philon Iuif, excepté cette
partie d'Hiſtoire qui eſt compriſe depuis le ſecond liure iuſques à la moitié du
ſecond chapitre, qui contient deux Epiſtres du Senat Hieroſolymitain. Et iaçoit que ces liures ne ſoient pas mis au
premier Canon fait par Eſdras; ils ont
ce neantmoins eſté mis au ſecond de la
Synagogue des Iuifs. Et l'Egliſe, ſelon
le teſmoignage de ſainct Auguſtin. *li. 18.*
chap. 36. de la Cité de Dieu, & liu. 2. ch. 8.
de la Doctrine Chreſtienne, les a receus
pour Canoniques, ſuiuy en cet aduis
par les SS. Peres, Origene, Hieroſme,
Tertulian, Ambroiſe, le Pape Innocent,
& le 3. Concile vniuerſel celebré à Carthage. Il y a encore le 3. liure des Machabées, qui a eſté auſſi eſcrit en Grec,
qui deuoit eſtre mis au premier lieu (car
il deſcrit les temps qui ont precedé les
Machabées, & repere les choſes qui ſont
compriſes au premier & au ſecond (lequel eſt mis entre les Canoniques par le
Pape Clement I. *au Can. des Apoſt. 84.*
Il y a encore le 4. mais qui eſt tenu de
tous pour apocryphe.

Machaire auparauant Patriarche
d'Alexandrie, mais qui
fut depoſé au 6. Concile general tenu à
Cöſtantinople enuiron l'an 608. à cauſe
qu'il eſtoit entaché de l'hereſie des Monothelites. *P. Diac. liu. 18.*

Machaon fils d'Eſculape & d'Ar-
ſinoë, les autres diſent
d'Heſione, les autres de Coronis, & frere
de Podalirius, fut Medecin tres-expert,
lequel fut occis par Eurypile, ayant accompagné les Grecs au ſaccagement de
Troye. *Homer. liu. 2. de l'Iliad.* L'on
tient qu'au lieu de ſa ſepulture, qui eſtoit
en Lycaonie, l'on y baſtit vn temple, où
l'on auoit recours pour auoir guariſon de
diuerſes maladies.

Maclyens peuples voiſins des Na-
ſamoniens, leſquels Ca-

liphanes dit eſtre Androgynes, ſe ſeruans de l'vne & de l'autre nature : Ariſtote dit qu'ils ont la mammelle dextre d'homme, & la ſeneſtre de femme. *Plin. liu. 6.*

Macra fleuue qui prend ſa ſource du mont Appennin, lequel aprés auoir diuiſé la Ligurie de la Toſcane, ſe va rendre dans la mer Tyrrhene ou Toſcane prés le port de Lune. *Plin. li. 3. ch. 5. Strab. liu. 5.*

Macrin nommé Opilius, aprés la mort de Baſſian fut eſleu Empereur par les ſoldats, & confirmé par le Senat. Il eſtoit de bas lieu & de peu de merite, qui auoit eſté ſelon quelques-vns Tabellion ou Notaire du temps de Commodus. Il s'aſſocia incontinent à l'Empire vn ſien fils nommé Diadumenus, aſſiſté duquel il marcha contre Artabanus Roy des Parthes, auec vne puiſſante armée : mais apres vne bataille fort ſanglante & douteuſe, ils firent la paix entr'eux. Depuis ayant meſpriſé de vacquer aux affaires de l'Empire, il banda ſon eſprit à feſtes, banquets & bombances en la ville d'Antioche : dequoy ſes ſoldats offencez, commencerent à le calomnier, auſſi eſtoit il fort cruel & auaricieux. Laquelle occaſion prenant Meſa ayeule d'Antonin Heliogabale, attira par dons & promeſſes les Capitaines & ſoldats, leſquels proclamerent Empereur ſon petit fils, n'ayant lors paſſé l'aage de quinze ans. Dont Macrin fut contraint de luy liurer bataille, laquelle fut donnée entre les confins de Syrie & de la Phœnice, où Heliogabale obtint la victoire en ſuitte de laquelle Macrin & ſon fils s'en eſtans fuis, furent tous deux tuez en la ville de Chalcedoine, l'an de noſtre Seigneur 220. n'ayant Macrin eſté Empereur qu'vn an & deux mois. *Euſebe ann. 219. Onuphr. ann. 218. & 219.*

Macris Iſlette voiſine de celle de Negrepont, dont elle faiſoit iadis partie, en ayant eſté ſeparée par vn tremblement de terre. *Pli. liu. 2. chap. 88.*

Macrobe nom d'vn Senateur Romain tres-illuſtre, lequel Genebrard & Theuet mettent au ſecond ſiecle : d'autres le font contemporain de Simmachus vers le 4. ſiecle. Il a eſcrit ſept liures de Saturnales & deux de Commentaires, ſur le ſonge de Scipion. *Theuet liu. 2. des Hommes Illuſtres.*

Macrobiens peuples d'Ethiopie, leſquels comme teſmoigne Solin, viuent deux fois autant que l'ordinaire des hommes, d'où ils ont pris ce nom, car *Macros* chez les Grecs, ſignifie long, & *bios* vie. Ils ſont grands Iuſticiers, robuſtes & de belle taille.

Madai fils de Iaphet. *Geneſ. 10.* fut le premier autheur & Prince des Madians, appellez depuis Medes par les Grecs. *Ioſephe liu. 1. chap. 6. des Ant. Iud.*

Madagaſcar Iſle, autrement dicte de S. Laurens (pource qu'elle fut premierement deſcouuerte le iour de ſainct Laurens) eſt l'vne des plus grandes & plus riches du monde : Car elle contient bien 1000. lieuës en ſon tour, plus longue que l'Italie, mais non ſi peuplée. Elle eſt ſize au delà de l'Equateur vers le Pole Antartique, à l'oppoſite du Promontoire de Mozambique, & eſloignée de la terre ferme d'Affrique d'enuiron 170. milles. Elle eſt fertile en toutes choſes neceſſaires à la vie : Elle produit du riz, miel, ſucre, cire, limons, gingembre, ambre, ſaffran, de l'argent, du cotton, & du ſandal rouge : L'on y trouue auſſi force Lions, Leopards, Elephants & pluſieurs Chameaux, dont les habitans ſe nourriſſent. Les Inſulaires ſont de couleur bazanée, ayans les cheueux creſpelus, ſont idolatres & de mœurs fort ſauuages & barbares, n'ont que les parties honteuſes couuertes auec vn peu de cotton, ſont leurs demeures és villages qui ſont eſpars çà & là dans les boccages. Il y a toutesfois des villes & bourgades où il y a plusieurs Mores: & d'autres qui sont plus blancs, qu'on dit estre venus de la Chine. *Magin en sa Geographie.*

Madaure ville située és frontieres de la Getulie, & de la Numidie. Sainct Augustin *liu de ses Confessions*, tesmoigne que de son temps les lettres y florissoient, & y auoir faict ses estudes.

Madere située en la mer Atlantique, ayant vers son milieu 32. degrez de latitude, & 3. degrez & demy de longitude. Elle fut premierement descouuerte l'an de grace 1420. estant auparauant deserte & pleine de forests, qui furent tous consommez par le feu, afin de la rendre propre au labourage: Elle est montueuse & fertile, produisant force bleds & fruicts, comme aussi d'excellents vins, qnantité de miel & de cire, & specialement du succre qui est fort estimé, & lequel on porte en plusieurs contrées. Ses montagnes sont remplies de bestes sauuages, & d'vne grande quantité de bestial. L'on y void grand nombre de claires fontaines, l'air y est chaud & temperé & n'y fait gueres froid. Elle abonde aussi en cedres qui y sont fort hauts. L'Archeuesque qui est Primat des Indes, demeure en cette isle en la ville de *Funcial*, qui est capitale des autres.

Madian fils d'Abraham & de Cethura. *Genes.* 25. duquel fut ainsi appellée vne ville située, selon sainct Hierosme, par delà l'Arabie au Midy, de la Iudée vers le desert, qui tire vers l'Orient de la Mer rouge. De luy prindrent le nom les Madianites, lesquels Dieu commanda au peuple d'Israël d'exterminer, dautant qu'ils l'auoient peruerty & attiré à l'Idolatrie. *Nombre chap.* 25. & 31. Ils opprimoient en suitte ce peuple de Dieu, mais qui fut deliuré miraculeusement par Gedeon. *Inges chap.* 6. & 7. *Voy* Gedeon.

Madrid ville tres-notable de l'Espagne, située en la Castille neufue. L'air y est fort benin & sain, aussi est-ce à present le domicile ordinaire des Roys d'Espagne. *Mercat. en son Atlas.* A cinq lieuës de cette ville se void ce superbe Monastere & College, qui s'appelle le Cloistre de S. Laurent en l'Escurial, où se tiennent des Moines de Sainct Hierosme. Il fut basty par Philippes II. du nom Roy d'Espagne, & d'vne structure si excellente, qu'il ne se void aucun ouurage pareil en tout l'vniuers.

Mæandre fleuue de la Phrygie ou Mæonie, lequel sortant d'vn lac qui est au pied du mont Aulocrene, arrouse plusieurs villes, receuant quant & quant force riuieres, mais qui fait de si grands détours, qu'il semble souuentesfois retourner à sa premiere source. *Pline liu.* 5. *chap.* 29. De là est que les anciens ont appellé toutes sortes d'obliquitez & intrigues d'affaires meslangées de diuers conseils, des Mæandres, à cause que ce fleuue prend son cours incertain par canaux diuers & sinueux. Les Poëtes l'ont feint fils de la terre & de l'Ocean, & pere de Cyane, laquelle fut mere de Caune & de Biblis. *Ouide liure de ses Metamor.* Les Phrygiens luy sacrifioient comme à vn Dieu. *Alex. d'Alex. liure* 6. *chapitre* 26.

Mænades Prestresses de Bacchus, ainsi appellées du verbe Grec *Mainesthai*, qui signifie estre hors du sens, pour ce que lors des sacrifices de ce Dieu, elles couroient comme insensées: Elles sont aussi appellées Bacchantes. *Voy* Bacchantes.

Mænale montagne tres-haute de l'Arcadie, non loing d'Argos, remplie de pins, consacrée au Dieu Pan. Elle a pris ce nom d'vn certain Mænale fils de Lycaon, comme a remarqué le Scoliaste de Theocrite. *Virg. Eclog.* 8.

Mæonie contrée de l'Asie Mineur, ainsi appellée selon Estienne, d'vn certain fleuue appellé Mæon. Strabon la dict estre denuée de tous arbres, mais fertile en vignobles excellens: & que son terroir est noir, cendrin & pierreux. Elle fut depuis nommée Lydie. Voy Lydie.

Mæotide marest tres-renommé de la Scythie vers le Nord, à l'embboucheure du fleuue Phasis. Il reçoit le fleuue Tanais, & plusieurs autres, estant separé du Pont Euxin, par le Bosphore Cimmerien. Sa partie superieure est douce, & sa baze salée.

Magdaleine appellée aussi Marie, nom de cette femme pecheresse qui estoit sœur du Lazare & de Marthe, laquelle ayant laué de ses larmes, essuyé des cheueux de sa teste, oingt d'onguents, & baisé les pieds de nostre Seigneur en la maison du Pharisien, obtint remission de ses pechez pour guerdon de son ardant amour. Luc 7. Ainsi ayant esté deliurée de sept demons, elle se rendit suiuante & seruante de Iesus-Christ. Luc 8. Et depuis, six iours deuant Pasques, elle oignit derechef ses pieds, & les essuya de ses cheueux. Iean 12. Et quatre iours apres respandit vn onguent precieux sur la teste de Iesus-Christ en la maison de Simon le Lepreux. Marc 14. Matth. 26. Assista à la Passion de nostre Seigneur, & vint au monument pour l'enseuelir, où Iesus-Christ luy apparut apres la Resurrection en la forme d'vn iardinier. Iean 20. Quelques Peres, comme Origene sur le 35. chap. de S. Matthieu, font trois Magdaleines: La premiere, cette pecheresse qui oignit Iesus-Christ en la maison du Pharisien: La seconde, cette Marie sœur du Lazare, femme de saincte vie, qui en Bethanie oignit les pieds de nostre Seigneur, six iours deuant Pasques: Et la troisiesme, qui oignit son chef en la maison de Simon le Lepreux. S. Chrysostome sur S. Mat-

thieu Homil. 81. & S. Bernard au Sermon qu'il a fait de la Magdaleine, en font seulement deux: L'vne pecheresse, qui oignit les pieds de Iesus chez le Pharisien, & depuis son chef chez Simon le Lepreux: L'autre sœur du Lazare, qui oignit les pieds du Sauueur en sa maison. Mais S. Augustin liu. 2. chap. 9. du consentement des Euangelistes, S. Gregoire en son Homil. de la Magdal. Bede & autres n'en font qu'vne.

Magdebourg ville Metropolitaine & principale de la Saxe, situëe sur le fleuue de l'Elbe: S'appelloit anciennement Parthenopolis ou ville des Pucelles, à cause que Venus nommée Parthenie y estoit adorée. Elle estoit iadis le siege des Empereurs, aussi est-elle munie & entourée de murailles, de fortes tours, & profonds fossez, embellie de superbes & magnifiques bastimens: Ses Magistrats obseruent le droict Ciuil des Romains, traduict en langue Saxonne par le commandement de Charlemagne, lequel apres auoir dompté & conuerty les Saxons, y establit vn Euesché, qui depuis fut erigé en Archeuesché (qui a de present sous soy six Suffragans) par l'Empereur Othon I. & honoré de la Primatie d'Allemagne: Iaçoit que les Archeuesques Electeurs ne luy vueillent ceder ce droict. Le mesme Othon y establit vn Burgraue, afin d'auoir la souueraine Iurisdiction & le gouuernement de la Prouince au lieu de l'Empereur. Monst. liu. 3. de sa Cosmogr. & Krantz liu. 3. chap. 24. Irenic & autres.

Magellan nommé Ferdinand Gentilhomme Portugais excellent Pilote & Capitaine de marine, lequel a par son heureuse entreprise descouuert cette partie du monde, qu'on appelle la cinquiesme: Car enuiron l'an de salut 1519. il trauersa ce détroict de mer, qui est large seulement de quatre lieües en son embboucheure, & long de bien cinquante (entre l'Ameriqué & la Terre Auftrale) lequel a efté depuis de fon nom appellée, *Détroiɛ́t de Magellan.* Il y a quelques havres le long de fes coftes, lefquels font cogneus, mais le milieu du pays eft encores incogneu : Il s'y void des Geants d'vne meruecilleufe force & corpulance, excedants dix ou douze pieds de haut (auffi boiuent-ils vn feau d'eau ou de vin tout d'vn traiɛt) difpofts toutefois & adroiɛts à tirer de l'arc ; fe peignent le corps & le vifage, vont tous nuds, fors en hyuer qu'ils fe veftent de peaux de beftes fauuagés. Mais cette conquefte coufta la vie à Magellan, car il fut tué en vn combat qui fe donna contre quelques Infulaires. *Monfter liu.5. de fa Cofmographie.*

Mages eftoient appellez entre les Perfes, les fçauants Philofophes renommez en fageffe & doɛtrine curieufe, qui tenoient lieu de Preftres & Sacrificateurs : Auffi leurs eftoient-ils ce qu'eftoient chez les Grecs, les Philofophes ; chez les Indiens, les Brachmanes & Gymnofophiftes ; chez les Gaulois, les Druides, Bardes & Semnothéens ; chez les Egyptiens, les Preftres ; chez les Italiens, les Augures & Hetrufques ; chez les Babyloniens, les Chaldéens ; & chez les Cabaliftes Iuifs, les Prophetes. Et de faiɛt la Magie (qui veut dire fageffe en langue Perfan) dont ils eftoient imbus n'eft autre chofe, felon Philon *en fon liure des Loix fpeciales*, que cette fcience perfpeɛtiue, par laquelle les œuures admirables de nature font mifes au iour, & laquelle enfeigne par la cognoiffance & mutuelle application des vertus naturelles agiffantes & patiffantes, des chofes extraordinaires, tellement qu'elles femblent des miracles de nature. Si bien que pour fon excellence, non feulement ceux du commun peuple ; mais auffi iadis les Roys, (entre les Perfes principalement) la cheriffoient auec grande ardeur ; & ne

leur eftoit permis de regner, qu'ayans vne eftroiɛte intelligence & familiarité auec ceux qui en eftoient inftruiɛts. De là eft que ces Mages de l'Euangile, qui eftoient Rois, cogneurent par leur fcience diuine la naiffance du Sauueur : & à cet effeɛt vindrent en Bethlehem pour l'adorer. Mais comme les chofes les meilleures fe corrompent & s'abaftardiffent de bien en mal : Cette fcience cœlefte & fublime, laquelle auoit efté laiffée par Adam à fon fils Seth, fut polluë & contaminée par la pofterité abominable de fon autre fils Cain, lequel deriua & deftourna par l'inftinɛt du demon, ces belles & loüables recherches de nature à l'impie curiofité, enchantemens & fuperftitions magiques. Les Hebrieux fuiuis de fainɛt Clement, *liu. 4. de fes Recognitions*, & de plufieurs autres, rapportent l'inuention de cette magie mauuaife à Mifraim fils de Cham : ou plutoft à Cham, qui viuoit encore & regnoit en la Baɛtriane, lequel les autheurs profanes appellent Zoroaftre, les liures de malefices, duquel (qui contenoient bien 200000. de vers) Ninus Roy des Affyriens brufla apres l'auoir vaincu. *Plin. li. 30 chap. 1.* là dit auoir pris fa fource de trois Arts principaux de la Medecine, de l'Aftrologie iudiciaire & de la Religion, & faiɛt vn long denombrement des diuerfes fortes de Magie, & entr' autres il en fait trois efpeces : La Perfique inuentée par Zoroaftre ou Zarades Perfan qui floriffoit (à fon dire) 6000. ans deuant Platon : La Iudaïque introduiɛte par Moyfe premier Legiflateur des Iuifs, comme auffi par Iamnes & Iotapé que l'on croit probablement auoir efté les enchanteurs de Pharaon. *R. Nathan en fon Baal Haruc*, fuiuant auffi ce qui eft efcrit en la 2. à Timothée *chap. 3.* où il fait mention de Iamnes & Mambres qui refifterent à Moyfe. Et la Magie Grecque dont fait mention Homere defcriuant les fables de Prothée, de Circé, & des

Syrenes : Icelle fut apportée en Grece par Hofthanes Perfan, qui y accompagna Xerxes ; & depuis encore publiée par vn autre Hofthanes de la fuitte d'Alexandre le Grand. Les Romains en fuitte & Hetrufques ou Tofcans s'en font feruis long-temps, comme auffi nos anciens Gaulois par le moyen de leurs Druides : Les habitans de la Grande Brétagne y furent pareillement fort excellents. Mais les Mages de Perfe ont efté les plus renommez de tous, tant à caufe de leur religion que de leur doctrine & recherche curieufe des chofes diuines & naturelles. Democrite, Platon, Pythagore, Empedocle & infinis autres Philofophes Grecs abandonnerent leur propre pays pour aller en Perfe & Indie apprendre cette Magie. Leur principal office eftoit de vacquer au feruice des Dieux, de leur faire vœu & facrifices, enfemble de rechercher la fcience & mettre en practique les plus fublimes & cachez myfteres de la nature : auoient outreplus quelques opinions particulieres, dont quelques-vnes reffentoient vne doctrine toute celefte, comme de croire la Refurrection & l'immortalité des ames, & que le monde fubfiftoit par leurs prieres, improuuoient la diftinction de fexe entre les Dieux, rejettoient les ftatuës & idoles, s'occupoient d'ordinaire aux fciences diuinatrices, affeurans que les Dieux leur paroiffoient, & que l'air eftoit tout remply de Demons : mettoient deux principes comme les Manichéens, l'vn bon, qu'ils appelloient Iupiter & Horofmades ; & l'autre mauuais, qu'ils nommoient Pluton & Arimanis ; eftimoient chofe impie de brufler les corps, mais tenoient chofe iufte & naturelle la copulation charnelle de toutes fortes de perfonnes fans diftinction de parenté. Au refte viuoient en grande aufterité, mefprifans l'ornement exterieur de leurs perfonnes & l'vfage de l'or ; eftoient veftus de blanc, ayans d'ordi-

naire en la main vn rofeau pour maque de la candeur & fimplicité de leur vie, auffi n'auoient-ils pour leur viure que du pain, des herbes, & du fromage ; & ne couchoient que fur la dure. *Diog. Laerce liu. 1. de la vie des Philofophes.* Or jaçoit que cette profeffion de Magie ait efté iadis en grande eftime, tant pour la fublimité de fa fcience releuée du commun, que pour auoir efté exercée par les plus grands perfonnages de l'antiquité : fi eft-ce qu'ayant efté depuis alterée & corrompuë par la vanité des curiofitez fuperfticieufes, & l'inuocation damnable des efprits malins iointe auec les facrifices d'hommes, elle a efté à bon droict renduë odieufe & abominable à vn chacun. Ce qui a donné lieu aux fages Efcriuains de faire diftinction de deux fortes de Magie : l'vne naturelle & diuine, laquelle confifte en la cognoiffance & experience des fecrets plus excellens de la nature que l'on peut appeller la perfection & confommation de la Philofophie naturelle : L'autre demoniaque, qui procede de l'abus des chofes naturelles conioint auec l'inuocation prohibée des mauuais demons. Iamblique *liure des myfteres des Egyptiens,* Proclus *en fon li. du facrifice & magie,* & Porphyre *en fon liu. des facrifices,* parlent de deux fortes de Magie, & appellent la premiere Theurgie, qui eft la bonne & loüable que nous appellons la blanche & naturelle : L'autre Goetie & Necromancie, qui eft la mefchante & damnable, dicte vulgairement Magie noire. Et cette-cy eft diuifée en plufieurs façons, lefquelles font comprifes en cinq genres de malefices, felon Huges de fainct Victor, *liu. 6. chap. 5. de fon erudition Didafcalique.* Le premier genre eft la Mantique, qui veut dire deuination, laquelle lors qu'elle eft appliquée aux morts, s'appelle Necromancie ; lors qu'à la terre, Geomancie ; lors qu'à l'eau, Hydromancie ; lors qu'à l'air, Æromancie ; lors qu'au feu , Pyromancie ; Elle se practique encore en diuerses sortes par des bassins, miroirs, coignées & autres instrumens. Le second, qui est la vaine Mathematique , comprend trois especes ; sçauoir l'Aruspicine, qui est pour ceux qui obseruent les heures & les temps pour l'action des affaires , ou qui predisent par l'inspection des entrailles des bestes sacrifiées ; l'Augure ou Auspice, quand par le mouuement , vol , chant & pasture des oyseaux, l'on deuine quelque chose ; & l'horoscope quand par la constellation de quelqu'vn , & le temps de sa naissance, l'on predit les choses qui luy doiuent arriuer. Le troisiesme, sont les sortileges par lesquels l'on cherche par sort l'euenement des choses futures. Le quatriesme, sont les malefices , qui est lors que par les enchantemens diaboliques, ligatures & autres moyens execrables l'on fait auec l'operation des demons des choses pernicieuses. Et le cinquiesme, les prestiges, quãd les sens humains sont deceus par fantasques illusions , changeant les choses en apparence par l'artifice du demon , Touchant cette Magie , *Voy* Polyd. Virgile *liu. 1. chap. 22. & suiuant de l'inuent. des choses*, la Dæmonomanie de Bodin. P. Crinit *liu. 9. chap. 5. & liu. 10. chap. 6. de l'honneste Discipline.*

Magnentius

homme de tres-vile condition, mais vaillant Capitaine , fut proclamé Empereur par les soldats de l'armée de Constant I. à cause de la haine qu'ils luy portoient pour ses vices & sa nonchalance. Apres donc que Constant eut esté mis à mort , la France, l'Espagne, l'Afrique & l'Italie receurent Magnentius pour Empereur & luy obeyrent , & lors il crea son fils nommé Decentius, & le laissa Gouuerneur de France ; d'Espagne & des Prouinces voisines , puis se transporta en Italie. Et nonbstant que Nepotianus allié de Constant s'y fust aussi fait declarer Empereur, il le fist

ce neantmoins tuer quelques iours apres : Ainsi il demeura seul maistre pour quelque temps des Prouinces susdites en concurrence & en despit de Constantius frere de Constant, qui residoit en Orient : Et neantmoins Constantius enuié de cette vsurpation tyrannique , passa en l'Europe contre Magnentius , & le deffit en deux cruelles & sanglantes batailles: si bien qu'il fut contraint de s'enfuir à Lyon, où de desespoir il se tua soy-mesme. Ainsi finit trois ans apres la domination qu'il auoit tyranniquement enuahie , & mourut aagé de cinquante ans. *Europe , Aurele , Victor, & autres.*

Magnesie

contrée de la Macedoine voisine de la Thessalie. *Pli. liu. 4. chap. 9.*

¶ Il y a vne ville de ce nom en la Caire, pres le fleuue Mæandre non loin de celle d'Ephese , signalé par cette victoire qu'emporta Scipion l'Asiatique sur Antiochus. Son terroir surmonte en fertilité de fromens , toutes les autres villes d'Asie: Et s'y trouue la pierre d'Aimant, laquelle pour ce est appellée des Grecs. *Magnetes. Magin en sa Geog.*

Magnus

Roy de Dannemarch , presta le serment de fidelité à l'Empereur Conrard III. & luy fist hommage de sa Couronne, luy donnant des ostages pour seureté , auec promesse que luy & ses successeurs ne pourroient à l'aduenir estre Couronnez que par la permission des Empereurs. Mais s'en retournant en Dannemarch, il fut par ses enuieux mis à mort , auec cinq Euesques, soixante Prestres, & son pere Nicolas l'an de salut 1134. *Hirsaug en sa Chronique.*

Mogo

a esté le nom de plusieurs illustre Capitaines de Carthage. ¶ Le premier desquels augmenta de beaucoup la grandeur des Carthaginois, car selon T. Liue & Troge Pompée , il assista les Romains contre les Tarentins auec 120. nauires : Et pour ce notable secours fecours, les Sectateurs lüy rendirent des actions de graces fort memorables.

¶ Il y en eut vn autre Africain qui laiſſa vingt-huict liures de l'Agriculture, leſquels le Senat Romain iugea dignes d'eſtre traduits en Latin : & auſſi Seruius teſmoigne que Virgile l'a imité en ſes Georgiques.

Magog fils de Iaphet, & petit fils de Noë, qui eſt la ſouche des Magogiens, dits Scythes. *Ioſephe liu.1. chap. 6. des Antiquitez Iud* De là eſt, qu'eſtant parlé en l'Apocalypſe *chap.10.* de Magog comme d'vn fleau de l'Egliſe ; nous deuons entendre le Turc, qui de ſon païs de Scythie ſe ietta dans l'Aſie, l'an de ſalut 880. & depuis dans l'Europe & autres contrées de la Terre, à la deſtruction du peuple de Dieu. *Voy* Gog.

Magus ou Magion fils de Samothes, & ſon ſucceſſeur au Royaume des Gaules, enuiron l'an du monde 1950 fut Prince fort ſage & amateur des Lettres, auſſi fut-il le premier fondateur, comme l'on tient, des Vniuerſitez publiques, & de pluſieurs villes ſignalées en France ; entre leſquelles ſont Roüen, dit pour ce des Latins *Rothomagus*, & Noyon dit pareillement *Nouiomagus*, ainſi que teſmoigne Beroſe *liure 5. de ſes Antiquitez du monde.* Balée hiſtorien Anglois, dit qu'il regna auſſi en Angleterre, où il y a pluſieurs villes eſtimées de ſa fondation.

Mahomet ou Mehemet (interpr. de l'Arabe *aimé* ou *loüé*) ce tant renommé faux Prophete de l'Orient, naſquit ſelon quelques-vns, à Medinat-alnabi, c'eſt à dire, *la ville du Prophete*, au païs d'Arabie pres la Meke, ayant pour pere Abdala Payen, de la race d'Iſmaël, & pour mere Hennine Iuifue, tous deux d'aſſez pauure & baſſe condition, qui fut enuiron l'an de ſalut 592. ou 620. ſelon d'autres ; duquel les Turcs & Arabes commencent la cotation des temps, qu'ils appellent He-

gire, comme nous faiſons de la Natiuité du Sauueur. Eſtant venu en âge il fut pris par les Arabes, & vendu à vn riche marchand de meſme nation, auquel il ſeruoit comme eſclaue pour trafiquer & conduire ſes cheuaux : Mais apres la mort de ſon maiſtre il eſpouſa ſa veufue nommée Cadiga ou Hadegia ; ainſi deuenu opulent, il eſleua ſon eſprit plus haut. Et comme il eſtoit hardy és choſes du monde, & tres-ruſé, il ſe miſt à voler, & à faire des courſes ſur ſes voiſins auec heureux ſuccez. Mais ne pouuant paruenir à la Royauté par voye de Nobleſſe, il ſe ſeruit de la Religion, & ſe para du nom de Prophete, y employant quant & quant la force des armes, par leſquelles il s'aduança fort. L'occaſion eſtoit lors belle pour remuer, car les Arabes eſtoient tres-mal auec l'Empereur Heraclius qui manquoit à leur ſolde ; les Sarrazins eſtoient puiſſans ; & l'Empereur Romain eſtoit plein d'eſclaues, dont Mahomet ſe fiſt Chef, leur propoſant la liberté ; & les Arriens & Neſtoriens auoient miſerablement deſchiré l'Egliſe. Et iaçoit qu'il fuſt ignorant & ſans lettres, comme il confeſſe luy-meſme en ſon Alcoran. *Azoar 17.* ſi eſt-ce qu'à l'ayde & par l'inſtruction de deux Iuifs & de deux heretiques, Iean & Sergius Arriens & Neſtoriens, il dreſſa & baſtit cette pernicieuſe ſecte qui a empoiſonné de ſon venin les plus nobles contrées de la terre : & à cét effet compoſa vn liure nommé Alcoram, qui veut dire *recueil de preceptes,* ou Alfurcan diſtingue en diuerſes parties qu'on appele Azoares, qui ſont comme les Liures ou Chapitres : Et neantmoins il ne commanda iamais qu'il fuſt ainſi reduit comme il eſt de preſent, ainçois iceluy tenoit certaines cedules ou tablettes en vn eſcrin à meſure qu'il compoſoit, les ayans augmentez à diuerſes repriſes & ſans ordre, comme les fueilles des Sybilles, par l'eſpace de plus de vingt ans ; à quoy il

Hhhhh

euſt touſiours trauaillé ſi ſa mort ne fuſt interuenuë. Touchant lequel liure, *Voy* Alcoran. Ainſi il ſe declara ouuertement Prophete, ayant atteint l'âge de quarante ans, ſuppoſant pluſieurs faux miracles pour ſe rendre admirable à la populace, comme que l'Ange Gabriel luy donnoit les preceptes contenus en ſon Alcoran, tellement qu'il attribuoit le mal caduc dont il eſtoit atteint, à la ſplendeur de cet Ange qui l'illuminoit, feignant d'eſtre rauy par extaſe, lors qu'il tomboit à terre à la guiſe des Epileptiques ; Il auoit pareillement appriuoiſé vn ieune pigeon à venir manger dans ſon oreille, faiſant croire aux plus ſimples que c'eſtoit l'Ange de Dieu qui luy reueloit ſes ſecrets. Cependant il ne s'occupoit point tant à ſes preſches & à ceux de ſes confederez qui le fauoriſoient, qu'il n'y employaſt l'eſpée, diſant qu'il falloit faire croire en Dieu par la force des armes : à cét effet il força & pilla la Meke où il preſcha quelque temps : ce qui n'empeſcha pas toutesfois qu'il ne fuſt contraint de s'enfuïr à Medinat-alnabi. Et c'eſt de ce temps-là, ſelon quelques-vns, que les Turcs content leurs années, à ſçauoir de l'Egire (c'eſt à dire retraite) d'iceluy hors de la Meke. Mais il n'y euſt rien qui aidaſt tant à eſtendre ſa loy & ſon Empire, que la multitude de ſes victoires : car il deffit les Perſes, ſe rendit maiſtre de l'Arabie, & chaſſa les Romains de Syrie, frayant par ſes combats aduantageux vn large chemin à ſes Sectateurs d'eſtendre leur Empire, comme ils ont fait dans vne grande partie de la terre. En fin il mourut à la Meke du haut mal ou d'vne pleureſie le ſoixante ou ſoixante-quatrieſme an de ſon aage, en ayant regné o. ſur les Sarrazins : Et bien qu'il euſt fait croire qu'il deuoit reſuſciter le tiersiour, ſi eſt ce qu'à cauſe de la puanteur de ſon corps les ſiens l'enſeuelirent le quatrieſme en la ville de Medinat-alnabi, où il eſt ſuſpendu en l'air dans vn

tombeau de fer entre deux pierres d'Aimant, & ſon ſepulchre eſt merueilleuſement honnoré de ſes Sectateurs. Apres ſa mort il y eut quatre de ſes plus proches parens nommez Aly, Abubakar, Omar et & Odeman, leſquels eſcriuirent des Commentaires ſur ſon Alcoran qui produiſirent quatre Sectes, leſquelles ont eſté ſuiuies par quatre nations differentes, auec leſquelles chacun d'eux auoit plus familieremét conuerſé. Mais jaçoit que cette ſienne loy ſoit meſlangée d'vne infinité de fables, inepties & blaſphemes abominables, ſi eſt-ce qu'elle a eſté embraſſée par la plus grande partie des peuples d'Aſie, de l'Afrique & de l'Europe : auſſi eſt elle tiſſuë & compoſée de toutes ſortes de religions, ſectes & opinions, & ſpecialement du Iudaiſme & du Chriſtianiſme, deſquels il a puiſé les principaux articles de ſa creance : Mais neantmoins il attribuë touſiours la perfection à la ſienne, alleguant que les hommes n'ayans voulu obſeruer celle des Iuifs, nonobſtant la peine & recompenſe y propoſée, ny pareillement celle de Ieſus Chriſt toute remplie de douceur & de facilité : il a eſté de beſoin que Dieu l'ait enuoyé auec l'eſpée, & de la rigueur pour faire croire en luy les nations par la force, & les faire mourir ou rendre tributaires. Et cependant ſoubs ce precieux pretexte, & d'eſtablir la creãce d'vn ſeul Dieu, comme il dit, ſans participe : ſon but eſt de renuerſer la Loy, la Gloire, & ſpecialement la Diuinité du Fils de Dieu, de laquelle toute l'Euangile depend. C'eſt pourquoy l'on le peut ſainement dire l'Antechriſt prenoncé par les prophetes, ou à tout le moins le precurſeur & fondateur de ſon regne, auſſi le nom *Maouémis* rend le nombre & le nom de cet enfant de perdition 666. dont fait mention S. Iean en l'Apocalyſe *chap.* 13. Touchant la vie, Religion & Empire de Mahomet, *Voy* Alexandre de Halles *des faicts de Mahomet*. La Chronique des Sarrazins, Ricold ou Richard Iacobin *en la confutation de la Loy de Mahomet*, Calcondyle *en son Hist. des Turcs*, Zonare, & Cedrenus *en leurs Chronol.* Postel *en son liure de l'Origine, Religion & mœurs des Tartares, Persans, Arabes & Turcs*, & plusieurs autres. Cet imposteur estoit robuste de corps & d'vne façon affreuse, aussi estoit-il tres meschant & cruel ; mais vaillant, rusé & heureux en ses entreprises, voire le peut-on dire l'vn des sages mondains & le plus grand politique qui ait iamais esté ; Ce que nous pouuons recueillir sommairement des preceptes de son Alcoran, & des ordonnances qu'il a tousiours pratiquées entre les siens : car par icelles il a estendu sa Religion & son Empire presque par toute la terre habitable. Ses maximes en la Religion ont esté. 1. De ne rien receuoir qui ne fust conforme au sens commun, & de reietter tous les mysteres de la Foy qui surpassent l'intelligence humaine. 2. De meslanger sa Secte de toutes les autres Religions, & specialement du Christianisme & du Iudaïsme, qui lors comme principales, auoient la vogue : & ainsi d'attirer à soy toutes sortes de personnes. 3. De proposer à ses Sectateurs, toutes sortes de recompenses temporelles & plausibles, au sens & à la nature, sans se soucier des spirituelles : ce qui aggrée ordinairement à tous hommes, & specialement à ces Orientaux grossiers, charnels, & confits en delices : à quoy nous pouuons adiouster en quatriesme lieu ce qu'il commandoit pratiquer, qui estoit de faire receuoir la Religion par la force des armes, & d'exterminer tous ceux qui s'y opposeroient, promettant pour recompense vn lieu asseuré en son Paradis tout remply de plaisirs charnels. Et quant à la police qu'il a establie pour estendre son Empire, elle a esté aussi tres-parfaite pour parler mondainement : car en premier lieu, il a à la façon des sages

politiques relaissé le libre exercice de toutes Religions és lieux où il ne pouuoit autrement exercer sa puissance, sans toutefois permettre qu'on violast les loix de la sienne, & qu'on blasphemast contre luy Prophete : 2. Il a introduict la poligamie & pluralité des femmes, ce qui a peuplé grandement ses pays & prouinces ; si bien que les Turcs ses Sectateurs principaux mettent d'ordinaire en guerre iusques à trois cents & quatre mil hommes : 3. Il a chassé tout à fait de ses terres l'exercice des lettres, sçachant combien cela abastardisoit l'esprit & relaschoit le courage : & a donné la vogue & le credit à celuy des armes, honorant de toutes ces recompenses ceux qui s'y rendroient adroicts & se porteroient vaillans és combats, leur distribuant mesme les terres de son Empire & autres païs de conqueste, à la charge de fournir certain nombre d'hommes d'armes aux occasions, & ce reuenu s'appelle Timar : En 4. lieu, l'on peut adiouster le bel ordre qu'il a establi és armees, mais principalement est recommandable cette grande frugalité à laquelle il a façonné les siens qui n'ont aucune cognoissance de toutes les delices & somptuositez, tant au viure qu'aux vestemens de nos Occidentaux ; si bien qu'on entretiendra tousiours six soldats Turcs pour vn Chrestien : A cela l'on peut adiouster la deffense qu'il a faite des ieux de hazard & du vin, dont l'abus ordinaire corrompt tout notoirement le corps & l'esprit de la pluspart de nos Europeens. Mais s'il nous est loisible d'en rechercher plus curieusement la cause, il nous faut monter plus haut pour la rapporter à la force de la preordination diuine qui Prophetisa par son Ange sur Ismaël fils aisné d'Abraham & de sa seruante Agar, *qu'il seroit farouche & cruel, dont la main seroit contre tous, & la main de tous contre luy, & que sa semence & posterité seroit inombrable.* Genes. 16. & 17. Il faut donc que les

Turcs, Arabes & Sarrazins, comme yſſus des Iſmaëlites (ainſi que ſe vante Mahomet en ſon Alcoran) ſoient venus en
la grandeur d'Empire & de Religion,
qui depuis mille ans en ça s'eſt veuë entre les peuples Sectateurs de la doctrine baſtarde de Mahomet, & domine-
ront touſiours iuſques à ce qu'Iſaac & le
vray enfant legitime ſoit nay, c'eſt à dire, que par la ſeule diuine ordonnance
ſoit née & eſtablie la parfaite & vniuerſelle congregation des fideles, obeïſſans
au vray & legitime enfant du pere des
fideles : par laquelle vnion il faut que
le fils de la ſeruante & la mere, ſoient
chaſſez.

Mahomet I. du nom & le IX. des

Empereurs Otho-
mans, frere de Ioſua dit Cityſcelebes, de
Muſtapha & de Moyſe; paruint à l'Empire des Turcs l'an 1407. Il reprit toutes
les places que Tamberlam auoit occupées en Aſie ſur ſon pere : fiſt aſprement
la guerre aux Walaques : dechaſſa de la
Galatie, du Royaume de Pont & de la
Cappadoce, pluſieurs Princes Turcs ſes
alliez : vainquit ſeparement Sigiſmond,
& fut le premier de ſa nation qui paſſa
le Danube. Enfin il ſe retira à Andrinople ville Metropolitaine de Thrace où il
eſtablit ſon ſejour, puis mourut enuiron
le douzieſme an de ſon Empire, & de
grace 1419.

Mahomet II. & XI. des Otho-

mans, fils d'Amu-
rath & d'vne mere Chreſtiéne, fille d'vn
Deſpoſte de Seruie; ſucceſſeur de ſon
pere à l'Empire des Turcs : fiſt occire ſes
deux freres, Turſin & Calepin pour regner plus libremét, enſemble leurs deux
meurtriers Baſchats : Fut homme fort
actif & ingenieux, s'authoriſant par vne
formidable ſeuerité, n'auoit aucune Religion, ſe mocquant des anciens Patriarches, meſme de ſon pretendu Prophete
Mahomet. Il acquiſt toutesfois le premier par ſes hauts exploicts le ſurnom
de Grand, qu'il laiſſa à la maiſon des

Othomans : Ruina l'Empire de Conſtantinople, prenant cette ville par aſſaut
l'an 1454. ſur Conſtantin XI. comme
auſſi s'empara de celuy de Trebiſonde,
priſt dauantage douze Royaumes &
deux cens villes ſur les Chreſtiens : ayant
aſſiegé Belgrade il fut repouſſé par Iean
Huniade, auec grande perte des ſiens :
aſſiegea auſſi l'Iſle de Rhodes, mais qui
fut courageuſement deffenduë par les
Cheualiers & leur Grand Maiſtre, Pierre d'Amboiſe François. Enfin il mourut
de cholique l'an 58. de ſon âge, & le 31.
de ſon Empire, & de grace 1482 *Ignace
liure 3.*

Mahomet III. & le 17. Empe-

reur des Turcs,
fils d'Amurath III. & ſon ſucceſſeur : fiſt
mourir dix-neuf de ſes freres, comme
auſſi quelques concubines de ſon pere,
qui ſe trouuerent groſſes lors de ſon decez, & depuis encores ſa femme & ſon
fils aiſné, pour s'eſtre enquis des Aſtrologues combien de temps il regneroit.
Le Sophi de Perſe repriſt ſur luy Tauris
& Bages, que ſes predeceſſeurs Selim I.
& Soliman II. auoient vſurpez ſur luy.
Le vice luy fut plus recommãdable que
la vertu, & la paillardiſe que la proüeſſe, mourut de peſte à Conſtantinople,
l'an de ſalut 1604. en ayant regné neuf.

Maia fille d'Altas & de la Nymple

Pleione, de laquelle Iupiter eut
Mercure. *Ouid. en ſes Faſtes.* Les Grecs
auoient de couſtume d'appeller les nobles matrones, par honneur Mayes.

Majence l'vne des principales ci-

tez Metropolitaines de
l'Allemagne, ſituée ſur la riuiere de
Mein à l'endroit qu'elle ſe ioint au
Rhin. Sa fondation eſt incertaine, &
iadis les Romains y tenoient vn Arſe-
nal pour les guerres contre les Allemans. Son territoire de l'vn & de l'autre coſté du Rhin eſt fort fecond, & ſpecialement en vins generoux, la ville eſt
grande & peuplée, contenant pluſieurs
marques d'Antiquité autant que ville

qui ſoit en toute cette contrée là. C'eſt
la premiere des ſept Archeueſchez eſtablis en Allemagne par les anciens Empereurs, ayant ſous ſoy vnze ou douze
Suffragans, & ſon Archeueſque eſt l'vn
des ſept Eſlecteurs de l'Empire. Son premier Apoſtre fut S. Creſcent diſciple de
S. Paul. L'on y a tenu pluſieurs Conciles, & entr'autres celuy qui fut tenu l'an
de ſalut 1050. y preſida le Pape Leon IX.
& y aſſiſtât l'Empereur Henry III. compoſé de quarante Eueſques. pour la reformation du Clergé, & la condemnation du mariage des Preſtres. *Crants li-*
ure 4. chap. 43. Iean Guthemberg qui en
eſtoit natif, inuenta le premier l'Imprimerie enuiron l'an de grace 1450. *Seb.*
Monſter liu. 3 de ſa Coſmographie.

Majeſté deeſſe qu'Ouide *liure 5. des*
Faſtes, feint eſtre née du
mariage d'honneur & de réuerence.

Maillezais ville de Poictou, dite
en Latin *Malleacum,*
erigée en Eueſché par le Pape Iean
XXII. C'eſtoit auparauant vne Abbaye fondée par Guillaume II. Duc de
Guyenne.

Maine contrée de France auoiſinée
de l'Anjou, Touraine, & de
Normandie, eſt arrouſée des riuieres de
Maine, de Sartre, du Loire, & de pluſieurs autres petites riuieres & ruiſſeaux
qui rendent ſon terroir fort propre au
paſturage : Il y a pareillement abondance de vins & de grains en quelques endroits. Elle eſtoit iadis compriſé ſous
l'Aquitaine, & depuis erigée en Duché
par le Roy Iean pour Loüis ſon ſecond
fils, & eut des Ducs iuſques à l'accord
paſſé entre ſainct Loüis & Henry III.
Roy d'Angleterre; portant, Que l'Anglois ſe conteroit de l'Aquitaine ou
Guyenne, qui ſeroit bornée du coſté du
Nord, de la riuiere de Charente, & du
Midy des Monts Pyrenées, la Normandie, le Maine & l'Anjou, & pour celuy
ſeroient deliurez 1500000. eſcus. Ses
villes ſont le Mans, qui eſt ſa capitale,

Maienne, la Ferté Bernard, Sablé, Chaſteau de Loire, &c. Ses habitans iadis
appellez Auliorces, Cenomans & Vin-
dihiens, & de preſent Manceaux, ont
eſté grands guerriers, ayans eu de grandes confederations auec les Romains,
ſelon le teſmoignage de Tite-Liue, Polybe & Iuſtin ſont maintenant fort in-
duſtrieux, de ſubtil eſprit, & plus ruſez
que leurs voiſins. *Voy* Mans.

Majorian vaillant Capitaine, fut
eſleu Empereur de Ro-
me pour gouuerner l'Italie & la Sicile,
du temps que Leon I. du nom eſtoit
Empereur d'Orient. Il s'employa courageuſement à deffendre l'Italie des
Wandales conduits par leur Roy Genſe-
ric, & ſe voyant puiſſant il ſe delibera de
paſſer en Afrique afin de la recouurer.
Mais la mort luy retrancha ce deſſein
trois ans & quelques mois apres ſon eſlection. *Procope.* Quelques-vns tiennent
qu'il fut maſſacré par ſes ſoldats. *Rode-*
ric Toletan.

Majorque vulgairement dite *Mal-*
lorca, iſle ſur les coſtes
d'Eſpagne, laquelle auec vne autre iſlette prochaine nommée Minorque,
ſont ſujettes au Roy des Eſpagnes, &
toutes deux appellées Baleares, *Voy* Baleares.

Maire, nom d'vn ancien Office de
France, qui s'appelloit Maire
du Palais; qui en ſa premiere inſtitution, que l'intendance de la maiſon
Royale, & le premier commandement
aux armes, auquel Martel auoit adiouſté
l'authorité de Duc de France, mais qui
depuis l'eut auſſi du Royaume par la
ſouffrance de Clotaire II. Si bien que
leur authorité s'augmenta tellement,
qu'elle s'eſtendit pardeſſus les Roys, &
finalement occupa la Royauté : Ce qui
arriua és perſonnes de Pepin, Le Bref,
& de Hugues Capet : mais ce dernier
ſupprima cette charge quaſi Royale, ad-
uançant en ſa place celle de Conneſtable, qui n'auoit auparauât pouuoir que

sur la Caualerie, comme grand Escuyer soubs le commandement du Maire. De ce nom encores sont qualifiez ces Magistrats electifs qui ont l'intendance sur la police en la pluspart des villes, & de France.

Makeda Royne d'Ethiopie selon Iosephe *liu.* 8. *chap.* 2. de *ses Ant. Iud.* laquelle auec vn appareil magnifique, vint de l'Isle de Saba, appellée depuis Meroë, vers le Roy Salomon lors qu'il batissoit le Temple, afin d'entédre sa sagesse & profonde doctrine és choses naturelles, & de deuiser auec luy de choses hautes & obscures: Elie luy fist aussi present de 20. talens d'or, de grande quantité de baulme & d'espiceries, & receut de luy semblablement de grands presens. L'histoire d'Ethiopie adiouste qu'elle en eut vn fils nommé Melich, qui a donné le commencement au Royaume du Pretejan. Elle remena en son païs 12000. Iuifs; sçauoir 1000. de chaque Tribu des enfans d'Israel: d'où vient que les Ethiopiens se glorifient d'estre descendus des Israëlites. Et depuis ce temps-là ils ont tousjours observé quelque partie de la Loy Mosaïque se faisans circoncire, non point pour la necessité du salut, mais pour la prerogatiue de leur sang. Mais depuis ils ont obserué aussi l'Euangile qu'il auoient receu de l'Apostre sainct Philippe, de l'Eunuque de la Royne Candace, & posterieurement de sainct Mathieu. *Marin Victorin des Roys d'Ethiopie.*

Malabar contrée tres-renommée des Indes Orientales qui commence depuis le Cap de Comorin iusques à la riuiere & ville de Cangeracum, lequel espace du costé de la mer cötient bien 300. milles, & en sa largeur depuis le mont Gates iusques à l'Ocean 50. lieües. Ce pays est le mieux peuplé & cultiué qu'aucun des Indes : aussi l'air y est fort bon & temperé, & la terre y est fertile, arrousée de plusieurs riuieres : Et jaçoit qu'il n'y ait beaucoup de bleds, il abonde en riz, gingembre, mirabolans, canelle, poyure, & autres fruicts aromatiques : Il y a des estangs remplis de grands Lezards presque semblables aux Crocodiles qui ont la peau dure & couuerte d'escailles que les habitans mangent : comme aussi certaine sorte de chauuesouris grandes comme des escouffles. Il y a pareillement beaucoup de villes riches, puissantes & marchandes à cause des bons havres qui y sont où toutes sortes de marchandises abordent de toutes les autres contrées des Indes. Chacune de ces villes a son Roy, qui sont tous ou Mahometans ou Idolatres. Ses principaux Royaumes söt Canonor, Calecut, Cranganor, Caicola & Conlan, desquels le plus renommé est Calecut, dont le Roy se nomme Samory, c'est à dire, *Souuerain Empereur & Dieu de la terre. Magin en sa Geogr.*

Malacca ville du Royaume de Sian és Indes Orientales assize sur la riuiere de Gaze. Elle est fort belle & contient bien vingt milles de tour, riche en marchandises : comme d'espiceries, d'or, d'argent, de perles & autres pierres precieuses ; Il y a vn havre fort cömode où les Nauires abordent chargées de riches denrées. C'est la capitale d'vn païs dit pareillement Malacca, que les anciens, selon l'opinion d'aucuns, appelloient la Chersonese dorée, lequel contient bien 270. milles vers les costes de la mer ; le terroir y est fort humide & fangeux, n'estant beaucoup fertil. Ses habitans portent longs cheueux, sont grands meurtriers, attribuans à gloire de s'entretuer la nuict les vns les autres : les hommes & femmes y font également l'amour sans scrupule, leur langage est le plus elegant & gentil de tout l'Orient : aussi beaucoup de natiös s'en seruent communement aux Indes. Leur Roy estoit jadis Mahometan tributaire à celuy de la Chine : mais depuis que les Portugais s'en sont empa-

rez, ils ont basty vn fort où le Roy
d'Espagne tient garnison. Il y a en cette ville vn Euesque, suffragant de l'Archeuesque de Goa, toutefois ils s'y trouue encores des personnes de diuerses
Religions qui y viuent en liberté. *Magin en sa Geogr. & Monst. en sa Cosmogr.*

Malachie Prophete, Interpreté de
l'Hebreu, *Ange* ou mes-
sager, dont quelques-vns estiment comme Origene, que ç'ait esté vn Ange qui
aye pris la nature humaine pour pro-
phetiser au peuple Iuif: Sainct Epiphane toutefois asseure qu'il estoit natif de
la bourgade de Sopha de la Tribu de
Zabulon, & que l'on luy donna le nom
d'Ange à cause de sa forme excellente
& de l'integrité de ses mœurs. Les Hebrieux Talmudistes le tiennent estre le
Scribe & Prestre Ezdras, attendu qu'il
reprend és Iuifs les mesmes choses &
presque mesmes termes qu'Esdras *en
son 9 & 10. chap.* declamant contre la
meschante vie de ce peuple, & principalement des Prestres; qui apres leur
retour de Babylone & la restauration
du Temple, estoient neantmoins re-
tournez à leurs premiers pechez: & l'authorité de ce liure n'a iamais esté reuo-
quée en doute: aussi contient il force
remarquables Propheties de Iesus-
Christ, de S. Iean Baptiste, d'Elie & de
la vocation des Gentils. Il est estimé le
dernier des Prophetes, d'autant que
leur succession n'a eu apres luy aucune
certitude, comme l'explique Iosephe
contre Appion. Il florissoit enuiron l'an
du monde 3400. *Sixte Siennois liu. 1. de
sa S. Biblioth.*

Malaléel Patriarche, le 6. apres
Adam fils de Caïnam en-
gendra Iared en l'aage de 65. ans, mourut ayant vescu 895. & 296. deuant le
deluge. *Genes. 5.*

Malchus nom de celuy auquel S.
Pierre couppa l'oreille.
Iean 18.

Maldiues isle des Indes Orientales situées à l'opposite
du Royaume de Malabar, qui sont au
nombre de plus de 1000. car la mer y
fait tant de separatiōs encores si estroi-
tes que les mats des Nauires touchent
des deux costez aux branches des arbres, & en quelques endroicts vn bon
sauteur peut saillir d'vn costé à l'autre.
Il y a en ces isles vn arbre tres-singu-
lier, car les habitans en font des Nauires entieres, font des voiles des fueilles & les cousent des filets qu'ils en
tirent, & viennent chargées des denrées du mesme arbre, duquel aussi ils
tirent tout leur victuaille: enfin le Nauire auec la marchandise est toute prise
de cét arbre. La principale de toutes
ces isles est Maldiue, là où est le Palais
Royal, & d'icelle les autres ont tiré leur
nom. *Maffee.*

Malines ville & seigneurie du Duché de Brabant, assize en-
tre Louuain, Bruxelles & Anuers. En
icelle est vne Cour Souueraine à laquelle ressortissent presque toutes les
Iurisdictions du païs Bas, & s'y deci-
dent sans appel les causes des Cheualiers de la Toison d'or. *Magin en sa Geographie.* Elle fut erigée en Archeuesché
par le Pape Paul IV. auquel il sous-
mist les Eueschez d'Anuers, Gand,
Bosleduc, Bruges, Ypre, & Ruremon-
de.

S. Malo ville forte & marchande,
située sur la coste de Bretagne. Elle se nommoit iadis Alet, mais
elle prist depuis le nom de sainct Malo
son Euesque, à cause de la bonne odeur
qu'il y auoit laissée de sa vie. Elle est
honnorée du tiltre d'Euesché, dependant de l'Archeuesché de Tours, & s'e-
stend sur bien trois cens quatorze parroisses. L'on entretient en cette ville
quantité de grands chiens, qui sont dres-
sez à faire la garde la nuict sur les murailles à guise de soldats.

Malte iſle fort celebre, iadis nommée Melite, ſitué en la mer d'Afrique, ayant au Nord le Cap Paſſaro de la Sicile, dont elle eſt eſloignée d'enuiron ſix milles : au Midy l'Afrique, qui eſt à bien ſoixante lieuës de là : au Ponant l'iſle Lampadouze : & au Leuant la mer Mediterranée. Elle a de tour enuiron trente petites lieuës ; ſa plus grande longueur d'Orient en Occidẽt, eſt de vingt-deux milles, & ſa largeur de douze milles. Son terroir eſt pierreux, expoſé aux vents : l'air y eſt fort ardent en Eſté. Il y a quantité d'arbres fruictiers, comme pommiers, amandiers, palmiers, mais peu de vignes : le cotton, les roſes, le thim, le fenoüil y viennent en abondance : les beſtiaux y ſont auſſi en grande quantité à cauſe de ſes paſturages : & eſtoit auſſi eſtimée par les Romains pour les petits chiens qui s'y trouuoient. Sa ville capitale, qui ſelon le teſmoignage de Diodore, fut baſtie par les Carthaginois, porte le meſme nom, renfermée de rochers & vallées tres-profondes. Il y a cinq ports ſignalez capables de pluſieurs vaiſſeaux. Les Romains conquirent cette iſle ſur les Carthaginois : & ſelon le teſmoignage d'Appian, Cæſar les vainquit auec grande difficulté, tant ils eſtoient riches & puiſſans. En l'an 1523. les Cheualiers de ſainct Iean de Hieruſalem ayans eſté chaſſez de l'iſle de Rhodes, s'y vinrent habiter par la conceſſion de l'Empereur Charles le Quint, & depuis elle a eſté annoblie par leur valeur, car ils y commandent & font de grands ſeruices à la Chreſtienté ; contre les courſes & rauages des Turcs & Móres de Barbarie. Au reſte, cette iſle a toutes ſes aduenuës ſi bien en deffenſe, & toutes ſes places fortifiées en telle ſorte, qu'il eſt comme impoſſible d'y faire quelque deſcente, ou ſ'y ayant faite, d'y pouuoir aduancer ou gagner quelque choſe, tellement que telle force conioincte à la valeur des Cheualiers qui l'occupent, fait qu'on les a laiſſez depuis vn long-temps paiſibles en leur iſle : La langue, comme les mœurs de ſes habitãs ſont preſque ſemblables à celles des Africains, ſe ſeruant d'vn Arabe corrõpu ; Ils ſont tous bons Catholiques, & grandement affectionnez à hõnorer ſainct Paul, auſſi ce ſainct Apoſtre y planta la Foy, comme il ſe void és Actes chap.28. & depuis ſon arriuée on n'y a veu nulle ſorte de Serpens, meſmes les Scorpions qui ſont ailleurs fort nuiſibles, n'y font aucun mal à ceux qui les manient : voire les pierres tirées de la grotte où cét Apoſtre fut priſonnier, ont vne grande vertu contre les Viperes & Scorpions. Il y a en cette iſle vn Eueſque qui eſt ſous l'Archeueſché de Palerme en Sicile. L'on y tint iadis vn Concile du temps du Pape Innocent I. contre l'heretique Pelagius. *Magin en ſa Geogr.*

Mambres l'vn des enchanteurs de Pharaon, lequel auec Iamnes, reſiſterent grandement au Legiſlateur Moyſe, *Voy* Iamnes.

Mamert que Tritheme appelle Claude, & quelques autres Claudian, Eueſque de Vienne renommé en ſaincteté, lequel le premier par vn exemple de pieté introduiſit dãs l'Egliſe la ſolemnité, proceſſions & ieuſnes des Rogations, que les Chreſtiens Syriens appellent le ieune des Niniuites. *Sidonius liure* 5. *Epiſt.* 14. Gregoire de Tours *liure* 2. *chap.* 34. rapporte l'origine de cette Inſtitution, de ce que ſa ville de Vienne eſtoit affligée de continuels trembles terre, & que les loups & autres beſtes farouches y venoient meſme deuorer les hommes. Enquoy ſe void l'erreur de Polidore, Virgile lequel *liure* 5. *chap.* 10. *de l'inuention des choſes*, en attribuë l'inuention au Pape Leon III.

Mamertes Corinthien, ayant fait tuer par ambition de regner, les enfans de ſon frere Siſapon, fut en vengeance de ce forfait deſmembré

membré en pieces par sondit frere. *Oui*
de en son Ibis.

Mamertins peuples de la Campa-
nie, qui furent fonda-
teurs de la ville de Messine en Sicile, laquelle estans venus habiter, ils retindrét
ce neantmoins tousiours leur premier
nom. *Plin. liu. 3 chap. 8.*

Mammelus en langue Syrienne,
Africaine & Moresque, signifie seruiteurs ou soldats qui viuoient parmy les Arabes, à la suite & ser-
uice des Souldans d'Egypte, à la maniere de leur Religion sans se-matier, presque comme nos Cheualiers de Malte.
Leur authorité & puissance commença
au temps que sainct Loüis nostre Roy
fut pris à Damiette. Ils creoient le plus
souuent (ou bien leurs Emires ou Admi-
raux qui estoient leurs Chefs) le Soul-
dan : & ces Mammelus estoient presque
tous Chrestiens ou fils de Chrestiens,
comme sont les Iannissaires entre les
Turcs. *Chalcondile liure 3. de son histoire*
des Turcs, P. Ioue liure 17. & 18. de ses
histoires.

Mamurius surnommé Veturius,
artisan fort celebre,
contemporain du Roy Numa, durant le
regne duquel il tomba du Ciel vn bouclier de cuiure, lequel sur le champ l'O-
racle tesmoigna estre enuoyé pour le salut & conseruation de la ville. Partant
on le proposa à plusieurs pour en faire
de semblables sur le patron, afin que si
quelqu'vn entreprenoit de le desrober,
qu'il ne sceust lequel prendre pour le
vray. Mais tous desespererét de pouuoir
atteindre à la perfection de cét œuure,
horsmis ce Mamurius qui en fist onze
autres si semblables, qu'on ne les pouuoit discerner d'auec le vray : à raison
dequoy il obtint pour recompense, qu'à
iamais son nom seroit celebré és solemnitez des Saliens, lesquels estoient gardiens de ces boucliers nommez Ancilies.
Plut. en la vie de Numa, Ouid. liu. 3. des
Fastes. Voy Ancilies.

Manahem fils de Gadi, fut le 16.
Roy d'Israël, ayât vsur-
pé le Royaume sur Sellum qu'il tua. Il
ensuiuit les voyes peruerses de Ieroboam
fils de Nabat, fut tres-cruel ; car ayant assiegé la ville de Thapsa, il y entra de force, & mist tout à feu & à sang, iusques à
faire fendre le vendre des femmes grosses. Mais afin d'asseurer son Royaume
contre Phul Roy des Assyriens, qui le
vouloit enuahir, il fut contraint de luy
bailler milles talents d'argent, taillant
son peuple, & exigeant cinquâte drachmes par chacune teste : & quelque temps
apres il mourut en Samarie, y ayant regné dix ans sur Israël, enuiron l'an du
monde 3403. *4. Roys, ch. 15. Ioseph. liu. 9.*
chap. 11. de ses Antiq. Iud.

Manasses succeda à son pere Eze-
chias au Royaume de
Iuda, & en fut le 16. Roy. Il fut tres-
meschant, & remist sus l'idolatrie que
son pere auoit abolie, sacrifiant aux faux
Dieux, s'addonnant aux impietez qui
auoient esté pratiquées par les plus meschans Roys ses predecesseurs : exerça infinies cruautez sur les Innocens, iusques-
là que de faire scier en deux le Prophete
Esaye son cousin germain. *S. Hierosme*
sur Esaye. Pour punition desquels forfaits, Dieu permist qu'il fust mené captif
en Babylone, où ayant esté sept ou huict
ans, il fut enfin touché du sainct Esprit,
& apres auoir perseueré vingt-deux ans
en son impieté, selon le Seder - Olam
chap. 24. ou quarante ans selon d'autres.
Il vesquit le reste de ses iours en la crainte de Dieu, faisant penitence de ses pechez. *4. Roys 21. 2. Paralip. 33.* comme apparoist encore en l'Oraison qui se void
de luy és liures sacrez, laquelle est reputée pour Canonique par les Peres Latins,
iaçoit qu'elle ne se trouue point és vulgaires exemplaires, tant Hebrieux que
Grecs : L'on la void toutesfois en Grec
en la Bibliotheque de sainct Victor de
Paris. Il mourut l'an du monde 3524.
ayant regné sur Iuda cinquâte-cinq ans.

Iiiij

¶ Il y en eut vn autre de ce nom, fils aiſné de Ioſeph, & Chef de l'vn des douze Tribus d'Iſraël, auquel ſon grand pere Iacob mourant donna la benediction, & quant & quant à ſon frere Ephraim. *Geneſ.*48.

Mandané fille d'Aſtyages Roy des Medes, laquelle ſon pere donna expres en mariage à vn nommé Cambyſes de mediocre condition, pour la crainte qu'il auoit euë d'vn ſien ſonge, par lequel il luy ſembloit que ſa fille noyoit toute l'Aſie de ſon vrine. Mais ayant encore depuis ſongé, que du ventre de cette ſienne fille, qui eſtoit enceinte de Cyrus, ſortoit vn cep de vigne qui ombrageoit toute l'Aſie, il eut encore plus grande apprehenſion, & donna charge à vn ſien familier nommé Harpagus, de tuer l'enfant qui naiſtroit d'elle : toutesfois Harpagus ne ſe voulant polluer d'vn tel forfait, le donna à nourrir à vn des Paſteurs du Roy. Lequel depuis fut reconnu de ſon ayeul pour ſa beauté, & renuoyé à ſa mere en la Perſide, lequel deuenu grand fiſt la guerre à ſon ayeul, & le depoſſeda de ſon Royaume, à la ſuaſion & aſſiſtāce d'Harpagus. *Voy* Aſtyages & Cyrus.

Mandanes Gymnoſophiſte tresrenommé entre les Indes, lequel Alexandre le Grand ayant ſommé de venir aſſiſter au banquet qu'il faiſoit à Iupiter, comme ſon fils, luy promettant de grands preſens s'il luy obeïſſoit : comme au contraire, le menaçant des peines fort rigoureuſes s'il le refuſoit, l'on tient qu'il luy reſpondit ces choſes auec grande conſtance ; Qu'il n'eſtoit ny fils de Iupiter, ny maiſtre d'vne grande partie de la terre, qu'il n'eſtoit en rien eſmeu de ſes dons, puis qu'il le reconnoiſſoit ſi inſatiable en ſes ſouhaits & entrepriſes, & que l'Indie eſtoit plus que ſuffiſante pour luy fournir ce qu'il auoit de beſoin ; & encore moins redoutoit-il ſes menaces, veu que tant s'en falloit qu'il euſt la mort en horreur : qu'au

contraire il la deſiroit auec grande ardeur, attendu qu'elle le deliureroit d'vne chair toute caſſée & attenuée par la vieilleſſe, pour le remettre en vn eſtat de vie meilleur & plus heureux. *Strabon liure* 15.

Mandao contrée des Indes Orientales, voiſine du Royaume de Cambaye, ſituée en vn lieu aſpre & montueux ; Elle eſtoit iadis habitée par ces femmes belliqueuſes que l'on nomme Amazönes, dont il en reſte encore bon nombre. Il n'y a pas longtemps que la femme du Roy de ce païs, qui eſtoit Mahometan, auoit en ſa compagnie bien deux milles femmes toutes à cheual : Mais depuis ce Royaume eſt venu en la puiſſance du Grand Mogor. *Magin en ſa Geogr.*

Manes eſtoient reputez par les anciens, ces Dieux infernaux qu'ils mettoient au nombre des nuiſibles & malencontreux, & pource les apaiſoit-on par ſacrifices de peur qu'ils ne fiſſent aucun mal. D'autres ſelon le teſmoignage de Seruius *ſur le* 6. *de l'Æneïde* : Eſtimoient les Manes eſtre les meſmes que les Genies, dont il y en auoit vn bon & l'autre mauuais, leſquels accompagnoient les habitās dés leur naiſſance, ne les abandonnans iamais, non pas meſmes leurs corps apres leur mort, & partant ceux qui deſtruiſoient les ſepulchres eſtoient eſtimez violer les Manes, dont eſt procedé cette Loy citée par Ciceron *au ſecond des Loix, Deorum Manium iura ſancta ſunto.* C'eſt pourquoy à proprement parler, on les eſtimoit eſtre les ames ſeparées & affranchies des liens du corps, comme le ſemble tenir Apulée, *au demon de Socrates,* les Manes, dit il, ſont les ames de plus grand merite & conſideration, leſquelles eſtant au corps ſont appellées Genies, en eſtant ſeparées Lemures ; quand elles faiſoient des rabats de nuiſt & nuiſoient, Larues : que ſi elles ſe rendoient douces & traittables, on les appelloit Lares ou Demons familiers, gardiens & protecteurs des maifons, & pour ce font appellées Manes du verbe Latin *manere*, qui fignifie demeurer. *Voy* Genie, Lares & Lemures.

Manes ou Manichée, Perfan de nation, & ferf de condition, fut vn Herefiarque fort fameux du temps de Denis Pape, & de l'Empereur Aurelian. Il s'appelloit anciennement Curbicus, mais il fe fift appeller Manes, qui fignifie en langue Babylonienne *vaiffeau*, à l'emulation de fainct Paul qui fut nommé vaiffeau d'eflection : & encore Mannes, comme parlant de la Mane : mais l'origine de fon nom fe doit pluftoft prendre du Grec pour expliquer fa rage & folie, dite par les Grecs *Mania*. Cét impofteur a eu grande vogue en l'Orient, eftant mis entre les principaux Legiflateurs du monde par les Cabaliftes Hebrieux. *R. Abraham en fa Cabale.* Et de fait, *felon Epiphane heref. 56.* ayant enuoyé vn fien Difciple nommé Adam, appellé Baddam par fainct Cyrille, és contrées fuperieures de l'Orient, cela a probablement donné occafion à l'opinion fabuleufe des Indiens, qui croyoient qu'Adam le premier pere des hommes, a efté enfeuely en quelque quartier des Indes, frequentans & honnorans fon pretendu fepulchre, comme le porte l'hiftoire des Portugais. Ce feducteur alloit d'ordinaire accompagné de douze Difciples correfpondant aux douze Apoftres (lequel nombre eftoit encore gardé du temps de fainct Auguftin par les Manichéens. *Eufebe liure 7. chap. 25. S. Auguft. heref. 46.* Car de leurs efleus il y en auoit douze qu'ils appelloient les maiftres, & vn treiziefme qu'ils eftabliffoient pour leur Prince.) Contrefaifoit auffi la Hierarchie Ecclefiaftique, en ordonnant des Euefques, Preftres & Diacres. Se difoit eftre le Paraclete promis par Iefus-Chrift, comme vn autre Montanus : & pour amorcer les fimples, il promettoit merueilles en confirma-

tion de fa doctrine. *Sainct Aug. chap. 11. de l'vtilité de croire, & liu. 3. de fes Confeff. chap. 6. & 11.* Mais ayant promis de guarir le fils de Sapores Roy de Perfe, & ne l'ayant peu effectuer, le Roy le fift efcorcher tout vif, fon corps fut ietté aux chiens, & fa peau penduë deuant la porte de Sapores, laquelle eftoit gardée encore en Perfe du temps de fainct Epiphane, comme il refmoigne *heref. 66. S. Cyrille en fa Catech.* Touchant fes erreurs & de fes fectateurs nommez Manichéens. *Voy* Manichéens.

Manes fleuue au païs des Locres, dit autrement Boagrius. *Voy* Boagrius.

Manethon Preftre Egyptien Hiftoriographe, defcrit l'hiftoire de douze Roys d'Affyrie, depuis le 19. auquel Berofe auoit finy la fienne, iufques au 32. Il parle auffi de plufieurs autres nations, & fpecialement des Egyptiens, le tout en Grec, où il defcrit femblablement l'origine des Iuifs, qu'il appelle pafteurs, & leur defcente en Egypte de la terre de Chanaam. *Iofephe liu. 1. contre Appion Alexandrin.* Il eftoit en renom enuiron l'an du monde 3642.

Manicongo Royaume d'Afrique fort ample & renommé, dit auffi Congo. *Voy* Congo.

Mangi contrée tres-ample de la grande Afie, en laquelle il y a neuf Royaumes qui ont chacun vn Roy, lefquels tous reconnoiffent le grand Cham de Tartarie : L'vn de ces Roys demeure en la ville de Quinfay, qui eft l'vne des plus grande du monde : En toutes ces villes, qui font en grand nombre, fe fait vn grand trafic ; Et en quelques-vnes l'on fe repaift de chair humaine auec grande volupté, principalement au Royaume de Fugui, ayans les habitans cette couftume de boire le fang & manger la chair des Ennemis qu'ils tuent en guerre. *Monft. liu. 5. de fa Cofmogr.*

Manie a esté estimée par les anciens la mere des Lares, à laquelle les Romains sacrifioient, és Festes appellées Compitales instituées par Brutus, premierement des enfans, mais depuis ne luy offroient que des testes d'Ails & de Pauots. Et en ces Festes comme és Saturnales, les serfs se mesloient auec les personnes libres : & là és carrefours faisoient bône chere & beuuoient d'autant, afin que par cette familiere conuocation, les serfs fussent obligez à seruir plus franchement leurs maistres, & qu'aussi toutes sortes de haines & offenses, fussent esteintes & assoupies. *Alexand. d'Alexand. liure 2. chap. 22. Voy* Lares & Compitales.

Manichéens heretiques renommez, desquels fut autheur vn Persan nommé Manes ou Manichée du temps de l'Empereur Aurelian. *Eusebe liure 7. chap. 26.* Leurs erreurs ont grandement trauaillé l'Eglise, s'estans mesmes espanduës iusques aux Prouinces Orientales. Ont eu plusieurs fausses opinions communes auec les autres heretiques, comme de nier le franc-arbitre. *Sainct Augustin liure du Franc-arbitre.* Que l'eau du Baptesme ne profite de rien. *Sainct Aug. heres. 46.* Leur principal & particulier erreur & fondement de tous, estoit d'establir deux principes contraires coëternels, ou deux natures & substances ; l'vne du bien, & l'autre du mal, à l'instar des deux Dieux que croyoient les Gnostiques, Cerdonistes & Marcionistes : desquels le mauuais gouuernoit ce bas monde, & le bon ne faisoit rien icy. Laquelle frenesie dure encore és Indes & autres Prouinces Orientales, où ils adorent encore le diable en leurs Pagodes en forme aussi hideuse que nous le peignons. Ils auoient encore en suitte d'autres erreurs specifiez par sainct Augustin *heres. 46. Sainct Epiphane heres. 66.* Preschoient qu'il y auoit vne mesme ame en tous les hommes, animaux & plantes : Et ailleurs,

dogmatisoient qu'en chaque homme il y auoit deux ames, l'vne bonne venuë du bon principe, qui estoit de mesme nature que Dieu : & l'autre mauuaise infuse du mauuais, qui estoit la concupiscence de la chair : remettoient sus la metemphycose iadis enseignée par Pythagore, voire estendoient cette transmigration iusques aux bestes & plantes, imaginans que ceux qui mangeoient de là chair, ou fruicts, estoient metamorphosez és mesmes animaux, & autres choses qu'ils mangeoient. *Sainct Augustin heres. 46. Epiphane heres. 66. Cyrill. Cathechel. 6.* Nioient estre vray Dieu celuy qui auoit estably la Loy, laquelle ils estimoient mauuaise & procedée du mauuais principe ; C'est pourquoy ils reiettoient les Prophetes, tenoient que Iesus-Christ n'auoit point deliuré les corps, ains seulement les ames, nioient la Resurrection & le Iugement futur, adoroient les Dæmons, condamnoient la Polygamie des Patriarches. *Sainct Augustin liure 22. chap. 5. contre Faustus.* Et és Catholiques, la Virginité. *S. August. au liure des mœurs des Manich. chap. 13.* Mesprisoient toute superiorité politique & temporelle, & tenoient toute guerre mauuaise. *Sainct Augustin liure 22. chap. 6 contre Faustus.* Defendoient l'vsage du vin, disans que c'estoit le fiel du diable, & pareillement celuy de la chair. *Sainct Augustin liure des mœurs des Manich.* Blasmoient aux Catholiques l'honneur qu'ils portent aux Saincts Martyrs & à leurs Reliques. *Sainct August. liu. 20. chap. 21. & liure 32. chap. 11. & 12. contre Fauste.*

Manilius Octauius duquel descendirent les Maniliens, Capitaine des Tusculans, & gendre de Tarquin, vers lequel il se retira apres auoir esté chassé de Rome, & par l'assistance duquel il fist la guerre aux Romains. *Tite-Liue liure 1.*

¶ Il y en eut vn autre de ce nom, que

Caton le Cenfeur ietta hors du Senat pour auoir en plein iour & deuant fa fille, trop amoureufement baifé fa femme. *Plut. en la vie de Caton.*

Manioles certaines Ifles fituées par delà le Gange à l'oppofite des Indes, efquelles l'on tient que les vaiffeaux nauigeans là autour, qui font affemblées de cloux de fer, s'arreftent tout court à caufe de la pierre d'Aimant qui s'y treuue. Les Antropophages qui l'habitent, font appellez Manioles. *Ptolem. liu. 7.* l'on les nomme vulgairement, *Iflas di Pracel.*

Manis ancien Roy des Phrygiens, autrement appellé Mafdes, tresfage & tres-vaillant Prince. Si bien que de luy, fes fujets appellerent les illuftres & genereux exploits d'armes Maniques. *Plut. au traitté d'Ifis & d'Ofiris.*

Manlius nommé Marcus, & par Pline Titus, fut vn tres-genereux Capitaine, ayant eu fix Couronnes Ciuiques, pour auoir recous fix fois les Citoyens Romains d'entre les mains des Ennemis, receu trente-fept dons du peuple pour fa vertu, & auoir trentetrois playes toutes au deuant. Ce fut le premier homme d'armes Romain, qui eut Couronne d'or pour auoir efté le premier fur la muraille à vne prife de ville, & luy feul garda & conferua le Capitole, contre les Gaulois qui cuidoient entrer, & pour ce bel acte il fut furnommé Capitolin. *Pline liure 7 chapitre 28.* Mais voyant qu'il ne pourroit arriuer par droite voye à deuancer la gloire de Camillus, il fe mift en deuoir de baftir vne tyrannie par moyens indirects, qui eftoit de flatter le menu populaire, deffendre les caufes des endebtez, & les recoure par force d'entre les mains des creanciers, qui leur eftoient adiugez par la rigueur de la Loy. Ainfi pour les infolences qu'il commettoit, & les troubles & feditions qu'il executoit ordinairement, il fut mis prifonnier par le commandement de Quintus Ca-

pitolinus: & enfin condamné d'eftre mené fur le Mont du Capitole, dont il fut precipité du haut en bas: de forte qu'il eut vn mefme lieu pour tefmoing de fes plus heureux faits, & de fa plus miferable calamité. *Plutarque en la vie de Camillus.*

¶ Il y en eut vn autre de ce nom furnommé Torquat, pour auoir par vn indicible courage furmonté vn Gaulois d'vne force extraordinaire, & luy auoir arraché vn collier d'or, appellé par les Latins *torques*, & pour ce beau fait il laiffa le furnom de Torquat à fa pofterité. L'on luy attribua auffi le nom d'Imperieux, pour auoir efté l'autheur d'vn tres feuere exemple: comme il le prattiqua en la perfonne de fon fils, l'ayant fait fouetter, puis decapiter, pour auoir contre fon authorité liuré le combat aux Ennemis, iaçoit qu'il les euft vaincus. *Tite-Liue lin. 4. Decad. 1. A. Gell. liu. 9. chap. 13.*

¶ Il y en eut vn autre nommé Lucius tresexcellent Peintre, en la maifon duquel, comme Semilius foupant euft veu fes enfans laids & difformes: *Autrement tu peints*, dit-il, *& autrement tu formes & feints. Ouy*, refpondit-il, *car ie peints le iour, & ie feints la nuict.* Mais le Latin a plus de grace, *In luce pingo, in tenebris fingo. Macrob.*

Mannus fils de Tuifcon, duquel les Germains fe difent auoir efté appellez Allemans.

Mans ville capitale du Maine, que l'on tient communement auoir efté baftie par Sarton ou Sarron, petit fils de Samothes, qui regnoit és Gaules enuiron l'an du monde 2007. qui luy impofa le nom de Sarte ou de Sarre, comme aux Sarronides. Mais qui depuis ayant efté ruinée par les factions des Sarronides & des anciens Druides, elle fut rebaftie par Lemannus autre Monarque des Gaules, & lors fut appellée de fon nom *Lemannum*, que nous difons en François le Mans. Elle eft auffi appellée *Cenomanum*, à cause comme l'on tient, que les Senois vindrent habiter auec les Manceaux, & en cette façon ce mot s'escriroit auec vne S, quoy que c'en soit, cette ville est fort ancienne. En icelle fut baptisé Henry II. Roy d'Angleterre, & fils de Godefroy Comte du Maine. Au reste, cette cité est vn des anciens Baillages du Parlement de Paris, & depuis nostre Roy Henry II. y establit le siege Presidial pour le païs du Maine & villes qui en dependent. Elle fut faite Chrestienne par sainct Iulian Euesque d'icelle, en l'honneur duquel fut bastie l'Eglise Cathedrale, dont nos Roys sont reputez Chanoines. Son Euesché s'ested sur bien quatre cens cinquante parroisses, & depêd de l'Archeuesché de Tours. *Voy* Maine.

Mansfeld
Comté de l'Allemagne, faisant partie de la vieille Saxe, a pour bornes à son Leuant, le fleuue de Sal auec l'Archeuesché de Magdebourg, & le Diocese de Mersebourg; au Midy la Thuringe, & au Couchant les Comtez de Swartzembourg & Stolberge, auec quelques autres seigneuries voisines. Ce Comté est fort ancien, ayant eu des Comtes dés l'an 542. Il comprenoit iadis quatre autres Comtez, ayans chacune leurs Seigneurs, outre le Palatinat de Saxe & quelques autres seigneuries; on y trouue force metaux & des cailloux, qui estans eschauffez rendent du cuyure & quelque peu d'argent. Il y a aussi en ce païs vn lac salé, dans lequel les filets se bruslent comme s'ils estoient mis au feu. Ses villes principales sont Mansfeld, Leimbach, Eisleben & Wypre. *Magin en sa Geographie.*

Mantinée
ville d'Arcadie, laquelle fut depuis appellée Antigonie à cause d'Antigonus, & toutefois apres elle prist derechef le nom de Mantinée, par le commandement de l'Empereur Adrian. Elle est renommée par cette victoire qu'obtint Epaminondas Chef des Thebains sur les Lacedemoniens, en laquelle toutesfois il fut tué. *Xenophon liure dernier des affaires Grecques, Strab. liure 9.*

Mantouë
ville signalée de la Lombardie par delà le Pô, assise pres du lac Benac qui l'enuironne, c'est pourquoy l'on n'y entre que par des ponts qui rendent l'accés bien difficile à ceux qui voudroient entreprendre sur elle. Cette ville est belle & agreable, remplie de superbes edifices, tât publics que priuez: l'on la fait plus ancienne que Rome de six cens soixãte & dix ans, bâtie soixante ans deuant la guerre de Troye, par Manto la deuineresse fille de Tyresias. Elle fut iadis Chef des douze Colonies des Hetrusques ou Toscans, & depuis elle fut occupée par les Gaulois, & en suite par ordre elle vint en la puissance des Romains, puis des Goths, & apres des Lombards, & ceux cy estans chassez par Charlemagne, elle fut encore remise en la suiettion des Empereurs. Mais depuis par les diuorces & querelles des successeurs de Charlemagne, elle se mist en liberté auec les autres villes d'Italie; & estant tombée au pouuoir de quelques familles, elle est venuë enfin en celle des Gonzagues, dont vn nommé Iean Frãçois, fut fait premier Marquis par l'Empereur Sigismond, & finalement fut erigée en Duché par Charles le Quint, qui est à present vn des plus puissans Estats d'Italie; son Duc possedant dauantage le Marquisat de Montferrat. *Monst. liure 3. de sa Cosmogr.* En cette ville fut tenu vn Concile contre l'Antipape Honorius & l'heretique Berengaire, qui y reuoqua pour la quatriesme fois ses erreurs, y presidant le Pape Alexandre II. en la presence de l'Empereur Henry IV. *Lanfranc des Sacremens.*

Manuë
homme Hebrieu de la Tribu de Dan, auquel l'Ange apparut, & à sa femme, luy denonçant la naissance de son fils Samson, qui seroit Nazarean, & deffendit à sa mere qu'il ne

beuſt ny vin , biere, ny autre choſe immonde. *Iuges, chap.13.*

Manuel Comnene

fils puiſnay de Caloian, ſe ſaiſit dextremét de Conſtantinople & de tout l'Empire d'Orient, ayant fait Moine ſon frere aiſné Iſaac. Il vſa de perfidie vers l'Empereur Conrard & les Allemans, qui s'eſtoient acheminez en Syrie contre les infidelles : car feignant leur donner ſecours, il les addreſſa dans vn païs faſcheux , puis les laiſſa à la mercy des Turcs. Fiſt la guerre à Roger Roy de Sicile, mais ſans grand ſuccez , ſinon que d y faire pluſieurs courſes & rauages , par ſon Lieutenant Michel Paleoloque : Moleſta fort les Hongrois, & les deffit en bataille ; attaqua les Scythes ou Turcs, & les Siciliens enſemble , deſquels il fut battu ſi bien, qu'il fut contraint de faire accord auec ces derniers, & auec l'Empereur Frederic Barberouſſe. Fiſt auſſi la guerre au Sultan d'Iconie, & derechef aux Hongrois, deſquels il triompha. Son voyage en Syrie pour ſe ioindre au Roy de Hieruſalem, luy ſucceda mal : car ſa flotte fut toute diſſipée ; donna la paix mal à propos aux Sarrazins : Eut guerre depuis auec les Venitiens, qui le maltraitterent, comme auſſi les Perſes & le Sultan d'Iconie : repouſſa les Turcs de deuant Claudiopolis. Enfin quittant le meſtier des armes, où il auoit eſté heureux & malheureux , il voulut toucher à la Theologie, où il fiſt des demarches ridicules, conſeruant par Edits quelques reſueries de l'impoſteur Mahomet. Ainſi eſtant tombé malade du corps comme de l'eſprit, il priſt enfin le froc & l'habit d'vn Moine , & en cét equipage rendit l'ame l'an 1178. apres auoir tenu l'Empire d'Orient trente-huict ans. Ce fut vn Prince fort voluptueux, d'vn eſprit eſtrangemét volage , enuironné & conſeillé de Courtiſans de ſon humeur. *Nicetas en ſon hiſtoire.*

Manuel II.

fils puiſné de IeanPaleologue, fut empoiſonné auec ſon pere par Andronic frere aiſné de ce Manuel, mais trois ans apres eſtant eſchappé, il priſt en reuanche ſon frere Andronic, & s'empara de l'Empire auec l'aide du Turc Bajazeth, & pour ce il luy payoit de tribut annuel 3000000. d'or. Et neantmoins l'infidelle Bajazeth, à la ſuaſion de Iean fils d'Andronic, le voulut depoſſeder de l'Empire, & à cét effet aſſiegea Conſtantinople, qu'il euſt priſe ſans l'inopiné rauage de Tamberlam : ce qui incita Manuel de venir en Italie pour auoir ſecours des Rois d'Occident : cela n'empeſcha toutesfois qu'elle ne fuſt priſe ſous ſon petit fils Conſtantin XI. Il eut de ſa femme, vefue de l'Empereur de Trebiſonde, ſept enfans, & mourut l'an de ſalut 1421.

Maragnon

fleune de l'Amerique, l'vn des plus grands du monde, qui eſt à trois degrez de l'equateur, ayant bien ſoixante milles de largeur. Il prend ſa ſource au Peru, & ayant fait vn cours de plus de quinze milles lieuës , ſe va déſcharger en l'Ocean Occidental au Cap d'Alinde , ou à bien 20000. pas auant en mer, il retient encore ſes eaux douces nageant ſur les eaux ſalées. On y trouue des pierres precieuſes. *Gomara lin.2.chap.87. de ſon hiſtoire des Indes.*

Marathon

ville du païs d'Attique, eſloignée d'Athenes d'enuiron dix milles, renommée par la mort du Roy Icare , & de la deffaite du Taureau Marathonien par Theſée. *Ouid.liu.8.de ſes Metamor.* Mais ſpecialement par cette memorable victoire de Miltiades Capitaine des Atheniens, qui auec 11000. des ſiens, deffit 600000. Perſans conduits par Darius leur Roy. *Iuſt. liu.12. Thucydide.*

S. Marc

l'Euangeliſte, que quelquesvns eſtiment eſtre ce Iean fils de Marie, laquelle accueilloit les Apoſtres, comme il eſt recité aux Actes. Origene tient qu'il fut entre les ſeptante-deux Diſciples, & qu'apres l'Aſcenſion il s'adioignit à ſainct Barnabé ſon oncle, & à ſainct Paul, comme le meſme Apoſtre le teſmoigne en l'Epiſtre aux Coloſſiens *chap.*4. & en la 2.Timothée *chap.*4. il ſo miſt en ſuitte à la ſuitte de ſainct Pierre pour eſtre ſon Diſciple & Interprete, ainſi que le meſme Apoſtre le declare en ſa premiere Epiſtre, où il l'appelle ſon fils ſelon l'eſprit. Depuis eſtant Eueſque d'Aquilée, il fut ſollicité par les Romains de compoſer ſon Euangile, lequel il eſcriuit en Grec, ſelon qu'il auoit entendu de la bouche de ſainct Pierre, ou ſelon d'autres en Latin, dont l'original ſe garde encore au treſor de Veniſe. *Armacanus liure* 9. *des queſtions.* En apres il s'en alla en Egypte, où il dreſſa vne Egliſe en Alexandrie, & en fut le premier Apoſtre, là où il viuoit auec vne ſi grande continence, que Philon le plus diſert d'entre les Iuifs, a fait vn liure expres en ſa loüange. Fut enfin martyriſé le huictieſme de l'Empire de Neron, l'an 62. de Noſtre Seigneur. *Sixte Siennois liu.*1.*de ſa ſaincte Bibliotheque,* l'an 827. Son corps fut tranſporté d'Alexandrie à Veniſe, où il eſt grandement honnoré en vne Egliſe qui pour cét effect fut baſtie en ſon honneur, & par l'aduis du Senat les Venitiens l'eſleuerent pour leur Patron, l'image duquel ils portent en leurs eſtendars.

Marc Romain 35. Pape, ſucceda à S. Sylueſtre du temps de l'Empereur Conſtantin le Grand. Il ordonna que le Symbole de Nice ſeroit chanté en la Meſſe, en la place de celuy des Apoſtres. Permiſt à l'Eueſque d'Oſtie, par lequel le Pape eſtoit conſacré d'ancienne couſtume, d'vſer du manteau appellé communément le Pallium, marque de tres-grand honneur & authorité. Tint le ſiege deux ans huict mois, puis mourut l'an de grace 341. *L'hiſtoire Tripart. liu.*4.*chap.*1.*Volat.Plut.*

Marcel Romain 31. Pape, qu'Euſebe, Theodoret & les autres Grecs obmettent, le confondant peut-eſtre auec Marcellin ſon predeceſſeur. Il inſtitua à Rome vingt-cinq Egliſes, comme autant de parroiſſes, les diuiſant aux Cardinaux. *Baronn. ann.* 309. Il a eſcrit deux Epiſtres, l'vne à l'Empereur Maxence afin de faire ceſſer la perſecution, l'autre aux Eueſques de la Prouince d'Antioche, où il demonſtre la preſceance & primauté de l'Egliſe Romaine. *Can. ad Romanum.* 2.*quaſt.*6. Enfin il fut confiné en vn lieu fort ſale & hideux par le Tyran Maxence, où il mourut de miſere, & fut ce lieu puis apres conuerty en vne Egliſe qui luy fut dediée, l'an de ſalut 307. apres auoir preſidé ſix ans cinq mois. *Onuphr. Plut.*

Marcel II Toſcan 230. Pape, homme docte & vertueux, mourut vingt-deux iours apres ſon eſlection d'vne ſubite apoplexie, où ſelon quelques autres de poiſon, l'an de grace 1555. *Onuphr.*

Marcellin Romain 30. Pape, l'apprehenſion des tourmens & ſupplices qui luy furent appreſtez, l'amena au temple d'Iſis & de Veſta, & offrit aux Idoles de l'encens: mais touché puis apres de repentance, il priſt la haire, & ſe preſenta deuant le Concile aſſemblé à Sinueſſe, ſe ſouſmettant à toutes ſortes de peines. Mais les Eueſques ne le voulant iuger, diſans que le ſiege Apoſtolique ne reconnoiſſoit çà bas aucun iuge. Il s'en vint de ſon bon gré à Rome, & ſe repreſenta deuant l'Empereur Diocletian qu'il reprint tres-aigrement, lequel agité de furie le fiſt mourir. Mais auant ſa mort il enioignit expreſſement que ſon corps ne fuſt enſepulturé pour auoir renié ſon Sauueur: ce neantmoins il fut enſeuely trente-ſix iours apres, l'an de Noſtre Seigneur 295. apres auoir tenu le ſiege ſix ans deux mois ſeize iours. Il a laiſſé deux Epiſtres, l'vne addreſſée à l'Eueſque Salomon,

Salomon, & l'autre aux Euefques d'O-
rient. *Tome 1. des Conciles.* De fon temps
s'efleua la 10. perfecution la plus fan-
glante de toutes par Diocletian en
Orient, & Maximian en Occident, car
en vn mois furent maffacrez 17000.
Martyrs : en vne nuict de Noël 20000.
furent bruflez en vne Eglife. *Nicephore
liu. 7. ch. 6.* Vne ville de Phrygie bru-
lée auec tous fes citoyens Chreftiens.
*Eufebe liu. 8. S. Auguft. liu. 18. chap. 52.
de la Cité de Dieu, Zonare tom. 3.*

Marcellin
nommé Ammian Hi-
ftorien. *Voy* Ammian.

Marcellus
nommé Marcus Clo-
dius Capitaine des Ro-
mains, fort experimenté au faict de la
guerre, adroict & difpos de fa perfonne, prompt à la main, & aymant de fa
nature à combattre : eftant au refte de
mœurs fort douces & attrempées, auffi
cheriffoit-il les lettres & difciplines, &
ceux qui en faifoient profeffion. Ayant
fait preuue de fa valeur, il fut efleu Edi-
le, puis Conful, en laquelle dignité il
gaigna vne notable victoire fur les
Gaulois, ayant tué en duel leur Roy
Briomarus ; affoiblit & endommagea
par diuerfes courfes & deffaictes les
trouppes d'Hannibal, qui auoiét neantmoins couftume de toufiours vaincre :
affiegea Syracufe, dont il fut repouffé
vn long temps par les engins & machines d'Archimedes, mais enfin il s'en
empara en remportant force butin à
Rome. Combattit derechef contre Annibal par 3. fois & au dernier demeura
victorieux. Mais comme il vouloit reconnoiftre vn lieu fort d'affiette pour
s'en emparer, il fut enueloppé par les
trouppes d'Annibal & tué fur le châp.
le corps duquel Annibal fift brufler
honnorablement, comme eftant la couftume des anciens, & en fift mettre les
cendres dans vne cruche d'argent, fur
laquelle il pofa vne couronne d'or &
l'enuoya à fon fils. *Plut. en fa vie.* Il fut
5. fois Conful, & felon le tefmoignage

de Pline *liu. 7. chap. 26.* il s'eft trouué
en 39. batailles.

Marcian
jaçoit qu'il fut de tres-
baffe condition & ja fort
aagé, fi eft-ce que pour auoir efté tres-
vaillant & experimenté chef de guerre,
fut efleu Empereur d'Orient par Valentinian III. apres la mort de Theodofe II. en confirmation dequoy il luy
donna fa fœur vnique Pulcheria, tres-
fage & vertueufe Dame, à condition
toutefois, comme dict Zonare, qu'elle
garderoit fa virginité : ce qui fut inuio-
lablement obferué par Marcian. Apres
auoir renforcé les armées que Theodofe auoit laiffées, & enuoyé de nouueaux foldats & Capitaines au fecours
de Valentinian contre Attila qui eftoit
entré en Allemagne, il fe tint coy &
gouuerna paifiblement l'Empire en
Grece & en Orient : Il procura & entretint la paix auec les Perfes & autres
nations voifines, fans perte ny degaft
aucun de fes frontieres, ains au contraire gaigna toufiours quelques terres &
y eut aduantage, & cependant comme
Prince tres-fage & paifible, il fe faifoit
aimer de tous : Auffi fut-il tres-humain
& religieux Prince, ayant incité le Pape Leon le Grand de celebrer le Concile General de Chalcedoine, lequel fut
lors tenu contre Eutyches & Diofcorus, l'an 451. pour les deux natures en
Iefus-Chrift. *Onuphr.* Et pour la fermeté de ce Synode, l'Empereur ordonna
par Edict expres, que perfonne n'euft
plus à difputer publiquement de la Foy,
comme auffi fift plufieurs autres Edicts
pour reftablir le Clergé en fa premiere
fplendeur, ratifiant les donations à luy
faires, & abrogeant les ordonnances
contraires, lefquels Edicts font repe-
tez par l'Empereur Iuftinian & infe-
rez au Code. *L. generaliter Cod. de Epif-
copis & Cler.* Il mourut enfin de poifon
qui luy fut donné par quelques fiens
Capitaines en la ville de Conftantinople, l'an de noftre Seigneur 459 & le 7.

K k k k k

de ſon Empire. Prince tres-prudent, tres-charitable & tres-chaſte. *Procope, P. Diacre, Zonare, & autres.*

Marcion heretique renommé, diſciple de Cerdon, rejettoit la Loy & les Propheties, & introduiſoit d'autres eſcritures à ſon plaiſir, nioit la reſurrection de la chair *S. Aug. hereſ.* 22. Iugeoit eſtre choſe illicite de ſe marier : baptiſoit deux ou trois fois apres le peché. *S. Epiph. hereſ* 42. Enſeignoit que Ieſus Chriſt auoit ſauué les peres deuant ſon aduenement. *Clem. Alex. li.* 2. *des Stromates.* dont toutefois il ſe deſdiſt deuant le Pape Eleuthere. *Tertull. en ſon liu. des Preſcript.*

Marcomans anciens peuples de l'Allemagne, que l'on eſtime eſtre les Bohemiens ou Moraues. S'eſtans hazardez de paſſer le Rhin ſoubs la conduite de leur chef Ariouiſtus, Cæſar en fiſt vne grande deroute. *Strab. liu.* 7. *Stace liu.* 3.

Marcomir yſſu comme l'on tient de Francus & de la fille de Rhemus Roy des Gaules, commença à regner apres ſon pere és enuirons du Boſphore Cimmerien, vers les Palus Mæotides, ſur les Scythes Sicambriens. enuiron 440. ans deuant noſtre Seigneur : Mais ſe voyant trauaillé par les Goths, il fut conſeillé ſuiuant les oracles de ſes Dieux de quitter ce pays-là, & pour cet effect s'achemina auec vne grande trouppe, tant hommes, femmes, qu'enfans, tout le long du Rhin iuſques és Prouinces d'Allemagne, que nous appellons de preſent Gueldres, Cleues & Iuilliers, & paſſerent en Hollande, où ſelon Monſter *liu.* 2. *de ſa Coſmogr.* ils furent ſeulement appellez là Sicambriens, & leur pays Sicambrie, d'vne certaine Royne nommée Cambra, & en ce pays-là habiterent quelque temps ſous 7 ou 8. Roys, pendant lequel temps ils faiſoient guerre aux Gaulois. Meſmes ce Marcomir (auec l'aide des Saxons & autres Allemans voiſins du

Rhin) rauagea la Gaule Belgique iuſques à la riuiere de Meuſe où pluſieurs de ſes gens s'habituerent, ce qui a donné, ſelon quelques vns, la premiere origine à nos Gaulois.

¶ Il y a encores 3. ou 4. Marcomirs Ducs ou Roys des Sicambriens ou Gaulois dont le dernier eſt pere de Pharamond premier Roy de France. *Hiſt. de France.*

Mardochée homme Iuif fort renommé, oncle & pere adoptif de la Royne Eſther, refuſa de deferer aucun honneur à Aman fauory du Roy Aſſuerus : dont iceluy Aman indigné, obtint du Roy vn Edict cruel pour l'extermination des Iuifs. Mais Mardochée par le bon côſeil qu'il donna à ſa niepce (ioinct qu'il auoit ſauué la vie au Roy. *Eſth.* 6. fiſt tant qu'Aman l'honnora meſme par l'expres commandement du Roy, & en ſuitte pendu au meſme gibet qu'il auoit faict preparer pour Mardochée, l'Edict premier reuoqué, & vn autre enuoyé és prouinces en faueur de ſa nation. Cette hiſtoire eſt deduicte au liure d'Eſther compoſé par Ioachim fils de Ieſus grand Preſtre, mais la pluſpart des Latins tiennent qu'elle a eſté eſcrite par le meſme Mardochée, comme l'on peut recueillir du 9. chapitre de ce liure. Il veſcut 198. ans, enuiron l'an du monde 360. *Sixte Sienn. liu.* 1. *de ſa S. Biblioth.*

Mardonius Perſan, l'vn des Satrapes & Lieutenans de Xerxes Roy de Perſe, lequel le Roy (ayat eſté vaincu par Themiſtocles pres de Salamine) laiſſa auec 300000. hommes pour continuer la guerre côtre les Grecs. Mais lequel fut deffait par Pauſanias chef des Lacedemoniens, en vne bataille ſignalée qui ſe donna en la plaine de Platée, & tué par vn Spartiate d'vn coup de pierre. *Plut. en la vie d'Ariſtides.*

Mareotis lac ſignalé de l'Egypte, qui bat la ville d'Alexan-

drie, vers le Midy, augmenté de plusieurs ruisseaux procedans du Nil, ayant
vn havre tres-celebre du costé de la
mer. *Strab. liu. 17.*

¶ De ce nom est appellée vne partie de
la Lybie, laquelle est entre la contrée
Cyrenaique de l'Egypte, appellée Mar-
marique par Ptolemée. Pline la descrit *liu. 5. chap. 6.*

Mareschal dignité souueraine en
France, pour la con-
duite des armées, soubs l'authorité du
Connestable, de laquelle ceux qui sont
honorez sont comme les principales
mains afin d'executer ses commande-
mens. Ils furent instituez par Hugues
Capet, lors qu'il amplifia la dignité de
Connestable pour esteindre celle de
Maire du Palais. *Voy* Connestable.

Ste Marguerite Vierge, natiue
d'Antioche, fil-
le de parens idolatres, fut Martyrisée
en l'aage de quinze ans par le commandement d Olibrius, soubs l'Empereur Decius, l'an de salut 254. Les femmes l'inuoquent ordinairement pour
la deliurance de leur grossesse.

¶ Il y en eut vne autre de ce nom, Comtesse de Hollande, laquelle pour s'estre
mocquée d'vne pauure femme chargée
d'enfans, eut d'vne seule ventrée autant
d'enfans qu'il y a de iours en l'an, sçauoir 365. qui tous furent baptisez. *An-*
nal. de Hollan le, Mere des hist.

¶ Et quelques années deuant l'an 1269.
vne honorable matrone de mesme
nom, femme du Comte Virboslaus, en
la contrée de Cracouie au Royaume de
Pologne, enfanta d'vne seule portée
36. enfans. *Herburtus. liu. 7. chap. 13. de*
son wistoire de Pologne.

Marguerite fille de Raimond
Beranger, fut fem-
me de nostre S. Louys, duquel elle eut
5. fils & 4. filles. Elle fut chaste & de
saincte vie, fonda le Monastere des
Cordelieres à Paris, où elle mist vne
de ses filles. •Elle deceda l an 1295 &

gist à S. Denis en en France.

¶ Il y en eut vne autre de ce nom, premiere femme de Louys Hutin aussi
Roy de France, laquelle pour auoir
esté conuaincuë d'auoir mal gardé son
honneur, fut confinée à Chasteau Gail-
lard sur Seine.

¶ Il y en eut vne autre, femme de l'Empereur Henry VII. duquel elle eut Iean
Roy de Boheme, & 3. filles. Elle fut
tres-deuote, vertueuse & charitable
Princesse. Elle mourut à Gennes.

Margiane contrée de la Grande
Asie, faisant partie de
la Medie, selon Ptolemée, & de la Tartarie de Zacatay, selon Niger : Pinet
l'appelle Tremigan : & Castalde Ie-
salbas. Elle a pour bornes à son Leuant
la Bactriane, au Couchant l'Hircanie,
au Septentrion la riuiere d'Oxe, & au
Midy vne partie de l'Arie. Ce pays est
de grande estenduë, mais pour la plus
grande partie desert & entouré de montagnes, il y a toutefois vn canton grandement fertil, qui fut enuironné de murailles par Antiochus Soter, où les ceps
de vignes sont tels que deux hommes
n'en peuuent quelquefois embrasser vn
seul, & les raisins ont bien deux coudées de long. Alexandre le grand y
edifia vne Cité qu'il nôma Alexandrie,
laquelle ayant esté rebastie par Antiochus fils de Seleucus, fut appellée Seleucie puis Antioche, & de present In-
dion par les habitans, & est capitale de
tout ce pays. *Magin.* Strabon escrit que
de son temps les vieillards y estoient
mal traistez, car arriuans au 70 an de
leur aage ils estoient tuez pour legere
cause, & mangez par leurs prochains
parens, & les vieilles femmes y estoient
estouffées & enseuelies. Tout ce pays
appartient de present au Sophi de Perse.

Mariamné femme d'Herodes As-
calonite, d'excellente
beuté, laquelle il aima esperduëment,
& la fist mourir par ialousie, à ce incité par sa sœur Salomé. *Ioseph. liu. 1. de*

la guerre des Iuifs, chap. 17.

Marian l'Escossois, Moine, grand Theologien & Historiographe, nou, a laissé ses annales depuis le commencement du monde iusques à l'an 1082. Sigeb.

Marica Nymphe du fleuue Lyris, laquelle mariée à Faune, en eut le Roy Latin. Elle fut honorée comme Deesse. Virgil. liu. 6. de l'Æneid.

Ste MARIE, interpr. de l'Hebr. Mere d'amertume, ou exaltée, est appellée cette Vierge sacrée, dicte à bon droict bien heureuse, & beniste entre toutes les femmes, ayāt esté Mere, selon la chair, de Iesus Christ nostre Saueur. Ses pere & mere furent S. Ioachim & Saincte Anne, yssus des lignées tant Royale que Sacerdotale de Iuda & de Leui. Matth. chap. 1. S. Aug. du consentement des Euangelistes. Elle fut mise apres dans l'enclos du temple pour y estre nourrie & esleuée auec les autres Vierges où elle fist vœu de virginité. S. Hierosme tom. 4. de la naissance de la Vierge, Greg. de Nice de la Nat. de Iesus-Christ. Ce neantmoins elle fut mariée à Ioseph, Dieu aymant mieux que l'on ignorast pour vn temps la verité de sa naissance, que l'on doutast de la chasteté de sa mere. Elle donc en l'aage de 14. ans, conceut & enfanta le fils de Dieu par l'operation du S. Esprit, apres l'annonciation qui luy en fut faite par l'Ange Gabriel, demeurant toutefois Vierge deuant & apres l'enfantement: Elle visita en suitte sa cousine Elizabeth, & loüa Dieu. Luc chap. 1. Monta auec Ioseph en Bethleem pour se faire enroller suiuant l'Edict d'Auguste, ch. 2. S'enfuit en Egypte auec Ioseph, pour euiter la persecution d'Herodes, d'où elle retourna en Israël apres sa mort, & vint demeurer en Nazareth. Matth. 2. Accompagna tousiours son fils, mesmes iusques à la mort, lequel estant à la Croix la recommanda à l'Apostre sainct

Iean qui fut depuis le chaste gardien & fidelle protecteur de sa personne. Iean 19. Niceph. liu. 2. chap. 3. Elle fut depuis, 15. ans apres l'Ascension, enleuée au ciel par les Anges, les Apostres & Disciples de Iesus-Christ, s'estans tous assemblez à son decez S. Denis des noms diuins, Eusebe en s. Chron. Et iaçoit que S. Augustin & S. Hierosme doutent du liure qui a esté fait touchant son Assomption, si est-ce qu'ils ne doutent point de la residance de son corps & de son ame au Ciel en parfaicte beatitude, & l'Eglise Catholique l'a ainsi tousiours pieusement creu, n'estant iuste que le corps qui auoit esté le sacrosainct receptacle de la Diuinité, sentist aucune corruption: à laquelle verité les Turcs infidelles mesmes sont forcez de s'accorder, tesmoignant Mahomet en son Alcoran, Azoare 5. qu'elle est en corps & en ame auec son fils au Ciel. Pendant qu'elle a vecu ç'a esté le vray & parfait domicile du S. Esprit, ayant esté vn miroir exemplaire de toute pieté, humilité, de charité, de chasteté, & generalement de toutes les vertus & graces spirituelles imaginables dont elle a esté comblée, Dieu l'ayant formée pour chef-d'œuure de ses benedictions, comme la plus parfaicte de toutes les creatures: aussi est-ce cette femme vertueuse qui par la prophetie de Dieu mesme. Genes 3. deuoit par vn courage viril (designé par l'article masculin hu u suiuant le stile de l'escriture) briser la teste du serpent en produisant cette saincte semence qui est Iesus Christ, lequel a destruict totalement les œuures de Sathan. S. Epiphane rapporté par Nicephore, nous descrit sa forme corporelle, suiuant le pourtraict qu'en fist sainct Luc, qui se garde encore à Venise. Cette Vierge, di il, auoit la taille mediocre, combien que quelques-vns tiennent qu'elle l'excedoit tant soit peu, auoir au reste la couleur de froment, les cheueux dorez, les yeux vifs & estin-

celants, auec prunelles iaunaftres & de
couleur d'oliue, les fourcils noirs cam-
brez en forme d'arcade, le nez vn peu
longuet, les leures vifues & fleuries,
remplies de la douceur de fes paroles,
la face non trop longue ou aiguë mais
vn peu longuette, auec les mains & les
doigts pareillement longs ; au furplus
d'vne façon honnefte & modefte, auec
toute fimplicité, fans déguifer fõ maintien, veftuë d'habits tous fimples, monftrant en toutes fes actions vne grande
humilité Ces facrées & diuines qualitez ioinctes auec cet augufte priuilege
d'auoir engendré le Sauueur du monde, luy firent confirmer par le S. Concile d'Ephefe contre l'heretique Eutyches, le nom venerable de M E R E D E
D I E V, à caufe de l'vnion hypoftatique
des deux natures diuine & humaine
en fon fils, en confequence de dequoy
la fainate Eglife luy a attribué à iufte titre plufieurs autres eloges d'honneur,
comme Royne du Ciel & des Anges, de
Noftre Dame de Mediatrice du falut,
&c Mais qui luy font donnez en confequence de ce premier lequel eft infini-
mẽt plus grand & releué que toute excellence imaginable : Elle a auffi iugé
tres conuenable à la grandeur & bonté
de fon fils Iefus Chrift de la publier exẽ-
pte du peché, tant originel qu'actuel,
puis que toutes les propheties nous ont
prefiguré fa pureté, & que cette prefer-
uation du peché n'empefche qu'elle
n'ait efté rachetée comme les autres fils
d'Adam. La fainate Eglife l'a toufiours
auffi inuoquée en fes afflictions, puis
que cette conionction & eftroite alliã-
ce, tant du corps que de l'efprit, qu'elle
a auec fon fils, ne peut permettre aucune doute de l'efficace de fon intercef-
fion ; & que tant de miracles qu'elle
a produicts à la face de toute la Chreftienté depuis la naiffance de l'Euangile, ferment la bouche aux aduerfaires
de l. Foy qui veulent, en tant qu'en eux
eft, eftouffer l'honneur & abbattre le

pouuoir que peut & doit auoir la mere
d'vn Dieu tres-glorieux & tres puiffant.
¶ Il y en eut vne autre de ce nom, laquelle fut fœur de Moyfe, Propheteffe,
& née 7. ans deuant luy, qui fut ainfi nõmée à caufe que de fon téps les Ifraëlites eftoient griefuement opprimez par
les Egyptiens. R. Sclemo fur le 1. des Cant.
Ayant auec fon frere Aaron murmuré
contre Moyfe, elle fut frappée de lepre,
& 7. iours apres guarie par les prieres
de Moyfe. Nombre 12. Deuter. 24.
¶ Il y a eu encore 3. Maries qui vindrent
auec onguents aromatiques, oinatre le
corps de Iefus. Marc chap. 16.
¶ Il y en eut 2. ou 3. de ce nom appellées auffi Magdaleines, touchant lefquelles. Voy Magdaleine.

Marie de Medicis, Royne de Frã-
ce, Voy Medicis

¶ Il y en eut vne autre de ce nom, fille
de Iacques Stuard V. du nom, Roy d'Efcoffe, dont elle fut auffi Royne, & mariée à François II. Roy de France, qui
eftant decedé fans en auoir eu lignée,
elle fe retira en Efcoffe, où la rebellion
de fes fubiects luy donna force trauer-
fes, pour à quoy remedier elle vint en
Angleterre cuidant eftre fecouruë des
forces de la Royne Elizabeth, mais fon
attente fut vaine, car tout au contraire
el y fut arreftée prifonniere, & enfin
fut decapitée par le commandement de
la Royne, nonobftant les oppofitions
des Roys de France & d'Efpagne.
¶ Il y en eut vne autre de ce nom, fille
de Henry VIII. Roy d'Angleterre, &
de Catherine d'Efpagne, à quelle fucceda au Roy Edoüard VI. au Royaume
d'Angleterre où elle remift fus l'exercice de la Religion Catholique, qui
auoit efté abolie par fon pere ; & enfin
efpoufa Philippes d'Efpagne, fils de
Charles le Quint, declara la guerre au
Roy de France Henry II. dont s'enfuiuit la iournée de S. Laurens, gaignée
par les Efpagnols & Anglois fur les

K k k k k iij

François, mais laquelle perte fut recompensée par la prise de Calais qui auoit esté en la puissance des Anglois par l'espace de 24t. an. Mourut d'hydropisie, l'an 1558, apres en auoir regné vn peu plus de cinq, n'ayant laissé aucuns enfans.

¶ Il y en eut vne autre de ce nom fille de Charles dernier Duc de Bourgogne, de laquelle il eut Philippes Roy de Galice & de Grenade. Mourut grosse d'enfant, estant tombée de dessus vn cheual.

¶ Il y eut vne autre de ce nom, Princesse tres-illustre, tant en alliance qu'en vertus : car elle fut petite fille de l'Empereur Maximilian I. fille de l'Empereur Charles V & d'Isabelle de Portugal, femme de l'Empereur Maximilian II. niepce & bru de l'Empereur Ferdinand I. mere de l'Empereur Rudolfe II. sœur de Philippes I. tante de Philippes II. Roy d'Espagne, & de plus Royne de Hongrie & de Boheme. Mais ce qui plus l'orna, c'est qu'elle fut Princesse tres-deuote & ardante aux exercices de pieté, charitable vers les affligez & necessiteux, qui se vestoit simplement, & viuoit fort sobrement : dont l'odeur des vertus sera agreable à la posterité ; laquelle chargée d'ans & de merites, mourut en Espagne, l'an de nostre Seigneur 603.

Marius nommé Caius, Capitaine Romain tres-renōmé, neātmoins yssu de tres bas lieu, de pere & mere pauures, qui gaignoient leur vie à la sueur de leur corps, & luy mesme en ses ieunes ans menoit vne vie rustique & champestre, toutefois ayant esté tenu & iugé par Scipiō l'Afriquain pour grand homme de guerre, selon l'experience qu'il en auoit donnée à son seruice. cela luy esleua le courage de telle façon, qu'il s'entremist des affaires publiques, où ayant esté aduancé és premieres charges & offices, paruint en suitte 7 fois à la dignité de Consul, où

ayant esté esleu pour la premiere, il deuint ennemy de Metellus, dont il auoit esté aduancé, auquel il osta l'honneur de l'acheuement de la guerre en la Lybie contre Iugurtha, lequel il amena en triomphe à Rome prisonnier ; Il deffit à diuerses fois les Cimbres ou Cimmeriens, Ambrons & Teuthons qui estoient descendus en Italie auec vne grande & puissante armée, de laquelle ce neantmoins les autres Capitaines Romains ses predecesseurs n'auoient peu venir à bout, où il se comporta auec vne grande addresse & ruse militaire, faisant obseruer en son camp vne roide discipline : & pour cette victoire signalée, triompha derechef auec Catulus son compagnon au Consulat qui l'auoit assisté : Mais Metellus ayant esté rapellé d'exil contre son gré, auquel il l'auoit fait chasser, il fist vn voyage vers Mythridates Roy de Pont, pour l'animer à la guerre & se rendre côtraire aux Romains ; mais la commission que l'on luy en donna côtre ce Roy, luy fut malencontreuse ; car Sylla son ennemy iuré, au lieu de luy mettre en sa puissance son armée, suiuant le decret du Senat, vint auec main forte contre luy, tua les Capitaines & le reduisit au poinct de s'enfuir en Afrique, abandonné de tous & comblé de toutes sortes de miseres & dangers : Toutefois l'estat de Rome estant fort embroüillé depuis les menées de Cinna & d'Octauius, Marius se vint derechef fourrer à la trauerse & se ioignit à Cinna, fist massacrer Octauius, & en suitte les plus grands qui luy estoiét suspects, Mais apres auoir esté esleu Consul pour la 7. fois, ayant entendu le retour de Sylla auec vne puissāte armée, il tomba malade & mourut d'apprehension & de frayeur de la venuë d'vn si puissant ennemy ; laissant son fils de mesme nom, qui apres auoir commencé infinies cruautez, se tua enfin luy mesme. Ce Capitaine fut grand guerrier, patient,

perseuerant au trauail, simple en son
viure, rude au reste & inflexible en ses
resolutions, mais espris & enyuré d'v-
ne ambition extreme de commander
qui luy dura iusques à la fin. *Plut. en la
vie de Marius.*

Marmarique

religion de l'Afri-
que, appellée de
present *Barcha*, laquelle a pour bornes
selon Ptoleméé *liu.* 4 au Couchant la
prouince Cyrenaique, au Nord la mer
Mediterranée, à l'Orient l'Egypte, &
au Midy vne partie de la Lybie. Son
terroir est aspre & pierreux, toutefois
le canton qui tire vers la mer est grandement fertil, car on y recueille la moisson deux fois par an, les tuyaux de froment y sont hauts de 5. coudées, & gros
comme le petit doigt, & multiplient
iusques à 3. & 4. cents pour grains : mais
en recompense les champs y sont remplis de serpens & autres reptiles veni-
meuses. Ses habitans que l'on nomme
Nasamons & Libyarques sont brutaux,
inciuils & barbares, ils viuent sans loix
& sans Roys, ne s'adonnans qu'à larcins, & brigandages & à la chasse des
bestes faronches, vestus seulement de
peaux de cheures. En cette contrée l'on
place ce temple si celebre de Iupiter
Ammon, pres duquel il y a des vastes
solitudes & deserts denuez d'eau & de
toute sorte d'arbres & plantes, mais
tellement sablonneux que iusques à
500000. hommes de l'armée de Cambyses Roy des Perses, qui alloient pour
piller ce temple, y furent estouffez par
le sable : Et ce neantmoins pres de ce
temple il se void vne multitude de fontaines & arbres portans fruict, & vn air
doux & benin, qui rendent ce lieu plaisant & agreable en toutes façons. *Monst.
liu. 6. de sa Cosmogr.*

Marne

fleuue de France qui sor-
tant du mont de Faucilles
vn peu au dessus de Langres, & receuät
quelques riuieres moins renommées,
se vient mesler auec les eaux de la Seine au pont de Charenton pres Paris.

Maroc,

puissant Royaume de la
Barbarie en Afrique, qui
comprend toute la partie de la Mauritanie que les Romains nommoient Tingitane. Il est assis entre le mont Atlas &
la mer Atlantique, de forme presque
triangulaire. Les païs abonde en bleds,
fruicts, huiles, miel, cire, sucere, en
toutes sortes de bestiaux, mais specialement en cheures du poil dont on fait
des camelots, & des peaux de marro-
quins qui prennent leur nom du païs
dont ils viennent. Il est diuisé en sept
grandes prouinces; sçauoir Hea, Suze,
la terre de Maroc, Guzzule, Duccale,
Hascore & Tedles. Il y a des mines d'or
en la Montagne de Halem en la contrée de Suze, à raison dequoy les habitans ont continuelles guerres. En Hascore, les vignes y portent des raisins
rouges dont les grains sont aussi gros
que des œufs : au riuage de la mer se
trouue abondance d'ambre. La ville
capitale dont tout le Royaume a pris le
nom, est Maroc qui pouuoit estre iadis
mise entre les plus grandes & plus belles villes du monde, car il s'y trouuoit
iusques à 100000. familles, lors qu'elle
estoit commandée par son Prince Haly fils de Ioseph, & s'y voyoit vn nombre infiny de Temples, Colleges, Hos-
pitaux, & somptueux edifices de toutes
sortes, & y auoit 24. grandes portes; &
y florisse, nt les lettres, specialement la
Philosophie naturelle : mais de present
à cause des courses des Arabes, elle a
perdu son premier lustre, & à peine
contient elle la tierce partie des habitans qu'elle auoit iadis; on y void toutefois encore ce Palais Royal tant superbe que Mansor ou Almansor ce docte & puissant Roy de toute la Barbarie y fist bastir, qui est aussi grand qu'v-
ne belle ville. Ce Royaume est commandé par le Seriff dont l'Estat comprend
aussi celuy de Fez : il est fort puissant
entre les Roys d'Afrique, estant maistre

de tous les biens de ses subiects, & des subiects mesmes, leurs imposans des charges grádes & extraordinaires dont ils n'oseroient dire mot: & peut mettre en campagne iusques à 200000. combattans, mais son incommodité est qu'il ne peut entretenir longtemps vne grosse armée à cause de la necessité des viures. *Mercator & Magin.*

Qvelqves vns rapportent l'origine de ses peuples à ceux de la Palestine qui y firent leur retraicte estans chassez par les Assyriens: ils ont autrefois faict grand estat de la doctrine, & d'eux sont sortis de celebres personnages comme les Roys Almansor, Marin & Huceph, hommes excellens en leurs superstitions Mahometanes, du regne desquels ont flory les plus fameux Medecins & Philosophes d'entre les Arabes, comme Auicenne, Razis, Auerroës, & autres, tous esleuez par les Roys de Maroc qui possedoient la Barbarie & vne partie d'Espagne. Ses peuples sont bazanez, de mesmes mœurs que les Arabes, inconstans, coleres, ialoux & infidelles, mais vn peu plus ciuils: ils sont agiles & dispos & prompts aux combats principalement de cheual: ils sont assez sales & mal propres en leur manger & en leur vestement, & se seruent au lieu de nappe & de seruiette, de quelque natte qu'ils estendent par terre, & mangent en s'asseant là dessus: ils sont vestus d'vn certain drap de laine fait comme les couuertures communes que l'on met sur les licts, ils agencent ce drap sur leur corps & le ceignent assés grossierement, & ne portent point de chemises: Ceux qui y sont à marier n'oseroient porter barbe, mais aussi tost qu'ils sont mariez, ils la laissent croistre; & presque aucun d'eux ne sçait ny lire ny escrire. Pour vuider leur different ils prennent le premier passant estranger qui donne sa sentence sur le faict duquel il s'agist: I's sont Mahometans de religion, exceptez les esclaues qui sont tous Iuifs ou Chrestiens, & ceux qui se tiennent dans les places occupées par les Portugais.

Maron potier de terre, fut pere du Prince des Poëtes Virgile.

Maronites peuples Chrestiens, ou plustost secte de Chrestiens, rejettons des Iacobites qui habitent le mont Liban (aussi tirent-ils leur nom d'vn certain village nommé Marrone qui y est, ou plustost d'vn Abbé nomé Maron qu'ils estiment sainct,) & és villes de Syrie. Ils ont autrefois embrassé l'erreur des Monothelites, mais de present ils reconnoissent l'Eglise Romaine; & de faict, l'an 1515. ils ennoyerent leur Ambassadeur au Concile de Latran, & le Pape Gregoire y ennoya deux Iesuites qui y assemblerent vn Synode où ils firent entiere profession de la Religion Catholique. Ils pretendent comme les Iacobites le Patriarchat d'Antioche: Leurs Euesques & Religieux en eslirent vn qui est de l'ordre de S. Antoine, & est confirmé par le Pape, lequel se tint à Tripoly en Syrie: ils se seruent de la langue Chaldaïque & des characteres Syriaques: Ils se vantent d'estre originaires des François, aussi sont-ils fort constans en leur religion, & courtois en leur conuersation. *Voy* Liban.

Marpesse fille d'Euene & femme d'Ida, aimée par Apollon. *Voy* Ida.

Marque d'Ancone, contrée d'Italie, dicte jadis Picenum. *Voy* Ancone.

Mars Dieu que les anciens ont creu presider aux affaires de la guerre. Les Latins deduisent ce mot *à Maribus*, c'est à dire des masles, pource qu'il se sert d'eux és combats, & qu'il y faut vne vigueur masle: Les Grecs l'ont appelé *Ares*, du mot *Ares*, qui signifie dommage. Les Poëtes l'ont feint fils de Iunon, mais sans pere: car les fables portent que Iunon faschée de ce que

ce que Iupiter auoit sans son aide engendré Minerue de son ceruceau ; medita aussi de conceuoir sans son accointance, ce qu'elle fist par le moyen de certaine fleur qui luy fust monstrée par Flore,
comme nous le raconte Ouide : ainsi elle deuint enceinte & enfanta Mars en
Thrace, où le peuple est terrible & guerrier, sa nourrisse fut Thero, comme dit
Pausanias *en ses Laconiques.* Estant deuenu grand il s'amouracha de Venus, és
embrassemens de laquelle il fut surpris
par Vulcain, qui subtilement les gar-
rotta ensemble auec vn filet d'acier (le
Soleil les ayant premierement descouuerts) & les exposa en risée aux autres
Dieux, iusques à ce que Neptune suruc-
nant, obtint de Vulcain leur separation.
Les anciens peignoient Mars furieux &
terrible de regard, tout armé auec la
lance au poing, & la verge en la main,
& le mirent ores à cheual, ores sur vn
char tiré par deux cheuaux, la Terreur
& la Crainte, ayant Bellone pour co-
chere (bien que quelques autres la disent estre sa sœur, aussi Deesse de la
guerre) son armet, ainsi que dit Stace,
est si luisant qu'il semble ardre, sa cui-
rasse dorée & toute pleine de terribles
& espouuantables monstres, & l'escu re-
splandissant de lumiere & sanglant : la
Fureur & l'Ire sont à l'entour qui luy
agencent & ornent le chef, & la Terreur gouuerne la bride des cheuaux, au
deuant desquels va la Renommée, messagere aussi bien du mensonge que de la
verité. Il dépeint aussi son Palais, qu'il
dit retentir de voix menaçantes ; la Vertu triste & dolente estre au milieu: & au
contraire la Fureur s'y montre ioyeuse:
la Mort y assiste auec le visage ensan-
glanté ; & le sang respandu és cruelles
batailles, est sur les Autels duquel on
fait sacrifice à ce Dieu terrible auec le
feu pris des villes bruslées : tout à l'entour sont penduës les despoüilles rapportées de toutes les parts du monde;
contre les murailles & sur les portes se

voyent les meurtres, bruslemens, & autres ruines que les guerres trainét auec
soy. Les Lacedemoniens, selon Pausanias, tenoient sa statuë liée & garrottée,
pensans ainsi le retenir afin qu'il ne par-
tist iamais d'auec eux pour se le rendre
fauorable à leurs guerres. A ce Dieu,
entre les Romains furent iadis ordonnez des sacrifices & des Prestres que
l'on nommoit Saliens. *Voy* Anciles &
Saliens. Les Scythes l'honnoroient par
dessus tous, comme aussi nos anciens
Gaulois, auquel ils sacrifioient des victimes humaines comme en l'Isle de
Lemnos. Entre les animaux on y con-
sacroit le cheual, le loup, le chien, le
vaultour, le coq & le piuert; & entre les
herbes le chiendent. L'on luy a donné
plusieurs surnós, selon les lieux esquels
on luy bastissoit des Temples, où selon
les occurrences & l'affection de ceux
qui luy en dedioient. *L. Giraldus liu 10.
de son hist. des Dieux ; Boccace en sa Geneal. N. le Comte liu. 2. chap. 7. de ses Mythol. V. Cartary, & autres.*

℣ *Par ce Mars, les anciens n'ont voulu entendre autre chose que cette animosité furieuse, & rage impetueuse emprainte és
courages des hommes, à la ruine de leurs
ennemis. Or parce que cette brutalité procede ordinairement du sujet des honneurs
& richesses : les Poëtes l'ont feint fils de
Iunon Deesse des grandeurs & richesses,
laquelle aussi est souuentefois prise pour la
terre, qui comprend en soy tous les tresors
& choses plus precieuses. Il fut nourry en
Thrace parmy des nations barbares sous
la plage Septentrionale, lesquels n'ayans
pas le sang bien digeré par la chaleur du
Soleil, sont ordinairement robustes & de
haute taille, mais de peu d'esprit & de sens;
aussi la Planette de Mars qui domine en
eux, leur donne cét ardeur & generosité
guerriere. L'on a conioint Mars & Venus
ensemble, pource que les hommes martiaux
sont ordinairement voluptueux, ou bien selon l'opinion de Macrobe, pour monstrer la
force qu'apporte le Soleil entendu par Mars*

a la generation de toutes choses : d'autres Physiologiens entendent par Mars & Venus le discord & l'amitié, qui ce neātmoins produisent par leur contrarieté, mais qui sont trauaillez par Vulcain, c'est à dire, la trop grande chaleur, comme du feu qui surmonte leurs principes & les empesche de faire leurs fonctions, si Neptune Dieu des eaux, ne tempere par son humidité cét excés, & s'oppose à Vulcain. Quant aux particulieres offrandes qui luy estoient dediées, elles ont leur rapport à l'humeur de ce Dieu : le cheual luy estoit consacré, comme luy ressemblant en fierté & en generosité : le loup en rapacité, denotant aussi l'inhumanité des guerriers : le chien en clairvoyance, pour signifier la fidelle garde que doiuent faire les bons soldats; ce que denote aussi le cocq hieroglysique de vigilance : le vautour & le pinert, pour autant que ces oyseaux pourchassent la charongne d'vn appetit affamé, pressentant plusieurs iours auant le meurtre de quelque carnage. Et quant aux herbes le chiendent, pource qu'il a de coustume de croistre és lieux larges & descouuers, où les armées ordinairement se viennent camper. Quant à la peinture que les Anciens ont faite de Mars & de ses appartenances, elle est si euidente qu'elle n'a besoin d'explication.

Marseille

Marseille ville maritime de la Prouence, l'vne des clefs & places plus importantes du Royaume de France, dite des Latins *Massilia*. Elle fut bastie par les Phoéens, Grecs, Asiatiques, lesquels fuyans la domination de Cyrus, vindrent sous la conduite de Furius & Peranius en la contrée de Gaule, qu'on appelle de present Prouence, & obtindrent permission du Roy Seman qui y commandoit, d'edifier vne ville pres l'emboucheure du Rhosne, & comme en vn coin de la mer sur les dernieres marches ou limites des Gaulois Saliens; ce qui arriua du temps de Tarquin l'Ancien, cinquiesme Roy des Romains enuiron l'an 150. de la fondation de Rome, ainsi que le tesmoigne Iustin *liu. 43.*

& Amm. Marcell. *liu. 15.* Cette ville fut fort puissante dés son berceau, ayant fait souuent la loy à ses ennemis, sçauoir aux Liguriens, Gaulois & Carthaginois, a eu vne estroite alliance auec les Romains, desquels le Senat luy donna des immunitez & prerogatiues de grādeur, qu'ils ne rendoient communes auec les autres confederez. Mais sur tout elle florissoit à cause des lettres, tant Grecques que Latines qui y estoient enseignées; comme encores toutes sortes de loüables disciplines qui y prouignerent lors par les Bardes, Eubages & Tectosages, de sorte que non seulement les Gaulois, mais aussi les Romains mesmes y enuoyoient leurs enfans, & pour ce Pline appelle Marseille Athenopolis, c'est a dire *ville de Minerue*; aussi les habitās luy auoientils dedié vn temple dés la fondation de leur ville, comme le tesmoigne Iustin lors qu'il racōte l'estrange espouuante que cette Deesse donna à Caramandus, qui formoit quelques entreprises sur cette ville. S. Lazare accompagné de saincte Magdaleine & de saincte Marthe ses sœurs, y planta la Foy & en fut le premier Apostre. Son Euesché despend de l'Archeuesché d'Arles, & s'estend sur bien 300. parroisses.

Marses

Marses anciens peuples de l'Italie, voisins des Samnites, qui occuppoient la Bruzze, selon quelques-vns, descendus de Marsus fils de Circe, desquels la saliue auoit cette proprieté de tuer les serpens. *Plin. liu. 7 chap. 2.* ¶ Il y en a d'autres de ce nom, peuples de la Scythie, lesquels ont vne legereté & vitesse de pieds à cheminer presque incroyable. *Alex. d'Alex. liu. 2. chap. 21.*

Marsyas

Marsyas fils d'Oeagre, Pasteur & l'vn des Satyres, lequel se voyant fort expert au jeu du flageolet, fut tellement arrogant & superbe, que d'oser prouoquer Apollon sur la precellence de son art; où ayant esté vaincu par le iugement des Muses, Apollon pour punition de sa temerité l'escorcha rout vif, dont les Nymphes & les autres Satyres en verserent tant de pleurs, que le flux de leurs larmes ramassé ensemble en fist vn fleuue nommé Marsyas, lequel est en l'Asie Mineur arrousant la Phrygie. *Ouide liu. 5. de ses Metamorphoses.*

¶ *L'on peut rapporter la fable de ce Satyre à la verité de quelque vain & inepte Poëte, lequel voulut s'égaler au plus excellent de son temps, & qui estant poussé par l'enuie luy fist enfanter des escrits Satyriques, par lesquels l'honneur d'autruy fut deschiré, ce qui attira sur luy quelque vengeance extraordinaire. Aussi est-il constant que la fluste est le symbole d'vne grossiere Poësie que les doctes figurez par Apollon méprisent; estant certain, selon Aristote, que l'vsage de la fluste empesche celuy de la raison, ou s'il ne l'empesche, au moins desrobe-t'il a nos esprits l'exercice des arts de Minerue, laquelle pour ce suiet le deteste.*

¶ *D'autres au contraire, estiment que ce Marsyas fut vn des plus excellens Musiciens de son temps, selon Athenée, & Plutarque au liure de la Musique, dit qu'il inuenta la Musique Dorique & la fluste à deux tuyaux, à laquelle s'estant par trop exercé il en sortit hors du sens, tellement qu'il se precipita en ce fleuue de Phrygie qui en a retenu le nom.*

Martel fut ainsi surnommé Charles pere de Pepin, à cause de sa force & vigueur de corps & d'esprit. *Voy* Charles.

Marthe sœur de Marie Magdaleine & du Lazare que Iesus resuscita. *Ioan. 2.* Elle s'occupoit d'ordinaire au ministere & seruice corporel, & à la vie actiue comme sa sœur Marie seulement à la contéplatiue, & à l'oüye de la parole de Dieu, dont celle-cy est loüée au dessus de Marthe par nostre Seigneur. *Luc 10.*

Martia femme de Caton d'Vtique, de laquelle apres auoir eu quelques enfans, il la donna à son amy Hortensius qui l'en requeroit, mais apres la mort d'iceluy il la reprist, Ce

qui fut reproché à Caton par ses malueillans qui le calomnioient d'auarice, en ce qu'il l'auoit laissée pauure pour la reprendre riche. *Voy* Caton.

Martial nommé Marc Valere, nasquit à Bilbilis ville de Celtiberie en Espagne. S'estant acheminé à Rome, il addonna son esprit subtil & inuentif, à composer des Epigrammes, esquelles il excelloit : aussi l'Empereur Ælius Verus l'appelloit son Virgile. Il fut Cheualier, & exerça la Preture. Il nous a laissé douze liures d'Epigrammes, auec quelques autres petits Poëmes fort subtils & facetieux, mais dissolus. *P. Crinit. liu. 4. chap. 71. des Poëtes Latins.*

S. Martin Hongrois, porta les armes sous les Empereurs Constantius & Iulian, ayát vestu de son manteau Iesus Christ sous la forme d'vn pauure, Dieu l'inspira d'aller trouuer sainct Hilaire Euesque de Poictiers duquel il fut baptisé, & en suite bastit là vn Monastere, & vn autre à Milan, & fut quelque temps apres esleu Euesque de Tours, prés lequel il fist encore bastir ce celebre Monastere de Marmoustier. Ce personnage fut d'vne saincteté incomparable, grand faiseur de miracles, car il resuscita trois morts, rédit la veuë à plusieurs aueugles, & guarit plusieurs malades de diuerses infirmitez, chassa les Diables des corps possedez: & cete graceluy fut donnée, comme dit sainct Ambroise, pour auoir couuert Iesus-Christ sous la figure d'vn pauure. *Niceph liu 9. chap. 16. Sozom. liu. 3. chap. 13. Adon de Vienne, Onuph. & autres.*

Martin I. Italien, 76. Pape, aussitost qu'il fut instalé en la chaire Pontificale, il dépescha ses Legats vers l'Empereur Constant & Paul Patriarche de Constantinople, pour les retirer de l'erreur des Monothelites, mais tant s'en faut qu'ils aduançassent rien, qu'ils furent en partie emprisonnez, en partie exilez, & en partie battus honteufement : dont le Pape indigné, tint à Rome vn Synode de cent cinquante Euefques contre Pyrrhus, Cyrus, Sergius &Paul Monothelites, & fut Paul excommunié & priué de fon fiege. Mais l'Empereur en indignation de ce, enuoya en Italie vn certain Olympius heretique pour Exarque, lequel s'eftant depuis reconcilié auec le Pape : Conftant y en enuoya vn autre, lequel amena le Pape Martin prifonnier à Conftantinople, & en fuitte l'Empereur apres luy auoir faic coupper la main & la langue, il le relegua en la Cherfonefe de Thrace où ce fainct perfonnage mourut d'ennuy & de miferes, l'an de noftre Seigneur 653. Ayant tenu le fiege 6. ans, & pres de deux mois. *Naucler, Onuphr. & Palmer.* Il fut illuftré de miracles apres fa mort. *Regino li.1.* De fon temps Hierufalem vint en la puiffance des Sarrazins. *P Diacre.*

Martin II.
que quelques vns nomment Marin, François, 111. Pape, eftant paruenu par voyes illicites au Pontificat, ne le tint que dixfept mois, l'an de grace 885. *Plat.*

Martin III.
que Sigebert appelle Marin, Romain, 132. Pape, s'employa à la reparation & reftauration des Eglifes ruinées; fut liberal enuers les pauures; pacifia les differens d'entre l'Empereur Othon I. & de Lothaire Roy d'Italie; força par excommunication les Princes de France & de Bourgogne, de rendre obeïffance à leur Roy. Mourut apres auoir tenu le fainct Siege trois ans fix mois dix iours, l'an de falut 947. *Plat. Onuphr.*

Martin IV.
François, natif de Tours, 195. Pape, perfonnage de fainde vie, fe trouua grandement embroüillé és feditions d'Italie d'entre les Annibaldes & Vrfins, où il fift ce qu'il puft pour y apporter la paix. *Vuicel en fon Epitome.* Il excommunia Michel Paleologue Empereur d'Orient, pour n'auoir gardé les compromis faits

en la reünion de l'Eglife Grecque auec la Latine: comme auffi Pierre Roy d'Arragon, pour auoir enfraint le traité de paix qui auoit efté fait par fon entremife entre luy & Charles Roy de Sicile, en ce qu'il auoit occupé la Sicile & le Royaume de Naples. Mourut à Perufe, l'an de falut 1285. ayant gouuerné l'Eglife quatre ans & vn mois, au fepulchre duquel plufieurs boiteux, aueugles & autres malades guaris, attefterent la faincteté. *Tritheme & Hirfaug en leur Chron.*

Martin V.
Romain, 214. Pape, tres-docte, tres-prudent, & grand iufticier, & tres entier en la collation des benefices, decreta que le Concile general feroit celebré de dix en dix ans : inueftit Loüis d'Anjou du Royaume de Naples, au grand regret d'Alphonfe d'Arragon, qui pour ce fauorifa le party de l'Antipape Pierre de Luna dit Benoift XI. Il repara & embellit grandement la ville de Rome, & fpecialement les Eglifes. L'Empereur Sigifmond luy baiffa les pieds. *Volat.* Il fut ennemy iuré de la fecte des Bohemiens. Enfin le quatorziefme an & trois mois de fon Pontificat, il mourut l'an de falut 1431. *Naucler.* De fon temps fut conclud le Concile de Conftance, où furent condamnez & bruflez les Herefiarques, Iean Hus & Hierofme de Prague. *Plat.*

Martius
nommé Ancus, 4. Roy des Romains *Voy* Ancus.

Marulle
Tribun du peuple, lequel pour auoir arraché les couronnes impofées par quelques-vns aux ftatuës de Cæfar, & mis en prifon ceux qui les premiers l'auoient falüé Roy, fut priué par Cæfar de fon Magiftrat, ce qui fut le principal motif de la confpiration de Brutus contre Cæfar. *Plut. en la vie de Cæfar.*

Mafcon
ville de Bourgogne, affife fur la riuiere de Saone, appellée *Matifcona* par Cæfar. Cette ville a efté ruinée par plufieurs fois, car

elle a esté deux ou trois fois consommée par le feu, & plusieurs fois rauagée; mais aussi en recompense elle a esté enrichie de grandes immunitez & priuileges, & principalement l'Eglise Cathedrale, par nos Rois, Pepin, Charlemagne, sainct Loüis, &c. Ayant souuent changé de diuers maistres, elle a esté enfin reünie au domaine Royal & à la Couronne, apres la mort de Charles fils de Philippes Duc de Bourgogne. Elle souffrit encores du temps de la ligue derniere, de grandes ruines dont elle se releue peu à peu. Il y a vn siege Presidial qui ressortit à celuy de Lyon. Son Euesque est vn des Suffragants de l'Archeuesque de Lyon. Le Païs & Comté de Masconnois est d'assez grande estenduë : l'air y est fort bon, & la terre fertile en bleds & en vins.

Masinissa Roy des Numides, fut premierement ennemi iuré des Romains, puis leur amy & confederé tres-fidelle, aussi fut-il restably par eux en son Royaume, dont il auoit esté chassé par Syphax. *Tite-Liue liu.3. de la guerre Punique.* Il vescut iusques à 90. ans en parfaite santé, ayant eu mesmes vn fils en cét âge, & toutesfois l'on dit de luy, que quelque long chemin qu'il eust à faire, il n'alloit iamais à cheual ny la teste couuerte. *Ciceron au liure de la Vieillesse.*

Masouie contrée du Royaume de Pologne, ainsi appellée d'vn nommé Masao, lequel ayant esté deffait par Casimir s'estrangla l'an 1045. Elle a pour bornes du costé du Nord, la Prusse : au Leuant, la Lithuanie : au Couchant, la Pologne : & au Midy, la Russie & la Pologne. Cette Prouince auoit autrefois son Prince particulier, qui estoit le fils puisné des Rois de Pologne, mais depuis en l'an 1526. Cette Duché fut reünie à la Couronne de Pologne. Sa ville capitale est Marschouie, qui a en son ressort plusieurs autres citez. Les habitans y sont de mesmes

mœurs que les Polonois, & y vsent de mesme langage, sont grands guerriers & hardis aux combats *Magin en sa Geographie.*

Massagetes peuples barbares de la Scythie, au delà de la mer Caspienne, lesquels allans par païs ont de coustume de se nourrir du sang de leurs cheuaux mixtionné auec du laict. Sont bons soldats tant à pied qu'à cheual, leur païs abonde en or & en airain, mais n'ont point d'autres metaux, c'est pourquoy ils ornent toutes leurs armures & l'equipage de leurs cheuaux d'or : ne viuent que d'herbes & de fruicts sauuages sans labourer la terre, fors ceux qui habitent pres des marais qui se nourrissent de poissons: Et bien qu'ils ayent force brebis ils ne les tuent pas, ains s'en seruent seulement du laict & de la laine. Iaçoit qu'ils espousent chacun vne femme, ils s'en seruent toutesfois tous en commun, n'ayans honte de cohabiter auec elles publiquement. Entr'eux les vieillards sont couppez en morceaux lesquels ils mangent, & estiment ce genre de mort tres-heureux : mais ceux qui meurent de maladies ils les reputent meschans & abominables, & les exposent à deuorer aux bestes farouches. Ils sont fort cruels, & ne gardent aucune amitié à leurs voisins, ny aucun droict d'hospitalité aux estrangers : n'ont point d'autres Dieux que le Soleil, auquel ils sacrifient le cheual. *Strab. liu. 11. Herodot. liu. 5.*

Mathanias Roy de Hierusalem, qui fut appellé Sedechias par Nabuchodonosor 4. Roys. 24. interpr. de l'Hebr. *Don du Seigneur.*

Mathatias, Fut ce venerable vieillard de la race des Hasmonééns de la tribu de Iuda du costé paternel, & de la tribu de Leui du maternel, lequel s'esleua le premier contre les Capitaines d'Antiochus Epiphanes Roy de Syrie, qui auoit presque tout deſtruict & exterminé la Loy des Iuifs. Il monſtra premierement ſon zele en tuant vn Iuif qui ſacrifioit aux Idoles, enſemble celuy qui eſtoit en uoyé vers luy par le commandement d'Antiochus, & lors exhorta les zelez Iſraëlites à deffendre leur Loy, enſemble ſes cinq enfans à la guerre contre le Tyran, laquelle ils continuerent par l'eſpace de 3. ans auec grand ſuccez, & par ce moyen miſt la Principauté en ſa famille iuſques au Roy Herodes. Il ne gouuerna le peuple qu'vn an ou enuiron, l'an du monde 3922. laiſſant pour ſon ſucceſſeur ſon fils Iudas. 1. *Machab. chap. 2.*

S. Mathias

de la tribu de Iuda, fut eſleu Apoſtre par ſort en la place du traiſtre Iudas. *Act.* 1. Il preſcha en Iudée & y fut lapidé, ſon corps fut tranſporté à Rome & de là à Treues ou à Padoüe. Les Heretiques Marcion & Baſilides publioient vn Euangile ſoubs ſon nom, pour confirmer leurs erreurs. *S. Clem. liu. 2. des Stromates, Euſeb. liu. 3. chap. 25. de ſon Hiſt. Eccleſ.*

Mathias Coruin

fils de Hunniade, fut eſleu Roy de Hongrie apres la mort de Ladiſlaüs: il eut conteſtation auec Federic Empereur pour cette couronne; mais enfin apres pluſieurs guerres Federic la luy quitta: il fiſt auſſi la guerre en Boheme contre Caſimir Roy de Pologne, mais le tout fut pacifié à la charge que la Hongrie, la Morauie & Sileſie luy demeurèroient, & la Boheme à Vladiſlaüs fils de Caſimir. Fut vn grand deffenſeur & fort rampart des Chreſtiens contre le Turc, de la tyrannie duquel il preſerua pluſieurs Prouinces. Il mourut le 38. an de ſon regne, s'eſtant mis en colere de ce qu'on auoit mangé des figues qui luy auoient eſté enuoyées l'an de ſalu 1464. n'ayant laiſſé aucuns enfans, *Monſt. liu. 4. de ſa Coſmog.*

Mathias I.

du nom, Empereur, qui eſtoit Archiduc d'Auſtriche & Roy d'Hongrie & de Boheme Fut eſleu l'an 1612. Empereur apres la mort de Rodolphe II. Il fiſt treues auec le Turc pour 20. ans, & ſo voyant ſans enfans, il fiſt eſlire & couronner ſon couſin Ferdinand d'Auſtriche Roy de Boheme l'an 1617. & depuis encore le fiſt couronner Roy de Hongrie auec toutes les ſolemnitez à ce requiſes. En fin eſtant aagé de 62 ans, & ayant tenu l'Empire 7. ans, il mourut à Vienne en Auſtriche l'an 1619.

S. Mathieu,

autrement appellé Leui. *Marc.* 2. Fut appellé de Publiquain qu'il eſtoit, à l'Apoſtolat. *Math. 2.* Eſcriuit ſon Euangile aux Hebrieux & en Hebrieu, 8. ans apres l'Aſcenſion, *S. Hieroſ. en ſon Catal.* l'exemplaire duquel le meſme teſmoigne auoir eſté encore de ſon temps en la Bibliotheque de Cæſarée: de là eſt que S. Mathieu en la production des teſmoignages du Vieil teſtament, ne ſe ſert iamais de la verſion Grecque des 70. comme les autres Euangeliſtes, mais il cite ſelon la verité Hebraïque. Il planta la Foy en Ethiopie, & fut martyriſé en Hiera cité de Parthe, l'an de ſalut 50. Les Valentins & Gnoſtiques produiſoient ſoubs ſon nom deux liures, l'vn de la race & naiſſance de la Vierge Marie, & l'autre de l'enfance de Noſtre Seigneur, mais qui ſont refutez par les SS. Irenée & Epiphane, & le Pape Gelaſe entres les apocryphes. *Diſtinct. 15.*

Mathurins

Religieux que l'on appelle autrement de la Trinité, lequel Ordre fut premierement inſtitué par Iean Matu & Felix Hermites, à celle fin de racheter les pauures priſonniers & eſclaues Chreſtiens qui ſeroient pris par les Turcs & Infidelles, dont ils ont eſté appellez Religienx de la Redéption des captifs. Cet ordre fut confirmé par le Pape

Innocent III. l'an de grace 1197. *P. Mo-*
rife en fon Hift. des Religions.

Mathufalem

fils d'Enoch, en-
gendra Lamech
l'an 187. de fon aage & du monde 687.
& mourut ayant vefcu 969. ans. *Gen 5.*
auquel aage aucun autre des hommes
n'eft paruenu, Ce qui arriua la mefme
année & 7. iours deuant le deluge, &
du monde 1656. *R. Selomo fur le 7. chap.*
de Genef. & partant il conuerfa auec A-
dam 243. ans, & auec Noë 600. Il eft
renommé par les Cabaliftes Hebrieux,
pour fa grande iuftice, fapience, &
grande connoiffance des chofes.

Matute

Deeffe, ainfi dicte pour ce
qu'elle preside au temps
Matinal : autrement appellée Aurore,
& des Grecs Leucothée & Ino. *Voy*
Leucothée & Ino.

Maures

peuples d'Afrique. *Voy*
Mauritanie.

Maurice de Cappadoce

fucceda en l Empire à fon pere Tibere
II. dont toutefois il n'imita les vertus
pour ce qu'il fut tres-auaricieux : mais
quant aux affaires de guerre il s y mon
ftra tres-fage & diligent, & comme il
eftoit vaillant, auffi efleuoit il de vaillants & experimentez Capitaines qui
vindrent à bout de plufieurs guerres
fufcitées de fon temps. Smaragdus fut
le premier qu'il enuoya en Italie, lequel
tailla en pieces les Lombards, & recouura fur eux quelques places perduës :
il enuoya en fuitte fon beaufrere en
Orient qui deffit les Perfes en plufieurs rencontres, & eut prefque tou-
iours du bon : il receut en fa protection
contre toute iuftice, & donna tout aide & faueur à Cofroë, lequel s'eftoit
efleué contre fon pere Hormifda & l'a-
uoit fait tuer, à caufe dequoy fon armée s'eftoit renoltée contre luy, & par
fon moyen luy fift recouurer fon
Royaume. Il vainquit pareillement &
deffift en bataille par fon Lieutenant

Commentiolus, les Huns, autrement
dicts Auariens, conduicts par Caian,
qui demeuroient en Hongrie & en Bauiere. Il battit derechef les Lombards
& les Efclauons leurs alliez, par fon
Lieutenant Prifcus : & neantmoins les
Lombards conduicts par leur Roy Agi-
lulphe, ne laifferent d'affieger Rome,
laquelle fut courageufement deffenduë vn an entier par le feul moyen du
Pape Gregoire le Grand, dautant que
Maurice ne s'en mefla point. Ce Prince fut effrayé tant de iour que de nuict
par plufieurs fonges & vifions : il apparut vn iour en plein midy à Conftantinople deuant tout le peuple, vn homme en habit de Moine ayant vne efpée
nuë en la main, criant à haute voix,
l Empereur Maurice mourra de cette efpée,
& auffi toft cet homme difparut : l'on
dit auffi qu'il vid en dormant vn foldat nommé Phocas qui tuoit fa femme & fes enfans, puis luy mefme, laquelle prediction fortit fon effect, car
Phocas Colonel de fon armée s'eftant
faifi de luy le fift decapiter, ayant au
preallable faict mourir en fa prefence
fes deux fils, fes trois filles, & l'Imperatrice fa femme, ce qu'il endura patiemment, monftrant vne grande repentance ; ce qui arriua l'an de Noftre
Seigneur 603. & le 20. de fon Empire.
Ce Prince fut tellement auaricieux
qu'à faute de desbourfer 12000. efcus
ou enuiron, il auoit laiffé miferablement efgorger 12000 prifonniers de fes
foldats que tenoit Caian. Il fut auffi
ennemy de S. Gregoire, & fauorifa les
pretentions ambitieufes de Iean Euefque de Conftantinople qui fe qualifioit Chef vniuerfel de l'Eglife. *Sigeb.*
Niceph. Zonare, & autres.

Maurienne

Comté de Sauoye,
qui s'eftend iufques
à la riuiere d'Arche où eft la ville de S.
Iean de Maurienne. *Mercat.*

Mauritanie

derniere contrée de
l'Afrique, vers le dé-

troit de Gibraltar & l'Ocean Occidental, en laquelle les Poëtes ont feint que
le Geant Antée vaincu par Hercules
regnoit. Elle est ainsi appellée du nom
Grec *Mauros*, qui signifie noir, à cause
de la couleur noire de ses habitans, laquelle ils ont telle pour la malediction
qui fut donnée par Noé à son fils Cham
desquels ils sont descendus. Ses colons
l'appellent Numidie, les Hebrieux Phut,
& vulgairement Barbarie. Elle produit
force singes, dragons, elephants, &c.
Ses habitans s'appellent Maures, & d'i-
ceux mesmes les Chrestiens appellent
Maures tous les peuples d'Asie & d'A-
frique, qui sont noirs & qui ensuiuent
la loy de Mahomet : L'on les a creus
estre Indiens & venus auec Hercule en
ce pais-là, comme le rapporte Strabon
liu.17. Salluste *en la guerre Iugurth.* dit
que ces Maures & Numides qui cul-
tiuerent cette coste maritime d'Afrique, & qui la peuplerent estoient Medes, Armeniens & Perses, lesquels ont
donné beaucoup d'affaires aux Romains és guerres Puniques. Les Romains diuisoient cette Mauritanie en
deux parties, sçauoir la Tingitane, ainsi
appellée de la ville Tingi, dite auiour-
d'huy *Tanger :* les Grecs appelloient ses
habitans Maurusiens, & les Espagnols
de present *Alarabes,* comme qui diroit
Arabes Elle s'estend en tirant du Nord
au Su, depuis Tanger iusques au Cap
de Badaior : & en tirant de l'Oüest à
l'Est, depuis la mer Atlantique iusques
à la riuiere de Muluie, & encore par delà, & dans cet espace sont les deux fameux Royaumes de Fez & de Maroc,
qui sont sous la domination du Seriff.
Voy Fez & Maroc. L'autre partie se
nomme Cesarienne de la ville de Cesarée, appellée de present *Tiguident,* Strabon l'appelle Massilie, & Pline Masse-
lylie : son estenduë en longueur d'Orient
en Occident, est de 380. milles : & sa largeur n'est au plus que de 25 c'est à sçauoir depuis la mer Mediterranée ius-

ques aux deserts de Numidie, & cette-
cy comprenoit iadis quatre Prouinces,
sçauoir Tremisen, Thunes, Bugie & Alger, qui sont de present quatre petits
Royaumes sous la domination du Turc.
Et ces deux Mauritanies contiennent
en longueur 839 milles, & en largeur
467. milles. *Plin.liu.5.chap.2.*

Mausole nom du Roy de Carie, qui
fut selon Suidas tres-aua-
ricieux, sa femme Artemise l'aima si vniquement qu'elle luy fist bastir vn sepulchre si superbe, qu'il a esté reputé entre
les sept merueilles du monde : & pour
ce les sepulchres somptueux sont appellez Mausolées. *Herodot. liu.7. Voy* Ar-
temisie.

Maxence fut esleu Empereur par
les soldats Prætoriens
qui demeuroient pres de Rome, apres,
que Maximian son pere eut renoncé à
l'Empire, nonobstant que Seuerus comme nouueau Cæsar eut esté estably
Gouuerneur d'icelle & de l'Italie, par
Galerius qui auoit partagé tout l'Empire Romain auec Constantin : mais
ne se contentant pas d'auoir tyranniquement vsurpé l'Empire, il se rendit
en ses actions du tout insupportable,
estant par ce moyen tres-mal voulu de
tous ses associez, qui estoient Constantin fils de Constantius qui tenoit la
France, Licinius l'Esclauonie & la Grece, & Maximin l'Orient. C'estoit vn
cruel meurtrier ennemy de la Noblesse, vicieux, adultere, auaricieux, & sur
tout grand persecuteur des Chrestiens,
& destructeur des Eglises, grand en-
châineur & amy des deuins & magiciens.
Dont le magnanime Empereur Constantin estant indigné, appelle d'autrepart des Senateurs & des plus grands
de la ville de Rome, delibera de combattre Maxence, iaçoit qu'il fust le frere
de sa femme : à cét effet il amena vne
grande armée en Italie, laquelle bien
que plus petite que celle de Maxence, si
est-ce que par la vertu de la Croix dont
il auoit

il auoit veu le figne miraculeux au Ciel, & ouy ces paroles, *en cecy fois victorieux.* Il obtint la victoire contre Maxence pres vn pont du Tibre qui fe nommoit Miluius, & y fut noyé Maxence le 7. an de fon Empire, faifant vne fin digne de fa mauuaife vie. *Eufebe.*

Maximian, nommé Valere, homme cruel & groffier d'entendement, mais valeureux Capitaine, fut affocié à l'Empire par Diocletian, auquel il fut tellement bon & loyal compagnon, qu'il n'eut iamais fils qui fe monftraft fi obeyffant : ainfi donc ils gouuernerent long-temps l'Empire en tres-grande concorde, & obtindrent de tres-illuftres victoires deffus leurs ennemis. Mais dautant que la grandeur de l'Empire requeroit pluralité de Chefs, ils efleurent chacun vn Cæfar fous eux (ainfi que c'eftoit la couftume de faire entre les Empereurs.) Diocletian nomma Galere Maximin, & Maximian nomma Conftantius Chlorus, pere du Grand Conftantin : apres quoy ils fe departirent les vns & les autres en leurs Prouinces. Quant à Maximian, il appaifa vn grand tumulte de païfans qui s'eftoient reuoltez ; alla en Afrique, où il deffit plufieurs Capitaines, qui s'appelloient Quinquagenaires, dompta tous les Tyrans & brigands qui couroient en ces contrées là, & pour ce fut-il furnommé Herculeius, pour ce qu'il auoit fait comme Hercules. Mais apres auoir triomphé à Rome, Il fut induit par Diocletian de fe ranger en vne vie paifible & priuée, ce qu'ils firent en vn mefme iour ; car l'an 300. de noftre Seigneur ayất gouuerné l'Empire vingt ans, Maximian en la Ville de Milan, Diocletian en Nicomedie, renoncerent à l'Empire, en defpoüillerent les enfeignes, & laiffans le throfne Imperial fe rendirent efgaux à tous particuliers, apres auoir premierement efleu pour Empereurs Conftantius Chlorus & Galerius Armentarius, qu'ils

auoient defia créez Cæfars : ce neantmoins Maximian ayant veu que les foldats Prætoriens auoient efleu pour Empereur fon fils Maxence, nonobftant la nomination qu'auoit faict Galerius de Seuerus pour Cæfar, il fe repentit de s'eftre defmis de l'Empire, & luy prift enuie de l'enuahir fur fon fils. Mais voyant que les cohortes Prætoriens qui auoient efleu fon fils n'y vouloient confentir, il fe retira vers Conftantin fon gendre, afin de s'en deffaire, voulant eftre Empereur à quelque prix que ce fuft. Mais fa trahifon ayant efté defcouuerte, on le pourfuiuit iufques à Marfeille, où fe voulant embarquer, il y fut maffacré, ou plutoft s'eftrangla luy mefme, felon Nicephore. *liu.7 ch.20.*

Maximilian d'Auftriche, I. du nom, Empereur d'Occident, fut fils de Frederic III. Il monftra le premier effay de fes armes à chaffer le Turc de la Croacie : donna l'inueftiture de la Duché de Milan au Roy Louys XII. non encores Roy de France, apres la mort de Charles VIII. Roy de France : il ietta vne puiffante armée dans le païs de Bourgogne qu'il vouloit conquerir pour fon fils Philippes ; mais cette guerre fut toft apres terminée par la paix qu'il fit auec Louys XII. Reprima les Suiffes qui s'eftoient fouleuez & qui rauageoient fes terres d'Auftriche : fit paix & amitié auec Louys XII. & en confirmation de ce fiança fa fille Claude auec le Prince Charles qui depuis fut Roy d'Efpagne & Empereur ; rangea en fuitte quelques païfans qui s'eftoient reuoltez en Allemagne, enfemble Robert Comte Palatin, auquel apres luy auoir enleué la meilleure partie de fon païs, il donna la paix par fa Clemence. Reprima pareillement le Duc de Gueldres, & le Roy de Boheme & de Hongrie, qui s'eftoient rebellez, & auoient affifté fes ennemis. Fift la guerre aux Venitiens, & conioincte-

Mmmmm

ment auec le Roy de France & le Pape,
& retirerent d'eux les terres qu'ils auoět
vſurpées : Aſſiſta Maximilian Duc de
Milan, & luy ayda à chaſſer les François
de la Lombardie & du Milannois : ſe ligua auec le Roy d'Angleterre & les
Suiſſes pour ruiner la France : mais cette entrepriſe n'eut pas beaucoup d'effet:
il taſcha en vain de recōquerir la Duché
de Milan, que François premier auoit
nouuellement enuahie, d'autant qu'il fut
contraint de retourner en Allemagne, où
il fiſt paix auec noſtre Roy. Depuis il
s'occupa du tout à adminiſtrer la iuſtice, & à reformer les villes de l'Empire.
Puis mourut l'an de noſtre Seigneur
1519. & le 25. de ſon Empire. Ce fut vn
Prince tres-magnanime, tres-patient,
tres benin, & humain à tous, chaſte,
liberal, doüé d'vn eſprit vif & de bon
conſeil, tant és affaires de paix que de
guerre: ainſi fort les lettres & les hommes doctes. Il eſtoit naturellement addonné à la Poëſie, ayant meſmes compoſé quelques Poëmes en ſa langue maternelle, pour leſquelles vertus il acquit le ſurnom de Sage: fut obey & aimé en toutes les villes de l'Empire, &
vit ſes fils & petits fils Seigneurs de la
plus grande partie de la Chreſtienté. De
ſon temps le Roy de France Charles 8.
ſe rendit maiſtre du Royaume deNaples
& de la Duché de Milan, mais que les
François perdirent toſt apres. *Sabellic.*
Onuphr.&c.

Maximilian II. fils de l'Em-
pereur Ferdi-
nand d'Auſtriche, & ſon ſucceſſeur à
l'Empire, eſtant deſia eſleu auparauant
Roy des Romains, de Boheme, & de
Hongrie. Ses premiers exploits furent
contre le Turc, & à cet effect aſſigna vne
iournée Imperiale à Auſbourg, requerant des Princes & Eſtats de l'Empire
qu'on luy fourniſt 40000. hommes &
1000. cheuaux pour faire teſte à Solyman qui eſtoit deſia paſſé en Hongrie
auec vne armée de 60000. hommes &

grand nombre de gens de cheual : reprima quelques menées & rebellions
de Iean Frideric de Saxe, & aſſiegea
Gothe ſa retraicte, ville & chaſteau
qu'il fit razer, & miſt fin à cette guerre; pacifia la guerre que l'Archeueſque
de Treues auoit auec ſes ſubjects:accor-
da en ſon pays d'Auſtriche l'exercice de
la Religion, ſuiuant la Confeſſion d'Auf-
bourg, & refuſa le Roy Charles IX.
d'empeſcher le ſecours que quelques
Princes de l'Empire donnoient à ſes
ſubjects de la pretenduë Religion, pre-
textant qu'on luy imputeroit de vouloir entreprendre quelque choſe contre la liberté de l'Allemagne. Il taſcha
de ioindre le Royaume de Pologne à ſa
maiſon, pour rendre l'Empire plus ferme & capable de reſiſter au Turc. Enfin
mourut ayant gouuerné l'Empire douze
ans, l'an 1576. Il eut de ſa femme Marie
fille de Charles le Quint, Princeſſe
doüée de grandes vertus, ſeize enfans.
Cet Empereur aymoit la paix en vn
Eſtat public. Fut equitable & debonnaire, ſe plaiſant aux meditations de la
vie future, & à deuiſer de choſes ſainctes, non diſſolu en habits ny en ſuperfluité de viures. *Florimond, Turſell. &*
autres.

Maximille faulſe Propheteſſe de
l'Hereſiarque Monta-
nus, publie l'hereſie des Cataphrygiens
auec leur aſſocié Appelles, nians la veritable humanité du Fils de Dieu, & de-
ſtruiſant le ſacré lien de mariage, &c.
Finirent tous deux leur vie miſerablemēt,
s'eſtans pendus à vn licol. *Euſebe liu. 5.*
chap.5. & 18. S. Aug. en ſon Catalog.des
Heret. Voy Montanus.

Maximin ſucceda en l'Empire au
bon & iuſte Prince Ale-
xandre Seuere. Son extraction eſtoit
de bas lieu, d'vn chetif village de Thrace; mais eſtant eſtimé le plus renommé
de l'armée, de plus grande force & ſtature, & ſon predeceſſeur n'ayant laiſſé
ny fils ny frere qui luy puſt ſucceder, il

fut proclamé Empereur par tous les
soldats. Il auoit esté berger en son enfance, mais la force & le courage de
son esprit croissans auec son corps, il se
transporta en l'armée Romaine, où il
fut enroollé au temps de l'Empereur
Septimius Seuerus qui en admira la
force, la grandeur & la beauté; & de
faict, il estoit presque comme vn geant
haut de six pieds & demy, & tous les
membres de son corps proportionnez à
l'aduenant, au reste de belle face &
bien blanche, & doüée de force si grande, qu'il tiroit & menoit facilement vne
charette chargée, laquelle deux bœufs
pouuoient à toute peine traisner, donnant vn coup de poing sur le museau
d'vn cheual, il luy faisoit tomber les
dents, fressoit encores du poing vne
pierre & fendoit vn arbre auec les
mains; au reste estoit d'vne legereté si
grande, qu'il égaloit à la course les plus
vistes cheuaux, surmontoit à la luicte
iusques à cinquante toute d'vne suitte
des plus braues & plus robustes, mais
aussi il se traittoit à l'aduenant de la grandeur de son corps, estant son ordinaire
de manger quarante liures de chair, &
boire la huictiesme partie d'vn muid de
vin. Son naturel estoit rebours, farouche
& presomptueux, comme aussi tres-
meschant, cruel & auare. Il se persuada
du commencement que les affaires de
son Empire prospereroient mieux, s'il se
faisoit plus craindre qu'aimer, & pour
ce exerça toutes sortes de cruautez, faisoit tuer tous les seruiteurs & amis de
son predecesseur, & mesmes tous ceux
qui auoient cogneu son pere & luy pouuoient reprocher la bassesse de son lignage: se prit aussi à tourmenter les Chrestiens, & ce fut la sixiesme persecution:
traictoit specialement fort rigoureusement les riches & gens d'honneur, les
condamnant à mort pour tres-legeres
occasions, afin qu'il se seruit de leurs
biens. Mais entre ses cruautez, il fist
de notables exploicts en la Hongrie &

en l'Allemagne, où il obtint de grandes
victoires, toutesfois ses violences & iniustices tyranniques causerent que les
soldats des legions d'Afrique esleurent
pour Empereur Gordian tres-illustre
personnage qui auoit eu à Rome plusieurs belles charges & dignitez, dont
tout le Senat & la pluspart des gens de
bien furent fort contens; Mais estant
arriué qu'vn nommé Capellianus Gouuerneur de la Numidie, & fauorisant le
party de Maximin, eut deffaict & tué le
ieune Gordian; le pere qui estoit esleu
Empereur se voyant sans espoir de secours se tua de ses propres mains dedans
la ville de Carthage. Ce neantmoins
les Romains portoient vne si grande
inimitié à Maximin qu'ils esleurent pour
Empereurs deux vaillans Capitaines,
Maximus Puppiennus & Clodius Balbinus. Et sur ces entrefaites Maximin
ayant en vain tenté le siege d'Aquilee,
& deliberant de venir à Rome, les vieils
soldats Romains attirez par les lettres
que leur escriuoit le Senat, & à cause
de la haine qu'ils portoient à Maximin
le tuerent auec son fils, n'ayant esté Empereur que trois ans, laquelle mort fut
approuuée de toute l'armée, & la nouuelle receuë à Rome auec grande ioye.
Ce qui arriua enuiron l'an de salut 241.
Capitolin, Herodian.

Maximin II. ayant esté faict
Cæsar par Gale-
rius Armentarius son oncle, pour gouuerner l'Orient (qui se reseruoit neantmoins la souueraine puissance comme
Empereur) reputoit à grande honte de
n'estre point esgal à Constantin le Grand
& Licinius, qui commandoient en titre d'Empereurs en toutes les Prouinces de l'Empire Romain· Prenant donc
le nom d'Auguste & d'Empereur, il
reuoqua les priuileges qu'il auoit
octroyez aux Chrestiens, & en suitte se
declara ennemy de Licinius qui commandoit és Prouinces plus proches de
son departement: mais Licinius luy

estant venu au deuant tailla en pieces la
pluspart de son armée, si bien que s'e-
stant sauué à grande peine, il fit tuer
tous ses Magiciens & les Prestres de
ses Dieux, commença à bien traicter les
Chrestiens, & reuoquer les Edicts qu'il
auoit fait publier contre eux, ce qu'il
faisoit pour, esperance qu'il auoit que
Dieu se vangeroit de ses ennemis, enquoy il fut deçeu, & ses desseins remplis d'hypocrisie s'esuanouïrent & pe-
rirent auec luy, car il tomba en vne des
plus douloureuses & cruelles maladies
dont il se soit iamais parlé : il estoit si
griefuement tourmenté aux boyaux,
qu'il se mordoit les mains comme vn
desesperé, les yeux luy sortirent de la teste, & mourut ainsi enragé, ayant gouuerné l'Empire d'Orient quelques années auec les susdits Empereurs. *Aurel.*
Victor, Eusebe.

Maximus I. du nom, surnommé

Puppienus & Clo-
dius Balbinus furent esleus Empereurs
par le Senat apres la mort des Gordians
pere & fils, & ce en haine de Maximin encore viuant, lequel auoit vsé de
cruautez & tyrannies insupportables en
son gouuernement ; laquelle eslection
fut d'autant plus confirmée par le Senat apres la mort de Maximin : Mais les
soldats Prætoriens qui auoient depuis vn
long-temps esté en possession & vsurpé l'authorité de créer des Empereurs,
entrerent en ialousie : & pour desad-
uoüer cette eslection, joinct auec quelque diuision esmeuë entre les Empereurs, ils les prirent & massacrerent en
plein iour dedans Rome, leur substi-
tuant le ieune Gordian. Et cependant
durant les deux années qu'ils possederent l'Empire ils l'administrerent fort
sagement, & publierent de tres-vtiles
& sainctes Loix, ayans en grand honneur le Senat, & se monstrans tres-be-
nins & debonnaires enuers tous hommes. Leur mort aduint l'an de nostre Seigneur 242. *A. Victor, Capitolin, &c.*

Maximus II. du nom, grand

Capitaine, fut
esleu Empereur, mais malgré luy, par
les Legions d'Angleterre, qui s'estoient
reuoltées contre l'Empereur Gratian :
Mais en ayant accepté le nom, il delibera, comme hardy & courageux, de passer outre, & à cet effect il vsa d'vne finesse ; car sçachant que Gratian auoit
deliberé de s'en aller en Italie pour
auoir secours de son frere Valentinian,
il fit courir le bruit que sa femme le
venoit trouuer pour l'y accompagner,
& à cet effect luy enuoya quelques messagers auec lettres contrefaites, ensemble appella vn sien Capitaine, appellé
Andragathius, qui se mettant en vne
litiere feignit estre l'Imperatrice, dont
Gratian n'ayant conceu aucun soupçon,
fut tué par cet assassin. Mais Valentinian n'ayant eu ny la hardiesse ny la
puissance de vanger la mort de son frere, se retira à Constantinople pour demander secours à Theodose, lequel
surprit Maximus en la ville d'Aquilée,
& comme traistre & rebelle le fist iustement mourir, auec vn sien fils nommé
Victor, enuiron l'an de grace 388. n'ayant
tenu l'Empire qu'vn an, dont Andragathius, qui estoit Lieutenant de Maximus
& qui estoit lors sur mer pour empescher le passage à Theodose, fut saisi d'vn
tel despit & desespoir, qu'il se noya.
P. Diacre.

Maximus Philosophe Platonicien,

Precepteur de Iulian
l'Apostat, auquel il dedia vn commentaire sur Aristote. Ayant esté premierement Chrestien il apostasia ; puis derechef se conuertit. *Suidas.*

M E

Meaux ville fort ancienne, Capitale

de la Brie, assise sur la riuiere de Marne, les Latins l'appellent
Melda, & d'icelle fait mention Cæsar
li.5. de ses Comment. Il y a Bailliage qui

ressortit au Parlement de Paris. S. San-
éîin, y enuoyé par S. Denys, fut son premier Apostre. Son Euesché s'estend bien
sur 410. parroisses. Elle est de plus honorée du tiltre de Comté.

Meche ou Meke ville puissan-
te & magnifi-
que, size en l'Arabie Heureuse, ou Petrée, selon quelques-vns, en vn lieu assez
agreable, mais enfermée de montagnes & de deserts, & sans aucunes murailles. Elle contient bien 6000. maisons: Il s'y faict vn grand trafic de tout
l'Orient & l'Occident, de pierres precieuses, de baulme, senteurs aromatiques, espiceries & autres rares marchandises. Son terroir és enuirons est fort
infertil, & manque grandement d'eaux.
Tous les ans on void trois Carauanes
qui partent de Damas, du Caire & des
Indes, & s'en vont en pelerinage à la
Meke pour honorer Mahomet qu'ils
croyent y estre nay, & de là s'achemi-
nent à Medine-Talnabi où est son sepulchre. Elle est sous la puissance du
Turc. Monst. liu. 5. de sa Cosmogr. Magin.

Mechouacan contrée de la
Nouuelle Espa-
gne dans l'Amerique, ayant bien 40.
lieuës de circuit, le terroir y est des plus
fertils: car le maïz & autres fruicts y meurissent trois fois l'année: y a aussi force
lacs & fleuues qui rapportent quantité
de poisson, elle rend vne grande quantité
d'or & d'argent. Le cotton, le miel, & la
cire, la cochenille, l'ambre noir, le sel & la
soye s'y trouuent en abondance. Entre
ses villes il y en a deux principales, Pas-
cuar, & Valladolid, où l'Euesque fait de
present sa residence. Elle obeit au Roy
d'Espagne. Mercat. & Magin.

Mecœnas Cheualier Romain,
descendu des Roys
d'Etrurie, honoré grandement par les
Poëtes de son temps, & specialement de
Virgile & d'Horace à cause de sa grande liberalité qu'il exerçoit enuers les

hommes de lettres. En sa consideration ceux qui ont fauorisé les hommes
doctes ont esté appellez Mecenates. Il
fut grand amy de l'Empereur Auguste,
personnage au reste fort delicat, curieux & subjet à ses plaisirs. Suetone
Tranq. Mais l'on doit imputer cette
mollesse à sa maladie, car il eut la fieure
toute sa vie, & trois ans auant sa mort ne
dormoit pas vne seule minutte d'heure,
qui l'excusoit de cherir la douceur des
plaisirs. Plin. li. 7. ch. 52.

Medée fille d'Æete Roy de Col-
chos (qui fut fils du Soleil)
& d'Idye, renommée enchanteresse, laquelle lors que Iason fut arriué en la
cour de son pere auec les autres Argonautes pour la conqueste de la toison
d'or, deuint tellement amoureuse de
luy, qu'apres en auoir tiré promesse
qu'il l'espouseroit, elle employa tous ses
arts magiques pour l'aider à son dessein:
tellement que Iason surmonta sans peine tous les dangers qui luy estoient ap-
prestez, & ainsi remporta en seureté sa
toison, car il dompta les taureaux qui
iettoient le feu par les nazeaux, plus tua
le dragon gardien d'icelle & en sema
les dents en terre, dont nasquirent les
hommes armez qu'il combattit, & les
fist entre-tuer les vns les autres, &
ainsi rauit la toison. Apres ces exploits
elle s'enfuit auec luy en Thessalie, &
pour retarder la vengeance de son pere
qui la poursuiuoit, elle mist en pieces
son frere Absyrthe, les escartant qui çà,
qui là, afin que son pere s'y amusant elle
cependant tirast païs: Et comme elle
estoit grande magicienne, elle fist à la
priere de Iason raieunir son pere Æson
par le moyen de ses drogues, & le mettant d'vn aage caduc en vn aage robuste; raieunit pareillement les Nymphes
qui auoient nourry Bacchus: mais se
voulant vanger de Pelias oncle de Iason qui l'auoit tousiours hay, fist tant
enuers ses filles (seignant qu'elle le re-
ieuniroit comme Æson) qu'elles l'es-

Mmmmm iij

gorgerent: Toutefois apres Iason l'ayant repudiée pour prendre en mariage Creuse fille de Creon, elle en fut tellement indignée, qu'elle diffimulant son maltalent, & fous pretexte de faire des prefens à la nouuelle mariée, luy enuoya vne Couronne, qu'elle n'eut pas plutoft mife fur fon chef que le feu s'y mit, & la brufla miferablement, fon pere Creon & tout le Palais. D'autres difent que ce fut par le moyen d'vn petit efcrin ou coffre remply de feu artificiel, qu'elle enuoya par fes petits enfans aux filles de Creon, & qu'auffi-toft qu'elles l'eurent ouuert, il en fortit vne flamme qui embraza tout le Palais Royal, dont Iafon fe voulant vanger, elle en fa prefence maffacra deux enfans qu'elle auoit eu de luy, puis par fes charmes fe fift enleuer par fes dragons aiflez dans Athenes où elle efpoula le Roy Egée, dont elle eut Medus. Mais ayant encore voulu empoifonner Thefée fils aifné d'Egée, & fon deffein eftant découuert, elle fut contrainte de fe retirer en Afie auec fon fils Medus, où ils donnerent le nom à la Medie. *Strabon, Ouid. liu. 7. de fes Metam.*

¶ *Cette fiction peut auoir efté tirée de cette verité, fçauoir que Medée ayant efté vne femme mefchante, desbordée & luxurieufe, qui par vn amour defefperé qu'elle portoit à Iafon, & pour affouuir fa concupifcēce, ait premierement employé toutes fortes de charmes & de forcelleries pour fe faire aymer à luy, & trahir fon pere & fa mere, & fa patrie pour le fuiure : car en ce qu'il dit qu'elle raieuniffoit les vieilles gēs par le moyen de fes drogues, l'on peut rapporter cela à ces artifices, par lefquels elle attiroit à foy le cœur & l'amour des plus vieux, & les faifoit deuenir auffi imprudens & impudens que beaucoup de ieunes hômes, voire il n'y a point d'inconuenient que par le moyen de fes herbes medecinales & decoctions elle ne pûft rendre les hômes plus fains, frais & difpos qu'auparauant, de maniere qu'à les voir fi fains & agiles,*

on les euft eftimez raieunir: Si ce n'eft que nous vueillions auec Stobée au 117. difcours de fes lieux communs, rapporter cela à fa loüange, qui dit que Diogenes l'eftimoit auoir efté femme vertueufe, & qui enfeignant aux hommes mols & effeminez à s'employer à toutes fortes d'exercices de corps, les re..doit ainfi plus fains, robuftes & vigoureux.

¶ *Mais les Mythologiens Moraliftes paffent plus auant, car par Medée ils entendent le bon confeil, ce qu'emporte le mot Grec Medos, laquelle ils difent petite fille du Soleil, parce que toute fageffe nous vient d'enhaut, & du Pere de lumiere : Ils la font auffi fille d'Idye, qui fignifie cognoiffance, dautant que la cognoiffance eft mere de confeil: & par ce Iafon ils entendent celuy qui a befoin de medecine & de guerifon, du mot Grec Iafthai, c'eft à dire, medicamenter ou penfer : & partant celuy qui defire medeciner fon efprit, doit emmener Medée quant-&-foy, c'eft à dire fuiure le bon confeil, dont il aura cognoiffance par la fageffe, dont eftant muny, il domptera tous ces taureaux furieux, c'eft à dire, la fiereté & l'animofité de fon courage, & cuitera quant & quant les morfures de l'enuie fignifiée par le dragon : comme auffi mettra en arriere l'appetit des voluptez, & quittera comme vn autre Iafon, fon pays & fes parens pour fuiure la vertu & le bon confeil de fageffe.*

Medicis eft le furnom de la tres-noble famille des Grands Ducs de Tofcane, qui eft l'vne des plus illuftres non feulement de l'Italie, mais auffi de toute la Chreftienté. Quelques Hiftoriens rapportent le nom & origine de cette tige à vn certain Medicus Prince Gaulois : Mais d'autres la font moderne, & difent qu'elle n'a commencé à fleurir que depuis enuiron 200. ans, fous ce grand Prince Cofme de Medicis, qui ietta les premiers fondemens de fa fplendeur, lequel pour fes vertus excellentes & infignes bien-faicts qu'il rendit à fa patrie en merita à iufte tiltre le glorieux furnom de Pere : auffi fonda-t'il par fes proüeffes la grandeur de l'E-ftat de Florence (duquel les defcendans s'en font rendus & en font encores de prefent maiftres) ayant efté au refte le plus heureux & riche de fon fiecle. D'i-celle font fortis trois Papes, Leon X. Cle-ment VII. & Leon XI. tous excellens em doctrine, comme en pieté. Cette no-ble famille eft au refte fort confiderable, dautant qu'elle a eu alliance auec les plus illuftres de la terre, & entre autres auec l'Imperiale d'Auftriche, & la Ro-yale de France, car nous leur deuons cet honneur de nous auoir produict deux grandes Princeffes, efpoufes de deux de nos plus grands Roys, fçauoir Catheri-ne de Medicis, mariée à Henry II. qui fut mere de trois de nos Roys ; & cette Augufte Princeffe Marie de Medicis, fille de François de Medicis & de Ieanne d'Auftriche, fille de l'Empereur Ferdi-nand, laquelle conioincte en mariage à ce Prince inuincible Henry le Grand, nous a laiffé de luy cinq beaux fleurons deLys, qui par alliances ont efpandu leur agreable odeur en toute l'Europe: fi bien que la chafte fecondité de cette grande & incomparable Princeffe a autant rele-ué les efperances du peuple François, comme fa grande prudence, fes loüables & vertueux deportemens ont calmé & pacifié les troubles & orages du Royau-me pendant la minorité de fon fils noftre Roys Louys le Iufte.

Medie contrée tres-ample & tres-celebre de l'Afie, ancienne-ment appellée Arie felon Paufanias, & communément *Seruan*. Elle a pour bornes au Nord la mer Cafpie ou Hir-canienne : au Midy la Perfe : au Cou-chant la haute Armenie & l'Affyrie : & au Leuant l'Hyrcanie & la Parthie. Stra-bon la faict auffi large que longue. Elle fut ainfi appellée d'vn certain Medus fils d'Ægée & de Medée fa mere, qui la vindrent premierement habiter, felon

Solin. Ce fut autrefois le pays le plus puiffant de l'Afie, qui eftoit diuifé en haute Medie & Atropatie : La haute Medie comprend le païs qui eft autour de la ville de Tauris, iadis nommée Ec-batane, qui eftoit fa Capitale. L'on y voyoit auffi la ville de Casbin, qui a efté autrefois le fiege Royal des Sophis, cô-me Tauris, enfemble quelques autres ville : l'Atropatie ou baffe Medie, eft la partie Septemtrionale vers la mer de Bacchu, & eft feparée de l'Armenie par le fleuue de Canac ; fa ville Capitale eft Sumachie. Tout ce pays en general eft pour la plufpart montueux & froid vers le Nord principalement, à raifon dequoy l'on y void peu de grains, & l'on n'y nourrit point d'animaux priuez, ains s'y trouuent feulement quelques arbres fruictiers, & des beftes fauuages : mais la partie Meridionale abonde en toutes fortes de fruicts, fromens, vin, & ani-maux domeftiques, & ioüit, dauanta-ge d'vn bon air : fpecialement pres de Tauris il s'y void vn champ tres-fpa-cieux, que iadis on appelloit Hipobo-ton, auquel il y auoit vn haras Royal de bien 50000. cheuaux. De ce pays ont efté apportez premierement les ci-trons, & pour ce ont efté appellez des Latins *Mala medica*. Il s'y trouue vn certain marets, fur l'eau duquel furna-ge vne certaine forte de venin noir, dont fi quelque chofe en eftant frotée eft ap-prochée du feu, elle fe brufle tout auffi-toft. *Leonic. tom. 3. chap. 69. Strabon liu. 11.*

Les M e d e s obeyffoient aux Roys des Affyriens qui auoient lors l'Empi-re du monde iufques à l'effeminé Sar-danaple : Mais Arbaces leur Gouuer-neur l'ayant vaincu tranfporta l'Empire aux Medes, lequel prift accroiffement fous leurs Roys iufques à Aftyages du temps duquel eftant au fommet de fa grandeur, Cyrus fon petit fils deftrui-fit l'Empire des Medes & le transfera aux Perfes apres auoir vaincu fon ayeul,

en suitte dequoy obeïrent aux Macedoniens apres qu'Alexandre eut empieté la Monarchie , puis apres sa mort
aux Parthes : iaçoit que les Romains en
eussent enuahy vne partie , & depuis la
dissipation de l'Empire , le Grand Seigneur , le Grand Cham de Tartarie , & le
Sophy de Perse en vendiquent la possession , ioüans au boute-hors , & y establissent leur secte & religion à leur tour : il
s'y trouue aussi force Chrestiens & Iuifs
qui exercent leur religion. *Monst. liu. 5.
de sa Gosmogr.*

Medes peuples de cette contrée, ont
vne grande conformité de
mœurs auec les Armeniens. Ils ont tou-
jours esté tenus pour mols & effeminez,
& de faict leur coustume estoit d'auoir
plusieurs femmes à l'exemple de leurs
Roys , & estoit ignominie entr'-eux
d'en auoir moins de sept. Comme aussi
les femmes tenoient quantité de maris,
& reputoient à honte d'en auoir moins
de cinq. En la contree plus Septemtrionale ils faisoient du pain de farine
d'amandes qu'ils mangeoient auec chair
de sauuagines , & leur boisson estoit faite de certaines racines. Il ont donné
l'vsage aux Perses & autres nations de
porter vne tyare & bonnet rond en forme du turban , & leurs robbes auec des
manches : comme aussi ont esté autheurs
de cette abiecte & superstitieuse reuerence , auec laquelle humilité les subjects s'approchoient & salüoient leurs
Roys. Ils ont esté fort adroicts à cheual & à tirer de l'arc. *Strab. liu. 11. de sa
Geographie.*

Medine appellée Talnabi , c'est à
dire *ville du Prophete*; vil-
le de l'Arabie , assisse en vn lieu sterile ,
elle est renommée à cause du sepulchre
du faux Prophete Mahomet , à raison
dequoy il s'y faict vn grand concours
de tous les Mahometans de l'Orient.
La Mosquée où est son sepulchre a de
longueur 100. pas , & 80. de largeur,
appuyée de 400. colonnes toutes blan-

ches , au bout de laquelle il y a vne tour
voûtée tapissée de soye, où il y a vn lieu
profond , receptacle du corps de ce faux
Prophete , autour duquel se voyent tous
les iours iusqu'à 3000. lampes allumées.
Monst. liu. 5. de sa Cosmographie.

Mediterranée est appellée la
mer qui est re-
tirée de la grande que l'on nomme O-
ceane , & qui est comme au milieu de la
Terre , telle qu'est cette mer qui separe
l'Afrique de l'Europe ; laquelle prend
diuers noms selon la situation des lieux
qu'elle auoisine , comme mer Sicilienne
Golfe de Venise , Archipelague , &c.
qui font partie de cette mer Mediterranée : Et cette mer abonde en toutes
choses , car elle nourrit des poissons,
des plantes & des pierres precieuses.
Ses poissons representent tout ce qu'il
y a de viuant & inanimé , tant en la terre
qu'en l'air , Elephans , Porcs , Chiens,
Veaux , Cheuaux , Faucons, &c. mesmes
l'homme , és Syrenes , Nereides & Moines marins ; comme les choses insensibles & artificielles , aiguilles , ciseaux ,
&c.

Medon fils de Codrus dernier Roy
des Atheniens , fut le premier Archon (qui estoit vn Magistrat
à Athenes , sans tiltre Royal. *Voy* Archon) des Atheniens , duquel les successeurs furent appellez Medontides,
iusques à Caropes fils d'Eschyle. *Vell.
Pat. liu. 1.*

Medulline fille d'Aronce , laquelle fist enyurer son pere
afin de le sacrifier , pour ce qu'il l'auoit
forcée en son yureße. *Plut. en ses Paralelles. Voy* Aronce.

Meduse fille de Phorque & d'vn
monstre marin appellé
Cete par les Grecs , laquelle auec ses
sœurs Euryale & Sthenion habitoient
les Orcades isles de l'Ocean Ethiopique , & sont appellées Gorgonnes. L'on
tient de cette-cy , qu'estant demeurée
seule mortelle , elle fut d'excellente
beanté,

beauté, & ainsi des plus recherchées &
caressées de son temps ; Et iaçoit qu'elle n'eust rien qui ne fust tres-accomply,
l'or de ses cheueux sur tout rauissoit
les ames par les yeux, chaque poil estoit
vn chaisnon qui auoit vn cœur pour
esclaue : & comme vn chacun estoit
idolatre de ses perfections, Neptune
en fut rauy, lequel pour contenter
ses desirs l'embrassa dedans le temple de Minerue mesme : Dont cette
Deesse fut si indignée de voir son temple profané, qu'elle conuertit les cheueux de Meduse (qui auoient tant ag-
greez) en serpés, & luy donna cette vertu pour la rendre encore plus odieuse,
que tous ceux qui l'enuisageroient seroient transformez en pierres, posant
mesmes l'image de cette horrible teste
entourée de viperes sur le plastron
qu'elle a sur l'estomach, pour effrayer
ses ennemis lors qu'elle se presente au
combat. Mais le monde ne pouuant
souffrir vn monstre si terrible qui trans-
muoit plusieurs personnes en rochers,
Pallas suscita Persée pour la faire mourir, & à cet effect l'ayant equippé auec
les talonnieres de Mercure, de son ci-
meterre & de son escu qui le rendoit
clair voyant, & au reste estoit inuisible
aux autres : Persée l'alla ainsi trouuer
lors qu'elle dormoit, & que tous les
serpens estoient assoupis, puis luy couppa la teste, du sang de laquelle nasquit
le cheual Pegase : dont Persée ayant fait
vn present du chef à Pallas, elle l'attacha à son bouclier pour effrayer ses
ennemis. Mesmes dict on que Persée
s'en retournant en son païs par les de-
sers d'Afrique, autant de gouttes de
sang se changerent en serpents. *Ouid.*
liu. 3. de ses Metam.

¶ *L'on peut rapporter cette fable à la verité*
de quelque femme d'excellente beauté, &
sur tout en l'or de ses cheueux qui seruoit
d'appas & de lien ensemble pour attirer les
yeux & arrester les cœurs de la ieunesse de
son temps, mais laquelle n'ayant esté curieu-

se de reigler ses desordonnées affections par
la modestie, & garder son honneur sans tache, auroit pollué son beau teinct des defor-
mitez que la fable donne à Meduse, estant
son front chargé de honte & d'infamie, &
ses tresses dorées tant admirées, changées
par ce moyen comme en serpens qu'on a en
horreur. C'est donc icy l'image de la volupté,
laquelle n'a pas plustost embrasé nos ames
des flammes d'vn desir lascif, qu'elle ne
nous priuent de raison, & nous desrobent
l'humanité comme si nous estions rochers
& choses insensibles : & partant l'assistance
de Pallas Deesse des Sciences a esté necessaire pour depescher Persée fils de Iupiter,
qui est le type de l'homme vertueux, d'oster
la teste à Meduse, c'est à dire de perdre &
destruire cette effrenée volupté.

Megabyses ou Megalobyses,
estoient appellez
les Prestres de Diane en Ephese, lesquels estoient en grand honneur &
deuoient estre Eunuques, ayans en
leur garde & compagnie des Vierges
sacrées. De ce nom estoient appellez
les hommes mols & delicats. *Strab.*
liu. 14.

Megalesyes estoient appellés par
les Romains, les
iours solemnels dediez à la grande mere des Dieux, comme aussi les ieux qui
se faisoient en memoire de la Dedicace
du temple dedié par Iunius Brutus à
cette Deesse, à raison dequoy ils sont
appellez Megalesyes, car *Megalè* chez
les Grecs signifie Grand *T. Liu.* Ces
ieux se faisoient au commencement du
Printemps auec grande solemnité ; esquels les ieunes hommes auoient de
coustume de se trauestir, iouër toutes
sortes de personnages, tant des Magistrats que des personnes priuées, inui-
tans leurs paroles & actions, & les plus
honnorables matrones s'y trouuoient,
mesmes chantans deuant le simulachre
de la Deesse : & en ces iours là les Romains auoient de coustume d'y faire
des banquets entre les parens & voi-

fins, toutefois frugallement : car ces iours estoient reputez saincts, chastes, & desquels l'entrée estoit deffenduë aux serfs : mais seulement estoit permis aux personnes de qualité, comme Consuls, Preteurs, &c. qui y assistoient en robbes rouges & auec la pretexte, qui estoit l'habit de leur Magistrature. *Al. d'Alex. liu. 6. chap. 19.*

Megalopolis
ville tres-fameuse de l'Arcadie, bastie apres la bataille de Leuctres, dont sont yssus de grands personnages, & entr'autres le tres-excellent legislateur Egesias disciple de Theocrite, Polybe & autres. *Strab. liu 8.*

¶ Vne autre de ce nom en l'Asie, appellée depuis Aphrodysias en la Carie, entre les fleuues Lyque & Mæandre. *Estienne.*

Megare
fille de Creon Roy de Thebes, laquelle fut donnée en mariage à Hercules par son pere pour auoir mis à mort Ergin Roy d'Orchomene, & deliuré le territoire Thebain du tribut qui luy auoit esté imposé par outrage & violence. Mais Hercules estant allé aux enfers, vn certain Lyque enuahit la Royauté sur Creon, se mettant quant & quant en deuoir de forcer Megare. Sur lesquelles entrefaites Hercules estant suruenu, restablit Creon en son regne, & tua ce Tyran, de la mort duquel Iunon indigné rendit Hercules infensé, de telle façon qu'il tua sa chere aimée Megare & tous les enfans qu'il auoit eu d'elle. *Seneque en sa Trag. de l'Hercule Furieux.*

Megare
ville de l'Achaie és frontieres de la Morée, pays natal de ce Grand Geometre Euclides. *Plin. liu. 4. chap. 7.*

¶ Il y a vne montagne de ce nom en la Sicile, où il y a grande quantité d'abeilles, au pied de laquelle se void vne ville de mesme nom.

Megarée
pere d'Hippomenes & neueu de Neptune, na-

tif d'Oncheste ville de la Bœoce. *Ouid. liu. 14. de ses Metamorphoses.*

¶ Vn autre de ce nom, fils d'Apollon, lequel donna le nom à Megare ville de Grece iadis fort fameuse.

Megasthenes,
appellé par d'autres Metasthenes Historiographe descrit en son liure du Iugement des temps & des Annales des Perses, la suitte des Roys d'Assyrie iusques à Cyrus fondateur de la Monarchie Persienne, ensemble ses successeurs Monarques des Perses iusques à Alexandre le Grand. Il florissoit du temps de Ptolemée Philadelphe II. Roy d'Egypte.

Megere
l'vne des furies infernales descrites par les Poëtes : ce mot signifie enuieux, du mot Grec *Megairo*, c'est à dire, ie hays ou porte enuie. Ce qui demonstre la qualité ordinaire des meschans. *Voy* Eumenides & Alecton.

Mein
fleuue de la Franconie, prenant sa source des montagnes de Boheme, & separe la haute Allemagne d'auec la basse : mais depuis Francfort iusques à l'Ocean Germanique où il se va rendre, il est chargé d'vne grande quantité de basteaux de toutes sortes de marchandises. Les Latins l'appellent *Mœnus*, & d'autres *Mogonus*. *Tacit. Pompon. liu. 3.*

Melampus
fils d'Amitaon Argien & de Dorippe, fut vn Argur & Medecin tres-expert, car l'on tient qu'il entendoit & exprimoit les voix de tous les animaux, tant terrestres que volatiles. Son excellence fut cause qu'on luy bastist des temples, & instititua des honneurs & seruices diuins. L'on dict aussi qu'il apprinst aux Grecs à mettre de l'eau dans le vin. *Pausan. liu. 1. Homer. liu. 15. de l'Odiß.* Prœtus luy donna en mariage sa fille Iphianasse à cause qu'il l'auoit remise en son bon sens auec ses autres sœurs. *Voy* Iphianasse.

Melancthon disciple de Luther, mais lequel n'a

tousiours suiuy ses heresies, ains a esté autheur des Mols-Lutheriens, qu'on appelle autrement Confessionistes : aussi fut-ce luy qui dressa & escriuit la pretenduë côfession appellée d'Ausbourg, pource qu'elle fut presentée à Charles V. és Estats d'Ausbourg. Il mourut l'an 1560. auec telle indifference & inconstance de religion, qu'il est communément appellé le brodequin d'Allemagne. Et de fait, apres sa mort chaque secte le reputoit estre sien. *Florimond. liu. 2. chap. 9. de l'origine des Heres.*

Melanthius gardien des chevres d'Vlisse, lequel pour

auoir en l'absence de son maistre dissipé le bien de sa maistresse Penelopé, & l'auoir molestée auec les autres courtisans, fut tué au retour d'Vlisse par Telemaque. *Homere liure 22. de l'Odyssée.*

Melantho fille de Prothée, laquelle ayant de coustume

de se laisser emporter sur le dos des dauphins, pour s'égayer sur la mer qui estoit le domaine de sô pere, fut par ce moyen rauie par Neptune transformé en dauphin, lequel l'ayant passée à l'autre riuage en eut son plaisir, dont nasquit Amyque.

Melas nom de plusieurs fleuues.

¶ Entre lesquels est vn de Bœoce, prenant sa source du mont Parnasse, duquel les riuages sont bordez d'Oliuiers : & pour ce est dedié par les Poëtes à Minerue. *Stace liu. 7. de sa Thebaide.* C'est le seule des fleuues de la Grece qui est nauigable dés sa source, ayant aussi ces rares particularitez de croistre & decroistre comme le Nil ; & de plus, de rendre noirs les moutons qui s'en abbreuuent, bien que le fleuue Cephise qui sort du mesme lac, fasse deuenir blancs les moutons qui en boiuent. *Plin. liu. 2. chap. 103.*

Melchiades ou Miltiades

Africain 33. Pape, deffendit les ieusnes estre faits par les Chrestiens és iours de Dimanche & de Ieudy, dautant que tels iours estoient consacrez aux ieusnes entre les Payens. *Can. Ieiunium de consecra. distinct. 3. Damas. en son Pontif.* Ordonna que des Oblations faites à la Messe, on beniroit vn pain pour estre distribué aux fidelles en Symbole de communication Catholique, cê que nous nommons Pain Benist : a escrit vne Epistre du Sacrement de Confirmation, *Tom. 1. des Concil.* Mourut l'an de grace 315. apres auoir tenu le siege quatre ans sept mois & quelques iours, lors de la persecution des Empereurs Licinius, Maxence & Maximin, tres-cruels persecuteurs des Chrestiens. *Adon de Vienne, Onuphr. Plat. Sigeb. &c.*

Melchisedech inter. de l'Hebr. Roy de iustice, fut

Roy de Salem (qui est appellée Hierusalem *Psal. 76.*) c'est à dire de paix, *& Sacrificateur du Dieu souuerain, sans pere, sans mere, & sans genealogie, n'ayant ny commencement de iours, ny de fin de vie, mais estant rendu semblable au Fils de Dieu, demeurant Prestre à l'eternité,* comme le tesmoigne l'Apostre *aux Hebreux chap. 7.* Mais au *14. chap de Genes.* il est recité qu'apres qu'Abraham eut recous sur quatre Roys victorieux, les despoüilles qu'ils auoient prises au Roy de Sodome ; ce Melchisedech *vint au deuant d'Abraham, offrit pain & vin ; car il estoit Prestre du Dieu souuerain,* & puis luy donna sa benediction loüant Dieu, par la bonté duquel cette victoire auoit esté obtenuë : & Abraham de sa part luy bailla les decimes de tout ce qu'il auoit pris sur les ennemis. Sur ces passages plusieurs anciens ont esmeu de grandes controuerses, Origene estime qu'il a esté vn Ange & non vn homme : quelques heretiques appellez Melchisedechiens, desquels fut autheur vn certain Theodore l'Argentier, tenoient que c'eſtoit le meſme fils de Dieu qui apparut à Abraham en forme humaine: quelques autres d'entr'eux paſſerent plus outre, diſans que c'eſtoit quelque vertu ſuperieure à Ieſus Chriſt, de laquelle il auroit receu l'ordre de ſon ſacerdote. *Epiph. hereſ. 55.* Preſque tous les Hebrieux aſſeurent que c'eſtoit l'vn des fils de Noé: & quelques autres Iuifs Talmudiſtes polluans les ſacrez cayers de leurs reſueries, tiennent que cét homme, bien que iuſte & Preſtre du Dieu ſouuerain, eſtoit nay d'vne femme impudique, & d'vn homme inconneu, & que pour cela ſes parens ne ſont point nommez en l'Eſcriture. Quelques Chreſtiens enſuiuans le Liure *des queſtions du vieil & du nouueau Teſtement,* attribué à ſainct Auguſtin, fondez auſſi ſur ce qu'il eſt dit, qu'il eſtoit plus qu'Abraham. *Hebr. 7.* veulent que ce Melchiſedech n'ait pas eſté ſimplement vn homme, mais quelque vertu de Dieu, ou le ſainct Eſprit meſme qui ſe ſeroit reueſtu de la forme humaine, comme le fils de Dieu a pris noſtre chair. Quoy que c'en ſoit, il apparoiſt en l'Eſcriture que ç'a eſté vn tres-grãd perſonnage pour trois qualitez qu'elle luy donne; la premiere, pource qu'il y eſt nommé Melchiſedech, c'eſt à dire *Roy tres-iuſte,* la ſeconde, *Roy de Salem,* c'eſt à dire *Roy de paix ou de perfection*; & la troiſieſme, Preſtre du Dieu tres-haut. Et c'eſt de cette derniere qualité dont ſpecialement l'Apoſtre tire la precellence du ſacrifice ſacramental de Ieſus-Chriſt, qui eſt ſelon l'ordre de Meſchiſedech par deſſus celuy d'Aaron : & iaçoit que l'Apoſtre par exprés, ne leur en vueille deduire le particulier diſcours, pour eſtre à ſon dire trop releué, & non explicable à telles gens imbecilles, qui auroient pluſtoſt beſoin de laict que d'vne viande ſi ſolide : Si eſt-ce que les anciens ont tous aſſeuré, que ce ſujet dont il pouuoit parler doit eſtre rapporté au myſtere de l'Euchariſtie, de

la connoiſſance duquel les Iuifs n'eſtoient encore capables : & de cette verité nous rendent teſmoignage ſainct Hieroſme *à Euagrius,* Origene *Homil. 9. & 12. ſur le Leuitique.* Sainct Chryſoſtome *en ſon Oraiſon de Philogonius,* & Socrate *liu. 8. chap. 5. de ſon Hiſt. Eccleſ.* leſquels tous ſe fondent ſur ce que ſainct Paul & le Pſalmiſte ont declaré Ieſus-Chriſt eſtre *Preſtre ſelon l'ordre de Melchiſedech* : & qu'il eſt porté en la Geneſe, *que ce Melchiſedech a offert pain & vin, parce qu'il eſtoit Preſtre du Dieu tres-haut* : & partant cette Oblation ſe doit entendre indubitablement à la façon des Anciens, deſquels les ſacrifices n'eſtoient ſanglants : ioint que le verbe Hebrieu *hotſi,* que les Septantes traduiſent par *obtulit,* c'eſt à dire *offrit,* eſt vn verbe ſacrifical, teſmoignage d'Oblation & d'Action de graces à Dieu ; comme en l'Hiſtoire de Gedeon *Iuges 6. verſ 18.* Et pourrãt les Saincts Peres ont à bon droit remarqué cette ſemblance de Melchiſedech & de Ieſus-Chriſt, en la conformité du ſacrifice de l'Euchariſtie, prefiguré par celuy de Melchiſedech, en pain & en vin qu'il offrit lors en ſacrifice. Et de cette verité nous ſont garãds les Saincts Cyprien *Epiſt. 63. à Cecilius,* Ambroiſe, Auguſtin, Chryſoſtome : & entre les experts en la langue Hebraïque, Epiphane *hereſ. 55. & 59.* Sainct Hieroſme *ſur le 26. de ſainct Matthieu, & autres* : voire meſme la pluſpart des anciens Rabbins, R. Moſo Haddarſa en ſon *Bereſchit Rabba,* R. Samuel, Bar-Nahaman, Faſciculus Myrrhæ, & autres rapportez par R. Selomo leur ordinaire interprete *ſur le 14. chap. de la Geneſ.* maintiennent que Melchiſedech offrit pain & vin pour figurer les ſacrifices de farine & oblations de la Loy future : voire quand ils en parlent, de peur que quelques vns n'eſtimaſſent que ce fuſt pain & vin communs, ne l'appellent pain & vin de Melchiſedech, mais *minha* & *neſec,* c'eſt à dire oblation & ſacrifice, c'eſt à ſçauoir le pain & le vin benist & consacré, lesquels premierement furent offerts & sacrifiez par vne ceremonie sacrée & solemnelle, puis baillée & distribuée à Abraham & à ses enfans, pour symbole de Charité & de Religion.

Meleagre fils d'Oenée Roy de Calydon & d'Althée, à la naissance duquel les trois Parques apparurent à sa mere, assises pres d'vn feu tenant vn tison à la main, par lequel elles assignoient à son enfant, telle & si longue vie que le tison demeureroit en estre ; ce qu'entendant la mere elle le fist esteindre & soigneusement garder, iusques alors que par vengeance elle le consuma pour ce sujet. C'est que Meleagre ayant tué vn sanglier qui degastoit tout le païs de Calydon, fist present de la hure de la beste à sa maistresse Atalante, qui se trouua là auec d'autres Princes : dont Toxée & Agenor oncles de Meleagre, conceurent vne telle enuie qu'ils rauirent à Atalante la glorieuse proye qu'elle emportoit, ialoux de ce que par vne femme ils auoient perdu l'honneur de cette victoire. Surquoy Meleagre suruenant punit cét attentat, les tuant tous deux sur le champ. Dont Althée fut tellement irritée à l'encontre de son fils, que postposant l'amour charitable de mere à celle de sœur, elle ietta dedans le feu le tison fatal dans lequel sa vie estoit posée. Ses sœurs pleurantes son piteux destin deuindrent oyseaux, & furent appellez Meleagrides, dits Cocqs d'Inde. *Ouid. liu. 8. de ses Metamorphoses. Homer. liu. 9. de l'Iliade.*

¶ *Bien que la nature n'ait point de liens plus estroits que ceux desquels elle se sert pour conseruer dans les cœurs des peres & des meres l'amour de leurs enfans ; si est ce que nous auons icy en Althée vn exemple contraire, la rage de laquelle la force à vanger sur son fils la mort de ses freres. Si est ce toutesfois qu'elle sent naistre en son ame vn furieux combat, & ne se resout qu'auec horreur à ce denaturel dessein, d'estre meilleure*

sœur que mere : Mais quant à cette souche fatale qui seruit d'outil à la vengeance d'Althée, nous est euidemmen par icelle figuré le secours que cette marastre rechercha dans les secrets de la magie, pour esteindre la vie de celuy qui la tenoit d'elle. Et ce sont les mesmes uoy s dont Pison accourcit ceux de Germanicus. Corn. Tacite liu. 2. des Annal.

Meles fleuue de l'Ionie arrousant la ville de Smyrne. pres le riuage duquel nasquit le Poëte Homere. *Plin. liu. 5. chap. 29. Strab. liu. 11.* dont il fut appellé Melesigenes. *Herodot. en sa vie.*

Melibée ville maritime de la Magnesie, ou selon d'autres de la Thessalie, renommée pour ses teintures. *Estienne.*

¶ Il y a vn pasteur de ce nom, introduit par Theocrite & Virgile en leurs Eclogues. Ce mot du Grec signifie particulierement celuy qui a le soin des bœufs.

Melicerte fils d'Athamas & d'Ino, lequel voyant son pere estre deuenu enragé, se precipita auec sa mere dans la mer, & tous deux furent par la commiseration des Dieux changez en Dieux Marins, Ino sous le nom de Leucothée & de Matute : & Melicerte sous celuy de Palemon, que les Latins appellent aussi Portune. *Voy* Ino & Athamas. L'on celebroit quelques ieux appellez Isthmiens, dans le destroit d'Achaye pres de Corinthe, où se faisoient de grandes despences en l'honneur de ce Dieu Marin. *Alexand. d'Alex. liu 5. chap. 7.*

Melisse fille de Melissus Roy de Candie, laquelle auec sa sœur Amalthée nourrit Iupiter, encore petit enfant, de miel & de laict de cheure : Et dautant que ce nom signifie en Grec vne mouche à miel, cela a donné lieu à la fable, que les abeilles estoient venuës rucher en sa bouche : aussi dit-on que cette Melisse, ou vne autre fut ainſi nommée, parce que premierement elle auroit trouué le moyen d'aſſembler le miel. *Columella liu. 9. chap. 2.* Au reſte, l'on tient qu'elle fut eſtablie Preſtreſſe de la grande Mere des Dieux, dont depuis fut ordonné, & fut receu en couſtume, que celles qui luy ſuccederent furent appellées Meliſſes. *Cœl. liu. 22. chap. 3.*

¶ Vne autre de ce nom, femme de Periander Tyran de Corinthe, que ſon mary (croyant aux faux rapports de ſes concubines) foula à beaux pieds toute enceinte qu'elle eſtoit. *Laërce en la vie de Periander.*

Meliſſus Philoſophe Samien diſciple de Parmenides, contemporain d'Heraclite, fut grandement aimé & chery de ſes concitoyens, auſquels il donna de beaux preceptes, & fut auſſi par eux eſtably Capitaine de marine. Tenoit que le monde vniuerſel eſtoit infiny, immuable & immobile, qu'il n'y auoit point de mouuement, mais ſembloit ſeulement eſtre ; aſſeuroit qu'il ne falloit rien definir des Dieux, attendu que leur connoiſſance nous en eſtoit incertaine & cachée. Il floriſſoit en la quatre vingts quatrieſme Olympiade, comme le rapporte Apollodore. *Laërce liure 9. de la vie des Philoſophes.*

¶ Vn autre de ce nom, Roy de Candie, lequel le premier ſacrifia aux Dieux, & ordonna leurs ceremonies, iceluy fut pere de Meliſſe & d'Amalthée nourrices de Iupiter. *Cœl. liu. 22. chap. 3.*

Melitis l'vn de ces fols heureux celebrez par Homere, lequel ne pouuoit nóbrer plus haut que cinq, & s'eſtant marié n'oſoit toucher à ſa femme craignant qu'elle ne l'accuſaſt enuers ſa mere : dont ſa ſottiſe tourna en Prouerbe, *plus fol que Melitis.*

Melos iſle de l'Archipelague l'vne des Cyclades, ſituée entre la Candie & la Morée. Les Phœniciens l'ont habitée, d'où elle fut appellée Biblye des Phœniciens Biblyens : Elle fut auſſi appellée *Mellida*, à cauſe de l'abondance du miel qui s'y trouuoit, & de preſent *Milo*. C'eſt la plus grande de toutes ces iſles, ayāt bien quatre vingts milles de tour, & Pline afferme qu'elle parut en vn inſtant. Ses champs ſont fertils en froment & en huyle, mais peu en vins. Il s'y void du marbre noir & marqueté, comme auſſi quantité de bitume & de ſouffre : c'eſt pourquoy l'on y trouue des eaux ſouffrées, grandement medicinales. *Pompon. liu. 2. Mag. en ſa Geog.* Elle eſt renommée par la naiſſance de Diagoras, Socrate & Ariſtophane.

Melpomene l'vne des neuf Muſes, ainſi dite des mots Grecs *Melos poiein.* c'eſt à dire faire concert ou accord tel que le requiert vne bónne harmonie, l'on l'a fait inuentrice des Tragedies, des Odes & chanſons. *Virg. de l'inuent. des Muſes. Horace liu. 1. des Carmes. Od. 24.*

Melun ville principale du Gaſtinois, baſtie ſur la riuiere de Seine, appellée des Latins *Melodunum*, & iadis *Iſis*, à cauſe d'vn temple qui y eſtoit baſty en l'honneur de cette Deeſſe, Cæſar en fait mention *au 7. de ſes Commentaires.* Elle a eu ſes Comtes & Vicomtes, & eſt maintenant vn ſiege Royal & Bailliage, pourueu auſſi d'vne Cour d'Eſleus pour la police & iuſtice des tailles, laquelle s'eſtend meſmes par delà le reſſort de ſon Bailliage. Elle eſt renommée pour ſes bons poiſſons, & ſpecialement pour ſes eſcreuiſſes & anguilles.

Memnon fille de Tithon & de l'Aurore du païs d'Æthiopie, lequel ayant mené à la guerre de Troye du ſecours à Priam, fut tué par Achille, dont ſa mere eut tant de regret, qu'encores tous les matins aprés auoir long-temps ploré, elle change ſes larmes en roſée, & que pour alleger dauantage ſes douleurs, elle euſt recours à Iupiter, duquel elle obtint que les cendres de son fils seroient changées en oyseaux : ainsi dict-on, que comme son corps estoit sur le buscher, de la fumée des cendres d'iceluy nasquirent certains oyseaux qui se battirent tant de bec & d'ongles qu'ils tomberent tous mortuaires hosties dedans le feu : Et ces oyseaux s'appellerent Memnonides, lesquels prennent encores tous les ans leur volée de l'Ethiopie vers les ruines de Troye, où ils se combattent cruellement sur la sepulture de Memnon. *Plin. liu. 10. chap. 26. Ouid. liu. 13. de ses Metamorphoses.* Plusieurs graues autheurs, Strabon, Suidas, qui disent l'auoir veu, Tacite, Philostrate & autres, racontent aussi de Memnon vne merueille, c'est qu'en vn temple de Serapis qui estoit à Thebes en Egypte, il y auoit vne sienne statuë laquelle lors que les rayons du Soleil leuant venoient à barrer dessus rendoit vn son fort plaisant, qui estoit comme vne marque d'allegresse de la venuë de l'Aurore, & sur le soir elle iettoit vn bruict comme semblant se lamenter & se douloir de son absence & de son depart.

¶ *L'on a feint assez problablement ce Memnon estre fils de l'Aurore, pource qu'il a eu commandement sur quelques peuples Orientaux : Et quant à ce buscher auquel se seroient leuez des oyseaux, cela ne nous demonstre autre chose, sinon que les exploits de la vertu & de la valeur sont immortels, lesquels portez sur les aisles de la Renommée suruiuent aux cendres pour voler par tout & se faire ouyr par l'vniuers.*

Memphis fille du Roy Ogdoüs, laquelle a donné le nom à Memphis ville iadis tres-fameuse de l'Egypte, & la seconde apres Alexandrie ; aussi estoit ce la demeure ordinaire de leurs Roys, & estoit ornée de plusieurs notables edifices, sepulchres, pyramides & monumens insignes, & encore de present, c'est vne ville tres-grande & capitale de l'Egypte appellée le Caire. *Voy Caire.*

Menahem fils de Gadi & 16. Roy d'Israël. *Voy* Manahem.

Menalippe fut sœur d'Antiope, Royne des Amazones, qui ayant esté prise en guerre par Hercule, fut deliurée par sa sœur : ayant ce neantmoins Hercule retenu pour rançon son baudrier & toutes ses armes, pour lesquelles conquester il auoit esté delegué par Eurystée. *Iuuenal. Sat. 8.*

Menandre Athenien Poëte Comique, louche & assez mal composé pour la forme exterieure de corps, mais neantmoins de bon conseil & de subtil esprit : tellement que les Roys d'Egypte rechercherent par Ambassades & presens sa conuersation. Il a escrit 80. fables & quelques autres liures en Prose, *Suidas.* Quintilien luy donne cette loüange d'auoir atteint la perfection d'vn bon Orateur, tant en inuention qu'en la grace de bien dire.

¶ Vn autre de ce nom, successeur & disciple de Simon le Magicien, voire le surmontant en l'impieté de ses dogmes ; car il se disoit estre le Sauueur enuoyé du Ciel pour le salut des hommes, enseignant dauantage que les Anges & Demons ne pouuoient estre vaincus & contrains par les hommes, par autre moyen que par les preceptes de son art magique & du bapteste qu'il donnoit, par lesquels seuls, il asseuroit que les hommes obtiendroient l'immortalité. *Irenée, Eusebe liu. 3.*

Menapiens peuples qui habitoient la riue gauche du Rhin, comme les Sicambriens & Eburons tenoient la dextre : d'où nous pouuons iuger que c'estoient les habitans de Gueldres, Cleues & Iulliers, & Ortelius y adiouste de surplus les Brabançons & Flamans. De ces peuples font mention Strabon, Tacite & Cæsar en ses *Comment.*

Mende ville du Vellay en Langue-doc, capitale de la contrée de Geuaudan, dicte des Latins *Minates*. Elle est honorée du tiltre d'Euesché, dont l'estendüe est sur 209. paroisses, & depend de l'Archeuesché de Bourges.

Menecrates natif de Syracuse, Medecin tres-expert, lequel ne requeroit autre recompense de ceux qu'il guarissoit, sinon qu'ils se confessassent toute leur vie estre ses esclaues, & l'appellassent Iupin. *Ælian.*

Menedeme natif de l'Isle de Negrepont, yssu de nobles, mais pauures parens, suiuit premierement les armes puis se rangea en l'eschole de Platon: fut remarquable pour son honnesteté & grauité, & pour s'estre maintenu autant robuste & vigoureux en sa vieillesse comme en sa ieunesse. Fut Platonicien, mais qui mesprisoit la Dialectique. Quelqu'vn luy disant vn iour que c'estoit vn grã bien de iouyr de ce que l'on desire; *mais bien plus grand*, dist il, *de ne desirer rien que ce qui est expedient*. Il fut au commencement en risée & opprobre à vn chacun pour sa façon de viure & ses opinions: mais depuis ceux de son pays l'eurent en grand respect, luy donnant le gouuernement de leur Republique; Et à cet effect l'enuoyerent souuent en Ambassade vers Ptolemée. En quoy ils ne furent point trompez de sa fidelité, car ayant esté enuoyé des siens pour traiter de la paix auec Antigonus, & ne pouuant paruenir, outré de desplaisir il se fist mourir ayant esté 7. iours entiers sans manger, apres auoir vescu 73. ans. *Diog. Laerce liu. 2. de la vie des Philosophes.*

¶ Vn autre de ce nom de Lampsaque, Cynique de sa secte, lequel vint à vne telle folie qu'il prenoit l'habit comme d'vne furie, & se disoit estre venu des Enfers pour espier les forfaits d'vn chacun, afin d'en faire son rapport aux De-mons. *Laerce.*

Menelaus fut pourueu entre les Iuifs du Souuerain Pontificat, sans attendre la mort de Iason son predecesseur. Mais n'ayant donné l'argent qu'il auoit promis au Roy Seleucus (car en ce temps-là les Roys de Syrie estoient maistres de la Iudée où tout estoit venal) son frere Lysimachus luy fut subrogé, auquel toutefois il succeda apres que Lysimachus eut esté tué par les Iuifs. 2. *Machab.* 4. Cependant il eut vne forte guerre auec Iason, lequel il auoit supplanté tenant tousiours le party des traistres de sa patrie & profanant le temple, se rangeant du party d'Antiochus ennemy iuré de leur nation & de leur loy, qu'il introduisit en Hierusalem, *chap.* 5. Mais il fut puny de son infidelité, car Antiochus Eupator fils d'Epiphane, le fist tuer miserablement apres qu'il eut gouuerné le peuple 12. ans, l'an du monde 3930. *chap.* 13.

Menelaus fils d'Atrée & d'Ærope selon Homere, ou de Plisthene selon Hesiode, frere d'Agamemnon Roy de Sparte; eut en mariage Helene fille de Iupiter & de Leda, laquelle luy ayant esté rauie par Paris fils de Priam, il amena tous les Princes Grecs pour vanger cette déloyauté, tellement que ce fut le motif principal de la funeste guerre contre les Troyens: ainsi apres la prise de Troye il la recouurist. *Virg. Homere en son Iliad.*

Menenius Agrippa, surnommé Lanatus, Capitaine Romain. *Voy* Agrippa.

Menes selon Herodote, ou Mena, fut le premier qui regna en Egypte, & qui dauantage enseigna ses peuples à honnorer les Dieux & à leur faire sacrifices: Il leur donna pareillement l'vsage des tables & des licts. *Eusebe.* De son temps qui fut enuiron l'an du monde 2151. tout le pays d'Egypte estoit reduict en marets hormis la contrée Thebaïde. *Herodot. Diod. Sicil.*

Menesthée fils de Peleus 2. Roy des Atheniens, lequel occupa le Royaume d'Athenes fur Thefée abfent auec l'aide de Caftor & de Pollux, defquels fa fœur Helene auoit efté rauie par Thefée. Il vint auec Adrafte & Tydée à la guerre de Thebes où il amena vne flotte de 50. vuiffeaux. *Stace liu. 6. de fa Thebaïd.*

Menippe natif de Phœnicie, ferf de eondition & Philofophe Cynique, lequel n'a rien laiffé digne de memoire, finon quelques Satyres meflées de niaiferies & d'attaques piquantes à la façon de ceux de fa fecte, lefquelles toutefois M. Varron a imité en fes Satyres qu'il appelle pour ce Menippées, felon Macrobe *en fes Saturnales.* Il fut tellement auaricieux & afpre au gain qu'il ne s'employa qu'à l'ufure maritime comme la plus grande, où il amaffa grande quantité d'argent, mais luy ayant efté derobé il s'alla pendre de defefpoir. *Laërce liu. 7.*

❡ Vn autre de ce nom natif de Stratonice & precepteur de Ciceron, qui l'appelle le plus difert Orateur de toute l'Afie *Ciceron au liu. intit. Brutus.*

Menius nommé Caius Conful Romain vainquit les anciens Latins qui tenoient la campagne de Rome, auquel le peuple Romain laiffa le tiers de tout le butin qu'il fift par paction expreffe faite auec luy. Fut le premier qui attacha au perron où fe faifoient les harangues publiques deuant le peuple, les becs & esperons des nauires qu'il prift en la deffaitte d'Antium, qui fut l'an 416. de la fondation de Rome. *Plin. liu. 34. chap. 5. T. Liue liu. 8.*

Menœcée fils de Creon, Roy de Thebes, lequel voulut mourir pour le falut de fon pays : car ayant entendu que l'oracle promettoit la victoire aux Thebains, fi le dernier de la lignée de Cadmus fe voüoit aux

Dieux infernaux fçachant que le faict s'addreffoit à luy, fans aucun delay fe perça tout outre de fon propre glaiue. *Stace liu. 10. de fa Thebaïd.*

Menœtius fils d'Actor & d'Egine (laquelle auoit efté concubine de Iupiter) & pere de Patrocle, qui de fon nom eft appellé Menœtiades. *Homer.*

Menon Egyptien, lequel felon Anticlydes rapporté par Pline *liu. 7. chap. 57.* inuenta le premier l'Alphabet Grec.

Menophile Eunuque, auquel le Roy Mithridates vaincu par Pompée, donna fa fille à garder en vn certain chafteau : mais s'y voyant affiegé par Manlius Prifcus & forcé de rendre la place, tua cette fille & luy mefme pareillement auffi-toft, preffé de douleur & de crainte qu'il auoit qu'elle ne fut violée. *Amm. Marc. liu. 16.*

Menthe concubine de Pluton, laquelle Proferpine meuë de ialoufie changea en vne herbe dicte de fon nom *Menthe. Ouid. liu. 10. de fes Metamorphofes.*

Mera fille de Proete & d'Antie, laquelle eftant d'ordinaire à la chaffe à la fuitte de Diane, Iupiter en deuint amoureux, lequel ne la-pouuant flefchir par fes prieres, la deceut enfin ayant pris la forme de Diane : mais comme fa maiftreffe l'eut appellée depuis, elle s'enfuit de honte d'icelle, ou bien de crainte de femblable fourbe de Iupiter : dont cette Deeffe fe fentant mefprifée l'occit de fes flefches, puis eftant meuë de pitié la changea en vne chienne. *Ouid. liu. 7. de fes Metam.*

Mercie jadis Royaume compris dans celuy d'Angleterre, dont le terroir eft grandement agreable & abondant en toutes chofes : l'on y trouue force minieres de fer & charbonnieres de terre, auec plufieurs fontaines falées : Elle comprend plufieurs contrées, comme Gloceftre, Oxford, Buckingam, Bethfort & autres. *Magin en fa Geogr.*

Mercure Dieu que les anciens ont reputé le herault & meffager des Dieux, & l'Ambaffadeur ordinaires de la Cour Celefte, fut fils de Iupiter & de Maia fille d'Atlas, lequel les Grecs ont appellé *Hermes* du Grec *Hermeneuein*, c'eft à dire interpreter, pour ce qu'ils le croyoient eftre l'interprete des Dieux : Les anciens luy ont donné encore plufieurs noms, comme Cyllenien, Nomien pour le faire diftinguer d'autres (car Ciceron *liu. 3. de la Nat. des Dieux* en faiét cinq) qui ont porté le mefme nóm, defquels la memoire à toute efté rapportée à cettuy-cy qu'ils eftimoient le feul Nóce & Porte-parole des Dieux, en confequence dequoy ils le reputoient l'entremetteur des alliances & trefues qu'on fait entre deux partis; comme auffi qui auoit la charge des Ambaffades : & partant croyoit-on qu'attachant vn chaifnon d'or aux oreilles des hommes, il les menoit ou bon luy fembloit : Et pource qu'à cet effet il eftoit toufiours en voye, tantoft au Ciel, tantoft en Terre, & tantoft aux Enfers, on le peignoit à 3. teftes & auec diuers vifages. On le tenoit auffi le premier inuenteur de vendre poids & à mefure, & prefider fur tout ce qui depend de la marchandife ; & pour ce mefme en Grece l'on mettoit fa ftatuë au milieu du marché, & l'a t'on appellé Mercure, du Latin *merces*, c'eft à dire marchandife, comme eftant le lieu des Merciers : Il fut auffi inuenteur de la mufique & de la lyre à 7. cordes qu'il donna à Apollon : obferua le premier le cours des aftres, & redigea les iours & les années en certain ordre qui n'eftoient point auparauant limitez. Mais s'il employa fon eloquence & fon artifice à bien, il l'appliqua pareillement à mal, car il fut en reputation d'eftre le plus fubtil & ingenieux larron du mon-

de, & pour ce fut adoré pour Dieu des larrons ; comme auffi Dieu des Paftres & Bergers, eftimé auoir la puiffance de benir, faire croiftre & multiplier les trouppeaux : On le croyoit auffi prefider fur l'exercice de la luiéte & fur les fonges ; & pour ce felon Athenée l'on luy dedioit anciennement le dernier traiét de vin qu'on beuuoit és banquets comme preparatif au fommeil. Son pourtraiét, comme il fe void és antiquitez recueillies par Appian, eftoit comme d'vn ieune homme couuert d'vn petit chappeau à l'Arcadique, fans barbe le plus ordinairement, auec 2. petits ailerons qui luy prenoient par les temples, & 2. auffi attachées aux derrieres des pieds que nous appellons talonnieres : en fa main il portoit vne verge, entortillée de deux ferpens, dit Caducée du verbe Latin *cadere*, c'eft à dire tomber, parce que par cette verge il amortiffoit & faifoit choir toutes difcordes; à laquelle ils donnoient de furplus plufieurs autres diuerfes puiffances, comme de coduire les ames aux Enfers & les en rappeller, qui font defcrites par Virg. *au 4. li. de l'Æn. Voy* Caducée. Et ailleurs comme diét Paufanias *en l'eftat d'Achaie*, ils le peignoient en forme quarrée fur le chemin. Quant aux facrifices qu'on luy faifoit, c'eftoit communément d'vn veau; & fes offrandes eftoient de laiét & de miel, & de langues des beftes facrifiées. *Voy* les Commentaires d'Apollonius Rhodien.

Par ce Mercure que les anciens nous ont feint Nonce & Meffager des Dieux, à l'aduenture nous ont ils voulu figurer quelque grand perfonnage tout fage & diuin (& diét-on que ce fut Mercure Trifmegifte. Voy le mot fuiuant) lequel comme recite Laétance au liure de la fauffe Religion, obligea les Egyptiens par plufieurs bienfaits, auffi luy attribue t'on l'inuention de plufieurs belles fciences, foit que cela ait efté en effeét, ou afin de perpetuer fa memoire : C'eft pourquoy il fut eftimé fils de Iupiter

& de *Maïa*, c'est à dire de la benignité celeste. Mais, plus à propos ont-ils voulu monstrer par iceluy, la force de l'eloquence & du bien dire, qui est la partie la plus diuine de l'homme, qui le rend comme Ambassadeur des Dieux : ou bien pource qu'elle descouure les pensées du cœur, qui est appellé le cabinet de Dieu, pource que luy seul le peut sonder ; ou bien pour autant que par le discours on exprime la volôté des Dieux & le sens des loix diuines. Ceite parole est clairement monstrée par sa peinture, car il est pourtrait ieune, pource que le parler ne peut enuieillir ; auec des aislerons parce que le discours vole en l'air comme s'il estoit aislé, & cela aussi signifie la promptitude & la diligence requise en vn messager : la verge auec laquelle il concilie tous discords, est la puissance de l'eloquence qui peut rallier & reioindre les plus mortelles diuisiōs : & lors qu'on luy a donné le pouuoir de retirer ou enuoyer les ombres dans l'Erebe, ç'a esté pour signifier la deffense (qui se fait par la parole) de l'innocent, & en l'accusation pour la punition du coulpable : & conformément à cela Pausanias en ses Attiques escrit, que si quelque accusé auoit euité la sentence de mort, il souloit sacrifier à Mercure. Et de ce qu'il donne ou oste le sommeil, est afin de monstrer que le beau parler peut accoiser les plus furieux, & allumer le courage des plus languissans : mais afin que cela soit attribué, non à vn vain langage, mais à vn du tout serieux & d'efficace ; à ce baston ont esté adiousteż deux serpens hieroglifiques de la prudence : Et quant à ces statuës quarrées qu'on luy dressoit quelquesfois, c'estoit pour monstrer que comme le quarré & cube demeure tousiours droit en quelque sens qu'il tombe : ainsi en est-il de l'Oraison qui doit tousiours estre semblable à soy-mesme, & stable en son assiette. Or pourquoy il fut estimé Dieu des marchãds, c'est pource que non seulement la parole est le principal instrument de leur negociation, & que la connoissance des langues est necessaire à ceux qui trafiquent és pais loingtains : Et pour cette raison, l'a-t'on dit aussi estre

le Dieu & le Patron des larrōs, imposteurs, chicaneurs & courratiers, pource que si le beau parler est conioint auec vn esprit malicieux, il peut faire tous ces maux que l'on void ordinairement produire par l'artificieux langage & babil des hommes. D'autres ont appliqué ces fictions aux proprietez de la Planete de Mercure ; dautant que ceux à la naissance desquels la Planete de Mercure seigneurie, sont ordinairemēt enclins aux larcins, & à toutes sortes de ruses & de cautelles, veu qu'elle seule a presque autant de varietez, de mouuemens & destours, que toutes les autres iointes ensemble. Afin donc d'expliquer la vistesse de cette estoille, & la promptitude de ceux sur lesquels elle domine : les anciens luy ont fait porter vne chausseure garnie d'aisles, qui auec les vents l'emportent d'vn cours extremement subit & viste : toutes lesquelles choses ne conuiennent pas moins à vn bon Orateur qu'à cette Planete : car il est requis qu'vn bon Orateur ait vn esprit prompt & subtil, pour repartir & respondre sur le champ, & la langue bien penduë pour s'exprimer en bons termes. L'on le fait autheur de la lyre & de la musique, dautant que l'on tient que ceux qui sont nais sous la Planete de Mercure les ayment. Ioint que la parole & les instrumens musicaux, accoisent par leur doux accords les troubles & passions plus vehementes de nostre ame. L'on le peignoit à trois testes, dautant qu'il estoit tantost au Ciel, tantost en la terre, & tantost aux Enfers pour l'expedition de ses Ambassades : ou bien pource que la parole requiert la connoissance des trois especes de Philosophie, Logique, Physique & Morale, formant la nature & les mœurs par la raison : Et pource qu'estant messager des Dieux, & partant doüé de cette vertu diuine empreinte és cœurs des hommes qui agence merueilleusement les choses humaines en leur ordre, & les y conserue, ils ont creu que ce fust d'elle que procedassent les songes qui de nuit se representent aux hommes : & partant ont dit que Mercure y presidoit. Et pour cette raison l'a-t'on estimé le guide des ames des trespassez, conduisant les vnes aux Enfers, & les autres pour prendre demeure & logis en noueaux corps. On luy a dedié le Cocq à cause de la vigilance requise en tout homme d'affaires ; & la langue offerte en ses sacrifices auec le miel & le laict, n'est que pour monstrer la douceur de l'eloquence, dont il a le premier d'entre les Dieux trouué l'ornement & l'artifice. Et quant aux autres inuentions qu'on luy attribuë, l'on l s peut tres à propos rapporter à l'eloquence & à la parole, la vraye mere de toutes les sciences & autres rares inuentions humaines.

Mercure Philosophe tres-excellēt, appellé Trismegiste, c'est à dire trois fois grand, pource qu'il fut grand Philosophe, grand Prestre, & grād Roy : aussi le fait-on autheur principal de la doctrine des Egyptiens. Iamblic au liu. des Myst. des Egypt. ensuiuant les tesmoignages de Seleucus & Menœthus anciens autheurs, le dit auoir escrit iusques à 36525. liures de la sagesse des Egyptiens, d'entre lesquels plusieurs ont esté traduits en langue Grecque par de doctes Philosophes. Sainct Clement liu.6. de ses Stomates, nous fait mētion de quelque cinquāte trois liures qui se voyoient encore de son temps : mais à present ne nous reste plus que deux dialogues intitulez, Pimandre & Asclepius, ausquels il a produit beaucoup de merueilles de Dieu, de la saincte Trinité, de l'aduenement de Christ, & du dernier iugement : si bien qu'il ne semble pas seulemēt Philosophe, mais Prophete, & vray annonciateur des choses diuines. Il a esté autheur de nommer les iours par les Planetes, & leur donner leur ordre, sçauoir d'attribuer le Lundy à la Lune : le Mardy à Mars : le Mercredy à Mercure : le Ieudy à Iupiter : le Vendredy à Venus : le Samedy à Saturne : & le Dimanche au Soleil. Philastrius. Comme aussi diuisa le iour & la nuict en heures & espaces de temps esgaux. Polyd. Virg. liu.2. chap.15. de l'Inuent. des Choses. Et de fait, les Grecs & les

Romains ne font mention des heures que quelque temps apres Varron. Censorin chap.19. du iour natal. Enseigna aux Thebains l'orbe des temps & des saisons. Diod. Sicilien, Strab. liu.16. Prescha ouuertemēt que les Dieux des Gentils auoient esté hommes mortels. Sainct Aug. liu.8 de la Cité de Dieu. Quelquesvns le font contemporain de Moyse : & le confondent auec le Dieu Mercure comme Suidas, ce qui n'est probable pour les raisons rapportées par Genebrard liu.2. de sa Chronol. lequel le met du temps de Ptolemée Lagus, enuiron l'an du monde 3800.

Merlin ou Melkin, estoit ce fameux deuin & enchanteur d'Angleterre, lequel en partie pour la grande connoissance qu'il auoit de l'Astrologie, & en partie par Art Magique a predit beaucoup de choses touchant le Royaume d'Angleterre, & de ce qui doit ariuer és derniers temps. L'on le fait fils d'vne Religieuse, fille de Roy & d'vn Incube ou Demon en forme humaine. Naucler en sa 17. Generat.

Merob fille aisnée du Roy Saül. 1. Roys chap.14. laquelle son pere promist au petit Dauid moyennant qu'il cōbatist le Geant Goliath, laquelle toutefois il maria à vn autre, luy donnant sa plus ieune Michol. chap.18.

Merodach ou Berodach. 4. Roys 20. fils de Baladan & Roy des Babyloniens. Ierem 50. Enuoya de grands presens à Ezechias Roy de Iuda, aussi-tost qu'il fut venu en conualence, confirmée par ce miracle signalé de la retrogradation du Soleil. Esa.39. Regna cinquante-deux ans, enuiron l'an du monde 3460. Genebr.

Meroé iadis appellée Saba, isle des plus grandes du Nil en Afrique (iaçoit qu'il y en aye plus de cinq cens, comme le tesmoigne Diodore li.1. & 17. (ayant bien trois milles stades en sa lōgueur, & mille de largeur. En icelle il y a vne ville bastie par Cambyses qui luy donna ce mesme nom à cause de sa sœur ainsi appellée qui y deceda. Elle fut depuis la capitale de toute l'Ethiopie selon Pline. Son terroir nourrit en abondance des Elephans, Lyons, Rhinoceros, Basilisques, Dragons & autres bestes estranges qui se trouuent en l'Ethiopie; Elle a pareillement des mines d'or, d'argent, d'airain, de fer, & quelques pierres precieuses, comme hyacinthe, topazes, &c. *Strab. liu. 17.* Ses habitans sont pour la pluspart pasteurs, & s'addonnent à la venerie. Leurs coustumes estoient iadis conformes à celle des Africains & Æthiopiens. *Voy* Æthiopiens. Ils sont de present sous l'Empire du Pretejan, & ont les mesmes mœurs des Abyssins. *Voy* Abyssins.

Meropé l'vne des filles d'Atlas & de Pleione, de laquelle l'estoille apparoist le moins d'entre les sept Pleiades, pource disent les Poëtes, que de toutes ses sœurs elle seule fut mariée à vn homme mortel. *Ouid. liu. 4. des Fastes.*

¶ De ce nom a esté aussi appellée vne isle voisine de Carie, dite vulgairemēt *Lango. Plin. liu. 5 chap. 35. Voy* Coos.

Merops fut appellé vn de ces Geäts qui voulurēt déthroner les Dieux du Ciel : ce qui doit plustost estre entendu de ceux-là qui aiderent à la construction de la tour de Babel, car y estant arriué confusion de langues en l'appeller Meropes, des mots Grecs *Merizein,* qui signifie *diuiser,* & *d'ops,* c'est à dire *voix,* dautant que lors y arriua la diuision des langues. *Genes. 4.*

Merouée III. Roy de France, fils ou le plus proche parent de Clodion, auquel il succeda à la Couronne. A esté celuy qui a donné le nom & le lustre à la France, comme autheur de la premiere race dite des Merouingiens de son nom, laquelle regna iusques à Pepin. Et telle en fut l'occasion : C'est que, sçachant qu'Ætius Gouuerneur

des Gaules pour les Romains, qui seul luy pouuoit faire teste, auoit esté rappellé de son Gouuernement par l'Empereur Honorius, il projetta lors de prendre terre és Gaules, & s'en rendre maistre : & à cét effet dressa vne armée, passa le Rhin, prist Treues, Cologne, Mets, & en suitte Strasbourg, s'aduança au Cambresis & Tournesis, & de là poussant son dessein plus auant dans les Gaules, se saisist des meilleures places de la Champagne, d'vne telle celerité, que les Romains n'eurent le loisir d'arrester le cours de ses victoires; Mais comme l'Empereur Valentinian successeur d'Honorius, eust remis Ætius au Gouuernement pour s'opposer à ses conquestes, tant s'en faut qu'il le poursuiuist comme ennemy, qu'au contraire il le rechercha comme amy, & tous les François, afin de resister à Attila Roy des Huns, qui auec vne armée de 500000. hommes, menaçoit de venir fondre és Gaules, & autres Prouinces de l'Empire. Ils firent donc vn corps d'armée ensemblement, assistez de Thierry Roy des Goths, & y combattirent auec tant de valeur, qu'ils remporterent la victoire sur Attila, luy tuant 160000. des siens en la plaine de Chaalons, où Merouée auec les François, fist les plus notables exploicts. Mais Ætius ne voulut poursuiure la victoire, poussé de ialousie contre les François, qui eussent eu surcroist de grandeur pour l'entiere deffaite de ce Barbare, laquelle lascheté offença toutefois tellement son maistre, qu'il le fist tuer : Ce qui aduança d'autant plus les affaires de Merouée, lequel estoit craint des Romains, & honnoré des Gaulois : si bien que prenant l'occasion aux cheueux, il s'enfonça en païs, prenant possession par la volonté des habitans de Paris, Senlis, Orleans, & païs circonuoisins : & ainsi appriuoisa les Gaulois par vn si bon traittement, qu'il commença à dresser vn corps d'Estat, & nommer

France le païs des Gaules, qui estoit sa nouuelle conqueste. Quelques autres toutesfois, estiment que Valentinian donna aux Gaulois leur liberté pour reconnoissance de ce signalé seruice, & que de là ils commencerent à estre appellez François, c'est à dire Francs & libres. Mais auec plus grande raison dirons-nous que la valeur, la prudence & le bonheur de ce grand & illustre Prince, a esté la principale colomne de l'establissement de ce Royaume : & qu'ainsi à iuste titre il a laissé le nom à la premiere race appellée des Merouingiens. Il regna dix ans seulement, & mourut l'an de nostre Seigneur 461. *Sigeb.*

Mescus fils de Iaphet, autheur des Meschiniens, depuis appellez Cappadoces. *Iosephe liu. 1. chap. 6. de ses Ant. Iud.*

Mesopotamie Prouince tres-ample de l'Asie maieur, ainsi appellée pour estre au milieu de deux fleuues (car *Mesos* chez les Grecs signifie mitoyen, & *potamos* fleuue) sçauoir le Tigre & l'Euphrate. Pline l'appelle Seleucie ; les Hebrieux *Aram naharaim*, c'est à dire, la Syrie des fleuues, & de present *Diarbech.* Elle a pour ses bornes au Septentrion, la haute Armenie prés du mont Taurus : au Couchant, la Syrie prés le fleuue Euphrates : au Midy, l'Arabie deserte : & au Leuant, l'Assyrie separée par le Tibre. Son terroir est tres-fertil en plusieurs endroits, tant en grains qu'en pasturages ; mais en d'autres il est du tout sterile, à cause specialement de ses grandes ardeurs, si bien qu'il s'y trouue fort peu d'eaux & de fontaines, comme l'on peut reconnoistre par les 24. & 25. chap. de la Genese. Il y a aussi de grands deserts, & des lieux remplis de sables. Elle porte neantmoins quelques drogues aromatiques ; & y croist force naphte ou bitume liquide. Ses villes anciennes plus renommées estoient Edesse, Charres & Nisibis, appellée quel-

quesfois Antioche & Mygdonie : & ses plus modernes sont Caremit, auparauant nommée Amida, qui est sa Metropolitaine, laquelle Selim Empereur des Turcs, prist sur le Sophy ; Merdin, siege du Patriarche des Chaldéens ; & Mosus, siege de celuy des Nestoriens, dont l'authorité s'estend iusques au Cathay. *Monst. liu. 5. de sa Cosmograph. Magin, & autres.*

Mesraim fils de Cham. *Genese* 10. de luy l'Egypte fut appellée de mesme nom, & les Egyptiens Mesréens. *Iosephe liu. 1. chap. 5. de ses Antiq. Iudaïq.*

Messala surnom de Valerius Coruinus, pour auoir pris la ville de Messine en Sicile ; estant pour ce depuis par changement de lettres, appellé Messala. Or la famille des Valeriens estoit tres-florissante à Rome, dont sortit ce Messala Orateur tres-renommé : mais il luy arriua, que deux ans deuant sa mort il perdit tellement la memoire & le sens, qu'à grande peine il pouuoit conioindre deux mots ensemble, mesmes oublia iusques à son nom. *Pli. liu. 7. chap. 25.* Enfin luy estant suruenu vn vlcere dans la bouche, il se laissa mourir de faim. *Crinit.* Il fleurissoit du temps d'Auguste.

Messalians ou Psallians, autrement appellez Euchites ou Precateurs spirituels, & Enthousiastes, heretiques signalez. Prenoient pour maxime, que la seule Oraison suffisoit à salut, & qu'il ne falloit cesser de prier, & sur ce fondement deffendoient à tous Chrestiens de faire aucune œuure manuelle. *S. Aug. heres. 57.* Nioient que la chair de Iesus-Christ prise au sainct Sacrement profitast de rien : ny que le Baptesme conferast la grace, ny que les ieusnes fussent aucunement necessaires. *Theodoret liu. des Fabl. heret. Hist. Trip. liu. 7. chap. 11.*

Messaline nommée Valeria ; fille de Barbatus Messala,

fut la 5. femme de l'Empereur Claudius. Elle fut renommée pour son impudicité, car elle fut si desbordée &
despoüillée de toute honte, que non
contente de paillarder publiquement,
elle incitoit les autres Dames Romaines à faire le semblable, priant mesme
les hommes & les contraignant de condescendre à ses lubricitez & à sa licen-
cieuse & effrenée paillardise. Et en vint
iusques là que non contente d'estre putain & ribaude publique, elle voulut se
remarier à vn autre durant la vie mesme de Claudius : à cet effect, comme
quelque iour l'Empereur fut party de
Rome, elle espousa publiquement vn
ieune Gentil-homme Romain nommé
Caius Silius : mais l'Empereur se res-
ueillant pour cette fois du trop grand
amour qu'il luy portoit, & estouffant
tout à coup l'extreme authorité qu'elle
auoit auprés de luy, donna charge à vn
de ses affranchis nommé Narcissus, de
la faire mourir, ce qu'il executa promptement ainsi qu'escrit Tacite *liu. 11.*
Suetone *en la vie de cet Empereur.*

Messane ville de Sicile. *Voy* Mes-
                sine.

Messape fils de Neptune, l'vn de
                ces genereux Capitaines
qui donna secours à Turnus contre
Ænée, & lequel estoit inuulnerable selon Virgile *lin. 7. de l'Æneid.*

Messapie contrée du Royaume
                de Naples, sur les fron-
tieres d'Italie, ainsi appellée d'vn certain Messapus qui la tint longuement.
Pline liu. 3 chap. 11. Elle fut aussi appellée Iapygie, & depuis Calabre. *Voy* Calabre.

Messene cité de la Grece, située en
                la Morée, dont les habi-
tans appellez Messeniens, bastirent vne
ville en la Sicile pres le cap de Faro, laquelle ils nommerent pareillement Messene ou Messine. Cette ville que le Castalde appelle *Martagie*, est capitale
d'vne contrée qui est enfermée entre

le Golfe Coron & la mer Ionique, &
laquelle s'estend en long vers le Midy
& la mer Lybique : L'on y void les villes de Methone & Coron qui ont esté
prises par les Turcs sur les Venitiens.
Magin en sa Geogr.

Messine ancienne ville de la Sicile,
             qui a pris son nom des
Messeniens peuples de Grece en la
Morée, qui l'a bastirent. Elle est quasi
toute enfermée de mer, de montagnes
& de bois; & son principal reuenu consiste en soyes qui en sont transportées
par toute l'Europe. L'on dit que du
temps de l'Empereur Iustinian, deux
Moines apporterent des Indes en la
ville de Constantinople, de la semence
de vers à soye laquelle fut premierement apportée en cette ville, & de là
en plusieurs autres endroits de l'Europe. Elle a vn port tres-fameux & asseuré pour les vaisseaux qui veulent éuiter
les escueils de Scylle & de Charybde :
Il s'y trouue quelques veines d'or,
d'argent, de porphyre & de marbre, &
porte de l'alun en abondance. Elle fut
la source de la premiere guerre Punique. *Flor. liu. 2. chap. 2.* Ses habitans furent appellez Mammertins à cause de
certains peuples de la Campanie ainsi
nommez qui l'habiterent. *Monst. liu. 2.
de sa Cosmogr.*

Metaponte ville de l'Italie pres
             le golfe de Tarente,
bastie par les habitans de Pylos ville de
la contrée des Messeniens au Peloponnese, lesquels y vindrent apres la prise
de Troye soubs la conduicte de Nestor.
Son terroir est tres-fertil. *Pompon. liu. 2.*

Metasthenes Historiographe
             Persien. *Voy*
Megastenes.

Metaure, dict de present *Metro,*
             fleuue du Duché de
Spolete, qui passant par la Romandiole,
se va descharger dans la mer; pres de ce
fleuue, le Consul Claudius Neron auec
Liuius Salinator, mirent au fil de l'es-

pée toute l'armée d'Aſdrudal. *Plin. liu:*
3. chap. 14. Horace liu. 4 Od. 4. des Car-
mes.

Metellus ſurnom de la famille des
Cæciliens, de laquelle
ſont yſſus de grands perſonnages & qui
ont grandement profité à la Republique, & neátmoins n eſtoient Plebeiens.
T. Liu. l. 19. ¶ Entre leſquels premierement fleurit L. Cæcilius qui fut grand
Pontife, 2. fois Conſul, Dictateur &
Chef de la gendarmerie Romaine, &
fut le premier qui mena des Elephans en
triomphe à cauſe de la victoire qu'il
remporta ſur les Carthaginois en la premiere guerre Punique. L'on le dict auoir
eſté accomply en 10. poincts principaux
de cette vie, auſquels pour paruenir
tous les ſages de ce monde mettent
tous leurs efforts; car il eſtoit vaillant,
bon Orateur, Capitaine inuincible, de
fort bonne conduicte, auoit executé de
grandes charges, eſtoit fort ſage, fort
honnoré, le premier d'entre les Senateurs, auoit pluſieurs enfans, & finalement c'eſtoit le premier de la Cité.
Plin. liu. 7. ch. 44. Mais parmy tant de
bon-heur il luy arriua vne diſgrace de
fortune, comme il alloit en vne ſienne
maiſon, il fut arreſté par des corbeaux
qui le battoient auec leurs aiſles, duquel
preſage eſtant eſtonné il s'en retourna
à Rome, & ayant veu que le feu eſtoit
dans le temple de Veſta, il s'y en courut & priſt l'image de Pallas qu'on nomme Palladium, à raiſon dequoy il deuint ſoudainement aueugle, toutefois
depuis s'eſtant reconcilié auec cette
Deeſſe, il recouura la veuë. *Plut. en ſes*
Paralelles.

¶ Vn autre de ce nom, petit fils du precedent qui obtint le ſurnom de Macedonien pource qu'il dompta la Macedoine : fut accompagné apres ſa mort
en ſes funerailles de 4. fils qu'il auoit,
dont l'vn eſtoit Preteur, & les 3. autres
auoient eſté Conſuls, & 2. de ſes 3.
auoient triomphé à Rome, & le tiers

auoit eſté Cenſeur, qui ſont 3 poincts
qu'on a veu en aucun autre. *Plin. liu. 7*
chap. 45. T. Liue liu. 59.

¶ Vn autre de ce nom Capitaine des
Romains à l'encontre des Carthaginois & Siciliens, ſacrifia à tous les Dieux
& Deeſſes, horſmis à Veſta, à raiſon dequoy la nauigation fut retardée par pluſieurs tempeſtes leſquelles ne deuoient
ceſſer ſelon la deuination des Aruſpi-
ces, qu'apres qu'il auroit immolé l vne
de ſes filles : eſtant donc preſſé de partir il ſe miſt en deuoir de ſacrifier ſa
fille Metella. Mais Veſta en ayant pitié au lieu d'elle ſuppoſa vne geniſſe, &
l'emporta en la ville de Launium où
elle la fiſt Religieuſe d'vn dragon qu'ils
auoient en grande veneration. *Plut. en*
ſes Paralell.

Methone dicte vulgairement *Mo-*
don, ville ſituée au riua-
ge du Peloponneſe dans le païs Meſſè-
nois, deuant laquelle Philippes de Macedoine pere d'Alexandre le Grand qui
l'aſſiegeoit, y perdit vn œil d'vne fleſche
qui fut iettée par vn certain Aſter citoyen, dans laquelle eſtoient engrauez
ces mots, *Aſter enuoye à Philippe cette*
ſagette dans ſon œil. Ptolom. li. 3. chap. 36.

Methymne certaine ville de l'iſle de Lesbos, fort
celebre pour ſes bons vignobles, comme auſſi pour la naiſſance de cet expert
ioüeur de harpe Arion, qui fut ſauué
par vn dauphin. *Herodot.*

Metiochus fils de Miltiades Capitaine Athenien, le-
quel ayant eſté pris par les Phœniciens
fut mené à Darius Roy des Perſes, contre lequel il faiſoit la guerre : mais tant
s'en faut que le Roy luy fiſt aucun mal,
qu'au contraire il luy donna vn riche
Palais, beaucoup de richeſſes & de poſſeſſions, & le maria à vne femme Per-
ſane, & le tint depuis touſiours en grand
honneur. *Herodot. liu. 6.*

Metius Suffetius chef des
Albanois

du temps de Tullus Roy des Romains, lequel dautant que contre le traitté de confederation qu'il auoit fait auec le Roy, de l'assister contre les Fidenates leurs Ennemis communs ; il auoit ce neantmoins, quand ce vint au poinct du combat, traitreusement retiré les siens de la bataille : & pour ce fut par le commandement de Tullus, mis en quartiers & tiré à quatre cheuaux. *T. Liue liu.2.*

Metre fille d'Eresicthon Thessalien, laquelle obtint de Neptune pour salaire de la perte de sa virginité, de se pouuoir changer en telle forme que bon luy sembleroit: c'est pourquoy pour subuenir à la necessité de son pere, elle prenoit tantost vne forme & tantost l'autre, esquelles estant autant de fois venduë, elle faisoit par ce moyen vn grand trafic. *Voy* Eresicthon.

Metrocles Philosophe Cynique, & disciple de Crates, duquel il auoit espousé la sœur : il s'estouffa luy-mesme. *Laërce liu.6. de la vie des Philosophes.*

Metrodore Athenien, Philosophe, Peintre & Poëte, auditeur de Carneades. *Cicer. liu.1. de l'Orateur.*

¶ Vn autre de ce nom, qui ayant delaissé l'estude de la Philosophie, s'appliqua au maniement des affaires publiques. Ciceron en fait grand estat, comme d'vn parfait Orateur & de grande memoire, lequel bien que pauure trouua vn riche party à Carthage : Il fut grandement chery du Roy Mithridates; ayant toutefois esté enuoyé en Ambassade vers Tigranes Roy d'Armenie, il le trahit: Mais comme Tigranes l'eust renuoyé à Mithridates, il mourut de maladie, ou fut tué par son commandement. *Strab. liure* 13.

¶ Vn autre de ce nom, de l'Isle de Chio, grand Philosophe, qui tenoit que le monde auoit esté de toute eternité; & estoit mobile, soustenoit que le iour & la nuict se faisoient lors que le Soleil s'al-

lumoit & s'esteignoit. *Euseb. en sa pr. Eu.*

Mets ville tres-ancienne de Lorraine, appellée par Ptolemée *Diuodurum,* & par Gregoire de Tours, *Vrbs Metensis, & Ciuitas Mediomatricum,* ainsi appellée pource qu'elle tenoit le milieu entre ces trois Citez, Toül, Verdun & Treues. Cette ville est arrousée des fleuues de la Moselle & de la Seille. Le païs Messin dont elle est Metropolitaine, est grandement fertil, & principalement en vignobles. Elle a esté iadis capitale du Royaume d'Austrasie, auquel Royaume estoient suiettes la Lorraine & toutes les contrées, depuis Rheims iusques au Rhin. Thierry fils naturel de Clouis en fut le premier Roy, lors que la France fut partagée entre luy & ses trois autres freres legitimes: depuis elle deuint ville Imperiale, mais en l'an 1552. le Roy de France Henry II. l'enleua à Charles le Quint, & depuis est tousiours demeurée en la possession du Roy de France, qui y a establi vne Cour souueraine qui s'estend sur tout le païs Messin. Ses habitans sont assez grossiers, mais point plaideurs, se seruent de l'vne & l'autre langue, Françoise & Allemande. *Monster liu.2. de sa Cosmograph.* Mercat. en son Atlas.

Meuius Poëte tres-inepte, contemporain de Virgile & d'Horace qui le sindiquent, pource que par le mespris de leurs Poëmes il taschoit d'acquerir de la loüange aux siens. *Virg. Eglog* 8. *Horace liu.*1. *des Carm.*

Meuse fleuue renommé des Païs bas, lequel prenant sa source du mont Vogese, non loing des fleuues de Seine & de Marne, va coulant vers le Septentrion, & passe pres de sainct Thibauld où il commence à estre nauigable, de là il s'escoule iusques à Verdun : & apres auoir fait plusieurs tours, tant vers le Nord que vers l'Oüest, & s'estre meslé auec quelques autres fleuues, se vient rendre à Dordrect, & de là ayant passé à Roterdam, se va engouffrer dans

Ppppp

l'Océan auec tant de violence qu'il conserue encore ses eaux douces bien auant dans celles de la mer. Ce fleuue abonde plus que les autres en saulmons, aloses, congres, & principalement en truites & lamproyes de beaucoup plus delicates. *Mercat. en son Atlas.*

Mexique contrée de la Nouuelle Espagne, laquelle est la plus fertile & agreable de tout le nouueau monde. Elle a pris son nom de sa capitale nommée Mexico, qui est aussi nommée Temistiten. Elle estoit iadis située comme celle de Venise au milieu d'vn grand lac, & contenoit bien 70000. maisons, estant la premiere & plus grande ville de toutes les Indes, deuant qu'elle fut prise par Cortese Espagnol, mais il en destruisit vne partie puis la rebastit, non dans l'eau, mais aupres du riuage ; & contient de present bien 6. milles de tour, dont il y en a vne partie habitée par les Espagnols, & bien 8. ou 10. fois autant par les naturels Indiens. Ce lac au riuage duquel elle est bastie est salé, & croist & decroist comme la mer, & lors qu'il croist il se descharge dans vn autre lac duquel l'eau est douce, mais ne rapporte point de poissons, & ces 2. lacs côtiennent bien 50. lieües de circuit, ayant bien aux enuirons de leurs riuages 50. places ou villes, dont chacune contient bien pres de 10000. maisons, entre lesquelles il y en a vne nommée Tescura, qui est presque aussi grande que Mexico, desquelles villes on va sur ces lacs en Mexico auec des gondoles que l'on y void en nombre de plus de 50000. ensemble : Et toutes ces villes & lacs sont en vne plaine enuironnée de montagnes qui sont tousjours toutes couuertes de neiges, toutefois entrelassées de quelques collines & vallées remplies de grandes quantité de troupeaux de brebis & de bestes à cornes, auec des plaines fertiles en bleds & autres fruicts. Le Viceroy d'Espagne & l'Archeuesque demeure à Me-

xica où est pareillement la Cour souueraine & vne Vniuersité tres fleurissantes. Ses habitans estoient iadis mangeurs d'hommes, idolatres & auoient plusieurs femmes, leur Roy n'estoit point successif, mais on l'eslisoit d'entre les plus forts & plus propres à la guerre : ils se seruent ordinairement en leurs combats de flesches & de frondes : maintenant ils sont extremement sobres & adonnez au trafic & à nourrir des vers à soye. *Mercat. en son Atlas.*

Mezence Roy des Tyrreniens, impie & grand contempteur des Dieux. Ayant esté par ses subjects chassé auec toute sa famille pour sa trop grande cruauté & tyrannie, se refugia auec Lause son fils vers Turnus Roy des Rutules, lequel il assista en la guerre contre Ænée, mais auec mauuais succez : car Æneas le tua auec son fils au combat. *Virgil. liu.* 11. *de l'Æn.*

Michaël interpr. de l Hebr. *Qui est comme Dieu ?* Archange, duquel est fait mention en l'Epistre Catholique de l'Apostre S. Iude, lequel l'introduict auoir eu dispute auec le Diable touchant la sepulture du corps de Moyse. *Voy* Moyse. Et bien qu'il eust subject de regarder son impudence par quelque malediction & parole de blaspheme, il ne le voulut toutefois, ains seulement luy dist, *le Seigneur te redargue* : Ce que cet Apostre rapporte pour monstrer le respect que nous deuons rendre aux puissances superieures. Laquelle histoire a esté tirée d'vn liure secret intitulé, *l'Ascension de Moyse* dont font mention Origene *Hom.*35. *sur* S. Luc. & S. Clement *liu.* 6. *des Stromates,* Mais qui est reietté comme apocryphe par S. Athanase *en sa Synopse.* Il est dict estre Prince de la Synagogue priant Dieu pour les enfans d'Israel. *Daniel* 12.

Michas homme Iuif de la montagne d'Ephraim, la mere duquel ayant fait vn idole luy dreſſa vne petite chapelle, luy fiſt vn Ephod & vn veſtement ſacerdotal, inſtitua ſon fils pour Preſtre, puis enſuitte vn Leuite Bethlemite. *Iuges* 17. Mais depuis ceux de la Tribu de Dan cherchans nouuelle demeure & paſſans par la maiſon de ce Michas, enleuerent ſon idole & ſon Ephod, emmenans quant & eux le Leuite en la ville de Lais nommée depuis Dan, & ſe ſeruirent de ces Idoles, & Ephod auec des ſacrificateurs qu'il y eſtablirent, ſe polluans ainſi d'idolatrie iuſques au iour de leur captiuité. *Iuges* 18. Ce qui arriua du temps d'Othoniel, ou peu auparauant ſelon Ioſephe.

Michée Prophete, fils de Iemla, a eſcrit vn liure de Prophetie ſur Samarie & Hieruſalem, contre les Roys, Iuges & faux Prophetes qui auoient reietté la parole de Dieu, & embraſſé l'impieté. Predit la vocation des Gentils & l'aduenement de Ieſus-Chriſt, parlant ouuertement de la naiſſance en Bethleem. Ce fut luy qui prediſt à Achab Roy d'Iſraël, qu'il ſeroit vaincu & occis en la bataille contre les Syriens, nonobſtant que 400. faux Prophetes luy annonçaſſent le contraire, & pource il fut empriſonné. 3. *Roys* 22. 2. *Paralip*. 18. Mourut ayant eſté precipité du haut d'vne tour, enuiron l'an du monde 3240. *Sixte Sienn. liu. I. de ſa S. Biblioth.*

S. Michel Archange. *Voy* Michaël.

Michel I. du nom, ſurnommé Rangabes & Curopalates: obtint l'Empire de Conſtantinople, apres auoir rendu Moine Stauratius ſon couſin germain; fut tres-vertueux & de bon gouuernement, mais ſi enclin à la paix, que depuis il perdit ſon Empire; car nonobſtant qu'il eut obtenu la victoire contre Crunnus Roy des Bulgares, ce neantmoins pour quelque le-

gere deffaicte des ſiens qui arriua apres, il perdit le courage & l'enuie de dominer, & renonça volontairement à l'Empire ne l'ayant tenu que 3. ans, & ſe rendit Moine. Il fut grandement affectionné à la Religion Catholique, ayant fait des Edicts tres-ſeueres contre les Manichéens, Paulitians & Attingans. Vſa de grandes liberalitez & ſecours vers les Chreſtiens qui y auoient eſté chaſſez de la Syrie, Egypte & de l'Afrique. *P. Diacre liu. 24. Zonare tom. 3.*

Michel II. ſurnommé le Begue, homme de bas lieu, ſucceda en l'Empire d'Orient à Leon V. dict l'Armenien, qu'il auoit fait tuer. Il fut fort cruel & eut de meſchantes opinions touchant la Religion, c'eſt pourquoy Dieu permiſt que ſon Empire fut moleſté de guerres, & que les Infidelles en ranallerent la reputation de ſon temps. Il fut grandement trauerſé par vn puiſſant ſeigneur nommé Thomaſus, lequel l'aſſiegea dans Conſtantinople, & l'euſt reduict à l'extremité ſans le ſecours du Roy des Bulgares, par le moyen duquel il ſe ſaiſit dans Andrinople de ce Thomaſus, & le fiſt tuer. Cependant les Sarrazins eurent pluſieurs victoires contre les Grecs, & s'emparerent de la Sicile: & pendant que l'Italie ſouffroit vne grande partie de ſes calamitez, Michel mourut à Conſtantinople, apres auoir tenu l'Empire enuiron 9. ans, & de grace 829. *Blonde, Sabellic.*

Michel III. patuint à l'Empire d'Orient, eſtant encore en bas aage, ſous la Regence & conduite de Theodora ſa mere, laquelle ayant demis de cette charge & contraint d'entrer en vn Monaſtere, deſlors il s'abandonna à toutes ſortes de deſbauches, diſſipant en peu de temps par ſes demeſurées prodigalitez, les grandes & immenſes richeſſes amaſſées par ſon feu pere pour ſubuenir aux neceſſitez de l'Eſtat. Cependant les Sarrazins s'aduançoient fort en Asie, & le vainquirent par deux fois, si bien qu'il fut contraint de s'associer à l'Empire vn nommé Basile natif de Macedoine, lequel toutefois le tua puis apres pour dominer sans compagnon, ayāt tenu l'Empire treize ans auec sa mere Theodora, & vnze ans seul, l'an de Nostre Seigneur 878. De son temps les Bulgaires & plusieurs autres nations voisines receurent la Foy. *Sabellic. Blonde.*

Michel IV.
surnommé Paphlagon, fut fait Empereur de Constantinople par l'Imperatrice Zoé qui l'aimoit, & qui pour cét effet auoit fait empoisonner son mary. Il se monstra benin, iuste & liberal enuers ses sujets, & se fist redouter de ses ennemis : il fist treues auec le Caliphe d'Egypte : reprima les Bulgaires qui s'estoient rebellez ; deffist les Sarrazins en Sicile : deliura la ville d'Edesse dū siege des Arabes. Il tomboit ordinairement du mal caduc, puis fut atteint d'hydropisie : si bien que ne se voyant plus propre aux affaires, il se rendit Moine apres auoir tenu l'Empire 7. ans, & adopté & nommé Empereur son neueu.

Michel V.
surnommé Calaphate, lequel ayant esté adopté par Michel Paphlagon & Zoé, fist tant qu'il obtint d'elle le titre d'Empereur, luy promettant que toute l'authorité luy demeureroit neantmoins : Mais comme il estoit malicieux, menteur & cholere, si tost qu'il y fut paruenu, il machina contre Zoé, la relegua en vn Monastere, & la fist tondre. Mais les Grecs indignez d'vn tel outrage & desloyauté, se mutinerent, firent reuenir Zoé, laquelle eut derechef le gouuernement de l'Empire auec sa sœur Theodora : Et Michel qui s'enfuyoit fut attrapé, lequel eut les yeux creuez auec son frere Constantin, ayant seulemēt regné quatre mois & cinq iours, enuiron l'an de salut 1042. *Niceph. Gregoras.*

Michel
le Vieil, surnommé le Stratiotique, c'est à dire, Guerrier, VI. de ce nom. Fut associé à l'Empire par l'Imperatrice Theodora, apres la mort de laquelle il commanda seul. Mais ayant choisi les Gouuerneurs des Prouinces, & autres principaux Officiers de l'Empire d'entre les Senateurs, reiettant les grands Capitaines & Chefs de guerre qu'il mesprisoit, les soldats conceurent vne telle haine contre luy, qu'ils esleurent Empereur Isaac Comnene, lequel bien qu'il l'eust aussi declaré heritier de l'Empire, toutesfois il changea d'aduis, & voulut l'empescher; ce que Comnene ayant descouuert, il osta l'Empire à Michel qui ne l'auoit tenu qu'vn an, lequel ainsi degradé, passa le reste de ses iours en homme priué. Ce qui arriua enuiron l'an de grace 1058. *Gregoras.*

Michel VII.
surnommé Parapinace, beau fils de son predecesseur Romain Diogene fut Empereur d'Orient : Bien qu'il fust fort docte, fut neantmoins mal propre au gouuernement de l'Empire, c'est pourquoy son peu d'experience, & son naturel pesant, furēt cause que les Turcs conquirent toute l'Asie vers le Royaume de Pont. Certains peuples Heneriens nommez Croates s'estans aduancez, contraignirent l'Empereur de leur permettre d'habiter cette partie d'Illyric, qu'on appelloit autresfois Liburnie, & depuis Croatie. Nicephore Botaniat attira les Turcs en Asie, & vn autre nommé Brienne Duc de Durazzo, les fist venir en l'Europe : si bien que Michel ne pouuant plus garder l'Empire, se rendit Moine auec Marie sa femme, ayant esté Empereur six ans & demy, l'an de salut 1077. *Niceph. Gregoras.*

Michel VIII.
surnommé Paleologue, fils d'Andronic, ayant eu par le consentement de Theodore Lascare le ieune, la tutelle du ieune Prince Iean son fils, & le titre de

Despote, se fist ouuerture pour empieter l'Empire d'Orient, par la victoire
qu'il obtint sur le Despote d'Etolie &
d'Epire, & sur ses deux gendres, Mainfroy Roy de Sicile, & Guillaume Prince
d'Achaye & du Peloponnese, qu'il des-
pouïlla de ses païs; en suitte dequoy il
fut appellé Empereur, puis il fist inhumainement arracher les yeux à Iean son
pupille legitime Empereur, lors aagé de
dix ans seulement. Cependant & en son
absence, Alexis son Lieutenant prist de
nuict la ville de Constantinople possedée lors des François: & ce par le moyen
de certains conduits, par lesquels il introduisit premierement cinquante soldats seulement dans la ville, lesquels en
suitte donnerent entrée à ses trouppes
qui estoient là proches. Ainsi prist fin
l'Empire des François en Orient; mais
qui estoit en tant de pieces, & exposé à
tant d'ennemis, que ce n'est de merueilles s'ils n'y ont demeuré plus long-
temps: Ce qui arriua l'an 1259. & soixante ans apres qu'ils s'en furent emparez, sous Baudoüin Comte de Flandres.
Gregoras liu 4. Apres cette conqueste
Michel en fist d'autres, mais qu'il ne
garda gueres. Et pendant ce temps les
Turcs qui s'estoient auparauant tenus
clos & couerts en Asie, deuindrent
puissans, & commencerent à diuiser le
païs conquis en Gouuernemens, & as-
sujettir à leur domination toute l'Asie. Ce
neantmoins Michel arresta tout court
les pretensions de Charles de Naples,
qui vouloit restablir son gendre Baudoüin en l'Empire de Constantinople:
mais ce fut par l'assistance de Federic
Roy de Sicile & du Pape Gregoire X.
specialemét auquel il auoit promis d'as-
sujettir l'Eglise Grecque à la Romaine:
pour cette cause il vint à Lyon, où se tiat
le quatorziesme Concile general, trouuer le Pape qui l'auoit mandé, ayant au
prealable designé son fils Andronic pour
son successeur. Mais pource qu'il auoit
accepté les conditions dressées par le

Pape au dommage des Eglises Grecques
sans le consentement des siens, à son retour son Empire fut grandement troublé, & luy tellement hay, qu'apres sa
mort l'on luy denia l'honneur de la sepulture. Il mourut l'an 1283. & le trente-
cinquiesme de son Empire, le laissant
aux siens qui le conseruerent prés de
deux cens ans, iusques à ce que les Turcs
l'empieterent. *Gaguin liu. 7. Blonde Decad 2. liu. 8. Onuphr. Cromer.*

Michol

fille puisnée du Roy Saül,
laquelle fut donnée en mariage à Dauid pour recompense d'auoir
tué deux cens Philisthins. *1. Rois, chap. 18.*
Elle conserua la vie de Dauid, le deua-
lant par vne fenestre lors qu'il estoit
poursuiuy à mort par Saül. *chap. 19.* Se
mocqua de son mary Dauid qui dansoit
de ioye deuant l'Arche. *2. Rois, chap. 6.*

Micipsa

Roy des Numides, fils de
Massinissa, lequel mourant
laissa ses fils Adherbal & Hiempsal, &
Iugurtha fils de son frere, qu'il auoit
adopté heritiers de son Royaume. *Salluste en la guerre Iugurth.*

Midas

Roy de Phrygie, bien que fils
d'vn certain bouuier nommé
Gordius, fut le plus riche Prince de son
temps, c'est de luy qu'on dit, que pour
s'estre monstré gracieux enuers Silene
pere nourricier de Bacchus, ce Dieu
pour reconnoistre la faueur qu'il en
auoit receuë, luy fist offre qu'il deman-
dast tout ce qu'il voudroit & qu'il con-
tenteroit ses desirs: Mais Midas trop in-
discretement, requist que tout ce qu'il
toucheroit deuint or, dautant que ce
souhait luy ayant esté octroyé, il reconneut que ce fut plus pour son mal que
pour son bien: car voyant que les viandes mesmes qu'il pensoit prendre en sa
refection se changeoient en or, il fut
contraint de recourir à Bacchus pour
luy oster ce benefice nuisible, & reprendre le present qu'il luy auoit fait: Ce
qu'obtenant, derechef il luy commanda de s'aller lauer dans le fleuue Pacto-

le, où il laissa sa vertu de changer en or tout ce qu'il touchoit, & deslors ce fleuue attirant à soy la proprieté de Midas, commença de rouler & emmener auec son eau force petites escailles & sablons d'or. Et depuis ayant esté appellé pour arbitre auec Tmole, sur vn different suruenu entre les Dieux Apollon & Pan pour la precellence du chant, & Tmole ayant sententié en faueur d'Apollon auec l'approbation de toute l'assistance, il redargua la sentence de Tmole comme inique, & prefera Pan au desaduantage d'Apollon, dont ce Dieu fut tellement indigné, que pour monstrer son peu d'esprit, & la temerité de son iugement, il luy donna des oreilles d'asne. Mais ayant tenu caché quelque temps cette defectuosité, comme vn sien barbier eust seul descouuert la deformité de ses oreilles, il luy enchargea de n'en dire mot à personne, ce que voulant executer, & toutesfois ne s'en pouuant taire, il se retira en vn lieu à l'escart, fist vn trou en terre, raconta tout bas ce qu'il auoit veu, puis recombla la fosse de terre, de laquelle quelque temps apres sortirent roseaux, qui demenez par le vent grommeloient entr'eux ce que le Barbier auoit dit, sçauoir, *que Midas auoit des oreilles d'asne:* ce qui fut alors publié par tout le païs: Et de ce prouerbe mesme l'on se sert communement contre les lourdauts & de grossier iugement, qui s'entremettent de donner leur aduis de choses qui surpassent leur capacité. *Ouid. liu. 11. de ses Metamorphoses.*

¶ Icy nous est depeint le naïf pourtraict de *quelque homme opulent, & des plus auares de son temps, qui espargnoit de sa bouche & retranchoit son ordinaire pour amasser des tresors, & ainsi conuertissoit tout en or. Mais à bon droit l'a-t'on qualifié d'vn iugement grossier & pesant, à l'imitation de son Dieu des richesses. Pluton que les Poëtes feignent aueugle, puis que ce desir insatiable qu'il auoit d'auoir de l'or, luy en-*gendra vn tel repentir par son accomplissement. Enquoy se reconnoist la misere des auares au milieu de leur abondance. Que s'il a monstré son terrestre courage, & sa bestisse en son vœu temeraire, il ne l'a pas moins fait paroistre preferant les rudes tons de l'instrument grossier de Pan, aux doux airs de la lyre du sçauant Apollon: aussi à iuste occasion a t'on feint qu'il auoit eu des oreilles d'asne, marques de sa brutalité. Et bien que sa couronne en couurist pour quelque temps la honte (comme bien souuent le lustre des grandes chardes couure les imperfections de ceux qui en sont pourueus) si est-ce qu'en fin l'indiscretion de son seruiteur (comme nos domestiques nous sont quelquesfois tres-dangereux ennemis) esuenta ce vice caché, & le fist publier par le moyen de chalumeaux parlans, qui ne sont autre chose que ces plumes, lesquelles agitées seulement du vent du bruit commun, se donnent la liberté de diuulguer pesle mesle les veritez auec les impostures, & les deffauts aussi bien que les vertus des grands.*

Milan

ville & Duché tres-notable de l'Italie en la Lombardie, appellée des Latins *Mediolanum* ; parce que selon sainct Hierosme, lors qu'on en ietta les fondemens on y trouua vn sanglier qui estoit à demy couuert de laine: Les Allemans l'ont tiré des mots *Mey-land*, comme qui diroit region de May, à cause de la temperature agreable de son air. Elle fut bastie par les Gaulois, lesquels sous la conduite de Bellouese vindret du temps de Tarquin l'Ancien dans le territoire des Insubriens, & là y edifierent cette ville auec plusieurs autres: comme le tesmoignent Trogus & Tite Liue. Cette ville est située entre les fleuues Ticin & l'Adrie, non loing des Alpes, en belle & bonne assiette, eu vn Ciel temperé & terroir fertil. L'on la met entre les plus grandes de l'Europe, aussi elle fleurit en toutes sortes de richesses, & en la beauté de ses edifices, tant priuez que publics, fortifiée de murailles, ramparts, & profonds foſſez : il y a vn fort chaſteau qui porte le nom de Porte-iouye, que l'on iuge imprenable : ſes fauxbourgs ſont fort longs & larges, enuironnez d'eau auſſi bien que la ville : outre le chaſteau ſont admirables le dome & l'hoſpital pour leur magnificence. L'on y conte vne ſi grande diuerſité & multitude d'artiſans, que l'on en pourroit repeupler toute l'Italie. Elle fut reduite premierement par M. Marcel, & Cn. Scipion Conſuls, en l'obeïſſance des Romains qui la mirent en forme de Prouince, ſelon Tite-Liue & Polybe : Elle fut depuis le ſeiour & la demeure ordinaire de pluſieurs Empereurs, de Nerua, Adrian, Valentinian, Conſtantin, Theodoſe & Trajan, dont on void encore le Palais qu'il y fiſt baſtir. Depuis aduenant la decadence de l'Empire, elle fut occupée par les Huns, Goths & Lombards, iuſques à Charlemagne qui la miſt ſous la puiſſance des François : les Empereurs d'Allemagne s'en emparerent depuis, qui auoient accouſtumé d'y prendre la couronne de fer auec les ceremonies de l'Empire. Elle fut apres commandée par les Galeaces Vicomtes, deſquels Iean Galeas fut eſtably premier Duc par l'Empereur Venceſlaüs, & depuis fut poſſedée par les Ducs Sforces, & en ſuitte par les Roys de France ; mais enfin elle eſt tombée auec tout l'Eſtat entre les mains du Roy d'Eſpagne: auquel néantmoins nos Roys ont beaucoup de droit. Ce Duché comprend pluſieurs belles & notables villes, Cremone, Pauie, Nouare, Come, & autres : contenant en ſon circuit bien trois cés milles, ayant des campagnes grandement fertiles en bleds, vins, & toutes autres ſortes de fruicts, & ſpecialement en riz. Le Roy d'Eſpagne y enuoye vn Gouuerneur qui eſt Colonel de trente milles hommes, milles cheuaux legers, & ſix cens hommes d'armes pour la garde de cét Eſtat, duquel il retire 800000. eſcus de reuenu

tous les ans. Le Senat compoſé de ſeize Docteurs, de quelques Prelats & Gentils-hommes Milannois, iugent les cauſes tant ciuiles que criminelles. Cette ville eſt honnorée du titre d'Archeueſché, qui a iadis eu ſainct Ambroiſe pour ſon Prelat, & a ſous ſoy enuiron dix-huict Suffragants. Elle a porté trois ou quatre Papes, Alexandre II. Gregoire XIV. & Vrbain III. auec pluſieurs autres illuſtres perſonnages, tant aux lettres qu'aux armes, auſſi a t'elle touſiours eu des Vniuerſitez tres-celebres. *Monſt. liu. 2. de ſa Coſmogr. Ortelius, Mercat. en ſon Atlas, & autres.*

Mildebourg

ville tres-ample, capitale de la Zelande, qui eſt ornée d'vne multitude d'edifices, tant publics que priuez. Son havre eſt fort aſſeuré & commode, & s'y fait vn grand abord de Marchands de tous les Païs-bas. *Mercat.*

Milet

ville ſituée ſur les frontieres de l'Ionie & de la Carie, dite de preſent *Milazo*, qui fut baſtie, ſelon Ouide *liu. 9. de ſes Metamorphoſes*, par Milet fils d'Apollon & de Deiones ; ou ſelon Strabon, par vn certain Sarpedon fils de Iupiter, & frere de Minos & de Rhadamanthe. Elle eſtoit iadis appellée Anactorie, & capitale de bien huict cens villes, & où eſtoit cét oracle celebre d'Apollon Didyméen. *Pompon. liu. 1.* Elle fut pareillement renommée pour les bonnes laines qui en prouenoient, & plus encore pour auoir donné la naiſſance à de tres-grands perſonnages, comme à Thales qui fut vn des ſept **Sages** de Grece, Anaximander ſon diſciple, Anaximenes, Hecatée, Pitaque le Philoſophe, & autres. Les Mileſiens furent iadis fort puiſſans & riches, mais leſquels par leurs delices & voluptez deuindrent pauures & miſerables. *Eſtienne.*

Mileſie

ſœur d'Hippone, & fille de Scedaſus. *Voy* Scedaſus.

Milo

iſle de l'Archipelague. *Voy* Melos.

Milon natif de Crotone, Athlete de force incroyable, & du tout prodigieuse ; car l'on le veid és jeux Olympiques charger sur ses espaules vn taureau, qu'il porta sans prendre haleine bien six cens pas loin, puis l'assomma d'vn coup de poing, & le mangea en vn iour : tenant en sa main fermée vn orange, personne ne la luy pouuoit arracher, bien qu'il ne l'escachast point : nul tant fust-il puissant, & qui le vint choquer en courant de roideur, ne le pouuoit esbranler du lieu où il estoit, iaçoit qu'il fust sur vn palet tout graissé d'huile : aucun ne luy eust peu mesme dessoindre le petit doigt d'auec les autres ayant la main ouuerte. Mais finalement la confiance qu'il mettoit en ses forces le fist mourir bien tragiquement, car ayant vn iour, dâs les bois escarté de compagnie, trouué vn arbre commencé à fendre, il voulut par la force de ses bras l'esclatter en pièces, mais l'arbre luy eschappant des mains vint à se reclore & à luy engager les mains, si bien que ne se pouuant oster, il seruit de pasture aux bestes farouches. *Gell. liu. 15. ch. 16. Val. le Grand liu. 9. chap. 12.*

¶ Vn autre de ce nom, appellé Titus Annicus natif de Lanuuium, lequel ayant tué P. Clodius Tribun du peuple, homme fort seditieux, fut deffendu par Ciceron en cette Oraison tres-elegante que nous auons encore entre les mains : ce qui n'empescha toutefois que ce Milon ne fust relegué en exil à Marseille. *Pedian, Dion en son Hist. Rom.*

Miltiades d'illustre famille, & tresvaleureux chef de guerre, fut esleu Capitaine par le commandement de l'Oracle de Delphes. Il voulut en suite contre l'aduis de tous, donner la bataille à Darius Roy des Perses, & deffit en la plaine de Marathon deux de ses Lieutenans qui conduisoient vne armée de 200000. homme de pied, & 10000. cheuaux, (Iustin met 600000. combattans) auec 10000. seulement des siens : ce neantmoins luy ayant esté commandé, puis apres par les Atheniens, de ranger à raison l'Isle de Paros, comme il estoit prest de l'emporter il se desista de son entreprise, & s'en retourna à Athenes ayant eu le vent de la venuë de la flotte du Roy de Perse : Et aussi tost qu'il fut arriué on l'accusa de trahison, & bien qu'il fust absous de la peine de mort, il fut condamné à l'amende, laquelle ne pouuant payer il fut serré en prison où il mourut : Ce que les Atheniens firent, pource qu'ils redoutoient tous les Citoyens qui auoient eu quelque credit comme estoit cettuy-cy, personnage fort vaillant & affable, & que toutes les villes respectoient comme vn des plus braues Capitaines de la Grece. *Val. le Grand liu. 5. chap. 3. Emilius Probus qui a descrit sa vie.*

Miltiades ou Melchiades, Pape. *Voy* Melchiades.

Mimallones ou Mimallonides, autrement appellées Thyades, Menades & Bacchantes, ministresses de Bacchus : ainsi dites de Mimas montagne de l'Asie, où tous les ans on souloit celebrer ses sacrifices : ou bien du mot Grec *mimeisthai*, c'est à dire imiter, pource qu'auec leurs thyrses & autres ornemens, ils sembloient renouueller la memoire du voyage que fist Bacchus és Indes. *Ouid. liu. 1. de l'Art d'aymer.*

Mince fleuue de la Marque Treuisane, qui sortant du Lac de Garde, fait comme vn autre petit Lac aupres de Mantouë, puis de là augmenté de plusieurs torrens, se va rendre dans le Pô. *Virg. liu. 10. de l'Æneid.*

Minée certain homme Thebain, duquel les filles furent changées en Chauuesouris pour auoir mesprisé les ceremonies du Dieu Bacchus. *Ouid. liu. 4. de ses Metamorphoses.*

Minéens peuples de l'Arabie heureuse, pres la mer rouge, qui firent les premiers trafic d'encens,

de sorte que le bon encens ut appellé Minéen. *Pline liu. 12. chap. 14.*

Minerue appellée autrement Pallas, Deeſſe que les Anciens ont faict inuentrice de toutes les ſciences & arts, & commis ſur la ſageſſe. Son origine eſt expliquée diuerſement ſelon la diuerſité des Autheurs. *Pauſanias en ſes Attiques*, ſuiuant *Herodote en ſa Melpomene*, eſcrit que Minerue fut fille de Neptune & du marecs Tritonien en Afrique, dont elle fut nommée Tritonienne. *Ciceron au 3. de la Nat. des Dieux* en met iuſques à cinq : mais les autres communément n'en admettent qu'vne, attribuant toutes les fictions des Poëtes à celle qui fut fille de Iupiter, laquelle ils diſent eſtre ſortie toute armée de ſa ceruelle par la force d'vn coup de poing dont il frappa ſa teſte. Les Poëtes donc la peignoient ordinairement en forme d'vne ieune dame vierge armée d'vne cuiraſſe, l'eſpée au coſté & l'armet en teſte orné de tymbres & panaches : elle tenoit en vne main la iaueline, & en l'autre vn pauois ou targe de criſtal) qui s'appelloit Ægide à la ſemblance de celuy de Iupiter. *Voy Ægide*) où eſtoit plaquée la teſte de Meduſe toute encheuelée monſtrueuſement de couleuures ; aupres d'elle eſtoit vn oliuier verdoyant, au deſſus duquel voletoit vne petite chouette : ce qui faict aſſez paroiſtre qu'ils luy ont donné non ſeulement l'intendance ſur les lettres ; mais auſſi ſur les armes, gouuernant auſſi bien les induſtries du corps que celles de l'eſprit. Et de faict l'etymologie de ſon nom s'y accorde, que quelques-vns. tirent du verbe *minitari*, c'eſt à dire menacer : comme auſſi ſon autre nom de Pallas, du verbe Grec *pallein*, qui veut dire darder, ayant touſiours la iaueline en main, combien que quelques-vns luy donnent ce nom pour auoir tué à coups de traicts (lors de la guerre des Geants contre Iupin) l'vn d'iceux nommé Pallas. C'eſt pourquoy auſſi l'on

luy bailloit vn chariot & des armes, on ioignoit auſſi ſa ſtatuë à celle de Mercure appellée du mot Grec *hermathene*, pour ce que les Grecs appellent Mercure *Hermes*, & Minerue *Athene*, & la tenoit-on aux academies pour ſignifier que l'eloquence dont Mercure eſt le Dieu, & la prudence attribuée à cette Deeſſe doiuent eſtre ioinctes enſemble : auſſi que la prudence eſt inutile ſi elle ne ſçait perſuader aux autres de fuir le mal & enſuiure le bien. L'on luy attribuë beaucoup de choſes qui regardent l'induſtrie humaine, comme l'vſage de l'huile & de planter l'oliuier, & pour ce cet arbre luy fut conſacré : comme auſſi l'adreſſe de filer, coudre, tiſtre & broder & faire autres choſes propres aux femmes : c'eſt pourquoy les Grecs la peignoient quelquefois aſſiſe, tenant vne quenoüille entre les deux mains : & en ſes feſtes qui ſe celebroient au mois de Mars, les maiſtreſſes conuioient leurs ſeruantes à banqueter, leſquelles elles ſeruoient de leurs mains, comme pour monſter l'vtilité qu'ils en receuoient en filant, couſant, tiſſant, & faiſant les autres choſes dont cette Deeſſe eſtoit inuentrice. Trois ſortes d'animaux luy eſtoient conſacrez, le ſerpent, le cocq, & la chouette.

¶ *Puiſque les Poëtes nous ont tous feint cette Minerue Deeſſe de la Sageſſe & preſidāte ſur toutes ſortes d'arts & de ſciēces : c'eſt à bon droit qu'ils nous l'ont dicte née de la ceruelle de Iupiter : Veu que la ſageſſe eſt vne choſe diuine & vn ſingulier don de Dieu ; laquelle auſſi ne peut proceder que de la teſte, qui eſt le ſiege de memoire & de ſageſſe, & où giſt toute la puiſſance intellectuelle ; dont auſſi elle eſt peinte ieune vierge ; pour ce que la ſageſſe ne vieillit iamais, & qu'elle eſt eſtoignée de toute tache & macule : Ioinct que tous plaiſirs deſineſurez, ſont ennemis de ſageſſe, & qu'ils affoibliſſent la memoire & debilitent grandement la viuacité de l'eſprit requiſe à l'acquiſition des ſciences. L'on la*

QQQqq

peignoit aussi armée comme vne vaillante
guerriere, a cause (cõme dit Fulgence) que
l'esprit & l'industrie sont la vraye garde
du corps: car celuy qui est accort & de bon
entendement a tousiours mille moyens pour
se deffendre & surmonter tous les inconue-
niens & hazards suruenans. Elle est née
sans mere, dautant que c'est chose rare que
de voir vne sage femme: & que d'ordinaire les femmes n'ont point de bon conseil ny
de prudence, selon le tesmoignage d'Aristote. Le heaume qu'elle porte sur son chef,
denote que l'hõme prudẽt doit cacher quel-
-quefois sa science & ne declarer pas tousiours son conseil, enquoy est requise vne
grande discretion. Le panache qui est sur
le timbre, apprẽd que la vraye sagesse doit
mesprisant les choses caduques s'attacher
aux sublimes. La iaueline qu'elle a en
main, marque la subtilité d'vn bon esprit
façõné par la sagesse qui penetre la dureté
des choses plus difficiles; ou bien par ce que
l'homme prudent frappe de loin par la pre-
uoyance qu'il a des choses à aduenir. Cet
escu qu'on tiẽt estre de crystal tres-luysant
qui couuroit son corps, monstre que l'homme sage est couuert des membres terrestres
seulement pour le garder & deffendre, &
non pas pour luy obscurcir au moyen d'i-
ceux la vene, ensorte qu'il ne puisse plus
voir la verité des choses: aussi que toutes
les actions & comportemens de l'homme
sage doiuent estre cognus à tout le monde.
Quant à cette teste de Meduse tout tressée
de serpens qui estoit emprainte dans son
plastron & qui espouuantoit tout le monde, voire les rendoit comme rochers, cela
demonstre la force du sçauoir & de la prudence, laquelle par œuures merueilleux &
sages conseils fait estonner les hommes &
demeurer cõme pierres immobiles, de maniere qu'aisément elle obtiẽt ce qu'elle veut
aussi que le serpent est le symbole de vigilance & de discretion pour preuoir de loin
les affaires, qualitez qui sont du tout re-
commandables en vn chef de guerre: C'est
pourquoy il luy estoit consacré, & le cocq
pareillement, pour ce qu'il est fier cõme il

faut estre en guerre: & de plus denote la vigilance requise en vn hõme de lettres & en
vn Capitaine sage: comme aussi le hibou
pour ce qu'il voit bien de nuict, ce qui
monstre que le sage voit & cognoist les choses, bien que difficiles & cachées, & penetre
à la verité bien qu'occulte auec la vene de
l'entendement. Et l'oliue luy estoit dediée,
dautant que l'on ne peut acquerir les sciences sans estude & despẽdre beaucoup d'huile & veiller. Quelques vns aussi l'ont feincte fille de Neptun Dieu de la mer & des
tempestes, pour ce que la sagesse procede
des troubles & esmotions que les hommes
esprouuent tous les iours, & c'est lors qu'elle les retire du bourbier des tenebres de
l'entendement & de l'ignorance qui est le
lac Tritonien. Elle fut appellée aussi Tritonienne & fille du Marets de Triton,
pour ce qu'il y a trois parties de sapience,
sçauoir cognoistre les choses presentes, preuoir les futures, & se resouuenir des passées: ou bien pour ce que l'homme sage doit
faire 3. choses, bien conseiller, iuger droi-
ctement, & operer auec iustice; ou plustost
bien penser, bien dire, & bien faire. Et
c'est pourquoy les anciens disoient que
tandis que le Palladium, qui estoit vne
sienne-certaine image, seroit conserué dans
vne ville, iamais l'ennemy ne s'en pourroit
emparer; qu'au contraire s'il en estoit dehors la place estoit prenable: Ce qui estoit
pour monstrer, que là où l'Estat est sagement goũerné il n'y a puissance humaine
qui le puisse ruiner; & au contraire si la
iustice ny est exercée & la police sagement
administrée, elle ne peut longuement
subsister.

Minimes
Ordre dõt fut fondateur
S. François de Paule Ca-
labrois, lésquels il voulut estre ainsi appellez en signe d'humilité. Nous les appellons autrement, Bons-hommes, ils
s'abstiennent perpetuellement de chairs,
d'œufs, & laictages. Ils portent vne robbe tannée & obscure auec vn capuchon
de laine de mesme couleur. Ils vindrent
s'habituer en France à la priere du Roy

Louys XI. du temps du Pape Sixte IV. enuiron l'an 1480. *Morise chap. 50. des Relig.*

Minorque & Maiorque

isles és costes d'Espagne, dictes autrement Baleares. *Voy* Baleares.

Minos

fils de Iupiter & d'Europe, fut Roy de Candie apres en auoir chassé son frere Sarpedon. Aristote *au 1. de ses Politiq.* dit que ce fut le premier qui donna des loix aux Candiots. Il eut pour femme Pasiphaé fille du Soleil, de laquelle il eut 3. fils & 2 filles. Il fist de grandes guerres contre les Megaréens & Atheniens, pour ce qu'ils auoient tué son fils Androgée : Enfin il prit Megare par la trahison de Scylle fille de Nisus qui en estoit Roy ; & quant aux Atheniens apres les auoir vaincus il les contraignit à luy enuoyer tous les ans pour tribut 7. ieunes Gentils-hommes de leur ville pour estre deuorez dans le labyrinthe par le monstre Mytaureau que sa femme auoit enfanté : mais ayant sceu que Dedale auoit causé la naissance de ce monstre par la fabrication d'vne vache d'airain où s'estoit mise Pasiphaé (touchant quoy *Voy* Minotaure) Minos le fist enfermer auec son fils Icare dans le mesme labyrinthe qu'il auoit basty. Mais en estant sortis par l'industrie de leurs aisles qu'il s'estoient agencées, Minos les poursuiuit iusques en Sicile où les filles du Roy (qui luy auoit fait ce neantmoins tres-bon accueil) le tuerent traistreusement. *Ouid. liu. 8. de ses Metam.* Mais soit qu'il ait esté fils de Iupiter & d'Europe rauie, ou qu'il ait merité par ses vertus d'estre dit fils de Iupiter (comme les plus illustres Roys portoient anciennement ce nom) l'on luy a donné la Lieutenance de Pluton & l'office de Iudicature aux Enfers auec Æaque & Rhadamanthe, comme dit Platon *en son Gorgias* : Ce qui peut estre procedé afin d'honnorer sa vertu ayant esté vn Prince tres-bon, tres-sage,

& tres-equitable sur tous autres de son temps, quelques impostures qu'ayent publié contre luy les Atheniens ses plus mortels ennemis.

Minotaure

monstre my-homme & my-taureau, nay de l'accouplage de Pasiphaé femme de Minos auec vn taureau ; dont elle eut la ioüissance par la fabrication d'vne belle genisse de bois ou d'airain que fist Dedale où elle s'enferma pour en estre par luy couuerte. Aussi-tost que ce monstre fut produict, il fut mis par le commandemét de Minos dans le labyrinthe (qui estoit vn lieu de difficile yssuë à cause de ses diuers destours) là estoit nourry de chair humaine. Lors donc que Minos eut subiugué les Atheniens pour vanger la mort de son fils Androgée, il se les rendit tributaires, à telle condition que chaque année ils luy enuoyeroient 7. de leurs enfans plus nobles pour estre donnez en proye à ce monstre. Mais finalement à la 3. année, Thesée qui estoit enuoyé pour estre deuoré, le tua par la finesse d'Ariadne. *Ouid. l. 8. des Metam. Virg. li. 6. de l'Æneid.*

❡ *Quelques vns disent que Taure fut vn des Capitaines de Minos qui eut affaire auec Pasiphaé en la maison de Dedale, tellement qu'elle accoucha de deux gemeaux, desquels comme l'vn fut semblable à Minos & l'autre à ce chef, l'on les appella tous deux d'vn nom, à sçauoir Minotaure. Et de là a esté feint qu'elle auoit produict vn monstre my-homme & my-taureau: Et dautant que ce Taure traittoit mal les Atheniens, ce Minotaure estoit feint les deuorer.*

Minthe

fille du Cocyte. *Voy* Menthe.

Minturne

ville de la Campanie entre Sinuesse & Nole, auoisinée de quelques marets où se tint caché long temps Marius lors qu'il fuyoit la persecution de Sylla. *Plut. en la vie de Marius.* Fabricius l'appelle *Trajetto*, & Nardus *Gastro la Mar.*

Minutia Vierge Veftale, qui eftant foupçonnée de forfaire à fon honneur, à caufe du foin qu'elle mettoit de fe parer fomptueufement fut enterrée toute viue. *T. Liue l. 8.*

Minutius furnommé Augurinus, iadis Preuoyeur ou Grenetier à Rome, pour auoir par 3. diuers marchez fourny du bled rouge à vn fol le boiffeau, le peuple l'eut en tel honneur qu'il luy dreffa vne ftatuë hors la porte des 3. gemeaux, auec telle deuotion que chacun fe tailla volontairement pour faire ladite ftatuë. *Plin. liu. 18. chap. 3.*

Minyas fils de Chryfes, duquel ont efté appellez Minyes certains peuples de Theffalie, qui accompagnerent Iafon en Colchos pour la toifon d'or, & fur lefquels il regna. Eftant le plus riche de fon temps, il fut le premier qui fift referue de fes richeffes & les mift en des trefors. *Paufanias.*

Miphibofeth fils de Ionathas, & petit fils de Saül, auquel le Roy Dauid rendit tous les biens appartenás à fon pere, & voulut qu'il mangeaft à fa table comme vn des enfans du Roy, & ce en confideration de l'amour qu'il portoit à Ionathas. *2. Roys 9.* Ayant mefme fait exterminer toute la race de Saül, fors luy feul. *chap. 12.*

Mirandole villete de la Lombardie, baftie du temps de l'Empereur Conftant. Elle eft fife en telle affiette & fertile en vins principalement. Ses habitans font humains, liberaux & courageux. Elle eft renommée à caufe de cette illuftre & ancienne famille des Pics qui la poffedent en tiltre de Comté, dont font yffus ces fçauans perfonnages, Iean Pic & Iean François fon nepueu. *Magin en fa Geographie.*

Mirepoix ville de Languedoc, dicte des Latins *Mirapicum*, erigée en Euefché (qui s'eftend fur 90. parroiffes, & depéd de l'Archeuefché de Tholofe (par le Pape Iean XXII. à caufe que fes habitans s'eftoient vaillamment portez contre les heretiques Albigeois.

Mifac autremeñt appellé Mifaël, l'vn de ces 3. enfans lefquels auec Ananias & Azarias furent iettez en la fournaife de feu ardent. *Dan. ch. 1. & 3.*

Mifenus fils d'Æole & trompette tres-expert d'Hector, apres la mort duquel il fuiuit Ænée en Italie. *Virg. liu. 6. de l'Æneid.* Mais ayant ofé attaquer les Dieux Marins fur la precellence de fon art. Il fut fubmergé par Triton. Et depuis fon corps ayant efté trouué par Ænée il fut enfeuely en vne montagne qui s'appelle encore *Monte Mifeno.*

Mifnie dicte vulgairement *Meyffen*, contrée de la haute Saxe, fife entre les fleuues Sala & Elbe, a efté ainfi appellée du lac Mefia, pres lequel fes peuples ont iadis habité. Elle eft bornée au Nord par le Marquifat de Brandebourg & haute Saxe: à l'Orient par la Luface & Silefie: au Midy par le Royaume de Boheme: & au Couchant par la Thuringe. Son air eftoit autrefois intolerable à caufe des exhalaifons humides de fes forefts, maintenant elle ioüyt d'vn air plus fain & gracieux pour la couppe des bois. Le pays aböde en toutes fortes de fruicts fors en quelque canton: elle eft riche en mines d'argent, airain, fer, plomb, mefmes d'or en quelques endroicts. Elle a efté autrefois fous le Marquifat de Saxe du temps de l'Empereur Othon I. & depuis en fut feparée; mais enfin par l'octroy de l'Empereur Sigifmond enuiron l'an 1423. les Princes de Mifnie porterent le tiltre de Ducs de Saxe, dont ils ioüiffent encore maintenant. Sa ville capitale baftie par Othon le Grand porte le mefme nom; fes autres font Drefden demeure du Prince, Lipfe fleuriffante pour fon Vniuerſité, &c. *Monſter liu.3. de ſa Coſmogr. Mercat. en ſon Atlas.*

Mithridate Roy de Pont, tres-puiſſant & incomparable, tant pour les forces du corps que de l'eſprit : car il eſtoit de ſtature tres-haute, ayant ioüy d'vne entiere ſanté iuſques à la fin : & quant à ſon eſprit il l'auoit tres-vigoureux & magnanime, eſtant bien inſtruict és lettres Grecques & amateur de la Muſique, mais ſur tout il eſtoit doüé d'vne memoire indicible : car eſtant Roy de 22. nations de diuerſes langues, il rendoit raiſon à chacune d'icelles ſur le champ en ſa langue propre ſans truchement. *Plin. l. 7. ch. 57.* Mais entre ſes perfections il auoit deux vices tres-remarquables. Le premier eſt, qu'il eſtoit tres-cruel & ſanguinaire enuers tous, ayant meſme fait tuer ſa mere, ſon frere, & 3. ſiens fils & autant de filles eſtans encore en bas âge : L'autre, c'eſt d'auoir eſté extremément addonné au vin & gourmand, iuſques là d'auoir propoſé publiquement des recompenſes à ceux qui mangeoient & beuuoient le plus. Et ce neâtmoins toutes ces actions ne luy firent point perdre aucune occaſion de ſe rendre tres-puiſſant & dompter ſes voiſins : car és ſix premieres années de ſon regne il vainquit les Scythes & enuahit la Cappadoce ; fut curieux de voyager toute l'Aſie en habit incogneu pour recognoiſtre le pays, la force & ſituation des prouinces & des villes ; enuahit la Paphlagonie, & en ſuite la Galatie, chaſſa Nicomedes de la Bithynie (aüec lequel toutefois il eſtoit allié) & Ariobarzanes de la Cappadoce : ſe rendit maiſtre de toute la Grece & de toutes les Iſles voiſines, excepté de Rhodes : Et maeſmes reſiſta à la puiſſance des Romains par l'eſpace de 40. ans (auſſi auoit il armé tout l'Orient contr'eux, ayant aüec luy 250000. hommes de pied & 50000. de cheual) iuſques à ce qu'il fut reduit aux extremitez en 3. grandes batailles premierement par le bon-heur de Sylla ; 2. par la vertu de Lucullus qui en vne ſeule bataille luy tua (bien qu'aſſiſté de ſon gendre Tigranes) 100000. hommes de pied ſans les gens de cheual, ſans perdre de ſon coſté que cinq ſoldats ; & enfin fut totallement deſconfit par les armés de Pompée Mais depuis ſon fils Pharnaces s'eſtant ſouſleué contre luy & l'ayant aſſiegé en vn chaſteau, ſe voulant faire mourir par poiſon il ne peut, dautant qu'il s'eſtoit de longue main premuny le corps par antidote contre les venins : ce que recognoiſſant il ſe deffit luy meſme. *Plut. és vies de Sylla, Lucullus & Pompée.*

Mitylene Iſle de l'Archipelague, dicte iadis Leſbos, & de preſent *Metelin.* Voy Leſbos.

M N

Mnemoſyne Nymphe Pierienne, laquelle eut de Iupiter les 9. Muſes. *Heſiode en ſa Theogonie.* Ce qui a eſté feint par les Poëtes : dautant que chez les Grecs Mnemoſyne ſignifie *memoire*, & pourtant eſt elle eſtimée mere des Muſes par ce que le treſor des ſciences eſt conſerué & augmenté par la memoire.

M O

Moab fils de Loth, & de ſa fille aiſnée *Geneſ.* 19. duquel ſont ſortis les Moabites qui habitent vne partie de l'Arabie, ſituée ſur la riue du torrent d'Arnon qui s'eſcoule dans la mer Morte, apres en auoir chaſſé les premiers colons qui ſe nommoient Emim, grand peuple & puiſſant. *S. Hieroſme en ſes lieux Hebr.* Dieu deffendit expreſſément aux Iſraëlites (lors de la conqueſte de la terre promiſe) de combatre contre ces peuples ny d'empieter leurs terres. *Deuter.* 2. Dauid ſe les rendit tributaires. *2. Roys 8.* Mais au temps

du Roy Achab ils se reuolterent contre
les Israëlites. 4. *Roys*. 1. desquels ils furent vaincus. *chap*. 3. Il leur estoit prohibé par deffense expresse d'entrer dans
le temple de Dieu. *Deuter*. 23. & presque tous les Prophetes prophetisent
contr'eux.

Modene ville fort ancienne de la
Lombardie en la Romandiole. Elle fut iadis colonie des Romains, ornée de superbes edifices, mais
qui fut totalement ruïnée premierement par M. Antoine y assiegeant Brutus, puis par les Goths & Lombards.
Mais ayant esté rebastie & s'estant maintenuë long-temps en liberté soubs la
protection des Empereurs, elle vint enfin en la possession des Marquis de Ferrare; & bien qu'elle leur ait esté rauie par
le Pape Iules II. si est ce qu'elle s'establit vn Duc qui depuis la possede encore. De cette vil'e sont sortis d'excellens
personnages, tant aux armes qu'aux lettres. *Magin en sa Geogr.*

Modin cité de la Palestine située en
vne montagne renommée
pour estre le païs & la sepulture des Machabées, 1. *Machab*. 2.

Mœsie prouince d'Europe. *Voy* Mysie.

Mogor ou Mongol est appellé vn
des plus puissans Princes de
l'Orient, duquel l'Empereur comprend
selon quelques-vns bien 47. Royaumes
situez entre le mont Caucase (qu'on appelle de present *Dalanger* ou *Negrocot*) la mer, le fleuue Ganges & la riuiere d'Inde ou Inder (toutefois le
Royaume de Decan luy en occupe vne
grande partie.) Ses plus principaux
Royaumes sont Cambaye, Delly, Sangue ou Citor, Mandro, Bengale, &c.
& la ville de sa demeure s'appelle Delly.
Toutes ses prouinces sont situées en air
remperé & terroir fort fertil, abondantes en cheuaux, elephans, dromadaires
& autres animaux tant priuez que sauuages; comme aussi en sucere, mirabo-

lans, & autres espiceries, cotton, soye,
diamants, chalcedoines, cornalines, &
fruicts de toutes sortes: mais entr'autres
est signalé cet arbre nommé Moses, dont
le fruict est si doux & delicieux que les
Iuifs & Mahometans croyent que c'est
le fruict qui fist pecher Adam. Ce Prince Mogor qui se vante estre yssu de la
race de Tamerlan est des plus puissans
de l'Orient, car il peut mettre en campagne en vn instant 300000. cheuaux,
50000. elephans, & vn nombre infiny
de gens de pied, mais il n'a aucunes forces nauales. Les habitans qui ont pris
leur origine des Massagetes sont pour la
pluspart de couleur oliuastre & vont
tous nuds, excepté qu'ils couurent seulement leurs parties honteuses; ne mangent point de chair, ains viuent de choses inanimées; les hommes & femmes
obseruent la monogamie & viuent fort
chastement, estant en viduité ils sont
grands sorciers & deuins. On tient que
voulans marier leurs filles ils les meinent
au marché, & les descouurent à ceux
qui les veulent espouser. Quant à la religion, ils sont Mahometans pour la
pluspart, il s'y treuue toutefois quelques Iuifs, Chrestiens, Abyssins, & mesmes quelques idolatres. *Maffée.*

Molmutius Roy d'Angleterre,
surnomé Dun Wallo. *Voy* Dunwallo.

Moloch, autrement appellé Melchom idole des Ammonites, à laquelle Salomon edifia vn temple, & les Israëlites sacrifioient leurs enfans. 4. *Roys* 23. 3. *Roys* 11. Il en est aussi
parlé au *Leuitique chap*. 18. & 20. au 2.
du *Paralip. chap*. 20. *Ieremie* 49. *Amos*
1. *Sophon*. 1.

Molorch 9 certain vieillard d'Arcadie, lequel receut benignement Hercules lors qu'il alla pour
combattre le Lyon Nemeen. En recognoissance duquel bien-faict Hercules
luy dedia certaines festes appelées Molorchées. *Stace liu*. 4. *de sa Theb*. & *Ser.*

uius sur le 3. des Georg.

Moloſſie contrée faisant partie de l'Empire, ainsi appellée d'vn certain Moloſſus fils de Pyrrhus & d'Andromache; laquelle depuis fut nommée Chaonie par Helenus du nom de son frere Chaon qu'il auoit tué sans y penser. *Strab. liu. 7.* Cette prouince eſleuoit de grands & robuſtes chiens que les Poëtes teignoient eſtre de la race de ce chien d'airain forgé par Vulcain qu'il auoit donné à Iupiter, lequel l'ayant donné à Europe & Europe à Procris, iceluy en fiſt present à son amy Cephale. *Iul. Pollux liu. 5. chap. 5.*

Molucques iſles d'Afrique, fort renommées, situées sous l'Equinoctial entre les iſles qu'on appelle Celebes & Gilolo. Il y en a cinq principales Ternate, Tidor, Motir, Machian & Bachian, & la plus grande d'icelle ne contient pas plus de 6. milles. Il y en a encore plusieurs petites és enuirons qui sont contenuës en l'espace de bien 25. milles: L'air y eſt fort mal sain, qui eſt cause que plusieurs marchands eſtrangers y meurent: Ie terroir y'eſt fort sec, & semblable à l'espõge, qui boit l'eau incontinent, auſſi eſt il du tout sterile quant aux fruicts neceſſaires à la nourriture de l'homme: Mais en recompense il rapporte toutes sortes d'espiceries, comme la noix muscade, le maſtic, le bois d'aloës, la canelle, le gingembre, le poyure, & specialement des cloux de girofle (qui ne se trouuent ailleurs que là) en si grande abondance; car ils viennent sans cultiuer comme ailleurs des bois ſauuages. L'on y trouue vn oiseau appellé oiseau de Paradis, & par les habitans *Manucodiata*, qu'ils eſtiment eſtre venu du Ciel ou du Paradis de Mahomet, dautant que l'on ne cognoiſt son origine & ne vit que d'air; il eſt de la grandeur d'vne pie, sans pieds, ayant vne queuë fort longue & fourchuë, & volant continuellement. Le roseau croiſt en ces iſles si grand qu'on en fait des tonneaux: il y a auſſi des montagnes qui iettent feu & flamme, ſpecialement en l'Iſle Ternate, comme celle du mont Æthna en Sicile. Ces iſles furent deſcouuertes du temps de l'Empereur Charles le Quint par le moyen de Ferdinand Magellan qui le premier trouua par vn heur admirable vn deſtroict de mer pour venir d'Ocident en Orient. Vne partie de ses peuples sont Mahometans: & les autres Gentils qui adorent le Soleil & la Lune, eſtimans le Soleil eſtre le maſle pour preſider au iour, & la Lune la femelle pour commander à la nuict, & que les eſtoilles sont leurs enfans: au reſte ils cheriſſent la iuſtice, & la pieté, aiment la paix & l'oiſiueté, deteſtans la guerre sur toutes autres choses. *Monſt. liu. 5. de ſa Cosmogr. Mercai en son Atlas.*

Mome Dieu de reprehenſion & du blaſme que les anciens ont fait fils du Sommeil & de la Nuict, selon Heſiode en ſa *Theogonie.* Il ne faiſoit iamais aucune chose, ains comme tres-mordant & clair-voyant és affaires d'autruy, faiſoit seulement l'office de reprendre & controoller les actions des autres Dieux & hommes; & s'il s'y trouuoit quelque defaut, il le reprenoit auec liberté, meſme blaſmoit ce qui n'eſtoit fait à ſa fantaſie: Et de faict, il reprenoit Vulcain de ce qu'en la fabrique de l homme il n'auoit faict dans la poictrine vne fenêtre, dans laquelle on peuſt voir ce que chacun a dans son courage, & quãd il dit verité ou mensonge: Il reprenoit la maison de Minerue de ce qu'elle n'eſtoit pas mobile, afin qu'on la peut rouler & transporter quand on auroit vn mauuais voisin.

❡ *Cette fiction monſtre au vif le naturel depraué de plusieurs qui seulement se contentent d'esclairer les actions d'autruy, afin de les controoller sans rien faire d'eux meſmes: Et pourtant sont ils vrais Momes, c'eſt à dire, reprenans; car momos en Grec veut dire, reprehension: ou plo-*

ſt oſt calomnies. Mais comme il n'y a rien au monde de parfaict, & où il n'y ait à redire, comme auſſi qui ſe puiſſe garantir de la calomnie des maluueillans, l'homme de bien & ſage ne ſe doit eſmouuoir des meſdiſances des ſots & enuieux ; autrement il ne faudroit rien entreprendre de vertueux ny d'honnorable.

Mona, appellé *Mon* par les Bretons, & par les Anglois *Angleſey* ; iſle renommée entre l'Irlande & l'Angleterre, dont elle eſt ſeparée par vn petit deſtroit. Sa longueur eſt d'enuiron 22. lieuës Angloiſes : ſa largeur de 17. & ſon circuit de 60. C'eſtoit anciennement la demeure des Druydes : ſon terroir eſt fertil en bleds, & opulent en beſtail : On y trouue des pierres de meule & de l'alun. L'on y comptoit iadis iuſques a 363. bourgades, Beaumariſen baſtie par Edoüard I. en eſt de preſent la capitale. Elle obeyt aux Roys d'Angleterre depuis 300. ans. *Magin.*

¶ Vne autre de ce nom, appellée auſſi Moncæde : par Pline, Monapie : & Menauie par Oroſe & Bede : & par les Anglois *Man*, laquelle eſt ſituée entre les parties Boreales de l'Angleterre & de l'Irlande, contenãt du Nord au Midy enuiron 30. milles d'Italie de longueur : elle ne cõprend à preſent qu'enuiron 17. Parroiſſes. Son terroir eſt gras & fertil, principalement en brebis. Les habitans ſe ſeruent du langage Irlandois en partie, & en partie de l'Eſcoſſois ; & grands ennemis des larrons & des gueux, *Magin en ſa Geogr.*

Moneta fut ſurnommée par les Romains la Deeſſe Iunon, du verbe Latin *Monere*, c'eſt à dire, admoneſter. Car comme dit Ciceron *au 1. li. de la Diuinat.* la ville de Rome eſtant eſbranlée par vn grand tremble-terre, & nul ne ſçachant ce qu'il eſtoit beſoin de faire pour le faire ceſſer : l'on entendit vne voix du temple de Iunon qui aduertiſſoit les Preſtres d'immoler vne truye pleine. *T. Liue.*

Sᵗᵉ Monique femme doüée de toutes vertus Chreſtiennes, fut mere de S. Auguſtin, la conuerſion duquel, luy eſtant Manichéen, elle obtint de Dieu par ſes prieres ; & luy requit qu'apres ſa mort il fiſt commemoration d'elle eſtant à l'Autel. *S. Aug. li. 9. chap. 8. & ſuiuant de ſes Confeſſions.*

Monodus fils de Pruſias Roy de Bithynie, qui auoit vn os entier qui luy prenoit toute la genciue au lieu d'vne dent. *Plin. liu. 7. chap. 16.* Ce qu'emporte le nom Grec *Monodos*, qui veut dire n'ayant qu'vne dent

Monomatapa Royaume d'Afrique, de tres-grande eſtenduë, dont le Prince porte le nom qui veut dire Empereur en la langue du pays. Cet Eſtat eſt aſſis en façon d'iſle entre deux bras d'vne grande riuiere qui coule du lac de Zembre vers le Midy : Et c'eſt de ce lac que le Nil prend ſa ſource vers le Leüant & le Nord. L'on tient que cet Empire a de circuit 750. lieuës ou 3000. milles, l'air y eſt temperé & le pays grandement plaiſant & fertil : iaçoit qu'il ne ſoit ſi peuplé cauſe de ſes foreſts. Il y a grand nombre d'elephans, des dents deſquels les habitans tirent vn grand trafic : l'on y trouue force or, tant aux mines, qu'aux pierres & riuieres, lequel toutefois n'y eſt pas beaucoup eſtimé. Ses peuples ſont de moyenne taille, noirs, belliqueux, & ſi diſpos qu'ils ſurpaſſent en la courſe les plus viſtes cheuaux : ont autant de femmes qu'ils veulent, mais la premiere eſt maiſtreſſe des autres & ſes enfans ſont heritiers. Les idolatres, ſorciers, adulteres & larrons y ſont punis rigoureuſement. Le Prince n'eſt ſeruy qu'à genoux ; il a des femmes dont il ſe ſert à la guerre qui ſont reputées les plus guerrieres à la façon des Amazones ; il mene ordinairement 200. chiens pour ſa garde. Ce Roy receut le S. Bapteſme du temps de Sebaſtien Roy

Roy de Portugal par le pere Confaluë Iefuite, lequel toutefois il fift mourir puis apres à la fufcitation de quelques Mahometans. Et depuis il y a eu fort peu de Chreftiens. *Magin en fa Geogr.*

Monofceles
peuples des Indes, non efloignez des Troglodytes ou Royaume de Melinde qui n'ont qu'vne iambe, & neantmoins ils font fort legers à fauter : ils font aufli appellez Sciopodes, pource qu'au cœur de l'Efté ils fe couchent à l'enuers & fe couurent de leurs pieds qui leur feruent d'ombre. *Plin. li. 7. chap. 2. S. Aug.* en fait mention *au 16. liu. de la Cité de Dieu.*

Monothelites,
certains heretiques qui-s'efleuerent enuiron l'an de falut 565. de la fecte d'vn certain Philoponus reietton d'Eutyches & de Diofcorus. *Niceph. li. 18. chap. 45.* Ils furent ainfi appellez à caufe qu'ils ne recognoifToient en Iefus Chrift qu'vne volonté : & aufli Monophyfites à caufe qu'ils defnioient les 2. natures. *Baron. ann 535. Damafcene li. des Heref.*

Montanus
& Appelles heretiques renommez, lefquels auec leurs fauffes Prophetiffes Prifcilla & Maximilla publierent l'herefie venimeufe des Cataphrygiens, nians que Iefus Chrift fuft vray hôme; permettent à vn chacun de diffoudre les mariages. *Eufeb. liu. 5. ch. 15. & 18. S. Aug. au Catal. des heret.* Ne vouloient confeffer leurs pechez aux Preftres côme fe reputans iuftes. *S. Hierofme à Marcella.* Faifoient leur Euchariftie du fang des petits enfans, qu'ils picquoient à cèt effect, meflé auec de la farine. *Epiph. heref. 48. & S. Aug. heref. 26.* Introduifoient 3. Carefmes ; & ordonnoient nouueaux ieufnes. *Theodoret.*

Montargis
ville d'entre la Beauce & le Gaftinois, qui dépend du Bailliage d'Orleans. Elle fut bruflée l'an 1528. & depuis rebaftie

de neuf. Le Roy François I. la donna en appanage à Madame Renée de France fil'e du Roy Louys XII.

Montauban
ville & place forte de Quercy, dicte des Latins *Montalbanum*, fife fur la riuiere de Tarn. Elle peut eftre mife entre les plus fortes places de France, renommée pour auoir efté le fepulchre de trois grands Capitaines, fçauoir Pothon & la Hire foubs Charles VII. & de ce valeureux Prince Henry de Lorraine Duc de Mayenne foubs Louys XIII. l'an 1624. Ceux de la religion pretenduë reformée s'en faifirent ès années 1561. lefquels nonobftant plufieurs fieges par eux fouftenus en font demeurez les maiftres. Elle fut erigée en Euefché par le Pape Iean XXII. qui s'eftend fur bien 414. parroiffes, & dépend de l'Archeuefché de Tholofe.

Montereau
ville fife à l'emboucheure de la riuiere d'Yonne dans la Seine, partie en Gaftinois, & partie en la Brie. Quelques vns difent que cette place eft *l'Agendicum* où Cefar laiffa 6. Legions. C'a efté iadis vne maifon Royale & la demeure de Charles VII. Elle eft renommée par la mort de Iean Duc de Bourgogne fils de Philippes le Hardy & meurtrier du Duc d'Orleans, lequel y fut tué par Tanneguy du Chaftel en la conference qu'il fift auec Charles VII. lors Dauphin. *Hift. de France.*

Montferrat
côtrée de Piedmôt, faifant partie de la Ligurie, & eft enfermée entre les fleuues Tanare & le Pô : l'on tire fon nom de la fertilité de fa montagne, laquelle rapporte auec abondance toutes chofes neceffaires à la vie. Leander la met en la 15. region d'Italie foubs la Lombardie Cifpadane. Il y a des fontaines d'eau chaude tres-falubres. Les peuples Taurins l'ont iadis habitée. Elle fut vn des 7. Marquifats eftablis par l'Empereur Othon II. qui en donna vn

R R R r r

à chacun des fils d'Aleran de Saxe. Et depuis fut possedée par les Paleologues insques en l'an mil cinq cens trente-quatre que Iean Georges dernier de cette maison estant mort, Charles le Quint declara le Duc de Mantoüe legitime heritier de Montferrat, qui fut pareillement erigé en Duché l'an 1575. par l'Empereur Maximilian I. Et Guillaume III. du nom Duc de Mantoüe fut nommé premier Duc de Montferrat, duquel les successeurs la possedent encore de present. Il y a entr'autres 4. bonnes villes, Casal, S. Vast honnorée du tiltre d'Euesché & iadis la demeure des Marquis, & où reside le Gouuerneur de Môtferrat; Albe appellée par Pline *Pompeia.* Et Aique tres celebre pour ses eaux Medicinales. *Magin en sa Geogr.*

Montpellier

ville de Languedoc, ou du pays Narbonnois, dicte des Latins *Monspessulanus* ou *Monspuellarum*, comme qui diroit Montpueillier, à cause des filles & pucelles qui y sont belles outre le commun. L'on tient qu'elle fut bastie par les Carthaginois enuiron 196. ans deuant nostre Seigneur, & que c'est cette *Agatha* que Pline met tirant vers Marseille, qui depuis a esté dicte *Agathopolis*, qui signifie la cité des bons ou des biens, à la difference de l'autre Agatha que l'on prend pour Agde. Cette ville a vn ciel serain & temperé, a le sol fecond & abondant en toutes choses, specialement en simples; ce qui la faict choisir par les Medecins pour l'Eschole & Vniuersité principale de leur faculté. Nôs Roys y ont estably vne Chambre des Comptes, & vne Cour de Generaux pour le ressort du Parlement de Languedoc. Elle estoit iadis embellie de quantité de belles Eglises, mais ceux de la pretenduë religion reformée, qui y sont en grand nombre, les ont toutes despoüillées de leur ancien ornement. Elle est honnorée du tiltre d'Euesché qui dépend de l'Archeues-

ché de Narbonne, & s'estend sur bien 500. parroisses.

Montpensier

ville signalée de l'Auuergne, erigée en Duché & Pairie l'an 1538. Elle a de tout temps donné à nostre France de grands personnages & valeureux Princes, comme estans aussi les branches sorties du tronc de cette illustre famille de Bourbon.

Monyque

nom d'vn tres-puissant Centaure, lequel fut d'vne force si prodigieuse qu'il arrachoit les arbres & les eslançoit contre l'ennemy comme traicts. Ce mot est Grec, & signe vne beste qui a l'ongle ou corne au pied, telle qu'ont les cheuaux. Et est attribué ce nom generalement aux Centaures que les fables ont representé my-hommes & my-cheuaux.

Monymé,

l'vne des femmes de Mithridates, natiue de Milet, fort renommée en chasteté, n'ayát iamais voulu entédre à ses poursuittes amoureuses, quelque presét qu'il luy offrist, qu'au prealable il ne luy eust enuoyé le diademe ou bádeau Royal, & qu'il ne l'eust appellé Royne: & cependant l'ayant traicté toute sa vie tyranniquement, il luy enuoya enfin vn des siens nommé Bacchilydes pour luy declarer qu'elle esleust vne maniere de mourir, à quoy obeïssante elle detacha de sa teste son bandeau Royal, & le noüant à l'entour du col, s'en voulut pendre: mais comme le bandeau n'estoit assez fort & qu'il se rompit, elle le ietta en terre & cracha dessus, & se prist à dire, *O maudit & mal-heureux tissu, ne me seruiras tu point au moins à ce triste seruice?* Et en disant cela, tendit la gorge à Bacchilydes pour la luy coupper. *Plut. en la vie de Lucullus.*

Monyme

Philosophe Syracusain, estoit auparauant seruiteur d'vn certain banquier de Corinthe: mais voyant qu'il ne pouuoit vacquer à la Philosophie soubs Dioge-

ne, la vertu duquel il auoit prife en affection, il feignit eftre fol, & tracaffant
la monnoye de fon maiftre çà & là fans
en pouuoir rendre compte, il luy donna
occafion de le congedier. Et depuis il
fut grand fectateur de Diogene & de
Crates le Cynique, docte au refte &
éloquent, contempteur de la vanité, &
cheriffant fur tout la verité. *Laerce li. 6.
de la vie des Philofophes.*

Mopfe fils d'Apollon & de Manto,
deuin tres-excellent, lequel
furmonta Calchas en l'art de deuination, & fut caufe de fa mort. *Voy* Calchas.

¶ Vn autre de ce nom, pareillement
deuin, lequel baftit la ville de Phafelis
fur les frontieres de Pamphylie. *Pomp.
Mela.*

Morauie contrée de la haute Allemagne, pres la Boheme,
appellée vulgairement *Marnhern*, &
anciennement Marcomannie, pource
qu'elle bornoit l'Allemagne du cofté
de la Hongrie (dautant que Mark en
Allemand fignifie *frontiere*) & qu'elle
eftoit l'ancienne demeure des Marco-
mans. Elle a pris ce nom de Morauie
de fon fleuue Moraue. Elle eft bornée
vers l'Orient par la Hongrie & la Pologne : vers le Couchant de la Boheme :
au Nord par la Silefie, & en ces 3. parts
là il n'y a que bois, forefts, ou riuieres :
Mais du cofté du Midy qu'elle confine
à l'Auftriche elle eft toute plaine. L'air
y eft fort mol & humide & aifé à fe corrompre : Le terroir y eft toutefois gras
& fertil & le pays fort peuplé : il y croift
abondance de faffran : & fe trouue en
vn lieu nommé Gradifque de la myrrhe
& de l'encens, non pas qu'il croiffe és arbres, mais qui eft tiré de la terre. Elle a
efté gouuernée autrefois fous tiltre de
Roys qui ont cômandé aux Bohemiens
& Polonois. Mais fon Roy Zuantoco-
pius ayant refufé de payer le tribut à
l'Empereur Arnoul, il les ruina par l'aide des Hongrois & autres infidelles,

enuiron l'an de falut 900. Et le Roy
eftant efchappé finit fes iours en folitude : ainfi ce Royaume fut diffipé, la Boheme, la Pologne & la Silefie s'eflifans
chacun vn Duc ; comme auffi elle eut
fes Ducs & depuis fes Marquis : mais
de prefent fa principale partie recognoift les Roys de Boheme, & le refte
eft poffedé par quelques Seigneurs &
Barons. Les naturels font farouches
& amis de rapine, le commun fe fert du
langage Bohemien & de l'Allemand és
villes. Ils receurent la foy de Cirullus
& Methodius Docteurs & Apoftres des
Efclauons, du temps de Michel III.
Empereur de Conftantinople, & maintenant ils fuiuent pour la plufpart l'herefie des Huffites & Anabaptiftes.
*Mercat. en fon Atlas. Monft. liu. 3. de
fa Cofmographie.*

Morée prefqu'ifle tres-renommée
& des plus nobles de toute
l'Europe, eftant ioincte à l'Achaie par
vn ifthme qui eft vn petit deftroit de
terre entre les deux mers l'Ionique &
l'Ægée : Elle eftoit iadis appellée Ægiale, Apie, Argios & Pelafgie, & depuis
encore Peloponnefe, & par les modernes Morée. Ce deftroit qui la fepare de
la Grece eft fitué entre le fein de Corinthe appellé de prefent *golfe de Patras* du
cofté d'Occidét, & le fein ou golfe Sar-
ronique du cofté d'Orient, lequel ne
contient pas plus de 6. milles. Quelques Princes curieux, comme Demetrius, Cæfar, Caligula, Neron, &
autres ont voulu percer ce bras de terre, faifant ioindre les deux mers, mais
en vain : l'on y dreffa auffi vne muraille
d'vne extremité à l'autre, mais Amurath Empereur des Turcs la fift abbatre : & iaçoit qu'elle fuft derechef rebaftie par les Venitiens, elle fut pour la 2.
fois ruinée par les Turcs. Ce païs eft non
feulement fertil en toutes chofes neceffaires à la vie, mais des plus delicieux ;
auffi eft-ce l'endroit le plus peuplé de
la Grece. L'on y void les fleuues tres-

renommez par les anciens, Asope, Alphée, Panise, Eurotas, Inaque, &c. comme auffi les monts Stimphale, Cyllene,
Menale, & autres. Cette presqu'isle
estoit iadis la forteresse & le rempart de
toute la Grece : car outre la renommée
& proüesse des habitans, la situation du
lieu y contribuoit beaucoup, sa longueur depuis l'isthme iusques à la ville
de Modon est de 175. milles, & son circuit qui approche de la rondeur d'enuiron 600. Les Arcadiens, Cynuriens, Eto-
liens, Dorienses, Dryopes, Lemniens
& Corinthiens ont iadis habité ce païs
là. Elle a este depuis fort renommée
par les Republiques & Principautez
des Argiens, Lacedemoniens, Sicyoniens, Æliens, Myceniens, Arcadiens &
Pyliens, dont sont sortis de tres-illustres Princes & grands personnages,
Agamemnon, Menelaus, Aiax, Lycurgus, & autres. Ptolemée & quelques
autres Geographes la diuisent en 8. prouinces, le païs de Corinthe, d'Argie,
Laconique, des Messeniens, l'Elide,
l'Achaie, de Sicyone & d'Arcadie, où
en chacunes d'icelles estoient des villes
fort renommées, comme Sparte, Corinthe, Mycenes, Argos, Mantinée,
Epidaure, Messené, Methone à present
Modon, &c. Mais la pluspart de ces
villes ont esté ruinées, specialement par
les Turcs ausquels cette region obeit
presque toute (ayant esté enuahie l'an
1471. par Mahomet II. auec le reste de
la Grece) iaçoit qu'elle ait esté encore
deffenduë depuis peu par quelques
Roitelets qu'on appelle Despotes, &
par les Venitiens : ce neantmoins le
Grand Turc y a vn Sangiac appellé
Morabegi qui reside à Modon, lequel
a de reuenu 700000. aspres ou 1400.
escus. L'on y met 2. Archeueschez suiuant le Prouincial Romain, celuy de
Corinthe & celuy de Patras qui ont
soubs eux quelques Suffragans : toutefois la pluspart suit la secte de Mahomet, & les Chrestiens y sont esclaues

en l'exercice de leur religion. *Magin
en sa Geogr. Mercator, & autres.*

Morindus
fils naturel d'Elanius
Roy de la grande Bre-
tagne desconfit les Maures, dont il en
fist brusler plusieurs : aussi fut-il fort
cruel & sanguinaire : mais ayant voulu
combattre vn monstre horrible qui
auoit paru en ses costes, & qui faisoit
infinis degasts, il y perdit la vie apres
auoir regné 8. ans.

Morins
peuples de la Gaule Belgique, voisins de ceux de Ca-
lais & de Mótreüil prés de la mer d'Angleterre, desquels la capitale selon Ptolemée estoit Theroüenne, qui porte encore ce nom. *Virgile au 8. de l'Æn.* les
appelle les derniers habitans du monde,
pource qu'estans voisins de l'Ocean il
estimoit n'y auoir par delà aucune ha-
bitation d'hommes.

Morphée
estoit selon la fictió des
Poëtes l'vn des 3 Mini-
stre du Dieu Sommeil, lequel selon la
volonté de son maistre representoit seulement la forme humaine, comme le
mot Grec *Morphe*, qui signifie forme, le
demonstre : l'autre qui est appellé Fobe-
tor figuroit toutes sortes de bestes : Et
le 3. nommé Phantase obiectoit à la
fantaisie, la terre, l'eau, les pierres, les
montagnes & toutes autres choses
inanimées. *Ouide liu. 11. de ses Metam.*

Mort
a esté estimé par les anciens
fille de la nuict & sœur du só-
meil, emmenant auec force toute creature humaine vers la riuiere d'Acheron. Elle estoit tenuë pour la plus dure
& plus implacable de toutes les Deesses : & parce qu'il n'y auoit pierre aucune qui la peust flechir, aussi n'obtint
elle point de sacrifices fors le cocq. Les
Poëtes l'appellent Somne ferré & d'airain, dure & longue nuict, pour exprimer sa dureté & son courage inexora-
ble. Elle estoit habillée d'vne robbe se-
mée d'estoilles de couleur noire auec
des aisles pareillement noires. *Horace*

liu. 2. des Sermons. Les sages anciens
l'ont loüée hautement comme celle qui
est le seul & seur havre de repos : car
elle nous affranchist de toutes sortes de
maladies, tant corporelles que spirituelles, nous deliure de la cruauté des Tyrans, nous égale aux Princes, & enfin
nous est vn passage pour aller d'vne vie
terrestre, caduque & miserable, à vne
celeste, perdurable & pleine de contentement.

¶ Quelques vns ont qualifié de ce nom
l'vne des 3. Parques destinées pour ceux
qui allans deuát ou apres le terme de la
naissance venoient à mourir : les deux
autres se nommoient *Nona* & *Decima*,
c'est à dire 9.& 10.Pource qu'en ces termes de mois c'est ordinairemét le temps
meur de l'enfantement & de la naissance. *Voy* Parques.

Moscouie Empire tres-puissant,
subiect au Grãd Knez
qui occupe toute la Russie fors la Pologne & la Lithuanie : si bien que ses
Estats sont en partie en l'Europe, &
partie en l'Asie.Ils sont cõfinez du costé
du Nord de la mer Glaciale:du Leuant
en reflechissant vers le Midy de la Tartarie : du Midy de la Lithuanie : & du
Couchant de la Liuonie ou Liefland, &
de la Finlande. Cét Empire est situé entre le 19. Paralelle & le 43. c'est à dire,
entre le milieu de l'huictiesme climat
& le milieu du 20. & est compris entre
le Tropique de l'Escreuisse & le cercle
Arctique : c'est pourquoy il se remarque vn grand changement en la quantité du plus long iour, car au Paralelle
plus Meridional de cette estenduë de
pays il n'est que de 16. heures & demie,
au lieu qu'au plus Septentrional de ce
mesme pays le plus grand iour est de
22. heures & demie: ce qui monstre la
grande distance qu il y a d'vne frontiere à l'autre; car à prendre chaque degré
pour 30 lieuës de France, l'on trouuerra qu'il comprend de largeur tirant de
la partie plus Septentrionale iusques à

la Meridionale 420. lieuës. Ce païs est
humide, plein de marescages & peu
fertil à cause que l'air y est rude (il est
toutefois fort sain) & que les champs
y sont sablonneux, & ainsi les grains
n'y meurissent gueres pour la violence
du froid: Le haut pays est remply de
bois & de grandes forests, où les arbres
y sont grandement espais & font partie
de la forest Hercynie. L'on y trouue
quantité d'Elans, d'Alces qui ont la
forme de Cerfs, de buffles, d'ours de
grandeur demesurée, loups noirs &
autres sauuagines. Il y a vne grande
quantité de mouches à miel, qui non
seulement sont dans les ruches qu'on
leur a expressément dressées, mais aussi
remplissent de miel les creux des arbres:
il y croist grande quantité de lin & de
chanvre. Il y a aussi force pasturages &
grande abondance de bestial. Il n'y a
autres minieres que de fer. Cette region est arrousée d'infinis fleuues qui
fournissent aux habitans vne grande
abondance de poissons, & leur apporte
force marchandise, entre lesquels sont
Borysthene, Tanais, la Duine, &c. La
capitale ville de tout cét Empire est
Moskuua ou Moske du nom d'vne riuiere qui coule là aupres, le chasteau
du Grand Knez où Duc de Moscouie
est au milieu, qui est si grand qu'on le
prendroit bien pour vne ville, & c'est
là sa demeure ordinaire où il est accompagné de 25000. hommes, & c'est aussi
le siege du Patriarche. Il peut auoir en
cette ville 41500. maisons, mais qui
sont presque toutes de bois & fort escartées au milieu de grandes campagnes. Leur Prince appellé Grand Knez
& Grand Duc est seigneur & maistre
absolu de toutes choses, & se sert de ses
subjets & de telles parties de leurs biens
comme marchandises & autres choses
dont il dispose à sa volonté, & de leur
vie pareillement : & pour ce tient-on
que ces tresors sont inestimables, cõme
tesmoigne Philippe Pernisten iadis

Ambaffadeur de l'Empereur prés le Grand Duc de Moſcouie qui en rapporte la magnificence: L'on tient qu'il peut mettre en guerre iuſques à trois cens mille cheuaux. Il ne permet à aucun de ſes ſubjeéts de ſortir de ſes Eſtats ſans permiſſion: il taſche auſſi de ſe rendre plein de majeſté par la pompe & magnificence de ſes habits; car il porte en teſte vne couronne en forme de Mitre garnie de fines perles & riches pierreries, tenant auſſi en ſa main gauche vne maniere de croſſe fort riche, & porte vne robbe longue ſemblable à celle du Pape, afin de ioindre la grauité de Pontife auec la Royale: & afin qu'aucun ne puiſſe ſçauoir plus que luy, il n'y a point d'eſcole que pour apprendre à lire & eſcrire, & l'on n'y lit que les Euangiles, & la vie ou certaines homilies de quelque Sainét: de là vient que les Secretaires n'eſcriuent & ne reſpondent ordinairement aux Ambaſſadeurs des Princes eſtrangers que ce que le Grand Duc leur diéte: l'on ne le nomme iamais és affaires d'Eſtat que tous ne ſe leuent auec grand honneur, & ſes ſubjeéts ſont inſtruiéts dés leur bas aage à en parler & luy obeïr, non comme ſubjeéts, mais comme eſclaues: voire le reuerent, non comme vn Prince, mais côme vn Dieu: & partant l'on ne void en Moſcouie aucun Seigneur de tiltre, & s'il oétroye à quelqu'vn la poſſeſſion de quelque lieu, cela ne paſſe point à ſes ſucceſſeurs s'il ne le confirme. *Ortel. en ſon Theat. du monde.*

Moſcouites

peuples de ce puiſſant Empire que l'õ peut dire eſtre deſcendus de ces Moſques dont parle Pline, qui habitoient vers les ſources du fleuue Phaſis au deſſus du pont Euxin vers l'Orient, ou pluſtoſt du fleuue Moſque qui arrouſe la Moſcouie. Ils auoient iadis vne pierre quarrée au milieu du marché de la ville de Moſke, & lors qu'ils manquoient de Prince ſi quelqu'vn pou-

uoit monter deſſus ſans eſtre abbatu, il en obtenoit le gouuernement: Ils ſont pour la pluſpart robuſtes & viſtes, de moyenne taille, mais quarrez d'eſpaules & renforcez: portent volontiers la barbe longue & des ſayes fort longs iuſques aux talons & ſans plis, ayans les manches fort eſtroittes. En guerre ils ont touſiours la trouſſe pleine de fleſches, l'arc, la hache, l'eſpieu & de longs couſteaux: ils ſe ſeruent de cheuaux hongres qui ſont petits & enharnachez fort legerement, ils tirent meſmes en fuyant leurs traiéts auec vne merueilleuſe addreſſe. Ils viuent aſſez pauurement n'ayans pour leur breuuage que de l'eau ou de la biere, ne leur eſtant permis de boire de quelque liqueur qui enyure fors deux ou trois fois l'année. Ils ſont barbares & perfides: ils tiennent les troiſieſmes nopces pour impudiques. Ils ſe ſeruent de la langue Eſclauonne qui eſt vne des langues de plus grande eſtenduë. Ils comptent leurs années, non pas de la Natiuité de noſtre Sauueur, mais du commencement du monde, & les commencent au mois de Septembre & non au mois de Ianuier comme nous. Ils ſe ſeruent de loix fondées ſur la pure equité eſtablie par leurs Princes & iuſtes perſonnages, ne les rendans ſubjeétes aux cauillations & ſubtiles interpretations des Aduocats. Ils puniſſent rigoureuſement les larcins, brigandages, & homicides. Il y a enuiron 650. ans qu'ils receurent la foy, & ce fut lors que l'Egliſe Latine fut diuiſée d'auec la Grecque, de laquelle ils ont enſuiuy les ceremonies, & auec tant de ſuperſtition qu'ils tiennent les Romains deſerteurs de la primitiue Egliſe: ils reuerent neantmoins grandement la Croix; vſent de chandelles de cire, d'images qu'ils venerent, d'eau beniſte, de ſel beniſt comme nous: communient ſoubs la ſeule eſpece de pain, mais qui eſt leué ſelon la couſtume des Grees: honnorent les SS. & les

inuoquent, & specialement leur patron
S. Nicolas duquel l'image est en la ville de Massouie, & en gardent le corps
auec grande reuerence, comme aussi
celuy de S. Ignace : Ils ieusnent le Caresme & tout l'Aduent auec grande
abstinence. Les Religieux y sont tous
de l'ordre de S. Basile, & y a grãde quãtité de Monasteres. Il est permis aux
Prestres de se marier vne seule fois. Ils
nient le Purgatoire, & toutefois ils
prient pour les trespassez. Leur plus
grand erreur est, qu'ils ne tiennent que
les sept premiers Conciles, reiettans
tous les autres. Ils ont leur Metropolitain qui se tient à Moske, lequel dépendoit iadis du Patriarche de Constantinople, & de present est seulement esleu du
Grand Duc & consacré par trois ou 4.
Euesques : Il a soubs soy 2. Archeuesques, celuy de Nouogrod, & l'autre de
Rostow. Font lire publiquement & en
leur langue au lieu de Sermon les SS.
Peres, Augustin, Ambroise, Hierosme,
Gregoire: & d'entre les Grecs, Chrysostome. Basile, Nazianze. *Sigismond Ba-*
ron de Herberstein en parle amplement en
sa Moscouie. Monst. li. 4. de sa Cosmogr.
Mercat. en son Atlas, Ortel. &c.

Moselle fleuue renommé, qui pre-
nant sa source en la mon-
tagne de Vogese, assez pres de celle de
la Saone, va passer droit à Toul : puis
par le païs Messin & Treues, se va rendre dans le Rhin à Confluence. Ausone
celebre ce fleuue doctement *en son Ei-*
dyll 3.

Mosynœces ou Mosyniens, se-
lon Pline, certains
peuples Septentrionaux de l'Asie, lesquels n'habitent que dans des maisons
de bois roulantes : se font certains characteres sur le corps auec fers chauds :
mangent & couchent en commun sans
distinction, & tous ensemble eslisent
leurs Roys & les tiennent apres comme
captifs estroittement liez & en seure
garde. *Pline liu. 6. ch. 4. Mela liu. 1.*

Moulins ville capitale du Bour-
bonnois, que Cesar. *li. 7.*
de ses Comment. semble appeller *Ger-*
gobina selon Glarean. Cette ville est
tres-ancienne, & comme le cœur de la
France, voire le berceau & les delices
des anciens Princes de Bourbon ; & nos
Roys l'ont aussi autre-fois esleuë pour
leur demeure, l'ayant ennoblie d'Escheuinage & de Presidial, & renduë exempte des tailles, de mesme que Paris. Elle
est aussi renommée pour ses eaux mi-
nerales, chaudes & froides, dont on
espreuue la vertu contre vne infinité de
maladies.

Moyse, interpr. de l'Hebr. *retiré,*
(c'est à sçauoir des eaux)
fut appellé ce diuin Legislateur, Prophete admirable, premier & tres-excellent Historiographe qui a esté l'autheur
& le promulgateur de la Lóy Iudaïque :
fut fils d'Amram de la Tribu de Leui.
Ayant esté exposé (comme les autres
enfans Hebrieux, suiuant le commandement de Pharaon Roy d'Egypte) dans
le fleuue, il en fut retiré par la fille du
Roy, & esleué par elle en sa maison &
adopté : mais ayant tué vn Egyptien qui
auoit frappé vn Hebrieu, il s'enfuit de
crainte en la terre de Madian, là où il
espousa Sephora fille de Raguel dont il
eut Gersam & Eliezer, *Exod. chap. 2.* &
fut là 40. ans tousiours addonné à la vie
contemplatiue, iusques à ce qu'ayant
atteint l'an 80. de son aage, il fut rendu
capable de voir Dieu d'vn esprit plus
purifié, & estre destiné pour Redépteur
de só peuple. *S. Basile au commencement*
de son Hexam. C'est pourquoy comme
il paissoit les brebis de son beau-pere
Iethro ou Raguel, Dieu luy apparut en
forme de flamme dedans le buisson ardant, & l'enuoya à Pharaon Roy d'E-
gypte pour deliurer les enfans d'Israël
de la captiuité des Egyptiens. *Exode*
chap. 3. Et à cét effect, luy donna trois signes miraculeux, auec Aaron son frere
pour l'assister. *chap. 4.* lesquels s'adres-

fans à Pharaon, Moyſe fiſt en ſa preſence iuſques à dix merueilles, & les
plus ſignalées qui ayent iamais eſté,
rempliſſant toute l'Egypte de playes
extraordinaires contenuës és *chap.* 7. 8.
9. 10. & 11. Mais ce Roy obſtiné, s'en-
durciſſant d'autant plus pour ne laiſſer
aller les Iſraëlites, & les pourſuiuant iuſques à la mer rouge; Moyſe ayant eſtendu ſa main ſur la mer, y fiſt vn paſſage,
& ainſi paſſa les ſiens à ſec : Et lors que
Pharaon & les Egyptiens voulurent
faire le meſme, Moyſe eſté dit derechef
ſa main contre la mer, laquelle retournant en ſon lict, tous les Egyptiens furent engloutis des eaux. *ch.* 14. Ayant
ainſi retiré les Hebrieux d'Egypte, il les
amena au deſert où il continua ſes miracles pour la protection & nourriture
de ce peuple, tantoſt en leur faiſant pleuuoir de la manne & des cailles, & tantoſt faiſant ſourdre de l'eau des pierres.
chap. 16. & 17. Puis en ſuitte il leur bailla la Loy, premier remede contre le peché : & cette Loy fut compriſe en trois
ſortes de preceptes, ſçauoir les Loix
Morales, les Iudicielles, & les Ceremo-
nielles, deſquelles il traicte amplement
en l'Exode, Leuitique, Nombres, & au
Deuteronome. Tous leſquels preceptes
concernans tant la Religion que la Republique, montent au nombre de 613.
ſçauoir 248. affirmatifs, qui ſont autant
comme les Medecins attribuent d'os
au corps humain; & 365. negatifs, qui
eſt le nombre des iours de l'an. Ainſi
ayant entierement & ſincerement eſtably la Loy Iudaïque, & inſtitué Ioſué
pour ſon ſucceſſeur, il mourut en pleine
vigueur corporelle, combien qu'il fuſt
aagé de 120. ans, l'an du monde 2492. &
deuant Ieſus Chriſt 1470. ſuiuant la ſup-
putation de Philon & des Hebrieux.
Vn peu deuant ſa mort il dreſſa treize
exemplaires ou volumes des liures du
Pentateuque (qu'il auoit compoſé, &
qui comprend la Geneſe, l'Exode, le Leuitique, les Nombres, & le Deuterono-

me) & en donna vn à chacune des douze Tribus, & le treizieſme il le conſigna
aux Leüites. *Miſna.* Lequel fut enfermé
dans le tabernacle, & depuis dans le
Temple de Salomon auquel l'on auoit
recours pour l'inſtruction lors que le
Temple eſtoit prophané : ainſi fut il
trouué du temps du Roy Ioſias, entre
les ruines du Temple par le Preſtre
Helcias. Apres la mort de Moyſe, l'Archange S. Michel eut debat auec le Diable, pour ſon corps. *Iud. Epiſt. Can. v.* 9.
Pource que ſelon S. Thomas, le Diable
vouloit que ſa ſepulture fuſt manife-
ſtée, afin que les Iuifs fuſſent prouo-
quez à idolatrie : à quoy S. Michel qui
ne vouloit que ſon ſepulchre fuſt cogneu à aucun des hommes; ou pluſtoſt
pource que le Diable vouloit qu'il fuſt
enſeuely à la façon humaine (comme
ayant Empire ſur la mort & ſur la corruption. *Heb.* 2.) afin qu'il ſemblaſt plus
contemptible aux Iuifs & comme vn
homme commun : & au contraire l'Archange vouloit qu'il fuſt enſeuely par
vne façó plus noble & miraculeuſe : c'eſt
à ſçauoir par le Miniſtere des Anges,
afin de donner teſmoignage qu'il eſtoit
vray Prophete & qu'il eſtoit paſſé à vne
vie plus heureuſe; comme Henoch &
Elie, pour inciter dauantage les Iuifs à
l'obſeruation de ſes loix, comme ema-
nées d'vn homme tout diuin. Ioſephe
liu. 4. *chap. dernier de ſes Ant.* dict qu'il
n'eſt pas mort, mais qu'il fut ſeulement
caché. R. Moſe *en ſa preface ſur Miſna*
ſuiuy de S. Ambroiſe *liu.* 2. *chap. de Cain*
& *d'Abel* & autres Peres, dict qu'il a
eſté rauy au Ciel : Quoy que ç'en ſoit; ce
Moyſe a eſté le plus excellent perſonnage qui ait iamais eſté, ſelon le teſmoignage de l'eſcriture meſme : car il eſtoit
inſtruict en toute la ſageſſe des Egyptiens. *Act.* 7. Eſt appelié homme de
Dieu. *Deuteron.* 33. *Ioſué* 14. fidelle ſeruiteur en toute ſa maiſon. *Hebr.* 3. Mini-
ſtre du vieil teſtament & Prophete du
nouueau : a veu plus clairement Dieu
qu'au-

qu'aucun des Prophetes, selon le tesmoignage de Dieu mesme. *Exod.* 33. Et mesmes les anciens autheurs profanes ont rendu de tres-illustres tesmoignages de son excellence ; car Eusebe *liu. 9. chap. 4. de la Prepar. Euang.* citant Eupoleme & Artepan de l'histoire des Iuifs, dict que tout ce que les Grecs auoient attribué à Mercure tou hant l'inuention des lettres & sciences enseignées aux Egyptiens, doit estre attribué à ce Moyse : asseure pareillement qu'il auoit amené les siens en leur païs par le moyen de plusieurs miracles faits par sa verge, & que mesmes les Ægyptiens auoiét colloqué cette verge dans leur temple & la veneroient : De cette sortie d'Egypte & de ses ordonnances pour l'adoration d'vn seul Dieu, font aussi mention Appion le Grammairien *liu* 4. Berose, Strabon *liu.* 16. *de sa Geographie.* Diod. Sicilien *l* 1 *de sa Biblioth.* & Iustin *liu.* 36. *de son Hist.* Et de faict il est certain que Platon & Pythagoras auoient appris leur science des Egyptiens & Syriens qui auoient esté instructs par Moyse, comme l'escrit Numenius le Pythagoricien, iusques là que Pline *liu.* 30. *chap.* 1. dict qu'il y a certaine sorte de magie inuentée par Moyse & Locabela (il auoit veu Cabala en quelques liures des Hebrieux, & pensoit que ce fust le nom d'vne femme & non d'vn art & discipline) qui estoient Iuifs. Il excella dauantage en la Poësie par dessus tous les Poëtes, car il a representé l'histoire de Iob en vers Spondaiques, les Cantiques, & le 32. chapitre du Deuteronome en vers Elegiaques. *Eusebe li.* 11. *ch.* 3. *chap.* 3. *de sa Prepar. Euang.* L'on luy attribuë aussi la composition d'onze Pseaumes, sçauoir depuis le 90. iusques au 101. *Ses gestes & sa vie sont tres - amplement descrites dans le Pentateuque.*

Moyse Egyptien fils de Maimoni, que les Iuifs appellent Ramban, auquel ils donnent cet Eloge singulier en tesmoignage de son excellence, c'est *que depuis Moyse iusques à Moyse il ne s'est point trouué vn autre Moyse que cettuy cy.* A escrit vn liure tres-docte intit. *More Hanenchim,* c'est à dire le conducteur des errants, duquel tant S. Thomas que les autres Scholastiques tirent diuers tesmoignages. Fleurissoit enuiron l'an de grace 1000. *Sixte Sien. liu.* 4. *de sa S. Biblioth.*

M V

Mulciber est vn des noms de Vulcain, ainsi dit du verbe Latin *Mulceo,* qui signifie *i'adoucis,* par ce que le feu pour qui il est pris dompte & amolit toutes choses.

Mummius Capitaine Romain, tres - illustre, tant en noblesse qu'en valeur, fut enuoyé par les Romains pour prendre la conduite de l'armée en la place de Metellus, en la guerre contre les Achaiens qu'il deffit pres l'emboucheure de l'isthme, & saccagea la ville de Corinthe qu'ils auoient abandonnée *Florus li.* 2. *ch.* 16. du pillage de laquelle ville il meubla quasi toute Rome de medailles & d'images des grands presens qu'il en fist, voire dispersa par toute la Grece la bronze qui s'y trouua fonduë des reliques de la ville, & neantmoins aprés son decez on ne luy trouua dequoy marier sa fille. *Plin. liu.* 34. *chap.* 3. *& 7.*

Munda ville du Royaume de Grenade en Espagne, renommée par cette insigne & sanglante bataille donnée entre Cesar & les fils de Pompée, la où fut fait vn si grand carnage que Cesar se seruit des corps morts pour monter sur les murailles de la ville où s'estoient retirez ses ennemis. *Plin. liu* 3. *chap.* 1. *Lucain liu.* 1. Elle s'appelle de present *Mundeçara.*

Mundus nommé Decius, lequel estát esperduëmét amoureux de Pauline femme de Saturnin, &

SSSss

ne la pouuant fleschir par prieres ny par present, on ioüit ce neantmoins par l'entremise des Prestres de Dieu Anubis. *Voy* Pauline.

Munster ville Metropolitaine de la Westphalie en Allemagne, appellée par Ptolemée *Mediolanium*, & par les autres *Monsterium*. Elle a pris son nom d'vn Monastere qui fur basty en vne Eglise Episcopale erigée par Chalemagne, & depuis par succez de temps elle commença d'estre appellée cité & Eglise Monasteriale que l'on a depuis nommée Munster. Cette ville est fort celebre & renommée, principalement pour cette sedition des Anabaptistes qui y arriua l'an 1534. où ayans esleu vn certain Holládois nommé Iean Leyden pour leur Roy, ils s'emparerent de la ville, laquelle toutefois ayant esté prise par l'Euesque auec l'assistance de l'Archeuesque de Cologne & du Duc de Cleues, ce nouueau Tyran fut 14. mois apres tenaillé de fers chauds, puis pendu auec ses complices. *Monster lin.* 3. *de sa Cosmogr.*

Murcie Royaume d'Espagne qui a pour ses bornes au Couchant la Grenade, au Nord la Nouuelle Castille, & au Midy & Leuant la mer Mediterranée, il prend son nom de sa capitale appellé Murgis par Ptolomée & Pline. Le pays n'y est pas beaucoup peuplé : d'autant que le terroir est fort aspre & peu arrousé d'eaux, ce qui le rend sterile. Il y a en ce Royaume le port de Carthagene qui est vn des meilleurs qui soit en Espagne sur la mer Mediterra ée : Il y auoit du temps des Romains des miniéres d'argent autour de cette ville. L'on fait en ce Royaume de fort bons vases de craye & aussi de tres-fine soye : comme pareillement vn grand trafic de laine. *Magin.*

Murena citoyen Romain que Ciceron deffendit en iugement, dont se void encore l'oraison.

Muret (nommé M. Anthoine) Lymosin, prestre, tres-excellent Orateur & Poëte, a paru comme vne claire lumiere dans la ville de Rome, dont il fut fait citoyen & y mourut l'an 1585.

Murranus ancien Roy des Latins, duquel ses successeurs furent appellez Murrans. *Seruius.*

Murtie surnom de Venus, qui luy a esté donné de l'arbre de myrthe qui luy estoit consacré ; & pour ce fut premierement appellée Myrthe, & depuis Murtie par vn mot corrumpu, selon Pline *lin.* 15. *chap.* 29. Festus tesmoigne qu'on auoit basty vne chappelle à à cette Deesse sous le mont Auentin & l'appelle Murcée, pour ce qu'elle rendoit les hommes murcides, c'est à dire debilitez & faineants : à laquelle estoit opposée la Deesse *Strenua* qui les rendoit prompts, vaillans & alaigres.

Musée Poëte tres ancien & renommé du temps d'Orphée, duquel il fut disciple & estimé fils. Toutefois Platon *lin.* 2. *de sa Repub.* le fait fils des Muses & de la Lune à cause de son grand sçauoir és Mathematiques specialement, car l'on luy attribuë l'inuention de la Sphere, & selon Diogene il a le premier escrit en vers la Genealogie des Dieux, nous a aussi laissé en vers hexametres les amours de Leandre & d'Ero. Quelques-vns le font vn des Argonautes. Et Suidas en met insques à 3. l'vn natif de la ville d'Eleusis qui est cettuy-cy qui viuoit du temps de la guerre de Troye : l'autre de Thebes fils de Thamyras, & viuoit deuant la guerre de Troye, & a escrit des Hymnes & Cantiques : & le 3. d'Ephese aussi Poëte, qui a escrit les gestes d'Eumenes & d'Attale Roys de Pergame.

Muses Deesses, furent (selon le tesmoignage d'Orphée *en l'Hymne des Muses*, & d'Hesiode *en sa Theogoni*) filles de Iupin & de Mnemosyné, neuf en nombre, engendrées en autant

de nuicts , & nourries par Eupheme : Ce
qui fut en la Pierie prouince de Macedoine dont elles ont retenu le nom de
Pierides, comme auſſi d'Heliconides du
mont Helicon qui eſt là prochain. Cice-
ton *au liu. 3. de la Nat. des Dieux*, nous
faict trois Genealogies & autant de diuerſes opinions de la naiſſance de ces
Muſes, Pauſanias *en l'Eſtat de Bœoce*,
dit qu'on faiſoit des ſacrifices à trois Muſes en la montagne d'Helicon, leſquelles
ſont appellées Mneme , Aœde, & Mele-
te, c'eſt à dire, memoire, chant, & medi-
tation. D'autres en nomment quatre ,
quelques vns cinq , & d'autres encore
ſept, & ytrouuent tous quelques myſteres en leur nombre ; mais la plus commune opinion eſt celle qui en admet
neuf & à chacune d'icelles (ſelon que
Virgile nous les dépeint *en vn ſien Poëme*) ſont attribuées les inuentions des
ſciences, ſçauoir à Clion l'inuention de
l'Hiſtoire, à Melpomené de la Tragedie, à Thalie de la Comedie, à Euterpé
des Flageolets & autres inſtrumens à
vent, à Therpſicoré de la Harpe & de
l'Epinette , à Eraton de la Lire & du
Luth, à Calliopé des vers Heroïques, à
Vranie de l'Aſtrologie, & à Polythymnie de la Rhetorique. Les Anciens les
peignoient ieunes de face & fort belles,
ayant en leur teſte des rondeaux & guirlandes de fleurs & fueilles, & principalement de palmes, comme auſſi des plumes de diuerſes couleurs , veſtuës au reſte en habit de gaillardes Nymphes tenans diuers inſtrumens en main, ſelon les
diuerſes intentions qu'on attribue à chacune d'elles, & le plus ſouuent ſe tenans
par la main l'vne l'autre danſoient en
rond , conduictes par Apollon duquel
toutes leurs vertus procedoient. Or ſelon leur diuerſes demeures & ſelon les
ſeruices qu'on leur a inſtituez ou pour
autres raiſons, elles ont obtenu pluſieurs
appellations comme de Pierides, Aoni-
dés, Cytheronnes, Corycides, Theſpia-
dés, Pegaſides, Aganippides, Libethti-

des, Caſtalides, Olympiades, Ardali-
dés & Mœonides, & pluſieurs autres diuers noms qui ont expliquez en leur ordre. Quant à l'origine de leur nom, Platon *en ſon Cratyle*, veut qu'il vienne du
verbe Grec *moſthai*, c'eſt à dire s'enque-
rir; d'autres diſent que c'eſt vn nom abregé de Meluſe, du mot Latin *melos* qui ſignifie chant harmonieux : Quelques autres veulent qu'on les appelle Muſes,
comme qui diroit *Homœouſes*, c'eſt à
dire, ſemblables & vnies enſemble, dautant que toutes les ſciences ont entr'elles quelque ſemblance, & ſont aliées l'v-
ne auec l'autre par quelque affinité : ou
bien finalement du verbe Grec *myein*,
c'eſt à dire, inſtruire de bonne & honneſte diſcipline. A icelles eſtoient dediez
la palme & le laurier.

¶ *Dautant que tout bien s'eſcoule en nous
par vne grace diuine, deſcendant d'enhaut
du Pere de lumieres; les Anciens ont feint
que les Muſes qui nous deſignent les ſciences & inuentions de l'eſprit , ſont filles de
Iupiter, c'eſt à dire , de Dieu Souuerain
autheur de tout bien ; & dautant qu'elles
ſe conſeruent & augmentent par le moyen
d'vne bonne memoire exercée auec peine
& diligence , ils ont feint que Iupiter les
auoit conceuës de Mnemoſyne qui veut
dire memoire. Ils diſent qu'Eupheme fut
leur nourrice, dautant que la bonne renommée (ce que ſignifie le mot d'Eupheme) nourriſt les arts & diſciplines, n'y
ayant tel eſguillon que la gloire pour induire les hommes aux loüables entr'priſes.
Et quant au nombre de ces neuf Muſes,
c'eſt ſuiuant l'opinion des Platoniciens qui
ont aſſigné chaque ciel à ſa Muſe, & ont
creu qu'elles en fuſſent les ames ; ainſi ont
ils tenu qu'Vranie preſidoit à la Sphere
du firmament ou Ciel eſtoilé Polythymnie
à celle de Saturne , Therpſicoré à celle de
Iupin, Clio à celle de Mars Melpomené
celle du Soleil , Eraton à celle de Venus,
Euterpé à celle de Mercure , & Thalie à
celle de la Lune , deſquelles huict Spheres
diuerſemen reglées, & ayant vn cours di-*

ners, naist vne difference de tons qui faict (selon la doctrine des Pythagoriciens) vne harmonie melodieuse comprise sous la neufiesme Muse à sçauoir Calliopé qui signifie autant que bon accord. Et quant à la peincture qu'ils ont faict de ces Muses, elle s'accorde tres-proprement aux qualitez des sciences; elles sont ieunes & gaillardes, pour monstrer que les nobles disciplines ne vieillissent iamais, & qu'il faut vne perpetuelle vigueur d'esprit en celuy qui les desire acquerir, nul n'doute de leur beauté, puis qu'elles ont attiré à elles les plus grands personnages de tous les siecles; elles sont couronnées de guirlandes de palme, pour monstrer qu'elles sont tousiours victorieuses par leur addresse & industrie; elles sont peintes auec leurs instruments en main, afin de designer plus particulierement l'office & le charge des sciences plus remarquables; elles se tiennent par la main l'vn auec l'autre, guidées d'Apollon, pour monstrer que les arts liberaux & toutes les sciences s'entresuiuent l'vne l'autre & ont alliance ensemble, & ce auec la guide de cette lumiere superieure, entendue par Apollon, laquelle illustre l'humain intellect. Et quant aux diuerses appellations que les Anciens leur ont données, il est remarquable que les Poetes les ont tousiours faites residantes és lacs, fontaines, montagnes, & autres lieux separez, pour monstrer que l'homme qui veut acquerir les sciences doit recercher ces lieux solitaires pour s'escarter tant qu'il peut de tout tumulte. Au reste l'on leur dedioit la palme, à sçauoir, pour la douceur de son fruict; & le laurier, à cause qu'il a cette vertu d'ennoyer des enthousiasmes & rauissemens d'esprit, & l'autre sont donnez aux victorieux qui sont faits le plus souuent par le benefice de la science & de la vertu.

Mutius noble citoyen Romain, surnommé Sçæuola, lequel voyant la ville de Rome estroictement assiegée par le Roy Porsenna, prit congé du Senat, & s'achemina vers son camp en intention de le tuer; mais comme

mescognoissant le Roy, il eust tué par mesprise vn de ses mignons en sa place, il fut au mesme instant amené deuant le Roy, mais tant s'en faut qu'il s'estonnast par aucunes menaces pour auoir attenté à vn tel forfait, qu'au contraire il ietta sa main droicte dans vn fourneau ardant & endura constamment qu'elle s'y brulast entierement; tant pour monstrer le peu de soucy qu'il faisoit des plus cruels tourmens, que pour punir sa main d'auoir failly en son dessein (& pource depuis il fut surnommé Sçæuola, pource qu'il se seruoit de la main gauche au lieu de la droicte, car les Grecs appellent Scaia la gauche. Le grand courage duquel Porsenna ayant admiré, le voulut enuoyer sans luy faire aucun mal; mais luy pour cette grace ne monstra s'en tenir plus obligé, ains luy dist franchement qu'il n'estoit pas seul de cette conspiration, mais qu'il y auoit encore trois cents nobles Romains qui auoient pareillement iuré sa mort, & qui trempoient en cette entreprise: dont estonné Porsenna, il s'appointa auec les Romains redoutant leur grande vertu par le courage de ce personnage. *Tite Liue li. 2, Val. Max. liu. 3 chap. 3.*

¶ Il y a eu plusieurs autres Mutius, dont faict mention Volaterran *liu. 17.*

M Y

Myagros, autrement nommé Myodes, Achor, Achores; & Beelzebuth par les Hebrieux, Dieu des mousches, auquel les Eliens & autres peuples sacrifioient pour chasser la pestilence. *Voy* Achor.

Mycenes ville du Peloponnese en Grece, bastie par Persée fils de Danaë. Elle fut ainsi appellée de la Nymphe Nycene. Papinius l'appelle *Inachias*, Niger *Carie*, & Sophian *Agios-Adrianos.* Euristhée en fut le premier Roy, & quelque temps apres Agamemnon: & en fin elle fut soubmise u royaume des Lacedemoniens. *Estiene.*

Mycerinus fils de Cheopes Roy d'Egypte, lequel eut tellement en haine la tyrannie de son pere qui employoit le pauure peuple à ouurages extraordinaires, comme és baftimens des pyramides, qu'il fift ouurir des Temples que son pere auoit fermez, & donna liberté à ses subjects de faire ce que bon leur sembleroit pour leur profit particulier, & les exempta de telles coruées. *Herodote liu.* 2. *Voy* Cheopes.

Mycithe serf d'Anaxilas Roy des Rheginiens, quel son maiftre mourant laiffa la garde de son Royaume iufques à ce que ses fils fuffent en aage de l'adminiftrer : de laquelle charge il s'acquita fi dignement que les Rheginiens ne firent point de difficulté de le receuoir pour Roy, iaçoit qu'il fuft serf. Toutefois voyant les enfans de son maiftre, eftre capables de gouuerner le Royaume, il s'en démift volontairement & le leur liura; fe contentant de quelque petit reuenu en la ville d'Olympie où il se retira y acheuant fes iours heureusement. *Macrobe liu.* I. *chap.* 11. *de fes Saturnales.*

Mygdonie contrée de la Macedoine vers la Thrace, en laquelle Niobe fille de Tantale fut changée en rocher. Elle fut ainfi appellée de son Roy Mygdon frere d'Hecube. Ses habitans furent nommez Mygdons, lesquels ayans paffé en Afie s'arrefterent en icelle partie de la Mysie qui eft au deffus de la Troade, laquelle ils nommerent, pour ce fujet Mygdonie. *Strab liu.* 12.

Mymnerme Poëte Elegiographe, natif de Colophone, difoit qu'il n'y auoit rien d'agreable au monde fans amour & fans ieu. *Horace liu.* 1. *epift* 6.

Mynes Prince de Lyrneffe, & mary de Brifeis, lequel Achille tua, ayant faccagé fa ville, pour plus aifément enleuer fa femme, qui puis apres

luy ayant efté rauie par Agamemnon fut la source d'vne grande diffenfion entr'eux deux. *Homere liu.* 3. *de l'Iliade.*

Myodes Dieu des mouches. *Voy* Achor.

Myrine Royne des Amazones qui en menoit d'ordinaire en guerre trente mille de pied, & deux mille de cheual. *Diod liu.* 4.

Myrinus furnom d'Appollon, ainfi appellé de certaine ville en l'Eolide nommée Marine en laquelle il eftoit honnoré fort religieufement *Homere.*

Myrmecides sculpteur admirable qui faifoit en relief vn caroffe à quatre cheuaux d'attellage auec le cocher, qu'vne aifle de mouche couuroit entierement. *Pline liu.* 36. *chap.* 5.

Myrmidons peuples de la Theffalie, qui accompagnerent Achille en la guerre de Troye. Ils eftoient venus de l'Ifle d'Ægine, & ayans fuiuy Pelée banny de son pays, ils vinrent faire leur demeure en la Theffalie. Et dautant qu'ils furent fort adroicts & affidus au labourage de la terre, Ouide tire leur origine par le recit d'vne Fable, c'eft que Æaque Roy d'Ægine obtint de Iupiter, que les fourmis qu'il auoit veus dans le creux d'vn chefne fuffent changez en autant d'hommes, afin de repeupler son païs de fubject que la peftilence auoit emportez. *Voy* Ægine.

Myron ftatuaire excellent, qui entr'autres fiens beaux ouurages fift vne vache fi artiftement tirée au naturel que les taureaux failloient deffus, ce qui l'a rendu celebre parmy les Poëtes. *Ouide liu.* 3. *de Ponto. Properce.*

Myrrhe fille de Cinyras Roy de Cypre, laquelle s'eftant amourachée de son pere en eut la iouiffance par furprife auec l'aide d'vne fienne nourrice; ce que son pere ayant enfin defcouuert, il la pourfuiuit pour la tuer, mais elle se sauua en l'Arabie où elle s'arresta en Sabée, ne pouuant plus porter le fruict incestueux de ses execrables amours : là où ayant recognu l'enormité de son forfaict, elle fut changée par la commiseration des Dieux en l'arbre qu'on nomme Myrrhe, lequel monstre encore par les larmes qu'il iette, les remords de son crime : & d'icelles se glace vne gomme qui porte son nom de Myrrhe. De laquelle incestueuse conionction nasquit le petit Adonis mignon de Venus. *Ouide liu. 10. de ses Metam.*

¶ *Si l'exemple proposé de ces execrables flammes de Myrrhe, fait horreur & offense en quelque façon l'integrité des ames chastes, elles y peuuent la mesme prendre le remede contre les blesseures d'vn feu si damnable, attendu que ces larmes qui distillent de cet arbre, marquent son repentir apres vn acte si abominable, & nous font cognoistre que les pointes d'vn veritable regret esmeuuent la bonté diuine à nous pardonner les plus execrables forfaicts.*

¶ *Quelques autres rapportent cette fable à la nature, disans qu'il y a vn arbre en Sabée dit Myrrhe, lequel frappé des rayôs du Soleil (qui est appellé peye & procreateur de toutes choses) degoute vne liqueur fort douce, & ainsi engendre & produict Adonis (mot qui ne signifie rien que plaisir ou douceur) lequel est feinct aussi estre le mignon de Venus, à cause que de cette gomme qui en distille l'on fait des breuuages qu'on tient seruir comme d'huile pour entretenir le feu d'amour.* Voy Fulgence

liu. 3. de ses Mythol. & *Bocace* au 2. de sa Geneal gie.

Myrsile Roy des Lydiens, appellé autrement Candaules. *Voy* Candaules.

Myrtile fils de Mercure & de Phaëthusie, cocher d'Oenomaüs, laquel pour fauoriser Pelops par lequel il auoit esté corrompu, encombra le chariot de son maistre, si bien qu'y courant il se rompit le col : Toutesfois auant que mourir il pria Pelops de vanger sa mort, lequel ietta Myrtiles pour punition de sa desloyauté dans cette partie de la mer Ægée qui fut nommée mer de Myrtée. *Voy* Pelops & Oenomaüs.

Mysie contrée de l'Asie Mineur, pres de l'Hellespont, voisine de la Troade. Pline l'appelle *Æolie*, Castal de *Burcie*, & les Hebrieux *Mes*. Ses peuples nommez Mysiens estoient contemptibles & de peu de valeur. Strabon en met aussi de ces Mysiens és frontieres de la Hongrie pres le fleuue du Danube, lesquels il dit auoir donné l'origine à ceux d'Asie : & de fait Ptolemée en nomme deux, l'vne haute qui est en l'Europe qui est appellée Bosne & Seruie; & la basse qui est en Asie en laquelle estoit Lampsaque pres l'Hellespont, dite de present *Lampsico* ; Adramyltium que l'on nomme de present *Lamdermiti*, celebrée par Homere, & pour son port. L'on y voyoit aussi les villes d'Abyde, Pergame, Apollonie, &c. *Pline liu. 5. chap. 30.* Il y en a d'autres qui adioignent la Troade à la Mysie.

N

N A

NAaman Colonel general de l'armée de Syrie, vint suiuant le commandement de son Prince, au Roy d'Israël pour estre guary de sa lepre, qu'il a d'essa au Prophete Elisée, lequel luy enuoya son seruiteur pour luy enioindre de s'aler lauer par sept fois dans le fleuue de Iourdain; ce que Naaman ayant faict, il fut guary totalement de sa lepre : En recognoissance dequoy il protesta au Prophete de ne faire à l'aduenir aucun sacrifice ou holocauste aux Dieux estrangers, qu'à au seul Seigneur. *4. Roys. 5.*

Nabal, interpr. de l'Hebr. *fol*, homme puissant & riche du mont Carmel, mary d'Abigail, lequel ayant refusé quelques prouisions aux seruiteurs de Dauid : comme le Roy estoit allé en dessein de l'exterminer totalement; pour ce sujet Abigal vint au deuant de luy, & fist tant par ses prieres que par presens qu'elle appaisa son couroux. *1. Roys. 25.*

Nabathée contrée Orientales de l'Arabie. contenant cette partie qui s'estend iusques à la mer rouge du costé droict, & iusques à la mer Persique du costé gauche. *Pline liu. 6. chap. 28.* ia met en vne vallée qui peut auoir deux mils de contenuë, & qui est enuironnée de tous costez de hautes & inaccessibles montagnes, arrousée par le milieu d'vne riuiere dont la metropolitaine est Petra ou Harach. Ce païs est fort peuplé, fertil aussi en pasturages &

N A

autres choses fors qu'en vin. Les Nabathéens son continens & grands mesnagers, voire iusques là qu'ils punissent exemplairement ceux qui diminuët leur reuenu, & honorent ceux qui l'augmentent. Il y en a peu qui seruent entr'eux, c'est pourquoy dans les familles les parens se seruent l'vn l'autre, voire le Roy qui a de coustume de faire d'ordinaire des banquets à ses subiets, les sert de mesme fort souuent, aussi ont ils puissance de le corriger. Ils ne font non plus d'estat des corps que de charognes, car ils iettent mesmes à la voirie les corps de leurs Roys. Ils adorent le Soleil auquel ils offrent de l'encens & autres odeurs aromatiques que le païs porte en abondance, *Strabon liu. 16.*

Naboth Iezrahelite homme Iuif que le Roy Achab à la suscitation de sa femme Iezabel, fist lapider pour auoir faict refus de luy rendre sa vigne qu'il desiroit auoir, pour laquelle iniustice le Prophete Elie luy predist la destruction de toute sa maison, & que les chiens mangeroient Iezabel dans le champ mesme de Iezrahel. *3. Roys 21.*

Nabuchodonofor, interpr. de l'Hebrieu, *plainte & gemissement*; fils de Merodach, a esté ce grand roy de Babylone & le premier fondateur de la monarchie des Chaldéens & Babyloniens descrite par Daniel *chap. 2. & 7.* auec celle des Perses, Grecs & Romains, laquelle est cõparée au Chef d'or & à l'Aigle volante, & dont fait aussi mention

Berose *dans Iosephe*, & Alex. Polyhiftor *dans Eusebe liu.* 5. *chap. dernier de sa Prepar. Euang.* Estendit son Empire iusques aux colonnes d'Hercules. *Strab. li.* 15. L'an premier de son regne, il ruïna Niniue, mit fin & s'empara de l'empire des Assyriens qui auoit duré en Asie pres de 1300. ans. Se rendit Ioachim Roy de Iuda tributaire. Desconfit Necao Roy d'Ægypte, pres le fleuue Euphrate, auquel obeyssoit toute la Syrie. *Ierem.* 25. *&* 46. Retourna 3. ans apres en Hierusalem où il occit Ioachim qui luy denioit le tribut. Comme aussi depuis emmena captif en Babylone son fils Iechonias qu'il luy auoit substitué. 4. *Roys.* 23. *Ierem* 22. Au 12. an de son Empire il vainquit Arphaxat (qui semble estre Astyages) Roy des Medes, fondateur d'Ecbatane en la campagne de Ragau pres de l'Euphrate & du Tigre où Nabuchodonosor est appellé Roy des Assyriens, pour ce qu'il auoit ia destruit Niniue & l'auoit ostée aux Medes. *Iudith.* 1. Et en suitte au 13 il s'empara de tous les Royaumes d'Occident iusques en Ethiopie, de la Cilicie, de la Syrie, Mesopotamie, Libye, & par le moyen de son Lieutenant Holofernes. *Iudith ch.* 3. mais auquel enfin Iudith couppa la teste. *chap.* 13. en la place duquel, Nabuchodonosor l'an 19. de son regne, mist Nabuzardan, lequel emmena Sedechias Roy de Iuda en Babylone, & luy creua les yeux apres auoir mis tout à feu & à sang dans Hierusalem, bruslé le Temple & emporté tous les vases & reliques precieux qui y estoient. *Ierem. chap.* 34. *&* 52. *Ezech.* 18 3. *Esdr.* 1. En suitte il s'empara de la ville de Tyr, & autres villes & contrées maritimes, & se rendit Maistre du puissant Royaume des Egyptiens que les Pharaons possedoient de longue main ; & deslors l'on luy doit attribuer le tiltre de premier Monarque des Babyloniens, attendu que Nemrod (qui en auoit esté le premier Roy) & ses successeurs auoiét esté tousiours trauer-

sez par les Assyriens & Egyptiens qui auoient souuent occupé leurs prouinces & raualé leur gloire ; & mesmes ce fut luy qui mist Babylone en cette grandeur & structure si admirable que seulement ses mœurs furent nombrez entre les sept merueilles du monde, comme le tesmoigne Berose (rapporté par Iosephe *l.* 1. *contre Appion*) qui reprend les Grecs d'auoir attribué ces superbes bastimens de Babylone à Semiramis, ce que semble confirmer Daniel *chap.* 4. Mais toutes ces grandes prosperitez & heureux succez le porterent à vn tel orgueil qu'il se fist eriger vne statuë d'or haute de 60. coudées & larges de 6. en ioignant à tous de l'adorer, ce que neantmoins Ananias, Azarias, & Misaël ne voulurent faire, & pource furent iettez dans la fournaise de feu ardant, lesquels toutesfois pour en estre sortis sains & saufs, il recogneut par ce miracle la gloire de Dieu, & enioignit à ses peuples des recognoistre vn Dieu Souuerain. *Daniel ch.* 3. Ce neantmoins s'estant derechef enorgueilly de sa puissance & grandeur, il fut dechassé de son Royaume & fut errant par les champs viuant de foin comme vne beste, par l'espace de 7. ans, moüillé de la rosée du Ciel iusques à l'accroissance de son poil comme de l'Aigle & de ses ongles comme celuy des oyseaux. *Daniel.* 3. (lequel changement fut reel, selon Iosephe *li.* 10. *chap.* 11. mais selon S Hierosme, seulement en esprit & par fantaisie :) Mais s'estant recogneu & ayant faict penitence, il fut remis en son bon sens & restably en la dignité Royale. *Dan. ch.* 4. regna 45. ans, commençant son regne au 4. de celuy de Ioachim qui estoit 8. ans deuant la transmigration de Babylone. *Ierem.* 25. *&* 46. enuiron l'an du monde 3560. *Voy* Daniel *és chap.* 1. 2. 3. 4. 13. *&* 14. Iosephe *liu.* 10. *chap.* 7. 8. 9. *&* 11.

Nabuzardan, apres la mort de Holofernes tué par Iudith, fut estably par Nabuchodochodonofor Colonel de fon armée , & enuoyé en Hierufalem auec charge expreffe de piller le temple & y mettre le feu, razer la ville iufques aux fondemens , & transporter tout le peuple en Babylone, ce qu'il fift l'an 11. du regne de Sedechias, & le 18. de celuy de Nabuchodonofor, 470. ans , 6. mois, 10. iours apres que le temple fut premierement bafty. 4. *Rois*. 25. *Iofephe li*. 10. *chap*. 11. *de fes Antiq. Iud*. Là où l'on dit que furent tuez 910000. hommes, & vn nombre infiny emmené en captiuité. *Le Chron. des Rois d'Ifraël*. Et encore pour vne reuolte faite par les Iuifs contre la garnifon qu'il auoit eftably en Iudée de fes foldats Chaldéens, il en transporta de rechef iufques à 745. qui fut la derniere trouppe de Iuifs qui fut menée en captiuité en Babylone. *Ieremie* 52.

Nachor fils de Sarug & pere de Tharé , mourut aagé de 148. ans. & du monde 1998. *Genef* 11. Il eft eftimé par quelques-vns, le pere des Chaldéens ; n'ayant voulu changer de demeure, il augmenta beaucoup la race fon trifayeul Arphaxad.

Nadab fils de Hieroboam , regna fur Ifraël (dont il fut le fecond Roy) 2. ans feulement, car ayant fuiuy le mauuais train de fon pere , il fut tué en trahifon par Baafa fon fubject qui luy fucceda enuiron l'an du monde 3210. 3. *Rois*. 15. & ainfi la famille de Hieroboam fut toute efteinte , lequel changement de lignée arriua fouuent en lifte & fucceffion des Roys d'Ifraël.

Næuius Poëte Comique tres-ancien, qui a defcrit la premiere guerre Punique à laquelle il affifta comme foldat. *Gell. li*. 1. *chap*. 24.

Nahum , interpr. de l'Hebr. *confolateur*; de la Tribu de Simeon, l'vn des douze petits Prophetes, prophetifa apres Ionas contre les Niniuites & les Affyriens qui furent de-

ftruicts peu apres par Nabuchodonofor. Il mourut du temps de Manaffé Roy de Iuda, enuiron l'an du monde 3245. *Sixt. Sienn. l*. 1. *de fa faincte Biblioth*. Nous auons fa Prophetie és liures facrez,

Naiades font ainfi appellées les Nymphes des fleuues & fontaines, du verbe Grec *naein*, c'eft à dire couler, dautant que les fleuues coulent inceffamment.

Naim Cité de Galilée, diftante d'enuiron deux milles de la montagne de Thabor. Ce fut là que Noftre Seigneur refufcita le fils vnique d'vne vefue. *Luc* 7.

Nais Ville des premieres du monde , baftie par Cain , felon Iofephe *l*. 1. *ch*. 2 *des Antiq. Iud*. qui femble eftre celle qui eft appellée Nod (qui veut dire en Hebr. *fuitte* ou *exil*) où il habita apres auoir tué fon frere Abel. *Gen*. 4. c'eft là où ayant affemble fa famille, il eftablit vne forme de Royaume ou pluftoft de tyrannie ou brigandage.

Namur Comté des Païsbas, située entre le Brabant , le Hainaut & le Liege , de petite eftenduë en vn païs montueux & remply de bois , mais fort agreable à caufe de la douce temperature de l'air. Le terroir y eft fertil en minieres de fer & de plomb , auec carrieres d'où fe tirent diuerfes fortes de dures pierres & du marbre noir & rouge qui approche fort du iafpe. Elle comprend outre 182. bourgades, quatre villes foubs foy , Bouines , Charlemont , Valencourt , & Namur qui eft fa capitale qui a tiré fon origine d'vn certain Nanus Dieu Payen, lequel ayant accouftumé d'y rendre fes Oracles deuint muet à l'aduenement de Iefus-Chrift. Le peuple y eft guerrier & fort ingenieux, il y parle vn François corrompu. *Mercat. en fon Atlas*.

Nancy Ville capitale de la Lorraine , & la demeure ordinaire des Ducs: Elle eft de forme quarrée, en

vne aſſiette agreable & fort commode.
Le Palais des Ducs y eſt fort magnifique, l'on commença à l'aggrandir &
fortifier l'an 1587. que ſon Duc ceignit
les fauxbourgs de murailles, & ainſi
augmenta la Ville de beaucoup : il s'y
voit vn Arcenal plein d'armes & de munitions qui eſt l'vn des plus beaux de
l'Europe. *Mercat. en ſon Atlas.*

Nantes Ville ſignalée de la haute
Bretagne, & l'vne des plus
anciennes non ſeulement de la Bretagne mais de toute la Gaule; car elle fut
fondée par Nannes qui regnoit és Gaules enuiron 1153. ans deuant Noſtre Seigneur (ſelon Manethon) & pour ce le
peuple en eſt appellé *Nannetes* meſme
par Ceſar qui la met entre les premieres qui ſe liguerét & aſſocierent auec la
Cité de Vannes côtre les Romains, côme l'vne des puiſſantes de toute la contree. Ptolemee nôme cette Ville *Con-
diuincum.* Les Roys, Côtes & Ducs de
Bretagne y ont fait leur ſiege ordinaire, mémes a eu des Comtes particulierement. S. Clair en fut le premier Apoſtre dont l'Eueſché s'eſtéd ſur bien 400.
paroiſſes, & depend de l'Archeueſché
de Tours. Elle eſt hônorée d'vne Seneſchauſſée & d'vne Châbre des Côptes.

Napées Deeſſes des foreſts, ainſi dites du Grec *napé* qui ſigni-
fie boccage ou foreſt. Elles ſont autrement appellees Dryades. *Voy* Dryades

Naples Royaume d'Italie qui en
comprend preſque la moi-
tié qui eſt ſa partie Orientale. L'on l'appelle auſſi Royaume de la Poüille ; &
Royaume de la Sicile par deçà le Far,
pour le diſtinguer du Royaume de Sicile par delà le Far qui eſt la Sicile meſme : Et de fait ceux qui poſſedoient
Naples & Sicile ſe nommoient iadis en
leurs tiltres, Roys des deux Siciles, côme l'ont practiqué Frederic II. Charles I. d'Anjou, & Alphonſe d'Arragon.
Il a pour ſes bornes au Couchant, les
deux riuieres d'Efenſe & de Tronte; au

Nord, la mer Adriatique : au Midy, la
mer de Toſcane & de Sicile : & au Leuant la mer Ionique, L'on donne à ce
Royaume de circuit 1468. milles d'Italie, reuenant à 734. lieuës de France:
l'on le diuiſe de preſent en douze parties, c'eſt à ſçauoir, en la Terre de Labeur, l'Abruzze tant de çà que delà la
riuiere de Peſcare, poüille plaine, capi-
tanerie, principauté de deçà & de delà,
Baſilicate, Calabre haute & baſſe, Terre de Barry & d'Otrante. Ce païs eſt
abondant en tout ce qui eſt neceſſaire
pour la vie de l'homme, & en a pour
ſeruir de medicamens & pour les delices en auſſi grande quantité que païs de
l'Europe : il produit auſſi en quelques
lieux, des mines d'or & d'argent ; abonde en ſoye, ſuccre & cotton: l'on y void
des fontaines d'eaux medicinales & des
bains de diuerſes vertus. Il naiſt en ce
païs vn animal qu'on nomme la Tarentelle dont on chaſſe le venin auec le
chant & ſon des inſtrumens. Il y a d'autres raretez particulieres en ſes prouinces leſquelles ſont rapportées en leurs
mots. Ce Royaume a ſouſtenu de grãds
changemens en ſon Eſtat, car apres le
declin de l'Empire, les Goths premierement, puis les Lombards, Grecs, Sarrazins l'ont poſſedé les vns apres les
autres iuſques à l'aduenement des Normans en Italie du temps du Pape Innocent II. dont le premier Roy fut Roger
fils de Robert le Normand petit fils de
Tancred, enuiron l'an 1130. puis les Allemans & les Angeuins ſous Clement
IV. qui en crea Roy Charles I. d'Anjou
Arragonnois : puis par les François
ſoubs Louys XI. & Charles VIII. qui
s'en rendit totalement Maiſtre : &
Louys XII. qui le partagea auec Ferdinand Roy d'Eſpagne ; mais finalement
les François le perdirent tout à fait, &
les Eſpagnols l'enuahirent qui le poſſedent, encore de preſent & y ont vn
Viceroy qui demeure en la ville de Naples qui en eſt la capitale, laquelle pour

la beauté de sa situation, l'abord de la
noblesse du Royaume, & la multitude
de ses marchands doit estre mise entre
les plus belles d'Italie. Elle est bastie entre la mer & quelques collines, fort
somptueuse en maisons, & forte en murailles & ramparts lesquels y ont esté
faits pour la pluspart par Charles le
Quint : il y a le Chasteau neuf basty par
Alphonse, qui est vn des plus forts de
l'Europe : Elle est honnorée d'Vniuersité, l'vne des plus belles d'Italie. Ce Royaume comprend dauantage plusieurs
villes fort notables, comme Capouë, Salerne, Surrente, Otrante, Rhegge, Ta-
rante, Beneuent, Manfredonie, &c.
Outre plusieurs seigneuries de remarque, sçauoir 21. Principautez, 33. Duchez, 53. Marquisats, 58. Comtez, &c.
Le Roy d'Espagne tire de ce Royaume
2500000. ducats y compris le don gra-
tuit de 1200000. ducats qui luy est faict
tous les ans par ses subiects. Quant à
l'Estat Ecclesiastique il y a 20. Archeueschez, & 127. Eueschez.

Les Neapolitains sont presque tous
gentils, de bon esprit & courageux, mais
trop subjets aux delices & à l'entretien
des Dames : l'on les taxe aussi, & non
sans raison, d'estre prompts aux rebellions & reuoltes, ce qui a donné lieu à
tant de changemens de Maistres qu'ils
ont eu en leur Estat : Au reste ils embrassent tous la Religion Catholique
auec grande affection. *Guicchardin &
P. Ioue descriuent amplement les changemens suruenus en leur Estat. Magin.,
Monst. liu. 2. de sa Cosmogr.*

Narbonne
ville située sur les fró-
tieres du Languedoc
à l'embourcheure de la riuiere d'Aude
dans la mer, en vn païs riche & second
en toutes commoditez. Elle fut bastie
par vn certain Narbon qui regnoit és
Gaules enuiron l'an du monde 2315. duquel faict mention Berose, Chassanée,
& autres. Quelques autres toutefois
comme Florus l'ont voulu ainsi nom-

mer d'vn certain Narbo Martius qui y
mena la premiere colonie des Romains
enuiron 636. de la fondation de Rome.
L. Crassus & Io. Cesar la peuplerent depuis & la fauoriserent de grands droicts
& prerogatiues, comme aussi en suitte
les Proconsuls Romains qui y tindrent
leur siege, l'honnorerent d'vn Capitole
d'vn Amphitheatre, de bains, d'aqueducs, & autres telles marques de la Majesté Romaine : si bien qu'elle vint à
telle splendeur qu'elle merita d'estre
capitale d'vne des plus belles & grandes Prouinces de la Gaule ; car de son
nom fut appellée Gaule Narbonnoise
toute cette estenduë de païs, de laquelle aucuns firent vne quatriesme partie
des Gaules (du temps d'Auguste) en la
retrachans d'auec la Gaule en laquelle
elle estoit auparauant côprise ; & l'estédans sur les païs de Prouence, Languedoc & Dauphiné, partie du Lyonnois,
toute la Sauoye, & generallement tout
ce qui est le long des Alpes, & en icelles iusques à la source du Rhin. Toutefois les Romains diuisans les Gaules
par Prouinces, en diminuerent de cette
estenduë, ne luy laissans que ce qui est
entre les monts Pyrenées, la riuiere de
Garonne, le pays de Geuaudan, le
Rhosne, & la mer Mediterranée : laquelle estenduë de pays s'appella aussi Sep-
timanie à cause de la longue demeure
qui y fist la 7. legion des Romains, ou
plustost à cause des 7. Prouinces qui y
estoient comprises, lesquelles contiennent encore de present sept Archeueschez, Lyon, Auignon, Besançon, Vienne, Moustier en Tarentaise, Ambrun &
Aix, auec les Eueschez qui en dependent. Les Goths soubs leur Roy Theodoric, & les Huns qui la bruslerent,
puis les Sarrazins qui en furent chassez
par Charles Martel, l'ont possedée les
vns apres les autres. Simon Comte de
Montfort en fist abbatre les murailles
apres la deffaite des Albigeois ; ce neátmoins elle s'est tousiours remontée du

profond de ſes mal-heurs, au premier
eſtage de ſa grandeur, eſtant encore de
preſent va fort & boulevart inexpugnable des François contre l'inuaſion de
l'Eſpagnol. Elle ne cede rien en fertilité
aux autres endroicts de France, & de
plus elle rapporte en abondāce des vins
tres-excellents, citrons, oranges, grenades, & quantité de romarin. L'on
tient que Paulus Sergius Proconſul,
conuerty par ſainct Paul, fut ſon premier Eueſque, qui prit auſſi toſt comme
Metropolitaine de la Prouince, le tiltre
d'Archeueſché, qui s'eſtend ſur pres de
mille parroiſſes, outre dix ou douze
Eueſchez qui en dépendent.

Narciſſe fils du fleuue Cephiſe &
de Liriode Nymphe ma-
rine, apres la naiſſance duquel, ſon pere
s'eſtant enquis du Prophete Tyreſias,
combien de tēps ſon fils auroit à viure,
il luy fiſt reſponſe qu'il viuroit tant & ſi
longuement qu'il éuiteroit la connoiſſance de ſoy-meſme; laquelle reſponſe
bien qu'elle ſemblaſt de prime face ab-
ſurde & ridicule, toutefois l'yſſuё la mō-
ſtra veritable; Car cōme eſtant venu en
âge toutes les Nymphes fuſſent eſpriſes
de ſa beauté, il les rejetta toutes d'vne
conſtance admirable, ce qui cauſa qu'E-
cho qui en eſtoit eſperduёment paſſion-
née, deuint ethique, & fut finalement
metamorphoſée en rocher, ne luy reſtāt
que la ſeule voix, encore bien debile &
renfermée dans les bois & lieux ſolitai-
res. Mais comme il reuenoit vn iour
haſté des chaleurs du Soleil, & fut venu
à vne belle fontaine pour y eſtancher ſa
ſoif, il apperceut ſon image au fonds d'i-
celle, de laquelle il fut tellement embrazé d'amour, que deſeſperant d'en ioüir,
il ſeicha ſur les pieds, tout preſt de paſ-
mer de regret, ſi par la compaſſion des
Dieux, il n'euſt eſté changé en vne fleur
de ſon nom, qui a cette proprieté d'e-
ſtourdir & de rendre ſtupide, comme
auſſi le mot de Narciſſe, ſelon l'origine
Grecque, le monſtre. Ouide liu. 3. de
ſes Metam.

Par ce Narciſſe nous eſt dépeint naïfuement l'amour démeſuré de nous-meſmes,
que les Grecs nomment Philautie, lequel
nous portant au mespris de toutes autres
beautez & perfectiōs, nous fait neātmoins
idolatres des noſtres voire des plus viles
qualitez qui ſoient en nous & comme vn
autre Narciſſe de noſtre ombre: auſſi ces
humeurs paſſionnées changent fort à propos ceux qui en ſont aueuglez en fleur,
parce que leur vaine oſtentation n'eſt rien
qu'vne legere apparence de beauté qui ſe
fleſtrit en vn inſtant: ou pluſtoſt vne ſotte
manie qui les rend narcotiques & eſtour-
dis (proprieté attribuee à cette fleur) en
leur faiſant croire que leur folie eſt la ſageſſe meſme.

Narſée Roy des Perſes, Prince vaillant & de grande entrepriſe,
voyant que les Romains occupoient
quelques Prouinces d'Aſie, qu'il iugeoit eſtre de l'anciē appanage des Perſes, entra dans l'Armenie & Meſopotamie, qu'il euſt fort eſbranſlée, ſans qu'il
fut repouſſé par Galere Maximian creé
Ceſar & l'Empereur Diocletian: & ce
neantmoins la ſeconde fois que Galere
le combattit, il fut chaſſé & battu, & fut
contraint de ſe retirer vers Diocletian,
lequel pour luy faire honte de ſa laſcheté, le laiſſa cheminer vn long-temps à
pied apres ſon chariot, ſans luy daigner
parler, dont tout confus il repriſt tellement courage, qu'ayant fait vne grande
leuée d'hommes, il alla de rechef attaquer Narſée en l'Armenie mineur, & le
combattit auec non moins heureux ſuccez que conſeil & vaillance; car il chaſſa
Narſée, butina ſes treſors, eut pour priſonniers ſes femmes, ſœurs & enfans, &
emmena vn nombre infiny de la nobleſſe de Perſe. Ainſi Narſée qui aſpiroit à
l'Empire d'Aſie perdit & ce qu'il auoit
conquis, & cinq de ſes propres prouinces outre le Tigre, laiſſant les affaires de
Perſe en tres mauuais eſtat, dont il mourut de deſplaiſir la meſme année, qui

estoit la septiesme de son regne.

Narses excellent Capitaine & valeureux chef de guerre soubs
l'Empereur Iustinian. Son premier &
plus notable exploiét fut de chasser les
Goths de l'Italie, ayant tué leur Roy
Totila & son successeur Teia en deux
batailles rangées, qui sans sa resistance
l'eussent enuahie : ainsi se rendit tout à
fait Seigneur de l'Italie, destruisant en
icelle le nom de l'Empire des Goths &
Ostrogoths, 78. ans apres que Theodoric leur Roy les y auoit amenez, & que
ses descendants la possedoient. Narses
s'employa depuis du tout à restaurer &
embellir la ville de Rome, faisant paroistre qu'il estoit homme sage, prudent,
bon Chrestien, fort ialoux de sa religion, & desireux du bien public ; aussi il
gouverna l'Italie tout le temps que vescut Iustinian, qui fut douze ans. Mais
4. ans apres que Iustin son successeur
fut paruenu à l'Empire, quelques enuieux de son honneur, & de ses richesses, le calomnierent de telle façon enuers Iustin & l'Imperatrice Sophia,
qu'ils delibererent de luy oster le gouuernemét, & à cet effeét enuoyerent en
sa place Longinus qui fut Exarque d'I-
talie, iusques là que Sophia pour le dif-
famer, luy manda qu'il vint filer à Constantinople, mais luy hôme de cœur ne
pouuant souffrir vn tel affront, dit en se
sousriant, que puisque Sophia auoit deliberé de le faire filer, qu'il luy ourdiroit
vne piece de toile, qu'elle ne deffairoit
pas ayssément. A cette fin il appella les
Lôbards & Albain leur Roy en Italie,
& bien qu'en vain il eust puis apres tasché d'y remedier, si est-ce que ces nouueaux hostes s'y anchrerét & establirét
auec telle puissance, qu'ils possederent
plus de 200. ans cette Prouince, depuis
nommée d'eux Lombardie. Narses cependant mourut à Rome l'an de salut
582. *Procope li. 3. En il. li. 1. Volat.*

Narsingue Royaume tres-puissant des Indes Orien-
tales, situé entre les Caps de Comori, &
de Guadauerin le mont Gates, & le golfe de Bengala. Sa longueur vers les costes de la mer, est d'enuiron 200. lieües,
ou 600. milles. & son circuit contient
bien 2000. milles, ou selô quelques-vns
autát de chemin qu'vn pieton pourroit
faire en 6. mois. Le païs abonde en toutes chose necessaires à la vie, fertile en
bleds, gingembre, poyure, & autres espiceries, mais sur tout est de grand rapport en soye & en cotton. Il y a 2. villes
Royales, Narsingue & Bisnagar, qu'autres nomment Besenegar, ceinte d'vn
triple mur fort renômée pour le cômer-
ce, & pour le grád rapport de ses fruits,
& à causes de ces 2. villes le Prince est
appellé tátôt Roy de Narsingue, & tan-
tôt de Bisnagar ; il y a encore en ce Royaume 2. villes maritimes habitées par
les Chrestiens, sçauoir Coromandel ou
Cosmandel, & Malipurg, ville recommandée pour la predication & sepulcu-
re de l'Apostre sainét Thomas, laquelle
estoit jadis fort grande, & depuis ayant
esté fort diminuée, les Portugas y menent tous les iours de nouueaux habitans. Le Roy de cette contrée est fort
puissant. & entretient continuellement
40000. Naires, qui sont vailláts soldats,
auec 20000. cheuaux qu'il reçoit d'Arabie & de Perse, & 200. Elephants : mais
quand il marche en campagne, ses forces sont bien plus grandes ; car aucuns
rapportent que lors qu'il va en guerre
son armée occupe pres de 30. milles de
païs, selon le tesmoignage de Iean de
Beros. La pluspart des mœurs de ce
peuple leur sont communes auec celles
des autres Indiens : ils en ont toutesfois
de particulieres, sçauoir qu'ils donnent
d'ordinaire leurs fêmes aux Chrestiens
& Mahometans à depuceler, dautant
qu'ils sont plus blancs, & ont de coustume les femmes de porter vne telle amitié enuers leurs maris, qu'elles se bruslét
toutes viues auec leurs corps, pour tesmoignage de leur grande amour & loy-

TTTtt iij

auté , autrement ce leur seroit vn des-
honneur.En la ville de Coromandel,les
peres y vendent leurs enfans à fort vil
prix (ce qui est fort commun par toutes
les Indes) & plusieurs se vendent aussi
quand ils viénent à l'extremité d'eaux,
ce qui arriue ordinairement. Ce Roy a
bien 12000000. d'or de rente, ce qui ne
doit sembler incroyable, attendu que
les mines, les forests & mesmes les eaux
de quelque riuiere appartiennent à ces
Princes du Leuant , tellement qu'on
n'oseroit se baigner dans l'eau du Ganges qui passe à trauers du Royaume de
Bengale sans payer certain tribut , ainsi
il ne reste au peuple que les bras & le
trauail.

Ces peuples de Narsingue croyent
non seulement à vn Dieu Createur de
l'vniuers, mais aussi au Diable autheur
de tout mal, luy bastissans de magnifiques temples ou pagodes bien ren-
tées, iusques là qu'il y a des fêmes d'a-
mour qui gaignent pour entretenir le
seruice qu'on y fait. Les Bramins, Ba-
neanes ou Bramanes, dont il y a plusieurs sectes, gouuernent les ceremonies de leur Religion comme par toutes les Indes. *Magin en sa Geogr. Voy*
Brachmanes.

Nasamones peuples de la Libye
interieure, que nous
appellons ordinairement Mores & Negres, qui sont gens felons qui ne viuent
que de rapines, exerçans specialement
leurs brigadages sur les nauires qui sont
bris contre les escueils & costes de la
mer. Ils ont plusieurs femmes lesquelles
ils accostent sans honte deuant tout le
monde comme les Massagetes. Ils
auoient aussi cette coustume de prosti-
tuer leurs femmes à tous ceux qui assistoient au banquet de leurs nopces, mais
depuis ils requeroient d'elles vne chasteté perpetuelle. *Polyd. Virg. liu. 1.*
chap. 4. de l'Inuent. des choses.

Nathan Prophete de Dieu du têps
du Roy Dauid, auquel il

predist que de sa semence naistroit
vn Roy (c'est à sçauoir Iesus Christ)
dont le Royaume seroit eternel 2. *Roys.*
7. Il reprist tost apres tres-aigrement ce
Roy, pour l'adultere par luy commis
auec Bersabée. & le meurtre d'Vrie
son mary, l'esmouuant à penitence.
chap. 8. Procura en suitte l'esleuation
de Salomon pour Roy de Hierusalem.
caph. 12. Il a descrit les gestes du Roy
Dauid & de Salomon son fils, dont est
fait mention *au 1. Paralip. chap. der-*
nier, & au Paralip. chap. 9.

¶ De ce nom fut aussi appellé l'vn des
fils de Dauid & de Bersabée de laquelle est descenduë la Vierge sacrée 1. *Pa-*
ralip. 3. *Luc.* 3.

Nathanael Iuif Pharisien, de la
probité duquel Iesus
Christ rendit tesmoignage, disant que
c'estoit vn vray Israëlite auquel il n'y
auoit aucune fraude : il appella aussi
Iesus-Christ fils de Dieu & Roy d'Israel. *Iean.* 1.

Natolie est appellée cette partie de
l'Asie qu'on appelle autre-
ment Asie Mineur. *Voy* Asie Mineur.

Nauarre Royaume limitrophe de
celuy de France & de ce-
luy d'Espagne, situé entre le fleuue
Ebro & les monts Pyrenées : il n'est pas
beaucoup fertil pour estre assis en lieux
aspres & montueux. Sa ville metropolitaine est Pampelune. Les Cantabrois
l'habiterent iadis. Vn certain Enecus
Comte de Bigorre en fut le premier
Roy, enuiron l'an de Iesus Christ 961.
mais par succession de temps estant
venu à Catherine de Nauarre Princesse
de Bearn & Comtesse de Foix & de Bigorre, Ferdinand Roy d'Espagne l'v-
surpa iniustement sur elle, à cause que
Iean d'Albret son mary auoit suiuy le
party de Louys XII. contre les Venitiens, Allemans, & le Pape Iules II. lequel pource en excommunia le Roy, &
mist le Royaume en interdict, l'abandonnant à Ferdinand : mais quand bien

cette interdiction donneroit quelque couleur à l'vsurpation de Ferdinand, si est ce que la reuocation de la Bulle qui en fut faicte par Leon X. successeur de Iules, leue tout prtexte& rend le Roy d'Espagne qui le detient du tout iniuste vsurpateur: ce neantmoins ceux qui sont descedus de Iean comme nos deux derniers Roys en ont retenu le nom auec enuiron la sixiesme partie.

Nauius surnommé Accius, renommé Augur, qui fleurissoit du temps de Tarquin l'Ancien: L'on tient qu'en la presence de ce Roy, pour donner asseurance de ses deuinations, il couppa vne queux auec vn rasoir. *Tite Liure liu.* 1.

Naupacte ville de l'Ætolie, non loin de Locres, qu'on nomme de present *Lepante*; elle a esté prise sur les Venitiens par les Turcs.

Nauplius pere de Palamedes, lequel ayant entendu la mort de son fils que les Grecs auoient occis par les artifices d'Vlysse & de Diomede; afin de s'en vanger, planta des feux au haut du mont Capharée, afin d'y attirer la flotte des Grecs passans par là,& qu'y voulans prendre port elle se fracassast aux escueils qui sont là voisins, ce qui arriua comme il l'auoit proieté. Mais sçachant qu'Vlysse & Diomede ses principaux ennemis auoient euité ce naufrage, il se precipita en la mer de desespoir. *Voy* Palamedes.

Nausicaé fille d'Alcinous Roy des Pheaques, laquelle s'estant allée esgayer sur le riuage de la mer, apperçeut Vlysse qui auoit faict naufrage tout nud soubs quelques arbres, lequel (esmeuë de compassion) elle accueillit benignement en sa maison Royale, & luy donna ce qu'il auoit de besoin. *Martial liu.* 2. *de ses Epigr.*

Naxos isle de l'Archipelague, vulgairement dicte Nicsie, elle fut aussi appellée Strongyle, Dia, & Dionysia du bon pere Denys, à cause

de la fertilité de ses vins, ou à cause (selon qu'estiment quelques-vns) qu'il y a vne fontaine qui decoule vin. C est vne des plus grandes des Cyclades, ayant bien 20. lieuës Françoises de circuit: l'on y trouue la pierre que les Grecs appellent Ophites, que nous nommons Serpentine ou Crapaudine.Il y a quantité de taons ou guespes, dont la morsure est mortelle: l'on y trouue aussi quelques veines d'or, mais que les habitans ne tiennent compte de tirer. Sa ville capitale nommée Nicsie, est situéе sur vne haute montagne vers le Nord. L'on nommoit pareillement iadis cette isle Callipolis & petite Sicile, à cause de sa fertilité, laquelle auoit ses Ducs sous la seigneurie des Venitiens, mais Selim Empereur des Turcs s'en empara sur eux *Mercator.*

Nazareth villette, ou plustost bourgade de la Galilée, signalee toutefois pour auoir esté le lieu de l'Annonciation de nostre salut & de la Conception de la Vierge sacrée. En ce mesme lieu se void vne petite Chappelle sous terre où les Pelerins viennent de toutes parts du monde faire leurs deuotions, Elle est de present habitée par les Arabes.

N E

Necessité Deesse estimée accompagner l'homme en sa naissance, laquelle Platon faict mere des Parques.L'on la confond auec Pauureté. *Voy* Pauureté.

Nechao surnommé Pharaon Roy d'Egypte,lequel comme il alloit contre le Roy des Assyriens, tua Iosias Roy de Iuda qui luy estant venu au deuant en la plaine de Mageddo; & son fils Ioachas ayant esté esleu en sa place, l'emmena en Egypte, & establit Roy de Iuda son frere nómé Ioachim, & pour ce luy imposa vn gros tribut. 4. *Roys* 23. Mais puis apres Nabuchodonofor defift Nechao pres le fleuue d'Euphrate.

Necropolis ville d'Egypte diftante enuiron 30. ftad^{es} de celle d'Alexandrie, ainfi appellée comme qui diroit *Ville de mort,* pource qu'en icelle Cleopatra fe fift mourir par la morfure d'vn afpic. *Plut. en la vie d'Antoine.*

Nectarius Patriarche de Cóftantinople, fut le premier qui abrogea & ofta de l'Eglife, la Penitence, Confeffion & Satisfaction, qui fe faifoit jadis en public par les Chreftiens : laquelle couftume fut abolie à l'occafion d'vne femme, qui ayant efté enfermée en l'Eglife pour y faire fes ieufnes & oraifons, fuiuant l'ordonnance du Penitencier, fut trouuée forfaite à fon honneur. Et pour ce Nectarius introduifit la penitence priuée & confeffion auriculaire en la place de la publique. *Sozom. l. 7. c. 16. Niceph. li. 12. ch. 28.* laquelle loüable couftume Leon le Grand voulut depuis faire receuoir par toutes les Eglifes. *S. Leon en fon Epiftre aux Euefques de la Campanie.* Il tint le Siege 17 ans, du temps du Pape Damafe, enuiron l'an 395.

Negrepont Ifle de l'Archipelague, dicte jadis Eubœe. *Voy Eubœe.*

Negres ou Nigrites, peuples qui habitent vne des meilleures parties de l'Afrique, auffi la tient-on auoir efté la premiere habitée apres l'Egypte. Elle a efté ainfi appellée de la couleur de fes habitans qui font tous noirs, ou bien du fleuue Niger qui arroufe leur contree. Ce païs eft borné au Nord par les deferts de Libye: par l'Ocean Atlantique à l'Occident : au Midy par la mer Ethiopique, auec partie du Royaume de Congo ; & au Leuant il s'eftend iufques aux confins du Nil. L'air y eft tres-chaud eftant tout foubs la Zone torride, ce qui n'empefche toutesfois qu'il ne foit habité en quelques lieux ; car jaçoit que pardeçà le fleuue Canaga, le terroir y foit tresaride, fablonneux & defert, fi eft-ce que par delà il y eft tres fertil, à caufe qu'il eft continuellement arroufé du fleuue Niger qui l engraiffe de telle façon qu'il eft bô au pafturage; il eft toutesfois peu fourny d'arbres fruictiers, mais il y a des forefts remplies d'Elephants, & autres animaux fort eftranges, comme ferpents aiffez de groffeur démefurée, qui deuorent iufques à des cheures toutes entieres. Cefte contrée des Negres contient bien 25. Royaumes, qui anciennemêt recognoiffoient chacun vn Roy ; mais de prefent il n'y en a que trois, fçauoir le Roy de Tambut, qui occupe la plus grande; le Roy de Borne la moindre; & le Roy de Gaoga tout le refte, fors le Royaume de Galatha qui a fon Roy à part.

La plufpart de ces peuples font pauures, viuent à la façon des beftes, fans addreffe ny dexterité, n'ont point de villes, n'ayans que de petites logettes, car ils sôt dénuez de pierre & de chaux, vont pour la plufpart tous nuds, fors les parties honteufes, ils n'ont point de vin, & au lieu fe feruent de certain jus tiré de quelques arbres qui enyure comme le vin. Ces peuples fe difent eftre originaires de Chus fils de Cham, qu'ils adoroient jadis côme le grand Dieu des Cieux : ils receurent depuis la loy Iudaïque qu'ils ont long-temps côferuée, iufques à ce que quelques Chreftiens y euffent planté la foy Chreftienne en plufieurs endroits : mais depuis ils ont embraffé la loy de Mahomet, ayans toutesfois retenu en quelques lieux le Chriftianifme, & mefmes il s'en trouue entre ceux qui habitêt les coftes de l'Ocean, lefquels adorêt les idoles *Magin en fa Geogr. Monft. li. 6. de fa Cofmog.*

Nehemie homme Iuif, Efchanfon du Roy Artaxerxes, dit Darius Lôgue main, duquel il obtint le pouuoir de reedifier le Temple, & rebaftir baſtir Hieruſalem; à cét effect treize ans apres qu'Eſdras eſtoit monté en Hieruſalem & en auoit commencé l'edifice, il y vint auſſi & y donna l'accompliſſement, ceignant la ville de murailles & de portes. *Nehem. 6.* Il fiſt chercher le feu ſacré que les Iuifs auoient caché dans vn puits deuant leur captiuité, & n'y trouua que de l'eau eſpaiſſe & croupie, de laquelle neantmoins il commanda qu'on en aſpergeaſt les ſacrifices ; & auſſi toſt que le Soleil eut reſplendy deſſus, le feu s'y alluma, dont tous s'eſmerueillerent, & le Roy meſme des Perſes qui en eut la cognoiſſance y fiſt baſtir vn temple, & ce lieu fut appellé par Nehemie, Nepthar ou Nephi, c'eſt à dire purification.2 *Mach.1.* Et c'eſtoit le lieu où eſtoit la piſcine probatique. *Iean ch.1.* Il reſtablit en ſuitte auec l'aſſiſtance du Preſtre Eſdras le ſeruice de Dieu, par les paroles de la Loy, qui auoit eſté diſcontinué par l'eſpace de plus de 70. ans. *Nehem. 8.9.10. & ſuiu.* Il fonda vne renommée Bibliotheque en Hieruſalem où il fiſt mettre quantité de liures tant ſacrez que profanes. 2, *Machab. 2.* Il a eſcrit luy meſme ſes geſtes compriſes au 2. d'Eſdras qui a eſté de ſon nom appellé Nehemie, outre vn Commentaire auquel eſt compris ſommairement tout ce qui arriua aux Iuifs en leur retour de la captiuité de Babylone ; duquel liure faict mention le 2. des Machabées *chap. 2.* Il gouuerna le peuple Iuif 12. ans, enuiron l'an du monde 3725.

Nelée fils de Neptune & de Tyrus Nymphe fille de Salmonée. Iceluy ayant eſté dechaſſé de la Theſſalie par ſon frere Pelias, alla en Laconie où il baſtit la ville de Pylos : Et ayant eu de Chloris fille d'Amphion Roy des Orchomenes douze enfans, Hercule les tua tous horſmis Neſtor qui de hazard ne s'y trouua point. *Homere liu. 11. de l'Odyſſée.*

Nembrod, interpreté de l'Hebr. *rebelle* ; fils de Chus, & petit fils de Cham, duquel l'Hiſtoire Saincte recite qu'il commença à eſtre puiſſant en la terre, & qu'il fut vn puiſſant veneur deuant l'Eternel, ayant eſtably ſon regne ſur Babylon, Arach, Achab & Chalanné au pays de Sennaar. *Geneſ. 10.* Entendant l'Eſcriture par le mot de veneur, qu'il a eſté ennemy de Dieu & perſecuteur de ſon Egliſe, conformément au *Pſeaume 91. & 124. & Ezechiel. 32.* pource qu'il ſe fiſt Seigneur par force & violence, & que cette puiſſance qu'il s'attribuë n'eſtoit vrayement Royale ny legitime, ains vne tyrannie vſurpée par force, vne puiſſance de chaſſeur conſiſtant en ſurpriſe d'hommes ſur leſquels il ne domina pas humainement, ains les traitoit comme ſi c'euſſent eſté des beſtes, voire *deuant l'Eternel,* c'eſt à dire comme en deſpit de Dieu qui auoit eſtably vn plus doux reglement & gouuernement par les familles. Moyſe auſſi le nomme Gibbor, Said, c'eſt à dire *fort* & *robuſte,* ce qui regarde la ſtature de ſon corps. Et de faict Comeſtor *ſur le 10. de la Geneſe,* le faict haut de 10. coudées, lequel forçoit les hommes à adorer le feu. Iceluy ayant ſçeu que le rauage d'eaux auoit deſia vne fois aboly le genre humain, medita de faire vne tour qui atteigniſt iuſques au Ciel, afin de s'en garantir s'il arriuoit derechef : Mais comme ce ſuperbe baſtiment eut eſté commencé enuiron 150. ans apres le Deluge, Dieu y enuoya la confuſion des langues, & ainſi diſperſa ces baſtiſſeurs parmy toute la terre : & par ce moyen le baſtiment fondé ſur vne ſottiſe, fut rompu par le moyen de la ſottiſe que Dieu enuoya en leurs langages bigeares : & ces glorieux maçons, au lieu de la gloire par eux imaginée, acquirent vne ignominie perpetuelle. Au reſte de cette Hiſtoire Saincte touchant l'edifice de la Tour de Babel & la confufion des baftiffeurs, eft prouenu le difcours fabuleux des Poëtes recité par *Ouide liu. 1. des Metam.* Touchant les Geants qui amafferent montaigne fur montaigne afin d'efcalader le ciel & depoffeder Iupiter de fon throfne. *Voy.* Babel. Au refte l'on faict ce Nébrod premier fondateur de la monarchie des Babyloniens (& à iufte tiltre) fur lefquels il regna 56. ans : & c'eft le Saturne Babylonien tant renommé par les Anciens, qui eut pour fils & fuccefseur Bel, autrement dict Iupiter. *Iofephe liu. 1. chap. 4. de fes Antiq. Iud.*

Nemée foreft fituée en l'Achaïe, en laquelle les Argiens auoiēt de couftume de celebrer certains ieux & combats en l'honneur d'Hercule qui auoit tué en cette foreft vn Lyon, pour auoir defchiré le fils du Roy Molorque: Et ces ieux & combats appellez pour ce Neméens, fe faifoient auec grande folemnité, car les Argiens y faifoient porter les images de leurs anceftres en grāde pompe : l'on y combattoit à courfe de cheual, au palet & à la luicte, & les vainqueurs eftoient couronnez d'ache. Quelques vns toutefois attribuent l'origine de ces ieux Neméens à caufe de Archemore fils de Lycurgus tué par vn ferpent. *Alexand. d'Alex. liu. 5. chap. 8. Voy* Archemore.

Nemefis Deeffe que les Anciens ont iadis eftablie pour vanger les forfaicts, & lors ils l'appelloient furie ; & quelquefois auffi pour recompenfer les biens faicts des hommes, & lors la nommoient Grace, c'eft ce qui luy a donné le nom de Nemefis, du Grec *Nemein*, c'eft à dire diftribuer, pource qu'elle donne à vn chacun ce qui luy appartient. Elle eftoit auffi appellée Rhamnufie de Rhamnus ville d'Attique où elle eftoit honnorée par vne tres-belle ftatuë de Phidias ; comme auffi Adraftie à laquelle le Roy A-

draſte édifia vn temple, & les Romains pareillement, foubs le nom de Fortune qu'ils eftimoient eftre la mefme : mais plus particulierement eft elle prife par les Anciens pour vangerefse de l'orgueil, dont Macrobe *liu. 1. chap. 22. de fes Saturn.* entend par elle le Soleil, duquel la vertu eft telle que d'obfcurcir les chofes plus claires & lumineufes, & au contraire d'efclaircir les obfcures & tenebreufes. *Voy* Adraftie.

Nemours ville du Gaftinois, peut eftre ainfi appellée à Nemore, c'eft à dire des bois, pource qu'ils limitent la veuë de tous coftez. Elle fut erigée en Duché par Charles VI. & baillée à Charles II. Roy de Nauarre, auec autres terres en recompenfe de la Comté d'Eureux, l'an 1404.

Neobule fille de Lycambe. *Voy* Archiloque.

Neoptoleme, interpr. du Grec *nouueau guerrier* ; furnom donné à Pyrrhus fils d'Achille & de Deidamie, pour ce qu'il fut mené encore ieune à la guerre de Troye.

Nephalies eftoient certains facrifices entre les Grecs appellez les feftes des fobres, efquels l'on offroit de l'hydromel, & non du vin comme és autres. *Suidas, Iulius Pollux.* Les Atheniens faifoient d'ordinaire ce facrifice au Soleil, à la Lune, à la Memoire, aux Nymphes, à l'Aurore, & à Venus ; & y brufloient toutes fortes de bois, horfmis celuy de la vigne, du figuier & du meurier, pour ce que tels arbres font marque de l'ebrieté. *Erafme en fes Chiliades.*

Nephtali fecond fils de Iacob & de Bala feruante de Rachel, & le fixiefme en ordre des enfans d'Ifraël. *Genef.* 20. De fa lignée fortirent d'Ægypte foubs la conduicte de Moyfe 534000. combatans. *Nomb. ch 1.* Il mourut aagé de 132. ans, enuiron l'an du monde 2328.

Neptune

fils de Saturne & d'Ops, fut estimé par les Anciés, Dieu des eaux & de la mer: car apres qu'auec ses freres Iupiter & Pluton, ils eurent chassé leur pere Saturne hors de son Royaume, les Poëtes feignent qu'ils partagerent entr'eux l'vniuersité des choses: à Iupiter escheut le Ciel, à Pluton les Enfers, & à luy la mer & toutes les isles. Il eut pour femme Amphytrite laquelle il attira à son amour par le moyen d'vn Dauphin, en recompense dequoy le signe du Dauphin a esté placé entre les Estoilles prés le Capricorne côme le dict Hygin és fables des Estoilles, & Arat en ses Astronom. Il n'a laissé outre d'auoir encores vne infinité d'enfans de plusieurs Nymphes & concubines, se transformant en diuerses formes pour ioüyr de ses amours. Les Anciens le peignoient en diuerses façons, le faisant comme vn vieillard chesnu auec des cheueux blancs, tantost tranquille, coy, & paisible, & tantost tout troublé, comme l'on void en Homere & Virgile. Quelquefois aussi l'on le depeint tout nud, & d'autre fois vestu d'vn habillement de couleur perse, estant accompagné de grand nôbre de Tritons & Dieux marins estimez estre ses valets : Ayant vn trident en la main, estant dans vne grande coquille de mer laquelle luy sert de chariot trainé par des cheuaux qui ont forme de poissons par le bas, comme le descrit le Poëte Stace. Les autres aiment mieux dire que les baleines & veaux marins tirent son chariot. L'on tient qu'il trouua l'vsage de se seruir du cheual, lors qu'il eut querelle auec Minerue en l'Areopage, pour l'imposition du nom de la ville d'Athenes, auquel temps il fist present aux hommes du cheual qu'il fist saillir de terre l'ayant frappée de son trident : Et Minerue de l'Oliuier, comme escrit Plutarque en la vie de Themistocle. Il fut auec Apollon relegué en terre, pour punition de ce qu'ils auoient conspiré contre Iupiter,

où il vint seruir Laomedon auquel il aida à bastir la ville de Troye. L'on luy dédioit le cheual & luy sacrifioit-on vn taureau noir.

¶ Par ce Neptune les Anciens ont entendu l'Element aquatique qui couure & enuironne la terre, & pource le plus souuent és autheurs il est pris pour l'eau mesme, bien qu'il en soit estimé le Dieu. Quelques-vns toutes-fois ne veulent qu'on entende par luy autre chose que cét esprit & entendement diuin qui est enclos dans la mer, & qui preserue de corruption toute la nature & masse de l'eau: C'est pourquoy on luy a donné Amphytrite pour femme qui est l'eau mesme; & partant l'on la peut dire le corps & la matiere de toute l'humeur qui est autour de la terre, & Neptune l'ame diffuse en cét Elemét de l'eau. Et quant à cette interuention du Dauphin aux amours de Neptune, ils n'ont voulu monstrer autre chose que l'excellence de ce poisson marin qui surpasse en industrie, cognoissance & vistesse de corps tous les autres. Quant à cette abondance d'enfans & concubines qu'on luy a donné, ce n'est que pour demonstrer la grande quantité de poissons qui noüent en la mer, en quoy paroist la proprieté de cét Element, dont le sel par sa chaleur & acrimonie mordicante prouoque à luxure; & pour cette cause les Egyptiens par vne seuere & estroite reigle s'abstenoient entierement de l'vsage du sel, comme par trop excitatif à la volupté & concupiscence; c'est ce qui a faict aussi que les Poëtes ont feint Venus Haligene, c'est à dire engendrée de la mer. Touchant la peincture qu'ils luy donnent, elle a son rapport à la qualité des eaux: Quand on le faict comme vn vieillard, c'est pour monstrer qu'il estoit le principe de toutes choses, selon l'opinion du Philosophe Thales; & ses cheueux blancs denotent l'escume de la mer : Lors qu'on le represente nud, cela signifie la nature des eaux douces lesquelles n'ayans point de couleur sont les plus saines: Quand on luy donne d'autre part l'habit de couleur blesne

ou perſe, cela repreſente celle de l'eau marine. Le trident qu'il porte en guiſe de ſceptre monſtre ſa triple puiſſance, à ſçauoir
ſur les eaux douces, ſalées, & moyennes,
comme ſont celles des lacs. Quant à cette
production du cheual qu'il fiſt par ſon trident, qui pource luy eſt dedié, il faut entendre le mouuement ſoudain & frequent des
eaux. Diodore Sicilien toutefois rapporte
cela à l'Hiſtoire, diſant que ce fut vn celebre cheuaucheur de la Theſſalie, qui le
premier dompta le cheual & en donna l'v-
ſage; & pource les Romains inſtituerent
les ieux Circenſes en l'honneur de Neptune, eſquels ils faiſoient courir les cheuaux:
auſſi ſe pourroit cela entendre du naturel
du cheual, lequel comme dit Ariſt. li. 8. de
l'hiſt. des animaux, eſt de ſoy lubrique,
fort humide & deſireux de bains. Le taureau luy eſt pareillement ſacrifié, parce
qu'en ſon meuglement il eſt aucunement
imité par les flots bruyants & la tourmente des ondes marines.

Nerée fils de l'Ocean & de Thetys,
que les Anciens ont eſtimé
preſider ſur la mer: il eſtoit repreſenté
tout chenu; auſſi Orphée l'appelle le
plus ancien des Dieux comme fait Virgile: il priſt en mariage ſa ſœur Doris, de
laquelle il euſt vn grand nombre de filles
qui de ſon nom furent appellées Nereides. Homere au 6. de l'Iliade en nomme
vne bonne partie. Euripide en fait 50. &
Platon 100. leſquelles eſtoient toutes
belles en perfection. Orphée en vne
Hymne des Nereid. dict qu'elles paſſent
leur temps auec leur pere, à danſer &
folaſtrer autour du chariot de Triton.
¶ Il faut entendre par Nerée fils de l'O-
cean, l'vniuerſité des eaux qui toutes prê-
nent leur ſource de la vaſteté de ce grand
Ocean: Thetys eſt feinte ſa mere, parce
que le flux des eaux tend à leur conſeruation, du verbe Grec theein, c'eſt à dire, decouler & courir; côme au contraire l'aſ-
ſoupiſſement en cét element eſt vn ſigne de
corruption. Cette vieilleſſe chenuë repreſente l'eſcume des eaux lors qu'elles ſont

agitées, ou bien pour raiſon de ce que quelques Philoſophes anciens ont aſſeuré l'eau
eſtre le principe de toutes choſes, comme
Thales le Mileſien. La multitude des filles qu'il a engendrées, monſtre la vertu des
eaux eſquelles les animaux ſont bien plus
fertils que ſur la terre ou dans l'air.

Nereides filles de Nerée. Voy Nerée.

Neron, 6. Empereur Romain, fut
fils de Domitius Ænobar-
bus & d'Agrippine, & adopté par Claudius ſon predeceſſeur en l'Empire: Ce
fut le plus renommé en cruauté dont on
ait iamais ouy parler: car bien que les ſages conſeils de Seneque ſon precepteur
euſſent eu quelque temps la force de reprimer & tenir en bride ſes peruerſes inclinations, & qu'au commencement de
ſon Empire il fiſt des-actes loüables &
capables d'vn bon Prince; ſi eſt-ce qu'en
ſuitte de ſa vie l'on veid qu'il deſpoüilla
tellement toute honte, qu'il commiſt
des choſes ſi infames & cruautez ſi grãdes qu'il ne s'en lit point de pareilles.
Ayant donc tant fait Agrippine enuers
ſon ſecõd mary Claudius, qu'il fut eſleu
Empereur tant des cohortes Pretorien-
nes que du Senat, au preiudice de Britannicus fils & legitime ſucceſſeur de
Claudius; il ſe gouuerna au commencement en la forme & façon qu'auoit faict
Auguſte, ou commença à ſe monſtrer, ou
pour mieux dire à ſe déguiſer, eſtre liberal, clement, benin & humain, oſtant &
diminuant les impoſts des Prouinces, &
diſtribuant entre le peuple Romain
grande ſomme de deniers & quantité de
bleds, aſſignant aux pauures Senateurs
certaine ſomme du thréſor public, en
vſant de grande clemence & liberalité
enuers vn chacun, iuſques là que (ſelon
le rapport de Seneque) luy eſtant preſenté certain arreſt de mort pour ſigner,
il diſt comme pour marque de deſplaiſir, Pleuſt aux Dieux que ie ne ſceuſſe
point eſcrire: & ainſi ſe paſſerent ſes 5. premieres années; mais aprés il leua le maſ-

que & commença à faire paroiftre fon
furieux naturel. L'occafion fut qu'il s'a-
mouracha d'vne affranchie nommée
Acté, dont fa mere le voulant diuertir,&
ne te pouuât par aucun moyé, elle commença d'honnorer Britannicus plus que
de couftume : mais craignant Nerõ que
par fon moyen il ne luy baillaft quelque
efchec en l'Empire, il le fift empoifonner, & pour rabbattre l'orgueil de fa
mere, il luy caffa la compagnie d'Allemands qu'elle auoit accouftumé de tenir pour fa garde. Et deflors Neron commençant à croiftre en aage, commença
auffi à croiftre en vice,& à defcouurir fes
folies pernicieufes; car il alloit toutes les
nuicts rodant par les ruës de Rome,
frappant & bleffant ceux qui fe rencontroient, & y commettant de grandes
mefchancetez. Vologefus cependant
Roy des Parthes, qui auoit intention
de faire vn fien frere Roy d'Armenie, &
l'y vouloit eftablir fans le confentement
des Romains, s'efleua: contre lequel fut
enuoyé Corbulo Proconful qui le deffift; non fans grande peine. Neron de fon
cofté fe veautroit de plus en plus en fes
voluptez,& eftant deuenu amoureux de
Poppea Sabina, il repudia Octauia fa
femme, bien qu'elle fuft tres-belle &
vertueufe Dame,& en fuitte la fift mourir pour efpoufer cette pouppée : mais
d'autant qu'Agrippine luy empefchoit
fes deffeins, il delibera de la faire mourir,&apres auoir tenté plufieurs moyens
en vain, il luy enuoya en fin vn fien Capitaine nommé Anicet,qui fans delay la
tua. Ainfi fouillé d'vn fi deteftable parricide, il s'engagea encore plus auant en
toutes fortes de defbauches infames &
defbordées, fe monftrant prodigue en
fes veftemens, & ornemés de fon Palais:
Faifoit publiquement reprefenter des
Comedies tres-vilaines, contraignant
les ieunes enfãs & les plus belles Dames
de Rome d'y affifter. Enfin oubliant fa
Majefté Imperiale, il s'addonna à des
exercices fi des-honneftes qu'ils l'enfon-

drerent puis apres au gouffre profond
des cruautez & mefchancetez indici-
bles. Cependant Corbulo ayant dompté
les Parthes, Neron crea Tigranes Roy
d'Armenie comme fubject. D'ailleurs
les Anglois s'eftans foufleuez furent ra-
menez foubs le joug par Paulinus Sue-
tonius Romain. Neron d'autre part continuant en fes cruautez, fift mourir
fon maiftre. Seneque auec les plus illuftres de fon temps ; ce qui ne procedoit
d'ailleurs que de fon enuie & de fes
mefchancetez : & afin d'y ioindre des
bouffonneries baftelerefques, il fift vn
grand appareil pour aller en Grece, feignant vouloir rompre l'Ifthme d'A-
chaye, qui eft vn deftroit de terre entre
l'Archipelague & la mer Ionique. Es
villes par où il paffoit il ioüoit luy-mefme des farces, comme fi c'euft efté vn
bafteleur, chantoit & ioüoit des inftrumens pour gaigner les couronnes qu'on
fouloit donner aux meilleurs ioüeurs:
Et eftant arriué en cette Ifthme, il fe
mift à faire vne harangue, à befcher le
premier auec vn hoyau, puis tout court
s'en retourna à Rome, & voulut pour
ce bel exploict y entrer en triomphe,
montant fur le mefme char où auoit iadis triomphé Augufte. Depuis il deuint
fi efperduëment diffolu qu'il voulut
transformer vn ieune enfant nommé
Sporus de mafle en femelle, le faifant
chaftrer, puis veftir en femme, & en
fuitte l'efpoufa folemnellement, & le
retint vn long-temps au lieu de femme. Il vint apres à tel excez de cruauté qu'il declaroit fon defir eftre ; Que
tout le monde allaft en ruine auant qu'il
mouruft : ce qu'il monftra clairement
par effect, faifant mettre le feu à la ville
de Rome, & le feu y continua fix iours
& fix nuicts, dont la ruine fut fi grande,
que de quatorze grands quartiers, les
quatre feulement furent preferuez du
feu : & dict-on que lors il monta fur
vne haute tour, pour recreer & repaiftre fes yeux d'vn fi horrible fpectacle,

VVVuu iij

auquel il prenoit vn merueilleux plaifir, chantant quelques vers d'Homere
touchant l'embrazement de la ville de
Troye. Quant aux defpoüilles qui procederent des reliques de ce feu, il en
fift baftir fon Palais fi magnifique &
fuperbe que iamais il n'y en eut de tel,
car la fabrique s'eftendoit fur la longueur d'enuiron vn mille. Il fe mift ce
neantmoins en deuoir de rebaftir la
ville de Rome auffi magnifique que
deuant, & de la faire appeller de fon
nom Neronienne, mais fans effect. Et
pour comble de fes mefchancetez, il excita vne furieufe perfecution contre les
Chreftiens, qui fut la premiere publiquement eftablie contre eux, laquelle
perfecution fut enfuiuie d'vne pefte fort
horrible. Au refte fes prodigalitez exceffiues furpafferent celles de tous ceux
qui ont iamais efté : car outre qu'il
eftoit veftu d'habits de tres-grand prix
& tres-precieux, il faifoit faire des ieux
où il y auoit des defpenfes infinies, faifant faire des ieux de gladiateurs, des
Naumachies ou batailles fur mer, pour
lefquelles il falloit de main d'homme
creufer de tres-grands foffez, y faire
conduire l'eau de la mer, & y faire mettre des poiffons pour nager ; il faifoit
faire dauantage des chaffes d'animaux
fauuages, comme d'Ours, Lyons, Elephans, inuentant des nouueautez fi
eftranges, qu'il falloit pour ce fujet
tournoyer tout le monde. Quand aux
ieux Miffiles, il ne donnoit point des
dons ordinaires ainfi que les autres,
comme quelque argent, oyfeaux, & autres chofes de femblable valeur ; mais y
adiouftoit des robes exquifes, de l'or, &
des pierres precieufes : il y faifoit auffi
ietter des petits efcriteaux, efquels eftoit
contenu ce qu'il vouloit donner ; fçauoir, des efclaues, des heritages & pof-
feffions, des ifles, des maifons, & femblable cheuance de tres-grand prix : &
bien que cette diftribution affriandift
en quelque façon le peuple, fi eft-ce

que fes cruautez & execrables deportemens exciterent des principaux de Rome à coniurer contre luy, & jaçoit qu'il
euft defcouuert deux ou trois confpira-
tions, fi eft-ce qu'à la fin les Prouinces
entieres fe fousfleuerent contre luy : les
Iuifs commencerent le premier branfle,
defquels toutesfois la nation fut totalement deftruicte de fon temps par Vefpafian & Titus fon fils, & la ville de
Hierufalem bruflée. La France fuiuit
cette reuolte, puis vne partie de l'Efpagne & de l'Allemagne pareillement,
dont de defefpoir il fe cuida faire mourir ; fes gardes auffi l'abandonnerent a-
pres. Ainfi fe voyant delaiffé de tous, il
rechercha la mort par plufieurs fois, laquelle ne pouuant trouuer, foit par ti-
midité ou autrement, il s'enfuit en la
metairie d'vn fien affranchy, dont en
fuitte le Senat le declara ennemy de la
Patrie : Ce qu'ayant fçeu il s'enfonça vn
coup de dague dans la gorge. Ainfi mourut la poifon, l'ennemy & la pefte du
genre humain, apres auoir dominé 14.
ans, aagé de 32. & le 70. de noftre falut.
Il eftoit de moyenne taille, de vifage laid
& lentilleux, ayans les yeux verds, le col
gros, la pance de mefme, & les iambes
grefles, toutesfois de tres-faine complexion. La ioye & l'allegreffe pour fa mort
furent fi grandes à Rome, que plufieurs
en porterent des bonnets en tefte, qui
eftoit le figne de liberté. Ce fut le dernier Empereur de la maifon des Cefars
fondateurs d'vn fi grand Empire. *Iofé-*
phe, Egefippe, Eufebe, Suetone en fa vie,
Cornel. Tacite, & autres.

Nerua furnommé Cocceius, fucceda
en l'Empire Romain à Domi-
tian, & y fut efleué & efleu par le Senat,
à caufe de fes excellentes vertus. Il eftoit
de noble race de la Duché d'Vrbin,
homme grandement attrempé, & de
grande efperance ; en quoy le peuple
Romain ne fut point deceu, car toft
apres fa création, il commença à faire
de tres-excellentes œuures. La meil-

leure fut qui r'appella d'exil tous les
Chrestiens qui auoient esté bannis du
temps de Domitian, soulagea ses subjects de nouueaux impofts, restitua les
biens & les possessions à ceux à qui ils
appartenoient, lesquels Domitian leur
auoit osté, se monstra grandement liberal enuers les oppressez & souffreteux:
mais comme escrit Dion, ses liberalitez
furent du sien propre, car il fallut que
pour y subuenir il vendist sa vaisselle
d'or & d'argent, & autres meubles precieux de son Palais. Il fut aussi tres-
doux & clement, car l'on escrit qu'il iura qu'on ne feroit iamais mourir Senateur Romain par son commandement.
Il conduisoit toutes choses auec iustice
& droicture ; mais iamais rien du son
propre mouuement, ayant tousiours
autour de luy, les meilleurs, les plus sages & experimentez personnages, par
l'aduis desquels il gouuernoit toutes
choses : aussi fist-il de tres-bonnes &
salutaires loix, & entr'autres deffendit
de chastrer les enfans pour les faire
Eunuques. En vn mot ce Prince eut la
conscience si nette & asseurée, qu'il disoit qu'il ne se souuenoit pas d'auoir
iamais faict chose pour laquelle se démettant de l'Empire il ne peust viure en
seureté, & sans peur de personne du
monde. Nonobstant tout cela, qu'il
fust si entier, si iuste, & si clement,
l'on ne laissa de conspirer contre luy : ce
que luy estant cogneu, il se contenta
seulement d'en bannir les coulpables:
puis se voyant ia vieil, & par ainsi moins
craint & respecté des soldats, il voulut
dés son viuant pouruoir aux necessitez
de l'Empire ; c'est pourquoy il adopta
pour son successeur Trajan, pour lors
son Lieutenant en la basse Allemagne,
qui estoit le plus renommé de só temps:
& bien qu'il ne luy fust aucunement allié, & que d'autre costé il eust beaucoup
de parens, si est-ce qu'il eut plus d'esgard au bien public qu'à son sang, & à
la maison ; en quoy se trouua grand

& exquis son iugement : mais il ne sur-
uescut gueres à cette election, car trois
mois apres la mort le prit, precedée d'v-
ne grande Eclipse de Soleil, enuiron l'an
100. de nostre Seigneur, ayant gouuerné l'Empire enuiron 14. mois. *Aurele
Victor, Eutrope, Bede, & autres.*

Neruiens peuples prés le fleuue
de l'Escauld, voisins de
ceux d'Arras, qui sont ceux de Tournay
que Cesar *liu.2.de ses Comment.* met entre les plus belliqueux de la Gaule Belgique.

Nessus Centaure fils d'Ixion & d'v-
ne Nuée, auquel comme
Hercule eust commis sa femme Deianire pour passer le fleuue Euene, cét infidelle l'ayant passée à l'autre bord en
voulut ioüir, dont Hercule s'apperceuant, le perça de sa flesche ; mais se sentant blessé à mort, il donna sa chemise
teincte de son sang à Deianire, luy faisant entendre qu'elle seruiroit de remede pour empescher qu'Hercule n'en ai-
mast iamais autre qu'elle, & que la ve-
stant cela renouuelleroit le feu des affections qu'il luy portoit, auenant qu'elles se refroidissent ; ce qui eut bien vn
autre effect, touchant lequel. *Voy* Lichas & Deianire, & Ouide *liu.9. de ses
Metam.*

Nestor fils de Nelée & de Chloris,
selon Homere *liu.11. de son
Odyssée,* lequel dés son bas aage vainquit les Epéens, appellez aussi Eliens,
peuples du Pelopponnese : & s'estant
apres trouué aux nopces de Pyrithous,
il combattit valeureusement contre les
Centaures qui vouloient enleuer Hippodamie. Finalement sur le declin de
son aage, qui estoit enuiron le 90. an, ou
selon Ouide *liu.12. de ses Metam.* 300.
ils'achemina auec 50. galions à la guerre
de Troye en faueur des Grecs, où il se
monstra si adroict & aduisé en bon conseil, qu'Agamemnon chef des Grecs ne
demandoit que dix semblables à luy,
pour venir à bout de la guerre de

Troye ; car outre la grande experience aux affaires que par vn si long-temps il s'eſtoit acquiſe, il eſtoit ſi eloquent que de ſa bouche decouloit vn parler plus doux que le miel. Il eut pour femme Euridice fille de Clymene, de laquelle il eut 7. fils & vne fille. *Homere liu. 2. de l'Iliade.*

Neſtorius Euefque de Conſtantinople, mais hereſiarque tres-ſignalé, commença à ſemer ſa fauſſe doctrine l'an 428. diuiſant pour la 2. fois la chaire de Conſtantinople de la vraye Egliſe. Son principal erreur eſtoit que Ieſus-Chriſt nay de Marie n'eſtoit pas Dieu, mais homme ; lequel puis apres à cauſe de ſa ſainctete auroit eſté iugé digne d'eſtre vny à la diuinité, non perſonnellement par vnion hypoſtatique, ains ſeulement pource qu'il eſtimoit la diuinité habiter par ſpeciale prerogatiue en iceluy ; & partant aſſeuroit que comme il y a 2. natures en Ieſus-Chriſt, la diuine & humaine, auſſi il y auoit deux perſonnes, l'vne deſquelles il nommoit *Fils de Dieu,* & l'autre *Fils de l'Homme,* ou *Fils de Marie*; en conſequence dequoy il ne vouloit la Vierge eſtre appellée *Theotocos,* c'eſt à dire, *Mere de Dieu,* ains ſeulement *Chriſtotocos,* c'eſt à dire, *Mere de Chriſt.* *S. Aug. heres. 89. Socrat. liu. 7. chap. 31.* Côtre lequel erreur fut celebré le Concile general d'Epheſe, où preſida ſainct Cyrille au nom du Pape Celeſtin I. *Euagr. liu. 1. ch. 4. de ſon hiſt.* Il nioit auſſi que le Corps de Chriſt fuſt au S. Sacrement, ſinon en l'vſage. *S. Cyrille en ſon Epiſt. à Cacoſyr.* mais Dieu fiſt vne punition eſtrange de ſes blaſphemes ; car luy eſtant encore plein de vie, les vers ſe ſaiſirent de ſa langue & la rongerent. *Euagr. liu. 1. chap. 8. de ſon hiſt.* Ses ſectateurs furent nommez Neſtoriens.

Neuers ville de France, capitale du païs & Duché de Niuernois, qui faict partie de la Bourgogne. Elle eſt ſituée ſur la riuiere de Loire, l'vn des magazins de Ceſar, comme il le teſmoigne *liu. 7. de ſes Comment.* qui l'appelle *Nouiodunum.* Elle a eu ſes Comtes dés nos premiers Roys de la troiſieſme race, comme le rapporte Aimonius. Le Roy Charles VII. l'erigea en Pairie l'an 1459. & François I. en Duché & Pairie l'an 1538. S. Aire fut ſon premier Eueſque du temps de Gregoire le Grand, dont l'Eueſché s'eſtend bien ſur 212. paroiſſes, & releue de l'Archeueſque de Sens.

Neuſtrie contrée de la Gaule Celtique, qui depuis a eſté nommée Normandie. *Voy* Normandie.

N I

Nicandre natif de Colophone Grammairien, Poëte & Medecin qui viuoit du temps du Roy Attale, a eſcrit quelques liures de Medecine, des Theriaques & Alexipharmaques, comme auſſi a mis en vers les collations & prognoſtiques d'Hippocrate. *Suidas.*

Nicanor l'vn des Princes, & Colonnel de la gendarmerie de Demetrius fils de Seleucus Roy de Syrie, fut enuoyé par le Roy pour guerroyer contre Iudas Machabée ; lequel ne pouuant attirer par paroles frauduleuſes de paix, delibera de le combattre ouuertement ; mais deuant ayant proferé des paroles blaſphematoires contre Dieu, iurant qu'il deſtruiroit & l'autel & le temple de Sion, Iudas ayant imploré l'ayde de Dieu, & comme aſſeuré de la victoire par la viſion d'Onias ſouuerain Pontife, luy liura bataille & le deffiſt iuſques à deux fois, luy tuant miraculeuſement 35000. hommes, fiſt coupper la main de Nicanor, & la mettre contre le temple, comme auſſi de trancher ſa langue en morceaux qu'il voulut eſtre donnée aux oyſeaux en proye, & fiſt pendre ſa teſte au ſommet d'vne tour, pour marque éuidente du ſecours du fecours que Dieu leur auoit enuoyé, & à cette fin inftitua le iour de cette deffaicte pour Fefte folemnelle.1. *Machab. ch. 7. & 2. Machab. chap. 15.*

Nice

ou Nicée ville Metropolitaine de la Bithynie, laquelle fut baftie par Antigonus fils de Philippe qui l'appella Antigonie : mais en fuitte Lyfimaque l'appella Nicée du nom de fa femme fille d'Antipater. Cette ville eft recommandée pour fa grandeur, magnificence & fertilité de fon terroir : Elle auoit de circuit 60. ftades, située en vne plaine de figure quarrée, & ayāt aux 4. coings 4. portes, lefquelles pouuoient eftre veuës toutes enfemble d'vn qui euft efté au milieu de la ville. Cette ville eft celebrée pour deux Conciles generaux qui y ont efté tenus, fçauoir le premier vniuerfel où prefiderent Vincent & Vital Preftres Legats du Pape Siluestre, affemblé l'an 325. foubs l Empereur Conftantin le Grand, de 318. Peres, pour la Diuinité du Fils de Dieu contre Arrius, & fur l'ancienne controuerfe de la Pafque. *Epiphan. heref.69. Theodoret en fon hift. liu. 2. ch. 5. Ruffin, S. Hierofme, & autres,* & le 7. Oecumenique d'enuiron 350. Euefques, fous le Pape Adrian 1. celebré l'an 787. contre les Iconoclaftes pour les SS. Images. *Palmer. en fa Chron.* ¶ Vne autre de ce nom, ville maritime, & affez forte pour fa citadelle, voifine des Alpes, jadis baftie par ceux de Marfeille, qui dépend du Duché de Sauoye. *Mercat.*

Nicephore

perfonnage de race illuftre, lequel par la faueur de plufieurs Seigneurs Grecs ennuyez de la domination d'Irene Imperatrice d'Orient, la defpoüilla de l'Empire & relegua dans vn Monaftere, puis prift le nom & tiltre d'Empereur : & afin d'affermir d'autant plus fon nouueau fiege, il enuoya des Ambaffadeurs à Charlemagne qui lors commandoit en Occident, pour traicter de paix auec luy, laquelle il luy accorda auec les

mefmes conditions qu'elle s'eftoit auparauant faicte auec Irene. Eftant donc ainfi affeuré de Charlemagne ; il prift pour compagnon en l'Empire fon fils Stauratius ; mais en ayant entrepris la guerre contre les Bulgares fes voifins, Crunnus leur Chef qui auoit eu du pire en deux ou trois rencontres, affaillit vn iour le camp de Nicephore, mift en route fon armée où luy mefme y fut tué l'an 811. ayant gouuerné l'Empire 11. ans. Ce Prince eft remarqué pour fon auarice & cruauté, & fpecialement pour auoir fauorifé les Iconoclaftes & Manichéens. *Baron. ann. 802.*

Nicephore

Phocas, II. du nom Empereur d'Orient, homme illuftre à caufe des victoires qu'il auoit obtenuës en Sicile & en Calabre contre les Sarrazins : il efpoufa Theophaine vefue de Romain le Ieune fon predeceffeur. Il fût heureux par terre en la Cilicie & ailleurs, tellement qu'il reconquit fur les Sarrazins vne grande partie d'Afie & de la Syrie où il prift Antioche fa ville capitale ; mais il fut mal-heureux fur mer, car Manuel fon Lieutenant perdit tous fes gens, & fut pris prifonnier en la mer de Sicile. Mais comme ce Prince tranfporté d'auarice infupportable, foubs pretexte de ces guerres inuentoit plufieurs moyens pour tirer argent, affoibliffant mefmes les monnoyes, il fe fift haïr de tous ; dont s'enfuiuit qu'vn iour Iean Zimifces fon Lieutenant luy couppa la gorge en fon cabinet, par le confeil & fupport de Theophaine mefme, l'an 969. apres auoir efté Empereur 6. ans. *Zonare.*

Nicephore III.

dict Botoniat, enuahit l'Empire d'Orient fur Michel Parapinace, par l'aide des Turcs fes alliez ; & combien qu'il eut affermy fon eftat par la mort de Brienne qui y afpiroit, & eut reprimé Conftantin Ducas fils de Michel ja proclamé Empereur : fi eft-ce que les Comnenes freres le furprin-

XXXxx

rent, tellement qu'il fut contrainct de
quitter l'Empire trois ans apres l'auoir
vsurpé, & se rendre Moine l'an 1080.
Nicetas.

Nicephore

Calixte Historiogra-
phe commence son
Histoire Ecclesiastique, depuis la naif-
sance de Iesus - Christ iusques en l'an
625. laquelle il dedia à l'Empereur Andronic le vieil, *comme il tesmoigne à la fin
& au commencement de son liure.*

¶ Vn autre de ce nom auffi Historiographe nommé Gregoras, qui nous a laiffé
en 11. liures son Histoire Grecque de
145. ans, c'est à sçauoir, depuis la prife
de Conftantinople par les François, iufques à Andronic le ieune 3. du nom. *Genebr. liu. 4. de sa Chronolog.*

Nicetas

Choniat, Historiographe,
nous a laiffé en 19. liures
l'histoire de l'Empire d'Orient d'enuiron 88. ans, sçauoir, depuis l'an de salut
1117 auquel finit Zonare, iusques à l'an
1205. *Genebr.*

Nicias

Capitaine fort renommé des
Atheniens, fut aduancé pour
sa preud'homie aux charges publiques,
apres la mort de Pericles. Et iaçoit qu'il
fuft homme de prix, & qu'il aimaft le
peuple d'vne affection paternelle par
fur tous les autres citoyens d'Athenes,
si est-ce qu'il eftoit de sa nature craintif
& apprehenfif, & se tenoit fort refferré
éuitant toute charge hazardeufe : Il
eftoit auffi fort auftere en sa conuerfation & de difficile accez, ce qui le fift
calomnier par plufieurs. Il fist ce neantmoins quelques notables exploicts de
guerre au grand aduantage de ceux
de sa nation : accorda la paix entre
les Atheniens & Lacedemoniens, laquelle toutesfois Alcibiades fift rompre, & le rendit odieux au peuple; mais
ayant efté efleu Capitaine des Atheniens en la guerre contre la Sicile & les
Syracufains, qui auoit efté entreprife
par le conseil d'Alcibiades contre son
aduis, il y fist si mal ses affaires qu'a-

pres auoir efté deffaict par plufieurs fois,
tant par mer que par terre; enfin Gylip-
pus Spartiate chef des Syracufains apres
l'auoir defconfit totalement, le prift prif-
sonnier, & le fist mourir cruellement a-
uec les autres Chefs de guerre Atheniens, iaçoit que quelques-vns tiennent
qu'il se deffift luy - mefme. Plutarque
en sa vie le compare à Marcus Craffus,
tant pour l'abondance de ses richeffes,
que pource qu'ils eurent vne mefme
yffuë, cettuy - cy par les Siciliens , &
l'autre par les Parthes.

¶ Vn autre de ce nom Medecin de Pyrrhus, lequel s'addreffa à Fabricius Capitaine des Romains, luy promettant
d'empoifonner Pyrrhus son ennemy;
mais Fabricius rejettant cette perfidie
refcriuit à Pyrrhus qu'il euft à se donner
de garde de Nicias. *Plutarq. en la vie de
Pyrrhus, Curce.*

¶ Vn autre de ce nom peintre d'Athenes, lequel eftoit si affidu à son trauail,
qu'il en perdoit le boire & le manger.
Ælian en sa diuerse hist.

Nicocreon

Tyran de Cypre qui
fift piler & broyer
dans vn mortier le Poëte Anaxarque.
Voy Anaxarque.

Nicodeme

Iuif Pharifien & Ra-
bin en Ifraël, lequel
vint de nuict pour entédre de la bouche
de Iesus la doctrine celeste, laquelle eft
comprife en S. Iean *chapitre 3.* L'on tient
qu'il a efcrit vn Euangile de la Paffion
& Refurrection du Sauueur, mais qui
eft tenu pour apocryphe par l'Eglife
Catholique. *Sixte Sienn. liu. 2. de sa
saincte Biblioth.*

Nicolaïtes

heretiques detestables
qui ont eu pour au-
theur vn certain Nicolas Antiochien,
l'vn des sept Diacres mentionnez aux
Actes *ch. 6.* Outre qu'ils introduifoient
certains noms barbares de quelques
Principautez imaginaires demeurans au
Ciel. *Epiphan. liu. 1. de son Panaire heref. 25.* Ils mirent commel'on tient le

premiers en auant la communauté des femmes. S. Iean *Apocal.* 2. deteste leurs erreurs,

Nicolas I.
Romain 108. Pape, tres-renommé en doctrine, grauité, deuotion & saincteté : si bien que l'on tient que depuis sainct Gregoire iusques à luy, il ne s'est trouué aucun qui luy puisse estre esgalé : Maintint sa Majesté Pontificale contre les plus grands Princes de la terre, se monstrant bon & affable aux bons, & terrible aux impies & tyrans. *Rhegino liu.* 2. Les Empereurs d'Orient & d'Occident, Michel & Louys II. luy rendirent vne obeïssance tres-humble, & l'honorerent de tres-riches presens: excommunia Valdrade concubine de Lothaire, le menaçant de semblable excommunication s'il ne la repudioit, où Rhegino rapporte que les Legats du Pape firent rapport à sa saincteté, qu'ils n'auoient trouué en tout le Royaume de France aucun Euesque sage, & qui fut instruict au droict Canon. De son temps Photius Patriarche de Constantinople assembla vn Concile contre luy, & separa son Eglise de la Romaine, affermant blasphematoirement que le S. Esprit procedoit du Pere seulement, & non du Fils, & pour ce Ignace fut dejetté du Patriarchat, & Photius luy fut substitué. *Zonare tom.* 1. Il a escrit plusieurs Epistres, & entr'autres vne tres-docte à Michel Empereur d'Orient, & l'autre, à toutes les Eglises d'Asie & de Libye, prononçant pour illegitime la deposition d'Ignace, & l'installation de Photius. Il decreta dauantage par le consentement de l'Empereur Louys, que nul Prince seculier ny homme lay, presumast d'assister aux Conciles Ecclesiastiques. *Can. Vbinam* 96. *dist.* ordonna que le Baptesme ne seroit reïteré, bien que conferé par vn Iuif ou Payen, pourueu qu'il fust conferé au nom des trois personnes, ou au nom de Iesus-Christ. *Can. A quodam Iudæo dist.* 4. Gratian a recueilly ses decrets, & les a redigez en tiltres. Par ses sainctes admonitions les Huns & Bulgaires qui s'estoient abandonnez au Paganisme, retournerent derechef à la foy, & mesmes leur Roy se rendit Moine. *Zonare tom.* 3. *Sigeb. Rhegino liu.* 2. Puis ayant dignement exercé sa charge Il mourut l'an de salut 868. & de son Pontificat 9. ans, 7. mois, 13. iours. *Palmer. Onuphre, Naucler.*

Nicolas II.
Sauoyard, 161. Pape, assembla vn Concile à Lattran, où fut decreté que l'eslection des Papes se feroit d'oresnauant par les Cardinaux Euesques, auec l'approbation toutesfois des Clercs Cardinaux, du reste du Clergé & peuple Romain. *Can. In nomine Domini dist.* 23. Et fut lors que commença la liberté de l'eslection des Papes contre l'authorité des Empereurs d'Allemagne. En ce mesme Concile il fist retracter à l'heresiarque Berengaire ses erreurs. Il couronna l'Empereur Henry IV. Ainsi apres auoir tenu le siege 4. ans 7. mois, il mourut l'an 1062. *Marzan, Volat. Plat.*

Nicolas III.
Romain 194. Pape, personnage fort accort & de grand conseil, amateur des hommes lettrez, conferant les benefices aux personnes capables, indulgent toutesfois par trop en ce faict enuers les siens. Il osta à Charles Roy de Sicile la dignité de Senateur & le Vicariat de la Toscane, dont s'ensuiuirent les Vespres Siciliennes si funestes aux François. Il chassa de Rome les Notaires & chicaneurs, comme sang-suës, des paures, & pestes publiques. Iamais ne disoit la Messe qu'il n'espandist des larmes. Il mourut l'an de nostre Seigneur 1280. ayant gouuerné l'Eglise 3. ans 8. mois 15. iours.

Nicolas IV.
natif d'Ascoli en la Marque d'Ancone, 197. Pape, fut le premier esleué à cette dignité de l'Ordre des Freres Mineurs, fut homme tres-sçauant & fort discret

XXXxx ij

en la diſtribution des benefices. Il inue-
ſtit des Royaumes de Naples & de Sicile
Charles II. Enuoya du ſien propre 2500.
ſoldats, au ſecours de Ptolemaïde aſſiegée par le Soldan. *Emile liu.*8. mais n'a-
yant peu obtenir des Roys de France &
d'Arragon ſecours pour la terre ſaincte,
il mourut de triſteſſe l'an 1294. apres
auoir gouuerné l'Egliſe 4. ans, vn mois
& huict iours. *Naueler, Plat.*

Nicolas V.

Gennois, 216. Pape,
perſonnage tres-do-
cte & liberal, ſpecialement à l'endroict
des doctes. Amé de Sauoye dict Felix V.
qui s'eſtoit declaré Antipape, luy ceda
pour oſter le ſchiſme, demeurant Cardinal & Legat de la Germanie. Il enuoya
par toute l'Europe pour recouurer les
bons autheurs perdus, & à cét effect
dreſſa vne Bibliotheque au Vatican. Il
ne vendit iamais ny office ny benefice,
ains fut tres-miſericordieux, iuſte, clement & pacifique. Il celebra le 5. Iubilé.
Plat. puis mourut ayant tenu le ſiege 8.
ans, 19. iours, l'an 1455.

Nicomaque

pere du Philoſophe
Ariſtote.

¶ Il y en a eu 5. ou 6. du meſme nom,
dont faict rapport Suidas.

¶ Et meſmes Ariſtote eut vn fils ainſi
nommé.

Nicomede

Roy de Bithynie allié
du peuple Romain,
lequel vn iour s'eſtant faict razer, priſt le
chappeau en ſigne de liberté, le procla-
mant eſtre l'affranchy des Romains: Il
baſtit la ville de Nicomedie, duquel elle
a pris le nom. A cauſe de ſes faicts illuſtres, tous les Roys de Bithynie ſes ſucceſſeurs prindrent ſon nom. *Alex. d'A-
lex. liu. 1. chap. 2.* Il fleuriſſoit enuiron
l'an 490 de la fondation de Rome.

Nicomedie

ville de Bithynie, qui
a pris ſon nom d'vn
Roy de Bithynie nommé Nicodeme qui
la baſtit. *Strab. liu.* 12. Elle eſt renommée
pour la mort du grand Conſtantin. Elle
fut ruinée par vn tremble-terre, dont Li-

banius le Rhetoricien en a fait de doctes
Lamentations *en ſa Monodie.* Elle eſtoit
jadis appellée *Aſtacus*, ſelon Pauſanias,
Ammian & Cedrenus; les Allemans l'appellent *Comidia*, & les Turcs *Nichor.*

Nicopolis

nom donné à pluſieurs
villes ſignalées.

¶ La premere eſt celle d'Epire, ainſi appellée à cauſe de la victoire que remporta Auguſte ſur M. Anthoine & Cleopatra, prés le promontoire d'Actium; en
ſuitte de laquelle il baſtit cette ville qu'il
appella Nicopolis, qui veut dire *Cité de
victoire.* Cette ville s'augmenta grandement en ſuperbes baſtimens, multitude
de peuples, & deſpoüilles des ennemis,
& y auoit vn tres-ſuperbe temple dedié
à Apollon, prés duquel ſe celebroient
certains ieux ſolemnels nommé Actiés,
de la celebration deſquels les Lacedemoniens auoient le ſoin. *Strab. liu.*
7. Bellon renomme cette ville pour
eſtre remplie de ſtructures admirables
anciennes, autant qu'aucune autre de
la Grece, faiſant mention d'vn amphitheatre de figure ſpherique, dont les
degrez ſont de marbre qui y eſt encore,
& d'autres ſingularitez. L'on l'appelle
de preſent *Preueſia.*

¶ Vne autre entre la Cilicie & la Syrie,
qui eſtant appellée auparauant *Iſſus*, fut
depuis nommée Nicopolis, à cauſe de
la victoire que là y remporta Alexandre
le Grand ſur Darius. *Ptolem. en la 4. table de l'Aſie.*

¶ Encores deux autres, l'vne en la Bithynie, & l'autre en L'Armenie mineur.

Nicoſtrata

femme Prophetiſſe
mere d'Euander, de-
puis appellée Carmente. *Voy* Carmete.

Nicoſtrate

Sophiſte, natif de
Trebizonde, qui a eſ-
crit l'hiſtoire de ſon temps, depuis la fin
de l'Empire de Gordian, iuſques à la
priſe de Gordian: ¶ Vn autre de ce nom
Orateur de Macedoine, contemporain
de Dion Chryſoſtome, & de l'Orateur
Ariſtides, ſous l'Emp. M. Antonin. *Suid.*

Niger fleuue tres-fignalé de l'Ethiopie, qui a quafi le mefme naturel que le Nil, car il produiſt force roſeaux, & la plante de Papyrus dont les Anciens faiſoient leur papier. On y trouue auſſi les mefmes animaux qu'on faiſt au Nil, & ſi croiſt & décroiſt au mefme temps que faiſt le Nil. *Plin. liu. 5. ch. 8.* car il commence à croiſtre dés le 17 Iuin par 40. iours continuels, puis décroiſt par autres 40. iours, pendant lequel temps il engraiſſe les terres des Negres & les rend tres-fertiles. *Magin en ſa Geogr.*

Nil fleuue de l'Afrique, l'vn des plus grands & renommez du monde, ainſi appellé du Roy Nilée lequel comme l'on tient, le rendit le premier vtile aux laboureurs : ou bien pource qu'il entraine auec ſoy du nouueau limon diſt des Grecs *Nean Ilon*. Les Anciens l'appelloient Æthus, Ægyptus, Mela, Chryſorrhoas, comme qui diroit portant or, Siris, Triton, Dyris, Aſtapus & Aſtraboras : les lettres ſacrées, Seor & Sihor, c'eſt à dire, *trouble & fangeux*: & quelquesfois auſſi Gehon & Phiſon. Les Egyptiens l'appellent *Noym*, les Abyſſins *Tacui*, & quelques autres *Abanbi*. Touchant la ſource de ce fleuue, les opinions en ont eſté diuerſes entre les Anciens, quelques-vns comme Ptolemée la prennent des montagnes de la Lune, là où il y a vn Lac qu'on appelle Nilide dont le Nil a priſ ſon nom : d'autres de certain Lac qui eſt en la haute Ethiopie, entre le Royaume de Congo & le territoire de Benomotapa. Quoy que c'en ſoit ce fleuue trauerſe vne infinité de païs, pluſieurs deſerts & lieux inhabitez, peuplez de toutes ſortes de beſtes monſtrueuſes & eſtranges : paſſe par les deſerts de Libye & d'Ethiopie où il ſe perd, & met en veuë à pluſieurs repriſes : ils embraſſe pluſieurs belles & grandes Iſles, entre leſquelles la principale eſt celle de

Meroé, laquelle Iſle ayant paſſée, il s'eſpand çà & là hors de ſes riues, arrouſant tous les champs voiſins, car ce fleuue eſtant preſſé de l'abondance de ſon eau, il eſt contrainſt de ſe ietter en des braſſieres qui forment pluſieurs Iſles, iuſques à ce que finalement il tombe en des rochers & montagnes où il faiſt de ſi grands ſaults & a des deſcentes ſi roides en quelques endroiſts (en eſtant comme empeſché par diuers eſcueils & deſtroiſts) que le peuple voiſin en eſt rendu ſourd par le grand bruiſt. Il encloſt l'Egypte en forme de Δ, car depuis les fins de l'Ethiopie qui eſt depuis la ville de Sienne aupres du Grand Caire, il ſe va diuiſant en deux branches, & ſe va rendre, ſçauoir du coſté d'Orient à main droiſte dans l'emboucheure Peluſiaque ou de Diametre: & à main gauche du coſté d'Occident, dans la mer d'Heraclée où eſt la ville de Roſette. Or la baſe de ce delta triangulaire, eſt la coſte de la mer d'Egypte entre l'vne & l'autre emboucheure laquelle contient d'interualle cent ſeptante milles, ſelon Pline : Mais entre ces deux bouches il y en a d'autres qui ſe vont rendre dans la mer Mediterranée. Strabon, Diodore & Herodote en mettent en tout ſept, Ptolemée neuf, & Pline onze; mais les modernes Geographes comme Guillaume Tyrien, Pierre Bellon, & autres teſmoins oculaires n'en mettent que trois ou quatre. Ce fleuue arrouſe & engraiſſe toute l'Egypte par ſon deſbordement qui commence le 17. Iuin à s'accroiſtre par l'eſpace de 40. iours, & par autant décroiſt, auquel interualle de temps toutes les Citez & bourgades d'Egypte qui ſont toutes placées en lieu éminent pour éuiter tels deſbordemens, ſemblent des Iſles, & ne peut-on aller des vnes aux autres qu'en batteau ou à nage, & lors auſſi tous les animaux ſont noyez fors ceux que les habitans veulét conſeruer, qu'ils enferment dans les eſtables. Ce fleuue

eſt auſſi entre les plus feconds en animaux, car il nourrit des poiſſons fort celebres, & des monſtres & beſtes eſtranges, comme des cheuaux & bœufs marins, crocodilles, & autres animaux nui-
fibles aux hommes. Il ne ſort de ce fleuue aucune exhalaiſon mauuaiſe, & ne
s'en trouue point qui aye l'eau plus
douce & agreable à boire, à cauſe qu'elle
eſt fort deliée & purifiée par les chaleurs
du Soleil, ou bien à cauſe de ſon long
cours. Quelques vns rapportent la creuë
de ce fleuue aux vents Eteſiens leſquels
repaiſſants la mer contre les bouches du
Nil, retiennent ſon cours : Les autres iugent que cela procede des grandes pluyes d'Ethiopie où toutes les nuées ſont
portées en ce temps là par ces vêts; mais
la plus vraye & faine opinion (felon Pline) eſt que le Nil commence à croiſtre
à la premiere nouuelle Lune, qui eſt a-
pres que le Soleil eſt entré en Cancer:
car lors il croiſt petit à petit iuſques à ce
que le Soleil ſoit au ſigne du Lyon, auquel temps le Nil eſt au plus haut qu'il
puiſſe eſtre, puis décroiſt en ſuitte petit à
petit. Quoy que c'en ſoit, les Egyptiens
coniecturent par ce deſbordement la fertilité ou ſterilité de l'année ; car s'il
croiſt peu, ils redoutent la famine ; ſi
beaucoup, ils ſont aſſeurez d'auoir bonne année. *Pline liu. 5. ch. 9. Strab. li. 17.*

Niniue ville des Aſſyriens, tres-ancienne, ſituée ſur le fleuue
Tigris: Elle fut edifiée par Aſſur, *Gen. 10.*
ou felon d'autres par Ninus premier
Monarque des Aſſyriens (fi ce n'eſt que
nous le vueillions nommer Aſſur (qui
luy a donné ſon nom. L'Eſcriture l'appelle la grande Cité, pour ce qu'elle
auoit de circuit plus de trois iournées
d'hommes. *Ionas 3.* Et de faict comme
les Autheurs la deſcriuent, c'a eſté la
plus grande & magnifique du monde,
car elle auoit de circuit quatre cents
quatre-vingt ſtades qui reuiennent à 30.
lieuës, & de longueur pour chacun de ſes

quatre coſtez, 120. ſtades ou 8. lieuës &
demie. Ses murailles eſtoient hautes de
100. pieds : en ſa largeur, trois chariots y
alloient de front: auoit en ſon enceinte
iuſques à 1500. tours dont la hauteur
eſtoit de 200. pieds. Habitée par la plus
grande part, & par les plus puiſſants
d'entre les Aſſyriens. *Diod. Sicil. liu. 3.
Monſt. liu. 5. de ſa Coſm.* Le Prophete
Ionas fut enuoyé aux habitans de cette
Cité pour y annoncer ſa deſtruction:
mais s'eſtans conuertis par ſa predication, *Ionas. 4.* elle fut deſtruicte 200. ans
apres, ſoubs leur Roy Sardanapale, par
les Medes conduicts par leur Roy Arphaxat, comme l'auoit predit le Prophete Nahum. *chap. 1. & 2.*

Ninus fis de Bel, fut le premier fondateur du Royaume des Aſſy-
riens: car enuiron le temps de la naiſſance d'Iſaac, il miſt fin au Royaume de Babylone qui auoit eſté fondé 62. ans deuant par Nemrod, & en eſtablit vn autre
en l'Aſſyrie apres auoir ſubiugué toute
l'Aſie, & guerroyé auec heureux ſuccez
par 17. ans continuels. Homme belliqueux & plein de courage, mais cruel &
ſanguinaire: fiſt faire vne Idole à ſon pere Bel qui priſt puis apres le nom de Iupiter qu'il vouluſt eſtre adoré de tous,
& ſeruir d'Aſyle à tous mal-faicteurs, &
de là ſont prouenuës toutes les idolatries
qui ſe ſont eſpanduës parmy les Gentils,
ſoubs le nom de Baal, Beel, & Baalim. Il
baſtit la ſuperbe Cité de Niniue, l'vne
des plus grandes de toute la terre, auec
vne magnificence nompareille : Vainquit les Indiens & Bactriens conduicts
par leur Roy Zoroaſtre: Eut pour femme
Semiramis de laquelle il eut vn fils auſſi
nommé Ninus ou Nineas, lequel pour ſa
fetardiſe ne luy ſucceda, ains ſa mere.
Athenée li. 2. Apres auoir regné 52. ans, il
mourut enuiron l'an du mõde 2100. *Genebr. li. 1. de ſa Chron. Iuſtin l. 1. & autres.*

Niobé fille de Tantale & d'Eurya-
naſſe, fut femme d'Amphyon

Roy des Thebains, & en eut 7. fils & 7. filles, dont s'eftant enorgueillie outre mefure, comme aufli pour fa beauté, fes richeffes & grandeurs, elle en vint iuf- -ques là que de fe preferer à Latone & à fes enfans Apollon & Diane: mais Latone irritée de telle impieté, fift tuer à coups de flefches tous fes enfans par Apollon & Diane, dont Niobé eut vn tel defplaifir qu'en pleurant la mort de fes enfans elle toucha de pitié les Dieux qui la conuer- tirent en pierre, pour eftre infenfible en fon mal: apres lequel changemeht, vn tourbillon l'enleua iufques en Lycie pres la ville de Sypile, où elle fut pofée au fommet d'yne montagne, où le mar- bre de fon corps iette encore fans ceffe des larmes pour marque de fon dueil. *Ouide liu. 6. de fes Metamorphofes.*

L'on void icy le naif & veritable patron de la mefme arrogance, laquelle porte les fois les efprits qui ont quelque profperité à l'infolence & à la temerité, ne confiderans pas combien les fortunes plus efleuées font fouuent panchantes à leur ruine, & les fleaux du Ciel prefts à tomber fur les tefies orgueilleufes qui en la vaine image d'vn heur paffager s'imaginent des feliciez perdurables. Cette Niobé fut fille de Tan- tale & d'Euryanaffe, Tantale reprefente l'auarice, & Euryanaffe l'opulence de biens: pource que de ces deux chofes, s'en- gendrent l'orgueil & la prefumption qui leur font mefme oublier les graces receuës de Dieu, & les emportent à toute vaine impieté: mais d'autant que les efpines de l'aduerfité inefperée leur font d'autant plus poignantes que les rofes de la fortune paffée leur auoient efté douces & le chan- gement moins redouté: les calamitez qui leur viennent tout à coup & inopinément, les eftonnent & accablent de telle façon qu'ils ne iettent ny larmes ny voix aucu- ne, n'ayans non plus d'apprehenfion de leur mal que reffentiment de leur faute, & ainfi demeurent priuez de toute raifon & comme conuertis en pierre.

Quelques vns accommodent cecy à l'hi-

stoire, le rapportant à vne forte peftilence arriuée en Phrygie qui caufa la mort à tous les enfans de Niobé, & pource en ont ils faict Apollon & Diane les autheurs; d'autant que la trop grande chaleur du Soleil & les humiditez trop exceffiues de la Lune donnent cours le plus fouuent à cette maladie.

Niphate montagne de l'Afie, fai- fant partie du mont Tau- rus, laquelle fepare l'Armenie Maieur d'auec la Syrie, & d'elle prēd fa fource le fleuue du Tigre. *Strab. li. 11. Pline, Solin.*

Nife Roy des Megariens, lequel com- me allié des Atheniens, fut affie- gé par Minos Roy de Candie leur en- nemy, enquoy fes efforts euffent efté vains fi Scylla fille de Nife, qui eftoit deuenuë amoureufe de Minos, n'euft trahy fon propre pere & fon païs tout enfemble: car pour acquerir fes bon- nes graces, elle couppa à fon pere Nife le poil fatal duquel dependoit l'heureux deftin du païs; l'ennemy mefme eut hor- reur de fa defloyauté, qui fut caufe que fe voyant mefprifée, elle fe ietta en l'air pour le fuiure malgré luy, & fut changée en vne alloüetre, & fon pere Nife deuint efperuier qui encore la becquette pour punir fa trahifon. *Ouide lin. 8. de fes Me- tamorph.*

Nifmes ville de Languedoc, appel- lée des Latins *Nemaufus*, iadis la capitale des Volges Arcecomi- ques, qui fut renommée pour fa police, car elle auoit vingt-quatre communau- tez garnies d'hommes de marque, & ioüiffoit des droicts & priuileges des Romains, ne refpondant point deuant les Prefects & Gouuerneurs qui y eftoient enuoyez de la ville de Rome. *Strab. liu. 4.* Les Romains y firent aufli conftruire des Amphitheatres, fontai- nes, aqueducs, fepulchres, & autres fu- perbes edifices, afin d'efclairer fon lu- ftre dont fe voyent encore des reliques affez entieres & fomptueufes, comme les arenes ou les reftes d'vn Amphitheatre, le Cap-dueil qu'on eftime vn temple bafty par l'Empereur Adrian, qui eft vn édifice faict en forme quarrée. Quelques ftatuës antiques & autres fingularitez du vieil temps. Elle eft honorée du tiltre d'Euefché qui s'eftend bien fur 509. paroiffes, & defpend de l'Archeuefché de Narbonne.

Nifyros Ifle de la mer Carpathienne, l'vne des Sporades, laquelle les Poëtes ont feincte auoir efté quelquefois vnie auec celle de Coos, & diuifée par le fceptre de Neptune, en laquelle croiffent des vins generueux. Son terroir au refte eft pierreux & abondant en meules. En cette Ifle y auoit vn temple dedié à Neptune foubs lequel gifoit le Geant Polybotes, iadis furmonté par ce Dieu, comme racontent les anciennes fables. *Strab. liu. 12.*

Nitocris fut la feconde femme qui gouuerna l'Empire des Affyriens & Babyloniens, enuiron 500. ans apres Semiramis : elle diuifa l'Euphrate en plufieurs canaux ou meandres contre les rauages des Medes qui auoient deftruict Niniue : elle ioignit par vn Pont admirable l'vne & l'autre partie de cette ville que l'on ne trauerfoit auparauant qu'en batteau. *Herodot. liu. 4.*

Niuernois Duché de France, faifant partie de la Bourgogne : Elle eft arroufée des trois belles riuieres, de l'Yonne, Allier, & la Loire, qui la rendent feconde en pafturages: elle a auffi des mines de fer, & fi s'en trouue quelques-vnes d'argent. Sa ville capitale eft Neuers. *Voy Neuers.*

N O

Nodinus ou Nodofus, Dieu que S. Auguftin *liu. 4. chap. 8. de la Cité de Dieu,* rapportant Varron dict auoir efté eftimé des Anciens, donner le nœud au tuyau qui porte les grains, dont il a pris ce nom.

Noé fils de Lamech homme iufte & parfaict, lequel ayant trouué grace deuant Dieu; efchappa feul auec fa famille des inondations du deluge vniuerfel. Car ayant Dieu arrefté d'exterminer le genre humain, à caufe des forfaicts & abominations, dont il eftoit foüillé, afin d'en referuer quelque refidu, commanda à Noé l'an 500. de fon aage, de faire vne arche, laquelle il fut cent ans à baftir, predifant à vn chacun le deluge qui eftoit à venir, s'il ne faifoit penitence, dont il eft appellé par Sainct Pierre. 1. *Epift. chap. 3* l'Annonciateur de Iuftice. Cette arche eftoit d'vne grande amplitude, & d'vne ftructure admirable. L'efcriture luy donne trois cents coudées de longueur, cinquante de largeur, & trente de hauteur : mais il faut prendre ces coudées à la proportion des hommes de ce temps-là, qui eftoient geants, ou bien les dire Geometriques, felon Origene, dont chacune en contient neuf de l'ordinaire, d'où il prouue cette arche auoir efté d'vne grandeur démefurée, ce qu'auffi tient Sainct Auguftin *liu.* 15. *chap. 27. de la Cité de Dieu.* En icelle Noé fift entrer fept de chaque efpece d'animaux mondes, & deux des immondes, dont on conjecture que toutes les efpeces de beftes, defquelles la conjonction eft neceffaire pour la procreation, peuuent auoir efté comprifes en icelle, veu qu'à grande peine en conte t'on iufques à 150. & ne s'y en trouue que cinq ou 6. qui foient plus grands que le bœuf ou le cheual: car quant à la prouifion de leurs viures pendant le temps de leur fejour en l'arche, la plufpart des animaux ne vit que de fruicts, & en cette neceffité de l'execution de l'ordonnance diuine, Dieu a peu fuppléer par quelque miracle au defaut de leur nourriture. Il y entra donc le dix fept du mois d'Auril l'an 600. de fon aage, auec fa femme, fes enfans Sem, Cham & Iaphet, & leurs femmes, & y fut vn an entier & 10. iours, car ils n'en fortirent que le 27. du mois d'Auril

d'Auril de l'an fuiuant. Ce deluge eft
admirable en ce que les eaux alloient
15. coudées par deffus toutes les plus
hautes montagnes du monde. *Genef* 8.
Berofe dict qu'il fift cette arche à ce
meu par l'obferuation des aftres. Mais
l'Efcriture l'attribuë à la iuftice de
Dieu, pource que toute chair auoit corrompu fa voye. *Genef.6. Luc* 17. Ouide
liu. 1. *de fes Metam.* en parle foubs la fiction du deluge de Deucalion, comme
auffi Plutarque *en fon Traicté intit. Que
les beftes brutes vfent de raifon*; mais ils fe
trompent, veu que Deucalion ne fut
que 8000. ans apres. Les Thebains auffi
parlent de leur deluge d'Ogyges, comme auffi les Americains du leur: mais
ou bien c'eft quelque deluge particulier, où ils en parlent fuiuant le rapport
des Anciens qui auoient configné à
leur pofterité la verité de cettuy-cy vniuerfel. C'eft pourquoy auffi dautant
que Noé auoit efté comme reparateur
du genre humain qui eftoit tout pery
par le deluge: les profanes ignorans &
l'Hiftoire faincte l'ont appellé Cœlus,
& Pere des Dieux: & d'autant qu'il
auoit donné l'vfage du vin aux hommes, *Genef.* 9. il a efté parauenture auffi
appellé Ianus; car le vin eft appellé par
les Hebrieux *Iain*, comme auffi eft grâ-
dement probable qu'il a efté inuenteur
des Mathematiques & autres arts, tant
liberaux que mechaniques; dont luy
feul pouuoit auoir la cognoiffance: il
retourna d'Armenie où s'eftoit affife
l'Arche en la montagne d'Ararat dedans fon ancien païs qui eft le lieu voi-
fin de Damas où il eftablit le Royaume
& le fouuerain Pontificat de Salem
exercé par Melchifedech. *Les Hebrieux.*
Donna l'exemple à fa pofterité d'eriger
des Autels & de facrifier, eftant comme
dict l'Apoftre, *Hebr.* 11. inftitué heritier
de la Foy. Lors qu'il fut forty de l'Arche, Dieu luy donna pour figne de ne
noyer plus à l'aduenir la terre par les
eaux, l'Arc en Ciel. Luy renouuella la

Loy du mariage contre le defbordement des voluptez pour la legitime procreation des hommes, 2. La deffenfe du
meurtre pour leur conferuation, & 3.
La permiffion de manger des chairs &
poiffons, horfmis le fuffoqué & qui eft
mort en fon fang, & le fang mefme, laquelle Loy il fift repeter par Moyfe &
par les Apoftres. *Genefe* 9. *Act.* Et de
faict, ils ne viuoient auparauant que
d'herbes, laquelle maniere de viure les
Orientaux ont continuée long temps,
& principalement és Indes où les Brachmanes peuples & Gymnofophiftes Philofophes, à l'imitation defquels les Pythagoriciens & plufieurs Sages entre
les Grecs fe drefferent. L'Efcriture dict
qu'ayant eu trois enfans Sem, Iaphet,
& Cham, le dernier d'iceux le voyant
yure de la vigne qu'il auoit plantée, def-
couurit fa honte, pour laquelle il le
maudit auec fon fils Chanaam. Quelques Docteurs Hebrieux, côme R. Leui
fur le chap.9. de la Genefe, tiennent qu'il
couppa les genitoires à fon pere de
peur qu'il n'engendraft: ce que les Poëtes ont feint auoir efté fait le mefme
à Cœlus & à Saturne. Il mourut l'an
950. de fon aage, 350. apres le Deluge,
58. ans apres la naiffance d'Abraham, &
de la creation du monde 2006. *Genefe
chap.* 6. 7. 8. *& 9.*

Noëma fille de Lamech & fœur de
Tubalcain. *Genefe* 4. qui
inuenta l'art de filer & de tiftre, veu
qu'auparauant l'on ne fe feruoit que de
peaux de beftes: elle fut auffi inuentrice de l'art de chanter, côme fon nom de
Noëma interpr. de l'Hebr. *Douceur &
bonne grace*, le monftre. R. Ifaac *fur le
chap.* 4. *de la Genefe*. Les Talmudiftes la
recommandent pour fa iuftice, & d'autres pour fa beauté.

Nole ville maritime de la Campanie,
laquelle eftoit iadis la demeure
des Leftrigons: elle fut baftie par les
Lacedemoniens (felon Strabon) defquels elle fut nommée Hormies, dicte

des Grecs *Hormè* (& depuis Formies)
de l'impetuosité de cés Leftrigons qui
eftoient Anthropophages. *Seruius.* Elle
eft renommée pour la mort d'Augufte.

Nomades peuples de la Scythie
Européenne , voifins
des Sauromates, lefquels s'occupoient
totalement à la vie champeftre & à la
nourriture du beftail; ce qui leur a donné ce nom du Grec *Nemein,* c'eft à dire
pafturer : c'eft pourquoy Homere les
appelle Galactophages, comme ne viuans que de laict, lefquels il dit quant
& quant eftre les peuples les plus iuftes
d'entre les mortels : Auffi comme tefmoigne Strabon, ils viuent fobrement,
fans enuie, ny auarice, fe feruans de bonnes loix, ayans toutes chofes communes , voire mefme les femmes & enfans : & partant ne font enuiez ny re-
cherchez par les eftrangers , attendu
qu'ils ne poffedent aucune chofe pour
laquelle ils doiuent eftre rendus ferfs.
Strab. liu. 7.

¶ De ce nom ont efté auffi appellez
certains peuples d'Afrique qui habitent entre la Zeugitane & la Mauritanie , lefquels depuis furent appellés
Numides. Salufte dict qu'ils ont tiré
leur origine des Perfes (ou pluftoft des
Nomades de Scythie) lefquels accompagnerent Hercule en Efpagne: & apres
fa mort eftans paffez en Afrique, occuperent ces lieux voifins de l'Ocean,
fe feruans de débris de nauires pour
leurs loges. Et depuis s'eftre ioincts en
mariages auec les Getules , & par apres
à caufe de leur grand nombre auoir occupé ces lieux proches de Carthage
qu'on appelle Numidie, Pline *liu.* 5.
chap. 3. les appelle Nomades, à caufe des
cabanes qu'ils tenoient fur des chariots pour les tranfporter çà & là quand
ils vouloient changer de pafturage à
leur beftail.

Nombres eft ainfi intitulé ce liure
de Moyfe, pource qu'ē
iceluy les enfans d'Ifraël font nom-

brez felon les douze lignées : Il contient auffi comme ces lignées furent
difpofées à l'exercice de la Religion,
quelles eftoient leur demeure & office : là auffi eft faicte mention de plufieurs tranfgreffiōs du peuple Iuif, & de
leur punition , auec commemoration
des benefices de Dieu à eux cōferez deuant qu'entrer en la terre de promiffiō.

Nomien fut furnommé Apollon,
cōme qui diroit Pafteur,
foit pource qu'eftant exilé du Ciel, il
fift paiftre les trouppeaux du Roy Admet, ou d'autant que par la chaleur du
Soleil (entendu par Apollon) toutes
les chofes d'icy bas prennent leur nourriture & vigueur.

Nona l'vne des Parques. *Voy*
Mort.

Nonacris montagne d'Arcadie,
ou comme quelques-
vns veulent, vne certaine contrée montueufe où eft fituée vne ville de mefme
nom. De fes roches diftille vne eau appellée Styx, laquelle eft fi extrémement
froide qu'elle ne peut eftre contenuë
en aucun vafe qu'elle ne le rompe ou
diffipe, foit d'or, d'argent ou autre me-
tal, ny en autre chofe, fors qu'en la corne du pied d vne mule. *Eftienne, Vitru-
ue liu.* 8. *chap.* 8.

Nones eft appellé chaque 5. iour du
mois (excepté en Mars, May,
Iuillet & Octobre efquelles elles font
le 7.) où elles commencent, & en retrogradant viennent iufques aux Calendes ou premier iour du mois : Elles
ont pris ce nom, dautant qu'il y a toufiours 9. iours inclufiuement depuis les
Nones iufques aux Ides : ou bien à la
façon des Tofcans qui appelloient Nones les iours efquels ils faluoient leur
Roy & confultoient de leurs affaires: ce
qui fe faifoit de 9. iours en 9. iours. *Voy*
Calendes & Ides.

Normandie Duché, & l'vne des
plus belles Prouin-
ces de France, appellée auparauant

Neuftrie: mais ce nom luy fut depuis donné à caufe de quelques nations Seprentrionales de Norvvegue, Dannemarch & Suede qui s'y vindrent habituer, & deflors ils furent appellez Normans, car *Nort* en Allemand veut dire pays Septentrional, & *man* homme. Elle eft bornée au Couchant par la Bretagne, dont elle eft diuifée par le fleuue Cronon: au Nord par la mer d'Angleterre: au Midy par le Maine: & au Leuant par la Picardie. Ce pays abonde en bleds, beftail, fruicts, & fpecialement en pommes dont les naturels du pays font leur boiffon ordinaire, mais elle manque de vin prefque par tout. Les peuples qui l'habiterent premierement fe monftrerent fort belliqueux: car ayás faict plufieurs cõqueftes en Angleterre, France & Pays bas, ils fe rendirét tellement redoutables foubs leur ChefRollo, que le Roy Charles le Simple eftóné de leurs rauages, fut cõtraint de leur demander la paix, pour laquelle cõfirmer il donna vne fienne fille nõmée Gillette à Rollo qui moyennant ce fe fift baptifer; luy donnant d'abondant ce païs de Normandie qu'il tiendroit à foy & hommage de la Courône de France. Depuis Louys d'Outremer ayant en faueur des Normans eftendu cette Duché iufques à la riuiere d'Epte qui auparauát fe bornoit à la riuiere d'Andele; & Hugues Capet l'ayant erigée en Pairie, elle a toufiours efté poffedée par fes Ducs iufques au regne de Philippes Augufte qu'elle reunit à la Couronne par la felõnie de Iean furnommé Sans-terre Roy d'Angleterre qui auoit fait tuer Arthus fon neueu. Les Anglois la poffederent depuis enuiron 30. ans, apres lefquels elle fut remife en l'obeïffance du Roy Charles 7. & depuis reünie à la Courône fous Louys XI. L'õ diuife cette Prouince en deux, haute & baffe: en la haute on met 3. Duchez, Alençon, Aumale, Longueuille, & 7. Comtez: La baffe compréd le Beffin, le Conftantin,

le Houïuet, & le petit Royaume d'Iuetot. En icelle font les Comtez de Thorigny, Mortain, &c. La ville capitale c'eft Roüen fiege du Parlement & Archeuefché. Ses autres villes font Auráche, Conftáce, Bayeux, Lyfieux, Eureux, Caen, Dieppe, & plus de 40. autres de moindre renom. Cette nation a de tout téps efté fort belliqueufe, dequoy font foy les cõqueftes de Guillaume Duc de Normandie qui fe fift Roy d'Angleterre: & celles des enfans de Hauteuille Guifchard qui fe rendirét feigneurs de la Calabre, Naples & Sicile. Ses peuples font fins & rufez, ne s'aftreignent aux loix eftrangeres, ains viuent felon l'ancienne police, qu'ils deffendent opiniaftremét: ils font grandement addonnez à la chicanerie, &en reputatiõ de ne tenir leur parole: au refte ils font d'affez bon efprit, & qui embraffent la pieté.

Nortgoie contrée de l'Allemagne faifant partie de la Bauiere, laquelle eft delà le Danube, dicte anciennement Norique, & de prefent Haut Palatinat ou Nortgovv, cõme qui diroit en Allemand Terre Septentrionale. Ses bornes, felon Mercator, (car Ptolemée luy en dõne d'autres) font au Nord la Voitlandie: au Leuant la Boheme: au Midy le fleuue du Danube qui la fepare de l'autre Bauiere: & au Couchant partie de la Sueue & de la Fráconie. Si fon air eft agreable & fain, fon terroir eft dur & afpre, eftant feulement fertile en pafturages. Il y a en ce pays vne montagne qui ne rapporte que des pins, ayant enuiron de tour 6. milles, de laquelle découlét 4. fleuues qui en forme de croix femblent vouloir chercher les 4. parties du mõde: il s'y trouue auffi force metaux, cõme fer & eftain en abõdance, & de l'azur. Sa capitale eft Nuréberg ville des plus belles de l'Allemagne. Cette Prouince a eu iadis fes Rois cõme toute la Bauiere, ainfi que témoigne I. Cefar quand il dit que Ariouiftus auoit pour femme la fœur du Roy des

Noriques. Cette côtrée enferme en son
esléduë 4. Ládgrauiats. *Marc. en son Atl.*

Northombrie contrée d'Angleterre, en for-
me de triangle, mais non équilateral,
arrousée à son Orient de la mer Germanique, & à son Couchant par le fleuue
Tueda, voisine de l'Escosse du costé du
Nord. Outre le païs de Nortumberland
elle en contiét encore d'autres, comme
Lanclastre, Cumberland, Vvestmorlád,
&c. desquels le terroir est grandement
aspre & montueux, fertil toutesfois en
pasturages où paissent force trouppeaux de brebis, ses montagnes sont
remplies de minieres de plomb, fer, airain, & mesmes d'argent, comme aussi
de charbon de terre propre à brusler.
Le naturel de ses habitans est tout diuers des Anglois, leur langage plus rude, approchant de l'Escossois. *Mercat.
en son Atlas.*

Norvvegue Royaume de l'Europe en la partie Se-
ptentrionale, comme le monstrent les
deux mots *Nort* qui signifie Septétrion
& *wegue* qui veut dire Chemin. Il est
borné au Midy du Dannemarch, au Ponant de la mer Oceane, au Leuant de la
Suede, & au Nord de la Lapponie de
laquelle elle est separée par de fort hautes montagnes tousiours couuertes de
neiges. L'air y est fort doux, specialement du costé de l'Occident & du Midy, dè sorte que la mer n'y gele point,
& la neige y dure fort peu de temps:
toutesfois le terroir n'est pas beaucoup
fertil, & ne suffist pour nourrir ses habitans. Il abonde en menu bestail, & plusieurs bestes sauuages; l'on y void des
Ours blancs, & force Castors. Au costé
Oriental de ce Royaume se trouuent
des monstres marins fort horribles, &
specialement des baleines, dont il y en a
de longues de bien 100. coudées, lesquelles renuersent bien souuent les Nauires, & pour éuiter ce danger, les Mariniers iettent du Castoreum destrempé

dans la mer, dont les baleines fuyent
l'odeur; la pluspart des maisons de ce
Royaume sont grossierement basties,
dont les parois sont faictes daisses, &
les toicts couuerts de gazons de terre.
La ville capitale de ce Royaume est Ni-
drosie, appellée jadis *Frondom*, honnorée du titre d'Archeuesché, qui a l'intendance sur toutes les Eglises de Norwegue, d'Islande & Groelande: il y a
aussi Bergue pareillement Archiepisco-
pale ville marchande, où il y a vn port
des plus celebres de l'Europe. Pendant
que ce Royaume se maintint par succession hereditaire il fut fleurissant, & commandoit au Dannemark, & à toutes les
Isles voisines; mais depuis y manquant
la race Royale, les principaux du Royaume y procederent par eslection. L'on
y compte 46. Rois depuis Suidalgel II.
iusques à Christierne dernier: & maintenant il est soubs la puissance du Roy
de Dannemark, qui y a 5. forteresses &
autant de gouuernemens: l'on y faict
traffic des peaux precieuses, de merlus
en grande quantité, & d'autres poissons.
Ses naturels sont bons, simples, hospitaliers, fort ennemis des larrons & des pirates. *Ortel. Mercat. Magin, Olaus le
Grand, & autres.*

Nouatiens qui se faisoient appeller Cathares, c'est
à dire, *Nets*; heretiques signalez, ayans
eu pour chefs Nouatus & Nouatian,
qui auoit faict schisme d'auec le Pape
Corneille, ayant esté son competiteur
au Papat, & bien qu'ils se diuisassent
puis apres en plusieurs sectes, si est-ce
qu'ils ont esté appellez d'vn nom commun Nouatiens. Leur principal erreur
estoit de n'admettre en l'Eglise le Sacrement de Penitence, rejettans la Confession qui se faict aux Prestres. *S. Cypr.
liu. 2. epist. 10. & liu. 3. epist. 2. & 3* Ainsi
fermoient la porte de penitence & reconciliation, à ceux qui estoient vne
fois cheus apres le Baptesme. *epiph. hær.
59. S. Aug. hær. 38.* maintenoient qu'il

n'y auoit aucun Euefque duquel les autres deuffent dépendre. *Eufeb. li.6.c.43.*

Nouellius Torquatus,

Milannois, furnommé Tricongius, pour auoir beu tout d'vn traict 3. conges de vin (qui font enuiron 9. pintes mefures de Paris) en la prefence de l'Empereur Tibere qui en fut grandement eftonné, encore que ce Prince de fa nature aimaft grandement à boire : & ce Torquatus a furpaffé tous les beuueurs de fon temps : toutefois de Preteur il vint à eftre Proconful. *Pline liu.*14.*chap.*22.

Nouenfiles

eftoient appellez ces Dieux, qui nouuellement auoient efté afcripts en ce nombre. D'autres eftiment que de ce nom ont efté appellez les Dieux eftrangers, d'autant que les Romains auoient de couftume de facrifier aux Dieux particuliers des villes qu'ils conqueftoient : & de peur qu'à caufe de la multitude d'iceux, ils n'en obmiffent quelqu'vn à honnorer, ils les inuoquoient tous en general, foubs le nom de Nouenfiles : il y en a auffi qui eftiment que ce nom a efté particulierement donné à ceux qui d'hommes ont efté faicts Dieux, comme à Hercule, Ænée, Romule, &c. *Arnobe liu.*3.*contre les Gentils.*

Nouogrod

tres-riche & tresample ville de la grande Duché de Nouograde en Mofcouie, efloignée d'enuiron 200. milles de la mer Baltique. Elle furpaffe en grandeur toutes celles qui font du cofté du Nord, mefmes la tient-on plus grande que Rome ; mais la plufpart de fes baftimens ne font que de bois. Sa contrée eft grandement froide, & prefque toufiours en tenebres l'Hyuer, auffi fon plus long iour d'Efté eft de 20. heures. Elle eftoit iadis foubs la puiffance des Lithuaniens, mais en l'an 1477. elle fut enuahie par Iean Bafile Duc de Mofcouie. Ses habitans eftoient anciennemét fort humains & courtois ; mais la

hantife des Mofcouites leur a corrompu cette bône humeur. *Magin en fa Geogr.*

Noyon

ville de Picardie fur la riuiere d'Oyfe, appellée des Latins *Nouiomagus.* Elle eft des plus anciennes de France, car Cefar *l.*2.*de fes Comment.*tefmoigne il y a plus de 1600. ans, qu'il eut bien de la peine à la prendre. S.Medard fut fon premier Euefque du temps du Roy Childebert, l'an 524. depuis Hugues Capet (Euefque lors feant) mift au nombre des Pairs Ecclefiaftiques, qui porte le tiltre de Comte. Son Euefché s'eftend fur bien 404. parroiffes, & dépend de l'Archeuefché de Rheims.

N V

Nubie

Royaume d'Afrique, lequel eft borné à fon Couchant par le Royaume de Gaoga : au Leuant par le Nil ; au Nord par l'Egypte : & au Midy par les deferts de Goranie. Il abonde en riz, fuccre, fandal, yuoire, & fpecialement en or, ce qui rend fes habitans tres-riches, felon Leon l'Africain, lefquels il dict faire vn grand trafic auec les marchands du grand Caire, & du refte de l'Egypte. Sa ville capitale eft Dangala ville fort marchande, de laquelle les maifons font de craye, & ne font couuertes que de paille. Il fe trouue en ce Royaume vne forte du venin fi fubtil, que la dixiefme partie d'vn grain fait mourir en vn quart d'heure, vn homme qui en auroit pris, & l'once ne s'en vend moins de 100. efcus, & n'en debite-on qu'aux eftrangers. *Mag. en fa Geogr.*

Nuict

comme veulent les Anciens, eft eftimée fille de la Terre & du Chaos, voire la mere & la plus ancienne de tous les Dieux, laquelle ils reprefentoient comme vne femme veftue de noir, auec de grandes aifles noires, couronnée de pauot : & au deuant de fon char, tiré par deux cheuaux,

YYYyy iij

brilloient les eſtoilles qui luy ſeruoient de guide : l'on luy ſacrifioit le coq. Ciceron liu.3.la Nat.des Dieux,luy dône pour enfans, Amour , Dol, Crainte, Labeur,Enuie, Fraude , Deſtin, Vieilleſſe,Tenebres,Miſere,Plainɗe,Grace, Opiniaſtreté,les Parques & les Songes, qu'il diɗ tous auoir eſté ſes enfans & de l'Erebe.

❡ *La Nuiɗt eſt diɗe la mere & plus anciéne de tous les Dieux , pource qu'auant la creation du Soleil, de la Lune, &c. (que les Anciens prenoient côme pour autant de Dieux,) les tenebres eſtoient ayans eſté auec le Chaos meſme & la matiere premiere Ils l'ont diɗe auſſi fille de la Terre, à cauſe qu'à ſon occaſion l'obſcurité nous viēt,lors qu'elle eſt interpoſée entre nous & le Soleil. Le pauot luy eſtoit dedié, & en eſtoit couronnée,pource que cette herbe a vne vertu endormante & ſopitine. Le Coq eſtoit ſa viɗtime,pource que cét animal luy eſt odieux,en ce qu'il ſemble r'appeller la lumiere par ſon chant. Tous ces vices & paſſions ſont diɗts ſes enfans , ou pource qu'ils ſe conçoiuent d'ordinaire la nuiɗt, ou qu'ils recherchēt le plus ſouuent les cachettes des tenebres & de l'obſcurité.*

Numa Pompilius natif de Cures

païs des Sabins , fut le 2. Roy des Romains & ſucceſſeur de Romulus.La reputation de ſa vertu & pieté (auſſi le tient-on auoir eſté inſtruiɗt par le Philoſophe Pythagoras) fiſt qu'on luy offrit la couronne, laquelle ayant acceptée apres vn long refus , il voulut que ſon elleɗtion fut confirmée par le teſmoignage des Dieux , & par les auſpices: puis pour ranger le peuple Romain haut à la main, fier & farouche, il ſe ſeruit de la Religion, amolliſſant petit à petit, & attiediſſant cette fierté de courage & ardeur de combattre, par ſacrifices, feſtes,danſes,& proceſſiôs ordinaires qu'il celebroit luy-meſme : & pour y ioindre ſon inſtruɗtion,il leur enſeigna la forme de ſacrifier , les ceremonies , & tout ce

qui concerne le ſeruice des Dieux immortels:eſtablit le College des Pontifes, des Augures, & autres ordres des Preſtres; inſtitua les Saliens, & commanda qu'on euſt en honneur les boucliers ſacrez, diɗts Anciles, & le ſimulachre de Pallas, comme les gages ſecrets de la durée de l'Empire : il partagea l'année en 12. mois y augmentant les deux premiers Ianuier & Feurier:edifia des temples à Ianus au double front, à la Foy & au Terme:inſtitua l'ordre des Religieuſes Veſtales. Il deffendit expreſſément qu'on n'euſt à faire aucune ſtatuë ou figure quelconque de Dieu , eſtimant conformément à la doɗtrine de Pythagore, que ce fuſt vn ſacrilege de vouloir repreſenter les choſes celeſtes par les terreſtres, attendu qu'il n'eſtoit pas loiſible d'atteindre à la diuinité, que par les yeux de l'entendement : & partant par l'eſpace de bien 170. ans, il n'y eut à Rome aucune ſtatuë des Dieux dedans les temples. Et afin d'authoriſer ſes inuentions , & que ſes ſubjeɗts encores barbares les embraſſaſſent auec plus d'ardeur & de denotion, il feignit les auoir appriſes de la Nymphe & Deeſſe Egerie:& cette opinion vint de ce que deuant qu'il fuſt Roy, il fut vn long-téps à mener vne vie ſolitaire, eſloignée de la compagnie des hommes , & que lors la Deeſſe Egerie luy fiſt l'honneur de le receuoir à mary, comme celuy qui par la frequentation ordinaire qu'il auoit auec elle, eſtoit inſpiré de l'amour & de la cognoiſſance des choſes celeſtes. Et en cette façon il ſceut reduire ce peuple farouche à vne telle moderation (par l'eſpace de 40. ans qui le gouuerna) qu'on veit fleurir la Iuſtice & la Religion en vn Empire qui auoit eſté occupé par toutes ſortes de violences & d'outrages.*Flor.liu.1.chap.2.T.Liue liu.1. Plut.en ſa vie.*

Numance ville tres-renommée de l'Arragon, prés le

fleuue de Duere en Eſpagne, laquelle

par sa vertu & valeur acquist vn renom
égal à la gloire des plus grandes & fortes villes : car auec 4000. Celtiberiens
seulement , elle soustint 14. ans durant,
l'effort de 40000. hommes Romains,
ayant liuré bataille à Pompée, & vaincu
plusieurs fois Hostilius Mancinus; ainsi
fut jugée inuincible : mais Caton à qui
la gloire de l'embrazement de Carthage enflammoit le courage , & luy donnoit de l'inclination à ruiner les villes,
la reduisit à toutes sortes d'extremitez.
Car apres auoir enfermé les Numan-
tins d'vne tranchée, reuestuë de murailles , la famine les pressa de sorte qu'ils
se mangerent les vns les autres , & se
voyans hors de tout moyen de se sauuer, ils employerent le fer, la poison &
le feu qu'ils mirent par tout pour con-
sumer leurs Capitaines, eux-mesmes &
leur ville, si bien que le triomphe ne fut
que de nom seulement. *Flor. liu. 2. chap.*
18. Strab. liu. 3.

Numenius Gouuerneur de la
contrée de Misene,
soubs le Roy Antiochus, lequel ayant
vaincu en vn mesme iour les Perses &
par mer & par terre, en recognoissance
d'vne telle victoire, offrit deux sortes
de trophées en vn mesme lieu, sçauoir à
Neptune & à Iupiter.

¶ Il y en eut vn autre de ce nom Platonicien (lequel Origene ne faict point de
difficulté de preferer à tous autres Philosophes) lequel conferant les preceptes de Platon auec les mysteres de
Moyse, disoit que Platon luy sembloit
estre vn autre Moyse, approfondissant
par son éloquence Attique les secrets
de la Diuinité.

Numerian fils de Carus fut esleu
Empereur par l'ar-
mée des Romains , apres la mort de son
pere: mais côme il projettoit de s'en venir à Rome, Aper son beau-pere mettant en oubly l'obligation qu'il deuoit
à son Seigneur & gendre, le fist tuer,
pensant par ce moyen paruenir à l'Em-

pire : dont ce neantmoins contre son attente , il fut puny rigoureusement par
Diocletian qui fut esleu successeur de
Numerian à l'Empire. Ce Prince estoit
valeureux, bien lettré, grand Poëte &
fort bon Musicien. *Aur. Victor, Eusebe,*
Eutrope.

Numicius fleuue du Latium ou
Campagne de Rome,
où fut trouué le corps d'Ænée, & où
Anne sœur de Didon se noya. Ce fleuue fut premierement reduict à vne simple fontaine , puis se tarit tout à faict,
cessans par ce moyen les sacrifices de
Vesta, n'y ayant d'autre eau dont il fust
loisible de se seruir pour les parfaire.
Ouid. 3. des Fastes & Virg. li. 7. de l'Æ-
neid.

Numidie l'vne des 7. principales
parties de toute l'Afri-
que, appellée de present *Biledulgerid* selon Iean Leon. Elle est située entre la
Mauritanie Cesariense, & la contrée de
Carthage, ayant pour bornes à son Occident la mer Atlantique : au Nord le
mont Atlas: au Midy les deserts sablonneux de la Libye: au Leuant elle s'esté d
presque iusques aux frontieres d'Egypte. Cette contrée estoit jadis presque
toute inhabitée, aussi son terroir est-il
trop chaud, aride & infertil en toutes
choses , fors qu'en dattiers. Pline ce
neantmoins faict mention de son marbre, comme tres-precieux. Il y auoit jadis deux villes celebres , Hippone &
Rhegge. Ses peuples s'appelloient Numides par les Latins , & Nomades par
les Grecs, du verbe Grec *Nemein*, c'est
à dire, paistre, pource que leur exercice
ordinaire estoit celuy de pasteurs. Ses
habitans adoroient jadis les estoilles, &
encore de present ils sont tous barbares, traistres, ignorans, larrons & homicides. *Magin en sa Geogr.*

Numitor fils de Procas Roy des
Albanois, & frere d'A-
mulius, & ayeul maternel de Remus &
de Romulus, Il eut pour fille Rhea Syl

uia, laquelle Amulius (apres auoir chaffé du Royaume fon frere Numitor,
pour s'en emparer) dedia au feruice de
Vefta, afin que foubs pretexte d'honneur virginal, il la peuft fruftrer de lignée: mais ayant efté enceinte de Mars
(comme les Romains ont donné à croire) il la fift enterrer toute viue prés-du
Tybre, & expofer les deux enfans qui
eftoient Remus & Romulus qu'elle
auoit produicts, lefquels venus en âge,
mirent à mort Amulius, & reftablirent
leur ayeul maternel Numitor en fon
Royaume. *T. Liue l.i. Plut. en la vie de
Romulus.*

Nuremberg ville d'Allemagne, Metropolitaine de
la Bauiere, ou haut Palatinat: Elle eft
l'vne des plus grandes & celebres de
l'Allemagne, foit que l'on confidere fes
edifices fuperbes, tant priuez que publics, foit que l'on aye efgard à l'induftrie de fes ouuriers, & à la grande affluence des marchands. Elle contient
128 places publiques, 11 ponts de pierre
qui ioignent les deux parties de la ville,
ceincte au refte d'vn double mur: il y a
138. tours, outre les baftions & boule-
uards. Ce qu'il y a d'ancien eft le Chafteau, dict des Latins, *Caftrum Noricum,*
bafty en vne colline au milieu de la ville par l'Empereur Tibere. Elle a efté
toufiours tres-fidelle au feruice des Empereurs, & maintenant elle tient le 2.
lieu de dignité entre les Burgrauiats
de l'Empire. *Monft. liu. 3. de fa Cofm.*
Merc. en fon Atlas.

Nurfie ville ancienne des Sabins,
païs natal de ce grand Capitaine Q. Sertorius, l'ennemy iuré des
Romains. *Plut. en fa vie.*

N Y

Nyctimene fille de Nyctée &
d'Amalthée, & fœur
d'Antiope : laquelle fut tranfportée
d'vn fi fale & vilain amour, qu'elle n'eut

point d'horreur de fe ietter dans le lict
de fon pere, & fe ioindre auec luy, ce
qu'ayant defcouuert Nyctée il la voulut tuer, mais par la commiferation de
Pallas elle fut conuertie en vn chat-
huant ou hibou lequel eft vn oyfeau
autant ennemy du iour comme hay des
autres oyfeaux. *Ouide au 2. de fes Met.*
❡ *En quoy nous pouuons iuger que la con-*
fcience eft le plus cruel bourreau des ames
vlcerées de crimes, & laquelle leur fait re-
chercher les tenebres: ce qui les ronge auffi
de mille hideux remords qui y font efmeus
par les poinctes des langues qui les atta-
quent, comme les autres oyfeaux le hibou,

Nymphes filles de l'Ocean & de
Thetys, felon Orphée
en leur Hymne, lefquelles Virgile appelle Meres des eaux, auffi le mot Grec
Lymbes fignifie eaux: & ce neantmoins
l'on n'attribuë pas feulement ce nom
aux Deeffes aquatiques, mais auffi aux
celeftes & terreftres, & les diuife-on en
plufieurs claffes, car tantoft l'on les appelle Nereïdes qui prefident fur la mer:
Naiades, fur les fleuues: Napées, fur les
bocages & paftis: Dryades fur les arbres & chefnes: quelquesfois Hama-
dryades, quand elles font attachées à
quelque arbre particulierement: Orea-
des & Oreftiades, quand elles hantent
les montagnes : Limniades, celles qui
habitent les eftangs ou marets, &c. les
Anciens ont tenu que les terreftres ont
nourry Ceres & Bacchus, & quant aux
celeftes ils croyoient que c'eftoient les
ames des fpheres nommées auffi Mufes, par les forces & vertus qui de là
paruiennent iufques à nous; & de là
croyoit-on qu'elles fuffent inuentrices
des deuinements. Plutarque *au Traicté*
des Oracles qui ont ceffé, fait ces Nymphes fubjectes au trefpas comme les de-
mós, l'âge defquelles il limite à 9720.
ans. L'on leur offroit en facrifice du
laict, de l'huyle & du miel: & quelquesfois on leur facrifioit vne chevre.
❡ *Par ces Nymphes les Anciens ont entédu*
les

le forces & facultez de l'humidité, esquelles consiste la generation de toute ce qui est
és eaux ; & d'autant qu'elles sont plus puis-
samment en la masse vniuerselle des eaux,
elles sont dictes filles de l'Ocean, comme
aussi lors que ses vertus & facultez s'e-
stendent és riuieres, estangs, fontaines &
ruisseaux, elles en sont dictes les meres &
presider sur tous & chacuns ces lieux, voire mesmes ont-ils estendu leur intendance
sur les montagnes, bocages, & generalement sur toutes les plantes ; pource que
l'humidité & liqueur arrouse & nourrit
toutes choses tant animées qu'inanimées :
c'est ce qui les a faict feindre nourrices de
Cerés & de Bacchus, puisque les bleds &
le vin dont ils sont estimez Dieux sont
procreez, & nourris par l'humidité des

eaux : Et mesmes ont-ils logé les Nymphes
auec les Spheres celestes, croyans quelques vns des Anciens qu'elles se nourrissent d'humeur.

Nyse ville située en cette partie d'A-
rabie, qui est voisine de l'Egypte en laquelle, selon Diodore, les Nymphes nourrirent & esleuerent le Dieu
Bacchus.

¶ Vne autre de ce nom, sise és Indes,
bastie par le mesme Bacchus, fort celebrée par les Poëtes. Strab. liu. 15.

¶ Vne bourgade de ce nom en l'Helicon
qui est consacrée au mesme Bacchus.

¶ Et vne autre ville de l'Eubœe, prés de
laquelle Estienne dict qu'en mesme
temps & en mesme terroir les vignes
fleurissent & rapportent leur fruict.

O

O A

Axis fleuue de l'Isle
de Candie, ainsi
appellé d'Oaxe fils d'A-
pollon, dont la Candie fut
appellée Terre Oaxienne.
Virg. en son Eclog. 1. Il y a
aussi vne ville en Candie de ce nom.
Herodot. liu. 4.

O B

Obed fils de Booz & de Ruth, pere
d'Isaï, & ayeul de Dauid.
Ruth. 4. dont est descendu Iesus selon
la chair, Matth. 1.

Obed-edom Getheen, lequel
le Seigneur benist
& toute sa maison, pource qu'en icelle
auoit demeuré l'Arche d'alliance. 2.
Roys. 6.

O C

O C

Occasion Deesse que les anciens
Romains ont iadis
creu presider à l'opportunité de bien
faire quelque chose à temps & heure.
Les Grecs en ont faict vn Dieu qu'ils
nommoient Cærus, comme tesmoigne
Pausanias L'on peignoit cette-cy comme vne femme qui se tenoit plantée
debout sur vne roüe ou vn globe, auec
des aislerons aux pieds, ayant dauantage tous ses cheueux espars sur le visage,
& le derriere de la teste descouuert, &
tenant vn razoüer en main, accompagnée d'vne femme triste & dolente qui
la suiuoit.

¶ Ausone a faict vn Epigramme fort gentil
qui Mythologise cette fiction : Elle se tient
sur vne roüe, ou plustost semble s'y tenir pour

ZZZzz

monſtrer ſon inſtabilité qui ſans ceſſe tourne & varie, ce que ſignifient pareillement
les aiſles qu'elle a aux pieds : Ses cheueux
voilent ſa face, parce qu'elle ne veut eſtre
cogneuë, & auſſi qu'elle veut eſtre priſe à
ſon premier abord, de peur qu'eſtant paſſée
on ne la trouue chanue par derriere, &
qu'on ne la puiſſe empoigner lors qu'elle
s'enfuit : Ce razoüer qu'elle tient en la
main, ſignifie que le temps pris opportu-
nément tranche les choſes plus difficiles, &
en vient à bout : Cette compagne qui la
ſuit eſt la penitence, eſtant vray qu'ayant
quelqu'vn laiſſé paſſer l'opportunité du
temps, il ne peut attendre autre choſe
qu'vn regret & repentir. Voy Cærus &
Fortune.

Ocean fils de Cœlus & de Veſta, &
mary de Therys que les An-
ciens ont qualifié Superintendant de toutes les mers, riuieres & eaux de la terre:
voire meſme le diſoient pere de tous les
Dieux, & partant ils faiſoient ſon image
fort peu differente de celle de Neptune:
l'on le peignoit quelquefois ſur vn char
tiré par des baleines dans la mer, accompagné des Tritons qui ſonnoient de la
trompette auec vne grande trouppe de
Nymphes qui luy faiſoient eſcorte.

¶ Par cét Ocean eſt eſtendu cette vniuerſelle maſſe de l'eau qui enuironne toute la
terre: ils l'ont dict fils du Ciel, comme ayāt
eſté les eaux de la mer tirées ou pluſtoſt ſeparées de celles qui ſont ſur les Cieux, lors
que Dieu leur commanda de ſe retirer en
la terre. Geneſ. ch. 1. Et Veſta (par qui
eſt denotée la terre.) eſt feinte ſa mere,
pource qu'elle la contient en ſon large ſein.
Or d'autant que la pluſpart des anciens
croyoient l'eau eſtre le principe de toutes
choſes, ils ont dict qu'il eſtoit pere de tous
les Dieux. Au reſte cét Ocean prend pluſieurs noms ſelon la diuerſité de ſon aſſiette, car du coſté de l'Orient l'on l'appelle Indique; deuers l'Occident, Atlantique; aux
parties Septentrionales, mer glaciale; &
aux Meridionales, mer Pontique, & mer
Rouge & Ethiopique; receuant dauanta-

ge des noms plus particuliers ſelon la diuerſité des lieux que ſes eaux arrouſent.

Ochoſias, 8. Roy d'Iſraël, fut fils
d'Achab & de Iezabel
deſquels il enſuiuit les abominations,
adorant les Idoles & les Baalins : & meſmes eſtant tombé malade, il enuoya vers
Beelzebuth Dieu des Accaronites, pour
conſulter s'il rechapperoit ou non, auquel le Prophete Helie ſuſcité de Dieu,
annonça la mort confirmée meſmes par
miracles; car le Roy ayant enuoyé par
deux fois deux Cinquanteniers auec
leurs trouppes vers le Prophete pour
l'amener au Roy, ils furent deuorez du
feu du Ciel. 4. Roys. 1. en ſuitte dequoy
ce meſchant Roy mourut apres auoir
regné 2. ans, enuiron l'an du monde
3270. 3 Roys. 22.

Ochoſias, autrement appellé Ioachas, fils de Ioram &
d'Athalia, fut le 8. Roy de Iuda, lequel
fut meſchant deuant Dieu, enſuiuāt les
impietez d'Achab. Ayant faict alliance
auec Ioram Roy d'Iſraël, il l'aſſiſta contre Haſaël Roy de Syrie : mais comme
il vouloit encore ſecourir Ioram contre
Iehu que Dieu auoit oinct pour deſtruire toute la maiſon d'Achab : ce Prince eſleu de Dieu, ayant faict rechercher
tous ceux de cette famille, fiſt tuer
auſſi cét Ochoſias qui eſtoit caché en
Samarie auec toute ſa lignée fors Ioas,
ayant à peine Ochoſias regné en Hieruſalem vn an enuiron l'an du monde
3281. 2 Paral. 22.

Ocnus nom d'vn certain fort celebré par les Poëtes, lequel ils
feignent eſtre detenu aux Enfers conti-
nuellément occupé à filer de la corde,
mais laquelle eſt tout auſſi toſt deuorée
par vne Aſneſſe qu'ils ont miſe aupres
de luy, dont eſt venu le Prouerbe; Ocnus
file ſa corde, qui eſt contre ceux qui prennent beaucoup de peine ſans profit, &
s'amuſent à choſes totalement infru-
ctueuſes, ou pluſtoſt contre ces gens laborieux leſquels iaçoit qu'ils amaſſent

fans ceffe force richeffes par leur grand mefnage & induftrie, fi eft ce qu'elles fe voyent miferablemēt diffipées par quelque femme prodigue & defbauchée.

¶ Vn autre, fils du Tibre & de Manto, lequel auec fa mere baftit la ville de Mantouë, & lequel fecourut Ænée contre Turnus. *Virg. li. 10. de l'Æneid.*

Octaue Cefar furnommé Augufte, 2. Empereur des Romains. *Voy* Augufte.

Octauia fœur d'Augufte & femme de M. Anthoine le Triumuir : chafte & vertueufe Princeffe, laquelle toutefois il repudia, alleché par les amours impudiques de Cleopatra, ce qui caufa la guerre entre Cefar & luy, & en fuitte fa ruïne. *Plut. en la vie de M. Anthoine.*

¶ Vne autre de ce nom, femme de l'Empereur Claudius, laquelle le cruel Neron ayant efpoufée repudia, puis la fift mourir pour prendre à femme Poppea. *Suet. en la vie de Neron.*

Ocypete l'vne des trois Harpies qui eut pour fœurs Aëlo & Cæleno : elle eft ainfi appellée à caufe de fon vol leger. *Voy* Harpyes.

Ocyrrhoé Nymphe, fille de Chiron le Centaure : ainfi appellée à caufe de la viftefse de fa courfe : elle fut grande Prophetiffe, ayant predit qu'Æfculape feroit recognu par tout le monde, & qu'elle feroit changée en vne iument ; ce qui arriua comme elle l'auoit prononcé. *Ouid. li. 2. de fes Metam. Hefiod. en fa Theog.*

O D

Odoacre Roy des Herules & Thuringiens qui en ce temps habitoient és frontieres de la Hongrie pres le Danube, voyant l'Italie poffedée par ceux qui eftoient les plus forts, s'y achemina, où ayant vaincu & faict mourir Oreftes, & reduict Auguftulus fon fils au defefpoir, il fe rendit maiftre de toute l'Italie, & s'en appella Sci-

gneür & Roy, laquelle il poffeda 14. ans en tres-grande profperité, ainfi prift fin en cét Auguftule l'Empire de Rome, lequel par l'efpace de 330. ans n'eut plus aucun Empereur; ce qui aduinct l'an 529. apres que I. Cefar s'en fut fait Seigneur, & l'an de falut 477. Mais comme cét Odoacre commandoit paifiblement en Italie, Theodoric Roy des Goths & Oftrogoths obtint de Zenon Empereur de Conftantinople, la permiffion de reconquerir l'Italie fur Odoacre, pour à quoy paruenir il s'y achemina auec vne puiffante armée qui eftoit encore des reftes d'Attyla, où apres auoir gagné deux fameufes batailles contre Odoacre, puis l'auoir affiegé à Rauenne 3. ans durant, il le reduifit à luy demander la vie, laquelle toutefois luy fut oftée auec celle de fon fils par Theodoric. *P. Diacre, Blonde.*

Odon Roy de France. *Voy* Eudes.

Odyffée eft ainfi appellée l'ouurage d'Homere, lequel contient en 24. liures les voyages, aduentures & faicts heroïques d'Vlyffe.

O E

Oeagre pere d'Orphée. ¶ De ce nom, auffi fut appellé certain fleuue de Thrace dont prend fa fource le fleuue Hebre, lequel pource eft nommé Oeagrien, dautant qu'apres que les matrones des Cycones Preftreffes de Bacchus eurēt demembré Orphée fils d'Oeagre, ils en ietterent la tefte dans ce fleuue, *Virg. li. 4. des Georgiq.*

Oebalie contrée du Peloponnefe, faifant partie de la Laconie; ainfi appellée d'Oebale fils d'Argule Roy des Lacedemoniens, *Stace liu. 1. de fon Aquil.* D'icelle furent appellez Oebalides, Caftor & Pollux, pour y auoir pris leur naiffance. *Ouid. liu. 5. des Faft.*

Oebares pale frenier de Darius, par l'induftrie duquel fon maiftre paruint à l'Empire des Perfes:

Car ayant esté conuenu entre les sept plus puissans Satrapes des Perses, que celuy dont le cheual henniroit le premier en vn certain lieu designé, à la venuë du Soleil, seroit declaré Roy: Cet Oebares eut l'addresse en feignant r'accommoder son mords, d'apporter à ses narines la main qu'il auoit mise dans les parties genitales d'vne iument, dont le cheual aussi-tost esmeu commença le premier à hennir: & par ce moyen Darius fut esleué au throsne Royal. *Herodot. liu. 3. Iustin.*

Oechalie ville de la Laconie, ainsi appellée du fleuue Oechalée qui l'arrouse & qui a donné mesmes son nom à vne grande partie de cette region. Cette ville fut depuis ruïnée par Hercule lors qu'il tua Euryte & ses enfans. *Voy* Euryte.

Oedippe fils de Laius & d'Iocaste, duquel le pere ayant sceu de l'Oracle qu'il mourroit de la main de son fils, commanda d'estre exposé: mais l'executeur de cette impieté ne l'ayant osé faire, se contenta seulement de luy transpercer les pieds & le pendre à vn arbre au mont Cytheron, mais qui fut trouué puis apres par Phorbas l'vn des pastres de Polybe Roy des Corinthies, lequel l'ayant détaché le porta à la Royne qui estoit sterile, lequel elle nourrit comme enuoyé du Ciel: & pource que les pieds luy auoient enflé de cette nature, il fut nommé Oedippe des mots Grecs *Oidein* qui signifie enfler, & de *pous*, c'est à dire pied. Luy donc venu en aage, comme il alloit en la Phocide où l'Oracle luy auoit dict qu'il auroit nouuelles de ses parens, il rencontra fortuitement son pere, lequel sans le recognoistre il tua sur le chemin. Cela faict, il s'achemina à Thebes où il solut la question Ænigmatique de Sphinx laquelle tyrannisoit grandement les Thebains: en recognoissance duquel bienfaict n'estant estimé fils que de Polybe, ils luy donnerent en mariage sa mere

Iocaste vefue de Laius, de laquelle il eut deux fils Etheocle & Polynice, & deux filles Antigone & Ismene: mais depuis ayant recognu ses crimes, sçauoir, d'auoir meurtry son pere, & espousé sa mere, il se creua les yeux de regret, s'estant démis volontairement de son Royaume, puis se retira en la ville d'Athenes. *Stace liu. 1. de sa Thebaid. Plutarq. au traicté de la Curiosité, Ælian, Diodore, & autres.*

Oenée fils de Parthaon & Roy d'Ætolie, lequel eut d'Althée fille de Thestius, Meleagre, Tydée & Deianire du depuis femme d'Hercule. *Stace li. 1. de sa Theb.* Cet Oenée ayant faict sacrifice à tous les Dieux, hormis à Diane qu'il oublia par mesgarde; la Deesse en fut tellement irritée qu'elle enuoya en son terroir de Calydon vn sanglier de grandeur enorme, lequel y faisoit mille degasts, ce qui continua iusques à ce que Meleagre fils d'iceluy accompagné de toute la ieunesse des villes circonuoisines, le mit finalement à mort. *Ouide liu. 8. de ses Metamorphoses.*

Oeno l'vne des filles d'Anius, lesquelles par la faueur de Bacchus conuertissoient toutes choses en bled, vin, & huyle. *Voy* Anius & Oenotropes.

Oenomaus Roy d'Elide & de Pise, & pere d'Hippodamie, lequel ayant sceu de l'Oracle qu'il deuoit estre tué par son gendre, proposa à tous les courtisans de sa fille qu'ils ne l'obtiendroient en mariage que lors qu'ils auroient remporté sur luy la victoire à la course du chariot, & qu'aussi y estans vaincus, pour peine ils subiroient la mort: mais plusieurs nobles Princes ayans faict à leur dam ce malheureux essay, Pelops le vainquit ayant corrompu Myrtile cocher d'Oenomaus qui encombra son chariot, si bien qu'il se brisa les membres; en suitte dequoy Pelops eut la iouïssance &

du Royaume & de la fille. *Strab. liu. 8.*

Oenone Nymphe Ideenne, qui s'enamouracha de Paris, lors qu'estant encore incogneu il paissoit ses trouppeaux sur le mont Ida de Phrygie. Elle estoit grandement versée en l'art de deuiner: car elle predist à Paris, qu'il seroit la cause de la totale ruïne de son païs, & de sa mort mesme. Dictis Cretois, dict qu'ayant veu le corps mort de Paris qu'on luy apportoit pour l'ensenelir, elle se pasma & mourut de regret, pour la trop grande amitié qu'elle luy auoit autresfois portée. Ouide nous a laissé vne Epistre, par laquelle cette Nymphe essaye d'attraire Paris à son amour.

Oenotrie fut appellée cette partie de l'Italie, qui est vers la Sicile, ainsi dicte à cause de l'abondance de son vin, que les Grecs appellent *Oinos*. Quelques-vns toutefois luy baillent ce nom, à cause d'Oenotrius Arcadien, selon Pausanias, au bien selon Varron d'vn de ce nom, qui fut Roy des Sabins: Ce nom fut depuis donné à toute l'Italie. *Strab. liu. 5.* Et pour ce Ianus & Saturne qui regnerent en Italie, furent appellez Oenotriens, comme aussi tous les habitans.

Oeta montagne qui diuise la Thessalie de la Macedoine, fort celebre par la mort & sepulture d'Hercule, qui pour ce fut surnommé Oeteen: ce mont est abondant en Ellebore.

O G

Og Roy de Basan, geant d'vne grandeur démesurée: car comme tesmoigne l'Escriture, son lict qui estoit de fer auoit 9. coudées de longueur: *Deuter. ch. 3.* Il fut tué & tout son peuple mis au fil de l'espée par Moyse. *Nomb. 21. &* son païs départy à la moitié de la tribu de Manassé. *Deut. 3.*

Oger Duc des Danois, Prince tres illustre du temps de Charlema-

gne. L'on tient qu'il voyagea en l'Ethiopie, & que là il establit Iean fils du Roy de Frize, appellé depuis Preste-Iean, luy sousmettant 14. Barons qui possedoient les terres voisines, afin que la Religion Chrestienne y fut establie. *Wernerus en son faisceau des temps.* Il mourut en la deffaicte de Ronceuaux, auec plusieurs autres grands Capitaines, comme Oliuier le Danois son frere, Arnauld de Bellande, Renaud de Montauban, & autres, qui sont le sujet de nos fabuleux Romans.

Ogyges Roy des Thebains, & fondatur de la ville de Thebes, enuiron 1500. ans auparauant la fondation de Rome, selon Varron *liu. 3. del' Agricult.* jaçoit que quelques-vns veulent que ce soit Cadme. S. Augustin *en sa Cité de Dieu*, dit que du temps de cet Ogyges il arriua vn deluge, non pas vniuersel comme celuy de Noé, mais qui fut plus general que celuy de Deucalion, dont ce Roy est pris par quelques-vns pour Ianus, qui n'estoit autre que Noé, duquel font mention les sainctes lettres.

Ogygie Isle entre les mers Phenicienne & Syriaque, appellée d'Ogyges Roy des Thebains qui y commanda. C'est en cette Isle que Calypso recueillit Vlysse apres son naufrage, & luy fist part de son lict, & ou il demeura 7. ans, iusques à ce qu'il en fut retiré par le commandement de Iupiter. *Homere liu. 1. de l'Odyssée.*

O I

Oilée Roy des Locriens & pere d'Aiax, que Virgile appelle du nom mesme de son pere.

O L

Oldembourg Comté tres-ancienne de la haute Allemagne, habitée autresfois par les petits Cauches, comme la Comté de

ZZZzz iij

Embden. Crants *en sa Metrop. ch .15* fait ce Comté vn des plus anciens de l'Allemagne, dont Widelchind Duc de Saxe estoit Seigneur du temps de Charlemagne Sa ville capitale porte le mesme nom. C. Tacite tres-graue autheur, donne de grandes loüanges à ses peuples, disant qu'ils maintenoient leur grandeur par iustice sans conuoitise, ny transport de passion, ennemis des brigandages & des extorsions lesquels toutesfois auoient tousiours les armes prestes, voire en temps de paix, pour conseruer la reputation de leur force & vaillance. *Monst. liu. 3. de sa Cosmog.* *Merc, en son Atlas.*

Olene ville d'Achaïe, ou selon les autres, de Bœoce, ainsi dicte d'Olenus fils de Vulcain, en laquelle Iupiter fut nourry du laict & de la chevre d'Amalthée, qui de cette ville a esté nommée Olenienne. *Ouid, li.5. des Fast.*

Oleron ville Episcopale de Bearn, dicte des Latins *Iluro*, & *Ciuitas Oloronensium*, qui dépend de l'Archeuesché d'Auchs.

Oliuet montagne appellée autrement le mont des Oliues, esloignée de la iournée d'vn Sabath (qui estoit 1000. pas) de Ierusalem. *Act. ch.* 1 En icelle Iesus chantoit souuent auec ses disciples. *Matth. 26.*

Olympe Euesque Arrien, lequel blasphemant vn iour à Carthage contre la diuinité du Fils de Dieu, fut tué de trois coups de foudre, & son corps poudroyé par le feu du Ciel, comme le tesmoignent P. Diacre, Sigebert *en sa Chroniq.* & Sabellic. *liu. 2. Ennead. 8.*

Olympe montagne tres-haute, située en cette partie de la Thessalie, qui tire vers la Macedoine: d'icelle le faiste est esleué de 10. stades, tellement qu'on l'a creu penetrer les nuës, & aller iusques au Ciel, où il n'y a ny pluye ny vent, & l'air y est tres-serain; c'est pourquoy les Poëtes le pren-

nent pour le Ciel mesme. Ce mot est tiré des deux Grecs *Olos* & *lampros*, c'est à dire, du tout luisant, parce que ce mont est tousiours esclairé par la lueur des rayons solaires qui en dechassent les nuës. *Lucain li.2.* l'on y void force buys & lauriers, & ne nourrit aucuns loups. *Mag. en sa Geogr.*

¶ Il y en a encore trois autres de ce nom: l'vn en l'Isle de Cypre: l'autre en Mysie, au pied de laquelle est la ville de Pruse bastie par Annibal: & la 3. en l'Ethiopie prés la mer rouge, non loing de Heliopolis, laquelle montagne cinq heures durant, depuis le Soleil Leuant, iette des flammes.

Olympiade fut appellée par les Grecs cet espace de 4. années ou comme veulent les autres de 5. mois Lunaires (que les Rom. appelloient lustre) estoit l'interualle de temps entre la celebration des ieux Olympiques: Et par cette interualle de temps les Grecs supputoient leurs années, disants le 1. 2. & 3. an de telle Olympiade. Quelques autheurs commencent la premiere Olympiade 24. ans auant la fondation de Rome. *Clem. l. 1. de ses Stromates.* D'autres 431. ans apres la destruction de Troye. *Plut. en la vie de Camill. Solinch.* 2. & selon Eusebe 780. ans deuant la naissance de nostre Seigneur. Deuant la premiere Olympiade il ne se trouue rien d'asseuré touchant l'Histoire, tant des Grecs, qu'autres nations estrangeres. *Iustin martyr en son Parænetique.* L'Empereur Constantin le Grand, abregea auec les ieux Olympiques, cette façon de nombrer par Olympiades, (bien que Cedrenus rapporte cela à Theodose le vieil) & en leur place introduisit les indictions qu'il voulut commencer au 7. an de son Empire, l'an de salut 316. & le 8. des Calendes d'Octobre, auquel iour & an il auoit vaincu Maxence, & donné la paix à l'Eglise. *Onuphr. en ses Fast.*

Olympias femme de Philippe de Macedoine, & mere

d'Alexandre le Grand. *Plut. en la vie*
d'Alexandre le Grand.

Olympie ville de l'Arcadie, située
entre les monts Ossa &
l'Olympe, non loing des villes d'Elide
& de Pise. Elle fut jadis fort fameuse, à
cause de ce temple superbe dedié à Iupiter Olympien, comme aussi à cause
des ioustes & combats solemnels, qu'y
institua Hercule en l'honneur de Iupiter, lesquels furent nommez Olympiques de cette ville, où toute la Grece
s'assembloit de 5. ans en 5. ans. *Strab. li.*
8. *de sa Geogr.*

Olympiques certains ieux qui
furent instituez
par Hercules en l'honneur de Iupiter
pres d'Olympie ville d'Arcadie, de laquelle ils ont pris leur nom : Car Hercules ayant faict mourir Augée Roy
d'Elide, qui luy auoit desnié le salaire
promis pour le repurgement de ses
estables, fonda des ieux en la Campagne voisine d'Olympe, en l'honneur de
Iupiter l'an 430. deuant la premiere O-
lympiade. *Euseb.* Ils se celebroient de
5. ans en 5. ans, ou comme veulent les
autres au 50 mois, là toute la fleur de la
Grece s'assembloit, & combattoit en
vne lice à 5. especes d'exercices qui s'y
practiquoient par les Grecs, pour ce
nommez d'eux Pentathlon, à raison de
ces 5. combats, lesquels estoient, le ceste,
le disque ou palet, la course, le sault, &
la luicte; aux deux premiers estoit requise la force des bras ; aux deux suiuants
l'agilité des pieds ; & le dernier auoit
besoin de l'vne & de l'autre. Le Ceste
estoit vne espece de combat qui se faisoit auec les poings munis d'vn gantelet entouré de courroyes de bœuf des-
seichées, quelques vns disent plom-
bées, qui estoit vn combat fort perilleux : le palet estoit vne pierre large &
platre, au ieu de laquelle ils s'exerci-
toient : le sault estoit diuers comme aussi la course : mais la luicte estoit le plus
ordinaire exercice, & pour ce qu'il

consistoit du tout en la force & souple-
plesse des membres, ils se faisoient frot-
ter d'huile les ioinctures & les mus-
cles, pour les rendre plus agiles & vigoureux. Ces ioustes se commençoient
en la pleine Lune l'onziesme du mois,
& se continuoient par 5. iours, à la fin
desquels le victorieux qui s'appelloit
Olympionices, estoit couronné d'vne
guirlande d'oliuier sauuage, & quelquesfois d'ache, de laurier, ou de pin:
auquel l'on differoit tant d'honneur,
que r'entrant dans la ville, il ne passoit
pas triomphant par la porte ; mais par les
ruines de la ville. *Alex. d'Alex. liu.* 5.
chap. 8. Caton transporta ces ieux à
Rome, & Auguste en institua de semblables, qu'il dédia à Apollon apres sa
victoire d'Actium. *Strab. liu.* 8. Constantin le Grand les abrogea, comme aussi
la maniere de compter par Olympiades.
Onuphr. en ses Fast.

O M

Ombrie contrée d'Italie, ainsi appellée de certains peu-
ples anciens appellez Ombres qui l'habiterent, & depuis dicte Spolete. *Voy*
Spolete.

Omphale fille du Roy de Lydie,
laquelle fist des riches
presens à Hercule, pour auoir tué vn
monstrueux serpent qui faisoit mourir
grand nombre de personnes vers la riuiere de Sagar ; mais dont aussi il fut si
esperduëment amoureux, que pour luy
complaire en toutes façons, il luy quitta sa peau de Lyon, son carquois, & sa
massuë, & se mist à besogner à l'esguille & à filer, assis au milieu d'vn tas de
filles de chambre d'Omphale, habillé
luy-mesme en femme. Les autres disent
que par le commandement de Iupiter,
Mercure le vendit en seruitude à cette
Omphale, pour auoir tué Iphite fils du
Roy Eurythie, & que cela fist croire
qu'il l'auoit serui en ses lanifices, com-

me ayant charge de ſes paniers à fil, laine & ſoye, quenoüilles & fuſeaux. C'eſt cette Omphale, laquelle les Lydiens ayans vilainement deshonnorée, elle s'en vangea fort ſeucremét: car ayant vn iour faiɕ aſſembler les Dames Lydiennes auec leurs fiiles, en vne certaine place où elle les enferma, elle les expoſa toutes à qui en voudroit abuſer, leur faiſant receuoir toutes les indignitez & pollutions qui ſe pouuoient imaginer, par toutes ſortes de perſonnes. *Noel le Comte liu.7. de ſes Mythol. Ouide en ſes Faſt.*

¶ *Fulgence liu.2.de ſes Mytholog. par cette Omphale deſigne la volupté, pource que le nom Grec Omphalos, ſignifie le nombril, & que les Naturaliſtes le tiennent pour principal ſiege des titillations veneriennes aux femmes : par là voulans monſtrer combien eſt à fuir cette Venus, qui par ſes allechemens ſçait ſubiuguer ceux qui vn monde de dangers n'auroient ſceu ſurmonter, tel qu'eſtoit Hercule le plus fort des humains. Et ſemble que cette fable ait eſté tirée de la verité des amours laſcifs du fort Samſon vers Dalila.* Iug.

ON

Oncheſte fils de Neptune, lequel édifia vne ville en Bœoce, qu'il appella de ſon nom Oncheſte, où les Amphiɕyons tenoient leurs aſſemblées. *Strab.liu.9. Voy* Amphiɕyon.

Oneſicrite Philoſophe & hiſtorien de l'Iſle d'Ægine, lequel ayant eſté en la guerre ſoubs Alexandre le Grand, deſcriuit ſa naiſſance & ſa vie, comme Xenophon celle de Cyrus. *Laerc.liu.6.de la vie des Philoſophes.*

Onias dict l'Ancien fils de Iaddus, premier du nom & 8. ſouuerain Pontife des Iuifs pendant la captiuité de Babylone, gouuerna le peuple Iuif 27. ans, du temps de Ptolemée Lagus, qui auoit emmené captifs pluſieurs Iuifs en Egypte, enuiron l'an du monde 3797. *Genebr.liu.2.de ſa Chronol.*

Onias II. du nom, fils de Simon le Iuſte, & le 13. Pontife des Iuifs du temps de la captiuité de Babylone, fut renommé en pieté & ſainɕeté, doüé d'vne grauité & éloquence nompareille : eut pluſieurs contentions pour ſa dignité, premierement auec Simon Benjamite, puis auec Iaſon ſon propre frere qui obtint la ſacrificature par deſſus luy à force d'argēt : il s'oppoſa vigoureuſement à Heliodore Threſorier de Seleucus Roy de Syrie, qui vouloit piller les threſors du temple, lequel pour cette entrepriſe ayant eſté puny miraculeuſement & foüetté par deux ieunes hommes incogneus, fut guary par les prieres d'Onias. 2. *Machab.3.* Mais dautant qu'il auoit repris Menelaus d'auoir deſtrobé les vaiſſelles d'or du temple, il fut tué à ſa ſuſcitation par Andronicus, apres auoir gouuerné iuſtement 30. ans, l'an du monde 3920. 2. *Machab. chap.4.* Apres ſa mort il apparut en viſion à Iudas Machabée, priant pour le peuple auec le Prophete Hieremie *chap.15.*

Onias III. du nom, & 15. ſouuerain Pontife des Iuifs du temps de la captiuité Babylonienne. Ce fut luy auquel Arcus Roy des Lacedemoniens enuoya des Legats & Epiſtres vers la 144. Olympiade, pour faire alliance auec les Iuifs, diſant qu'eux & les Lacedemoniens eſtoient freres deſcendus de la race d'Abraham. 1. *Ma h. 12.* S'eſtant refugié en Egypte il obtint de Ptolemée Philometor, permiſſion de baſtir vn temple ſemblable à celuy de Hieruſalem, & d'y faire l'office de Pontife : mais qui fut deſtruiɕ du temps de Veſpaſian. *Egeſippe liu.2.chap.13.* Antiochus Epiphanes ſe deſmiſt du ſacerdoce, l'an du monde 3911. 2. *Machab.3.&4.*

Onuphre Moine Auguſtin Hiſtorien, qui a commencé l'Hiſtoire des Papes à Paul II. où Platine auoit finy, & l'a continuée iuſques à **Gregoire**

Gregoire XIII. qui estoit l'an de salut
1573. *Genebr. en sa Chronol.*

O P

Opheltes autrement dit Archemore, fils de Lycurgue Roy
de Thrace. *Voy* Archemore.

Ophiogenes certains peuples demeurans prés l'Hellespont, que l'on dit guarir les playes des
serpens, & en attirer le venin par leur
seul attouchement. *Plin.liu.7.ch.2.*

¶ Il y en a d'autres en l'Isle de Cypre,
qui sont ainsi appellez, lesquels ont cette mesme proprieté, de la race desquels
estoit Exagon, qui en fist preuue deuant
le Senat Romain. *Voy* Exagon.

Ophion compagnon de Cadme, &
qui luy ayda à bastir Thebes: fut ainsi appellé, pource qu'il fut
estimé estre prouenu des dents du serpent, semés par Cadme.

¶ Vn autre de ce nom fils de l'Ocean,
lequel fut chassé auec sa femme Eurynome par Saturne. *Claud. li.3. du rauissement de Proserpine.*

Ophiophages peuples d'Ethiopie, qui ne viuent
que de serpens. *Plin.liu.6.ch.29.*

Ophir fils de Ioctan pere des Indiens
& lequel donna le nom à cette region, que la pluspart des Cosmographes modernes estiment estre le Peru
n'agueres descouuert. D'autres estiment
que c'est la Chersonese dorée vers
l'Orient prés du Gange : & d'autres
quelque isle plus reculée de la mer rouge: quoy que c'en soit, l'Escriture tesmoigne qu'elle est tres-abondante en or,
& que le Roy Hiram enuoya de ce pays-là au Roy Salomon grãde quantité d'or,
force bois & pierres precieuses. *2. Paralip. ch. 9.*

Ophites, certains heretiques yssus
des Gnostiques & Nicolaïtes, lesquels estimoient que le serpent
estoit le Christ, & pour ce l'adoroient

sous la figure d'vn serpent, & cependant
en auoient vn naturel qu'ils nourrissoient
& adoroient aussi. *Epiph. heres.* 37. *S.
Aug. har.* 17.

Ophiuchus signe celeste, ainsi
appellé des Grecs,
& par les Latins Serpentaire ou Anguitenant. Les Astronomes Poëtiques tiennent que c'est Hercule qui estouffa, estant encore au berceau, les serpens qui
luy furent enuoyez par Iunon : d'autres
tiennent que c'est Æsculape. *Voy* Æsculape.

Ophiuse Isle és costes d'Espagne,
ainsi appellée des Grecs, à
cause de l'abondance des serpens, & des
Latins Colubraria. *Voy* Colubraria.

Ophni l'vn des fils du grand Sacrificateur des Iuifs Heli, les
forfaicts duquel & de son frere Phinees
furent cause que leur race perdit la soueraine Sacrificature, que les Philistins
tuerent en guerre auec eux iusques à
30000. des Israëlites, l'Arche d'alliance
fut prise, dont s'ensuiuit la mort de leur
pere Heli. 1. *Roys. ch.4.*

Opilius Macrinus esleu
Empereur apres la mort de Bassian. *Voy* Macrin.

Oppian natif de la Cilicie, Grammairien & Poëte renommé,
lequel escriuit iusques à 20000. vers, lesquels ayant dediez à M. Antonin fils de
l'Empereur Seucre, il luy dõna vne grande somme de deniers. *Euseb. ann,* 175.

Ops fille de Cœlus & de Vesta, sœur
& femme de Saturne, laquelle on
nomme autrement Rhée, Cybele, Mere
des Dieux, Berecynthe : & l'on luy donne ce nom, à cause de l'assistance (exprimée par le mot ancien Latin *Ops*) qu'elle apporte aux humains en les nourrissant, ou bien pource qu'elle leur donne
des richesses, appellée *Opes* : la terre, par
laquelle elle est entenduë, contenant en
soy les choses plus riches & precieuses.
Voy Cybele.

AAaaaa

Opunte cité iadis tres-celebre de la Grece, non loing du fleuue Afope, ancienne demeure des Locres Epicmenidiens. *Strab. li. 9.* Ses peuples honoroient grandement Hercule, & luy facrifioient vn bouc, vn belier & vn taureau. Ils auoient auffi de couftume d'offrir à leurs autres Dieux des pains d'orge, comme tefmoigne Plutarque *au Traicté des demandes des chofes Grecques.*

OR

Orange, ville & Principauté de la Prouence, ou felon quelques-vns du bas Dauphiné. Elle eftoit iadis du Comté de Prouence ; mais depuis Guillaume de Charonne la vendit au Roy Louys XI. enuiron l'an 1475. qui luy donna le tiltre de Principauté, (s'en referuant toutesfois la fouueraineté) ayant fon Prince le pouuoir de battre monnoye d'or & d'argent, donner toutes graces & remiffions, referué pour l'herefie & le crime de leze-Majefté. Cette ville, dont les habitans font appellez *Aremici* ou *Arecomici*, eft fort ancienne, & a efté en grande eftime en uers les Romains. Ce qui apparoift par les reftes de plufieurs grands & magnifiques ouurages, comme font les ruines d'vn theatre, vn arc triomphal à la porte de la ville, & autres antiques fomptuofitez. Le Comte Maurice chef des Prouinces vnies des Pays-bas la poffede maintenant. Elle eft de plus honorée d'Euefché, qui dépend de l'Archeuefché d'Arles.

Orbilius natif de Beneuent, Grammairien, & Precepteur d'Horace, l'on tient qu'en fa vieilleffe il oublia tout ce qu'il fçauoit, auffi vefcut il 100. ans. *Suetone Tranq.*

Orcades Ifles prés de l'Irlande & de l'Efcoffe, lefquelles font enuiron 30. vn peu feparées les vnes des autres. Les habitans les appellent *Orcqnei*, elles manquent d'arbres & de fro-

ment, mais abondent en orge. L'on n y void aucun ferpent, ny autre animal venimeux ; nourriffent des beftiaux en quantité; il s'y pefche pareillement force poiffon. La Capitale de ces Ifles s'appelle Pomonie, & vulgairement *Mainland*, où il y a vn Euefché, & toutes les autres Ifles luy obeyffent. L'Empereur Claudius, felon S. Hierofme & Eufebe, les fubiugua le premier, & affubiettit à l'Empire : depuis les Pictes apres le declin de l'Empire, & en fuite les Norwegiens & Danois s'en rendirent maiftres : Ils fe feruent auffi de la langue Gothique. Chriftierne Roy de Dannemarch en ceda le droict à Iacques Roy d'Efcoffe l'an 1474. Les habitans s'enyurent rarement, bien qu'ils foient grands beuueurs, & qu'ils faffent vne forte de biere grandement forte : Ils mefprifent la Medecine, & toutesfois ils viuent d'ordinaire longuement, ce qui eft à caufe de la bonne temperature de leur air. *Mercat. en fon Atlas.*

Orchame fils d'Achemenides & Roy des Affyriens, lequel fift enfoüir viue en terre fa fille Leucothoé, pource qu'elle s'eftoit laiffée abufer par Apollon. *Voy* Leucothoé.

Orchanes fils d'Othoman, & fon fucceffeur à l'Empire des Turcs, il furpaffa en valeur, addreffe militaire & liberalité fon pere, ce qui luy concilia l'amitié des gens de guerre, auec lefquels il conquift plufieurs Prouinces, fçauoir le Lycaonie, Myfie, Phrygie, & s'empara de Pruffe, auiourd'huy Burcie, demeure anciéne des Rois de Bithynie, où l'on tient qu'il receut vn coup, dont il mourut le 22. an de fon Empire, enuiron l'an de falut 1350. *Monft. liu. 4. de fa Cofmogr.*

Orchomene ville de Bœoce, fituée prés vn fleuue de mefme nom. Ses habitans furent iadis fort puiffans & grands guerriers, fi bien que les Thebains leur furent vn

long-temps tributaires, principalement
sous leur Roy Etheocle, qui le premier
y dedia vn téple aux Graces. Mais Hercule deliura les Thebains de cette seruitude. Strabon *li.9.* lequel *en son li.*8. fait
encore mention de deux autres villes de
ce nom, l'vne en l'Arcadie, & l'autre en
l'Isle de Negrepont.

Ordogno

nom donné à 4. Roys
des Espagnes, desquels
Ordogno premier succeda à son pere D.
Ramir, aux Royaumes d'Ouiedo & de
Leon l'an 831. fist la guerre aux Mores
infideles, eut cinq fils, entre lesquels Alphonse III. du nom luy succeda, apres
qu'Ordogno eut regné 10. ans.

¶ Ordogno II. succeda à son frere D.
Garcia au Royaume d'Ouiedo, il fut recommandable pour sa pieté, ayant fait
côstruire plusieurs Eglises, il la souilla ce
neantmoins sur la fin de ses gestes prece-
dents, par la mort de 4. Comtes qu'il fist
mourir en Castille, dont les nobles & le
peuple se reuolterent contre luy. Mais
vn peu apres cet acte cruel, il mourut,
ayant regné 8. ans & demy.

¶ Ordogno III. ayant succedé à son pere
D. Ramir, deffist en maintes rencontres
les Mores, puis trespassa l'an 5. de son
regne.

¶ Ordogno IV. fils d'Alphonse IV. occupa le throsne Royal, contre le consentement de la Noblesse & du peuple:
aussi vescut-il tyranniquement & tumul-
tueusement auec ses subiets, desquels il
fut occeis puis apres, ayant regné fort
peu. *Vasée.*

Oreades

Nymphes des monta-
gnes, ainsi dictes du nom
Grec *Oros*, qui signifie montagne. *voy*
Nymphes.

Oreb,

montagne de l'Arabie, autrement appellée Sinaï, où Moy-
se grand Conducteur des Israëlites receut la Loy de Dieu pour la leur communiquer: il en fist aussi ruisseler de ses
rochers abondance d'eaux, par l'attouchement de la verge. *Deuter.* 4. & 29.

Oreste

fils d'Agamemnon & de
Clytemnestre, ainsi appellé
du Grec *Oros*, qui signifie montagne,
pource qu'il estoit de nature agreste &
sauuage. Ayant esté delaissé en bas aage
par son pere (lequel sa mere auec l'ayde
de son ruffien Ægisthe, auoit massacré
à son retour de Troye) sa sœur Electre
l'enuoya secrettement à son oncle Strophie, Roy de la Phocide, recognoissant
que la deliberation d'Ægisthe & de
Clytemnestre estoit d'exterminer la race masculine Royale: là où ayant seiourné douze ans, & meditant d'executer
son appetit de vengeance, il s'en reuint
à Argos auec son Pedagogue, desguisez
en messagers Phociens, qui seignoient
apporter nouuelle de la mort d'Oreste,
tellement qu'ils furent introduits auec
ioye au cabinet de Clytemnestre, où par
l'aide d'Electre, ils la tuerent & Ægisthe
aussi, qui s'estoit desia emparé du Royaume. *Sophocle en son Electre, & Euri-*
pide en son Oreste. Il tua en apres Pyrrhus
fils d'Achille, pour luy auoir rauy Hermione fille de Menelaus, qu'il auoit espousée: pour ces meurtres & parricides
il se sentit possedé d'vne rage extreme &
bourrellé par l'apparition des Erynnes
qui s'apparoissoient à luy à tous mo-
mens, si bien qu'agité de l'horreur de
ses forfaicts, il erroit vagabond tantost
en vn lieu, & tantost en vn autre: il se retira à Messine, qui fut de luy appellée
Orestie: bastit vne ville en Thrace, à laquelle il donna son nom, & fut depuis
appellée Andrinople. *Pausanias en ses*
Arcad. bastit aussi Argos en la Macedoine, dont toute la contrée fut dicte Ore-
stiade. *Strab. li.* 7. Enfin s'estant enquis
de l'Oracle, comme il pourroit estre deliuré de cette rage & furie qui le tour-
mentoit, il eut response que cela ne se
pourroit faire, que premierement il ne
se transportast en la Tauride, Prouince
de Scythie, & de là enleuast la statuë de
Diane qu'ils adoroient, & la transferast
en Grece, S'y estant donc acheminé auec

Pylades fon parfaict amy fils du Roy Strophie, ils furent tous deux mis prifonniers, & menez par deuers le Roy Thoas, pour eftre felon la couftume du pays facrifiez à Diane, que l'on pacifioit par l'effufion du fang des paffans & eftrangers, & tant eftoit parfaite l'amitié de ces deux, que quand Thoas demandoit lequel des deux s'appelloit Orefte, afin de le faire mourir, Pylade fe prefentoit, au contraire Orefte maintenoit que c'eftoit luy, fe votians ainfi volontairement à la mort l'vn pour l'autre : ce qui a fait lieu au prouerbe, de donner pour exemple d'vne entiere & parfaite amitié celle d'Orefte & de Pylades. *Cic. au liure de l'Amitié.* Enfin Thoas fift liurer Orefte entre les mains d'Iphigenie fille d'Agamemnon, qui eftoit lors Preftreffe d'Apollon, & en cette qualité auoit charge de le faire facrifier ; mais s'eftans recogneus mutuellement pour frere & fœur, ils fe faifirent de l'image de Diane, & s'enfuirent vne nuict apres auoir occis Thoas : puis de là Orefte s'en vint à Athenes, où apres auoir fait les ceremonies requifes, il reuint en fon bon fens, & depuis fift fa refidence en la ville d'Orefte en Arcadie, où il mourut de la morfure d'vn ferpent : mais fon corps ayans efté efgaré, il fut par l'aduertiffement de l'Oracle diligemment recherché, & eftant recouuert fut trouué long de 7. coudées, & enuoyé secrettement en Lacedemone, où il fut enterré. *Plin. liu. 7. ch. 19.*

Oreftes familier de Nepos (qui tenoit la ville de Rome en tiltre d'Empereur, durant l'Empire de Leon I.) lequel le fift chef d'vne puiffante armée pour enuoyer en France, mais Oreftes ne fe fouciant pas d'exécuter ce qui luy eftoit commandé par Nepos, fe feruit de cette armée pour vfurper l'Empire : dont eftant venu à chef heureufement, il fift eflire Empereur fon fils Auguftulus : mais le pere & le fils peu apres furent vaincus & chaf-

fez par Odoacre. *Procope, P. Diacre. Voy* Odoacre.

Orgies, felon Seruius, eftoient appellez chez les Grecs toutes fortes de facrifices, comme le mot de Ceremonie chez les Latins, ainfi dits du verbe Grec *Orgiazo*, c'eft à dire, Ie confacre : mais depuis ce mot a efté particulierement reftraint aux feruices de Bacchus du mot Grec *Orgé*, qui veut dire, Furie, à caufe des huées, clameurs eftranges, & diffolutions de fes Preftreffes, lors qu'elles les celebroient. *Voy* Bacchanales.

Oribafius Sardianus, homme eloquent & bien verfé en la Medecine, fut fort familier de l'Empereur Iulian, duquel il fut fait Threforier : il efcriuit 27. liures de Medecine, qu'il dedia à Iulian auec quelques autres liures. *Suidas.* Il fut toutefois, felon Eunapius Autheur Grec, enuié par les Princes fucceffeurs de Iulian, & eftant exilé, il retint ce neantmoins toufiours la conftance d'vn vray Philofophe, & donna telle opinion & creance de fa doctrine & experience, qu'il fut prefque reputé pour vn Dieu.

Oricos cité de l'Epire, baftie par les Colches, fur les frontieres de Macedoine. *Pli. li. 3. ch. 23.* prés d'icelle il croift force Terebinthe, qui eft vn arbre ayant fon bois noir & dur comme buys. *Virg. liu. 10. de l'Æneide.*

Origene, autrement nommé Adamantius, fut difciple de Clement Alexandrin, & luy fucceda en l'Efchole d'Alexandrie ; il eftoit verfé en toutes fortes de fciences & difciplines, tant diuines qu'humaines, fi bien que la Grece n'en a porté vn pareil, forçant mefmes les ennemis de la foy de l'admirer, pour fa grande & profonde doctrine : auffi les autres Docteurs ceffans d'enfeigner à caufe des perfecutions, il ouurit les Efcholes Chreftiennes auec tout plein d'ardeur & de bon fuccez, & qui attira plufieurs Gentils, non feule-

ment à la foy, mais d'abondant au martyre. Dydime l'appelle le Maistre des
Eglises après les Apostres. Seuere Sulpice dit qu'il n'a eu aucun esgal. Sainct
Hierosme le dit le premier Expositeur
des liures sacrez : aussi n'y a-t'il eu Pere
qui ait plus escrit que luy, selon le tesmoignage de Vincent de Lerins ; car au
rapport de Ruffin & d'Epiphane, *heres.*
64. il a composé iusques à 6000. volumes. Sainct Hierosme distingue toutes
ses œuures en trois parties, sçauoir en
Homelies, Scholies, & Tomes : Son style est fort releué & remply de sens mysterieux, & recherches grandement curieuses : comme il estoit tres-bien versé
és langues Grecque & Hebraïque, il
dressa les Octaples, conferant & recueillant les huict principales traductions des
liures sacrez, duquel labeur il fait mention au *Traitté 8. sur S. Matth.* Outre
les liures que nous auons perdus de luy,
il nous en reste encore vne grande quantité, dont fait mention Sixte Siennois,
liure 4. de sa saincte Biblioth. Il a esté repris de plusieurs erreurs, voire blasphemes ; tellement qu'il a esté appellé l'origine des heresies : mais plusieurs le purgent de cette accusation, & disent que
comme sa doctrine estoit de grande authorité, les heretiqus pour s'en couurir
& donner poids à leurs opinions, les luy
imputerent & les insererent dans ses liures qui estoient en si grand nombre : &
de fait, plusieurs personnages, comme
Pamphyle, Eusebe de Cesarée, Didy-
me Alexandrin, les SS. Basile le Grand,
S Gregoire de Nazianze ont fait diuerses Apologies pour sa deffense : toutefois force graues Auteurs l'accusent d'a-
uoir mal senty de la Diuinité du Fils de
Dieu. *S. August. har. 43. Epiph. har. 64.*
& d'auoir appellé le Sainct Esprit Creature, nié la Resurrection des morts, &
qu'il y eust apres cette vie aucune distinction de sexe entre les hommes & les
femmes. *S. Hierosme en sa 1. Epist. à*
Pammachius, contre les erreurs de l. Hie-

rosolymitain. D'auoir pareillement nié
la perpetuité de la peine des damnez. *S.*
Aug. hares. 43. D'allegoriser tout ce qui
estoit dit du Parad.s & de l'Enfer, redui-
sant tout en figures, alleguant que l'Escriture y parle metaphoriquement & par
metonymie. *S. Epiph. hares. 64.* D'expliquer au contraire selon la lettre, le passage de Iesus-Christ couché dans S. Matthieu *chap. 19.* portant conseil de se chastrer soy-mesme pour le Royaume des
Cieux, & de fait il le practiqua en luy-
mesme. S. Hierosme le faict Autheur
des Eglises qu'on appelle Collegiales. Il
mourut à Tyr aagé de 70. ans, & de salut 260. du temps du Pape Lucius I.
Eusebe liu. 7. chap. 1.

Orion fils putarif d'Hyrée, mais en
         effect ayant pris naissance de
Iupiter, Neptune & Mercure : d'autres
disent d'Apollon, ce que les fables nous
rapportent en cette façon; C'est qu'il aduint qu'vn iour comme ces trois Dieux
faisoient leurs cheuauchées par la terre,
ils arriuerent en la logette d'vn pauure villageois, nommé Hyrée qui leur
fist la meilleure chere qu'il pust, iusques à les festoyer d'vn bœuf vnique
qu'il auoit : mais eux admirans sa pieté,
& la desirans recompenser, luy donnerent le choix de demander ce qu'il sou-
haittoit de plus auec asseurance de l'obtenir, ausquels il respondit qu'il ne desiroit rien tant que d'auoir vn fils, sans
toutesfois estre subject à se marier, parce
qu'il ne vouloit violer la promesse donnée à sa femme decedée : Là dessus les
Dieux exauçans son souhait, firent apporter le cuir de ce bœuf immolé, dans
lequel ils gasterent leur vrine où plutost leur sperme, puis luy commanderent de l'enfouïr sous terre, auec defense de le remuer ou descouurir de plus
de dix mois : & ce terme expiré, il nasquit vn enfant qu'Hyrée nomma Vrion,
à cause de l'vrine de ces Dieux, & par
le changement d'vne lettre fut depuis
dit Orion : iceluy estant venu en aage

s'addonna grandement à la venerie,
(d'où il feroit plus à croire qu'il auroit
obtenu ce nom du mot Grec *oros*, c'eſt à
dire montagne;pource qu'il hantoit d'ordinaire ces lieux là , comme plus propres
à la chaſſe) & ſe miſt à la ſuitte de Diane. D'autres racontent qu'il fut ſi outrecuidé, que de ſe vanter qu'il pourroit
venir à bout de toutes ſortes de beſtes
tant ſauuages qu'elles peuſſent eſtre ,
dont la terre ne pouuant ſupporter l'orgueil, luy ſuſcita vn ſcorpion , par la
morſure duquel il mourut : mais Diane
irritée de la mort d'vn ſien tant fidelle
Satellite , le tranſlata , par compaſſion
qu'elle en eut , au ciel pres le ſigne du
Taureau. Homere *liure 3 deſes Carmes*,
dit que ce fut Diane meſme qui le tua,
pour auoir voulu faire effort à ſa pudicité. Quoy que s'enſoit , Diane pour
en eterniſer la memoire , le colloqua au
Ciel; & c'eſt cet Aſtre que les Aſtrono-
mes mettent au Pole Meridional, compoſé de 16. ou 17. eſtoilles, qui ſemblent
comme figurer vn homme tenant vn
coutelas en ſa main , & ce ſigne à ſon
leuer excite touſiours de grandes tempeſtes,à cauſe dequoy il eſt appellé plu-
uieux ; dont quelques-vns tirent ſon
nom d'Orion du verbe Grec *Orino* , qui
veut dire ,ie trouble & eſmeus ,pource
qu'au leuer de cett' eſtoille il ſe leue d'ordinaire pluſieurs tourbillons , broüillards & tempeſtes. Si toutefois il vient à
apparoiſtre luiſant , c'eſt preſage de têps
ſerain & calme. *Hygin en ſes Aſtronom.*
Pline met ſon leuer au 9. de Mars,& ſon
coucher le 29. de Iuin. Le meſme Pline
liu.7.chap.16. dit qu'vn tremblement de
terre deſcouurit en Crete vn corps long
de 46. coudées, que l'on croyoit eſtre
celuy d'Orion.

¶ *Les Naturaliſtes rapportent toute cette
fable d'Orion à la cauſe & aux effeſts de
ce ſigne celeſte , ainſi nommé : il fut fils de
Neptune, de Iupiter & d'Apollon, nay de
leur ſemence encloſe en vne peau de bœuf;
par cette peau de bœuf,ils entendent la mer*

qui luy reſſemble , tant à cauſe de ſon mu-
giſſemẽt , que de ſon impetuoſité:par neptune eſt entendu cet eſprit eſpars ſur les eaux.
*Quand donc Apollon, c'eſt à dire le Soleil,
attire les vapeurs de l'eau,& les ſubtiliſãt
les releue en l'air ſignifié par Iupiter*; ces
trois Dieux venans à coniondre leurs ſor-
ces & facultez , il s'engendre vne matiere
de vents, de pluyes , & de tonnerres qu'on
à iadis nõmées Orion. *Que s'il a eſté aimé
par Diane, & puis derechef tué à coups de
fleſches par elle , cela monſtre la vertu de
la Lune repreſentée par Diane , laquelle
vniſt auſſi & aſſemble les vapeurs en vn
tas, mais puis apres les diſſipe par ſes fleſches ou rayons , & les renuoye en bas*. Or
dautãt que le ſigne du Scorpion eſt oppoſé
à celuy d'Orion,& que lors que l'vn ſe couche l'autre ſe leue : de là les Poëtes ont pris
occaſion de dire qu'vn ſcorpion l'auoit occis par ſa picqueure.

¶ *Mais s'il n'eſt loiſible de meſler les choſes ſainctes auec les prophanes,i'eſtimerois
cette fable eſtre vne pure deprauation de la
verité tirée* du ch.18. de la Geneſe ,là où
eſt exprimé qu'Abraham fiſt vn ſoir rencontre de trois perſonnages,(repreſentans
les trois perſonnes de la Trinité) leſquels il
accueillit tres-humainement, & les traiſta
d'vn veau de laict qu'il auoit : mais apres
le repas ils luy promirent qu'il auroit lignée, ce qui arriua , non toutefois par les
voyes ordinaires,attendu que luy & ſa femme eſtoient hors d'aage d'en auoir ,mais
par miracle luy ayant eſté enioinct d'attendre le temps preſiny. S'il n'y a de la verité
au rapport,la conformité y donne à tout le
moins de la couleur.

Orithié fille d'Erithée Roy d'Athenes, de laquelle Borée eſtant
deuenu amoureux,& ne pouuant acquerir ſes bonnes graces par prieres l'enleua
par force & l'emmena en Thrace, où il
l'engroſſa & en eut Calaïs & Zethes qui
nauigerent en Colchos auec les Argonautes, & chaſſerẽt les Harpyes qui mo-
leſtoient le Roy Phinée. *Voy* Borée.

¶ C'eſt auſſi le nom d'vne Reyne des

Amazones qui succeda au Royaume à sa mere Marpesie. *Iustin liu.* 2.

Orleans, ville assise sur la riuiere de Loire, l'vne des plus belles, gracieuses & mieux peuplées de France. Quelques-vns tiennent que les Druydes en ietterent les premiers fondemens, & que c'est celle que Cesar appelle *Gennabum.* D'autres en font fondateur Aurelian, qui tenoit l'Empire enuiron l'an de salut 263. & pource est elle nommée *Aurelia,* bien que quelques-vns luy donnent ce nom à cause de l'or dont elle abonde pour le riche trafic de ses habitans, & de la fecondité de son terroir, principalement en vins des plus excellens de toute la France. Elle fut Capitale d'vn Royaume lors que les quatre fils du Grand Clouis partagerent entr' eux le Royaume de France, & Clodomir son second fils en fut le premier Roy: Et l'estëduë de ce Royaume estoit grande, car il comprenoit (apres que les Roys de Bourgogne & les Ostrogoths eurent esté depossedez de ce qu'ils occupoient en Gaule) vne bonne partie de Beauce, auec la Sologne & Berry, les Prouinces de Lyonnois, Bourgogne, Niuernois, Sauoye, Dauphiné, Prouence, & autres pays enclauez dans lesdites Prouinces, iusques à la mer Mediterranée: Mais apres qu'elle fut reünie à la Couronne, elle fut erigée en Duché pour en appanager vn des fils de France. Annoblie dauantage par vne Vniuersité en Droict, par le Roy Philippes le Bel, où s'enseignent pareillement les Constitutions Pontificales, suiuant la Bulle de Clement V. donnée à Lyon l'an 1367. Cette ville a esté plusieurs fois assiegée, comme aussi miraculeusement deffenduë. Attyla, surnommé le Fleau de Dieu, estant prest de la prendre & d'y mettre tout à feu & à sang, elle en fut deliurée par les prieres de sainct Aignan son Euesque, Dieu ayant suscité les Roys Meroüée, Thierry & Ætius qui luy firent leuer le siege. Ayant esté depuis assiegée l'an 1427. par les Anglois, elle fut aussi miraculeusement deliurée par la Pucelle Ieanne, du temps de Charles VII. Elle est honorée d'vn siege Presidial, de Mairerie & d'Escheuinage, de Conseruateurs Royaux & Apostoliques, & de plus du tiltre d'Euesché qui s'estend bien sur 700. Paroisses, & dépend de l'Archeuesché de Sens. L'on y a tenu 5. notables Conciles Prouinciaux sous nos Roys de la premiere race, dont le premier fut celebré par le commandement de Clouis I. Roy Chrestien, du temps de S. Remy.

Ormus Royaume fort puissant, sur les frontieres de Perse & d'Arabie, lequel comprend cette contrée de Perse, qui est arrousée des riueres de Tabo, Tissindo, & Druto, auec encore quelques isles dans le golfe Persique, & vne partie de l'Arabie heureuse. Sa ville Capitale est Ormus, qui est fort belle & marchande, s'y faisant vn grand traffic, specialement de pierres precieuses & exquises: car les marchands y arriuent d'Arabie, des Indes, de Perse & autres pays. Il y a toutesfois grande cherté de bleds & d'eaux douces, pource que l'Isle où elle est situéeest infertile, & faut qu'on leur apporte d'ailleurs ce qu'ils ont de besoin. Il y a vne petite montagne, où l'on trouue d'vn costé des mines de souffre, & de l'autre costé du sel. Ses habitans sont assez beaux, viuent la pluspart de riz, sont amateurs de la Musique, & des autres sciences. Leur Roy est Sarazin, qui toutesfois est tributaire de l'Espagnol, lequel y tient vne place des plus fortes de tout le pays, car auparauant ils estoient tributaires des Persans. Ils ensuiuent la secte de Mahomet, fors les Portugais. *Magin en sa Geogr.*

Orodes Roy des Parthes, qui le premier de cette nation fist la guerre aux Romains, aussi mist-il en déroute l'armée conduitte par Crassus, lequel il tua auec son fils; mais ayant en.

fuitte enuoyé fon fils, pour paracheuer les reftes de cette guerre, il le reuoqua, bien qu'il euft defia faict de grands exploicts en la Syrie, l'ayant foupçonné de trahifon. Ce qui caufa l'entiere déroute de l'armée des Parthes, laquelle dénuée de Chef fut entierement deffaite par Caffius fucceffeur de Craffus. *Iuft. liu. 42.*

Oronce Finée
Dauphinois, l'vn des premiers Profeffeurs és Mathematiques eftablis à Paris par le Roy François I. lequel y mourut l'an 1555. *Theuet li. 6. ch. 115. des hommes illuftres.*

Orontes
fleuue de la Cœlefyrie, diuifant la Syrie de la Prouince d'Antioche. Niger dit qu'il s'appelle de prefent *Soldino.* Il y a auffi vne montagne de mefme nom prés ce fleuue. *Strab. liu. 14.*

¶ Il y a vn Troyen de ce nom, lequel fift naufrage venant en Italie auec Ænée. *Virg. liu. 1. de l'Æneide.*

Orope
ville de l'Attique és frontieres de la Bœoce. *Strab. li. 14. Plin. li. 4 ch. 7.* ¶ Vne autre de ce nom en la Macedoine, pays natal de Seleucus Nicanor. ¶ Vne autre en l'ifle de Negrepont, renommée pour le temple d'Apollon. ¶ Vne autre en la Syrie prés Amphipolis baftie par Nicanor. *Eftienne,* qui en fait mention encore d'autres.

P. Orofe
Efpagnol, eftant exhorté de S. Auguftin, à caufe que les Payens imputoient aux Chreftiens la ruine & le defmembrement de l'Empire, entreprift d'efcrire l'hiftoire depuis le commencement du monde iufques à Wallia 3. Roy des Goths en Efpagne, ou iufques à l'an 421. ce qu'il accomplit en 7. liures. *Sigeb. Baron. ann. 414.*

Orphée
Poëte & Muficien tres-excellent, natif de Thrace fils d'Apollon & de Calliope, jaçoit que quelques-vns le faffent fils d'Oeagre & de Polymnie. Il fut fi accomply en l'art de Mufique, & fi parfaict ioüeur de

Luth & de la Lyre (dont Mercure luy auoit faict prefent) que les Poëtes feignent que par l'harmonie de ces inftrumens & de fa voix, les riuieres arreftoiét leur cours pour l'ouyr chanter : les arbres, les forefts & les rochers s'acheminoient & prenoient mouuement pour le fuiure : les Lyons, les Ours & les Tigres addouciffoient leur farouche nature, & fe rendoient comme domeftiques. Il efpoufa Eurydice, qu'il auoit gaignée par la douceur de fon chant: mais Ariftée Roy d'Arcadie la pourfuiuant vn iour pour en iouyr, comme elle en euitoit la pourfuite, elle marcha par hazard fur vn ferpent qui la mordit au talon, dont elle mourut; ce qu'Orphée porta fi impatiemment, qu'il fe propofa de l'aller querir iufques aux Enfers, où par les triftes accents de fes chordes, mariées auec ceux de fa parole, il efmeut tellement à pitié, & flefchit la feuerité de Pluton & de Proferpine, qu'il obtint d'eux de ramener encore parmy les viuans fa chere Eurydice; mais à telle condition, qu'il ne la regarderoit point iufques à ce qu'elle fuft fur terre; mais ayant contreuenu par impatience amoureufe, à cette condition à laquelle la vie de fa femme eftoit perduë, elle fut vne autre fois rapportée aux Enfers, dont Orphée demeura fi affligé, qu'il fe delibera de là en auant de fuyr toute compagnie de femme : fi bien qu'en ayant defia refufé plufieurs, les Dames de Thrace fe voyans mefprifées, & l'ayans vn iour rencontré, comme elles celebroient les furieufes feftes de Bacchus, elles le meurtrirent cruellement, le mirent tout en pieces, lefquelles les Mufes recueillirent & enfeuelirent, & ietterent fa tefte & fa lyre dans les eaux du fleuue Hebre, qui les porta dans la mer iufques auprés l'Ifle de Lefbos, où fa tefte fut enfeuelie par les habitans, & quant à la lyre elle fut placée au Ciel entre les eftoilles. *Ouide liu. 10. & 11. de fes Metam.*

¶ *Par*

Par cét Orphée fils d'Apollon & de Calliope, est entendu quelque personnage excellent & fort habile en l'art de bien dire,
& specialement en la Poësie & en la Musique, dont Apollon a esté le Dieu ; & quant
à ce que par la douce harmonie de sa voix
& de sa lyre, il donnoit du sentiment aux
troncs insensibles des arbres, & vne ame à
la dureté des rochers pour l'ouyr & le suiure; qu'il domptoit la cruauté des Ours, des
Tigres & des Lyons, les trainans enchais-
nez par les oreilles, nous ne pouuons plus
probablement rapporter ces diuins effects,
qu'à la douceur de ses discours, par lesquels
il ramena les Thraces grossiers & rustaux,
& les retira des forests, viuās sans religion,
ny loix, ny police aucune, & errans comme
bestes emmy les champs pour les assembler
en vn lieu : où ils changerent leur solitude
champestre pour suiure vne maniere de vie
plus courtoise & plus humaine, les rangeant
de bestes sauuages qu'ils estoient, à la douceur & ciuil té qui se trouue és societez re-
gies par les loix : Et de fait, ç'a esté le premier & le plus ancien des Poëtes Grecs, lequel apprist en Egypte les mystères des
Prestres Egyptiens, comme veut Iustin en
son Parænet. qui diuulgua le premier en
Grece les ceremonies & seruices des Dieux
dont sont prouenuës toutes superstitions, sé-
lon Lactance & S. Clement en son Oraison
aux Gentils. Par cette Eurydice est entenduë l'affection iuste qu'vn chacun se porte
naturellement, laquelle Aristée qui est le
souuerain bien appellé des Grecs Aristos,
ou la vertu dite Areté, veut conioindre à
soy, la desirant attirer à de loüables desirs:
mais elle s'enfuyant à trauers les prairies
& fleurs, c'est à dire les voluptez de ce
monde, est morduë au talon par vn serpent,
c'est à dire, cauteleusement surprise : & le
talon est mis pour estre le symbole des mauuaises affections, comme il appert par cét
arrest de la Genese chap. 3. addressé au serpent, tu guetteras son talon pour le mordre:
Lors donc qu'il arriue qu'elle s'engouffre
dans l'abysme confus des desirs mondains,
perdant comme l'aduis de son repos & de

son bonheur; l'homme sage, entendu par Orphée, doit employer la douce harmonie de sa
raison, & auec viue remonstrance l'esueiller
de ce sommeil, & ainsi appaiser les Enfers,
c'est à dire les troubles de l'esprit, pour essayer de ramener Eurydice au monde, qui
est la droite & iuste affection, ce qui reüssit
bien quelquefois : mais si trop amoureux de
nous mesmes, nous desirons garantir nostre
ame en faisant chose outre raison, au lieu de
la sauuer, nous la perdons comme Orphée,
qui pour aymer trop Eurydice la perdit derechef. Quant à ce qu'il est dit que les Muses ont eu soin de son corps, & que sa lyre fut
translatée au Ciel ; cela a esté feint pour
perpetuer la memoire d'Orphée, à qui ces
premiers Anciens ont creu rendre beaucoup d'honneur, en laissant à la posterité
toutes ces fictions.

Orque fut iadis estimé le Dieu des
Enfers, autremét appellé Dis
& Pluton, iaçoit que quelquefois ce mot
soit pris pour le lieu mesme des Enfers.
C'a esté aussi, selon Homere liu. 2. de son
Iliad. vn fleuue de Thessalie prenant sa
source de celuy de Styx, dont l'eau est si
crasse qu'elle surnage dans celle du fleuue Penée où elle entre, & semble que ce
soit de l'huyle. De là a pris pied la fable
qui met ce fleuue au rãg des Infernaux;
& pource on deduit ce nom du Grec Or-
cos, qui veut dire iuremét, à cause que les
Dieux iurãs par iceluy ou par le Styx, tenoient leur serment du tout inuiolable.

Ortel insigne Geographe & Mathematicien, natif d'Anuers, nous
a laissé ce grand œuure du Theatre du
monde, qu'il dedia à Charles le Quint
duquel il estoit Cosmographe, enuiron
l'an 1572.

Orus Roy des Egyptiens, fils d'Osiris,
que quelques-vns disent estre
l'Hercule Egyptien & Libyen, qui tua
Typhó meurtrier de son pere: Les Grecs
le nomment Apollon (pource que peut-
estre il diuisa l'an en quatre saisons; & le
iour en heures. Voy Horus. Fut le dernier des Dieux en Egypte. Herod. liu. 2.

Ortygie Isle de l'Archipelague, autrement appellée Delos : Elle fut ainsi dicte à cause d'Asterie sœur de Latone, laquelle fut changée en vne caille, dicte des Grecs *Ortygia*, qui lors s'enuola en cette Isle. *Voy* Delos.

O S

Osée fils d'Ela, 19. & dernier Roy d'Israël, il s'adonna à l'impieté, non toutesfois comme ses predecesseurs, car il permit aux siens de monter en Hierusalem trois fois l'an, pour adorer Dieu, ce qui leur estoit empesché par les Roys precedens. *Annal. des Hebr.* Toutefois Dieu le voulant punir & son peuple, suscita Salmanasar Roy des Assyriens, qui se le rendit tributaire : mais ayant appris qu'il recherchoit le secours de Sua Roy d'Egypte pour se deliurer de ce tribut, il vint l'assieger en Samarie, où l'ayant pris il l'emmena captif en Assyrie apres qu'il eut regné 9. ans auec les dix lignées d'Israël, les plaçant és Citez des Medes pres le fleuue Gozan. *4. Roys* 17. & ce fut la derniere & entiere ruine des Roys d'Israël & des dix Tribus, en laquelle le 6. an du regne d'Ezechias Roy de Iuda, ils furent non seulement transportées és pays des Medes & Perses, mais aussi furent dispersées és parties plus esloignées du Septentrion & de l'Orient & de fait, la pluspart des Hebrieux tiennent que d'eux sont sortis les Tartares, dont le mot signifie en Hebrieu & Syriaque *delaissé* & *desert* ; aussi a t'on reconnu specialement depuis l'an 1200. que la pluspart de leur pays, comme la Russie, Sarmatie, Lithuanie, Moscouie, est toute remplie de Iuifs qui mesme tenoient la circoncision deuant que Mahomet y eut semé sa secte, & la pluspart des Hordes (qui sont leurs maisons & familles) de Tartarie ont retenu iusques à present le nom des lignées des Hebrieux, comme de Dan, Zabulon, Nephtali, &c. Et dauantage est probable qu'ils se sont estendus en l'Amerique où Indes Occidentales, puis qu'on y trouue mesmes des sepulchres où l'on void inscriptes des lettres Hebraïques, comme és Isles de S. Michel, selon le tesmoignage de Theuet *liu. 23. ch. 7. de sa Cosmogr.* ce qui est confirmé par le 4. d'Esdras *chap. 13.* où il est parlé *Qu'ils passerent en vne region loingtaine où iamais n'auoit habité le gere humain, & que le chemin estoit bien d'vn an & demy.* Ainsi finit le Royaume d'Israël, 260. ans apres qu'il eut esté separé de celuy de Iuda par Ieroboam, enuiron l'an du monde 3443.

Osée, interpr. de l'Hebr. *Sauueur*; fils de Beeri de la tribu d'Issachar, & l'vn des douze petits Prophetes, nous a laissé son liure de Propheties couché dans les cayers sacrez, escrit en termes Laconiques, où il prophetise cōtre les dix Tribus d'Israël sous le nom d'Ephraim, de Samarie, & de la maison de Ioseph : Il predit aussi la vocation des Gentils & la reprobation des Iuifs. Il viuoit soubs Ozias, Ioathan, Achaz & Ezechias Roy de Iuda, estant contemporain du Prophete Esaïe. Et mourut l'an du monde 3340. *Sixte Sienn. liu. 1. de sa saincte Biblioth.*

Osiris fut fils de Iupiter & de Niobé fille de Phoronée auquel il succeda au Royaume des Argiens, mais le desir de gloire & de voyager luy fist ceder son Royaume à Ægialée son frere pour passer en Egypte, la où il retira les Egyptiens de leur vie indigente, souffreteuse & sauuage, leur enseignant à semer & planter, leur establissant des loix & leur monstrant à honnorer & reuerer les Dieux ; & depuis encore allant par tout le monde, il attira & gaigna les peuples par douces persuasions & remonstrances, comme aussi exploicta plusieurs hauts faicts d'armes & prouesses non seulement en l'Egypte mais aussi en Iberie, Italie, Grece, Thrace, és Indes Orientales, & plusieurs autres endroits;

car auſſi il eſtoit d'vn naturel qui ne pouuoit ſouffrir regner vn tyran, & portant il eſtablit le premier eu Egypte le Royaume des Pharaons du temps d'Abraham. Beroſe le dict auoir eſté Iupiter Hammon pere de l'Hercule de Libye, & qu'il cõmanda à toute la terre. Il eut pour femme Iſis autrement nommée Io fille d'Inaque, laquelle auſſi prudente & habile donna pareillement aux Egyptiens l'inuention de beaucoup de choſes, ſi bien qu'ils meriterent tous deux des honneurs diuins. Mais en fin Typhon frere d'Oſiris enuieux de ſa gloire luy dreſſa des embuſches, le tua, & en ietta les membres dans le Nil : Ce pendant Io pour ſoulager ſa douleur luy fiſt dreſſer des autels comme à vn Dieu, & le fiſt honnorer du conſentemét des Ægyptiens en la forme de Taureau ſous le nom d'Apis & de Serapis, dont les ceremonies & myſteres ont eſté en grande vogue & reputation parmy les Ægyptiens, ce que traicte amplement Plutarque *au traicté qu'il a faict expres d'Iſis & d'Oſiris. Voy* Apis & Iſis.

Oſſa montagne ſur les frontieres de la Theſſalie, appellée de preſent *Collouo* ſelon Sophian, & *Olira* ſelon Pinet : Eſt toute couuerte de neiges & remplie de bois & principalement de pins ſi eſpais qu'eſtans agitez de vents ils imitent le bruit du tonnerre. Seneque dict que ce mont a eſté autrefois ioinct à celuy d'Olympe, mais que par l'induſtrie d'Hercule il en fut ſeparé du coſté que coule le fleuue Penée. C'eſtoit la retraicte & demeure des Geants & Centaures ſelon les Poëtes.

Oſman fils d'Achmet fut declaré Empereur des Turcs l'an 1618. il enuoya à noſtre Roy Louys XIII. vn Chaous pour renouueller l'alliance auec ſa Majeſté, & fiſt reparer l'iniure qui auoit eſté faicte à ſon Ambaſſadeur le ſieur Baron de Mole : il côtinuë la guerre côtre les Perſes deſquels il en deffiſt en bataille 100000. l'an 1619.

Oſtande, place forte des païs Bas, ſituée pres la mer, petite, mais renommée pour auoir ſouſtenu le ſiege qui auoit eſté mis deuant par l'Archiduc l'eſpace de plus de trois ans, auec grande perte d'hommes de part & d'autre.

Oſtie ville du Latium ou Campagne de Rome, ſituée à la bouche du Tibre, & baſtie par Ancus Martius, au bord de la mer. *Strab. liu.* 5. afin que là comme vn receptacle & arcenal de la ville de Rome, fuſſent apportées de toutes parts les richeſſes du mõde. *T. Liue.* L'air y eſt aſſez mal ſain. L'Eueſque de cette ville a le priuilege de conſacrer le Pape, depuis le Pape Denis qui tint le ſiege l'an 267. *Sigeb. ann.* 1181.

Oſtraciſme eſpece d'exil, practiqué és Eſtats populaires, & ſpecialement entre les Atheniens, introduict premierement, ſelon Ælian par Cliſthenes qui en experimente la rigueur auſſi le premier. Or cette maniere de banniſſement n'eſtoit point punition ordonnée pour aucun crime ny forfaicture; mais c'eſtoit ſeulement vn rabais & diminution d'authorité trop grande & exceſſiue pour vn Eſtat de Republique populaire, & en effect n'eſtoit autre choſe qu'vn moyen de contenter doucement & gracieuſement l'enuie que le peuple cõceuoit à l'encõtre de quelqu'vn, laquelle ne deſployoit pas ſa malueillance contre celuy dont la grandeur luy faſchoit, en aucun mal irreparable, mais ſeulement en ce qu'elle le releguoit & cõtraignoit de s'abſenter pour dix ans ; ce qui ſe practiquoit en cette façon. C'eſt qu'à certain iour prefix chaque Citoyen apportoit vne coquille ſur laquelle il eſcriuoit le nom de celuy qu'il vouloit eſtre banny, & la portoit dans vn pourpris renfermé tout à l'entour d'vne cloiſon de bois qu'on faiſoit ſur la place; puis quand chacun y auoit apporté la ſienne, les Magiſtrats & Officiers de la ville venoient à compter toutes ces coquilles, car s'il y auoit moins de Citoyens qui euſſent apporté de ces coquilles ainſi eſcrites, l'Oſtraciſme eſtoit imparfait : cela faiſt, on mettoit à part chaque mot eſcrit en ces coquilles, & celuy qui ſe trouuoit eſcrit par plus grand nombre de Citoyens, eſtoit à ſon de trompe proclamé banny & relegué pour dix ans, durant leſquels il iouïſſoit neantmoins de tous ſes biens. Par cet Oſtraciſme furent exilez ces grands perſonnages Themiſtocle, Cimon, & Ariſtides. *Plut. en la vie d'Ariſtides.*

Oſtrogoths peuples originaires de la Gothie prouince Septentrionale, leſquels s'eſpandirent en diuers endroiſts de l'Empire Romain, tellement que ceux qui s'habituerent en Italie (ce qui fut ſous leur Roy Theodoric, du temps de l'Empereur Zenon. *Vaſée.*) furent appellez Oſtrogoths, c'eſt à dire *Goths Orientaux,* à la difference de ceux qui occuperent l'Occident ſous leur Roy Alaric, qu'on nomma Vviſigoths ou Goths Occidentaux. *Voy* Goths & Alaric.

O T

Otherus homme Laic du Dioceſe de Cologne, lequel s'eſtât mis à dancer irreueremmét auec quinze tant hommes que femmes au Cimetiere de l'Egliſe du lieu le iour de Noël, empeſchans ainſi le feruice diuin, furent pour ce maudits par le Preſtre nommé Rupert qui celebroit l'Office diuin, ſi bien que par vengeance Diuine ils continuerent à dancer vn an entier ſans boire ny manger, iuſques à ce qu'ils furent abſous par Heribert Archeueſque de Cologne : Toutefois les femmes moururent incontinent apres, & les hommes furent fort tourmentez le reſte de leur vie d'vn tremblement de membres. *Hirſaug. en ſa Chron. Henry Mutius liu. 4. de ſes Chron. de Germanie.*

Othoman fils d'Ortogule, nay de bas lieu, & de peu de moyens, mais accort, braue & vaillant ; ſi bien qu'ayant facilement faiſt leuée d'hommes, enhardy par la force d'iceux, il courut l'Aſie & s'enrichit des deſpoüilles du pays, au moyen dequoy il ietta les premiers fondemens de la puiſſance Turqueſque, l'an de grace 1301. car bien que 500. ans deuant les Turcs euſſent faiſt paroiſtre leurs armes en l'Aſie, ce neantmoins ils n'auoient aucun Roy ou Empereur ſouuerain, eſtans regis par certains Roytelets ou gouuerneurs (ayans toutefois eſleu pour le Chef general Solyman du temps de Godefroy de Buillon,) c'eſt pourquoy cettuy cy tient le premier rang de Monarque en l'Hiſtoire, s'en eſtant acquis le tiltre par ſa valeur & hauts faiſts d'armes : & de faiſt, il priſt Pruſſe anciennement diſte Burcie (auec pluſieurs autres villes de la Bithynie) & la conſtitua metropolitaine des ſiens contre les efforts des Europééns : mais la priſe de Sina iadis diſte Sebaſte, accreuſt grandement ſa gloire, de ſorte qu'il obtint la domination abſoluë ſur ceux de ſa nation, donnans le nom d'Othomans aux Monarques des Turcs ſes ſucceſſeurs. Il mourut fort aagé, ayant regné 28. ans. *Monſt. en ſa Coſmog. Calchondyl. en ſon Hiſt. des Turcs.*

Othon (nommé M. Silnius) I. du nom, fut le 8. Empereur de Rome apres Galba qu'il auoit faiſt tuer, mais qui ne tint gueres l'Empire non plus que ſon predeceſſeur & ſon ſucceſſeur Vitellius ; ſi bien que Plutarque les compare tous trois aux Roys qu'on introduiſt en la repreſentation d'vne tragedie qui ne dure non plus que la repreſentation du ieu. Ce Prince eſtoit valeureux & de grand ſens, de tres-noble & tres-ancienne race, reſſemblant tellement de viſage à Tibere que quelques-vns le prenoient pour ſon fils. Il vſa de gracieux comportemens en-

uers tous au commencement de son
Empire, r'appellant ceux qui auoient
esté bannis par Neron, les remettant en
la possession de leurs biens: mais cependant que ces choses se passoient à Rome, les legions & les armées d'Allemagne qui auoient obey à Galba, ayans
Vitellius pour General s'accorderent
de l'eslire Empereur ; Othon neantmoins qui sembloit auoir plus de droit
à l'Empire, comme ayant le Senat de
son costé, tascha de s'accorder auec Vitellius, & traitter auec luy par Ambassades, ce qui ne reussit ; car les troupes de
Vitellius s'acheminerent incontinent
en Italie sous la conduite de Valens &
de Cæcinna, lesquelles furent de premier abord en deux ou trois batailles
vaillamment repoussées par les Lieutenans d Othon ; Mais Othon ayant deliberé d'en donner vne generale contre l'aduis des mieux sensez, Vitellius demeura victorieux & maistre de la campagne : ce qu'ayant esté rapporté à O-
thon lors, absent effrayé de ces nouuelles, perdit tout courage, & iaçoit qu'il
eut encore plusieurs moyens de resister
à Vitellius, se resolu de mettre fin à cette guerre par sa propre mort : à cet effet
il fist assembler ses soldats & leur fist
vne tres-belle harangue deduicte dans
Plutarque, Tacite, &c. monstrant qu'il
ne pouuoit causer tant de biens aux
Romains auec sa victoire, qu'il ne pourroit obtenir qu'auec effusion de sang,
qu'il leur procuroit de profit en sacrifiant pour eux volontairement sa vie,
puis que de sa propre mort le repos public & l'vtilité commune pouuoient
naistre : Ainsi les ayant priez d'aller reconnoistre Vitellius, & ayant recompen-
sé dignement tous ses seruiteurs, il s'enferma dans sa chambre où apres auoir
dormy d'vn profond sommeil, il se donna de son espée à trauers le corps : & à
cause de cette mort tout le camp &
toute la ville furent pleines de douleurs
& de lamentations, iusques-là que plu-

sieurs de ses soldats se tuerent aupres
de luy. Ainsi finit sa vie fort courageusement, n'ayant seulement dominé que
4. mois, le 38. de son aage, & le 32. de la
naissance du Saueur. Il estoit de petite stature & auoit les pieds torts, se plaisoit d'aller magnifiquement vestu, portoit vne longue perruque, se faisoit rai-
re tous les iours la face, se seruant de
plusieurs autres delicatesses, mais esloignées du courage qu'il monstra en sa
mort. *Plutarq. en sa vie. Corn. Tacite en
ses Ann. Suetone, Aurele Victor, &c.*

Othon II. (que les auttres nôment

premier, à cause du peu
de durée de l'Empire du successeur de
Galba) surnommé le Grand à cause de
l'excellence de ses gestes, succeda à Henry I. son pere auec l'approbation de
tous; aussi fut-il tres digne de l'Empire,
de grand esprit & d'vn courage magnanime, accompagné d'vne douceur &
clemence singuliere : ce fut l'vn des
Princes du monde le plus assailly de
guerres, où il fut toutesfois victorieux
& s'y porta tres-humainement : vainquit Boleslas assisté des Hongrois, qui
auoit tué son frere Venceslas Duc de
Boheme pour auoir sa seigneurie, mais
auec grande peine, car cette guerre dura 14. ans entiers : appaisa plusieurs dissentions qui estoient suruenuës en sa
maison, suscitées par son frere Henry
& par Eberard frere de l'Empereur
Conrad, lesquels s'estoient rebellez &
pretendoient à l'Empire, & qui luy susciterent plusieurs guerres, dont Othon
vint à bout, puis donna la Duché de
Bauiere à son frere : il vint en France
auec vne puissante armée pour secourir
Louys d'Outremer son beaufrere contre la reuolte de quelques Seigneurs
François, Beranger s'estant asseuré de
l'Italie que ses predecesseurs auoient
empietée, & s'en estant faict appeller
Empereur, Othon appellé par le Pape
Agapet y vint pour y donner ordre,
prist Pauie & en deliura Adelaïde vefue

de Lothaire fils de Hugues Roy d'Arles, & laquelle auoit regné quelque
temps en Lombardie, & l'espousa: en
suitte dequoy Beranger aussi luy vint
prester obeïssance, lequel il fist son
Lieutenant à Milan & en la Lombardie.
Palmer. Dont Conrad Duc de Franconie gendre d'Othon, qui possedoit
auparauant ce gouuernement, irrité,
s'alla ioindre auec Luitolf fils de l'Empereur, mescôtent des secondes nopces
de son pere; ainsi se rebellerent contre
luy son fils & son gendre : mais Othon
ayant amassé des forces en diligence,
alla assieger son fils dans Majence, & de
là à Ratisbone où il s'estoit sauué, dont
son fils tost apres touché de repentir
estant venu auec humilité demander
pardon à son pere il luy pardonna & le
restablit en sa grace & au degré qu'il
auoit auparauant, comme aussi reduisit
à son seruice son gendre & recouura
toutes les places qui s'estoient rebel-
lées. Il eut en suitte d'autres guerres
fort perilleuses contre les Esclauons,
Dalmates & Hongrois lesquels il dompta entierement : vint derechef en Italie pour la deliurer de la tyrannie de
Beranger & de son fils Albert, comme
aussi des maluersations du Pape Iean
XII. Estant venu à Rome, il fut oingt &
couronné pour le premier Empereur
d'Allemagne par le Pape. *Sigeb. Æmil.*
liu. 3. Luitprand liu. 6. chap. 6. De là assiegea Beranger qu'il prist auec sa femme, & les condamna tous deux à prison perpetuelle; & d'autant que le Pape Iean auoit liuré la ville de Rome à
Albert, aussi tost qu'Othon en fut party,
il rebroussa vers Rome où estant il tint
vn Concile auquel ce Pape fut deposé,
& en sa place establit Leon VIII. lequel
fist vn decret au mesme Concile par
lequel il confera à Othon (comme long
temps auparauant le Pape Adrian auoit
faict à Charlemagne) la puissance d'eslire & d'establir les Papes, & regler les
choses appartenantes au Siege de Ro-

me, comme aussi de confirmer & inue-
stir les Euesques, declarant nulle toute
eslection qui se feroit sans l'approbation & consentement de l'Empereur.
Plat. & Can. in Synodo, dist. 63. C'est pourquoy cet Othon fut le premier qui se
seruit de ce droict en l'Occident, ce qui
causa depuis de grands troubles susci-
tez par les Empereurs Henrys & Fre-
derics. *Crantz. li. 2. chap. 29. de la Metrop.*
Mais les Romains ayans esleu vn autre
Pape & chassé Leon, l'Empereur retourna derechef vers Rome & l'assiegea, laquelle ayant prise à composition,
ordonna Iean XIII. qui toutefois ayant
esté encore reietté, l'Empereur en fist
punition, & apres auoir faict declarer
son fils Othon Empereur, il se retira en
Allemagne où il mourut d'apoplexie le
36. de son regne, & de nostre salut 974.
Ce fut vn Prince des plus excellens
apres Charlemagne, soit que l'on considere la grandeur de ses faicts, sa sagesse au gouuernement de l'Estat, son
addresse en guerre, ses autres vertus,
clemence, iustice, douceur & moderation en tant de victoires sur ses ennemis : il remist sus l'Empire qui estoit
horriblement deffiguré : pacifia l'Allemagne, la France & l'Italie. Mais aussi
son zele fut grand au seruice de Dieu,
car il attira les Danois, Saxons, Sorabes, Henetiens & Bohemiens à la connoissance de Iesus-Christ. *Martin Pol.*
en sa Chron. Il edifia, restaura & amplifia
grande quantité de Monasteres. *Sigeb.*
Donna au S. Siege la seigneurie de Rauenne & autres choses qui luy auoient
esté données par les Empereurs Constantin le Grand, Charlemagne, Iustinian, &c. lesquelles toutefois luy auoiét
esté ostées. Il eut deux femmes, la premiere fut Editte fille d'Edoüard Roy
d'Angleterre, dont il eut deux fils &
vne fille ; la seconde fut Adelaide de laquelle il eut trois fils, l'aisné nommé
Henry, Bruno, & Othon III. du nom,
qui luy succeda à l'Empire, & vne fille

nommée Adelaide mariée à Hugues Capet Roy de France.

Othon III.

succeda à son pere Othon le Grand, & fut declaré Empereur, n'estant agé que de sept ans ; premierement à Aix, puis à Rome : il fist vne grande desconfiture des Sarrazins en la Poüille & en la Calabre du viuant de son pere : il fut trauersé par son cousin germain Henry qui s'estoit faict proclamer Empereur, lequel toutefois il reprima auec les Roys de Pologne, Dannemarch & Boheme. Cependant Lothaire Roy de France entra dans la Lorraine laquelle il subiugua auec tant de promptitude, que peut s'en fallut qu'il ne se saisist d'Othon qui s'estoit retiré à Aix : mais Lothaire s'estant retiré auec grandes despoüilles, Othon pour auoir sa reuanche entra auec grandes forces dans la France iusques aupres de Paris, estant toutefois contraint de faire sa retraicte il receut de grands dommages des François à son retour ; en suitte dequoy la paix fut concluë entre ces deux Princes où Othon restitua au Roy de France toute la Lorraine nommée auparauant Austrasie, de laquelle on fist depuis diuers Estats comme Brabant, Gueldres, Cleues, Iulliers, & qu'en cette contrée qui se nomme encore Lorraine, il en fist lors seigneur vn frere du Roy de France nommé Charles auec tiltre de Duc. Cependant Basile & Constantin Empereurs de Constantinople voyans leur beaufrere Othon enueloppé de guerres, delibererent de recouurer plusieurs villes que son pere auoit enleuées à l'Empire de Grece, en la Poüille, & en la Calabre, si bien qu'estans entrez en Italie, & ayans donné bataille à Othon ils le mirent en route & le contraignirent de s'enfuir, mais se pensant sauuer il fut pris par vn Corsaire, des mains duquel toutefois il fut racheté sans estre reconneu. Depuis reuenu à Rome il ramassa les restes de son armée, & y fist vne seuere punition de ceux qui l'auoient abandonné en cette derniere déroute, dont il fut surnommé Sanguinaire, viuant depuis auec vn ennuy & tristesse estrange, puis mourut l'an 984. & le 10. de son Empire, laissant apres sa mort vn fils appellé

Othon IV.

lequel succeda à son pere Othon III. & fut solemnellement Couronné à Aix, nonobstant les oppositions de son oncle Henry Duc de Bauiere & de quelques Princes Italiens qui vouloient faire eslire Crescentius : Et pour la mesme occasion quelques autres Princes d'Allemagne se sousleuerent, lesquels tous en fin il rangea à la raison, ayans bien duré telles rebellions par l'espace de 10. ans. Mais comme Crescentius excitoit nouuelles mutineries à Rome, il y vint auec vne forte armée, à ce conuié par le Pape Iean 17. toute la Noblesse & le peuple Romain luy firent vne grande reception, & Gregoire 5. qui auoit succedé à Iean l'y couronna pour Empereur auec grande solemnité : mais aussi tost apres son depart Crescentius ayant cassé Gregoire & ayant esleu en sa place Iean 18. & faict renolter derechef les Romains, Othon retourna en Italie, lequel ayant assiegé Crescentius dans Rome auec son Antipape, le força de se rendre, puis le fist pendre, & arracher les yeux à l'Antipape ; de ces seditions il prist occasion de faire vne ordonnance du consentement du Pape qui la confirma & publia, qu'à l'adnenir les Allemans auroient tout droict & pouuoir d'eslire l'Empereur Romain, & ne seroit loisible au Pape de proclamer Empereur Prince quelconque sinon celuy que les Seigneurs d'Allemagne auroient esleu à cette dignité ; ce qu'il fist pour empescher la sedition & conspiration des Princes d'Italie, & les debats qu'ils auoient entr'eux pour estre esleuez à cette dignité d'Empe-

reur ; mais specialement pour oster toute esperance aux François de recouurer
l'Empire qu'ils auoient auparauant
possedé. Ainsi il voulut que la dignité
Imperiale que les Allemans auoient
acquise par leur vertu, ne fust transferée à autre famille qu'Allemande, dont
est aduenu que la possession en est tousiours demeurée entre les Allemans depuis cet Othon iusques à present : &
quant aux Papes, il leur laissa seulement
la declaration solemnelle de l'eslection
legitime de l'Empereur auec l'authorité de le consacrer. Mais touchant le
nombre & la qualité des sept Eslecteurs,
l'on doute si cet Othon en est l'autheur,
dautant qu'en l'eslection posterieure
de quelques autres Empereurs, il n'est
faict aucune mention de ce nombre ny
de ceux qui ont cette qualité, & ne
sont point exclus les autres Princes de
l'Empire de cette eslection : si bien que
ce nombre de sept Eslecteurs n'est exprimé qu'apres Frederic 2. Mais finalement Charles 4. Empereur distingua
plus promptement les Estats de l'Empi-
ré, & imposa certaines conditions aux
Eslecteurs & aux autres Princes, mesmes aux Empereurs, lesquelles sont cô-
prises en cet Edict qu'on appelle communément *La bulle d'or*. Mais les Romains indignéz de cette nouuelle forme d'eslire les Empereurs, & de ce qu'ils
estoient priuez de bailler leur voix, &
de plus d'aspirer à l'Empire, conspire-
rent contre Othon, & s'estans soufle-
uez assiegerent le Palais & le contrai-
gnirêt de vuider Rome ; mais il ne peust
eschapper leurs embusches, car il fut
peu de iours apres empoisonné ayant
regné 18. ans, & de salut 1002. Ce Prince peut estre mis entre les meilleurs,
à cause de ses grandes vertus, & pour
auoir gouuerné l'Empire auec beaucoup de prudence. *Blonde Decad.2.li.3.*
Irenic li.3.Crants l.4.ch.25.Plat.& autres.

Othon V. succeda à Philippes,
fut couronné en la vil-

le d'Aix, mais qui traicta trop rudement
ses subiects soubs pretexte de desraciner les iniustices ; depuis il alla à Rome,
où il fut derechef couronné & sacré
par le Pape, auquel il promist d'obeïr,
d'amplifier & de ne point occuper le
patrimoine de S. Pierre. Mais dautant
que pendant son seiour à Rome il s'y
estoit esleué vne sedition où plus de
mille des siens furent tuez, il se retira à
Milan ; & se disant offensé par le Pape,
fist vne grosse armée pour s'en ressen-
tir, & à cet effect il entra en la Toscane, de là en la marque d'Ancone, raua-
geant partout où il passoit : il s'achemina apres aux Royaumes de Naples &
de Sicile où il se saisit de Capouë & de
plusieurs autres villes : & dautant que
ces Royaumes estoient feudataires
de l'Eglise, le Pape voyant ne profiter
en rien par Ambassades, l'excommunia,
publiant ses Bulles par toute l'Italie &
l'Allemagne, ce neantmoins Othon ne
laissa de s'emparer de la Poüille & de
la Calabre. Mais ayant eu aduis comme
les Archeuesques de Maience, de Treues, auec le Roy de Boheme, le Duc
d'Austriche, & le Landgraue de Thuringe, obeïssans au Pape, machinoient
contre luy ; il partit de Naples en diligence & s'achemina en Allemagne, où
nonobstant sa vénuë & ses brigues, les
susdits liguez le declarerent descheu
de l'administration de l'Empire, esli-
sans en sa place Frederic Roy de Sicile
qui auoit auparauant esté esleu Roy
des Romains, ce que le Pape Innocent
confirma : Lequel Frederic ayant accepté l'Empire à la suasion des Ambassadeurs d'Allemagne & du Roy de France ennemy d'Othon, s'employa à recouurer les villes qui luy auoient esté
enuahies au Royaume de Naples, ce
qu'ayant faict il s'en alla en Allemagne
où il fut assisté d'vne puissante armée
par les Princes de son party : & Othon
au contraire se vid abandonné de tous,
si bien qu'apres quelques guerres qu'il
　　　　　　　　　　　　　　auoit

auoit fufcitées en l'Eftat de Gueldres, & pour fe remettre (où il fut toutesfois tres-mal traicté) il s'enfuit en Saxe, priué du toute efperance de r'auoir l'Empire qu'il auoit tenu 5. ans, & là finit fes iours. Sa domination prift fin l'an de falut 1214. le prenant à l'eflection de Frederic II. *Blonde.*

Othoniel fils de Cenes de la lignée de Iuda, & frere de Caleb, fut Iuge ou fouuerain Prince fur tout Ifraël. Les Hebrieux tiennent que 17. ans apres la mort de Iofué, les Ifraëlites ayans preuariqué contre la Loy de Dieu, furent affligez fous la feruitude de Chufan Rafathain Roy de Syrie huict ans durant: mais leur repentance fit que Dieu leur fufcita cet Othoniel fous la conduicte duquel ils fe remirent en liberté apres auoir defconfit en bataille les Syriens, & puis vefquirent 40. ans en paix fous le gouuernement d'iceluy, enuiron l'an du monde 2767. *Iuges 3.*

Othryades Chef des Lacedemoniens au côflict qu'ils eurent contre les Argiens: Car y ayant eu debat entre ces deux nations touchant la proprieté de la contrée Thyreatide, les Amphyctions iugerent qu'ils decideroient le differend par le combat de 300. efleus de chaque cofté: & ce conflict fut fi fanglant, qu'il ne refta que deux Argiens viuans, Alcenor & Chromius, lefquels s'en allerent à la ville porter la nouuelle de leur victoire: mais cependant Othryades feul refté des Lacedemoniens, ayant encore quelque peu de vie, prit les boucliers des morts & en dreffa vn trophée, fur lequel il efcriuit de fon propre fang la victoire par luy acquife: furquoy les partis eftans en debat, les Amphyctions fe transportans fur les lieux adiugerent la victoire aux Lacedemoniens. *Plut. en fes Paral. Val. le Grand l. 3 ch. 2. Herodot. l. 1.*

Otrante contrée du Royaume de Naples, iadis dicte Iapygie & Meffapie: A pour bornes Tarente du cofté du Midy, & la mer iufques au Cap de fainête Marie: a fon Leuant le mefme Cap, auec la mer Ionique: au Nord la mer Adriatique, depuis Otrante iufques à Brindes: & du Couchant la Terre de Barry, auec vn grande partie de la haute Calabre, anciennement dicte Grande Grece. Sa forme eftoit fort peu differente de celle d'vne prefqu'ifle, ayant de circuit bien 240 milles: l'air y eft fort bon & agreable, & le terroir affez fertil en froment, orge, auoine, oliues, comme auffi en tres-gras pafturages: il naift en ce pays vn animal qu'on nomme la Tarentelle, dont on chaffe le venin auec le chant & fon des inftrumens. Elle fut iadis habitée par certains peuples nommez Salentins. Ses villes font, Lecci ville bien baftie & fort peuplée, Otrante tres-ancienne, qui a vn fort chafteau fur vn rocher & vn port affez beau, & qui a donné fon nom à toute la contrée: Brindes pareillement fort ancienne, mais de prefent prefque deferte, qui eftoit iadis celebre pour fon port, elle eft fiege d'Archeuefché, & y a vne fortereffe bien munie. *Mercat. en fon Atlas. Magin en fa Geogr.*

Othus & Ephialtes fils de Neptune & d'Iphimedie femme d'Aloeus, lefquels les Poëtes feignent auoir creu en l'age de 9. ans de la longueur de 9. iournaux de terre, ce qui les rendit fi hardis que d'aller combattre les Dieux; mais ils furent tuez par les flefches d'Apollon. *Homere li. 11. de fon Odyffée. Voy* Aloeus.

O V

Ouide furnommé Nafon, natif de Sulmo ville d'Italie, Cheualier Romain, & Poëte renommé, nafquit la mefme année que Tibulle. Il fut fi enclin à la Poëfie, que fon pere ne l'en fceut iamais deftourner ny par menaces ny autrement: il a efcrit plufieurs liures que nous auons encore. mais six de ses liures des Fastes ont esté perdus: Il fut relegué à Pont en Scythie par l'Empereur Auguste, pour auoir escrit trop lasciuement en ses liures de l'Art d'aymer, ou comme rapportent quelques-vns, pour auoir eu quelque trop grande familiarité auec Iulia fille de l'Empereur: il instruisit Cotys Roy des Getes en la Poësie durant son exil, & luy dedia quelques siennes œuures. Il mourut le 5. an de l'Empire de Tibere. *Eusebe en sa Chron.*

Ouessant islette situéé en la mer Angloise vers les costes de la basse Bretagne, en la partie plus Occidentale & Septentrionale de la France.

Ouuerissel contrée des Pays-bas, bornée par la Frise Occidentale, la Gueldre, la Westphalie, & la mer Germanique: Sa campagne est assez fertile principalement en bleds: il y a quelques villes murées, & bien cent villages & bourgardes dont la ville Capitale est Deuenter. Ce pays recognoist pour le spirituel l'Euesque d'Vtrecht. *Magin en sa Geogr.* Adrianus Iunius en faict les François originaires, il monstre & confirme son aduis par les noms des Sales peuples demeurans prés la riuiere d'Isere, d'où il dit que la Loy Salique prend son droit nom.

O Y

Oye Comté de Picardie, où sont les villes de Calais, d'Oye, & quelques autres de moindre nom. Elle s'estend iusqu'à Dunkerke ville des Pays-bas. *Mercat. en son Atlas.* Cette Comté a esté possedée par les Anglois l'espace de 210. ans.

O Z

Ozias autrement Azarias, fils d'Amasias & 12. Roy de Iuda: il fut homme droict & chemina selon Dieu, se gouuernant par les salutaires aduis du Prophete Zacharie, pendant lequel temps il surmonta les Ammonites, Arabes, Ægyptiens, & remplit tout de la terreur de son nom: edifia plusieurs villes en diuers lieux, comme aussi plusieurs ouurages publics: fut grandement addonné à l'agriculture, mais beaucoup plus adroict & experimenté en l'art militaire, car il prepara pour la guerre vne armée tousiours preste de 307500. combatans: fist vn Arcenal, où toutes sortes d'armes propres au combat se trouuoient auec des machines de grandeur inusitée pour ietter des pierres; mais la grande prosperité en toutes choses l'aueugla de telle façon qu'il presuma contre l'aduertissement d'Azarias & autres Prestres de Dieu, d'offrir de l'encens au Seigneur, & de les menacer à cause qu'ils l'empeschoient de ce faire: dont en vn instant il fut frappé de lepre, & demeura en tel estat 25. ans iusques à sa mort; son fils Ioathan, gouuernant cependant le Royaume pour luy; ce qui aduint l'an du monde 3408. & le 52. de son regne. 2. *Paral.* 26 *& 4. Roys* 15.

¶ Il y eut vn Prophete de ce nom, autrement nommé Hozai, qui viuoit du temps du Roy Manasses & qui luy dressa sa priere lors qu'il fist penitence. 2. *Paral.* 33.

¶ Vn autre de ce nom, Prince de grande authorité entre les Iuifs du temps de Iudith qui receut en Bethulie Achior fugitif de l'armée d'Holoferne, pour auoir rendu tesmoignage de la deffense que Dieu donnoit à son peuple. *Iudith chap.* 6. Ayant prefiny le temps de cinq iours dans lesquels les Israëlites se deuoient rendre à Holoferne, Iudith en presence de tout le peuple le reprist tres-aigrement, comme voulant donner des bornes à la misericorde de Dieu, *chap.* 7. *& 8.*

P

Achynum l'vn des trois principaux Caps ou Promontoires de la Sicile qui regarde le Leuant du costé de la Morée. *Strab. liu.* 6. Il est ainsi appellé, pour ce que là est vn air grossier, dit par les Grecs *Pachy*, l'on l'appelle de present *Capo passero.*

Pacinus l'vn des petits fils de Volsinius, nommé autrement Lucullus, lequel estant descendu de l'Esclauonie vint s'habituer en Italie, donnant là le nom aux peuples nommez Pacinates. *Festus.*

S. Pacome Abbé fort Religieux, fondateur d'vn Ordre dont les regles luy furent données par le ministere d'vn Ange, où il se comporta auec tant de vigilance, qu'il assembla en peu de iours plus de sept mil Moines, lesquels se logerent en diuers Monasteres pres de luy: ils trauailloient tous chacun de leur main, & ce qu'ils gagnoient se cõsignoit entre les mains d'vn despensier general. Ce S. homme mourut l'an de salut 405 du temps du Pape Innocent. *Gennadius en ses consonances Eccles. Trithem. Sigeb.*

Pacorus fils d Orodes Roy des Parthes, qui auoit faict mourir Crassus : Ayant fait plusieurs beaux exploicts de guerre en la Syrie, il fut enfin deffaict, & son armée mise en déroute par Ventidius Bassus Lieutenant d'Antoine. *Suid. Iust. liu.* 42.

Pactole fleuue de Lydie, prenant sa source du mont Tmole, lequel s'escoule par la campagne de Sardis dans le fleuue Hermus : il rend grandement fertiles les plaines qu'il arrouse : il est autrement nommé Chrysorrhoas pour ce qu'il entraisne auec soy des sablons d'or, & dict-on que de là procederent les grandes richesses de Crœsus. *Strab. liu.* 13. Les Poëtes feignent que ces arenes d'or prouiennent de ce que Midas s'y estant laué, y laissa le don qu'il auoit receu de Bacchus. *voy* Midas.

Pacuue Poëte Tragique, natif de Brunduse, petit fils d'Ennius : la grauité de ses sentences, la force & energie de ses paroles, & la belle disposition de ses personnages luy acquirēt le nom de tres-excellent Poëte, selon Quintilien. Pline luy atribuë aussi l'honneur d'auoir esté bon Peintre. Il publia ses fables à Rome, puis estant aagé de 90. ans, il mourut à Brunduse enuiron 135. ans deuant la Natiuité de nostre Seigneur. Son Epitaphe est couchée dans A. Gell. *liu. 1. chap.* 24.

Padouë, appellée par Ptolemée *Patauium*, ville tres-notable de la Marche Treuisane, la fleur & l'ornement de toutes les autres d'Italie. Elle fut bastie par Antenor Prince Troyen compagnon d'Ænée, comme en faict foy son sepulchre qui s'y void encore : Elle a tousiours esté fort puissante & bien peuplée, tres-fidelle & estroictement alliée à l'Empire Romain, iusques là d'auoir ce priuilege que ses habitans eslisoient le Senat Romain. Sa situation est en lieu plein & fertil, munie & fortifiée de bons fossez

Ccccc ij

& ramparts : son air fort temperé & gracieux : le pays d'alentour tres-plaisant & abondant en toutes choses, bleds, vins excellents, & autres fruicts delicats : si bien qu'on dict en commun prouerbe, *Bologne la graße, mais Padoüe la paße.* Ses edifices tant sacrez que prophanes, publics & particuliers font fort fomptueux & releuez, comme le Palais qui est fans pilliers, & couuert de plomb, la Maifon où fe tient le Confeil, vingt-huict ponts de pierre fouftenus de belles arcades fur la Branthe. Il y a vingt-trois Monafteres d'hommes, quarante-neuf de Religieufes. Elle est de plus honnorée d'vne belle & noble Vniuerfité, instituée par l'Empereur Charlemagne, & amplifiée par le Pape Vrbain IV. & l'Empereur Frederic II. Le circuit de l'eftenduë de fon territoire est de 180. milles, dans lequel font comprises 6. villes murées, & 647. bourgades : Les Troyens, Romains, Lombards, Roys d'Italie, les Carrarefes, les Seigneurs de l'Efcale, & les Galeaces y ont commandé les vns apres les autres ; enfin les Venitiens s'en emparerent l'an de grace 1406. Attyla Roy des Huns la deftruifit le premier, puis les Lombards qui la bruflerent cent ans apres ; mais Charlemagne & fes fucceffeurs la ré edifierent. Les naturels y font fort ciuils & de grand efprit, propres aux armes & aux lettres, auffi a-t'elle produict de grands perfonnages, comme T. Liue, qui y a encore fon fepulchre, d'Arontius Stella, & Valerius Flaccus excellents Poëtes, du Iurifconfulte Paul principal Confeiller de l'Empereur Alexandre Seuere. *Monft. li. 2. de fa Cofmog. Mercat. Magin en fa Geogr.*

Pæan estoit appellé le Chant de lieffe qu'on faifoit en l'honneur d'Apollon, comme le Dithyrambe pour loüer Bacchus : L'on chantoit auffi de ces Pæans à Mars, afin de pouuoir bien rembarrer les ennemis, dont est tirée l'origine de ce nom du verbe Grec *Paio,*

c'est à dire, ie frappe ; ce qui fe practiquoit d'ordinaire apres la victoire : comme auffi l'on employoit ces Hymnes pour faire deftourner quelque maladie, dont on fe fentoit tourmenté ; & lors elles s'addreffoient à Apollon, & en cet endroict ce mot est tiré du Grec *Paino,* c'est à dire, ie medecine. Et generalemét il est pris pour quelque Hymne que ce foit. *Iul. Pollux.*

Pæon fils d'Endymion & frere d'Epée, lequel ayant efté vaincu à la courfe par fon frere, luy quitta l'heritage & l'Empire (felon qu'il auoit efté conuenu entr'eux, que le vaincu cederoit au vainqueur) & s'eftant retiré en la Thrace vers le fleuue Axus, donna fon nom de Pæonie à vne portion de Macedoine, qui depuis fut appellée Emathie, du nom de l'vn de fes Roys. Les peuples de cette Pæonie furent appellez Pæons, gens belliqueux qui ont eftendu leur nom en plufieurs lieux. *Iuftin liu. 7.*

¶ Vn autre de ce nom, tres-expert en l'art de Medecine, qu'Homere *liu. 5. de l'Iliad.* feint auoir guary Pluton, que Hercules auoit griefuement bleffé : l'on luy attribuë l'inuention de cette herbe qui de fon nom est appellée Pæonie ou Peuoifine.

Pæstum ville d'Italie en la Bafilicate, appellée autrement Poffidonie, & vulgairement *Pefte,* baftie par les Sybarites : l'air y est fi doux & benin que les rofes y viennent deux fois l'année : Elle auoit iadis des murailles d'vne hauteur & grandeur admirable, mais maintenant elle est toute ruinée. *Strab. liu. 5. Magin.*

Pairs de France, furent qualifiez ces douze notables perfonnages, inftituez & eftablis premierement par Charlemagne, pour eftre comme pairs & femblables à luy en l'adminiftration de la iuftice & difcipline Militaire, lefquels pourroient donner leur confeil és plus grandes & principales affaires du Royaume, sans toutesfois rien diminuer de l'authorité Royale, le Roy se reseruant la superiorité & preeminence sur eux; & à cette occasion ils furent appellez Pairs, comme qui diroit *Pareils*, ou selon d'autres *Peres*, pour denoter qu'ils estoient comme Peres de la France. Or de ces douze qui furent lors instituez, il y en auoit six Clercs ou Ecclesiastiques, à sçauoir, l'Archeuesque de Rheims, les Euesques de Laon & de Langres, qualifiez du tiltre de Ducs, & les Euesques de Beauuais, Noyon & Chaalons qui ont la qualité de Comtes: & les six autres Laïcs, à sçauoir, les Ducs de Bourgogne, qui en fut establ' le Doyen par Henry l. en la personne de Robert son frere aisné; de Normandie & de Guienne: les Comtes de Flandres, Champagne & Tholose. *Gaguin liu. 4.* La continuation desquels ayant esté depuis interrompuë, fut restablie par le Roy Hugues Capet: Mais les Pairries Laïques ayans esté reunies à la Couronne, (fors celle de Flandres qui en a esté du tout alienée) leur nombre a esté depuis grandement augmenté, de sorte qu'il y en a de present plus de vingt autres, outre que les fils de France & tous Princes du sang sont reputez naturellement Pairs.

Paix Deesse venerée par les Anciens. Pausanias escrit que la statuë d'icelle en la ville d'Athenes, où elle auoit vn Autel, estoit en forme de femme, qui tenoit par la main Plute Dieu des richesses, dautant qu'icelles s'acquierent & conseruent durant la paix. Et pour ce l'on la faisoit amie de Ceres Deesse des grains; laquelle aussi Aristophanes dict estre la compagne de Venus & des Graces. Quelques-vns la couronnoient d'oliuier, & quelquefois de laurier, auec guirlandes de roses. L'Empereur Auguste la fist grauer dans ses medailles, en forme d'vne belle vierge auec vn rameau d'oliue en vne main, & en l'autre vne corne d'abondance.

D'autres la peignoient comme la Concorde (auec laquelle on la confond le plus souuent) tenant en sa main droicte vne couppe, & en la gauche vne corne d'abondance. *Voy* Concorde. Cette Paix eut vn Temple à Rome commencé par l'Empereur Claudius, paracheué & grandemēt enrichy par Vespasian, apres la victoire du pays de Iudée, auquel il fist apporter tous les ornemens du temple de Hierusalem, mais qui fut par apres embrazé du temps de l'Empereur Commodus.

Palæmon fils d'Athamas & d'Ino, auparauant appellé Melicerte, mais qui prit ce nom de Palæmon entre les Grecs, lors que s'estant ietté dans la mer auec sa mere Ino, l'vn & l'autre furent deïfiez par la volonté de Neptune, & mis au nombre des diuinitez de la mer. Les Latins luy ont donné le nom de Portune, mot tiré des havres & ports de la mer, sur lesques ils l'ont fait presider. Thesée institua en son honneur des ieux appellez Isthmiens, où se trouuoit toute la fleur & l'eslite de la ieunesse de Grece, esquels les vainqueurs estoient couronnez de pin: & dautant que l'on celebroit quelques ieux en ce lieu là auparauant en l'honneur de Neptune, les Poetes feignirent qu'il auoit esté receu au nombre des Dieux marins, & que Neptune luy auoit fait part de son gouuernement. *Boccace l. 13. de sa Geneal.*

Palamedes fils de Nauplius, Roy de l'isle d'Euboée, ennemy mortel d'Vlysse, par la tromperie duquel il fut miserablement lapidé par les Grecs. L'occasion de cette haine fut que les Grecs s'apprestans pour la guerre de Troye, Vlysse retenu par les amours de sa femme Penelope, contrefist l'insensé, pour s'exempter de ce voyage; & pour donner tesmoignage de sa folie, il attela en vne charrüe deux animaux de diuerse espece & se mist à labourer le riuage de la mer, y semant du sel au lieu de bon grain. Mais Pala-

medes pour defcouurir fa feintife , alla
prendre fon fils Telemaque encore petit enfant , lequel il ietta dans vne ornie-
re par où la charruë deuoit paffer; ce
qui fift qu'Vlyffe l'ayant apperceu fuf-
pendit fon foc de peur de le bleffer;
ainfi fut manifeftée fa diffimulation &
contraint de marcher en guerre auec
les autres Princes Grecs : dont Vlyffe
indigné fuppofa quelques lettres ad-
dreffées à Palamedes de la part de
Priam ennemy des Grecs , pour la confirmation defquelles il fift cacher vne
fomme de deniers en la tente de Palamedes, comme enuoyée par Priam , fi
bien qu'accufé de trahifon il fut lapidé.
Homere , Ouide liure 13. *de fes Metam.*
L'on tient qu'il adioufta quatre lettres
à l'Alphabet Grec , fçauoir Ξ, Φ, X, Θ :
comme auffi qu'il inuenta les poids &
mefures , le mot du guet ; l'induftrie de
mettre en ordre vn bataillon , laquelle
chofe on tient qu'il auoit apprife du vol
des Gruës , que pour ce on appelle oyfeaux de Palamedes. *Pline li.* 7 *chap.* 57.
L'on le tient auffi auoir efté grand Aftro-
logue , ayant donné reglement à l'année felon le cours du Soleil , & aux mois
felon celuy de la Lune.

Palanthée ville baftie au Mont
Palatin par Palanthes
bifayeul d'Euander. *T. Liue decad.* 1.
liu. 1.

Palatin ou Palatium , l'vne des fept
collines de Rome, ainfi dicte
comme *Balatium* , c'eft à dicte béelle-
ment des brebis qui là s'hebergeoient
auant la fondation de Rome : Les autres
tirent l'origine de ce nom de Pallantia
mere du Roy Latin qui là demeuroit.
D'autres de Pallantia fille d'Euander,
abufée par Hercule , qui là fut enfeuelie : Mais Pline tire ce nom de Palantia
ville d'Arcadie , qui eftoit le pays d'E-
uander , lequel s'en eftant fuy pour le
meurtre qu'il auoit commis en la perfonne de fon pere vint au Latium , &
habita ce Mont , qu'il appella Palatin.

Ce Mont eftoit fort celebre à caufe de
la refidence des Roys , Confuls & Empereurs qui y auoient leur Palais , comme auffi à caufe d'vn temple magnifique
dedié à Apollon où fe voyoient de riches
ornemens & des ftatuës d'or confacrées
à ce Dieu. De ce mont ont efté appellez
Palais les fuperbes baftimens & demeures des Grands.

Palatinat du Rhin , vulgairement
appellé *Diephaltz* ; a pris
fon nom du Palais : car il eft certain que
les Palatins eftoient iadis vn certain
ordre & dignité de Confeillers qui
eftoient appellez au feruice des Empereurs, de forte que ceux qui en la fuitte
& cour du Palais eftoient prefts & dif-
pofez à l'execution de fes commande-
mens , en furent depuis nommez Palatins , que nos anciens François appelloient Maires du Palais : & bien qu'il
y en euft vn grand nombre de cette qualité, il appert que ce nom eft defailly , &
n'eft plus demeuré finon aux Princes,
qui poffedoient cette contrée proche
du Rhin , lequel nom ils ont retenu depuis 500. ans , bien qu'on ignore l'origine de leur inftitution. Ce pays s'e-
ftend loing , & large aux deux riuages
du fleuue du Rhin , fi bien qu'il contient
les anciennes demeures des Intuerges,
Nemetiens & Vangions : il eft borné
au Couchant par le Duché de Zuei-
bruck : à l'Orient par la Franconie & le
Duché de Vvitemberg : au Nord de la
riuiere du Moein & de la foreft Orto-
nique : & au Midy par l'Alface. Il eft
tres-fertil en toutes chofes , fpecialement
en vins , qui y font tres excellens. L'on
y compte 48. villes , dont la principale
eft Heidelberg, demeure du Prince Palatin , fife fur le fleuue Necare , renommée pour fon Vniuerfité fameufe inftituée par Rupert le Vieil Prince Palatin,
l'an 1346. dont font fortis beaucoup de
gens doctes. Toute cette contrée eft
diuifée en quatre Preuoftez ou Iurif-
dictions, qu'ils appellent *Ampten* ; c'eft

auſſi le 6. cercle de l'Empire, & ſon Prince l'vn des ſept Eſlecteurs, dont Henry fut le premier, qui auec ſes autres Eſlecteurs ordonna en l'an 1003. Henry II. pour Empereur. *Monſt. liu. 3. de ſa Coſmogr. Merc. en ſon Atlas.* En ces années dernieres l'Empereur s'en eſt emparé pour la rebellion de ſon Prince Frederic, qui voulant conqueſter le Royaume de Boheme en a eſté priué, & meſmes de ſes ſeigneuries propres.

Palephate Poëte Athenien, qui a eſcrit en vers de la ſituation du monde, & du debat qu'eut Minerue auec Neptune pour la fondation de la ville d'Athenes, comme auſſi quelques autres œuures. *Suidas.*

Palerme, appellée Panorme par Ptolemée, ville tres-ancienne de la Sicile, baſtie du temps d'Abraham, qui eſtoit la demeure des anciens Phœniciens comme le monſtrent encores certains Epitaphes eſcrits en lettre Chaldaïque qui s'y trouuent. Elle eſt ſituée en vn ſol tres-plaiſant & fertil, pres le riuage de la mer de Toſcane, enuironnée de murs tres-hauts & de tours baſties de pierre quarrée par ſon Roy Frederic qui fut depuis Empereur II. du nom. Il s'y void vn temple dedié à Sainct Pierre, edifié par Roger Roy de Sicile, lequel ſurpaſſe en beauté & ornement de choſes precieuſes toutes les autres de l'Italie ſans exception. Là ſe voyent les ſepulchres des Roys de Sicile. Elle eſt honnorée d'vne Vniuerſité & d'vn Archeueſché. *Mercat. en ſon Atlas.*

Pales fut reputée Deeſſe des Paſtres que les Poëtes conioignent auec Apollon. *Virgil. en ſa 5. Eclog.* Les Latins tirent ſon nom de *Palea*, c'eſt à dire paille : & de faict, l'on celebroit certaines feſtes en ſon honneur qu'on nommoit Palilies particulieres aux bergers qui le 19. d'Auril (iour de la fondation de Rome) auoient de couſtume d'arranger certain tas de paille en vn

lieu plein & vny aux champs, puis y mettoient le feu & ſautoient pardeſſus. *Ouide liure 4. des Faſtos.* Quelques-vns luy ont donné le nom de Veſte. *voy* Palilies.

Paleſtine Prouince particuliere de la Syrie, & des plus renommées, tant pour la remarque de ſes lieux que des choſes grandes gerées en icelle, dont les ſainctes Letres font mention. Ptolemée & autres Geographes l'appellent ainſi à cauſe des Paleſtins (nommez par l'Eſcriture Philiſtins) peuples de grand renom pour leur puiſſance & proüeſſes, qui l'habiterent. Elle fut premierement nommée Chanaan, de Chanaan fils de Cham, les deſcendans duquel l'occuperent : Et depuis ayant eſté conquiſe par les Iſraëlites ſous la conduite de Ioſué, elle fut nommée Iſraël, & Terre de promiſſion, & vulgairement Terre-ſaincte, à cauſe qu'elle eſtoit la demeure & retraicte du peuple de Dieu, & que le Fils de Dieu l'a ſanctifiée par ſa naiſſance, ſes miracles, & ſa mort. Elle eſt ſituée dans le centre du monde, entre la mer Mediterranée & l'Arabie : bornée au Nord par vne partie de la Phœnice : au Leuant par le mont Liban, & vne partie de l'Arabie : au Midy par le deſert de Pharan & l'Egypte : & au Couchant par cette partie de la mer Mediterranée qui là eſt appellée Syriaque & Phœnicienne. La longueur de cette region du Midy au Nord eſt de 60. milles, ou ſelon le teſmoignage de Brocard, de 64. lieuës depuis Dan iuſques à Berſabée : & ſa largeur de 16. lieuës depuis le fleuue Iordain iuſques à la mer Mediterranée. Elle eſt ſituée entre le milieu du 3. climat & le milieu du 4. & ſon plus grand iour eſt de 14. heures & demie. L'on la diuiſe ordinairement en la Iudée, Idumée, Samarie, & Galilée, leſquelles contrées *voy* en leurs mots. Le fleuue du Iordain la ſepare en deux, lors qu'elle eut eſté occupée par les

Iſraëlites, ils la diuiſerent en douze parties, leſquelles ils departirent aux douze Tribus d'Iſraël : mais puis apres ſous Roboam fils de Salomon, ces Tribus ſe liguerent & firent deux Royaumes; ſçauoir les deux Tribus de Iuda & de Benjamin qui compoſerent le Royaume appellé de Iuda, dont le ſiege eſtoit Hieruſalem ; & les dix autres Tribus dont les Roys commandoient en Samarie, obtindrent le nom d'Iſraël. Mais apres la captiuité de Babylone, toute cette Paleſtine fut diuiſée en deux contrées, ſçauoir en Samarie & Galilée, & alors les Roys d'Iſraël demeuroient en la ville de Samarie, qui eſt maintenant appellée Sebaſte, & la Galilée fut occupée par le nations eſtrangeres, & ainſi commença à eſtre en haine des vrays Iuifs. Cette region ſurpaſſe en la temperature & ſalubrité de ſon air & en l'abondance de toutes choſes (tant neceſſaires à la vie que pour les delices des hommes) toutes les contrées de la terre, & pource eſt loüée de tous les Autheurs, tans ſacrez que prophanes, comme entr' autres de ſon veritable Hiſtorien Moyſe au *Deuteron. chap. 8.* & de fait ſa fertilité eſt ſi grande que l'on y vendange trois fois l'an, & y a certains fruicts qui ſe conſeruent ſur les arbres tout le long de l'année, produiſant d'abondant des arbres & herbes medecinales tres-rares & de tres-grand prix, comme le baume, le maſtyc, des piſtaces, & autres drogues tres-precieuſes qui ne ſe trouuent és autres Prouinces. Iaçoit que cette Prouince ait fleury en toutes ſortes de benedictions, ſe rendant terrible & puiſſante à toutes les nations de la terre, depuis ſon ſouuerain & premier Legiſlateur Moyſe, tant ſous ſes Ducs & Roys, que ſous les Princes & ſouuerains Preſtres qui l'ont gouuernée : ſi eſt-ce qu'à meſure que ſes peuples ont abandonné le vray Dieu pour ſeruir aux Idoles & aux Dieux eſtrangers, ils ont ſuby le ioug des Égyptiens, Chal-

déens, Medes, Perſes, Macedoniens, & Romains, & finallement apres auoir occis le Iuſte, que leur Souuerain Legiſlateur Moyſe leur auoit commandé d'eſcouter ; Ils ont eſté entierement deſtruicts, tant par les vrays fidelles Chreſtiens, que par les Mahometans & autres nations de toutes ſectes & religions, & diſperſez par toute la terre, comme gens abandonnez de Dieu & des hommes. Touchant leſquels changemens & leur commencement, progrez & fin, *voy* Iudée, Iuifs, & Hieruſalem.

Palicene fontaine de la Sicile, non loing de la ville de Catane, ainſi appellée pour eſtre voiſine des Lacs Paliques, dits Delles & Crateres. En icelle on auoit de couſtume d'experimenter la verité du ſerment : car ſi celuy qui vouloit iurer iettoit vne tablette dedans qui contint le narré de ce qu'il aſſeuroit, & qu'elle vint à flotter deſſus l'eau, cela de monſtroit la verité de ſon ſerment ; que ſi elle alloit à fonds, cela denotoit le pariure. *Eſtienne en ſon traité des villes.*

Palilies feſtes celebrées en l'honneur de Pales Deeſſe des Paſtres qui les ſolemniſoient le 16. d'Auril ; ce qui ſe faiſoit afin qu'elle chaſſaſt les loups & toutes ſortes de maladies loing de leur bercail ; comme auſſi afin qu'elle fauoriſaſt l'effoüil & l'accroiſt de leur beſtial. A cette Deeſſe l'on ſacrifioit premierement du laict & du mil ſans autre victime, puis l'on aſſembloit vn tas de paille, laquelle les Paſteurs ayans allumée s'eſlançoient par le milieu de la flamme. L'on celebroit auſſi ces feſtes pour honorer le iour de la fondation de Rome, qui fut ce iour là meſme, & lors l'on faiſoit des ſacrifices auec du vin cuit & du miel ſans autre victime ; & en ſigne de reſjouyſſance l'on s'abſtenoit de toutes ſortes de procez & debats, & ne vacquoit on qu'à faire bonne chere & banqueter
les vns

les vns auec les autres. *Alex. d'Alex.*
liu.2.chap.22. Voy Pales.

Palinure

compagnon d'Ænée, lequel estant pressé du sommeil cheut auec son gouuernail en la mer ; mais comme il eust esté porté par les flots iusques au port Velin qui est en la Basilicate, les habitans l'ayans apperceu le despoüillerent & le rejetterent dans la mer : à raison dequoy ils furent peu apres trauaillez d'vne griefue pestilence, pour laquelle faire cesser Apollon donna response qu'il falloit appaiser les ombres de Palinure : Ainsi suiuant cet aduis ils luy dedierent vn bois sacré, & luy dresserent vn Cenotaphe ou sepulture vuide sur vn Cap ou Promontoire là pres qui en a retenu le nom de Palinure. *Virg. liu. 6. de l'Æneid.*

Paliques

ou Palisques freres gemeaux, fils de Iupiter & de la Nymphe Thalie, ou comme veulent d'autres d'Ætne. Les fables content que cette Nymphe fut enceinte en Sicile par Iupiter pres le fleuue Simethis non loing de la ville de Catine, & que de crainte de Iunon elle fist priere que la terre s'ouurist pour euiter la colere de cette Deesse : Sa requeste exaucée, la terre l'engloutit & luy fist place en ses entrailles tant que son fruict fut venu à maturité, auquel par vne seconde ouuerture la terre donna sortie, qui furent ces deux iumeaux pource appellez Paliques des mots Grecs *Palin* & *cesthai*, c'est à dire, sortir derechef : pource qu'ayans esté comme abysmez dans la terre, ils en estoient ressaillis ; & aupres de ce lieu il y a comme deux petits lacs que les anciens habitans nommoient Delles & Crateres d'où ils croyoient que ces deux freres procederent : & les eaux de ces lacs estoient en si grande reuerence qu'en icelles l'on faisoit espreuue des pariures : car si quelqu'vn accusé estoit plongé dedans, il en sortoit sain & sauf s'il n'estoit point coupable, autrement il y

perissoit comme conuaincu. *Macrobe liu.5.chap.19 de ses Saturnales.*

Palladium

estoit appellé le simulachre de Pallas, lequel lors qu'on bastissoit la Citadelle de Troye, & que l'on edifioit vn temple à Pallas, tomba du ciel & vint prendre place en iceluy qui n'estoit encore couuert. Il estoit de bois, lequel de luy mesme sembloit mouuoir les yeux & branler vne iaueline qu'il tenoit en main : Apollon consulté sur cet accident inopiné, respondit que la ville seroit aussi long temps sans estre prise que cette Idole y seroit gardée. C'est pourquoy en la guerre de Troye Vlysse & Diomede Grecs trouuerent moyen de l'enleuer, ayans entré en la forteresse par vn esgoust. Du depuis l'on tient que ce simulachre fut apporté en Italie par Ænée, & qu'en suite consigné par succession il fut apres la fondation de Rome curieusement gardé dans le temple de Vesta. *Ouide, Homere, Virgile, Herodian, &c.*

¶ *Par ce Palladium est fort à propos entendüe la sagesse & les iustes loix necessaires à l'Estat, ausquelles Pallas ou Minerue a esté creüe presider, par les Anciens; car ces choses peuuent rendre vne Cité perdurable & tousiours florissante : comme l'absence d'icelles la rendent exposée à tout malheur & à vne infaillible ruine ; & pour ce aussi que toutes choses sont vn pur don de Dieu, l'on a feint que ce Palladium estoit tombé du ciel. Voy* Minerue.

Palladius

Methonean, Sophiste, qui a escrit des festes des Romains, & diuerses oraisons. Il viuoit du temps de Constantin le Grand. *Suidas.*

Pallas

Deesse des Arts & sciences, née du cerueau de Iupiter: Cette appellation luy a esté donnée de Pallas homme Geant qu'elle tua ; ou bien du verbe Grec *Pallo*, c'est à dire, ie darde ; parce que les anciens l'ont peinte comme vne preuse guerriere

Dddddd

tenant en main vne picque, dequoy
voy la Mythologie & tout ce qui appartient à cette Deeſſe au mot Minerue.

Palmer (nommé Matthieu) Floren-
tin, a continué les Chroni-
ques de S. Proſper d'Aquitaine, depuis
l'an 449. iuſques en l'année 1449. in-
cluſiuement. Ayant eſté depuis conuaincu d'hereſie pour vn certain liure
qu'il auoit compoſé des Anges, il fut
condamné & puny du feu. Trithéme au
liu. des Eſcriuains ſacrez.

Palmyre ville de la Syrie, fort belle
& en riche aſſiette, ayant
des eaux à commandement. C'eſtoit
vne cité libre du temps des Romains,
ſituée entre leur Empire & celuy des
Parthes. Pline liu. 5. chap. 25. Cette va-
leureuſe Zenobia lors qu'elle tenoit
l'Empire d'Orient & quelle conduiſoit les armées en habit d'homme, y tenoit ſon ſiege Imperial. Alex. d'Alex.
liu. 1. chap. 2. Elle fut reedifiée par l'Empereur Adrian dont elle priſt le nom
d'Adrianopolis, & ſes habitans furent
appellez Adrianopolitains.

Pamiers ville du Comté de Foix
au Languedoc, ſituée en
des valons tres fertils, dicte des Latins Apamia. Elle fut honnorée du
tiltre d'Eueſché par Boniface VIII. &
depend de l'Archeueſché de Tholoſe.

Pamiſe fleuue d'Arcadie prenant
ſa ſource du mont Stym-
phale, lequel apres auoir arrouſé la
ville de Troezene ſe va rendre dans le
golfe Meſſeniaque. Il eſt ainſi appellé
des deux mots Grecs Pan & myſos, comme qui diroit, tout hay, à cauſe du de-
gaſt qu'il faict aux champs qu'il couure
auec trop d'abondance. Ptolemée l'appelle Panyſe.

Pampelune ville capitale du
Royaume de Na-
uarre, baſtie par Ptolemée dicte des
Latins Pompeiopolis.

Pamphile fils de Neoclides, &
auditeur de Platon,
que ce diuin autheur rapporte au commencement de ſon Phædon, qu'ayant eſté
tué en vn certain combat, & qu'apres
auoir demeuré mort ſur la pouſſiere
dix iours durant, que trois iours apres
qu'il en eut eſté tiré comme on l'eut
mis ſur le buſcher funeral, il reſſuſcita
& conta choſes du tout eſtranges
qu'il auoit veuës durant le temps de ſa
mort.

Pamphile Preſtre & Martyr, fa-
milier amy d'Euſebe de
Cæſarée: dreſſa auec grand ſoin & diligence vne tres-belle Bibliotheque à
Cæſarée, à l'imitation d'Alexandre
qui auoit faict le meſme en Hieruſalem. Il y aſſembla grand nombre de
liures d'Eſcriuains Eccleſiaſtiques,
comme de Caius, Hippolyte, Berylle,
& autres; & meſmes eſcriuit de ſa propre main bonne partie des liures d'Origene. Euſebe liu. 6. chap 21. & 32. Il
eſtablit auſſi vne eſchole de Philoſophie & de Theologie à Cæſarée, où il
fut martyriſé ſoubs l'Empereur Maximian, Nicephore liu. 5. chap. 37.

Pamphylie contrée de l'Aſie Mi-
neur, appellée par
Pline Popſopie, & de preſent Setilie ſelon Giraue, & par les Arabes Zina. Belon dict qu'elle & la Cilicie portent
le nom de Caramanie où commandent
ſept Sangiacs du Turc. Elle a pour
bornes la Cilicie & partie de la Cappadoce: au Couchant la Lycie: au
Nord da Galatie: & au Midy la mer
de Pamphilie qui eſt touſiours orageuſe. En cette contrée ſont les villes
de Perga, Side, & Sathalie qui eſt ſa
capitale ville fort grande & bien munie,
qui a communiqué ſon nom au golfe
prochain. Ce pays eſt quaſi tout montueux, arrouſé des fleuues Melas &
Eurymedon. L'on y void des chevres
qui ont le poil fort delicat & blanc
comme la neige, dont ſe font des ca-

melots de grande estime. *Magin en sa*
Geographie.

Pan lequel estoit mis par les anciens au
nombre des grands Dieux, a eu
diuerse origine selon la diuersité des autheurs. Homere en ses Hymnes le fait fils
de Mercure & de la Nymphe Dryops:
Epimenide de Iupiter & de Callisto:
D'autres du Ciel & de la Terre: Agato-
cle de la semence des Courtisans & Ri-
baux de Penelope, & pour ce fut nommé Pan, qui en Grec veut dire tout: mais
Herodote *en son Euterpe*, suiuy de la plus
grande part, veut que Mercure & Penelope ayent esté ses pere & mere: car Mercure voyant qu'il ne pouuoit ioüir de
Penelope, se changea en vn bouc qu'elle
trouua tant à son gré, qu'elle en conceut
& enfanta ce monstre chevrepied, dont
l'antiquité a tãt fait de cas, pource qu'il
representoit toute la nature, comme le
marque son appellation ; aussi estoit-il
tellement depeint, qu'en tous ses membres rien n'estoit obmis des parties &
membres de tout cét Vniuers ; car il
estoit pourtrait comme vn homme, depuis la ceinture iusques en haut, qui toutesfois auoit d'irregulier deux petites
cornes au front, les oreilles de chevre
longues & roides, les tempes entourées
de fueilles de pin, la face de couleur
rouge, la barbe mal peignée, qui luy
l'estonnoit iusqu'en la poictrine, ayant
du corps tout velu & l'estoilles, le bas
vne petite queuë, & les pieds fendus
comme vne chevre, vestu au reste de la
peau d'vne biche tachetée, tenant d'vne
main vne flutte à sept chalumeaux, & de
l'autre vne houlette, & quelquesfois
aussi vne faulx. Les Nymphes le prirent
en leur garde dés qu'il fut nay, & le
nourrirent, elles s'assembloient toutes
à l'entour de luy, & dansoient follastre-
ment au son de sa flutte : l'on luy donnoit le titre d'Ambassadeur des Dieux
aussi bien qu'à son pere : comme aussi la
superintédance sur les pastis, bois, mon-

tagnes & rochers où le bestail peut viure, & les Pastres l'inuoquoient comme
gardien de leurs priuileges, luy offrans
les premices du creu de leur bestail : les
Veneurs le reconnoissoient aussi pour
leur patron : les Arcadiens qui estoient
addonnez à la chasse, le veneroient plus
qu'autre nation. Il aima trois Nymphes,
Echo, Syrinx & Pitys; mais Syrinx chaste
& pudique, l'ayant rencontré vn iour,
& qu'il vouloit faire effort à sa pudicité,
s'enfuit ; mais trouuant sa course arre-
stée par la riuiere de Ladon, pour euiter
cette violence, elle fut transmuée en
chalumeaux par la commiseration d'vne
ses compagnes : & de ces chalumeaux,
Pan se prist puis apres à façonner sa
flutte. Quant à Pitys ayant esté transformée en pin par la ialousie de Borée,
il l'alloit encore apres chercher par les
bois, & en portoit d'ordinaire vne guirlande, & luy est cét arbre particulierement consacré. L'on tient que c'est ce
Dieu qui donne des effrois & peines su-
bites, és armées & autres assemblées publiques, qu'on appelle terreurs Pani-
ques, telles qu'eut l'armée Gauloise
conduite par Brennus en la guerre de
Grece. L'on luy presentoit en offrande,
du laict & du miel dans des pots & vases de Bergers : & solemnisoit-on en son
honneur, vne Feste appellée les Lupercales.

Les Physiologiens entendent ordinaire-
ment par ce Pan (qui chez les Grecs signi-
Ils l'ont feint ... uniuerselle des choses:
vertu & volonté Diuine laquelle ....
les choses au poinct de leur naissance : en ce
sens aussi il est feint nay de l'embrassement
de tous les amants de Penelope, pource que
Pan contient tous les corps de la nature,
comme son nom le monstre. Il est dit que
toutes les Nymphes le nourrirent, ensuiuant
l'opinion de Thales Milesien, & autres
croyans que l'eau estoit la matiere de la-
quelle tout le monde a esté composé ; mais
sa taille & sa forme denote plus qu'autre

chofe cette vniuerfalité : car fes cheueux &
fa barbe marquent les rais & la lumiere du
Soleil, qui du Ciel s'efpandent par tout le
monde : fes cornes font les croiffans de la
Lune ; fa face rouge cramoifie, reprefente
la region Ætherée qui eft de nature de feu :
de ce que fes iambes font veluës & herif-
fées, c'eft à caufe de ce meflange effais des
plantes & beftes de la terre : fes pieds four-
chus comme d'vne cheure, demonftrent la fo-
lidité de la terre : il porte vne flutte à fept
chalumeaux, à caufe de l'harmonie celefte
de fept voix toutes differentes que produi-
fent les fept Planetes : fa boulette ou bafton
courbé fignifie l'année, fe refoluant en foy-
mefme, ou bien la puiffance de nature, attendu qu'il luy fert de fceptre : Ceux qui luy
donnent vne faux, c'eft pour fignifier l'inuention de nature, qui en tout & par tout re-
tranche la fuperfluité : ce veftement dont il
eft affublé auec fes mouchetures, reprefente
la huictiefme fphere parfemée d'eftoilles, ou
bien la terre efmaillée de la diuerfité des
chofes qui y font, & qui la bigarrent,
comme de plufieurs mouchetures. D'autres
comme Macrobe, veulent declarer par ce
Pan le naturel du Soleil, & en ce fens ils luy
donnent la fuperintendance des prairies,
montagnes, forefts, & autres lieux propres
à la nourriture du beftail, pource que cét
aftre donne l'abondance où eftoit la difete
de pafture & de fourrage. Quant à cét
amour qu'il porte à Syrinx, cette fiction
peut auoir efté tirée, de ce qu'ayant apperceu que quelques chalumeaux percez rendoient quelque douz ...ment contre les rofeaux qui eftoient dans l'eau, s'aduifa auec
le temps de faire vne flutte de ces chalumeaux, lefquels font appellez chez les
Grecs Sytingai.

¶ Mais plus vray-femblablement deuons-
nous entendre par ce Pan, l'Autheur de la
nature mefme : Ce qui nous eft confirmé par
cette voix miraculeufe, qui fut ouye toft
apres la mort de Noftre Sauueur, és Ifles
Echinades, par laquelle fut fommé Thamos
l'vn des Pilotes, qui lors conduifoient quel-

ques vaiffeaux, qu'il euft à declarer & annoncer és Ifles voifines, que le grand Pan
eftoit mort ; ce qu'ayant fait, furent enten-
duës de grandes plaintes & gemiffemens,
qui monftroient les mefmes douleurs que
fouffrit la nature, lors que l'Autheur d'icelle fouffrit la mort pour nous ; car lors le Soleil s'obfcurcit, la terre trembla, les pierres fe fendirent, & les monumens furent
ouuerts pour rendre leurs morts. Matth.
27. Plut.

Panætius Rhodien & fils de Nica-
goras, Philofophe Stoï-
cien, familier de Diogene, & Precepteur
de Scipion l'Africain, duquel Ciceron
fe dit eftre imitateur en fes Liures des
Offices. De luy nous auons cette belle
fentence, fçauoir, Qu'eftant ainfi que la
vie de l'homme eft fujette à vne infinité
de perils qui s'offrent à chaque moment &
à l'impourueu, qu'il eft de befoin d'auoir
toufiours l'efprit bandé pour y refifter, &
les fupporter patiemment ny plus ny moins
que les Athletes, qui ont toufiours les bras
roidis & tendus pour fupplanter & terraf-
fer leurs aduerfaires. A. Gell. liu. 13. ch. 16.
Suidas.

Panathenées certaines Feftes qui
fe celebroient à A-
thenes en l'honneur de Minerue, lefquelles Thefée inftitua apres auoir affemblé tous les bourgs de la Prouince
d'Attique en vn corps. Les Laviölem-
appelloient Qui...toit à la luite, & les
athletes eftoient tous nuds, à raifon dequoy les femmes en eftoient bannies, &
les eftrangers auffi : mais à part s'y voyoit
d'ordinaire vn cœur de ieunes garçons
& filles qui danfoient aux chanfons : Or
il y auoit de deux fortes de ces ieux, fçauoir les grãds qui fe celebroient de cinq
ans en cinq ans, & les petits que l'on faifoit tous les ans. Plut. en la vie de Thefée.
Alex. d'Alex. liu. 5. chap. 5.

Pandion fils d'Erichtée Roy d'A-
thenes, lequel fucceda à
fon pere au gouuernemét du Royaume,

eut deux filles, Philomele & Progne, la derniere defquelles il maria à Terée Roy de Thrace, par le moyen duquel il auoit deffait le Roy de Pont. Toute fa famille fut malencontreufe, comme fe verra en leur lieu.

Pandore, felon ce qu'en ont feint les Poëtes, & fpecialemét Hefiode *en fa Theogonie,* a efté la premiere femme du monde qui fut faite par Vulcain, de terre deftrempée de la plus belle forme & façon qui fe pouuoit imaginer, laquelle ayant efté animée, tous les Dieux l'honnorerent de ce que chacun auoit de plus exquis, comme Venus de fa Beauté, Pallas de fa Sageffe, Mercure de fon Eloquence, Apollon de fa Mufique, Iunon de fes Richeffes, & ainfi des autres : & pour ce regard elle fut nommée Pandore, car *Pan* fignifie tout, & *doron,* don ou prefent. Or Iupiter irrité contre Promethée, qui auoit dérobé le feu du Ciel, & iceluy apporté en terre, pour s'en vanger mefme contre tous les hommes à fon fujet, fe feruit de cette femme, à laquelle il donna vne boëtte clofe & pleine de toutes fortes de maux & calamitez, & l'enuoya vers Epimethée frere de Promethée, lequel comme efceruelé & eftourdy ouurit la boëtte, dont à l'inftant tous ces maux s'efpandirent par le monde : ce qu'apperceuant Epimethée, tout ce qu'il peut faire fut de reteni l'efperance feule reftée au fonds de la boëtte, afin qu'il fe peuft repaiftre d'icelle, de pouuoir quelque iour recouurer ce qui luy eftoit efchappé.

En cette Fable les Anciens ont comme en ombrage reprefenté le naïf pourtrait de la cheute de l'homme : car par cette Pandore eft entenduë la nature humaine en l'eftat d'innocence, laquelle formée premierement de la terre, & animée du fouffle celefte qui eft le feu de Vulcain, fut douée quant & quant par le benefice de Dieu, des plus excellens dons tant au corps qu'à l'ame ; mais laquelle par le trop grande curiofité de

fçauoir le bien & le mal (ce qui nous eft fignifié par la temeraire ouuerture faite par Epimethée, de la boëtte funefte de Pandore) nous a produit toutes les miferes & calamitez qui ont toufiours depuis accablé l'homme : où il faut remarquer que la prouidence Diuine permift que le Diable fe feruift de la femme, comme d'vn inftrument le plus apparemment beau & propre à deceuoir, ce qu'elle fift en donnant a Epimethée ce prefent tres-precieux au dehors, mais où les maux eftoient cachez ; comme Eue donna à Adam la pomme qui eftoit agreable à voir, mais où eftoit enclofe la femence de nos miferes : enquoy fut deceu la fimplicité d'Epimethée, ou de l'homme qui ne peut reconnoiftre le malheur qu'apportoit la femme qui eftoit couuerte du voile de fa beauté : & de fait, puifque l'Efcriture ne nous fpecifie point l'origine de fon efprit, comme il eft dit de celuy d'Adam qu'il proceda du fouffle de Dieu, cela ne doit eftre trouué eftrange, fi l'homme n'en peut lors reconnoiftre les refforts & la portée : Ainfi fut-il deceu par elle, qui eft le principe & feminaire de tous nos maux ; en fuitte dequoy toutesfois Dieu aprés ces maledictions qu'il donna à Adam & à Eue, leur laiffa neantmoins l'efperance, qui eft cette autre femme vrayement parfaite & belle fans artifice, que nous appellons Marie noftre Efperance, laquelle deuoit brifer la tefte du ferpent, en nous produifant l'Autheur de falut qui nous oftaft tous ces maux & miferes, & remift l'homme en fa premiere felicité. Genef.2.

Pandores peuples des Indes, qui viuent d'ordinaire deux cens ans, & ont les cheueux blancs en leur ieuneffe, & noirs en leur vieilleffe. Plin.liu.7.chap.2.

Pandofie Cité de l'Epire où de la Thefprotie, non loing du fleuue Acheron.

¶ Vne autre de ce nom en la Bafilicate, auoifinée auffi d'vn fleuue de mefme nom, pres de laquelle Alexandre Epi-
Ddddd iij

rote fut deffait ; en quoy il fut deceu par
l'Oracle de Dodone, car luy ayant enchargé d'euiter l'approche de cette ville, & de ce fleuue comme fatal à fa ruine, ne iugeant pas qu'il y euft vne ville
& vn fleuue de mefme nom ailleurs
qu'en Epire, il s'achemina vers cette-
cy, où il trouua l'euenement de la prediction. *Strab.liu.7.*

Pandrofe
fille de Cecrops Roy des
Atheniens, & fœur d'A-
glaure & d'Herfe. *Ouid.liu.2, de fa Me-
tamorphofe.*

Panebiens
peuples d'Arabie, qui
ont cette couftume
d'enterrer les corps de leurs Roys, mais
de garder la tefte qu'ils font dorer, &
conferuent dans leur Temple comme
vne relique facrée. *Alex.d'Al.liu.3.ch.2.*

Pannonie
ancienne & ample re-
gion de l'Europe, la-
quelle felon Ptolemée eftoit feparée vers
le Septentrion par le Danube de la Germanie : ayant pour bornes à fon Orient
la Myfie, qui depuis eft appellée *Seruie
& Bulgarie :* au couchant la contrée des
Noriques, dite vulgairement *Nortgow:*
du cofté du Midy, s'eftendant vers l'Illyrie ou Efclauonie, iufques au fleuue
Ifther ou Danube. L'on la diuifoit en
haute & baffe, la haute comprend la
Stirie & l'Auftriche, vulgairement dite
Ofteireich, dont la capitale eft Vienne.
Voy Auftriche & Stirie : & la baffe eft
appellée Hongrie. *Voy* Hongrie.

Panopée
Nymphe marine, fille de
Nerée &. de Doris. *He-
fiod.en fa Theogonie.* Ce mot qui fignifie
tout voyant, femble exprimer la fubftan-
ce diaphane & tranfparente de l'eau.

Panorme
ville de la Sicile. *Voy* Palerme.

Panfa
Conful Romain auec Hirtius,
furét les deux derniers qui poffederent cette dignité auec plein pouuoir. *Voy* Hirtius.
¶ Ce nó eftoit donné entre les Romains
à ceux qui auoient les pieds larges.

Pantænus
Philofophe Stoïcien, le-
quel ayant efté conuer-
ty fut fait fuperintendant de l'efchole
d'Alexandrie inftituée par S.Marc, où
ayant enfeigné auec grand hôneur long
temps, il fut enuoyé par l'Euefque du
lieu, nommé Demetrius, és Indes pour y
prefcher la Foy, où ayant trouué l'Euangile de S.Mathieu en Hebrieu, il le rapporta auec luy en Alexandrie: il fut precepteur de Clement Alexandrin. Fleu-
rifloit fous les Empereurs Septimius Seuerus, & Caracalla fon fils, enuiron l'an
200. *Niceph.l.4.c.32. Eufebe l.5.ch.10.*

Pantagias
torrent de la Sicile fort
rapide, côme le monftre
fon mot tiré du Grec, qui fignifie *entraif-
ner tout.* L'on dit toutesfois que Ceres
modera fon cours violent, pource qu'il
la moleftoit par fon bruit, lors qu'elle
cherchoit fa fille Proferpine qui auoit
efté rauie. *Claudian liu.2. du rauiffement
de Proferpine, Seruius fur le 3.de l'Æn.*

Panthée
femme d'Abradates Roy
de Sufe, excelléte en beau-
té comme en chafteté : Car ayant efté
prife captiue en quelque combat fait
contre les Affyriens par le grand Cyrus,
elle fut traitée par ce Roy tres-humainement, & auec l'honneur conuenable
à la pudicité ; dont fe fentant obligée,
elle fuppria fon mary de reconnoiftre
enuers Cyrus vne faueur & gracieufe-
té fi grande, lequel pour ce fujet prift le
party de Cyrus auec toutes fes troupes,
& mefmes eftant arriué qu'Abradates
euft efté tué combattant vaillamment
pour le Roy : cette femme qui luy auoit
porté vne affection inuiolable,la voulut
conferuer iufques à la mort ; car apres
auoir laué fes playes au fleuue Pactole,
elle fe tua elle mefme,inclinât fon corps
fur l'eftomach de fon mary,afin que fon
fang fut meflé auec le fien.*Xenoph.liu.7.
en fa Cyropéd.*

Pantheon
Temple de Rome, ainfi
appellé, comme veut
Dion l'Hiftorien,dautant qu'és images

de Mars & de Venus qui estoient dans ce temple, celles de tous les autres Dieux y estoient aussi dépeintes : ou bien d'autant que ce téple là estoit de forme ronde comme le Ciel : ainsi sembloit estre la demeure & le domicile de tous les Dieux. Ce téple fut premierement basty par Agrippa, & dedié à Iupiter le Vengeur, selon Pline *l.36. ch.15.* mais le Pape Boniface IV. l'ayant obtenu de l'Empereur Phocas, conuertit ce temple profane en vne Eglise qu'il dedia à l'honneur de la sacrée Vierge & des SS. Martyrs, & institua d'abondant vne feste y estre celebrée le 1. de Nouébre, à la memoire de tous les Saincts. Cette Eglise s'appelle de present *S. Marie la Rotonde.*

Paphe fils de Pygmalion & d'vne féme en laquelle auoit esté conuertie (par la volonté de Venus) vne statuë qu'il auoit faicte, & dont il estoit deuenu esperduèment amoureux. *Voy Pygmalion.* Ce Paphe ayant succedé à son pere bastit vne ville en Cypre, à laquelle il donna son nom (que Dion appelle *Augusta*) & y fist dresser vn temple en l'honneur de Venus à laquelle l'on n'offroit que de l'encens, dont cette Deessefut surnommée Paphienne.

Paphlagonie contrée de l'Asie mineur, vers le PonrEuxin, au dessus de la Galatie, dont Ptolemée la faict partie, l'on l'appelle de present *Roni.* Elle fut ainsi appellée, selon Estienne d'vn certain Paphlagon fils de Phinée qui y commandoit : Ses peuples sont descendus de Rhiphates fils de Gomer dont ils furent premierement appellez Rhiphatéens puis Paphlagoniens. *Iosephe liu. 1. chap. 6.* L'on tient que les peuples Henetes estoiét de cette côtrée, mais qu'en ayans esté chassez, & ayans perdu leur Roy Pilemen en la guerre de Troye, ils suiuirent Antenor en Italie, où par changement d'vne lettre ils furent appellez Venetes ou Venitiens. L'on void en cette region la ville de Synope siege Royal de Mithrida-

tes Roy d'Asie, & celle d'Amise auiourd'huy *Simiso. Magin en sa Geogr.*

Paphnuce Euesque & Confesseur tres-renommé en Egypte, auquel l'Empereur Maximian fist creuer l'œil droict & coupper le iarret gauche, l'ayant condamné aux metaux : il fut illustré d'vn grand nombre de miracles chassant les Diables & toutes sortes de maladies par sa seule parole. Le Grand Constantin l'embrassoit souuent, & baisoit auec grande affection la place de l'œil qui luy auoit esté arraché pour la Foy. *Ruffin liu. 10. chap. 4. de son Hist. Eccles.* Il assista au premier Concile de Nicée où il persuada aux Peres d'ordonner que les Prestres qui estoiet mariez deuant leur Sacerdoce ne fussent contraincts de delaisser leurs femmes ; mais que ceux qui n'en auoient point ne se peussent marier s'ils vouloient estre receus à la Prestrise. *Socrate liu. 3. chap. 8. de son Hist. Eccles.*

Papias disciple de S. Iean, & Euesque de Hierapoli, nous a laissé quelques fragments de Theologie, rapportez par Eusebe *liu. 3 chap. 53.* Et iaçoit qu'il ait ietté quelque semence de l'erreur des Millenaires, si est-ce qu'il ne doit estre tenu pour heretique, attendu que cette opinion erronée ne fut declarée heresie que par le Pape Damase en la personne d'Apollinaire, qui la maintenoit opiniastrement contre la decision de l'Eglise. *Onuphr. ann. 107.* ¶ Vn autre de ce nom, natif de Lombardie fameux Grámairien, autheur du grád Dictionaire. *Trit. en son Catal. an. 1200.*

Papinian fameux Iurisconsulte, que l'on surnomma l'Asyle du droict, fut tres-familier de l'Empereur Seuere, & disciple de Scæuola auquel il succeda au Patronage fiscal. Seuere mourant luy recommanda ses enfans, mais Caracalla son successeur le fist mourir, pource que luy ayant mandé qu'il iustifiast deuant le Senat le meurtre qu'il auoit commis en la personne de son frere Geta : & entier Conseiller d'Estat luy auoit repliqué, *Que le parricide se pouuoit plus facilement executer qu'excuser. Spartian.*

Papinius Stace Poëte Neapolitain. *Voy* Stace.

S. Papoul ville de Languedoc erigée en Euesché par le Pape Iean XXII. dependant de l'Archeuesché de Tholose.

Papyrius noble adolescent surnommé Prætextatus, dautant que portant encore la robbe appellée *Prætexta* (qui estoit vne espece de vestement tissu de pourpre duquel vsoient les ieunes nobles Romains iusques à l'aage de dix-sept ans seulement) il auoit monstré vne grande sagesse, & ainsi merité de porter l'autre sorte de Pretexte que portoient par honneur les seuls Magistrats & Officiers publics, ce qui arriua en cette façon : C'est qu'ayant esté par hazard mené par son pere au Senat, sa mere curieuse de sçauoir ce qui y auoit esté traicté, le pressa de le luy reueler, à laquelle ne pouuant desobeyr, il satisfist par vne subtile responce : car il luy dist que l'on auoit mis en deliberation d'ordonner que deux femmes n'eussent qu'vn mary ; mais elle pensant cela estre vray, conuoqua les matrones de Rome lesquelles dresserent aussi tost vne ambassade vers le Senat, le suppliant qu'il fust par mesme moyen loisible à vne féme d'espouser plusieurs hommes ; ce qu'ayant esté pleinement entendu par le Senat, l'on loüa la fidelité & l'industrie de cet enfant, & luy fut permis delà en auant d'assister au Senat, & deffenses aux autres d'y aller deuant l'aage accoustumé *Macrobe.*

¶ Vn autre de ce nom que l'on surnomma le Curseur à cause de sa souplesse & promptitude, lequel se voyant esleu Chef d'armée contre le Samnites, delibera d'aller auparauant prendre aduis de l'Oracle, & par mesme moyen

fist defense à Fab. Quintilianus Lieutenant de sa Caualerie, auquel il auoit donné en son absence souuerain pouuoir en son armée, de n'entrer point en combat sans son mandement : mais luy ayant trouué vne occasion aduantageuse, chargea ses ennemis & en remporta la victoire, auquel neantmoins Papyrius eust fait trancher la teste, s'il n'en eust esté destourné par les larmes de ses parens, & par les prieres du peuple. *T. Liue.*

Paracelse Medecin tres renommé, mais toutefois corrupteur de l'ancienne Medecine (dont sont autheurs ces grands Medecins Hippocrate & Galien) & inuenteur d'vne nouuelle tant en sa theorie qu'en sa pratique : ses preceptes sont grandement faciles & prompts à donner la guarison, mais qui sont tres-hazardeux en beaucoup de maladies. Il viuoit enuiron l'an 1584.

Paralipomenon sont appellés ces deux liures de la saincte Bible que les Hebrieux appellent en leur langue Annales ou Chroniques, & les Grecs de ce nom *Paralipomenon* qui signifie, choses obmises, pour ce que les choses qui ont esté ou obmises ou traictées legerement au Pentateuque, & aux liures de Iosué, des Iuges, & des Roys, y sont briéuement & sommairement expliquées en ces liures R. Selomo & autres en font autheur Esdras. Les Hebrieux n'en font qu'vn liure, mais les Grecs & Latins le diuisent en deux, contenant l'Histoire de 3347. années. *Sixt. Siennois liu. 1. de sa Saincte Biblioth.*

Parana fleuue des Indes Occidentales, entre le Bresil & le Peru, que les Espagnols appellent *Rio de la plata* ou fleuue d'argent, & les habitans du pays *Paraga nazu*, c'est à dire, *Mer ou Grande eau* : & de faict, ce fleuue est vn des plus grands du monde, ayant bien cent milles d'Italie de largeur : il
croist

croiſt comme le Nil, & en meſme temps. *Gomara au 2. li. ch. 86. de ſon hiſt. generale des Indes.*

Parentales eſtoient ainſi appellées certaines ſolemnitez & banquets que les anciens faiſoient és obſeques de leurs parens & amis. *S. Hierofme fur Ieremie.* L'on voit encore quelque reſſemblance de ces ceremonies en nos Anniuerſaires.

Paris, autrement nommé Alexandre, fils de Priam Roy des Troyens, & d'Hecube : duquel ſa mere enceinte ſongea la nuict qu'elle auoit enfanté vne torche ardante qui embraſeroit toute l'Aſie ; dont s'eſtant informée des deuins, elle eut reſponſe que l'enfant qu'elle portoit au ventre, cauſeroit la ruine totale de ſon pays : c'eſt pourquoy auſſi-toſt qu'il fut né ſon pere le liura à vn ſien ſeruiteur, nommé Archelaüs, pour l'expoſer à la mercy des beſtes : mais ſa mere Hecube touchée d'affection maternelle le voyant ſi beau, le fiſt nourrir ſous main par les paſteurs du Roy ſur le mont Ida, où eſtant venu en aage il s'enamoura de la Nymphe Oenone, laquelle il engroſſa de deux enfans : Or comme il eſtoit extremement robuſte & adroit du corps, ayant ſouuent fait preuue de ſon courage & valeur entre les paſteurs, il ne fut pas moins perfectionné & doüé des excellentes graces & vertus de l'eſprit, ſi que par les iugemens qu'il donnoit ſur les differents couſtumiers (dont il eſtoit ordinairement eſleu arbitre par les autres paſteurs) il obtint la reputation d'homme droicturier & equitable, iuſques-là qu'eſtant aduenu vn differend aux nopces de Pelée & de Thetis ſur la precellence de la beauté de Iunon, Pallas & Venus, à cauſe de la pomme d'or qu'auoit iettée la Deeſſe Diſcorde, où eſtoit eſcrit, *La plus belle la prenne.* La deciſion de ce differend luy en fut rapportée par le iugement de Iupiter meſme, & à cet effect ces trois

Deeſſes s'eſtans preſentées deuant luy pour balancer leurs merites, il les fiſt deſpoüiller toutes nuës, mais il adiugea cette pomme à Venus, qui luy auoit promis de le faire iouyr de la plus belle femme de la terre, ayant reietté & la ſageſſe de Pallas, & les richeſſes & opulences de Iunon. Et comme ſe celebroient à Troye des tournoys, il s'y transporta auec les autres Princes, à ce eſmeu par le paſteur qui l'auoit nourry, luy donnant aduis qu'il eſtoit fils de Priam, à ce qu'il n'euſt aucune crainte de s'aller exercer auec toute la Nobleſſe, & pour luy en monſtrer aſſeuré teſmoignage, il luy donna des langes, & autres menuës beatilles de ſon enfance, que ſa mere meſme luy auoit fourny. Comme donc il ſe fut de prime abord attaqué à Hector au combat de la luitte, & l'eut porté brauement par terre, Hector tout honteux de ſe voir vaincu par vn païſan, fut ſur le poinct de luy planter ſon eſpée dans le ventre ; mais Paris s'eſtant alors declaré quel il eſtoit, en repreſentant les enſeignes qui luy auoient eſté baillées par ſon nourricier, il fut enfin recognu & honorablement receu au rang des enfans de Priam : ainſi il aduint peu apres qu'il fut delegué auec vingt vaiſſeaux pour aller en Grece redemander ſa tante Heſione, où le Roy Menelaüs le receut auec toutes les courtoiſies, & le meilleur accueil qu'il pûſt ; mais l'ayant laiſſé chez luy tandis qu'il fiſt vn voyage en Crete, où certaines affaires l'appelloient, Paris voyant l'occaſion belle de iouyr pleinement de ſes amours en rauiſſant ſa femme Heleine, dont il eſtoit deuenu amoureux, l'enleua & emmena en Aſie. Herodote toutesfois tient que ce Paris vint expres en Grece à la ſuſcitation d'elle, ſans autre qualité d'ambaſſade, & qu'ayant de force pris Lacedemone où eſtoit la Cour de Menelaüs abſent, il enleua cette Heleine, quelque reſiſtance qu'elle puſt faire, & auec

EEeee

elle tous les plus riches & precieux tresors qu'elle auoit, & pourtant à cause de cela Menelaüs ne fist aucune difficulté de la receuoir apres la fin de la guerre de Troye : De ce rapt prist sa naissance la guerre de Troye, durant laquelle estant entré corps à corps contre Menelaüs, Venus qui le fauorisoit, & le voyoit plus foible que son aduersaire, l'enleua du milieu du combat. Finalement, ses freres Hector & Troïle desia morts, comme Achille se fut acheminé au Temple d'Apollon, pour là contracter les nopces accordées entre luy & Polyxene fille de Priam, Paris le guetta si bien, qu'il luy tira vne flesche mortelle en la plante du pied, laquelle seule partie de son corps estoit inuulnerable, mais Paris fut aussi luy-mesme tué quelque temps apres par Pyrrhus fils d'Achille, ou comme tiennent les autres par Philactes, apres la mort duquel Deiphobe espousa Heleine. *Homere, Virgile, Ouide, &c.*

Paris, ville tres-noble & tres-ample de la France, & l'vne de plus renommées de la Chrestienté : Elle est situeé dans la Prouince de l'Isle de France sur la Seine, en vn sol fecond & fertil : l'estenduë de son pourpris, la beauté de ses bastiments, la multitude de son peuple, l'abord & la demeure qu'y font les estrangers auec toute franchise, la varieté & abondance de toutes sortes de commoditez l'ont renduë incomparable auec toutes les autres villes ; si bien qu'elle a merité d'estre le siege de l'Estat, le patron, l'ornement, la force, & le magazin, & comme l'œil & l'ame de ce fleurissant Empire. L'on l'appelloit anciennement Lutece, du mot Latin *Lutum*, qui signifie bouë & fange, à cause des marests & palus qui estoient au lieu de sa situation. *Cesar liure 7. de ses Memoires.* Strabon la nomme Leucotece, pour auoir esté bastie selon quelques vns par vn ancien Roy des Gaules, nommé Lucus. *Berose*, ou bien à cause de la blan-

cheur de ses maisons enduites de plastre. Mais le nom de Paris luy fut donné, non de cét effeminé Paris Troyen, ains de ses peuples nommez Parisiens, qui prirent ce nom de Paris fils de Rhomus, qui fut le dix-huictiesme Roy des Celtes Gaulois. *Berose & Manethon Egyptien.* Elle a tousiours esté Metropolitaine de l'Estat, & le seiour ordinaire de nos Roys. Le grand Clouis premier Roy Chrestien, apres auoir redressé l'Estat confus de la France, en vne Principauté solide, s'y retira, & la fist Capitale de son Royaume : Et jaçoit qu'apres sa mort chacun de ses quatre fils s'appellast Roy de France, y adioustant le nom de la ville principale en laquelle il tenoit sa Cour, si est-ce que les trois autres Royaumes, sçauoir de Soissons, de Mets, & d'Orleans, releuoient en souueraineté de celuy de Paris, comme le premier de tous, & qui appartenoit au premier nay des Roys. Elle a eu depuis ses accroissements auec succez de temps par la magnificence de nos Roys. Philippes Auguste, surnommé Dieu-donné, la fist pauer & ceindre en plusieurs lieux de murailles. Elle a esté depuis embellie de superbes Palais, du Louure, & des Tuilleries, où nos Roys ont fait leur seiour ordinaire depuis Louys douziesme, (car ils demeuroient tantost où est de present le Palais, tantost en l'Hostel de sainct Paul, tantost en celuy du Temple, comme Philippes le Bel, tantost au Prieuré sainct Martin, comme Robert & Henry premier, & tantost en l'Abaye saincte Geneuiefue, côme Clouis premier) & de celuy nouueau de la Reyne Marie de Medicis Mere de nostre Roy Louys XIII. des trois ponts, de Nostre Dame, de Sainct Michel, & du Pont-neuf, embellie de belles fontaines construites depuis peu par les quartiers de la ville, de la munificence de cette auguste Princesse. Elle a esté dauantage remplie & annoblie autant que ville de l'Europe d'vne multitude de Temples

& lieux facrez de tres-ancienne fondation faite par nos Roys, c'eſt à ſçauoir d'vn grand nombre d'Egliſes Parrochiales, Chappelles, Monaſteres & Conuents de l'vn & de l'autre ſexe, comme auſſi d'Hoſpitaux pour tous aages, & toutes nations. L'on y void ce grand & ſuperbe Temple, dont la ſtructure admirable fut eſleuée par Philippes Auguſte l'an 1196. Clouis premier fonda l'Egliſe en l'honneur de ſainct Pierre & de ſainct Paul, qui fut dicte depuis de ſaincte Geneuieſue. Il y a outre la ſaincte Chappelle que les Roys ont enrichie des fruits & reuenus de leurs Regales, & qui de plus eſt honorée de pluſieurs ſaincts & precieux Reliquaires, comme d'vne partie de la vraye Croix, de la Couronne d'eſpines, de l'eſponge, du fer de lance dont Ieſus-Chriſt eut le coſté percé, du laict de la ſaincte Vierge, &c. Mais ce qui a rendu pareillement ſa grandeur recommandable, c'eſt que cette ville a eſté touſiours le ſiege de l'Eſtat, le vray lieu du principal Parlement, & la Cour des Pairs, où nos Roys tiennent leur lict de Iuſtice: C'eſt ce vrayement Royal Conſiſtoire, où pluſieurs Roys ont tenu à honneur d'auoir ſeance, comme ceux de Portugal, d'Eſcoſſe, de Nauarre, de Cypre, de Sicile, d'Armenie & de Boheme: C'eſt ce Parlement au iugement duquel quelques Empereurs & Roys ont rapporté leurs differends, ainſi les Roys de Caſtille & de Portugal y firent emologuer leur traicté de paix, les Chambres eſtants aſſemblées: Ce fut cette celebre Compagnie qui termina la querelle d'entre Philippes Prince de Tarente & le Duc de Bourgogne, pour le recouurement de l'Empire de Conſtantinople. Et à ce ſacré Senat ſe ſouſmiſt l'Empereur Frederic, de tous les differends qu'il auoit auec le Pape Innocent quatrieſme, touchant l'Empire & ſes Royaumes: meſmes nos Roys ont voulu touſiours faire emologuer par cette Cour venerable leurs Edicts & Ordonnances apres qu'elles ſont eſté deliberées de leur Conſeil Priué, afin de leur donner plus de vigueur, & de les rendre irreuocables: Ce Parlement diſtribuoit iadis la Iuſtice à toute la France, mais depuis l'erection des autres Parlemens, ſa Iuriſdiction a eſté limitée. Il y a encores en cette ville pluſieurs Cours & Iuriſdictions, inſtituées toutefois en diuers temps, comme les Chambres des Enqueſtes, des Requeſtes, de l'Edict, de la Tournelle ou du Criminel, des Comptes, du Threſor, des Monnoyes, la Cour des Aydes, les Iuriſdictions de la Conneſtablie & Mareſchauſſée de France, de l'Admirauté, des Eaux & Foreſts, les Bailliages, & la Chancellerie grande & petite, outre les Iuſtices du grand Chaſtellet, des Conſuls, de l'Hoſtel de Ville, ſiege du Preuoſt des Marchands & Eſcheuins eſtablis par Philippes Auguſte l'an 1190. S. Denys l'Areopagite fut ſon premier Apoſtre & Eueſque, & y conſacra les Egliſes de S. Eſtienne des Grecs, celle de Noſtre-Dame des Champs, & celle de S. Benoiſt, que l'on diſoit auparauant de la Trinité. Son Eueſque eſt maintenant honoré du titre d'Archeueſque, & ſon Egliſe faite Metropolitaine.

LES Pariſiens ſont fort deuots & bons Catholiques, & fidelles à nos Rois; au reſte grands œconomes, habiles & ruſez au trafic, & bien qu'ils ſoient rudes & deffiants en leur cōuerſation, cela procede non de leur naturel, mais par accident, à cauſe d'vne multitude d'eſtrangers, deſquels ils veulent euiter les artifices & les tromperies.

Parium ville de l'Aſie en la côtrée de Myſie prés la Propontide, dont fut natif Neoptoleme. *Strab. liu. 10. & 13*. Pres de cette ville habitoit certaine nation laquelle gueriſſoit la morſure des ſerpens. *Plin. li. 7. ch. 2*. Varron dit qu'il y en auoit encore quelques-vns de ſon temps qui oſtoient le venin des ſerpens par le moyen de leur ſaliue.

Parme Duché de la Romandiole en la Lombardie, qui prend son nom de la Capitale ville, son terroir est agreable, fertil en fruicts & vins excellens, mais sur tout heureuse en ses eaux medecinales. Sa Metropolitaine fut bastie par les Toscans, & Seigneuriée long-temps par les Romains, qui y enuoyerent vne colonie du temps de M. Anthoine. *T. Liue liure 29.* Mais apres la cheute de l'Empire, elle se mist en liberté, & suiuit les partis ores des Cesars, ores des Papes, mais tousiours confederée auec les Boulonnois : depuis elle a eu plusieurs Princes particuliers, les Correges, Scaligers, Atestins, Galeaces, Sforces, & enfin les François qui en furent chassez par le Pape auec l'ayde de Charles le Quint, mais de present elle est gouuernée par ses Ducs. Sa situation est tres-belle, ornée de Palais de Princes, & edifices remarquables : Elle est honorée d'vn Euesché & d'vne Vniuersité. Ses habitans sont de cœur genereux & fort gaillards. *Mercat. en son Atlas.*

Parmenides Philosophe Eleate, disciple de Xenophanes, sous le nom duquel Platon a intitulé vn sien dialogue : il escriuit en vers la Physiologie, comme Empedocle & Hesiode : & en faisoit de deux sortes, l'vne qu'il disoit se maintenir par la verité, & l'autre par l'opinion seulement : Fut le premier des Philosophes qui asseura que la terre estoit ronde, situee au centre du monde, il n'establissoit que deux elemens, le feu & la terre, celuy-là pour seruir d'ouurier, & celle-cy de matiere : soustenoit la generation des hommes auoir esté faite par le Soleil, lequel il disoit chaud & froid, par lequel toutes choses maintenoient leur estre : ne vouloit admettre aucunement les sens au iugement des choses, mais la raison seule : Fut le premier qui descouurit que l'Estoile du Vespre, dicte Hesper, estoit la mesme que la Matuti-

nale, dicte Lucifer. Il viuoit en la 99. Olympiade. *Laërce li. 9. de la vie des Philosophes. Suidas.*

Parnasse montagne de la Phocide a double poincte, dont l'vne s'appelle Thitorée, & l'autre Hyampée, comme dit Herodote *en son Vranie.* Enquoy s'est mespris Seruius, qui croyoit que ses coupeaux estoient Helicon & Cytheron, veu que le premier en est esloigné de plus de 15. milles, & ce dernier de plus de 30. milles : Ce Mont est fait en forme de theatre, fort maiestatif, soit à cause de la presence de tant de diuinitez ausquelles il estoit consacré, comme à Bacchus, à Apollon, & aux Muses : soit à cause des rochers effroyables qui apportent de l'horreur & de l'estonnement à ceux qui le regardent : Au pied de ce mont se voyoit la Cité de Cyrrha, comme aussi le temple d'Apollon Delphien ; là estoient les fontaines Castalide, Hippocrene, & d'Aganippé : là ont habité les Pieres, nation de Thrace, dont il a aussi pris le nom de Pierien, qu'il a communiqué pareillement aux Muses, dictes Pierides : là aussi ont demeuré les Hiantes, qui ont donné le nom de Hiantides aux eaux qui decouloient de ce mont : il fut appellé premierement Larnasse de l'esquif, ou Arche de Deucalion qui la vint adorer, laquelle les Grecs nomment *Larnax : Ouide lin. 1. de ses Metam.* Castalde dit qu'il s'appelle de present *Parnaso*, & Sophian *Liacuna.*

Paropamisse contrée du Royaume de Perse, arrousée de riuieres presque de tous costez. Niger l'appelle *Dacha*, & les autres *Candahar* & *Sablestan*. Elle a pour bornes au Nord vne partie de la Bactriane pres du mont nommé pareillement Paropamisse, d'où prend sa source le fleuue Indus, selon Pline : au Couchant l'Arie : au Midy l'Aracosie : & au Leuant les Indes. Candahar est sa capitale, qui est vne ville fort marchande. *Magin en sa Geogr.*

Paros Isle, l'vne des Cyclades qui à pris ce nom de Parus fils de Iason: elle est dicte de present *Pario*, & anciennement Demetriade, Zacynthe, Hyrie, Hyleesse, Minoé, & Cabarnis. Elle a enuiron 50. milles de circuit, s'estendant du Ponant au Leuant, en vne belle & plaine campagne. L'on y void la ville de Paro: Elle est renommée à cause de son marbre blanc. *Plin. liu. 36. chap. 5.* L'air y est fort serain; aussi les habitans qui estoient taxez d'infidelité, sont de longue vie. Les Venitiens la possedoient du temps de l'Empereur Henry frere de Baudoüin, mais les Turcs s'en emparerent lors qu'ils prirent Negrepont. *Magin en sa Geogr.*

Parques, sont appellées ces trois Deesses presidantes à la destinée d'vn chacun, & qui disposent à leur gré du sort des humains: Elles sont ainsi dictes du mot Latin *Partus*, c'est à dire naissance ou enfantement; parce qu'elles assignent à chaque creature humaine naissante sa bonne ou mauuaise fortune: ou bien par antiphrase du verbe *Parco*, qui veut dire, ie pardonne, pour estre tant impiteuses qu'elles ne pardonnent à personne. Hesiode *en sa Theogonie* les fait filles de Iupiter & de Themis, les autres de la Necessité, d'autres de l'Erebe & de la Nuict, les autres du Chaos. Orphée dit qu'elles auoient leur demeure en des grottes obscures & cauernes escartées. Elles estoient toutes trois sœurs de tres-bon accord, dont les noms sont Clotho, Lachesis, & Atropos; & estimoit on qu'elles filoient la vie de l'homme, son sort, & sa destinée: La plus ieune, sçauoir Lachesis, tenoit la quenoüille & tiroit le fil: L'autre plus aagée (qui estoit Clotho) le tournoit à l'entour du fuzeau: Et la troisiesme desia vieille, qu'on nommoit Atropos, le couppoit. Ainsi la premiere auoit soin de faire naistre, l'autre de faire viure, & la troisiesme de faire mourir. Et à cause que la

mort bornoit ainsi leurs desseins ou destins, elles se rendoient promptes au seruice de Pluton, iaçoit que quelques autres en ayent establi maistre Iupiter d'où il est appellé *Meragetes*, c'est à dire, conducteur des Parques; c'est pourquoy elles portoient le tiltre de Secretaire des Dieux, & de Gardiennes des Archiues & panchartes de Iupiter.

¶ *Les Anciens pour monstrer l'ordre & la force ineuitable des destinées, ont proposé aux hommes cette fiction des Parques, afin de leur faire cognoistre la necessité infaillible des ordonnances Diuines sur l'euenement des choses qui doiuent arriuer en ce monde: & en effect elles ne sont autre chose que ce fatum ou destinée ineuitable à laquelle quelques Anciens, comme les Stoïciens, ont attaché toutes choses par vn lien indissoluble, & des ressorts de la Prouidence Diuine cachez & incogneus, & toutesfois tres-iustes: Suiuant ce, ils les ont faict filles de Iupiter & de Themis, c'est à dire, de Iustice, enseignans vnchacun a supporter patiemment ce qui aduient, comme ainsi soit que ces choses ne nous arriuent point iniustemét & sans estre ainsi decreté par le conseil eternel de Dieu: C'est pourquoy aussi quelques autres les font filles de la Necessité, pour monstrer que les Destins sont ineuitables, & que les meschans ne peuuent fuir la punition que leur malice a deseruie. Quelques vns les faisoient filles de l'Erebe & de la Nuict, pource que les causes premieres & raisons de nostre destinée nous sont du tout inconneus, selon laquelle significatiõ ils ont estably leur demeure és lieux retirez & escartées cachettes; bien que d'autres non imbus de la Prouidence de Dieu, ayent entendu par là que les maux aduinssent aux hommes par cas fortuit, comme ceux qui les ont faites filles du Chaos, par là voulants marquer la confusion qu'ils croyoient auoir lieu au gouuernement des choses mondaines: L'on les a faites tres à propos au nombre de trois, pour monstrer la triple diuersité du téps qui est, ou passé ou prefent ou aduenir , comme l'interprete l'Autheur du liure du Monde: Car Atropos qui marque le paßé, eſt denoté par ce qui eſt deſia dans le fuzeau : Clotho qui monſtre le preſent eſt ſignifiée par le fil qui ſe deuide entre ſes mains: Et Lacheſis qui marque l'aduenir, eſt exprimé par la fillace qui eſt encore dans la quenoüille: Elles ſont diſtes recognoiſtre l'Empire de Pluton, Dieu eſtimé de la Terre & des Enfers, pource que la puiſſance de ces Parques ne s'eſtend que ſur les choſes terreſtres & mortelles. Merargetes auſſi qui eſt vn ſurnom de Iupiter, en eſt diſt le conducteur, pource que luy ſeul a les Parques en ſa puiſſance, & ſçait faire ce que le Deſtin, qui eſt le Chancelier des Dieux, ou pour mieux dire ce qu'ordonne le diuin decret.*

Parrhaſie contrée de l'Arcadie qui fut le pays de Lycaon, dont l'Ourſe Septentrionale fut nommée Parrhaſis, pource qu'en icelle Calliſto fille de Lycaon y fut changée & tranſlatée au Ciel par Iupin. *Lucain liu. 2.*

Parrhaſius Epheſien , Peintre excellent, qui le premier à trouué les proportions és figures , a orné le viſage de beaux traicts & lineamens, & donné luſtre aux cheueux auec la ſymmetrie requiſe par la delicateſſe de ſon pinceau : à raiſon dequoy il a emporté le prix par deſſus les plus excellents Peintres. Il fiſt vn iour preuue de ſa ſuffiſance auec vn autre du meſtier nommé Zeuxis , qui le rendit admirable ; car cettui-cy à la verité repreſenta des raiſins ſi naïuement , que les oyſeaux y accouroient pour les becqueter; mais l'autre peignit vn linceuil ſi artiſtement que Zeuxis glorieux d'auoir trompé les oyſeaux, s'y voit luy-meſme deceu en le voulant tirer pour voir la peinture qu'il croyoit eſtre cachée deſſous. *Pline liure 35. chap. 10.*

Parthenius montagne d'Arcadie, ainſi appellée des Vierges (diſtes des Grecs *Parthenoi*)

leſquelles auoient de couſtume d'y faire certaines feſtes & ceremonies à la Deeſſe Venus. *Pline liu. 4. ch. 6.* ¶ Il y a eu deux ou trois fleuues de ce nom, dont fait mention Eſtienne.

Parthenius Poëte natif de Nicée, Elegiographe, qui fut affranchy pour ſon bel eſprit par Cinna, qui l'auoit pris en la guerre Mithridatique. Il veſcut iuſques à l'Empereur Tibere , qui faiſoit grand eſtat de ſes eſcrits. *Suetone en la vie de cet Empereur.* Virgile a emprunté de ſes vers en quelques lieux de ſes œuures. *A. Gell. liu. 13. chap. 25.*

Parthenopé l'vne des Syrenes, laquelle de dueil & de deſpit de n'auoir peu allecher par leur chant Vlyſſe paſſant auec ſes compagnons pour leur faire faire naufrage & bris de leurs nauires contre les rochers, ſe precipiterent en la mer : Ce neantmoins celle-cy vint aborder en la Campanie ville de ſon nom , laquelle on appella depuis Naples, c'eſt à dire, nouuelle ville, parce qu'elle fut rebaſtie de nouueau au lieu où puis apres fut baſtie. Son corps auſſi y fut enterré, & meſme les Neapolitains auoient anciennement cette couſtume de porter tous les ans des cierges à ſon tombeau. *Ouide liu. 15. de ſes Metam.*

Parthenopée fils de Meleagre & d'Atalante, ou de Mars & de Menalippe : fut ce grand guerrier qui encor ieune alla en la guerre de Thebes, & mourut en celle de Troye, lequel Ænée eſtant allé aux Enfers rencontra au ſombre manoir de Pluton. *Virg. liu. 6. de l'Æneid.*

Parthenopolis ville de Thrace ou de Macedoine, laquelle fut ainſi appellée des filles de Geraſtus fils d'Mygdon, en faueur deſquelles leur pere baſtit cette ville afin de reduire leur humeur farouche & ſauuage à vne vie plus douce & ciuile. *Eſtienne.*

Parthie, Region tres-renommée & tres-puissante de l'Asie, dicte de present *Charassen*, selon Niger, de sa Metropolitaine Charra ; & selon Mercator & autres *Arach* & *Iex*. Elle a pour ses bornes au Leuant l'Arie : au Midy la Germanie deserte : au Couchant le pays des Medes : & au Nord l'Hyrcanie. Elle comprend douze ou quinze villes fort remarquables, & entr'-autres Cassan, qui est fort riche, & Hispahan, qui est sa Capitale, que l'on tient estre l'Hecatompile des Anciens, de present tellement peuplée & si grande que les Perses disent qu'il y a la moitié du monde. Son pays est remply de forests, & ceint de fort hautes montagnes, comme aussi arrousé de quantité de fleuues ; c'est pourquoy bien qu'elle soit subiete aux chaleurs, elle porte toutefois toutes choses fors des oliuiers. Ses temps estoiét incogneus du temps des Assyriens, & des Medes & durant celuy des Perses il furent tousiours vaincus & leurs subiets, comme aussi des Macedoniens, qui osterent l'Empire aux Perses : Mais depuis par progrez de temps ils deuinrent grands guerriers & lors commencerent à faire paroistre leur proüesse & valeur à leurs voisins, ayans mesme contrequarré la puissance des Romains : Ce qu'ils firent paroistre à l'endroict de Crassus, l'ayant tué auec son fils, & deffaict son armée. *Plutarq. en la vie de Crassus.* Tellement que leur puissance s'estendit sur vne bonne partie de l'Orient, ayants sous eux iusques à dix-huict Royaumes, selon Pline, lesquels il descrit *en son liure 4. chap. 25.* Ils furent gouuernez par des Roys apres le declin de l'Empire Macedonien, desquels le premier fut Arsaces, Prince vaillant & heureux, qui les retira de la seruitude des Roys de Syrie & de Babylone, & pour ce ses successeurs Roys furent nommez Arsacides, lesquels possederent cet Empire par plus de 470. ans iusqu'à Artaban, auquel Artaxerxes

Persan l'osta, enuiron l'an de salut 226. la posterité duquel le garda iusques à Cosroé, à qui l'Empereur Heraclius l'arracha : en suitte dequoy les Sarrazins s'en rendirent maistres, & finalement les Perses. *Magin en sa Geogr.*

Parthes, peuples de ce puissant Royaume, furent iadis extremement vaillans, specialement apres l'Empereur Macedonien : se seruoient en leur guerre de leurs esclaues, & beaucoup plutost que des hommes libres; tellement qu'il ne leur estoit permis d'affranchir leurs serfs. Et combattant ils ne venoint gueres aux mains, & comme l'on dit, bras à bras, ains leur combat estoit à course de cheual, ou en fuyant, ne gardans aucun ordre, & se seruoient ordinairement de l'arc, auquel ils estoient fort adroicts, tellement qu'ils les tiroient aussi bien en fuyant qu'autrement. Ils estoient pareillement fort expers à manier les cheuaux, aussi traiçtoient-ils toutes leurs affaires à cheual, voire mesme y trafiquoient. Ils faisoient iadis peu d'estat de l'or, dont ils ne se seruoient que pour l'ornement de leurs armes. Ils se vestoient grossierement, & estoient fort sobres, aussi leur viure ordinaire estoit des bestes qu'ils prenoient à la chasse ; car ils ne labouroient point la terre, & n'exerçoient aucun trafic, s'estudiants seulement à monter à cheual & à tirer de l'arc. Ils estoient fort subiets à leur plaisir, & pour ce admettoient la pluralité des femmes, mais punissoient tres-rigoureusement les adulteres, mesmes ne vouloient-ils pas que leurs femmes se trouuassent en la presence d'autres hommes. Ils estoient assez deuotieux, mais superbes, seditieux & trompeurs, n'obeyssans à leurs Roys & Magistrats, que pour crainte du chastiment. Ils estimoient leurs Roys peu legitimes, s'ils n'estoient nays de l'inceste de la mere & du fils. *Alexand. d'Alex. liu. 1. chap. 2.* Ils laissoient les corps sur la terre pour la palture des chiens & des oyleaux,& lors que la chair en eltoit mangée ils enter-roient les os aſſés ſoigneuſement. *Monſt. liu.5. de ſa Coſmogr.*

Paſchal I. Romain, 101. Pape re-nommé en deuotion, charité, & doctrine, fut elleu à la di-gnité Pontificale par les voix du peu-ple, ſans attendre le conſentement de l'Empereur, dont toutefois ne s'eſmeut Louys le Debonnaire, ains renonça à cette belle prerogatiue & droict pre-tendu d'election. *diſt.63. Can. Ego Lu-douicus.* Et de plus confirma les dona-tions & reſtitutions faictes par ſes ſeuz pere & ayeulx au Pontiſe Romain, & en ſiſt vne ſpecification par le menu des places, villes & pays. *Volat.liu.3.* D'au-tre part Paſchal couronna Lothaire fils de l'Empereur Louys,& luy donna le ti-tre d'Auguſte; racheta pluſieurs captifs; reſtaura pluſieurs Temples, & en baſtit de nouueaux, & fiſt pluſieurs autres choſes tres-dignes de ſa charge. Il de-ceda enfin religieuſement, apres auoir tenu le ſiege 7. ans, trois mois,17. iours, l'an de ſalut 824. *Plat. Sigeb. Adon de Vienne, & autres.*

Paſchal II. Toſcan, 166. Pape, ayant eſté eſleu con-tre ſon gré, reſiſta neantmoins vertueu-ſement à pluſieurs Antipapes qui auoiēt eſté creez contre ſon authorité : vint en France pour reformer le Clergé en vn Concile tenu à Troyes, où il chaſtia plu-ſieurs Prelats & Preſtres : eſtant retour-né à Rome, il reprima pluſieurs ſedi-tieux & tyrans, & remiſt en ſon obeyſ-ſance quantité de villes qui eſtoient du patrimoine de l'Egliſe : encouragea les Princes Chreſtiens au recouurement de la terre Saincte ; fiſt tant auec les Princes d'Allemagne, & auec les Ar-cheueſques de Majence, de Cologne & de Wormes, que Henry IV. fut depoſé de l'Empire, & ſon fils Henry V. ſubſti-tué : mais luy pareillement voulant main-tenir le droict luy appartenir des inue-

ſtitures des Eueſques & Abbez, comme auoit fait ſon pere, s'achemina à Rome, où il fut receu par ce Pape, lequel auſſi il force de luy accorder ce pretendu priuilege des Inueſtitures par actes pu-blics. *Vſperg.* Mais auſſi-toſt qu'Henry fut party, Paſchal aſſembla vn Concile à Latran, reuoqua tout ce qu'il auoit concedé à l'Empereur, comme fait par force, & l'excommunia. *Crantz. liure 5. ch.34.* Ce Pape mourut l'an de ſalut 1118. apres auoir gouuerné l'Egliſe dix-huict ans, ſix mois, & ſept iours. *Volat. Nau-cler, Plat.* La Comteſſe Matilde mou-rant de ce temps, laiſſa de grands biens & terres à l'Egliſe, & entr'autres la ville de Ferrare. De ce temps auſſi fut fondé le Monaſtere de Cleruaux par S. Bernard ſon premier Abbé. *Nangiac.* S. Agnes inſtitua ſon Ordre de Religieuſes. *Ty-rius liu.18. ch.5.* Comme auſſi priſt ſon commencement l'Ordre de Premonſtré ſous la Regle de S. Auguſtin, inſtitué par vn certain Norbert Gentil-homme Ro-main. *Æmile liu.5.*

Paſiphaé fille du Soleil & de Per-ſeis, & femme de Minos Roy de Crete. Les fables tiennent que s'eſtant amourachée d'vn beau Taureau, elle en eut l'accointance par le moyen de Dedale, qui par ſon induſtrie fiſt vne vache, en laquelle Paſiphaé s'eſtant en-fermée conceut de ce Taureau vn mon-ſtre my homme & my taureau, & pour-ce nommé Minotaure ; lequel ayant eſté mis dans le labyrinthe fait auſſi par De-dale, Theſée tua auec l'aide d'Ariadne. *Voy* Theſée & Minotaure.

⟨ *Seruius dit qu'il y auoit vn Capitaine de Minos nommé Taurus, lequel ayant cou-ché auec Paſiphaé en la maiſon de Dedale, cette femme eut vn enfant qui reſſembloit à Minos en quelque choſe, & en d'autre à Taurus, & pource l'on en fiſt vn nom com-mun, dit Minotaure.*

Paſithée l'vne des Graces, autre-ment appellée Aglaïe. *voy* Aglaïe.

Paſſale

Paſſale & Achemon enfans de Sénnon femme fatidique, touchant l'aduenture deſquels *voy* Achemon.

Paſtophores, eſtoient appellez certains Preſtres ſacrez des Egyptiens, plus venerables que les autres. Ils furent ainſi appellez, pource qu'ils portoient le manteau de la Deeſſe Venus, dit des Grecs *Paſtos*. Le mot de Paſtophorium qui en a pris ſon origine, a eſté vſurpé chez les Grecs, tantoſt pour le lict où couchoit le Prefect du temple, ſelon S. Hieroſme *ſur Eſaye*; tantoſt pour le manteau Sacerdotal; & tantoſt pour le lieu du Refectoire où auoient de couſtume de s'aſſembler les Preſtres pour prendre leur repas. *Comme ſe lit en Eſdras, & aux Liures des Machabées.*

Patare ville de la Lycie, ainſi appellée de Patare fils d'Apollon & de Lycie fille de Xanthus: elle eſt tres-renommée pour cet oracle d'Apollon, par lequel il rendoit ſes reſponſes au 6. mois de l'an, & s'appelloiēt ſorts Lyciens, leſquels ne cedoient en rien aux deuinations de l'Oracle de Delphes. *Alexand. d'Alex. liu.6. ch.2.* Mais elle eſt beaucoup plus celebre par la naiſſance de ce grand Eueſque de Myrhe S. Nicolas. *Magin en ſa Geogr.*

Paterculus (nommé Velleius) Historien, nous a laiſſé en deux liures vn abbregé de l'Hiſtoire Romaine, iuſques au 16. an de l'Empire de Tibere, lequel il auoit accompagné en la guerre de Germanie. *Vigner, ann. 7. 8. & 11.*

Pathmos Iſle de l'Archipelague, voiſine de la Natolie, ayant enuiron 30. milles de circuit: ſon terroir eſt grandement fertil en grains. En cette Iſle fut relegué ſainct Iean l'Euangeliſte par l'Empereur Domitian, & où il eſcriuit ſon Apocalypſe. Le commun peuple y eſt Chreſtien, & y vit en liberté de conſcience en payant tribut: car il eſt gouuerné par des Magiſtrats & Superieurs Mahometans. Il y a vn Monaſtere de Caloiers. *Bellon.* L'on l'appelle de preſent *Palmoſa*.

Patriarche eſt ainſi appellé du Grec, le Prince des Peres. De ce nom premierement ont eſté qualifiez tous ces chefs de generations, que nous voyons nommez és ſainctes Lettres, c'eſt à ſçauoir, 10. au premier aage, qui ont tous veu Adam, excepté Noé; 10. au ſecond, qui ont tous veu Abraham; & le dernier de tous ces Patriarches fut Iacob; iaçoit que quelques vns qualifient de ce nom les Roys & Princes d'Iſraël & de Iuda. Du depuis ce mot a eſté transferé pour exprimer le premier des Pontifes, ou le Superintendant des Eueſques: & dû commencemēt l'on n'en comptoit que quatre, ſçauoir celuy de Rome, d'Antioche, d'Alexandrie & de Hieruſalem, auſquels fut adioint poſterieurement celuy de Conſtantinople, lors que le Siege de l'Empire y fut transporté.

S. Patrice apres auoir planté la Foy Chreſtienne en l'Irlande & l'Eſcoſſe, mourut le 122. de ſon aage, & de grace 491. *Niceph. liu.8. chap.34. Sigeb. en ſa Chron.*

Patrocle fils de Menetius & de Stenelé, lequel ayant occis (eſtant encore enfant) Cleonymus, ou ſelon d'autres, Æanes fils d'Amphidamas, comme ils iouoient aux oſſelets, il s'enfuit de ſon pays, & vint en Phthie, où Pelée le receut tres-fauorablement, à cauſe de la proximité du lignage, & meſmes le donna à inſtruire à Chiron, qui auoit deſia ſous ſa diſcipline ſon fils Achilles, auec lequel Patrocle contracta vne amitié nompareille: Et de faict, comme ils furent tous deux allez à la guerre de Troye, & que Patrocle veſtu des armes d'Achilles, eut eſté tué en duel par Hector: Achilles bien qu'il eût deliberé de ne combattre iamais en faueur des Grecs, indigné de ce qu'A-

FF ffff

gamemnon leur chef luy auoit enleué sa Briseis, ne laissa neantmoins de retourner à cette guerre, & ayant receu de sa mere Thetis nouuelles armes forgées de la main de Vulcain, ne cessa point iusques à ce qu'il eut vangé la mort de son fidelle amy Patrocle per celle d'Hector qui l'auoit tué. *Homere en ses Iliades.*

Pau ville Capitale de Bearn, dicte des Latins *Palum*, où il y a vn fort beau Palais basty par Henry d'Albret. Henry quatriesme qui y nasquit, y establit vne Iustice souueraine pour tout le pays.

Pauence Deesse iadis recognuë par les anciens Payens, pour destourner les frayeurs & la peur (dicte des Latins *Pauor*,) des enfans, dont elle a retenu le nom. *S. Aug. liu. 4. de la Cité de Dieu.*

Pauie, ville tres-ancienne en la Duché de Milan, appellée iadis *Ticinum*, à cause du fleuue de mesme nom qui l'arrouse. Elle est située en vn air fort doux & serein, & en vn terroir grandement fertil en toutes sortes de fruicts. Les Roys des Ostrogoths & des Lombards y faisoient leur demeure ordinaire. deuant qu'elle fust possedée par Charlemagne. Depuis elle a beaucoup souffert par les factions des Guelfes & Gibelins, & fut presque ruinée, ne restant rien de son ancienne splendeur, fors son Vniuersité instituée par Charlemagne, laquelle depuis a esté enrichie de priuileges par le Pape Pie second & ornée d'edifices par S. Charles Borromée: Elle dépend du Duché de Milan possedé par l'Espagnol. Cette ville est remarquable pour la prise de François I. par Charles le Quint. *Monst. li. 5. de sa Cosmogr.*

S. Paul, qui estoit auparauant nommé Saul, Apostre de Iesus-Christ, & Docteur des Gentils, fut natif de Tharse en la Cilice. *Act. 22.* de la tribu de Benjamin. *Rom. ch. 11.* Premierement Iuif de la secte des Phariséens,

instruit en la Loy par Gamaliel, & grand persecuteur des Chrestiens. 1. *à Timoth. ch. 11. Galat. 1.* Mais comme il alloit en Damas, auec charge expresse du Prince des Prestres d'emmener prisonniers en Hierusalem tous ceux qu'il trouueroit faisans profession du Christianisme, il arriua que sur le chemin vne lumiere luy resplendit, auec vne voix qui luy dist, *Saul, Saul, pourquoy me persecutes-tu? il t'est bien dur de regimber contre l'esguillon.* Et quant & quant eut d'icelle commandement d'aller en Damas, où luy seroit enseigné ce qu'il auroit à faire, à laquelle voix se monstrant obeyssant, comme il eut demeuré trois iours en cette ville, priué de la veuë pour la trop grande splendeur de cette lumiere, vn certain Chrestien nommé Ananias le vint trouuer, suiuant ce qui luy auoit esté reuelé, luy donna le S. Esprit, le baptisa, & luy fist recouurer la veuë. En suitte dequoy il prescha Iesus-Christ dans toutes les Synagogues, confondant les Iuifs en toutes les occurrences, *Actes ch. 9.* où toutesfois il receut mille trauerses & persecutions, mentionnées és Actes des Apostres : & non seulement prescha aux Iuifs, mais aussi aux Gentils, tant en l'Asie qu'en l'Europe, comme en Antioche, *Act. 13.* en Iconie, Lystre, *ch. 14.* à Beroé, & à Athenes, *ch. 17.* en Syrie, Asie & Macedoine, *à Philem. 1.* en Italie & en Espagne. *Rom. 15.* és Gaules & autres parties de l'Occident. *Eusebe liu. 2. ch. 12. S. Hierosme.* Et generalement en tant de lieux, & auec tant de zele, qu'il a deuancé tous les Chrestiens en la gloire de la predication, & a seul merité d'estre appellé le Docteur des Gentils, & le vaisseau d'election. *Rom. 11. Galat. 2.* Il fut plusieurs fois accusé, fouëté, & lapidé par les Iuifs, enfin ayant esté par eux adiourné deuant Felix, il en appella deuant l'Empereur, & à cet effet vint à Rome, où il prescha deux ans auec toute liberté le Royaume de Dieu. *Act. chap. dernier.* Et depuis

ayant eu congé de Neron , il paſſa en Eſpagne par Arles & Vienne , où il laiſſa
ſes Diſciples Trophime & Creſcent.
Epiphan. hæreſ. 15. Mais eſtant derechef
retourné à Rome , il eut la teſte tranchée par le commandement de Neron ,
& ſouffrit le martyre auec ſainct Pierre ,
apres qu'il eut preſché l'Euangile trente-
cinq ans , l'an 70. de noſtre Sauueur. Il
nous a laiſſé 14. Epiſtres , ſçauoir 1. aux
Romains , 2. aux Corinthiens , 1. aux Galates , 1. aux Epheſiens , 1. aux Philippiens ,
1. aux Coloſſiens , 2. aux Theſſaloniciens ,
2. à Timothée , 1. à Tite , 1. à Philemon ,
& 1. aux Hebrieux. L'on luy attribuë
encore d'autres Epiſtres & œuures , mais
qui ne ſont receuës au nombre des Canoniques , comme entr'autres ſon Euangile , ſon Apocalypſe , & ſes Actes , &
quelques Epiſtres que l'on le dit auoit
eſcrit à Seneque , duquel il fut tres-familier amy , côme le teſmoignent les Saincts
Hieroſme en *ſon Catal.* & Aug. *Epiſt.* 53.
& 54. Mais *entre ſes Epiſtres il y a pluſieurs paſſages tres-difficiles & obſcurs,
que les ignorans & volages (tels que ſont
les heretiques de ce temps) peruertiſſent
comme les autres eſcritures à leur damnation.* 2. Pierre, ch. 3.

Paul I. Romain , *96.* Pape , fut fort
     charitable & miſericordieux
enuers les pauures , malades & priſonniers qu'il viſitoit ſeul de nuict : fut con-
trarié par l'Antipape Conſtantin : il repara pluſieurs Egliſes ruinées & abba-
tuës , & fiſt tous les deuoirs d'vn tres-
digne Pontife , auſſi mourut en reputation d'homme Sainct , l'an *767.* ayant
gouuerné l'Egliſe vn peu moins d'onze
ans. *Crantz , Plat. Adon de Vienne ,
Naucler.*

Paul II. Venitien , *219.* Pape , hom-
     me ſuperbe & aymant la
vanité , ſurpaſſa tous ſes predeceſſeurs en
apparat ſplendide & magnifique ſe voulant faire paroiſtre tout autre qu'il ne
deuoit ; augmenta auſſi la pompe des
Cardinaux , leur donnant la robe rouge.

De ſon temps les offices & benefices ſe
vendoient à Rome : Il pacifia toutesfois
beaucoup de tumultes en Italie , mais
apres vne longue guerre ; eſtant entré
en ſoupçon de quelque coniuration
contre luy , il fiſt donner la queſtion à
pluſieurs , ores qu'innocens , & entre les
autres à Platine l'Hiſtorien. Il excommunia Georges Roy Boheme pour
hereſie , & l'ayant priué de ſon Royaume , le donna à Matthias Roy de Hongrie. Ainſi fut la race des Georges eſtein-
te. *Bonfin. liure 1. & 3. dec. 4.* Il mourut
d'apoplexie , apres auoir tenu le ſiege enuiron ſept ans , l'an de ſalut 1471. De ſon
temps fut erigé l'Ordre des Minimes ,
qu'on appelle Bonshommes , par ſainct
François de Paule. *Volat. liu. 21. Turſell. Plat.*

Paul III. Romain , *228.* Pape , fut
     homme adroit & ſage ,
bien verſé en toutes diſciplines , & ſi-
gnamment en l'Aſtrologie , liberal aux
doctes , mais trop prodigue à l'endroit
des ſiens , leſquels il agrandit outre meſure. Il declara heretique Henry VIII.
Roy d'Angleterre , dont s'enſuiuit la reuolte de toute l'Iſle. Le Concile de Trente commença ſous luy. *Onuphr. ann.* 1545.
Il tint le Siege quinze ans , vingt-neuf
iours , & mourut l'an 1546. *Turſel. Geneb.*
De ſon temps les peuples Orientaux furent conuertis par les Cordeliers , & Ieſuites , dont eſtoit chef S. François Xauier. Comme auſſi les ſectes des Zuingliens & Sacramentaires parurent en
France , & Caluin commença à preſcher
ſon nouuel Euangile à Geneue , dont en
furent lors chaſſez l'Eueſque & autres
Paſteurs Catholiques.

Paul IV. Neapolitain , *231.* Pape ,
     perſonnage deuot & au-
ſtere en ſa vie. Auant ſon Pontificat
il auoit inſtitué la Congregation des
Theatins : Il fut autheur de l'Inquiſi-
tion , de laquelle il conſeilla l'eſtabliſſe-
ment au Pape Paul III. Il fut fort zelé à
la reformation des abus Eccleſiaſtiques.

rejettant la promotion des indignes : renferma en vn coin de la ville de Rome les Iuifs, ausquels il fit porter le bonnet iaune : reforma le Clergé : il fit la guerre à Philippes Roy des Espagnes au Royaume de Naples, aydé des François : Mais force luy fut de s'appaiser : ne voulut iamais approuuer la translation de l'Empire faite par Charles le Quint à Ferdinand. Il passa de cette vie mortelle à l'immortelle, l'an de salut 1560. ayant tenu le Siege 4. ans, 2. mois, dix sept iours. *Onuphr. Supplement de Plat.* De son temps la saincte Eucharistie percée par vn Iuif nommé Bisheim, à coups de poignard, rendit abondance de sang en Pologne; c'est pourquoy plusieurs Iuifs furent bruslez par le commandement du Roy Sigismond. *Surius en son hist.*

Paul V.

d'vne ancienne famille de Sienne, & natif de Rome, 241. Pape, auparauant nommé Borgese, fut esleu pour ses vertus à la dignité Pontificale l'an mil six cent cinq. Il procura la reünion de plusieurs Eglises Nestoriennes à la Foy Catholique, & à cet effet Elie leur Patriarche residant en Babylone celebra vn Synode à Amed Cité de Mesopotamie, où fut accomplie cette reconciliation. *Strozza en ses disp. des dogmes des Chrestiens.* Il excommunia les Venitiens, ce qui eust apporté vn grand Schisme en l'Eglise, sans que Henry IV. par l'entremise des Cardinaux de Ioyeuse & du Perron en procura la reünion: il fut parrain de nostre Roy Louys XIII. par l'entremise du Cardinal de Ioyeuse en l'an 606. puis mourut l'an de grace 1621. ayant tenu le siege quinze ans, 9. mois, 5. iours.

S. Paul

premier Hermite, lequel s'estant enfuy és deserts, à cause de la persecution de Decius, prist de là occasion d'embrasser la vie solitaire le 23. de son aage, & le 253. an de salut, & là y perseuera iusques à sa mort, qui arriua apres auoir vescu 113. ans. En sa

derniere année, il fut visité par Sainct Antoine le Grand, & pource le corbeau qui auoit de coustume de luy apporter tous les iours vn pain luy doubla la pitance, & luy en apporta deux pour cette nouuelle visite. Il vacquoit à de continuelles Oraisons, qu'il faisoit à Dieu 300. fois par chaque iour, & de peur d'y manquer mettoit autant de pierres dans son sein. *S. Hierosme en sa vie, Sozomene liu. 8.*

Paul

Diacre d'Aquilée, Chancelier de Didier Roy des Lõbards; & auec lequel il fut pris prisonnier, a escrit l'Histoire entiere des Lombards de 205. ans, & paruient iusques à l'an de salut 773. Il a descrit aussi les vies des Saincts par le commandement de Charlemagne, pour estre leus en l'Eglise à chaque Feste de l'an. *Sigeb.*

Paul Ioue

Euesque de Nocere, en 45. liures a descrit l'Histoire des choses plus remarquables faites & aduenuës en presque toutes les parties du monde, depuis l'an 1494. iusques en l'an 1540. faisant ample mention de nos Roys de France, Charles VIII. Louys XII. & François I.

Paul Orose,

Voy Orose.

Paul Samosatean

Euesque d'Antioche, mais heresiarque, tenoit Iesus Christ pour vn simple hõme, & n'estre descendu du Ciel: ne baptisoit point au nom de la saincte Trinité: Iudaïsoit en beaucoup de choses. *Epiph. haref. 65. S. Aug. har. 44.* Vouloit que les femmes chantassent en l'Eglise. *Niceph. liu. 6. ch. 30.* L'Empereur Aurelian le fit chasser à main forte de l'Eglise d'Antioche, voulant qu'il obeit au Souuerain Pontife de Rome. *Eusebe li. 7. ch. 25.*

S. Paulin

Euesque de Nole tres-familier des saincts Hierosme & Augustin, fut tres-eloquent & bien versé és sainctes Lettres, & doüé d'abondant d'vne singuliere pieté & cha-

riré enuers les pauures, car ayant depen-
fé tout ion bien en aumoines, il fe vendit
luy-mefme pour rachepter d'efclauage
le fils d'vne pauure veufue : Il s'adonna
depuis à eſcrire des œeures ſacrées: Fleuriffoit l'an 420. *Sixte Sienn. liu. 4. de ſa
ſainct e Biblioth.*

Pauline noble Dame Romaine,
tres-belle & pudique, fem-
me de Saturnin. L'on dit d'elle que
Decius Mundus Cheualier Romain e-
ſtant eſpris de ſa beauté, & ne la pouuant
fleſchir ny par prieres ny par preſents,
qu'il luy offroit iuſques à la valeur de
deux cent mille drachmes, s'addreſſa enfin à vne certaine affranchie de ſon pere,
nommée Idé, laquelle ayant corrompu
par argent les Preſtres du Dieu Anubis,
auquel Pauline auoit vne extreme deuotion : ces Preſtres perſuaderent facilement à Pauline que ce Dieu eſtoit a-
moureux d'elle, & qu'il luy commandoit de l'aller trouuer : ce qu'elle ayant
reuelé à ſon mary & demandé permiſſion
d'aller coucher auec ce Dieu ; luy qui
auoit eſprouué la chaſteté de ſa femme,
le luy permiſt aiſement ; ainſi fut-elle enfermée par ces Preſtres dans vne chambre, où Mundus eſtant caché iouyt toute la nuict d'elle, ayant cette croyance
que c'eſtoit ce Dieu Anubis : Mais Mundus rencontrant quelques iours apres
ſon amoureuſe, ne ſe peut tenir de luy
dire qu'elle luy auoit ſauué beaucoup
d'argent, encore qu'elle euſt obey à ſon
plaiſir. Alors Pauline recognoiſſant
qu'elle auoit eſté trompée, le rapporta à
ſon mary, & le pria de ne laiſſer le cas
impuny, à quoy il ſatisfiſt ; car s'en eſtant
plaint à l'Empereur Tibere, ce Prince
iuſte eſtant bien informé de la verité,
fit crucifier tous ces meſchants Preſtres
coulpables auec Idé inuentrice de ce
forfaict, & dauantage fit démolir le temple & ietter l'image d'Anubis dans le Tibre ; & quant à Mundus, il le bannit ſeulement, reiettant la faute ſur la violence
de l'amour. *Ioſephe liu. 18. ch. 4.*

Pauſanias fils de Cleombrotus, &
Capitaine des Lacede-
moniens, lequel auec Ariſtides Athenien
vainquit en la campagne de Platée auec
vne poignée de gens Mardonius Me-
dois, gendre du Roy Xerxes & ſon Lieutenant, qui auoit bien 200000. pietons,
& 20000. cheuaux: Mais apres auoir executé pluſieurs beaux exploits pour le
bien de ſes ſubiets, il ſe laiſſa inſenſible-
ment emporter aux couſtumes deprauées des Aſiatiques, & de là vint iuſqu'à
telle folie, que de vouloir trahir ſon pays
à Xerxes, au moyen que ce Roy luy
donnaſt ſa fille en mariage. Pourquoy
eſtant accuſé par les Lacedemoniens, il
s'enfuit au temple de Minerue où il fut
tué, & ſon corps ietté à la voirie. *Thucydide liu. 2. Plutarq. és vies d'Ariſtides &
de Themiſtocle.*

¶ Vn autre de ce nom Macedonien, de
la garde du corps de Philippes de Macedoine, lequel ayant eſté attiré feinte-
ment en vn banquet par Attalus qui lors
auoit grand credit autour du Roy, fut expoſé à tous ſes palefreniers & muletiers
pour en abuſer charnellement ; duquel
outrage s'eſtant allé plaindre au Roy meſme, il ne luy en voulut rendre autrement
iuſtice, à cauſe qu'il affectionnoit Attalus, & auoit beſoin de ſon ſeruice ; dont
ce Pauſanias eut vn ſi grand creue-cœur,
qu'outré de cholere & de douleur, il tua
luy-meſme Philippes aſſiſtant à certains
ieux, auquel parricide il fut porté d'autre part pour perpetuer la memoire de
ſes faits; mais Perdicas le tua incontinent
apres la mort du Roy. *Iuſtin liu. Plut.
en la vie de Philippes.*

¶ Vn autre de ce nom, Autheur Grec,
qui fleuriſſoit ſous les Empereurs Adrian
& Antonin. Il a eſcrit les Annales de
Lacedemone & des Amphictions.
Suidas.

Pauureté, Deeſſe que quelques-
vns diſent eſtre la meſ-
me que la Neceſſité. Ariſtophanes l'eſcrit
auoir eſté en grande reuerence chez les

F.F.ffff iij

Gadaréens : l'on la depeignoit auec vne face pasle & hideuse, presque semblable aux Furies, sinon qu'elle ne portoit point de flambeau deuant elle, pour monstrer qu'elle n'a point de feu de cholere & de vengeance comme elles. Ses effets sont naïuement representez par vn de nos Poëtes François.

   Gentille pauureté secours de nostre vie,
Nourrisse des vertus, mere de l'industrie,
Du manœuure artisan le fidelle entretien,
Hostesse de l'honneur, exercice du bien.
C'est toy, Dame, c'est toy qui de bõté naïue
Nous faicts viure contens, car ta grace innentiue
Enfante les soucis, les soucis le labeur,
Le labeur la santé, & au front la sueur,
La sueur la vertu, la vertu la noblesse,
La noblesse l'honneur, & l'honneur la richesse.

Pays-bas est cette contrée que l'on appelle autrement Basse Allemagne, où sont comprises dix-sept Prouinces. L'on l'appelle ainsi, pource qu'il est plus proche de la mer que le reste de l'Allemagne, & qu'au regard de la Haute, ses campagnes sont plus basses. Les naturels l'appellent *Nederland*, mais presque tous Flandres, en prenant vne partie pour le tout, à cause que cette contrée est la plus belle de toutes les autres qui y sont contenuës, & que son trafic s'y estend. Ses bornes sont au Nord l'Ocean : au Midy la Lorraine & Champagne : au Leuant les riuieres de Meuse & le Rhin : & au Couchant encore l'Ocean, & la partie de l'Artois qui regarde la Picardie. Tout le pays a de circuit, selon Guichardin, 1000. milles d'Italie, ou selon d'autres 340. lieuës de Flandres, & faict partie de l'ancienne esteuduë des Gaules : Il est situé entre le milieu du 7. climat & le commencement du 9. & en cette espace la diuersité du plus grand iour d'Esté est de trois quarts d'heure : l'air y est fort humide & grossier, & toutesfois bien sain aux habitans du pays, s'estant mesme rendu plus doux

& teperé depuis trente ans en çà, à cause de l'accroissement des habitans : l'Esté est extremement plaisant, à cause de la chaleur temperée : il y a peu de tremblemens de terre & d'orages en l'air : l'Hyuer toutesfois y est fort long & aspré, quand le vent du Nord ou d'Est souffle : le terroir y est presque par tout plat & vny, horsmis és pays de Luxembourg & de Namur ; & en d'autres endroicts il est sabloneux cõme en Hollande & Zeláde, autrement ce païs est fertil en toutes sortes de grains & fruicts, qu'on y void en abondance : il y a aussi du vin en quelques endroits, mais fort raremẽt, sur tout l'on peut loüer son terroir pour la bonté du pasturage qui nourrit des bestiaux grãds & gras outre l'ordinaire, principalement en Frise & en Hollande : Car Guichardin escrit que l'on fist present à Malines au Comte de Hocstrat d'vn bœuf de Frise, qui pesoit 1528. liures, & que pour cette cause il le fist peindre en son Palais : les vaches aussi ont le tetin si plein de laict, qu'en quelques endroicts l'on en tire dix ou douze pintes par iour. Entre les riuieres qui trauersent ce grand pays, il y en a quatre principales, sçauoir le Rhin, la Meuse, l'Escauld, & l'Ems : il s'y void aussi cette signalée forest d'Ardenne, qui estoit la plus grande des Gaules du temps de Cesar Ces Pays-bas comprennent dix-sept Prouinces, qui se sont veuës vnies & incorporées ensemble, & en la subjection de Philippes II. du nõm Roy des Espagnes, sçauoir quatre Duchez, Brabant, Luxembourg, Limbourg, & Gueldres : huict Comtez, Flandres, Hollande, Zelande, Artois, Hainault, Namur, Zutphen, & Anuers appelé Marquisat du S. Empire : & cinq Seigneuries, Vtrecht, Malines, Frise, Owerysfel, & Groninguen ; en tous lesquels lieux l'on compte 226. villes & 6526. villages. Lors que tout ce pays estoit sous vn seul Seigneur le reuenu ordinaire estoit de bien 3000000. d'or, outre les subsides extraordinaires, confiscations, & autres parties casuelles : Mais à present qu'vne partie de ce pays qui prend le tiltre de Prouinces vnies & d'Estats, s'est separée de l'obeyssance de l'Archiduc & de sa femme, à peine les subsides & imposts peuuent fournir à la despense & à l'entretien de la gendarmerie que l'on y soudoye d'ordinaire pour faire teste à celle des Estats, dautant qu'iceux ont enerué de ces dix sept Prouinces par leur reuolte, les contrées de Hollande, Zelande, Vtrecht, Zutphen, Frise, Oweryssel, & Groninguen, auec la pluspart de Gueldres, & quelques contrées du pays de Brabant & de Flandres, qui se maintiennent toutes ensemble en forme de Republique, de laquelle ceux de la Maison de Nassau ont tousiours esté comme Chefs principaux, faisans leur residence à la Haye en Hollande. Leur rebellion commença du temps du Roy d'Espagne Philippes II. l'an 1581. car lors ils le declarerent descheu de sa Seigneurie pour sa domination extraordinaire & trop violente contre leurs priuileges & franchises : & depuis ont tousiours par les voyes de droict & des armes entrepris tout le gouuernement de l'Estat politique, & de la Religion d'icelles Prouinces.

Tovt ce Pays-bas, auant Iules Cesar, estoit compris sous le nom de Gaule Belgique, ainsi appellée à cause de ses habitans hautains & hardis, qui ne pouuoient souffrir que l'on leur ostast leur liberté & priuileges ; aussi Cesar liu. 2. de ses Commentaires, les dit auoir esté les plus belliqueux de toutes les Gaules ; & Tacite dit qu'ils combatoient pour la gloire & l'honneur. Depuis estans diuisez en Prouinces, ils ont bien receu quelques Seigneurs comme Souuerains, mais à certaines conditions, conseruans tousiours leur liberté : ainsi viuants, ils ont fait en suitte de hauts faicts d'armes, tant contre les Romains qu'autres nations, voire contre les Turcs &

Sarrazins, comme sous Godefroy de Buillon, & autres Roys de Hierusalem, comme pareillement sous Baudoüin Comte de Flandres, qui gaigna l'Empire de Constantinople. Et bien que ces Prouinces ayent esté sous differents Princes, si est-ce qu'elles furent reduites sous le commandement de quatre Ducs consecutifs de Bourgogne, puis sous les Archiducs d'Austriche, & finalement sous vn seul Seigneur, sçauoir Charles le Quint & son fils Philippes, lesquelles s'il eust tenuës vn peu plus libres, elles ne se fussent, comme l'on iuge, desvnies & desliées de son obeyssance. Les habitans sont ordinairement peu ambitieux, fort peu lascifs, ciuils, laborieux & industrieux, principalement en la peinture, & autres arts mechaniques & de manufacture, propres aux lettres, vaillants & adroits, mais specialement sur la mer : ils sont grands mesnagers : Les femmes sont belles & gracieuses, qui exercent pareillement la marchandise comme les hommes, mais vn peu subiectes au vin, sans toutesfois preiudicier à leur chasteté. Es Prouinces qui recognoissent l'Espagnol, ne se fait autre exercice de Religion que de la Catholique, non plus qu'en celles qui recognoissent les Estats, que de celle de Caluin. L'on y compte trois Archeueschez, sçauoir Malines, Cambray, & Vtrecht, qui ont quinze Euesques pour Suffragants.

P E

Pedaliens peuples des Indes, lesquels en leurs prieres & sacrifices ne demandoient autre chose à Dieu, sinon qu'il leur octroyast la Iustice, estimants que l'ayant ils posederoient toutes choses à leur gré. *Cœl. liu.* 23. chap. 19.

Pedase l'vn des cheuaux d'Achilles, lequel la Cheuale Podarge conceut du Zephyr ; c'est pourquoy il

elgaloit en fa courfe les vents mefmes.
Homere liu.16. de l'Iliade.

¶ *Les Naturaliftes tiennent que les Iumës
peuuent conceuoir du vent & engendrer, &
que cela fe pratique en certains lieux, comme en Portugal, felon le rapport de Pline,
liu.8. chap. 42. à quoy s'accorde Virgile,
au 1. des Georg.*

Pedian Grammairien renommé du
temps de Neron. *voy* Afco-
nius.

Pegafe cheual aifté, fils de Neptune
& de Medufe, ou bien nay
du fang de Medufe : Il eft ainfi appellé
de *Pegé,* c'eft à dire fontaine, pour ce
qu'il nafquit prés des fontaines de l'O-
cean, où habitoient les Gorgones : s'e-
ftant enuolé fur le mont Helicon, il frappa de fon ongle le rocher, duquel il
fourdit vne fontaine qui pource fut appellée *Hippocrene,* c'eft à dire, fontaine
du cheual. Puis ayant efté rencontré
prés de Pyrene fontaine de Corinthe
par Bellerophon, qui faifoit fes apprefts
pour aller combattre la Chimere, ce
Cheualier le prift & s'en feruit, par le
moyen duquel il dompta ce monftre :
dequoy Bellerophon rendu infolét pour
vn fi profpere fuccez, entreprift de s'enuoler au Ciel par l'aide de fon cheual ai-
flé : Mais Iupiter pour rabattre fa prefomption, effaroucha tellement ce cheual,
qu'il mift fon Efcuyer par terre : Pegafe
toutesfois continuant fon vol, fe vint
placer au Ciel entre le Dauphin & le
Vers'eau, pres le cercle Arctique *Strab.
liu.8.* Touchant fa Mythologie *voy* Bellerophon & Chimere.

Pegu Royaume de la haute Inde, au
deça du Gange : il occupe (felon Magin) cette cofte de la mer contenant bien 300, milles, pres le riuage Occidental du Golfe de Bengale, prenant
cet efpace depuis la ville de Tauay iufques au Cap de Nigraës : il eft trauerfé
par le milieu de la riuiere de Pegu, dont
tout le Royaume prend le nom. Entre
fes ports plus renommez eft Martabane

où l'on charge force nauires de riz. Son
terroir eft extremement fertil, fpecialement en froment & en riz. Il nourrit
pareillement force animaux, tant priuez
que fauuages, comme des cheuaux qui
font petits, mais bons à l'vfage, & des
elephants : les perroquets y font plus
beaux qu'ailleurs : il s'y trouue grand
nombre de ciuettes : il y croift des cannes ou rofeaux de la groffeur d'vn tonneau. Les Marchands y abordent de
tous coftez, & en rapportent du riz, du
benjoin, du mufc, des pierreries, de l'argent, du beurre, de l'huyle, &c. Sa Capitale qui porte mefme nom, eft vne des
belles de toutes les Indes, remplie d'e-
difices fuperbes, arroufée du fleuue Pegu, & diftante de la mer de vingt-cinq
milles. Son Roy qui l'eft auffi de Brame,
eft fort puiffant, & poffede auiour-
d'huy les Royaumes de Pegu, de Tan-
gu, Prom, Melintay, Calam, Bacam,
Mirandu, Aue & Brame, qui font expo-
fez au Nord, puis le Royaume de Siam,
& les ports de Martabane & de Tarnaf-
fer, d'Aracan & de Mafin. Il pourroit
mettre en bataille vn million d'hommes,
tant fes villes & pays font peuplez. Il eft
Seigneur abfolu de toutes les terres
qui font en fes Eftats, & les baille à des
laboureurs moyennant quelque argent,
ou bien les donne pour vn certain temps
à des Grands de fon Royaume, à condition de le feruir en guerre. Les habitans de ce Royaume font de moyenne
taille, agiles & robuftes, toutesfois peu
propres à la guerre. Ils vont tous nuds,
excepté qu'ils couurent leurs parties
honteufes, & font grandement adonnez aux femmes, & pource portent pour
l'amour d'elles des clochettes d'or ou
d'argent penduës à leurs membres, afin
qu'elles fonnent lors qu'ils vont par la
ville : Ils font du tout remplis de fuperftitions, ayants de vaines & ridicules
opinions touchant la Religion. *Magin
en fa Geogr.*

Pelagius I,

Pelagius I. Romain, 62. Pape, fut admis en la Chaire Pontificale, au temps que Totila Roy des Goths ruïnoit l'Italie, lequel il empescha de brusler Rome : l'on le fait autheur d'institution des 7. heures Canoniales. *Polid. Virgil. liu. 6. ch. 2. de l'inuent. des choses.* Ce qui se doit entendre de la recommandation, car S. Athanase *au liu. de la Virginité,* S. Hierosme *en son Epist. à Demetriade.* & S. Basile en font mention long temps deuant. Il decreta que les Heretiques & Schismatiques seroient punis par glaiue, puissance & iustice temporelle ; que nulle prouision de benefices se fist par ambition, ny dons. Enfin comblé de merites il deceda l'an de salut 662. & de son Pontificat le 6. an, & pres de 7. mois. *Plat. Adon de Vienne, Palmer.*

Pelagius II. Romain, 65. Pape, fut esleu au Pontificat du temps que les Lombards assiegeoient Rome, ce qui empescha que les solemnitez coustumieres pour le temps d'alors n'y furent obseruées, comme l'approbation de l'Empereur : c'est pourquoy le siege leué il enuoya S. Gregoire vers l'Empereur Maurice pour auoir sa confirmation : escriuit contre Iean Patriarche de Constantinople, qui auoit conuoqué vn Concile general, & qui s'attribuoit le nom d'Euesque vniuersel, en ce supporté par l'Empereur Maurice. Et c'est de ce temps que premierement les Euesques de Constantinople firent Schisme contre l'Eglise. *Sigeb. Bede de l'ordre des temps.* Il ordonna que les Prestres recitassent tous les iours priuément les 7. heures Canoniales, ayant esté, selon quelques-vns, ordonné par Pelagius I. qu'elles se chanteroient à l'Eglise. *Palmer.* Il fist de sa maison paternelle vn hospital pour les pauures. Il nous a laissé quelques Epistres contenuës *au tome des Concil.* Il mourut apres auoir tenu le Siege 10. ans, 2. mois 10. iours, l'an de salut 590. *Plat. Sigeb. Onuph.*

Pelagius fils de Fafila issu de la race Royale des Goths, ayant supporté de grandes & facheuses charges durant 5. années, quitta les montagnes où il s'estoit retiré pour euiter ses ennemis, & vint aux Asturies d'Ouiedo pour secourir les Chrestiens (car les deux Roys precedens qui estoient Sarrazins auoient enuahi depuis quatre ans grande partie des Espagnes sur Roderic Roy Chrestien qu'ils auoient tué) qui là s'estoient retirez pour la crainte des Mores, où les ayans trouuez prompts & affectionnez de s'employer pour la deliurance de leur pays, il prist la charge de les conduire, & fut esleu Roy des Chrestiens dispersez, si bien qu'il défist auec 1000. hommes seulement, plus de 20000. Mores, où fut tué leur chef, & gaigna sur eux la ville de Leon, & lors se fist nommer Roy d'Ouiedo, de Leon & des Asturies. Apres quoy ayant quitté les armoiries des Goths, il prist celle qui ont tousiours demeuré depuis au Royaume de Leon, sçauoir d'vn Lyon rouge en champ d'argent. Il mourut l'an de salut 735. & le 16. de son regne. *Ritius, Taraffa.* De ce grand Prince Tres-chrestien & magnanime, qui a merité le nom de Sainct, est descendu Philippes qui regne de present és Espagnes. *Vaseé.*

Pelagius Moine Anglois, mais heresiarque, enseignoit que l'homme pouuoit par ses forces naturelles de son franc arbitre meriter la vie eternelle, & garder les Commandemens de Dieu, & que la grace de Dieu n'y estoit necessaire, ains seulement pour plus grande facilité. *S. Aug. her.* 88. Asseuroit dauantage que la grace de Dieu, par laquelle nous sommes deliurez de peché, estoit donnée selon nos merites : soustenoit que la vie des iustes en ce monde est totalement exempte de peché : ostoit le peché originel : reiettoit les habits & ornemens Ecclesiastiques. *S. Hieros. liu. 1. contre les Pelag.*

GGGggg

Il vomiſſoit ſes hereſies enuiron l'an de ſalut 405. *Baron. ann.* 405. De luy ſes Sectateurs furent nommez Pelagiens.

Pelaſgie contrée de la Grece ſur les frontieres de la Macedoine vers l'Achaïe, appellée iadis Theſſalie, l'vne des plus belles preſqu'Iſles de l'Europe, enfermée entre les mers Ionique & Ægée *Plin. liu.* 4. *ch.* 4. Elle fut ainſi appellée des Pelaſgiens qui ſortirent d'Arcadie, & vindrent habiter en cette partie de Theſſalie qu'ils appellerent Argos Pelaſgique. *Pauſanias en l'eſtat d'Arcadie,* dict que les Arcadiens eſleurent pour leur Roy vn certain Pelaſgus, tant pour la beauté de ſon corps, que pour l'excellence de ſon eſprit, auſquels il appriſt l'inuention de baſtir, & de faire des veſtemens de cuir pour ſe defendre du froid & du chaud. Ces peuples ayans eſté chaſſez de Grece où ils eſtoient venus habiter, par les Locres & Ætoliens, paſſerent en l'Empire & en l'Italie enuiron 810. ans deuant la fondation de Rome. *Thucidide.* Et de là peut eſtre furent-ils nommez Pelaſgiens, pource qu'à la façon des cicognes dictes des Grecs *Pelargoi,* ils allerent long-temps errans & vagabonds par le monde deuant que d'aſſeurer leur demeure. Elle fut depuis appellée Peloponneſe, & de preſent Morée. *Voy* Morée.

Pelée fils d'Æaque & d'Ægine, lequel de ſa femme Thetis engendra Achille, qui en eſt appellé Pelide. *Ouid. liu.* 13. *de ſa Metam.*

Pelias fils de Neptune & de Tyr, & frere d'Æſon Roy de Theſſalie, lequel porta vne haine implacable à Iaſon fils de ſon frere : & à cét effect pour s'en deffaire l'enuoya à la conqueſte de la Toiſon d'or, dont toutesfois il reuint victorieux : il fiſt mourir Æſon ſon frere; & comme il pourſuiuoit la mort de ſon nepueu Iaſon, Medée pour ſe venger de luy en faueur de Iaſon ſon amant, fiſt tant que ſes filles

propres le tuerent, & mirent boüillir ſon corps dans vn chauderon, eſtans perſuadées qu'il raieuniroit comme Æſon, & ſuiuant les artifices ſtanduleuſes de Medée. *Ouid. liu.* 7. *de ſes Metamorph.*

Pelion Montagne de la Theſſalie, appellée auiourd'huy *Petras* ſelon quelques-vns. Dicearque, lequel au rapport de Pline auoit charge de meſurer la grandeur des montagnes, luy donne 1250. pas de hauteur. Herodote recite qu'elle eſtoit coniointe auec le mont Oſſa, mais qu'elle en fut ſeparée par vn tremble-terre. *Magin en ſa Geogr.*

Pella ville iadis Metropolitaine de la Macedoine, ſituée au riuage de l'Archipelague, renommée par les naiſſances de Philippes & d'Alexandre le Grand ſon fils. *Strab. liu.* 15. Sophian l'appelle *Ieniza,* & Niger *Zuchria.* Elle portoit tiltre de colonie du temps de la ſplendeur de l'Empire des Romains, & viuoit ſelon leur Droict eſcrit. *Plin. liu.* 4. *chap.* 10.

Pelopée fille de Thyeſte, qui ayant eſté engroſſée de ſon pere, apres auoir accouché d'vn petit enfant l'expoſa és bois à la mercy des beſtes ſauuages, de peur que ſon inceſte ne vint à ſe manifeſter : mais il aduint qu'il tomba entre les mains d'vn certain paſteur qui le porta en ſon logis, & le nourrit de laict de chevre; dont il fut nommé Ægiſte, parce que les Grecs appellent vne chevre *æga.* Voy Ægiſte.

Pelopidas Capitaine des Thebains, de noble & illuſtre maiſon, monſtra dés ſon commencement qu'il eſtoit nay pour le public : car il employoit ſes richeſſes à ſecourir ceux qui en auoient beſoin. Au reſte il ſe veſtoit ſimplement, mangeoit ſobrement, trauailloit volontiers, & faiſoit la guerre pour le ſecours de ſon pays, ne tenant conte de ſoy, ny de ſes biens, pourueu qu'il aſſiſtaſt à la choſe publi-

que : Epaminondas & luy furent freres
d'armes, & compagnons de charge publique ; mais sans enuie & ialousie, se
portans vn amour & honneur reciproque, n'ayans pour but que de voir leur
pays tres-puissant & fleurissant par leur
moyen. Cependant Phebidas Capitaine des Lacedemoniens & autres tyrans s'estans saisis de la forteresse de
Thebes par trahison le firent bannir
auec d'autres gens d'honneur, lesquels
se retirerent à Athenes où ils complo-
terent contre les Tyrans, & firent tant
qu'Epaminondas & luy menerent si
dextrement les affaires, qu'ils chasserent & tuerent les Tyrans de Thebes,
laquelle ainsi recouura sa liberté : dont
s'estant esleuée vne forte guerre entre
les Lacedemoniens & les Thebains,
Pelopidas & Epaminondas chefs de
ceux-cy les deffirent premierement à
Tegyre, puis tout entierement en la
plaine de Leuctres où les Lacedemoniens perdirent la fleur de leurs hommes. Nonobstant lesquels signalez seruices faicts à la republique, ils furent
appellez en iustice à Thebes par leurs
enuieux, & accusez de crime capital
pour ne s'estre pas démis à temps du
gouuernement à eux commis, dont toutefois ils furent absous. En suitte de
quoy Pelopidas assista les peuples de la
Thessalie qui auoient requis ce secours
des Thebains contre Alexandre Roy
de Pheres qui les tyrannisoit, lequel
ployant soubs la puissance de Pelopidas, feignit vouloir faire quelque accord, & cependant se saisit par trahison
de la personne de Pelopidas, lequel
nonobstant sa prison monstra vne grande constance & magnanimité au Tyran : dont toutefois ayant esté deliuré
par Epaminondas, il fut enuoyé en
Ambassade vers le Roy de Perse, lequel
le receut magnifiquement : mais ayant
esté derechef rappellé par les Thessaliens, il fut tué en vne rencontre, aux
funerailles duquel les Thebains &

Thessaliens firent à l'enuy des grands
honneurs, & les Thebains vangerent
sa mort sur le Tyran. *Plut. en sa vie.*

Peloponnese
Peninsule, la plus
celebre de l'Eu-
rope, iointe à la Grece par vn destroit
appellé Isthme, entre les deux mers Ionique & Ægée. Elle fut iadis appellée
Appie & Pelasgie, & depuis fut nommée Peloponnese de Pelops fils de Tantale, qui apres auoir espousé Hippodamie, la nomma ainsi de son nom : Elle
s'appelle de present Morée. *Voy* Morée.

Pelops
fils de Tantale Roy de Phrygie & de Taygete, duquel le
pere traictant les Dieux, entr'autres
mets leur seruit à table de la chair de
son fils Pelops, pour voir s'ils la reco-
gnoistroient, & par ce moyen faire espreuue de leur puissance : d'ont s'estans
apperceus se garderent bien d'en manger ; mais au contraire apres auoir puny ce cruel hoste, rechercherent tous
les membres qui auoient esté mis en
quartiers, & ainsi les reünirent & rauirent tous, fors l'espaule que Ceres par
mesgarde auoit deuorée, en la place
de laquelle Iupiter luy en donna vne d'y-
uoire, *Ouid. liu. 6. de ses Metam. Pindare Od. 1. de ses Olymp.* Depuis estant
venu en aage il se transporta en l'Elide
où regnoit lors Oenomaus, auec lequel
il entra en combat pour obtenir le mariage de sa fille Hippodamie, & lequel il
surmonta par la fraude de son cocher
Myrtile, tellement qu'apres la victoire il
prist possession & iouïssance de la fille, &
du Royaume, ensemble de la prouince
nommée Appie Pelasgienne, laquelle
s'appella depuis de son nó Peloponnese,
c'est à dire, Isle de Pelops. *Strab. liu. 8.*
¶ Par ce Pelops si cruellement traité par son pere, nous peut estre representé certaine iniure fort remarquable qu'il auroit receuë de luy, que nous
pouuons iuger estre quelques detractions
& mesdisances ausquelles il l'auroit
exposé, signifiées par ce festin où il fut

preseté pour estre denoré: à iceluy toutefois ne toucherent point les *Dieux*, c'est à dire les gens de bien, demeurant l'innocence tousiours en son entier à l'edroit de l'homme sage & vertueux: Mais nul n'euite la dent, c'est à dire la calomnie de *Ceres*, qui est l'homme terrestre & meschāt. Ce neatmoins les Cieux donnent prompt secours à l'affligé, & releuent l'innocence oppressée. Ses membres rassemblez & r'animez par les *Dieux* nous le declarent, & entr'autres le don qu'ils luy font d'vne espaule d'yuoire: Car tout ainsi que l'espaule est le symbole de force & de puissance; l'yuoire est la marque des richesses & des choses rares & precieuses selon *Homere*. Or pour monstrer qu'il fut fort opulent, le renom de ses moyens fut tourné en ce Prouerbe, les talens des *Pelops*, *pour signifier l'affluence de ses biens. Et mesmes le Peloponnese qu'il conquesta, & où il trouua force mines d'or & d'argent, rendent suffisant tesmoignage de sa puissance & de ses richesses.*

Pelore l'vn des 3. caps de Sicile, qui regarde l'Italie vers le Nord. Il fut ainsi appellé d'vn certain pilote d'Annibal, lequel il tua inhumainement, & sans suiet: car partant de Petilié ville de la Calabre pour aller en l'Afrique, & ayant fait port en vn havre de Sicile, il demanda à ce pilote où il estoit, lequel luy ayant respondu qu'il estoit en Sicile, Annibal n'estimant qu'il y eust si peu de chemin entre l'Italie & la Sicile, & croyant que le pilote le voulust trahir le tua: toutefois ayant depuis recogneu sa faute il luy fist vne statuë en vn lieu eminent sur le bord de la mer de Sicile, qui prist le nom de *Pelorus* à cause de ce pilote. *Val. le Grand, liu. 9. chap. 8.* il s'appelle de present *Capo-del faro.*

Pelusium ville és confins de l'Egypte, située sur l'vne des bouches du Nil, elle fut ainsi dicte de *Pelée* pere d'*Achilles* qui la bastit, est de present vne dés clefs de l'Egypte qu'on appelle *Damiette*. *Voy Damiette.*

Penates estoient, selon *Ciceron*, certains Dieux domestiques, en la garde desquels les Anciens remettoient leurs maisons particulieres & familles, & estoient adorez és parties plus secrettes d'icelles: C'est pourquoy ils en tirent le nom des mots Latins *penes nos nati*, c'est à dire, naiz chez nous; & d'autres du mot *penitus*, qui veut dire *bien auant, au dedans*, d'où les Poëtes les ont nommez *Penetrales*, c'est à dire, *logez au dedans*; & de faict les Anciens croyoient qu'aussi-tost que les enfans estoient naiz ces Dieux en prenoient la protection: & d'autres estimoient que c'estoient ceux par le moyen desquels nous viuons &, voyons le Soleil, & en faisoient trois principaux, *Apollon*, *Neptune* & *Veste*. Ils les ont creu dauantage non seulement gardiens de chaque maison priuée, mais aussi de chaque pays, & presidents sur les villes. *Ciceron* au *Plaidoyé* qu'il a faict pour sa maison. *Denis d'Halicarnasse l. 1. de ses Antiquitez*, dit qu'en vn certain petit temple non loin de *Rome* se voyoient deux figures de ieunes hommes assis, & ayans chacun en la main vn iauelot auec cette inscription au dessoubs *les Dieux Penates*, l'on suy offroit en sacrifice du vin & de l'encens.

¶ *Par le mystere de ces Dieux Penates, les Anciens n'ont voulu entendre autre chose que les Elements mesmes chez quā nous sommes nasz: Car quand ils ont mis Apollon & Neptune entre les Penates, ils ont euidemment marqué les deux principes & commencemens de toute generation, veu que toutes choses naissent de l'humeur signifiée par Neptune comme estant la matiere & qui tient place de femelle, comme aussi de la chaleur marquée par Apollon, qui sert d'ouurier & de masle pour la mettre en besogne & luy donner forme. Et à bon droict leur donnoient-ils Veste pour compagne, pour ce que la terre dont elle est Déesse, sert de fondement pour espaissir & donner accroissance aux corps qui s'engendrent.*

Penée fleuue de Theſſalie, découlant entre les monts Oſſa & Olympe, arrouſant ce lieu delicieux nommé Tempé, tant celebré par les Anciens. *Strab. liu. 9.* Les Poëtes ont feint que Daphné fut changée en laurier en ſon riuage. *Ouid. liu. 1. de ſes Metam.* Ce fleuue appellé auiourd'huy *Peʒan* ſelon Theuet, *Azababa* ſelon Mercator, & *Lycoſtome* ſelon Sophian, eſtant groſſi de quatre autres fleuues, ſe va deſgorger dans le golfe Theſſalonique. *Magin en ſa Geogr.*

Penelopé fille d'Icare Lacedemonien & de Peribée, fut femme d'Vlyſſe, de chaſteté inuiolable & l'honneur de ſon ſexe: car durant l'eſpace de vingt ans que ſon mary fut abſent de la maiſon, elle ne peuſt iamais eſtre induicte ny par les prieres, ny par menaces de ſes parens, & de ceux qui la recherchoient en mariage, à violer la foy qu'elle auoit donnée à ſon mary: Ce neantmoins ſe voyant importunée d'vne quantité de mignons & ſeigneurs de marque qui luy venoient offrir leur ſeruice; afin de s'en deſgager ſoubs quelque couleur, & d'éuiter leur violence & temerité, elle leur promiſt qu'auſſi toſt qu'elle auroit acheué vne piece d'ouurage qu'elle auoit entre mains, elle n'attendroit plus Vlyſſe, ains prendroit pour mary l'vn d'entr'eux; mais pour prolonger ſon terme, autant qu'elle en tiſſoit le iour elle en deffaiſoit la nuict; ainſi par cét artifice elle differa leur attente iuſques au retour d'Vlyſſe, lequel entrant chez luy deſguiſé en mandiant, les paſſa tous au fil de l'eſpée. *Homere en ſon Odyſſée. Ouide en ſa 1. Epiſtre ſur ce ſujet.* Or dict-on que ce nom de Penelopé luy a eſté donné des oyſeaux que l'on appelle Penelopées, autrement Meleagrides ou Poules d'Inde, veu qu'auparauant elle ſe nommoit Arnée, qui vaut autant à dire, comme deſaduouée & repudiée, du verbe *arneiſthai*, c'eſt à dire, rejetter. Car ſon pere ayant entendu de

l'Oracle que ce que ſa femme Periboée portoit en ſon ventre ſeroit vn iour la hôte des femmes, interpretant cela de quelque inſigne des-hôneur & infamie qu'elle feroit, & non du des-honneur qu'elle deuoit apporter aux autres Dames les ſurpaſſant en chaſteté, & reluiſant comme vne perle entre icelles, il l'expoſa en vn coffre au bord de la mer pour courir telle fortune que ſon deſtin luy promettoit: à quoy par le cry de l'enfant ces oyſeaux ayans eſté appellez firent tāt qu'ils ramenerent à bord ce coffre non beaucoup eſloigné du riuage, & nourrirent quelques iours l'enfant qui eſtoit dedãs. Il açoit que quelques meſdiſans ayant voulu ternir la gloire de Penelopé, diſãs qu'elle s'abādonna à tous ceux qui luy faiſoient l'amour, & que pour ce ſubiect elle engendra Pan qui en Grec veut dire tout: toutesfois la commune opinion a fauoriſé la bonne renōmée en cette chaſte Dame, ayās la pluſpart des Anciēs chanté ſa pudicité, & propoſée aux autres Dames, comme vn notable exemple de continence, de chaſteté, & de loyauté enuers leurs maris: Et de faict Pauſanias en ſes Laconiques rapporte que ſon pere Icare erigea vn ſimulacre de la Pudeur à 30. ſtades de Sparte, en memoire de la loyauté & pudeur coniugale de ſa fille Penelopé, laquelle eſtant nōuellement mariée, & ayant eu le choix ou de demeurer auec ſon pere en Lacedemone, ou bien de ſuiure ſon mary Vlyſſe en l'Iſle d'Itaque, voila ſa face en ſigne d'honneſte hôte, d'où l'on recogneut qu'elle voûloit ſuiure Vlyſſe. Et quant à cette piece d'ouurage de la perfection de laquelle elle entretenoit l'eſperance de ceux qui la courtiſoient, les Anciens nous ont voulu donner à entendre qu'il n'y a rien ſi dangereux que l'oiſiueté, comme ainſi ſoit que ceux qui s'appliquent à quelque honneſte exercice ne ſont pas ſi facilement ſurpris par mauuaiſes penſées, ny par les faux attraits & amorces des plaiſirs, eſtant l'oiſiueté mere nourriſſe de toute volupté & inſolence.

Pentapolis contrée entre la Palestine & la Syrie, ayant la Iudée au Leuant : ainsi appellée du Grec, à cause de ses cinq Citez, sçauoir Sodome, Gomorrhe, Adama, Seboin, & Segor, iadis tres-remarquables ; mais depuis renuersées & foudroyées du feu du Ciel. *Gen.19.* Solin tire cét embrazement de la qualité de son terroir qui est tout noir & semblable à de la cendre: l'on y void des pommes, lesquelles bien que belles en apparence, lors que l'on les manie iettent quelque fumée & se reduisent en poudre.

¶ Vne autre contrée de ce nom en la Lybie qui auoit aussi cinq Citez, sçauoir Berenice, Arsinoé, Ptolemaide, Apollonie, & Cyrène, dont de cette derniere elle fut pareillement appellée Cyrenaique. *Pline liu.5. chap.5.*

Pentateuque est appellée par les Sainctes lettres le liure de la Loy de Dieu, ou le volume de la Loy de Moyse, & par les Hebrieux *Thora*, c'est à dire Loy ; & des Grecs *Pentateuque*, pour ce qu'il contient cinq volumes ou liures. Le premier qui est appellé Genese, comprend la generation & succession de l'humain lignage, iusques à la mort de Ioseph, & par ainsi les gestes de 2308. ans. Le 2. qui est appellé Exode, c'est à dire, Sortie, lequel parle de l'issuë du peuple d'Israël hors d'Egypte, & contient les gestes de 146. ans, à sçauoir depuis la mort de Ioseph iusques à la construction du Tabernacle au desert. Le 3. est le Leuitique, ainsi intitulé, pour ce qu'il comprend le Ministere, les Sacrifices, les Loix, & les coustumes des Leuites, & ne contient l'histoire que d'vn mois. Le 4. est appellé Nombres, dautant qu'en iceluy l'on fait compte des douze Tribus ou Lignées d'Israël qui sortirent d'Egypte, & que aussi y est raporté le nombre des 42. stations & demeures qu'ils firent au desert par l'espace de 38. années, 9. mois, & 20. iours : Et le 5. est appellé Deutero-

nome ou seconde Loy, pour ce qu'en iceluy la Loy est repetée, & ne contient l'histoire que de deux mois qui estoient de l'année derniere de la vie de Moyse. Philon Iuif *au liu. du Monde* estime que Moyse a esté l'Autheur de ces inscriptions ; mais il est plus vray semblablement que ce sont esté les 72. Interpretes. Les Iuifs *en leur Cabale* mettent en ce Pentateuque 5830. vers. Moyse auât sa mort en fist treize exemplaires dont il en donna vn à chacun des douze Tribus d'Israël, & le 13. fut mis par les Leuites en l'Arche d'alliance selon le commandement que leur en fist Moyse. *Deuteron. chap. 31. Misna.*

Penthée fils d'Echion & d'Agaue fille de Cadmus Roy de Thebes, lequel pour auoir mesprisé les mysterieux secrets & sacrifices des Orgyes & Bacchâtes, le Dieu Bacchus pour s'en venger troubla tellement l'esprit de sa mere Agaue & de ses tantes Ino & Autonoé, que furieuses & transportées hors d'elles mesmes, elles se figurans que c'estoit vn Sanglier l'assômerent & le mirêt en pieces. *Ouide liu. 3. de ses Metam.*

¶ *Si d'vne part Penthée nous peut seruir d'vn vray patrô de la tyrannie & de l'impieté qui d'vne opiniastre fureur s'oppose à l'establissement d'vne religion desia toute authorisée & receuë de tout le peuple, se rendant ennemy du seruice que l'on doit à Dieu, estimant que par iceluy le sien en est amoindry : mais lequel en suitte fut puny seuerement par la main Diuine vengeresse des forfaicts, & specialement des iniures faictes à son honneur. A plus iuste tiltre comme Chrestiens le pouuons-nous prendre pour la vraye image d'vn Prince iuste & craignant Dieu, lequel recognoissant (bien que parmy les tenebres du Paganisme & de l'infidelité) ces excez infames & dissolutions abominables qui se commettoient en ces solemnitez soubs pretexte de Religion, tascha par tous moyens, armé d'vne pieuse constance, d'en tollir l'vsage & en desraciner les scandaleuses ceremonies: qu'* les peuples se laissoient abuser : mais lequel en fin fut indignement traicté par ses subiets asseruis dés long-temps soubs la tyrannie de ces superstitieuses creances : Comme aussi n'y a t il rien de plus hazardeux que de penser arracher tout à coup de l'esprit d'vne populace vne opinion inueterée & pratiquée de longuemain tant soit elle meschante & execrable.

Penthesilée Royne des Amazones, laquelle succeda à Orithie au gouuernement du Royaume. Elle vint au secours des Troyens où elle fist de grandes prouësses, en fin elle fut tuée par Achille. Elle inuenta la hache ou-hallebarde selon Pline liu. 7. chap. 57.

Pepin, surnommé le Bref, 23. Roy de France, & premier de la seconde race, fut fils de Charles Martel, les merites duquel & de son ayeul Pepin le Gros luy frayerent le chemin pour monter au throsne Royal ; Son propre merite aussi eut le sceau de ce bon renom hereditaire qui persuada tous les François de le iuger capable de la Royauté : aussi se voyoient ils pressez de pouuoir à la necessité du Royaume, attendu la niaise stupidité, la fetardise, & la dissoluë intemperance de Childeric. Pepin au contraire monstroit qu'il estoit Religieux, vaillant, iuste, droicturier, clement ; entendu és affaires, propre à punir les meschans ; conseruer les bons, & deffendre la Foy Chrestienne. Ces raisons estans pressantes & notoires, il ne restoit plus que le scrupule de la Religion : à cet effect Burchard Euesque de Bourges, & Folrad son Chappellain, obtindrent du Pape Zacharie (attendu la foiblesse de Childeric, & le resolu consentement des François de receuoir Pepin) dispense du serment de fidelité qu'ils auoient à Childeric & à toute sa race. Les Estats du Royaume en suitte assemblez ; esleurent pour Roy Pepin & le firent couronner & oindre par Boniface Euesque de Majence, & par

mesme moyen Childeric fut calangé comme descheu du Royaume, degradé, tondu & confiné en vn Monastere ; ce qui fut faict en la ville de Soissons, l'an de salut 750. *Aimon: liu. 4. chap. 61. Rhegi. liu. 2. de sa Chron.* Pepin donc ainsi esleué au throsne Royal ; tascha de gagner les cœurs en bienfaisant ; & de respondre à l'esperance des François par ses bons deportemens : & apres auoir assemblé les Estats Generaux qu'il appella Parlemens, où l'Eglise, la Noblesse, & le Peuple furent conuoquez, il resolut de ce qui estoit à faire. Ce pendant comme il auoit auparauant son eslection, par vne grande valeur deffaict les Sarrazins, il fist apres son couronnement semblable déroute dés Saxons qui s'estoient emancipez de l'obeissance Françoise. En ses entrefaictes Estienne II. successeur de Zacharie, estant trauersé par Astolfe Roy des Lombards, vint en France pour auoir secours de Pépin, & pour l'y conuier dauantage, le couronne de rechef Roy France, au Temple de S. Denys en France, & ses deux fils Charles & Carloman : & depuis fist profez le miserable Childeric, luy assignant le Cloistre pour prison perpetuelle. En suitte dequoy Pepin assista le Pape contre le Lombard, & nonobstant ses artifices & feintises, luy fist rendre ce qu'il tenoit du patrimoine de l'Eglise. *Blonde.* Et de plus donna à l'Eglise de Rome l'Exarchat qui comprenoit treize villes, auec le Pentapolis qui en contenoit seize autres. *Sigonius en son l. 13. de l'Italie.* Comme aussi donna à S. Burchard Euesque de Wirtzbourg, la Duché de Franconie. *Irenic l. 3. chap. 76.* Depuis Pepin assembla derechef le Parlement pour remedier aux maux passez, où il receut aussi les Ambassadeurs de Constantin Empereur d'Orient qui desiroit la confirmation de l'amitié que ses predecesseurs auoient euë auec la Couronne de France. Ce Constantin luy enuoya des orgues, dont Pepin en introduisit l'vsage en France. *Aimon. liu. 4. ch. 64. des gestes des François.* Comme aussi la maniere de chanter des Romains. Il dompta derechef les Saxons qui s'estoient reuoltez auec Tassilon Duc de Bauiere, & les contraignit à nouuelle recognoissance, puis aussi vainquit Gaiffre Duc de Guyenne, duquel il chastia la temeraire rebellion, & le poursuiuit si viuement qu'estant delaissé de tous, il fut tué par vn sien domestique. Il reünit pareillement à la Couronne l'Auuergne, la Sainctonge, le Lymosin, le Poictou, dont quelques particuliers s'estoient rendus maistres, & les possedoient en tiltre de Comtes durant le regne des Roys Faineants ses predecesseurs. Mais enfin se voiant cassé de vieillesse, & par le faix & soucy de tant de guerres & affaires il se retira à Paris pensant y viure en repos, où tost apres il mourut l'an de salut 768. & de son regne le 18. Il eut de sa femme Berthe au grand pied sept filles & deux fils Charles & Charloman, lesquels il recommanda à ses Estats pour leur donner partage selon leur volonté. Ce Prince fut petit de corps (dont il fut surnommé le Bref) mais grand d'esprit, religieux, sage, courageux aimant ses subiects, & aimé d'eux; heureux en pere, enfans, & en regne. *Sigebert, Guaguin, liu. 4.*

¶ Vn autre de ce nom ayeul de cettui-cy.

Pera ville de Thrace, iadis dicte *Lygos*, & depuis *Galatha*, située vis à vis, & fort pres de Constantinople, laquelle sert comme de fauxbourg du costé de l'Europe, n'ayant qu'vn bras d'eau entre les deux. *Plin. liu. 4. ch. 11.* Elle est remplie pour la pluspart de Chrestiens qui y viuent en liberté, auec la permission du Turc.

Perche Comté de France diuisée en deux parties, l'vne est nommée le Perche Goüet, dont la principale ville est Nogent le Rotrou: L'autre

est proprement la Comté, dont la capitale est Mortaigne, siege du Bailly: Ses bornes du costé de la Normandie sont Verneuil, & Meniers du costé du Maine.

Percose deuin tres-expert pere d'Adraste & d'Amphie lesquels il ne peust iamais destourner d'aller à la guerre de Troye, où il leur auoit predit qu'ils demeureroient, ce qui aduint. *Homere.*

Perdicas Macedonien l'vn des Capitaines d'Alexandre le Grand, auquel mesme il succeda en vne partie de ses Royaumes, fut de grand courage & force de corps, qu'il osa prendre dedans le giste mesme les Faons d'vne Lyonne & en sa presence. *Ælian liu. de son Hist. meslée.*

Perdix fut le neueu de Dedale, auparauant nommé Tale, ieune enfant d'vn bel esprit, lequel auoit esté donné à son oncle pour estre instruict en l'Architecture: mais ayant inuenté l'vsage de la scie & du compas, Dedale enuieux de son industrie, de peur qu'il ne le vainquit vn iour en son art, le precipita du haut de la Tour de Minerue: mais la Deesse Pallas fauorable aux beaux esprits, le receut au milieu de l'air, & là mesme couurit son corps de plumes, ayant eu pour recompense de sa subtilité la legereté de ses aisles: il ne changea point de nom, & encore à present la Perdix n'ose s'esleuer en haut & ne faict que voler rez de terre où elle faict son nid; car son ancienne cheute luy faict fuir les choses hautes. *Ouide liu. 8. de ses Metam.*

Perée contrée de la Iudée, voisine de l'Arabie & de l'Egypte: elle est fort montueuse, si bien que les Villes & Citez y sont clair-semées: Elle est separée de l'autre partie de la Iudée par le fleuue du Iourdain. *Plin. liu. 5. ch 14.*

Pergame Ville iadis tres-signalée de l'Asie Mineur en la Troade, & capitale de cette contrée, arrousée

arroufée des fleuues Silenus & Caïcus.
Elle eſt renommée pour la grandeur &
richeſſe de ſon Roy Attale, comme auſſi
pour la naiſſance de Galien fameux Medecin. Ce fut en cette ville qu'on trouua
l'vſage du parchemin : auſſi Attalus &
Eumenes y dreſſerent vne magnifique &
ſuperbe Bibliotheque. Il n'en reſte plus
auiourd'huy que quelques ruïnes que
l'on nomme encore Pergame : mais ſes
enuirons ſont remplis de villages à cauſe
de la fertilité de ſon terroir. *Pline liu. 5.
ch. 30. Magin enſis Geogr.*

¶ De ce nom fut appellée la Citadelle
Troyenne & la ville de Troye. *Virgile
liu. 1. & 2. de l'Æneid.* Et meſme depuis ce nom a eſté generalement vſurpé
pour ſignifier quelconque edifice ou
chaſteau haut eſleué.

Periander fils de Cypſele, de la race des Heraclides, &
tyran de Corinthe, l'vn des ſept qui ont
eſté nommez Sages en Grece, toutefois
lequel comme auſſi Cleobulus Tyran
des Lydiens n'auoient rien de vertu ny
de ſageſſe : mais par la grandeur de leur
puiſſance & grand nombre de leurs amis,
forcerent la reputation & ſe pouſſerent
en deſpit qu'on en euſt en l'vſurpation
du nom de Sages, & firent à cette fin ſemer ie ne ſçay quelles ſentences & dicts
notables par toute la Grece, ne plus ne
moins que ceux des autres Sages, comme le teſmoigne Plutarque *au Traicté
qu'il a faict ſur le mot Ei.* De là eſt que
ce Periander a meſlangé ſa tyrannie &
ſes actes meſchans auec vn nombre de
belles ſentences que l'on a publié ſoubs
ſon nom : Car quant à ſa vie, il viuoit touſiours en grand ſoupçon, enuironné de
gens armez, ne redoutant plus rien à ce
qu'il diſoit, que ces faineans que l'on
void és carrefours & lieux publics. C'eſt
pourquoy afin de retrancher à ſes ſubjects toute occaſin de quelque nouueau
conſeil & remuëment qui peut reprimer
ſa tyrannie, il les enuoyoit au loing à la
guerre, & principalement ſur mer : il fiſt

mourir ſa femme Meliſſe luy ayant donné vn coup de pied comme elle eſtoit
groſſe, à ce induit par les calomnies de
ſes concubines leſquelles toutesfois il fiſt
bruſler puis apres. Et cependant nonobſtant ſes excez & cruautez tyranniques,
l'on dit pluſieurs ſentences de luy toutes contraires à ce qu'il practiquoit,
comme entr'autres. *Ceux qui ont ennie
de regner doiuent s'efforcer par tous
moyens de ſe faire accompagner de la bien-
veillance de leurs ſubiects & non des armes de leurs ſoldats, ſe faiſans pluſtoſt
aymer que craindre. Le repos eſt tres-bon,
& la temerité perilleuſe. Les voluptez
ſont corruptibles, les honneurs immortels.
Sois moderé és choſes proſperes, & prudent és aduerſes. Monſtre toy ſemblable à
tes amis heureux comme aux mal-heureux. Garde toy qu'en trop parlant tu ne
deſcouure tes ſecrets.* Il viuoit enuiron la
38. Olympiade, & exerça ſa tyrannie 40.
ans. Cette diuerſité de dicts & de faicts
a faict dire à quelques-vns comme à
Platon, qu'il y en auoit deux : l'vn de
Corinthe qui eſtoit Tyran : & l'autre
d'Ambracie que l'on diſoit Sage. *Diog.
Laërce liu. 1. de la vie des Philoſophes.*

Pericles Capitaine Athenien, perſonnage tres illuſtre de no-
ble & ancienne famille, fut diſciple des
Philoſophes Zenon & Anaxagoras, qui
le façonnerent aux ſciences, ſpecialement en la naturelle & politique ; de
faict l'on vid apres en luy vne grandeur
& hauteſſe de courage, & vne dignité
de langage où il n'y auoit rien d'afferé,
de bas, ny de populaire ; auſſi auoit il
vne conſtance de viſage qui ne s'eſmou-
uoit pas facilement & ne ſe troubloit
pour choſe quelconque, ſi bien que
quelques-vns imputoient cette grauité
à orgueil & arrogance : il fut auſſi l'vn
des plus grands Orateurs de ſon temps,
ayant la langue bien pendue & la parole tellement aiſée qu'on luy donna
le ſurnom d'Olympien, c'eſt à dire, Celeſte & Diuin ; encore que quelque

HHHhhh

vns ayent dict que ce fut à cause des beaux ouurages & edifices publics dont il enrichit la ville d'Athenes, comme aussi à cause de la grande authorité & puissance qu'il auoit au gouuernement tant en paix qu'en guerre : il se rangea du commencement à la ligue du menu peuple ; contrequarrant en cela Cimon l'vn des plus riches d'Athenes qui inclinoit du costé de la Noblesse ; ainsi se iettant entre les bras de la commune il se pourueut par ce moyen de puissance pour soy-mesme, & d'authorité contre luy : à quoy son eloquence luy seruit beaucoup, qui estoit forte & vigoureuse. Ce fut luy qui mist en auant le premier la distribution au peuple des terres conquises en guerre, comme aussi de certaine quantité de deniers pour paroistre & faire des ieux : dont ayant par ce moyen gagné le commun populaire ; il fist bannir Cimon de l'exil d'Ostracisme, puis le fist r'appeller pour aggréer au peuple. Apres la mort de Cimon, Thucydides beaupere de Cimon luy tint teste comme son competiteur, mais lequel il fist pareillement bannir comme il auoit faict son gendre : & ayant rompu la ligue des Nobles, il commença à auoir tout seul le gouuernement qu'il tint 40. ans auec vn heureux & merueilleux succes ; se maintenant tousiours par l'auarice & bon mesnage en son particulier. S'estant meuë guerre entre les Atheniens & Lacedemoniens, il s'y comporta tres-prudemment ; reprimant les Ephores des Lacedemoniens qui portoient enuie à sa nation : il rangea aussi ceux de l'Isle de Samos en leur deuoir, en faueur d'Aspasia sa maistresse. Ce pendant sourdit la guerre Peloponnesiaque contre plusieurs villes Grecques où il se monstra aussi roide qu'auparauant contre les Lacedemoniens qui taschoient à le ruiner ; toutefois il ne voulut hazarder la bataille contr'eux, conduicts par Archidamus pour leur trop grand nom-

bre, dont il fut brocardé comme lasche de cœur : & jaçoit qu'il y eut faict plusieurs notables exploicts, si est ce que la peste s'estant mise à son armée nauale, il fut contrainct de se retirer sans rien faire, à l'occasion dequoy il fut démis de sa charge de Capitaine general ; mais peu apres le peuple l'ayant restably, il mourut de peste, plus desiré apres sa mort qu'il n'auoit esté durant sa vie. Ce personnage peut estre mis entre les plus excellens, non seulement pour sa douceur & clemence au maniement de si grandes affaires contre tant d'ennemis & mal-veillans, mais aussi pour n'auoir en si absolue puissance iamais rien concedé à la haine, ny à l'enuie, ny au courroux, ny s'estre sans mercy vangé d'aucun sien ennemy, comme aussi d'auoir en si grande licence d'authorité conserué ses mains pures & nettes de tout profit illicite. Il gagna neuf batailles estant Capitaine general d'Athenes, & en auoit erigé autant de trophées en l'honneur de son païs : il fist à Athenes de superbes edifices publics, & des desseins d'ouurages de grande entreprise. Il dict vn iour à Sophocles son compagnon en la charge de Capitaine general qui auoit regardé trop lasciuement vn ieune garçon, *Qu'vn Magistrat doit auoir non seulement les mains nettes, mais les yeux aussi. Plutarq. en sa vie.*

Periclymene fils de Nelée & frere de Nestor, lequel ayant eu de Neptune le pouuoir de se changer en autant de formes qu'il voudroit, ne laissa toutesfois en combatant contre Hercule qu'il vouloit esblouïr par vne infinité de diuers changemens d'estre tué ; car ayant pris la forme d'vn Aigle, & qu'il l'eust blessé au visage comme il pensoit s'enuoler & se mettre en seureté dedans les nuées, Hercule le perça d'vn traict de ses flesches. *Ouide liu. 12. de ses Metam.* D'autres disent qu'Hercule le tua soubs la forme d'vne mousche, apres qu'il en eu: esté piqué , & ce par l'aduis que luy en donna Minerue.

❧ *Ce Periclymene peut auoir esté quelque personnage fort disert & accort , lequel pour se sçauoir accommoder aux lieux, temps, & personnes, se desguiser & iouer, comme l'on dict, toutes sortes de personnages, fut estimé prendre telles formes que bon luy sembloit : mais lequel s'estant attaqué à Hercule , qui est le patron de la vertu & solide éloquēce, il le tua lors qu'il eut pris la forme d'vn Aigle, qui nous represente naïfuement la vanité laquelle s'ose esleuer au dessus de cette vertu, non pas en s'appuyant sur des veritables effets, mais sur les aisles de quelques vains discours : Mais les flesches d'Hercule, c'est à dire, les rayons esclatans de la vraye gloire, faisans iour à trauers, percent cét Aigle presomptueux & le mettent à bas. Que si nous le disons changé en guespe, nous entendrons qu'ayant voulu attaquer Hercule patron de la vraye éloquence par ses subtilitez & arguties Sophistiques (dequoy la guespe est le vray symbole) il le tua neantmoins par l'aide de Minerue, c'est à dire, conuainquit par les traicts de la vraye sagesse.*

Perigord contrée de France en la Guienne, ayant au Leuāt le Lymosin : au Ponant l'Angoumois & partie de la Xaintōge : au Nord aussi l'Angoumois dans lequel il s'aduance : & au Midy la Gascogne le long de la riuiere de Dordogne qui la separe de l'Agenois. L'air y est si serain & temperé que rarement l'on y void la peste. Le pays est mōtueux, aspre & pierreux qui rapporte beaucoup de fruicts & specialement des chastaignes : il y a grand nōbre de fontaines alumineuses & sulfurées qui sont fort medicinales ; cōme aussi force mines de fer & d'acier : prés d'vn bourg appellé Marsac, il y a vne fontaine qui a son flux & reflux. Ce païs aussi abōde en simples, propres à plusieurs maladies ; & se tire d'vn lieu nommé la Roche, grande quantité de terre rougeastre qui a mesme cou-

leur & vertu que celle que nos Apoticaires appellent *bolus armenus*. Ses villes sont Sarlac, Bergerac Eueschez, & Perigueux qui est sa capitale, ville fort ancienne nommée Vesune par Ptolemée, à cause d'vn somptueux temple de la Deesse Venus qui y estoit : les Latins l'ot nommée en suitte *Vesuna Petrocoriorū* dont parle Cesar au li.7. de ses Comment. Les Romains l'enrichirent de plusieurs beaux & superbes édifices dōt se voyent encore les ruines d'vn Amphitheatre fort magnifique qu'on appelle *les Rolphies*, cōme aussi les reliques & vestiges de quelques riches & magnifiques Palais, & plusieurs fragmens de statuës & pierres grauées d'Epitaphes à l'antique tant Grecques que Latines. S. Front cōtemporain de S. Martial fut son premier Euesque & Apostre, dont l'Euesché s'estend bien sur 300. paroisses, & dépend de l'Archeuesché de Bourdeaux. Elle est aussi ornée de tiltre de Comté, d'vne Seneschauschée, de Presidial, & Maison de Ville regie par vn Maire & 8. Escheuins.

Les Perigordins sont gaillards & dispos, & assez propres tant aux lettres qu'aux armes ; les femmes y sont chastes & bonnes mesnageres.

Perille artisan d'Athenes fort ingenieux , lequel pour plaire à Phalaris tyran d'Agrigente, inuenta de nouueaux tourmens, c'est qu'il bastit vn Taureau d'airain pour y rostir les criminels, afin que le cry du patient ressemblast au mugissement d'vn bœuf, & ainsi n'apportast aucune compassion aux spectateurs : Mais comme il esperoit recompense de son ouurage, le Tyran tres-iustement luy fist le premier essayer le tourment qu'il auoit fait pour les autres. *Pline liu. 34. chap. 8.*

Perinthe ville iadis metropolitaine de Thrace , depuis nommée Heraclée de l'Empereur Heraclius. L'on y voyoit vn Amphitheatre faict d'vne seule pierre de marbre, que l'on mettoit entre les merueilles du monde.

Peripateticiens, certains Philosophes d'Athenes sortis de l'eschole de Platon, le Prince desquels fut Aristote. Ils furent ainsi appellez du verbe Grec *peripatein,* c'est à dire, se pourmener, pource qu'ils ne disputoient point qu'en se pourmenant dans le Lycée. Et leur estoit donné ce nom à la difference des Academiques sortis de mesme eschole, car ils n'en differoient que de nom, s'accordans au reste aux opinions, lesquels, selon l'institut de Platon, faisoient leur assemblée en l'Academie, qui estoit vn autre College, d'où ils furent appellez Academiques. Mais & les vns & les autres bastirent vn certain formulaire de discipline puisée de la profonde doctrine de leur commun Maistre Platon. *Cic. liu. 1. de ses quest. Academ.*

Permesse fleuue de Bœoce, prenant sa source du mont Helicon, consacré à Apollon & aux Muses, lequel se va rendre dans le lac Copaide pres la ville d'Haliarte. *Strab. liu. 9. Virg.*

Pero fille de Nelée & de Chloris, & sœur de Nestor & de Periclymene, laquelle estant recherchée de plusieurs courtisans pour sa beauté, son pere qui haïssoit mortellement Hercule, ne la vou'ut bailler à aucun qu'au prealable il ne luy eust amené les bœufs d'Hercule: Ce que Bias fils d'Amythaon ayant entrepris d'executer, assisté de son frere Melampe, il obtint en suitte cette fille en mariage. *Homer. liu. 11. de l'Odyssée.*

Perosé Roy de Perse, vaillant & grand guerrier, mais temeraire, aussi perit-il en l'entreprise qu'il fist contre les peuples Nephtalites (que Procope appelle Euthalites) non tant par la force de ses ennemis, que par son indiscretion: Car se fiant trop en ses forces il se laissa surprendre dans le pays de l'ennemy: Le Roy des

Euthalites luy vsa pourtant de grace, car moyennant l'hommage que Perosé luy fist par la promesse qu'il luy iura de ne faire iamais la guerre aux Euthalites, il luy donna la liberté: Mais n'ayant fidellement gardé son serment, il se mist en campagne auec ses enfans (excepté Cauade qu'il laissa pour gouuerner le pays en son absence) auec la fleur des plus vaillans hommes de Perse contre les Euthalites, desquels neantmoins il fut déconfit, l'an de grace 484. apres en auoir regné 20. *Agathias.*

Perpenna vento Capitaine Romain, lequel se ioignit à la ligue de Sertorius & luy amena 53. Enseignes: mais lequel puis apres enflé d'vne vaine presomption & ambitieuse temerité pour la noblesse de sa maison, entreprist de supplanter Sertorius, & de se faire Chef en sa place de l'armée contre les Romains: à cét effect ayant attiré plusieurs complices de sa coniuration, & conuié Sertorius à souper à son logis, il l'y fist assassiner: mais s'estant voulu seruir des forces de Sertorius pour combattre Pompée, il fut incontinent deffaict & tué auec tous ses complices, comme traistres, par le commandement de Pompée. *Plutarque en la vie de Sertorius.*

Perron, nom de cette noble & ancienne Maison de Normadie, dont est issu ce grand & tres-illustre Cardinal appellé Iacques Dauy, d'heureuse memoire, l'Aigle de nos Docteurs & comme la merueille de ce siecle: Il apprist seul sans autre precepteur depuis l'aage de dix ans, les sciences dont on l'a veu orné, imbu neantmoins au commencemét des erreurs du Caluinisme, qu'il abiura tost apres par la lecture des liures de S. Thomas. Son incomparable eloquence, sa profonde & exquise Doctrine en toutes sortes de disciplines, mais specialement cette sienne suffisance inimitable à manier de droict fil la Theologie Scholastique au faict des controuerses (ayant esté le fleau des heretiques de son temps) l'ont esleué aux charges plus éminentes de l'Eglise, & de l'Estat : Il fut premierement Euesque d'Eureux, puis Cardinal, Archeuesque de Sens, & Grand Aumosnier de France. Au reste employé aux affaires plus importantes de l'Estat de France, voire de la Chrestienté : La conuersion par luy procurée de Henry le Grand, & de plusieurs personnes de marque : La Conference tenuë à Fontaine-belleau auec le Sieur du Plessis de Mornay, en la presence de toute la Cour où il triompha de l'heresie : La réunion des Vénitiens à l'obeïssance du St Siege, ont seruy d'ornemens à la gloire de son nom. Ses liures remplis d'vne solide instruction, d'vne clarté & pertinence singuliere, nous font foy de son rare & diuin esprit lequel alla chercher le lieu de sa derniere demeure, l'an de grace 1618.

Perse Empire tres-celebre de l'Asie, à present commandé par le Sophy. Elle a esté iadis l'vne des plus puissantes Monarchies de tout l'Orient, sçauoir depuis Cyrus iusques à Darius, par l'espace de 250. ans : mais ayant esté premierement destruite par Alexandre le Grand, elle fut possedée & desmembrée en suitte par les Sarrazins, puis par les Tartares : Elle a neantmoins recouuert sa gloire ancienne en ces derniers siecles par la valeur d'Ismaël Sophy lequel a laissé à ses successeurs ce grand Estat qui contient beaucoup de pays qui le recognoissent tous pour Souuerain, bien qu'à diuerses conditions. Cét Empire est assis entre celuy du Turc, les Tartares, le Zachatay, le Royaume de Cambaïe, la mer de Caspie ou de Bachu, & le Golfe de Perse : Tellement que au Nord il a en partie la Tartarie prés du fleuue d'Oxe ou d'Abiam, & en particle la mer de Bachu au

Leuant le Royaume de Cambaïe, & les Indes : au Couchant il confine auec les Turcs prés le Tigre & le lac de Gioco : & au Midy il est borné du Golfe de Perse. Cette estenduë est fort grande, comprenant bien du Leuant au Couchant 38. degrez ; & enuiron 20 du Midy au Nord. Les Prouinces principales contenuës en ce Royaume, sont la Médie, l'Assyrie, la Suse, la Mesopotamie, la Perse proprement dicte la Parthie, l'Hyrcanie, la Margiane, la Bactriane, la Paropamisse, l'Arie, la Drangiane, la Gedrosie, & la Carmanie : & bien que le Turc luy en arrache quelques-vnes de fois à autre, si est ce que le Sophy les recouure tout aussi tost. Comme ce pays est de grande estenduë, aussi y a t'il grāde difference pour la qualité de son terroir, veu qu'en quelques endroicts il est extremément fertile en toutes sortes de fruicts du costé du Golfe de Perse, à cause des riuieres qui l'arrousent ; & pareillement du costé de la mer de Bachu, tant à cause de cette commodité de fleuues, qu'à cause que l'air y est plus temperé & le vent plus frais : mais en d'autres lieux l'on y void vne grande seicheresse, beaucoup de deserts, & des montagnes fort aspres : Toutefois presque par tout il y a abondance de metaux & de pierres precieuses. Elle a eu iadis & a encores des villes tres-renommées, sçauoir Persepolis dicte auiourd'huy Siras, iadis la demeure des Mages ; que Pline appelle la capitale du Royaume Persan, & Curce de tout l'Orient : Tauris, que Ortelius croit estre l'ancienne Ecbatane, iadis le siege des Sophys ; mais qui fut depuis transferé en la ville de Casbin. Il y a aussi Niniue, Babylone, Suse, &c. Ses fleuues plus signalez sont le Tigre & l'Euphrate : ses mōtagnes Taurus & Orontes : ses forests sont en grand nōbre, entre lesquelles est cette signalée d'Hyrcanie remplie de bestes farouches, Tigres, Pards, Pantheres, Lyons, &c. *Ortelius, Magin, Mercat. en son Atlas.*

Perſans peuples de ce fameux Empire, iadis appellé Elamites, à cauſe d'Elam fils de Sem, & petit fils de Noé dont ils ſont deſcendus & ont pris le nom. *Geneſe* 10. *Ioſephe* l. 1. *chap.* 6. de ſes *Ant. Iud.* Et leur prouince nommée Elam. *Strab. liu.* 16. Depuis ils furent appellez Aſamies ſelon Niger & Chalcondyle, & leur prouince Aſamie; & depuis encore Keizelbaſſ qui veut dire teſtes rouges, à cauſe de leurs turbans de cette couleur: furent auſſi nommez Pancheiens, Cepheniens, Artéens, & à la fin Perſans de Perſée fils de Perſée ſelon les fables des Grecs. *Herodot. liu.* 7. Ils auoient iadis pluſieurs couſtumes grandement differentes des autres nations: outre qu'vn chacun pouuoit eſpouſer pluſieurs femmes, ils auoient autant de concubines comme ils vouloient, & les Roys propoſoient grandes recompenſes à ceux qui engendroient dauantage d'enfans: la ieuneſſe dés le 5. an de ſon aage iuſques au 24. apprenoit à monter à cheual, à voltiger, à tirer le dard & la fleche, à courir, & ſurtout à parler veritablement, auſſi leur donnoit-on pour maiſtres & gouuerneurs les plus ſages & vertueux pour les façonner à la vertu, ils s'exerçoient auſſi à paſſer à nage les torrents & les riuieres impetueuſes, afin de s'endurcir contre le froid & le chaud: leurs fruicts plus delicieux eſtoient les raiſins, du terebinthe qui eſt l'arbre qui porte la poix reſine, les glands, & les poires ſauuages, & leur viande ordinaire du pain tres-dur d'aſſez mauuais gouſt, & de l'eau claire pour tout breuuage; dés l'aage de 20. ans iuſques à 50. ils ſuiuoient les armées, ne ſçachans que c'eſtoit du trafic, ny de plaideries: leurs licts & vaſes à boire eſtoient enrichis d'or. Ils conſultoient leurs affaires à ieun, mais ils n'en donnoient la reſolution qu'apres auoir bien beu, eſtimans que leurs affaires en eſtoient mieux traitées. Ceux qui eſtoient eſgaux en fortu-

ne, grandeur, & aage, ſe baiſoient en la bouche en ſe rencontrant: mais ceux qui eſtoient de baſſe condition paſſants deuant les Grands les adoroient: eſtimoient vn grand forfait de rire ou cracher deuant leurs Roys; & tenoient les Grecs pour deteſtables en ce qu'ils aſſeuroient que les Dieux eſtoient ſortis des hommes: l'inceſte du fils auec la mere leur eſtoit en vſage: les peres qui tomboient en neceſſité la pouuoient ſoulager en proſtituant ou abandonnant leurs filles. Pluſieurs tiennent qu'ils expoſoient les corps morts des deffunts aux chiens & aux oyſeaux, que ſi ces beſtes ne les deuoroient, ils le prenoient à mauuais augure, & les plaignoiēt comme gens de mauuaiſe vie, & priués de toute felicité apres leur mort; que ſi au contraire ils les deuoroient prompte-ment, ils les eſtimoient heureux.

Mais à preſent ces peuples ont du tout changé de mœurs, car ils ſont fort gracieux, gentils & liberaux, qui aiment la police, & honorent les Lettres: auſſi ſe trouue-t'il entr'eux des gens fort conſommez en Medecine, Poëſie & Aſtrologie. Ils ſont auſſi bien entendus aux arts mechaniques, & au commerce: Ils font grand eſtat de leurs parens, & de l'antiquité & nobleſſe de leur race. Sont extrémement ialoux, & ne permettent aux eſtrangers de voir leurs femmes, iaçoit que d'autre part ils leur facent fort gracieux accueil: auſſi les femmes y ſont extrémement belles & bien parées. Ils vont fort bien veſtus, ordinairement parfumez & chargez de pierreries: Ils ſe laiſſent emporter à toute ſorte de plaiſirs, addonnez au ieu d'amour ſurtout, & bien qu'ils eſpouſent autant de femmes qu'il leur plaiſt, ſi eſt-ce qu'ils aiment la pederaſtie, & y a des lieux deſtinez à cét effect. Ils ſont vaillants en guerre, ſe ſeruans d'arcs à la mode des Scythes, & fort rarement d'armes à feu, mais la pluſpart de leurs troupes conſiſte en caualerie; & n'ont aucune addreſſe pour la guerre ſur mer: leur langue eſt fort elegante, qui a grand cours & vogue par toute l'Aſie, comme la langue Latine en l'Occident. *Ioſephe Scaliger en ſon liu. de la correction des temps, ch. du compoſt des Abyſſins.* Ils auoient des characteres particuliers, mais qui ne ſe trouuent point maintenant, & depuis qu'ils ont receu la Secte de Mahomet, ils ſe ſeruent des characteres Arabiques, & quelquefois auſſi de ceux de leur langue.

Qvant à leur Religion ils adoroyent le Soleil (qu'ils appelloient Mithra) ſur toute autre Deïté: adoroient auſſi la Lune, Venus, le feu, la terre, l'eau, & le vent, ſans toutefois auoir aucuns temples, ſtatuës, ny Autels: ains ſacrifioient ſur quelque colline ou lieu haut eſleué, eſtimans qu'en cette façon leur priere eſtoit plus proche des Cieux: Ayans offert la beſte en ſacrifice chacun emportoit ſa part en ſa maiſon ſans en rien reſeruer à leurs Dieux, croyans qu'ils ne demandoient rien que l'ame de la choſe ſacrifiée: le reſpect qu'ils portoient à l'eau faiſoit qu'ils deffendoient de s'y lauer, cracher ou piſſer, & ietter aucune beſte morte. Depuis que la ſecte de Mahomet y a eu cours, ils ont enſuiui celle d'Alli l'vn de ſes ſucceſſeurs & autheur de l'vne des quatre principales ſectes que l'on nomme Imenie (mais qui eſt tellement haye des Turcs que toutes les guerres qu'ils ont d'ordinaire auec eux en ſont procedées) qui y à cours, comme auſſi parmy les Indiens pluſieurs Arabes, & les Gelbins d'Afrique, & pource portent le turban rouge à douze pointes, en memoire des douze fils d'Ochen fils d'Alli. Il y a auſſi en cet Empire quelques Iuifs dont les predeceſſeurs demeurerent en l'Aſſyrie du reſte de la captiuité, où ils auoient eſleu vn chef de la famille de Dauid qu'ils nommerent Chef des bannis. Il s'y trouue auſſi force Chreſtiens, mais Schiſmatiques qui recognoiſſent le Patriarche d'Antio

che, ſçauoir les Neſtoriens qui y furent introduicts par la malice de Coſroé Roy de Perſe, ſelon P. Diacre; & les Chreſtiens Armeniens, qui ont deux Patriarches. *Monſt. liu. 5. de ſa Coſmogr. M. Paul Venitien liu. 1. de ſes voyages. A. Theuet liu. 3. chap. 16. de ſa Coſmogr.*

Perſée fils de Iupiter & de Danaé, & petit fils d'Acriſe Roy des Argiens qu'il tua: Car ayant eu Acriſe aduis de l'Oracle qu'il mourroit de la main d'vn ſien petit qui naiſtroit de ſa fille, il fiſt faire vn cabinet de cuiure (les autres diſent vne forte tour) en laquelle il fiſt enfermer l'Infante, & luy donna des gardes pour empeſcher qu'elle n'euſt la compagnie de Perſée: mais Iupiter qui auoit eſté long temps auparauant eſpris de l'amour de cette belle Princeſſe, en fut plus fort embraſé que iamais, & ne voyant autre moyen de paruenir à ſon deſſein, ſe conuertit en pluye ou gouttes d'or, & ſe gliſſant ainſi par entre les tuiles, s'eſcoula iuſque au giron de Danaé, & lors reprenant ſa forme executa le poinct auquel les amoureux aſpirent: dont eſtant deuenuë groſſe, Acriſe indigné l'enferma auec ſon fils nommé Perſée duquel elle auoit accouché, dans vn coffre de bois bien clos de toutes parts, & les fiſt ietter dans la mer à la mercy des ondes: Mais ce coffre ayant eſté pouſſé par les vagues en l'iſle de Seriphe, l'vne des Cyclades où regnoit Polydecte, comme lors de bon heur Dictys frere du Roy s'eſtortoit à peſcher, il fiſt auec ſon filé venir à ſoy ce coffre, lequel ayant ouuert & appris quels ils eſtoient, les amena en ſon Palais, & les traicta chez luy auec toute humanité, comme ſiens parens & alliez, ainſi que le rapporte *Strabon. li. 10.* Mais Polydecte bruſlant de l'amour de Danaé, & ne pouuant la faire condeſcendre à ſes paſſions, & encore moins y proceder par force, à cauſe de la preſence de Perſée qui eſtoit deſia grandelet, voulut l'eſloigner de ſa

mere ; & à cét effect le depefcha vers les
Gorgonnes pour luy apporter la tefte de
Medufe, efperant que fon habileté ne le
fauueroit iamais de la violence de ces
trois puiffantes fœurs, ce qui aduint autrement : Car Perfée ayant obtenu l'efpée & les talonnieres de Mercure, & le
bouclier de Minerue, occit Medufe, dont
il appliqua fa tefte dans fon bouclier, &
l'emporta à Polydecte qui continuant
l'enuie qu'il portoit à fon bon heur, vid
à fon mal-heur la tefte de Medufe, & fut
conuerty en rocher. Depuis paffant par
la Mauritanie, de defpit que le Roy d'i-
celle nommé Atlas ne l'auoit voulu receuoir, il luy monftra la tefte de Medufe, à la veüe de laquelle il fut conuerty en cefte fignalée montagne qui
porte encore le nom d'Atlas. Il deliura
auffi Andromede qui auoit efté expofée
à vn monftre marin, mais l'ayant efpoufée, Phinée à qui elle auoit efté auparauant accordée, vint troubler la fefte affifté de plufieurs hommes armez pour la
rauir ; à quoy s'oppofant Perfée fe feruit
enfin de la tefte de Medufe, par la vertu
de laquelle il les conuertit tous en pierres. Enfin eftant de retour auec fa femme il tira droit à Lariffe, où ayant recogneu Acrife fon ayeul, & y ayant publié
quelques ieux & tournoys en figne
de ioye, Perfée qui eftoit l'vn des cham-
pions, comme il iettoit vn difque ou palet (qui eftoit vne efpece de ieu d'alors,
il en affena Acrife fans y penfer, & par
ce moyen le tua fuiuant la prediction de
l'Oracle. En apres il fonda en Helicon
vne efcole pour l'exercice des Lettres.
Et pour ce fuiet les Poëtes & Aftrologues pour magnifier fon excellence l'ont
logé parmy les Eftoiles. *Ouid. liu. 4. &
5. de fes Metam.*

¶ *Par ce Perfée eft entendu l'homme vertueux & fage, & pource à bon droict eft
eftimé fils de Iupiter, attendu mefme qu'il
fut fauorifé des Cieux en toutes fes gene-
reufes entreprifes : mais cet equipage qu'on
luy a attribué marque les moyens qu'il a*

*pour en venir à bout : car ce bouclier que
luy dóne Minerue nous figure la protection
qu'il tire de la fageffe en la conduite de fes
deffeins, l'efpées de Mercure, fes rufes ; fes
talonnieres aiflées fa diligence & fa promptitude és excutions : fi ce n'eft que par fes
aifles nous foient reprefentée la renómée de
fes actes qui fift voler fon nom par tout, le
rédant celebre en la bouche de plufieurs nations. Ainfi muny de diuins & falutaires
enfeignemés, il couppa la tefte de Medufe,
laquelle nous defigne la volupté qu'il fur-
móta, qui eftoit cette belle femme, laquelle
par fes attraits lafcifs rendoit les hómes pires que beftes, & les empierroit en vne ftu-
pide brutalité, de la beauté de laquelle il ne
fe laiffa iamais charmer. Cóme auffi il deliura de perils Andromede expofée au mó-
ftre marin, fi bien qu'il merita d'eftre colloqué au Ciel pour fes genereux exploicts,
guerdon ordinaire attribué à la vertu par
les Poëtes pour le plus grand & le plus digne d'elle. Voy* Danaé *&* Medufe.

Perfe, nommé Aulus, & furnommé
Flaccus, Poëte Satyrique, natif de Volaterre en Tofcane, perfonnage docte, mais fort obfcur, nous a laiffé
que lques Satyres. Il fleuriffoit du temps
de l'Empereur Neron, & mourut l'an
de falut 65. & le 29. de fon aage. *Crinit.
liu. 3. ch. 56. des Poëtes Lat.*

Perfephone fut appellée par les
Grecs la fille de Ce-
res nommée par les Latins Proferpine.
Voy Proferpine.

Perfepolis ville iadis Metropolitaine de la Perfe, felon
Pline, voire de tout l'Orient, felon Curce, elle prift ce nom de Perfe fils de Perfée qui la baftit, l'on la nomme auffi Cy-
ropolis & Siras. Alexandre le Grand
eftant yure la fift demolir, difant que
c'eftoit pour vanger l'iniure faicte aux
Grecs par les habitans. *Strab. liu. 15.* Elle eft de prefent l'vne des belles & grandes villes de l'Orient, ayant en fon circuit bien 20. milles, & contenant bien
60000. familles. *Magin en fa Geogr.*

Perfes

Perses

nom d'vn Roy de Macedoine, lequel ayant esté vaincu par Æmile, fut mené en triomphe à Rome auec ses enfans, & mourut en prison de misere & de tristesse.

¶ Vn autre de ce nom fils du Soleil & de la Nymphe Persé, & pere d'Hecate, qui fut tres-cruel tyran de la Taurique.

¶ Vn autre fils de Persée & d'Andromede qui bastit la ville de Persepolis capitale de Perse, & dont les Persans ont tiré leur origine selon Herodote liu. 7.

Pertinax

nommé Publius Heluius Empereur Romain, bon & valeureux Prince, auquel se vid l'inconstance des affaires du monde, & pource il fut appellé *la roüe de fortune* Il fut fils d'vn affranchy nommé Heluius qui tenoit boutique de Mercerie. Son pere l'ayant fait apprendre à lire & à escrire, & instruire en la Grammaire Grecque & Latine, il se mist tost apres à l'enseigner à Rome : appliqua depuis son esprit à la Rhetorique & à la Iurisprudence, & s'exerça quelque temps au barreau. Mais comme il estoit robuste & courageux, & plus enclin aux armes qu'aux lettres, il quitta cet exercice, & s'en alla à la guerre où il se comporta vaillamment, & fist de notables exploicts en toutes les charges qui luy furent commises par l'Empereur M. Aurele, comme en la guerre de Syrie contre les Parthes, en celle d'Angleterre, en celle de Mysie contre les Allemands, & en celle de Dace ; si bien que l'Empereur luy ayant donné le gouuernement de la Syrie & de l'Asie, qui estoit le plus grand honneur que les Empereurs eussent peu donner, sa charge expirée il s'en vint à Rome apres auoir gouuerné quatre prouinces Consulaires, esté vne fois Consul, & eu plusieurs autres dignitez qu'il exerça auec reputation de grande bonté & de valeur. Apres la mort de M. Aurele son successeur Commodus le fist bannir

de Rome à la suscitation de quelque sien mignon qui le haïssoit ; mais tost apres le fist rappeller, & l'enuoya en Angleterre pour reformer son armée : ce que voulant faire, & y mettre ordre, il encourut tres-grand hazard de la perte de sa vie, car vne legion s'estant mutinée tailla en pieces ses Gardes, & luy mesme fut laissé pour mort sur le chãp : depuis il fut Proconsul en Afrique, où ayant mis fin aux desordres, il retourna à Rome plein d'honneur, & lors Commodus le fist Gouuerneur de la ville : apres la mort duquel Ælius Lætus Capitaine des Gardes alla aussi tost en la maison de Pertinax, lequel lors dormoit en son lict, qui apperceuant Lætus qu'il croyoit auoir commandement de Commodus de le faire mourir, il s'y offrit tres volontiers, mais Lætus luy ayant declaré la mort de Commodus, & qu'il estoit venu expres pour luy presenter l'Empire, lors sans delay il fut incontinent porté és tentes des soldats où il fut proclamé Empereur, & Auguste, bien que contre son gré ; ce qui fut confirmé par le Senat & par le peuple auec grand applaudissement d'vn chacun. La premiere chose qu'il fist fut de refrener les extorsions & pilleries des soldats Prætoriens sur les paures bourgeois : pourueut aux mauuaises coustumes qui regnoient de son temps : departit tous les champs qui se trouuoient en friche & abandonnez, les affranchissant de taille pour dix ans, honoroit & faisoit vn tres-humain accueil à tous ceux qui venoient parler à luy, ne refusant iamais audience à qui que ce fust, ny en quel temps que ce fust : ne voulut donner à son fils le nom d'Auguste, disant qu'il ne vouloit qu'on le luy baillast sinon quand il en seroit digne. Par telles vertus propres d'vn excellent Prince, il acquist la bienueillance d'vn chacun, voire mesme des nations barbares ennemies de l'Empire. Mais les cohortes Prætoriennes desquelles il auoit retranché les pilleries, & chastié les desordres, conceurent vne telle haine contre luy, qu'auec vne audace nompareille ils le vindrent assaillir en plein iour iusques dans son Palais où ils le massacrerent, nonobstant ses graues & iustes remonstrances, l'an 195 de nostre Seign ut, le 73 de son aage; ayant seulement tenu l'Empire trois mois selon quelques vns, ou selon d'autres, six. Ce Prince fut de belle stature, d'vn regard venerable & plein de maiesté, portoit la barbe longue & les cheueux retors, au reste gras & replet, fut eloquent, doux & plaisant en tous ses propos, mais sur tout fort recommandable pour sa valeur, sa conduite és affaires, sa iustice & bonté singuliere. *Eusebe, Herodian, Aurelle Victor, & autres.*

Peru region des plus belles & renommées de l'Amerique ou nouueau monde, tant à cause des singularitez qui y sont, que des choses y aduenuës entre ses habitans & les Espagnols lors qu'ils la conquesterent. Elle est presque entierement situeé entre l'Equateur & le Tropique du Capricorne; Ses limites sont vers le Nord, la nouuelle Grenade, la Castille dorée, le hàvre & la riuiere de Peru, dont ce pays a pris le nom; du costé du Couchant elle a cette partie de l'Ocean qu'on appelle *mar del Zur*: au Midy la prouince de Chilé: & au Leuant les montagnes. Ce pays contient en sa longueur 1800. lieuës, & fut premierement descouuert par François Pizare qui en fut constitué Gouuerneur par la faueur de Charles le Quint. Le Peru est auiourd'huy diuisé en trois parties suiuant la situation, sçauoir en plat pays, en montagnes, & en Andes qui sont lieux par dela les montagnes. Le plat pays qui est le long de la coste maritime comprend bien 1500. milles de longueur, mais sa plus grande largeur n'est que de 60. milles, & la moindre de 30. milles: Son terroir est sablonneux, remply

de deserts, n'ayant ny fontaines, ny lacs, & n'est arrousé d'aucunes pluyes, & par ainsi sterile pour la pluspart, si ce n'est pres les riuages de quelque fleuue où les champs y sont assez feconds & agreables en leur verdeur: mais en la partie des montagnes qui s'estend enuiron 1000. lieuës du Nord au Midy les saisons y font leur cours comme en l'Europe, & y pleut depuis le mois de Septembre iusques en Auril: Au reste grandemét subiete au froid, c'est pourquoy les arbres n'y viennent pas trop bien. Il y a neantmoins entre ces montagnes plusieurs vallées spacieuses remplies de villes, aussi ont-elles vn air plus chaud & plus benin, leurs plaines arrousées d'vne infinité de fleuues & ruisseaux qui decoulent des montagnes, lesquels engraissent ses terres, & les rendent fertiles outre mesure. La terre y produit en abondance d'vne espece de froument qui s'appelle *Maiz*, bien qu'ils ne labourent que fort legerement. Il y a entr'autre vne sorte d'herbe admirable nommée *Coca* par les habitans, dont les fueilles sont presque semblables à celles de l'herbe appellée *Rhus obsonorum*, qui a telle vertu, que qui en porte en la bouche n'a ny faim, ny soif: Ses forests aussi sont remplies de quantité de Cheureux, Ours noirs, Lyons & semblables sauuagines. Il n'y a point de cheuaux, mais en recompense il y a des brebis qui les egalent en grandeur, & dont ils se seruent à porter la charge. Mais sur tout elle abonde en mines d'or & d'argent par dessus toutes les contrées du monde. Quant à la 3. partie qui s'appelle Andes, ce sont des montagnes qui font comme vne cordeliere tout d'vne suitte sans vallées depuis le Nord iusques au Midy, entre lesquelles, & celles appellées *Sierras* dont nous auons parlé, est la prouince de Collao. Tout ce pays en general côtient plusieurs villes, dont les principales sont Lima qui est sa capitale, le Pots

Vieil , Sainct Michel , Truxillo , Are-
quipa , Quito , Colkao , Cusco , Argy-
ropolis & Potosi , dont les cinq premieres ont esté rebasties par les Espagnols , & enrichies d'edifices à la mode
de l'Europe Ses habitans sont distin-
guez principalement en trois sortes de
nations , dont chacune contient plusieurs peuples soubs soy qui sont differents en noms , comme aussi en langues ,
toutefois depuis ils s'addonnerent à la
langue de Cusco , tellement que celuy
qui sçait cette langue peut voyager par
toute la contrée. Les habitans sont
presque tous habillez d'vne sorte , les
femmes ont vne robe de laine qui leur
va iusques aux talons , & les hommes
vne chemise qui leur descend iusques
aux iambes , & vn manteau par dessus:
toutesfois ils portent diuerses sortes
d'habillements en teste. Quant aux
mœurs , ce sont gens simples pour l'ordinaire , ce qu'ils nous monstrerent bien
és ridicules eschanges de leurs masses
d'or auec les bagatelles de nos Européens , lors qu'on les aborda premierement. Ceux qui sont en la plaine sont
mechaniques , pauures & pusillanimes ,
reposans soubs des arbres , iones , chalumeaux , ne viuants que de poissons &
de chairs crües : mais ceux qui habitent
les vallées sont plus ciuils & courageux : ceux qui sont pres de l'Æquateur
sont dissimulez , subiects à l'amour des
masles , faisans peu d'estat des femmes
qu'ils font seruir d'esclaues , ne se couurent que iusques au nombril , parent
leurs bras de brasselets & pierreries , &
se percent les iouës , & y mettent des
pierres precieuses. Quant à leur Religion elle estoit iadis fort bigarrée , l'entrée de leurs temples estoit du costé
d'Orient ; dans iceluy il y auoit deux
idoles ayans la semblance de boucs , &
l'on brusloit deuant eux certain bois
odoriferant : l'on voyoit aussi chez les
peuples nommez Characes des statuës
d'hommes auec des estoles de Diacres ,

comme aussi auec des mitres & houlet-
tes : L'on adoroit ordinairemét en leurs
temples les figures de grands serpents ,
& outre cela chacun en particulier
auoit ses Dieux selon l'art & le mestier
qu'il exerçoit. Ils estoient du tout ignorans aux lettres & à la peinture : & pour
conseruer la memoire des choses passées se seruoient de quelques cordons
de coton , lesquels ils marquoient par
certains nœuds & diuersité de couleurs
pour figurer la particularité des choses
aduenuës. Ils ont vn fort bon ordre de
iustice , & punissent rigoureusement les
coupables , leurs armes sont l'espée , la
pique , le clou de fer , la hache d'argent ,
auec le trenchant d'or , la fonde & plusieurs especes de dards. Ils sçauent fort
bien garder leur ordre en guerre ; & ne
craignent de s'exposer à la mort. Depuis que Pizare Espagnol eut conquis
cette contrée l'an 1525. le Roy d'Espagne y a eu vn Viceroy en la ville de Lima qui est sa capitale , qui est celuy qui
a plus grande authorité en tout le nouueau monde , ayant le pouuoir de disposer des Commanderies vacantes. Il
y a aussi en toute cette contrée cinq
Cours Royales. Il y a vn Archeuesché
à Lima , ayant soubs soy neuf Euesques
Suffragants. Comme pareillement en
cette mesme ville vne Inquisition &
vne Vniuersité. *Magin en sa Geogr. Leui-
nus Apollonius qui en a faict vn Traicté.*

Peruse ville de la Toscane , bastie
par les Achéens sur vne col-
line de l'Appennin , arrousée du Tybre
par le milieu Elle est ornée de superbes
bastiments , tant priuez que publics : &
honorée d'vne Vniuersité qui commença y florir l'an 1290. Son terroir ioüyt
d'vn bon air , aussi est-il bien cultiué , &
fort fertil. Ses habitans qui sont en
grand nombre sont fort ingenieux , &
non moins propres aux armes qu'aux
lettres. Eutrope l'appelle *Perusium* , &
les Italiens *Perusia. Magin en sa Geographie.*

Perusin lac tres-renommé, & des plus beaux de l'Italie, appellé iadis Thrasymene. Il est de forme ronde, ayant bien 30. milles en son circuit : Son riuage est sablonneux, & son eau de mesme couleur que celle de la mer, laquelle il contient dans ses bornes, & n'en reçoit point d'estrangeres. Il est remply de toutes sortes de delicats poissons, & en si grande quantité qu'on en porte de toutes parts, mesmes iusques à Rome. *Magin.*

Pescennius Niger Proconsul en Syrie, & Lieutenant de l'Empereur Didius Iulian, fut esleu & proclamé Empereur par son armée lors qu'elle eut sceu combien Didius estoit mal voulu à Rome, en suitte dequoy tous les Rois, Gouuerneurs & peuples de l'Asie luy rendirent obeyssance : Mais Septimius Seuerus Africain, homme qui auoit eu de belles charges & gouuernements d'armée, qui estoit fin & cauteleux, commandant lors aux legions d'Allemagne, prist resolution de se faire aussi eslire, & prist les enseignes & le tiltre d'Empereur, dont ne s'esmeut Pescennius, se confiant en la faueur que tous luy portoient, tant à Rome qu'és autres prouinces de l'Empire, si bien qu'il demeura en Antioche où il passoit son temps en plaisirs. Mais Septimius ayant faict vn grand appareil de guerre s'en vint droict à Rome, où il supplanta auec grande facilité Didius qui estoit hay tant du peuple que des soldats. Apres quoy Pescennius, bien que trop tard, leua en diligence vne puissante armée, comme aussi Septimius de sa part luy vint au deuant : si bien que les deux armées se ioignirent pres de Cilicie (au mesme lieu que l'on estime que Darius fut vaincu par Alexandre) où les deux competiteurs à l'Empire se donnerent vne bataille fort sanglante, & y fut Pescennius tué l'an de salut 197. *Onuphr. Eusebe.* Il estoit d'assez bas lieu, de lourd

naturel, & mal morigeré ; ayant toutefois tousiours suiuy les armes. Il se fist non seulement braue soldat, mais grand Capitaine, & excellent chef d'armes. L'on tient qu'il obseruoit tres estroitement la discipline militaire, & qu'il punissoit ses soldats au pain & à l'eau pour la moindre faute, & vouloit au reste qu'ils ne se seruissent que de vaisselle de bois. *Alex. d'Alex. liu. 2. chap. 13. & 29.*

Pessine ville marchande de Phrygie, bastie par leur Roy Attale, elle est renommée par ce magnifique temple dedié à Cybele mere des Dieux, qui fut enrichy par les Romains de portiques de marbre blanc. Les Romains en enteuerent la statuë, & la porterent en la ville de Rome, & pource Cybele fut surnommée Pessinonce. *Strab. Pline. Arnobe liu. 2. contre les Gentils.* Theuet l'appelle *Possene.*

Petilie ville de la grande Grece ou Calabre, selon Pline & Ptolemée, bastie par Philoctete pres le Promontoire ou Cap *Lacinium.* Elle est ainsi appellée du verbe Grec *Potesthai,* c'est à dire voler, pource que là on y posa ses fondemens selon l'augure que l'on prist du vol des oyseaux, *Virg. liu. 3. de l'Æneid.*

Petilian heretique Donatiste, contre lequel a escrit & disputé S. Augustin, dogmatisoit que ceux qui se tuent pour leur peché sont vrais martyrs, d'autant, disoit-il, qu'ils punissent en eux-mesmes leurs fautes : Il croyoit que les mauuais Prestres ne conferoient point les vrais Sacremens. *Prateole au mot Petilian.*

Petra ville de l'Arabie, Metropolitaine des peuples Nabathéens, iaçoit qu'elle soit assise en lieu fort commode, toutefois la contrée d'aupres, principalement l'endroit qui tire vers la Iudée est desert, sablonneux, & pource est elle appellée Petrée ou Pierreuse. *Strab. liu. 9.*

¶ Il y plusieurs autres villes & lieux de ce nom, comme vne ville de Sicile, de Macedoine, de Galilée, &c. mentionnées par les anciens Geographes. ¶ Il y a aussi vn Promontoire de ce nom en la Basilicate que Pline *liu. 3. chap. 5.* appelle le Cap de Minerue, iadis renommé pour estre la retraicte ordinaires des Sirenes. *Virg. liu. 5. de l'Æneid.*

Petrarque (appellé François) Poëte Italien, a auec telle dexterité & subtilité d'esprit, embelly & enrichy sa langue par mots esleuz & choisis, qu'il n'est pas possible d'exprimer mieux les conceptions & inuentions humaines. A composé plusieurs Sonnets, Chansons, & Triomphes, & specialement à la loüange de Laure sa maistresse. Il fut honoré de plusieurs dignitez en l'Eglise, où il se comporta vertueusement & en homme de bien Il mourut à Padoüe, l'an 1374. *Theuet liu. 16. chap. 20. de sa Cosmogr. P. Ioue en ses Eloges.*

Petreius Capitaine Romain tres-valeureux, estant Lieutenant de l'armée d'Anthoine Consul, il vainquit Catilina & le tua : il fist depuis de beaux exploicts de guerre en Gaule sous Cesar : mais ayant suiuy le party de Pompée contre Cesar, il fut par luy vaincu premierement en Espagne, puis en Afrique, auec le Roy Iuba, & se voyans vaincus se tuerent de desespoir l'vn l'autre de peur de tomber és mains des ennemis. *Plutarq. en la vie de Cesar. Iustin, Appian, Saluste.*

Petronius surnommé Granius, Centenier de la 8. legion de Cesar en la guerre de Gaule, mais qui depuis ayant esté esleu Questeur en celle d'Afrique, comme il y nauigeoit il fut surpris par Scipion ennemy de Cesar qui fist mettre en pieces tous ceux qui estoient dans la nauire : & quant à luy, Scipion dit qu'il luy donnoit la vie ; mais Petronius dit que les soldats de Cesar n'auoient accou-

stumé de receuoir en don, ains donner aux autres, & en disant cela, il se passa son espée à trauers le corps. *Plutarq. en la vie de Cesar.*

Petronius Gouuerneur de Iudée estably par Caligula, & pource tascha de colloquer son image dans le temple de Dieu, à quoy s'opposerent les Iuifs, & firent tant enuers Petronius qu'il escriuit à l'Empereur pour le destourner de ce dessein : mais lequel voyant que Petronius auoit differé d'executer son commandement, auoit deliberé de le faire mourir, si la mort ne l'eust preuenu : tellement que Petronius euita la mort que Caligula luy auoit ordonnée Il gouuerna le peuple Iuif quatre ans, enuiron l'an de grace 43. *Iosephe liu. 18. chap. 11. de ses Antiq. Iud.*

Petronius Arbiter Poëte tres-impur & dissolu, ayant esté quelque temps chery par l'Empereur Neron, il fut puis apres faict mourir par son commandemen. *Corn. Tacite. 16. de ses Ann.*

P H

Phacée fils de Manahem, fut le 17. Roy d'Israël ; il ensuiuit l'impieté de Ieroboam : Aussi ayant à peine regné 2. ans en Samarie, vn autre Phacée son Lieutenant le tua & luy succeda. *4. Roys 15.*

Phacée fils de Romelie, & 18. Roy d'Israël, estant aussi meschant que son predecesseur, Dieu luy suscita Teglat-Phalassar Roy des Assyriens lequel ruina toute la Galilée, & transporta les Tribus de Zabulon & de Nephthali en l'Assyrie qui fut la premiere transmigration d'Israël, il tua pour vn iour 120000. combattans du Royaume de Iuda, & les enfans d'Israël sous sa conduicte prinrent en captiuité iusques à 200000. tant femmes, enfans que filles, qu'ils transporterét en

Samarie auec de grandes defpoüilles.
2 *Paralip.* 28. Et Ofée fils d'Ela le tua
apres qu'il eut regné 20. ans, l'an du
monde 3415. 4. *Roys* 15.

Phæaques anciens peuples de l'Ifle
Phæacie autrement nô-
mée Corcyre, & de prefent Corfou. Ils
furent ainfi appellez de Pheax fils de
Neptune & de Corcyre fille d'Afope
qui ont donné les noms de Phæacie &
de Corcyre à leur Ifle. Ils eftoient iadis
fort delicieux & diffolus. *Homer. Ody.* 7.

Phædon feigneur Athenien, lequel
fut tué en vn feftin par les
trente Tyrans d'Athenes, duquel les
filles pour fauuer l'honneur de leur virginité fe precipiterent dans vn puits.
¶ Vn autre de ce nom, Philofophe
d'Elide, lequel ayant efté pris en guerre, fut reduict à telle extremité de feruir
vn macquereau en vn gain fort infame pour quelque temps : mais depuis
ayant efté racheté par vn certain Alcibiades à la fuafion de Socrate dont il
auoit efté auditeur, il s'addonna depuis
auec grande affection à l'eftude de la
Philofophie, où il profita tant qu'il deuint l'vn des plus fubtils & habiles Philofophes de fon temps. Et fous le nom
d'iceluy, Platon intitula fon liure de
l'Immortalité de l'ame. *Laerce liu.* 2.

Phædre fils de Minos Roy de Crete, & femme de Thefée, laquelle deuenuë amoureufe d'Hippolyte fon beau fils, & ne l'ayant peu flefchir par prieres, l'accufa vers fon mary
comme ayant voulu attenter à fon honneur : à quoy adiouftant foy trop legerement Thefée, fut caufe de la mort
d'Hippolyte : Mais elle poffedée de l'a-
mour & de defefpoir fe pendit à vn licol & mourut miferablement. *Ouide a
faict vne Epiftre fur ce fujet.*

Phædrus l'vn des difciples de Platon fous le nom duquel
Platon a intitulé l'vn de fes liures.

Phæftius Candiot, appelé autrement Epimenide, lequel

Plutarque tient auoir aidé à Solon pour
la compofition de fes Loix, & le dict
auffi auoir efté fort expert en l'art de
deuination & en la connoiffance des
chofes cœleftes. Il fut ainfi appellé de
Phæfte ville de Crete d'où il eftoit natif.

Phaëthon fils du Soleil & de la
Nymphe Clymene, ou
de Cephale & de l'Aurore, felon Paufanias & Hefiode *en fa Theogonie.* Les
Poëtes feignent que s'offenfant des re-
prôches que luy faifoit Epaphe fils de
Iupin, de n'eftre point fils du Soleil, &
que cela auoit efté mis en auant par fa
mere pour cacher fon adultere. Il s'a-
chemina vers le Soleil (par l'aduis de fa
mere à laquelle il en auoit fait la plainte) qui l'ofta de tout doute, l'aduoüant
pour fon fils : & pour tefmoignage de
cette verité, il l'affura de luy octroyer
tout ce qu'il pourroit defirer, & mefmes en iura par le Styx (qui eft vn iure-
ment irreuocable entre les Dieux:) mais
lors Phaëthon luy demanda de pouuoir
feulement vn iour manier fon char, &
eftre conducteur de la lumiere, afin que
par cela le monde conneuft qu'il eftoit
tel qu'il fe vantoit, fçauoir fils du Soleil ; Mais lors Phœbus, bien qu'il co-
gneuft cette demande impertinente &
à luy dômageable, pour n'eftre les forces de ce ieune enfans capables d'vne
telle charge ; ce neantmoins apres l'a-
uoir admonefté du peril qu'il encou-
roit de fa vie, & tafché de le diuertir de
cette entreprife, il luy octroya fa demande, preffé du ferment qu'il ne pouuoit retracter. Mais ce nouueau char-
tier à peine fut il monté fur ce char, que
les cheuaux du Soleil fentans vne main
plus legere que de couftume, fe mirent
à galopper, & n'obeïffans ny à bride ny
à guide, laifferent leur route ordinaire
& s'en alloient où leur courage les tráf-
portoit, tantoft haut, tantoft bas, fi bien
que la terre en fut toute roftie & la plus
grande partie du Ciel mife en feu ; Le-

quel desordre Iupiter ayant reconnu
sur la pleinte que luy en fist Ceres,
pour euiter vn plus grand inconueniët
eut recours au tonnerre & à la foudre
qu'il eslança si rudement qu'il precipita le cocher, le char, & les cheuaux vers
les monts Pyrenées où prend sa source
le fleuue Eridan que l'on nomme de
present le Pô, & les Nymphes de ce
fleuue printent son corps & l'enseueli-
rent. *Ouide liu. 2. de ses Metam.*

Ceux qui reduisent cette fable à l'*Histoi-*
re, disent que du temps de Phaethon plusieurs prouinces Occidentales furent bruslées du feu du Ciel, & qu'il y eut vne extraordinaire seicheresse. Mais les Physiologiës
rapportent cela à vn effet naturel, & veulent que par ce Phaëthon l'on entende cette
ardeur & inflammation (aussi le verbe Grec
Phaëtho signifie Ie brusle) laquelle prouiët
de l'humidité exprimée par le Clymene qui
veut dire inonder, du verbe Grec cluzein:
car quãd les vapeurs de la terre s'espaissis-
sent & le Soleil les eschauffe (ce qui arriue
quand le temps se prepare à la pluye) c'est
lors qu'il y a vne plus grande chaleur. De
ce qu'il impetra de gouuerner le char de son
pere, c'est que le Soleil espand quelquefois
cette chaleur vniuersellemen par tout, &
lors elle haut & brusle toutes choses, ce qui
arriue specialement lors que le Soleil au
Zodiaque entre depuis le 10. degré du signe
de la Balance, iusques au 10. du Scorpion,
que pour ce l'on appelle voye bruslée, qui est
l'endroit où les fables disent que le char de
Phaëthon s'egara & quitta sa route ordinaire, & où l'on dit que Iupiter le foudroya:
Car cette chaleur ayant attiré plusieurs humiditez en la haute region de l'air (entendu
par Iupiter) l'extreme froid qui les enuironne (veu que les rais du Soleil ne l'es-
chauffent plus par leur reuerberation) les
restreint & resserre: mais qui puis apres par
l'antiperistase du froid & du chaud dissi-
pent en tonnerres, foudres, & pluyes, & pour
ce est-il feint tombé dans le fleuue du Pô,
dautant que cette seicheresse est suiuie d'ordinaire d'vne grande rauine d'eau.

¶ Que si nous suiuons le sens moral, nous
pouuons icy voir l'image d'vn ieune Seigneur temeraire & ambitieux, auquel le desir glorieux de cõmander fait conceuoir vne
vaine idée de suffisance pour gouuerner
quelque Empire, & à cet effet y porte tous
ses efforts & ses veux par le menu, nonobstant les remonstrances serieuses de son pere qui luy represente le peril & sa foiblesse
trop inegale au pesant faix dont il se veut
charger, & qui le porient à la ruine. L'on
peut lire dans les vers d'Ouide principal
Autheur de cette fable, des documens politiques qui y peuuent estre tres-naïfuement
appropriez. Ainsi voyons nous plusieurs
grands esprits, mais trop ardants & ambitieux, affecter des Estats & des Couronnes,
lesquels pour ne mesurer pas bien leurs forces
à leurs desseins, perdent auec leur conqueste
& leur reputation & leur vie, ne laissans
autre renom d'eux mesmes, que de s'estre
temerairement enseuelis dans les ruines
d'vne trop hautaine entreprise.

Phaethuse

l'vne des filles d'A-
pollon & de la Nym-
phe Neæra, & sœur de Lampetie, lesquelles toutes deux gardoient en la Sicile les trouppeaux de leur pere, desquels comme les compagnons d'Vlysse eussent soustraict quelques bœufs
contre la deffense que leur en auoit
faict Circe, ils firent en suitte tout
naufrage. *Homere. lin. 12. de l'Odyss.*
Ouide liu. 2. de ses Metamorph. faict cos
Phaëthuse & Lampetie filles du Soleil
& de Clymene, & sœurs de Phaëthon
dont elles furent nommées Phaëthon-
tiades, lesquelles apres auoir fort la-
menté la cheute de leur frere, furent
par la commiseration des Dieux changées en peupliers, & leurs larmes en
ambre. Elles furent aussi nommées Heliades. *Voy Heliades.*

Phago

homme de si grande vie, &
tellement glouton, qu'estant
vn iour appellé à la table de l'Empereur Aurelian, il y mangea vn sanglier,
vn mouton, vn cochon de laict, cent

pains, & vne orque de vin. *Flau. Vopiscus en la vie de cet Empereur.*

Phalanthe certain Lacedemonien, fondateur de la ville de Tarente en Italie, dont l'occasion fut de ce que les Lacedemoniens se voyans denuez d'hommes à cause des guerres sanglantes qu'ils auoient eu contre les Atheniens, permirent à toutes les filles du pays de s'accoster indifferemment de tous pour en auoir lignée ; mais les enfans qui en nasquirent (lesquels furent appellez Partheniates, comme qui diroit, naiz de vierges) se voyans exposez à l'opprobre d'vn chacun dans le païs, delibererent de le quitter : Ainsi sous la conduicte de ce Phalanthe, ils aborderent en vne bourgade de la Calabre que Tharos ou Tarente fils de Neptune auoit commencé à bastir, laquelle ils amplifierent & nommerent Tarente. *Seruius sur le 3. de l'Æneid, & Acron sur le 2. liu. des carmes d'Horace Od. 6.*

Phalanx frere d'Arachné, natif de la prouince d'Attique, estant venu en aage apprist de Pallas l'art militaire au mesme temps que sa sœur apprenoit à coudre, tistre, & trauailler à l'esguille de la mesme Deesse : mais estant aduenu qu'ils s'oublierent tant que d'auoir affaire ensemble, Pallas les changea tous deux en serpents, & commanda à Arachné d'enfanter, ce qu'elle fist, mais auec perte de sa vie, car les petits luy rongerent le ventre, ce qui depuis est demeuré à tous les animaux de mesme espece. *Zenodote rapporté par Noëlle Comte l. 6. chap. 22.*

Phalaris premier Roy des Agrigentins apres Thesée, fut vn tres cruel tyran, qui inuentoit de jour à autre de nouueaux supplices pour assouuir sa rage, tel que fut le taureau d'airain de Perille, où il le fist mettre le premier : mais enfin il se rendit si execrable par ses cruautez, que tous ses subiects generallement se iette-

cent sur luy, & le firent rostir tout vif dans le mesme taureau où il auoit faict cruellement tourmenter les autres, *Suidas. Voy* Perille.

Phaleg, interp. de l'Hebr. *diuision*; fut fils d'Heber, engendra Rehu en l'aage de 30. ans, & mourut l'an 230. de son aage, le 48. d'Abraham, 10. ans deuant la mort de Noé, & du monde 1996. & enuiron 340. apres le deluge. *Seder-Olam.* Auquel temps arriua la confusion des langues, & le partage des diuerses parties de la terre, entre les descendans de Noé : c'est pourquoy son pere par esprit de Prophetie l'auoit appellé Phaleg, c'est à dire, diuision : dont appert que l'on ne lit point aucun establissement de Royaume deuant le 50. an d'Abraham, comme a tres-bien remarqué l'Abbé d'Vrsperg *en la Preface de sa Chron.*

Phalisques peuples anciens de la Toscane, dont la capitale estoit Phalerium ; que quelques vns estiment estre ceux qui habitent le terroir d'alentour la ville de Mont-flascan.

Phanuel interpr. de l'Hebr. *voyant Dieu*; certain lieu és frontieres des Amorrhéens, pres du torrent de Iacoc ou Iacob appellé depuis Israël : Luicta auec l'Ange, puis ainsi nóma ce lieu, pource qu'il y auoit veu Dieu. *Genes. 32.* Il y auoit aussi là vne Cité de mesme nom laquelle Gedeon destruisit, & tua les habitans, pour ce qu'ils luy auoient denié certaine prouision de pains. *Iuges 8.* Mais Hieroboam la réedifia. *3. Roys chap. 12.*

Phaon certain ieune hóme de l'Isle de Lesbos, lequel on dict qu'il receut de Venus vne boëtte d'albastre, duquel s'estant fardé il deuint l'vn des plus beaux & accomplis de son païs, si bien qu'il attira à son amour toutes les femmes de Mitylene, & entr'autres vne nommée Sappho quis'en voyant mesprisée changea son amour
en vne

en vne mort amere. *Ouide a fait vne Epitre sur ce suiet*.

Pharamond, interpreté en vieil l'âgage François ou Allemand, *bouche veritable*; fut fils de Marcomir, & est communément tenu pour le premier Roy de France. Il commença à regner l'an de salut 420. du temps que les Empereurs Arcadius & Honorius freres gouuernoient l'Empire Romain qui estoit tellement assailly de tous costez, que non seulement il estoit demembré en diuers lieux, mais aussi lors Rome fut pillée & saccagée par Alaric Roy des Goths. Ainsi de cette generale dissipation la Monarchie Françoise commença d'estre bastie des ruines de l'Empire : Car les François estans conuiez par ceux de Treues qui s'estoient sousleuez contre Lucius leur Gouuerneur au nõ des Romains pour auoir violé la femme d'vn honneste bourgeois de ville, secouerent lors premierement le ioug des Romains, & s'estans saisis de la ville de Treues s'espandirent plus outre és pays circonuoisins. Cette conqueste fut entreprise tout à coup, mais elle s'augmenta pied à pied : Car les François conduits soubs le nom & authorité de Pharamond leur Roy venans lors de la Franconie au delà du Rhin occuperent par deça les pays plus voisins, sçauoir les pays qui sont entre le Rhin, l'Escauld & la Meuse, & de là s'espandirent iusques vers la riuiere de Loire, si bien qu'en cette façon Pharamond ietta les premiers fondemens du bastiment de cet Estar qui deslors fut appellé, selon quelques vns, de France ; soit ou pource que ses subiects François fussent venus du pays de Franconie contrée de la Germanie, dont Pharamond estoit Duc ; ou bien pour marquer leur liberté, designée par le mot de *Frae*, qui veut dire *libre*, ayant secoüé le ioug de la seruitude Romaine, & reuendiqué leur ancienne liberté. Ce n'est pas toutefois qu'ils n'eus-

sent faict preuue de leur valeur auparauant par de signalez exploits : car on commença à lire leur nom auec lustre enuiron l'an de grace 270 soubs l'Empire de Galien ; & depuis les Empereurs Aurelian, Probus, Diocletian, Constantius pere de Constantin le Grand, & Constantin mesme & Iulian l'Apostat ont acheté leur amitié pour s'en seruir en leurs guerres, comme estant vn peuple fort renommé, selon S. Hierosme, qui pouuoit nuire & ayder pour sa multitude & la valeur de ses armes. Ainsi ayans faict leur apprentissage par cet employ, allées & venuës en Gaule par l'espace de 130. ans (car il y a autant depuis Galien iusques à Honorius) ils commencerent à bon escient à prendre pied en France soubs ce genereux Prince, lequel remporta l'honneur & le fruict de cette premiere conqueste côme souuerain chef. Il est loüé aussi pour auoir estably de bonnes loix, & appriuoisé les François en vne maniere de viure plus reiglée & humaine : Car il redigea en vn corps, & exposa plus clairement les loix anciennes des Gaulois nommées Saliques, & les augmenta & en monstra l'vsage, tant pour le reiglement de l'Estat que des particuliers ; ce qu'il fist par le conseil de ses Capitaines & sages Conseillers, dont les plus signalez sont Widogast, Sabogast, Wisogast & Bosogast. Il mourut l'an de salut 431. apres auoir gouuerné les François l'espace de 11. ans. *Tritheme, Adon de Vienne, Sigebert.*

Pharaon, interpreté en langue Egyptiaque *Roy*, & en l'Hebraique *dissipant* ; fut le nom donné à tous les Roys d'Egypte, & ainsi fut vn nom de dignité, comme escrit Eusebe & Iosephe *liu. 8. de ses Antiq.*

¶ Le premier qui porta ce nom fut Osiris du temps d'Abraham. Er'e'est à l'auanture cettui-cy, ou son successeur, lequel ayant enleué Sara femme d'Abraham (qu'il disoit ce neanmoins estre

fa sœur)fut affligé de Dieu extraordi-
nairement, iusques à ce qu'il luy euſt
reſtituée. Geneſ.chap. 12. Ce qu'il fiſt en
luy donnant d'abondant de grãds preſens. Ioſephe liu.1.ch.8. de ſes Ant. Iud.

¶ Vn autre lequel apres auoir receu declaration de ſes ſonges (qui prefigu-
roient 7. ans d'abondance, & 7. autres
ans de diſette & de famine par toute la
terre d'Égypte)par le moyen de Ioſeph
fils de Iacob, l'eſtablit à ce ſubieĉt ſouuerain apres luy par toute l'Egypte, &
donna à ſes freres & enfans vne contrée en Egypte pour y faire leur demeure. Geneſ. chap 41. 46. & 47.

¶ Vn autre de tout contraire eſprit,qui
enuirõ 400. ans apres opprima de telle
façon les Iſraëlites par exaĉtion & charges inſupportables, que Dieu ayant pitié d'eux enuoya Moyſe pour les deliurer de cette captiuité, & à cette fin fiſt
beaucoup de miracles deuant luy:dont
toutefois Pharaon n'eſtant aucunement eſmeu,ains d'autant plus endur-
cy,fut en fin ſubmergé auec toute ſon
armée dans la mer rouge , comme il
vouloit pourſuiure les enfans d'Iſraël
par la meſme route où ils paſſoient miraculeuſement à pied ſec. Exode depuis
le chap. 7. iuſqus au 15.

Phares fils de Iudas & de Thamar
ſa bru. Geneſ. 38. & pere de
Heſron tous Princes de Iuda, dont eſt
deſcendu Ieſus-Chriſt ſelon la chair.
Matth. 1.

Phariſéens, certaine Seĉte tres-
notable, & des plus
puiſſantes entre les Iuifs (car il y en
auoit deux autres, ſçauoir celle des Eſ-
ſéens, & celle des Saducéens, dont Voy
leurs mots.) Ils furent ainſi appellez du
mot Hebrieu Pharaſch, qui ſignifie di-
uiſer, pource qu'ils faiſoient bande à
part, eſtans differents des autres, tant
en habits que façons de viure:auſſi fai-
ſoient-ils profeſſion d'auoir vne plus
certaine cognoiſſance des ceremonies
& ordonnances de la Loy que les au-

tres. Et pource l'Apoſtre les loüe, & ſe
glorifie d'en eſtre. Leur doĉtrine eſtoit
contenuë en ces dogmes ſelon Ioſephe
liu.2.ch.12.de la Guerre des Iuifs, & Epiphane. Ils attribuoient toutes choſes
à la deſtinée, & à la diuine preſcience,
toutefois aduoüoient le franc-arbitre,
& qu'il eſt en la puiſſance des hommes de faire les choſes qui ſont iuſtes,
ou de les laiſſer. 2 Ils croyoient que
les ames ſont incorruptibles & immortelles : mais que celles des bons
paſſent en d'autres corps, & celles des
meſchans ſont perpetuellement tour-
mentées.3.Tenoient pour ſacrées & inuiolables les traditions des Anciens ,
bien qu'elles ne fuſſent eſcrites entre
les Loix de Moyſe, & qu'elles fuſſent
ſeulement laiſſées de viue voix. Et
c'eſt de l'abus de ce dogme qu'ils ſont
reprins ſi ſouuent par Ieſus Chriſt dans
le Sainĉt Euangile. Matth. 3. 7. & 16.
Iean 8.&c.Premierement pource qu'ils
adiouſtoient à ces ſainĉtes & legitimes
traditions quelques couſtumes corrompuës de quelques vns de leurs predeceſſeurs, & en 2.lieu pource qu'ils en
preferoient l'obſeruation aux diuins
Commandemens.Ioint que par vne vanité extraordinaire ils vouloient trop
paroiſtre au dehors, de là venoit qu'ils
portoient des phylaĉteries (qui eſtoient
certaines peaux deſliées où eſtoit eſcrit
le Decalogue)& les lioient à leur front
& aux bras , afin de paroiſtre grands
zelateurs de la Loy, ce qu'ils faiſoient
par oſtentation, dont les reprend ſouuent noſtre Seigneur. Matth. 23. Ils
fuyoient neantmoins, ſelon quelques
vns , les molleſſes & delices, iuſques là
qu'ils ſe couchoient ſouuent ſur des tables de bois, & ſur des pierres pour refrener leur concupiſcence, & amortir
les allechemens de la chair. Ces Phariſéens ſe faiſoient plus aimer de la commune que les deux autres Seĉtes , &
comme plus doĉtes & plus riches ont
eu preſque touſiours le Gouuernement

de la Republique des Iuifs.

Pharmacuses sont appellées 2. petites Isles pres de la region Attique en la mer de Salamine, en la plus grande desquelles se void le sepulchre de Circe. *Strab.liu. 9.* ¶ Vne autre de ce nom, que Pline *liu. 4. ch. 12.* compte au nombre des Sporades. Estienne la met au dessus de Millet, & dit qu'en icelle fut tué le Roy Attale.

Pharnaces fils de Mithrydates Roy de Pont, lequel se fiant plus en la discorde ciuile d'entre Cesar & Pompée, que soustenu de ses propres forces, se ietta inconsiderément auec son armée dans la Cappadoce: mais lequel Cesar comme vn foudre deffist auec vne promptitude si grande, que lors de son triomphe l'on mist seulement és escriteaux de cette victoire ce seul tiltre, *Ie vins, Ie vids, Ie vainquis*, pour signifier non les actes & gestes de cette guerre, comme l'on auoit de coustume de practiquer és autres pompes, mais pour denoter seulement les marques d'vne victoire acquise auec celerité, & en peu de temps. *Suetone en la vie de Cesar.*

Pharos Isle située en la coste de la mer Egyptiaque pres l'embouchure du Nil qui se faict pres Rosette, & vis à vis de la ville d'Alexandrie, à laquelle elle fut conjointe par vn pont de 875. pas basty par Cleopatra, & ainsi cessa d'estre plus Isle, comme elle estoit du temps de Ptolemée & de Cesar, selon le tesmoignage de Bellon. Elle est signalée pour cette tour de merueilleuse hauteur qui y fut bastie de marbre blanc par Sostrate Gnidien architecte ingenieux, aux despens de Ptolemée Philadelphe qui pour celuy deliura 800. talents qui sont 480000. escus: elle seruoit comme de lanterne aux nauigeans, car l'on y mettoit la nuict des flambeaux pour seruir d'addresse & de seureté à ceux qui voguoient en mer.

Plin. liu. 36. chap. 12. Strab. liu. 17. Solin. Quelques vns ont tiré l'origine de ce mot de *Pharos*, c'est à dire apparoissant; & delà tous les hauts lieux & tours qui ont esté faictes à cette mesme fin ont pris le mesme nom.

Pharsalie contrée de la Thessalie, ainsi appellée de la ville de Pharsale size au riuage du fleuue Enipée. Et mesmes quelques vns ont appellé de ce nom toute la Thessalie d'vn certain Capitaine nommé Pharsalus. Elle est signalée pour deux tres-sanglantes batailles qui furent données en ses campagnes où estoit toute la fleur de l'Empire Romain, sçauoir la premiere entre Cesar & Pompée, & la 2. entre Auguste, & Brutus & Cassius qui auoient tué Cesar. *Plut. és vies de Cesar, de Pompée & d'Octaue;* bien que les lieux de ces batailles furent aussi appellez champs Philipiens, à cause de leur voisinage de la ville de Philippi. *Virg. I. de ses Georg.*

Pharusiens peuples d'Afrique, voisins des Æthiopiens par delà la Mauritanie, lesquels on dit estre venus de Perse auec Hercule, lors qu'il alla à la conqueste des pommes d'or au iardin des Hesperides. *Plin. liu. 5. chap. 8. Pomponius sur la fin.* Quelques vns rapportent qu'ils viuent sous terre, à la façon des Troglodytes: & que la pluspart d'entr'eux se sert pour leur vestement de peaux de serpents & de poissons. *Strab. liu. 17.* Qu'il pleut en leur pays tout le long de l'Esté, & qu'en Hyuer il y a vne grande seicheresse.

Phasis, appellé de present *Fasso*, est vn tres-grand fleuue de la Colchide, lequel ayant pris sa source des montagnes d'Armenie, & receu plusieurs fleuues, se va rendre dans le pont Euxin ou mer Major. Ce fleuue est si marchand que l'on y peut mener tous vaisseaux de mer pour grâds qu'ils soient par l'espace de bien 38. milles, &

de là en auant il porte des batteaux aſſez capables. Il y a 120. ponts deſſus, &
eſt dauantage ennobly de pluſieurs
villes qui y ſont ioinctes de l'vne & de
l'autre coſte de ce fleuue, entr'autres
d'vne de meſme nom proche de la mer
qui eſt le port le plus celebre de la Colchide. *Strab liu 11. Plin. liu 6 chap. 4.* Les
Faiſans ont pris leur nom de ce fleuue
à cauſe de la grande quantité de ce oiſeaux qui s'y voyent: & meſmes l'on eſtime que les Argonautes en apporterent
de là en Grece. Ce fleuue produiſoit
certains arbres deſquels diſtiloit quelque liqueur, dont les indiens auoient
de couſtume de s'oindre deuant que de
contracter mariage, lequel ſans cela ils
n'euſſent eſtimé legitime. *Alex. d'Alex.
liu. 1. chap. 24.*

Phaſſur fils d'Emmer, & Preſtre
conſtitué Prince en la mai-
ſon de Dieu ayant frapé & mis en priſon le Prophete Ieremie, il luy predict
neantmoins que luy & tout le peuple
de Iuda ſeroit mené captif en Babylone, & que toute ſa famille y mourroit.
Ierem. chap. 20.

¶ Vn autre de ce nom fils de Melchias,
lequel ayant eſté enuoyé de la part de
Sedechias Roy des Iuifs vers Ieremie
pour ſçauoir l'iſſuë de la guerre qu'il
faiſoit contre Nabuchodonoſor, le
Prophete luy predict pareillement la
captiuité du peuple & l'embraſement
de la ville de Hieruſalem. *Ierem. ch. 21.*

Phegée pere d'Alpheſibée qui pu-
rifiale parricide d'Alcmeon,
puis luy donna ſa fille. *Voy* Alcmeon.

Phegor veut dire Priape en langue
Hebraïque ſelon S. Hieroſ-
me *contre Iouinian* dont eſt procedé le
mot de Beel-phegor qui ſignifie l'idole de Priape.

Phemonœ vierge, premiere Preſtreſſe d'Apollon en
Delphes à laquelle l'on attribuë la premiere inuention du vers heroïque. *Pauſanias, Lucain liu. 5. Pline.* Et pour ce

quelques vns l'ont eſtimée fille de Phœbus. *Heſiode en ſa Theogonie.*

Phenée lac d'Arcadie, dont l'eau
eſt tres-ſalutaire le iour,
mais eſt fort nuiſible au corps, ſi l'on en
boit dés que le Soleil eſt couché. *Ouide
liu. 15. de ſes Metam.*

Phererates Poëte Comique A-
thenien, qui fut en la
guerre ſoubs Alexandre le Grand. Il
enſeigna 42. Fables. *Suidas.*

Pherecides Syrien Philoſophe &
Poëte Tragique, diſ-
ciple de Pittacus l'vn des 7. Sages de
Grece, & precepteur de Pythagoras fut
le premier qui eſcriuit en proſe du temps
du Roy Cyrus *Plin. liu. 7. chap. 57.* Il
publia auſſi chez les Grecs le premier
l'immortalité des ames, & eſcriuit de
la nature des Dieux. *Cic. en ſa 2. Tuſc.* &
leur apporta ſelon Suidas la Theologie qu'il auoit puiſée des Liures ſecrets
des Pœniciens (qui ſont à vray dire
Hebrieux) qui fut du temps des 7. Sages vers la 50. Olympiade. L'on dit de
luy merueilles touchant la prediction
des choſes futures: car ayant veu vn
iour vn Nauire ſur mer voguer à pleines voiles il en predict le naufrage, ce
qui arriua toſt apres. Eſtant allé à Meſſine, & ayant conſeillé à ſon hoſte Peri-
laüs de deſloger, il meſpriſa cet aduis;
mais toſt apres la ville fut priſe & pillée.
Ayant beu de l'eau d'vn certain puits, il
recognut qu'il deuoit arriuer incontinent apres vn tremble-terre. *Plin. l. 2. ho.
79.* La bataille eſtant preſte de ſe donner entre les Epheſiens & Magneſiens,
il diſt à vn Epheſien qu'il rencontra;
qu'il ſupplieaſt de ſa part ſes compatrio-
tes Epheſiens qu'apres qu'ils auroient
gaigné la victoire qu'ils l'enſeueliſſent
en vn certain lieu; ce que cet homme
ayant rapporté à ſes concitoyens en-
hardis par cette eſperance, ils mirent
en déroute les Magneſiens, & eſtans
allez vers Pherecides ils le trouuerent
mort comme il auoit predict, & l'enter-

rerent où il auoit defiré. Quelques vns
toutesfois difent qu'il mourut d'vne
phthiriafe ou maladie de poux, & d'autres d'vne grande quantité de ferpents
qui luy fortirent du corps *Plin. liu. 7. ch.*
52. Laerce liu. 1. Strabon le dict auoir
fleury du temps de Seruius Tullus Roy
des Romains.

¶ Vn autre de ce nom Philofophe A-
thenien, qu'on tient auoir efté difciple
d'Orphée, lequel a efcrit fa Theogonie
en dix Liures, & vn autre Liure du
principe des chofes. *Laerce* lequel le
fait plus ancien que le precedent.

Pherenice nommée Berenice, laquelle merita d'affi-
fter aux ieux Olympiques, ce qui n'e-
ftoit permis aux femmes. *Voy* Berenice.

Phidias excellent ftatuaire, non
moins habile à fondre qu'à
tailler & grauer: l'on faict mention de
plufieurs ouurages qu'il a richement
eftoffez. Il fift entr'autres vne Minerue d'yuoire à Athenes, ayant 26. coudées de haut, au bouclier de laquelle il
graua la bataille des Amazones & celle
des Geants, & deffous fes patins les
combats des Lapythes & des Centaures, plus vn Iupiter Olympien tout d'or
& d'yuoire tenant rang entre les merueilles du monde, defcrit auec le fuperbe temple des Eleens par Paufanias
es Eli qu. 5.

Philadelphe furnom de ce Roy
d'egypte dict Pto-
lemée 2. du nom, qui fut fils & fucceffeur de Ptolemée Soter premier Roy
d'Egypte apres la mort d'Alexandre le
Grand: il eut pour precepteur Strabon de Lampfaque fouus lequel il fe
rendit grandement verfé en toutesfor-
tes de difciplines: il dreffa à Alexandrie cette fameufe Bibliotheque enrichie de 54800 liures (dont ailleurs en mettoit iufques à 200000. & difent qu'elle
fut augmentée iufques au nombre de
70000.) elle fut bruflée en la
premiere guerre Alexandrine par les

gens de Cefar: il donna la liberté à
120000. Iuifs & captifs qu'il renuoya
en Hierufalem auec force dons trefpre-
cieux qu'il offrit au temple. Il fift traduire le vieil Teftament de l'Hebrieu
en langue Grecque par les 72. Interpretes qui luy furent enuoyez de Iudée par
le fouuerain Pontife Eleazar, enuiron
300. ans deuât Noftre Seigneur: foit
que Iofephe & les Hebrieux foutien-
nent que cette verfion n'a efté faicte
que du Pentateuque qui eft appellé la
Loy Mofaïque comme le tefmoigne S.
Hierofme fur l. 5. d'Ezechiel, & Iofephe
liu. 12. chap. 2 de fes Ant. q Ce qui n'eft
pas, attendu que les Apoftres & autres
leurs proches difciples citent les Prophetes, Pfeaumes, & autres liures de
l'Efcriture comme de la verfion Grecque; & toutesfois nul ne fe trouue l'a-
uoir traduicte en Grec fors Aquila qui
viuoit du temps de l'Empereur Adrian.
Il guerroya contre Antiochus Theos
Roy de Syrie auquel pour faire paix il
donna fa fille Berenice: Eut auffi alliance auec les Romains *Zonare, Eutrope.*
Il gouuerna fon Royaume 38. ans, &
mourut l'an du monde 3867.

Philadelphie ville de la Myfie
region de l'Afie,
que Strabon *li. 12.* dict eftre grandement fubiecte aux tremble-terres. En
icelle eftoit l'vne des fept Eglifes mentionnées en l'Apocalypfe. Au deffus
de cette ville vers l'Orient l'on void
vne certaine contrée toute bruflée longue d'enuiron 500. ftades, & large de
400. où il n'y croift aucunes plantes
fors quelques vignes qui rapportent
du vin comme eau, mais toutefois affez
bon; auffi le terroir eft noir, vineux, pierreux & fort noir, & la furface de toutes les chofes qui s'y voyent approche
de la couleur de cendre: Quelques vns
eftiment que cela prouient du feu du
Ciel qui y tombe d'ordinaire: & de là
les Poëtes ont pris occafion de feindre
que le Geant Typhon y fut foudroyé;

KKKKKK iij

mais il est plus vray semblable de rapporter cela à quelques feux soufterrains nourris d'alun & de soulfre qui s'exhalans par les pores & cauernes de la terre auroient (ainsi bruslé cette contrée.

¶ Vne autre de ce nom, Metropolitaine de l'Arabie , habitée iadis par les Ammonite, nais de l'inceste de Loth. *S. Hierosme en ses lieux Hebr.* Il y fut tenu vn Concile contre Berylle où assista Origene. *Hist. Trip. liu. 6. chap.* 20.

Phileniens

furent deux freres natifs de Carthage, qui pour le salut de leur pays souffrirent d'estre enterrez tous vifs : car les Carthaginois & Cyreniens estans tombez en differend pour les limites de leurs champs , ils arresterent qu'à certain iour & à mesme heure deux deputez de l'vn & l'autre party sortiroient chacun de sa ville , & que le lieu où ils s'entrerencontreroient seroit la cômune borne de leurs possessions : Mais les Phileniens à ce cômis par les Carthaginois, ayans fait meilleure diligence, s'aduancerét sur la terre des autres: dont estás indignez, & les aduersaires se voyás d'autrepart les plus forts, proposerent à ces Phileniens qu'ils eussent à tourner visage & se reculer, ou bien qu'ils seroiét là enterrez tous vifs: Mais ces deux freres preferans le bien de leur pays à leur propre vie , aimerent mieux là mourir, auquel lieu puis apres les Carthaginois pour perpetuer leur memoire, edifierent deux Autels vis à vis du promótoire Pelorus qui furent pour ce appellez, Autels des Phileniens. *Saluste en la guerre Iugurth.*

Philamon

fils d'Apollon & de la Nymphe Chione , excellent Musicien & ioüeur de Harpe. *Voy* Chione.

Philemon

certain paysan , lequel ayant auec sa femme Baucis accueilly en leur logette Iupiter & Mercure, furent tous deux changez en arbres , & leur maison en temple. *Voy* Baucis & Ouide *li.* 8 *de ses Metam.*

¶ Vn autre de ce nom, qui mourut à force de rire. La cause fut que luy ayant esté mis des figues sur sa table, vn asne vint qui les mangeoit : mais ayant appellé son garçon pour le chasser & qui ne vint assez tost pour empescher que cet asne ne les mangeast toutes: Ce Philemon se prist lors à dire au garçon que puis que l'asne auoit tout mangé qu'il vouloit que l'on luy baillast du vin pour boire ; & de cette ioyeuse parole, il en rist si demesurément qu'il en perdit la vie. *Val. Max. liu. 9. chap.* 12.

Philetas

Poëte Elegiographe, natif de l'Isle de Cos , lequel vescut du temps de Philippe & d'Alexandre le Grand. Il fut Precepteur de Ptolemée Philadelphe, & celebra fort par ces vers vne Courtisane qu'il aimoit nommée Battis. L'on dict qu'il fut si mince & alaigre de corps que pour empescher la violence du vent qui l'emportoit à tous coups, il falut luy attacher du plomb alentour de luy. *Politian.*

S. Philippe

Apostre de Iesus-Christ, *Iean* 1. *Matth.* 10. Prescha en Scythie, laquelle il reduisit presque toute à la Foy, comme aussi en France, selon Isidore *liu. de la vie des Saincts, ch.* 75 Mais depuis s'estát acheminé à Hierapolis en Phrygie , il y fut crucifié. *Egesippe liu.* 3. *chap.* 2

¶ Vn autre de ce nom , l'vn des sept Diacres esleus par les Apostres *Act.* 6. En conuertit plusieurs en Samarie , & entr'autres Simon le Magicien qu'il baptisa, comme aussi l'Eunuque de la Royne d'Ethiopie. *Act.* 8.

Philippe

fils d'Amyntas, auquel il succeda apres la mort de ses deux freres Perdiccas & Alexandre: il restablit à son commencement la discipline militaire : Et mesme dict on que ce fut luy qui composa le bataillon quarré qu'on a tousiours appelé de-

puis Phalange Macedonique. Auec
cette suffisance & la bienueillance d'vn
chacun qu'il acqueroit par dons & pro-
messes ; il supplanta vn certain Pausanias qui aspiroit au Royaume par le
support du Roy de Thrace : vainquit
aussi Argée que les Atheniens y vouloient establir : deffist en bataille les
Hongrois & Esclauons, & s'empara de
plusieurs villes & entr'autres de Cleni-
des ville de Grece où il trouua force
mines d'or, dont il se seruit grandement
pour accroistre le Royaume de Macedoine ; car auec ces finances il corrompit plusieurs Grecs qui luy vendirent à
beaux deniers comptans les villes de
leur pays : il reprima les Tyrans de
Thessalie, & plusieurs Roys voisins de
Macedoine, ayant mis fin quant & quat
à la guerre appellée Saincte, entreprise
contre les Phocéens & les Thebains
lesquels il assista : Mais les Atheniens
ayans à suspect ce grand accroissement
se banderent contre luy à la suscitation
de Demosthene le plus eloquent de
Grece, qui luy donna plus d'affaire auec
les coups de sa langue, que ne firent les
Capitaines Grecs ; ce neantmoins il ne
laissa de s'aduancer de plus en plus, &
de se rendre maistre des villes, & principalement à force d'argent : deffist peu
apres les Atheniens & Bœotiens en la
bataille de Chersonée, & ayant donné
la paix aux vaincus, il fist tant que les
Estats de Grece l'esleurent pour leur
Capitaine general pour faire la guerre
au Roy de Perse. Mais comme il faisoit
ses apprests pour passer en Asie, & que
l'on dressoit quelques magnificences
tant pour le mariage de sa fille Cleopatra que pour quelque somptueux sacrifice qu'il desiroit faire en l'honneur des
Dieux, il fut si presomptueux que de faire porter en procession auec les images des douze principaux Dieux de
Grece, la sienne parée côme les autres,
comme se voulant mettre au rang des
Dieux : Mais comme il marchoit seul

sans suitte proche de luy (car il auoit
commandé à ses gardes de s'esloigner)
vn certain Pausanias auquel il auoit
refusé la iustice accourut à luy & le trauersa de son espée ; ainsi mourut, ayant
regné 24. ans, enuiron 425. apres la
fondation de Rome. Ce Prince a esté
plus grand qu'aucun autre des Roys de
Macedoine, non seulement en prosperité de fortune, mais aussi en magnanimité, sagesse, iustice, bonté, & moderation de mœurs ; & de fait, il mist sous
son obeissance 150. peuples qui n'estoiët
auparauant du Royaume de Macedoine ; à quoy luy seruirent grádement ses
bienfaicts & ses magnificences, & aussi
confessoit-il qu'il auoit beaucoup plus
amplifié son Royaume par or & par argent, que par force d'armes. L'on lit
de luy beaucoup de dicts notables qui
marquent euidemment ses vertus & sa
grande iustice principalement. Quelqu'vn plaidant la cause deuant luy lors
qu'il sommeilloit, de maniere qu'à faute d'auoir bien entendu & compris le
faict, il le condamna à tort ; il se prist
incontinent à crier tout haut qu'il en
appelloit : Philippe indigné luy demanda deuant qui il appelloit de luy ; deuát
toy-mesme, Sire, respondit-il, quand tu
seras bien esueillé. Ces paroles toucherent si au vif Philippe, que se leuant
sur les pieds & pensant bien à soy recogneut qu'il luy auoit faict tort par sa
sentence, & neantmoins il ne la voulut point casser ny reuoquer, mais il
paya de ses deniers propres cela à quoy
pouuoit monter la chose dont il estoit
question. Il souloit aussi dire qu'il estoit
bien tenu aux harangueurs des Atheniens, pour ce que medisans de luy ils
estoient cause de le rendre plus homme
de bien, de parole & d'effect : & aussi
que pour se vanger d'eux, il s'efforce-
roit tous les iours de les faire trouuer
menteurs. Comme il eut quelquefois
dôné à quelqu'vn quelque estat de Iudicature, & depuis ayant entendu qu'il

se faisoit les cheueux & la barbe, il le
luy osta, disant que celuy qui en ses
cheueux estoit faussaire, malaysément
seroit loyal en vn bō affaire. L'on pourroit encore icy adiouster plusieurs siens
semblables dicts & faicts, pour faire
foy du naturel & de la vertu de ce grād
Prince *Iustin, Diodore, & Plut. en sa vie.*

Philippe I.

du nom, 39. Roy de
France, regna quel-
que temps soubs la tutelle & conduicte
de Baudouin Comte de Flandres, qui
auoit esté establi par son pere Henry I.
son tuteur & Regent du Royaume. Et
iaçoit que les Gascons eussent esmeu
quelques troubles pour cette Regence,
Baudouin les rangea toutefois au deuoir par sa valeur & prudence, feignant
vouloir aller contre les Sarrazins: mais
apres sa mort, Philippe aagé de 15. ans
ayant pris le gouuernail de l'Estat ils'y
comporta assez mal, prenāt pour Conseillers l'auarice & l'ambition, & ainsi
forligna de la vertu de ses ayeul & pere: & de faict il se rendit promoteur &
spectateur de beaucoup de troubles en
Italie, Flandres, Allemagne, & Angleterre, qu'il attisoit souuent pour chercher son aduantage parmy leurs gra-
buges: mais voicy qu'il monta pareillement sur le theatre des diuisions dont
la cause fut fort legere: Comme Robert
& Henry fils de Guillaume le Conquerant Duc de Normandie, & n'agueres
Roy d'Angleterre iouioient auec Louys
fils de Philippe, lequel ils estoient ye-
nus voir à Conflans, il s'esmeut quelque estrif entre ces ieunes Princes, &
des paroles iniurieuses, en vinrent aux
mains, cela fait Robert & Henry se sau-
uerent en Normandie où ils esmeurent
tout le monde par leurs plaintes, & de
ce leger commencement nasquirent
tous les troubles qui ont enuelopé ces
deux Estats durant 400. ans par diuerses occasions. Car les peres espousans
les querelles de leurs enfans, les voila
aussi-tost en armes. Philippe se mist

aux champs, & prist Vernon en Nor-
mādie: Et le Roy d'Angleterre se iettant
en France enuahit la Xainctonge & le
Poictou: Pendant que cette toile s'our-
dissoit il suruint diuers debats en Italie
entre les Papes & Empereurs pour la
collation & inuestiture des benefices
que les Papes pretendoient leur appartenir priuatiuement à toutes personnes
Laiques: Cependant se proietta ce
premier grand & renommé voyage en
la terre Saincte, entrepris contre les
Sarrazins & Infidelles à la suscitation
d'vn Gentil-homme François nommé
Pierre l'Hermite. Godefroy de Buillon
grand & genereux Prince, s'offrit le
premier à cette croisade & en fut esleu
chef, l'Empereur, & les Roys Chrestiēs
y contribuerēt beaucoup de leurs hommes & moyens (excepté l'Espagne lors
empeschée contre les Sarrazins) & sur
tout Philippe qui y contribua plus que
tout le reste: aussi le succez respondit à
la grandeur de leur zele, ayans conquis
Hierusalem & toute la terre Saincte. Il
fut excommunié par le Pape Vrbain 2.
pource qu'il ne vouloit reprendre sa
premiere femme Berthe qu'il auoit repudiée pour prendre Bertrude femme
de Foulques Duc d'Aniou: mais laquelle il fit par ce moyen il reprist. *Sigeb.*
Aimon. Peu de temps apres Philippe
fist couronner Roy son fils Louys dit
le Gros qu'il auoit eu de Berthe fille de
Baudouin Comte de Flandres, puis
mourut l'an 49. de son regne, & de salut 1109. *Gaguin. liu. 5. Æmil. liu. 3.*

Philippe II.

dict Auguste, &
Dieu-donné, fils
de Loüys VII. & 42. Roy de France fut
couronné & fiancé auec Isabeau fille
de Baudouin Comte de Hainaut, du
viuant de son pere. Il consacra les premices de son regne à oster beaucoup de
corruptions qui auoient la vogue, sçauoir blasphemes, brelans, ieux, cabarets
& autres lieux infames & dissolus; bannit tous les Iuifs hors des terres de son
obeyssance:

obeïssance: pource qu'ils auoient sacri-
fié vn enfant Chreftien, & à caufe auffi
de leurs vfures; mais lefquels toutefois
il rappella puis apres. *Æmil. liu. 5. & 6.*
Eut guerre auec Philippe Comte de
Flandres pour le Vermandois, comme
auffi auec l'Anglois pour r'auoir le
Vexin qui eftoit la dot de fa fœur
mariée à Henry II. du nom Roy d'Angleterre, decedée fans enfans. Mais la
prouëffe de Philippe qui s'eftoit emparé de beaucoup de villes fur l'Anglois,
conuia Richard Duc de Guyenne appellé à la Couronne d'Angleterre apres
la mort de fon frere Henry II de faire
la paix auec Philippe fur vn fuiet fort
honorable à tous deux: car ils entreprindrent pour le zele du commun in-
tereft de la Chreftienté de faire le voyage du Leuant, où Saladin Sultan d'E-
gypte faifoit valoir fes armes victorieu-
fes. Les entreprifes de ces deux Roys
profpererent du commencement, mais
la pefte s'eftant mife en leur camp, & la
diuifion entr'eux, contraignirent Philippe de s'en reuenir en France. *Hirfaug
en fa Chron.* A fon retour il eut des tra-
uerfes en fes mariages. Il auoit repudié
Ifabeau pour prendre Alix fille du Roy
de Hongrie, laquelle eftant decedée il
prift Gelberge fœur du Roy de Dannemarch, laquelle ayant auffi repudiée il
efpoufa en fa place Marie fille du Duc
de Morauie: mais comme le Roy de
Dannemarch pourfuiuoit en Cour de
Rome pour l'honneur & repos de fa
fœur, Philippe n'en pouuant, empefcher la cognoiffance de caufe, voulut
faire reprefenter les occafions qui l'a-
uoient meu de la repudier. A cet effect
la caufe fut plaidée en grande & folem-
nelle compagnie deuant le Legat du
Pape, par les Aduocats de Philippe qui
firent merueilles de bien dire pour
luy contre Gelberge: mais n'y ayant perfonne qui parlaft pour elle, voicy vn
ieune homme incogneu qui fe tire hors
de la troupe, lequel ayant obtenu au-

dience, fut efcouté d'vn chacun auec
attention, & fpecialement de Philippe:
Apres que ce ieune homme eut acheué,
il fe remit dans la foule, & depuis on
ne le veid, ny ne peut on fçauoir quel il
eftoit, ny qui l'auoit enuoyé là, ny de
quel lieu il venoit. Et Philippe rauy de
la naïfue verité de fon difcours s'en alla auffi toft trouuer Gelberge, & fe reünit auec elle. Il euft depuis guerre auec
Baudoüin Comte de Flandres pour les
pays de Vermandois & d'Arcois qu'il
ofta au Flamand: Comme auffi auec Richard Roy d'Angleterre pour le Vexin. Mais apres la mort de Richard Iean
s'eftant emparé de la Couronne d'Angleterre au preiudice d'Arthus Duc de
Bretagne qui y auoit meilleur droict
comme fils de l'aifné, Arthus fe ioignit
auec Philippes, luy prefta foy & hommage des Comtez de Touraine, d'Anjou & du Maine: Mais comme il s'eftoit
retiré dans Mirebeau, Iean l'y affiegea,
le prift, & le fift mourir; lors Philippe
pour cette felonnie adiourna Iean, & à
faute d'efter en iugement le condamna
comme atteint du crime à luy impofé, &
luy confifqua tout le bien qu'il auoit
mouuant de la Couronne, lequel arreft fut fuiuy de prompte execution,
car Philippe fe rendit maiftre de la
Normandie & du Poictou qu'il reünit
au Domaine Royal: mais l'Empereur
Othon fe ioignant à fon nepueu Iean,
firent enfemble vne groffe armée pour
accabler Philippe à laquelle il oppofa
la fienne qui en fut victorieufe en la
iournée de Bouuines, fi bien que Philippe en triompha à Paris. Apres quoy
Iean fut deierté de tous, mefmes de fes
fubiects Anglois, lefquels offrirent la
Couronne à Philippe, qui faifant femblant de la refufer y enuoya, ce neantmoins fon fils Louys, qui s'empara de la
plufpart du Royaume & s'y fut pleinement eftably, fans que la mort de Iean
furuenant, la haine des Anglois fut
efteinte par fa mort, & Henry fon fils

recogneu, si bien que Louys s'en retourna en France. Tout le reste des iours de Philippe fut employé à ordonner de belles polices : car il soulagea le peuple foulé, à cause des guerres, restitua aux Ecclesiastiques tous les reuenus qu'il prenoit sur eux durant ses grandes affaires : institua à Paris le Preuost des Marchands & les Escheuins pour la police : feist pauer vne bonne partie de la ville, l'augmenta depuis le petit Pont iusques à Sainctē Geneuiefve : fist bastir l'Eglise Nostre Dame, les Halles & le Louure, & clorre le bois de Vinciennes. *Guill. Nangiac.* Mais ce qui plus a releué sa gloire, c'est qu'il reünit au Domaine Royal vne bonne partie des pieces alienées par Hugues Capet, à sçauoir toute la Normandie, vne partie de Guyenne, les Comtez d'Anjou, de Touraine, du Maine, Cambresis, Valois, Clermont, Beaumont Auuergne, Ponthieu, Alençon, Vendosme, Dammartin, Mortaigne & Aumale, Puis deceda l'an de nostre Seigneur 1223. & de son regne le 44. Ce Prince fut vrayement Auguste, appellé à bon droict le Conquerant, à cause de ses grandes conquestes. Il fut aussi fort religieux, liberal, prudent, heureux vaillant, amateur de Iustice, d'ordre & de police, amy du peuple, & ennemy des dissolutions & violences publiques. *Annales de France. Gaguin liu. 6.*

Philippe III.

surnommé le Hardy 45 Roy de France, fut proclamé Roy au Camp deuant Thunes, apres la mort de son pere S. Louys. Mais comme il s'en retournoit en France, moururent en Sicile sa femme Isabeau, & tost apres son oncle Alphonse auec sa femme Comtesse de Thoulouse sans enfans, si que par ce moyen la Comté de Thoulouse fut incorporée au Domaine Royal, estant de retour il disposa des affaires de la Iustice selon l'exemple que luy en auoit donné son pere, & en suitte se remaria, à

Marie fille de Henry Duc de Brabant, bien que de sa premiere il eust eu trois fils Louys, Philippe & Charles, mais Louys son fils aisné ayant esté empoisonné, Pierre de la Broche premier Chambellan du Roy, Intendant des Finances, & fauory de la Royne Marie, fut preuenu de ce malefice, & comme coupable l'ayant confessé, fut pendu & estranglé, laissant par son accusation Marie soupçonnée d'auoir trempé en ce crime il maria en suitte Philippe son aisné à Ieanne fille & seule heritiere de Henry Roy de Nauarre ; & ainsi de ces deux Royaumes, la Champagne & la Brie furent vnies ensemble à vn mesme maistre Cependant Baudoüin fils de Robert François de nation, ayant esté chassé par Michel Paleologue de l'Empire d'Orient, eut recours à Charles Roy de Sicile aussi François & oncle de Philippe, lequel promettant à Baudoüin de le restablir en son Empire, Paleologue d'autre costé fauorisé du Pape Nicolas, fist vne ligue auec Pierre Roy d'Arragon, & Iean Prochyte l vn des plus grands Seigneurs de Sicile ; & pour couurir leur dessein qui estoit de massacrer Charles & tous les François en Sicile, le Roy d'Arragon dressa vne armée, feignant vouloir aller contre les Infidelles auquel dessein Philippe mesmes deceu contribua : Mais au lieu d'aller où ils publioient, ils prirent la route de Sicile, & suiuant l'intelligence qu'ils auoient ia tramée auec les principaux du pays, ils firent souleuer toute la Sicile contre les François qu'ils massacrerent entierement, sans aucune distinction d'aage ny de sexe, sans que Charles y peust apporter remede, lequel contraint de quitter l'Isle à l'Arragonnois eut recours à Philippe, & pour l'obliger d'en auoir la raison donna en mariage Catherine sa petite fille à Charles fils puisné de Philippe, auec le Duché d'Anjou, duquel mariage sortit Philippe de Valois qui fust tost apres

Roy de France. Philippe donc auec ſes trois fils ayans dreſſé vne puiſſante armée vint en Arragon, où nonobſtant la defenſe de Pierre, il s'empara d'vne grande partie du Royaume: ce neantmoins ayant receu quelque eſchec de l'Admiral d'Arragon, il tomba puis apres malade, dont il mourut l'an de grace 1286 apres en auoir regné 15. *Æmile liu.7. Gaguin.* De ſa premiere femme Iſabeau il luy reſta deux fil. ſçauoir Philippe qui luy ſucceda, & Charles: & de ſa 2. Marie, Loüys Comte d'Eureux, & Marguerite Royne d'Angleterre.

Philippe IV. dict le Bel, 46. Roy de France, priſt les reſnes du Gouuernement toſt apres la mort de ſon pere Philppe III. Il conſacra les premices de ſon regne à honorer la Iuſtice & les Lettres. Le Parlement eſtant lors ambulatoire ſelon la neceſſité des prouinces, il le voulut arreſter & rendre ſedentaire à Paris, auquel il attribua vne Iuriſdiction ſouueraine; & pour cet effect fiſt baſtir le Palais par l'entremiſe d'Enguerrand de Marigny Comte de Longueuille: fauoriſa auſſi ſon Vniuerſité par toutes ſortes de priuileges, permettant à ſa femme Ieanne de baſtir le College de Nauarre. Ses commencemens furent aſſez beaux, mais le Pape, la Flandre & la Guyenne luy donnerent en ſuitte, & en diuerſes occaſions beaucoup de trauerſes. Edouard I. du nom Roy d'Angleterre n'ayant voulu ſatisfaire à Philippe de quelque butin qu'auoient faict les vaiſſeaux Anglois ſur les François, fut ſommé de rendre raiſon de cet atteſtat comme vaſſal de la Couronne, & ne comparant point fut declaré coupable de felonnie, & décheu des Seigneuries qu'il auoit en France. Pour l'execution de cet Arreſt le Conneſtable entra en Guyenne, print Bordeaux, & pluſieurs autres vaiſſeaux ſur l'Anglois, lequel arma auſſi de ſon coſté par mer & par terre, & pour ſe fortifier d'autant plus

pratiqua l'alliance de Guy Comte de Flandres, auquel il promiſt ſa fille vnique Philippe pour ſon fils le Prince de Galles. Le Duc de Bar qui redemandoit la Champagne, attaqua auſſi Philippe, mais il fut repouſſé. L'Empereur en ſuitte denonça pareillement au Roy la guerre pour r'auoir les terres de l'Empire: Ainſi Philippe auoit en teſte ces 3. ennemis qu'il deſiroit ſupplanter les vns apres les autres. Et à cet effect il fiſt tant qu'il attira à Paris Guy & ſa fille, leſquels il retint priſonniers, pource qu'eſtans vaſſaux du Roy ils entreprenoient de s'allier auec l'ennemy capital de la Couronne, Guy eſlargy en fiſt ſes plaintes à l'Anglois lequel arma, mais qui fut deffaict ſur mer, & la pluſpart de ſes villes de Guyenne priſes, dont fort eſtonné il eut recours à l'Empereur Adolphe & au Pape Boniface VIII. leſquels tous enſemble ſe liguerent pour accabler Philippe. Le Pape commença, & le ſomma de faire raiſon au Comte & à l'Anglois, & nonobſtant ſes remonſtrances l'excommunia à faute de ce faire: mais Philippe ſe prepara aux effects, & commença par la Flandre, de laquelle il s'empara, nonobſtant la reſiſtance du Comte, lequel eſperant ſe remettre en la bonne grace du Roy, vint auec ſes enfans, & ſa plus confidente Nobleſſe à Paris où Philippe les fiſt tous retenir priſonniers, & auſſi toſt s'achemina en Flandre pour en prendre poſſeſſion, comme deuolu à ſa Couronne par la condemnation du Comte & y fut magnifiquement receu par toutes les villes: Mais comme apres ſon depart l'on vouloit leuer ſur le païs pluſieurs tailles & impoſitions pour l'entretien des Soldats & Garniſons, le peuple ſe reuolta, où eſtant retourné Philippe auec vne armée pour appaiſer ces tumultes, cette populace côduite par Iean de Namur fils du Comte Guy combattit auec tant de courage pouſſée de deſeſpoir, qu'elle miſt en

déroute les François en la iournée de
Courtray où 2000. Gentils-hommes
furent tuez, & cette deffaite fut suiuie
d'vne generale reuolte de toute la Flā-
dre. Philippe ce neantmoins estant
retourné en Flandres auec nouuelles
forces reduisit les Flamans à leur premier deuoir par des condi ions honorables pour luy. En suitte de ce Philippe donna sa fille Marguerite à E-
doüard II lequel par ce mariage re-
ce uura tout ce qu'il auoit perdu en
Guyenne. Mais le Pape ayant continué ses foudres contre le Roy par vne
Bulle fort ignominieuse, le Roy la fist
brusler, & en appella comme d'abus,
& pour luy intimer l'appel vn certain
Gentil-homme nommé Nogaret &
Sciatra Colonois vindrent à Anagnie
ville d'Italie où estoit le Pape, auquel
apres l'auoir sommé de comparoir au
Concile sur cét affaire, Sciatra luy dōna vn grand coup de gantelet, & le
traita si rudement qu'il mourut tost
apres. Mais cette excommunicatiō fut
leuée par son successeur. En suitte dequoy Philippe mourut ayāt regné 28.
ans, l'an de grace 1314. Il eut de Ieanne
sa féme (par le moyē de laquelle il eut
le Royaume de Nauarre, & les Côtez
de Champagne & de Brie) 3. fils, Louys,
Philippe & Charles qui furēt Roys les
vns apres les autres, & vne fille nommée Marguerite qui fut mariée au
Roy d'Angleterre. *Æm l. liu 8. Ga-*
guin, Nere des Hist. Pasée, Hirsaug,
du Tillet, & autres.

Philippe V. dict le Long, fils de

Philippe le Bel, &
frere de Louys Hutin & son successeur
au Royaume de Frāce, dōt il fut le 48.
Roy, fut Prince de nature foible, & ai-
sé à corrompre, si bien que pour cette
grande facilité ses mauuais seruiteurs
firent de grandes exactions sur le peuple qui se mutina en diuers lieux sans
qu'il y apportast beaucoup de son authorité. De son temps furent deffaicts

en Languedoc certains brouïllōs qu'on
nommoit pastoureaux qui faisoient mille maux par t ut où ils passoient ; les
Iuifs qui auoient esté chassez furēt rap-
peilez ; & depuis furent derechef re-
chass z & exterminez de toutes les terres du Royaume. Il eut 4. filles de Ieanne fille d Orthelim Comte de Bourgogne, par le moyen desquelles il fist la
paix auec les Princes mal contens Il regna 6 ans, & mourut l'an 1322. *Gaguin,*
Æmile liu. 7.

Philippe VI. dict de Valois, 50.

Roy de France, fut
receu & couronné Roy comme cosin-
germain des trois Roys, Louys X. Philippe V. & Charles IV. prochainement
decedez sans enfans, nonobstant le
droict pretendu par Edoüard III. Roy
d'Angleterre fils de la sœur des trois
susdits Roys : & ce different fut vuidé
à Paris par les Estats Generaux, au profit de Philippe. Au commencement de
son regne il assista le Comte de Flandre contre ses subiects qui s'estoient
reuoltez contre luy, & dompta ces peuples mutins : Assoupit au mieux qu'il
peust le different qui estoit entre les
Cours de Parlement & tous Iuges
Royaux, contre les Ecclesiastiques de
son Royaume qui enjamboient sur la
Iurisdiction politique. Cependant E-
doüard apres auoir faict hommage à
Philippe pour la Guienne, rechercha
tous moyens de le trauerser en Flandre, en Bretagne, & en Allemagne : ce
qui empescha le dessein qu'auoit eu
Philippe d'aller au Leuant pour la guerre saincte, suiuant le zele de ses predecesseurs. Ainsi donc la guerre s'estant
allumee entre ces deux Roys lesquels
fourrageoient les terres l'vn de l'autre,
Edoüard taschoit d'esmouuoir les peuples de Flandres & d'Allemagne contre Philippe, Vn seditieux Tribun nommé Arteuelle, d'entre la populace, gaigna la pluspart des Flamans en faueur
de l'Anglois, les faisans aussi reuolter

contre leur Comte. En suitte de ce, les deux armées Françoise & Angloise se ioignirent pres de l'Escluse où la victoire demeura à Edouard. Philippe ce neâtmoins rassembla de nouuelles forces & compola vne armée, commel on dit, de cent mille combattans, & l'Anglois pareillement ; & y eust eu derechef vne sanglante boucherie sans Ieanne de Valois sœur de Philippe, lors Religieuse, qui fist tant qu'elle empescha le coup d'vn si pernicieux combat. Les iniures toutesfois de ces deux Roys ne s'esteignirent pour cela, car Philippe ayant faict decapiter quelques Seigneurs & Gentilshommes qui tenoient le party d'Edouard, luy pour en auoir sa reuanche passa en Normandie auec vne puissante armée où il prist plusieurs villes & pilla le plat païs & vint iusques en l'isle de France : Mais Philippe pour le contrequarrer assembla aussi vn autre armée, laquelle bien que de plus grand lustre & en plusgrand aduantage fut deffaicte par celle de l'Anglois en la iournée de Crecy : si bien que Philippe y perdit plus de trente mil hômes auec la fleur de la Noblesse Françoise, lequel nonobstant cette perte ne perdit point courage : Et bien que le peuple de France fust en extreme pauureté, & que la necessité des affaires du Roy pressassent, l'on conuoqua à Paris vn Conseil où il fut resolu de faire rendre compte aux Financiers, & de remettre le maniement des finances aux gens d'Eglise & Nobles : Apres donc que ces Financiers eurent esté mis sous la presse à cause de leurs indeües actions, Philippe se mist en campagne pour attirer au combat l'Anglois qui assiegeoit Calais ; mais en vain, car Edouard s'empara de cette ville : toutesfois ces pertes furent reparées par le gain du pays de Dauphiné, dautant qu'Imbert Dauphin de Viennois, pour se voir trauersé du Comte de Sauoye, las du monde, resolut de se ietter entre les bras du Roy de France ; & se

voyant sans enfans luy donna & à ses successeurs tout le pays de Dauphiné, à la charge que le premier fils de France porteroit le nom de Dauphin : Et en suitte Philippe acquist la ville de Montpellier du Roy de Majorque, comme aussi les Comtez de Roussillon & de Sardaigne. Puis enfin recreu d'aage & de fatigues, rendit son ame à Dieu, l'an de grace 360 en ayant regné 13. Ce Prince eut de grandes vertus meslangées de plusieurs vices, il estoit deuotieux, vaillant, hardy, magnanime en affliction, aimant l'ordre, la Iustice, & le peuple : mais la promptitude, la temerité & presomption de sa valeur contrequarroient ses vertus, & furent cause de grands maux. De sa premiere femme Ieanne il eut deux fils, Iean qui luy succeda, & Philippe Comte de Valois : & de Blanche sa seconde, qui estoit fille du Roy de Nauarre, il eut vne fille nomée Ieanne qui mourut allant en Espagne pour consommer le mariage d'elle & du fils ainé du Roy de Castille. *Gaguin, P. Æmile liu.* 8. *& 9. Sigeb. Trith. & autres.*

Philippe I.

du nom, Empereur Romain, Arabe de nation & de vile & basse condition : mais vaillât homme & nourry tousiours és armées Romaines : fut esleu par l'Empereur Gordian, General d'armée ; & depuis encore fut par luy receu compagnon à l'Empire, dont enorgueilly il resolut de monter plus haut & de rendre Gordian odieux aux soldats par tous moyens qu'il peust inuéter ; si bien qu'il feist son party si fort qu'il reduisit le pauure Gordian à telle extremité qu'il fut contrainct de le supplier qu'il l'aduoüast seulement pour Cæsar, & mesme en vint iusques là que de le prier qu'il le receust pour Capitaine : mais cet esprit cruel redoutant la noblesse de son lignage & l'affection que luy portoient les Romains, le fist cruellement mourir, apres quoy ayant esté proclamé Empereur par ſon armée, il s'en vint à Rome (ayant au préalable quitté la Meſopotamie aux Perſes & partie de la prouince de Syrie par vn traicté fort honteux) où il fiſt confirmer ſon eſlection & y fut receu, non ſi alaigrement qu'il penſoit, à cauſe de cette paix ignominieuſe qu'il auoit faicte auec les Perſes, Ce neantmoins ayant faict ſçauoir aux Perſes ſon deſſein de recouurer ces prouinces par les armes, ils les luy reſtituerent ſans guerre. Il fiſt en ſuitte celebrer les ieux qu'on nommoit Seculaires (leſquels on n'auoit couſtume de celebrer que de cent en cent ans) auec la plus grande magnificence qu'ils euſſent auparauant eſté veus; car on liſt que dans le grand Cirque y combattirent deux mille gladiateurs, hommes qui pour donner plaiſir aux ſpectateurs combattoient à ſer eſmoulu & s'entretuoient. P. Oroſe & Euſebe eſcriuent que ç'a eſté le premier des Empereurs qui a receu le S. Bapteſme, lequel auſſi fiſt baptiſer ſon fils & ſa femme, ce qui arriua l'an mil de la fondation de Rome. Pendant ce temps les Goths eſtans ſortis de Scythie pour ſe ruer ſur la Thrace & la Myſie y faiſans pluſieurs dommages, le Senat eſleut vn certain Marin, homme fort experimenté au faict de la guerre, pour Capitaine; mais ne ſe contentant d'vne ſi petite charge, ſe fiſt proclamer luy meſme Empereur par ſes ſoldats qui luy iurerent obeïſſance, leſquels ce neantmoins toſt apres, ſur la plainte qu'en fiſt Philippe au Senat, luy oſterent la vie auſſi legerement comme ils luy auoient donné l'Empire, Philippe donna la charge à vn autre nommé Decius d'aller faire la guerre aux Goths, mais ſon armée qui redoutoit Philippe à cauſe de la faute par eux nouuellement cómiſe en ſon endroict, contraignirent Decius d'accepter la robbe, le nom & les marques d'Empereur, où ſe voyât eſleué ſi haut il enuoya à Philippe l'aduertir

qu'il auoit eſté forcé d'accepter le tiltre d'Empereur, mais qu'il le recognoiſſoit toutefois pour ſuperieur, & que auſſi toſt qu'il pourroit auoir liberté il luy quitteroit l'Empire; ce qu'il faiſoit à deſſein de l'amuſer par paroles iuſques à ce qu'il ſuſt fortifié, & qu'auſſi Philippe ne fiſt aucun preparatif pour ſe maintenir: Ce neantmoins Philippe ne laiſſa de ramaſſer ſes legions; mais commandant auec colere & cruauté à ſes ſoldats, ils le iugerent indigne de l'Empire & le tuerent à Verone. D'autres diſent que Decius s'eſleua contre luy, & le fiſt tuer pource qu'il auoit donné les threſors de l'Empire au Pape Fabian. *Sabell.* Sa mort aduint l'an 252, y en ayant cinq, ou ſept ſelon d'autres, que luy & ſon fils tenoient l'Empire. *Euſebe, Europe, Pompon. Lætus, & Iul. Capitolin.*

Philippe II.

Empereur d'Occident, fut eſleu eſtât (auparauant Duc de Snaube) par la pluſpart des Electeurs apres la mort de Henry VI ſon frere : mais dautant qu'vne autre partie nomma Othon Duc de Brunſwic fils de Héry le Superbe, il y eut de grandes guerres entr'eux par l'eſpace de huict ans, y ayant de forts partiſans tant d'vn coſté que d'autre: Toutefois Philippe eſtoit plus aimé à cauſe qu'il eſtoit de douce nature, diſcret & liberal. S'eſtant donc faict ſacrer en la ville de Maience en la preſence du Legat du Pape Othon, d'autrepart il ſe fiſt couronner en la ville d'Aix qu'il auoit priſe par force, lequel couronnement le Pape confirma, & excommunia Philippe : Ce neantmoins Philippe rangeoit à ſon obeïſſance par ſes armes ceux qui luy reſiſtoient, & auoit touſiours l'aduantage ſur Othon, & depuis ayant remporté vne grande victoire ſur le Landgraue de Thuringe partiſan d'Othon, ils furent contraints de le recognoiſtre, comme auſſi firent les Ducs de Lorraine & de Brabant,

|

lefquels tous enſemble s'aſſemblerent
en la ville d'Aix, où ils firent derechef
couronner Philippe, qui de là alla aſſieger Othon à Cologne, qu'il ſerra de ſi
pres, qu'Othon fut contraint pour ſe
deliurer, de paſſer par le milieu de ſes
ennemis où il hazarda ſa vie, & de là
s'en alla en Angleterre : Ainſi Philippe
ayant pris Cologne, & dechaſſé Othon
d'Allemagne, demeura maiſtre & ſeul
recogneu Empereur. Le Pape toutefois
interuenant, fut accordé qu'Othon
prendroit à femme la fille de Philippe,
& ſeroit tenu pour Roy des Romains,
& Empereur apres la mort de Philippe.
Mais l'an ſuiuat Philippe eſtant à Bamberg, Othon de Witelſpac Comte Palatin vint en ſa chambre où il eſtoit, ſeulement accompagné de ſon Chancelier,
& d'vn page, auquel cet Othon oſtant
l'eſpée en bleſſa l'Empereur à la gorge,
deſorte qu'il en mourut incontinent,
ce qui aduint l'an 1208. le 10. de ſon Empire. *Onuphr. Hirſaug. en ſa Chron.*

Dom Philippe Archiduc d'Auſtriche, Comte de
Flandres, ſurnommé le Grand, fils de
Maximilian & de Marie fille vnique de
Charles Duc de Bourgogne : il eut pour
femme Ieanne fille de Ferdinaud &
d'Iſabel Roy & Royne de Caſtille, & de
Leon. Apres auoir appaiſé quelques
troubles eſmeus entre ceux de Brabant
& de Gueldres, comme il paſſoit en Eſpagne, la tempeſte le ietta és coſtes d'Angleterre où Henry VII. Roy de cette
Iſle le receut Royalement, auquel ce
neantmoins il fut contraint de liurer le
Duc de Suffolc Aimond Pol ſon competiteur à la Couronne d'Angleterre,
qui eſtoit dés long temps priſonnier à
Namur. Eſtant de retour, à peine eut il
regné 2. ans qu'il deceda ayant laiſſé de
ſa femme Ieanne pour enfans le Grand
Empereur Charles le Quint qui luy
ſucceda, Ferdinand Roy de Boheme &
de Hongrie, & quelques filles. Cette
mort aduint l'an de ſalut

Prince tres-beau & fort debonnaire.
Hiſt. d'Eſpagne.

¶ Philippe II. du nom, fils de Charles
le Quint, lequel fut grand Iuſticier &
protecteur de la foy Catholique : il eſpouſa Marie de Portugal, Marie Royne d'Angleterre, & Yſabel de France
fiſt baſtir ce ſuperbe Palais de l'Eſcu-
rial pres Madrid où il deceda, ayant regné 40 ans, l'an de ſalut 1598. & laiſſé
pour ſon ſucceſſeur ſon fils.

¶ Philippe III. lequel apres auoir re-
gi en bon Prince les Eſpagnes 22. ans,
6. mois, mourut l'an de grace 1621.
ayant pareillement laiſſé pour heritier
de ſes Royaumes ſon fils

¶ Philippe IV. à preſent regnant és Eſpagnes, lequel a reformé de grands
abus qui auoient cours en ſon Royaume : Il a eſpouſé Eliſabeth de France
ſœur aiſnée de noſtre Roy Tres chreſtien LOVYS XIII. auec lequel s'il n'a
vne auſſi bonne intelligence comme
l'on pourroit ſouhaiter touchant les
bornes de leurs Empires, ils l'ont ce
neantmoins du tout parfaicte pour ce
qui regarde l'augmentation de la foy
Catholique & l'extirpation des hereſies.

Philippi ville de Theſſalie appellée
auparauant *Dathos*, mais
qui priſt ce nom de Philippes de Macedoine qui la reſtaura. ¶ De la proximité de cette ville furent appellez
Philippiques ces champs dicts auſſi
Pharſaliens, où ſe donnerent ces deux
ſignalées batailles, l'vne entre Ceſar &
Pompée, & l'autre entre Auguſte auec
Brutus & Caſſius. ¶ Et de ce nom auſſi
de Philippiques furent appellées les
oraiſons que compoſa Demoſthene
contre Philippes Roy de Macedoine :
à l'imitation deſquelles Ciceron intitula celles qu'il fiſt contre M. Antoine.

Philippicus ſurnômé Bardanes,
tint pour quelque
temps l'Empire d'Orient. Ayant eſté

relegué en la ville de Chersone par
l'Empereur Abſimarus , pource qu'il
auoit ſongé qu'vn Aigle s'eſtoit aſſiſe
ſur ſa teſte; Iuſtinian II. (qui auoit faict
mourir Abſimarus) homme timide &
vindicatif, eut la meſme apprehenſion
pour ce ſonge , & feignant ſe vouloir
vanger des habitans de Cherſone qui
l'auoient mal traicté en ſon exil où il
auoit eſté auſſi confiné , dreſſa vne armée tant par terre que ſur mer , en deſſein d'y aller tuer Philippicus : mais ce
braue Caualier ayant attiré à luy ceux
de Cherſone delibera de ſe deffendre
par les armes;& à cét effect priſt le nom
d'Empereur. Ce conſeil luy ſucceda ſi
bien que les Capitaines & ſoldats enuoyez par Iuſtinian ſe tournerent de
ſon coſté, & abandonerent Iuſtinian: De
façon que Philippicus voulut meſme
eſtre aggreſſeur, & à cette fin vint auec
vne puiſſante armée vers Conſtantinople où il deffit en bataille Iuſtinian auec
ſon fils Tibere. Mais ayant eſté receu
Empereur, & couronné en Conſtantinople il s'abandonna incontinent à de
peruerſes opinions touchant la foy, contraire à ce qui auoit eſté determiné au
6. Concile general , & enſuiuit l'erreur
des Monothelites. Enuoya en exil Cyrus Patriarche de Conſtantinople , &
ſubſtitua en ſon lieu vn autre heretique
nommé Iean , & non content de ce enuoya des Ambaſſadeurs à Rome vers le
Pape Conſtantin pour luy faire approuuer ſes erreurs : mais luy au contraire le declara heretique, & commanda que ny és ſeruices diuins, ny és actes
publiques l'on ne fit mention ny memoire aucune de luy, ny meſme que
ſon nom ne fut en aucune ſorte nommé; ſi qu'à cauſe de cela & de ſes autres
peruerſitez Philippicus eſtant abhorré
& deteſté de tous , vn certain Arthe-
mius & quelques autres coniurateurs
le menerent en priſon, & luy arracherent les yeux l'ayant deſpouillé de l'Empire, lequel il auoit ſeulement tenu vn

an & demy. Ce qui aduint enuiron l'an
de ſalut 714 Zonare io. 3. P. Diac l'u.20.

Philippides

Poëte Comique tres
familier du Roy Ly-
ſimachus , auquel comme vn iour le
Roy demandoit ce qu'il vouloit qu'il
luy departit de ſes biens : Philippides
luy reſpondit, Ce qu'il te plaira , Sire,
pourueu que ce ne ſoient point de tes
ſecrets. Plut.en la vie de Demetrius. L'on
tient qu'eſtant deſia ſur l'aage , &
qu'ayant remporté le prix d'vn certain
combat faict entre les Poëtes pour la
precellence de leur Art, il en mourut
de ioye. Suidas.

¶ Vn autre de ce nom, Coureur Athenien , lequel pour aduertir promptement les Lacedemoniens de la venuë
des Perſes en Grece, fiſt en l'eſpace de
24. heures, 1.00. ſtades de chemin qui
reuiennent à enuiron 93 lieuës en prenant 2000. pas pour lieuë , & le ſtade
pour 125. pas. Pl. ne liu.7.ch.21. & Suidas.

Philippines

iſles renommées de
la mer Orientale vers
la contrée de Cambaie que Ptolemée
appelle Baruſſes , où iadis habitoient
pluſieurs Antropophages ou mangeurs
d'hommes. Les Eſpagnols qui les deſ-
couurirent l'an 1564. y baſtirent vne ville nommée Manile dans l'iſle de Lu-
zon qui a bien de tour enuiron mil
milles. Il y a pluſieurs autres iſles és
enuirons dont les plus belles ſont Tan-
dar qui a bien 160. lieuës de circuit , &
celle de Mindare remplie de pluſieurs
bonnes villes : l'air y eſt bien temperé,
toutefois vn peu chaud ſpecialement
vers le riuage de la mer. Elles ſont toutes grandement fertiles en froment &
en toutes ſortes de fruicts, & ont abondance de beſtaux : il s'y trouue pareillement quantité de riz, ſuccre , miel, cire , & des figues longues de demy coudées. Elles ſont auſſi riches en mines
d'or & de fer: Elles eſtoient iadis ſoubs
la Monarchie du Roy de la Chine, mais
le Roy d'Eſpagne qui tient vn Gouuerneur

neur en la ville de Manile, les possede à present. *Magin en sa Geor.*

Philippopolis
ville de Macedoine, bastie par Philippe pere d'Alexandre le Grand. *Plin. liu. 4. chap. 11.*

Philistin,
certaine contrée voisine de la Iudée appellée depuis Palestine (bien que ce nom eut esté donné plus generalement à tout le pays qu'on dict vulgairement Terre saincte.) ses peuples furent appellez Philistins, pour ce qu'ils estoient descendus de Philistin petit fils de Cham. *Ioseph. liu. 1. chap. 6. de ses Antiq. Iud.* Dieu voulust qu'ils habitassent en cinq contrées prés les enfans d'Israël, tant à fin qu'ils s'exerçassent contr'eux à la guerre, que pour les chastier par eux, lors qu'ils forligneroient des ordonnances de Moyse, & pecheroient contre Dieu. *Iuges chap. 3.* Et de faict, ils ont souuent vaincu & persecuté les Israëlites. *Iuges. chap. 10. & 15. 1. Roys chap. 4. 13. 17. 23. 29. & 31. 2. Roys chap. 5. & 21.* Mais Dieu a aussi souuent puny cette verge par les Israëlites *Iuges ch. 3. 1. Roys chap. 7. 13. 14. 17. 18. 19. & 23. 2. Roys ch. 5. & 8. 4. Roys chap. 18.* Mesmes les Prophetes prophetiserent contr'eux. *Isaye 14. Ierem. 49. Ezech. 15. Amos 1. Sophon. 2. Zachar. 9.*

Philistion
Poëte Comique qui viuoit du temps de Socrates, lequel on tient estre mort de trop rire. *Suidas.*

Philochorus,
Athenien, homme docte, & deuin du temps d'Eratosthenes, lequel Antigonus Roy de Macedoine feist mourir, l'ayant soupçonné de s'entendre auec le Roy Ptolemée. Il a escrit en 17. liures les gestes des Atheniens, des Roys & Magistrats iusques à Antiochus surnommé Dieu, & plusieurs autres œuures. *Suidas.*

Philoctete
fil de Pæan, Prince de Melibée, lequel Hercule mourant sur le mont Œta fist heritier de son arc & de ses flesches teinctes du fiel de l'Hydre, apres l'auoir obligé par serment de ne reueler à personne de lieu de sa sepulture. Mais comme l'Oracle enquis touchant la prise de Troye, eut faict response que cette ville estoit imprenable sans les flesches d'Hercules; les Grecs chercherent à cet effect Philoctete, lequel sómé de declarer qu'estoit deuenu son Maistre, maintint du commencement qu'il n'en sçauoit rien; mais se voyant de plus en plus pressé, leur confessa à la fin qu'il estoit mort: & pour ne point fausser son serment, monstra seulement du pied le lieu de son sepulchre. Et d'autant qu'il estoit demeuré maistre de ses flesches, les Grecs le voulurent emmener à Troye: mais comme il estoit sur le chemin, l'vne de ses flesches tomba sur le pied qui auoit faict la trahison de son faux serment; dont la playe fut tellemét infectée que pour sa puanteur les Grecs furent contraints de le laisser en l'isle de Lemnos. Toutefois les Grecs voyans qu'en vain sans luy ils assiegeoient la ville, ils deleguerent Vlysse qui le ramena au siege; où de premier abord il tua Paris en duel. *Ouide liu. 13. de ses Metam.* Finalement apres la ruine de cette ville, de honte qu'il eut d'estre ainsi estropié, il ne voulut recourner chez soy, mais passa en la Calabre où il edifia la ville de Petilie. *Virg. l. u. 13. de l'Æneid.* & depuis fut guary par vn certain Machaon fils d'Esculape. *Proper*

Philolaüs
Philosophe Pythagoricien, natif de Crotone, de profond sçauoir; les liures duquel l'on tient que le Philosophe Platon acheta vn grand prix des parens de Philolaüs apres son deceds, & que d'iceux il en composa son Timæe. Il estimoit que toutes choses se faisoient par harmonie, & la violence de la necessité. Il a escrit de la nature des cho-

M m m m m m

ſes. *Lace liu. 8.*

¶ Vn autre de ce nom, Corinthien de la famille des Bacchiades, & amy de Diocles, qui r'emporta le prix és ieux Olympiques. S'eſtant tranſporté à Thebes, il donna des Loix aux Thebains. *Ariſtote liu. 2. de ſes Politiq.*

Philomele fille de Pandion Roy d'Athenes, laquelle Terée Roy de Thrace (qui auoit eſpouſé ſa ſœur Progné) viola comme il l'amenoit pour voir ſa femme ; & de peur qu'elle ne deſcouurit ſon crime, luy couppa la langue, & la reſſerra en priſon afin d'en iouyr à ſa diſcretion. Mais Philomele ayant trouué l'ocaſió de faire ſçauoir cet inceſte & ſon deſaſtre à ſa ſœur Progné par le moyen d'vne tapiſſerie où elle traça toute l'Hiſtoire, Progné en differa la vengeance iuſques au iour de la feſte des Orgyes, & lors auec vne bande de ſes compagnes equipées ſelon la couſtume des Bacchantes, elle enleua de force ſa ſœur d'où elle eſtoit priſonniere, & apres auoir communiqué enſemble, prindrent vn enfant de Terée nommé Itys lequel ils mirent en pieces, & l'ayant faict aſſaiſonner le preſenterent ſur la table de ſon pere : ce qu'ayant ſeulement recogneu ſur le deſſert, il s'aduança pour les tuer, mais par la commiſeration des Dieux, Terée fut changée en huppe, Progné en hirondelle, Philomele en roſſignol, & Itys en faiſan. *Ouide. liu. 6. de ſes Metam.*

Philometor, qui veut dire en Grec *aimant ſa mere* ; fut ainſi appellé le 6. des Ptolemeés Roys d'Egypte, par antiphraſe, pour ce qu'il tua ſa mere : il fut long-temps ſoubs la tutelle du peuple Romain, lequel le preſerua de la tyrannie d'Antiochus Epiphanes Roy de Syrie qui ſous pretexte de conſanguinité vouloit enuahir ſon Royaume : Mais eſtant pour cet effect en Alexandrie, il fut contraint de ſe retirer par le commandement du

Senat Romain, eſtant effrayé par la hardie ſemonce que luy en fiſt leur Ambaſſadeur C. Popilius qui l'entourant dans vn cercle auec vne vierge luy feiſt ſommation de reſpondre à la demande du Senat, deuant que d'en ſortir. Ce Philometor fauoriſa grandement les Iuifs & les maintint contre cet Antiochus. 2. *Machab. 1.* Aima fort leur Souuerain Sacrificateur Onias, auquel il permiſt de baſtir vn temple ſemblable à celuy de Hieruſalem, auprés de Bubaſte ; & voulut qu'en ſa preſence l'on vuidaſt la queſtion qui s'eſtoit meuë entre les Iuifs touchant la vraye Egliſe. *Ioſephe liu. 13. chap. 6. de ſes Antiq.* Il eut pour Precepteur Ariſtobulus renommé Philoſophe Iuif qui dedia des Commentaires ſur Moyſe, & quelques autres Liures ; auſſi cheriſſoit il grandement les lettres & les hommes lettrez. Il mourut de ioye pour auoir obtenu vne victoire, l'an du monde 3948. apres en auoir regné 25.

Philon Iuif Alexandrin, de la race de Leui, excella en toutes les parties de Philoſophie, grand Pythagoricien, & grand Peripateticien, mais ſur tout grand Platonicien : Car il fut imitateur de Platon & en ſentiment & en eloquence, auſſi emporta-t'il le premier lieu entre les ſçauans & diſerts de ſon ſiecle, tant Chreſtiens, Iuifs, que Payens. Euſebe & S. Hieroſme le mettent au nombre des Eſcriuains ſacrez pour auoir loüé *en ſon Liure de la vie contemplatiue* les Chreſtiens d'Alexandrie qui enſuiuoient la doctrine de S. Marc l'Euangeliſté : Auſſi dit-on qu'il conféra auec S. Pierre lors qu'il vint en Ambaſſade de la part des Iuifs vers l'Empereur Claude y ayant eſté deſia deputé vne autrefois pour ſa nation vers Caligula ſon predeceſſeur. *S. Hieroſme en ſon Catal.* Il s'eſt rendu admirable en l'expoſition des ſainctes Lettres leſquelles il explique ſuiuant la verſion des 72. en 3. ſens, literal, moral, & principalement par l'allegoric auquel il excelle de telle façon que la pluspart des Peres anciens l'ont voulu imiter en cette diuine industrie. Il fleurissoit sous les Empereurs Caligula, Claude & Neron, iusques en l'an de salut 50. Il a escrit sur le vieil Testament plusieurs volumes specifiez par Eusebe *au 2. liu. de son hist. Eccl.* & par Sixte Siennois *liu. 4. de sa S. Biblioth.*

¶ Vn autre selon quelques vns, appellé l'Ancien, que l'on dit auoir esté l'vn des 72. Interpretes, & l'Autheur du Liure de la Sagesse, que d'autres attribuent à Salomon : ce qui est plus probable, d'autant qu'en ce Liure il dit que Dieu l'a esleu Roy, Iuge de ses enfans, & constructeur de son Temple, ce qui ne peut estre attribué à Philon, comme le preuue fort bien Sixt. Sienn. *liu. 8. de sa S. Bibl.*

Philonome fille de Nictimus & d'Arcadia, laquelle s'exerçant d'ordinaire à la chasse auec Diane, attira par sa beauté Mars à son amour, lequel deguisé en berger l'engrossa, si que peu apres elle accoucha de deux gemeaux, lesquels pour la crainte de son pere elle ietta dans le fleuue d'Erymanthe, qui poussez par le cours de l'eau furent trouuez pres d'vn chesne où vne Louue ayant fraischement faict ses petits les allaictoit : ce qu'ayant apperceu vn pasteur nommé Tiliphe les fist nourrir comme siens, appellant l'vn Lycaste, & l'autre Parrhase, qui tous deux depuis regnerent en Arcadie. *Plut. en ses Paral.*

Philopœmen Megalopolitain, Capitaine fort renommé des Achéens, aimé singulierement de toute la Grece. L'on le comparoit à Epaminondas en ce qu'il imitoit sa hardiesse à entreprendre toutes choses grandes, son bon sens à les executer, & sa preud'hommie en ce qu'il ne se laissoit corrompre ny gaigner par argent : mais en cela different, qu'il se

laissoit emporter à la cholere & à l'opiniastreté. Dés son enfance il ayma les gens de guerre & les armes, & prist plaisir à se dresser aux exercices du corps qui y sont conuenables ; s'endurcissoit & rendoit dispos à chasser ou à labourer luy mesme la terre, & ne reposoit que sur quelque meschante paillasse : Au reste tout ce qu'il pouuoit espargner n'estoit que pour se bien monter & bien armer à l'aduantage ; n'employoit le temps à la lecture que des Liures qui l'esmouuoient à la vertu & à la proüesse, & qui luy apprenoient à dresser & à ordonner les batailles, aussi fist-il paroistre cette sienne suffisance en plusieurs exploicts : car par son moyen Antigonus obtint victoire sur les Lacedemoniens. Estant esleu Capitaine general des Achéens, il s'y comporta auec tout plein de valeur. Il dressoit ses Soldats à toutes sortes d'exercices militaires ausquels il ordonnoit d'auoir des equipages riches, disant que cette brauerie faisoit croistre & fortifioit vn cœur genereux. Ainsi suiuy & chery des siens il feist plusieurs notables exploicts, vainquit les Ætoliens, desfist & tua de sa main Marchanidas tyran des Lacedemoniens pres Mantinée : En memoire dequoy les Achéens luy dresserent vne statuë au temple d'Apollon à Delphes. Et de là il acquist reputation entre les Grecs, & se rendit redoutable des ennemis. Apres la mort de Nabis tyran de Sparte, & que Philopœmen eust gaigné la ville, & l'eut iointe à la ligue des Achéens, les Spartiates luy firent offrir 127. talents, qui sont 76200. escus, mais luy aussi tost s'en vint à Sparte où il remonstra au Conseil que ce n'estoient point les gens de bien & les bons amis qu'ils deuoiẽt tascher à corrompre par argent, attendu qu'ils se pouuoiẽt seruir de leur vertu à leur besoin sans qu'il leur coustast rien ; mais que c'estoient les meschans, & ceux qui par leurs seditieuses haran-

gues au Conseil se mutinoient & mettoient la ville en combustion qu'ils deuoient acheter & gaigner par loyer
mercenaire, afin de les empescher de
mal dire & de mal faire Ce neantmoins
quelque temps apres s'estant aigry contr'eux, il feist abbattre les murailles de
leur ville, & leur osta leurs ordonnances qui estoient celles de Lycurgus, qu'il
sçauoit leur releuer le cœur trop haut,
& les rendre reuesches ; mais ayant esté
esleu pour la 8. fois Capitaine des A-
chéens, & ayāt hazardé le combat auec
vne petite troupe contre Dinocrates
tyran de Messine, il fut pris & mené
prisonnier à Messine où ce tyran craignant qu'il ne fust deliuré le feist incontinent mourir par poison ; dont les Me-
galopolitains firent vne cruelle vengeance sur les Messeniens ; Dinocrates
auec tous ses adherans se firent mourir eux-mesmes, & les cendres de Philopœmen furent enterrées en grand
honneur, & plusieurs images dressées à
sa memoire. *Plut. en sa vie.*

Philostrate Philosophe Lemnien,
Secretaire de Julia
femme de l'Empereur Seuere, qui a escrit les vies des Sophistes iusques au
temps de Seuere, huict Liures de la vie
d'Apollonius Tyaneus auec vn Liure
des plates peintures. *Volat :* ¶ Son pere
de mesme nom enseigna à Athenes du
temps de Neron, & a escrit plusieurs
panegryques & declamations rapportées par Suidas.

Philotis seruante Romaine, autrement appellée Turola, la-
quelle par son industrie deliura Rome
du siege des peuples Latins. *Voy* Ca-
protine.

Philoxenus Poëtes Lyrique fort
docte & adroict à
escrire des hymnes à la loüange des
Dieux : auquel comme vn iour le tyran
Dionysius eust monstré certaine sienne
tragedie pour la reuoir & corriger, il
l'effaça toute, dont le tyran irrité le fist

mettre en prison : d'où estant rappellé
il dist qu'il contrepeseroit à l'aduenir si
bien ses paroles qu'il diroit verité, & si
se maintiendroit en la bonne grace de
Dionysius, comme il fist : car Dionysius ayant recité quelques vers où il y
auoit force lamentations pour esmouuoir les cœurs des escoutans à compassion, il pria Philoxenus d'en dire son
aduis, lequel respondit, que ses vers à la
verité luy auoient faict grand pitié : c'e-
stoit vn aspre traict de mocquerie que
Dionysius ne sentit point. *Plut. en la vie
de Dionysius.*
¶ Vn autre de ce nom, certain Philosophe qui desiroit auoir le col d'vne gruë
afin de gouster vn plus long temps la
saueur des viandes. *Aristote en ses Morales à Nicomaque.*

Philyre fille de l'Ocean, & mere de
Chiron le Centaure. *Voy*
Chiron.

Phinée fils d'Agenor Roy de Phœnicie, que quelquesvns qualifient Roy de Thrace, les autres de Paphlagonie, les autres d'Arcadie. Il
espousa en premieres nopces Cleopatra, que les autres nomment Harpalyce
sœur de Calaïs & de Zethes (dicts Boreades pour estre fils de Borée) dont il
eut deux fils, mais l'ayant repudiée il
espousa Idée fille de Dardanus Roy de
Scythie, laquelle accusant faussement
les enfans de ce premier lict de l'auoir
voulu forcer, fut cause que Phinée leur
fist creuer les yeux, & les chassa : Pour
lequel crime les Dieux le priuerent aussi
de l'vsage de la veuë, & de plus le punirent d'vne perpetuelle faim ; car toutes
les fois qu'il pensoit prendre sa refe-
ction les harpyes luy venoient enleuer
vne partie de ses viandes, & luy souiller
& empuaisir le reste : Toutefois en fin
il en fut deliuré par le moyen de Calaïs & Zethes Argonautes : car sur le
point que ces harpyes vindrent pour
enleuer les viandes, ces boreades prindrent leur vol, & fendans l'air à tire

d'aile les pourſuiuirent & les contraignirent de quitter le pays, & donner
aſſeurance de ne iamais moleſter Phinée. *Apollonius liu. 2. de ſes Argonautes.*
Voy Calaïs, & Harpyes.

¶ Vn autre de ce nom frere de Cephée
lequel voulant en vn feſtin enleuer Andromede (qu'il auoit fiancée, & laquelle toutefois auoit eſté donnée à Perſée
en mariage) fut changé en rocher par
l'aſpect de la teſte de Meduſe que luy
monſtra Perſée. *Ouide liu. 5. des Metam.*

Phinées
fils du Sacrificateur Hely,
& frere d'Ophni. *Voy*
Ophni.

Phiſon
interp. de l'Hebr. *multitude*
ou *ferondité*, l'vn des 4. bras
ou canaux du fleuue qui ſort du iardin
d'Eden, lequel arrouſe la terre de Heui-
lath (que l'on croit eſtre la Suſiane) où
ſe trouue l'or. *Geneſ. ch. 2.* Il paſſe par la
terre d'Indie, & là ſe deſcharge dans la
grande mer. *Ioſephe liu. 1. ch. 2.* Quelques
vns le prennent pour le Gange, & les
autres pour l'Euphrate.

Phlanonites
certains peuples
d'Eſclauonie, qui
ont pris leur nom d'vne ville appellée
Phlanon, & du golphe Phlanonitique
lac voiſin, que les Mariniers appellent
de preſent Charnier pour ſes continuels naufrages qui cauſent les tourbillons & vents qui y ſont fort impetueux : meſmes dit-on que pres la ville
de Senta là voiſine, qui eſt és coſtes de
Dalmatie, il y a vn abyſme dans lequel
ſi on iette quelque choſe pour petite
qu'elle ſoit, il en ſortira ſoudain vn
tourbillon de vent, encores que le
tẽps fuſt clair & ſerain. *Pline li. 2. ch. 44.*

Phlegethon
a eſté eſtimé l'vn des
fleuues des Enfers,
ſelon la fiction des Poëtes : Ce mot
vient du verbe Grec *Phlego* qui veut dire, ie bruſle.

¶ Par ce fleuue les Anciens ont voulu donner apprehenſion aux mal viuans, des
flammes inextinguibles qu'ils deuoient endurer és Enfers apres le deceds de cette vie:
Ce qui n'eſt point eſloigné d'vne vraye croyance, comme ainſi ſoit que par tout és Sainctes Eſcritures, les peines des damnez
ſoient repreſentées par les feux.

Phlegon,
interpr. du Grec *bruſlant*,
l'vn des quatre cheuaux
du Soleil *Voy* Æthon.

Phlegre
ville de la Theſſalie, pres
celle de Palene. D'icelle
furent appellez ces deux champs Phle-
gréens, dont l'vn eſt en Grece pres de
cette ville, où les Geants combattirent
contre les Dieux : & l'autre en la Campagne pres de Cumes où l'on dict que
les Geants eurent combat auec Hercule. *Strab. liu. 5.* Quelques vns toutefois
les appellent ainſi du verbe Grec *Phlego*, c'eſt à dire, ie bruſle ; à cauſe que ce
lieu eſt tout enflammé de foudres qui là
furent eſlancez ſur les Geants lors qu'ils
combattirent contre les Dieux.

¶ Ceux qui ſe ſont efforcez de rapporter tout
cecy à l'Hiſtoire, comme Theagenes & Eu-
doxus, diſent que Palene anciennemẽt nommée Phlegra fut vne ville habitée par certaine ſorte de gens deſquels la fierté & l'orgueil les ont faict renommer pour Geants:
Et dautant que là ils furent ſurmontez par
Hercules, & qu'auſſi ces campagnes ſont
ſubiectes aux foudres, & qu'il y a pluſieurs
minieres de ſouffre, leſquelles agitées des
vents qui eſmeuuent la terre, s'allument
& enflamment toute la contrée : Si bien
que pour cette cauſe l'on a feinct que les
Geans y auoient eſté foudroyez.

Phlegyas
fils de Mars & Roy des
Lapithes en la Theſſa-
lie, pere d'Ixion & de la Nymphe Coronis, lequel ayant ſceu que ſa fille
auoit eſté engroſſée par Apollon pour
s'en vanger, embraza le temple de Delphes : à raiſon dequoy ce Dieu offencé
le tua à coups de fleſches, & en ſuitte le
precipita aux Enfers detenu là en perpetuelle crainte de la cheute d'vn rocher qui luy pend ſur la teſte.

¶ Il y eut vn autre de ce nom, Chef de

certains peuples de la Theſſalie, leſquels pour leurs ſacrileges & eſtre contempteurs des hommes & des Dieux, furent ſubmergez par vn deluge enuoyé par Neptune courroucé. De l'eſtat deſquels aux Enfers faict mention Virgile *liu. 6. de l'Æneid.*

Phobetor fils du Dieu Sommeil, & l'vn de ſes trois Miniſtres : ainſi dict du verbe Grec *Phobein,* c'eſt à dire, repreſenter : l'on l'appelloit auſſi *icelos* en Grec, c'eſt à dire ſemblable : car ſon office eſtoit de repreſenter la forme & ſimilitude de toutes ſortes d'animaux, *Voy* Morphée.

Phocas de Mareſchal de Camp qu'il eſtoit de l'armée de Maurice Empereur, fut par la faueur d'icelle (qui hayoit Maurice) proclamé Empereur : dont auſſi toſt eſtant venu auec de grandes forces vers Conſtantinople, il ſe ſaiſit de Maurice, le fiſt decapiter, ayant au prealable faict mourir en ſa preſence ſes 2. fils, ſes 3. filles, & l'Imperatrice ſa femme : Ainſi il fut couroné à Conſtantinople auec l'approbation de tous, & ſpecialement du Pape Gregoire ennemy de Maurice. Ses premiers commençemens furent d'enuoyer des exemptions par toutes les terres de l'Empire, & de munir de garniſons les places qui en auoient beſoin ; ce qui le fiſt craindre & eſtimer de tous. Ce pendant les affaires d'Italie ſe porterent aſſez paiſiblement à cauſe de la paix que fiſt Agiſulphe Roy des Lombards auec l'Exarque Smaragdus, le Pape Gregoire, & tous les peuples d'Italie. Phocas en ſuitte enuoya au Pape ſa confeſſion Catholique, & le declara Eueſque vniuerſel, & l'Egliſe Romaine Chef de toutes les Egliſes du monde. Cependant Coſroès Roy des Perſes s'aduança és terres de l'Empire, & deffiſt par trois fois Germanus Lieutenant de l'armée Imperiale en Orient, ſi bien qu'il ſe rendit maiſtre de la Meſopotamie, d'vne partie de Syrie, de l'Ar-

menie & de la Cappadoce. Mais Phocas vint à deſcouurir en plein ſa laſcheté & baſſeſſe de courage, ſon auarice, ſes vices & vilennies, ſi bien que cela apporta beaucoup de ſeditions, troubles & meſchancetez, car les Princes voiſins delibererent de ſe rendre maiſtres & enuahir toutes les terres qu'ils pourroient. Caian Roy des Huns & Hongrois attaqua les Lombards, qui ſeuls conſeruoient la paix à l'Empire : priſt par force & ſaccagea pluſieurs villes d'Italie. Les Eſclauons s'emparerent de l'Illyrie & de la Dalmatie, tellement qu'Heraclius Gouuerneur de l'Afrique recognoiſſant les horribles confuſions aduenuës pour la fetardiſe & les autres vices de Phocas, priſt conſeil auec Priſcus ſó beaupere & Patritius, de s'en deffaire, ce qu'ils executerent ; car eſtant venu Priſcus en Conſtantinople auec vne puiſſante armée, ils tuerent Phocas : & pour vanger d'autant plus le parricide qu'il auoit commis en la perſonne de ſon maiſtre Maurice, ils luy coupperent les membres en pluſieurs parties. Ainſi mourut Phocas le 8. an de ſon Empire, & de ſalut 611. *Zonare, Cedren.*

Phocée ville de l'Ionie en l'Aſie Mineur, iadis colonie des Atheniens : ainſi appellée d'vne quantité de veaux marins dicts des Grecs *Phocai,* qui apparurent ſur le riuage lors que l'on baſtiſſoit cette ville. *Strab. liure* 14. Ses habitans furent nommez Phocées & Phocenſes, leſquels trauaillez par les guerres côtinuelles des Perſes, & ſpecialement ſoubs Cyrus, furent contraincts de quitter leur pays : & apres auoir couru la fortune de pluſieurs longs & perilleux voyages, vindrent enfin aborder és Gaules ſur les coſtes de Prouence où ils baſtirent la ville de Marſeille, dans laquelle ils firent fleurir les lettres Grecques, & inſtruiſirent les Bardes & Druydes Philoſophes de nos Gaulois. *Amian. Marcellin liu.* 15. *Voy* Marſeille.

Phocide petite contrée de Grece, voisine du golfe Crisséen, auiourd'huy *Lepanto*, qui est toutefois renommée pour sa ville capitale de Delphes, où estoit cét ancien oracle d'Apollon, qui conuioit à sa visite toutes les nations du monde. Là se voyoient aussi les monts de Parnasse & d'Helicon. Ses habitans sont nommez Phocenses, lesquels quelques vns estiment fondateurs de la ville de Marseille, & non les Phocenses de l'Ionie. *Pline liu. 3. chap. 4.*

Phocion Capitaine des Atheniens de rare & tres-eminente vertu, en cela imitant Caton de ce qu'ils eurent tous deux en austerité presque vne égale authorité conjoincte auec la douceur, la proüesse auec la prudence, la vigilance craintiue pour les autres, auec l'asseurance resoluë pour eux-mesmes, fuite des choses honteuses, & zele de la Iustice: car ces vertus monstroient en tous deux vn mesme teint, vn mesme traict, & vne mesme couleur emprainte en leurs mœurs. Aussi Phocion fut-il disciple de deux grands Philosophes de Platon & de Xenocrates en l'eschole de l'Academie où il s'addonna à toutes sortes de perfections, embrassant au reste vne austerité de vie extraordinaire, tesmoignage d'vn esprit merueilleusement compris & retenu en soy mesme: car iamais on ne le veid ny rire, ny pleurer, ny se lauer és estuues. Quand il alloit par les champs estant à la guerre il cheminoit tousiours pieds nuds & sans robbe, s'il ne faisoit vn froid insupportable, & combien qu'il fut fort doux & fort humain de sa nature, si est-ce qu'à son visage il monstroit estre de difficile accez & mal accostable, son parler estoit bref, mais qui contenoit beaucoup de substance; au reste seuere, & maiestatif. Il fist son apprentissage au faict de la guerre soubs le Capitaine Chabrias, & s'entremist du gouuernement des affaires estant

desia la chose publique toute ruinée: ce qui fist que sa renommée ne fut autant celebrée qu'elle meritoit. Il suada tousiours le repos & la paix, & neantmoins il fut souuent esleu Capitaine, & eut plus de fois charge d'armes qu'aucun autre, qui l'ait deuancé: car il fut iusques à 45. fois esleu Capitaine, sans s'estre iamais trouué qu'vne seule fois és assemblées des eslections: Et ce neantmoins il ne faisoit, ny ne disoit chose quelconque pour complaire au peuple, comme faisoient les autres, iusques là qu'il ne craignoit point de dire en plein Conseil qu'il ne trouuoit rien bon de ce qu'on y arrestoit! Toutefois il ne fist iamais mal à aucun citoyen pour inimitié, ny n'en haïssoit pas vn, ains seulement monstroit son aigreur à l'encontre de ceux qui empeschoient le bien public, se monstrant au reste doux & gracieux à tout le monde, iusques à hanter priuément ceux qui luy estoient aduersaires, & les secourir en leurs aduersitez. C'est pourquoy quand il conduisoit ses armées par la campagne, tous venoient au deuant de luy couronnez de chappeaux de fleurs en signe de resiouyssance publique: au contraire si c'estoient d'autres qui en eussent la conduite, ils se retiroient des champs dans les villes, leurs femmes, leurs enfans, & tous leurs biens, comme si c'eussent esté ennemis declarez en guerre ouuerte. Ses faicts de guerre sont aussi signalez: il secourut les Erethriens, & deffist en bataille les trouppes de Philippe Roy de Macedoine, deliurant la ville de Bisance & toute la Chersonese de la vexatió de ses armées. Apres la bataille de Cheronée gaignée par Philippe contre les Atheniens, ensuiuie de la mort de Philippe, il exhorta les Atheniens de bailler à Alexandre le Grand son fils ce qu'il demandoit, & luy-mesme l'obtint d'Alexandre, lequel depuis l'eut en grande estime: mais comme il luy eut enuoyé 100. talents,

Phocion demanda à ceux qui les luy auoient apportez, pourquoy Alexandre enuoyoit ce present à luy seul, Pource, respondirent ils, qu'il t'estime seul homme de bien & d'honneur : & Phocion leur repliqua, Qu'il me laisse donc sembler tel, & l'estre toute ma vie. Lequel refus il continua encore plus aigrement en la personne d'Harpalus Capitaine d'Alexandre : car ayant corrompu par argent plusieurs d'Athenes, & outre enuoyé 00 talents à Phocion; il luy feist cette dure response, qu'il le feroit repentir s'il ne se deportoit de corrompre la ville d'Athenes. Voire fut si entier qu'il ne voulut deffendre en iugement, ny ayder de sa faueur son gendre Charicles accusé de corruption. Il gaigna encore depuis vne bataille sur les Macedoniens : mais Antipater ayant subiugué la Grece, & s'acheminant vers la ville d'Athenes pour l'assieger. Phocion luy fut enuoyé qui obtint de luy tout ce qui se pouuoit en vn temps si calamiteux. Cependant il maintint les affaires en vn sage contrepois. Mais apres la mort d'Antipater Polyperchon Capitaine general des Macedoniens brouilla tellement les affaires d'Athenes, que Phocion n'y pouuant donner ordre fut faussement accusé de trahison, & exposé au iugement de toute la racaille d'Athenes, où il interceda pour ses amis, & non pour soy; aussi fut il condamné à mourir auec 4. autres, mais sans changer : car auec vne constance admirable il encouragea ses compagnons, pardonna sa mort à ses ennemis, paya le poison au bourreau, & mourut sans aucun tourment. *Plut. en sa vie.*

Phocylides

Poëte Grec natif de Milet vers la 59. Olympiade : A escrit plusieurs vers heroïques, des Elegies, & quelques autres Sentences morales qu'il auoit tirées, comme l'on tient, des liures des Sybilles, *Suidas.*

Phœbas

estoit appellée la Prestresse d'Apollon, laquelle saisie d'vne fureur diuine donnoit ses responses sur le trepied à ceux qui la consultoient. *Sidonius.* Voy Delphes.

Phœbus

est le mesme qu'Apollon, ou le Soleil fils de Iupiter & le Latone engendré d'vne mesme ventrée auec Diane, qui pource fut nommée Pœbé. Il fut estimé le Dieu de la Musique & de la Deuination, comme aussi l'inuenteur de la Medecine : Il est appellé Phœbus, comme qui diroit en Grec *phos ton biou*, c'est à dire, lumiere de la vie. *Voy* Apollon.

Phœnicie

contrée de la Syrie, voisine de la Iudée, ayant à son Midy la Galilée; & au Couchant les costes de la mer Mediterranée. Elle fut ainsi appellée selon Estienne d'vn certain Phœnix fils de Neptune & de Libye. Elle contenoit iadis plusieurs villes tres-signalées, & entr'autres cette grande & superbe ville de Tyr qui estoit sa capitale, Beryte; sydon, Ptolemaide, Capharnaum, Emisse & autres, dont on ne void de la pluspart que quelques restes. Ses peuples nommez Phœniciens ont esté iadis fort renommez, à cause des gentilles inuentions qu'ils mirent en lumiere, & des sciences qu'ils publierent entr'eux, tant au faict de l'Astrologie que de l'Art de nauiger, & du mestier de la guerre. *Plin. liu 5. ch 12.* Procope *liu 2. de la guerre de Vandales*, & autres anciens Historiens racontent qu'en cette contrée habitoient iadis les Gergosiens & Iebusiens commandez par vn seul Roy, lesquels comme ils veirent venir à eux l'armée de Iosué, passerent en l'Egypte, & de là plus auant en l'Afrique, où ils bastirent plusieurs villes, & peuplerent iusques aux colomnes d'Hercules, & entr'autres la ville de Tingit, autremét dicte Carthage en la Numidie, où se voyoient plusieurs siecles apres 2. colomnes de perre blanche, esquelles en langue

langue Phœnicienne eſtoient entaillez ces mots, *Nous ſommes ceux qui fuſmes deuant ce grand brigand Ioſué fils de Nun.* Ainſi ils peuplerent toute cette coſte d'Afrique, de Barbarie & d'Eſpagne, y apporterent leur langue, & y baſtirent la ville de Carthage, qui veut dire en langue Hebraïque *Cité ſuperbe*, ou en langue Syriaque *moitié ville.* L'on tient que d'eux ſont venuës les Lettres (leſquelles ils auoient auparauant receuës des Hebrieux) en l'Europe; ce que les Grecs meſmes aduoüent, diſans que Cadme auoit rapporté de Phœnicie 16. Lettres. *Plin. liu. 7. chap. 57.* Et de faict la langue Punique ou Carthaginoiſe a grande conformité auec la langue Syriaque.

Phœnix fils d'Amintor, lequel par la ſuaſion de ſa mere eut affaire auec vne concubine qu'entretenoit ſon pere; dont Amintor indigné luy donna tant de maudiſſons, qu'il le contraignit de quitter l'Achaie ſon pays natal; & s'eſtant retiré en la Theſſalie, Pelée qui lors y commandoit luy donna la Seigneurie des Dolopes, luy commettant dauantage l'inſtruction de ſon fils Achilles, lequel il ſuiuit à la guerre de Troye. *Homere liu. 1. de l'Iliade.* Il deuint finalement aueugle, comme teſmoigne Ouide en ſon Ibis.

¶ Vn autre de ce nom fils de Neptune & de Libye, ou ſelon d'autres, d'Agenor & frere de Cadmus, qui commanda aux Phœniciens, & leur donna le nom. *Eſtienne.*

Phorbas fils aiſné de Priam, ou ſelon Seruius, de Driope, & pere de cet Ilion Troyen qui nauigea en Italie auec Ænée apres la priſe de Troye, lequel en cette meſme guerre fiſt pluſieurs exploicts notables par la faueur de Mercure, mais enfin fut tué par Menelaus. Le Dieu Sommeil ayant pris ſa figure deceut Palinure. *Virg. liu. 5. de l'Æneid.*

¶ Vn autre de ce nom Chef des Phle-

gyens, homme deteſtable, grand voleur & bandoulier, lequel contraignoit les paſſans de faire à coups de poings auec luy, afin, diſoit-il, qu'ils fuſſent mieux exercitez à combattre és ieux Pythiques, & ſoubs ce pretexte détrouſſoit les vns & maſſacroit les autres: Mais enfin Apollon pour rendre le paſſage libre aux offrandes qu'on luy apportoit à Delphes, preſenta le combat à cet inhumain, & le tua. *Noel le Comte liu. 4. de ſes Mythol.*

Phorcys ou Phorque fils de Neptune & de la Terre, ſelon Heſiode, ou de la Nymphe Thooſe, ſelon Varron, Roy des Iſles de Corſegue & de Sardaigne, lequel ayant eſté vaincu par Atlas en guerre nauale, & ſubmergé des ondes, ſes compagnons firent courir le bruit qu'il eſtoit deuenu Dieu marin, qui comme tel fut depuis honoré d'eux. Les Poëtes le font pere des Gorgones appellées pource Phorcydes; comme pareillement de Scylle qu'il engendra de Cetho le ſerpent qui gardoit les pommes d'or des Heſperides, ſelon Heſiode.

Phormion Philoſophe Peripateticien, eſtimé grand Orateur, mais lequel Annibal ayant vne fois entendu haranguer touchant le deuoir d'vn Capitaine & du faict de la guerre: Comme on luy euſt demandé quel iugement il en faiſoit, diſt, qu'il auoit bien veu en ſa vie de vieils fols, mais qu'il n'en auoit point encore veu vn ſemblable. *Cic. liu. 2. de l'Orateur.*

¶ Vn autre de ce nom Capitaine des Crotoniates, lequel vainquit les Lacedemoniens en deux batailles nauales. *Theopompus en ſes Philipp. 14.*

¶ Vn autre de ce nom Capitaine des Atheniens, qui deſfiſt en deux ſignalées batailles ceux du Peloponneſe. *Thucydid. liu. 2.*

Phoronée fils d'Inaque & ſecond Roy des Argiens, ſur leſquels il regna 60. ans enuiron le téps de Iosué. *Genebr. en sa Chronol.* Pline *liu.* 7. *chap.* 57. l'appelle le plus ancien des Roys de la Grece. De son nom Isis, qui fut estimée sa sœur, fut appellée Phoronis.

Phosphore
(c'est à dire, *porte-lumiere*) est appellée par les Grecs cette Estoille que les Latins nomment Lucifer. *Voy* Lucifer.

Phraortes
Roy des Medes, lequel soubmist à son Empire les Perses, & en suitte l'Asie : mais finalement il fut vaincu par les Assyriens & Babyloniens. Il mourut assiegeant Niniue, ayant regné 22. ans. *Herodot. liu.* 1. ¶ Vn autre de ce nom Roy des Indiens, lequel Apollonius Tyaneus estant venu voir, & s'enquerant de luy de sa façon de viure, respondit: *Ie bois autant de vin que i'en sacrifie au Soleil ; ce que ie prens à la chasse les autres s'en repaissent, me contentant du seul exercice ; ma viande ordinaire sont les herbes, & quelques fruicts de palmiers & autres arbres que i'ay moy-mesme plantez. Philostrate en la vie d'Apollonius.*

Phrygie
region de l'Asie Mineur, voisine de la Carie, Lydie, Mysie & Bithynie, qui luy sont adjointes de telle façon qu'à peine les peut on distinguer. *Strab. liu.* 13. Elle est ainsi appellée des Phrygiens peuples de Thrace qui l'habiterent, ou bien de Phrygie fille de Cecrops, ou en fin du fleuue nommé Phrygius qui la separe de la Carie. Elle est diuisée en haute & basse : la haute est bornée du Nord par la Galatie, & du Midy par la Lycaonie, Pisidie & Mygdonie. En icelle l'on met la ville de Midaie, iadis demeure du Roy Midas, & Apamie nômée Cibotis, qui estoit iadis la capitale de toutes les villes de Phrygie, & fort marchande, non loin du fleuue Meandre. La basse Phrygie est situee vers le Couchât visà vis du mont Athos : l'on l'appeloit anciennement Troas ou Troade, selon Ptolemée, & Hellespontiaque selon

Strabon. En icelle estoit cette grâde & superbe ville de Troye dicte Ilium, & celle de Pergame Metropolitaine de l'vne & de l'autre Phrygie. L'on y void aussi les montagnes d'Ida & de Tmole, & le fleuue Pactole qui traisne des sablons d'or. Les Phrygiens furent les premiers qui inuenterent les augures & l'vsage de la fluste. Comme aussi les chariots à 4. rouës, & le moyen d'atteler 2. cheuaux. *Plin. liu.* 7. *ch.* 57. & l'vsage de la broderie. *liu.* 8. *chap.* 48.

Phryné
courtisane fort fameuse d'Athenes ; laquelle ayant esté accusée d'impieté, & son Aduocat Hiperide ayant en vain employé tout son bien dire pour la deffendre, luy fist en fin descouurir son sein, dont la beauté esmeut tellement les Iuges qu'ils luy redonnerent la vie. *Arist. liu.* 1. *de sa Rhet. Quintil. liu.* 2. *chap.* 15.

Phryxé
fils d'Athamas & de Nephelé, lequel auec sa sœur Hellé, voulans euiter les embusches de leur marastre Ino, s'emparerent d'vn mouton qui auoit la toison d'or, sur lequel ils monterent pour trauerser ce destroict de mer proche de Constantinople : mais les flots ayans estôné Hellé elle tomba & se noya en la mer, laquelle de son nom fut depuis appellé Hellespont (qui est auiourd'huy nommé le destroit de Callipoli :) mais Phryxé dyât passé heureusement s'en vint anchrer à Colchos où il sacrifia son mouton à Iupiter, ou à Mars selon d'autres, & en fist offrande de la peau au temple où il la pendit ; laquelle depuis Iason Chéf des Argonautes côquesta par la faueur de Medée. Et ce belier fut depuis placé entre les signes du Zodiaque. *Ouid. liu.* 7. *de ses Metam. & en ses Fastes.*

Phthiriophages
peuples habitás pres le pôt Euxin ou mer Major, ainsi appellez pour ce qu'ils viuoient de poux. *Plin. l.* 6. *c.* 4.

Phul
Roy des Assyriens tres puissant, lequel le premier passa l'Eu

phrate pour venir en Afie, où il donna grande terreur par fes armes. Il vint en Ifraël, & contraignit le Roy Menahem de luy payer tribut de 1000. talents d'argent par chacun an. 4. *Roys* 15. L'on tient que ç'a efté luy qui eftant Roy de Niniue fift penitence à la predication du Prophete Ionas; bien que quelques vns eftiment que ce fut Sargon fon predeceffeur, auquel il ofta l'Empire & la vie. Il regna 37. ans, enuiron l'an du monde 3400.

Phut l'vn des fils de Cham *Genef.* 10. lequel fut autheur des Lybiés, & pource furent appellez Phutéens de fon nom, qui font peuples de la Mauritanie : Et mefmes il y a encore vne riuiere de ce nom, & plufieurs Hiftoriens Grecs en font mention, comme auffi de la region ioignante appellée Phuté. *Iofephe liu. 1. chap. 6. de fes Ant. Iud.*

Phyllis fille de Lycurgue Roy de Thrace, laquelle receut Demophoon fils de Thefée reuenant de la guerre de Troye, & l'honora mefme de fon lict fur la promeffe qu'il luy fift de l'efpoufer auffi toft qu'il auroit donné ordre à quelques affaires qu'il auoit en fon pays : Mais elle voyant que le terme de fon retour arrefté entr'eux eftoit defia expiré, fe croyant eftre deceuë, pouffée d'impatience & de defefpoir fe pendit, mais par la commiferation des Dieux elle fut changée en vn amandier denué de fes fueilles ; Peu apres Demophoon reuenu ayant entendu cette mort fi tragique dont il eftoit coupable, embraffa tant cet arbre, que reffentant fon efpoux il commença lors à bourgeonner & ietter fes fueilles que les Grecs ont depuis appellées *Phylla* de cette Phyllis. *Ouide a faict vne Epiftre fur ce fubiect intitulée Phyllis à Demophoon.*

Physcon furnom du 8. des Ptolemées Roys d'Egypte, ainfi appellé à caufe de la groffeur de fa pance, lequel ayant regné 17. ans, mou-

rut enuiron l'an du monde 3984. *Geneb. liu. 2. de fa Chronol.*

Pibrac (nommé Guy du Faur) perfonnage de rare fuffifance, natif de Thouloufe ; fut premierement Confeiller au Grand Confeil, & Iuge Mage dudit Thouloufe, puis Aduocat General à Paris : finalemeut Prefident & Chancelier de Henry III. lors Duc d'Anjou, pendant lefquelles charges il fut enuoyé Ambaffadeur par 2. fois en Pologne, comme auffi au Concile de Trente où il fift paroiftre les forces de fon eloquence. En fin mourut l'an 1584. Il eft autheur de fes fententieux Quatrains qui font fort recommandez par nos François.

Pic (nommé Iean) Comte de la Mirande & de Concorde, perfonnage fi renommé, tant pour la nobleffe de fa race, que pour la beauté & excellence de fon corps & de fon efprit, que l'on l'a nommé le Phœnix : auffi eftoit-il accomply en toutes fortes de fciences, & langues, en telle perfection qu'il fut reputé pour vn miracle. Il commença à efcrire eftant encore ieune, ayant en l'aage de 23. ans faict vn Liure fur le premier chapitre de la Genefe qu'il dedia à Laurens de Medicis, où il met en auant des conceptions tellement releuées & fingulieres qu'elles auoient efté incogneuës aux autres expofiteurs tant Grecs, Latins, qu'Hebrieux. Il a produit encore quelques autres œuures, mais la mort le rauit en l'aage de 30. ans, l'an de falut 1494. *Son nepueu François Pic heritier de fe: vertus a defcrit fa vie.*

Picardie l'vne des plus fignalées prouinces de France, iadis comprife foubs la Gaule Belgique : a pris fon nom des Bigars ou Begars heretiques qui y eurent la vogue ; ou pluftoft à caufe de cette forte d'armes qu'on nomme pique, dont on les faict

Nnnnnn ij

inuenteurs. Elle a maintenant pour ses bornes (car elle estoit iadis de plus gräde estenduë) vers l'Occidét la mer Angloise, auec vne partie de la Normandie au Nord l'Artois, & le pays de Hainaut : au Leuant le pays de Luxembourg & la Lorraine , & au Midy là Champagne & l'Isle de France. Toute cette contrée est tres-fertile, estant appellée le grenier des Parisiens : il n'y croist point toutefois de vin, ou fort peu , à cause de la nonchalance des habitans qui n'y plantent point de vignobles. Ses principales riuieres sont Sommé , Oyse, Marne , Ayne , l'Escauld & Scarpe. L'on y compte iusques à 32. villes , dont les principales sont , Amyens, Soissons , Abbeuillé , Laon , Beauuais, Corbie , Peronne , la Fere , Boulogne, Dourlans, & S. Quentin. L'on la diuise en 3. parties , sçauoir en la vraye, haute, & basse. La vraye qui commence à Crene-cœur , contient les Vidamies d'Amyens , de Corbie & de Picquigny, le Comté de Vermandois, les Duchez de Tirasche & de Rhetelois. La haute comprend Santerre où sont les villes de Peronne , Roÿe & Nesse, les Comtez de Ponthieu, dont la principale est Abbeuille, de S. Paul & de Monstrueil: La basse contient les Comtez de Boulogne, Guynes & d'Oye où est Calais. Iadis de toutes ces villes Soissons estoit la capitale , comme la demeure des Roys. Les Picards sont de doux & franc naturel, fort vnis entr'eux, vaillants & courageux, mais ils sont fort prompts, & se piquent aisément, ce qui leur a peut-estre donné le nom de Picards.

Picentes, ou Picenes, peuples (habitans la 5. region d'Italie pres le golfe de Venise, dicte de present Marque d'Ancone) qui furent ainsi appellez d'vn piuert , lequel lors que les Sabins alloient pour habiter cette contrée se planta sur leurs Enseignes , comme tesmoigne Strabon *liu.*

5. *de sa Geogr.* Cette region fut iadis tellement peuplée qu'elle fournit pour vne guerre iusques à 360000. hommes aux Romains. *Voy* Ancone.

Picentins peuples de la Campanie au Royaume de Naples (voisins des Lucaniens pres la mer de Toscane , qui sont ceux de la Basilicate) habitans entre le Cap de Surrente & le fleuue de Silare. Elle fut ainsi appellée de leur capitale nommée Picence, ou plustost des peuples Picentes, dont ils ont tiré leur origine. Leur contrée s'appelle de present Principauté. *Voy* Principauté.

Pictes peuples Septentrionaux , que l'on nomme aussi Agathyrses , & que l'on dict estre descendus de la lignée du grand Hercules de Lybie, lesquels se voyans oppressez par les seditions domestiques quitterent leur pays de Scythie, & vindrent en la Grande-Bretagne, & s'habituerent parmy les Escossois. Ils furent ainsi appellez du mot Latin *Pitti*, c'est à dire peints, à cause qu'ils se peignoient les cheueux, le visage , & le corps auec diuersité de peintures. *Voy* Agathyrses.

Picus Roy des Latins fils de Saturne , & pere de Faune , & ayeul du Roy Latin , tres expert augur, lequel apres auoir espousé Canente fut rencontré par Circé, laquelle ne l'ayant peu attirer à son amour le changea en vn piuert, oiseau qui porte encore son nom chez les Latins. *Ouid. liu.* 14. *des Metam.* ¶ *Seruius Interprete de Virgile dict qu'il a esté feint changé en vn piuert, à cause qu'il s'est le premier seruy de cet oiseau en ses auspices.* ¶ *Que si nous voulons moraliser cette Fable, nous dirons que ce changement nous apprend qu'il faut auoir des plumes & de la legereté pour fuyr les delices lors qu'il y a du danger , & que nous ne pouuons autrement les surmonter.*

Pie I. natif d'Aquilée Pape II. ordonna qu'on celebrast la Pasque le iour du Dimanche : que les Nonains ne fussent admises à prendre le voile auant l'aage de 25. ans : que le Prestre iurant seroit deposé, & l'homme Laic excommunié : establit plusieurs sainctes ceremonies pour l'ornement & decoration du Baptesme & de la S. Eucharistie, auec peines imposées aux Prestres qui traicteroient les saincts Sacremens irreueremment : Nous a laissé 2. Epistres inserées *au 1. tom. des Conciles.* Puis ayant sainctement administré sa charge l'espace de 9. ans 4. mois il mourut soubs l'Empire d'Antonin l'an 163. *Eusebe en sa Chron. Iren. Epiphane.* De son temps Marcion, les Cataphrygiens & Encratites troubloient l'Eglise.

Pie II. Sienois, 218. Pape, appellé auparauant Æneas Syluius, fut homme fort docte, estant bon Poëte & Orateur tres eloquent. Il fut Chancelier de l'Empereur Frederic 3. & ennoyé par luy en Ambassade vers plusieurs Princes, comme aussi fut Secretaire du Concile de Basle. Estant Pape il tint vn Concile à Mantouë où il fist conclure la guerre contre les Turcs : Les Ambassadeurs de l'Empereur de Trapezonce, du Roy de Perses, du Duc des Georgiens, du Sultan de Mesopotamie, & de quelques autres Princes de l'Orient vindrent luy offrir de la part de leur maistres tout secours contre le Turc, comme il tesmoigne luy-mesme *en son epist. 366. au Duc de Bourgogne.* Il confirma à Ferdinand l'inuestiture du Royaume de Naples. Fist citer le Roy de Boheme, & destitua l'Archeuesque de Majence, pour ce qu'ils sentoient mal de la Foy : Eut de grands differens auec Louys XI. pour l'abolition de la Pragmatique Sanction, laquelle fut cassée lors par lettres du grād sceau. *Palmer en sa Chron.* mais le Parlement de Paris n'en voulut iamais emologuer les lettres. Et à cet effect fut tenu vn Concile à Orleans en faueur des droicts de l'Eglise Gallicane, auquel

fut proposée l'opposition du Parlemét & des Vniuersitez, pour la deffense d'icelle Eglise, & pour l'extinction du droict des Annates. *Guaguin liu.* 10. Il côposa plusieurs Liures, Epistres, Oraisons, Poësies, comme aussi l'Histoire de Boheme. Il auoit cette vertu de pardonner genereusement les fautes. En fin l'an de salut 1464. il passa à vne meilleure vie, ayant gouuerné l'Eglise pres de 6. ans. *Plat. Naucler, &c.*

Pie III. Sienois, 223. Pape, lequel n'ayant eu le loisir d'executer ses bons desseins, mourut 16. iours apres son ellection, l'an de grace 1503.

Pie IV. Milanois, 231. Pape, le fleau des Simoniaques : publia vne bulle où il excômunioit tous ceux qui auoient plusieurs Benefices & qui les gardoient pour autruy, reseruant l'absolution de ce peché au seul siege Apostolique. Il mist fin au Concile de Trente, Puis ayant tenu le siege enuiron 6. ans, il deceda l'an de grace 1566. De son temps les Lutheriens & Sacramentaires commencerent à trauailler l'Eglise en Allemagne, France, Angleterre, Pologne & Transyluanie : comme aussi eurent de grandes diuisions entr'eux pour la conciliation de leurs erreurs. *Onuphr. Supplement de Plat.*

Pie V. natif d'Alexandrie pres de Milan, 233. Pape, de l'Ordre de S. Dominique, personnage de saincte vie, charitable & frugal en son viure : il moyenna la ligue saincte contre les Turcs, auec les Princes Chrestiens où furent ioincts les Moscouites, le Pretejan, & le Sophy de Perse, dont s'ensuiuit cette glorieuse victoire des Chrestiens à Lepanto, côtre les Turcs, où en furent tuez bien 25000. & 2000 Chrestiens deliurez. Il fut tres-roide obseruateur du Concile de Trente ; & à cet effect augmenta les gages de l'Office de l'Inquisition. Enuoya secours aux Catholiques de France contre les Huguenots, soubs la conduicte du Cômte de

N n n n n n iij.

S. Flour. Publia defeueres loix contre
les fimoniaques, blafphemateurs & cô-
cubinaires. Retrancha la defpenfe de fa
Cour, & reforma les Ordres des Moines. Enfin apres auoir dignement adminiftré fa charge par l'efpace de 6.
ans, 3.mois, 16.iours, il paffa en vne
meilleure vie ,l'an de grace 1572. Onuph. Genebr. en fa Chronologie.

Piedmont contrée de la Lombardie , en la 17. region
d'Italie, felon Leander , & en la 9. felon Pline. Elle fut ainfi appellée à caufe qu'elle eft fituée au pied des monts
qui feparent l'Italie de la Gaule, & s'appelle vulgairement *Piamonte*. Ses bornes font à l'Orient la riuiere du Pô : au
Midy les Alpes de Gennes : au Con-
chant celle de la Gaule : & la riuiere
de Doris au Septentrion. Ce pays eft
remply de fertiles & plaifantes campagnes où il y a quantité de bleds,vins, &
autres chofes neceffaires à la vie : Auffi
le pays eft arroufé de nombre de riuieres entre lefquelles font le Pô, le Tenare , la Stoure, & la Dorie. Il s y trouue des minieres de fer , & des carrieres
de marbre. Pline faict mefme mention
de quelque mines d'or és enuirons de
Vercel. Les peuples Taurins defcendus des Liguriens l'ont iadis habitée,
felon Polybe , Plutarque, & Strabon.
Les Lombards la redigerent en forme
de prouince y eftabliffans vn Gouuerneur, puis tomba en la puiffance des
Roys d'italie, en fuitte des Roys de Frâce , & finalement eft venuë en la puiffance des Ducs de Sauoye qui la poffedent maintenant. Elle fut grandement
ruinée par les guerres d'entre Charles
le Quint & de François I Roy de France. Outre les Citez & villes Epifcopa-
les, il y a encore plus de 250. places fermées de murailles dont la capitale eft
Thurin. *Magin en fa Geogr.*

Piere Prince Macedonien , lequel
eut d'Euippé neuf filles bien
accomplies fi leurs perfections n'euf-

fent efté accompagnées de trop de prefomption : car elles furent fi outrecuidées qu'elles deffierêt les Mufes à chanter ; mais apres auoir entré en lice , &
efté vaincues honteufement , elles furent conuerties en pie : En memoire
dequoy les Nymphes voulurent eftre
appellées Pierides de leur nom. *Ouide
liu. 5. de fes Metam.* Bien que quelques
vns leur donnent ce nom de Pierie prouince de Macedoine , & les autres de
Pierie montagne de Theffalie où elles
fe plaifoient grandement.

Les outrecuidées filles de Piere , couuertes
de la plume des pies , nous reprefentent ces
ames effrontées & ignorantes lefquelles foit
qu'elles portent de la haine aux vrais nour-
riffons de Minerue ,ou par enuie elles ne
peuuent atteindre au rang des plus habiles,
font gloire d'attaquer ceux qu'elles ne peuuent imiter;& n eftäs capables de bien dire,s'eftendent comme ces oyfeaux odieux &
babillards,en vn caquet mal-agreable, taf-
chans de fe donner la reputation de Poëtes
par leur medifance & babil indifcret.

Pierides font appellées les Mufes ,
& pourquoy. *Voy* Piere &
Pierie.

Pierie contrée de la Macedoine, auparauant appellée Emathie,
fituée entre les fleuues Axius & Aliacmon. *Pline liu. 4. chap. 12.* D'icelle les
Mufes font appellées Pierides à caufe
qu'elles font feintes par les Poëtes y
auoir pris naiffance. *Strabon.*

S. Pierre l'vn des douze, & le Prince des Apoftres , appellé
autrement Simon fils de Ionas, natif de
Bethfaida en Galilée : il fut appellé à
l'Apoftolat auec fon frere André , par
Iefus-Chrift. *Matth. 4.* lequel luy donna le nom de Cephas,c'eft à dire en langue Syriaque, Pierre ; pour fignifier par
le myftere de ce nom qu'il l'eftabliffoit
la pierre fur laquelle il vouloit edifier
fon Eglife , ainfi qu'il luy declara.
Matth. 16. Auffi luy commift il la charge de paiftre tout fon trouppeau. *Iean*

21. Il se monstra fort ardant & zelé enuers son maistre plus qu'aucun des Apostres; ce qu'il fist paroistre lors de la prise de Iesus-Christ, quand il couppa l'oreille à Malchus: toutefois Dieu permist qu'il le reniast lors de la Passion, dont il fist puis apres penitence. *Matth.26.* Apres l'Ascension il se tint en Iudée 5. ans où il prescha & fist plusieurs miracles. Fut fouëté & mis en prison ainsi qu'il est contenu *és Actes des Apostres.* De là il s'achemina en Syrie où il establit son siege en Antioche, qu'il tint enuiron 7. ans, ne laissant cependant de visiter la Galatie, l'Asie, le Pont, la Cappadoce, la Bithynie, & autres prouinces ausquelles il addressa son Epistre Catholique; lesquels sept ans expirez, il s'en retourna en Hierusalem où il presida au premier Concile qui y fut tenu. *Act.10.* Il fut aussi mis en prison par le commandement d'Agrippa, dont il en fut deliuré miraculeusemét. *Act.12.* En ce mesme temps qui estoit l'an 2. de l'Empire de Claudius, onze ans apres l'Ascension, selon Eusebe, ou 12. selon d'autres, ils s'en vint en Occident où il establit à Rome sa Chaire Pontificale: pendant lequel téps (combien que quelques vns le rapportent à quelque peu deuant sa mort. *S. Aug. liu. des heres.*) il confuta Simon le Magicien qui par ses impostures & arts diaboliques se faisoit estimer pour vn Dieu par le peuple Romain, & fist tant par ses prieres qu'il se rompit la iambe lors qu'il vouloit voler. *S. Hierosme en son Catal. Tertull. en son Apolog.* Il demeura à Rome iusques à sa mort, sinon que quelquefois il se transportoit en Hierusalem & ailleurs, selon que le requeroit le besoin de l'Eglise. Enfin apres auoir presidé à Rome 25. ans, il fut par le commádemét de Neron pendu la teste en bas, & endura le martyre le mesme iour que S. Paul, l'á 37. apres l'Ascension, qui estoit le 14. & le dernier de l'Empire de Neron. L'authorité & puissance particuliere que

Iesus-Christ luy donna en S. Matthieu *chap.20* & en S. Iean *chap.21.* & qu'il est qualifié en plusieurs lieux le premier des Apostres. *Matth.10. & 16. Luc. 22. Iean 21.* ont faict qu'il a esté tenu & appellé par les Saincts Peres, le Chef & Prince des Apostres. *S. Cyrille homil. 8.* le Coryphée des Disciples. *S. Denis ch. 5. de sa Hierarchie Ecclesiast.* le Premier membre vniuersel. *S. Gregoire liure 1. Epist. 38.* & autres Peres sans nombre. Aussi n'a t'il esté conferé à aucun mortel puissance plus grande que celle que Iesus luy donna lors qu'il luy dist, *Tu es Pierre, & sur cette Pierre ie edifieray mon Eglise, & les puissances d'Enfer n'auront point de puissance contr'elle; & ie te donneray les Clefs du Royaume des Cieux, & tout ce que tu lieras en terre il sera lié au Ciel, & tout ce que tu deslieras en terre sera deslié au Ciel.* Et puis que nous ne lisons point que S. Pierre ait exercé, & faict paroistre cette gráde charge & authorité en toute sa vie, il n'y a aucun doubte qu'elle n'ait esté donnée en sa personne, pareillemét à tous ses successeurs, & au S. Siege Apostolique, ainsi que l'ont veritablemét & vnanimément entendu tous les Peres: & qu'aussi l'experience de tous les siecles nous a monstré qu'ils ont exercé pleinement cette puissance en ce qu'ils ont assemblé tous les Conciles pour le reiglement vniuersel de l'Eglise; qu'ils ont cóuaincu tous les heretiques qui l'ont voulu combattre; qu'ils ont soubmis les Princes & Potentats de la terre à vne obeïssance filiale, & quelquefois aussi les ont chastiez & rangez à leur deuoir par la verge de fer de l'excommunication; & qu'enfin tous les Chrestiens Catholiques ont receu en tout temps, & en tous lieux leurs Loix & Ordonnances, comme celles de Dieu mesme, les recognoissans Vicaires & Lieutenans de Iesus-Christ, & comme ayans la superintendance souueraine sur toutes les choses spirituelles & Ecclesiastiques,

Pierre de Courtenay,

dit d'Auxerre, Fráçois, petit fils du Roy Louys le Gros, succeda à Henry |frere de Baudouin Comte de Flandres, à l'Empire de Constantinople, & ce à cause qu'il auoit espousé sa fille Iolante heritiere de l'Empire : puis se fist couronner par le Pape à Rome. Cependant Theodore Lascare se fist proclamer Empereur à Nicée, où Pierre d'Auxerre l'assiegea : mais ayant leué le siege il fut pris tost apres par Theodore, qui l'ayant tenu 2. ans en prison luy fist trancher la teste enuiron l'an 1220.

Pierre fils d'Alphonse II. & son successeur au Royaume de Castille, qui auoit espousé Blanche de Bourbon sœur de Ieanne femme de Charles V. Roy de France : fut voluptueux, fort cruel & meurtrier. Ayant fait mourir sa femme à la suscitation de Padille sa concubine, & traicté cruellement ses subiects, Henry son frere bastard (auquel il auoit denié le legs qui luy auoit esté laissé par leur pere) eut recours à Charles V. lesquels deux ayans assemblé vne grande armée sous la conduite du Connestable du Guesclin redpisirent le Castillan à quitter son Royaume, hay, & rebuté mesmes de ses subiects : mais le secours d'Edouard Roy d'Angleterre & de son fils le Prince de Galles l'ayant restably en son Royaume par la deffaicte des François, ce Pierre enorgueilly ne tint compte de recognoistre Edouard qui l'auoit assisté, ainsi le rendit mescontent, & traicta ses subiects auec toutes sortes de cruautez plus que iamais, s'estant mesme reuolté de la foy, & ayant espousé la fille de Belle-marine Sarrazin: Si bien que Charles ayant derechef faict mettre vne forte armée sur pied, conduite par le mesme du Guesclin, le deffist entierement apres cinq batailles données, & l'ayant pris prisonnier luy fist trancher la teste à la poursuite de ses

subiects, pour peine de ses malfaits & de son apostasie, l'an 19. de son regne, & de salut 1366. & luy fust substitué par les François son frere bastard Henry.

¶ Vn autre de ce nom, Roy d'Arragon qui pretendant à la Couronne de Sicile, fut autheur des Vespres Siciliennes, où tous les François sans distinction d'aage ny de sexe furent massacrez, nonobstant l'opposition de Charles Duc d'Anjou qui lors en estoit Roy. *Voy* Philippes III.

Pieté fut reputée Deessé entre les Romains, à laquelle ils auoient basty vn temple du temps de C. Quintus & Manius Accilius Consuls, au mesme lieu où vne pauure ieune femme fut surprise allaicter sa mere qui estoit condamnée à mourir de faim. Laquelle pieté fut trouuée si admirable, que le Senat ordonna que là y fut basty vn temple. *Plin. li. 7. chap. 37.* L'on mettoit aupres de son image la Cicogne qui est le symbole de pieté, pource qu'elle porte sur ses ailes & nourrit ses pere & mere en leur vieillesse.

Pigmalion, *Voy* Pygmal.

Pilate (appellé Ponce.) Preteur & President de la Iudée, estably par l'Empereur Tibere, le 26. de la naissance de nostre Seigneur, lequel pour complaire aux Iuifs & se monstrer seruiteur de Cesar, condamna nostre Sauueur à la mort, iaçoit qu'il cogneust qu'il estoit innocent, comme luy mesme le tesmoigne. *Matth. 27.* Et de faict Eusebe *au liu. 2. de son hist. Eccl.* rapporte que Pilate escriuit à l'Empereur Tibere apres la resurrection de Iesus Christ la verité d'icelle & de ses miracles, comme aussi l'opinion qu'on auoit de sa diuinité par toute la Syrie ; la coppie de cette Lettre est rapportée par Sixte Siénois *liu. 2. de sa S. Biblioth.* qu'il dit auoir trouuée dans de vieils registres de la Bibliotheque du Vatican. Peu de temps apres la mort de Iesus-Christ, il fist
mettre

mettre de nuict les images de Cesar dans le Temple, ce qui fut cause de la premiere sedition côtre les Iuifs; Il s'entremesla aussi de piller le sacré thresor appellé par les Iuifs *Corban*, pour l'employer à la resection de quelques aqueducs & ouurages publics de la ville de Hierusalem : pour lequel crime ioinct auec d'autres, dont il estoit accusé, Vitellius son successeur le defera & accusa vers Tibere : dont en suitte accablé d'ennuy & de miseres il se tua de sa propre main du temps de l'Empereur Caligula. *Eusebe liu. 2. chap. 7. de son hist. Eccles. P. Orose liu. 7. chap. 3.*

Pilomne

fils de Iupiter Roy de cette partie de la Poüille qui fut appellé Daunie. Il prist en mariage Danaé fille d'Acrise, que les flots auoiēt portée auec son fils Persée (où ils auoiēt esté exposez à la mercy des eaux dans vn coffret par le commandement d'Acrise) vers les costes de son Royaume, & de laquelle il engendra Danaus pere de Turnus. *Voy Persée.* ¶ Seruius dict que Pilomne & Picomne estoient deux freres desquels cettui-cy trouua l'vsage de fumer ou foudroyer les terres, d'où il fut nommé Sterquilin du mot Latin *Stercus,* c'est à dire *fumier* : Et l'autre inuenta la façon de piler & moudre le grain, dont luy fut donné le nom de Pilomne : c'est aussi l'vn de ces Dieux qui estoient estimez gardes des accouchées. *Voy Deuerre.*

Pindare

Thebain Prince des Poëtes Lyriques Grecs, contemporain du Poëte Tragique Æschyle. Il a escrit en langue Dorique des Odes sur les ieux & combats Olympiens, Pythiens, Neméens, & Isthmiens en autant de Liures de carmes. Il est tellement releué en son style, copieux en paroles & sentences choisies, qu'Horace le dict inimitable : aussi fut-il en telle reuerence entre les Lacedemoniés, que saccageans la Bœoce ils ne voulurent endommager la ville de Thebes, pour le seul respect de sa naissance : & mesmes Alexandre le Grand ruinant Thebes deffendit de toucher à la maison & famille d'iceluy, comme le tesmoigne Pline *liu. 6. ch. 29.* L'on dict qu'il mourut au giron d'vn petit enfant qu'il aymoit desesperément. *Val. le Grand. liu. 9. chap. 12.*

Pinde

montagne de la Thessalie qui diuise l'Acarnanie de l'Ætolie, consacré à Apollon & aux Muses, pays des Lapithes. En icelle se trouue la pierre Galactite, qui est certaine espece d'Agathe blanche comme laict. *Solin.* ¶ C'est aussi le nom d'vne ville & d'vn fleuue de Thessalie, qui ont pris leur nom de cette montagne. *Strab. li. 9.*

Pirée

port d'Athenes tres-renommé, qui estoit capable de contenir 400. nauires, il estoit conjoinct à icelle ville par vn mur de 2000. pas. L'on l'appelle de present *Porto-lione.*

Pirene

fontaine prenant sa source du pied du mont Acrocorinthe, qui est consacrée aux Muses, dôt les eaux sont tres-claires & agreables à boire. *Strab. liu. 8.*

Pirithous

fils d'Ixion, & Roy des Lapithes, engendré legitimement, & non pas de cette nuë dont prindrent naissance les Centaures. S'estant allié d'vne estroite amitié auec Thesée, il se vangea de l'iniure que luy vouloient faire les Centaures en enleuant sa femme Hippodamie : Mais ayās apres la mort d'icelle rauy ensemble Helene l'vne des plus belles de la Grece sœur de Castor & de Pollux, elle escheut par sort à Thesée, à la charge qu'il la prendroit à femme, & qu'il seroit tenu d'ayder à Pirithous d'en recouurer vne autre suiuant leur conuention : afin donc d'y proceder ils allerent vers Edoneus Roy des Molossiens pour luy rauir sa fille, laquelle il auoit nommée Proserpine, sa femme Persephone, & son chien Cerbere, contre lequel il faisoit combatre ceux qui venoient de-

mander sa fille : mais sçachant que Pirithous & Thesée auoient dessein de
rauir sa fille., il les fist arrester prisonniers, & quant à Pirithous il le fist tost
apres deuorer par son chien, & re-
serrer Thesée en vne estroicte prison :
mais Hercule passant par le pays d'E-
doneus le deliura en suitte de cette captiuité. ¶ Les Poëtes ce neantmoins dé-
guisans cette histoire, se fondans sur la
conformité des noms mirent en auant,
que Pirithous & Thesée entreprindrét
de rauir Proserpine femme de Pluton,
& qu'à cet effect il fut incontinent deuoré par le Cerbere, & Thesée detenu
en vne estroicte garde par le commandement de Pluton, lequel enfin fut deliuré par Hercule lors qu'il descendit
aux Enfers pour combattre le chien à
trois testes Cerbere, suiuant le commandement d'Eurystée. *Plut. en la vie
de Thesée.*

Pise ville tres-ancienne de la Toscane
recommandée presque par tou-
tes les Histoires. Elle est situee entre 2.
fleuues, sçauoir l'Arne & Lezare, &
l'Arne passe à trauers, sur lequel elle
est ioincte auec trois points. Elle a
de fort hautes murailles, & de marbre. Il y a vn temple qu'on appelle Dome qui a de tour 140 pas, appuyé par
70. colomnes : Ses enuirons sont grandement fertils en grains, si bien qu'elle
en nourrit presque toute la Toscane, &
son voisinage de la mer luy apporte
grande commodité pour le trafic. Elle
fut iadis fort puissante, veu qu'en l'année 1020. ses habitans chasserent les
Sarrazins de l'Isle de Sardaigne, & s'en
rendirent maistres, comme aussi en l'an
1108. de celles de Maiorque & de Minorque, apres en auoir deffaict le Roy
Mahometan. Ils contesterent aussi long
temps contre les Venitiens & Genois,
ces derniers toutefois les accablerent
de telle sorte qu'ils vindrent depuis en
la iouissance des Florentins, la domination desquels ils supporterent auec tel

le impatience que la pluspart d'entr'eux
quitterent la ville, voire les plus riches :
dót s'en void encore à Venise plusieurs
familles, mais le grand Duc de Toscane Cosme de Medicis mist peine de la
repeupler, en y instituant vne Vniuersité l'an 1309. & donnant plusieurs exemptions à ses habitans, y faisant aussi souuent sa demeure. Elle est aussi honorée
du tiltre d'Archeuesché. Ses habitans
sont renommez pour leur bonne memoire, ce qui prouient de ce qu'ils ont
vn air grossier. *Munst. li. 2. de sa Cosmog.
Mercat. en son Atlas.* En icelle furent tenus. 2 Conciles, l'vn generall an 1409
où fut esleu Pape Alexandre V. & depossedez Benoist XIII. & Gregoire XII.
pour le schisme. *Palmer.* Et en vn autre
national tenu l'an 1511. contre le Pape
Iules II mais qui fut peu apres reprouué par le Concile de Latran, *Sleidan liu.
1. Chron. de France.*

¶ Vn autre de ce nom en l'Elide, contrée du Peloponese pres le fleuue d'Alphée, proche de laquelle se celebroient
de 5. ans en 5. ans ces fameux ieux O-
lympiques en l'honneur de Iupiter. Les
habitans de laquelle ont basty la ville
de Pise en Toscane. *Estienne.*

Pisaure ville de la Marque d'Ancone, ainsi appellée d'vn fleu-
ue de mesme nom qui la trauerse : Elle
est ornée d'assez beaux edifices, tant publics que particuliers : Elle est munie
d'vne citadelle & de murailles assez
fortes. L'air y est assez desagreable, le
terroir toutefois y est fertil, & principalement en vin qui est excellent. Elle
s'appelle de present *Persaro,* selon Magin en sa *Geogr.*

Pisistrate fils d'Hippocrate tyran
d'Athenes, lequel en
l'absence de Solon sceut si-bien flatter
la commune par sa parole douce &
amiable, déguisant son naturel en se faisant paroistre secourable, homme reposé, & non entreprenant ; que par ses
feintes dissimulations il abusa le com-

mun populaire, & l'induiſit à demettre Solon du Gouuernement pour s'en approprier. Ce neantmoins eſtant venu au deſſus de ſon attente il ſe ſeruit du conſeil de Solon, & des Loix qu'il auoit eſtablies, publiāt outre plus de nouuelles ordonnances tres-bonnes, & entr'autres, que celuy qui auroit eſté mutilé & rendu impotent en guerre pour ſa patrie, ſeroit nourry toute ſa vie aux deſpens de la choſe publique. *Plut en la vie de Solon.* Il fut fort amateur des Arts liberaux, auſſi dreſſa-t'il le premier vne Bibliotheque à Athenes que Xerxes tranſporta en Perſe apres s'eſtre emparé de la ville. *A. Gell. liu. 6. chap. 17.* Il fiſt auſſi reduire les Liures d'Homere qui eſtoient auparauant confus en l'ordre qu'on les void de preſent par le moyen d'Ariſtarque. Ayant eſté exilé par ſes concitoyens il vint en l'Eritree; mais 11. ans apres il vint à Athenes, & y mourut apres auoir regné 33. ans, du temps que Tullius regnoit à Rome. *Gell. liu. 17. chap. 21.*

Piſons illuſtre famille de Rome, ainſi appellée pour la grande induſtrie qu'eut ſon Autheur à ſemer des poix, ainſi que les autres nobles familles des Lentules, à cauſe des lentilles: comme des Fabiens des febues dictes *faba* des Latins; des Cicerons, des poix chiches. En quoy ſe void l'ancienne frugalité des Romains, & l'honneur qu'ils portoient à l'agriculture, tirans ainſi leurs noms & tiltres de telles induſtries, comme de quelques genereux exploicts. Cette race eſtoit deſcenduë des Calphurniens, deſquels le Chef Calphurnius eſtoit fils de Numa. *Feſtus.*

Pitane ville de l'Æolide en l'Aſie pres l'embouchure du fleuue Caique, dont les habitans ſont appellez Pitanéens & Pitanites. Elle eſt ſignalée pour ſes 2. ports, & pour la naiſſance d'Arceſilaus Philoſophe Academique. L'on faict des briques de certai-

ne terre priſe en ſes enuirons, qui nagent ſur l'eau comme du bois, ſelon *Pline liu. 35. chap. 14.* ¶ Vne autre de ce nom en Laconie, dont les habitans ſont appellez Pitanates, ¶ Et vne autre en la Troade. *Strab.*

Pithecuſe Iſle ſituée pres le riuage de la Campanie. Virgile l'appelle Inarimé, & quelques autres Ænaris, à cauſe que là aborderent les nauires d'Ænée. Les Poëtes deduiſent ce nom de *Pithacos*, qui ſignifie vn ſinge, pource que Iupiter ayant eu en horreur la deſloyauté & meſchanceté des Cercopes, les changea en guenons, & les plaça en cette Iſle. *Ouide liu. 14. de ſes Metam.* Mais *Pline liu. 3. chap. 6.* ſe moquant de cette fabuleuſe origine, dict qu'elle fut appellée Pithecuſe de *Pithos*, qui en Grec veut dire tonneau, pource qu'en icelle y auoit des fourneaux à cuire pots de terre, bouteilles, barils, &c. dont elle fourniſſoit preſque toute l'Italie.

Pithius ou Pithes, certain Lydien, ſelon Herodote, ou de Bithynie ſelon Pline, lequel eſt memorable pour ſes richeſſes: tellement qu'on le peut comparer au Roy Crœſus: car il fiſt preſent au Roy de Perſe Darius d'vne plane & d'vne vigne toute d'or tāt celebrées par les Autheurs: il feſtoya toute l'armée de ce Roy, qui eſtoit de 788000. hommes: & d'auantage s'offrit de luy ſoudoyer & munitionner de viures toute ſon armée 5. mois durant, & qu'il exemptaſt ſeulement vn de ſes 5. enfans d'aller à la guerre, qu'il vouloit retenir pres de luy pour le ſoulager en ſa vieilleſſe. *Plin. liu. 33. chap. 10.*

Pitho fut eſtimée par les Anciens la Deeſſe d'Eloquence ou Perſuaſion, que les Latins ont interpreté par Suade & Suadele; pource qu'elle perſuade & induit l'eſprit des auditeurs à receuoir tout ce qu'elle veut: Dont elle fut ainſi appellée du verbe Grec *Pitho,* c'eſt à dire, ie perſuade. Et pource les Anciens ioignoient à l'image de Venus celle de Mercure, des Graces, & de cette Deesse de persuasion, pour monstrer que le plaisir du mariage auoit besoin de l'entretien d'vne bonne & sage parole, afin que les conjoincts eussent gracieusement l'vn de l'autre ce qu'ils voudroient, & non point par violence. *Plut. au traicté des preceptes de Mariage.*

Pittacus natif de Mytilene Philosophe, & l'vn des 7. Sages de Grece, contemporain de Crœsus, ayant esté esleu Capitaine par ses citoyens. Il chassa de l'Isle de Lesbos le tyran Melanchrus, & ayant eu guerre auec les Atheniens il tua en duel leur General Phrynon qui auoit esté vainqueur és ieux Olympiques: Les Mytileniens, tant pour ses bienfaicts que pour sa maniere de viure, luy donnerent le gouuernement de leur ville, qu'il tint seulement l'espace de 10. ans : car au bout de ce temps il le quitta, & leur remist entre les mains, & vescut encore depuis 10. autres années, se contentant de viure en particulier du renenu d'vn petit champ que ses citoyens luy donnerent : Aussi fut-il grandement frugal & continent, ayant refusé les deniers que luy enuoyoit Crœsus. L'on trouue de luy plusieurs sentences & dicts memorables, côme celuy-cy: *C'est le propre des hommes prudens de preuoir l'euenement des choses & cas malencotreux, & dés generoux de les supporter constamment lors qu'ils aduiennent; Que les Dieux mesmes ne pouuoient resister à la necessité : Que le Magistrat demostre quel est l'homme.* (Ce qu'Aristote *au liu. 5. de ses Morales* attribuë à Bias.) Estant interrogé quelle estoit la meilleure chose: *C'est, dit-il, de faire bien lors qu'el occasion s'en presente.* Il disoit *que la chose la plus agreable de toutes estoit le tẽps; que la plus obscure estoit l'euenement des choses futures, que la plus fidelle estoit la terre, & la plus infidelle la mer.* Il donnoit aussi souuent ces preceptes: *Ne reproche à aucun son malheur, de*

peur d'estre iustement puny de semblable danger ; ne mesdis de personne, non pas de ton ennemy mesme. Il composa quelques vers Elegiaques, & donna aussi des Loix à ses citoyens. Il mourut en la 3. année de la 52. Olympiade. *Laerc. liu. 1. de la vie des Phil.*

¶ Vn autre de ce nom dict le Ieune, qui fut aussi Legislateur, dont font mention Fauorin & Ælian *en sa diuerse hist.*

Pityuses nom de deux Isles, en la mer Balearique és costes d'Espagne, l'vne desquelles s'appelle Ophiuse ou Colubraria, & de present *Frumentaria* : Et l'autre Ebuse, auiourd'huy *Eniße* ou *Ieniże*, selon Magin *en sa Geogr.*

P L

Plaisance appellée *Placentia* par Ptolomée, ville tres-ancienne, & colonie des Romains, comprise de present en la Duché de Parme, située pres le Pô en vn lieu fort plaisant & tres-fertil en toutes sortes de fruicts, surpassant en la bonté de son terroir toutes les autres d'Italie. Il y a des fontaines d'eau salée, & des mines de fer. Cette ville est forte pour ses murs & bastions, honorée d'vn siege d'Euesché & d'vne Vniuersité pour toutes sortes de disciplines. Ses habitans font aussi remplis de plusieurs gentillesses. *Magin en sa Geogr.* Il s'y tint vn Concile l'an 1095. où presida le Pape Vrbain II. pour la reformation des Ecclesiastiques, & contre l'Empereur Henry III. & son Antipape Guibert. *Plat. Tyrius.* Et vn autre l'an 1132. soubs Innocent II. où assista S. Bernard, celebré contre le pretendu Pape Anaclet. *A for. chap. 18.*

Planques estoient appellez ces personnages yssus d'vne famille tres-illustre à Rome, ainsi dicts pour ce qu'ils auoient le pied large côme vne planche : dont est sorty ce Numatius Plancus qui fonda ou restaura la ville de Lyon.

Platée Cité de la Bœoce, au pied du mont Citheron, non loing de Thebes : memorable par cette victoire signalée que remporterent Pausanias & Aristides, sur Mardonius Lieutenant de Xerxes, en memoire de laquelle ils celebroient tous les ans vne feste qu'ils appelloient, de la Deliurance, & en icelle ils s'exerçoient à la course tous armez où il y auoit prix assigné aux vainqueurs. Ils y faisoient aussi certains sacrifices à Iupiter Eleutherié, c'est à dire, Liberateur ; desquels ils chassoient les serfs, pour monstrer qu'en cette victoire ils auoient recouuert leur liberté. *Alex. d'Alex. liu. 2. chap. 14.*

Platine (nommé Baptiste) homme docte, Secretaire du Pape Sixte IV. auquel il dedia son Liure de la vie des Papes (mais qu'il descrit auec passion quelquefois) iusques au Pape Paul II. qui le fist mettre en prison. *Onuphre* a continué ses Liures.

Platon Philosophe tresfameux, & Prince de la secte Academique, fils d'Ariston Athenien : fut ainsi appellé à cause de ses grandes espaules, grand front & grand corps, ou selon d'autres, pour l'amplitude de ses paroles, estant auparauant appellé Aristocles, selon que l'escriuent Suidas & Laerce. Il nasquit vers la 88. Olympiade, le mesme iour qu'Apollon en Delphes. *Ælian liu. 10. de sa diuerse Hist.* Pline & autres disent qu'estant encore au berceau, il se trouua vn essain d'Abeilles qui auoit posé son miel dans sa bouche, ce qui presageoit la douceur de son eloquence future : Estant encore ieune, il s'exerça fort à la luicte & à la peinture : il composa des Tragedies & autres Poëmes. Depuis il suiuit la discipline de Socrate, & en apres il s'achemina en Italie pour entendre les Pythagoriciens Eurythe, & Philolaus, les Liures duquel il acheta 10000. deniers qui reuiennent à peu pres de 1090. es-

cus : De là il s'achemina en Egypte où il confera auec les Prestres & Gymnosophistes, & croit on que là il prist la cognoissance des Liures de Moyse. Il nauigea par trois fois en Sicile, dont la premiere fut pour remarquer les flammes perpetuelles du mont Gibel. Estant de retour, il fut pris par les Pirates en l'isle d'Ægine, & ayant esté vendu il fut racheté par vn certain Nicetes Cyrenéen : il retourna pour la seconde fois en Sicile pour le deliurer de la tyrannie du ieune Denis : Mais puis apres que Dion fut chasé par les Siciliens, il s'y en alla pour la derniere fois, à la priere d'Architas, afin de reconcilier Dion auec Denis, lequel l'y receut auec grand honneur ; mais depuis ayant entré en soupçon de la fidelité de Platon, il quitta, s'estant à grand peine sauué de ses embusches. Il mourut aagé de 81. an, d'vne phthiriase ou maladie pediculaire, & fut enterré en l'Academie où il auoit Philosophé longuement apres son retour d'Egypte. Ce personnage fut versé en toutes sortes de disciplines, & specialement en toutes les parties & recherches plus releuées de la Philosophie, doüé d'vne eloquence singuliere & d'vn celeste esprit pour comprendre tous les secrets de la Diuinité, autant qu'il se peut par nature ; si bien qu'il a esté appellé diuin Platon, l'honneur des Philosophes, & le Moyse Attique ; cõme apres Numenius Pythagoricien, le remarquent Iosephe, Suidas, Iustin Martyr, & autre : & mesme S. Augustin l'a tant prisé, qu'en son Liure contre les Academiques il a escrit, que si en la doctrine de Iesus-Christ il luy faloit vser de raisons & deductions, il n'en iroit chercher ailleurs qu'és escris de ce personnage ; ce qui est verifié par S. Denis Areopagite, S. Cyrille, Eusebe, & autres, disans que les Platoniciés sont vrais Chrestiens excepté en quelques poincts. C'est pourquoy Apulée & Varron, selon S. Augustin, estimoient

Platon estre non seulement superieur des Heros, mais égal aux Dieux mesmes, par ce que luy seul de tous les Philosophes estoit entré au cabinet de la Diuinité supreme ; aussi les Mages luy sacrifioient comme à vn Dieu. Ses opinions ont esté fortes & vigoureuses, & grandement approchantes de la verité Chrestienne : Car il establissoit premierement la vraye Philosophe au desir de la cognoissance de la Diuine sagesse ; Tenoit l'ame estre immortelle, & qu'elle passoit de corps à autre sans relasche ; Mettoit pour principes des choses, Dieu & la matiere, celuy là comme l'esprit & la cause, & celle cy informe & infinie de laquelle sont composées toutes choses ; mais qu'il n'y auoit rien de faict temerairement, ains que tout estoit estably par ordre ; que toutes les choses du monde estoient composées des quatre Elemens, qu'il y auoit vn seul monde, & non sans nombre, basty de Dieu, mais lequel estoit animé & immortel, ne pouuāt estre reduict à néant & se dissoudre en ce qui n'estoit point ; que les Dieux auoient le soin des choses humaines, & qu'il y auoit des bons & mauuais Anges. Le stile Grec d'iceluy, selon Aristote, tient le milieu entre l'oraison solue & les vers & carmes, auec telle douceur & eloquence, que l'on disoit que si Iupiter eust voulu parler, il ne fust point seruy d'autre discours que de celuy de Platon : ses escrits sont presque tous partis & diuisez en dialogues esquels il introduict tousiours parlant son maistre Socrate, traitant de plusieurs diuerses matieres de toutes les parties de Philosophie, Physique, Morale, Logique, Oeconomique, Politique, & generalement de tout ce que peut conceuoir l'esprit humain de haut & de releué. Ses Liures traduicts du Grec en plusieurs langues font foy de sa doctrine & Philosophie vrayemēt diuine, comme aussi Plutarque *en la vie de Dion*. Laerce *liu.3. de la vie des Philo-*

sophes. S. Augustin *liu.8. chap.4. de la Cité de Dieu*, & autres infinis.

Plaute Poëte facetieux & tres-excellent entre les Comiques, natif de Sarsinas ville d'Ombrie ou Duché de Spolete : Ainsi appellé pour ce qu'il auoit les pieds plats. Il fut reduict à telle pauureté qu'il se loüoit à tourner vne meule de moulin ; & aux heures de son repos, il s'occupoit à côposer quelques Comedies dont il faisoit de l'argent : Il nous en reste encore 20. d'vn plus grand nombre, car on luy en attribuë iusques à 130. *A. Gell. liu.3. chap.3.* Varron disoit que si les Muses eussent voulu parler, elles ne se fussent point seruies d'autre langage que du sien. il mourut durant le Consulat de P. Claudius & de L. Porcius, selon Ciceron *au liu. des excellens Orateurs.*

Plautius nommé Caius, Numide, se donna de son espée à trauers du corps pour la douleur qu'il conceut de la mort de sa femme.

¶ Vn autree de ce nom, Capitaine Romain, appellé Marc, qui se tua semblablement lors qu'on preparoit les funerailles de sa femme, & fut bruslé auec elle : & leur sepulchre se veid longtemps apres en la ville de Tarente, & le nommoit on le Sepulchre des amans. *Val. le Grand, liu. 4. chap.6.*

Plectrude premiere femme de Pepin l'Ancien, laquelle apres la mort de son mary, fist emprisonner Charles Martel bastard que son mary auoit eu d'Alpaide, afin d'introduire au gouuernement Thibauld fils de Drogon son propre fils & de Pepin, bien que par effect elle gouuernast toutes les affaires d'Estat : Mais les François ne voulans estre commandez par vne femme, apres la mort de Dagobert II. tirerent Chilperic du cloistre, soubs l'authorité duquel ils deffirent Thibauld & sa grande mere Plectrude : mais Charles mesnageant dextrement cette occasion, assista Ple-

ætrude & son petit fils, lequels se voyãs abandonnez le receurent pour Maire & luy laisserent le gouuernemét entier: Mais depuis Plectrude voulant remuer, Charles s'en saisit & de Thibauld pareilement, lesquels il fiſt mettre en priſon, & ne ſçait on qu'ils deuindrent depuis. *Annales de France*

Pleiades filles d'Atlas & de la Nymphe Pleione, lesquelles sõt au nõbre de ſept. Orion les ayant pourchaſsées l'eſpace de 5. ans, afin d'auoir leur compagnie, elles prierent les Dieux de les garantir de ſa violence, ſi bien qu'elles furent placées entre les eſtoilles. Pherecydes diſt que ce furent ſept ſœurs filles de Lycurgue de l'Iſle de Naxos, nourrices de Bacchus, lesquelles pour cette cauſe Iupiter plaça au Ciel. Leurs noms ſont, Electre, Alcyone, Celæno, Maia, Aſterope, Taygete, & Meropé, lesquelles toutes apparoiſſent fors cette derniere, qui hõteuſe d'auoir eſpouſé Siſyphe homme mortel, ne s'oſe monſtrer, attédu que toutes ſes ſœurs auoient eſté pourueuës à des Dieux: d'autres diſent que ce fut Electre qui pour ne voir la ruine de Troye, auroit mis les mains deuant ſa face, ce qui faict qu'elle n'apparoiſt pas tant. Or elles furent tranſlatées au Ciel par Iupin; ou bien pour la pitié qu'elles monſtreret auoir de leur pere Atlas, ployant ſans ceſſe ſoubs le fardeau du Ciel; ou bien, comme a eſté dict, pour eſtre garanties de la violente pourſuitte d'Orion qui les vouloit prendre à force. Elles paroiſſent au Ciel en la teſte du Taureau, diſpoſées de telle façon que deux occupent les cornes, deux les nazeaux, deux les yeux, & la ſeptieſme eſt poſée au milieu du front: A leur leuer (Pline *liu.* 18. *ch.* 26. dict que c'eſt au 10. de May) elles monſtrent le temps propre à nauiger, dont elles ſont appellées Pleiades, du verbe Grec *Plein* qui veut dire, nauiger. Les Latins les ont nommée Vergilies, du Printemps qu'ils appellent *Ver*, par ce que c'eſt vers l'Æquinoxe Printanier qu'elles ſe leuent & ſe couchent; les ſix apparoiſſent, & la 7. eſt plus obſcure qu'on eſtime eſtre Meropé, comme a eſté dict. *Ouide liu.* 4. *de ſes Faſtes. Hygin en ſa Poët. Aſtronomie.*

℔ Les Pleiades ſont dictes filles d'Atlas qui eſtoit feinct ſupporter le Ciel, pour ce que les Eſtoilles ſont creées apres la creation du Ciel: Auſſi que l'on le dict auoir eſté vn inſigne Mathematicien qui le premier cognut la nature de ces Eſtoilles, lesquelles à l'aduanture il nomma du nom de ſes enfans pour en perpetuer la memoire: Elles ont eſté feinctes nourrices de Bacchus, pour ce que ſelon la diſpoſition de l'air, lors qu'elles ſe leuent, elles ſont benignes ou dommageibles à la vigne, car s'il y pleuſt, cela luy eſt nuiſible, comme dict Pline liu. 17. chap. 2. Ce qui eſt adiouſté de la pourſuitte d'Orion, doit eſtre rapporté à la conſtruction de ce ſigne que les Aſtrologues mettent vers les pieds de deuant du Taureau, & ſemblé pourſuiure les Pleiades.

Pleione fille de l'Oëan & de Thetys, & femme d'Atlas, de laquelle il engendra les Pleiades. *Ouide liu.* 5. *de ſes Faſtes.*

Pline ſecond, Veronois, fleuriſſoit du temps de l'Empereur Veſpaſian duquel il manioit les affaires. Ce docte perſonnage eſtant de iour occupé és affaires d'eſtat, employoit la nuict à compoſer, & principalement ce grand œuure de la nature des choſes, lequel eſt emply des recherches plus curieuſes contenuës en toutes les ſciences, arts & profeſſions tant liberales que mechaniques. Il eſt taxé par pluſieurs d'auoir mis en auant pluſieurs choſes fauſſes, ce qui ne peut eſtre dénié: mais c'eſt ſur le rapport d'autruy, car autrement l'on peut remarquer en ſes œuures qu'il fut grand amy de la verité: Il a grãdement fauoriſé l'Atheiſme, niant la prouidence de Dieu, l'immortalité des ames, & la reſurrection des corps, comme apparoiſt par le *ch.* 56. du *liu.* 7.

mais il a ſeruy d'autre part, d'vn ſolide & ferme teſmoignage contre la vanité & folie des Payens qui eſtabliſſoient entre les Dieux des mariages adulteres, genealogies, differences d'aage & de ſexe, & autres imperfections & qualitez naturelles ſortables à la condition humaine, s'en mocquant ouuertement à la face du Paganiſme comme de reſueries & comptes de petits enfans, ainſi qu'on peut voir en ſon *liur.2 ch.* 7. Il fut eſtouffé par les flammes du mont Veſuue, aagé de 55. ans, ſa curioſité l'ayant porté pour en cognoiſtre les cauſes. Sa vie a eſté deſcrite par ſon neueu appellé

Pline le Ieune, autrement Cæcilius, neueu de Pline le Grand, a eſcrit vn Liure d'Epiſtres, vn traicté des Hommes illuſtres, & vn Panegyrique qu'il dedia à l'Empereur Trajan qui l'auoit fait Conſul. Il fiſt appaiſer la perſecution ſuſcitée contre les Chreſtiens par les remonſtrances qu'il fiſt à ce Prince de leur innocence. *Tertull.ch. 2. de ſes Apolog. Euſebe liu. 3. chap. 27.*

Pliſthene fils de Pelops & d'Hippodamie, lequel mourant laiſſa ſes deux enfans Agamemnon & Menelaus en la garde & curatelle de ſon frere Atrée, leſquels il nourrit comme les ſiens propres, & pource furent appellez Atrides. *Homere.*

Plotes Iſles ſizes vers la Plage Occidentale du Peloponneſe, non eſloignées de Zacynthe, qui depuis furét nommées Strophades du mot Grec *Strophe* qui veut dire conuerſion, à cauſe du retour de Calaïs & Zethes, ayans pourſuiuy les Harpyes iuſques à ces Iſles. *Plin.liu. 4. ch. 12.* Suidas les appelle Stromphides, & les Naturels, ſelon Sophian, *Striuoli.*

Plotin Egyptien de la ville de Lycopolis, Philoſophe Platonicien, diſciple d'Ammonius & preceptteur de Porphyre, qui viuoit du temps de Galien, Claude, Tacite & Probus Empereurs : A compoſé 54. Liures appellez Enneades, aſſez obſcurs touchant ſa ſecte. Fut de foible complexion, & ſubject au mal caduc. *Suidas.*

Plotine femme de l'Empereur Trajan, ornée de beaucoup de vertus auſſi bien que ſon mary, duquel elle n'eut point d'enfans. Par ſon induſtrie Adrian paruint à l'Empire, ayant celé quelques iours la mort de Trajan. *Spartian, Aurelle Victor.*

Plutarque natif de Cheronée, grand Philoſophe Platonicien, fut diſciple d'Ammonius Egyptien, homme grandement docte, voyagea en Egypte où il appriſt la Philoſophie & Theologie des Egyptiens, comme auſſi à Sparte où il recueillit les memoires des faicts & dicts notables de leurs Legiſlateurs, Roys & Ephores: le meſme fiſt il en pluſieurs autres Republiques, comme ſes vies, & autres diuers eſcrits le demonſtrent, eſquels l'on trouuerra vne methode exacte & facile tout enſemble, les preuues ſolides, les inductions plaiſantes & agreables à toutes ſortes d'eſprits, & des propos ſi moüelleux, que l'on peut iuger que ce perſonnage auoit eſté excellemment dreſſé en ſes eſtudes. Il auoit recherché les opiniõs des premiers Sages, ſi bien que les Pythagoriciens, Epicuriens, Peripateticiens, Stoiciens, & Platoniciens luy ont eſté tres familiers. Mais ſur tout il enclinoit aux Platoniciens, reuerant fort Socrates & Platon, deſquels il celebroit tous les ans les iours nataux : Enfin l'on peut dire de luy que c'eſt vn ſage Precepteur, vn graue Hiſtorien, vn braue Politique, vn ſubtil Philoſophe, vn veritable, vtile & ioyeux conſeiller & amy, & en vn mot vn inimitable eſcriuain. Pour cette excellence il fut aduancé aux charges publiques, bien aymé de l'Empereur Trajan & des Principaux de Rome. Suidas dict qu'il fut precepteur de ce Prince: quoy que s'en ſoit il fut employé par luy au Gouuernement de quelque prouince,

uince, auec puiſſance Conſulaire. Et ce
neantmoins il ne laiſſa d'enſeigner à
Rome publiquement toutes les parties
de la Philoſophie, ce qui le fiſt honorer & cherir, voire des plus Grands.
Ayant ſeiourné en Italie il ſe retira en
Grece lieu de ſa naiſſance où il compoſa ſes vies & autres œuures. Ses morales ſur tout monſtrent qu'il faiſoit eſtat
de cette partie de Philoſophie qui regarde les mœurs, ſur toutes les autres.
Il mourut en extreme vieilleſſe enuiron
l'an de ſalut 70. Euſebe ann. 70. Suidas.
Sa vie ſe void au volume de celles qu'il
a deſcrit.

Plute fils de Iaſion & de Ceres, a eſté
feint par les Grecs pour le Dieu
des richeſſes, ſelon Heſiode en ſa Theogonie. Les Poëtes feignent que Iupiter
l'aueugla par enuie, de ce que lors qu'il
eſtoit ieune il ne ſe communiquoit &
n'eſtendoit ſa liberalité qu'enuers les
gens de bien, laiſſant mourir de faim
pluſieurs meſchans garnimens, ſi bien
que depuis il ſe communiqua indifferemment à tous, tant bons, ſages que
pernicieux. Quelques vns l'ont tenu en
reputation d'eſtre vn Dieu tres puiſſant, & les autres l'ont eſtimé tres-im-
becile, & de peu de force, & Lucian le
fait non ſeulement aueugle, mais auſſi
quelquefois boiteux, & quelquefois
auſſi tres-alaigre & diſpos. Ariſtophanes en ſa Comedie intit. Plutus.

¶ Non ſans cauſe Plute, mot Grec ſignifiant
richeſſe, eſt-feint fils de Ceres & de Iaſiõ:
car la terre ſignifiée par Ceres, donne abondance de richeſſes, & remedie (car Iaſion
veut dire en Grec gueriſſeur) à la pauureté
des hommes. L'on dict que Iupiter luy creua les yeux, & cela eſt dict ſelon l'abus du
vulgaire: Car la deſtinée entédue par Iupiter, ſemble departir à yeux clos les biens de
ce monde quand elle donne les richeſſes aux
meſchans, & les oſte aux bons, ce qui faict
croire aux impies que Dieu a delaiſſé le
ſoin des affaires humaines ſans y prendre
garde. Ceux qui l'ont faict tres-puiſſant ont

eu eſgard à la force & puiſſance ordinaire
aux hommes riches, & ceux qui l'ont faict
imbecile ont eu eſgard à ſa foibleſſe, ne pouuant eſleuer és honneurs les hommes vertueux, ny les maintenir apres les auoir eſle-
uez. L'on faict boiteux, eu eſgard aux bons,
deſquels il s'approche lentement: & auſſi
d'autres fois prõpt & ſoudain au regard des
meſchans qui acquierent les biens auec vne
grande promptitude. Si ce n'eſt que nous ai-
mions mieux ſignifier par là que les richeſſes s'amaſſent auec grande peine, trauail, &
longueur de temps: mais qu'elles s'eſcoulent
ſouuentefois comme en vn moment.

Pluton fils de Saturne & d'Ops, lequel ayant faict partage du
monde auec Iupin & Neptune ſes freres, eut pour ſa part l'Occident, comme
Iupin l'Orient, & Neptune les Iſles. Ce
qui a donné lieu à la Fable qu'à Iupin
eſtoit eſcheu l'Empire du Ciel, à Neptune le gouuernement de la mer, & à
Pluton la domination des Enfers. Il eſt
auſſi eſtimé le Dieu de la terre & des richeſſes, dont luy eſt donné ce nom du
Grec Ploutos, c'eſt à dire richeſſe. Platon
en ſon Cratile. Comme pareillement le
Dieu des Treſpaſſez: c'eſt pourquoy il
fut dict Iupiter & Dieu terreſtre, auquel on faiſoit ſacrifice pour les ames;
& ſa feſte ſe ſolemniſoit au mois de Feurier. L'on tenoit que la Paix auoit eſté
ſa nourrice: L'on le repreſentoit porté
ſur vn chariot à quatre cheuaux noirs,
tenant des clefs en la main, bien que
Pindare luy donne vne verge. Le Narciſſe, le Capillus Veneris, l'Ache & le
Cyprez luy eſtoient dediez, & pource
l'on en ionchoit les cercueils des Treſpaſſez. L'on luy faiſoit offrande de taureaux. Horace liu. 2. des Carmes. Eſtant
rebuté de toutes les Deeſſes à cauſe de
ſa laideur & couleur enfumée, ioinct
l'obſcurité de ſon Royaume, il fut contraint de rauir Proſerpine fille de Ceres, & l'emporta dans ſon chariot en
ſon Royaume ſouſterrain, dont Claudian a deſcrit l'hiſtoire en 3. Liures. Et

Pppppp

Ouide liu. 5. de ses Metamor.

¶ Soit que Pluton represente l'element de la Terre, ou que l'on le prenne pour le Dieu des richesses; il est tousiours fils de Saturne, c'est à dire du Temps, & non sans cause est-il dict frere de Iupiter & de Iunon, pource que le Temps engendre & produit toutes sortes de biens & commoditez que la benignité du Ciel & bonne disposition de l'air entendues par Iupiter & Iunon amenent à maturité, & c'est pourquoy il eut son departement és terres Occidentales: & specialement en Espagne fertile en toutes sortes de grains, côme aussi en minieres d'or & d'argent, selon Strabon liu. 3. de sa Geogr. Et à bon droict l'a-t'on estimé le Dieu des richesses, puis qu'il l'est de la terre, de laquelle tous biens procedent: comme aussi pour la mesme raison l'a-t'on dict Dieu des Trespassez, d'autant que comme dit Ciceron au liu. 2. de la nat. des Dieux, tout se resoult enfin és mesmes principes desquels il a tiré son estre, car tout vient de terre & tout retourne en terre: l'on luy a donné aussi des clefs, pource qu'il ferme si bien les Enfers & la Mort, qu'on n'en reuient iamais selon le cours ordinaire de la nature. Quãt au rapt qu'il fist de Proserpine, Voy Proserpine.

P O

PÔ fleuue des plus renommez d'Italie, qui prend sa source du mont Vesule en la Lombardie: les Grecs l'appellerent Eridan, celebré par les Poëtes pour la cheute de Phaëthon. Son eau est claire & argentine comme d'vne fontaine, mais au reste il est tres-profond & violent en plusieurs lieux, & bien qu'il se desborde quelquefois, si est-ce qu'il n'assable point les terres, & moins les emmene, ains plustest les engraisse par où il passe. Il reçoit selon le témoignage de Strabon, de Mela & de Pline, iusques à trente fleuues qui descendent tant des Alpes que de l'Appennin, lesquelles toutes il entraisne auec luy dans la mer Adriatique par six

bouches. Pline liu. 3. ch. 16. Polybe liu. 11. Solin chap. 7. de son Polyst.

Podalyre

fils d'Æsculape, lequel pour sa grãde experience en l'Art de Medecine fut appellé auec son frere Machaon pour secourir de son art les Grecs estans au siege de Troye. Ouide liur. 2. de l'art d'aymer. Il fut ainsi appellé de la grandeur de ses pieds.

Podlasie

region tres-ample du Royaume de Pologne, ayant au Couchant la Massouie, & au Leuant la Lithuanie. Elle estoit soubs la domination des Massouiens, mais elle fut vnie à la Couronne de Pologne par Sigismond qui en estoit Roy & grand Duc de Lithuanie. Magin en sa Geogr.

Podolie

côtrée de la Lithuanie qui à la Moldauie du costé du Midy, & du Leuant de grandes campagnes inhabitées, & desertes iusques aux marests Meotides. Il ne se peut voir vne terre plus fertile, car l'on a de coustume d'y recueillir cent pour vn, & mesmes on n'a besoin de semer tous les ans les terres, ains seulement faut vn peu secoüer la moisson, & les grains qui y demeurent seruent de semence pour l'autre année. Les prez y rapportent aussi du foin en telle abondance, que l'on n'y void point les cornes des bœufs paissants, toutefois la terre y est si dure qu'il faut du moins six paires de bœufs pour la labourer. Il y a grand nombre de bestes sauuages, & force sel, miel & cire. Les villages y sont fort rares, à cause des continuelles course des Tartares. Elle est soubs la puissance du Roy de Pologne. Magin en sa Geogr.

Poictiers

ville capitale & Royale de Poictou, appellée Augustoritum par Ptolemée, & par Gregoire de Tours Pictauia. Elle est située en vn lieu fort plaisant, vne partie d'icelle s'estendant sur le penchant d'vne colline des plus grãdes de France apres Paris. Le Clain l'embrasse des 2. costez.

Elle eft fignalée par les antiquitez d'vn Theatre, du Palais de l'Empereur Galien, & des Arcades deftinées à la conduite des eaux. Il y en a qui font fondateurs de cette ville les Agathyrfes ou Pictes fucceffeurs des enfans d'Hercule, lefquels vindrent des pays de Scythie pour y faire leur demeure: Mais cela ne peut eftre, dautant que ces peuples mentionnez par Ammian Marcellin, Claudian & autres, n'aborderent en Occident que l'an de grace 87. du téps de l'Empereur Domitian, & neantmoins I. Cefar qui viuoit auparauant, faict mention honorable des Poicteuins par deffus les autres peuples de Gaule és liu.3 & 7. de fes Comment. fi bien que l'on peut dire plus veritablement auec Ifidore ch. 1. liu. 16. de fes Etymologies, que les Pictons ou Poicteuins mefmes vrais Gaulois & originaires de ce territoire, la baftirent & luy donnerent le nom. S. Martial fut fon premier Apoftre. Elle eft maintenant honorée d'vn Euefché qui s'eftend fur bien 709. parroiffes, & dépend de l'Archeuefché de Bordeaux. Comme auffi d'vn Prefidial, & d'vne Vniuerfité en Droict tres fameufe, eftablie par Charles VII.

Poictou côtrée & Comté de France tres-fignalée, appellée des Latins *Pictonium & Pictauia*. Il eft borné vers le Midy par l'Angoulmois & la Xainctonge: vers le Couchant par la mer Oceane: au Nord par l'Anjou & la Bretagne: & du Leuant par le Berry, Lymofin & la Touraine. Sa fertilité paroift en l'abondance de toutes commoditez. Il fut poffedé en tiltre de Royaume par les Goths qui en furent chaffez (comme auffi de toute l'Aquitaine) par Clouis premier Roy Chreftien. Depuis Charles le Chauue le donna à Arnould fon parent, mais en tiltre de Duché feulement, les fucceffeurs duquel le poffederent iufques à Eleonor, laquelle en eftant feule heritiere fut mariée à Louys VII. Roy de France: mais

qui l'ayant repudiée fut donnée en mariage en fuitte à Henry Roy d'Angleterre & Duc de Normandie, lequel par ce moyen l'annexa à fa Couronne, iufques à la felonnie de Iean Sanfterre fon petit fils qui auoit tué Arthus fon neueu: car lors il fut faifi par Philippe Augufte, & reüny à la Couronne de France. Il fut depuis donné en appanage à des fils de France, & erigé en Pairerie en l'an 1315. Mais finalement fut annexé à perpetuité à la Couronne par le Roy Charles VII. l'an 1436. Sa capitale eft Poictiers, contenant encore plufieurs autres villes fignalées comme Niort, Fontenay le Comte, Lufignan, S. Maixant, Chaftelleraud, Thouars, Parthenay, Mirebeau, &c. Il comprend trois Euefchez, Poictiers, Luçô & Maillezais dependans de l'Archeuefché de Bordeaux, & qui contiennent bien 1200 parroiffes.

Polemarque eftoit appellé chez les Atheniens celuy qui prefidoit à la guerre, & affiftoit les Roys de fon côfeil. C'eftoit vn efpece de Magiftrat facré eftably fuperintendant des ceremonies de Diane & de Mars Emalien, lefquels ils eftimoient eftre des diuinitez qui auoient le foin de leurs guerres. En temps de paix il rendoit iuftice entre les citoyens & les eftrangers. *Iul. Pollux.* Mais entre les Ætoliens eftoit appellé de ce nom celuy qui auoit la charge des clefs des portaux de la ville, & le iour y affiftoit en garde. *Alex. d'Alex. liu.3, chap.16.*

Polemon Philofophe Athenien, lequel eftant en fa ieuneffe adonné à toutes fortes de defbauches & excez, s'addreffa vn iout tout yure & couronné de fleurs dans l'efcole de Xenocrates, lequel par hazard traictoit de la continence & de la modeftie: dont Polemon fut tellement touché, que de là en auant il changea tout à faict fa façon de viure, & profita tant en l'eftude de la Philofophie, qu'il

Pppppp ij

merita de succeder à la maistrise de l'eschole de Xenocrates. Il laissa quelques
escris, & mourut fort aagé. *Laerce liu.*
4. de la vie des Philosophes.

Pollio Orateur fameux du temps
d'Auguste. *Voy* Asinius.

Pollux fils de Iupiter & de Leda, &
frere de Castor & d'Helene.
Voy Castor.

¶ Vn autre Grammairien de ce nom qui
enseignoit à Athenes du temps de l'Empereur Commodus, auquel il dedia dix
Liures intitulez Onomastiques, *Suidas.*

Pologne Royaume tres-ample, situé en la Sarmatie Euro-
péenne, ainsi appellé à cause qu'il est en
vne campagne rase & planure continuelle qui est dicte en langue Escla-
uonne *Pole.* Son estenduë (y compris la
Lithuanie, Liuonie, & autres prouinces qui y ont esté depuis annexées) est
bornée du costé du Leuant par les Tartares & Moscouites pres le fleuue de
Borysthene : du Nord par la mer Baltique & partie de la Moscouie : au Midy
par les Walaques & les montagnes de
Hongrie : & au Couchant par la Lusace, Silesie & Moldauie ; si bien qu'elle a
presque autant d'estenduë qu'a l'Espagne par delà les monts Pyrenées; & cette capacité procede aussi de sa forme
qui est quasi ronde. L'air y est fort serain, mais froid & aspre. Le plus grand
iour d'Esté dure près de dix-sept heures.
Le pays est plain, couuert de beaucoup
de forests: & bien qu'il soit froid, il produict toutefois si grande quantité de
bleds & de legumes, que les autres contrées voisines se sentent de sa fertilité,
mais il manque de vins. Il y a aussi force bestail, & specialement des bestes sauuages comme entr'autres des alces, buffles, bœufs, cheuaux, asnes de forme
non congneuë aux autres pays. Ce pays
abonde pareillement en cire, miel, en
mines de cuiure, de fer, de soulfre, mais
particulierement en sel, car il y a comme de petites montagnes de sel au fond

de la terre où les manœuures trauaillent iour & nuict tous nuds. L'on la diuise en haute & basse : la haute qui est
appellée Septentrionale, est arrousée
du fleuue Varte qui la trauerse quasi par
le milieu : & la basse qui est Meridionale, arrousée de la Vistule. Ses principales prouinces sont Massouie, Volhinie,
Podolie, Podlasie, Lithuanie, Liuonie,
Prussie, Pomeranie, Samogitie, & la
Noire Russie ou Roxolanie. Ses villes
sont Cracouie, Posnanie, Calis, Cuia-
uie, Sandomire, Iublin, & autres. Le
premier Roy & fondateur de ce Royaume fut ce Leck, lequel estant venu de
Russie & Sarmatie, vint en cette contrée qui s'appelloit Slesie & depuis Pologne, en laquelle il bastit la Cité de
Genesme dont il fist le siege Royal,
mais puis apres il fut trãsferé en la ville
de Cracouie Metropolitaine de la basse
Pologne où il est encore de present. Il
enseigna l'agriculture aux habitans qui
depuis de son nom furent appellez
Leckites; mais la race en estant esteinte,
les Polonois pour maintenir leur liber-
te, firent eslection de douze Palatins
qu'ils appellerent Waiuodes qui les
gouuernoiét & leur rédoient la iustice,
mais depuis ils voulurent auoir vn Prince particulier ; & cet effect esleurent
vn nommé Gracchus lequel fonda Cracouie & y establit son siege : Depuis
cette race faillie, ils esleurent vn nommé Lesco homme prudent lequel laissa
vn fils vnique Pompilius qui fut mangé des rats, & depuis fut esleu vn nommé Piast des descendans duquel Mietz-
slaüs fut le premier Roy Chrestien : ce
qui arriua, pource qu'ayant demandé
en mariage la fille de Boleslaüs Duc de
Boheme l'on la luy donna à cette condition qu'ayant renié le Paganisme, il
embrasseroit la Religion Chrestienne,
ce qu'il fist, & la fist aussi receuoir
par tout son Royaume y establissant
deux Eglises Cathedrales & Metropolitaines à Genesme & à Cracouie, ce

qui fut en l'an 965. Ce neantmoins n'ayant tenu que la qualité de Prince, Othon III. Empereur donna le tiltre & le diadefme Royal à Boleflaüs l'an 1001. Et iaçoit que 77. ans apres, dict le Hardy euft efté priué de la dignité Royale par le Pape, pour auoir cruellement faict mourir Staniflaüs Euefque de Cracouie, & à caufe de plufieurs autres fiens forfaicts: fi eft ce que le droict de Couronne leur fut reftably, ayans efleu pour Roy Primiflaüs vers l'an 1295. Ce Royaume eft electif & approche fort du gouuernement d'vne Republique : car les nobles qui ont grande authorité és diettes & confeils, eflifent leur Roy & luy donnent telle puiffance que bon leur femble : toutefois on ne lict point qu'ils ayent iamais priué le fang Royal de la fucceffion pour tranfporter le Royaume en quelque famille. Il eft toutefois Maiftre & Seigneur abfolu de la Courône & du Domaine, comme auffi des biens de fes fubjects fors des nobles qui y ont vne grande liberté & quafi femblable authorité fur leurs vaffaux qu'ils traictent comme efclaues.

Polonois ou Polaxes & Leckïens, peuples de ce Royaume que l'on dict defcendus des Slaues & Scythes, ou felon Ortelius, des Vinules ou Wandales qui l'habiterent, ne retiennent rien à prefent de l'ancienne rudeffe, barbarie & cruauté de leurs anceftres : car ils font fages, bien aduifez, courtois à l'endroict des eftrangers, liberaux ou pluftoft prodigues, induftrieux, vaillans à la guerre, & principalement les nobles qui aiment a eftre fuperbement veftus & armez : ils s'enyurent volontiers, bien quel'vfage du vin y foit fort rare : abhorrent le larcin & la volerie. Il n'y a pas longtemps que la couftume eftoit que les femmes par la permiffion de leurs maris, auoient des amis, qui eftoient appellez coadiuteurs, par ce qu'ils aidoient à fuppor-

ter les charges du mariage; lequel abus enfin ceffa à la perfuafion d'aucuns doctes perfonnages que le Pape Eugene IV. y enuoya. *Mercat. Ortel.* Ils font curieux de la cognoiffance de plufieurs langues, & principalement de la Latine qui eft vfitée és villes & villages, tant par les riches qui par les pauures : leur langue vulgaire toutefois eft la Sclauonne, mais corrompuë ; & les caracteres dont ils vfent en efcriuant, font en partie Grecs, & en partie felon le naturel du pays.

QVANT à leur Religion, ils adoroient iadis les Dieux anciens, Iupiter, Pluton, Venus, &c. à la façon des Grecs & Romains. Dlugoffe Hiftorien efcrit qu'ils auoient particulierement vn Dieu nômé Zime qui fignifie cette force vitale de l'air dônant vigueur aux chofes animées : comme auffi vn autre Dieu, ou Deeffe nommée Pogode qui eftoit la ferenité & temperie de l'air: ils auoient encore quelques autres fuperftitions particulieres qui font fpecifiées en leurs prouinces. Ayans receu depuis la Religion Chreftienne en l'an 985. foubs Mierzlaus, ils l'ont conferuée affez fidellement iufques aux Huffites, l'Herefie defquels infecta le Royaume, quelques oppofitions qu'y fift le Roy Ladiflaus, qui eft loüé d'auoir refufé la Courône de Boheme, de peur que cette herefie ne paffaft de Boheme en Pologne : l'herefie de Luther y prift pied auec les fectes des Anabaptiftes, Antitrinitaires, Zuingliens, Caluiniftes, Tritheites, & les Arriens mefme, voire il y a en la partie du Midy & Leuant plufieurs Eglifes Grecques : fi bien que ce Royaume eft de prefent meflangé de toutes fortes de Religions : Le nombre toutefois des Catholiques y eft beaucoup plus grand que celuy des heretiques Il y a deux Archeuefques, l'vn à Genefme Primat du Royaume-nay, Legat du Pape, ayant priuilege de couronner les Roys ; & celuy de Leopold en la Noire Ruſſie. *Magin en ſa Geogr. Mercat. en ſon Atlas. Monſt. liu. 4. de ſa Coſmographie, Theuet liu. 20. ch. 1. & 2. de ſa Coſmogr. Vigenere & Gaguin en leurs hiſt. de Pologne.*

Polybe Hiſtorien Megapolitain, Conſeiller & Precepteur de Scipion Africain le jeune, a deduit l'hiſtoire Romaine en 40. Liures, comme auſſi celle des guerres Puniques, où il entremeſle les faicts des Grecs & Macedoniens depuis la fuite de Cleomenes & Philippes fils de Perſée. *Suidas.*

S. Polycarpe diſciple de S. Iean l'Apoſtre, & par luy ordonné Eueſque de Smyrne, fut martyriſé à Rome pour la foy, l'an 169. du temps de l'Empereur M. Aurele. Il nous a laiſé vne Epiſtre aux Philippiés, dont faict mention S. Hieroſme en ſon *Catal.* & vne autre à S. Denys Areopagite, dont parle Suidas. *Euſebe liu. 4. ch. 13. de ſon hiſt. & en ſa Chron. Iren liu. 3. c. 3.*

Polyclete Statuaire tres-excellent, diſciple d'Agelades natif d'Argos. Le premier ouurage qu'il fiſt fut deux enfans joüans aux dez. Il fiſt auſſi deux autres images ſur vn meſme ſubiect: l'vne faicte & accommodée ſelon ſon inuention: & l'autre ſelon l'aduis qu'il auoit peu recueillir d'vn chacun paſſant. Quand donc il eut preſenté l'vne & l'autre au peuple, on loüa premierement beaucoup la ſienne, & quant à l'autre elle fut trouuée moins accomplie. Or, dit-il, ſçachez que ce que vous loüez eſt mien, & voſtre ce que vous blaſmez. *Ælian en ſa diuerſe hiſtoire.*

Polycrates Tyran de Samos, lequel ſelon Herodote *liu. 3.* s'empara de pluſieurs Iſles & villes maritimes, fut grandement puiſſant en biens & en fortune pendant ſa vie, & heureux en tous ſes deſſeins, ſi bien qu'il fut appellé le fauory de la fortune. Ce que recognoiſſant, afin de temperer cette tres-grãde felicité par quel-

que aduerſité, il ietta tout expres dans la mer vn anneau d'vn prix ineſtimable, léquel ce neantmoins puis apres il trouua dans le ventre d'vn poiſſon qui luy fut ſeruy ſur ſa table. Mais la miſerable fin qu'il experimenta, luy enſeigna que nul ne doit eſtre eſtimé heureux auant ſa mort: car ayant eſté prins par Orontes Satrape des Perſes, il fut pendu apres pluſieurs autres tourmens. *Strab. liu. 14.* Il viuoit du temps des Philoſophes Pythagoras & Anacreon.

Polydamas Theſſalien, grand de corps, de force, courage & dexterité nompareille, ſe voulut rendre emulateur du grand Hercule: car il terraſſa vn Lyon, & le ſurmonta: arreſtoit les plus fiers Taureaux les prenant par derriere, comme auſſi vn chariot attelé de puiſſans cheuaux, ſans qu'ils peuſſent s'aduancer ou reculer: Darius fils d'Artaxerxes voulut voir cette force, & luy ayant mis en teſte 3. des Archers de ſa garde des plus puiſſans, il les miſt à mort leur ayant donné vn ſeul coup de poing à chacun. Mais finalement eſtant vn iour en vne grotte à ſoupper auec quelques autres qui s'enfuirent de crainte d'vn gros rocher qui menaçoit de ruine, luy ſe fiant en ſes forces s'opiniaſtra d'en pouuoir ſouſtenir l'effort à force de bras: mais il en fut miſerablement accablé & eſtoufé ſoubs le faix. *Pauſanias, Val. le Grand, liu. 9. chap. 12.*

Polydecte Roy de l'Iſle de Scriphe, lequel nourrit Perſée auec ſa mere Danaé, qui eſtoient abordez en ſes riuages (*Voy Perſée*:) mais s'eſtant amouraché de Danaé, & redoutant le courage & la dexterité de Perſée, il le voulut enuoyer à l'eſcart, afin de s'en deffaire, & pour cet effect luy propoſa la conqueſte de la teſte de Meduſe, laquelle il trancha, & la porta à ce Polydecte. Mais Perſée recognoiſſant la continuation de ſon enuie luy monſtra cette teſte, à la veuë de laquelle il fut conuerty en rocher. *Ouide liu.5.de ses Metam.*

Polydore

le plus ieune fils de Priam & d'Hecube, lequel fut dés le commencement du siege de Troye enuoyé à son pere Polymnestor Roy de Thrace son gendre & ancien amy, auec plusieurs thresors pour estre secrettement nourry, afin qu'il demeurast au moins de la race si la guerre emportoit les autres : mais apres la ruine de Troye, Polymnestor poussé d'vn auare desir de posseder ces thresors, le tua à coups de flesches, en vain implorant l'aide des Dieux sur le violement de la foy & du droict d'Hospitalité : puis fist ietter son corps dans la mer ; ce qu'ayant sceu Hecube, elle aborda ce meurtrier, & feignant luy vouloir encore monstrer quelque thresor à part, assistée d'autres Dames Troyennes luy creua les yeux. *Ouide liu. 13. de ses Metam.* D'autres content autrement, disans que les Grecs passans par la Thrace l'enleuerét, & que Priam ayant donné pour sa rançon la ville qui de là fut nommée Antandros ; il ne laissa neantmoins d'estre lapidé par les Grecs. *Seruius sur le 3. de l'Æneide.*

Polygnot

Thasien, peintre tres-excellent, qui fleurissoit en la 90. Olympiade, fist des ouurages si excellens que les Amphyctions qui estoit le Senat public de la Grece, luy establirent des retraictes hospitalieres par toutes les Citez de la Grece. *Plut. en la vie de Simon.*

Polymnestor

Roy de Thrace, qui tua Polydore fils de Priam. *Voy* Polydore.

Polymnie,

l'vne des neuf Muses, ainsi dicte des mots Grecs *Polus mneia*, c'est à dire, grande memoire, necessaire à ceux qui estudiét. L'on l'appelle aussi Polyhymnie à cause de la multitude des hymnes & airs de Musique, & pource la croyoit on presider aux loüanges dont quelques

vns l'establissoient sur le Luth & sur la Harpe. Hesiode luy attribuë la Geometrie, & Plutaque luy assigne l'Histoire qui est la memoire de plusieurs choses.

Polynice

fils d'Oedippe Roy de Thebes, & frere d'Eteocle auec lequel ayant eu debat pour la succession du Royaume, ils se tuerent tous deux en duel. *Voy* Eteocle.

Polypheme,

l'vn des Cyclopes, fils de Neptune & de la Nymphe Thoose, selon Homere *liu 1. de l'Odyssée.* Home de monstrueuse taille, sauuage & du tout brutal, qui n'auoit qu'vn œil au milieu du front, au reste luxurieux & lascif au possible. Il faisoit sa retraicte en vne grotte, & nourrissoit grande quantité de bestail qu'il faisoit paistre és montagnes de Sicile. L'on tient qu'il aima la Nymphe Galathée, & que pour cette occasion il tua Acis son corriual, lequel il voyoit estre plus fauorisé de sa maistresse que luy, touchant lequel *voy* Acis. Depuis ayant esté Vlysse ietté en la coste de Sicile par les flots auec plusieurs siens compagnons, ce Geant s'en saisit & en deuora quatre. Mais Vlysse ayant trouué moyen de l'enyurer, estant assoupy d'yurongnerie & d'vn profond sommeil, il luy creua l'œil auec vn tison ardant ; ainsi il euita le peril, & s'enfuit auec le reste de ses compagnons. *Homere liu. 9. & 10. de l'Odyssée.*

¶ *Ce geant de monstrueuse forme, remply d'impieté, de cruauté, de malice, & de luxure, nous represente à l'aduanture quelque monstre de nature prodigieux en ces excez, lequel ce neantmoins fut contraint de ceder à l'astuce d'vn homme de petite taille, mais sage & aduisé tel qu'estoit Vlysse, qui deceut ce Colosse, & aueugla sa presomptiue clair-uoyance.* ¶ *Quelques vns aiment mieux toutefois rapporter la fable de ce Cyclope aux raisons naturelles, dont voy Cyclopes.*

Polyxene

fille de Priam & d'Hecube, d'excellente beauté, laquelle Pyrrhus fils d'Achille sacrifia fur le tombeau de fon pere : car comme Achille faifoit la guerre aux Troyens, 'il deuint amoureux de Polyxene laquelle facilement luy fut accordée de Priam : mais s'eftans affemblez au temple d'Apollon Tymbréen, pour traicter plus amplement de ce mariage, Paris ne trouuant bonne cette alliance fe muffa derriere vne ftatuë d'Apollon, d'où il tira vne flefche au talon d'Achille (qui eftoit la feule partie de fon corps vulnerable, voy Achilles:) mais apres la prife de Troye, comme Polyxene fuft tôbée entre les mains des Grecs, les ombres d'Achille fe prefenterent aux Chefs de l'armée defquels il requift fatisfaction par le fang de Polyxene, à l'occafion de laquelle il auoit efté, fi defloyaument occis par la main de Paris : dont Pyrrhe fut executeur, l'immolant fur la tombe d'Achille. *Ouide liu. 13. de fes Metam.*

Polyxo femme de l'îfle de Lemnos, Prophetiffe d'Apollon, laquelle efmeut la premiere la fedition des femmes contre les mafles en cette ifle : Car ces femmes ayans mefprifé Venus, cette Deeffe indignée les rendit ordes & puantes comme boues, fi bien que leurs maris cherchoient ailleurs leurs esbats : Ce qui fift que par le complot de celle cy, elles firent mourir tous les hommes horsmis Hypfiphile laquelle fauua fon pere Thoas. *Stace liu. 5. de fa Thebaide,*

Pomeranie contrée du Royaume de Pologne, laquelle confine auec la mer Baltique, & s'eftéd par vne longue efpace de terre depuis les frontieres d'Holface iufques à celles de Liuônie. Elle eft ainfi appellée du mot *Pomeran* qui en langage Efclauon veut dire maritime, pour ce qu'elle coftoye la mer. Ses premiers habitans la nommoient Pomorce, & s'appellôient Sidins. Les Efclauons & wandales l'ont auffi habitée. Son pays eft tout plat, grandement fertil, bien cul-

tiué & arroufé de force riuieres nauigables, abonde en toûtes chofes neceffaires pour la vie : Il eft auffi bien peuplé, ayant outre les bourgades enuiron 40. villes qui font toutes voifines de la mer, dont la capitale eft Steliue. Ses peuples ont opiniaftrement retenu le Paganifme iufques à l'extremité, & mefmes apres auoir, receu la foy l'an 980. Ils furent toufiours inconftans s'eftans fouuent reuoltez d'icelle, & perfecuté les Chreftiens iufques à ce que du temps de Boleflaüs l'an 1122. ils fe reduifirent tout à faict au Chriftianifme, & depuis furent pleinement confirmez foubs Vladiflaüs qui y eftablit vn Euefque nommé Aldebert, l'an 1151. Ils fe feruirent toufiours du langage & des mœurs des Wandales tant qu'ils furent Payens ; mais ayans receu le Chriftianifme, ils fe feruirent du langage Saxon dont ils fe feruent encore de prefent. Elle n'a efté iamais commãdée que par les habitans du pays, & maintenant elle eft pour la plufpart fubiecte au Roy de Pologne, & le refte d'icelle depend du Duc de Pruffe qui eft toutesfois feudataire de ce Roy. *Monft. liu. 3. de fa Cofmogr.*

Pomone Nymphe du Latium, eftimée Deeffe des iardins & fruicts dont les Romains luy faifoiêt oblation & facrifice : de laquelle Verturnne auffi eftimé Dieu des iardins, eftant afperduëment amoureux, fe reueftit d'vne infinité de formes pour l'induire à fon amour ; dont toutefois elle ne tint point de compte iufques à ce que defguifé en vieille il flefchit enfin fa rigueur par des contes qu'il luy fift des punitions enuoyées aux rigoureux amans ; ce qui n'a efté feinct fans caufe, veu que telles perfonnes font tres capables, & s'entremeflent fouuent de fuborner la pudicité des filles les plus chaftes. *Ouide liu. 14 defes Metam.*

Cn. Pompée fils de Strabon, tres-renômé Capitaine

pitaine Romain surnommé le Grand, à cause de la grandeur de ses faicts : il fut autant aimé des Romains comme son pere en auoit esté hay; aussi paroissoient en luy de tresbelles parties, la temperance en sa vie, l'addresse aux armes, l'eloquence en son parler, la foy en sa parole, la bonne grace en son entreget, l'amiable recueil & franche liberalité vers toutes sortes de personnes. Il embrassa du commencement le party de Sylla, lequel il fortifia grandement ayant en peu de temps deffaict Carbon qui auoit succedé à la tyrannie de Cinna. Il attira aussi à soy les soldats du Consul Scipion qui fauorisoit son ennemy, si bien que cela conuia Sylla de luy faire de tresgrands honeurs; & de plus ayant esté declaré Dictateur, s'allia par mariage auec luy : aussi Pompée fist en sa faueur beaucoup de grands exploicts, car il desconfit tous ses ennemis, chassa Perpenna de la Sicile, fist mourir Carbon; mist en deroute en Afrique Domitius où il luy tua plus de dix mil hommes; subiugua la Numidie & autres pays circonuoisins, ce qu'il fist en l'espace de 40. iours, n'ayant encore atteinct l'aage de 24. ans. Estant de retour à Rome, Sylla luy donna le surnom de Grand; & y entra en triomphe dans vn chariot tiré par quatre Elephants, dont Sylla luy porta enuie. Mais apres la mort de Sylla, Lepidus voulant s'attribuer son authorité, supporté par Brutus, il rangea & l'vn & l'autre à leur deuoir; ayant chassé Lepidus d'Italie, & faict mourir Brutus, il fut depuis employé à la guerre d'Espagne contre Sertorius, à laquelle il mist fin, ayant deffaict l'armée du traistre Perpenna qui auoit occis Sertorius. Et comme ils s'en retournoit à Rome, il couppa les racines de la guerre des serfs fugitifs qui auoit esté encommencée par Crassus, puis entra en triomphe à Rome pour la seconde fois. Apres qu'il se fut demis du Consulat qu'il auoit geré auec Cras-

sus, il fut derechef employé en la guerre contre les Corsaires en la Sicile, laquelle il termina promptement & heureusement. L'on luy donna depuis commission pour acheuer la guerre cômencée par Lucullus côtre Tigranes & Mithridates : Quant à ce dernier il le deffist en bataille rangée; & pour l'autre, il le reduisit à faire appointement auec luy : mais d'autant que son fils s'y opposoit, il le prist pour l'emmener en triomphe. Passant plus outre pour poursuiure Mithridates, il subiugua les Albaniens & Iberiens, comme aussi les Iuifs, ayant pris leur Roy Aristobulus. Ayant conquis la Syrie & la Iudée au peuple Romain, estant de retour à Rome il y fist son troisiesme triomphe, où on porta deuant luy des escriteaux où estoient contenus les noms des nations dont il triomphoit, qui estoient, les Royaumes de Pont & d'Armenie, la Cappadoce, la Paphlagonie, la Medie, la Colchide, les Iberiens, Albaniens, la Syrie, la Cilicie, la Mesopotamie, la Phœnicie, la Palestine, la Iudée, l'Arabie, les Corsaires par luy deffaicts tant sur mer que sur terre, en tous lesquels pays il prist iusques au nôbre de mil chasteaux & non guerres moins de 900. villes & citez, des vaisseaux de Corsaires & Escumeurs de mer enuiron 800. Ayant dauantage augmenté le reuenu ordinaire de la chose publique de 3500000. escus, outre la valeur de 2060000. d'or qu'il y apporta tant en or, argent monnoyé, qu'en bagues & ioyaux : Mais ce qui luy tournoit à plus grande gloire, & ce qui n'aduint iamais ny deuant ny apres à autre Capitaine Romain qu'à luy, fut qu'il triompha par trois fois des trois parties du monde, sçauoir la premiere fois de l'Afrique, la 2. de l'Europe, & la 3. de l'Asie, estant mesmes au dessoubs de 34 ans; & bien heureux eust il esté si la vie ne se fust point prolongé e outre ce temps, car dessors sa felicité commença à decliner, & de faict Lucullus s'attaqua fi rudement à luy qu'il fut contraint de recourir aux Tribuns du peuple, & fpecialement à Clodius tresmefchant homme, auec lequel neantmoins il entra en pique : Puis s eftant rejoint au Senat, fift rappeller Ciceron exilé ; il entra en fuitte en ligue auec Craffus & Cæfar dont il auoit efpoufé la fille nommée Iulia pour s'emparer de tout le gouuernement, & y firent beaucoup de mefchancetez ; mais arriuant la mort de fa femme, comme aufli celle de Craffus ; Cæfar fe recognoiffant grandement puiffant par la valeur de fes foldats aguerris és Gaules, deflors proieta fes practiques ambitieufes, corrompant les principaux du Senat, & pour cet effect ne voulut caffer fon armée qu'au prealable Pompée n'en fift de mefme : & pour s'authorifer par les armes, paffa en Italie, dont Pompée fut tellemét eftonné qu'il quitta Rome auec les deux Confuls, & ce neantmoins dreffa de fon cofté deux puiffantes armées tant par mer que par terre ; mais ayant eu de l'aduantage en quelques rencontres, cela enorgueillit ceux de fon armée de telle façon que les principaux d'entr'eux briguoient defia à Rome les grands Eftats de leurs ennemis, mefprifans la vaillance de l'armée de Cæfar : & ce neantmoins, bien que Pompee euft de la moitié dauantage de gens que Cæfar (car fon armée n'eftoit que de vingt deux mil combattans) il fut mis en route par l'armée de Cæfar, qui le contraignit de s'enfuir : toutefois ayât ouy nouuelles des reftes de fon armée de terre, & de celle de mer qui eftoit encore toute entiere, il prift quelque affeurance de fe remettre ; mais ayant efté mal confeillé de fe retirer en Egypte, efperant d'y eftre bien receu, il luy aduint le contraire par la mefchanceté de certains Confeillers du Roy Ptolemée, car par leur aduis il fut tué à coups d'efpée dans vne barque en prefence de fa femme & de

quelques fiens amis qui fe fauuerent incontinent : dont Cæfar eftant aduerty, & fa tefte luy ayant efté prefentée, il deftourna fa face & pleura. Ainfi vefcut, ainfi mourut ce Grand & tres-illuftre Capitaine eftant aagé de 59 ans, ayant acheué fa vie le iour enfuiuant celuy de fa natiuité. Il laiffa deux fils, Cneus & Sextus les Pompées, dont cettui cy fut deffaict en Sicile en bataille nauale, & l'autre en Efpagne par terre. *Plutarque en la vie de Pompée.*

¶ Il y en eut plufieurs autres de ce nom, mais moins renommez.

Pompeia fille de Q. Pompée, niepce de Sylla, & troifiefme femme de I. Cæfar, laquelle il repudia foupçonnée d'auoir commis adultere auec P. Clodius qui fut trouué defguifé és folemnitez de la Bonne Deeffe, difant qu'il falloit que la femme de Cæfar fut non feulement exempte de peché, mais aufli de foupçon. *Plutarq. és vies de Cæfar & de Ciceron.*

Pompeiopolis ville de la Cilicie, felon Mela *liu. 2.* en la defcription de cette prouince. Elle fut premierement poffedée par les Rhodiens & Argiues (& lors s'appelloit Soloë) & depuis par les Pirates, felon le pouuoir que leur en donna Pompée, & pource fut nommée Pompeiopolis. Elle fut en fuite appellée Traianopolis à caufe de l'Empereur Traian qui y mourut. *Solin.*

Pompilius Numa 2. Roy des Romains. *Voy* Numa.

Pompilius fils de Lesko 3. Roy de Pologne duquel il fut fucceffeur, comme feul enfât legitime, ayant vingt autres freres naturels : Il fut trescruel & abandóné à tous vices, ayant fact empoifonner fes oncles qui auoient adminiftré le Royaume pendant fon bas aage, dont il fut puny par vengeance diuine : car comme il eftoit à banqueter, vne quantité de rats forti-

rent des cadavres de ſes oncles, & l'a-
borderent auec morſures, enſemble ſa
femme & ſes enfans, nonobſtant la reſiſtance de ſes gardes, & tous les reme-
des qu'y pouuoit apporter le conſeil
humain : car bien qu'ils ſe fuſſent en-
tourez de flammes, ces animaux ne laiſ-
ſerent de paſſer par le milieu ; & de plus
s'eſtans placez en vne tour dans la mer,
ces beſtes la trauerſerent à nage, &
montans ſur les murs preſque inacceſ-
ſibles deuorerent enfin miſerablement
ce Pompilius auec ſa femme & ſes enfans. *Monſt. liu. 4. de ſa Coſmogr.*

Pomponius ſurnommé l'Attique,
Cheualier Romain
d'eſprit excellent, qui fut fort familier
de Ciceron. Voyant la Republique
troublée par les ſeditions de Cinna, il
ſe retira à Athenes où il fut grandemēt
bien recueilly : Il receuoit pareillement
vn chacun tres-liberalement, & entre
autres Ciceron lors qu'il fut chaſſé, lequel il aida de ſes biens : comme auſſi
Brutus auquel il preſta grande ſomme
de deniers. Il fut fort entier & veritable en ſes paroles, ne pouuant aucunement endurer le menſonge. *Corn. Nepos a eſcrit ſa vie.*

¶ Vn autre, Aduocat tresfameux à Rome, mais aſpre & violent en ſes harangues. *Ciceron en ſon Orateur.*

¶ Vn autre, Iuriſconſulte renommé,
dont eſt faict ſouuent mention *és Pandectes.*

¶ Vn autre, ſurnommé Mela, lequel a
deſcrit en trois Liures la ſituation de
la terre.

¶ Vn autre ſurnommé Lætus, lequel
deduit ſommairement l'Hiſtoire des
Empereurs Romains, depuis la mort
du ieune Gordian, iuſques en l'an 700.
Il viuoit enuiron l'an de ſalut 1485.

S. Pons de Tomiers, ville de Lan-
guedoc, premierement Ab-
baye, puis erigée en Eueſché par le Pape Iean XXII. qui s'eſtend ſur bien 500.
paroiſſes, & depend de l'Archeueſché de Narbonne.

Pont contrée de l'Aſie mineur, ainſi
appellée de ſon Roy Pontus :
Ses bornes ſont au Couchant le fleuue
Haly : au Leuant la Colchide : au Midy
l'Armenie mineur : & au Nord le Pont
Euxin ou Mer major, ſelon Strabon
liu. 1. 8. 9. & 11. Mais Ptolemée *liu.* 5.
eſtend ſes bornes vn peu dauantage,
ſçauoir au Couchant de l'Emboucheure du Pont, du Boſphore de Thrace,
& d'vne partie de la Propontide : du
Leuant de la Galatie pres de la Paphlagonie : du Midy de la Prouince pecu-
lierement dicte Aſie, pres le fleuue de
Rhyndace : & du Nord d'vne partie
du Pont Euxin : laquelle diuerſité prouient de ce que la Bithynie y fut annexée, & furent ces deux reduictes en vne
prouince qui ſe nomme auiourd'huy
Burcie. *Voy* Bithynie. Cette contrée eſt
fertile en venins dont la ſorciere Medée recueillit ſes herbes maleſiques, &
y exerça ſes cruautez. Il s'y void auſſi
force caſtors dont les teſticules ſont ſi
ſalutaires. L'on y voyoit les celebres
villes de Calcedoine, Nicomedie, A-
pamie, Pruſſe, Heraclée, du Pont, & Nicée. En icelle commanderent les Roys
Mithridates & Eupator. Elle eſt pareillement renommée à cauſe de la naiſſance d'Aquila interprete du Vieil Teſtament & de l'Hereſiarque Marcion.

Pont eſt proprement appellé cette
mer qui s'eſtend depuis les
Palus Meotides iuſques en l'Iſle de
Tenedos. Quand donc à commencer de
cette Iſle elle ſe reſſerre, elle s'appelle
Helleſpont ; lors qu'elle s'eſtend dauantage l'on la nomme Propontide ; &
lors qu'elle ſe retrainct derechef en vn
petit deſtroict large ſeulement de 500.
pas, l'on l'appelle Boſphore de Thrace, qui eſt le deſtroict de Conſtantinople ; & lors qu'elle s'épand en grande
mer, elle ſe nomme Pont Euxin (qu'on
appelle pource de preſent Mer major,
& encores lors qu'elle va ſe rédre dans

les Palus Meotides, cette embouchere-se nomme Bosphore Cimmerien. Ce mot toutefois se prend chez les Poëtes pour toute Mer, aussi le verbe Grec *pontizein* signifie *noyer*.

Pont Euxin ou Mer major. *Voy* Euxin, & le mot precedent.

Ponthieu Comté de Picardie, ainsi appellée du grand nombre de Ponts qu'on y void. Sa capitale est Abbeuille, où il y a vn siege Presidial. Ce pays pour auoir esté donné en dot à vne des filles de France mariée au Roy d'Angleterre, fut longtéps querellé par les Anglois : & mesme à cette occasion en partie se donna pres la ville de Crecy qui en depend, vne bataille furieuse entre Edouard Roy d'Angleterre, & Philippe de Valois, où presque la Caualleriè de la Noblesse Françoise demeura sur le champ : & depuis ayant esté accordé à l'Anglois par le Roy Iean, il fut enfin réuny à la Couronne par Charles VII.

Pont Miluien, ainsi appellé par Tacite & Tite-Liue, est situé sur le Tybre pres de Rome, signalé par la victoire que remporta Constantin le Grand sur le Tyran Maxence lequel fut noyé en le voulant passer. L'on le nomme de present *Ponte Molle.*

Pontia Dame Romaine. treschaste, laquelle ne peut estre attirée par aucunes promesses ou menaces à commettre adultere auec Octaue Tribun du peuple, ains aima mieux qu'il la fist mourir. *Corn. Tacite Ann.* 13.

Pontian Romain, 19. Pape, fist quelques saincte ordonnances contenuës en deux Epistres Decretales qu'il nous a laissées L'on tient qu'il eut quelques thresors de l'Empereur Alexandre Seuere, lequel affectiona la Religion Chrestienne, comme fist aussi sa mere Mammea, *Suidas.* car mesmes il auoit en son Oratoire des Images de Iesus-Christ. *Lampride en sa vie.* Ce S. Pasteur mourut estant exilé en l'Isle de Sardaigne, l'an 184. ayant gouuerné l'Eglise 9. ans, 5. mois, & 2. iours. *Nicephore li. 5. ch. 26. Eusebe en sa Chron.*

Popilienne famille, fut tres-renommée à Rome, dôt fut Chef vn Popilius Consul, & d'icelle sont sortis plusieurs grands personnages, & entr'autres ¶ Ce Popilius qui fut enuoyé Ambassadeur vers Antiochus Roy de Syrie lequel assiegea Ptolemée Roy d'Egypte allié du peuple Romain ; car l'ayant sommé de laisser cette guerre, & voyant qu'il tiroit sa responce en longueur à mauuais dessein, l'enferma dans vn cercle qu'il traça auec vne verge qu'il tenoit, luy commandant de n'en sortir qu'au prealable il ne luy eust donné responce de paix ou de guerre : De la hardiesse duquel Antiochus fut tellement estonné qu'il se soubmist du tout à la volonté du peuple Romain. *T. Liue liu.* 45.

¶ Vn autre surnommé Lanatus, lequel bien qu'il eust esté deffendu par Ciceron en vne cause où il alloit de sa vie, ce neantmoins prist commiseration de M. Antoine pour l'aller tuer : ce qu'il executa luy couppant la teste. *Val le Grand liu.* 5. *chap.* 3.

Poppée Sabine, fille de T. Ollius, de noble race, & femme d'Othon, lequel l'ayât loüée pour sa beauté & gentillesse en la presence de l'Empereur Neron : ce Prince en deuint si amoureux, que l'ayant entretenuë quelque temps il relegua doucement son Othon au gouuernement de la Lusitanie pour s'en deffaire, puis s'estant mis à la courtiser, il repudia sa femme Octauia pour l'espouser : à la sollicitation de laquelle l'on dict qu'il fist occir sa mere & Octauia aussi puis apres. Cette femme fut tres-superbe en tout son train, iusques à faire ferrer ses cheuaux de pur or : Mais enfin Neron la tua pareillement estant grosse, luy ayant donné vn

coup de pied par le ventre pour legere cause. *Suetone,Tacit.liu.*16.*de ses Ann.*

Porcia fille de Caton d'Vtique , & femme de Brutus , laquelle fut fort sçauante en la Philosophie, doüée d'vne grande prudence , & d'vn cœur du tout genereux & magnanime; ce qu'elle monstra en l'affection qu'el-le portoit à son mary : Car comme le iour de deuant l'execution du meurtre qu'il fist de I. Cesar , il estoit en gran-de resuerie , & ne luy voulust declarer cette entreprise ; elle eut la côstance de se faire vne grande playe auec vn ra-soir,dont Brutus luy ayant demandé la cause, elle luy dist qu'elle meritoit d'e-stre aussi bien personniere & compagne de ses bonnes & mauuaises fortunes, comme participante de son lict : mais qu'elle vouloit d'abondant faire expe-rience par cela combien elle endure-roit patiemment la mort , s'il luy pre-noit mal pour cet acte qu'il auoit enuie d'executer ; aussi en fist-elle paroistre l'effect : car ayant entendu la nouuelle de la mort de son mary qui s'estoit tué apres auoir esté vaincu par M. Antoine, elle prist resolution de mourir. Mais en estant empeschée par ses parens elle ti-ra du foyer des charbons tous ardants qu'elle tint dans sa bouche si estroitte-ment fermée qu'elle s'en estouffa *Val. le Grand,liu.*3.*ch.*2.*& liu.*4.*ch.*6.*Plut en la vie de Brutus.*

Porcius dict Festus Gouuerneur de la Iudée , estably par Ne-ron apres Fœlix. *Iosephe,liu.*20.*ch.*7.*des An. Iud.* Il enuoya S Paul à Rome, apres qu'il eut plaidé sa cause deuant luy,& qu'il en eut appellé à Cesar. *Act.* 26.*& 27.*

Porphyre Philosophe Tyrien,nô-mé Basile , selon Sui-das,& Malchus selon d'autres:mais de-puis appellé Porphyre à cause de sa robbe Royale de pourpre,dont il se ser-uoit comme issu de noble exraction. Il eut pour Precepteurs Lotin & Ame-

lius,& pour disciples Origene & Iam-blicus. Il composa plusieurs Liures en Philosophie , mesme 15. Liures con-tre les Chrestiens, ayant apostasié de la Religion Chrestienne , ausquels Euse-be , Methodius & Apollinaris firent response. *Eusebe liu.*6.*ch.* 14. *S. Cyrille liu.*3. *contre Iulian l'Apostat.* Les Liures qu'il a faicts sont mentionnez & rap-portez par Suidas.

Porsenna Roy des Hetrusques , lequel fist guerre aux Romains pour restablir en son Royau-me Tarquin le Superbe qui en auoit esté chassé : mais ayant esté viuement repoussé par la proüesse d'Horace, dit Cocles (lequel resista ,si long temps aux siens iusques à ce que les Romains eussent couppé par derriere le pont par où ils estoient prests de se ietter dans la ville) il se delibera de pacifier auec les Romains admirant leur magnanimité: dequoy de surplus luy fist preuue le traict de Mutius Scænola qui pour s'e-stre mespris en frappant l'vn de ses mi-gnons en sa place, se brusla la main qui auoit failly son coup , en la presence du Roy, si bien qu'il fut contraint de trai-cter auec le Consul Publicola chef des Romains. *Plut. en la vie de Publicola.*

Portugal Royaume des Espagnes a pris son nom du port des Gaulois,selon quelques vns,pour-ce qu'ils auoient de custume d'y abor-der auec leurs Nauires : l'on l'appel-loit anciennement Lusitanie , & Espa-gne vlterieure ; iaçoit qu'elle ne con-tienne pas tout ce qui estoit compris soubs l'ancienne Lusitanie,& que d'au-tre costé elle s'estend aussi plus loin. Elle a pour bornes au Nord le Royau-me de Gallice,dont elle est separée par le fleuue Minno de l Arragon;au Cou-chant , & en partie au Midy elle a l'O-cean Occidental & Atlantique : & au Leuant la Castille, & l'Andalousie auec l'Estremadure. Ce Royaume a de tout 880. milles , il est long de 320 mais eſtroiĉt, n'en ayant que 602. en ſa largeur, & aſſis pour la plus grande part ſur les coſtes de la mer Oçeane. L'air y eſt bon, les fruiĉts de la terre y naiſſent auſſi en plus grande perfeĉtion qu'aucun autre lieu de l'Europe: abonde en vin, huile, mais elle a faute de froment: l'on y voiĉt auſſi quelques mines d'or, d'argent, d'alun, comme auſſi du marbre blanc, & des pierres de iaſpe. Ses fleuues plus ſignalez ſont le Tage, Guadiana, Duero & Minno: il y a deux ports tres-celebres prés de Liſbonne qui eſt ſa capitale ville, & l'vne des plus marchandes de tout l'Vniuers. La partie de ce Royaume qui eſt entre les fleuues du Tage & Guadiane eſt peu peuplée, pour eſtre montueuſe & ſterile, mais le reſte eſt remply de villes, bourgades, & chaſteaux: touteſois à cauſe des grands voyages que les Portugais font en l'Amerique, où il ſe perd tous les ans beaucoup de monde: le Portugal en demeure denné. Le petit Royaume d'Algarbe qui eſt vers le Midy, y eſt compris: Le Royaume de Portugal n'eſtoit anciennement qu'vne Comté, mais priſt le tiltre de Royaume l'an 1110. lors qu'Alfonſe 6. Roy de Caſtille donna ſa fille baſtarde en mariage à Henry Comte de Lorraine pour auoir courageuſement deffaiĉt les Sarrazins, duquel mariage ſortit Alphonſe qui ſe qualifia premier Rois de Portugal, lequel vainquit cinq Roy Sarrazins en bataille, & pource priſt en ſes armoiries cinq eſcuſſons qui ſont demeurez à ſa poſterité. Les Portugais ſont vaillants, agiles, patiens, experts en la nauigation, mais ſur tout fort ambitieux & grands entrepreneurs, ayans ſubiugué diuerſes nations incogneuës à noſtre Europe, & eſtans paruenus au grand & riche trafic qui ſe fait partout le monde de tant d'eſpiceries & ſingularitez, & ce par le moyen des nauigations qu'ils font és Indes, tant Orientales qu'Occidentales, Æthiopie, Ara-

bie, Perſe & autres lieux où ils ont conquis & baſty des places auec grand & heureux ſuccez. Ces conqueſtes commencerent premierement ſoubs Iean II. du nom Roy de Portugal, & depuis ont eſté retenuës par Dom Emanuel & de Iean ſes ſucceſſeurs iuſques à Dom Sebaſtien leur dernier Roy, qui fut deffaiĉt en Afrique, par la mort duquel ce Royaume vint à Philippe Roy de Caſtille. Il y a trois Archeueſchez en ce Royaume, & quelques huiĉt Eueſchez. *Magin en ſa Geogr. Monſt. liu. 2. de ſa Coſmogr.*

Portune Dieu marin, autrement nommé Melicerte, & Palæmon par les Grecs, fils d'Ino, lequel on eſtimoit preſider aux ports, dont il a pris le nom, & pource celebroit-on en ſon honneur certains ieux & combats en la Grece appellez Portunales & Iſthmiens, à cauſe qu'ils ſe faiſoient dans l'Iſtme du Peloponneſe. *Voy* Melicerte *&* Ino.

Porus Roy tres-puiſſant des Indes, d'vne grandeur demeſurée, lequel reſiſta vertueuſement à Alexandre le Grand ayant vne groſſe armée, & nóbre d'Elephans, mais enfin fut par luy vaincu: Toutefois Alexandre par vne generoſité ſinguliere luy redonna non ſeulement ſon Royaume, mais dauantage l'enrichit d'autres grandes poſſeſſions, & le tint touſiours entre ſes meilleurs amis. *Plutarq. en la vie d'Alexand. Monſt. liu. 5. de ſa Coſm.* Ce Roy eſtoit ſi abſtinent, qu'interrogé par Alexandre quel eſtoit ſon viure ordinaire, il luy reſpondit, qu'il ne ſe ſeruoit que d'herbes pour ſon manger, & d'eau pure pour ſon boire. *Suidas.*

Poſſidonius natif d'Apamée en Syrie, Philoſophe, diſciple & ſucceſſeur de Panætius, veſcut & philoſopha la pluſpart du temps à Rhodes, d'où il fut appellé Rhodien. Il eſtoit de la ſeĉte des Stoiciens, ſi bien qu'eſtant vn iour grandement trauaillé de la goutte, il s'escrioit, Tu as beau me faire de la douleur, bien que tu sois insupportable, ie ne t'estimeray iamais mal. *Ciceron.* L'on tient que Pompée luy porta vn si grand honneur, qu'estant allé à Rhodes le voir en son logis tout comblé des victoires, il fist baisser les haches & faisseaux aux massiers qui marchoient deuant luy en signe de reuerence, & luy donna de grands presens. *Alex. d'Alex. liu. 1. chap. 27. Plut. Strab. liu. 14.*

¶ Vn autre de ce nom Olbiopolitain, qui a escrit son histoire apres Polybe, iusques à la guerre de Ptolemée contre les Cyreniens, & de plus quelques declamations de rhetorique, & commentaires sur Demosthene. *Strabon* le dict auoir esté de son temps.

¶ Vn autre de ce nom Euesque d'Afrique contemporain de S. Augustin, duquel il a escrit la vie, comme aussi a escrit dauantage sept Liures d Homelies, & autant d Epistres, auec quelques autres traictez. *Ptolem. de Luques.*

Postel (nommé Guillaume) natif de Normandie, grādement versé és Mathematiques, & principalement és langues, en ayant eu la cognoissance de douze estrangeres : il est toutefois blasmé pour ses vaines & curieuses recherches. Il mourut l an 1581. aagé de 96. ans. *Genebr.*

Postumius nommé Aulus, Dictateur des Romains en la guerre contre les Latins, qui auoit esté excitée par Tarquin assisté de Manlius Chef des Tusculans : mais la bataille ayant esté donnée entre les deux parties pres le lac Rhegile, comme la victoire fust douteuse, le Maistre de la Caualerie des Romains fist oster les brides des cheuaux afin de dôner auec plus d'impetuosité sur les ennemis ; ce qui succeda si bien que les Romains demeurerent victorieux. En cette guerre se trouuerent deux ieunes hommes bien armez & equippez à l'auantage,

lesquels ayans disparu furent reputez estre Castor & Pollux. *Plutarq. en la vie de Coriolan. T. Liue.*

¶ Vn autre surnommé Tubert, Maistre de la Caualerie Romaine, lors que Mamercus Dictateur faisoit la guerre aux Volsces, desquels depuis aussi il triompha, ayant esté apres esleu Dictateur soubs le Consul Cincinnat son gendre : mais cette victoire fut obscurcie par la mort de son fils, personnage de grande esperance, auquel il fist trancher la teste pour auoir sans son commādement donné la bataille, iaçoit qu'il eust pris l'occasion fort à propos pour surmonter les ennemis. *T. Liue liu. 4.*

¶ Vn autre de ce nom (dict Lucius) lequel estant Consul, ayant esté enuoyé és Gaules apres la bataille de Cannes, & estant tombé és mains des Boies ses ennemis, desquels il fut tué, ces Barbares luy coupperent la teste, & comme triomphans se seruoient de son test comme d'vn vase sacré és libations & sacrifices solemnels *T. Liue liu. 33.*

¶ Vn autre nommé Spurius, Consul, lequel ayant entrepris la guerre auec T. Veturius son Collegue contre les Samnites, furent par eux reduicts à telle extremité que de relaisser à leurs ennemis six cents Cheualiers Romains pour ramener bagues sauues le reste de l'armée : lesquelles conditions ayans esté trouuées tres-honteuses & dommageables par le Senat, il fut arresté de l'aduis mesme de ce Postumius, pour se desgager de ce traicté, de liurer entre les mains des ennemis ceux par le conseil desquels il auoit esté faict : pour l'execution dequoy furent enuoyez pour estre mis en leur puissance, les deux Consuls, deux Tribuns & autres qui s'en estoient meslez, lesquels toutefois ne furent receus des Samnites : mais par apres ils furent tout à faict desconfits & subiuguez par Papyrius Cursor. *T. Liue liu. 9.*

¶ Vn autre de ce nom, dict Syluius, fils

d'Ænée & de Lauinia. *Voy* Syluius.

Poſt-vorte Deeſſe honorée des Romains, ainſi appellée pour ce qu'elle préuoyoit l'aduenir, comme Anteuorte le paſſé, entendans parlà, que la Sapience diuine ſçait toutes choſes. *Voy* Anteuorte.

Potnies villes de la Magneſie, en laquelle Glauque fils de Siſyphe & de Meropé, nourriſſoit ſes cheuaux de chair humaine afin d'eſtre plus fiers & alaigres au combat : mais eſtans vn iour affamez, faute de telle paſture ils le deuorerent. *Virg. liu. 3. des Georg.* Pline *liu.* 25. *chap.* 8. rapporte qu'il y a certains paſtis pres cette ville, du fourrage deſquels les Aſnes mâgeans deuiennent enragez. D'autres tiennent qu il y a vne fontaine de ce nom en Bœoce, de laquelle ſi les cheuaux en boiuent ils deuiennent enragez. *Alex. d'Alex. liu. 6. chap.* 2.

Poüille contrée du Royaume de Naples, qui a pour bornes au Leuant la Terre d'Otrante : au Midy la Baſilicate : au Nord le Golfe Ionique ou Adriatique : & au Couchant le fleuue Phiterne qui la ſepare de l'Abruzze. Elle eſtoit diuiſée par les Anciens en deux, ſçauoir, par le fleuue Loſante en la Peucetie appellée de preſent Terre de Barry : & la Daunie dicte vulgairement *Puglia piana*, ou Poüille plaine, touchant laquelle *voy* Daunie. Quant à la Peucetie ou Terre de Barry, elle contient 36. chaſteaux ou places fermées, & 14. villes dont les plus renommées ſont Barry capitale de toute la Poüille, ville ancienne, belle & peuplée : Monopolis, Barlette, &c. Cette contrée eſt fertile en toutes ſortes de fruicts neceſſaires à la vie. Son terroir toutefois en quelques endroicts eſt ſablonneux & ſuiet à la ſeichereſſe. *Magin en ſa Geograph. Mercator.*

Poulogne Royaume de l'Europe de grande eſtenduë. *Voy* Pologne.

Præneſte ville du Latium ſituée ſur le pendant d'vn môt ainſi appellé de Præneſtus ſon fondateur fils du Roy Latin & neueu d'Vlyſſe & de Circé, ou bien de certaine ſorte de cheſne que l on nomme Yeuſe, dict chez les Grecs *Prinos.* Virgile la tient auoir eſté baſtie par Cæculus fils de Vulcain. Elle s'appelloit iadis *Polyſtephanos*, dont on coniecture qu'elle fut baſtie par les Grecs Il y auoit vn temple dedié à la Fortune que L. Sylla fiſt pauer ſuperbement de pieces rapportées à la Moſaïque. *Plin. l. u. 36. chap. 25.* Les Empereurs y auoient leurs lieux de plaiſance, mais depuis elle a ſouffert pluſieurs ruines ayant eſté razee beaucoup de fois, & de preſent ne reſte que fort peu de cette ancienne ſplendeur. Elle s'appelle *Pilaſtrine. Magin.*

Præteur eſtoit iadis appellé tout Magiſtrat des mots Latins *præſidere*, qui ſignifie preſider, ou de *praire* c'eſt à dire, aller deuant, pource qu'il preſidoit ſur le peuple, tant en paix en la diſtributiō de la iuſtice qu'en guerre en la conduitte des armées. Et de faict communément à Athenes les Empereurs ou Chefs d'armée eſtoient appellez Prēteurs. *Cic. à Herēnius.* Mais à Rome leur office qui eſtoit auparauant exercé par les Conſuls (aduenant les grandes guerres où les Conſuls deuoient eſtre employez) fut eſtably & limité, afin de rendre la iuſtice en la ville, & pource fut creé vn Præteur Vrbain du corps du Senat, & en fut le premier pourueu de cet Office Sp. Furius Camillus : Ce qui ne fut faict que bien 400. ans apres la fondation de Rome. *T. Liue liu.* 5 Et depuis, cettui-cy ne pouuant ſuffire, en fut faict vn autre pour rendre la iuſtice aux eſtrangers qui venoient en la ville, & depuis encore en furent creez d'autres leſquels eſtoient

estoient establis dans les prouinces à mesure qu'elles venoient en la puissance du peuple Romain, Mais quant aux Vrbains ils s'accreurent aussi de temps en temps selon la necessité de la Republique : tellement que sous l'Empereur Claude le nombre en vint iusques à dix-huict. *Pompon. Tit. de Orig. Iuris.* Leur authorité estoit grande ayant quasi egalé en quelque temps celle des Consuls : car outre qu'ils auoient pleine & entiere puissance de rendre la iustice, ils s'attribuoient de plus beaucoup de passe droicts & priuileges qui sembloient ne conuenir qu'aux souuerains Magistrats, & au Corps du Senat, comme d'establir vn nouueau Droict, & d'abroger l'ancien, affranchir les esclaues, deleguer des Iuges, releuer, restituer, & remettre en entier les personnes lesées par la foiblesse de leur aage, & de leur sexe, d'exposer les Edicts & les Loix au peuple. *In authenth. de litigiosis* §. *Iubemus Cod.* Et n'auoient pas seulement à voir sur les causes & affaires priuées, mais aussi sur les Magistrats inferieurs, comme Quæsteurs & Ædiles. *A. Gell. li. 13. chap. 13.* leur estant loisible de faire enqueste de la vie & des mœurs de chaque Magistrat. Voire leur authorité s'accreut iusques là qu'en l'absence des Consuls ils pouuoient assembler le Senat, presider aux Comices, traicter & consulter comme les premiers de la ville, des affaires qui touchoiét le bien de la Republique : voire la necessité des guerres pressa tellement les Romains, que les Præteurs aussi bien que les Consuls furent enuoyez és prouinces, & les auoient par sort pour y conduire les armées, & resister aux ennemis : Ainsi n'estoient-ils pas seulement creez pour presider en temps de paix, mais aussi en temps de guerre. Et pour tesmoignage de leur authorité menoient deuant eux six Massiers ou Appariteurs auec leurs faisceaux & haches. L'on

lit neantmoins qu'Æmile Præteur en mena iusques à douze : & cette authorité de Præteur n'eut pas seulement vogue à Rome, mais aussi entre les Latins, Siciliens, & Campaniens. Les Egyptiens les tenoient comme Censeurs, Les Achaiens, Macedoniens, Sagontins & Syracusains s'en seruirent aussi, & principalement les Thebains qui leur donnoient la souueraine puissance telle qu'eut Epaminondas : chez les Epirotes & Atheniés on en creoit tous les ans pour la conduicte des armées qui estoient aussi appellez Thesmothetes, laquelle Præture Nicias & Pericles exercerent. *Lazius au liu. 2. de ses Comment. sur la Repub. Rom.* en parle fort amplement.

Prague.

ville capitale du Royaume de Boheme, & nommée *Casturgis* par Ptolemée. Primislaüs III. Duc de Boheme & Libussa sa femme la ceignirent de murs & de fossez. Elle est diuisée en trois parties, sçauoir en la petite, vieille & nouuelle. En la petite qui est ioincte à vne colline, est le Palais Royal. La vieille est en la plaine ornée d'vn bon nombre de superbes & magnifiques bastiments, laquelle est iointe à la petite par vn pont de 24. arches basty par le Roy Vladislaüs. L'Empereur Charles IV. l'accreut, & l'embellit grandement, y establissant vn Siege Archiepiscopal, & vne Academie l'an 1370. mais qui depuis fut transportée en la ville de Lipse, à cause des factions & tumultes qui y suruindrent. *Æneas Syluius en son hist. de Boheme.*

Praxaspes

noble Persan, qui tua Smerdis frere de Cambyse Roy des Perses, & par son commandement : toutefois en suitte, meu de repentance d'vn tel forfaict il se precipita en pleine assemblée du haut d'vne tour. *Herodot. liu. 3.*

Praxeas

heretique signalé, auantcoureur des Sabelliens ou Patripassians, qui confódoient les pro-

Rrrrrr

prietez des personnes de la Sainchte Trinité, difans que le Pere auoit paty, qu'il
eftoit mort, & reffufcité. *Tertul. liu. 7.
des prefcript. chap. 53. & en fon Liure
contre Praxeas.*

Praxidice nom d'vne Deeffe de
laquelle l'on ne voyoit
és temples les ftatuës entieres, ains feulement la tefte. Mnafeas, felon Suidas,
la faifoit femme de Ptolemée Soter
Roy d'Egypte qu'il appelle fœur de la
Concorde, & mere de la Vertu. *Eftienne* dict que ce fut vne Nymphe mere de
Cragus. *Voy* Cragus.

Praxiteles natif de la grande Grece, & honoré du droict
de bourgeofie Romaine, excellent Statuaire, & fpecialement en images de
marbre, dont il en fift plufieurs pieces
tres exquifes, & entr'autres vne ftatuë
de Venus elabourée à telle perfection,
qu'vn ieune homme en fut fi amoureux qu'il en deuint fol : auffi Nicomedes Roy de Bithynie l'acheta vne grande fomme de deniers de ceux du Cap
de Scio. *Plin. liu. 7. ch. 39.* Comme auffi
fift les ftatuës d'vn Cupidon & d'vn Satyre, lefquelles les Thefpiens acheterent 800. mines d'or, fomme reuenant
à 8000. efcus de noftre monnoye, &
qui furent apportées par I. Cefar à Rome. *Plutarq.*

Premonftré, Ordre de Religieux
inftitué par Norbert
natif de Lorraine, depuis efleu Archeuefque de Magdebourg, lequel auec
treize de fes compagnons fe retira en
vn lieu afpre & folitaire du Diocefe de
Laon l'an 1116 ou 1120. & de ce lieu a
pris le nom cet Ordre ; dont ceux qui
en font obferuent la Regle de S. Auguftin. Ils multiplierent tellement, qu'ils
ont plus de 1300. Monafteres d'hommes, & bien 400. de filles. Ils ont vn
office different de celuy de Rome, &
vn chant auffi qui leur eft particulier.
Ils portent vn froc blanc, & vn rochet
de fin lin, & par le deffus vne chappe

blanche, ouuerte deuant, comme les
Carmes. Leur Congregation fut premierement confirmée par le Pape Paf-
chal II. & depuis par Honoré II. & Innocent III. *Hirfaug. Sigeb. Æ nile liu. 5.*
Les vns rapportent leur inftitution au
temps du Pape Vrbain II.

Preteian eft ainfi appellé vulgairement l'Empereur des E-
thiopiens ou Abyffins en Afrique, comme *prefidant aux gens,* & par les Arabes
Aticlabaffi, par fes fubiects *Bel* ou *Be-
lulgian,* qui veut dire, puiffant Prince,
& par d'autres *Acegue,* qui veut dire,
Empereur. C'eft vn des plus puiffans
Monarques de l'Vniuers, tant en nombre d'hommes, qu'eftenduë du pays, &
richeffes : car il peut mettre ordinairemét en guerre iufques à 600000. combattans : & mefmes en temps de paix
eft toufiours fuiuy de plus de 100000.
cheuaux, conduifant auec luy bien
6000. tentes. Son Empire s'eftend, felon quelques vns, fur bien 60 Royaumes : & quant à fon reuenu, il monte
tous les ans à 6800000. de pieces d'or
reuenants aux efcus de noftre monnoye, comme le tefmoigne Theuet *en
fa Cofmogr.* Ce Prince fe vante d'auoir
tiré fon origine du Roy Salomon, &
celle de toute fa Nobleffe d'Abraham,
en tefmoignage dequoy il faict circon-
cir fon peuple, obferuant au refte en
partie la Religion Chreftienne, & quelque chofe du Iudaïfme. Touchant l'e-
ftéduë & qualité de fon pays, les mœurs
& religion de fes fubiets. *Voy* Abyffins,
& Æthiopie.

Priam fils de Laomedon Roy des
Troyens, ainfi appellé du
mot Grec πριάδαι, qui fignifie racheter : car Hercule ayant ruiné Ilium ou
Troye, qui eftoit la demeure & fiege
Royal de Laomedon (pour les caufes
dictes au mot Laomedon) il emmena
captifs fes enfans, fçauoir Priam & He-
fione : mais Priam fut degagé puis apres
par argent, & remis en fon Royaume

paternel, ſi bien qu'il repara cette ville,
de laquelle il fut non ſeulement Roy,
mais de l'Aſie, où il donna puiſſamment. Il eut pour femme Hecube fille
de Circée Roy de Thrace, & eut ſelon
Ciceron *liu. 1. de ſes Quæſt. Tuſc.* 50. fils,
dont il y en eut 17. legitimes, entre leſquels fut Paris, qui eſtant allé en Grece pour redemander Heſione ſa ſœur,
il rauit ſoubs ce pretexte Helene femme de Menelaus, d'où ſourdit la guerre des Grecs contre les Troyens, en laquelle pendant le temps de dix ans
qu'elle dura, Priam veid la mort de
preſque tous ſes enfans : & finalement
la ville ayant eſté priſe, il fût tué par
Pyrrho fils d'Achille pres de l'autel de
Iupiter Hercéen. *Virg. li. 2. de l'Æneid.*
Homere.

Priape

fils de Bacchus & de Venus,
que l'antiquité ſuperſtitieu-
ſe a recogneu pour Dieu des iardins:
car l'on dict que Venus s'abandonna à
Bacchus, & voyant le terme de ſon enfantement ſe retira en Lampſaque ville
de Phrygie : mais Iunon ialouſe à l'ac-
couſtumée, à cauſe de ſa chaſtete, la vi-
ſita, ſoubs ombre de la ſecourir, mais
d'vne main charmée elle luy mania le
ventre, qui luy fiſt accoucher d'vn enfant tres difforme, garny entr'autres
laideurs d'vn membre demeſurément
grand, ſi que Venus en eut telle vergo-
gne qu'elle le laiſſa à Lampſaque. Eſtât
venu en aage il fut ſi bien voulu & chery des Dames, que les Lampſaciens ar-
reſterent par conſeil de le bannir de
leur Eſtat : Mais comme ils euſſent eſté
affligez de certaine maladie en leurs
parties naturelles, ils apprindrent de
l'Oracle qui le falloit rappeller : ce
qu'ayans faict, & recouuert leur ſanté,
ils luy dedierent par tout des mou-
ſtiers & des ſacrifices, enioignants d'a-
bondant qu'on euſt à le recognoiſtre
pour le Dieu des iardins, & à cette cauſe colloquoient ſon image dans les ver-
gers & iardins pour ſeruir d'eſpouuen-
tail aux oyſeaux & larrons. Ils le faiſoient en forme d'homme tout nud
auec vne barbe, & vne cheuelure re-
brouſſée, ayant vne faucille en vne
main, vn baſton, ou ſelon d'autres la
partie genitale de l'homme, en l'autre:
Le ſacrifice qu'on luy faiſoit eſtoit d'vn
Aſne, dont Lactance *au liu. de la fauſſe*
Religion en rapporte la cauſe à la contention qu'il eut auec vn Aſne pour la
groſſeur du membre naturel; où l'Aſne
ſe trouuant vaincu ſe rua ſur luy. Mais
Ouide *liu. 1. dès Faſtes* dict que c'eſt que
voulant attaquer la pudicité de Veſte
endormie, l'Aſne de Cylene l'eſueilla
ſi bien que Priape fut fruſtré de ſon attente, & appreſta à rire à tous les Dieux
qui s'eſtoient aſſemblez au ſacrifice de
Cybele.

Par ce Priape les Naturaliſtes ont enten-
du la ſemence, & pource à bon droiſt il eſt
dist fils de Venus, c'eſt à dire, de l'appetit
charnel, & de Bacchus, côme ainſi ſoit que
le vin par ſa chaleur incite grandement à
la luxure, & pour cette raiſon eſt-il dit na-
tif de Lampſaque, à cauſe des bons vins
qui croiſſent és enuirons de cette ville. L'on
mettoit en vne main de ſon image vn mem-
bre viril, & en l'autre vne faux, d'autant
que tout ce qui naiſt au monde eſt circon-
ſcript de certaines bornes, auſquels lors
qu'on eſt arriué la vie ſe termine, & prend
fin. Il eſt dépeint auec vne forme laide &
hideuſe, pour monſtrer que cette action eſt
ſale & deshonneſte, c'eſt ce qui le fiſt cacher
par ſa mere Venus pour marquer la pruden-
ce de la nature, laquelle a caché en la pluſ-
part des animaux cette partie du corps l'a-
yant expreſſémẽt recelé, tant pour ſa laideur
que pour ſes fonſtions, qui en ſont vilaines.
Et quât à ce que l'Aſne luy eſtoit ſacrifié,
il a eſté touſiurs l'hieroglifique de la lu-
bricité : C'eſt pourquoy Platon diſoit que
ceux qui ſe laiſſoiẽt trâſporter à leurs ſales
concupiſcences, leurs ames eſtoient apres
leur mort tranſmiſes és corps des Aſnes.

Priene

ville de l'Ionie iadis maritime, mais depuis faicte me-

diterranée par la violence du cours du
fleuue Meandre qui l'enuironna de son
limon. Elle est renommée par la naiffance de Bias l'vn des sept Sages. Elle
fut appellée Cadmé par quelques vns,
pource que ses fondateurs vindrent de
Bœoce où Cadmus auoit basty plu-
sieurs villes. *Strab. liu. 14.* l'on l'appelle
auiourd'huy *Palatia* selon Niger.

Primasius Euesque d'Vtique en
Afrique, & disciple, cô-
me quelques vns tiennent, de S. Augustin : assista au 5. Synode general tenu à
Constantinople : a faict quelques re-
cueils tirez des SS. Ambroise, Hierofme, Augustin & autres Peres, sur toutes les Epistres de S. Paul, où il combat
viuement les Pelagiens pour la deffense de la grace. Il semble toutefois oster
quelque chose de la liberté de nostre
arbitre. Il fleurissoit enuiron l'an 440.
Sixte Siennois, liu 4. de sa S. Biblioth.

Primislaus, 3. Duc de Boheme,
ou premier, selon
d'autres, à laquelle dignité il paruint
par le moyen de Libusse sa femme qu'il
espousa, bien qu'il ne fust qu'vn païf-
san. Ils edifierent, ou augmenterêt, selon
d'autres, puis apres la ville de Prague,
de present capitale de tout le pays. *Vo-*
lat. Krants en sa Wandalie.

Principauté, côtrée du Royaume de Naples, ia-
dis habitée par les Picentins. Elle a
pour ses bornes au Couchant la Terre
de Labeur : au Nord les Hirpins : au Leuant la Basilicate, & au Midy la mer de
Toscane. Ce pays a bien 16. milles de
largeur, & 33. mil de lôgueur. Il rapporte en abondance force buys, rosmarin,
& autres arbrisseaux odoriferants, côme myrthes, lauriers, rosiers, limon-
niers, orangers, &c. Ses villes principales sont Nocere, Surrente, Salerne &
Amalthe ville tres-noble, où l'on dict
que fut premierement inuenté l'vsage
de la Boussole pour la guide des Mariniers. Le pays d'alentour de cette vil-

le, iaçoit qu'il soit montueux, il ne de-
laisse d'estre grandement plaisant &
agreable. *Magin en sa Geogr.*

Priscian natif de Cesarée, du temps
de l'Empereur Iustinian, a
escrit de l'art de Grammaire, qu'il dedia au Consul Iulian, comme aussi vn
Liure de Questions Naturelles à Cof-
roé Roy des Perses. L'on tient qu'ayant
esté faict Chrestien il apostasia. *Volat.*
Palmer.

Priscille, ou Prisca, & Maximille
2. femmes Pseudopro-
phetisses, compagnes ordinaires de
l'heretique Montanus & qui luy aiderent à semer ses erreurs, lesquelles enfin se pendirent à l'instigation du demon. *Eusebe liu. 5. chap. 15.*

Priscillian Euesque d'Abyle en
Espagne, mais hereti-
que signalé, s'addonna premierement
à la magie. *Sulpice liu. 2.* Puis estant venu à Rome auec vne grande trouppe
d'hommes & de femmes, il voulut se
purger des heresies dont on l'accusoit
deuant le Pape Damase, mais il fut reietté de luy, comme aussi par S. Ambroise. Il ramassa toutes les erreurs infames des Gnostiques & Manichéens.
Ses sectateurs commettoient infinies
soüilleures & meschancetez parmy la
promulgation de leurs dogmes ; lefquels pour tenir secrets ils publioient
entr'eux cette maxime, *Iure, pariure-toy,*
le secret ne reuele. S. August. en son liu. des
Heref. S. Hierosme contre les Pelagiens.
Ayant esté condamné pour ses abominations, il en appella à l'Empereur Maximus : mais apres auoir esté ouy à Treues, il fut condamné & puny par le
glaiue. *S. Hierosme en sa Chron.*

Priscus Maistre des Requestes de
Theodose le Ieune, par lequel il fut enuoyé en Ambassade vers
Attyla Roy des Huns. Il a descrit en 8.
Liures ses gestes, & l'histoire de Constantinople, ayant dauantage composé
quelques Declamations. *Suidas.*

¶ Vn autre furnommé Heluidius, qui fut Quefteur en l'Achaïe foubs Neron: il fut gendre de Petus Prafeas, lequel vefcut iufques au temps de Vefpafian : Il eſt remarquable pour ſa droicture, & auffi qu'il mefprifoit les richeffes & eſtoit fort conſtant en ſes afflictions. *Tacite.*

Proba Falconia femme illuftre

d'vn Proconful Romain, laquelle fut d'vn eſprit rare & excellent, inſtruicte és langues Grecque & Latine, & fpecialement és Lettres fainctes & en la Poëſie, où elle excella de telle façon qu'elle compoſa des vers de Virgile, pluſieurs Liures du Vieil & Nouueau teſtament qui furent appellez pource *Virgiliocentons* : l'on dit qu'elle fiſt le meſme des vers d'Homere. Il y en a qui eſtiment que ce fut elle qui ouurit les portes de Rome à Alaric Roy des Goths qui affiegeoit la ville, voyant la peſte, famine, & autres calamitez qu'elle enduroit. Elle fleuriffoit l'an de falut 430. *Sixte Sienn. lin. 4. de ſa S. Bibliotheq.*

Probatique Piſcine, fut appellé

ce lieu en Hierufalem où les Preſtres auoient de couſtume de lauer les ouäilles (dictes des Grecs *Probata*) & autres animaux que l'on immoloit à Dieu : l'on l'appelloit en Hebrieu *Bethfaida*, ayant cinq arches. Dieu auoit donné à ce lauoir cette vertu miraculeufe qu'en certain téps vn Ange venoit y troubler l'eau, & le premier qui s'y iettoit dedans eſtoit guary de quelque maladie ou infirmité qu'il euſt: fi bien que là ſe voyoit vne grande preſſe d'aueugles, boitteux, & languiſſans de diuerſes fortes de maladies, qui attendoient le mouuement de l'eau pour auoir par ce lauement guarifon de leurs maladies. *S. Iean chap. 5.*

Probus Empereur Romain, fut

efleu par l'armée qu'il conduiſoit en Orient, apres la mort de Tacitus : il ne démentit en rien fon nom,

car il fut Prince tresbon & ſage Chef de guerre, tres-excellent en vertus & integrité de mœurs ; & partant le Senat & le peuple Romain ayans entendu fon eſlection la confirmerent tout auffi toſt : Auſſi ſes prouëſſes & exploicts militaires furent fi fignalez qu'on le peut parangonner aux plus excellens Empereurs, Annibal, Cefar, Aurelian, & autres, ayant en peu de temps remporté des victoires tres-perilleuſes, & faict des conqueſtes inombrables ; mais l'eloquence des Eſcriuains de ce temps là qui ont deſcrit la vie des Empereurs, ayant defailly, faict que leur ſimple briefueté rend moindres les merites d'iceux qu'ils ne ſont à la verité. Ce Probus donc natif de Hongrie, fut fils de Maximus Tribun, & Chef d'armée lequel fiſt de grandes preuues de ſa vertu foubs l'Empereur Valerian, & Galienus fon fils, d'Aurelian & de Claudius fon fils, & furent ſes faicts remarquables : Car il remporta des Couronnes Ciuiques ſans nombre, des colliers, des braſſelets, & autres enſeignes & priuileges des foldats, eſtant depuis Colonel des legions & Gouuerneur des Prouinces, il n'y eut preſque aucune nation qu'il ne vainquiſt : il defconfit les Marmarides certains peuples d'Afrique : dompta les Palmeriens en Egypte : reduiſit foubs l'obeïſſance d'Aurelian, vne grande partie de l'Orient, comme auſſi les Sarmates & Allemans : & foubs Claudius, les Goths. Mais apres qu'il fut eſleu Empereur, ſes triomphes augmenterent ſa puiſſance, car il ſubiugua tout à faict les Allemans, & remporta de tres-furieuſes & fanglantes batailles, ayant taillé en pieces iufques à quatre cents mil d'iceux, & reduict en ſa puiſſance 60. de leurs plus belles & principales villes, où fon armée fiſt de tres-grands & tres-riches butins. Il dompta en ſuitte en l'Eſclauonie les Sarmates qui ſont les Mofcouites, Polonois &

Ruffiens : de là il paſſa en la Thrace vers le Septentrion où il contraignit les Goths de receuoir le ioug de l'Empire. Laiſſant l'Europe, il trauerſa en l'Aſie mineur pour faire la guerre à Narſée Roy des Perſes & des Parthes; & eſtant entré en l'Iſaurie il la rendit tributaire de l'Empire apres de tres-perilleuſes batailles : de là il s'achemina en Syrie & autres Prouinces Orientales où il aſſujectit les Bleſmiens venus de l'Ethiopie, & Narſée meſmes qui n'oſa l'attaquer : Mais comme il rebrouſſoit chemin vers l'Europe, ſa bonté fut telle qu'il diuiſa certaines terres en Thrace, aux Goths, Wandales, Guntaniens, & autres nations pour habiter, dont ſourdirent en ſuitte pluſieurs guerres à l'Empire : Il dompta pareillement vn certain Capitaine Franç
ois qui commandoit és contrées d'Orient, homme valeureux & ſage, mais qui auoit eſté eſleu Empereur contre ſon gré : Deffiſt courageuſement Bonoſus & Proculus, deux Capitaines qui s'eſtoient ſouſleuez en France & en Allemagne. Ainſi victorieux de tant de nations, il fiſt vn triomphe ſolemnel à Rome accompagné des plus grands Capitaines, Diocletian, Carus, Conſtantin, Herculeus, & autres, dont la pluſpart furent depuis Empereurs ; & en ce triomphe furent faictes des magnificences eſtrãges & non encores veuës. Car entr'autres choſes l'on fiſt dreſſer dans le grand Cirque (qui eſtoit vne grande place publique) vne foreſt & vne montagne remplie d'arbres comme s'ils y auoient eſté plantez naturellement : Ce lieu eſtoit ſi capable qu'on y vid courir mille Auſtruches, mille Daims, mille Sangliers, & fut permis au peuple d'en tuer tant qu'il voudroit : L'on y fiſt depuis entrer trois cents Ours & autant de Lyons de Libye & de Syrie. Mais apres toutes ces feſtes, comme il euſt eſtably de bonnes loix, & qu'il eut amaſsé vne puiſſante armée

en intention de deſtruire le Royaume des Parthes & des Perſes, ſes ſoldats qui voyoient la preparation d'vne diſcipline militaire fort eſtroicte entrepriſe par vn ſi ſage Prince, ils conſpirerent contre luy & le maſſacrerent en l'Eſclauonie, n'ayãt eſté Empereur que 6. ans & 4. mois, l'an 285. Sa mort fut tres-deſplaiſante au Senat & au peuple Romain qui luy dreſſerent de tres-magnifiques funerailles, & firent engrauer ſur ſon tombeau cet honorable Epitaphe : *Cy giſt l'Empereur Probus digne de ce nom, à cauſe de ſa trop grande bonté, vinqueur de toutes les nations Barbares, & vinqueur auſſi des Tyrans. Euſebe, Eutrope, Flauius Voſpicus en ſa vie.*

Procas Roy des Albanois, pere d'Amulius & de Numitor, & ayeul de Remus & de Romulus Regna 23. ans. *T. Liue liu 1.*

Prochyte Iſle ſituée au Golfe de Puteoles, en la mer de Toſcane : Elle fut ainſi appellée du Grec *Prochuuein*, c'eſt à dire, s'eſpandre; car on tient que la montagne nommée Inarime auoit par vn tremble-terre fait cette Iſle : Mais ſelon d'autres, elle fut ainſi dicte de la nourrice d'Ænée de meſme nom. *Virg. liu. 9. de l'Æneid.*

Proclus Lycien, Philoſophe Platonicien, qui leur publiquement en l'Eſchole d'Athenes : A eſcrit quelques Liures de la Grammaire & Philoſophie, des Commentaires ſur Homere & Heſiode, & ſur la Republique de Platon : il a compoſé auſſi certains liures contre les Chreſtiens, de meſme que Porphyre. *Suidas.* Il fut Precepteur de M. Antoine Empereur, par lequel il fut eſleué en la dignité de Conſul. *Spartian.*

¶ Vn autre de ce nom, dit Diadochus, Philoſophe & Mathematicien, lequel fiſt des miroüers ardans d'airain pour bruſler les vaiſſeaux des ennemis qui aſſiegeoient Conſtantinople *Zonare en la vie d'Anaſtaſe.*

¶ Vn autre de ce nom, Euefque de Conftantinople, contemporain de S. Chryfoftome enuiron l'an 400. qui a efcrit quelques Liures.

Proconnefe dicte auffi Neutris, & de prefent *Marmora*; Ifle fituée au canal de Conftantinople, fignalée pour le bon marbre qui en vient, qu'on appelle Cizicien. *Pline lin. 5. chap. 32.*

Proconful eftoit appellé celuy qui gouuernoit vne Prouince auec puiffance Confulaire, ce qui arriuoit en deux ou trois façons: C'eft à fçauoir lors qu'vn Conful auoit finy fon temps, & que la Republique ne iugeoit expedient qu'il quittaft la Prouince, l'on luy prolongeoit le terme de fa puiffance, laquelle il exerçoit lors en la qualité de Proconful feulement: quelquefois auffi d'autres qui n'auoient efté Confuls eftoient efleuz & enuoyez és Prouinces en cette qualité de Proconfuls, lors qu'elles eftoient troublées, iaçoit qu'il y euft des Confuls eftablis: & quelquefois auffi les Confuls defignez pour l'année fuiuante y eftoient deleguez pour preuenir l'honneur qu'on leur vouloit faire. Ils auoient les mefmes enfeignes de dignité que les Confuls, fçauoir, des Maffiers ou Archers de garde (mais n'en auoient que fix, felon quelques vns, & les Confuls en auoient douze) des faiffeaux, des haches, la robe Pretexte, & la felle Curule, mais ne s'en feruoient qu'en leurs Prouinces, & mefmes les depofoient quand le Conful y venoit. *Alex. d'Alex. liu. 2. chap. 27.*

Pocope, natif de Cæfarée en Paleftine, Chancelier de l'Empereur Iuftinian, en la fuitte de Belifaire fon Lieutenant, a defcrit l'Hiftoire Romaine de 142 ans, finiffant en l'an 554. & fpecialement les geftes de Belifaire foubs Iuftinian. *Geneor. liu. 3. de fa Chronol.*

¶ Vn autre de ce nom, Tyran de Con-ftantinople, lequel s'eftant reuolté en la Phrygie contre l'Empereur Valens tomba en fa puiffance, trahy par deux de fes foldats; puis fut efcartelé par des branches d'arbres aufquelles il auoit efté attaché. *Hift. Tripart. Amm. Marcell. liu. 26.*

Procris fille d'Erichtée Roy d'Athenes, & femme de Cephale, laquelle bien que moins chafte ne laiffa d'entrer en foupçon & ialoufie des amours de fon mary auec l'Aurore: fi bien qu'eftant vn iour allée pour l'efpier à la chaffe où il alloit fouuent, comme elle s'eftoit cachée dãs vn buiffon, Cephale apperceut trembler les fueilles, & croyant que ce fuft quelque befte fauuage y lança fon dard qui atteignit Procris de telle violence qu'il la tua. *Ouide liu. 7. de fes Metam.* Voy Cephale & Aurore.

¶ *L'on void icy les dangereux effects de la ialoufie des femmes, laquelle eftãt la vraye femence de la diuifion és mariages, y fait naiftre vne efpece de guerre ciuile qui produict des effects tres-dangereux, d'autant plus à fuir qu'elles s'efmeuuent auffi toft pour vn vent reprefenté par l'Aurore ou l'Air, ainfi que celle de Procris, que pour vn effect veritable: Mais bien que ces ialoufes humeurs procedent le plus fouuent d'vn neant, fi eft ce qu'ils ont quelquefois vne iffuë mortelle comme celle de Procris qui fut tuée par la main de fon mary Cephale.*

Procruftes, autrement dict Damaftes, brigand renommé en la Prouince d'Attique, lequel faifoit efgaler les eftrangers qu'il prenoit à la mefure de fes licts, car s'ils eftoient plus grands il les faifoit coupper; fi moindres, il les faifoit eftendre par force pour les faire allonger: Mais Thefée l'ayant deffaict luy fift porter cette mefme peine qu'il auoit faict fouffrir à tant d'autres. *Plut. en la vie de Thefée.*

Proculeius Cheualier Romain, tresfamilier d'Augufte, lequel fut tellement pieux enuers ses freres, à sçauoir Scipion & Muræna, que les voyant despoüillez de leurs biés par la misere des guerres ciuiles, il leur partagea derechef tout son patrimoine qu'il auoit desia eu auec eux pour sa part, *Acron sur Horace liu. 2. Od. 2. des Carmes.* C'est luy que M. Antoine mourant recommanda à Cleopatra comme trespropre pour moyenner son accord auec Auguste: aussi cet Empereur l'enuoya t'il à cette Royne pour l'empescher de se faire mourir. *Plut. en la vie d'Antoine.*

Proculus certain Patricien Romain nommé Iulius, estimé fort homme de bien, & qui auoit esté fort familier de Romulus, apres la mort duquel, comme les Romains fussent en grand soin de ce qu'il estoit deuenu, attendu qu'il estoit disparu comme il preschoit le peuple, & qu'on ne trouua aucune partie de son corps, ny piece aucune de ses habillements (l'on dit toutefois que les Senateurs l'auoient mis en pieces, & que chacun d'eux en auoient emporté vne dans le reply de sa robbe) ce Proculus se presenta sur la place deuant tout le peuple, & afferma par les plus grands & saincts sermens qu'on sçauroit faire, que venant de la ville d'Alba il auoit rencontré en son chemin Romulus plus grand & plus beau qu'ils ne l'auoient onques veu armé à blanc d'armeures claires & luisantes comme le feu, & qu'il luy auoit annoncé sa deification, & qu'ayant basty vne Cité qui en gloire & en grandeur d'Empire deuoit estre la premiere du monde, il en seroit desormais le Dieu protecteur, & le patron, & qu'à cet effect l'on eut à l'honorer soubs le nom de Quirinus. *Plut. en la vie de Romulus.*

Procyon signe cœleste, qui vaut autant à dire qu'auant

chien chez les Grecs. *Voy* Canicule.

Proete fils d'Abas Roy des Argiens & mary d'Antie, de laquelle il eut quatre filles qui de luy furent appellées Proetides: lesquelles furent si temeraires de se preferer en beauté (dont elles auoient quelque part) à Iunon, dequoy cette Deesse estant irritée les rendit tellement insensées qu'elles se croyoient estre vaches, & pource hantoient les forests, mais elles furent puis apres guaries auec certaine espece d'ellebore, par vn nommé Melampode, dont depuis cette sorte d'ellebore noire fut nommée Melampodion. *Pline liu. 28. chap. 5.*

Progne fille de Pandion Roy d'Athenes, sœur de Philomele, & mary de Terée. *Voy* Philomele & Terée.

Promethée fils de Iapet & de Clymene, & pere de Deucalion, que les Anciens ont creu auoir le premier formé l'homme du limon de la terre, & en auoir faict yne image auec tant d'industrie, que Minerue esbahie de son esprit, luy promist de contribuer à tout ce qui estoit requis pour la perfection de son ouurage; & voulant luy mesme recognoistre ce qui luy estoit conuenable, il fut esleué au Ciel par Minerue, où ayant veu plusieurs choses exquises & plusieurs corps animez du feu cœleste, il estima qu'il n'y auoit rien plus conuenable à sa statu que ce feu, & pourtant il toucha de sa baguette le chariot du Soleil, & la rapporta en terre toute ardante, & ainsi par le moyen d'icelle rendit son image viue & animée: duquel larcin Iupiter estant indigné delibera de punir pour cette faute tout le genre humain; & à cet effect fist forger par Vulcain vne femme dicte Pandore, auec de la terre destrempée, à laquelle il donna vne boëtte où estoient encloses toutes sortes de miseres & calamitez, la chargeant d'en faire pre-fent sent à Epimethée frere de Promethée, lequel peu prudent & aduisé descourut cette boëtte dont incontinent tous ces maux s'espancherent parmy le mõde : & pour punir particulieremẽt Promethée, fist commandement à Mercure de se saisir de luy pour en faire la punition , & le mener sur le mont Caucase en Scythie où l'ayant grotté , il fut là exposé à vn Aigle qui se gaorgeoit eternellement de son foye , car il en croissoit autant qu'il en deuoroit. Ce neantmoins les Anciens luy ont edifié des temples & autels cõme à vn Dieu, & y en eut des autels à luy dediez en l'Academie des Atheniens , ausquels les hommes alloient en certain temps allumer aucuns cierges qu'ils tenoient en main , courans l'vn apres l'autre : & celuy qui portoit le sien allumé iusques dans la Cité, obtenoit la palme de victoire. Et ces ceremonies ou ieux se faisoient en son honneur. *Ouide liu. 1. de sa Metam. Hesiode en sa Theogonie. Horace liu. 1. Od. 3. des Carmes.*

¶*Icy se recognoist quelques traces de la verité Mosaïque touchãt la creation de l'homme, comme aussi de l'entrée du peché, & de tous les maux & miseres par le moyen de la premiere femme : C'est pourquoy les Anciens ayans ainsi embrouillé l'Histoire Sainéte ont feint ce Promethée fils de Iapet qui estoit fils de Noé, lequel ils auoient appris estre le deuxiesme reparateur du genre humain : à quoy s'accorde Platon qui entend par iceluy la supréme prouidẽce (comme le mot mesme le monstre) par laquelle nonseulement les hommes, mais aussi toutes les autres creatures du monde sensibles & insensibles ont esté dés le commencement c'eees & faictes. C'est pourquoy aussi Orphée le prend pour Saturne , ou le Temps: c'est ce qui luy a faiét de plus attribuer l'inuention des Arts: Et d'autant que d'iceux sont venus les brigãdages & voleries, comme aussi le soin qui trouble le cerueau & afflige la vie des hommes : l'on dit que Iupiter le prist en haine , & le fist tourmenter*

par vn Aigle qui luy deuore le cœur.

¶*Lactance rapportant cela à l'histoire, dict que ce fut vn hõme fort ingenieux qui le premier moula des statues de limon, d'où vint en apres qu'à l'homme imitateur de l'œuure diuin fut attribué ce qui est à Dieu. Mais plus à propos Ciceron li. 5. de ses Tusc. suiuy de Lucian, veut que ç'ait esté vn homme fort addonné à la recherche des choses celestes : c'est pourquoy il fut dit auoir emporté le feu du Ciel en terre , ayant monstré le premier aux hommes la science des choses diuines; si bien que par cet Aigle qui luy ronge le foye , il faut entendre les sollicitudes dont son esprit occupé à telles pésées estoit trauaillé: & parce que la prudence luy faisoit aimer cette vacation, l'on dit qu'il y fut garrotté par Mercure Diẽu de l'Eloquence & de la Raison: & d'autant qu'il est dit que ce fut sur Caucase , c'est pource que cette montagne est fort haute, & pourtant tres-propre pour la consideration du leuer & coucher des Astres.*

Properce (nommé Sextus Aurelius) Poëte Elegiographe, natif de Meuanie ville d'Ombrie. Son pere fut Cheualier & Triumuir du nombre de ceux qu'Octaue Cesar fist égorger , ayant suiuy le party de M. Antoine. Ainsi fut delaissé bien ieune desnué de biens, & lors se transporta à Rome, où pour la gentillesse de son esprit il fut chery de Cornelius Gallus & de Mecenas. L'industrieuse structure de ses amoureuses Elegies la faiét renommer. *Crinit.*

Propontide est appellée cette mer qui est enclose entre les deux destroicts, sçauoir, entre celuy de Thrace ou de Constantinople , & celuy de Gallipoli ou l'Hellespont. L'on la nomme maintenant *Mar de marmora. Voy Pont.*

Proserpine fille de Iupiter & de Ceres, laquelle ayant esté rauie par Pluton , fut depuis sa femme Quelques vns la confondent auec la Lune & Hecaté : Par cela vou-

lans entendre que la Lune partage ega-
lement sa demeure, estant la moitié du
temps dessous nostre Hemisphere, &
l'autre moitié dessus ; pource qu'ayant
esté rauie par Pluton, Ceres indignée
de cela ne luy permist d'en iouyr plus
de six mois l'année, la retenant les six
autres mois auec elle. L'on luy offroit
en sacrifice des chiens & des victimes
noires & steriles, comme aussi des vaches brehaignes, selon Virgile. Touchant ce rapt & sa mythologie. Voy
Ceres.

Protagoras
Philosophe Abderi-
tain, auditeur de
Democrite, fut fils de ce Menander
Thracien qui accueillit en sa maison
le Roy de Perse Xerxes lors qu'il alloit
en guerre contre les Grecs, luy faisant
de grands dons : & pour cette liberalité, les Mages qui accompagnoient ce
Roy, instruisirent ce Protagoras qui
estoit encore ieune. Toutes ses opinions ressentoient l'atheisme : car il
tenoit entr'autres choses que l'ame en
l'homme n'estoit rien que les sens, &
qu'on ne pouuoit asseurer s'il y auoit
des Dieux ou non, attendu principalement l'incertitude grande qui se void
en toutes choses, & la brieueté de la
vie de l'homme. Le Liure qu'il composa sur ce suiect, causa qu'il fut exilé, &
ses œuures bruslez publiquemět. Ainsi
s'estant mis à voyager, l'on tient qu'il
fut le premier qui fist profession d'enseigner la Philosophie pour salaire.
L'on luy attribuë aussi l'inuention des
Sophismes qui sont ces especes d'argumens fallacieux, quand on laisse la
substance des choses pour s'attacher
par subtilitez à la superficie des mots,
& ainsi deçoiuent l'esprit des moins
auisez ; c'est pourquoy Platon remar-
quant sa vanité & qu'il corrompoit le
bel art de la Dialectique, escriuit vn
Dialogue contre luy où il depeint ses
mœurs & son esprit. L'on tient qu'il
perit par naufrage, aagé de 90. ans.

Philostrate & Laerce liu. 9. de la vie des
Philosophes.

Protée
Dieu marin, fils de l'Ocean
& de Tethys, principal gardien des trouppeaux de Neptune, tres-
excellent Deuin, mais lequel auoit cette propriété de se desguiser en toutes
sortes de formes, prenant tantost la figure de beste, tantost d'arbre, tantost
de rocher & d'autres especes, pour plus
aisément deceuoir ceux qui s'addressoient à luy afin de sçauoir les choses futures ; si bien que pour en auoir la raison, il le falloit surprendre & garrotter
pieds & poings, car lors il reprenoit
sa premiere forme naturelle, & annon-
çoit les choses à aduenir à ceux qui l'en
requeroient. Homere liu. 4. de l'Odyssée.
Orphée l'appelle le principe de toutes
choses, & le plus ancien de tous les
Dieux, & dict qu'il tient les clefs de la
nature & preside sur toutes choses,
comme estant le commencement de la
nature vniuerselle. Les Latins l'ont appellé Vertumne à cause de cette diuersité de formes qu'il prenoit, & c'est celuy qui aima Pomone.

¶ Diodore Sicilien liu. 2. rapporte cette fable à vn certain Protée qui regnoit en E-
gypte : car dautant que c'estoit la coustume
des Anciens Roys d'Egypte de s'orner le
chef pour vne decoration plus maiestueuse
de certains gueulirs de lyons, pantheres,
taureaux, & quelqufois d'arbres, de rochers, & autres choses ; cela fist dire que
Protée se transformoit en toutes les especes qu'il portoit sur sa teste. L'on le faisoit
pastre de Neptune, pource que ce Roy regna sur quelque coste de la mer.

¶ Les Philosophes naturels entendent par
ce Protée (qui ne signifie autre chose que
premier existant) la vertu de l'air lequel
pour ce qu'il se procree d'eau subtiliée, est
feint fils de l'Ocean ; & aussi que cet air
selon qu'il est eschauffé ou disposé, forme
d'vne mesme matiere diuerses choses où il
y a diuers changemens de formes.

¶ Les Moralistes ont entendu par luy, vn

homme sage qui sçait bien employer les dons & graces de son esprit & les accommoder discretement à tous euenements humains selon les rencontres des temps & saisons, & aux humeurs & complexions des personnes ausquelles il a affaire.

¶ D'autres disent que ç'a peu estre vn homme tres-sçauant qui escriuit beaucoup de traictez de Philosophie, de la nature des bestes, des plantes, & elemens : c'est pourquoy il eut le bruict de se transformer en autant d'especes : & en ce qu'il estoit Prophete & Deuin, c'est qu'il predisoit les choses futures par l'obseruation des estoilles & vne longue experiêce des affaires du mode : Si nous n'aimons mieux dire qu'il se trãsfiguroit en ces figures par art magique.

Protesilaus
fils d'Iphicle, & mary de Laodamie, l'vn des Princes Grecs, lequel bien qu'il eut esté aduerty par l'Oracle que s'il alloit à la guerre de Troye il seroit despesché le premier ; ce neantmoins mesprisant tous ces aduis, il s'y achemina auec 40. vaisseaux, mais à grand peine eut il mis pied à terre qu'Hector le tua, selon la prediction de l'Oracle. L'on tient que apres sa mort son ombre apparut à Leodamie sa femme *Homere en son Iliade*. Pline *liu.* 16. *chap.* 44. dict que sur son sepulchre croissent de certains arbres qui venus à vne certaine hauteur d'où l'on puisse enuisager Troye, deuiennent secs.

Protogenes
Caunien, Peintre tres-excellent, qui fist plusieurs pieces exquises, & en-tr'autres ce beau Ialyse à la façon duquel il employa sept ans à Rhodes, & durant ce temps ne viuoit que de lupins, afin que par la delicatesse de son viure son esprit fut faict plus espuré & subtil pour rendre son ouurage delicat : Aussi fut il tant estimé que Demetrius, assiegeant Rhodes le voulut espargner, bien qu'il sceust qu'il s'en emparoit aisément, mettant le feu à l'endroict où estoit ce riche tableau : il fut

depuis colloqué au temple de la Paix à Rome. Il tira aussi au vif vn chien auquel l'art & la nature auoient contribué : car comme il eut trauaillé long temps à bien exprimer l'escume qui luy sortoit de la bouche, voyant son dessein inutile, de despit il ietta son esponge contre, de telle façon qu'en ce faisant il exprima si naïuement ce qu'il vouloit, qu'il ne differoit en rien du naturel, Il fist plusieurs autres rares pieces lesquelles furent en telle estime qu'Apelles mesme le Prince des Peintres en acheta quelques vnes cinquante talents. *Pline liu.* 35. *chap.* 10.

Prouence
prouince de France qui estoit iadis de la Gaule Narbonnoise, ainsi appellée par les Romains pour contenir en soy tout ce beau quartier des Gaules qui s'estend depuis le fleuue du Var & la ville de Nice qui est pardelà le Rhosne iusques à la Garonne : & ce dautant qu'ils l'auoient assujettie à leur Empire & reduicte la premiere en forme de prouince qui fut longtêps deuât la venuë de Nostre Seigneur, lequel nom elle a tousiours retenu pour surpasser en excellence & fertilité les autres prouinces de l'Empire Romain qui estoient comprises és Gaules. Elle a pour ses bornes au Nord le Dauphiné & les monts du Vellay, auec la riuiere de Durance : au Leuant les Alpes & le fleuue du Var : au Midy la mer Mediterranée Françoise : & au Couchant en partie la principauté d'Orange, & en partie la Comté d'Auignon qui ont esté autrefois de cette prouince & soubs la Contône de France. Le ciel y est fort doux & gracieux, aussi surpasse t'elle toutes les autres côtrées de France, en abondance de bleds & des meilleurs vins ; porte force orangers, citronniers, oliuiers, grenadiers & figuiers, Ses landes & terres vagues sont couuers de rosmarins, myrtes, geneuriers, sauge & palmiers, le saffran, le ris & les oliues y croissent aussi

en quelques lieux. Cette prouince a
esté à diuerses fois vnie auec l'Italie,
mesmes soubs le regne des Ostrogoths,
& soubs Lothaire fils aisné de Louys le
Debonnaire. Elle fut depuis erigée en
Royaume par Charles le Chauue, &
donnée à Boson son beaufrere : mais
ayant esté en suitte réunie à l'Italie, elle
fut derechef demembrée & tenuë par
des Seigneurs particuliers yssus des
Roys d'Italie, en tiltre de Comté : mais
depuis René Duc d'Anjou, Roy de Naples & de Sicile, se voyant sans enfans,
la relaissa par disposition testamentai-
re au Roy Louys XI. Ses villes principales sont Aix siege du Parlémét, Marseille, Arles, Auignon terre Papale,
Orange principauté, Tarascon, Freiuls,
& autres. S. Trophime disciple de S.
Paul, y planta la Foy, l'an 2. de l'Empire
de Neron : Elle est honorée de deux
Archeuesches, Aix & Arles qui ont
onze suffragans ou Euesques. Les Pro-
uençaux sont sobres, vaillans, mais auares & inconstans, & grands-parleurs;
le paysan y est plus spirituel qu'en aucune contrée de France, les femmes y
sont fort pompeuses à l'Italienne.

Pruse ville tres-ample, de la Bithynie, bastie par le Roy Prusias
au pied du mont Olympe. *Strabon. liu.*
12. ou, selon Pline, par Annibal. Elle
fut la demeure des Ottomans deuant
qu'ils eussent pris Constantinople. Elle se nomme de present *Bursie. Magin*
en sa Geogr.

Prusias Roy de Bithynie, lequel trahit Annibal, qui s'estoit refugié vers luy, apres auoir esté vaincu
par les Romains. *Plut. en la vie d'Anni-*
bal. ¶ Son fils de mesme nom, au lieu
de dents n'auoit qu'vn os estendu sur
la maschoire d'enhaut. *Val. le Grand*
liu. 1. chap. 8.
¶ Vn autre qui les preceda, lequel eut
guerre auec Cyrus, & bastit la ville de
Pruse dite de present *Bursie, Strab. liu.*
12.

Prusse nommée autrement Borusse,
Prutenie & Hulmigerie, contrée de l'Allemagne, qui a pour ses
bornes à l'Orient la Lithuanie & Samogitie : au Couchant la Pomeranie :
au Nord la mer Baltique : & au Midy
la Pologne & la Masouie. Sa longueur
du Nord au Su contient 58 lieuës de
Pologne, & sa largeur enuiron 50. Elle
produit toutes choses en abondance,
aussi l'air y est doux & temperé : il y a
de fort grandes & espaisses forests où
l'on void quantité de bestes sauuages,
comme buffles, eslans, alces, & cheuaux sauuages. Il y a aussi force riuieres, estangs & lacs qui abondent en
poissons. L'on y trouue l'ambre qu'on
tire de la mer Baltique qui le iette par
son flux. Les Alans, Amaxobiens &
Goths l'ont iadis habitée, selon Ptolemée : mais depuis ils furent subinguez
soubs l'Empereur Frideric II. l'an 1215.
par les Cheualiers Teutoniques qui
les instruisirent en la Religion Chrestienne : toutefois ils se reuolterent contr'eux, & se soubmirent au Roy de Pologne enuiron l'an 1450. Mais depuis
ces Cheualiers Croisez s'estans souste-
uez, ils furent à la fin depossedez tout
à faict, & la Prusse reduicte à vne Principauté seculiere soubs Albert Marquis de Brandebourg dernier Maistre
de ces Croisez, & premier Prince Seculier pour la tenir toute du Roy de Pologne, comme son homme lige Elle
fut iadis diuisée en douze Duchez ou
Prouinces l'an de salut 573. maintenant
cette contrée est diuisée en deux pays,
sçauoir en celuy du Duc, & celuy du
Roy. Le Duc a son Siege à Mont-royal,
autrement dict Cunisberg ville maritime, & Mariemburg ville Royale & la
capitale de la Prusse, qui est ce que le
Roy possede particulierement, outre
ce qu'il a accordé au Duc. Il y a plusieurs autres villes fort peuplées. Les
Anciens Prussiens estoient fort charitables & hospitaliers, mais ennemis

des lettres, se seruoiét d'ordinaire pour leur boisson d'hydromel & de laict de iument. Ils viuent maintenant auec beaucoup d'art & d'industrie, & auec vne police plus grande que les Allemands. *Monter liu. 3. de sa Cosmogr. Erasme Stella a faict vn Liure des Antiquitez de cette contrée.*

Prytanée certain lieu tres-honorable à Athenes, où les Iuges & Magistrats souloient tenir le Conseil, & rendre la iustice, qui pource estoient appellez Prytanées, lesquels estoient au nombre de 50. faisans la 10. partie de toute la Cour qui estoit composée de 500. dont il y en auoit 50. qui rendoient la iustice chaque mois à leur tour. En ce lieu aussi on auoit de coustume de nourrir des deniers publics ceux qui auoient rendu de signalez seruices à la Republique, & c'estoit le plus grand honneur qui fut à Athenes. *Cic. liu. 1. de l'Orateur,* & pour ce estoit ainsi appellé comme qui diroit *pyroy tameion,* c'est à dire, grenier public. *Alex. d'Alex liu. 3. ch. 3.*

P S

Psammetichus fils de Nechus Roy des Egyptiens, sur lesquels il regna 54. ans, sçauoir 10. auec 11. autres qui auoient esté esleus pour gouuerner toute l'Egypte, & 44. ans tout seul. *Isidore liu. 2.* Il vsa de si grande cruauté enuers ses sujets, que plus de 200000. Egyptiens sortirent du pays, & se refugierent en l'Ethiopie. *Herod. liu. 2. Strab. liu. 16.* Les Crocodiles rauirent sa fille, c'est pourquoy ils furent en detestation enuers les Apollonopolites. *Ælian. liu. 10. ch. 31. de sa diuerse hist.*

Psammenitus fils d'Amasis, & son successeur au Royaume d'Egypte, lequel fut vaincu par le Roy de Perse Cambises, & par ce moyen d'Ægypte vint en la puissance

des Perses. *Herodot. liu. 2.*

Psaphis cité des Oropiens, située és frontieres de l'Attique & de la Bœoce, signalée par l'Oracle de cet Amphiaraüs, lequel comme dit Sophocle, fut englouty en terre tout armé dans son chariot. *Strab. liu. 9.*

Psaphon Lybien homme inconnu & de bas lieu, lequel pour obtenir le tiltre de Dieu, prist plusieurs oiseaux, & leur apprist à dire en langage Grec ces mots, *Psaphon est vn grãd Dieu;* lesquels puis apres ainsi bien instruits il laissa aller, si bien que repentans souuét ces mots, ils les publierent par toute la contrée: Tellement que les Libyens ignoransla fourbe commencerent lors à luy faire seruices diuins, & l'honorer & tenir comme vn Dieu; d'où est venu le prouerbe, *Les oiseaux de Psaphon. Alex. d'Alex. liu. 6. ch. 4.*

Psylles certains peuples de la Libye interieure, voisins des Garamantes, qui furent ainsi appellez d'vn de leurs Roys nómé Psyllus. Ils auoient cette proprieté de faire mourir les serpents, & c'est le moyen qu'il tenoient pour esprouuer la pudicité de leurs femmes: car incótinent qu'elles estoient deliurées, ils opposoient leur enfans à la mercy de gros serpents, les iugeans illegitimes si ces animaux ne s'enfuioient à leur simple odeur. *Plin. liu. 7. ch. 2.* Et de fait Plutarque *en la vie de Caton d'Vtique,* raconte qu'iceluy Caton allant en Afrique il y mena de ces Psylles, lesquels guerissoient les morsures des serpents, & en suçoient le venin auec la bouche; mesmes les charmoient & enchantoient, de maniere qu'ils les rendoient comme esuanouïs; & n'ayans pouuoir aucun de mal faire. L'on tient que le vent Austral ayant tary & asseché par son souffle toutes leurs fontaines, ils prinrent les armes en intention de le combatre: mais ce vent esleua tant de sablons qu'ils en furent estouffez, & moururent parmy la poussiere. *Herodote.*

Ptoembares,
certains peuples d'Ethiopie, appellez aussi Nubes, qui au lieu de Roy se seruent d'vn chien qu'ils ont en grãd respect, au mouuement & gestes duquel il augurent ce qu'ils ont à faire. *Alex. d'Alex. liu. 6. chap. 2.*

Ptolemaide
ville située ès costes de la mer rouge, que Ptolomée Philadelphe fist bastir en la contrée des Troglodytes pour auoir le plaisir de la chasse des elephãs. *Plin. liu. 6. ch. 29.*

¶ S. Hierosme *à Eustochium* faict mention de cinq villes de ce nom.

¶ L'vne sise en la Syrie : l'autre en l'Ethiopie appellée par Pline *Epitheras*, & par Ptolomée *Theron* : La 3. en la Phœnicie iadis dicte Acé, qui estoit vne colonie de Claude Cesar : La 4. En Ægypte pres le fleuue du Nil : & la 5. en la Cyrenaique prouince d'Afrique.

¶ Vne autre en Libye dite iadis Barcé. *Voy* Barcé.

Ptolemée
interp. du Grec *Ptolemein,* c'est à dire guerroyer, nom donné à tous les Roys d'Egypte qui succederent en ce Royaume à Alexandre le Grand.

¶ Dont le premier fust vn appellé Soter fils de Lagus Capitaine d'Alexandre, qui apprist les lettres & sciences en Egypte sous le Philosophe Stilpon. Il adioignit à son Royaume la Syrie, comme aussi la Iudée, ayant surpris Hierusalem vn iour de Sabath, dont il emmena plusieurs Iuifs captifs en Egypte. *Ioseph, Eusebe.* Il frequentoit tresfamilierement auec ses amis, mangeant & couchant chez eux, mais quand il les connuoit, il falloit qu'il se seruist de leurs vstensiles & meubles ; car il ne possedoit rien que les choses necessaires, disant ; que c'estoit vne chose beaucoup plus Royale d'enrichir les autres

que d'estre soy-mesme riche. Il eut pour fils Ceraunus & Ptolemée Philadelphe, entre les mains duquel il se démist peu auant sa mort de l'administration de son Royaume, apres auoir laissé vn renom illustre de ses hauts faicts, & regna 40. ans. *Iustin. liu. 15.*

¶ Philadelphe son fils luy succeda. *Voy* Philadelphe. Lequel eut pour successeur

¶ Euergetes qui fourragea la Syrie ayant vaincu Callinicus, s'empara de la Iudée, & de la Cilicie, & autres prouinces, espousa sa sœur Berenice, regna 24. ans, ou selon d'autres 26. Son successeur fut

¶ Philopator qui regna 16. ans. *Voy* Philopator. Et à iceluy succeda

¶ Epiphane qui estant encore ieune fut sous la tutelle de M. Lepidus, enuoyé en Egypte à cét effect par les Romains, qu'il preserua contre les vsurpations de Philippe Roy de Macedoine, & d'Antiochus le Grand. Mais en fin ce dernier luy donna en mariage sa fille Cleopatra, & en dot les prouinces de la Phœnicie, Samarie, Iudée, & en suitte la Cœlesyrie. Il regna 24. ans, auquel succeda

¶ Philometor qui regna 25. ans. *Voy* Philometor. Lequel mourant establit son frere.

¶ Euergetes. II. homme cruel, qui tua ses fils, & plusieurs citoyens d'Alexandrie, & regna 20. ans, apres lequel

¶ Physco paruint au Royaume, où il regna 17. ans. auquel succeda

¶ Lathyrus, lequel mourant instiua le peuple Romain son heritier de la Libye Cyrenaique. Il regna 18. ans, & fut son successeur

¶ Auletes qui regna 40. ans. *Voy* Auletes.

¶ Dionysius luy succeda, lequel ayant esté restably par Pompée, le fist ce neantmoins traistreusement assassiner, iaçoit qu'il se fût refugié à luy apres la perte de la bataille de Pharsale, mais

Cefar enfuitte le vainquit & tua pareillement en la guerre Alexandrine,
ayant donné fon Royaume d'Egypte à
Cleopatra fœur d'iceluy. *Orofe li. 6. c. 14.*
Eufebe, & y regna 18, ans apres la mort
de laquelle Augufte reduifit l'Egypte
en forme de prouince. Tous ces Ptolemées apres le 3. furent fort mefchans
& confits en délices, & entr'autres le
4. 7. & Auletes pere de Cleopatra.
Stab. liu. 17.

Ptolemée (nommé Claude) Egy-
ptien, Mathematicien
tres expert, le Prince des Aftrologues,
inftruit d'autre part fuffifamment és
Arts Liberaux & lettres Grecque, fift
profeffion d'enfeigner en la ville d'A-
lexandrie du temps des Empereurs
Antonin & Adrian : Fut le premier qui
entre les Grecs expliqua plus clairement & nettement l'Aftrologie ja ef-
bauchée par Hipparchus. Il a eferit
auffi de la Mufique & de la Geographie vn Liure fort ample & parfaict.
Suidas lequel fait encore mention de
fix autres de ce nom, cinq Grammai-
riens, & vn Poëte. *Monfter. liu. 6. de fa
Cofmogr.*

P V

Publicola fut ainfi appellé Pu-
blius Valerius, renom-
mé Capitaine des Romains: lequel aida à chaffer le Roy Tarquin hors de
Rome, & s'oppofa à fes menées, ayant
faict affranchir vn nommé Vindex qui
auoit defcouert vne confpiration de
fes partifans. Eftant depuis Conful &
ayant remporté vne victoire fur les
Tofcans qui fupportoient Tarquin, il
en triompha, entrant le premier dans
Rome fur vn char traifné par quatre
cheuaux : mais eftant depuis enuié, côme voulant s'attribuer à luy feul l'authorité, il fift abbatre vne fienne maifon fuperbement baftie en vn lieu releué dans la ville ; enquoy faifant, il

n'abaiffa pas tant fa dignité comme il
fe retrancha d'enuie en s'acquerât autant de vraye authorité comme il fembloit qu'il quittaft & cedaft de licence,
ce qui luy fift meriter ce furnom de Publicola, qui vaut autant à dire, comme
honorant & aimant le peuple. Se
voyant feul Conful, il employa fa fouueraine puiffance en de trefbeaux exploicts: remift de nouueaux Senateurs
iufques au nombre de 164 puis fift de
nouuelles ordonnances qui fortifierent
grandement l'authorité du peuple, auquel il attribua fouueraine puiffance
tant pour les iugemens criminels que
pour la diftribution des Offices : ordô-
na auffi qu'il fuft permis à tous particuliers de tuer vn Tyran fans autrement
le mettre en Iuftice ; pourueu que le
meurtrier fift apparoir que l'occis auroit attenté de fe faire Roy : Contre-
quarra les forces de Porfenna Roy des
Tofcans qui auoit affiegé Rome en faueur de Tarquin, lequel il contraignit à
faire paix : Remporta deux victoires
fur les Sabins, & par fa prudence les
attira & accommoda à Rome, dont il
triompha pour la feconde fois. Apres
donc auoir ainfi heureufement gouuerné la Republique & efté quatre fois
Conful, il mourut ; & apres fa mort, le
peuple luy fift de grands honneurs,
contribuant chaque citoyen pour l'hôneur de fes funerailles ; les femmes
auffi en porterent le dueil vn an tout
entier. *Plut. en fa vie.*

Publius Poëte Syrien, fut premie-
rement ferf de condition,
mais qui fut affranchy par Domitius
pour fa grande beauté tant du corps
que de l'efprit : il vint à Rome aux ieux
de I. Cefar (duquel il fut tres familier)
où il ioüa fes Comedies auec vn grand
applaudiffement de tout le peuple. *A-
Gelle, & Macrobe.*

¶ Ce fut l'auant-nom d'vne infinité de
Nobles Romains tant Confuls, Præteurs, Tribuns du peuple, qu'autres

Magiftrats publics.

Pulcheria fille de l'Empereur Theodofe, femme de grande fainéteté, laiffa tous fes biens aux pauures : edifia plufieurs Oratoires & Hofpitaux pour les malades indigens. *Nicephore en fon hift. Eccl. Martyrol. Rom.*

Punique fut appellée cette guerre que les Romains eurent par trois diuerfes fois contre les Carthaginois : La premiere commença l'an 499. de la fondation de Rome, & 251. an deuant Iefus-Chrift, & dura 23. ans. *A. Gell. liu. 17. chap. 21. Orefe liu. 4. ch. 9.* La 2. fufcitée par Annibal, dura 17. ans, eftant paruenuë iufques en l'an 550. de la fondation de Rome : Et la 3. aduint en l'an de la fondation de Rome 602. cinquante ans apres la 2. & ne dura que quatre ans, & en icelle Carthage fut totallement ruinée. *Orefe liu. 4. chap. 21. & 22. Voy.* Carthage.

Puppius Poëte Tragique, lequel eftoit tellement pathetique en fes harangues, qu'il incitoit à pleurer ceux qui lifoient fes Poëmes. *Horace liu. 1. des Epift. Acron.*

Puritains, certaine feéte de Caluiniftes qui s'efleuerét en Angleterre enuiron l'an 1565. Ainfi nommez pour ce qu'ils vouloient eftre eftimez plus purs que les autres, reiettans à cet effect fans exception toutes les couftumes & ceremonies de l'Eglife Catholique, refufans mefmes de prier, baptifer, ny prefcher en aucunes Eglifes, ny mefme de porter aucun habit clerical ; ce neantmoins les Proteftans puis apres venus d'Allemagne de la feéte de Luther qui n'eftoient fi rudes Cenfeurs de l'Eglife Catholique s'y font rendus les plus forts, ayans retenu beacoup de ceremonies de l'ancienne Eglife. *Sander heref. 221. Florimond de Raymond liu. 6. ch. 12.*

Puteoles ville maritime de la Campanie, non loing du lac

Auerne pres de Naples, laquelle fut baftie par les Samnites du temps que les Tarquins furent chaffez de Rome. *Eufebe.* Elle fut ainfi appellée de l'abondance des puits d'eau chaude, ou bien de la puanteur (dicte des Latins *putor*) de ces eaux enfoulfrées : Elle fut pareillement iadis nommée Dicearchie, pource qu'elle eftoit gouuernée tresiuftement : auffi eftoit-elle cité Metropolitaine, portant tiltre de Colonie. *Pline liu. 3. ch. 5.*

Putiphar Eunuque & Colonel de Pharaon Roy d'Egypte, auquel fut vendu Iofeph par les Madianites. *Genef. 37.* Mais la femme d'iceluy en eftant deuenuë amoureufe, & l'ayant voulu corrompre, rapporta à fon mary que Iofeph l'auoit voulu forcer, à quoy adioutant foy trop facilement il le fift mettre en prifon, dont toutefois il fut deliuré deux ans apres par le commandement du Roy. *Genef. ch. 39. Voy* Iofeph.

Puys ville de Languedoc, capitale de la contrée du Vellay, dicte des Latins *Podium in Velaunis & Anicium* dont l'Euefché s'eftend fur 428. Paroiffes, & depend de l'Archeuefché de Bourges : Toutefois Robert Cœnalis *en fon liu. des Euefq. de la Chreftienté* tefmoigne qu'elle fe dict ne dependre d'aucun Archeuefché.

P Y

Pygmalion fils de Bele Roy de Tyr, & frere de Didon, lequel tua fon beau frere Sichée entre les autels, penfant s'emparer apres fa mort de toutes fes richeffes : mais Didon fa femme aduertie de cela en fonge par les ombres de fon mary, s'enfuit nuictamment auec tous fes threfors, & s'en vint ietter les fondemens de Carthage en Afrique le 7. an de fon regne. *Virg. liu. 1. de l'Æn.*

¶ Vn autre de ce nom, lequel ayant conceu

conceu de la haine contre les femmes, neantmoins deuint amoureux d'vne image d'yuoire que luy mesme auoit faicte, & en fut si espris qu'à la reque-ste Venus inspira vne ame à l'image, qui estoit le portraict d'vne fille à laquelle il se maria apres ayant eu d'elle vn fils nommé Paphe, & Cyniras lequel fut aimé de sa propre fille *Ouide liu. 10. de ses Metam.*

¶ *A l'aduanture est loüable Pygmalion, lequel sans se laisser deceuoir par les attraits charmans des femmes, s'est monstré comme insensible en son affection, s'estant lié à vne chose insensible: mais il doit estre imité lors qu'il en recours aux Dieux en la conduite de son mariage, ce qui luy a heureusement succedé en ce que la chasteté & beauté tout ensemble luy ont esté données pour guerdon de sa prudence.*

Pygmées,

certains peuples habitans és montagnes des Indes Orientales, selon Pline; & és extremitez de l'Afrique, selo Strabon, qui doute toutefois de leur existence; ils sont ainsi appellez comme *coudiers*, pource que leur hauteur n'excede point vne coudée, ou trois palmes selon Pline, qui les appelle aussi Spithâmiens. Leurs femmes engendrent au cinquiéme an, & n'en viuent gueres dauantage que huict. Homere dit que les Grües leur font la guerre. L'on dict aussi qu'au Printemps tout ce petit peuple monte sur des chevres & beliers, armé d'arcs & de fleches, leur va faire la guerre sur la marine, escachant leurs œufs, & tuant leurs petits, & que cette guerre dure bien trois mois. Quant à leurs maisons elles sont basties de terre grasse, de plume d'oiseaux, & de coquilles d'œufs. *Plin. liu. 7. ch. 2.* Mais Aristote dit qu'ils habitoient dans les cauernes & grottes de la terre. Le mesme Pline *liu. 4 ch. 11.* dict qu'ils habiterent en Thrace en la ville de Geranée, dont ils furent chassez par les Grües. Olaüs le Grand asseure qu'il s'en trou-

ue encore és contrées Septentrionales.

Pylades

fils du Roy Strophie, lequel fut ioinct auec Orestes d'vn lien d'amitié indissoluble: car apres qu'Orestes eut tué sa mere, il l'eut tousiours pour associé perpetuel de ses voyages, & participant de ses dangers: ils se portoient entr'eux vne si grande affection qu'ils s'offroient à la mort l'vn pour l'autre. *Ciceron au liu. de l'Amitié.*

Pyle

ville du territoire de Messine en la contrée Occidentale du Peloponnese, signalée par la naissance de Nestor, qui pource fut nommé Pylien. ¶ Il y en a encore 2. autres de ce nom au Peloponnese. *Strab. liu 8.*

Pyrachmon

l'vn des forgerōs & ministres du Dieu Vulcain, ainsi dict parce qu'il ne s'esloigne point du feu ou de l'enclume: car les Grecs nomment le feu *pyr*, & vne enclume *acmona* Voy Brontes.

Pyraichmes

Roy des Euboiens, lequel faisant la guerre aux Bœotiens fut vaincu & pris par Hercule, qui l'ayant attaché à deux cheuaux le demembra en deux parties, puis le ietta au long de la riuiere qui s'appelle Heraclie; là où quand l'on abbreuuoit les cheuaux l'on entendoit comme vn hannissement de cheual. *Plut. en ses Paralelles.*

Pyrame

& Thisbé deux parfaicts Amans Babyloniens, lesquels ayans entretenu long-temps leurs secrettes flammes, sans auoir moyen de se voir qu'à trauers le trou d'vne muraille, pour estre trauerséz de leurs parens enuieux de leurs contentemés. Enfin pour accomplir leurs chauds desirs s'alignerent vn lieu, où Thisbé se trouuant la premiere s'assist soubs vn meurier qui estoit le rendez-vous à tous deux: Mais vne Lyonne sortant d'vn bois l'espouuanta tellemét qu'elle s'enfuit de peur, & ayant laissé tomber son escharpe en fuyant, cette beste la des-

Tttttt

chira & enfanglanta toute: Là où Pyrame arriuant aussi tost, & trouuant l'ef-
charpe de sa maistresse enfanglantée,
cela luy fist croire que quelque beste
furieuse l'auoit deuorée : dont poussé
de desespoir il se trauersa de son espée.
Mais Thisbé estant vn peu r'asseurée y
reuint, & voyant son cher seruiteur ainsi navré à mort, s'ouurit le sein de la
mesme espée. Ainsi tous deux par vn
tragique mal-heur arrouserent de leur
sang le meurier, lequel à cette occasion
a changé la blancheur de ses fruicts
qu'ils auoient auparauant, en rougeur.
Ouide liu. 4. de ses Metam.

Pyramide

est appellée cette masse
de pierre quarrée qui
s'esleue en vne hauteur immense, tousiours en pointe, en forme de flamme,
dont elle a pris son nom du mot Grec
pyr, qui signifie *feu*. Les plus signalées ou plustost miraculeuses ont esté
celles d'Egypte, & entr'autres il y en
a trois dont la renommée est par tout
le monde, qui sont assises du costé d'A-
frique en vn roc sterile, à 4. milles pres
du Nil, & à 6. du grand Caire. La plus
grosse & plus grande qui y soit selon
Pline est faite de pierre Arabesque, à la
façon de laquelle 32000. hommes furent employez 20. ans durant: elle contenoit 8. arpents, ayant par le bas 883.
pieds de tous costéz en equarreure, &
la cime 25. La moyenne auoit 737. pieds
en chaque sens, & la moindre de toutes n'en auoit que 363. mais faicte d'v-
ne certaine pierre tres-singuliere. Les
trois furent faictes en 78. ans & 4 mois,
& y employa l'on en ails, reforts &
oignons seulement 1800. talents qui
sont 108.0000. escus. Elles ont esté mises entre les sept merueilles du monde:
Aussi ne se voit il rien de semblable és
ouurages les plus superbes de l'antiquité. *Plin. liu. 36. chap. 12.* Mais Belon Autheur moderne qui a esté sur les
lieux, dict que les Egyptiens appellent
ces Pyramides Pharaons, qu'elles sont

en vn lieu esleué à trois iects de pierre
loin de Nil, à 4. milles loin du Caire,
& commencent à paroistre de 40000.
pas loin, que la plus belle ne peut auoir
par le pied 324. pas d'equarreure qui
font 1296. de tout, & de la base iusques
à la cime il y a 250. degrez, desquels
chacun contient 5. semelles, dont chacune a 9. pouces, & au haut de son ef-
guille peuuent tenir 50. hommes, qu'il
y en a dauantage plusieurs autres moindres au nombre de plus de 100. qui sont
esparses, qui çà qui là dans vn lieu desert & sablonneux.

Les Roys d'Egypte qui firent ces
folles & grandes despenses, ne les faisoient à autre intention, comme dict
Pline, que pour garder le peuple d'e-
stre oisif, & que de là il ne prist occasion de se sousleuer; mais quant à ceux
qui les ont fabriquées, les Autheurs
prophanes n'en parlent point; & ceux
qui en parlent, taisent mesmes le nom
des Pharaons. Mais nous pouuons recueillir des Lettres sainctes que c'ont
esté les enfans & successeurs de Iacob,
lesquels long-temps apres la mort de
Ioseph (lors qu'ils furent captifs en E-
gypte l'espace de 400. ans) furent trauaillez par les naturels du pays, & asseruis à faire cuire des briques & autres œuures de bastimens, ainsi qu'il est
specifié *au 1. chap. de l'Exode.*

Pyrenée

Roy de la Phocide, qui
ayant receu chez soy les
Muses s'efforça de les violer, & comme
il les tenoit enfermées elles furent con-
traintes de prendre des aisles, & se sauuer côme oiseaux dans l'air, mais comme il les vouloit poursuiure, il ne se
trouua pas aislé comme elles, & se tua
en tombant. *Ouide liu. 5. de ses Met.*

¶ *La Fable donne des aisles aes doctes filles de Mémoire, pour monstrer que la sciè-
ce esleue en haut les esprits de ceux qui la
possedent, rendant leurs honneurs libres, &
ennemies de toute contrainte : comme au
contraire, les esprits grossiers & ignorans*

comme Pyrenée vont tousiours par-bas, & au lieu de faire vn beau vol sont le plus souuent vne honteuse cheute, se perdans en vn precipice d'erreur. Aussi ces chastes filles veulent estre caressées & non forcées : car contre leur gré l'on ne sçauroit rien tirer d'elles, non plus que de Minerue : Car lors elles ne manquent iamais d'aisles pour s'enfuir de ceux qui ne sont leurs fauoris ; aduançants ainsi vne mort precipitée de leur renom, lequel elles pouuoient immortaliser.

Pyrenées montagnes, lesquelles separent les Gaules des Espagnes en tirant du Midy au Couchant, ainsi appellées de Pyrene fille du Roy Bebrix engrossée par Hercule, laquelle fut là pres enterrée ayant esté dechirée des bestes sauuages. Quelques vns toutefois les disent ainsi nommées de *pyr*, c'est à dire feu, ou à cause des foudres qui y sont frequents : ou bien à cause des embrasemens des forests qui y furent faicts par certains pastres. *Diodore liu. 6. Strab. liu. 3.*

Pyrgotheles excellét sculpteur, qui fut en telle estime qu'Alexandre le Grand deffendit que nul n'eust à grauer sa figure en pierrerie, horsmis Pyrgotheles. *Pline liu. 37. ch. 1.*

Pyrodes fils de Cilicius, lequel le premier trouua le moyen de tirer le feu d'vn caillou. *Pline liu. 7. chap. 57.*

Pyrois l'vn des 4 cheuaux du Soleil, ainsi dict, comme qui diroit enflammé. *Ouide liu. 2. de ses Metam.* ¶ L'on qualifia aussi de ce nom l'astre de Mars, à cause de sa couleur ignée. *Celum. liu. 10.*

Pyrrhe femme de Deucalion, laquelle apres le Deluge, auec son mary reparerent le genre humain en iettant des pierres derriere leur dos. *Voy* Deucalion.

Pyrrhon Philosophe signalé de l'Elide, fut premierement peintre, puis fist profession de la Phi-

losophie soubs Anaxarque, si bien qu'il fut depuis chef d'vne Secte de Philosophes de son nom Pyrrhoniens, que les Grecs ont surnommé Aporetiques, c'est à dire douteux, pource qu'ils doutoient de toutes choses, comme aussi Sceptiques, qui veut autant à dire que contemplateurs, pource qu'ils n'arrestoient rien, ains s'amusoient incessamment à rechercher, ne croyans pas ouyr quelque chose parfaictement. Il conuersa és Indes auec les Gymnosophistes, & fut autheur de cette façon de Philosophie, par laquelle il ne vouloit rien establir, niant que la verité des choses se peust comprendre, c'est pourquoy il asseuroit qu'il n'y auoit rien de vilain ou d'honneste, rien de iuste ou d'iniuste, & enfin qu'il n'y auoit rien de veritable, mais que les hommes faisoient toutes choses par la Loy, & par les Coustumes: aussi disoit-il que l'apathie ou tranquilité d'esprit estoit le souuerain bien de l'homme. Il conformoit aussi sa vie à ses dogmes, car s'il alloit en quelque lieu il ne se destournoit aucunement de quelque peril qui se presentast, soit de chariots, bestes sauuages, precipices, & autres telles choses. L'on dit aussi qu'il enduroit auec vne grande constance les coupeures & brusleures, ne donnant rien au iugement des sens, se maintenant au reste tousiours en mesme visage & habit, voire sans affection aucune en toutes ses actions : si bien qu'ayant vn iour veu son maistre Anaxarque tombé dans vne fosse il passa outre, sans tenir aucun compte de luy aider, enquoy il fut loüé de son maistre. Il fut en grand respect enuers les siens qui l'establirent souuerain Pontife, & donnerent en sa faueur immunité à tous les Philosophes: Les Atheniens aussi l'honorerent du droict de leur bourgeoisie. Il mourut aagé de 90. ans *Diog. Laerce liu. 9. Voy* Sceptiques.

Pyrrhus Roy des Epirotes , iſſu du
coſté maternel d'Achille ,
& du paternel d'Hercule , il fut eſtant
encore au berceau porté & esleué en la
Cour de Glaucias Roy de l'Eſclauonie ,
pour euiter les mains des Moloſſiens
ſes ennemis qui auoient chaſsé de ſon
Royaume ſon pere Æacides & leur Roy
auec tous ſes amis & parens. Ayant eſté
là nourry douze ans il fut par ce Roy
reſtably en l'Epire , & bien que les Moloſſiens ſe fuſſent derechef rebellez
contre luy , ſi eſt-ce qu'ayant aſſiſté
Demetrius fils d'Antigonus où il monſtra ſa proüeſſe , & eſpouſé la fille de
Ptolemée Roy d'Egypte , il eut par cette alliance gens & argent pour reconquerir l'Epire , où il fiſt ſi bien qu'il
fiſt mourir Neoptolemus ſon competiteur qui eſtoit deſia eſtably au Royaume : il entrepriſt en ſuitte ſur la Macedoine , de laquelle il s'empara en ayant
dechaſsé Demetrius , comme auſſi Lyſi-
machus , auquel il en auoit faict quelque part. Cette proſperité luy donna
hardieſſe de faire la guerre aux Romains , nonobſtant les ſages aduis de
Cyneas ſon principal conſeiller , à ce
conuié par les Tarentins & autres peuples Grecs habitans en l'Italie : en ſuitte
dequoy il deffiſt en bataille rangée Le-
uinus Conſul Romain , nonobſtant laquelle victoire il taſcha de s'accorder
auec eux , & de corrompre par preſens
la conſtance de C. Fabricius leur Ambaſſadeur; mais en vain , ſi bien qu'il leur
liura encore vne bataille qu'il gaigna ,
mais auec telle perte des ſiens , qu'il diſt
qu'il ſeroit ruiné s'il remportoit encore
vne ſemblable victoire. Ayant quitté
les Tarentins , il fit voile en Sicile où il
vainquit les Carthaginois & Mamer-
tins , qui ce neantmoins luy firent mille
maux : & eſtant derechef rappellé par
les Tarentins & Samnites il s'empara
de Tarente ; mais ayant en ſuitte attaqué les Romains il fut par eux deffaict
en bataille rangée : Ainſi ayant perdu

toute eſperance de ce coſté là il quitta
l'Italie , s'en retourna en Epire , d'où
il paſſa en Macedoine , & y gaigna vne
bataille ſur Antigonus Roy d'icelle &
les Galates : toutefois voyant qu'il ne
s'y pouuoit pas bien eſtablir , il mena
ſon armée au pays de Laconie où il aſſiegea Sparte , mais en vain. Et en ſuitte
comme il vouloit ſecourir les Argiens
contre les Spartiates , il entra à main
armée dans leur ville , ce qu'ils ne vouloient ; à raiſon dequoy ils appellerent
à leur ſecours Antigonus & Areus Roy
de Sparte , entre leſquels il y eut vne ſi
furieuſe meſlée , que Pyrrhus fut ab-
battu de deſſus ſon cheual en terre d'vn
coup de tuyle iettée par vne femme , de
deſſus vn toict , & ſa teſte luy ayant eſté
tranchée , le fils d'Antigonus la porta à
ſon pere , lequel il iniuria pour cette
cruauté , & ſe couurant les yeux de ſon
manteau ſe priſt à pleurer , les faiſant
honorablement enterrer, & traicter humainement ſes ſeruiteurs & amis. Ce
Prince auoit vne maieſté Royale , &
fort terrible, & en lieu de déts auoit vne
maſchoire toute d'vn os continu : gua-
riſſoit du mal de la ratte, touchant doucement l'endroit de la douleur auec
ſon pied droict, auquel l'on recognoiſſoit quelque nature diuine : meſmes
dit-on que ſon corps ayant eſté bruſlé
apres ſa mort, le gros orteil de ce pied
fut trouué tout entier. Au reſte quant à
ſes mœurs il eſtoit treshonneſte, doux,
gracieux, & bien conditionné , vaillant
au reſte , & tres adroict au faict des armes, & d'vne force ſi grande, qu'ayant
donné vn coup de courtelas ſur la teſte
d'vn homme , le coup deſcendit iuſques en bas ; ſi bien que le corps diuiſé
en deux tomba de l'vn & de l'autre coſté : mais ſur tout il eſtoit inuincible en
ſon courage, eſperant touſiours au plus
fort de ſes pertes & de ſes afflictions:
comme auſſi prenant touſiours les pro-
ſperitez qui luy aduenoient pour occaſion d'en eſperer de plus grandes ; de-

maniere que pour estre ou vaincu, ou vainqueur, il ne pouuoit nullement reposer qu'il ne trauaillast les autres, ou qu'il ne fust luy mesme trauaillé. *Plut. en sa vie.*

Pyrrus fils d'Achille & de Deidamie, ainsi nommé à cause de sa couleur rousse, selon Seruius. Il est autrement nommé Neoptoleme, comme qui diroit, *Ieune guerriere*; aussi estant encore ieune il fut mené en la guerre de Troye, dautant que les destinées portoient que la ville ne se pourroit prendre sans luy. Y estant donc arriué il y fist de notables exploicts d'armes, car il tua Polites fils de Priam & le pere en après, & finalement il immola Polyxene sur le tombeau de son pere Achille. Après le sac de la ville, il eut en partage Andromaque qu'il tint quelque temps en lieu de femme, laquelle il donna depuis à Helenus fils de Priam, prenant pour soy Hermione fille de Menelaüs & d'Helene, mais cette Hermione ayant esté long-temps auparauant promise à Oreste qu'elle aimoit mieux que ce Pyrrhus, Oreste luy dressa des embusches & le tua. *Virgile liu. 3. de l'Æneid.*

Pyrrhus Patriarche de Constantinople, l'vn des plus grands fauteurs de Cyrus, Chef des Monothelites, lequel ayant abiuré son heresie s'y replongea derechef. Il mourut l'an 652. selon Baronius *Ann. 652.*

Pythagore Samien, Philosophe tres celebre, fils de Mnesarque Lapidaire : fut le Prince de la Philosophie Italique, lequel comme tesmoigne Ouide *liu. 7. de ses Metam.* Bien que rampant sur terre, atteignit de l'esprit iusques aux Cieux, là entrant dans le secret cabinet des Dieux, vid des yeux de l'ame tout ce que la foiblesse de la nature a caché à ceux de nostre corps. Il fut premierement disciple de Pherecydes le Syrien, puis d'Hermodamas, & en suitte se trans-

porta en Egypte pour y apprendre des Prestres leur Theologie, & les coustumes du pays ; de là il passa en Babylone où il apprist les disciplines Chaldaïques, & specialement l'Astrologie & la Iudciaire : il s'achemina aussi en Sparte & en Crete afin de remarquer les Loix de Lycurgus & de Minos. Mais estant reuenu en son pays, & voyant qu'il estoit asseruy soubs la tyrannie de Polycrate il le quitta, & s'en vint en cette partie d'Italie qui fut appellée Grande Grece, & s'estant arresté en la ville de Crotone, il y fist profession de la Philosophie du temps que Seruius Tullius regnoit à Rome. Il n'auoit moins de six cents auditeurs qui estoient pour la plufpart gens doctes, comme Archytas Tarentin, Alcmeon, Philolaüs le Crotoniate, Hippase Metapontin, & autres, qui tous de nuict s'assembloient pour le venir entendre. Ses disciples auoient de coustume de mettre ensemble tous leurs biens & facultez dont ils vsoient en commun, & falloit que par cinq ans continuels ils se rendissent seulement auditeurs de sa doctrine, auec tout silence, & iusques à ce qu'ils eussent esté esprouuez ils ne le visitoient & n'auoiet sa familiere conuersation : Aussi ce Maistre fut de telle authorité enuers eux, qu'ils reputoient comme vn Oracle sa seule parole, prenans pour conclusion ordinaire de la verité de leurs dogmes ces mots, *Il l'a dict* (en parlant de luy.) Il donna des Loix aux Crotoniates & Metapontins qui les receurent auec tant de recognoissance de son authorité qu'ils s'y soubsmirent totalement pour la correction de leur vie desbordée, & les femes mesmes consacrerent au temple de Iunon leurs robes de parade & plus precieux ornemens pour marques de leur repentance. Il mourut à Metaponté aagé de 90. ans, mais l'on doute de la qualité de sa mort : car quelques vns tiennent qu'ennuyé de viure il se fist

mourit de faim ; d'autres qu'il fut tué
par ceux de Syracuse, quoy que c'en
soit, les Metapontins firent vn temple
de sa maison & l'honnorerent comme
vn Dieu. Ce Philosophe estoit de belle representation, mais sur tout d'vn
esprit diuin qui a produict des dogmes
& opinions receuës par la pluspart des
plus grands & doctes personnages du
monde : aussi fut-il le premier qui s'attribua le nom de Philosophe, amateur
de sagesse seulement, quittant le nom
de Sophe, c'est à dire, Sage (tiltre que
ses predecesseurs prenoient) par ce, disoit-il, que Dieu estoit seul digne de ce
nom. Il establissoit ie ne sçay quelle
harmonie és choses tant celestes que
terrestres, sans laquelle il croyoit le
monde ne pouuoir subsister. *Ciceron en*
son songe de Scipion. Il posoit le monde
eternel, incorruptible maintenant, &
que le genre humain auoit esté de tout
temps. *Censorin.* Il definissoit Dieu estre
vn certain esprit infus & estendu par
toute la nature des choses duquel toutes choses prenoient leur estre. *Polyd.*
liu. 1. ch. 1. de l'inuent. des choses. Admet-
toit la prouidence de Dieu, & que la
Destinée estoit la cause de l'euenement
de toutes choses. Il disoit que l'air
estoit tout remply d'ames estimées Demons & Heros par les hommes ausquels ils enuoyoient les songes, les prodiges, & les maladies, & aux autres animaux semblablement : Mais entre la
multitude de ses dogmes, il en proposa
& publia vn, le premier qui fut grandement suiuy mesmes des Phariséens,
certaine secte de Iuifs, c'est à sçauoir
la Metempsycose ou transmigration
des ames en corps nouueaux, asseurant
qu'apres la mort les ames passoient
en d'autres corps, ou d'hommes, ou
de bestes, ou de plantes, selon leurs
vices ou vertus ; & pour persuader plus
facilement cette sienne opinion, il assu-
roit qu'il se ressouuenoit fort bien d'a-
uoir esté Æthalide fils de Mercule, puis

qu'il seroit renay en Euphorbe, &
d'Euphorbe en Hermotyme, & de cettuy-cy en vn Pescheur de Delos nommé Pyrrhus, & finalement apres la mort
d'iceluy en Pythagore ; c'est pourquoy
il deffendoit de tuer & manger aucuns
animaux comme ayans vne ame commune auec nous, ce qu'il faisoit aussi pour
façonner les hommes à la sobrieté & à
la facilité de viure : deffendoit quant &
quant l'vsage des febues, des oignons,
& des œufs. Il publia pareillement plusieurs notables sentences que ses disciples auoient tousiours à la bouche, come, *Qu'il ne faut pas attiser le feu auec*
vn glaiue, c'est à dire, ne point esmouuoir le courroux & l'indignation des
plus puissans : *Qu'il ne falloit point man-*
ger de cœur, c'est à dire, trauailler son
ame par angoisse & douleur : *Qu'il ne*
falloit point outrepasser la balance, c'est à
dire, ne rien faire pardelà le droict &
l'equité. Quelques vns disent qu'il se
contentoit pour son viure de miel & de
pain auec quelques herbes : Il se vestoit
d'vne robe blanche fort nette : Se monstroit fort seuere en sa conuersation,
sans rire ny gausser : Ne tançoit ny
chastioit iamais estant courroucé : En
ses sacrifices il ne se seruoit que de choses inanimées. Il a escrit plusieurs Liures en toutes sortes de Philosophie
qui ont esté en grande estime, mesmes
par Platon qui les acheta cent mines
(reuenant à mil escus de nostre monnoye, selon la supputation de Budée.)
De son temps il y eut encores quatre
ou cinq Pythagores. *Diog. Laerce liu.*
8. de la vie de Philosophes. Ouide liu. 15.
de ses Metamorph.

Pytheas Orateur Athenien, contemporain de Demosthe-
ne ; arrogant outre mesure, lequel ayãt
esté emprisonné pour quelques siennes
debtes, rompit les prisons & se refugia
en Macedoine Il fut soupçonné de larcin, & pource vn iour comme il repro-
choit à Demosthene que ses harangues

sentoient l'huyle. *Ie ne doute point, re-pliqua-t'il, que ceux qui portent la lampe la nuict ne te soient ennuyeux Il compo-sa quelques plaidoyers, Plut. en la vie de Demosthene.*

Pythien surnom d'Apollon, à cause de la deffaicte qu'il fist du serpent Python ; & pource aussi ses Prestresses qui rendoient ses responses estoient appellees Pythies. *Voy* Del-phes. Comme aussi ceux qui alloient à Delphes consulter son Oracle, lesquels auoient leur ordinaire assigné auec ce-luy des Roys, & viuoient à leur table. *Strab. liu. 9. Alexx. d'Alex. liu. 6. ch. 2.*

Pythiens ou Pythiques, certains ieux solemnels, instituez en l'honneur d'Apollon, en certain lieu de la Macedoine nommé Pythien, pour auoir à coups de fleches tué le serpent Python. Les vainqueurs de ce combat estoient couronnez de lauriers, & ho-norez de fruicts tirez du temple de ce Dieu. *Lucian.*

Python serpent horrible de gran-deur demesurée, lequel nas-quit des fanges de la terre, apres la re-traicte des eaux du Deluge de Deuca-lion. Appollon le perça de ses flesches, & en memoire de cet exploict, l'on in-stitua en son honneur des ieux & com-bats appellez Pythiques. *Ouide liu. 1. de ses Metam. Voy* Latone.

¶ *Strabon liu. 8. veut que ce Python ait esté vn certain homme fort meschant qu' Apol-lon deffist.*

¶ *Mais les Naturalistes n'entendent par ce Python que l'abondance des espaisses & noires vapeurs que le Soleil attire des bourbes humides de la terre, & que le mes-me Soleil perce enfin de ses rayons & dissi-pe, rendant son ordinaire clarté à l'air & à la terre. Si ce n'est que nous vueillions dire que le Soleil consomme toute la pourriture de la terre exprimée chez les Grecs par le mot Python.*

Vades peuples an-ciens, habitans iadis de la Boheme en Al-lemagne, autrement dicts Marcomans. *Voy* Marco-mans

Quadratus Prelat d'Athenes, & disciple des Apostres lequel fut renommé pour le don de Prophetie : il confirma grandement les Chrestiens qui lors estoient persecu-tez, & dedia vn Liure en faueur d'i-ceux à l'Empereur Adrian. *Eusebe, & S. Hierosme.*

Quæsteur estoit appellé entre les Romains celuy qui a-uoit la charge des deniers publics ; que nous dirions maintenant Thresorier ou Sur-intendant des Finances. La pre-miere origine de ce Magistrat peut estre veritablement rapportée à Pub. Valerius Publicola, lequel ayant esta-bly le lieu du thresor public au temple de Saturne, y assigna quant & quant pour la garde deux Quæsteurs pris du nombre des Senateurs, & voulut qu'ils fussent ereez par les suffrages du peu-ple. Depuis le peuple voulant partici-per à cet honneur l'on en crea quatre, sçauoir deux pour la ville qui auoient l'œil sur le thresor public. & deux au-tres qui estoient tousiours pres d'vn

compagner le Consuls lors qu'ils alloient en guerre par la campagne ; &
fut ordonné que l'on y en receuroit
aussi d'entre le peuple. Mais le reuenu
de la Republique Romaine s'estant
beaucoup accreu par les grandes conquestes, on en augmenta aussi le nombre iusques à vingt. Et ces Questeurs
estoient employez pour assigner les Cô-
suls, Præteurs, & autres grands Capitaines lors qu'ils alloient à la guerre
ayants la charge de receuoir & tenir
compte des despoüilles des ennemis,
de receuoir les tributs & peages des
prouinces, comme aussi de distribuer la
paye aux Soldats, que nous appellons
de present Commissaires des Guerres.
Il y en auoit aussi d'autres, tant à Rome qu'és Prouinces, qui receuoient les
amendes, lesquels ils enregistroient
pour en rendre compte, que nous ap-
pellerions maintenant Receueurs des
amendes, & à cét effect l'on leur adioignoit certains scribes, que nous appellons Controolleurs des Finances, que
l'on ne choisissoit que du nombre des
personnes d'vne fidelité & vertu grandement esprouuée: car mesme ceux qui
auoient esté Consuls tenoient à honneur d'y estre admis. Les Quæsteurs du
commencement estoient esleus par les
Consuls, & quelquefois par sort, mais
le peuple voulut depuis auoir cet honneur.

¶ Il y auoit encore vne autre espece de
Quæsteurs qui estoiét departis és Prouinces par arrest du Senat, lesquels
auoient la charge de iuger les causes
criminelles, que nous dirions maintenant Enquesteurs ou Iuges en matiere
criminelle. Leur authorité estoit grande, ayans pouuoir d'auoir des Licteurs
ou Massiers, & autres enseignes des
souuerains Magistrats en leurs Prouinces particulieres. Ils ont eu aussi
quelquefois la conduitte des armées
tout ainsi que les Consuls & Præteurs;
mais les Quæsteurs de ville n'auoient

vne si grande authorité : car ils ne se
seruoient de ces Massiers, ny de la Selle
Curule, ny auoient autres marques
souueraines, pouuans mesme estre appellez en iugement par deuant le Præteur, bien auoient-ils vne charge tres-
pesante, tant pour la garde, que pour
la recepte des deniers publics, qu'aussi
que leur charge estoit d'accueillir &
receuoir les Ambassadeurs, comme pareillement les Rois, Princes, & Seigneurs
estrangers, leur faire des presens, &
leur donner les traictemens tels qu'il
estoit ordoné par le Senat. Ce Magistrat estoit annuel, bien que l'on tient
qu'il ait esté prolongé à quelques vns
iusques à trois ans. *Budée, Alex. d'Alex.
liu. 2. ch. 2.*

Quartodecimans, certains Hereti-

ques anciens de l'Asie, autrement appellez Pascharites, lesquels celebroiét
la Pasque à la façon des Iuifs le 14. de
la Lune, en quelque iour qu'il escheut.
Ils ieusnoient pareillement hors de saison, mesmes au Dimache. *S. August. heres. 29. Tertullien liu. des prescript.* Leur
heresie est encore approunée par les
Centuriateurs, & les Heretiques de la
Grande Bretagne. Contr'eux fut tenu
le premier Concile apres celuy des
Apostres, appellé de Cesarée en la Palestine, sous le Pape Victor I. enuiron
l'an 200. *Eusebe liu. 5. ch. 22.*

Quercy contrée de France, située

entre le fleuue Dordogne
& la Garonne, dont les habitans sont
appellez par Cesar *Cadurci*. Elle a pour
bornes le pays de Perigord & celuy de
Rodez, l'Auuergne & le Limosin. Son
terroir est fort fertil, & sur tout en
bleds & vins. Il y a aussi grand nombre de bastail ; & ses riuieres sont poissonneuses, specialement celle de Tarn.
Il y a plusieurs belles villes, & entr'autres Cahors qui est sa capitale, Montauban, Castel Sarrazin, & Moyssac.

Quiloa

Quiloa ville de la basse Ethiopie situtée en certaine Islette, à l'emboucheure de fleuue Coaue, au territoire de Zanizbar ou Zanguebar: elle est ornée de plusieurs edifices tressomptueux & magnifiques à la faço des Arabes: Ses habitans sont Mores, tres opulens, & de Secte Mahometane, mais les Portugais s'en emparerét l'an 1505. si bien que son Roy leur paye par forme de tribut 1500. marcs d'or. *Magin en sa Geogr.*

Quimpercorentin ville de la basse Bretagne au Diocese de Cornoüaille.

Quinquatries estoient appellées certaines festes à Rome que l'on celebroit en l'honneur de Pallas, semblables à celles que les Atheniens appelloient Panathenées. L'on leur donna ce nom parce qu'ils duroient l'espace de cinq iours au premier desquels l'on faisoit sacrifices; au 2. 3. & 4. l'on faisoit des combats de Gladiateurs, & au 5. l'on faisoit monstre & procession par la ville: elles commençoient le 18. de Mars. *Voy Pana thenées.*

Quinsay, qui veut dire *Cité du Ciel,* ville capitale de la Chine, appellée autrement Taybin, ou Suntien par les habitans. C'est, comme l'on tient, la plus grande de l'vniuers; ayant bien cent mille de tour, & contenant enuiron vn million de familles: l'on dict qu'elle a 12000. ponts, dont il y en a quelques vns si hauts que les Nauires passent dessous à voiles desployées. Au milieu d'icelle il y a vn grand lac qui a bien 30. milles de tour, & és enuirons se voyent plusieurs magniques bastimens. Elle est possedée par le grand Cham de Tartarie, selon Magin *en sa Geograph.* qui y tient vne garnison de 300000. hommes *Voy Chine.*

Quintilian Rhetoricien fort celebre, natif de Calagerra en Espagne, lequel fut amené à Rome par l'Empereur Galba, où il enseigna publiquement, & fut le premier qui fut gagé du public. Il fut Precepteur des neueux de Domitian: nous auons de luy des Declamations, & 8. Liures d'Institutions Oratoires grandement prisées par S. Hierosme, & autres hommes doctes. *Eusebe. Cassiodore.*

Quintilius fut esleu Empereur par l'armée qu'il auoit en Italie, & confirmé par le Senat incontinent apres la mort de Fl. Claude son frere, auquel il ressembloit aussi bien en merites & vertus comme en nature, mais ayant sceu qu'Aurelian personnage de grand renom pour sa valeur, qui auoit la plus grande puissance de l'Empire Romain en son armée auoit esté pareillement esleu, il se fist ouurir les veines, & mourut volontairement, n'ayant regné que 20. iours, l'an de salut 271. *Eusebe en sa Chron. Onuphr.*

Quintus auant nom, dont se seruirent à Rome plusieurs illustres familles, comme les Cincinnats, Flaminiens, Marsiens & autres qui ont fleury en diuers temps.

Quirinus surnom de Romulus, ainsi appellé de la Iaueline, que les Sabins appelloient *Quiris,* selon le tesmoignage de Festus: ou bien des Sabins appellez Cures, ausquels il fist part de la demeure de la ville de Rome, & pour ce mesme les Romains furent appellez Quirites apres cette association des Sabins: ou finalement à cause de Mars (duquel il estoit estimé fils) qui estoit appelle Quiris, à cause de la lance auec laquelle il est tousiours representé. Mesmes dit-on qu'apres sa mort vn certain Proculus tres familier de Romulus rendit tesmoignage par deuant le Senat qu'il l'auoit veu apres sa mort armé à l'aduantage & magnifiquement, & qu'il luy auoit annoncé la future grandeur de la ville de Rome qu'il auoit fondée, & qu'il en seroit le protecteur, en voulant estre recogneu

Vuuuu

& honoré pour Dieu foubs le nom de Quirinus. *Voy* Plutarque *en la vie de Romulus.*

¶ Et de faict l'on luy faifoit quelques facrifices tous les ans, & luy dedioit-on des feftes qui pource eftoient appellées Quirinales. ¶ Comme auffi eftoit appellée Quirinale cette colline à Rome. où eftoit le temple qui luy eftoit dedié; & pareillement Quirinale la porte par où l'on alloit à cette montagne dicte vulgairement par les Italiens, *Montecauallo*, à caufe de deux ftatuës de cheuaux de marbre de la façon de Phidias & de Praxiteles qui y furent placez.

Quirites furent ainfi appellez les Romains, de Cures ville des Sabins : car Romulus ayant fait alliance auec Tatius Roy des Sabins, il voulut faire place à fes fubiects en fa

ville, & leur donnant le droit de bourgeoifie, il voulut que tant les Romains, que les Sabins fuffent appellez d'vn nom commun de Quirites. *Plut. en la vie de Romulus.*

Quito ville riche & opulente de l'Amerique, capitale d'vne Prouince de mefme nom, affife foubs l'Equateur, & qui toutefois joüit d'vn air plus froid que chaud. Ses campagnes font toufiours verdoyantes, au refte tres-fertiles, où les fruicts de noftre Europe viennent des mieux. Il y a force mines d'argent, comme auffi de vif argent de couleur iaunaftre. Il y a des montagnes qui iettent des feux à leur fommet, qui font vn grand bruit comme tonnerres, & couurent de leur cendre plus de 200. milles du pays d'alentour. *Magin.*

R

RAbbath ville Metropolitaine des Ammonites, laquelle fut affiegée par Ioab, prife & mife à fac par Dauid apres y auoir fait tuer Vrie. *2. Roy chap.* 11. Elle fut depuis appellée Philadelphe de Ptolemée. Philadelphe lors qu'il poffedoit l'Arabie auec la Iudée.

Rabirius Cheualier Romain, lequel ayant efté accufé de l'affaffinat commis en la perfonne de Saturnin citoyen mefchât & feditieux, fut deffendu par Ciceron en cette oraifon que nous auons encore entre mains intit. *Pour Aulus Rabirius.*

¶ Vn autre appellé Poftumus, duquel auffi Ciceron prift la caufe en iugement par cette harangue intit. *Pour Rabinus Poftumus.*

Rabelais (nommé François) natif de Chinon en Touraine, Medecin excellent & docte. Il fut depuis Cordelier, & en fuitte Curé de Meudon. L'on le loüe d'auoir efté fort facecieux en fa conuerfation & en fes efcris, mais foupçonné d'Atheifme par quelques vns.

Rabfaces Lieutenant de Sennacherib Roy des Affyriens & fon Efchanfon; lequel eftant venu par le commandement de fon Maiftre affieger Hierufalem du temps du Roy Ezechias, & ayant blafphemé contre Dieu, & defprifé les forces d Ezechias qui s'appuyoit fur l'affiftance diuine, fut fuiuant la Prophetie d'Ifaïe du tout déconfit : car l'Ange de Dieu en extermina pour vne nuiĉt iusques à 185000. des siens. 4. *Roys* 18. *&* 19. 2. *Para.* 32.

Rachel interp. de l'Hebr. *brebis*, fille de Laban, & sœur de Lia, & l'vne des femmes de Iacob pour laquelle il seruit à son beaupere sept ans. Elle fut quelque temps sterile, mais depuis eut deux fils Ioseph & Benjamin, és couches duquel elle mourut, & fut enterrée pres de Bethléem où son mary Iacob luy erigea vn signalé sepulchre. *Genes. chap.* 29. 30. *&* 35.

Radagaise Roy des Goths, lequel ayant faiĉt auec Alaric de grands degasts és terres de l'Empire Romain, vint auec vne puissante armée dans l'Italie, où il fut toutefois deffaiĉt par deux vaillants Capitaines de l'Empereur Honorius qui luy tuerent en vn seul iour bien cent mil hommes. *P. Orose, P. Diacre.*

Radegonde sixiesme femme du Roy Clotaire, du consentement duquel elle se retira à Poiĉtiers pour faire profession d. Religieuse en l'abbaye de S. Croix : elle fist bastir vne Eglise appellée de son nom, & mourut illustrée de vertus & de miracles, l'an de salut 527. *Baron. Ann.* 527.

Ragouse ville des meilleures de l'Esclauonie, qui fut bastie sur la ruine de l'ancienne Epidaure destruiĉte par les Goths, lors qu'ils se furent emparez de l'Italie & de l'Esclauonie. Cette ville est en fort belle assiette au golfe de Venise, & ce neantmoins est toute pleine de fontaines d'eau douce. Son terroir de sa nature est assez sterile. Elle se gouuerne en forme de Republique presque côme celle de Venise, ayant soubs son obeïssance plusieur belles petites Isles Les Ragousois maintiénent cette liberté payans au Turc 14000. sequins tous les ans, ayans de grandes exemptions & franchises

par tout l'Empire du Turc. Quant à leurs mœurs ils estoient iadis cruels, barbares & grands escumeurs de mer : mais maintenant ils sont plus ciuilisez, ils viuent tous en egalité sans beaucoup de ceremonie, ne faisans aucune reuerence, ny ostant le chappeau ny le bonnet, ains se saluent simplement de parole, ou par quelque action qui descouure leur intention. Les femmes y portent les cheueux courts & se les rendent noirs par artifices : Ils sont riches, mais c'est pour le grand trafic qu'ils font en diuers pays. Quant à leur Religion, ils sont tous Catholiques, & ont vn Euesque qui tient son siege à Ragouse. *Magin en sa Geograph.*

Raguel autrement appellé Iethro, Prestre de Madian, fut le beaupere de Moyse qui espousa sa fille Sephora pour ce qu'il l'auoit secouruë auec ses sœurs, de la violence de quelques Bergers. *Exod.* 2. *&* 3.

¶ Vn autre de ce nom, père de Sara qui auoit esté mariée à six hommes lesquels le Demon auoit tous estranglez, mais qui fut chassé par Tobie lors qu'il l'eut espousée. *Tob.* 3. *&* 8.

Rahab fême publique de Chanaan, ou hosteliere, selon les Hebrieux, laquelle accueillit en sa maison dans la ville de Iericho, les espies qui auoient esté enuoyez par Iosué Prince du peuple de Dieu, pour recognoistre la terre promise de Chanaan: Et bien qu'ils eussent esté descouuerts, elle les recela & fist eschapper auec tant de iugement que ce fut vn acheminement à la conqueste du pays, faiĉte depuis par les Hebrieux : Mais pour recompense de ce bon office, elle fut preseruée de ruine auec toute sa famille, en la prise de la ville. *Iosué chap.* 2. *&* 6. Quelque Rabins tiennent qu'elle fut depuis mariée à Iosué. *R. Mose sur les Preceptes negatifs.* Elle espousa aussi Salmon. *Matth. chap.* 1.

Dom Ramir, nom donné à trois Roys d'Espagne, dont ¶ Le I. du nom, fut fils de Veremond I. ou Bermond, Prince genereux: il fut trauaillé de guerres ciuiles & autres estrangeres par les Normans conduicts par leur chef Rollo, & les Mores, mais dont il vint about apres quelques dommages: l'on tient qu'en vne bataille contre ceux cy, S. Iacques fut veu sur vn cheual blanc, pourtant vn estendard blanc auec vne croix rouge, combattant & encourageant les Chrestiens qui remporterent la victoire. Il donna pour ce sujet de grands biens à l'Eglise de Compostelle, & institua l'Ordre des Cheualiers de S. Iacques. Il regna pres de 7. ans. *Vasée.*

¶ Ramir II. estant paruenu au Royaume d'Ouiedo & de Leon, attribua le premier le titre Royal à la Cité de Leon comme la plus signalée. Il fist creuer les yeux à vn sien frere & à ses neueux, & les confina en vn Monastere. Mourut à Leon, ayant regné 21. an.

¶ Ramir III. succeda à son pere Dom Sanchez au Royaume de Leon, n'estant âgé que de cinq ans. Sa minorité soubs la Regence de sa mere Theresa donna occasion aux Pyrates Normans de rauager les costes de Galice. Mais ses vices le mirent en teelle haine de ses subjects, qu'en son lieu ils esleurent Veremond II. apres auoir regné 25. ans. *Vasée.*

Ramenses fut appellée la tierce partie des habitans de Rome, lors qu'ils furent diuisez par Romulus en trois lignées ou Tribus, sçauoir en ses Ramnenses à cause de luy, Tatiens & Luceres. *Voy* Lucreces.

Ramoth appellée la Cité des Prestres & fugitifs en la Iudée, qui tomba au departement de la Tribu de Gad non loin de la montagne de Galaad. *Iosué 13.*

Ramus (nommé Pierre) du pays de Vermandois, Professeur du Roy en Philosophie, lequel pour s'estre bandé contre les dogmes d'Aristote, fut hay par ses Collegues: Il fonda vne chaire pour vn Professeur en Mathematique. Enfin soubçonné d'heresie, il fut tué au massacre de la S. Barthelemy, l'an 1572.

Raoul auparauant Roy de Bourgogne, vsurpa le Royaume de France sur Charles le Simple lequel fut depossedé par la trahison de Hebert Comte de Vermandois grand partisan de la ligue de Robert. Son regne fut fort penible & malheureux: Il eut de grandes trauerses en Normãdie, Guienne & Lorraine, sans qu'il y peut apporter remede: Ses armes prospererent vn peu mieux en Italie, ayant reprimé les desseins de Berenger Duc de Friul qui s'estoit emancipé de l'Empire. Mais en fin il mourut l'an de salut 936. apres auoir regné enuiron 13. ans, ou du viuant de Charles prisonnier, ou apres sa mort, n'ayant laissé autre memoire de soy que son ambition & iniustice en vn deluge de trouble & confusion qui se voyoit dans le Royaume. Aussi Louys IV. dist Outremer, comme legitime successeur de la Couronne, supplanta l'vsurpation de Raoul tost apres sa mort.

Raphaël interp. de l'Hebr. *medecine de Dieu*, nom de cet Archange qui fut enuoyé du Ciel pour la conduite du fils de Tobie au voyage qu'il fist par le commandement de son pere, lequel apres auoir procuré le mariage du ieune Tobie, & redonné la veuë à son pere, se declara estre l'Ange de Dieu, & disparut, comme il est amplement porté *au Liure de Tobie.*

Raphirim certain lieu du desert, non loing du mont Oreb, où les Israëlites sortans du desert firent leur dixiesme station ou demeure, où les Israëlites manquans d'eau murmurerent contre Moyse , lequel leur en fist foudre miraculeusement. *Exod.* 17. *Nomb.* 33.

Ratisbone ville ancienne & signalée de la Duché de Baniere , située au riuage du Danube, vulgairement appellée *Reinspurg*, & anciennement *Augusta Tybery* , à cause d'vn chasteau qui y fut basty par Tybere : aussi estoit-elle iadis la Metropolitaine , & le refuge des soldats momains qui y auoient vne forte garnison , & y estoit placée la 4. region des Romains. Theodo Duc de Nortgoie l'ayant ruinée , & faict vn grand massacre de Chrestiens : elle fut depuis reédifiée par l'Empereur Arnoul. Il y a vn pont de pierre tres-signalé de 24. arches, basty l'an 1146. par Henry Duc de Bauiere & de Saxe. *Monst. liure 3. de sa Cosmogn.*

Rauenne ville tres-ancienne d'Italie en la Romandiole , size pres le riuage de la mer Adriatique , & bien qu'elle soit en vn lieu fort marescageux , l'air ne laisse toutefois d'y estre bien doux & salubre, à cause des desbordemens de la mer & des fleuues qui entraisnent ses fanges , & en nettoyent le terroir. *Strab. liu.* 5. Il asseiche toutefois de present peu à peu, & descoure de ses marests ce qui rend ses campagnes tres-fertiles en formens, comme aussi en pasturages tres-gras, mais sans vin. Elle fut premierement bastie par les Sabins , selon Strabon , dont les edifices estoient seulement faicts de bois sur certains pilotis, à cause des eaux : mais depuis elle fut ornée de superbes edifices par Theodoric Roy des Goths qui la possederent long temps apres les Exarques qui estoiét comme les Lieutenans ou Viceroys de l'Empereur de Constantinople (*voy* Exarchat) y tindrent leur Siege ordinaire. Elle fut en suitte donnée par Pepin, auec toutes les autres villes de l'E-

xarchat au Pape, laquelle donaison fut confirmée par Charlemagne & son fils Louys le Debonnaire. Elle fut puis apres aussi quelque temps occupée par les Venitiens, sur lesquels elle fut recouuerte par le Pape Iules. L'Empereur Valentinian y establit vn Archeuesque, auquel il donna douze Euesques pour Suffragants. Les Ecclesiastiques y possedent quasi tout. Ses habitans sont vaillans & courageux, mais fort mutins & seditieux. *Mont. liu.* 2. *de sa Cosmogr.*

Raymond Lule, Moine de Thunes en Afrique , lequel a escrit plusieurs choses curieuses, & a aussi publié plusieurs erreurs, & entr'autres : Que Dieu auoir plusieurs essences ; que le Pere estoit premier que le Fils ; & que le S. Esprit estoit conceu du Pere & du Fils, lesquelles opinions, bien que diaboliques, il asseuroit neantmoins luy auoir esté reuelées par Iesus-Christ qui luy estoit apparu en la forme d'vn Crucifix. *Bellarm. ann.* 1290. *sess.* 13

Razias, certain Iuif des anciens de Hierusalem, lequel fut appellé le pere des Iuifs , pour l'affection qu'il leur portoit. Se voyant forcé en sa maison par Nicanor Lieutenant de Demetrius, il aima mieux se tuer luy mesme que de venir en sa puissance. 2. *Machab.* 14. Mais cette action en luy est plus loüable pour son courage que pour sa prudence , & plustost proposée pour en iuger que pour l'imiter. *S. August. liu.* 2. *chap.* 23. *contre l'npist.* 2. *de Gaudentius.*

Razis Medecin & Philosophe Arabe, tres-renommé, appellé par quelques vns Bachilo', & par Auicenne Menæthus : il dedia ses Liures de Medecine à Almansor Roy des Sarrazins. *Gesner.*

R E

Rebecca fille de Berthuel qui estoit fils de Nachor frere d'A-

braham, fut choisie pour femme d'I-
saac par le seruiteur d'Abraham, & a-
pres sa mort. *Genes.* 24. Et ainsi ayant
esté amenée & mariée à Isaac, elle fut
neantmoins 2. ans sterile, mais Isaac
ayant prié pour sa fertilité, elle luy enfanta deux gemeaux, sçauoir Iacob &
Esau qui se battoient en son ventre, ce
qui demonstroit qu'il y auroit deux
peuples qui en sortiroient tous contraires, en nature, mœurs, vie & fortune,
ainsi que Dieu, qu'elle auoit consulté,
luy predict. *chap.* 25. Isaac la mena peu
apres en Geraris, la disant estre sa sœur,
de peur qu'il ne fust tué à cause d'elle
estant recherchée pour sa beauté. *chap.*
26. Elle donna conseil à son fils puisné
Iacob de supplanter son frere Esau au
droict de primogeniture. *chap.* 27.

Reblata ville tres-ancienne de la
Syrie. 4. *Roys ch.* 23. laquelle selon S. Hierosme, fut depuis nommée Antioche. Volaterran veut qu'elle
ait esté appellée Theopolis du temps
de l'Empereur Iustinian.

Recarede. *Voy* Ricarede.

Rechab Prophete illustre, pere de
Ionadab. 4. *Roys ch.* 10. Ses
descendants nommez Rechabites viuoient par son commandement comme estrangers sur la terre, n'edifioient
de maisons, ne labouroient, ny beuuoient vin, ce qu'ils faisoient par vœu.
Ierem. 35. & dura leur Religion plus de
300. ans. *Voy* Ionadab.

Regilian Empereur Romain, lequel paruint à l'Empire
par vne rencontre ioyeuse & heureuse
faicte sur son nom : Car estant Colonel
des legions d'Esclauonie & de Dalmatie du temps de l'Empereur Galienus,
comme de cas fortuit en vn soupper
quelques Capitaines & Soldats s'en-
quissent par ieu d'où pouuoit estre tiré
le mot de Regilian, quelques vns disans qu'il procedoit du lac Regille, &
alleguans autres etymologies, il y eut

vn Grammairien entr'autres qui estoit
là present, qui dist que ce mot se deuoit
proprement deduire du mot Latin *Rege-
re*, c'est à dire *regir*, laquelle etymologie
pleut tant aux Soldats, que par vne ac-
clamation commune il fut nommé Empereur ; ainsi il se sousleua en Hongrie
du consentement de toute l'assemblée.
Trebellius Pollio.

Regille lac du Latium, au territoire
Tusculan, signalé par la victoire que remporta A. Postumius contre Tarquin apres qu'il eut esté chassé.
T. Liue liu. 2. Il s'appelle maintenant
selon Leander *Lago de S. Prased.*

Regulus nommé Attilius Consul
tres-renommé, triompha
des Salentins, & fut le premier des Capitaines Romains, qui passa auec vne
armée nauale dans l'Afrique : il prist
sur Amilcar Chef des Carthaginois
63 grands vaisseaux, s'empara de bien
200. villes, & prist prisonniers 200000.
hommes: & ce neantmoins estoit si pauure qu'en son absence sa femme & ses
enfans furent entretenus des deniers
publics, à cause de leur extreme necces-
sité. *Val. le Grand liu* 4. *ch.* 4. Mais ayant
esté pris prisonnier par les Carthaginois, & esté renuoyé à Rome sur sa foy
pour moyenner s'il pouuoit l'eschange
des prisonniers, sinon de s'en retourner ; estant venu au Senat, il le dissuada
ce neantmoins, tellement qu'estant de
retour à Carthage il fut enfermé dans
vn tonneau parsemé de cloux, où il
mourut tourmenté de cruels supplices. *Pliu. au liu. des Hommes illust.* Ciceron toutefois dict que les Carthaginois le firent mourir par trop veiller,
luy ayant arraché les paupieres.

Rehu ou Ragau fils de Phaleg engendra Sarug en l'aage de 32. ans,
& eut depuis quelques autres enfans.
Genes. ch. 11. Mourut aagé de 239. ans, &
du monde 2027. *Genebr. liu. 1. de sa Chro.*

Remus frere gemeau de Romulus,
auec lequel il fut exposé,

nourry & allaicté par vne Louue, & autres beftes fauuages. Ils reftablirent enfemble leur ayeul maternel Numitor en fon Royaume, apres en auoir chaffé Amulius fon frere : mais ayans tous deux eu different pour la fondation de la ville de Rome, Remus indigné que fon frere auoit efté preferé à cet honneur par le iugement des aufpices, fauta comme par mefpris par deffus les muuailles dicelle : ce qui meut fon frere (ou felon d'autres vn certain Tribun nommé Celer) à la tuer: Mais s'eftant leué vne peftilence, & l'oracle confulté pour fçauoir le moyen de la faire ceffer, il fift refponfe qu'il falloit au prealable appaifer les Manes de Remus : C'eft pourquoy l'on auoit de couftume lors que Romulus eftoit en fa feance pour prononcer quelque arreft, de mettre aupres de luy vne felle Curule, vn fceptre & autres enfeignes Royales, comme tenans encore la place de Remus, lequel par cette ceremonie fembloit quant & quant commander auec fon frere. *T. Line, & Plutarque en la vie de Romulus.*

S. Remy Euefque de Rheims, & Apoftre des François, baptifa & oignit Clouis premier Roy Chreftien, en la ville de Rheims. *Gregoire de Tours li.2. des geftes des François.*

Renommée Deeffe honnorée par les Anciens, appellée Meffagere de Iupiter par Homere. Ils la depeignoient en forme de femme veftuë d'vne eftoffe tres-fubtile & deliée, toute trouffée, ayant des aifles remplies d'yeux, auec vne trompette bruyante en la bouche. Virgile l'a defcrit quafi de mefme façon, l'appellant vn monftre horrible, & luy donnant autant d'yeux veillans comme elle a de plumes, autant de bouches auec autant de langues, qui ne fe taifent iamais, & autant d'oreilles toufiours ententiues, qu'elle va toufiours volant la nuict, & qu'elle ne dort iamais ; & que de iour

elle fe met fur de hautes tours pour efpouuanter les hommes, leur apportant le plus fouuent de mauuaifes nouuelles : auffi eft elle plus fouuent meffagere du menfonge que de la verité.

❡ *Il eft facile de recognoiftre par cette defcription la qualité de la Renommé, qui n'eft autre chofe qu'vne certaine rumeur qui d'vn petit commencement s'efleue & s'accroift auec vne telle viftesse qu'elle remplift auffi toft les villes & païs tous entiers.*

Rennes ville tres-ancienne, fituée fur le fleuve de Vilaine. Elle eft capitale de toute la Bretagne, dont Cefar *au liu. de la guerre des Gaules,* faict mention comme de la premiere entre les villes Armoriques foubs le nom de *Rhedones.* Conan s'eftant faict Roy de la contrée Armorique qu'il ofta aux Romains, y eftablit le fiege de fon Royaume, & depuis apres la reduction d'icelle en Duché, elle fut la demeure ordinaire des Ducs & où ils eftoient creez ; & pource y fut eftably vn Parlement pour toute la prouince lors qu'elle fut vnie à la Couronne : C'eft auffi vn ancien Euefché qui s'eftend fur bien 450. paroiffes, & depend de l'Archeuefché de Tours : l'on tient que S. Mederanus en fut le premier Euefque.

Retelois contrée faifant partie de la Picardie, affife entre le Hainault, la Lorraine, & le Barrois, dont la Metropolitaine eft Retel.

Reuclin homme bien verfé és langues Hebraïques, lequel le premier d'entre les Latins a mis au iour vne Grâmaire & vn Lexicon Hebraïques. Il eft toutefois blafmé de s'eftre trop attaché aux opinions des Cabaliftes.

R H

Rha fleuve fignalé de la Sarmatie Européenne, au deffus du Bofphore Cimmerien, non loin du fleuve Tanaïs. Ptolemée luy faict prendre fa fource des monts Hiperborées, lequel trauersant le grand pays de Tartarie, se vient rendre dans la mer Caspie. Près de ce fleuue croist la Rheubarbe. *Ptolem. liu. 5.* Les modernes Geographes appellent ce fleuue *Volga* & *Eidel.*

Rhadamanthe fils de Iupiter & d'Europe, & Roy de la Lycie, lequel pour auoir esté tres-sage, modeste & tres-seuere Iusticier, a esté mis entre les Iuges infernaux auec Æaque & Minos. *Platon en son Gorgias. Voy* Æaque.

Rhætie contrée de l'Europe, ayant pour bornes au Couchant le mont Adula ou de S. Godart, & les fleuues du Danube ou du Rhin: au Leuant le fleuue Lyque qui la separe de la Vindelicie au Nord le Danube: & au Midy les Alpes L'on la diuise en deux, haute & basse: la haute comprend toute cette contrée qui commençant és frontieres des Suisses, occupe vne bône partie de la Gaule Cisalpine iusques au lac de Come, dont les habitans sont vulgairement appellez Grisons; la basse qui prend depuis le fleuue & s'estend iusques au fleuue Æne qui sert de frontiere à la Rhætie, & à la Nortgoie habitée de present par les Boariens. Les Rhætiens ont pris leur origine des Toscans lesquels chassez de leur pays par les Gaulois, vindrent habiter cette contrée soubs la conduicte de Rhætus leur Capitaine. Il y croist des vins tres-genereux. *Pline liu. 3, chap. 20.*

Rhamnusie Deesse, autrement dicte par les Grecs Nemesis, que les Anciens estimoient vanger les forfaicts. *Voy* Nemesis.

Rhea Syluia fille de Numitor, & mere de Remus & de Romulus, autrement appellée Ilia. *Voy* Ilia.

Rhee Deesse fille du Ciel & de la Terre, autrement appellée Cybele, Ops, & Veste. Ce nom luy a esté donné du verbe Grec *rheein*, qui signi-

fie decouler, par ce que tout bien vient de la terre entenduë par icelle. *Voy* Cybele.

Rheims ville tres-ancienne de France, capitale de la Champagne. Quelques vieux Romans la disent auoir esté bastie de Remus frere de Romulus duquel elle porte le nom: Mais les autres, comme Manethon, en attribuent la fondation à Rhemus ou Rhomus fils de Nannes, 23. Roy de Gaules. Cesar qui l'appelle *Durocortorum*, faict honnorable mention de ses habitans, disant *au lieu de ses Memoires*, qu'ils ne se voulurent liguer comme les auttes Belges contre luy, mais qu'ils se mirent en la protection du peuple Romain, & luy ont tousiours depuis continué cette fidelité. Les Huns qui coururent & pillerent la plus grande partie des Gaules la ruinerent & saccagerent: mais elle fut restablie & grandement annoblie à la conuersion de Clouis premier Roy Chrestien, car il y fut baptisé & oinct en grande magnificence; comme le chresme dont il deuoit estre oingt defaillist, vn Ange suruint miraculeusement du Ciel en forme de Colombe tenant en son bec vne ampoulle pleine d'huyle qu'il offrit à S. Remy pour lors son Prelat qui l'en consacra, & depuis cette huyle sacrée a esté soigaeusement gardée dâs l'Eglise S. Remy de Rheims, & a seruy & sert encore à oindre les Roys de France ses successeurs; si bien que l'Archeuesque pretend le droict & l'authorité de couroner nos Roys, ayât esté pareillement honoré par Hugues Caper du titre de Duc & de premier Payr de Frâce d'entre les six Ecclesiastiques. S. Sixte disciple de S. Pierre, en fut le premier Apostre de cette ville, qui tost apres fut faicte metropolitaine dés Belges, s'estendant sur 1100 paroisses, & ayant soubs soy pour suffraganses les Euesques de Laon, Chaalons, Beauuais Soissons, Senlis, Boulogne, Amiens, Noyon, Cambray, Tournay, & Arras:

& Arras : mais ces trois dernieres villes ayans esté separées de la Couronne, Cambray a esté erigé en Archeuesché dont dependent Arras & Tournay. Charles Cardinal de Lorraine du temps du Pape Paul III. & du Roy Henry II. y erigea vne Vniuersité. En cette ville ont esté tenus plusieurs Conciles & entr'autres celuy où presida le Pape Calixte II. contre les Simoniaques & les Prestres concubinaires, & aussi contre l'Empereur Henry V. qui y fut excommunié : l'autre par le Pape Innocent II. qui y excōmunia les Schismatiques, & y consacra Louys le Ieune. *Guill. Nangiac.* Le 3. tenu l'an 1148. soubs Eugene III. & où il presida contre l'heresie de Gilbert Porretan Euesque de Poictiers, auquel assista S. Bernard. *Sigeb. Othon de Frising.*

Rhemus fils de Namnes, 25. Roy des Gaulois, enuiron l'an du monde 2754. donna sa fille en mariage, selon quelques vns, à François Troyen ; ce qui a donné à croire à plusieurs que nos Gaulois estoient d'origine Troyenne. *Manethon, Annius de Viterbe & autres.* Il fonda la ville de Rheims & luy imposa son nom, selon quelques Autheurs.

Rhene Islette, l'vne des Cyclades, voisine de Delos, en laquelle les Deliens auoient de coustume d'enterrer leurs morts & d'y faire accoucher leurs femmes, pource que cela n'estoit permis d'estre faict en Delos pour le respect qu'ils portoient au lieu de la naissance d'Apollon & de Diane. *Thucidide liu. 1. & 3. de la guerre Pelopnnesiaq.* Elle s'appelle auiourd'huy *Phermene* selon Sophian.

Rhesus Roy de Thrace, lequel vint au secours des Troyens contre les Grecs ; mais ayant esté trahy par Dolon Troyen, fut mis à mort par Diomede & Vlysse Capitaines Grecs, qui estoient venus de nuict pour espier la ville ; ainsi ny luy ny ses cheuaux

blancs ne peurent boire du fleuue Xanthus, ny se repaistre és campagnes Troyénes ; ōe que s'il fust arriué, Troye eust esté imprenable selon la prediction de l'Oracle. *Homere liu. 10. de l'Iliade.*

Rhin fleuue tressignalé de l'Allemagne, qui prend sa source és Alpes, non loin du mont S. Godart, de deux fontaines esloignées l'vne de l'autre de bien vne iournée de chemin ; mais qui puis apres les deux ruisseaux s'estans ioints en vn, reçoit en son sein en diuerses prouinces plusieurs fleuues, comme le Neccar, la Meuse, l'Isere, la Moselle, le Mœin, & autres : & depuis Francfort iusques à l'Occean Germanique où il se va rendre, il se void chargé d'autant riches marchandises qu'aucun autre de l'Europe. *Ptolemée, Strab.*

Rhodes Isle signalée de l'Archipelague, esloignée de bien vingt milles de la terre ferme d'Asie, ayant bien 140. milles de tour ou trente heuës d'Allemagne : L'on la nommoit iadis Ophiuse, Asterie, Æthrée, Trinacrie, Corymbie, Athabyrie, Macarie, & Colosse. L'air y est fort temperé, n'estāt subiet à aucun nuage ; c'est pourquoy les Anciens estimoient cette Isle consacrée au Soleil. Son terroir est aussi tresfertil & abondant en pasturages, produisant aussi grande quantité d'orangers, citronniers, oliuiers, & autres arbres tousiours verdoyants. ¶ Il y a vne ville tresbelle de mesme nom bastie par Phoronée Roy des Argiens, 740. ans deuant Nostre Seigneur, situé sur vn costau pres le riuage de la mer, munie de deux ceintures de murailles, de treize tours, de cinq chasteaux, & autres forteresses qui la rendent comme imprenable. Elle estoit iadis fort renommée pour les sciences & arts liberaux qui y fleurissoient, comme aussi pour cette statuë du Soleil de grandeur demesurée, dicte Colosse, que l'on a mise entre les sept merueilles du monde. *Voy Colosse.* Les Sarrazins la possede-

rent long temps, iusques en l'an 1308.
qu'elle vint en la puissance des Cheualiers de S. Iean de Hierusalem, apres
que ces Cheualiers eurent esté depossedez de la Terre Saincte, & depuis
porterét le nom de Cheualiers de Rhodes : Mais ayans long temps resisté aux
forces Turquesques (mesmes à Othoman qui l'an 1480. l'assiegea auec cent
mil hommes) elle fut enfin prise l'an
1522. par Solyman. Les Rhodiens ont
tousiours esté en reputation d'estre fort
vaillans, ayans courageusement resisté
aux Lacedemoniens, Atheniens, & aux
Romains mesmes, se maintenans tousiours en leur liberté : ils furent aussi
estimez de gentil esprit remplis de
belles inuentions, mais grands sorciers
& enchanteurs. Eusebe dict qu'ils immoloient tous les ans vn homme à Saturne : maintenant ils sont pour la pluspart de Religion Mahometane, l'on y
void toutefois quelques Chrestiens
Grecs qui demeurent seulement aux
villages pour cultiuer la terre, car on
ne les endure pas la nuict dans la ville.
*Magin en sa Geogr. Monst. au liu. 5. de sa
Cosmogr.*

Rhodez ville Episcopale & capitale du pays de Roüergue,
dicte des Latins *Segodunum.* Son Euesché s'estend sur 219. paroisses, & dépend de l'Archeuesché de Bourges.

Rhodope montagne de Thrace,
ainsi appellée d'vne
Royne de Thrace de mesme nom en
laquelle elle fut conuertie, selon Ouide, ou enseuelie, selon d'autres Quelques autres luy donnent ce nom à cause de Rhodope fille du fleuue Stymon,
de laquelle Neptune engendra le
Geant Athos.

Rhodope Courtisane fameuse
d'Egypte, d'vne beau-
té si exquise, qu'elle gaigna à son mestier tant de richesses qu'elle en fist
bastir l'vne des plus belles Pyramides
d'Egypte : Elle auoit esté premierement

esclaue auec le Philosophe Esope qui
composa les Fables morales. *Pline li. 36.
chap. 12.*

Rhosne fleuue des plus signalez de
la France, ainsi appellé d'v-
ne ancienne ville dicte Rhodays : Il
prend sa source des Alpes, au haut Wa-
lais, non loin de celle du Rhin & du
Danube ; & passāt par le lac de Geneue,
prend la Saone à Lyon, & vn peu plus
bas l'Isere & la Durance ; & ayant passé
par Vienne, Valence, Tournon, Auignon, & autres lieux, se va rendre par
deux bouches (bien que les Geographes anciens soient grandement differens pour le nombre d'icelles) dans la
mer Mediterranée pres d'Arles en Prouence. *Pline liu. 3. chap. 4.*

R I

Ricarede ou Recarede, Roy d'Espagne apres la mort de
son pere Leouigilde, chastia quelques
conspirateurs, & entr'autres sa belle
mere qui auoit attenté sur sa personne,
& Argimond qui aspiroit à la dignité
Royale. Il fut le premier Prince des Espagnes appellé meritoirement Catholique, car il chassa du tout de son Royaume les Arriens apres les auoir faict
condamner en vn Concile tenu à Tolede. *Gregoire de Tours liu. 9. chap. 15. S.
Greg. liu. 7. epist. 126.* Il dota aussi & enrichit plusieurs Eglises, leur restituant
ce qu'il ses predecesseurs leur auoient
osté. Il deffist Gontran Roy d'Orleans
en la Gaule Narbonnoise. Vainquit les
Romains, & prist sur eux plusieurs villes qu'il adioignit à son gouuernement.
Il redigea les Loix Gothiques en vn
abregé, & ainsi rendit son Royaume
tres-fleurissant, & pource fut qualifié
de ses subiets, Pere du pays. Il regna 15.
ans, enuiron l'an 590. de Nostre Seigneur. *Vasée.*

Richard I. du nom, surnommé
Cœur de Lyon, suc-
ceda au Royaume d'Angleterre, à son

pere Henry II. Il fist vn grand appareil auec plufieurs Grands Seigneurs
de fon Royaume pour aller en la Terre
Sainte, fe liguant pour cet effect d'vne
amitié fraternelle auec Philippe Augufte Roy de France; & bien que noftre
Roy apres auoir pris la ville d'Acre
s'en fuft retourné en fon Royaume
preffé de la pefte qui s'eftoit mife en
leur armée, fi eft-ce que Richard y ayant
voulu demeurer, fift en fuitte de grands
& memorables exploicts contre Saladin, qu'il vainquit en bataille rangée:
fortifia Gaze & Iaffé, les ayant repeu-
plées de colonies Chreftiennes : Mais
s'eftant refolu d'affieger Hierufalem,
l'Hyuer le retira de cette entreprife; &
toft apres il quitta auffi l Afie pour s'en
retourner en Angleterre afin de contrequarrer les deffeins de Philippe qui
eftoit animé du mefpris que faifoit Richard de fa fœur Alix qui eftoit fa femme. En fon abfence les Iuifs furent
prefque tous exterminez en Angleterre. Or à fon depart, il fift vne paix hon-
teufe auec Saladin ; puis s'eftant mis
en chemin pour s'en reuenir en Angleterre, il fut arrefté prifonnier en Allemagne par l Empereur Henry IV. & ne
fut deliuré que 22. mois apres, payant
pour fa rançon 150000 fterlins (qui
eftoit pour lors vne grande fomme.)
Eftant de retour en fon Royaume, il
commença auffi toft la guerre contre
Philippe; & à cet effect, il fe ligua auec
Baudouin Comte de Flandres & Raimond Comte de Tholofe. Et ayant
Richard mis en campagne vne puiffante armée, il pilla le Beauuoifin : mais
comme il eftoit à Limoges, il fut aduerty qu'vn fien foldat auoit trouué vn
grand threfor, & s'en eftoit fuy en vne
villette du Limofin nommée Caulac, là
où l'affiegeant, il fut bleffé d'vn coup
de flefche au bras ; & bien qu'apres il
prift la ville, il ne prift neantmoins paf-
ny l'homme ny le threfor ; mais au lieu
de le prendre, la mort le prift, luy mef-

me, apres auoir regné neuf ou dix ans
en l'an de falut 1200. & ne laiffa aucuns
enfans.

¶ Richard II. petit fils d'Edoüard III.
auquel il fucceda au Royaume d'Angleterre. Ayant efté Couronné à l'aage
d'onze ans, il eut pour tuteurs fes oncles paternels, les Ducs de Lancaftre &
d'Yorck. Henry IV. fucceffeur, fils du
Duc de Lancaftre, fift vne ligue fi puiffante qu'il le contraignit de renoncer
à la Couronne, fi bien qu'il mourut en
prifon, enuiron l'an 1400. apres auoir
regné 22. ans.

¶ Richard III. fils de Richard Duc
d Yorck, vfurpa la Couronne d'Angleterre fur Edoüard IV. fon neueu qu'il
auoit faict mourir : Mais à peine deux
ans s'efcoulerent que les Anglois ennuyez de fa tyrannie, firent deliurer
de prifon Henry Comte de Richemot,
que le Duc de Bretagne tenoit prifonnier il y auoit plus de quinze ans, lequel apres ils appellerent à la Couronne; luy faifans efpoufer Elifabeth fille
aifnée d'Edoüard IV. afin d'eftouffer
par cette alliance les deux puiffantes &
pernicieufes factions des Maifons d'Y-
orck & de Lancaftre qui auoient duré
plus de 80. ans à la ruine de cette nation. Ainfi affifté de Charles VIII. Roy
de France & du Duc de Bretagne, il
deffift en bataille le Roy Richard qui y
fut tué l'an 1485.

Rieux

Rieux ville Epifcopale du Languedoc, dicte des Latins *Riuena*
ou *Riui.* Son Euefché s'eftend fur bien
500. paroiffes, & depend de l'Archeuefché de Tholofe.

¶ Il y a en France plufieurs nobles tiges de ce nom, entr'autres l'illuftre famille de Rieux en Bretagne, iffus des
anciens Princes de cette prouince; &
alliée aux Maifons de France, d'Angleterre, de Nauarre, d'Auftriche, de
Sauoye, & de Lorraine. Elle produict
nombre de grands perfonnages, & officiers de la Couronne. Iean & Pierre

fires de Rieux , tous deux Mareschaux de France foubs Charles 5.6.& 7. François Admiral foubs Charles 7. & Iean tuteur de la Royne Anne, auffi Mareschal de France & de Bretagne, & Gouuerneur de ladite prouince foubs les Roys Charles 8. Louys 12. & François 1. & qui eft fort celebre dãs les hiftoires à caufe du mariage de fa pupille auec les Roys.Charles 8. & Louys 12. & de l'vnion de la Bretagne à noftre Couronne, & des affaires qu'il a conduictes de fon temps. *Argentré , Du Haillan.*

Riez ville ancienne de Prouence , iadis dicte par les Latins *Olbia*, & depuis *Reius* ou *Ciuitas Reienfium*. Elle eft honorée d'Euefché qui depend de l'Archeuefché d'Aix.

Riothime eftimé premier Roy de la petite Bretagne enuiron l'an 470. ayant efté efleu par les Bretons pour deffendre leur liberté apres la mort d'Ætius Chef des Romains, lequel feul retenoit l'obeïffance des François. Et de luy fe doit commencer l'hiftoire des Bretons , eftant chofe fabuleufe tout ce que l'on dict de Conan & de fes fucceffeurs iufques à cetuy cy. *Vignier en fon Hift. de Bretagne.*

Rip Diocefe ou contrée de grande eftenduë dans le Royaume de Dannemarch, lequel comprend trente gouuernemens, fept villes, & dix chafteaux royaux. *Mercat.*

Riphath fils de Gomer. *Genef.* 10. duquel font defcendus les Riphatéens depuis appellez Paphlagoniens. *Iofephe li.1.ch.6.des Ant.Iud.*

Riphées monts de la Scythie , vers la partie Septentrionale. *Pline lin.* 4. *chap.* 12. Munfter toutefois fuiuy d'autres Geographes modernes, tient que Pline & les autres anciens qui en ont parlé, fe font abufez, & que c'eft chofe fauffe, & auffi que le fleuue Tanais en prenne fa fource.

Ripuaires furent appellées les loix Saliques de nos Fran-

çois dicts Ripuariens ou Riberots ; à caufe qu'ils habitoient pres les riues du Sal & du Mœin qui font en la Franconie ou France Orientale. *Voy* Salique.

Robert fils de Hugues Capet Chef de la troifiefme race Royale dicte des Capets : fut le 37. Roy de France : il affeura fon Eftat acquis de fon pere , en fa maifon , par le moyen de l'obeïffance qu'il fe faifoit rendre à tous. Fift pendre vn certain Gautier Gouuerneur de Melun qui auoit vendu cette place au Comte de Chartres. S'affeura de la Bourgogne qui eftoit deuoluë à la Couronne par la mort de fon oncle Henry , & ce nonobftant les oppofitions de Landry Comte de Neuers. S'accorda auec l'Empereur pour le fubject de la Lorraine, lequel accord dure encores auiourd huy. Pacifia les diuifions d'entre Richard Duc de Normandie & Othon Comte de Chartres. Ainfi contenoit tous les Grands dans les bornes du deuoir & du refpect public. Puis apres auoir regné feul 33. ans, mourut l'an de grace 1029. Il Couronna Henry fon puifné dés fon viuant, le preferant à Robert fon aifné auquel il auoit donné la Bourgogne en appennage. Ce Prince fut tres-fage, continent & heureux en fes entreprifes mais la pieté fut la couronne de fes vertus, côme auffi la cognoiffance de la Theologie & des bônes lettres. Les marques de fa deuotion paroiffent en quelques Hymnes de fa façon que l'on chante encore en l'Eglife, comme entr'autres celuy des Martyrs , *O Conftantia Martyrum* ; ce qui rencontre heureufement au nom de fa femme Conftance. *Hift. de France.*

Robert fils de Pierre de Courtenay , fut efleu Empereur de Conftantinople , apres la mort de fon pere, enuiron l'an 1220, il s'entre-

tint soigneusement en l'amitié des Venitiens qu'il associa à l'administration
& gouuernement de l'Empire : mais
comme il s'en retournoit de Rome (où
il estoit venu prendre la Couronne) à
Constantinople, il mourut en Achaie,
ayant tenu l'Empire peu de temps, laissant en bas aage son fils Baudouin II.
lequel fut le dernier des François qui
tindrent l'Empire de Constantinople,
60. ans apres que Baudouin I. s'en fut
emparé : & les Grecs s'en emparerent
soubs Michel Paleologue.

Robigo
Deesse que les Romains
veneroient pour chasser la
nielle qui vient aux bleds par trop de
seicheresse, que les Latins nomment
Robigo. Varron *liu. 1. de l'Agriculture*,
dict que c'est le Dieu Robigus qu'il
ioinct auec Flore. *Gell. liu. 5 chap. 12.* Numa Pompilius fut autheur des festes
nommées Robigales qui se celebroient
en son honneur vers la fin du mois
d'Auril. *Alex. d'Alex. liu. 6. chap. 8.*

Roboam
fils de Salomon, & Roy
de Iuda, fut premiere-
ment bon, puis meschant : voulut suiuant le conseil des ieunes & contre celuy des anciens Conseillers de son pere, surcharger les Iuifs d'impoſts &
subsides : c'est pourquoy il y eut dix Tribus qui se reuolterent de son obeïssance, & esleurent Ieroboam, si bien
qu'il ne luy demeura que les deux Tribus de Iuda & de Benjamin : & iaçoit
qu'il eust assemblé vne puissante armée
de 180000. hommes pour chastier leur
desobeissance, si est ce qu'il en fut retenu par la deffense que luy en fist le
Prophete Semeias. *3. Roys chap. 12.* Et
depuis ce temps là il y eut deux Royaumes entre les Iuifs : l'vn appellé de Iuda, de Hierusalem, & de Dauid, dont
Roboam fut Roy : & l'autre qualifié
d'Israël, d'Ephraïm, & de Samarie, dont
fut Roy Ieroboam ; lesquels eurent leur
successeurs & les vns & les autres ; demeurant ce neantmoins la vraye Reli-

gion au Royaume de Iuda, & la Schismatique en celuy d'Israël, bien que ce
dernier eust pareillement chez soy des
Colleges de Prophetes, comme l'on
peut remarquer és Histoires d'Helie
& d'Helisée. Roboam delaissa le seruice du vray Dieu, & sacrifia aux hauts
lieux ; c'est pourquoy Dieu permist que
Sesac Roy d'Egypte prist Hierusalem,
pilla le temple & les thresors du Roy.
Il mourut apres auoir regné en Israël
17. ans, l'an du monde 3203 *3. Roys chap.*
14. Voy Ieroboam.

Rochelle
ville maritime du pays
d'Aunis en Poictou, sise
sur l'Ocean, l'vne des plus fortes places
de France, mais assez moderne. Les Anglois l'ont possedée long temps, & la
detindrent auec d'autres villes iusques
en l'an 1226. que Louys 8. s'en empara,
leur accordant aussi les exemptions &
libertez qu'ils auoient eu des Roys
d'Angleterre : Mais la paix de Bretigny
la redonna derechef à l'Anglois l'an
1359. puis elle reuint tost apres en l'o-
beissance de la Couronne soubs Charles 5. qui la fist l'vne des clefs du Royaume, luy donnant le droict d'Escheuinage & de Mairerie, ensemble l'exem-
ption de toutes garnisons & forces
estrangeres, leur accordant qu'il n'y auroit aucune forteresse ou citadelle : Ce
qui haussa tellement le cœur à ses habitans, qu'en l'an 1541. Ils refuserent vn
Gouuerneur, mais ils en furent chastiez
par François 1. Et ayant depuis refusé
vne garnison, Charles 9. mist le siege
deuant, l'an 1572. lequel elle soustint,
iaçoit qu'il y eust bien cent mil hommes
deuant : depuis, sçauoir l'an 1628. elle
esté remise sous l'obeissance de nostre
Roy Louys XIII. Il y a vn siege Presidial qui ressortit purement au Parlement de Paris.

Roderic
apres auoir depossedé du
Royaume d'Espagne Vi-
tiza assisté de son frere Costa, s'installa
en sa place, poursuiuát par toutes sortes

X x x x x x iij

d'inhumanitez les enfans de Vitiza qui furent contraints de se refugier en Afrique pour auoir secours qui destruisit peu apres le Royaume. Il fut grandement vicieux, mais ayant violé la fille du Comte Iulien, cela luy suscita plusieurs ennemis qui le deffirent enfin en bataille rangée : L'on dict que voyant son armée en déroute, il quitta ses ornemens Royaux, & depuis ne fut veu. Ainsi en ce Roy finit le Royaume des Goths : car tost apres, les Chefs de l'armée des Mores & Sarrazins establirent en vne partie d'Espagne Bellazin suiuy de quatorze autres Roys Mores qui pour la conuoitise de regner s'entretuerent les vns les autres.

Rodolfe I. du nom, Empereur d'Allemagne, fut Couronné à Aix nonobstant les oppsitions du Roy de Boheme & Duc de Bauiere, lesquels ce neantmoins il força de se soubsmettre à son obeissance : Le Bohemien toutesfois induit par sa femme, reprist les armes dont mal luy en prist, car il fut tué en la bataille ; & neantmoins l'Empereur vsa gracieusement de sa victoire à l'endroict d'Albert son fils aisné. Depuis Rodolfe appliqua son esprit à reformer la Iustice & à purger ses pays de quelque rebelles, & entr'autres fist brusler vn certain qui se disoit estre Frideric 2. Empereur, & auoit sousteué par cette imposture, grãde partie des villes d'Italie : Ainsi Rodolfe se rendit redoutable par toute l'Allemagne où il commanda heureusement : Mais n'ayant voulu aller en Italie pour s'y asseurer de quelques villes de l'Empire, il fut contraint de s'appointer & accorder auec elles si bien que lors Florence, Lucques, Pise, & quelques autres villes acheterent leur liberté ; enquoy il perdit beaucoup de sa reputation, quoy qu'au reste il fut Prince sage, prudent & valeureux. Il regna 19. ans, & mourut l'an de salut 1291. Il eut deux fils, Rodolfe & Albert

auquel il donna la Duché d'Austriche, & sept filles hautement mariées, desquelles sont yssus plusieurs grands Roys & Princes. *Iean Cuspinian.*

Rodolfe II. Archiduc d'Austriche, succeda à l'Empire à Maximilian 2. son pere, comme aussi és Royaumes de Boheme & de Hongrie : il eut de grandes guerres contre le Turc à diuerses fois & auec diuers succez, ce qui apporta de grands changemens en Transyluanie ; tant en l'Estat qu'en la Religion, tellement qu'il fut contraint de faire treues auec le Turc, & de ceder à l'Archiduc Matthias son frere, le Royaume de Hongrie & l'Archiduché d'Austriche. Enfin Rodolfe ayant gouuerné l'Empire 35. ans & plus, mourut à Prague l'an 1612.

Roger Capitaine des Normands, ayant conquis la Sicile, la Poüille, & la Calabre s'en fist le premier declarer Roy ; & se voulant encore emparer du reste de l'Italie, il en fut chassé par l'Empereur Lothaire 2. & despoüillé du Royaume de Naples lequel toutefois ayant depuis recouuert, il fist voile en Afrique où il vainquit les Sarrazins en plusieurs combats & les contraignit de luy payer tribut : il fist aussi la guerre aux Grecs, & prist sur eux les isles de Corfou & Negrepont, les villes de Thebes & Corinthe ; mais comme il s'en retournoit en Sicile, il fut mis en déroute par l'armée nauale des Venitiens, puis mourut l'an 1102. en ayant regné bien 46. *Ritius, Monst. liu. 2.*

Roland fils de Milon Comte d'Angers, & neueu de Charlemagne, grand & genereux Capitaine, lequel tua Marsille vn des Roys Sarrazins (contre lesquels Charlemagne faisoit la guerre) & vn Geant d'enorme grandeur nommé Ferragut, en combat singulier, lequel acte est fort renommé dans nos Histoires, & rechanté par nos fabuleux Romans. Mais il fut tué auec beaucoup d'autres grands personnages en la deffaicte de Ronceuaux par la trahison de Gannes. *Eginhard en la vie de Charlemagne.*

Rollon ou Raoul Chef d'vne grande multitude de Danois & Norwegiens, vint en France en la Prouince de Neuftrie, dicte depuis Normandie, dont ils s'empara, & y fift des cruautez & rauages fi grands que Charles III. dict le Simple, fut contraint de la luy quitter, & donner en propre, à condition de la tenir à foy & hommage de la Couronne de France : Quelques vns y adiouftent la Bretagne. Et pour confirmer ce don il luy donna fa fille Gillette en mariage, au moyen de ce qu'il fe fift Chreftien. Et depuis ce temps-là il fe comporta fi vertueufement enuers fes fubiects, & fut fi grand iufticier, qu'encore auiourd'huy quãd l'on faict quelque defplaifir à ceux du pays, ils ont de couftume de s'efcrier ha Raoul, comme requerans encore la iuftice de Raoul. *Annales de Normãdie.*

Romagne ou Romandiole contrée de la Lombardie, ainfi appellée par l'authorité de Charlemagne, afin de rendre fes habitans plus affectionnez à la ville de Rome, & d'aneantir le nom d'Exarchat qui y eftoit. Sa longueur qui prend depuis la Foglia iufques à Panare, s'eftend bien de 110. milles, & fa largeur qui prend depuis l'Appennin iufques à la derniere emboucheure du Pô eft de 96. milles. Ses campagnes font tres fertiles & delicieufes en toutes fortes de fruicts, remplies auffi de mines & falines, & autres bien faicts de nature. Elle contient plufieurs belles & notables villes, comme Rauenne Siege des Exarques & des Roys des Goths & Lombards, Rimini, Faience, Forli, Imole, Cefene, Bolongne la Graffe, Ferrare & autres. *Magin.*

Romain natif de Galefe en Tofcane, 117. Pape, abrogea

& annula les actes de fon predeceffeur Eftienne, mais il ne tint le fiege qu'enuiron 3. mois, l'an 900. *Palmer.*

Romain Lecapen Armenié, hóme de bas lieu, eftant Lieutenant en l'armée de mer de Conftantin VII. Empereur d'Orient, fift tant qu'il ofta le Gouuernement à Zoé mere de Conftantin, & la fift reclure dans vn Monaftere. Donna fa fille pour femme à Conftantin, puis le debouta de l'Empire & fe fift Empereur auec fes fils par l'efpace de vingt fix ans : mais finalement fes propres fils le demirent auffi de l'Empire & le releguerent en vn Monaftere; & enfin Conftantin fe faifit pareillement d'iceux, & les fift refferrer dans vn Monaftere, fi bien qu'il demeura feul paifible Empereur. *Voy* Conftantin VII.

Romain II. dict le Ieune, fils de Conftantin VII. fut Empereur de Conftantinople du viuant d'iceluy, mais foubs la conduicte de Nicephore Phocas fon Lieutenant, par le moyen duquel il obtint vne victoire contre les Sarrazins en Candie. Il fut paillard, cruel & dénaturé tant à l'endroict de fa mere que de fes fœurs, qu'il chaffa, & les contraignit de gagner leur vie en fe mal gouuernant. Il mourut empoifonné l'an 13 de fon Empire, & de falut 963. *Baron. Ann.* 960.

Romain III. furnommé Argyropyle, efpoufa Zoé qui luy apporta l'Empire d'Orient pour douaire : il fut docte és lettres Grecques, és Loix, & en la Philofophie, modefte & fort attrempé : ayant toutefois efté vaincu par les Sarrazins, il changea ce bon naturel, & foula grandement fon peuple par exactions extraordinaires : il chaffa toutefois apres les Sarrazins qui pilloient les ifles Cyclades, par le moyen de fon Lieutenant Nicephore. En fin fa femme impudique

le fist noyer és estuues par le moyen de
Michel Paphlagon son ruffien, ayant
seulement esté Empereur cinq ans, enuiron l'an 1035.

Romain IV.

dict Diogene, par-
uint à l'Empire d'O-
rient par le moyen de sa femme Eudoxia : mais ayant repoussé quelque temps
les Turcs & reconquis, sur eux,
Alep, Hieropolis, & quelques villes
voisines, il perdit en suitte cette bonne
fortune, & tomba entre les mains du
Soldan Axan, qui neantmoins le traicta
honnorablement & le renuoya auec
presents : Mais les enfans du premier
lict d'Eudoxia auec ceuxde Constantinople le depossederent en son absence, & esleurent Empereur Michel fils
de Constantin Ducas, lequel luy fist
creuer les yeux, puis l'enuoya en exil
où il mourut en grande misere enuiron
l'an de salut 1071. ayant esté Empereur
3 ans & 8. mois. *Baron. Ann.* 1068.

Romanie

region sur les frontieres
de l'Europe vers le Pont
Euxin ou Mer Major, appellée anciennement Thrace & depuis Romanie de
la ville de Constantinople (qui y est située) qui fut aussi appellée Nouuelle
Rome, *Voy* Thrace.

Rome

ville d'Italie, iadis la plus
noble, la plus riche, & la
plus puissante, voire l'Emperie de
tout l'vniuers : Son premier fondateur
fut Romulus, selon la plus commune
opinion ; bien que d'autres la disent
auoir esté bastie plusieurs siecles deuãt
par la niepce d'Enée & fille d'Ascanius
appellée de mesme nom. Elle est situées
au pays Latin, le long du Tibre sur sept
collines, qui s'est neantmoins aggrandie par progrez de temps. Vopiscus
tesmoigne que l'Empereur Aurelian
estendit son circuit iusques à 30. mille
pas : Elle fut appellée premierement
Valence, comme *Cepsalon* selon Festus,
Gothie selon Orose, *la ville d'Auguste* selon Antonin, & de present *Vrum* par

les Turcs. Elle a esté premierement regie par sept Roys, Romulus, Numa Põ-
pilius, Tullus Hostilius, Ancus Martius, Tarquin l'Ancien, Seruius Tullius, & Tarquin le Superbe, par l'espace de 243. ans ; pendant lequel temps
elle ne fist que combattre contre ses
proches voisins, n'ayant peu estendre
son Empire que dans l'enclos d'enuiron 8. milles d'Italie : Apres elle fut gouuernée par les Consuls, à prendre depuis les deux premiers Brutus & Collatinus, iusques aux deux autres Ap-
pius Claudius & Quintus Fuluius ; &
en cet interuale de temps qui fut de
deux cents ans, elle subiugua toute l'I-
talie. En suitte continuant soubs le
gouuernement des mesmes Consuls
(entre lesquels il y eut quelquefois des
Dictateurs, Decemuirs, & Tribuns militaires) elle paruint iusques à Cesar
Auguste, pendant lequel temps elle se
rendit maistresse des Espagnes, des
Gaules, de la Grande Bretagne, de l'Illyric, de la Dalmatie, de l'Achaie, de la
Macedoine, de la Thrace, & de presque toute l'Europe iusques au Danube : Et de là portant ses armes iusques
dans l'Asie, en chassa Antiochus, s'empara du Royaume de Pont sur Mithridates ; & en suitte de l'Armenie Mineur, de la Mesopotamie, de la Cilicie,
de la Syrie, de la Iudée, & finalemẽt de
l'Egypte & autres prouinces de l'Affrique. Et depuis estant commandée par
les Empereurs depuis Auguste iusques
à Theodose le Vieil, Honorius & Arcadius ses fils, qui contient enuiron
440. elle affermit tellement sa grandeur & puissance qu'elle se rendit redoutable par toutes les contrées de la
terre : Ayant mis pour bornes à son
Empire : vers le Couchant, l'Ocean:
vers le Nort, le Rhin & le Danube : au
Leuant, le Tigre : au Midy, le mont
Atlas. Bien que neantmoins en cet in-
terstice de temps sur les derniers siecles elle tomba au declin & flestrist de
beau-

beaucoup' son ancienne gloire par la nonchalance de quelques siens Empereurs, & specialement lors que Constantin le Grand l'ayant donné au Pape Syluestre, il transporta le siege Imperial à Byzance depuis nommée Constantinople : Mais ayant comme repris sa ieunesse, & commencé à refleurir par l'honneur qu'elle eut lors d'estre aussi bien le Siege principal de l'Eglise, comme elle l'auoit esté de l'Empire du mōde ; elle a en suitte de cette prerogatiue donné des loix spirituelles à toute la terre, comme elle luy en auoit prescrit auparauāt de temporelles. Si donc nous considerons cette ville la Royne des villes, soit que l'on ait esgard à la grandeur de sa fortune, à la splendeur, vertu & fermeté de ses mœurs & police, à la multitude & magnificence de ses triomphes, à la richesse de ses thresors, l'orgueil de ses bastiments, soit enfin à la vertu & reputation de tant de Grands personnages qui l'ont sagement gouuernée pendant la paix & parmy la guerre, elle s'est remarquée à tous & en tout admirable & inimitable : Mais sur tout elle a porté ses armes si auant dans l'vniuers, a esté agitée de tant de trauaux & de perils, qu'il semble que la vertu & la fortune ayent combatu comme à l'enuy l'vne de l'autre pour fonder son Empire : & neantmoins celle qui n'auoit point d'autres bornes que celles du monde, sa splendeur s'en void esteinte & sa pompe effacée, de façon qu'on cherche auiourd'huy Rome dans Rome, mesmes sans y trouuer que de miserables reliques de ses anciens trophées.

LES ROMAINS ont esté iadis tresheureux, tres-riches, tres-puissants, tres-vertueux & tres-religieux ; au reste aduisez en toutes leurs actions, mœurs & police, ayans mesme donné reglement par leurs loix à presque toutes les prouinces de l'vniuers, que nous disons le Droict Romain. Mais ils ont esté sur tout tres courageux & magnanimes, ce qui les a rendu Maistres de l'vniuers, comme font foy les Histoires où ceux qui lisent leurs exploicts apprennent non les faicts d'vne nation, mais l'Estat & les affaires de tous les peuples du monde. Leurs anciennes mœurs & police sont deduictes plus particulierement és mots de leurs Roys, Consuls & Empereurs, comme aussi de leurs Magistrats & Offices. Et quant aux mœurs, police & religion des modernes, Voy Italiens.

Romulus fils de Mars & de Rhée, autrement nommée Syluie & Ilie, frere gemeau de Remus. Leur lignée qui estoit des Roys d'Alba descenduë d'Ænée vint à la fin à tomber à deux freres Numitor & Amulius, desquels cettui-cy ambitieux outre mesure, & non content d'auoir despoüillé son frere de son Royaume pour establir sa tyrannie, se deffist de toute la race de son frere, & de surplus rendit sa fille Ilie religieuse de la Deesse Vesta pour la frustrer de lignée, soubs ombre de chasteté. Estant neantmoins peu de temps apres trouuée enceinte (comme l'on estimoit de Mars) elle accoucha de ces deux gemeaux Romulus & Remus, lesquels Amulius commanda estre iettez dans le Tybre, mais celuy qui en auoit la charge voyant l'eau roide & enflée, n'osa en approcher, si bien qu'il mist seulement l'auge où ils estoient enfermez sur le bord, tellement que l'eau croissant encore dauantage, vint à souleuer cette auge, & les emporta en vn lieu où il y auoit vn figuier sauuage nommé *Ruminalis*, où Faustulus pastre du Roy les ayant trouuez les emporta en sa maison, & les dōna à nourrir à sa femme Acca Laurentia, qui estoit vne putain signalée, & c'est ce qui a donné lieu à la fable de dire qu'ils auoient esté nourris par vne louue (pource que l'on appelle d'vn nom commun louues les femelles des

loups, & les femmes qui font largeſſe
de leur corps.) Eſtant iceux venus en
aage, & s'eſtans faict renommer par
leur proüeſſe entre les paſteurs, ils furent aduertis par Fauſtulus de leur pa-
rentage, dont enſuitte ils occirent A-
mulius, & reſtablirent en ſon Royaume Numitor leur ayeul maternel. Et
l'ayans laiſſé Seigneur à Albe ſe retirerent au mont Palatin, où ils ietterent
les fondements de cette fameuſe ville
de Rome l'an 1. de la 7. Olympiade. Or
parce qu'ils eſtoient gemeaux, & que
l'on ne pouuoit pas bien iuger de l'ai-
neſſe, ils entrerent en differend à qui
donneroit le nom à cette noble Cité;
lequel pour appaiſer ils voulurent qu'il
ſe vuidaſt par le vol des oiſeaux, en laquelle contention Romulus remporta
l'honneur, pource qu'il en auoit veu
dauantage que ſon frere, dont Remus
tout troublé ſuſcita par deſpit quelque
querelle, mais il y fut tué. Quelques
vns diſent que ce fut pour auoir par
meſpris ſauté par deſſus les murs de
cette nouuelle ville. Romulus eſtant
demeuré ſeul, & deſirant peupler ſa ville y fiſt vn temple de refuge qu'il nomma Aſyle: Apres cela il crea cent Conſeillers, qu'il appella Senateurs & Peres, à cauſe de leur grauité & authorité: Puis ſoubs pretexte des feſtes Con-
ſuales auſquelles il auoit conuié ſes
voiſins, il rauit les filles Sabines qui y
eſtoient venuës, afin que ſon peuple
peuſt auoir lignée d'elles. Il deffiſt en
ſuitte les Ceciniens : ayant tué en duel
leur Roy Acton : Il miſt auſſi en déroute les Fidenates, & en ſuitte les Sabins conduicts par leur General Tatius, leſquels toutefois il receut en ſa
ville, leur donnant droict de bourgeoi-
ſie, & voulut qu'ils fuſſent appellez
d'vn nom commun Quirites : Il vainquit auſſi les Veiens, auſquels il accorda puis apres des trefues pour cent ans.
Mais eſtant deuenu orgueilleux pour
la proſperité de ſes affaires, tenant plus

de grauité qu'il n'auoit accouſtumé, &
diſpoſant de ſon authorité priuée de
beaucoup de choſes plus qu'il ne deuoit, il ſe rendit odieux aux Senateurs,
ſi bien qu'ils furent eſtimez l'auoir fait
mourir, car trois ou quatre iours apres
les auoir preſchez, il diſparut ſi eſtran-
gement que l'on ne ſçait qu'il deuint,
& croit-on qu'ils le mirent en pieces,
& que chacun en auoit emporté vne
dans le reply de ſa robe : il fut ceneant-
moins deifié & honoré puis apres ſous
le nom de Quirinus, ſur le rapport d'vn
nommé Proculus, qui le diſoit s'eſtre
apparu à luy tout glorieux, & armé à
l'aduantage. *Plut. en ſa vie.*

Ronſard (nommé Pierre) Gen-
til-homme Vendomois,
Prince des Poëtes François, deceda à
S. Coſme les Tours l'an 1585. nous a
laiſſé pluſieurs ouurages en Poëſies,
qui rendent ſuffiſant reſmoignage de
ſon bel eſprit.

Roſcius Comedien tres-fameux,
& tellement expert en ſon
art, que lors que l'on a voulu marquer
quelqu'vn excellent en ſon meſtier, l'on
l'a nommé par excellence Roſcius. *Feſtus.* Il vſa le premier de maſque ſur le
theatre, parce qu'il auoit les yeux de
trauers, & l'aſpect aſſez hideux. Le peuple toutefois ſe plaiſoit à l'entendre à
cauſe de ſa bonne grace & de la douceur de ſon parler. Ciceron le deffendit en iugement par cette oraiſon intit.
Pour Roſcius Comedien, que nous auons
encore entre mains.

¶ Vn autre de ce nom nommé Sextus
Amerinus, lequel accuſé de parricide
(car ſon pere auoit eſté tué de nuict)
fut auſſi deffendu par Ciceron en vne
ſinne harangue aſſez cogneuë intitul.
Pour Sextus Roſcius Amerinus.

Roſemonde fille de Chunimód
Roy des Gepides,
laquelle Alboin Roy des Lombards
priſt à femme apres auoir tué ſon pere. Mais l'ayant contrainte puis apres

à boire dans vne couppe faicte de l'os de la teste de son pere, elle conceut vne telle haine à l'encontre de son mary, qu'elle le fist tuer puis apres par deux siens seruiteurs. *P. Diacre.*

Rosette ville fameuse de l'Egypte, sise au dessus d'Alexandrie, sur l'vne des bouches du Nil. Elle s'appelloit iadis Canope, & de present *Raschit* par les Mores. Il y a vne inexpugnable forteresse. Les Venitiens y ont vn Consul ou Baillif qui decide les affaires entre les marchands. *Magin en sa Geogr.*

Rotemburg ville Imperiale en la Franconie, sise en vne colline ayant en son pied le fleuue Tuber: Elle auoit iadis ses Ducs particuliers, mais maintenant elle est sous le gouuernement de l'Empereur depuis Frederic I. *Monst. liu. 3. de sa Cosmograph.*

Roüen ville capitale de la Normandie, sise sur la riuiere de Seine, ornée d'vn des plus beaux ponts de France, tant pour la profondeur de son assiette que sa hauteur : les petites riuieres d'Aubette , Robec & Renelle courent par diuers endroits de ses ruës. Iules Cesar la ceignit de murailles, & y establit vne colonie de soldats Romains pour la deffense de tout le pays: Ayant esté plusieurs siecles auparauant bastie par Magus fils de Samothes Roy des Gaules, selon le tesmoignage de Berose, ce qui luy fist donner le nom de Rothomagus du nom de Magus son fondateur, & de Roth certaine idole qui fut destruite par S. Melon son Euesque. C'estoit la demeure des Ducs de Normandie, laquelle ayant esté annexée à la Couronne, Philippe IV. dict le Bel, y mist l'an 1286. vn Eschiquier (qui estoit vne espece de Parlement) où l'on tenoit les assises deux fois par an pour l'administration de la Iustice de toute la Prouince; & depuis Louys XI. y establit vn Parlement sedentaire l'an 1499. Et Charles VII. y auoit auparauant estably vne Cour des Aydes. S. Nicaise disciple du Pape S. Clement fut son premier Apostre. Elle a esté depuis erigée en Archeuesché qui s'estend sur 1338. Parroisses, outre six Eueschez qui en dependent : en son Eglise Cathedrale y a l'vne des plus grosses cloches de France.

Rouergue contrée de France, montueuse & peu fertile, bornée au Leuant par le Quercy, & du reste par le Languedoc & l'Auuergne. Cesar la faict l'vne des membres de la Prouence, & appelle ses habitans *Ruthein.* Elle abonde en mines de metaux (iusques là que Strabon dict qu'il y auoit des mines d'or) comme aussi en vif argent, alün, sel armoniac, soulfre, ceruse & antimoine. L'on y void pareillement vne montagne qui brusle incessamment & iette de grandes flammes. Sa ville capitale est Rhodez: siege Episcopal : Ses autres sont Villefranche, Espeiron, &c.

Roussillon Comté du Royaume d'Arragon, sur les frontieres de France & d'Espagne, qui a la ville de Parpignan pour capitale. Le Roy d'Arragon vendit cette Comté à Louys II. & son fils Charles VIII. Roy de France la retroceda à l'Arragonnois à la suasion de l'Euesque d'Alby.

Roxane fille de Darius, laquelle Alexandre le Grand espousa; ce qui luy donna vn grand credit enuers les Persans lors qu'ils virent qu'il contractoit alliance auec eux: Il eut d'elle vn fils posthume. *Qu. Curce, Arrian, & Plut. en la vie d'Alexandre.*

Roys, sont ainsi appellez les quatre Liures de la Bible, dont les deux premiers sont appellez par les Hebrieux *Samuel,* pource qu'ils ont esté faicts pour la plus grand part par Samuel iusques au 25. chapitre du premier Liure, & le reste des chapitres iusques à la fin du 2. ont esté composez par les Prophetes Nathan & Gad. Ils comprennét les gestes d'Eli, de Samuël, de Saul, & de Dauid, qui est l'Histoire de pres de 120. ans. Le 3. & 4. Liure sont appellez par les Hebrieux *Melachin*, c est à dire Roys, pource qu'en iceux sont deduicts par ordre les faicts des Roys de Iuda & d'Israël, sçauoir depuis la derniere vieillesse de Dauid iusques à la captiuité de Babylone qui comprend l'histoire de 537. ans. Quelques vns en font autheur Esdras, & les autres le Prophete Ieremie. *Sixte Siennois liu. 1. de sa S. Biblioth.*

R V

Ruben fils aisné de Iacob & le Lia. *Genes.* 29. Ayant souïllé la couche de son pere, commettant inceste auec Baala scruante de Rachel, ses droicts de primogeniture furent transferez aux enfans de Ioseph son frere, *chap. 35. & 49.* il garantit ce neantmoins Ioseph de la mort par son conseil quand ses autres freres le vouloient tuer par enuie. *chap. 37.* Estant descendu en Egypte auec son pere, il sortit de sa lignée soubs la conduitte de Moyse 46500. combattans. *Nomb. ch. 1.* Mourut aagé de 124. ans, l'an du monde 2317.

Rubicon fleuue lequel prend sa source du mont Appennin, & passant entre Rimini & Rauenne, se va desgorger dans le golfe de Venise : il sert de bornes à l Italie & aux Gaules. Pline le met en la 8. region d'Italie : il s'appelle de present *Pisatello.*

Ruffin lequel auec Stilcon & Gildon furent establis administrateurs de l'Empire par Theodose le Ieune, & tuteurs de ses enfans Arcadius & Honorius : sçauoir Gildon en Afrique : Stilcon en Occident, & Ruffin en Orient : lesquels tous poussez d'auarice, s'estans reuoltez contre leurs

Princes, finirent miserablement. Le Poëte *Claudian* nous a laissé quelques inuectiues contre ce Ruffin.

¶ Vn autre de ce nom, Prestre d'Aquilée qui a faict vne Histoire Ecclesiastique la cōmençant où finit Eusebe, qu'il continuë iusques à la mort de Theodose le Grand. S. Hierosme eut quelque cōtention auec luy. *Sigeb. Onuphr.*

Rugie isle de la mer Baltique, ioignant la Pomeranie, ayant bien sept milles en longueur & autant de largeur. Elle est enuironnée d'autres isles, presqu'isles & golfes, si bien qu'en cette façon elle auroit vn bien plus grand circuit. Son terroir est tresfertil, estant comme le grenier des terres voisines. Il y a de toutes sortes d'animaux, mais il n y a point de loups ny de rats. Elle a eu ses Princes particuliers qui furent fort puissans & se rendirent redoutables à leurs voisins : Mais la Duché de Rugie vint depuis aux Princes de Pomeranie. Il y a eu en cette isle des villes & forteresses fort peuplées, mais qui sont de present presque toutes ruinées. Ses habitans ne receurent le Christianisme qu'enuiron l'an 813. du temps de l'Empereur Louys le Debonnaire, encore mesmes le delaisserent ils peu apres, & embrasserent vne infinité de superstitions & l'heresie des Manichéens ; mais enuiron l'an 1168. VValdemarus Roy de Dannemarch les ramena à la Foy. *Mercat. en son Atlas. Monst. liu. 3. de sa Cosmogr.*

Rumie ou Rumilie Deesse que les Romains reclamoient pour esleuer les enfans de la mammelle appellée anciennement *Ruma* par les Latins : au sacrifice de laquelle on n'vsoit point de vin, ains on y offroit du laict & de l'eau meslée auec du miel. *Plut. en la vie de Romulu.*

Rupert on Robert Comte Palatin du Rhin & de Bauiere, fut esleu Empereur d'Occident apres la mort de Venceslaus : fut vn Prince

sage, vertueux, & puissant en biens: fist
vne grande reformation en toutes les
affaires, les remettant en tresbel ordre,
appaisant les dissentions qui estoient
en Allemagne, & reglant la Iustice &
tout l Estat politique. Ayant esté toutefois appellé par les Florentins pour
faire la guerre à Galeas Duc de Milan,
il y vint, mais sans aucun succez ; car la
puissance de ce Duc le pressa de se retirer sans aucun effect. Ainsi Rupert
passa son temps depuis paisib ement en
Allemagne, s'empeschant cependant
à appaiser les schismes des Papes Gregoire, Benoist & Iean 23. Et comme il
s'occupoit asprement à vn si bon œuure, il mourut dix ans apres son eslection à l'Empire, l'an de grace 1410.
Onuphr. Ann. 410. *Tursell.*

Rupert
Abbé de Limbourg au dio-
cese de Spire, lequel non
content de deffendre à ses Moines l'v-
sage des viandes, voulut dauantage
leur oster celuy de poisson, des œufs,
laictages, & du vin, soubs pretexte de
quelque reuelation qu'il disoit auoir
euë : mais tous luy contredisans, il fut
relegué par l'Euesque du lieu ; & ayant
esté toutefois rappellé peu apres, il per-
sista tousiours en sa premiere deliberation iusques à la mort, & endura beaucoup de persecutions. Il fleurissoit enuiron l'an 1124. *Hirsaug en sa Chron.* Il a
escrit des Commentaires sur le Cantique des Cantiques.

¶ Vn autre de ce nom, de l'Ordre de
S. Dominique, & Abbé de Duytsch
pres Cologne, personnage tresdiuin
pour l'explication des Lettres sainctes,
suiuant le recueil qu'il en a faict des
Peres où il s'attache specialement au
sens allegoric. Il a composé aussi vn liure de la Saincte Trinité, ouurage des
plus excellens. Il mourut l'an 1127. ou
selon d'autres 1135. Sixte Siennois *liu.*
4. *de sa S. Biblioth.* qui faict mention de
quelques autres de ce nom.

Russie
qui est autrement nommée
Roxolanie & Ruthenie, est
appellée cette grande contrée de pays
(laquelle pour ce fut nommée par les
anciens Rossette, qui en langage Ru-
thenien veut dire *dispersion*) qui comprend toute la Sarmatie d'Europe, &
vne partie de celle d'Asie, dautant que
ses peuples estendirent leurs colonies
depuis la Mer glacée iusques à la Mediterranée & au golfe Adriatique, &
depuis la Mer Major iusques à la Mer
Baltique : si bien que tous ces peuples qui se seruent de la langue Escla-
uonne & suiuent la Religion des Chrestiens Grecs, sont communément appellez Russiens ou Rutheniens, & tout
ce grand pays obeit en partie au Roy
de Pologne, & celle cy s'appelle Russie Noire ; & l'autre partie au Grand
Knez ou Duc de Moscouie, & est appellée la Blanche, touchant laquelle
voy Moscouie. Et quant à la Noire qui
est aussi dicte Meridionale, elle est bornée du costé du midy, des monts de
Sarmatie appellez Carpathiens & Tar-
tres : au Leuant de la Volhinie, Podolie & Moldanie : au Nord par la Lithuanie : & au Couchant par la Pologne. Il y a en icelle plusieurs villes, &
entr'autres Lempurg qui est sa capitale
& siege d'Archeuesché. Cette Russie
Noire est fertile au possible, & abonde
en bestiaux de toutes sortes ; il y a aussi
quantité d'abeilles qui y ruchent mesmes dans les rochers & cauernes de la
terre. Au terroir du Chelme, les branches de Pin laissées sur la terre deux ou
trois ans s'endurcissent & transforment en cailloux. Il se faict en ce pays
vn grand trafic de toutes les parts du
monde.

Les Russiens ou Rutheniens ont
leurs characteres particuliers appro-
chans de ceux des Grecs : ils sont puissans en guerre, & specialement à tirer
de l'arc & à combattre à la lance. Bien

que le commun peuple & les payfans fuiuent la religion Grecque, fi eft-ce que les plus Grands & la Nobleffe retiennent la Romaine. Il s'y void auffi force Iuifs & Armeniens. *Monft. liu. 4. de fa Cofmogr. Maginenfa Geogr.*

Ruth Moabitide de nation, bru de Noemi, femme d'Elimelech, laquelle apres fon vefuage efpoufa Booz pere d'Obed qui fut ayeul de Dauid, ainfi qu'il eft porté au Liure intitulé *Ruth.*

Rutheniens peuples habitans la Ruffie. *Voy* Ruffie.

Rutilius dict Geminus, Iurifconfulte fort renommé, & autheur des Liures Pontificaux : Il fut fort verfé en la doctrine des Stoïciens & és lettres Grecques. Le ftile de fes

Oraifons eft fort deffait & fombre au tefmoignage de Ciceron.

¶ Vn autre de ce nom qui fut Collegue au Confulat auec Cneus Manlius, lequel dreffa vne Efchole d'efcrimeurs à outrance, & donna loy aux gladiateurs pour bien combattre. Ayant efté banny par Sylla, & depuis eftant par luy rappellé, il fift refponfe, Qu'il aimoit mieux que fon pays rougift de fon exil, que de fe repentir de fon retour. *Seneque liu. 6. des bienfaicts.*

Rutules peuples d'Italie tres-anciens, qui vindrent habiter cette partie du Latium proche la ville d'Ardée. Ils affifterent Turnus contre Ænée, felon Virgile *en fes Liures de l'Æneid.*

S

Aba ville Royale & Metropolitaine de l'Ethiopie, fituée en vne Ifle du Nil nommée Meroé, en laquelle commandoit cette puiffante Royne nommée Candace qui vint en Iudée auec tant de pompe & de magnificence voir Salomon, comme eft fpecifié au 3. des Roys *chap.* 10. & depuis fut appellée Meroé par Cambyfes Roy des Perfes du nom d'vne fienne fœur qui y deceda. *Voy* Meroé. Ses habitans nommez Sabéens prirent leur origine de Sabeus ou Saba petit fils de Chus. *Genefe* 10. *Iofephe liu. 1. chap. 6. de fes Anriq. Iudaïques.*

¶ Vne autre ville de ce nom, capitale de l'Arabie Heureufe appellée Meliaba par Strabon : Elle eftoit fife fur vne montagne dont les edifices refplendiffoient d'or, d'argent, & de pierres precieufes. Ses peuples appellez Sabéens (qui ont pris leur origine de Saba fils de Chus) fon riches en encens, myrrhe, canelle, baume, & autres plantes & drogues aromatiques ; auffi leur nom eft tiré du verbe Grec *Sebein*; c'eft à dire venerer ; pour la grande quantité d'encens qui croift en leur contrée dont on fe fert au feruice des Dieux. Et cette trop forte odeur de baumes leur affoupit le plus fouuent les fens, lefquels ils reftabliffent par des fumigations de bitume & de la barbe d'vn bouc. Ils ont là des ferpents de la longueur d'vne paume dont la morfure est mortelle. Ils viuent là en toute oisiueté à cause de leur grande abondance de fruicts qui y croissent sans semer, se couchans d'ordinaire dans des creux d'arbres. *Strab. liu. 16. Monst. liu. 5. de sa Cosmogr.*

Sabacus Roy des Ethiopiens, qui chassa Amasis Roy d'Egypte, & occupa son Royaume 50. ans. *Herodote. liu. 2.*

Sabbath, interpr. de l'Hebr. *repos*; estoit le iour de feste que nous appellons maintenant Samedy, celebré tres-religieusemnt par les Iuifs, auquel ils ne faisoient aucun œuure manuel, non pas mesme pour leur viure ny pour la deffense de leur vie, comme il apparoist au 1. liure des Machabées chap. 2. L'obseruation de la solemnité de ce iour leur fut estroitement commandée, & mesme inserée entre les dix preceptes de la Loy morale, où en est specifiéla raison de ce que Dieu s'estoit reposé ce iour là apres qu'il eut creé le monde en six iours; & ce neantmoins l'Eglise Chrestienne a changé ce iour en celuy du Dimanche qui estoit le premier iour apres le Sabbath, ce qu'elle a faict en memoire de la resurrection de Nostre Seigneur qui arriua à pareil iour.

Sabellicus Historien, qui nous a laissé vn abregé d'Histoire digerée par Enneades depuis le commencement du monde iusques à son temps qui estoit l'an 1504.

Sabelliens Heretiques signalez, ainsi appellez de Sabellius leur autheur qui s'esleua enuiron l'an 260. soubs le Pape Estienne. I. Il confondoit les trois personnes de la Trinité, soustenant au rapport de Nicephore *liu. 6. chap. 26* que le Pere, le Fils, & le S. Esprit estoient vne mesme subsistence, & vne personne à trois noms. Ils reprenoient aussi les Catholiques, de ce que plusieurs d'iceux se faisoient Moines. *S. Basile epist. 63.* Ils

furent aussi appellez Noetians & Patripassians, & s'esleuerent premierement en la ville de Ptolemaïde. *Eusebe liu. 7. chap. 4. & 5. Epiph. en son Panaire.*

Sabine feme de l'Empereur Adrian, laquelle se fist mourir volontairement se voyant delaissée de son mary pour soupçon d'adultere. *Sext. Aurele Victor.*

Sabinian natif de Volterre en Toscane, 67. Pape, porta enuie aux vertus de son predecesseur Gregoire le Grand, voulant mesme faire bruler ses Liures. Il ordonna qu'on tint des lampes allumées & des cierges sur les Autels : il institua l'vsage des cloches pour conuoquer le peuple au seruice de Dieu. *Polydore liu. 6. chap. 12. de l'Inuent. des choses.* Ne tint le siege qu'enuiron 17. mois, l'an de salut 607. *Naucler., Onuphr.*

Sabins habitans de l'Italie en vne contrée du Latium fort montueuse & aspre. Ils furent ainsi appellez du verbe Grec *Sebein*, c'est à dire honnorer à cause de leur pieté enuers les dieux. Silius *liu. 8.* veut que ce soit d'vn certain Sabinian d'où il les dict estre descendus. Ils furent iadis fort aduisez & courageux, lesquels eurent guerre auec les Romains du temps de Romulus, à cause qu'à leur suscitation ils auoient rauy leurs filles : Mais depuis Romulus les ayant domptez, & ayant faict paix auec eux, leur fist part de sa ville, les nommant Quirites, d'vn nom commun auec les Romains. *Plut. en la vie de Romulus.*

¶ Ils ont laissé leur nom à vne contrée d'Italie dicte Sabinie, laquelle de present comprend cette estenduë qui est entre le lac Velin, la ville de Riette, & les fleuues du Tibre & Anie, en laquelle il y a quelques villes plaisantes : son terroir est remply de vignes, oliuiers, figuiers, &c. *Magin en sa Geogr.*

Saces ou Saciens, peuples de la Scythie Asiatique, voisins du fleuue

Iaxarte qui n'ont aucunes maisons, mais demeurent dans les grottes & forests. Et de ce nom les Perses appellent tous les Scythes, dauant que leur nation est enclauée dans la Scythie. *Pline liu. 6. chap. 17.* Ils auoient iadis occupé la Bactriane & vne grande partie de l'Armenie iusques en la Cappadoce, comme le tesmoigne Strabon *liu. 11.* Mais comme ils celebroient de nuict certaines festes à cause des despoüilles qu'ils auoient pris sur les ennemis, les Roys de Perse les mirent tous au fil de l'espée, & en destruisirent la nation.

Sadoc premier souuerain Pontife du temple basty par Salomon; & le huictiesme des Hebrieux, selon Eusebe. Il fut esleu dés le temps de Dauid, & oignit pour Roy Salomon; Abiathar qui auoit cet office ayant esté reietté. *1. Paralip. 29.* & depuis encore ayant esté depossedé tout à faict pour ce qu'il auoit oingt pour Roy Adonias fils aisné de Dauid, contre l'oracle diuin & le testament de Dauid. *3. Roys chap. 2.*

¶ Vn autre de ce nom, celebre Docteur qui fut autheur des Saducéens.

Saducéens certaine secte ou espece de religion entre les Iuifs, ainsi appellez, comme qui diroit, *Iustes* (lequel nom ils se donnoient) ou bien de leur premier autheur nommé Sadoc l'vn des maistres de la Loy, lequel auec Baiethos instituerent cette forme de religion. Ils auoient entr'autres quatre opinions & maximes fondamentales : la premiere est, qu'ils nioient totalement la destinée, constituans Dieu hors de toute operation, & disans qu'il estoit en la puissance entiere de l'homme d'aduancer sa felicité ou son malheur : la seconde, que les ames estoient morrelles, & qu'il n'y auoit apres cette vie ny recompenses ny supplices, & ainsi nioient la resurrection des morts. *Matt. 22.* La 3. qu'il n'y

auoit aucuns Anges ny esprits *Act. 23.* La 4. ils ne receuoient que les cinq liures de Moyse, reiettans les Prophetes & autres Agiographes, comme aussi les traditions des Peres. *R. Nathan en la vie des Peres, Elias, en son Thisbi.* A cause de leur heresie suruindrent entre les Phariséens ou Catholiques, & eux, de grands troubles pour le gouvernement de l'Estat, lesquels en fin ruinerent la Iudée, car le peuple fauorisoit les Phariséens, & les plus Grands les Saducéens. *Ben-gorion liu. 4. chap. 25. de son Hist. Iudaiq. Iosephe liu. 2. chap. 12. de la guerre des Iuifs.*

Sagittaire ou Archer, l'vn des douze signes du Zodiaque, auquel est assigné le mois de Nouembre. Il est figuré ayant le deuant d'vn homme auec le derriere d'vn cheual, & descochant vne flesche; ce qui demonstre la vehemence du froid, & les flesches que tirent les vents en ce mois là. Les fables estiment que c'est Chiron le Centaure qui fut là colloqué : Les autres, Crocus fils d'Eupheme nourrice des Muses, lequel s'estant addonné à la chasse sur le mont Parnasse, fut apres sa mort (par le benefice des Muses) colloqué au Ciel.

Sagunte ville d'Espagne au Royaume de Valence, bastie par les Zacinthiens. *Strab. liu. 3.* D'autres disent qu'elle fut bastie par Saguntis fils d'Hercules, bien deux cents ans deuant la ruine de Troye Silius Italicus *liu. 1.* en faict la description. Ses habitans monstrerent vne grande constance & notable fidelité enuers les Romains soubs le Consulat de M. Liuius Salinator & L. Æmilius Paulus, car estans assiegez par les Carthaginois conduicts par Annibal, & estans reduicts à l'extremité ils firent vn feu en la place publique où apres auoir ietté tout ce qu'ils auoient de plus precieux, ils s'y precipiterent, & eux & leurs enfans, de peur de tomber en la puissance fance des ennemis. *Florus liu.2.chap.6. Val.le Grand liu.6.chap.6.T.Liue liu.21.*

Sainctoge, *Voy* Xainctog.

Sal fleuue de l'Allemagne en la Franconie, qui prend fa fource pres vne bourgade de mefme nom, lequel tirant de l'Orient vers l'Occidét, reçoit huiçt autres petits fleuues. De ce fleuue les François furent appellez Saliens, pour ce qu'ils habiterent le long d'iceluy. L'on diçt qu'au riuage de ce fleuue Charlemagne fift baftir vn magnifique & fuperbe Palais où il fe plaifoit grandement, eftant le pays propre à la chaffe, & fort agreable en fon feiour, lefquelles delices y attirerent femblablement Louys le Debonnaire, Arnould & Othon I. *Monft.liu.3.de fa Cofmogr.*

¶ Il y a encore quelques autres fleuues de ce nom, l'vn en Efpagne, & l'autre en la Mauritanie Tingitane, felon Ptolemée; comme auffi quelques villes & autres fleuues en l'Allemagne.

Saladin Roy des Turcs, tres-illuftre Capitaine & grand guerrier, fut efleu Sultan d'Egypte apres la mort de fon oncle Sirac, & non content de ce, tua le Calife d'Egypte fon feigneur en prenant de luy les enfeignes du Sultanifme, s'empara de fes threfors qu'il diftribua à fes foldats, & ainfi ioignit à fon Empire les deux dignitez de Calife & de Sultan. Depuis il fift de grandes conqueftes en l'Egypte & en la Syrie, & fur tout eut de grandes guerres contre les Chreftiens par l'efpace de vingt ans auec diuers fuccez. Ayant ce neantmoins vaincu Manuel Empereur de Conftantinople, il chaffa les Chreftiens de la Terre fainçte, & s'empara de Hierufalem 88. ans apres que leurs Roys y auoient commádé depuis Godefroy de Buillon qui s'en eftoit rendu Maiftre. Puis ayant acquis vn grand renom par fa valeur, il mourut ayant regné 16. ans enuiron l'an 1180. *R. Iofeph en fa Chron.* L'on tient

que mourant il voulut qu'on portaft auec fon corps pour trophée de fes funerailles, vn linceul noir au bout d'vne lance, & qu'vn Herault criaft à haute voix ces paroles : *Saladin dompteur de l'Afie, entre toutes les richeffes qu'il a conquifes n'emporte que ce feul linceul.*

Salamine ifle au golfe Sarronique contre l'Attique, ayant vne ville de mefme nom en laquelle Telamon pere de Teucer & d'Aiax regnoit. *Ptolemée.* Elle s'appelle de prefent *Coluri* felon Niger & Sophian.

¶ Il y a vne ville de mefme nom en l'ifle de Cypre, que quelques vns eftiment eftre Famagoufte. *Voy* Famagoufte. S. Hierofme affeure que les Iuifs la ruinerent du temps de l'Empereur Trajan.

Salanga montagne treshaute, fituée entre l'Angleterre & l'Irlande, ainfi appellée d'vn certain Salanga fils de Bartulan, lequel le premier habita cette ifle d'Irlande. L'on l'appelle de prefent *Mont S. Dominique*, à caufe d'vn Monaftere qu'y baftit ce S. Pere.

Salathiel fils de Iechonias, & pere de Zorobabel Prince des Iuifs dont eft defcendu (felon la chair) Noftre Sauueur Iefus-Chrift. *Matth.1.*

Salé fils d'Arphaxad, & pere d'Heber qu'il eut en l'aage de 30.ans. *Gen.* 4. Il engendra depuis plufieurs autres enfans, puis mourut l'an de fon aage 433. & du monde 2127. *Genebr.liu.1. de fa Chronologie.*

Salem, interpr. de l'Hebr. *paix*, ville où regna le grand Preftre Melchifedech, qui fut depuis appellée Hierufalem capitale de la Iudée. *Voy* Hierufalm.

Salentins peuples anciens d'Italie, habitans cette contrée qui eft entre le golfe de Tarente & celuy de Venife pres la Pouille au Royaume de Naples, laquelle contrée s'appelle de prefent Terre d'Otrante. *Voy*

Otrante. Quelques vns deriuent l'appellation de ces peuples du promontoire dit Salentin, qui est sur les frontieres de cette contrée : mais selon Festus, ils furent ainsi appellez de *Sal* qui signifie sel, pour ce que cette region est entourée de mer : Il les dit descendus des Candiots & Illyriens lesquels s'estans associez auec les Locres, vindrent habiter cette contrée.

Salerne ville tres-ancienne de la Principauté au Royaume de Naples, esloignée de la mer d'enuiron vn mille. Elle est tres-agreable, estat remplie tant au dehors qu'au dedans de son estenduë de iardins & lieux de plaisances où se voyent des citronniers, grenadiers, orangers & autres especes d'arbres des plus rares & exquis. Elle est honnorée aussi d'vne eschole publique, & ornée du tiltre de Principauté. *Magin en sa Geographie.*

Saliens furent appellez par les Romains certains Prestres de Mars, instituez par Numa Pompilius second Roy des Romains, premierement au nombre de douze. Ainsi appellez pour leur façon de danser en sautant, car ils alloient sautelans par toute la ville portans des boucliers en leurs bras, vestus de hoquetons rouges, & ceincts pardessus de baudriers plats & larges de cuiure, ayans sur leur teste des armets de cuiure aussi ; & tout leur bal consistoit au mouuement de leurs pieds auec vne mesure soudaine & agilité grande. Ils auoient charge de garder les boucliers appelles Ancilies, suiuant l'institution de Numa. *Voy* Ancilies, & Plutarque *en la vie de Numa.*

Saliens certains peuples de l'Allemagne, habitans de cette contrée que l'on nomme Franconie ou France Orientale, & pource ils furent aussi appellez Francs ou François, qui ont donné (selon quelques vns) la nomination aux François de nostre France Occidentale. Et furent ainsi appellez du mot *Sala* qui signifie Palais, Sale ou Cour de Roy, à cause qu'ils estoient Palatins ou Courtisans ; ou pource qu'ils estoient saillans & sautans bien ; ou bien plutost pour ce qu'ils habitoient pres le riuage du fleuue Sal, qui s'escoule dans la riuiere du Mœin en la Franconie, & pource aussi furent appellez Ripuariens, & pour ces raisons pareillement les loix Françoises furent dictes Saliques.

Saliques sont appellées les loix Frãçoises, lesquelles ont esté de temps immemorial le fondement de l'Estat soubs lequel les François ont vescu ; & prindrent ce nom, ou pour ce qu'elles furent escrites en la Sale ou Cour du Roy ; ou pour ce qu'elles furent premierement establies sur le fleuue Sal qui arrouse la Franconie, d'où mesme les François sont appellez Saliens Ces loix appellées aussi Ripuaires furent grandement illustrées & authorisées par Pharamond, lequel les fist approuuer par tous ses subjets : & bien qu'elles comprennent aussi le droit des particuliers, si est ce que cette Loy qui regarde la Majesté du Prince & ne permet que le Royaume tombe en quenoüille, est la principale & la plus illustre de toutes, laquelle est couchée en ces termes : *En la terre Salique aucune portion d'heritage ne vienne à la femelle, ains que le sexe viril acquiere la possession,* c'est à dire, que les masles & non les femelles (ny leurs descendans qui n'ont pas plus de droict que leurs meres) sont seuls capables de la Couronne de France. Et cette Loy fondamentale est specialement appellée Salique par excellence.

Sallufte nommé Caius Crispus, Historien & tresfameux Orateur Romain, lequel a escrit tresfidellement la coniuration de Catilina, la guerre Iugurthine, & quelques inuectiues contre Ciceron duquel il fut fort ennemy, le tout auec vn stile nerueux & remply de doctrine. *Suidas*, *A. Gell. liu. 3. chap. 1. &c.*

Salmacis fontaine tresclaire de la Carie, laquelle a cette proprieté de rendre lascifs & effeminez ceux qui s'y gayent. Les Poëtes en rapportent l'occasion à la Nymphe Salmacis amoureuse d'Hermaphrodite, laquelle luy a donné ce nom. *Voy* Hermaphrodite.

Salmanasar Roy des Assyriens, que quelques Chronologues modernes estiment estre le Nabonasar de Ptolemée *liu. 3. chap. 8. de son Almag*. Ayant sceu qu'Osée Roy d'Israël auoit contracté alliance auec Soa Roy d'Egypte son ennemy, vint assieger Samarie, laquelle il prist trois ans apres, l'an 9. du regne d'Osée : & ayant du tout destruict le Royaume d'Israël, emmena le peuple captif en Mede & en Perse, 947. ans apres la sortie d'Egypte, & 258. ans, 7. mois apres la fondation du Royaume d'Israël faicte par Ieroboam qui s'estoit reuolté contre Roboam fils de Salomon. Depuis Salmanasar vint en Syrie & en la Phœnicie qu'il subiugua, & eut de grandes guerres contre les Tyriens. *Voy* Chutha, & le 4. *des Roys chap. 17. Iosephe ltu. 9. chap. 14. de ses Antiq. Iud.*

Salmon fils de Naasson, & pere de Booz Prince de Iuda. *Ruth chap. 4.* dont est descendu Iesus-Christ selon la chair. *Matth. 1.*

Salmonée fils d'vn certain Æole (car selon Seruius, ce n'estoit de celuy qui fut feint Roy des vents) lequel non content de commander en l'Elide, fut si presomptueux que detascher à se faire estimer Dieu ; & à cet effect fist dresser vn pont d'airain qui couuroit vne grande partie de la ville, sur lequel il faisoit traisner vn chariot pour faire croire que c'estoit son tonnerre ; & eslançant des torches allumées sur quelqu'vn, le faisoit tuer à l'instant, afin d'augmenter d'autant plus

cette croyance & de donner plus de terreur à ses subjects : mais Iupiter indigné d'vn tel orgueil, le foudroya luy-mesme aux Enfers. *Seruius sur le liu. 6. de l'Æneide.*

Salomé nom de l'vne des trois Maries qui vindrent au sepulchre de Iesus-Christ pour oindre son corps. *Marc 16.*

Salomon, interpr. de l'Hebr. *Pacifique,* fut appellé ce sage Roy de Iudée, fils premier nay de Dauid & de Bethsabée. Il fut esleu & oingt Roy du viuant de son pere par le ministere de Sadoch. 3. *Roys chap. 1.* Apres la mort de son pere, il fist mourir son frere Adonias pour auoir demandé à femme Abisag qui estoit concubine de son pere, & par ce moyen pretendoit le Royaume ; Priua du Sacerdoce Abiathar, & fist tuer Ioab deuant l'Autel, pour ce qu'ils soustenoient la rebellion d'Adonias. Il demanda à Dieu la sagesse pour le gouuernement de son peuple, laquelle luy fut octroyée par sur tous ceux qui l'ont precedé & qui l'ont suiuy, comme tesmoigne l'Escriture : Et de plus, Dieu luy promist grandes richesses & gloire en tesmoignage dequoy il donna ce celebre iugemet remply de sapience, sur le differed des deux femmes lesquelles debattoient à qui auroit vn fils. *chap. 4.* Quatre ans apres son election, il edifia en l'honneur de Dieu ce temple de Hierusalem, surpassant en sa grandeur & magnificence de bien loing les sept merueilles du monde, car l'argent, l'or, les bois & pierres plus precieuses de l'vniuers y furent employées en abondance ; & quant à ce qui regarde sa forme & façon, elle fut si superbe qu'au seul bastiment d'iceluy furent employez quatre vingts mil tailleurs de pierres, & soixante & dix mil qui les portoient, & trois mil six cents Maistres, sept ans durant. 2. *Paralip. chap. 2. 3. Roys. 1.* sans specifier vn nombre infiny d'autres ouuriers qui

trauailloient à la facture & embelisse-
ment de ses superbes ouurages, & des
vtensiles qui seruoient pour les sacrifices, ainsi qu'il est specifié *au chap. 6. du
liu. 3. des Roys*, & dans Iosephe *liu. 8.
chap. 2. de ses Antiq. Iud.* En la dedicace
de ce temple (laquelle Dieu monstra
visiblement auoir pour agreable) il offrit à Dieu en sacrifice vingt deux mil
bœufs, & cent vingt mil agneaux tant
pour soy que pour tout le peuple qui
fut festoyé du relief de ce sacrifice.
3. Roys chap. 8. Il edifia aussi vn grand &
superbe Palais qui s'appelloit la Maison du Liban, pour ce qu'il estoit faict
de Cedres & d'autres arbres precieux
pris au mont Liban. *chap. 7.* à quoy luy
seruit grandement l'assistance de Hiram Roy de Tyr qui luy fournit à sa volonté des bois exquis & pierres trespre-
cieuses. *chap. 5.* La renommée de ses
vertus & de sa grande sagesse attira la
Royne d'Ethiopie (nommée Makeda
& Nicaula (à le venir voir auec grands
presens, *chap. 10.* de laquelle il eut vn
fils nommé Melik, dont sont descendus
les Roys d'Ethiopie appellez vulgairement Pretejan, dont les subiects se glorifient estre de la race des Israëlites, en
tesmoignage dequoy ils se font circon-
cir. *Marin Victorin des Roys d'Ethiopie.*
Beaucoup des Roys aussi estrangers furent attirez de la renommée de sa sagesse & magnificence, & luy enuoyerent comme à l'enuy les vns des autres,
des vaisseaux tous chargez d'or, d'argent, des habits somptueux, toutes sortes de drogues aromatiques & pierres
precieuses. Il auoit aussi force vaisseaux
qui alloient ordinairement és Indes
(qu'on dit estre le Peru) pour apporter de l'or, & ce voyage ne se faisoit
qu'en trois ans. *2. Paral. chap. 8.* si bien
que l'argent y estoit aussi commun que
les pierres, selon le rapport de l'Escriture: & de faict Hyrcanus trouua au
sepulchre de Dauid son pere, mil ans
apres, iusques à trois mil talents; &

Herodes en trouua peu apres encore
bien autant en ioyaux & pierres precieuses. *Iosephe liu. 16. chap. 11. de ses An-
tiquit. Iudaiq.* Il auoit aussi vn nombre
infiny de cheuaux qu'il nourrissoit en
ses escuyries iusques au nombre de
quarante-mil, & de chariots iusques à
douze mil. *2. Paralip. chap. 9.* La despé-
se de ses festins & banquets, & l'ordre
du seruice de sa maison estoit si magnifique & somptueux que l'Escriture en
faict mention comme d'vne chose admirable. *3. Roys ch. 4.* mais côme il eut esté
esleué en cette grande gloire, & qu'il
eut monstré cette sagesse & ses richesses
& magnificences plus qu'aucun qui ait
iamais regné, il s'abastardit toutefois
sur sa vieillesse, & forlignant des loix
& mœurs de son pere, se rendit excessif
en impudicité, & enragé apres les femmes, ayant eu iusques à sept cents femmes & trois cents concubines, lesquelles pour la pluspart estoient prises de
nations estrangeres contre la deffense
de la Loy, si bien qu'elles firent destourner son cœur des ordonnances de
Moyse, & seruir aux faux Dieux, dont
Dieu l'eut en telle abomination qu'il
l'abandonna, luy ayant suscité plusieurs
ennemis comme Adard, Razon & Ieroboam, & osta mesmes à son fils Roboam la plus grande partie de son Royaume. *chap. 11.* Il edifia aussi plusieurs
villes tant en Iudée qu'ailleurs, qui
marquent sa magnificence: amplifia de
superbes bastimens, mesmes ceignit la
ville de Hierusalem de murailles. *2. Pa-
lip. chap. 8. Iosephe.* L'on luy attribuë
plusieurs Liures sacrez, car outre les
Prouerbes, l'Ecclesiaste, le Cantique
des Cantiques, & deux Pseaumes, c'est
à sçauoir le 72. & le 127. & le Liure de
la Sagesse; il en a composé plusieurs
autres, comme le Liure des 3000. Para-
boles, 5000. Carmes ou Cantiques, côme aussi des questions naturelles sur la
nature des animaux & de toutes les
plantes, comme il est faict mention au

3. *des Roys chap.* 4. L'on le faict aussi inuenteur de certains exorcismes & coi-
iurations pour chasser les Demons, selon Iosephe *liu.*8.*ch.*2. *de ses Antiq. Iud.*
dont l'on peut recueillir combien faussement quelques vns luy imputent d'a-
uoir faict ce pernicieux Liure intit. *La
Clauicule de Salomon*, qui tend à euo-
quer les Demons par voyes prodigieuses & abominables. Enfin le plus sage,
riche & magnifique de tous les hommes mourut, apres auoir (selon quelques vns) faict digne penitence de ses
forfaicts, ainsi que luy mesme le tesmoigne aux Prouerbes, l'an du monde
3186. apres en auoir regné 40. & laissé
pour son successeur son fils Roboam,
qu'il eut en l'aage de 10. ans, *R. Isaac,*
comme il est couché *au* 3. *des Roys. au* 2.
*dn Paralip. & dans Iosephe liu.*8.*chap.* 2.
de ses Antiq. Iudaiq. & entre les Payens,
*Eupoleme Alex. Polyhistor. Hecatée Ab-
deritain, & autres.*

Salonin fils d'Asinius Pollio Consul,
lequel on tient auoir ry
aussi tost qu'il fut nay, ce qui fut vn
mauuais presage pour luy, car il mourut au berceau, selon *Pline & Seruius.*

Saltzbourg ville d'Allemagne,
Metropolitaine d'v-
ne contrée de mesme nom en la Duché
de Bauiere. Elle est ainsi appellée, selon
quelques vns, du sel mineral qui se tire
en ses enuirons. Elle fut nommée par
Cesar, *Iuuanium,* c'est à dire, chasteau
d'aide, qui fut basty par le mesme Cesar pour la deffense de ses gens & retraicte d'vne garnison lors qu'il vouloit assaillir les Allemans. Elle est ceinte de tours & bastions tresforts, & ornée de superbes edifices tant publics
que priuez. Il y a autour de la ville force marets & collines. Attyla Roy des
Huns la pilla & brusla, mais depuis elle
fut rebastie l'an 540. par Rupert Euefque de VVormes du sang Royal de Frã-
ce, lequel apres la mort de Childebert,
chassé de son siege en vint restablir vn

autre en cette ville toute ruinée, & y
bastit vne Eglise & vn Monastere de S.
Benoist, & en fut le premier Euesque:
Elle fut depuis erigée en Archeuesché
par le Pape Leon III. ayant neuf Euefques pour suffragants. Quant au pays
de mesme nom, il est abondant en mines d'or, d'argent, de cuiure & de fer.
L'on y trouue aussi du soulfre, du vitriol, de l'alun & de l'antimoine, & en
quelques endroits l'on tire des pierres
de marbre. *Irenic, Monst. liu.* 3. *de sa
Cosmograph. Mercat. en son Atlas.*

Sallusses ville de Piedmont, assise
pres des Alpes, assez gran-
de & peuplée, abõdante en toutes choses. Elle est capitale du Marquisat de
mesme nom où le Pô prend sa source.
Il y a encores quelques autres places
entre lesquelles sont Dronere & Car-
magnoles. *Magin.* Ce Marquisat estoit
des appartenances de la Couronne de
France; mais il fut auec quelques autres
terres de Prouence vny au Piedmont
par le Duc de Sauoye lequel bailla en
contr'eschange à Henry le Grand, la
Bresse & les autres terres voisines.

Samarie ville tresbelle de la Palestine, entre la Iudée & la
Galilée; ainsi appellée de Semer ou Sa-
mar qui estoit seigneur de la montagne
où elle fut bastie; qui la vendit à Amri
6. Roy d'Israël lequel d'vn bourg en
fist cette ville, & y establit le siege
Royal de ses successeurs qui commandoient sur les dix Tribus. 3. *Roys* 16. mais
elle fut prise par Salmanasar Roy des
Assyriens, du temps d'Osée, lequel en
emmena le peuple captif en Mede &
Perse, *chap.* 17. Elle fut depuis razée par
Iean Hyrcanus Roy des Iuifs, en suitte
dequoy Herode la restaura & nomma
Sebaste (qui veut dire heureuse Cité)
en l'honneur de Cesar Auguste. Cette
ville estoit magnifique & de grand renom, si bien mesme que l'on comptoit
les années a prendre du temps de sa
fondation, comme il apparost *au* 2. *du*

Paralip.chap.22.verf.2. felon que Gene-
brand l'a fort bien remarqué : mais
maintenant il ne s'en void rien que
quelques vieilles ruines de fes fuperbes edifices. Elle a donné ce nom de
Samarie à la contrée qui eft entre la Iudée & la Galilée, proche de la mer Mediterranée qu'elle a au Couchant, &
le lac Tiberiade au Nord, & l'Orient
s'eftend iufques aux deferrs d'Arabie.
Son terroir eft en partie montueux &
en partie plain & champeftre, fertil au
refte, arroufé de fontaines, & remply
de iardinages où font de toutes fortes
d'arbres fruictiers vtiles à la vie. Il y a
encores en cette contrée vne ville dicte
Cæfarée de Paleftine que Pinet appelle *Azon*, & Sichem dicte de prefent
Napolofa. Magin en fa Geographie.

Samaritains

peuples de cette cô-
trée qui eftoient en
grâde abomination enuers les Iuifs, côme eftans Schifmatiques & Hèretiques,
voire tenans du Paganifme, ayans meflé
le culte des faux Dieux auec le legitime feruice de Dieu : Ce qui arriua
premierement pource que Ieroboam
ayant diftraict les dix Tribus & dreffé
le Royaume d'Ifraël, & craignant qu'i-
ceux frequentans la ville de Hierufalem (qui eftoit capitale du Royaume de
Iuda) à caufe de la religion, ainfi qu'il
eftoit ordonné par la loy, ne vinffent à
fe rebeller de fon obeiffance, leur permift de facrifier ailleurs, & leur fift eriger des Temples & Autels en Bethel
& en Dan, y eftabliffant de nouueaux
facrifices & Sacrificateurs. Depuis
encore ils augmenterent de beaucoup
leurs idolatries & abominations lors
qu'ayans efté tranfportez en Mede &
en Perfe par Salmanafar Roy des Affyriens, on enuoya pour habiter en Samarie en leur place des Chuthéens & autres Gentils lefquels y femerent la religion de leurs faux Dieux. *4. Roys* 17.
Voy Chutha. Mais le Schifme fe forma
pleinement entr'eux & les Iuifs (qui

auoient la vraye Eglife & Sacrificature) du temps de Iaddus leur fouuerain
Preftre qui eftoit du temps d'Alexandre le Grand : car Manafé fon frere
voulant auffi bien que luy eftre grand
Pontife, s'allia de Samballat Prince
des Samaritains, & obtint d'Alexandre d edifier vn temple en Garizim
tout femblable à celuy de Hierufalem,
& s'en eftant eftably nouueau Pontife,
il edifia Autel contre Autel, & introduifit vne diuifion grande & pernicieufe des Iuifs (comme le traicte *Iofephe
liure* 11. *chap.*8. *de fes Antiq. Iud.*) laquelle demeura entr'eux immortelle,
iufques à ce que la verité Euangelique
oftaft ce nuage, faifant de deux parois
vne mefme muraille, ainfi qu'il eft porté en S. Iean *chap.*4. Et iaçoit que les Samaritains fe diffent & côfeffaffent adorer vn feul Dieu ; fi eft-ce que parmy le
feruice d'iceluy (comme a efté dict) ils
mefloient celuy des faux Dieux, fe vantans d'eftre yffus des Medes & des Perfes. *Iofephe li.*12 *chap.*7. *de fes Antiq. Iud.*
Et quât à ce qu'ils retenoient de la loy
Iudaique ils l'auoiét toute corrompuë,
car ils ne receuoient que le Pentateuque à la façon des Saducéens, reiettans
tous les autres Liures & traditions des
Prophetes, nioient la refurection des
morts, comme dit eft, auoient vn temple, facrifices & ceremonies feparées
de celles des autres Iuifs ; c'eft pourquoy les vrais Iuifs les auoient en grande abomination. *Origene, Hom.*25.*fur les
Nombres, & liu* 1. *&* 2. *contre Celfus.* Ils
conferuerent toufiours les anciens ca-
ractères Hebraïques, car Efdras en
donna d'autres aux Iuifs apres la captiuité de Babylone, qui auoient diuerfe
forme & diuers accents comme le tefmoignage S. Hierofme *en fa Preface fur
le liure des Roys.*

Sambique

certain facrilege infi-
figne, lequel ayant pillé
le temple de Diane, & ne voulant ad-
uoüer le faict, fut gehêné vn an durant

de cruels tourments, ce qui a donné lieu au Prouerbe ; *Endurer plus de mal que Sambique.*

Samgar fils d'Anath , gouuerna le peuple d'Ifraël apres A-hod , & deffit tout feul auec vn cou-tre de charuë iufques à fix cents Phili-ftins. *Iuges 3.*

Samnites anciens peuples d'Italie, habitans de cette con-trée dicte de prefent Abruzzo, lefquels furent auffi appellez Sabelliens comme ayans tiré leur origine des Sabins, lef-quels apres auoir vaincu les Ombres, leurs enfans qu'ils auoient pour cette victoire confacré à Mars, vinrent s'ha-bituer en cette contrée apres en auoir chafsé les anciens habitans. Ils ont eu guerre contre les Romains auec diuers fuccez, mais enfin ils furent tout à faict defconfits par Sylla Dictateur. *Strab. liu. 5. Voy* Abruzzo.

Samogitie contrée de Pologne vers le Nord , proche de la Lithuanie , ayant bien 50. milles de long : A pour bornes la mer Balti-que & la Liuonie, comme auffi la Pruf-fe. Il n'y a point de villes , mais feulemét quelques villages dont les maifons font affez mal bafties, eftans faictes de bouë & de chaulme où ils couchent auec leurs beftes fous vn mefme cou-uert, ayant vne feule fenestre au fom-met pour donner clarté à toute la mai-fon. Le pays eft abondant en forefts où fe trouue dans des arbres creux grande quantité de miel. Ses peuples qui ont tiré leur origine des Saxons, font de belle & haute taille , mais peu ciuils, rudes & barbares , audacieux toutefois & prompts à la guerre : ils efpoufent d'ordinaire plufieurs femmes fans au-cune confideration de confanguinité: Ils n'vfent d'aucune monnoye, & n'y a pas longtemps qu'ils ne fçauoient que c'eftoit d'or ny d'argent : ils viuent fort pauurement, tant en leur manger que veftements ; enclins au refte aux deui-

nations & aux charmes. Ils auoient an-ciennement pour leur plus grand Dieu le feu, auquel ils facrifioient : ils bruf-loient les corps de leurs grands amis auec leurs cheuaux & tout leur equi-page ; & pres du foyer ils dreffoient des tables où ils mettoient des viandes, croyans que les ames des morts qu'ils auoient bruflez y prenoient leur refe-ction : Mais depuis l'an 1386. Vladiflaus Roy de Pologne les contraignit à rece-uoir la Foy, il y a toutefois encore en-tr'eux quelques Payens qui nourriffent par religion certains ferpents ou le-zards qu'ils venerent, comme les Ro-mains faifoient leurs Penates. Ils n'ob-feruent aucun iour de fefte, auffi le Dia-ble les eftonne bien fouuent auec des vifions fort eftranges. Quant au tem-porel, ils ont vn Duc qui recognoift le Roy de Pologne : & pour le fpirituel, ils ont vn Euefque. *Magin en fa Geogr.*

Samos nom de deux ifles dont l'vne eft vers les coftes de l'Ionie, vis à vis d'Ephefe, laquelle s'eftend du Leuát au Couchant, & a bien 80. milles de circuit. Elle eftoit premierement ap-pellée Dryufe, Anatemufe , Melamphi-le, Cypariffe, & Stephane , c'eft à dire Courônée. Elle abonde en toutes cho-fes (excepté en vin , bien que fes ifles voifines en foient bien fournies) en oli-ues fpecialement ; il y a auffi quantité d'arbres de prodigieufe grandeur. Il y eut iadis vne bonne ville portant ce nom, auec vn port & vn arfenal bien múny, mais qui eft de prefent ruinée. Cette ifle eftoit confacrée à Iunon, pource qu'on croyoit qu'elle y eftoit née, & auoit efté nourrie , puis mariée à Iupin ; auffi Varron dit qu'il y auoit vn temple fort magnifique où eftoit vne ftatuë comme d'efpoufée, & que là tous les ans fe celebroit vne folemnité à guife de nopces. Elle eft auffi renom-mée pour les naiffances de Pythagore, d'vne Sibylle qui a prophetifé de Iefus-Chrift & de cet heureux Tyran Poly-

crates : comme auſſi pour les vaiſſeaux
de terre qui s'y plaſtroient, dont on faiſoit grand eſtat. *Magin.*

¶ Vne autre de ce nom , vis à vis du
golfe de Larte , appellée auſſi Cephalenie , où il y auoit quatre villes , & entr'autres Samé qui fut deſtruicte par
les Romains. *Pline liu. 4. chap. 12.*

Samoſate
ville de Comagene pres
l'Euphrate , proche de
laquelle eſt vn lac qui rend vn certain
limon gluant & ardant qu'on appelle
Maltha, lequel eſtant allumé bruſle ſans
relaſche tout ce qu'il rencontre de ſolide ; les habitans de cette ville s'en ſeruirent grandement au ſiege que Lucullus tint deuant , car des que ce limon
touchoit vn ſoldat il bruſloit en ſes armes , & meſmes tant plus on iette d'eau
deſſus , tant plus il s'allume & ne peut
on l'eſteindre qu'en iettant de la terre
deſſus. *Pline liu. 2. chap. 104.*

Samothes
ou Semnothes , ſurnommé Dis , fils ou frere de
Gomer : Commanda , ſelon Beroſe , ſur
les Celtes Gaulois , l'an 4. du regne des
Aſſyriens, Prince ſage & fort renommé
en vertus pour leſquelles il fut grandement aimé de ſes ſubjets Gaulois , iuſques là que Ceſar *liu. 6. de ſes Comment.*
dict qu'ils ſe glorifioient d'auoir pris
de luy leur origine. Il fut Autheur de
pluſieurs peuples , edifia pluſieurs villes & principalement és Gaules , comme Sens , Autun & Bayeux ; de luy la
Gaule fut appellée Samothée , & les
Philoſophes Gaulois depuis dicts
Druydes furent appellez Samothéens
ſelon Diogene Laerce *liu. 1. de la vie des
Philoſophes.*

Samothrace
iſle de l'Archipelague , eſloignée d'enuiron dix milles de la terre ferme de
Thrace. Elle eſtoit iadis appellée Dardanie d'vn certain Dardanus Troyen
qui emportant le Palladium de Troye
s'y refugia. Ariſtote *au liu. de ſa Repub.*
l'appelle Leucoſie , & de preſent ſe

nomme *Samandraci.* Il y a grand nombre de ports en cette iſle, & vers le Nord
d'icelle eſt vne ville ſiſe ſur vne montagne. Elle abonde en miel & en daims.
Magin en ſa Geographie.

Samſon
fils de Manué de la Tribu
de Dan (ſuiuant ce que
l'Ange l'auoit predit à ſon pere & à ſa
mere. *Voy* Manué.) fut doué d'vne force de corps incroyable , auſſi Dieu le
ſuſcita pour deliurer ſon peuple de la
tyrannie des Philiſtins : Il en priſt l'occaſion , ayant eſpouſé vne fille de cette
nation , laquelle ayant eſté depuis donnée en mariage à vn autre , il priſt de là
ſubiect de leur faire la guerre , & leur
fiſt de grands maux : attacha à la queuë
de 300. renards , des flambeaux allumez , & en bruſla leurs vignes & moiſſons : Ayant eſté trahy & pris priſonnier
par les Philiſtins , il rompit ſes liens &
en tua mil d'entr'eux auec vne maſchoite d'aſne , ayant Dieu faict miraculeuſement ſourdre de l'eau pour eſtancher ſa ſoif. *Iuges chap. 15.* Ayant eſté
enfermé dans la ville de Gaza auec ſeures gardes , il enleua les portes toutes
entieres ſur la montagne voiſine , &
ainſi eſchappa : toutefois s'eſtant eſperduëment amouraché d'vne Philiſtine dicte Dalila , elle fiſt tant qu'ayant
eſté corrompuë par argent des Philiſtins , elle ſceut de luy où giſoit ſa force
qui eſtoit en ſa cheuelure quelle luy
couppa ; & ainſi il tomba derechef en
leur puiſſance , leſquels luy creuerent
les yeux : Mais s'eſtans aſſemblez en vn
feſtin , & l'auoir faict venir deuant eux
pour s'en ſeruir comme d'vn fol , ſes
cheueux eſtans reuenus , & ayant recouuert quand & quand ſa premiere
force, il embraſſa & ſecoüa ſi viuement
les principales colonnes qui ſouſtenoient tout le logis où eſtoit ce grand
conuoy , que le toict cheut ſur eux &
ſur luy , & en fiſt plus mourir en ſa
mort (qui arriual l'an du monde 3026.)
qu'en ſa vie , durant laquelle il gouuerna

uerna le peuple de Dieu 20. ans. *Iuges* chap. 16.

¶ Il y a quelque apparence que de ce Samſon les Poëtes ont feinct les trauaux de leur Hercule qui viuoit de ce temps là.

Samüel, interpr. de l'Hebr. *eſtably de Dieu* ; fils d'Helcana & d'Anna : fut le premier Prophete apres Moyſe. 1 *Roys* chap. 1. Gouuerna le peuple d'Iſraël en toute droicture & equité, procurant par ſes prieres & bon gouuernement la victoire des Iſraëlites contre les Philiſtins. chap. 7. mais eſtant deuenu vieil & ſes enfans eſtans incapables à cauſe de leur mauuaiſe vie, de luy ſucceder, il eſleut & oignit pour Roy Saül à la priere du peuple, leur prediſant ce neantmoins les maux qu'ils endureroient quand vn Roy domineroit ſur eux, touchant l'authorité duquel & les Loix du Royaume, il leur eſcriuit vn liure qu'il miſt dans l'Arche du Seigneur. chap. 10. Mais il reprouua depuis Saül par le commandement de Dieu, pour auoir pardóné à Agag Roy des Amalechites ; & s'eſtant departy de luy, mourut quelque temps apres en l'an du monde 3066. ayant gouuerné le peuple enuiron dix ans, ſelon quelques vns, qui eſt iuſques à l'eſlection de Saül; iaçoit que l'Apoſtre confonde le temps de ſa Iudicature (qu'il dit eſtre de 40. ans) auec le regne de Saül. *Act.* 13. Apres ſa mort il apparut à Saül par le moyen d'vne Pythoniſſe Necromancienne, touchant la verité de laquelle apparition il y a de grandes controuerſes tant entre les Hebrieux qu'entre les Chreſtiens, les vns tenans que c'eſtoit le vray Samuel, & les autres ſeulement vne feinte image d'iceluy ; mais les teſmoignage du 46. chap. de l'*Eccleſiaſtiq.* & le 15. du liu. 1. *des Roys*, fauoriſent l'affirmatiue. Il a eſté Autheur du liure des Iuges, de Ruth, & d'vne grande partie du premier liure des Roys, ſelon Iſidore. Il dreſſa vne Eſchole de Prophetes, qui

fut apres luy comme ordinaire & ſucceſſiue entre les Iuifs. *Genebr*.

Sanagar fils d'Anath. *Voy* Samgard.

Sanaballath Lieutenant du Roy des Perſes, lequel impetra d'Alexandre le Grand, le pouuoir de baſtir vn temple en la montagne de Garizim, à l'imitation de celuy de Hieruſalem dont fut premier Pontife ſon gendre Manaſſes, & depuis y eut vn grand ſchiſme entre les vrais Iuifs fideles & les Samaritains pour la verité de la religion. *Ioſephe liu.* 11. chap. 8. de ſes *Antiq. Iud.*

Dom **Sanchez**, nom attribué à quatre Roys d'Eſpagne.

¶ Dont le premier ſurnommé le Gras fils d'Ordogno III. acquit le Royaume par la valeur de ſes armes, mais le 12. an de ſon regne il fut empoiſonné par vn ſien Gouuerneur de Galice.

¶ Le ſecond nommé auſſi Fernandes fut 2. Roy de Caſtille, & eut le ſurnom de Vaillant pour auoir vexé & ſpolié ſes freres & ſœurs, & regna pres de 7. ans.

¶ Le troiſieſme, fils de Dom Ferdinand I. chaſſa ſon frere Alphonſe de Leon qu'il occupa ; mais cuidant enuahir le Portugal, il fut tué en bataille.

¶ le quatrieſme du nom fut ſurnommé le Deſiré, grand Iuſticier. Inſtitua l'Ordre des Cheualiers de Calatraua ſort renommé en Eſpagne, où il regna 7. ans.

Saone riuiere de France, qui prend ſa ſource pres celle de Meuſe & de la Moſelle, laquelle ayant arrouſé la Bourgogne ſe va rendre dans le Rhoſne pres de Lyon.

Saphira femme d'Ananias, leſquels furent tous deux punis par S. Pierre, pour auoir recelé le prix de leur champ. *Voy* Ananias.

Sapores I. du nom, & ſecond en rang de la lignée d'Ar-

AAâââââa

taxerxes qui deffist Artaban dernier Roy des Parthes : Obtint la Monarchie des Perses, l'an de salut 243. soubs l'Empire de Gordian qui le battit en plusieurs diuerses rencontres ; mais il eut bien sa reuanche sur l'Empereur Valerian, car ayant deffaict les legions Romaines par plusieurs fois, il s'en saisit, & l'emmena prisonnier en Perse où il luy fist souffrir mille indignitez, iusques à luy mettre les pieds sur le col quand il vouloit monter à cheual : & nonobstant l'interuention de plusieurs Roys ses voisins, il le fist mourir comme le plus vil esclaue du monde, luy faisant arracher les yeux, selon Eusebe, ou escorcher tout vif, selon Agathias. Mais Odenat Roy des Palmyreniens qui tenoit l'Empire du Leuât, s'opposa à ses efforts & le renferma dans ses pays où il mourut apres auoir regné 31. an.

Sapores II.

succeda à son pere Hormisda au Royaume des Perses. Ce Prince belliqueux reconquit ce que ses predecesseurs auoient perdu en Assyrie & Mesopotamie. Il employa ses forces à persecuter les Chrestiens ; c'est pourquoy Constantin le Grand le pria par lettres de relascher vn peu de cette fureur qu'il exerçoit contre les amis de l'Empire : Mais apres la mort de Constantin, il renouuella ses cruautez, & remporta plusieurs victoires contre les enfans de Constantin, & specialement contre Constans qui fut contrainct de luy demander la paix : Mais ce Sapores ayant ensuitte entrepris la guerre contre les Armeniens, leur Roy Arsaces le vainquit & le força de se retirer en Perse ; & toutefois releué de cette perte, il deffist l'armée de Iulian l'Apostat qu'il tua en bataille : neantmoins il traicta de paix auec son successeur Iouinian, mais assez aduantageusement pour luy. Puis mourut aagé de 70. ans, l'an de salut 379. *Amm. Marcell. Eutrope liu.* 10.

Sappho

femme excellente en Poësie, inuentrice du vers que l'on nomme sapphique. L'on tient qu'elle fleurissoit du temps de Tarquin l'Ancien : Elle a escrit neuf liures de vers Lyriques, des Epigrammes, Elegies, & autres especes de Poësies. L'on en met vne autre de ce nom, de l'isle de Lesbos, qui a pareillement excellé en la façon des vers Lyriques : & dit-on qu'estant deuenuë amoureuse d'vn certain Phaon qui mesprisoit ses attraicts, elle se precipita dans la mer, dont Ouide a faict vne Epistre qu'elle addresse à ce sien amoureux. Mais les Poëtes Latins les confondent ordinairement n'en faisans qu'vne.

Sarai,

interp. de l'Hebr. *Dame* ; fille de Haram, & femme d'Abraham, appelée autrement Iesca à cause de sa beauté, aussi fut elle enleuée par deux fois à cause d'icelle, l'vne par le Roy Pharaon en Egypte, & l'autre par Abimelech Roy de Geraris, lesquels croyoient & l'vn & l'autre qu'elle estoit sœur d'Abraham, comme elle se disoit aussi estre par son conseil : mais neantmoins elle demeura tousiours sans estre polluë à cause des aduertissemens & des playes que Dieu enuoya pour ce sujet sur ces Roys *Gen. chap* 12. & 2. Se voyant sterile, elle donna en sa place à son mary sa chambriere Agar, de laquelle il engendra Ismael. *Genes.* Depuis estant aagée de 90. ans, elle eut Isaac, suiuant la promesse que Dieu luy en auoit faicte, ayant changé son premier nom de Sarai en celuy de Sara. *Genes.* 17. & 18. Elle mourut enfin aagée de 127. ans. Le Seder Olam *chap.* 22. luy attribuë le don de Prophetie.

¶ Vne autre de ce nom, fille de Raguel, laquelle espousa Tobie par le conseil de l'Ange Raphaël, nonobstant que sept de ses premiers maris eussent esté estouffez par le Demon, lequel ce neatmoins fut lié au desert par l'Ange, & moyennant les prieres de Tobie la premiere nuict de ses nopces. *Voy* Tobie.

Saragosse ville capitale d'Arragon, appellée autrement par Polemée, Pline & autres, *Cæsarea Augusta*, & de present *Carragoça*. L'on la faict bastie par Iuba Roy de Mauritanie : située en lieu plain au riuage du fleuue Iberus : munie de murailles & tours bien fortes. Iadis les Roys d'Arragon y souloient prendre la Couronne par les mains de l'Archeuesque du lieu. Elle est pareillement ornée d'vne Vniuersité fameuse. *Mercator en son Atlas.*

¶ Vne autre de ce nom en Sicile. *Voy* Syracuse.

Sardaigne isle de la mer Mediterranée, ainsi appellée de Sardus fils d'Hercule, lequel venant de Libya là vint habiter : Elle fut aussi nómée *Sandaliotes* à cause de la forme d'vne semelle qu'elle represente. Elle est bornée au Leuant par la mer de Toscane, du costé qu'elle regarde la Sicile : au Midy, de la mer d'Afrique : au Couchant, de la mer de Sardaigne, & au Nord, par la mer de ce nom qui l'arrouse auec la Corsegue. Pline luy donne de circuit 560. milles : Elle s'estend du Septentrion au Midy en longueur, laquelle peut estre de six iournées d'vn homme de cheual, & sa largeur de deux seulement : Elle est soubs le 4. climat, & comprend le 11. & 12. paralelles. Son air est malsain, & la peste s'y engendre volontiers mesmes aux lieux plus fertils, comme au Cap de Lugudor où il y a beaucoup de marets ; car quant au Cap de Calaris où le pays est mótueux, l'air y est plus pur. Son terroir est grandement fertil en bleds & en vins principalement, il y a force animaux tant priuez que sauuages, & specialement quantité de cheuaux, mais qui sont fort petits : il s'y trouue vne espece d'animaux que l'on ne void ailleurs, qu'on appelle Musclions, lesquels ressemblent aux Cerfs, & ont des cornes comme vn

Béllier, dont la chair est bonne à manger : il n'y a aucun animal venimeux & nuisible fors vn qui n'est non plus grand qu'vne araignée : il y a vne herbe dicte ranuncule laquelle si vne personne en mange, elle luy retire les veines tellement qu'il meurt comme en riant, d'où est venu le Prouerbe, *Vnriz Sardonien.* Il y a des mines d'argent, de soulfre, d'alun & de sel, comme aussi des fontaines d'eau chaude fort medicinales. Il y a quelques villes renommées, comme Calaris dicte de present *Cagler*, située sur vne haute montagne pres la riue de la mer vers l'Afrique, où il y a vn beau & grand havre ; le Viceroy d'Espagne y faict sa demeure, comme aussi tous les Principaux de cette isle, mais ce neantmoins la ville se gouuerne à part par ses habitans, lesquels establissent des Cóseillers qui ont pouuoir de donner des loix, punir les malfaicteurs de leur propre authorité, ayás eu ces priuileges du Roy d'Arragon : il y a encore les villes d'Oristang, de Sassaris, d'Algher, & autres. Plutarque *en la vie de Romulus* dict que les Toscans habiterent premierement cette isle ; en suite les Carthaginois, Grecs, Romains, Sarrazins, Genois & Pisans l'ont occupée les vns apres les autres ; mais le Pape l'ayant donnée en fief au Roy d'Arragon pour la desobeissance des Pisans, il s'en empara, & depuis l'a tousiours possedée paisiblement, & par ce moyen est venuë au Roy d'Espagne. Les habitans sont robustes de corps & de couleur brune, fort peu ciuils, addonnez à la chasse, & mesprisants les lettres, au reste ils sont tous Catholiques. Il y a trois Archeuesches, sçauoir celuy de Calaris, celuy de Sassaris, & celuy d'Albore, qui ont soubs eux plusieurs suffragants. *Munster liu. 2. de sa Cosmogr. Magin en sa Geogr.*

Sardanapale fils de Sennacherib, & dernier Roy des Assyriens, que Genebrard dit estre

appellé en Hebrieu *Affar-Adon Phul*,
qui se rapporte au Grec & Latin *Sar-
danaphale*, & dit que Berodac ou Me-
rodac Roy des Babyloniens & ayeul
de Nabuchonosor auec Arbactus Me-
dois l'vn de ses Lieutenans en Mede,
luy osta son Royaume du téps du Roy
de Iuda Ezechias, ainsi qu'il le coniecture *du 4. des Roys chap. 20. & d'Esaie
chap. 39*. Mais la plufpart des Historiens
prophanes disent que cet Arbactus ou
Arbaces ou Arsaces se reuolta contre
luy l'ayant recogneu mol & afseminé
outre mesure, iusques à prendre l'habit & faire le mestier des femmes, &
qu'estant par luy poursuiuy, il se retira
en Babylone où ayant afsemblé ses
thresors & choses plus precieuses il en
fist vn buscher où il se brusla quant &
quant. Ainsi Arbactus luy succeda &
transporta son Royaume en Perse. *Iustin liu. 9. Diod. Sicilien liu. 8, de sa Bibliotheque.*

Sarephta ville des Sidoniens, de
laquelle estoit cette vef-
ue que le Prophete Elie nourrit mira-
culeufemét vn long temps, multipliant
sa farine & luy resuscitant son fils. *3.
Roys chap. 17.*

Sarlat ville de Perigord, dicte des
Latins *Sarlatum* ou *Sarlitum*,
laquelle fut erigée en Euesché dependant de l'Archeuesché de Bordeaux,
par le Pape Iean XXII.

Sarmatie region tres-ample, commençant depuis les fron-
tieres d'Allemagne & le fleuue Vistule:
& s'estendant iusques en l'Hircanie
dont les peuples sont appellez Sarmates, & par les Grecs Sauromates. Il y a
deux Sarmaties toutes deux diuisées
par le fleuue Tanais, l'vne est en l'Europe qui est l'Occidentale, l'autre Asiatique qui est situé vers le Leuant. L'Européenne est bornée vers le Nord de
cette partie de l'Ocean que nous appellons Sarmatique: au Couchant par
vne partie de l'Allemagne, & par le

fleuue Vistule: au Midy par la Iazigie
& les peuples Metanastes: & au Leuant
par la Sarmatie Asiatique & le fleuue
Tanais, & est en partie possedée par les
Polonois, Russiens & Tartares. La Sarmatie Asiatique qui faict partie de
l'ancienne Scythie a pour ses bornes
au Leuant l'Hircanie: au Nord vne terre incogneuë: au Couchant la Sarmatie Européenne & le fleuue Tanais: &
au Midy vne partie du Pont Euxin. Les
Sarmates & principalement de l'Asiatique sont peuples fort sauuages &
brutaux, habitans les forests & montagnes, viuans d'ordinaire de laict meslé
auec du sang de cheuaux, se seruans de
cabanes portatiues, & pource furent
nommez Amaxobiens. *Voy Amaxobiens.* Et mesme quelques vns d'entr'eux appellez Gelons qui viuent de
chair humaine. *Voy Gelons & Scythie.*

Saronique golfe de l'Achaïe qui
arrouse l'isthme ou de-
stroict Corinthiaque vers le Leuant,
comme celuy qui l'arrouse vers le Couchant se nomme Criséen. Il fut ainsi
appellé d'vn certain Dieu marin nommé Saron, que Pausanias *en l'Estat de
Corinthe* dict auoir esté vn Roy qui
commandoit à cétte coste maritime. Il
s'appelle de present, selon Castalde,
Golfo de Engia.

Sarpedon fils de Iupiter & de
Laodamie fille de Bel-
lerophon, ou comme dict Herodote *en
sa Polymnie* d'Europe lequel fut frere
de Minos. Estant Roy de Lycie, & fort
grand guerrier, il vint au secours de
Priam contre les Grecs où apres auoir
faict plusieurs proüesses, il fut finalement mis à mort par Patrocle. Apres
son deceds Iupiter commanda à Apollon de retirer le corps de la foule &
l'aller lauer en vn ruisseau, puis l'ayant
repeu d'ambrosie & orné de son habit
Royal, de l'enuoyer en son pays pour y
estre honnorablement inhumé. *Homer.
liu. 16. de l'Iliad. Virgile li. 1. de l'Aeneid.*

Sarrazins engeance des Arabes, appellez autrement Ismaëlites & Agareniens pour estre yssus d'Ismaël fils d'Agar seruante d'Abraham. Ils furent ainsi appellez d'vne bourgade de l'Arabie pierreuse nommée Sarrach, voisine du pays des Nabathéens selon Ptolemée *liu. 6. chap. 11.* & Ammian. *liu. 14. de ses Hist.* & non comme ils se vantent de Sara femme du susdit Abraham; mais plustost l'on doit tirer l'origine du mot Arabe *Elsarack* qui signifie Larrons & Nomades, pour ce qu'ils ont esté tousiours insignes badouliers & voleurs. Leur premiere demeure a esté en l'Arabie pierreuse : Ils ont tousiours esté grands guerriers, rodans au reste sans demeure asseurée & sans Loix : Leur valeur les fist rechercher de l'Empereur Heraclius, & recognoissans leur force, coururent en Perse, Syrie & Egypte; & depuis s'estansioinéts auec Mahomet desquels il fut estimé le premier Roy enuiron l'an 600. & ayans embrasé sa secte, ils firent des proüesses admirables tant en Asie, Afrique, qu'Europe, & specialement soubs leur Roy Amyras, car ils se rendirent Maistres d'Egypte, d'Alexandrie, d'Antioche, de Damas & de toute la Syrie : mais les Mahometans & Turcs ayans enuahi la Souueraineté tant en l'Estat qu'en la Religion, l on a supprimé le nom de Sarrazins, auquel est succedé celuy des Turcs. *Sabellio Ennead. 8. Blond. liu. 9. Decad 1. Voy* Arabes & Turcs.

Sarron, 3. Roy des Gaules, Prince tresdocte lequel le premier (selon Berose) institua des Vniuersitez ou Estudes de lettres publiques : mesmeil y auoit iadis vne secte de Philosophes en Gaule qui de luy furent appellez Sarronides, comme le tesmoigne Diodore Sicilien; bien que quelques autres deriuent ce mot d'vn chesne dit Sarron en vieil langage Grec, pour ce qu'ils philosophoient dans les forests;

& ceux-cy estoient les plus sçauants, aussi exerçoient ils la Iustice, & instruisoient la ieunesse en toute belle science. *Voy* Bardes & Druydes.

Sarthe fleuue qui arrouse la ville du Mans, & diuise la Normandie, d'où elle prend sa source, d'auec le Maine.

Sarug fils de Rehu ou Ragau, & pere de Nachor ayeul d'Abraham. *Genes.* 10. Mourut l'an du monde 2050. & son aage 230.

Satarques certains peuples de la Scythie Européenne pres le Palus Meotide, lesquels (comme rapporte Solin) mesprisent l vsage de l'or & de l'argent : ils sont tresbelliqueux. *Mela liu. 2. en sa Description de la Scythie Européenne.*

Saturnales festes qui estoient celebrées à Rome en l'honneur de Saturne, au mois de Decébre, par l'espace de cinq ou six iours, pendant lesquels les Maistres seruoient leurs valets & esclaues; & l'on auoit de coustume d'ennoyer des presens les vns aux autres en memoire de l'ancienne liberté qui estoit en l'aage doré, soubs le regne de Saturne. *Macrobe en ses Saturnales.*

Saturne, l'vn des plus anciés Dieux, fils du Ciel & de Vesta; ou selon Platon *en son Timée,* de l'Ocean & de Thetys. Il prist en mariage Ops ou Rhée sa sœur : s'empara du Royaume de son pere auec l'aide des Titans, & non content de ce, prenant vne faux en main luy couppa les genitoires, desquelles estans iettées en la mer prist naissance Venus que les Grecs ont de là appellée Aphrodite, du Grec *Aphros* qui signifie escume : Ce neantmoins son frere Titan pretendant par droict d'aisnesse la Couronne luy appartenir, meditoit de s'en emparer; mais sollicité par sa mere & ses sœurs communes, il s'en departit, à telle condition toutefois que Saturne n'esleueroit aucuns

enfans mafles, afin que par ce moyen la
Couronne luy retournaft, à quoy Saturne s'accorda, preuoyant d'autrepart
qu'il auroit vn fils qui le chafferoit de
fon throfne & Royal: Ainfi ayant pris
refolution de faire mourir tous les mafles, Ops fa femme qui n'en eftoit contente fe retira en Candie, où ayant accouché de Iupiter & de Iunon tout enfemble, elle luy monftra feulement Iunon, & donna fecretement Iupiter à
nourrir aux Corybantes qui auec le
bruict & cliquetis de leurs cymbales &
clairons eftoufferent le cry de l'enfant
de peur qu'il ne vint aux oreilles de
fon pere: comme neantmoins Saturne
faifoit inftance à fa femme qu'elle luy
iuraft fon fils qu'il fçauoit eftre nay,
elle luy emmaillotta vn caillou (nommé Abadir) qu'il deuora fans y regarder en guife de l'enfant: Elle vfa de la
mefme fineffe en fon endroit, quand
Neptune & Pluton vindrent au monde lefquels elle cacha de fa prefence, &
empefcha qu'ils ne fuffent deuorez cōme tous les autres mafles qui luy naif-
foient: Mais Titan s'eftant enfin apperceu qu'on nourriffoit fecretement
les enfans de Saturne contre l'accord
qu'ils auoient arrefté, fe faifit accompagné des autres Titans, de Saturne &
de Rhée lefquels il fift emprifonner
auec feure garde, iufques à ce que Iupiter venu en aage les degagea, affifté
des Candiors, & reftablit Saturne en
fon Royaume apres auoir deffaict les
Titans: Mais Saturne craignant toufiours d'en eftre debouté, comme a efté
dit, par fon fils, fe mift à luy dreffer des
embufches couuertemét; ce que voyāt
Iupiter, & ayant cogneu fes menées, le
pourfuiuit auec telle violence qu'il fut
contraint de paffer la mer & fe retirer
en cette partie d'Italie qui pour l'auoir
caché fut appellée Latium (du mot Latin Latere qui fignifie fe cacher,) où
pour lors regnoit Ianus qui l'accueillit
humainement & l'affocia en fon Roy-

aume, en recompenfe dequoy Saturne
luy apprift & à fes fubiects tous groffiers, fauuages, & efpars és forefts &
montagnes, à fe raffembler és villes &
viure plus ciuilement; comme auffi leur
enfeigna à labourer la terre, à planter
& anter les arbres: Enfin il apporta
tant de biens aux Italiens qu'en reco-
gnoiffance d'iceux ils l'adorerent, & fa
femme auffi, comme Dieux: Ils le reprefentoient en forme d'vn vieil homme
tefte nuë, auec vne robbe defchirée,
tenant en fa main vne faux & quelquefois vn ferpent qui fe mordoit la queuë;
il y auoit toufiours des cierges allumez
fur fon Autel: & lors que les Romains
celebroient les Saturnales en fon honneur, les Maiftres feruoient leurs feruiteurs en memoire de cette grande liberté qui fut foubs fon regne. Hefiode,
Homere, Virgile, & autres.

¶ Cette narration de Saturne eftant meflan-
gée d'hiftoire & de fable, les Mythologiës
fe font arroftez feulemēt à ce que les Poetes
en ont feinct, & non à ce que les Hiftoriens
en ont efcrit: Les Naturaliftes n'ont entendu autre chofe par Saturne, que le Temps
(& pour cette caufe les Grecs l'ont appellé
Chronos, & les Latins Saturnus, comme
qui diroit Satur annis, c'eft à dire, faoul
d'années.) Il eft dit fils du Ciel, pour ce qu'il
a pris fon eftre auec la creation & mouuement du Ciel: L'on dit qu'il a taillé fon pere, ce qui monftre l'vnité du monde, entant
que deftitué de fes parties genitales il n'en
peut plus procreer vn femblable, ōme l'explique Ciceron au liu. 1. de la Nature des
Dieux. Il fift accord auec fon frere Titan
qui eft le Soleil, qu'il occiroit tous fes fils,
ce qui ne veut monftrer autre chofe que luy
qui eft le Tēps, & le Soleil qui eft autheur
des chofes naturelles (dont aucune ne fe fait
qu'auec le Temps) s'accordent enfemble à
ce que toutes chofes prennent fin, ou pluftoft
fe refoluent par changement en leur premier
commencement, & fe renouuellent en d'autres; tout ainfi que Saturne apres auoir
deuoré fes enfans les renuomiffoit: mais ce

pendant rien n'euце ſi dent;ce qui nous eſt ſignifie par la pierre(qui eſt vne choſe dure & ſolide)qu'il demeura;côme auſſi par la faux qu'il tient en main,pour moſtrer qu'il tranche toutes choſes: & ce neantmoins il y en a quatre qui ne furent par luy deuorez ſçauoir Iupiter, Iunon, Neptune, & Pluto qui nous marquent les quatre Elemens du feu, de l'air, de l'eau, & de la terre qui en leur total ne periſſent. L'on luy donne vne forme de vieillard, pource que le Temps eſt vieil;mal veſtu,pource qu'au commêcement du monde les hommes ne cherchoient ſomptuoſité en leurs veſtemens, ou bien tels habits monſtroient qu'eſtans ainſi vſez ils eſtoient plus conuenables à la vieilleſſe d'iceluy:il auoit la teſte nue,pour ce qu'ences premiers temps auſquels il regnoit & que l'aage d'or eſtoit en vigueur,la verité eſtoit deſcouuerte & non cachée. comme és derniers ſiecles par tant de menſonges & de tromperies : & pource les Anciens luy ſacrifioient-ils la teſte deſcouuerte,laquelle ils couuroient en ſacrifiant aux autres Dieux:la faux qu'il tient en main, môſtre que le Temps moiſſonne & tranche toutes les choſes:quant au ſerpent qu'on luy donnoit en main qui ſe mordoit la queuë, cela monſtre les changemens & viciſſitudes des affaires, & que la fin depend de commencement.Quelques vns appliquent les circôſtances de cette fable à la qualité de la Plaxette de Saturne,dont voy Noëlle Comte liu.2.chap.2. de ſes Mythologies.

¶ Qant à la fin de cette narration, elle eſt du tout hiſtoriale : car il eſt certain que Saturne fut chaſſé de la Grece par ſon fils Iupiter,& ſe refugia en Italie depuis appellée de ſon nô Saturnie;& qu'apres auoir ciuiliſé le peuple barbare, & luy auoir enſeigné beaucoup de belles & vtiles inuenſios ſpecialemêt de l'Agriculture,il fut par eux reputé pour Dieu apres ſa mort,auquel ils donnerent pour ce vne faux en main qui eſt'inſtrument propre pour les moiſſons;& pource meſmes quelques vns tirent ſon nom du mot Latin ſatus qui ſignifie ſemaison.

D'autres par ce Saturne entendent Nembrod fondateur de Babylone.duquel parle Beroſe li.3.Et d'autant qu'il diſparut tout à coup, le vulgaire creut qu'il auoit eſté receu au Ciel & adopté au Col.des Dieux.

Saturniens Heretiques ainſi appellez d'vn certain Saturnin, qui aſſeuroit que le monde auoit eſté creé par ſept Anges ſans le ſceu de Dieu. Hiſt. Eccleſiaſtique.

Saturnin Tribun du peuple Romain, fort ſeditieux, qui voulant troubler la République par pluſieurs Edicts pernicieux qu'il mettoit en auant, fut enfin de l'aduis du Senat aſſiegé au Capitole & tué par vn certain ſerf nommé Sceua auquel pour recompenſe on donna la liberté: mais quelques années apres C. Rabirius ayant eſté accuſé de ce meurtre, il fut defendu en iugement par Ciceron, par cette Oraiſon que nous auons encore entre mains. Plut. en la vie de Marius.

Satyres furent appellez des Anciens ces monſtres my-hommes & my boucs; car bien qu'ils ayent la face humaine, ſi eſt-ce qu'ils ont des cornes à la teſte, & des pieds de chevre: Pline liu.5. chap.8. Au reſte ſi viſtes & legers qu'ils ne peuuent-eſtre pris que morts ou malades. liu.7. chap.2. Plutarque, Pauſanias , & autres Anciens en font mention, S. Hieroſme meſmes dit qu'il en apparut vn à S.Antoine és deſerts de la Thebaïde. Voy Ægipans. Ils ſont ainſi appellez à cauſe de leur laſciueté: Les Anciés les appellent Faunes, Pans, Ægipans, Syluains, qu'ils appelloient demy-Dieux,& eſtimoient preſider aux foreſts & montagnes ,ne croyans qu'ils allaſſent iamais au Ciel , qu'ils pouuoient nuire & aider, mais qu'ils prenoient fin.

Saül, interpr.de l'Hebr. Renard; fils de Cis de la Tribu de Benjamin ,fut le premier Roy des Iſraëlites, leſquels le demanderent inſtamment à Samuel: car alors leur Republique fut changée, & les Roys eſtablis en la place des Iuges ou Ecclesiastiques qui leur commandoient, nonobstant les incouueniens & les rigoureuses coustumes des Roys que leur representa Samuel, au prix de la douce & moderée façon dont ils estoient gouuernez auparauant. 1. Roys chap. 8. Il fut donc oingt par Samuel, apres auoir esté marqué de Dieu par signes euidens, & son election faicte par sort ; aussi fut-il d'vne taille si riche qu'il surpassoit tous les autres Israëlites depuis les espaules iusques en haut. chap. 10. Il se comporta du commencement selon Dieu, c'est pourquoy il vainquit les Ammonites, puis establit sa demeure Royale en Galgala. chap. 11. Il deffist en suitte les Philistins : mais pour auoir entrepris l'office de Sacrificateur, il fut deslors reprouué de Dieu, & son Royaume destiné à Dauid. chap. 13. Et neatmoins Dieu fauorisant son peuple, il destruisit encores miraculeusement les Philistins. chap. 14. comme aussi les Amalechites : mais ayant pardonné à Agag leur Roy, contre la defense expresse de Dieu, il fut reprouué tout à faict, & lors Samuel l'abadonna & oignit Dauid pour Roy par le commandement de Dieu. chap. 15. & 16. Depuis il fut possedé du malin esprit, & Dauid qui estoit encore pour lors ieune enfant, & qui ioüoit bien de la harpe, fut appellé aupres de luy pour chasser ce mauuais Demon en ioüant de son instrument. Depuis ce temps là il conceut vne haine implacable contre Dauid dont il recrercha la mort en plusieurs façons, luy promettant ses filles Merob & Michol pour l'engager à la deffaicte des Philistins, & ainsi le perdre ; ce neantmoins l'ayant trompé de Merob, il fut forcé de luy donner Michol qui l'aïmoit. chap. 18. Mais depuis ce temps il eut Dauid en si grande haine qu'il le poursuiuit à toute outrance pour le faire mourir ; si bien que Dauid fut contraint de changer douze fois sa demeure (depuis le 19.

chap. iusques au 20.) en laquelle persecution toutefois Dauid l'eut souuent en sa puissance. Enfin les Philistins s'estans sousleuez côtre les Israëlites, Saül se voyant abandonné de Dieu, & dont il ne receuoit aucune responce touchât l'yssuë de la guerre, eut recours à vne Pythonisse qui luy representa Samuel, lequel luy confirma sa reprobation, & ce qui luy deuoit arriuer le lendemain à la bataille, & tel fut le succez ; car ayant esté vaincu par les Philistins, voyant ses fils morts, il se tua luy mesme. chap. 28. & 31. apres auoir regné 40. ans auec Samuel, selon S. Paul Act. 13. dix ou vingt selon quelques autres, enuiron l'an du monde 3106. selon Genebrard.

Saul estoit appellé l'Apostre S. Paul deuant sa conuersion. Act. 7.

Saumur ville & chasteau du pays d'Anjou, sise sur la riuiere de Loire. Elle est remarquable par l'Eglise Nostre Dame des Ardilliers tant renommée pour ses miracles par toute la France.

Sauonarole (nommé Hierosme) de l'Ordre des Freres Prescheurs, personnage disert & tres-sçauant, au reste en telle reputation de saincteté parmy le peuple de Florence qu'on n'establissoit rien en la Republique sans son approbation : dont les plus Grands conceurent vne telle enuie contre luy qu'il fut pris prisonnier auec grand tumulte & effusion de sang, degradé de l'honneur Sacerdotal, puis bruslé tout vif, & ses cendres iettées dedans la riuiere. Il a escrit quantité de liures dòt faict mention Sixte Siennois liu. 4. de sa saincte Biblioth. Il fleurissoit enuiron l'an 1498.

Sauone ville notable de la Seigneurie de Gennes, ornée d'assez beaux edifices, elle a esté soubs la puissance de diuers seigneurs, sçauoir, soubs les Sforces, Ducs de Milan, François, & ses Ducs particuliers ; mais main-

maintenant elle recognoist la Republique de Gennes : D'icelle sont sortis trois Pontifes Romains, Gregoire VII. Sixte IV. & Iules II.

Sauromates peuples de la Sarmatie, dicts aussi Sarmates. *Voy* Sarmatie.

Sauoye Duché signalée qui estoit iadis de la Gaule Narbonnoise & comprise dans le Royaume d'Arles. Elle fut ainsi appellée selon aucuns, comme qui diroit saulue-voye ou bon chemin, & ce depuis qu'elle fut repurgée de plusieurs brigads & meurtriers qui rendoient les chemins mauuais; ou plustost de certaine bourgade nommée Sebatie que Ptolemée & autres anciens Geographes colloquent sous les Alpes. Elle est bornée au Nord par la Comté de Bourgogne & le pays de Suisse : au Leuant du Piedmont, & d'vne partie des Alpes : au Midy & au Couchant par le Dauphiné & le fleuue du Rhosne qui la separe de la Duché de Bourgogne. L'air y est fort sain, le terroir y est montueux, & neantmoins fertil en bleds, & en vins principalemét vers le Septentrion & pres du lac de Geneue. Les principales parties de ce Duché sont la Comté de Morienne, la Tarentaise & le Marquisat de Suze, sans y comprédre la Bresse qui en a esté eneruée & adiointe à la Couronne de France par Henry IV. comme aussi la Comté de Geneue. Il y a plusieurs villes & places fortes, & entr'autres Chábery seiour du Duc & siege du Parlement, Mommeillan, Bellay, Nicy, Moustier, &c. Ses Ducs sont sortis des Ducs de Saxe, & de l'estoc d'Othon II . lequel pour ce sujet donna à Bermold ou Berauld les terres de Sauoye & partie de Piedmont, & Amé I. du nom, qui luy succeda apres Humbert, fut le premier Comte de Sauoye & de la Morienne enuiron l'an 1118. mais elle fut depuis erigée en Duché, & en fut creé premier Duc Amedée VIII. par l'Empe-

reur Sigismond au Concile de Constance. Les Ducs de Sauoye ont des pretentions sur la Comté de Geneue & sur le Marquisat de Montferrat, mais à l'aduanture qui leur appartiennent autant de droict comme ces anciennes qu'il a sur l'Empire de Constantinople, sur les Royaumes de Cypre , de Hierusalem & d'Armenie, à cause de Charlotte de Lusignan femme de Louys de Sauoye Prince de Piedmont, suiuant la cession qu'elle en fist à Charles I. du nom, Duc de Sauoye, qu'elle adopta pour son heritier; comme aussi sur l'Achaïe, ayant Philippes fils de Thomas III. Duc de Sauoye espousé vne fille du Prince d'Achaïe de laquelle il iouyt quelque temps. Son Duc possede encore outre la Sauoye, le Piedmont, la Comté de Nice, & quelques autres terres, si bien que c'est vn des plus puissans Ducs de la Chrestienté, duquelle reuenu ordinaire monte à plus d'vn million d'or tous les ans. Les Sauoyars sont vn peu niais & peu propres à la guerre. Les Gentilshommes toutefois y manquét plus d'addresse que de courage, & sont assez courtois & vertueux. *Mercator, Ortelius.*

Saxe Duché tres-ample de l'Allemagne, laquelle estoit iadis de grande estenduë & comprenoit plusieurs Prouinces, sçauoir la Westphalie, l'ancienne Marche, Misne, Lusace, Mansfeld, & quelques autres pays, & generalement tout ce qui estoit contenu entre les fleuues du Rhin & de l'Elbe, la mer Germanique & la riuiere d'Eydore iusques en l'Hassie & aux frontieres de Thuringe, si bien que Brunsfwich estoit comme son milieu. Elle fut ainsi appellée des Saces peuples d'Asie , lesquels auec les Getes , Daces & autres peuples de la Scythie ou Sarmatie Asiatique s'espandirent dans l'Europe & y vindrent planter des colonies, & bien qu'ils eussent communiqué leur nom à plusieurs prouinces , si est ce qu'il est

feulement demeuré de prefent à cette
contrée que l'on diuife en Haute &
Baffe, non felon la fituation, mais felon
la Iurifdiction. La Haute eft la feigneurie d'vn des Efecteurs de l'Empire, ornée du titre de Duché, laquelle eft bornée au Leuant de l'Ancienne Marche:
au Couchant de l'Heffen : au Midy de
la Thuringe & Mifne : & au Nord de
la Duché de Brunfwich ; & d'icelle
Haute Saxe, la capitale ville eft witem-
berg. Soubs la Baffe font comprifes les
Duchez de Lawenburg , Mechleburg
& Lunenburg ; l'on y comprend auffi
les pays d'Holface , Stormar & Dith-
marfie ; & de cette Baffe la Metropolitaine eft Hala , fituée prés le fleuue de
Sal. Le pays y eft rude , mais fort fain:
au refte eft pourueu en abondance de
tout ce qui eft neceffaire à la vie , hormis de vin. Il a des riuieres fort poif-
fonneufes , & entr'autres la Welere ,
l'Elbe, & la Sueue. Il s'y trouue auffi grãde quantité de metaux d'or , d'argent,
de cuiure, d'airain, & de plomb, dont
les habitans tirent grand profit : Ils ont
vne forte de pierres fouffreufes , noires
& meflées de cuiure, lefquelles quãd on
faict brufler l'on apperçoit certaines
veines ou rayons fur la croute d'icelles
qui reprefentẽt toutes fortes de beftes,
de poiffons , d'oyfeaux & de ferpents,
voire mefme l'image d'vn Pape auec fa
triple couronne. Cette prouince fut
premierement gouuernée par les Danois, Saces , & autres peuples Septentrionaux qui l'habiterent felon le tefmoignage de Ptolemée : les autres difent que ce furent les Macedoniens &
Vvandales ; quoy que s'en foit longtẽps
deuant noftre Seigneur, ils eurent diuerfes querelles contre leurs voifins, &
fpecialement contre les Danois defquels ils furent tributaires , & en fuitte
des Romains qui les fubiuguerent fous
l'Empereur Augufte : les François les
mirent auffi fous leur puiffance fous
nos Roys Dagobert I. Charles Mar-

tel , Pepin & Charlemagne lequel enfin le dernier de tous les reduifit à la
Foy Chreftienne, mais auec grande peine, ayant leur Duc Vvidichind efté ba-
ptifé & tenu fur les fonds par ce Grand
Empereur l'an de falut 785. *Mercator*
Atlas , Monfter.

Saxons peuples habitans de cette
contrée , lefquels comme
originaires de nation barbare , ont efté
iadis grands efcumeurs de mer , mefmes maffacroient par vne execrable
ceremonie ceux qu'ils prenoient en
guerre lefquels ils facrifioient à leurs
Dieux : ils faifoient vne fi grande diftinction entre les libres & les ferfs, les
Nobles & les roturiers , qu'ils punif-
foient de mort ceux qui contractoient
mariage auec d'autres que de leur forte. Quant à leur Religion , ils eftoient
grandement addonnez à la fuperftitiõ
des Idoles dont ils ne peurent eftre di-
uertis qu'auec grande peine : Ils dedioient les bois de haute fuftaye & les
forefts plus efpaiffes à leurs Dieux où
ils les veneroient fans leur vouloir baftir de temples ny faire aucunes figures
pour les reprefenter : Ils s'attachoient
aux fortileges & deuinations qu'ils faifoient non feulement par le vol des
oyfeaux , mais auffi par les cheuaux
dont ils obferuoient fuperftitieufement
le henniffement & le bruict pour en
coniecturer l'enenement de leurs affaires plus importantes. Pour le prefent
les habitans font plus moriginez , habiles , robuftes & forts de membres, à
caufe de la grande viande dont ils font
nourris dés leur enfance ; car les meres
mafchent aux petits enfans la viande ,
& ne leur donnent ny laict ny bouillie:
ils font grandement addonnez à l'y-
urongnerie, beuuans fans ceffe comme
à l'enuy iour & nuict , de leur biere ou
ceruoife à faute de vin : ils ont affez
religieufement conferué la Religion
Catholique iufques à ce dernier fiecle
qu'ils ont embraffé l'herefie de Luther.

Monster liu. 3. de sa Cosmogr.

S C

Scaliger (nommé Iule Cesar) personnage tresdocte, yssu des Princes de Verone, fut vn excellent Philosophe, Poëte & Medecin, ayant laissé son fils Ioseph Scaliger qui estoit aussi vne abysme d'erudition, & le soleil des hommes doctes de son temps, ayant la cognoissance de plus de douze langues, lequel mourut à Leyden en Hollande l'an 1609.

Scæuola surnom de Q. Mutius, lequel fut ainsi appellé pour ce qu'il fut contraint de se seruir de sa main gauche dicte *Scæua* par les Grecs, au lieu de sa droicte qu'il fist brusler par vne magnanimité incomparable en la presence du Roy Porsenna. *Voy* Mutius.

Scamandre fleuue de la Troade, prenant sa source du mont Ida, lequel Homere *Iliad.* 20. dict estre appellé Xanthe par les Dieux, & Scamandre par les hommes; attribuant selon sa coustume, la plus ancienne appellation aux Dieux, & la moderne aux hommes. Dedans ce fleuue souloient s'esgayer les fiancées de la Troade, luy consacrans leur virginité, ce qu'elles faisoient en ces termes : Reçoy, ô Scamandre, *ma virginité. Eschines.*

Scandie ou Scandinauie ou Scondanie est appellée par Pline & autres Autheurs anciés toute cette contrée Septentrionale qui côprend maintenant les Royaumes tres-amples de Norwege, Suede, Gotthie & Dannemarch, excepté toutefois la Iutie ou Cherfonese Cimbrique qui faict partie du Dannemarch, bien que Ptoleméel ait estimée vne isle, il s'est trouué toutefois que ce n'est qu'vne presque isle, ayant vne longueur inmense & incognue vers le Nord, si bien que Pline l'appelle vn autre môde; & Procope dit que c'est la Thulé des Anciens, dix fois plus grande que la Grande Bretagne, & qu'elle côprend bien 13. Royaumes. Elle est enuironnée de tous costez de mer fors deuers l'Oriét qu'elle se separe par le fleuue Polna de la Liuonie & des autres prouinces du Moscouite. Elle s'estéd presque depuis le milieu du Tropique de Cancer & du Cercle Arctique iusques bien loin pardelà ce Cercle, si bien que son plus long iour d'Esté en sa partie plus Septentrionale est de 3 mois, 8 iours, bien qu'en sa plus Meridionale le plus long iour n'y soit que de 17 heures. L'air y est grandement intemperé & rigoureux; estant d'autre part le pays fort aspre, remply de montagnes, rochers & forests, infertil en toutes sortes de fruicts; si bien que les habitans ne viuent que de chasse & de pesche, aussi y void on des poissons & animaux terrestres d'vne forme non accoustumée. Les habitans sont tres-rudes, sauuages & sans ciuilité aucune, specialement és lieux qui tirent vers le Nord. *Olaus le Grand, Magin en sa Geographie.*

¶ Scanie est aussi appellée vne contrée & des plus grandes du Royaume de Dannemarch, ioignante à la Suede, que quelques vns appellent Scôdanie, c'est à dire, *plaisante Danie.* Elle est entourée de mer de toutes parts, excepté d'vn costé où il y a vn bras de terre qui s'estend vers le Nord, & de là se retoûrne vers le Leuant où il est ioint à la Suede, mais remply de tant de forests & aspres rochers qu'on a beaucoup moins de peine d'y aller par mer. Cette contrée ne cede a aucune autre en air serain, en la commodité des ports & riuieres, & en toutes autres richesses maritimes, comme aussi en abondance de mines d'argent, d'airain, & de plomb; aussi est elle fort peuplée & ornée de plusieurs belles citez. Elle est diuisée en vingt-trois gouuernemens, & contient quinze citez, dont la capitale est Lôde siege d'Archeuesché. *Mercat. en son Atlas.*

Scarpanto isle de la mer Mediterranée appellée anciennement Carpathus. Ornée de quatre villes, selon Eustatius *sur Homere*. Il s'y trouue des carrieres de marbre. Les habitans ensuiuent les Grecs tant en leur parler qu'en leur religion, & sont soubs la puissance des Venitiens. *Mercator Voy* Carpathus.

Scaure estoit le surnom d'vne des plus notables familles de Rome, dont le premier fut ainsi appellé pour ce qu'il estoit pied bot & auoit les talons gros. ¶ D'entre iceux fut le plus illustre ce M. Scaurus Prince du Senat, duquel le pere fut si pauure qu'il fut charbonnier, mais ce sien fils s'acquit vne si grande gloire par son eloquence qu'il fut iugé digne du Consulat, pendant lequel il dompta les Liguriens: bastit estât esleu Censeur, le pont qui de luy prist le nom d'Æmile: ce fut aussi luy qui ayant deffendu sa presence à son fils pour auoir tourné le dos à l'ennemy, ce ieune homme de honte & de despit se tua luy mesme. Il persuada au Senat la guerre contre Iugurtha, en laquelle guerre il fut soupçonné toutefois d'auoir retenu quelque somme de deniers publics, enquoy il ternit la reputation qu'il auoit acquise par le passé *Salluste en la guerre Iugurth.* ¶ Vn autre de ce nom, fils du precedét, lequel en son Ædilité fist faire vn theatre le plus superbe qui ait iamais esté faict de main d'homme. En iceluy qui estoit de trois estages, il y auoit 160. colonnes de marbre ; le premier estage estoit faict tout de marbre ; celuy du milieu estoit de verre ; & le plus haut estoit tout en colonnes, soustenans vn plancher & lambris tout doré : les colonnes d'embas auoient toutes 38 pieds de haut, entre lesquelles il y auoit bien 3000. statuës de bronze : dans le vuide & pourpris de ce theatre il y auoit place pour asseoir 80000. personnes: tout l'appareil d'vn equipage requis à ra-

pisser & orner ce theatre & tout ce qui pouuoit seruir aux iouëurs de Comedies estoit de toille d'or, accompagné dauantage des plus riches tableaux du monde. *Pline liu. 36. chap. 15.* ¶ Vn autre nommé Aurelius, qui ayant esté enuoyé pour combattre les Cimbres, & ayant esté pris prisonnier par eux, fut appellé en leur conseil pour deliberer du moyen qu'ils deuoient tenir pour faire la guerre aux Romains: mais les ayât voulu dissuader de cette entreprise, asseurât que les Romains estoient inuincibles, leur Roy nommé Borus le tua sur le champ *T. Liue liu. 67.*

Scedasus homme de la Bœoce, tres opulent, lequel ayant sceu que ses deux filles Hippone & Miletie auoient esté violées puis meurtries en son absence par deux Lacedemoniens qu'il auoit accueilly tres-humainemét ; s'en plaignit aux Ephores de Sparte, lesquels ne tenans compte de luy en rendre Iustice, se tua luy mesme sur le tombeau de ses filles, apres auoir maudit les Lacedemoniens des plus execrables maledictions dont il se peût aduiser : mais lesquelles ne furent sans effect ; car ces deux filles s'estans apparuë à Pelopidas implorantes son secours en la vengeance de leur mort, il donna courageusement la bataille aux Lacedemoniens, & en fist vn grand carnage pres du lieu nommé Leuctres où elles auoient esté enterrées. *Plut. au traicté des estranges accidens arriueZ pour l'amour, & en la vie de Pelopidas.*

Scenites certains peuples de l'Arabie, ainsi appellez des tentes, dictes *Scenoi* par les Grecs, couuertes de peaux de cheures où ils habitent. Leur contrée est tellement pestilentieuse aux pourceaux qu'ils y meurent aussi tost qu'ils y sont apportez. *Solin.*

Scenopegies estoient appellées par les Grecs, les Festes que les Iuifs celebroient des Ta-

bernacles, esquelles ils dressoient des
tentes semblables (dictes des Grecs
Scenoi) & en memoire de celles qu'ils
auoient durant leur captiuité en Egypte. *Leuit. Chap. 23. Deuteron. chap. 16.*

Sceua certain Iuif, Prince des Prestres, duquel les sept fils exor-
cistes voulans s'entremesler de chasser
les esprits malings au nom de Iesus que
l'Apostre S. Paul preschoit. Le Demon
leur fist response qu'il connoissoit Iesus & Paul, & que pour eux il ne sçauoit quels ils estoient : En suite l'hôme
possedé auec la force de l'esprit malin,
vsa de telle violence contr'eux, qu'ils
furent côtraints de s'enfuir tous nuds
& blessez de cette maison là. *Act. 19.*

Schœnée appellé aussi Iasius, fils
d'Abas Roy d'Arcadie,
& pere d Atalante femme d'Hippome-
ne qui du nom de son pere est aussi appellée Schœneide. *Ouide.*

Sciapodes peuples des Indes, autrement appellez Mo-
nosceles. *Voy* Monosceles.

Scipion surnom de la tres-noble famille des Corneliens dont
fut autheur Publius Cornelius, lequel
pour auoir seruy de conduicte & de
baston de vieillesse à son pere qui estoit
aueugle, fut le premier appellé Scipion
qui signifie *baston* chez les Latins, lequel nom il dôna depuis à sa posterité.
¶ Le fils d'iceluy nommé aussi. Pub.
Cornelius fut le premier Capitaine
Romain contre qui Annibal Carthaginois combattit en Italie, lequel enfin
fut tué en vne bataille qu'il eut contre
les ennemis, ayant auparauant obtenu
beaucoup de victoires en Espagne.
¶ Le frere d'iceluy nommé Cneus,
pareillement grand Capitaine, & qui
ne luy suruesquit gueres, mourant aussi
vaillamment, eut vn fils nommé Pub.
Cornelius Nasica, surnommé Corcu-
lum à cause de sa prudence, homme
Consulaire & qui auoit triomphé, lequel en sa plus grande ieunesse fut esti-

mé le plus homme de bien de toute la
ville, estant seul trouué digne & iugé
capable de receuoir chez soy Cybele
mere des Dieux ; ayant aussi conneu
que Gracchus l'auoit nommé Consul
contre le droict des Auspices, il s'en
demist volontairement : estant Censeur il fist abbattre toutes les statuës
que les Consuls s'estoient erigées par
ambition. Il refusa le nom d'Empereur
qui luy fut donné par les soldats, &
le triomphe que luy auoit ordonné le
Senat : il fut grand Iurisconsulte &
Orateur excellent. *T. Liue.* Il fut pere de ce tant renommé Capitaine dict
Grand Africain à cause de cette nation
par luy subiuguée & domptée.
¶ C'est celuy qui ayant dés son enfance
dóné vn grãd espoir de son gentil naturel & excellentes vertus, fust instruict
en l'art militaire par son pere, & mené
en la seconde guerre Punique, n'ayant
encore l'aage que de dixsept ans, où il
se porta si vaillâment que sa vertu &
magnanimité fut conneuë d'vn chacun ; car mesme il sauua la vie à son pere qui estoit engagé en vne meslée fort
blessé par le Trebia : & apres la
perte de la bataille de Cannes il empescha auec l'espée nuë plusieurs Romains de quittter la ville : Ainsi il obtint l'office d'Ædile auant le temps, &
donna si grande esperance de soy que
la charge de General d'armée luy fut
donnée, n'ayans encore attaint l'aage
de vingtquatre ans : il fist en suitte
voile en Espagne où il fut receu des
Legions auec grand ioye, & y prist d'as-
saut la ville de Carthagene, & attira
par sa continence & liberalité plusieurs
seigneurs Espagnols à son party. Ayant
forcé le camp d'Asdrubal, il vsa d'vne
grande douceur enuers les prisonniers,
remporta la victoire sur ses ennemis,
puis reduisit à son party Masinissa &
Syphax Roys puissants auparauant ennemis du peuple Romain ; & ainsi se
rendit maistre de l'Espagne, retourné

qu'il fut à Rome il fut esleu Consul ; &
nonobstant l'opposition de Fabius Maximus il obtint le Gouuernement de la
Sicile & permission de passer en Afrique : Ayant tiré vers la Sicile, il remist
en bon estat les affaires des Syracusains & de là nauigea en Afrique où il
deffist & tua Hanno partisan des Carthaginois en bataille rangée ; & en
suitte brusla le camp, mist en fuitte
Asdrubal & Syphax qui s'estoit reuolté, & leur tua grand nombre d'hommes à deux diuers combats, au dernir
desquels Syphax fut pris ; si bien que
les Carthaginois furent contraints de
r'appeler Annibal d'Italie, au retour
duquel Scipion le mist pareillement
en déroute pres de Zama où il y eut
plus de 40000. hommes tuez ; & ayant
assiegé Carthage, il octroya ce neant
moins la paix aux habitans, mais auec
dures conditions. Estant de retour, il
fist son entrée triomphale, fut surnommé Africain, esleu Censeur, Prince
du Senat, puis Consul pour la seconde
fois : & estant question de la guerre d'A-
sie, il procura cette charge à son frere
puisné Lucius, se contentant d'estre
seulement son Lieutenant, & l'addressa si prudemment en cette guerre qu'il
deffist en bataille rangée Antiochus
Roy de Syrie, & le contraignit de receuoir les conditions proposées par le
Senat dont son dit frere triompha &
fut surnommé l'Asiatique ; & luy esleu
Prince du Senat pour la 3. fois : Mais
comme la vertu n'est iamais sans en-
vie, deux Tribuns l'accuserent du cri-
mé de Peculat, toutesfois luy, d'une
constance admirable ayant comparu
en pleine assemblée, au lieu de se purger de ce qu'il luy estoit imposé, leur
fist recit qu'en semblable iour il auoit
obtenu une belle victoire pour laquelle
il estoit d'aduis qu'ils allassent tout
droict au Capitole pour en rendre graces aux Dieux ce que tous firent à son
imitation, laissans là seuls ses accusa-

teurs. Ce neatmoins afin de ceder en
quelque chose à l'enuie de ses ennemis, & pour mettre arriere toute ambition il se retira aux champs où il mourut (enuiron 183 ans deuant Nostre
Seigneur.) Ce personnage fut digne de
toute loüange militaire, comme aussi
excellent en toutes autres vertus desquelles il repaissoit tellemét son esprit,
qu'il auoit de coustume de dire qu'il
n'estoit iamais moins oiseux que lors
qu'il estoit en repos, ny iamais n'estoit
moins seul que quand il estoit sans cópagnie : & toutesfois la gloire de ses
hauts faicts estoit si grande que par
tout où il alloit, toutes sortes de gens
accouroient à luy afin d'auoir l'hóneur
de le voir. Il estoit aussi tres doux à ceux
qui s'addressoient à luy, eloquent en
son parler, & d'une singuliere grace
pour gagner le cœur d'un chacun,
monstrant au reste une beauté iointe
auec une majesté souueraine, & digne
d'un grand Empire. *Plutarq. en sa vie.
T. Liue, & autres.* ¶ Il eut un fils qui
ne l'imita en ses vertus, Ciceron toutefois le dit auoir esté eloquent, lequel
adopta

¶ Scipion dit Æmilian pour ce qu'il
estoit fils de P. Æmilius, & surnommé
Africain le Mineur pour auoir dompté l'Afrique comme son ayeul par
adoption le Grand Africain : Il prist &
ruina deux villes fameuses les plus ennemies & nuisibles au peuple Romain
qui fussent point, sçauoir Numance &
Carthage ; aussi fut-il fort rigoureux
obseruateur de la discipline militaire,
chassant les ieux & bordeaux de son
camp auec seuerité. Les presens qui
luy estoient offerts en secret par les
Ambassadeurs estrangers des Roys &
prouinces, il les faisoit porter soubs le
nom du peuple Romain, dans le tresor
public, les distribuant peu apres aux
hommes vaillans selon leur merite.
T. Liue, Florus.

¶ Un autre, beaupere du Grand Pompée, lequel apres la bataille de Pharsale se retira en Afrique où il fist vn corps d'armée auec Caton & le Roy Iuba, mais qui neantmoins fut vaincu & tué par Cesar. *Plut. en la vie de Cesar.*

Sciron insigne brigand qui faisant sa demeure sur les prochains escueils de Megare, se iettoit sur les passans pour les faire mourir du plus cruel supplice qu'il pouuoit s'imaginer : mais enfin Thesée l'ayant attrapé le mist à mort & en ietta les ossemens dans la mer (que les fables ont feinct auoir esté changés en escueils & rochers.) *Plut. en la vie de Thesée.*

Sclauonie tres-ample prouince de l'Europe. *Voy* Esclauonie.

Scopas excellent statuaire & sculpteur, lequel donna preuue de sa suffisance en ce fameux sepulchre que la Royne de Carie Artemise fist dresser à son mary Mausole : Il trauailla aussi apres le noble temple de Diane en Ephese & en diuers autres lieux, principalement en l'Ionie & Carie. *Pli. liu. 36. chap. 5. & 14. Horace liu 4. Od. 8. de ses Carmes.*

Scorpion l'vn des douze signes du Zodiaque, sous lequel le Soleil passe le 14. d'Octobre, & au mesme temps se leue que celuy d'Orion se couche, à raison de leur inimitié ce dit l'Astronomie fabuleuse. Car Orion s'estant tellement enorgueilly d'oser deffier toutes sortes de bestes, la terre luy suscita vn serpent qui le mordit au pied dont il mourut ; & Iupiter le transfera au Ciel pour estre de là en auant vn aduertissement aux hommes de ne se point vanter par arrogance au dessus de leurs forces. *Voy* Orion & Higin en sa Poet. Astron.

Scribonia de la famille des Libons, fut la seconde femme de l'Empereur Auguste, dont il eut Iulia, il la repudia neantmoins pour ses mauuaises mœurs & intolerables

complexions. *Suetone en la vie de Cesar August. Corn. Tacite.*

Scylle fille de Nise Roy des Megariens, laquelle estant deuenuë amoureuse de Minos Roy de Crete luy trahit la ville de Megare qu'il assiegeoit ; ce qu'elle fist en couppant à son pere le poil fatal duquel dependoit l'heureux destin de son pays : Et ce neantmoins Minos eut telle horreur de cette desloyauté qu'il la mesprisa, dont elle de dépit se precipita dans la mer, ou selon Ouide, se ietta dans l'air pour le suiure malgré luy, mais elle fut changée en Allouette & son Pere Nise en Esperuier qui encore la becquette pour punir sa trahison. *Ouid. liu. 8. de ses Metamorphoses.*

¶ La desloyauté & trahison de Scylle vers son pere, monstre non seulement les effects furieux de l'amour qui force les siens aux plus detestables crimes, mais aussi la foiblesse de ce sexe auquel il est souuent tres-dangereux de fier les moindres secrets qui concernent l'Estat : Ils nous sont figurez par ce poil fatal, signifiant toutes les deliberations & desseins de Nise que cette fille denaturée fist sçauoir aux ennemis leur trahissant ainsi son pere, comme Dalila fist Samson son mary aux Philistins leur descouurant que sa force gisoit en ses cheueux. Mais is icy d'autant plus reluit la vertu de Minos, lequel imitant l'ancienne generosité des Romains, lesquels n'auoient point de coustume de dérober la victoire, & comme dict Tacite, d'attaquer leurs ennemis par trahisons & secrettes menées ; mais bien les assaillir armez dans vn camp de bataille, nous a monstré par l'horreur qu'il eut de ce parricide, qu'il ne suffist pas de hayr les traistres, mais aussi la trahison.

Scylle fille de Phorcis, de laquelle Glauque estant deuenu amoureux, & ne la pouuant induire à son amour, s'addressa à Circé grande enchanteresse, afin de l'y faire condescendre par ses charmes : mais Circé estant esprise de l'amour de Glauque, tascha de diuertir l'amour qu'il portoit à Scylle en son endroict : ce que ne pouuant executer, elle en fut tellement irritée qu'elle empoisonna la fontaine où Scylle auoit accoustumé de se baigner : par le moyen desquels poisons & enchantemens Scylle fut transformée depuis le nombril iusques en bas en diuerses formes de chiens & autres animaux, dont elle eut telle horreur qu'elle se precipita dans la mer de Sicile entre les villes de Messine & de Rhege. *Ouide liu. 13. & 14. de ses Metam.*

¶ *Nous pouuons aisement croire que Scylle ait esté vne femme fort debordée, laquelle pour violenter l'esprit de celuy qu'elle aimoit, se voyant desnuée des charmes naturels de Venus, auroit eu recours à ceux de la magie, qui donne ce neantmoins plustost la mort que l'amour ; c'est pourquoy Circé qui est l'apetit qui aiguillonne à la volupté, & est prise pour la volupté mesme, l'auroit ainsi chãgée ; car qu'elle ait ainsi transmué ses parties inferieures en figures de chiẽs & loups marins, c'est pour monstrer que celuy ou celle qui lasche la bride à sa volonté desordonée, se reuestit du naturel brutal en quittant l'humain ; ce qui est proprement signifié par le chien, attendu que c'est le vray symbole de lasciueté & d'impudence.* ¶ *Toutefois mieux vaut rapporter cecy à l'Histoire, car à la verité Scylle est vn cap ou promontoire où il y a plusieurs gros rochers creux & cauerneux où sont souuent bris & eschouent les vaisseaux, ce qui luy a donné le nom de Scylle, du verbe Grec Scyllein qui veut dire tourmenter ; ou de Sylã, c'est à dire despouiller. Or par ce que les eaux se degorgeans de cette concauité, menent vn bruit semblable à celuy des chiens abbayans, de là a pris lieu la fable. Quelques vns toutefois dient que c'est à cause des Mõstres marins qui y faisoient leur retraicte & y iettoient vn cry espouuentable.*

Scylure certain Roy des Tartares, qui laissant quatre vingts enfans maslés peu auant sa mort, commanda que l'on apportast vn faisceau de iauelots, lequel il presenta à part à vn chacun d'iceux pour tascher à le rompre tout entier : mais comme ils s'y fussent efforcez en vain, luy prenant chaque dard à part les rompit facilement l'vn apres l'autre, leur voulant par là donner à connoistre qu'en se tenans bien vnis ensemble, ils demeureroient forts & inuincibles, mais que la diuision & discorde les rendroit foibles & faciles à surmonter. *Plutarq. au traicté du trop parler.*

Scyros isle de l'Archipel, l'vne des Cyclades, sise entre les isles de Metelin & de Negrepont. Pline la dict auoir 25. milles de longueur, & que les pierres d'icelle lors qu'elles sont entieres flottent dessus l'eau, mais qu'elles vont à fond estans rompes, Elle est renommée pour auoir esté le pays du Roy Lycomedes, en la Cour duquel fut nourry Achille où il engrossa Diadamie de laquelle il eut Pyrrhe qui pour ce fut nommé Scirias. Il y a en cette isle vne ville de mesme nom.

Scythie contrée tres-ample Septentrionale, ainsi appellée d'vn certain Scyta fils d'Hercule & frere de Gelon & d'Agathyrse. *Herodot. li. 4.* Elle estoit iadis de si grande estenduë que les Grecs appelloient tous les peuples Septentrionaux, du nom de Scythes ou Celtoscythes : mais quelques vns qui les ont voulu distinguer, ont nommé ceux qui habitent au dessus du Pont Euxin, du Danube, & du Golfe de Venise, Hyperborées, Sauromates & Arimaspes & ceux qui habitent au de là de la mer Caspie, ils les ont nommez en partie Saces, & en partie Massagetes. Herodote *en sa Thalie* les appelle aussi Cimbres & Cimmeriens, & les qualifie t'on de diuers noms selon la demeure qu'ils ont faicte, & les Princes qui leur ont commandé. Les Geographes ont communément diuisé cette Scythie en deux parties, sçauoir en l'Euro-

l'Européenne & l'Afiatique : L'Européenne commence de depuis le fleuue
Tanais tout le long du riuage des Palus
Meotidés & du Pont Euxin, iufques à
l'Emboucheure du Danube : Et l'Afiatique, depuis les frontieres de ces riuages des Palus Meotides & Pont Euxin, laquelle s'eftëdant vers l'Orient eft
bornée vers le Nord de l'Ocean Septentrional ; & au Midy, par le mont
Taurus. Touchant leur nom & origine, Pline, Ptolemée, Herodote, & autres racontent diuerfes chofes & auec
beaucoup d'incertitude, car ils confondent les noms de la plufpart des peuples Septentrionaux foubs ce nom de
Scythes, c'eft ceux que nous appellons
auiourd'huy Tartares, dont les vns fe
tenoient au deça & les autres au delà
le mont fmaüs.

Ils ont tiré leur origine de Magog
fils de Iaphet, dont ils furent premierement nommez Magogiens. *Iofephe li.1.
chap. 6. de fes Antiq. Iud.* & firent leur
premiere demeure pres Araxus fleuue
d'Armenie, en fort petit nombre ; mais
depuis par fucceffion de temps & par
leur valeur ils s'eftendirēt du cofté des
montagnes iufques au mont Caucafe,
& de celuy des campagnes iufques à
l'Ocean, les Palus Meotides, & le fleuue Tanais, ne s'eftans iamais foubmis à
l'Empire d'aucun : car ils mirent en déroute Darius, deffirent le Roy Cyrus,
eftans conduicts par leur Royne Tomyris : taillerent auffi en pieces vn des
Capitaines d'Alexandre le Grand auec
toutes fes trouppes : ils entendirent
bien parler des Romains, mais iamais
ne leur ont efté affubjettis, ains au
contraire de leur part ils ont toufiours
cherché de nouuelles demeures, faifans de grandes conqueftes en noftre
Europe où il fe font efpandus foubs
le nom d'Alans, Daces, Sauromates,
Maffagetes, Cimbres : & principalement en ce defbordement prodigieux
qu'ont faict les Turcs defcendus de

Scythie dans toutes les parties du monde, depuis l'an de falut 880. qu'ils en
fortirent, felon Zonare. Et ceux qui y
font demeurez tiennent encore la Tartarie qui eft vn grand & trespuiffant
Empire commandé par le Grand
Cham. *Voy* Tartarie.

Scythes peuples Septétrionaux, habitans de cette grande con-
trée, eftoient gents robuftes & de taille
fort puiffante, endurcis au trauail, &
fpecialement à la guerre où ils fe monftroient tres vigoureux & plus propres
qu'à toute autre chofe, mais nullement
aux fciences humaines ; au refte abandonnans toute forte d'humanité & de
focieté ciuile, car mefmes ils ne fe-
moient ny cultiuoient leurs terres, n'a-
uoient aucune demeure affeurée, ains
alloient vagabonds par les deferts, menans auec eux leurs femmes, enfans &
proches parens, & chaffans deuant eux
leur baftail : n'auoient aucun vfage d'or
ny d'argent : le laict & le miel leur feruoient de nourriture : ils s'habilloient
de peaux de beftes fauuages pour fe
garder contre la vehemence du froid,
& ne fçauoient que c'eftoit que les veftemens de laine : au refte ne s affujet-
tiffoient à aucunes loix, ains fe rendoiët
là Iuftice volontairement les vns aux
autres, puniffans entr'autres chofes le
larcin fort rigoureufement, mais ils
eftoient tres cruels & grandement enclins à l'effufion du fang humain : Ayans
pris vn homme en guerre, ils en hu-
moient le fang, l'efcorchoient, s'habilloient de la peau, & en mettoient la tê-
fte au faifte de leurs Cabanes, ou bien
en prenoient les tefts dont ils faifoient
des taffes à boire ; enfin ils faifoient parade de leurs meurtres en toutes façons. Quand leur Roy condamnoit
quelqu'vn à la mort, tous fes enfans
mafles encouroient la mefme peine.
Quand leur Roy venoit à mourir, l'on
mettoit dans l'efpace vuide du cercueil
la Concubine qu'il auoit le mieux

aimée, laquelle estoit conduicte par les
officiers ordinaires de la maison du
Roy, qui estoient tous estranglez pres
du tombeau, auec chacun vn cheual, en
dessein qu'ils l'accompagnassent pour
l'aller seruir en l'autre monde. Ils a-
uoient pour Deitez principales, Veste,
Iupiter, Venus, Hercule & Mars, mais
à ce dernier seulement ils sacrifioient
le centiesme de tous ceux qu'ils prenoient en guerre, & aux autres Dieux
ils sacrifioient des bestes, & specialement des cheuaux. *Voy* Tartares &
Monster *liu. 5. de sa Cosmographie.*

Scythopolis ville de la Coelesy-
rie, ainsi appellée à
cause des Scythes qui l'habiterent, car
auparauant Bacchus l'auoit nommée
Nysa à raison de sa nourrice de mesme
nom qui y auoit esté enseuelie. *Pline
liu. 5. chap. 18.*

Scythotaures peuples de la Scythie, ainsi appel-
lez pource qu'ils habitent la region
Taurique, lesquels auoient de coustume de sacrifier les estrangers à leurs
Dieux. *Pline liu. 4. chap. 12.*

S E

Seba fils de Bochri, de la lignée de
Benjamin, homme seditieux, lequel fist reuolter toutes les lignées
d'Israël contre Dauid, excepté la seule
de Iuda. Mais ayant esté assiegé par
Ioab Lieutenant de Dauid en la Cité
d'Abela, vne femme qui auoit entendu
de Ioab le sujet de ce siege luy ietta la
teste de ce Seba par dessus les murs. 2.
Roys chap. 20.

Sebaste ville de la Palestine, nommée premierement Sama-
rie, & depuis ainsi appellée par Herodote, en l'honneur d'Auguste; car *Se-
baston* chez les Grecs veut dire Auguste.
Voy Samarie.

Seculaires ieux instituez à Rome
par Valerius Publico-

la, en l'honneur d'Apollon & de Diane; & furent ainsi nómez d'autant qu'ils
ne se celebroient que de cent ans en
cent ans qui faict vn siecle; & pource
vn Heraut auoit de coustume de crier
par la ville ces mots, *Venez voir les ieux
qu'aucun de vous n'a veu cy deuant, & ne
verrez cy apres.* Ce neantmoins l'ambition des Princes abregea souuent cet
interualle de temps pour faire paroistre
leur magnificence & grandeur, ainsi
que fist l'Empereur Philippes I. du
nom, qui les fist celebrer plus superbement qu'aucun qui l'ait deuancé. *Eusebe, Eutrope.*

Sedechias autrement nommé Mathanias, fils de Iosias,
fut le 22. & dernier Roy de Iuda, estably en la place de son oncle Iechonias,
pendãt la captiuité de Babylone, par le
Roy Nabuchodonosor, l'obligeant par
serment de luy payer vn grand tribut:
mais luy s'estant veautré en toutes sortes d'ordures, & ayant grandement offensé Dieu, refusa le tribut à Nabuchodonosor, & se reuolta contre luy, se
fiant au secours du Roy d'Egypte, l'an
9. de son regne: Ce qui fut cause que
Nabuchodonosor assiegea Hierusalem,
qu'il prist par peste & famine, apres vn
siege de deux ans. Et s'estant saisi de
Sedechias, fist tuer ses enfans en sa presence, puis luy fist creuer les yeux &
l'emmena captif en Babylone auec
tous les Iuifs qui peurent eschapper le
siege, rasa la ville, brusla le temple,
pilla tous ses thresors: & ainsi finit le
Royaume de Iuda, 390 ans apres que
Salomon s'abandonna à l'idolatrie &
quitta le seruice de Dieu, qui fut le 30.
an de son regne, & ce suiuant les Propheties d'Ezechiel *chap. 12.* & de Ieremie *chap. 34. & 52.* Si bien qu'à prendre
depuis le commencement du regne de
Saül iusques au dernier de Sedechias
l'on trouuera pres de cinq cents ans
que les Iuifs ont esté gouuernez par les
Roys. 4. *Roys chap. 24.*

¶ Vn autre de ce nom, faux Prophete, lequel donna vn soufflet à Michée Prophete de Dieu qui dissuadoit aux Roys de Iuda & d'Israël, Iosaphat & Achab, d'entreprendre la guerre contre les Syriens, luy au contraire en promettant vne bonne yssuë : mais l'euenement monstra où estoit l'esprit de Dieu, car la bataille fut perduë pour Achab, & luy mesme y fut tué. 3. Roys 22. 2. Paralip. 18

Sées ville Episcopale de Normandie, sise sur le riuage d'Orne, dicte des Latins *Sagium* ou *Sagiensis Ciuitas*, laquelle s'estend sur 213. Paroisses, & depend de l'Archeuesché de Roüen. Son terroir est borné au Leuant par celuy de Lisieux : au Couchant par le Bessin : au Midy par le Duché d'Alençon : & au Septentrion par le Bailliage de Caen & le terroir d'Auge.

Segeste ville de la Sicile, autrement appellée Acest. *Voy* Acoste.

Segouie ville de la Catalogne, renommée pour ses ourrages de laine, là où il ne se void aucun oisif ny mandiant, selon Vasée. C'est pres de cette ville que Metellus & Sertorius s'entredonnerent bataille. *Strab. liu. 3.*

Sehon Roy des Amorrheens, lequel n'ayant voulu döner passage aux Israëlites, fut pour cette cause par eux vaincu, & son peuple totalement destruict par Moyse, en suitte dequoy les Israëlites habiterent son pays. *Nomb. chap. 21.*

Seian fut appellé ce beau cheual, mais fatalement malheureux, lequel fut ainsi nommé pource qu'il appartint premierement à Seius. L'on tient qu'il fut de la race de ces cheuaux que Hercule mena en Argos apres auoir tué Diomedes. Mais bien qu'il fust d'vne des plus riches tailles & des plus genereux qui se soit iamais veu ; toutesfois ceux qui l'ont eu sont morts miserablement, car ce Seius fut condamné

à la mort, & Dolabella Consul qui le posseda apres, mourut en bataille contre Cassius ; puis de luy Cassius, & en suitte Antonius en furent les Maistres, lesquels, comme vn chacun sçait, se tuerent eux mesmes, d'où est venu le prouerbe contre les hommes malheureux de dire, qu'ils ont le cheual Seian. *A. Gell. liu. 3. chap. 9.*

Seine fleuue, l'vn des principaux de la France, lequel prend sa source en la montagne de Voge en la Duché de Bourgogne, & ayant receu plusieurs fleuues comme la Marne, l'Yonne, l'Ayne, se vient rendre à Paris, puis à Roüen, d'où il se va engouffrer dans la mer, & en son embouscheure il faict vn reflux non accoustumé aux autres, & tresdangereux aux nautonniers.

Seir, interpr. de l'Hebr. *Velu* ; montagne de l'Idumée, en laquelle habita Esaü, dont elle prist ce nom pour ce qu'il estoit velu. *Genes. 36.*

Selande ou Sialand, isle l'vne des plus grandes de Dannemarch, dont la longueur est de bien deux iournées ou 16. milles d'Allemagne, & sa largeur de presque autant. Elle comprend quinze villes & douze chasteaux, entre lesquelles la Metropolitaine est Haffnie ou Copenhagen où il y a vn port celebre & vne florissante vniuersité : L'on y void aussi Roeschilde siege d'Euesché où l'on void encore de beaux sepulchres de plusieurs Roys & Ducs, mais elle est maintenant pauure & depeuplée. Entre cette isle & la Scanie il y a vn petit destroict de mer où toutes les nauires qui tendent vers le Leuant de la mer Baltique dans l'Ocean, sont contraints de passer & payer le tribut au Roy de Dannemarch. Son terroir porte toutes sortes de grains en abondance. *Mercat. en son Atlas.*

Selene riuiere non beaucoup esloignée de Patra ville d'Achaïe, où les amoureux tant hommes que femmes s'estans baignez oublioient

les amours defquelles ils ne fe vouloient plus fouuenir. *Paufanias.*

Seleucie ville riche & puiffante, fife fur le fleuue Tigris, à
300. ftades pres de Babylone, baftie par
Seleucus Nicanor Roy de Syrie, laquelle fes fucceffeurs embellirent grandement & conftituerent capitale de
leur Royaume, iufques là d'eftre plus
grande que Babylone, mais qui puis
apres fut renduë deferte. Ses edifices
eftoiét tous baftis de Palmiers, car cette
region ne porte gueres d'autres arbres,
lefquels font de fi grand profit que les
habitans s'en feruent à tout vfage, en
faifant du pain, du vin, du miel, du vi-
naigre, & diuerfes fortes d'vtenfiles
feruans mefme de pafture à leurs trouppeaux. *Strab. liu.* 17.

¶ Il y a plufieurs autres Seleucies mentionnées par Pline, Strabon & autres
anciens Geographes, mais qui font
moins fignalées.

Seleuciens ou Hermians, heretiques ainfi appellez de
Seleucus & Hermas leurs Autheurs,
qui s'efleuerent enuiron l'an 380. lefquels faifoient Dieu corporel. Affer-
moient que la matiere elementaire dōt
le monde eft compofé eftoit coeternel-
le à Dieu. Difoient auffi que l'ame auoit
efté creée de feu & d'efprit par les Anges, c'eft pourquoy au Baptefme ils fe
feruoient de feu & non d'eau, alleguans
ces paroles de S. Matthieu *chap* 3. *Il
vous baptifera au S. Efprit & en feu.* Sou-
ftenoient que l'humanité de Iefus-
Chrift eftoit colloquée au Soleil, alleguans ces parolles du Pfalmifte *Pfalm.*
18 *Il a mis au Soleil fon tabernacle.* Ne
tenoient autre refurrection que de faire
naiftre des enfans par la generation
corporelle. *S. Auguft. heref.* 59. *Philaftr.
Catal. des herefies.*

Seleucus furnommé Nicanor, fut
le premier qui apres la
mort d'Alexandre le Grand, comme
eftant l'vn de fes principaux Capitai-

nes (car tous fes Princes diuiferent fa
Monarchie) s'empara de la Syrie, eftāt
pareillement d'Afie à Demetrius qui en
eftoit Roy, & particulieremét foubmift
à fon obeiffance la Parthie, Babylone,
& la Perfide: tafcha de ioindre les Palus Meotides auec la mer Hircanienne,
mais en vain. *Polybe liu.* 2. Il baftit 38.
villes, & entr'autres il y en auoit cinq
en Syrie, fçauoir Seleucie, Pierie, Laodicée, Antioche & Apamée; & ailleurs
Edeffe, Beroë & Pella, efquelles il tranfporta les Iuifs, leur donnant droiôt de
bourgeoifie, mefme rang & honneur
egal aux Iuifs. *Iofephe liu.* 12. *chap.* 3. Ce
Prince fut fi robufte qu'il arrefta par
les cornes vn taureau furieux qui s'en
eftoit fuy lors qu'on le vouloit facrifier, en memoire dequoy il eut toufiours depuis des cornes pour fes armoiries: il donna fa femme Stratonice
à fon fils Antiochus qui en eftoit deuenu malade d'amour. *Suidas.* Il regna 32.
ans, & mourut enuiron l'an du monde
3829. De ce Seleucus le Liure des Machabées commence le Royaume des
Grecs.

¶ Il y en a encore trois autres de ce
nom, fes fucceffeurs au Royaume de
Syrie, fçauoir Seleucus Callinicus 4.
Roy de Syrie qui mourut l'an du monde 3883. ayant regné 20. ans, du temps
duquel cōmença la puiffance des Parthes foubs Arfaces (qui luy ofta la Parthie, Perfide, & autres prouinces d'A-
fie) comme auffi celle des Carthaginois
& Romains auquel fucceda ¶ Seleucus
Ceraunus lequel eut de grandes guerres auec Ptolemée Euergetes Roy d'E-
gypte, & Eumenes Roy de Bithynie;
mourut l'an du monde 3886. ayant feulement regné 3 ans. ¶ Et Seleucus appellé Philopator & Soter 7. Roy de Syrie qui fucceda à fon pere Antiochus
le Grand, en l'abfence de fon frere aifné Antiochus Epiphanes. Soubs ce
Roy la Republique des Iuifs cōmença
d'eftre agitée de factions foubs le Pon-

tife Simon pour l'ambition de la fouueraine Sacrificature, ce qui ruina leur
Eſtat & Religion de fond en comble.
Ce Prince fourniſſoit de ſon reuenu
pour le miniſtere des ſacrifices du ſacré
Temple de Hieruſalem, mais ce Simon
abominable fiſt tant enuers le Roy,
par le moyen d'vn certain Appollonius,
que luy ayant repreſenté les richeſſes
infinies qui eſtoient dans le Temple:
le Roy enuoya vn nommé Heliodore
pour l'en deſpoüiller, de laquelle execution il fut empeſché miraculeuſemét
par les Anges, *Voy* Heliodore & le 2·
des Machabées *chap.* 3. Il regna 12. ans,
& mourut l'an du monde 3934.

Selim I.
du nom, Empereur des
Turcs, fut fils puiſné de
Baiazeth II. lequel il contraignit de luy
ceder l'Empire à la faueur des Ianiſſaires, dont il ne fut pluſtoſt en poſſeſſion
qu'il fiſt mourir ſon pere par poiſon
& par glaiue, ſes freres Achmet & Cor-
cuth, leurs enfans, & ceux qui deſcen-
doient de la tige des Ottomans. Ayant
dreſſé vne puiſſante armée, il fiſt la
guerre au Sophy de Perſe, ſur lequel il
priſt Tauris & vne bonne partie de ſon
Empire: extermina deux Sultans d'E-
gypte & les Mammelus: priſt le Caire,
& adiouſta à ſon Empire l'Egypte & la
Syrie: mais eſtant retourné à Conſtantinople, il mourut d'vn vlcere aux reins
l'an 8. de ſon Empire, & de ſalut 1519.
Monſt. liu. 4. de ſa Coſmogr.

Selim II.
du nom, ſucceda à ſon pe-
re Solyman, à l'Empire
des Turcs, lequel gaigna pluſieurs places en Albanie; priſt ſur les Venitiens
l'Iſle de Cypre, mais il fut mis en déroute en la bataille de Lepante qu'il
eut contre les Chreſtiens: ayant toutefois en ſuitte traicté auec les Venitiens, il recouura en Afrique Tunes &
la Goulette ſur les Eſpagnols leſquels
il chaſſa tout à faict de l'Afrique; tous
leſquels exploicts il faiſoit par ſes Baſchats, car pour luy il ſe fondoit tout en

delices parmy les femmes & la bonne
chere. Il mourut l'an 8. de ſon Empire,
& de ſalut 1574.

Sellum
occupa le Royaume d'Iſraël
ſur Zacharias qu'il tua de ſa
main, mais à peine l'eut-il tenu vn mois
que Manahem le fiſt mourir pareillement. 4. *Roys* 15.

Selomo
Rabbin natif de Lunel en
Perigord, où S. Gregoire
liu. 3. chap. 21. dict que les Iuifs ont faict
leur demeure : fut l'vn de ceux qui furent chaſſez de la France par Philippes
le Bel, & ſe retirerent en Allemagne.
C'eſt l'vn des plus fameux interpretes
du vieil Teſtament & du Talmud. *Genebr. liu 4. de ſa Chronologie.*

Sem,
interpr. de l'Hebr. *eſtably* ou *renommée*; fut ſelon les Chreſtiens
les fils aiſné des trois de Noé, mais ſelon
les Hebrieux le dernier de tous; Il eſt
toutefois nommé le premier par Moyſe comme le plus digne & le plus amateur de pieté, afin auſſi d'honorer ſa
memoire, comme eſtant celuy duquel
deuoit ſortir le peuple de Dieu & Ieſus
Chriſt. L'Eccleſiaſtique *chap.* 49. dict
*Qu'il acquiſt vne ſouueraine gloire entre
les hommes & par ſur toute ame de ceux
qui ſont nais d'Adam.* Il baſtit là Cité
Royale de Salem & l'orna d'vn Temple où il eſtablit le ſeruice Diuin & le
premier ſiege de l'Egliſe; & de faict l'o-
pinion commune & vnanime des Hebrieux eſt que c'eſt Melchiſedech meſme, lequel a gouuerné le peuple de
Dieu, iuſques au deluge iuſques au ſiecle de Iacob. *S. Hieroſine à Euagrius.*
Auſſi a-t'il veſcu iuſques à ce temps-là,
ſçauoir 600. ans, en ayant veſcu 500.
apres le deluge, & 102. ans deuant. *Geneſ.* 11. Il engendra Arphaxad, & fut
pere & autheur des peuples Orientaux,
comme Chaldéens, Aſſyriens, Perſes,
Syriens, Armeniens, Bactriens, & autres
peuples.

Semei
fils de Gerara de la race de Saül,
lequel vſa de malediction cõ-

tre le Roy Dauid lors qu'il fuyoit la
perſecution de ſon fils Abſalon. 2. Roys
16. dont toutesfois il impetra pardon
de Dauid. chap. 19. Mais neantmoins à
raiſon de cette meſchanceté, le Roy
Salomon fils de Dauid le fiſt tuer. 3.
Roys chap. 2.

Semeias Prophete de Dieu, lequel
deſconſeilla le Roy de Iu-
da Roboam fils de Salomon accompagné de 180000. combattans, de batail-
ler contre les dix Tribus conduittes par
Ieroboam qui s'eſtoient reuoltées. 3.
Roys chap. 12.

Semelé fille de Cadmus Roy de
Thebes, laquelle Iupiter
ayant engroſſée, Iunon deſguiſée en
vieille luy conſeilla de requerir de ſon
Amant qu'il la vint viſiter en la meſme
majeſté, & en la meſme façon qu'il alloit voir ſa femme Iunon ; ce que Iupiter luy ayant accordé, il vint en ſa
chambre auec les foudres & tonnerres
en main, dont la maiſon fut bruſlée, &
Semelé auſſi, ayant premierement tiré Bacchus de ſon ventre qu'elle auoit
conceu de luy, & le porta couſu dans
ſa cuiſſe pour acheuer le reſte de ſon
temps. Ouide liu. 3. de ſes Metam.

¶ Cette Semelé doit ſeruir d'exemple à celles
qui poſſedées d'vn amour trop ambitieux,
ſe plaiſent d'eſtre careſſées des Grands, de
peur que leurs ſouhaits ne ſoient ſuiuis d'vn
trop tard repentir, n'eſtant pas ſi toſt approchez d'elles que l'éclat de leur grandeur
n'obſcurciſſe du tout & eſteigne leur bonne
renommée.

Semiramis femme de Ninus Roy
des Aſſyriens, laquelle
apres la mort de ſon mary reconnoiſ-
ſant ſon fils trop ieune & incapable de
gouuerner vn Royaume, & d'autrepart
que ſes ſubiects ne ſe ſoubmettroient
pas facilement au commandement d'v-
ne femme, cacha ſon ſexe, & prenant
l'habit d'homme ſe feignit eſtre ſon
fils qui luy reſſembloit tant en ſa taille
qu'aux lineamens du viſage ; mais toſt

apres eſte ſe fiſt paroiſtre tres-digne de
commander, monſtrant vn courage tres-
prudent & ſi glorieux qu'elle ſurmonta en la gloire de ſes exploicts & en la
magnificence de ſes entrepriſes, preſque tous ceux qui ont iamais commandé : Car premieremét elle rendit la ville
de Babylone la plus ſuperbe qui ait iamais eſté, l'ayant ceincte de murailles
de 32. pieds de haut, & ſi larges que ſix
chariots y pouuoient aller de front, cô-
tenant bien de tour & de lôgueur 360.
ſtades auec 250. tours proportionnées
à la grandeur des murailles, ioignant
auſſi à la ville vn pont ſur l'Euphrate
long de 5. ſtades d'vne ſtructure admirable & d'infinie deſpenſe : elle fiſt de
plus conſtruire en l'air vn iardin ſouſtenu par des colónes tres-hautes dont
l'eſtenduë eſtoit de bien 4. iournaux de
terre, où il y auoit des arbres de 500.
pieds de haut, & des fruicts en telle
abondance comme s'ils euſſent eſté en
fónd de terre, ſi bien que l'on iugeoit à
voir de loin que c'eſtoit quelque foreſt en vne montagne. Elle fiſt auſſi
eriger vn obeliſque du tout admirable, car il eſtoit tout d'vne piece de
pierre qu'elle fiſt venir d'Armenie,
qui auoit de longueur 150. pieds, & de
largeur 24. Elle fiſt de plus tailler ſa ſtatuë d'vne prodigieuſe forme, en vn rocher, de 37. ſtades d'eſtenduë, & pres
d'elle quelques cent autres perſonnages qui eſtoient repreſentez comme
luy faiſant des preſens. Elle auoit cette
ambition que de faire applanir des
montagnes par tout où elle paſſoit :
Auſſi ſon courage & ſa valeur militaire
parurent en ce que pour eterniſer ſa
memoire elle paſſa en Egypte & en la
Libye, qu'elle miſt ſous ſon obeiſſance, voire priſt deſſein d'aller conquerir
les Indes, ayant à cét effect aſſemblé
vne armée preſqu'incroyable & la plus
grande qui ait iamais eſté de memoire
d'homme, car ſelon Suidas elle eſtoit
compoſée de 1000000. pietons, d'vn

1000000. de cheuaux, de 100000. chariots de guerre, & autant d'hômes qui
combattoient fur des chameaux, &
200000. autres chameaux qui feruoient
pour porter le bagage, & autres munitions de guerre, & dautant qu'elle n'a-
uoit point d'Elephans, elle fift efcorcher 300000. bœufs, & du cuir coufu
elle en fift faire des formes d'Elephans
où elle enferma des chameaux que dès
hommes eftans deſſus conduiſoient ;
mais cette fourbe ayant eſté deſcouuerte par Staurobates Roy des Indes
il mift cette grande armée en deroute,
ſi bien qu'elle fut contrainche de s'en
retourner en fon païs. L'on dict qu'vn
iour comme elle peignoit & accommo-
doit fon chef, l'on luy annonça que la
ville de Babylone s'eſtoit reuoltée de
fon obeïſſance, & lors ſans retarder ſe
partit & compoſa vne puiſſante armée
pour l'aſſieger, & ne voulut remettre
fon chef en ordre iuſques à ce qu'elle
l'euft remiſe en fon obeïſſance, & pour
ceta&s l'on le peinct d'ordinaire comme vne femme eſcheuelée. Valere le
Grand liu. 9. chap. 3. Mais cette grandeur de courage & ces vertus heroïque fu_ent entachées par fon infame
paillardiſſe, car ſelon le teſmoignage
d'Oroſe, elle s'addonnoit à tous ceux
qui luy plaiſoient) en quoy elle eſtoit
inſatiable) & pour couurir fon crime elle les faiſoit mourir auſſi toſt ,
meſmes en vint iuſques à la que admettre fon fils en ſa couche ; & pour
pallier cette infamie, fift vne Loy par
laquelle il eſtoit permis de ſe meſler
auec fes plus proches ſans aucun reſ-
pe&t de conſanguinité ; mais cette vi-
lenie luy cauſa ſa mort, car fon fils meſmes la tua apres qu'elle eut regné 40.
ans en Babylone. Iuſtin liu. 2. & 1. Genebrad liu. 1. de ſa Chronol. ne met le
regne de cette Semiramis que vers le
temps d'Ozias Roy de Iuda, ou plûtoſt
de Manaſſes, 160. ans enuiron deuant
le regne de Cyrus, qui eſt contre la

commune opinion des Hiſtoriens qui
la font preceder plus de 1100. ans deuant, du temps de Iacob. Monſter. liu.
de ſa Coſmogr.

Senas ou Senez ville de Prouence,
dicte des Latins Sanicio, & Sa-
nitium Veſdiantiorum, dont l'Eueſché
depend de l'Archeueſché d'Ambrun.

Seneque (nómé Lucius Annæus)
perſonnage ſignalé, fut
fils d'vn gentil-homme natif de la ville
de Cordoüe en Eſpagne, lequel on dit
auoir eſté doüé d'vne ſi grande memoire il recitoit iuſques à 2000. mots, les
ayant vne fois ſeulement ouy dire : Il
fut pere de ce grand Philoſophe Stoïcien nómé pareillement ¶ Lucius Annæus Seneque, lequel fut mené ieune à
Rome du temps de l'Empereur Auguſte, & là ayant grandement profité és
Eſcholes en toutes fortes de ſcience, il
fut pouſſé au commencement de l'Empire de Caligula par Cneus Domitius
mary d'Agrippine fille de Germanicus,
& lors commença de ſe monſtrer en public & plaider au Senat là où il parut
des plus eloquens & ſçauans de Rome, ce qui luy donna vn grand credit;
mais il fut depuis enuoyé en exil par
les menées de Meſſaline, ſoupçonné
(comme eſcrit Dion) d'adultere auec
Iulia fille de Germanicus, que l'on eſtime eſtre Agrippine mere de Neron :
Et depuis apres la mort de Meſſaline, Agrippine ayant eſpouſé Claude,
le fift r'appeller d'exil, obtint la Preture pour luy, (ayant eſté auſſi Queſteur
& Conful comme en font mention ſes
Epiſtres à ſa mere Heluia) & le fift
donner pour Gouuerneur à Neron, lequel ſuccedant à l'Empire ſuiuit au
commencement les bons enſeignemens
de Seneque, mais ſon mauuais naturel,
les corruptions d'alors, & le trai&tement
de ſa mere meſme luy changerent peu
à peu cette teincture ; ſi bien que ces
bons principes ne peurent prendre ra-
ciné en fon cœur, car peu apres que

Burus qui estoit homme graue & de
mœurs seueres, qui manioit les affaires
de la guerre, & qui le secondoit en cette instruction, fut mort, Seneque n'eut
plus la puissance de retenir la violence
du mauuais naturel de son disciple
qu'il n'eschappast à toutes sortes de vices & debordements deprauez ; il ne
laissa toutesfois d'estre fort liberal en
son endroict, luy ayāt faict present d'v-
ne grande somme de deniers iusques à
7500000, escus, ce qui toutesfois n'enorgueillit Seneque, ains redoutant la
fortune & se souuenant de son anciéne
condition se maintenoit tousiours ferme parmy tant de combats, ayant sur les
bras la ieunesse inconstante de Neron,
laquelle à veuë d'œil cōmençoit à courir vers sa ruine, & toutesfois l'on dict
qu'il trempa en quelque façon au conseil qui fut donné à Neron pour la mort
de sa mere Agrippine : mais voyant que
Neron exerçoit ses cruautez & qu'il ne
pouuoit supporter la liberté de ses re-
prehensions, il se congedia de la Cour.
Enfin ayant esté accusé & non conuaincu de tremper en la coniuration de Pison cōtre luy, Neron le fist mourir par
l'incision de ses veines, monstrant en sa
mort vne resolution & constance telle
qu'il l'auoit exprimée par ses escrits, &
qu'il l'auoit monstrée le long de sa vie ;
& sa femme mesme nommée Pauline
le voulut accompagner, se faisant aussi
ouurir les veines dont elle fut toutesfois empeschée par le commandement
de Neron. Ainsi mourut ce grand personnage (aagé selon quelques vns, de
120. ans) nous ayant laissé dans ses Liures comme dans des vifs tableaux, la
beauté de son esprit, & que ç'a esté vn
des premiers & principaux Philosophes Stoïciens d'entre les Latins : bien
qu'il ait esté pleinement instruict en la
Philosophie rationelle & naturelle, si
est-ce qu'à la façon des Stoïciens, ils s'est
beaucoup plus arresté à la morale, ayant
eu pour principal but d'amener les

personnes à la connoissance du contentement de l'esprit, pour desirer & apprehender. S. Hierosme en son Catal.
cha.22. l'a mis au nombre des Escriuains
sacrez, à raison des Epistres que S. Paul
& luy se sont enuoyées l'vn à l'autre ; ce
neantmoins on ne void point en aucun de ses œuures vn seul traict dont
on puisse remarquer qu'il fust Chrestien, mesme en sa mort l'on trouue
par escrit qu'il fist mention de Iupiter
& non pas de Iesus-Christ, si bien que
les plus doctes estiment que telles Epistres sont supposées.

¶ Vn autre de ce nom, Poëte Tragique, duquel nous restent dix Tragedies,
ainsi que veut Sidonius Appollinaris :
mais d'autres estiment que ces Tragedies soient de Seneque le Philosophe,
lesquelles il fist pour aggreer à Neron
qui aymoit la Poësie.

Senlis ville de l'isle de France, dicte
des Latins *Syluanectum* ; ornée
d'vn Euesché qui s'estend sur bien 201.
Paroisses, & depend de l'Archeuesché
de Rheims. S. Regule, disciple de S.
Paul, fut son premier Apostre. Il y a
Baillage & siege Presidial.

Sennaar est ainsi appellée cette campagne de Babylone où fut
bastie par Nembrod la Tour prodigieuse de Babel. *Genes.* 10.

Sennacherib Roy des Assyriens
vint en Iudée, la-
quelle il destrusit toute & pilla ses
Citez du temps du Roy Ezechias auquel il imposa tribut de 300. talents
d'or, & autant d'argent, & neantmoins
il enuoya son Lieutenant Rabsaces pour
assieger Hierusalem auec vne puissante
armée, lequel ayant blasphemé contre
Dieu, vn Ange la nuict ensuiuant luy
tua dans son camp iusques à 185000.
Assyriens, si bien qu'il fut contraint de
s'en retourner en Niniue où Adrame-
lech & Sarasar ses fils le tuerent comme il adoroit son faux Dieu dans vn
temple. 4. Roys chap. 19. 2. Paral. ch. 32.
Isaïe

Esaye chap. 36. Ainsi mourut ayant regné 7. ans, laissant pour successeur son fils Assar-adon. *Iosephe liu.* 10. *chap.* 1. & 2. *de ses Antiq. Iudaiques.*

Sens ville notable de France, assise sur la riuiere d'Yonne, entre les prouinces de Brie, Champagne, Gastinois, & Bourgogne. Elle est tres-ancienne pour auoir esté bastie 140. ans apres le Deluge, par Samothes premier Roy des Gaulois qu'on dict auoir esté quatriesme fils de Iaphet. Ses habitans furent des plus courageux, car mesmes ils passerent en Italie, prirent la ville de Rome, & assiegerent le Capitole apres auoir mis les Romains en déroute pres le fleuue Allia, & lors mesmes Brennus edifia vne ville en la Duché de Spolete qu'il nomma Senogalle. *Plut. en la vie de Camillus.* Aussi ils furent seuls entre les Gaulois qui s'opposerent plus fermement aux conquestes de Cesar comme il tesmoigne *au liure* 5. & 6. *de ses Comment.* Elle a eu ses Seigneurs & Comtes particuliers iusques au temps du Roy Robert. Il y a vn Bailliage & siege Presidial. S. Sauinian fut son premier Euesque, & depuis fut erigée en Archeuesché qui auoit sept Euesques pour suffragants, mais dont quatre en ont esté eneruez par l'erection de Paris en Archeuesché.

Sephora fille de Raguel ou de Iethro, laquelle il donna en mariage à Moyse pour l'auoir deffenduë contre la violence de certains Pasteurs qui ne vouloient luy laisser puiser de l'eau. *Exod. chap.* 2.

Septimius Seuere Empereur Romain. *Voy* Seuere.

Seraphins Anges, interpr. de l'Hebr. *ardans* ou *flamboyans*; ce qui est pour monstrer la gloire dont ces excellents esprits sont ornez comme portans la liurée de leur Seigneur. Il y en a deux depeincts en vne vision qu'eut Esaie *chap.* 6. ayans six ailes dont

deux voiloient la face de Dieu esleué sur vn haut throsne, deux couuroient ses pieds, & deux voloient crians sans cesse, *Sainct, Sainct, Sainct, Seigneur Dieu des armées, la terre est toute pleine de sa gloire.* Les Scholiastes les mettent entre les Anges du second ordre de la premiere Hierarchie.

Serapion fut vn temps Anachorete & depuis Euesque en Egypte, appellé Scolastique à cause de la subtilité de son esprit, lequel fut grandement chery de S. Antoine Hermite. Lors qu'il estoit Moine, il auoit soubs soy dix mille Moines, lesquels il faisoit trauailler & les loyoit pour subuenir aux pauures. *Sozomene liu.* 8. *chap.* 1. Il est loüé de la grande constance de sa foy, & pour auoir escrit contre les Manichéens. Il fleurissoit sous l'Empereur Constantius, l'an 340. *S. Hierosme en son Catalogue.*

Serapis appellé autrement Apis & Osiris, Dieu des Egyptiens qu'ils honnoroient soubs la forme & figure d'vn bœuf. *Voy* Apis & Osiris.

Serenes, *Voy* **Sirenes.**

Seres peuples de la Scythie Asiatique qui habitent pardelà le mont Imaüs, lesquels sont ainsi appellez de leur ville capitale nommée Sera; & en leur contrée se trouuent quelques arbres lesquels portent sur leurs fueilles certaine espece de laine tres-deliée de laquelle apres auoir moüillée & peigné ils en tirét de la soye tres-fine dont ils font des habits tres-precieux, & s'en faict vn grand traffic par toute la terre, & specialement és foires de Calecut, Tyr & Damas. Ce pays est des plus agreables du monde, car l'air y est fort teperé, & y souffle vn doux & gracieux vent, c'est ce qui faict que ses habitans sont d'humeur fort paisible, haissans toutes compagnies & le commerce des autres nations; car mesmes quand les marchands estrangers les viénent voir, ils deposent sur le bord de la mer leurs marchandises, declarans par certaines marques ce qu'ils en veulent auoir sans autrement y assister, & ainsi vendent leurs denrées sans auoir soin ny desir d'achepter des estrangers. Ils viuent au reste auec vne grande Iustice & équité naturelle, car il ne se void chez eux ny larron, ny adultere, ny homicide, viuans chastement, frugalement, & sans faire tort à autruy, d'où vient aussi qu'ils sont exempts des maux & afflictions qui arriuent pour ces pechez, car ils viuent vn long temps sans maladie. *Amm. Marcellin liu.* 23. *en son Hist. Monst. liu.* 5. *de sa Cosmographie.*

Sergius I. natif d'Antioche, 86. Pape, persōnage de saincte vie, fut esleu en la dignité Pontificale nonobstant les pretensions de Theodore & de Paschal. Il s'opposa vertueusement à l'Empereur Iustinian II. qui auoit faict establir quelques heresies en vn Cōcile tenu à Constantinople: dont l'Empereur irrité enuoya vn certain Capitaine dict Zacharie pour l'apprehender, mais les soldats de l'Exarchat le recoururent, & sans le Pape, Zacharie eust esté tué luy mesme. *P. Diasre li.* 6. *chap.* 4. Il commanda que Processions generales fussent faictes és quatre Festes principales de la Vierge, sçauoir de l'Annonciation, Assomption, Purification, & Natiuité de nostre Dame: Ordonna que l'on chantast à la Messe l'*Agnus Dei. Sigeb. en sa Chron.* Ramena les Saxons à la Foy, & baptisa leur Roy Codialde à Rome, lequel par testamēt laissa tout son bien à l'Eglise. *Bonfin. liu.* 8. Enfin mourut apres auoir gouuerné l'Eglise 13. ans, & pres de 9. mois, l'an de salut 702. *Adon de Vienne, Bede, &c.*

Sergius II. Romain, 105. Pape, fut le premier qui changea son nom, estant auparauant appellé Groin de porc, ce qui a esté imité par la pluspart de ses successeurs. *Plat.* bien qu'Onuphre dict que ce fut Iean XII.

Il couronna & oignit l'Empereur Lothaire, & designa son fils Louys Roy d'Italie. *Crantz liu.* 1. *chap.* 33. *de sa Metrop.* Il mourut l'an 847. & de son Pontificat le 3. *Naucler, Marian l Escossois.*

Sergius III. Romain, 123. Pape, fist emprisonner son predecesseur Christophe. Eut à tel contre-cœur les faicts de Formosus 114. Pape, qu'il fist de nouueau consacrer ceux qui auoient esté mitrez par luy, voire fist deterrer son corps, luy fist trancher la teste, & ietter dans le Tybre: repara l'Eglise de Latran, qui estoit toute ruinée, & mourut l'an 7. 4. mois 16. iours de son Pontificat, l'an de salut 913. *Sigeb. Palmier, Plat.*

Sergius IV. Romain, 149. Pape, persōnage de saincte vie deuant & durant son Pontificat, clement & charitable enuers les paures. Par son bon aduis, les Princes Chrestiens se confedererent & deschasserent les Sarrazins de la Sicile. Il mourut l'an de salut 1009. apres auoir gouuerné l'Eglise dignement 2. ans & 15. iours *Plat. Onuphr.*

Sergius Patriarche de Constantinople, mais qui de vray Catholique qu'il estoit au commencement se rendit Heresiarque & Chef des Monothelites, l'an de salut 629. *Baron. ann.* 629.

¶ Vn autre de ce nom, Moine Syrien, lequel quitta sa profession pour se rendre Arrien & Nestorien: homme temeraire, insolent & impie, lequel pour ses meschancetez ayant esté chasé de Cōstantinople se retira en Arabie, & s'associa du faux Prophete Mahomet lequel il instruisit & aida à forger sa secte & son Alcoran. *Voy Mahomet.*

Sergius Galba, *Voy* **Galba.**

Seriphe isle de l'Archipel, fort pierreuse, l'vne des Cyclades, en laquelle l'on tient que les grenoüilles ne crient point, & toutefois transpor-

tées ailleurs elles crient comme les autres. *Pline liu. 8. chap. 58.* En icelle les
Poëtes disent que Persée fut esleué.

Sertorius nommé Quintus, natif
de Nursia au pays des
Sabins, grand & renommé Capitaine
Romain, lequel ayant acquis quelque
reputation au barreau pour son eloquence, tourna puis apres toute son
estude & son ambition aux armes & à
la guerre : ayant esté enuoyé en Espagne il y fist tant d'actes de bon sens &
grande prudence, qu'il fut renommé
par tout comme grand guerrier & tres-
aduisé Capitaine, si bien qu'à son retour à Rome il fut esleu Questeur ou
Thresorier general de la Gaule, & deputé derechef pour estre Chef en la
guerre Marsique qui estoient côtre des
peuples confederez d'Italie où il fist de
grandes preuues de sa valeur, & eut vn
œil creué en combattant. Ayant demandé depuis l'Office de Tribun du
peuple, il en fut debouté par les trauerses de Sylla, si bien que depuis il le
prist en haine & se rangea du party de
Marius; & lors que Sylla fut party d'I-
talie pour aller contre Mithridates, il
se ligua auec Cinna Consul pour remettre sur le party de Marius qui s'en
alloit aneanty, tellement qu'ils r'appellerent Marius à Rome où ils exercerent
luy & Cinna de tres-grandes cruautez,
ausquelles toutefois Sertorius ne con-
sentoit point, estât d'vne humeur douce & paisible, & aimant naturellement
la Iustice : Mais Sylla estant de retour,
il se trouua le plus fort, dautant que
Cinna & Marius estoient decedez; tellement que Sertorius fut contraint de
se retirer en Espagne, où il ne fut gueres
qu'il ne gaignast incontinent la bonne
grace de cette nation, si bien qu'ils l'e-
leurent pour leur Chef enquoy ils ne
furent deceus, car il les aguerrit tellement en la discipline militaire des Romains & les dressa si bien aux exploicts
courageux qu'il se rendit tellement

puissant en Espagne qu'auec 2500.
hommes de guerre qu'il appelloit Romains, 4000. Portugais, & enuiron
600. hommes de cheual, il soustint la
guerre contre quatre grands Capitaines Romains, sçauoir Cotta, Phidias
Preteur, Domitius Proconsul, & Metellus, les trois premiers desquels il
desconfit aisément, & remporta plusieurs victoires sur Metellus qu'il eust
deffaict entierement sans que le Grand
Pompée suruint, lesquels tous deux
ioincts ensemble luy donnerent beaucoup de trauerses; & ce neantmoins
ne fut iamais vaincu qu'en la personne
de ses Lieutenans, car quant à luy il se
maintint tousiours inuincible, comme
estant l'vn des plus rusez Capitaines
qui ait iamais esté : aussi ne cedoit il en
hardiesse à nul Capitaine de son temps
pour vaillamment & de sens rassis combattre en toute rencontre; l'on ne le
voyoit iamais espris ny de peur ny de
ioye, & comme il estoit au milieu du
peril sans peur, aussi estoit il moderé
en ses victoires, estant dauantage ouurier tres-excellent pour iouer quelque ruse aux ennemis en temps & lieu,
ou eschapper vn mauuais pas lors que
la necessité le requeroit. Il estoit au
reste liberal & magnifique à recompenser les beaux faicts d'armes, & clement
à punir les forfaicts : mais entre ses habi-
letez & subtilitez qu'il auoit pour attraire les Espagnols lors barbares, il
s'en seruit d'vne qui est, qu'il tenoit
tousiours aupres de luy vne biche blanche qu'il disoit estre du don de Diane,
& laquelle il feignoit luy faire entédre
les choses à venir, & ce qu'il auoit à faire, & ainsi croyoit-on que ce fust quelque homme diuin. Il estoit fort bien
composé pour la forme de son corps,
sobre en son manger, & accoustumé
dés sa ieunesse à supporter de grâds trauaux; & iaçoit qu'il combatist contre
les Romains : ce neantmoins il auoit
tousiours vne grande deuotion enuers

fon païs, difant qu'il combattoit pour la liberté du peuple, non pour accroiftre fa puiffance au preiudice des Romains, mefmes fouuent manda à Pompeius & à Metellus qu'il eftoit content de pofer les armes & viure chez foy en homme priué; moyennant qu'il fuft par Edict public r'appellé & reftitué, & qu'il aimoit mieux eftre le moindre citoyen de Rome, qu'eftant banny de fon païs eftre appellé Empereur de tout le refte du monde. Ayant ce neantmoins long temps refifté aux Romains, Perpenna qui s'eftoit rangé de fon party, enflé d'vne vaine prefomption & ambitieux afin de fe faire Chef de toute l'armée, le tua en trahifon l'ayant conuié en vn feftin. *Plutarq. en fa vie.*

Seruie ou haute Myfie, contrée de Hongrie; fituée entre la Bofnie & la Bulgarie; elle fut iadis habitée par les Tribales peuples qui vindrent du Septentrion s'y habiter apres l'affoibliffemét des Empires Grec & Romain. Les Dardaniens l'ont auffi habitée. Là ville capitale s'appelle Senderouie ou Simandrie, & par les Turcs *Semander*, fituée fur les riuages du Danube non loin de Bellegrade: il y a auffi Nouograde & le Mont noir où il y a des mines d'argent. Elle eftoit gouuernée par fes Seigneurs particuliers nómez Defpotes, mais ayant efté enuahie fur eux l'an 1538. par l'Empereur des Turcs Amurath, elle eft de prefent reduicte en Sangiacat foubs le Beglerbey de Bude. *Mercator en fon Atlas.*

Seruilienne famille, fut entre les plus illuftres à Rome, de laquelle font yffus ¶ P. Seruilius perfonnage triomphal, qui pour auoir vaincu les Ifauriens peuples de l'Afie, fut furnommé Ifaurique. *Strab. liu. 14.* ¶ Et Pub. Seruilius Rullus qui le premier fe fift feruir fur table vn Sanglier, lequel fut pere de ce Seruilius qui publia la Loy Agraire pour la diuifion des terres, l'an du Confulat de Cice-

ron, *Plin. liu. 8. chap. 51.*

Seruius Tullius 6. Roy des Romains, nay de baffe extraction, fut efleué au Royaume par l'induftrie & fineffe de Tanaquil femme de Tarquinius Prifcus fon predeceffeur, lequel il adminiftra fort prudemment: il vainquit les Tofcans, & fift prifer les biens des Romains pour les taxer felon leur reuenu, les feparant par bandes, & les diftribuant par quartiers, eu efgard à leurs heritages, aux dignitez, à l'aage, aux meftiers, & aux charges d'vn chacun: il augmenta de beaucoup la ville de Rome, enfermant dans fes murs les monts Quirinal & Viminal. Mais ayant regné 44. ans, il fut malheureufement tué par fon gendre Tarquin le Superbe, à la fufcitation de fa propre fille Tullia, laquelle fut fi denaturée que fe haftant d'aller faluer fon mary en qualité de Roy, elle fift paffer fon chariot pardeffus le corps tout fanglant de fon pere, quoy que les cheuaux efpouuantez de ce fpectacle en euffent horreur & refufaffent de marcher. *T. Liue, Florus liure 1. chap. 6.*

¶ Vn autre furnommé Sulpitius, Iurifconfulte, auquel (eftant mort en fon Ambaffade vers M. Antoine) il fut dreffé vne ftatuë en champ de Mars par arreft du Senat. *Ciceron en fa 9. Philipp.*

¶ Vn autre, Commentateur de Virgile, contemporain d'Ælian foubs l'Empereur Adrian.

Sefoftris Roy d'Egypte lequel fift de grandes conqueftes en l'Arabie & l'Afie: furmonta les Colches & les Getes, par tout laiffant des marques de fes trophées; car mefmes apres auoir dompté les peuples voifins de la Mer rouge, il voulut faire conduire en Nil dans icelle mer, mais en vain. *Strab. liu. 16. Herodot. liu. 2.* Mefmes en vint à telle ambition que de fe faire mener en vn chariot tiré par des Roys comme en'pompe, par les prouinces de ses conquestes. L'on le met le troisiesme Legislateur des Egyptiens. *Diodore liu. 3. chap. 1.*

Seste ville de l'Europe, située au riuage de Thrace, vis à vis d'Abyde ville d'Asie dont elle est separée par ce destroict appellé Hellespont, en la place desquelles villes il ny a de present que deux chasteaux. Ces deux villes sont renommées pour les amours de Leandre & d'Ero. *Strab. liu. 13. & Musée en ses Amours de Leandre & d'Ero.*

Sestius ou Sextius (nommé Publius) hôme de grand courage, lequel assista Ciceron auec main forte contre les embusches de Clodius, pour lequel suiect ayant esté appellé en iugement, il fut defendu par le mesme Ciceron en cette Oraison que nous auons encore entre mains.

Seth, interpr. de l'Hebr. *estably*; fut fils d'Adam, & estably de Dieu aa lieu d'Abel tué par Cain, & posé pour fondement de la Cité de Dieu & du monde, car la posterité de Cain fut toute esteincte par le Deluge; aussi est il dict qu'il fut faict à l'image & semblance d'Adam comme luy ressemblant en bonté & pieté. *Genes. 5.* L'on luy attribuë l'inuention des lettres & characteres, comme aussi de l'Astrologie. *Suidas. Iosephe liu. 1. chap. 2. des Ant. Iud.* Et de là les Gnostiques & Heretiques prirent occasion de supposer sous son nom quelques liures aprocryphes touchant l'Astrologie & les Horoscopes dont faict mention S. Epiphane *au 1. de son Panaire.* Il engendra Enos en l'aage de 150. ans, & en suitte plusieurs autres enfans, puis mourut aagé de 912. ans, l'an du monde 1042. *Genes. chap. 6.*

Seuere (nommé Septimius) Empereur Romain, Africain de nation, personnage de grand esprit, de grand conseil & de grande experience. Ayant esté Tribun, Preteur & Consul à Rome, Proconsul en Sicile, Afrique

& Hongrie, & commandant lors aux legions fut proclamé Empereur par son armée nonobstant que Didius Iulian tint l'Empire à Rome, & que Pescennius Niger son Lieutenant en Asie eust pareillement pris les tiltres & enseignes d'Empereur : mais luy comme plus diligent & mieux voulu de tous, marcha vers l'Italie où il estonna tellement Iulian qu'il n'osa se deffendre; si bien que le Senat voyant la pusillanimité de Iulian, receut Seuere auec grand applaudissement de tous. Apres auoir chastié les meurtriers de l'Empereur Pertinax & faict ses funerailles, il se mist à reformer quelques ordonnances de Rome, se monstra liberal enuers le peuple & les soldats, mist ordre aux prouisions de bleds dont la ville auoit disette, & enfin comme vn bon Gouuerneur il pouruéut à plusieurs choses; & apres auoir faict Cesar Claudius Albinus Patrice & Senateur Romain, s'achemina en Orient contre Pescennius Niger qui se faisoit appeller Empereur & qui estoit secouru des Roys d'Asie; lequel ce neantmoins il surmonta en vne cruelle bataille qui se donna entre ces deux Empereurs où Pescennius fut tué : Il vainquit en suitte les Parthes, Perses, & Adiabenes, nations tres-belliqueuses qui auoient fauorisé son ennemy, & alors il commença à persecuter les Chrestiens (& ce fut la cinquiesme persecution) car les premiers 8. ans de son Empire il s'estoit tousiours contenu modestemet en leur endroict : cependant Albinus s'estant reuolté & fait appeller Empereur, il s'en retourna à Rome pour le chastier ; mais passant d'Asie en Europe par le destroict de Constantinople, il destruisit cette ville dicte lors Byzance, à cause qu'on ne vouloit pas l'y receuoir, & de là vint rencontrer Albinus qu'il deffist & tua en bataille rangée pres la ville de Lyon, mais non sans encourir beaucoup de hazard : apres quoy il exerça tout plein de cruautez contre ceux qui auoient fauorisé ses ennemis, & de là s'en vint à Rome où il condamna à mort & côfisca les biens de plusieurs notables Citoyens : & ce neantmoins il se monstra tousiours liberal enuers le peuple, faisant des ieux & festes de grand coust : Mais il luy prist encore desir de faire vn autre voyage en Orient pour se vanger de quelques Roys qui auoient secouru Pescennius. Ayans donc passé en Asie, il deffist Barcenius Roy des Atreniens, puis tira vers l'Arabie Heureuse où il prist quelques villes: s'en alla contre les Perses & les Parthes & se campa deuant Ctesiphonte leur ville capitale où estoit leur Roy Artabanus, laquelle il prist par force & s'empara de ses fils, femmes & thresors: le Roy s'en estant enfuy de là, il passa en la Palestine, & de là en Egypte où il fist plusieurs exploicts notables: puis chargé des despoüilles & richesses de l'Orient, il s'en retourna à Rome en grand triomphe. Ayant visité quelques villes d'Italie & donné ordre que la Iustice fut administrée par tout, il eut soin de faire instruire ses deux enfans Bassian & Geta és sciences liberales, lesquels il inuestit tous deux de l'Empire, puis s'achemina en Angleterre auec son armée pour chastier la reuolte des habitans: & pour mettre à l'aduenir ses legions à couuert contre les courses des Anglois, il fist faire vne muraille qui trauersoit d'vne mer en l'autre, l'espace de bien 132. milles. Enfin estant cruellement trauaillé des gouttes, il mourut l'an de salut 230. aagé de 70. ans, ayant esté Empereur pres de 19. Ce Prince estoit tresbeau & de haute taille, il fut abstinent de viandes, se contentant le plus souuent de fruicts & legumes, mais vn peu subject à boire. Il fut tres docte és lettres humaines, grand Mathematicien, eloquent Orateur, & subtil Philosophe, mais fut toutses vaillances en plusieurs

guerres furent si grandes qu'il peut estre comparé à ses plus excellens predecesseurs, car il deffist trois Empereurs Romains, subiugua plusieurs Roys & vn nombre infiny de villes & prouinces ; au reste il maintint & administra prudemment la Iustice, & laissa vne plus grande somme de deniers qu'aucun des Empereurs precedens n'auoient faict, bien qu'il eust fait bastir des edifices tres-superbes & merueilleux, donné des spectacles & ieux magnifiques, & qu'il eust faict de grands presens au peuple, mais il fut trescruel, vindicatif & sanguinaire. *Sext. Aurele Victor, Eusebe en sa Chron. Herodian, Spartian, Zosime, & autres.*

Seuere (nommé Alexandre) Prince excellent & tres-vertueux, successeur d'Heliogabale à l'Empire Romain. *Voy* Alexandre.

Seuerians certains Heretiques introduicts par Tatian, puis prouignez par vn certain Seuere Encratite, lesquels reiettoient le Vieil testament, abhorroient l'vsage du vin & les mariages. *S. Augustin heref. 24. S. Hierosme & Sophronius.*

Seuerin Romain, 73. Pape, se fist confirmer par Isaac Exarque d'Italie au nom de l'Empereur: fut liberal aux pauures : s'employa à bastir & à reparer les Eglises. Tint le Siege 1. an. 2. mois, & mourut l'an 6 8 *Onuphr. Plat.*

Seuille ville tres-renommée d'Espagne, capitale de l'Andalousie, appellée par les anciens Geographes *Hispalis.* Elle est situee en vn lieu fort plaisant & de bel aspect, de grande estenduë, & entourée de fortes murailles le long du fleuue Bætis, c'est l'vne des plus belles de l'Espagne, voire de l'Europe, estant ornée de plusieurs beaux edifices, peuplée d'vne infinité d'habitans : Aussi les sciences & honnestes exercices y fleurissent, & sur tout les richesses qui y sont & y abordent tous les iours sont si grandes qu'on la peut nommer la gardienne des richesses de l'Orient & de l'Occident, & Royne de l'Ocean, veu que celles des Indes & terres neuues y arriuent tous les iours, qu'elle depart à toute l'Europe, voire à l'Asie & à l'Afrique. *Mercat. en son Atlas.*

S I.

Siam Royaume tres-ample de Indes Orientales, autrement appellé *Sornao*, lequel s'estend tant du costé du Leuant que du couchant iusques à la mer, & est assis entre le pays de Caucinchine & le Royaume de Therme, & le long de la coste depuis la ville de Campaé iusques à celle de Tauay, lequel espace est d'enuiron 500. lieuës dont les Mores & Arabes ont occupé plusieurs villes, & les Espagnols se sont emparez de la ville de Malaca. Or ce Royaume en comprend cinq ou six particuliers entre lesquels est Siam ou Chaumua, où il y a vne ville fort grande de mesme nom, fort marchande où l'on conte près de 30000. familles de marchands Mores; & celuy de Muantay dont la capitale est Odie qui contient bien 400000. maisons faictes à la façon de celle de Venise dans la mer, esquelles l'on va par batteaux, comme aussi Cambaie & Malaca villes fort fameuses. Le pays de Siam est plein en son milieu, mais entouré de montagnes, fort herbu, gras & fertil abondant en bleds, en riz, & autres choses necessaires à la vie, porte quantité de poiure, de benjoin, musc, & est riche en metaux d'or, & d'argent, d'estain, &c. L'on y void le tresgrand lac de Chiamay d'où sortent plusieurs fleuues qui arrousent le païs comme le Nil faict l'Egypte: Il y a pareillement de grandes forests, où se nourrissent des Tigres, Lyons, Elephants & autres bestes sauuages. Le Roy de Siam estoit iadis tributaire de celuy de la Chine, ayant

pour sa garde ordinaire 6000. hommes, & 200, Elephans armez, mais son Royaume fut occupé par le Roy de Brame & de Pegu, il y a enuiron cent ans. Les habitans se plongent ordinairement en toutes sortes de delices, sont subjects aux femmes, aiment la Musique, sont superbement habillez & font profession de Noblesse; aussi n'exercent ils aucun art mechanique, mais se seruent à cét effect d'esclaues, vacquent toutefois au labourage: Ils ont des Escholes publiques où ils enseignent leurs Loix & Religion en langue vulgaire; mais quant aux sciences ils les enseignent en vne langue particuliere: Ils adorent vne infinité de Dieux dont est qu'apres leur mort vn chacun eslit vn genre de sepulture selon l'element qu'il a adoré, car ceux qui ont adoré la Terre sont enterrez, ceux qui ont honnoré le Feu sont bruslez, ceux qui ont veneré l'Air sont pendus pour estre deuorez des oiseaux, & ceux qui ont reueré l'Eau sont noyez; mais ils tiennent vn Dieu pour Createur du ciel & de la terre, & que le monde finira par feu. Leurs Prestres abhorrent sur tout le vin & les femmes, & ont des Temples fort somptueux où ils dressent vne infinité d'Idoles. *Magin en sa Geographie.*

Sibylles estoient certaines femmes Prophetisses remplies de Diuinité, qui estoient perpetuellement vierges, ainsi appellées de *Sios* qui signifie Iupiter, & de *boulé* qui veut dire Conseil, estans estimées comme Conseilleres des Dieux: & de faict elles ont enoncé des oracles, des choses futures, tres-certaines & veritables, specialement touchant la creation du monde, la resurrection des corps, le Iugement final, l'Aduenement, Mort & Passion du Sauueur, & autres mysteres de nostre Foy, comme aussi la decadence des Empires & Monarchies, auec tant de clarté & certitude qu'ils semblent

pluftoft auoir annoncé les chofes paf-
fées que predit les futures. S. Clement
au liu.6. de fes Stromates tefmoigne que
S. Paul exhortoit les Chreftiens à la
lecture des Liures de ces Sibylles. Lactance *liu. 1. contre les Gentils* fuiuy de
S. Hierofme *contre Iouinian*, affeure a-
pres M. Varron, qu'il y en auoit dix de
ce nombre, fçauoir la Cumée ou Italienne, la Cumane, la Perfique, la Libyenne, la Samienne, la Delphique, la
Phrygienne, la Tiburtine, l'Hellefpon-
tiaque, & l'Erythréenne, dont *Voy* les
predictions particulieres en leurs mots.
En Lactance *liu. 1. de fes Inftitutions*, &
S. Auguftin *liu. 18. chap. 23. de la Cité de
Dieu.*

Sicambriens

anciens peuples de
la Germanie ou
Allemagne, qui habitoient la riue
droicte du Rhin, voifins des Menapiens qui tenoient la gauche ; & c'eft
le pays que nous appellons maintenant
Gueldres, Iulliers, Cleues, & Hollande. L'on tient que ces peuples trauaillez par les Goths, vinrent de Scythie
fous la conduicte de Marcomir leur
Roy, & s'acheminerent tout le long du
Rhin, iufques au pays que nous nommons de prefent Gueldres, Cleues, Iuilliers, & grande partie de la Hollande
où ils firent leur premiere demeure, &
furent appellez lors Sicambriens, lefquels depuis non contents de cette
eftenduë de pays pour leur demeure,
pafferent en Gaule, d'où vient que les
Gaulois furent appellez Sicambriens.
Voy Marcomir. D'autres tirent l'origine de ce nom d'vn Sicamber fils de
Francus, lequel regna en la Pannonie,
qui eft-ce que l'on appelle de prefent la
Hongrie & Auftriche, & que lors tous
fes fubjects qui auoient efté appellez
François du nom de fon pere, furent à
caufe de luy nommez auffi Sicambriens
tant de fon nom, que de la ville de Si-
cambre capitale de fon Royaume, felon Tritheme & autres.

Siccius Dentatus

Tribun du
peuple, fut
vn guerrier tres-remarquable ; peu a-
pres que les Roys eurent efté chaffez
de Rome ; car il fe trouua en fix vingts
tant batailles que rencontres, & huict
fois en champ clos où il vanquit touf-
jours fon ennemy : & dict-on que pour
loyer de fa vertu il auoit receu des
chaifnes, bracelets & couronnes d'or,
& autres marques de triomphe plus
qu'aucun autre qui ait efté deuant luy :
Tint côpagnie à neuf Capitaines triom-
phâts par fon moyen ; receut 45. playes
au deuant fans en auoir receu aucune
fur le derriere, auffi pour fa proüeffe &
vertu militaire il fut furnommé l'A-
chille Romain. *Pline liu. 7. chap. 27. A
Gell. liu. 2. chap. 11.*

Sichée

fils de Philiftenes Phœni-
cien, Preftre d'Hercule, &
mary de Didon, lequel Pygmalion frere de fa femme pouffé d'enuie d'auoir
fes threfors, tua entre le temple & l'autel. *Virgile liu. 1. de l'Æneid.*

Sichem,

fils d'Hemor, Prince de
Salem en la terre des Chananéens, lequel ayant rauy Dina fille
de Iacob (qui eftoit venu demeurer en
cette contrée auec toute fa famille) la
viola, puis la demanda en mariage à fon
pere ; mais fes freres Simeon & Leui
firent femblant de s'y accorder, au
moyen qu'il fe fift circoncire, ce
qu'ayant faict, ces deux entrerent aife-
ment dans la ville auec main forte, &
mirent au fil de l'efpée Hemor & Sichem auec tous les hommes, pillans
la ville & emmenans tout ce qu'ils a-
uoient, iufques aux petits enfans & à
leurs femmes. *Genef. 34.*
¶ Vne ville de ce nom, baftie en Samarie par Ieroboam premier Roy d'Ifraël, laquelle fut quelque temps capitale de fon Royaume, auparauant que
la ville de Samarie fuft edifiée. *3. Roys
chap. 11.* ¶ Vne autre de ce nom en
Phœnicie. *Voy.* Sidon.

Sicile

Sicile isle des plus renōmées de toutes celles de la mer Mediterranée, tant pour son estenduë que pour
les choses remarquables qui y sont ar-
riuées. Elle est ainsi appellée d'vn certain Capitaine nommé Siculus, lequel
ayant premierement habité le Latium,
passa en Sicile & la subiugua. Elle a
obtenu plusieurs noms, comme Trinacrie & Triquetre, dautant qu'elle est
située en triangle, dont les trois angles
ont autant de Caps ou Promontoires,
sçauoir Cap. de Faro ou de Calabre iadis Pelore qui est au Nord, & regarde
l'Italie: l'autre est appellé le Cap de Passero dit anciennement Pachynum qui est
vers le Midy & le Leuant, & regarde
le Peloponnese : & le dernier est le Cap
de Boco dict auparauant Lilybée vers le
Couchant & le Midy, & regarde l'A-
frique dont il est esloigné de 180. milles. Elle a bien en son circuit 4400. stades, selon Possidonius. *Strab. liu. 6.* Cette isle a pour ses bornes du costé du
Nord la mer de Toscane : au Midy la
mer d'Afrique : au Leuant la mer A-
driatique & l'Ionique: & au Couchant
celle de Sardaigne. Plusieurs Historiés
estiment qu'elle a esté autrefois vne
partie de l'Italie, faisant cōme vne presqu'isle, mais qu'elle en fut separee par
la force & violence de l'eau, ou par vn
tremblement de terre. L'on donne de
circuit à cette isle 700. milles, mais
d'autres ne luy en donnent que 624.
seulement, & selon Thucidide *liu. 8.* de
huict iournées de chemin. Elle est située au 4. climat entre le 11. & le 12.
paralele, où le plus grand iour d'Esté
est de 14. heures & deux tiers. Le Ciel
y est serain, & le terrouër fertil en toutes choses, lequel specialement y produit des bleds en grande abondance;
si bien que Caton & Ciceron l'appelloient le Magazin des fruicts, & le Grenier du peuple Romain, car en quelques Cantons les habitans y cueillent
cent pour vn : Elle y porte aussi des

vins tres-excellens, & sur tout celuy
qu'ils nomment *Muscatel.* Elle abonde
de plus en miel, suecre, coral, poix, saffran, laine ; il y a du sel mineral en ses
montagnes ; & s'y trouue mesmes des
mines d'or, d'argent, & de fer, & aussi
quelques pierres precieuses cōme l'A-
gathe, l'Esmeraude, le Beril; on trouue
aussi du Porphire, du Iaspe, de l'Albastre, & du Marbre de carrieres Elle est
renommée par son mont Ætna dict de
present *Mont Gibel*, qui iette des flammes, & mesmes la pluspart de l'isle est
cauerneuse, pleine de soufre & de bitume matieres propres à allumer le
feu ; & de là vient qu'il y a beaucoup
de sortes d'eauës chaudes qui ont de
merueilleuses proprietez. Les Cyclopes & Læstrigons Geants barbares &
inhumains ont premierement commandé en cette isle. Les Sicans Espagnols
de nation (dont elle prist le nom de
Sicanie) les Troyens Candiots, Grecs,
Romains, les Empereurs de Constantinople apres la diuision de l'Empire:
les Goths sous l'Empereur Iustinian I.
les Sarrazins qui la tindrent 40. ans:
les Normans, les Lombards, les Sueues, les Allemans, les François qui ne
la tindrent que 17. ans iusques au Vespres Siciliennes qui fut l'an 1282. du
temps de Philippe III Roy de France:
les Arragonnois iusques au Roy Ferdinand apres la mort duquel les Espagnols l'ont obtenuë qui la possedent
maintenant & en retirent bien 300000.
escus tous les ans, outre les confiscations & autres parties casuelles. L'on
y compte 173. villes, dont la metropolitaine est Palerme qui sert de demeure
aux Viceroys: Il y en a encore d'autres
remarquables, comme Syracuse, Messine, Agrigente, Mont-real, & autres.
Les Siciliens sont pour la pluspart d'e-
sprit subtil, eloquens, pleins de sentences & bonnes rencontres, mais grands
parleurs, sont assez propres aux sciences ; au reste fort inconstans, enuieux,

EEeecee

vindicatifs, deffians, amateurs de noise & nouueautez. Ils font tous profeſfion de la Religion Catholique , auſſi les Prelats y ont grande authorité. Il y a trois Archeueſchez , ſçauoir celuy de Palerme, de Meſſine , & de Montreal , qui ont ſoubs eux dix Eueſques pour ſuffragants. *Monſt. liu. 2. de ſa Coſmogr. Mercat. en ſon Atlas, Magin en ſa Geographie, Ortelius.*

Sicyone ville tres-ancienne du Peloponneſe , non loin de celle de Corinthe , laquelle fut auſſi appellée Ægialée d'Ægiale qui en fut le premier Roy, bien qu'Euſebe vueille que ce ſoit Europs, depuis lequel elle fut gouuernée par les Roys par l'eſpace de bien mille ans, iuſques à Zeuſippe apres le regne duquel les Sicyoniens furent ioincts aux Lacedemoniens.

Sidon ville tres-ancienne , metropolitaine de la Phœnicie , ſituée pres la mer, és frontieres de la Iudée. Elle fut ainſi appellée de Sidon fils de Chanaan qui la baſtit. *Geneſ. 10. Ioſephe liu. 1. chap. 6. des Ant. Iud.* & depuis Sichem. Elle fut conquiſe ſur les Infidelles par Ioſué, & tomba en ſort à la tribu d'Aſer. *Ioſué chap. 19.* Elle eſtoit tresgrande & riche deuant qu'elle fuſt priſe par les Perſes , mais de preſent n'en reſte que quelque partie, munie toutefois encore de deux citadelles aſſez fortes, & s'appelle *Said.* Son air eſt ſain & le terrouër fertil qui produict quantité de cannes de miel. *Monſt. liu. 5. de ſa Coſmogr.*

Sidoniᵒ Apollinaris Eueſque de Clairmont, nous a laiſſé des Epiſtres grandement doctes & d'autres Liures remplis de doctrine, & de curieuſes recherches d'antiquité il deceda l'an de grace 484. *Gregoire de Tours liu. 2. chap. 1. de l'Hiſt. des François.*

Sienne ville de la Toſcane , forte d'aſſiette, ſituée en vne colline ayant bien de tour 5. milles. Elle

eſt ornée d'edifices beaux & bien peuplez. Ayant eſté colonie des Romains, elle s'aſſujettit beaucoup de pays, mais elle a eſté grandement trauaillée durant la faction des Guelphes & Gibelins ſuſcitée en Italie. Son terrouër eſt fort gras qui produict quãtité de bleds & de bons vins , l'air toutefois y eſt mauuais en Eſté & en Automne. Ses habitans ſont fort liberaux & courtois aux eſtrangers, & grandement ciuils, tardifs en conſeil, & heureux en guerre : Ils ont toutefois laiſſé perdre leur liberté , le Grand Duc de Toſcane y ayant vn Gouuerneur General auec authorité ; ils ont neantmoins leurs anciens Magiſtrats & Conſeil ſeparémét, mais ce ne ſont que les reſtes & l'ombre de la Republique qui y fut autrefois. Cette ville eſt honnorée d'vn Archeueſché qui a trois ſuffragants, eſtably par le Pape Pie II. qui en eſtoit natif, comme ont eſté pluſieurs autres ſouuerains Pontifes. *Magin Mercat.*

Sigalion ſimulachre d'Harpocrates , qui fut adoré pour Dieu entre les Egyptiens. *Voy* Harpocrates.

Sigee ville & promontoire de la Troade, ſignalée par le tombeau d'Aiax. Ce Cap eſt ainſi appellé par antiphraſe du verbe Grec *Sigan* qui ſignifie faire ſilence, à cauſe du grand bruict qu'y font les eaües tombant des rochers. Il s'appelle vulgairement *Genizzari* ſelon Sophian & Niger.

Sigebert Chronographe, Moine Benedictin, natif de Brabant, a conduict ſon Hiſtoire Eccleſiaſtique depuis la fin de l'Hiſtoire Tripartite qui eſt de l'an de ſalut 381. iuſques à l'an 1112. Il a eſcrit au vn Liure des Hommes illuſtres de ſon temps. *Onuphr. ann. 1102. Tritheme.*

Sigibert fils puiſné de Clotaire I. du nom, Roy de France, apres la mort duquel ayant partagé auec ſes trois freres, Cherebert, Gontran & Childebert, le Royaume de France, il luy eſcheut pour ſa part le Royaume de Mets ou d'Auſtraſie auec ſes appartenances : il eut en ſuitte quelques guerres auec Gontran Roy d'Orleans, & depuis il eut encore de plus grands differents auec Chilperic (auſſi ambitieux & turbulent que luy) apres la mort de Cherebert touchant ſa ſucceſſion. Mais Chilperic plus actif voyāt Sigebert empeſché à deffendre ſes terres d'Allemagne contre les ennemis entra dans ſon pays & priſt ſur luy la ville de Rheims : & Sigebert pour auoir ſa reuanche pourſuiuit Chilperic auec tant d'ardeur qu'il priſt ſur luy Soiſſons ville capitale de ſon Royaume, & de là s'achemina à Paris victorieux où il fut receu d'vn commun cōſentement : Mais ſes ſoldats practiquez par Fredegonde femme de Chilperic, le tuerent, & par ce moyen Chilperic demeura ſeul Roy. Hiſt. de Frāce.

¶ Vn autre de ce nom, fils aiſné de Dagobert I. du nom, Roy de France, lequel il eſtablit Roy d'Auſtraſie (ayant donné à ſon puiſné Clouis la France) auquel ſon fils ſucceda nonobſtant les oppoſitions de Grimald Maire de ſon Palais qui y vouloit eſtablir ſon fils Childebert ; mais ils furent tous deux chaſtiez de cette entrepriſe par iugement ſolennel à Paris. P. Æmile liu. 1.

Sigiſmond fut eſleu Empereur d'Allemagne apres la mort de Rupert, ſans contredit d'aucun, eſtant auparauant Roy de Hongrie & de Boheme, & le plus renommé Prince de ſon temps à cauſe de ſa liberalité, prudence & valeur. Son plus grand ſoin fut d'eſteindre le ſchiſme de trois Papes qui eſtoient pour lors, ſçauoir Iean XXIII. Gregoire XII. & Benoiſt XIII. à cet effect il aſſigna vn Concile à Conſtance, fiſt vn voyage en Italie où il s'aboucha auec le Pape Iean, puis fiſt tenir le Concile où il fut or-

donné que tous trois renonceroient au Papat, ce qu'ayant eſté executé par Iean & Gregoire, Benoiſt ne le voulut faire ; ſi bien que l'Empereur alla luy meſme à cet effect voir le Roy d'Arragon qui ſouſtenoit le party de Benoiſt ; & en la place de ces trois qui furent depoſez, fut eſleu Martin V. & en iceluy Concile furent brûlez vifs pour leur hereſie Iean Hus & Hieroſme de Prague Bohemiens : ce qui fiſt que les Bohemiens ſe reuolterent non ſeulement de la Foy, mais auſſi contre l'Empereur, lequel ils deffirent en pluſieurs batailles ſoubs la conduicte de Ziſca vaillant Capitaine, apres la mort duquel toutefois ils ſe rangerent en l'obeiſſance de l'Empereur, mais qui mourut apres l'an de grace 1437. en ayant tenu l'Empire 37. Ce fut vn Prince excellent, mais malheureux en femmes & en guerre. Onuphr. V. Lat.

¶ Il y en eut vn autre, fils aiſné de Gondebaut, & Roy de Bourgogne, lequel ayant tué ſon fils aiſné à l'appetit de ſa ſeconde femme & de ſes enfans, fut par Clodomir Roy d'Orleans (voulant enuahir ſes terres par droict de bienſeance ſous pretexte de le chaſtier de ce forfait) pris auec cette femme & ſes enfans, & tous enſemble iettez dans vn puits à Orleans Hiſt. de France.

Silamis noble Romain, lequel ayant eſpouſé Octauia fille de l'Empereur Claude, & voyant qu'on la luy auoit oſtée pour la donner en mariage à Neron, ſe tua luy meſme le propre iour des nopces. Corn. Tacit. liu. 12.

Silare fleuue de la Baſilicate au Royaume de Naples, lequel a cela de propre que non ſeulement le bois, mais auſſi les fueilles qui y tombent ſe conuertiſſent en pierres, & neantmoins l'eau de ce fleuue eſt bonne à boire. L'on l'appelle vulgairement Seli in Baſilicata. Pline liu. 2. chap. 103.

Silene

père nourriffier & Pedago-gue de Bacchus, que les An-ciens (felon Lucian) ont reprefenté comme vn vieillard de petite ftature, grand & ventru, chauue, auec des oreil-les droictes & fort pointuës, trem-blant de fes membres, fe fouftenant fur vn bafton, & le plus fouuent monté fur vn Afne courbé contre bas, veftu d'vne longue houpelande à vfage de femme : au refte l'vn des meilleurs Chápions & Maiftres de camp de Bac-chus : & de faict, en la guerre que Bac-chus eut contre les Indiens, l'Afne de Silene s'eftant mis à braire eftonna tel-lement les Elephans que cela fut caufe de la victoire : c'est pourquoy il fut par le benefice de Bacchus rangé au nom-bre des eftoilles près le figne de l'Ef-creuiffe où il eft vulgairement nommé Creiche de l'Afne, felon Arat *en fon liu. des fignes Celeftes.* Paufanias en l'Eftat *d'Attique* dict que les plus aduancez en âge d'entre les Satyres s'appelloient Silenes, mais on faict principalement mention de certui-cy comme du plus ancien.

¶ *Par la defcription de ce vaillant Cham-pion (car auffi le verbe Grec Sileinin dont fon nom eft tiré, fignifie fe rire & gaudir) les Poëtes ne nous ont voulu reprefenter au-tre chofe que les effects du vin qui met en telle pofture ceux qui en prennent demefu-rément : car à cette fin ils l'ont mis fur vn Afne animal lourd, tardif & endormy, pource que l'yurongne eft incapable & in-habile à toutes fortes d'affaires, perdant le plus fouuent la memoire des chofes faictes, & ne faifant rien que lourdement & com-me priué de fens.*

Silefie

contrée de l'Allemagne, ainfi appellée d'vn fleuue de mef-me nom qui l'arroufe, ou comme veu-lent les autres d'vn fien Roy nommé Silefe. Elle eft bornée au Nord & au Leuant par la Pologne : au Midy par la Morauie & la foreft Hercynie : & au Couchant par la Luface & partie de la Boheme. Elle eft longue de 200. milles, & large de 80 ou bien felon d'autres contenant en fa largeur trois iournées de chemin, & en fa longueur quatre. Le pays qui eft arroufé de plufieurs fleuues & ruiffeaux y eft tres fertil, & s'y trouuent des veines d'or, d'argent, de fer, & de plomb. Elle a force belles villes bien peuplées & bien policées de bonnes Loix, dont la capitale eft Vra-tiflaue dicte vulgairement Breflaw Le fleuue Odere l'arroufe par le milieu, & plufieurs autres fleuues qui proce-dent prefque tous de celuy d'Odere. Il y a quinze Duchez en cette prouince, dont fix font demeurées à quelques anciennes familles, & les autres font efcheuës aux Roys de Boheme : Et ce pays a efté long temps foubs la Sei-gneurie du Roy de Pologne. Iaçoit que fes habitans s'adonnent ordinaire-ment à l'Agriculture & à l'Oeconomie, fi eft-ce qu'ils ne delaiffent pas d'eftre prompts & propres à la guerre. *Monft. liu. 3. de fa Cofmogr.*

Silius

appellé Italicus, pour ce qu'il eftoit natif d'Italique ville d'Ef-pagne, mais fut nourry & efleué à Ro-me grandement aimé de l'Empereur Domitian par la faueur duquel il ob-tint trois fois la dignité de Conful. Il celebroit tous les ans la natiuité de Virgile. A efcrit en vers dixfept Liures de la feconde guerre Punique. Eftant enfin tourmenté d'vn clou irremedia-ble, il fe tua luy-mefme. *Crinit en la vie des Poetes Latins, Pline le Ieune liu. 3. epift. 7.*

Silo,

interpr. de l'Hebr. *paix* ou *abon-dance,* Cité de la Tribu d'Ephraïm en la terre de Chanaan. *Iofué chap. 21.* lieu où du temps de Iofué les enfans d'Ifraël mirent l'Arche d'Alliance & le Tabernacle du tefmoignage. *Iofué 18.* & où ils s'affembloient pour ado-rer & facrifier à Dieu, & receuoir les Oracles Diuins. *Ierem. chap. 7.* L'Arche y fut toufiours iufques à ce qu'elle fut

prife du temps du Grand Preftre Hely.
1. *Roys chap.* 4.

Siluanus affocié deS. Paul au fainct
Miniftere, & Euefque (felon quelques vns) de Theffalonique.
Appellé par S. Luc *Silam*, lequel on
faict Autheur de l'Epiftre aux Theffalonifiens, ainfi qu'il apparoift par la
teneur d'icelle. *Sixte Siennois liu.* 2. *de
fa faincte Bibliotheque.*

Siluerius natif de la Campanie, au
Royaume de Naples, 60.
Pape, lequel ne voulant eftablir Anthemius en fon Euefché de Conftantinople qui auoit efté deftitué pour fon
herefie par fon predeceffeur Agapet.
L'Imperatrice Theodora à l'inftigation de Vigilius Diacre, luy fufcita vne
fauffe accufation, qui eft d'auoir voulu
liurer Rome aux Goths, & pour ce fut
exilé en l'Ifle de Pontia dicte de prefent *Ponx*, où il mourut de pauureté,
apres auoir tenu le Siege feulement vn
an, 5. mois, 12. iours, l'an de grace 537.
P. Diacre liu. 16. *Bede.*

S. Siluefter I. Romain; 34. Pape, fut efleué au
Pontificat au commencement de l'Empire de Conftantin le Grand, lequel
eftant frappé de lepre fut par luy admis au S. Baptefme, & ainfi fut guary
felon quelques vns. *Eufebe liu.* 4. *de la
vie de Conftantin.* Fut le premier qui
dreffa vn Autel de pierre & le facra &
oignit du S. Chrefme (car auparauant
les Autels eftoient de bois, afin qu'ils
fe peuffent transporter au temps des
perfecutions (préuoyant, comme il eft
à croire, que deformais l'Eglife auroit
fon fiege affeuré apres tant de troubles
& afflictions) & comme Salomon apres
400. ans que le Tabernacle, l'Atche &
le Propitiatoire auoient efté portatifs,
les auoit placées au Téple pour y eftre
deformais en vn lieu affeuré & immobile; ainfi Sylueftre conuertit les Autels
de bois en Autels de pierre, prophetifant qu'apres tant de perfecutions l'E-

glife feroit immobile fous Conftantin, auquel & à fes fucceffeurs cét Empereur donna la ville de Rome, & les
ornemens Imperiaux, comme le Sceptre & le Diademe, ainfi que le confirment Eugubin *en* 2. *liures*, Plotius Patriarche Grec, Theodore Balfamon *tit.*
8. *ch.* 1. *du Nomocanon de Photius*, & autres. Et iaçoit que quelques vns improuuent cette donation de Conftantin, fi eft-ce que la multitude des Autheurs tres-graues; la longueur de la
poffeffion, la fouffrance & conceffion
expreffe des Empereurs en confirment
tres amplement la verité, *Voy* Conftantin. Enfin ce S. Pafteur chargé d'ans &
de merites paffa de cette vie en la bienheureufe, ayant dignement gouuerné
l'Eglife (qui fut de fon temps comblée
de richeffes & mife en vn paifible eftat,
ayant efté auparauant toufiours pauure & perfecuté) 23. ans, 10. mois, 10.
iours, l'an de grace 338. Sous le 14. de
fon Pontificat, commmença le S. premier Concile General tenu à Nicée
contre l'herefie d'Arrius, auquel prefidèrent en fa place Victor & Vincentius
Preftres, & Hozius de Cordoüe *Eufebe en Chron. Rhegino*, & *autres.* De fon
temps fleuriffoient les SS. Athanafe,
Antoine le Grand, Alexandre Euefque
d'Alexandrie, Lactance, &c. Et Arrius
troubloit l'Eglife.

Silueftre II. nommé auparauant
Gilbert, Moine
François, natif d'Aquitaine, 146. Pape,
fut d'vn fçauoir excellent en toutes
fciences liberales, fi bien qu'il fut Precepteur des deux plus fçauans Princes
de la Chreftienté; fçauoir de Robert
Roy de Fráce & de l'Empereur Othon
III. par la faueur defquels il fut premierement Archeuefque de Rheims,
puis de Rauenne, & finalement Pape.
Martin Polonois fuiuy de Platine, le
font Necromancien & difent qu'il obtint le Papat par art magique: Mais
Anmonius *liu.* 5. *ch.* 46. Onuphre &

autres graues Autheurs tiennent que c'est vne fable prouenuë de ce qu'il estoit grandement versé en la Mathematique & en la Philosophie, & que telles sciences n'estoient vulgaires en ce siecle là rude & ignorant : & de faict il a composé quelques liures de la sphere, de l'Astrolabe, de l'Arithmetique, & autres de Mathematiques, selon Tritheme *en sa Chron.* Mais sa pieté peut apparoir mieux par l'honnorable Epitaphe que Sergius IV. son successeur homme tenu de tous en reputation de grande saincteté, luy fist eriger au Latran. Il tint le siege 4. ans, 1. mois, 10. iours, l'an de nostre salut 1002. *Blond. Decad. 2. liu. 3. Sigebert.*

Siluestre III.
Romain, 153. Pape, fut esleu par corruption durant la vie de Benoist VIII, mais quarante neuf iours apres il fut destitué de sa dignité, & Benoist reintegré. *Plat. Othon de Frising. liu. 6. chap. 32. & 33*

Simeon
second fils de Iacob & de Lia. *Genes.* 29. Sa sœur Dina ayant esté violée par Sichem, s'estant accompagné de son frere Leui, ils tuerent tous deux Sichem auec son pere Hemor, & mirent au fil de l'espée tous les Sichemites dont ils furent grandement repris & maudits par leur pere Iacob, *chap.* 34. & 49. Estant descendu en Égypte auec son pere, sa famille multiplia de telle sorte qu'il en fut compté d'icelle à la sortie d'Egypte 59300. combattans de vingt ans & au dessus. *Nombr. chap.* 1. Il mourut aagé de 120. ans, enuiron l'an du monde 2214.

¶ Vn autre de ce nom, homme iuste & craignant Dieu, fils de cet excellent Docteur entre les Iuifs nommé Hillel, & pere de Gamaliel (selon R. Mose) en la personne duquel les Tamuldistes estiment que l'Esprit de la grande Synagogue a defailly. Ce fut luy qui estant Prestre presenta au temple Iesus-Christ, & purifia la S. Vierge. *Luc* 2.

Simois
fleuue de la Troade qui prend sa source du mont Ida, & trauersent la campagne de Troye, se ioinct ensemble au Scamandre, & font vn Palus qui se va rendre dans l'Hellespont aupres du Cap de Genizzari. *Strab. liu.* 13. Auiourd'huy l'vn & l'autre est quasi à sec, n'estans plus que petits ruisseaux qui se tarissent en Esté, & en Hyuer n'ont pas l'eau de la hauteur d'vn pied.

S. Simon
Chananéen, Apostre de Iesus-Christ. *Matth.* 10. Prescha en Egypte, & de là estant allé en Perse il fut couronné du martyre auec S. Iude. *Martyrol. Rom.* 28. d'Octob. *Baron. Ann.* 44. *Nomb.* 40.

¶ De ce nom fut aussi appellé S. Pierre deuant que ce dernier nom luy fust donné par Iesus Christ. *Voy* S. Pierre.

¶ Vn autre appellé le Lepreux, en la maison duquel vne femme oignit le chef de Iesus Christ d'onguents tresprecieux. *Marc chap.* 14. *Matth.* 26. & *Iean* 12.

¶ Vn autre nommé le Cyrenéen, lequel aida à Iesus-Christ à porter sa Croix. *Matt.* 27. *Marc* 15. L'on tient que ce fut le premier qui prescha la Foy à Carthage.

Simon le Magicien
le Patriarche des Heretiques & Simoniaques ; ayant esté baptisé par Philippe Diacre, fut si temeraire que de vouloir acheter des Apostres la grace de conferer le S. Esprit par l'imposition des mains, *Act.* 8. dont ayant esté maudit par S. Pierre, il s'addonna totalement aux arts magiques auec lesquels il enchanta tellement les Romains qu'il fut estimé Dieu, & luy dedia t'on vn simulachre par le commandement de l'Empereur Claude, en l'isle d'Esculape, entre les deux ponts du Tibre, auec cette inscription *Simon Dieu Sainct. Iustin Martyr à Antonin. Iren. liu.* 1. *chap.* 19. Il se disoit la grande vertu de Dieu, & a

escrit plusieurs Liures remplis de prodigieuses impietez, & la semence des heresies où il nioit que la Creation du monde eut esté faicte par Dieu, la resurrection des morts, le Franc-arbitre; asseuroit que nous estions iustifiez par la seule foy; introduisoit la communauté indifferente des femmes, reiettant le cœlibat: Et sur tout fut Autheur de cette infame marchandise & trafic des choses sacrées, duquel vice ceux qui en sont entachez sont à cause de luy appellez Simoniaques. *SS. Epiph. heres. 21. Ieren. li. 1. chap. 20. Aug. heres. 21.* Mais ayant enuenimé plusieurs lieux de ses enchantemens, comme il s'efforçoit par art magique de voler, S. Pierre fist tant qu'estant tombé il se brisa, l'an 46. de Nostre Seigneur. *S. Cyrille, S. Epiph. S. August. & autres.*

Simon fils de Mathathias, Chef des Machabées, fut esleu Chef & Souuerain Pontife des Iuifs apres la mort de son frère Ionathas. Demetrius Roy de Syrie, & Antiochus son fils luy confirmerent le Souuerain Sacerdoce & la Principauté, exemptant les Iuifs du tout tribut, laquelle immunité fut la derniere dónée par les Roys de Syrie aux Iuifs, lesquels lors commencerent a estre mis plainement en liberté ayant chassé leurs garnisons. Il estendit aussi les bornes de sa domination, gouuernant le peuple en paix: renouuella l'alliance auec les Lacedemoniens & Romains (ausquels il enuoya vn boucler d'or pesant mille mines) qui luy firent de grands honneurs, en faueur duquel ces derniers escriuirent aux Roys Demetrius, Antiochus, Ptolemée, Arsaces, Attale, & autres Roys & Princes à ce qu'ils n'eussent à molester les Iuifs en aucune façon. 1. *Machab. 14. & 15.* Prist Gaza laquelle il purgea d'Idoles: edifia vn Mausolée ayant sept Pyramides, pour seruir de sepulchre à sa famille: vainquit Cendebée Colonel d'Antio-

chus; mais en fin il fut tué en vn banquet par son gédre Ptolemée, esperant auoir sa Principauté, l'an du monde 3952. apres auoir gouuerné les Iuifs huict ans. *chap. 16.*

Simon l'Ancien fils d'Onias, & petit fils de Iaddus: 9 Souuerain Pontife des Iuifs durant la captiuité de Babylone: Est honnoré par l'Ecclesiastique, *chap. 50.* pour auoir dignement exercé sa charge; dont il fut surnommé le Iuste. Il tint le Siege 13. ans, l'an du monde 3830.

¶ Vn autre de ce nom qui fut le 12. en mesme dignité, lequel succeda à la gráde Synagogue, & fut fort honnoré d'Antiochus le Grand, Roy de Syrie. Il gouuerna les Iuifs 28. ans, l'an du monde 3898.

¶ Et encore vn autre, le 14. en cette dignité, fils d'Onias II.

¶ Il y en eut vn autre de ce nom, qui auoit la garde du temple de Hierusalem, lequel inuita Seleucus Roy de Syrie de piller le temple, luy dónnant à cognoistre les grandes richesses qu'il y auoit; mais le Roy ayant enuoyé à cet effect Heliodore, il en fut chassé & puny miraculeusement. 2. *Machab. 3. Voy Heliodore.*

¶ Et ce nom a esté commun non seulement aux Hebrieux, mais aussi aux Grecs & Latins

Simonides Poëte Lyrique, natif de l'isle de Cée, lequel on dict auoir esté tres-heureux, la mer & la terre ne l'ayant peu esteindre; car ayant vn iour enterré vn corps mort qu'il auoit trouué sans sepulture sur le riuage de la mer, l'esprit de ce corps luy apparut en songe, l'admonestant qu'il n'eust à monter sur mer; ce que ses compagnons ayans entrepris contre son aduis firent nauffrage. *Val le Grand, liu. 1. chap. 7.* L'autre exemple de son bonheur, est qu'estant vn iour à souper en vne ville de Thessalie nommée Cranon, chez Scopas le Statuaire,

l'on luy vint dire que deux Iouuen-
ceaux le demandoient à la porte (qui
estoient comme l'on dict Castor &
Pollux, ausquels il auoit donné beaucoup de loüanges pendant le banquet)
mais tout aussi tost qu'il fut sorty pour
aller parler à eux, la salle tomba sur
tous les conuiez & les escrasa si menu
que leurs parens ne les peurent recognoistre. *Val. l. 1. ch. 8.* Quelques vns luy
attribuent l'inuention de quatre lettres
Grecques, sçauoir ζ, η, ψ, & ω, & de la
huictiesme corde de la Lyre. *Pline li. 7.*
chap. 57.

¶ Vn autre de ce nom, Poëte tres-sage,
lequel estant interrogé par le tyran Hieron, ce que c'estoit de Dieu, demanda
vn iour de delay pour luy respondre,
lequel estant expiré & sommé d'y satisfaire, requist encore deux iours, &
ainsi de fois à autre demandoit deux
fois autant de delay qu'auparauant,
dont Hieron luy en demandant la rai-
son, *Pour ce*, dit il, *que plus i'y pense, plus*
i'y trouue à penser. Xenophon & Ciceron.

Simplicius appelé Sulpice &
Palmer, natif de Ti-
uoli, 49. Pape, decreta que nul receust
inuestiture de benefice ny vasselage en
chose spirituelle d'aucun homme Laic.
Il nous a laissé 3. Epistres inserées au
tom. 3. des Conciles. *Tritheme.* Il tint
le Siege 15 ans, 1. mois, 7. iours & mourut l'an de salut 485. *Bede, Adon de Vien-*
ne. De son temps les Iuifs introduisi-
rent les poincts en la langue Hebraïque dans vn Concile qu'ils tindrent en
la Palestine.

Sinai desert de l'Arabie, qui fut la 7.
station des Israëlites apres qu'ils
furent sortis hors de la terre d'Egypte.
En iceluy est cette montagne signalée
de mesme nom, qui est dicte aussi Ho-
reb où Dieu auec foudres ou tempestes
donna la Loy à son peuple. *Exod. chap.*
19. & 20.

Sinon fils de Sisyphe, & petit fils du
Brigand Autolique, lequel

pour sa finesse fut iugé le plus capable
d'entre les Grecs pour tromper les
Troyens; car s'estant volontairement
laissé prendre par eux, il donna faussè-
ment à entendre à Priam le depart des
Grecs, & l'inuita de receuoir dans la
ville le Cheual de bois où estoient frau-
duleusement les Grecs enfermez. *Vir-*
gil. liu. 2. de l'Æneide. Pline *liu. 7. chap.*
57. le dict auoir esté inuenteur des sen-
tinelles & des feux qui seruent de si-
gnals.

Sinope fille d'Asope, laquelle A-
pollon ayant rauie emme-
na au Royaume de Pont, de laquelle
il eut Syrus qui donna le nom aux Syriens; bien que quelques vns le fassent
fils de Mars & d'Ægine.

Sinope ville du Royaume de Pont,
située en la colline d'vne
presqu'isle, munie d'vn bon port, bastie
par les Milesiens, & qui a iadis esté
puissante & commandé sur la mer voisine; estant aussi alliée des Grecs, elle
fist auec eux plusieurs conquestes: mais
depuis ayant perdu sa liberté, elle vint
soubs la puissance de Pharnaces Roy de
Pont, les successeurs duquel la possederent iusques à Eupator qui la fist
metropolitaine de ce Royaume, mais
qui luy fut ostée par les Romains.
Strab. liu. 12.

Sinuesse ville d'Italie sur les frontieres de la campagne de
Rome, pres le fleuue Liris, que quelques anciens ont appellée Sinope *selon*
T. Liue liu. 10. Au terroüer de laquelle
il croist du vin en abondance. Elle a
aussi quelques bains chauds qui sont
propres à plusieurs maladies. *Strab. li. 5.*

Sion, interpr. de l'Hebr. *monceau* ou
eschanguette; l'vne des montagnes de Hierusalem appellée la montagne Saincte & montagne du Seigneur, au sommet de laquelle il y auoit
vne Citadelle appellée la Cité de Dauid dessous qu'il commença à l'habiter. 2. *Roys 5.*

¶ Vne

¶ Vne autre de ce nom, en la contrée des Amorrhéens , appellée autrement Harmon. *Deuteron.* 4.

Siphnus Isle, l'vne des Cyclades, situtée en l'Archipel, diète iadis Meropie & Acis, & de present *Sifano*, selon Sophian. Elle estoit abondante en minieres d'or & d'argent, & pour ce en mettoit-on la dixme de ce qui s'en tiroit au thresor du temple de Delphes, selon Herodote *liu.* 3.

Siponte ville de la Poüille, pres le mont Gargan, bastie par Diomedes ; ainsi appellée à cause de la grande quantité de seiches , diète *sepia*, qui se peschent en la mer voisine. *Strab. liu.*6. Pres les ruines d'icelle a esté bastie Manfredonie qui a vn port fort commode, auec vne forteresse inexpugnable, & où le siege Archiepiscopal de Siponte a esté transferé. *Magin en sa Geograph.*

Sirenes furent appellez certains Monstres marins fort celebrez par les Poëtes, qui depuis l'ayne iusques au haut auoient la semblance de ieunes pucelles, & par le bas la forme d'oyseaux ou de poissons : lesquelles au reste chantoient d'vne voix si melodieusement amoureuse, & pinçoient si mignardement leurs instrumens de musique, qu'elles enseuelissoient en vn profond sommeil les Nochers, puis les voyans assoupis les noyoient ou les deuoroient ; au reste elles accommodoient la douceur de leur chant à l'humeur & qualité de ceux qui faisoient voile en leur coste, afin qu'vn chacun trouuast dequoy contenter ses passions : comme pour amadoüer les voluptueux & paillards, elles entonnoient quelques chansons amoureuses ; pour attraper les ambitieux & conuoiteux de gloire, elles loüoient leur valeur & hauts faicts d'armes ; ainsi elles tascherent d'amorcer Vlysse comme il se void en l'11. de l'Odyssée. Les Poëtes en mettent seulement trois, sçauoir Parthenopé, Ligée, & Leucosie filles du fleuue Acheloys & de la

Muse Calliopé, ou de Terpsicoré, ou de Melpomené ; disent qu'elles demeuroient sur le riuage de la mer de Sicile, pres le Cap de Pelore, afin d'endormir & arrester par la melodie de leur chant les Nautonniers qui passoient. Mais que le prudent Vlysse trauersant cette costelà, estouppa les oreilles de ses matelots auec de la cire, & se fist attacher à l'arbre de la nef, si bien qu'il sauua son vaisseau du peril & éuita leurs charmes ; dont elles conceurent vn tel despit qu'elles se precipiterent en la mer, & ne furent depuis iamais veuës, estans conuerties selon Homere *liu.*10. *de l'Odyss.* en rochers & escueils. *Ouide liu.*5. *de ses Met.* dict que c'estoient trois filles compagnes de Proserpine lors que Pluton l'enleua, & que l'ayant perduë & ne la pouuant recouurer, elles furent changées de fascherie & de douleur en Monstres marins sans perdre leur belle forme quant à la partie superieure.

¶ *Les Historiens modernes nous font mention en tant de lieux de la verité de ces Monstres, qu'aucun desormais n'a sujett d'en douter. Philippe Archiduc d'Austriche porta à Gennes l'an 1548. vne Sirene morte pour en faire monstre. L'an 1531. fut pris en Pologne vn Monstre marin, ayant le corps faict comme vn homme ayant vne mitre d'Euesque, & dont le bas finissoit en vne large queuë, lequel fut enuoyé au Roy de Pologne. Il s'en est depuis veu souuent de semblables en Espagne, en Norwege, & és Païs bas. Mais touchant cette harmonie melodieuse que l'on leur atribue, il ne s'en lit aucun tesmoignage : car ces Monstres retiennent tousiours la nature des poissons qui est d'estre muets.*

¶ *Mais les Mythologiens ont tiré de la fable de ces trois Sirenes, feintes par les Poëtes, des enseignemens plus grands pour la formation de nos mœurs. Ils ont donc dict qu'elles ne nous representent autre chose que la volupté & le naturel des Courtisanes les-*

FFFffff

quelles par leurs mignardises & amorces delicieuses nous endorment de telle façon que puis apres elles nous deuorent & ne nous laissent iamais eschapper qu'elles ne nous ayent despouillé d'autant de cheuace & de biens, que de bon sens. Et d'autat que c'est par la douceur duchant, qu'elles sont dictes filles des Muses, lesquelles sont tres-agreables à ceux qui leur prestent l'oreil-le: c'est pourquoy elles sont dictes Syrenes, du verbe Grec Syrein, c'est à dire Attirer, ou Scicin qui signifie Deceuoir, ou bien de Seira qui veut dire Chaisne, pour ce qu'el-les nous enlacent comme insensiblement en leurs liens par l'amour desordonné que nous leur portons. Elles estoient moitié filles & moitié bestes, monstrans en cela le naturel des hommes, qui lors qu'ils s'aban-donnent à leur concupiscence demeurent semblables à des Monstres. Or comme ainsi soit que trois poincts conuient prin-cipalement l'homme mondain à courtiser les femmes, sçauoir la virginité, la race, & la beauté, pourtant ces Courtisanes s'ar-ment de ces attraicts, car la premiere qui est Parthenopé, signifie autant que regard de vierge : la 2. qui est, Ligée emporte autant que clarté, ce qui se peut appliquer metaphoriquement à la splendeur de l'ex-traction: & la 3. est Leucosie, qui vient du mot Grec Leucotheia, c'est à dire Blâ-cheur, qualité plus requise en la beauté des femmes : Mais pour éuiter ces char-mes, il faut nous monstrer sourds aux vo-luptez, & estoupper nos oreilles comme fist Vlysse qui est pris pour vn homme sage & bien moriginé.

S. Sirice Romain, 40. Pape, deffen-dit au Clergé le mariage. Can. plurimos 81. distinct. & condamna l'heretique Iouinian qui improuuoit le celibat des Ecclesiastiques, & esgaloit le mariage à la virginité : Ordonna aussi que les bigames ne fussent receuz aux dignitez Ecclesiastiques. cap. Quisquis 84. dist. Permist aux Moines d'estre admis à la dignité Sacerdotale & Epis-copale. Enfin ayant tenu le Siege pres

de 16. ans, il passa en vne meilleure vie, l'an 403. Bede, Adon de Vienne. De son temps fleurissoient en saincteté & do-ctrine S. Hilaire, Victorin & Optatus Milenitain, & les hermites Paphnuce, & les Machaires. Iouinian, Priscillian, & Vigilance semoient leurs heresies.

Siris fleuue de la Grande Grece, sur lequel est situee vne ville de mes-me nom, de laquelle les colons peuple-rent la ville d'Heraclée. Strab. liu. 6. ¶ De ce nom aussi est appellé par les Æthiopiens le Nil, iusques à ce que tous ses bras se soient ioincts ensemble au dessoubs de l'isle de Meroé. Pline liu. 5. chap. 9.

Siroé fils de Cosroé second Roy des Perses auquel il succeda apres l'auoir miserablement faict mourir : Il deliura les Chrestiens captifs en Per-se, & r'enuoya le Patriarche de Hie-rusalem en la Palestine auec tous ses ioyaux & ornemens Ecclesiastiques, Mais son regne fut de peu de durée, ayant à peine regné vn an entier. Voy Cosroé

Sisamnes Iuge, lequel bien que grandement aimé du Roy Cambises, fut escorché tout vif par son commandement, pour s'estre laissé corrompre en Iustice par argent; & fist mettre sa peau sur le siege où il s'as-seoit en presidant, y establissant puis apres son fils en sa place. Voy Cam-bises.

Sisara Lieutenant de l'armée de Ia-bin Roy de Chanaam, lequel fuyant apres la deroute de son armée faicte par Barach Iuge d'Israel, fut ac-cueilly par Iahel femme de Haber Ci-néen, laquelle l'ayant endormy luy fi-cha vn clou dedans les temples. Iuges chap. 4.

Sisigambis, autrement nommée Statira, femme de Darius, laquelle bien que belle en per-fection & venuë en la puissance du Grand Alexandre, apres la victoire qu'il

obtint contre le Roy fon mary , ne la
voulut aütrement toucher : ains au contraire prift le foin que fa chafteté luy fuft
conferuée , & mefmes luy fift dreffer
apres fa mort des obfeques fort magnifiques. *Plutarq. en la vie d'Alex. Q. Cur-*
ce, & autres.

Sifinnius
Syrien natif d'Antioche ,
89. Pape, que quelques
vns appellent auffi Zofime , d'autres
Sofine , & Sigenius. Mourut 20. iours
apres fon eflection, l'an de falut 707.
Plat. Palmer.

Sifyphe
fils d Æole , ou felon quelques autres , de fa race feulement , & frere de Salmonée le Superbe. Quelques-vns tiennent qu'il a efté
Roy de Corinthe , quoy que s'en foit
c'eftoit le plus fin & fubtil homme de
fon temps qui rauageoit par fes brigandages la prouince d'Attique , lequel
pour ce Thefée combattit & le tua.
L'on tient qu'ayant decelé les amours
de Iupiter & d'Ægine à Afope pere d'i-
celle , il fut condamné aux Enfers, de
porter & rouler inceffamment vne lourde & pefante pierre iufques au haut d'v-
ne montagne , laquelle eftant prefque
au faifte retomboit auffi-toft d'elle mefme iufques au pied de la montagne fans
qu'il la peuft retenir , & par ce moyen
il auoit toufiours nouuelle befogne. Les
autres difent que ce fupplice luy fut donné à caufe de fes voleries & d'vne infinité d'extorfions qu'il faifoit à ceux qui
foubs ombre de bonne foy logeoient
chez luy , & autres qui tomboient en fes
mains.

Lucrece liu. 3. dict que cette fable con-
uient bien à ceux qui auec beaucoup de bri-
gues poúrchaffent enuers le peuple de gran-
des dignitez qu'ils ne peuuent obtenir ,
d'autant qu'ils en font iugez incapables :
fi bien que c'eft porter au fommet d'vne
montagne vne pierre, qui auffi-toft vient à
rouler embas en la campagne. Mais l'on
peut en termes plus generaux entendre par
ce Sifyphe qui ne peut affeoir fa pierre ,

l'ame de l'homme qui en cette vie ne peut
trouuer fon contentement : mais comme il
n'y a rien qui foit fuffifant pour cét effect ,
ou bien à caufe de l'imperfection qui fe
voit en toutes chofes , ou bien pour ce que
le defir de l'homme eft infatiable en tous
fes appetits , auffi ne met-il iamais fin à la
peine de fes entreprifes ; tellement que celuy qui apres l'aquifition d'vn bien fe met
en tefte nouueaux deffeins , à bon droict eft
dit remuer le caillou de Sifyphe , eftant en
perpetuels abbois & trauaux pour chercher fa felicité.

S.Sixte
Romain , 8. Pape, ordonna
que les vaiffeaux & vtenfi-
les dediez au feruice de Dieu ne fuffent maniez par perfonnes Laïques :
Adioufta au Canon de la Saincte Meffe
l'Hymne *Sanctus, Sanctus , Sanctus Do-*
minus Deus Sabaoth. Enuoya des Docteurs és Gaules pour les confirmer en
la Foy. Nous auons de luy deux Epiftres au tome 1. des Conciles. En fin
comblé de merites , il quitta cette vie
pour aller iouïr de la bien-heureufe ,
l'an de grace 139. ayant gouuerné l'Eglife 10. ans, 3. mois, 21. iours. *Eufebe en fa*
Chron. & liu. 4. & 5. de fon Hift. Epiph.
Iren. &c.

Sixte II.
Athenien , 25. Pape, de
Philofophe Academique
deuint Difciple de Iefus-Chrift, puis fut
efleu fucceffeur d'Eftienne I. Combattit courageufement les fectes des Chilia-
ftes, Angeliques & Apoftoliques , nous
ayant laiffé deux Epiftres dont la premiere eft de la Trinité, couchée *au tome*
1. des Conciles. Mais comme il faifoit fon
deuoir , il fut accufé deuant l'Empereur
Valerian , & mené au temple de Mars
pour y facrifier , ce qu'ayant refufé il fut
martyrifé , apres auoir prefidé 2. ans, 10.
mois, 23. iours, l'an de falut 267. S. Laurens fon Diacre , & Crefcence furent
martyrifez toft apres. *Niceph. liu. 6.*
chap. 7. & 9. Optat. & autres.

Sixte III.
Romain , 46. Pape , fut
tres-charitable & tres-

pieux , ayant employé tout son bien aux edifices des Eglises & suftentation des pauures. Il fe purgea par le iugement d'vn Synode , de l'acculation d'adultere que luy auoit mis fus vn Baffus , lequel ce neantmoins apres fa mort il voulut enfeuelir & embaumer de fes propres mains. *tom. 1. des Conciles.* Inftitua la fefte de S. Pierre és liens , à la priere de l'imperatrice Eudoxia. *Sigeb. en fa Chron. Niceph. liu. 14. chap. 23.* Il nous a laiffé vne Epiftre fort elegante addreffante aux Euefques Orientaux. Puis l'an 442. il paffa de cette vie à l'autre , ayant tenu le Siege 8. ans, 18. iours, *Plat. Onuphr.*

Sixte IV.

natif de Sauone, 220. Pape , perfonnage de grande doctrine, & excellent Predicateur : general des Cordeliers paruint au Papat : confirma la fefte de la Conception de Noftre Dame : reduifit l'an du grand Iubilé à 25. ans. *Cap. 4. de Pœnitentiis & Remiff. in extrauag. communibus.* Orna la ville de Rome de plufieurs beaux edifices : fift pauer les raës :. Erigea ou pluftoft augmenta au Vatican cette fameufe Librairie du Palais. Il accueillit & traitra honorablement à Rome le Paleologue Prince de la Morée, le Seigneur d'Albanie , & les Roys de Cypre & de Bofne. qui auoient efté dechaffez de leurs Eftats par l'armée Turquefque. Il fut grand deffenfeur de l'Eftat Ecclefiaftique , courtois & magnanime : mais auffi il fe monftra affectionné enuers les fiens qu'il accreut de grands Eftats. Il compofa quelques Liures , & mourut l'an de falut 1484. & le 13. de fon Pontificat. *Nauçler , & Plat.*

Sixte V.

natif de Montalte en la Marche d'Ancone , 235. Pape , lequel fift tant de chofes & fi magnifiques en la ville de Rome, qu'il deuança en cela tous fes predeceffeurs , & que l'on peut dire qu'il l'a pluftoft renouuellée qu'embellie. Il fut homme docte & Predicateur eloquent : au refte d'vne vie entiere & d'vn courage ma-

gnanime , & purgea l'Italie des bannis. Il quitta ce monde l'an de falut 1590. ayant tenu le Siege 5. ans, 4. mois , 3. iours. *Turfell.*

Sixte Siennois

Moine Iacobin, tres-docte & bien verfé és lettres tant diuines que humaines , & fpecialement en l'Hiftoire Saincte. Lequel viuoit en l'an 1565. Il nous a laiffé plufieurs Liures mentionnez *en fon liu. 4. de la Saincte Bibliotheque.*

S M

Smerdis

l'vn des Mages de Perfe qui apres la mort de Cambifes Roy des Perfes, empieta le Royaume par telle occafion : C'eft à fçauoir , que Cambifes ayant faict mourir fon frere nommé auffi Smerdis pour l'auoir veu en fonge s'affeoir au throfne Royal : Ce Mage Smerdis print à caufe de la conformité de fon nom & de quelque reffemblance , fubiect d'enuahir l'Empire , fe feignant eftre le Smerdis frere de Cambifes : Et bien qu'il fift vn grand rabais de tailles & impofitions fur le peuple pour gaigner le cœur d'vn chacun , fi eft-ce que les Seigneurs de Perfe curieux de veoir leur Prince , & fe doutant de la feinte, firent tant par le moyen de Phædyne, fille d'Otan fa concubine , qu'ils furent efclaircis de la verité du faict , en fuitte dequoy ils taillerent en piece ce Smerdis auec tous les autres Mages, fi bien qu'apres Darius fut efleu Roy, *Herodote liu. 2.*

Smilax

Nymphe champeftre , de laquelle fut amoureux Crocus. *Voy Crocus.*

Smyrne

ville de l'Ionie ainfi appellée de Smyrne l'vne des Amazones qui la baftit , & qui fut reedifiée par Alexandre le Grand. *Pline liu. 5. chap. 29.* Les Lydiens la ruinerent & reduifirent en bourgade iufques à ce qu'Antigonus la réedifia, & en suitte Lysimachus; si bien qu'elle deuint l'vne des plus belles de l'Asie pour la structure magnifique de ses bastimens & places publiques. Elle auoit vn temple dedié à Homere, de la naissance duquel elle se glorifie. *Strab. liu.* 14.

S O

Sochis Roy d'Egypte, lequel fist eriger en l'honneur du Soleil quatre Obelisques de marbre ayans tous 48. coudées de haut, en la ville d'Heliopolis capitale de son Royaume. *Pline liu.* 36. *chap.* 8.

Socrate Philosophe Athenien, iugé par l'oracle d'Apollon le plus sage de tous, fut fils de Sophronisque le Statuaire, & de Phanarete sage femme. Il eut en mesme temps deux femmes, Myrto fille d'Aristides le Iuste, & Xantippe qui luy estoit fort fascheuse. Il estoit grandement difforme quant à son corps, ayant le nez camus, le front recourbé, les espaules veluës, marchant les iambes ouuertes; au reste mal propre & d'vne façon & contenance desagreable : mais quant à l'esprit il l'auoit beau par excellence. Ce fut le premier qui introduisit la Philosophie Morale, reiettant les speculations & recherches de la naturelle comme inutiles à l'entretien de la vie humaine, ayant, selon le dire de Xenophon, cét apophthegme tousiours en la bouche, *Que ce qui est pardessus nous ne nous touche point.* Il eut pour Precepteurs Anaxagoras & Archelaüs le Physicien: il garda vne egalité grande en toute sa vie, monstrant tousiours vn mesme visage, ne plus ne moins ioyeux tant en la prosperité qu'en l'aduersité. *Pline liu.* 7. *chap.* 19. Aussi auoit il la vertu de patience par-dessus toutes, car comme sa femme Xantippe luy dit vn iour force iniures, & non contente de ce, voyant qu'il ne s'en esmouuoit, luy eust ietté

plein vn pot de chambre d'vrine, il tourna cela en risée, disant. *Ie sçauois bien, ô Xantippe, que quand il auroit tonné il pleuueroit apres.* Et comme son amy Alcibiades luy disoit qu'vne femme si fascheuse & criarde n'estoit à supporter, *Et quoy, dit-il, n'endurerois-tu pas bien le caquet des Oyes?* Et quand i'en receurois de l'incommodité i'exerce par elle ma patience, & apres le tourment qu'elle me donne, les tourments que me pourroient faire les autres me sont plus tolerables. Il fut aussi tres-abstinent en son viure, disant que les autres hommes viuoient pour manger, & que luy mangeoit pour viure. Il fut pareillement recommandé pour sa chasteté car bien que Zopire le Physionomiste l'eust iugé fort lascif, ce neantmoins Socrates luy repliqua, que de vray il l'estoit naturellement, mais que par sa vertu il auoit corrigé ce vice. A la grande vertu de sa vie, respondoient ses belles & notables instructions, recherchant la verité en toutes choses sans s'opiniastrer en la dispute pour vaincre son aduersaire, comme font la pluspart; aussi r'amena t'il plusieurs personnages signalez du vice à la vertu, ayant le langage grandement propre pour attirer les esprits à ce qu'il vouloit. Il disoit que la science estoit le seul bien de l'homme, & au contraire l'ignorance le seul mal. Que la Noblesse & les richesses n'auoient en elles aucune honnesteté, & que tout mal en procedoit : Que la seule chose qu'il sçauoit estoit qu'il ne sçauoit rien. Estant interrogé quelle estoit la vraye vertu des ieunes hommes, il repliqua, *Rien trop :* il les exhortoit souuent à se regarder en vn miroir, afin que s'ils se trouuoient beaux ils taschassent de se rendre dignes de cette beauté, & de l'augmenter par celle de l'esprit, s'ils se iugeoient difformes ils mettent peine de couurir cette laideur par la beauté interieure de l'esprit : Il disoit qu'il ne falloit faire estat des medisances,

qu'au contraire elles nous eſtoient neceſſaires : car ſi elles ſont vrayes, dit-il,
ón ne nous faict point de tort, & nous
en deuons corriger : ſi fauſſes, nous
ſommes aduertis de nous garder d'y-
tomber, & puis elles ne nous regardent point. Il diſoit auoir vn Demon
familier qui luy prediſoit les choſes
futures, auſſi n'a t'il iamais rien eſcrit,
mais ſes diſputes ſont rapportées par
Platon ; & de ſes beaux preceptes &
ſolides ſentences ont eſté formez pluſieurs ſiens diſciples qui ſe ſont diuiſez puis apres en diuerſes ſectes, ſe diſans toutefois & voulans eſtre eſtimez
Philoſophes Socratiques ; car tous les
Philoſophes ſuiuans, Platon, Ariſtote,
Antiſthenes Autheur de la Philoſophie
Cynique, Ariſtippus de la Cyrenaique,
les Pyrrhoniens & autres ſectes ont tiré leur origine de luy, & ſe ſont tous
qualifiez Socratiques, ſi bien qu'à bon
droict il eſt eſtimé la ſource & le Chef
de tous les Philoſophes. Il fut en fin
accuſé par vn certain Anyte, le Poëte
Melite, & Lycon l'Orateur, d'auoir
mauuaiſe opinion des Dieux. Et ayant
eſté mis en priſon, il meſpriſa de ſe iuſtifier & purger de ce crime ; ſi bien
qu'il paroiſſoit non pas comme vn ſup-
pliant & coupable, mais comme le Maiſtre & Souuerain des Iuges ; & de faict
il ne voulut ſe ſeruir d'vne Oraiſon elegante qu'auoit faict Liſyas pour ſa defenſe, diſant qu'à la verité elle eſtoit
diſerte, mais qu'elle n'eſtoit pas forte
& aſſez maſle pour luy : & eſtant ſelon
la couſtume interrogé par les Iuges,
quelle peine il ſemble auoir demeri-
té, il reſpondit, d'eſtre nourry au Prytanée (qui eſtoit vn lieu d'honneur à
Athenes où eſtoient entretenus du public ceux qui auoient bien merité de la
Republique:) De laquelle reſponſe con-
me fiere & arrogante, les Iuges ſe ſen-
tans offenſez le condamnerent à la mort
& à boire de la ciguë, laquelle il priſt
d'vn viſage auſſi gay comme ſi c'euſt eſté

vn verre de vin, ce qui arriua l'an 70. de
ſon âge, & le premier de la 95. Olympiade. Mais peu apres les Atheniens eurent
vn tel regret de ſa mort, qu'ils punirent
tous ſes accuſateurs en partie de mort
& en partie d'exil, & luy erigerent vne
ſtatuë d'airain. *Diog. Laerce liu. 2. de
la vie des Philoſophes.*

Socrate Conſtantinopolitain qui viuoit du temps de Theodoret
& de Sozomene : Commence ſon Hiſtoire Eccleſiaſtique dés l'Empire de Conſtantin le Grand, où Euſebe finit la ſienne, & paruient en 7. Liures, iuſques à
l'an 439. *Baron. ann.* 439.

Sodome, interpr. de l'Heb. *chaux
& ciment* ; ville de la Iu-
dée, tres-belle (ſelon Strabon *liu. 16.*)
ayant en ſon circuit bien 60. ſtades, qui
eſtoit metropolitaine de treize Citez,
leſquelles furent ſubmergeés par vn lac
procedant d'vn tremble-terre qui auroit allumé quelques ſoufres & bitu-
mes ſouſterrains dont ſeroient ema-
nées les eaües de ce lac qui auroient
englouty ces villes ; & ce lac fut depuis
appellé Aſphaltite ou Mer morte, pource que les poiſſons n'y peuuent viure.
Mais l'Hiſtoire Saincte rapporte autrement cette deſtruction : Car elle ne met
que cinq villes leſquelles pour leur volupté deteſtable, leur ſuperbe & leur
peu de charité enuers les pauures (*Ezechiel* 16.) furent abyſmées & foudroyées
du feu du Ciel. *Geneſ.* 19. *Voy* Gomorrhe & Aſphaltite.

Sogdiane, prouince d'Aſie, diuiſée au Nord de la Scy-
thie par le fleuue Iaxarte : bornée à l'O-
rient par les Saces : au Midy & au Couchant par la Bactriane. *Ptolem. liu.* 6.
Ce pays eſt grandement ſterile, eſtant
ſablonneux & ayant faute d'eau ſpecialement vers le Midy. Bacchus, Cyrus, Semiramis & Alexandre y ont laiſſé des marques de magnificence, y ayant
baſty force villes, entre leſquelles ſont
Oxiane, Maruque, & Alexandrie baſtie

(selon Solin) par Alexandre le Grand. Les Sogdians, Bactrians, & Nomades auoient presque mesmes coustumes. *Strab. liu.* 11. Touchant lesquelles *voy* Bactrians & Nomades.

Soissons ville de l'Isle de France ou de Picardie, dicte des Latins *Augusta Suessionum.* Cesar dict en ses *Memoires* qu'elle estoit puissante de son temps, & qu'elle tenoit Principauté entre les villes voisines, disant *au liu.* 2 qu'elle commandoit à douze villes, & pouuoit mettre iusques à 50000. hommes en guerre. Les Preteurs de la Gaule Belgique y faisoient leur sejour, mais Clouis I. l'osta aux Romains, ayant faict tuer Siagrius leur Lieutenant. Elle fut faicte apres sa mort, capitale d'vn Royaume par le partage de ses quatre enfans. Clotaire son puisné en fut Roy, & en dépendoient les pays de Vermandois, Artois, Flandres, & Normandie. Chilperic fils de Clotaire I. en fut pareillement Roy. En fin depuis l'introduction des Appanages elle fut erigée en Comté. S. Sixte disciple de S-Pierre y ietta les fondemens du Christianisme, & depuis elle fut erigée en Euesché duquel dépendent 400. Paroisses, & recognoist l'Archeuesché de Rheims.

Soliman I. fils d'Orchanes, Empereur des Turcs, sur lesquels il regna deux ans, bien que quelques vns disent qu'il mourut du viuant de son pere : Il passa d'Asie en l'Europe, trauailla les Grecs par armes, & remporta plusieurs victoires sur les Bulgaires, & prist en Thrace les villes d'Andrinople & de Philippopoli. Il mourut l'an de salut 1350. Paul Ioue *en son Histoire des Turcs* ne le met point au rang des Empereurs.

Soliman II. fils vnique de Selim & son successeur à l'Empire des Turcs, fit de grands dommages aux Chrestiens, ausquels il osta la fameuse Isle de Rhodes, laquelle

bien que courageusement deffenduë par Vildame François de nation son Grand Maistre, il la força neantmoins apres vn siege de six mois auec vne armée de 200000. Turcs & 400. vaisseaux : declara en suitte la guerre aux Hongrois qu'il deffit & tua leur Roy, & leur enleua Bellegrade & Bude : Mais Sepusius Vuaiuode qui contestoit le Royaume de Hongrie contre Ferdinand Empereur & Duc d'Austriche, s'estant mis en la sauue garde du Turc, Soliman vint derechef en Hongrie où il reprist Bude, & prist Strigone & Albe-regale. Assiegea Vienne, mais en vain y ayant perdu plus de 60000. hommes, comme aussi l'Isle de Malte, dont il fut repoussé : Attaqua le Roy de Perse, entra dans Babylone & s'empara de l'Assyrie & de la Mesopotamie : rauagea la Mede, la Perse & l'Armenie, mais il fut repoussé par les Persans, voulant prendre Tauris. En fin il mourut au siege de Sigget en Hongrie, l'an 47. de son regne, 1566. Ce fut vn Prince fort belliqueux & grand Iusticier. *Sleidan liu.* 3. *Surius en son Histoire.*

Solin Historiographe a aussi escrit de la Geographie intitulée *De la situation du monde*, où sont comprises plusieurs choses remarquables.

Sologne contrée de France, faisant partie de la Beauce, separée par le pays Chartrain ou vraye Beauce, par la riuiere de Loire. Son terroüer est sablonneux & plus fertil en seigles qu'en autres grains. Ses villes sont Clery, Gergeau, Sully & Sainct Laurens des Eaux.

Solon Legislateur tres-renommé des Atheniens, & l'vn des sept Sages de Grece, naquit à Salamine, & publia ses Loix à Athenes, du temps que Tarquinius Priscus regnoit à Rome où il se comporta auec tant de prudence & modestie, qu'il r'allia le peuple auec le Senat qui estoient diuisez : Annulla toutes les Loix de Dracon son predeceſſeur , comme trop ſeüeres, horſmis toutesfois celles qu'il aüoit decernées contre les homicides. Ayant eſté eſleu reformateur de l'Eſtat general d'Athenes , il y eſtablit force Loix nouuelles , comme entr'autres celle de l'abolition de toutes debtes , qu'il appelloit ſoulagement & deſcharge. Decreta contre la neutralité des Citoyens en temps de ſedition ; contre les médiſans, les oiſifs , la rigueur des teſtamens, les diuers excez des femmes, la generation des baſtards , & autres crimes qui demonſtroient la grandeur de ſon eſprit du tout Politique : ſi bien qu'il s'acquiſt vne telle reputation , qu'il ne tint qu'à luy qu'il n'vſurpaſt la Monarchie d'Athenes ; mais il donna touſiours cette ſage reſponſe à ſes amis, *Que la Principauté & Tyrannie eſtoit bien vn beau lieu , mais qu'il n'y auoit point d'iſſuë par où l'on peuſt ſortir quand on y eſtoit entré.* Or pour donner pied ferme à ſes Loix, l'on tient qu'apres en auoir faict iurer l'obſeruation aux Theſmothetes (qui eſtoient certains Officiers du Conſeil) il priſt congé de faire vn voyage pour dix ans ; ce qu'il fiſt, afin que pendant ce terme de ſon abſence, les Atheniens s'accouſtumaſſent à ſes Loix qu'ils auoient promis de garder inuiolables iuſques à ſon retour. L'on luy attribuë auſſi pluſieurs autres notables exploits, comme d'auoir acquis aux Atheniens par ſon induſtrie l'Iſle de Salamine poſſedée par les Megariens ; d'auoir eſtably le Conſeil d'Eſtat appellé la Cour des Areopagites ; & d'auoir appaiſé pluſieurs ſeditions eſmeuës pendant ſon abſence , & s'eſtre oppoſé à Piſiſtratus qui auoit enuahi la Tyrannie : mais toſt apres il mourut en pleine vieilleſſe. Ce perſonnage fut grand Legiſlateur , conſtant & droicturier, mais diſſolu & laſcif : Il s'adonna auſſi à la Poëſie & miſt en vers pluſieurs graues diſcours de la Philoſophie tant Morale que Politique. *Plutarq. en ſa vie, & Diog. Laerce*

en la vie des Philoſophes.

Solyme ville capitale de la Iudée, qui fut depuis appellée Hieroſolyme ou Hieruſalem , à cauſe de la ſaincteté de ſon temple. *Voy* Hieruſalem.

Somne ou Sommeil fut eſtimé Dieu par les Anciens , nay de l'Erebe & de la Nuict , & le frere de la Mort. Orphée *en ſon Hymne* l'appelle bien heureux Roy des hommes & des Dieux , & grand Vaticinateur aux mortels, dautant que pendant le repos qu'il donne aux hommes il leur réueille l'entendement & leur deſcouure les choſes à venir, & les intentions & deſſeins des Dieux. *Ouide liu.* II. *de ſes Metam.* deſcrit ſa demeure d'vne merueilleuſe élegance & douceur Poëtique , car il met ſon logis en vn antre profond au pays des Cimmeriens où le Soleil ne luit iamais , en vn lieu eſcarté où il ne s'entend aucun bruit, fors le doux murmure du ruiſſeau d'oubliance qui inuite à dormir : Au deuant de ſon logis il y a des pauots & vne infinité d'herbes qui aſſoupiſſent les hommes ; là ce Dieu dormant ſe repoſe en vne ſale où il y a vn lict d'Ebene couuert d'vne couche de plume & entouré de rideaux noirs , ayant autour de ſoy vne infinité de ſonges couchez qui çà qui là les vns ſur les autres. Entre ſes enfans il y en a trois entr'autres , ſçauoir Morphée, Phobetor & Phantaſe : le premier pour repreſenter les façons des hommes : le 2. pour celles des beſtes : & le 3. pour toutes les choſes inanimées , dont *voy* Morphée. Les Anciens le depeignoient luy mettant en la main vne corne & vne dent d'Elephant , c'eſt pourquoy auſſi Virgile dit qu'il y auoit deux portes par où venoient les ſonges, l'vne de corne , & d'autre d'yuoire. On luy dedia vn autel tout aupres de celuy des Muſes , ſelon Pauſanias.

❡ *Les Anciens ont mis le ſommeil au nõbre des Dieux, puis qu'il oſte tous les maux en chaſ-*

en chassant le chagrin & toute solicitude de l'esprit des hommes. Ils le faisoient fils de la Nuict, pource que c'est principalement pendant ce temps que nous sommes atteints du sommeil, d'autāt que l'humeur de la Nuict augmente les vapeurs de l'estomach qui montans au cerueau y sont la refroidies, puis descendent embas parmy les sens qu'elles assoupissent. La Mort est dicte sa sœur, puis qu'elle est comme vn sommeil éternel. Touchāt cette peincture faicte par Ouide de son logis, elle est si naïfuement tirée que l'on y peut recognoistre clairement la nature & les effects du sommeil. Quant à ces deux portes, l'vne de corne, & l'autre d'yuoire dont parle Virgile, il n'a voulu entendre autre chose que par celle de corne passassent les songes vrais; & par celle d'yuoire les faux: car la corne comme plus deliée & subtile est transparente, ainsi elle reçoit la lumiere & nous signifie les choses comme nous les voyons par songe: ce qui arriue au corps humain lors qu'il est repurgé de toutes immondices & sales humeurs par la temperance & sobrieté: mais si les corps sont replets & farcis d'vne grande quantité de viandes & mauuaises humeurs causées par l'intemperance, alors les corps ne permettent pas que l'ame enclose comme dans vne lanterne ayant les costez d'yuoire d'vne matiere grossiere & non diaphane ou transparente, puisse cognoistre la verité des choses. Et cét Autel qui luy fut commun auec les Muses, denote que le repos d'esprit & le dormir est necessaire aux gens de lettres.

Sophi nom attribué de present à tous les Roys de Perse, mais il faut remarquer que ce n'est pas vn nom d'imposition telque les noms des Pharaons ou Ptolemées donnez aux Roys d'Egypte, ou celuy des Cesars aux Empereurs de Rome, mais vn nom de race ou plustost de la Religion d'Alli; car ceux qui descendirent d'Alli & de Fatima fille de Mahomet, prirent ce nom de Sophis qui signifie sages & sçauans en la Loy, ayant tenu vne secte separée des autres nom-

mée Imenie pour l'explication de l'Alcoran, laquelle a esté suiuie par les Persans, Mahometans, & autres espars en l'Inde Orientale, & les Africains Gelbins. Voy Alli. Et afin de pouuoir par quelque marque discerner leurs adherans, & qui faisoient profession de la secte d'Alli, ils ne portoient en leurs Turbans par humilité aucune sorte de soye ny ornement d'or ou d'argent, mais de la laine (de couleur) qui est appellée en langue Arabesque Sophy, côme l'explique Leunclauius en son Onomastique Turquesque, & Paul Ioue liu. 73. de ses Histoires. Et estant aduenu que ces Sophis s'emparerent de la Perse ayans chassé les Vsumcassans race Turquesque de differente secte appellez Xcriphes, il y eut vn nommé Ismaël fils de Kech-Aidar ou Secaidar de la race d'Alli, lequel gaigna tellement l'amour du peuple par le zele qu'il portoit à sa secte, que par ce moyen de pauure fugitif & banny qu'il estoit, il fist des conquestes admirables tant en Perse que sur les terres des Turcs, & deuint des plus puissans & redoutables Seigneurs d'Asie & de Perse; & pour ce suject s'attribua le premier le nom & tiltre de Sophi comme Chef principal de leur secte; lequel nom les Roys de Perse ses successeurs ont tousiours retenu depuis, Voy Belleforest li. 2. de son Hist. vniuerselle, & Thenet liu. 9. és ch. 12. 13. 14. 15 & 16. de sa Cosmogr. vniuerselle.

Sophie femme de l'Empereur Iustin II. de grand entendement & prudence incroyable, laquelle fut tant aimée de son mary qu'il luy commist vne bonne partie de sa charge & de son gouuernement: elle l'induisit à faire largesse aux pauures & gens de guerre, ce qui luy acquist au commencement la bien-veillance du peuple. Mais comme elle estoit d'vn courage fort releué & hautain, elle fut cause de faire demettre Narses de son gouuernement, dont l'Italie fut perduë pour l'Empire

GGGGggg

& occupée par les Lombards. *Voy Narses.*

Sophocles

Athenien, Prince des Poëtes Tragiques, si fecond & élegant que les Grecs le surnommerent Melitte, c'est à dire *Mousche à miel.* Il fut contemporain d'Euripide, & de Pericles duquel aussi il fut compagnon en l'Office de Preture : rendit la Tragedie parfaicte par ses nobles inuentions : escriuit aussi des Elegies des Pœans & quelques Oraisons en prose. Il mist en lumiere 123. Fables & plus, selon quelques vns. Ciceron l'appelle le Diuin Poëte, & dict qu'il composa des Tragedies iusques en son extréme vieillesse. Il remporta au combat honoraire qui se faisoit entre les Poëtes vingt-trois victoires, à la derniere desquelles ayant remporté le prix contre son esperance, il en mourut de ioye. *Val: le Grand liu.9. chap. 12.* Pline *liu.7. chap.29.* dict qu'apres sa mort le pere Liber aduertit par songe Lysander Chef des Lacedemoniens, qui pour lors estoit campé deuant Athenes, de laisser donner sepulture à son fauory ; surquoy s'estant enquis qui estoit mort dans leur ville, il entendit que c'estoit Sophocles ; ainsi fist tréues auec eux pour ne troubler ses funerailles.

Sophonias,

interpr. de l'Hebr. *secret de Dieu ;* l'vn des douze petits Prophetes, fils de Chusi de la race du Roy Ezechias. Nous a laissé vn liure prophetisant la ruine des Iuifs & de Hierusalem. Il fleurissoit soubs Iosias Roy de Iuda, du temps de Ieremie, enuiron l'an du monde 3330. *Sophonie chap. 1. Sixte-Siennois liu. 1. de sa saincte Bibliotheque.*

Sophron

Poëte Syracusain, fort obscur, des escrits duquel Platon faisoit tant d'estat, que mesme en mourant il les auoit soubs son oreiller.

Sophronie

illustre matrone Romaine laquelle est

appellée la Lucresse Chrestienne, pour son entiere pudicité : car se voyant violentée par le Tyran Maxence de consentir à ses desirs lesquels elle ne pouuoit empescher, apres auoir demandé permission à son mary & pardon à Dieu de ce qu'elle proposoit executer, se tua elle mesme pour conseruer sa chasteté ; & pource l'Eglise luy a rendu tesmoignage de la verité de son martyre par la declaration de sa saincteté. *Eusebe liu. 8. chap. 17. de son Hist. Ecclesiastique.*

Sophronistes

certains Magistrats entre les Atheniens presque semblables aux Censeurs de Rome (bien qu'ils fussent en plus grand nombre & n'eussent tant d'authorité) car ils estoient esleuz d'entre les dix Tribus du peuple, establis pour auoir l'œil sur les actions des ieunes gens. *Sigonius.*

Soracte

montagne au territoire des Falisques en la Toscane dicte de present *Mont S. Syluestre,* qui estoit consacrée à Apollon, au sacrifice duquel les Prestres de la famille des Hirpiens marchoient à pied nud sur de la braise sans se brusler. *Pline liu. 7. chap. 2.*

Sorbonne

appellé Robert, Aumosnier de S. Louys (& non Robert frere de S. Louys comme quelques vns ont pensé mal à propos) fonda à Paris & enrichit le College de Sorbonne pour les Escholiers qui estudieroient en Theologie. *Guill. de Nangiac.* Cette celebre compagnie a produict de grands personnages, & s'est monstrée tousiours inuiolable & entiere au maintien de la vraye Foy, ayant acquis pour ce suiet telle authorité en la Chrestienté que les Princes estrangers & plus grands Docteurs, voire les Papes mesmes ont eu recours à ses iugemens pour la decision des doutes & differens qui sont suruenus en la Religion.

Sorites

certains peuples Ictyopha-ges (appellez Orites par Pline) voisins des Indiens, n'en estans separez que du fleuue Arbis, lesquels n'vsent d'autre viâde que des poissons qu'ils despeçent auec les ongles & les mettent roſtir au Soleil, puis en font du pain. *Pline liu. 7. chap. 1.*

Sosias

certain Philosophe qui nioit la prouidence de Dieu, & souſtenoit que toutes choses arriuoient à l'aduenture : lequel erreur ont aussi embraſſé Diagoras, Hippon, Epicure, & autres.

Sosigenes

Mathematicien Alexandrin, par le conseil duquel I. Cesar reforma le Calendrier de Numa Pompilius qu'il auoit adapté aux mois Lunaires, & le reduiſit aux mois Solaires suiuant le cours du Soleil à la façon des Egyptiens. *Pline liu. 18. chap. 15. Appian liu. 2. de la Guerre ciuile.* Ce qui arriua 45. ans deuant Ieſus-Chriſt.

Sosipatre

Libyenne, femme du Sophiſte Edeſius, laquelle fut tres-docte & experte en l'art de deuination. *Eunapius.*

Sosthenes

Iuif de nation, l'vn des 72. Diſciples de Noſtre Seigneur, & le Prince de la Synagogue des Corinthiens, lequel endura beaucoup de choses pour l'Euangile en la preſence de Galion Proconſul. *Act. 18.* L'Apoſtre l'adioint comme compoſiteur de ſa premiere aux Corinthiens. *1. Corinth.*

Sostrate

Gnidien, Architecte tres-excellent, lequel fiſt par le commandement de Ptolemée Philadelphe cette Tour appellée Pharos, contée entre les ſept merueilles, pour la commodité des nauigeans. *Strab. liu. 17. Voy* Pharos.

Sother

natif de Fondy au Royaume de Naples, 13. Pape, fut tres-charitable vers les pauures & hoſpitalier : renouuella & confirma l'ordonnance d'Anaclet touchant la benediction ſacerdotale aux mariages, & qu'ils fuſſent preſentez par les pere & mere. Nous a laiſſé deux Epiſtres inſerées au tome 1. des Conciles. Il mourut l'an de ſalut 181. ayant tenu le Siege 9. ans, 3. mois, 21. iours. *Euſebe liu. 4. Bede, &c.*

Souiſſes, *Voy* Suiſſes.

Sozomene

Preſtre Hiſtoriographe Eccleſiaſtique, commence ſon Hiſtoire où finit Euſebe comme Theodoret & Socrate, laquelle il continuë iuſques à l'an 426. en 9. Liures.

S P

Spartacus

certain gladiateur ou eſcrimeur à outrance, natif de Thrace, homme fort & de grand courage & prudence; lequel ayant eſté vendu pour eſclaue eſchappa auec 78. autres ſiens compagnons gladiateurs de la ſeruitude de Lentu'us qui les deſtinoit aux combats : ſi bien qu'ayant ramaſſé vne grande trouppe de ſugitifs, il ſe retira en vn mont de la Campanie où eſtant aſſiegé par Clodius Preteur Romain il le miſt en déroute & en ſuitte quelques autres Capitaines Romains, comme Pub. Varinus, Frurius, & Coſſinius; puis ſe fiſt proclamer Empereur par les ſiens : Il deffiſt pareillement les Conſuls Cellius & Lentulus qui auoient eſté enuoyez contre luy, comme auſſi le Preteur Caſſius pres le Pô. Mais finalement Caſſius l'ayant enfermé dans la demy-Iſle des Rhegiens (y ayant faict baſtir vne muraille pour cét effect) miſt en déroute ſon armée, laquelle neantmoins combattit de ſi grand courage que de 12300. hommes qui furent tuez ſur le champ il ne s'en trouua que deux bleſſez par derriere : mais les reſtes de l'armée de ce Spartacus (car il y fut tué) furent tout à faict mises en pieces par Pompée, lequel mist fin à cette guerre des Gladiateurs. *Plutarq. en la vie de Crassus.*

Sparte ville iadis renommée du Peloponnese, ainsi appellée de Spartus fils de Phoronée l'vn de ses Roys, ou bien de Sparte fille d'Eurotas: estant auparauant nommée Lacedemone. *Voy* Lacedemone.

Speusippe Philosophe Athenien, neueu de Platon, en l'Escole duquel il presida huict ans, & ensuiuit sa doctrine, mais fut dissemblable à luy en mœurs, car il estoit voluptueux, & excessif en cholere: Estant sur l'aage il se tua luy mesme poussé de chagrin & de melancolie. Plutarque toutefois és vies de Sylla & de Lysander dict qu'il mourut de la maladie de poux. Il a laissé quelques Dialogues (qu'Aristote achepta 1800. escus selon Fauorin) mentionnez par Laërce *liu. 4. de la vie des Philosophes.*

Sphinx fut vn monstre nay, comme tiennent les Poëtes, d'Echidne & de Tryphon, que Iunon ennemie des Thebains leur suscita pour les affliger. L'on dict qu'elle auoit la teste & les mains de pucelle, le corps de chien, la voix d'homme, la queuë de dragon, les griffes de lyon, & les ailes d'oyseau. Elle faisoit sa retraicte en vne montagne pres de Thebes, dicte Phycée, d'où elle se iettoit sur les passans & leur proposoit des enigmes & questions mal-aisées à soudre, lesquelles s'ils ne pouuoient expliquer elle les deschiroit à belles ongles. Au reste sa destinée portoit que dés aussi-tôt que quelqu'vn auroit resolu & vuidé sa question elle mourroit. L'enigme qu'elle proposoit d'ordinaire aux Thebains estoit, *Quel est cet animal qui au matin a quatre pieds, sur le haut du iour deux, & trois sur le soir ?* Mais comme plusieurs se fussent trauaillez en vain & à leur dam d'expliquer cêt enigme, Creon Roy de Thebes qui vouloit deliurer le païs

de cette vexation, promist de donner en mariage Iocaste sa fille ou sœur, & vefue de Laïus, ensemble la Couronne de Thebes à celuy qui resoudroit l'enigme: laquelle nouuelle venuë aux oreilles d'Oedippe (qui estoit mesmes fils de ce Laïus & d'Iocaste) s'aduança & l'expliqua de l'homme, qui en son bas aage va à quatre pieds, puis deuenu grand n'a besoin que de ses deux pieds pour cheminer, & en fin va à trois lors qu'il prend vn baston pour s'en appuyer quand la vieillesse le rend caduc & appesanty. Cette exposition donnée Sphinx en eut si grand creue-cœur qu'elle se precipita du haut d'vn rocher en bas, & par ce moyen les Thebains furent deliurez de sa tyrannie.

¶ *Quelques-vns tiennent que Sphinx fut vne femme qui exerçoit ses rapines & voleries autour de la montagne de Phycée, laquelle s'y tenoit tousiours en aguet pour surprendre & detrousser quelque passant. L'on dict qu'elle leur proposoit des questions inexplicables, par ce que le lieu de sa retraicte estoit si rude & de difficile accez, que personne ne la pust attraper iusques à ce qu'Oedippe surmontant toutes ces difficultez mit tant d'embusches és aduenuës & destours qu'elle en fut enfin surprise. Et pour exprimer naifuement ses humeurs & façons de faire, l'on luy assigne diuers membres d'animaux, car les ongles de Lyon ou de Griffon signifient les rapines qu'elle exerçoit: sa face de fille, ses attraits & allechemens dont elle preuenoit & amorçoit les passans: & ses ailes, la vistesse dont elle vsoit pour les enuahir.*

¶ *Diodore liu. 4. de son Hist. escrit qu'en Ethiopie il y a certains animaux qu'on nomme Sphinx qui ne different gueres de la forme des singes, mais qui sont vn peu plus grands, ayans de grandes mammelles, qui sont assez aisez à appriuoiser, & auec cela capables de plusieurs exercices. Le mesme dict Solin, Pline, & Albert le Grand.*

Spire ou Speir, ville signalée de l'Allemagne, sise au païs de Vuestrie ou de l'Alſatie, ſelon d'autres; elle eſtoit iadis appellée *Nemetum*, iuſques à l'an 1080. qu'vn certain Eueſque nommé Rudiger enferma vne certaine bourgade nommée Speir (qui eſtoit pres de cette ville) dans l'enclos de ſes murailles, & depuis priſt le nom de Spire d'vn fleuue de meſme nom qui l'arrouſe : Elle fut depuis ornée & amplifiée de ſuperbes edifices, de temples principalement, ſi bien qu'elle eſt l'vne des premieres de l'Allemagne : Elle fut erigée en Eueſché du temps de Pepin Roy de France, qui depend de l Archeueſché de Majence. Elle eſtoit iadis des appartenances de la Couronne de France (comme eſtant ſituée au deçà du Rhin qui limitoit les Gaules de l'Allemagne) mais elle en fut ſeparée par les partages des fils de Louys le Debonnaire. *Monſt. liu. 3. de ſa Coſmographie.*

Spolete Duché de l'Italie, ainſi appellée de ſa ville capitale : Elle eſtoit anciennement nommée Ombrie dont les limites eſtoient de plus grande eſtenduë qu'à preſent : car elle s'eſtendoit depuis l'Apennin iuſques à la mer Adriatique, ſelon Strabon. Le pays eſt meſlé, car il eſt en partie infertil à cauſe de ſes hautes montagnes, & partie fertil pour ſes campagnes qui ont abondance de toutes choſes & principalement de vins, huiles, figues, & autres fruicts. Elle a pluſieurs belles villes, & entr'autres Spolete (dont elle a pris le nom) qui eſt ſa capitale, iadis le ſiege des Roys de Lombardie, munie d'vne fortereſſe, ornée de pluſieurs belles antiquitez, comme de cét ancien temple de Concorde qui ſe void hors la ville; Aſſiſe païs de S. François, Nocere, Camerin, & autres. Ses habitans ſont les plus guerriers d'Italie, & les tiet on pour cauteleux & ruſez. Elle eſt de preſent des appartenances du Pape. *Mercat. & Magin en ſa Geogr.*

Sporades Iſles de l'Archipel, leſquelles ſont ainſi appellées pour ce qu'elles ſont eſparſes qui

çà qui là vers la Candie, & non pas en forme de cercle comme les Cyclades. Toutes ces Iſles au temps de la liberté des Grecs fleuriſſoient grandement, & ſe ſont faictes renommer par les Autheurs, mais depuis elles ont eſté ruïnées & rauagées par les Romains, Sarrazins, Corſaires, & finalement par les Turcs auſquels elles obeïſſent de preſent preſque toutes : Il a toutefois force Grecs qui y font publique profeſſion de leur Religion. *Magin en ſa Geographie.*

Spurina certain adoleſcent d'excellente beauté, lequel voyant qu'à cauſe d'icelle pluſieurs femmes eſtoient eſpriſes de ſon amour, & par ainſi qu'il eſtoit odieux & ſuſpect à leurs maris, ſe deſchira toute la face : aymant mieux que cette déformité fiſt foy de ſon integrité & chaſteté, que ſa beauté fut le motif de la luxure & impudicité d'autruy. *Val. le Grand liu. 4. chap. 5.*

¶ Vn autre de ce nom, grand Deuin & Mathematicien, lequel ayant aduerty Ceſar qu'il eut à ſe donner garde des Ides de Mars; comme Ceſar l'euſt rencontré au dernier iour d'icelles, il luy dit en ſe mocquant de ſes prognoſtications : Et bien Spurina, ces Ides ſont venuës : *Ouy*, reſpondit-il, *mais elles ne ſont pas paſſées.* Auſſi l'yſſuë monſtra la verité de ſes augures, car le meſme iour Ceſar fut maſſacré. *Val. le Grand liu. 8. chap. 11.*

S T

Stace nommé Papinien, Neapolitain, Poëte celebre, contemporain de Iuuenal & de Martial, lequel eut vne femme nommee Claudia bien verſée aux ſciences. Compoſa douze Liures de la Thebaide, quatre des Sylues, & commença ſon Aquileide : Il fut fort chery de l'Empereur Domitian, & ce neantmoins preſſé de la neceſſité, il fut contraint de vendre vne Tragedie qu'il auoit faicte (nommée Agaue) au basteleur Paris. *Iuuenal satyr. 7. Crinit. liu. 4. chap. 66. des Poetes Latins.*

Stagyre ville de la Macedoine, renommée pour la naissance de ce grand Philosophe Aristote : Elle est assise au riuage du Golfe de Contese pres le mont Athos où l'on void encore beaucoup de ses ruïnes : Elle se nomme maintenant *Sielar* selon Niger, *Libanona* selon Sophian, & *Macra* au rapport de Nicetas. *Magin en sa Geographie.*

Stalimene est de present appellée cette Isle nommée iadis Lemnos. *Voy* Lemnos.

Stamboul est appellée par les Turcs cette renommée ville de l'Europe ; dicte iadis Byzance & depuis Constantinople. *Voy* Constantinople.

Sarcarterus certain Roy des Danois, lequel ayant fait mourir vn certain Lenus iniustement, meu de penitence s'exposa de son gré en la puissance du fils d'iceluy pour subir semblablement la mort. *Saxo le Grammairien liu. 8.*

Stauratius fut associé à l'Empire d'Orient par Nicephore son pere, mais apres la mort d'iceluy il fut trouué si difforme de visage & indigne de sa charge pour ses meschancetez, qu'il fut despoüillé de l'Empire par Michel Rangabes son cousin qui le fit reclure en vn Monastere, n'ayant tenu l'Empire que quatre mois.

Stella Poete nommé Arunce. *Voy* Arunce.

Stelles fut ainsi appellé ce ieune garçon qui fut si effronté de se mocquer de la Deesse Ceres lors qu'elle beuuoit auidement pour sa soif extreme certain breuuage que luy auoit donné vne vieille ; & pour ce sujet cette Deesse le changea en lezard. *Ouide liu. 5. de ses Metam.* D'autres le nom-

ment Abas, & disent que cette punition luy fut faicte pour s'estre mocqué du sacrifice faict à cette Deesse. *Voy* Abas.

Stenele fils de Capanée & d'Euadne, l'vn de ces Capitaines Grecs qui vindrent en la guerre de Troye, & lesquels s'enfermerent dans le cheual de bois, qui fut cause de la prise de la ville. *Virgile liu. 2. de l'Æneide.*

Stenobœe dicte aussi Antée, femme de Proëte Roy des Argiens, laquelle deuint amoureuse de Bellerophon. *Voy* Bellerophon.

Stentor homme Grec, lequel par son cry menoit autant de bruict que cinquante autres, selon Homere liu. 5. de l'Iliade. D'où est venu le prouerbe, *Plus bruyant que Stentor.*

Sterlingue ville d'Escosse où le Roy y tenoit iadis d'ordinaire ses Diettes pour les affaires importantes de son Royaume. *Magin en sa Geographie.*

Steropés l'vn des trois forgerons de Vulcain, ainsi appellez de l'esclair du feu. *Voy* Brontes.

Stesichore Poete Lyrique, Sicilien, lequel on dict auoir esté aueuglé par Castor & Pollux pour auoir descrit le rapt d'Helene en son deshonneur, & que puis apres ayant dict le contraire par vn autre Poeme la veüe luy fut restituée. *Horace en son Epist. à Canidia.*

Stesiclée femme d'vne rare & singuliere beauté, laquelle estant aimée de Themistocles & d'Aristides, fut cause du discord qui suruint entre ces deux excellens Capitaines. *Plutarq. en la vie de Themistocles.*

Stesicrombrotus fils d'Epaminondas Chef des Thebains, lequel fut mis à mort par le commandement de son pere, pour auoir contré son consentement liuré la bataille aux Spartiates ; iaçoit qu'il en eut remporté la victoire. *Plutarq. en ses Paralelles.*

Stilicon

beau-pere de l'Empereur Honorius & son Lieutenant és Gaules, lequel apres auoir faict plusieurs genereux exploicts prist dessein de s'emparer de cette prouince & se faire Empereur ; à cét effect , il incita les Gohs & Vvandales d'attaquer les prouinces de l'Empire, mais sa trahison ne luy seruit de rien ; car il fut tué par eux auec son fils Eucherius qu'il destinoit desia-heritier absolu de ce beau partage, *Claudian a faict vn Poëme à sa loüange. Voy* Honorius.

Stilpon

natif de Megare Philosophe excellent & admiré de toute la Grece pour son eloquence. Apres que Ptolemée Soter Roy d'Egypte eut pris Megare ; il luy offrit vn honnorable entretien s'il le vouloit suiure, lequel il refusa. Demetrius Poliorcetes ayant aussi forcé la ville de Megare, luy defera tant d'honneur qu'il commanda qu'on luy rendist tout ce qu'il luy appartenoit, & qu'à cette fin il en fist vn estat par escrit ; mais luy genereusement repliqua qu'il n'auoit rien perdu, n'ayant rien propre que la doctrine qu'on ne luy pouuoit oster ; inuitant d'autre part auec grande éloquence ce Roy lequel ne pouuoit viure sans luy, à la liberalité. *Laerce liu. 2.*

Stirie

petite contrée de l'Allemagne, iadis dicte *Valeria* , & de present *Steirmarck.* Elle est bornée au Septentrion par l'Austriche : au Couchant par la Carinthie : au Midy par la Croacie & Esclauonie : & au Leuant par la Hongrie. Ce païs est tout montueux fors du costé du Leuant, où l'on void de belles plaines arrousées par le Draue & la Mure : il y a mines d'argent & de fer, lesquelles toutefois ne sont gueres frequentées pour la negligence de ses Princes. De marquisat, elle fut erigée en Duché par Frederic Barberousse, soubs laquelle il y a plusieurs Com-

tez & quelques villes. *Monster. liu. 3. de sa Cosmographie.*

Stoechades

sont ainsi appellées cinq Isles sises vis à vis de Marseille. *Strab. liu.* 4. Appellées par quelques vns Ligustrides, & de present *Isles de Hierres,* ou *Las Eras* selon d'autres.

Stoïciens

ou Stoïques furent appellez certains Philosophes faisans vne secte qui estoit l'vne des premieres dont fut Autheur vn nommé Zenon le Cittique. Ils furent ainsi nommez à cause d'vn porche , dict par les Grecs *Stoa* , qui estoit vn lieu à Athenes où ils s'assembloient pour conferer de leurs opinions ; le sommaire desquelles est amplement descrit par Diogene *Laërce liu. 7. de la vie des Philosophes* , & en Plutarque en diuers endroicts , & specialement és traictez où il met en auant leurs contredits & où il dispute contr'eux. Entre leurs erreurs celle-cy est comme la capitale, c'est à sçauoir, qu'ils attachoient tellement la cause premiere (qui est Dieu) aux causes secondes qu'ils tenoient que tout se faisoit par vne necessité ; laquelle necessité ils definissoient estre vn ordre estably & ordonné de tous temps à toutes choses enchaisnées les vnes aux autres sans pouuoir estre changées par Dieu mesme ; & c'est ce qu'ils appelloient le *Fatum* qu'ils disoient lier les mains à Iupiter mesme, lequel blaspheme est refuté par tous les Theologiens : Ils faisoient aussi les vices esgaux, de sorte qu'ils disoient que c'estoit aussi grand peché de tuer vn bœuf qu'vn homme, & qu'il y auoit autant de danger de faire mourir vn homme de basse qualité, comme si c'estoit vn Roy ; ainsi que le tesmoignent Plutarque & Ciceron en l'*Oraison pour Murena.* Chrysippe, Apollodore, Possidonius , Cleanthes, & autres ont eu grande vogue parmy les anciens , desquels les opinions ont esté viuement rembarrées par les Platoniciens & Peripateticiens.

Strabon

Philosophe Stoïcien, insigne Geographe & Historien qui viuoit du temps des Empereurs Auguste & Tibere. A composé plusieurs Liures d'Histoires, dont il fait mention *au liure 11. de sa Geogr.* où il parle des mœurs des Parthes, comme aussi des affaires d'Italie, & dix-sept Liures de Geographie, lesquels seuls nous restent de tous. *Suidas.*

¶ De ce nom fut appellé le pere du Grand Pompée, lequel fut tellement hay des Romains qu'apres sa mort ils luy firent infinis outrages & vilenies, au contraire de son fils qui fut plus aimé d'eux qu'aucun autre Capitaine qui l'ait deuancé. *Plut. en la vie de Pompée.*

¶ Vn autre de ce nom, lequel auoit si bonne veuë qu'estant au Cap de Ferro de Sicile, il descouuroit les vaisseaux de mer partans du havre de Carthage, & comptoit vne par vne toutes les voiles encore qu'il en fut esloigné de bien 130. milles d'Italie, selon *Pline li. 7. chap. 22.*

Strasbourg

ville renommée de l'Allemagne en la basse Alsace, appellée *Argentoratū* par Ptolemée, Marcellin, & Sexte Aurele; & Argentine par les modernes. Elle est assise au deçà du Rhin, d'vn bras duquel elle est arrousée & de trois autres fleuues, ayant quelque ressemblance à la ville dē Venise. Son terroüer est tres-fertil en froment & vins principalement, il y croist des raues, oignons, choux, &c. dont les iardiniers font vn grand trafic. Il y a en cette ville vne tour de structure admirable, haute de 574. pieds Geometriques. Elle est ornée d'vn Euesché dépendant de l'Archeuesché de Majence, comme aussi d'vne Republique & d'vne Vniuersité fameuse. Elle a esté tributaire & subjecte à ceux de Treues, puis aux Romains, & en suitte aux François; mais

elle fut alienée de la Coüronne par le partage des fils de Louys le Debonnaire. *Monster liu. 3. de sa Cosmogr.*

Straton

Philosophe natif de Lampsaque, fut fort familier de Theophraste & successeur de son Eschole : Il fut appellé Physicien pour la grande cognoissance qu'il auoit des choses naturelles : Il fut Precepteur de Ptolemée Philadelphe qui luy fist vn present de 80. talents, qui valent enuiron 40000. escus de nostre monnoye. A composé plusieurs Liures mentionnez par Laërce *liu. 5. de la vie des Philosophes*, lequel parle de sept autres dont le dernier est ¶ Straton le Rhetoricien familier de Brutus & qui l'assista en sa mort en la bataille Philippique, lequel par apres fut reconcilié auec Auguste par le moyen de Messala. *Plutarq. en la vie de Brutus.*

Stratonice

fille d'vn Musicien, l'vne des principales concubines & amies du Roy Mithrydates, laquelle apres sa mort liura la place où estoient tous ses thresors à Pompée, dont toutefois il ne voulut rien prendre que ce qui pouuoit seruir pour embellir les temples & orner son triomphe, voulant qu'elle retint le reste. *Plutarq. en la vie de Pompée.*

Strongyle

l'vne des Isles Æolides situées en la Toscane non loing de la Sicile, ainsi appellée à cause de sa rondeur (qui est de dix milles de circuit) appellée *Strongylon* par les Grecs. Elle iette certaines flammes souffreuses tant le iour que de nuict qui rendent vne grande puanteur & font qu'elle est aussi sterile sans pouuoir estre labourée : il y a toutefois certains cantons où elle est assez fertile, rapportant quantité de fruicts, & y a du cotton en abondance : Elle s'appelle vulgairement *Stromboli. Magin.* Ses habitans cognoissent par la fumée quel vent doit souffler trois iours deuant, & parce qu'en icelle Æole y eut commandemandement, cela donna lieu à la fable qu'il eſtoit le Roy des vents.

¶ Vne des Cyclades ainſi nommée, & autrement Naxos. *Pline li. 4. chap. 12.*

Strophades nom de deux Iſles en la mer Ionique vers le coſté Occidental du Peloponneſe, auparauant nommées Plotes. *Voy* Plotes.

Strymon fleuue qui diuiſe la Thrace de la Macedoine, ſelon Pline. Il prend ſa ſource du mont Hæmus; & apres auoir faict ſept lacs, ſe vient r'aſſembler, puis ſe va rendre dans la mer Ægée pres d'Amphipolis.

Stuard illuſtre famille d'Eſcoſſe, d'origine Danoiſe. Les Hiſtoires Eſcoſſoiſes rapportent que Malcolin III. du nom Roy d'Eſcoſſe, pour recompenſer vn ſien vaillant Capitaine nommé Gautier ou Walther qui l'auoit tresbien ſeruy contre les Sarrazains en Syrie, l'eſleua en la dignité de Stuard qui eſtoit comme le grand Maiſtre en Eſcoſſe; dont aduint qu'aucuns de ſes ſucceſſeurs en cette charge s'attribuans cet Office en ſurnom, donnerent commencement à cette illuſtre famille des Stuards, de laquelle il y a eu cinq Roys du nom de Iacques ſuccedans les vns aux autres que l'on remarque auoir tous finy d'vne mort violente. *Iouius liu. 6. des Hommes Illuſtres.*

Stymphale eſt le nom d'vn fleuue & d'vn bourg en l'Arcadie pres du lac Stymphalide duquel le fleuue Eraſin prend ſa ſource. De ce lac ont eſté nommez Stymphalides certains oyſeaux de groſſeur ſi enorme & prodigieuſe que lorſqu'ils voloient, leurs ailes oſtoient la clarté du Soleil, & ne viuans que de chair humaine, faiſoient vn terrible rauage en l'Arcadie: Mais en fin Hercule par l'induſtrie de Minerue, les chaſſa du pays auec le bruict des cymbales & autres inſtrumens d'airain, d'où elles ſe retirerent en l'Iſle d'Aretie.

Virgile en ſes trauaux d'Hercule, Strab. liu. 8.

Styx fontaine d'Arcadie, qui tombe d'vne haute roche au deſſus de Nonacre, dont l'eauë eſt tres-pernicieuſe à tous animaux qui en boiuent, auſſi dict on qu'elle eſt ſi froide qu'elle peut diſſoudre toutes ſortes de matieres, & qu'il n'y a vaiſſeau de verre, d'os, de poterie, d'or, d'argent, ny de quelque metail que ce ſoit qui puiſſe reſiſter à la force de cette eauë, ains celuy ſeulement qui eſt faict de l'ongle d'vn aſne ou d'vn mulet, ſelon le teſmoignage de Pauſanias *en l'Eſtat d'Arcadie.* Et d'autant que cette eauë eſt ſi mortelle, & qu'elle faict vne riuiere qui ſe va engouffrer en terre tout à coup, les Poëtes ont de là pris occaſion de dire que c'eſtoit vn lac Infernal, y ayant adioint d'autres fables ſemées dans tous leurs Liures : Car quelques-vns le faiſoient fils de l'Ocean & de Thetis, & d'autres fils de l'Acheron; mais de plus le rendoient tellement redoutable à leurs Dieux, qu'ils aſſeuroiét qu'ayans iuré par iceluy, ils obſeruoient fort eſtroictement leurs promeſſes, ſeignans dauantage que ſi quelqu'vn venoit à enfraindre ce qu'il auoit promis, il eſtoit priué cent ans durant de la table des Dieux & de l'honneur de leur compagnie; & que ce priuilege luy fut donné dautant que ſa fille Victoire auoit fauoriſé à Iupiter en la guerre des Geans. *Homere, Apollonius, Heſiode, Virgile, &c.*

¶ Par ce *Styx qui vaut autant que triſteſſe chez les Grecs, les Anciens ont voulu entendre la haine & le deſplaiſir qu'on doit auoir des pechez & fautes commiſes; & auſſi quand ils nous l'ont depeinte venimeuſe & mortelle, ils ont regardé à la nature de la mort qui emporte toutes choſes, & à ſon effect qui eſt de contriſter l'ame mal reſoluë: Ce lac auſſi eſt dict eſtre vn fleuue des Enfers, comme les fleuues Lethe, Cocyte, l'Acheron Phlegeton, qui ſigni-*

fient, pleur, douleur, faſcherie, triſteſſe,
& autres ſemblables maux, parce qu'ailleurs ils ne ſe trouuent auec telle violence
qu'en ces lieux là ; Et quant au ſerment
qu'ils faiſoient par ce marets, ç'a eſté pour
nous demonſtrer que leurs promeſſes eſtoiét
autant inuiolables, qu'eſtoit incompatible
leur nature Diuine auec la douleur exprimée par le Styx : ou bien que par telle forme d'imprecation, ils ſe voüoient à la triſteſſe comme choſe qui leur eſtoit la plus
contraire, s'ils venoient à ſe pariurer.

S V

Suade ou Suadele fut appellée par
les Latins la Deeſſe de perſuaſion, que les Grecs nomment Pitho.
Voy Pitho.

Suaube, *voy* Sueue.

Suede Royaume Septentrional en
l'Europe, de grande eſten-
duë, lequel a pour bornes au Couchant
la Nórvvegue : au Nord la Lappie & la
Botnie : au Leuant la Finlande ſeparée par le golfe Botnique & la Liuonie diuiſée auſſi par la mer : & au Midy
la Gothie. L'air y eſt pur & ſain, mais
froid & aſpre. Cette region eſt des
plus fertiles de toutes celles du Nord,
portant auſſi vne grande quantité de
grains & de fruicts, ſi ce n'eſt és lieux
où le terroüer eſt aſpre & mareſcageux : il y a force poiſſons & de toutes
ſortes, ſoit de mer, lac ou riuiere. Il s'y
trouue grande quantité de mines d'airain, d'acier, de fer, & d'argent qui y eſt
fort pur, prés de Salſbourg. Il y a force
foreſts remplies de pins, ſapins, & cheſ-
nes, où ſe voyent pluſieurs ſauuagines
comme ours blancs, buffles, & certaines beſtes de la grandeur d'vn mulet
& de poil d'aſne, qui ont les cornes
preſque ſemblables au bois d'vn cerf.
Son eſtenduë eſt auſſi grande que celle
de la France & de l'Italie, mais n'eſt pas
tant peuplée, & comprend onze Pro-

uinces & autant de Comtez : Elle fut
long-temps gouuernée par ſes Princes
naturels, mais depuis elle vint en la
puiſſance des Roys de Dannemarch qui
la poſſederent plus de cent ans, deſquels
toutefois ayans ſecoüé le ioug, ils s'eſtablirent vn Roy, les ſucceſſeurs duquel
l'ont gouuernée iuſqu'à preſent que Sigiſmond Roy de Pologne en eſt le vray
heritier, mais qui n'en poſſede qu'vne
partie, debattant le reſte contre ſon oncle Charles Duc de Vermelande qui eſt
ſupporté par les Lutheriens & Caluiniſtes. Entre ſes villes qui ſont en aſſez petit nombre, eſt Stocholme ſa capitale,
demeure ordinaire des Roys, fort marchande & bien munie tant par art que
par nature, ſituée en des palus comme
Veniſe, laquelle fut preſque toute bru-
lée du feu du Ciel, auec plus de 1900.
hommes, l'an 1307. Il y a auſſi Vpſale
honorée d'Archeueſché & d'Vniuerſité.
Olaus fut leur premier Roy Chreſtien
enuiron l'an mille, & ont conſerué la
Foy touſiours aſſez purement iuſques
à ces derniers ſiecles que les Lutheriens ſubornerent leur Roy Guſtaue,
qui d'autrepart auoit deſir de s'emparer
des biens de l'Egliſe, ſi bien que depuis
elle a touſiours eſté infectée d'hereſies,
les Caluiniſtes auſſi qui y ont pris pied
font la plus grande part du Royaume. Il
y a ſix Eueſchez dependans de l'Archeueſché d'Vpſale, mais dont l'authorité
eſt preſque toute affoible par ces nouuelles hereſies.

Ses habitans ont touſiours eſté fort
courageux, ce qu'ont faict paroiſtre les
Goths qui en ſont ſortis, leſquels chaf-
cun ſçait auoir dominé en preſque
tous les quartiers de l'Europe : leurs
femmes alloient à la guerre comme eux :
Ils mettoient les faicts de leurs anceſtres
en vers & les chantoient : Ils adoroient
entr'autres Dieux Iupiter, Mars & Venus, & dict-on qu'ils leurs ſacrifioient
des victimes humaines ; leurs armes
ordinaires eſtoient l'arc & la fronde,

Voy le reſte de leurs mœurs és mots Goths, Lombards, & Vvandales qui en ont tiré leur origine. Ils ſont encore naturellemét forts & robuſtes, vaillans tant à pied qu'à cheual, ſont fort hoſpitaliers, aſſez propres pour apprendre les arts tant liberaux que mechaniques: au reſte aſſez ſimples & fort peu curieux des honneurs mondains. Les femmes ſont modeſtes, ſages, & haiſſent extrémement l'yvrongnerie. *Monſter liu. 4. de ſa Coſmogr. Ortelius, Mercat. & autres.*

Suetone dict Tranquille, Secretaire de l'Empereur Adrian: A eſcrit la vie des douze premiers Empereurs, qui eſt l'Hiſtoire de 144. ans, & paruient iuſques à l'an de grace 98.

Sueue ou Suaube, contrée en la plus haute partie de toute l'Allemagne, ainſi appellée ſelon Beroſe d'vn certain Sueue fils de Tuyſcon qui donna l'origine à ſes peuples; leſquels habiterent premieremét cette partie de la Scythie dicte auiourd'huy Liuonie & Pruſſe, & de là vinrent s'habituer en cette contrée qui fut dicte premierement Allemagne; arrouſée des deux fleuues renommez le Rhin & le Danube. Ses bornes ſont au Leuant la Boheme: au Nord la Franconie: au Couchant l'Alſace & le fleuue du Rhin: & au Midy la Bauiere & les Alpes. Elle eſt ſituée partie en lieux montueux & aſpres, & partie en plat pays, ferdle toutefois par tout, fors és lieux où il y a des foreſts & des montagnes: Elle eſt abondante en toutes ſortes d'animaux tant priuez que ſauuages, & s'y trouuent des mines d'argent, de fer, & d'autres metaux. Elle eſt auſſi remplie de force villes & bourgades bien munies & bien peuplées, entre leſquelles tiennent les premiers rangs Auſbourg ſiſe ſur le fleuue de Lech, laquelle eſt l'vne des plus riches d'Allemagne; Vlme ſiſe ſur le Danube; Norlingue, &c. Ses peuples ont eſté les plus illuſtres de

toûte l'Allemagne, ſelon le teſmoignage de Plutarque, auſſi ſont-ils fort robuſtes, audacieux & belliqueux, dauantage ſont de belle taille, doüez d'vn bel eſprit, mais luxurieux: ils s'addonnent de preſent à la marchandiſe, voire les principaux d'entr'eux. Elle fut autrefois vn Royaume, puis deuint Duché, mais de preſent elle eſt ſubiecte à pluſieurs Princes, dont pas vn ne s'en dict Seigneur fors le Duc de Vvitemberg qui en occupe la plus grande partie. *Monſt. liu. 3. de ſa Coſmogr. Irenicus, &c.*

Suidas graue Autheur Grec, lequel toutefois eſt eſtimé fabuleux en pluſieurs lieux par Strabon *li. 7.* Mais ſes œuures ſont perduës, car ce n'eſt celuy dont nous auons les Liures, lequel viuoit vers le douzieſme ſiecle.

Suiſſe prouince d'Allemagne, qui a tiré ſon nom des Sueces ou Suedes peuples Septentrionaux, leſquels ſoubs leur Roy Sigibert cherchans nouueaux pays vindrent s'habituer en cette contrée, où ils edifierent vne ville nommée Suitz pres du lac de Lucerne, qui a communiqué ſon nom à tout le pays, pour auoir eſté ſes habitans les premiers qui ſe liguerent, comme ſera dict cy-apres. Toute cette contrée eſt preſque ſituée entre les montagnes, d'où prennent leur ſource les plus grands fleuues de l'Europe, le Rhin, le Rhoſne, & le Pô. Elle eſt enfermée entre le Rhin, les monts Iura dicts de S. Claude, le lac de Geneue, & l'Italie: Ayant à ſon Leuant la Comté de Tirol: au Midy la Lombardie ou Duché de Milan, & le Piedmont: au Couchant la Sauoye & la Bourgogne: & au Nord le Rhin qui la diuiſe de la haute Allemagne. Sa longueur eſt de 240. milles, ſelon Ceſar *liu. 1. de ſes Comment.* & ſa largeur de bien 80. milles. Tout le païs a vn air fort ſain, & bien qu'il ſoit entrecouppé de pluſieurs hautes & faſcheuſes montagnes, ſi eſt-ce qu'il eſt rendu fertil par le continuel

trauail de ſes habitans : Il croiſt meſmes en quelques endroicts du vin fort
& genereux, & s'y nourrit grande quantité d'animaux tant priuez que ſauuages : Il y a auſſi force lacs & tres-grands,
& entr'autres celuy qu'on nomme de
Pilate tout enuironné de bois & fort admirable, car l'on dict que ſi l'on y iette
quelque choſe il ſuſcite vne tempeſte ſi
grande qu'il faict dommage à ceux qui
habitent là autour ; il ne s'augmente
pour aucune riuiere, neige ou pluye, &
ſon eauë tient touſiours la meſme couleur qui eſt d'eſtre noire. Ses habitans
ont eſté touſiours eſtimez pour gens
qui aiment leur liberté & franchiſe, ce
qu'ils ont maintenu iuſques à preſent :
Car meſmes dés le temps de Ceſar, ils
eſtoient diuiſez par Cantons, mais il
n'y en auoit que 4. dont le principal
eſtoit celuy de Zurich. Ils deſſirent
l'armée Romaine conduite par L. Caſſius, mais depuis ils furent ſubiuguez
par I. Ceſar. Ils ſont encore de preſent
diſtinguez en Cantons qui ſont au nombre de treize, ſçauoir, Vry, Suitz, Vnderual, Lucerne, Zugh, Soleurre, Fribourg, Berne, Baſle, Zurich, Schaffouze, Glaris, & Appentzel, auſquels ils ont
adioinct les trois ligues du pays des
Griſons iadis appellee la haute Sileſie,
& les Valaiſons qui ſont d'autres confederez : ſi bien que leur gouuernement eſt meſlé de l'Ariſtocratie & de la
Democratie ; car és villes les Grands y
commandent, mais és Cantons où il
n'y a que bourgades & point de villes,
le peuple y a toute authorité. Ils eſtoient
ſoubs la puiſſance de l'Empire, mais en
l'an 1307. ils ſe reuolterent à cauſe de
l'intolerable commandement des Lieutenans & Officiers de l'Empereur, &
ſecoüerent le ioug, & ſe mirent en la
liberté qu'ils ont maintenuë iuſques
icy : les trois Cantons de Suitz, d'Vry,
& d'Vnderual commencerent la reuolte, auſquels ſe ſont adioints les autres
par ſucceſſion de temps. Quant à leur

Religion elle eſt diuerſe, car les Cantons d'Vry, Suitz, Vnderual, Lucerne,
Zugh, & Soleurre ſont Catholiques,
ceux de Fribourg, Baſle, Berne, Zurich
& Schaffouze enſuiuent la doctrine de
Zuingle & Caluin : & ceux de Glaris
& d'Appentzel ſont entremeſlez de l'v-
ne & l'autre Religion.

Les Suiſſes ſont bons hommes de
guerre & de trauail, propres à ſupporter toutes ſortes d'incommoditez ; au
reſte fidelles à ceux qu'ils entreprennent de ſeruir, ſi bien que les plus
Grands Princes de l'Europe recher-
chent leur alliance pour s'en ſeruir. Et
iaçoit que d'ordinaire ils ne ſoient propres aux lettres pour auoir l'eſprit
groſſier, reſſentant l'aſpreté des montagnes ; ſi eſt-ce que quand ils ſe meſlent
d'approfondir vne choſe, ils la conçoiuent fort bien, & ſont ſortis de grands
perſonnages d'entr'eux. Sont peu addonnez au traffic, & ne ſe ſoucient des
delices eſtrangeres, mais ſont fort ſubjects au vin. *Monſt. liu. 3. de ſa Coſmogr.*
Ortelius, &c.

Sulmone ville capitale de l'Abruzze, baſtie par Solyme cõ-
pagnon d'Ænée, honnorée par la naiſſance du Poëte Ouide comme il teſmoigne *liu. 4. des Faſtes, & li. 4. des Triſtes.*

Sulpitia fille de Paterculus, & femme de Fuluus Flaccus, par
la commune voix des Dames Romaines
emporta le prix de continence, eſtant
eſluë entre les cent principales de Rome
pour conſacrer & dedier la ſtatuë de Venus, ſuiuant l'ordonnance des Liures Si-
byllins. *Pline li. 7. chap. 36. Val. le Grand*
liu 8. chap. 16.

Sumatra eſt appellée la plus grande Iſle des Indes Orien-
tales, ſeparée de la terre ferme d'vn petit deſtroict & fort dangereux, où il y a
pluſieurs Iſles : Elle va vn peu en arc en
tirant depuis le Nord iuſques vers le
Midy, ayant bien 450. lieuës de long
& 120. de large, ou ſelon *Pline liu. 6.*

chap. 22. 7000. ſtades de longüeur, & 5600, de largeur, & 700. lieuës de circuit qui font 2100. milles d'Italie. Elle eſt ſituée ſoubs la Zone Torride & le Cercle Æquinoctial la couppe preſque par le milieu, s'eſtendant du coſté de la partie Boreale d'enuiron 5. degrez ou les 2. premiers paralelles, & vers le Midy elle en contient bien preſque 7. qui font 3. paralelles. La commune opinion eſt que c'eſt la Taprobane, combien que d'autres eſtiment que c'eſt la Cherſoneſe d'or. L'air y eſt tres-mal ſain à cauſe des marets & palus qui rendent de mauuaiſes vapeurs, & qu'auſſi il y a des boccages fort eſpais. Le terroüer n'y produit point de bled comme par-deçà, mais ſeulement du mil, du riz, comme auſſi du miel, de la cire, du camphre, l'agaric, la caſſe, du cotton, & du poivre en grande abondance. Il y a auſſi des mines d'or, d'eſtain, de fer, de ſoulfre, &c. En icelle ſe void vne fontaine qui iette le naphte comme de l'huile. Il y a de hautes montagnes dont quelques vnes iettent des flammes. Il s'y void des plus grands Elephants qu'en aucun autre endroit de la terre. Il y a auſſi des baleines d'vne grandeur ſi prodigieuſe qu'il ſemble que ce ſoient des montagnes, leſquelles auſſi engloutiſſent des nauires toutes entieres. Quelques-vns comprennent en cette Iſle quatre Royaumes, autres dix, autres vingt-neuf, deſquels toutesfois il n'y a que dix de cogneus dont il y en a ſix vers le coſté de la mer occupez par les Mores, deux autres dont les habitans ſont Gentils & Antropophages. Le Roy d'Achem (qui eſt vn des dix Royaumes de cette Iſle) eſt de preſent le plus puiſſant de tous. Ses habitans ſont d'vne monſtrueuſe grandeur, ayans vne voix eſtonnante & vn viſage effroyable : ils peſchent des tortües, de la coquille deſquelles ils couurent leurs maiſons, car elles ſont bien de 15. coudées de grandeur. *Mouſt. en ſon li. de la Coſm. Magin.*

Surena Lieutenant d'Orodes Roy des Parthes, lequel deffit l'armée Romaine conduicte par Craſſus, & luy fiſt en ſuitte trancher la teſte. *Plutarque en la vie de Craſſus, Florelin. 3. chap. 11.*

Surie, *Voy* Syrie.

Suſanne femme de Ioachim, d'excellente beauté & tres-chaſte, de laquelle eſtans deuenus amoureux deux vieillards Iuges en Iſraël, & ne l'ayans peu corrompre porterent faux teſmoignage contre elle : Mais le Prophete Daniel eſtant encore enfant, ſuruenant ſur le point de l'execution de ſa mort, contraignit ces deux faux teſmoins par leur propre bouche, & fiſt tant qu'ils furent lapidez par la Loy du Talion, & la chaſte Suſanne iuſtifiée. Son Hiſtoire ſe void couchée és Liures ſacrez dans Daniel *chap.* 13. Et bien qu'elle ne ſe trouue point en l'Hebrieu, comme eſtant tirée de l'edition Grecque de Theodotion, ſi eſt-ce que l'Egliſe Catholique l'a touſiours tenuë entre les Canoniques. *S. Athanaſe en ſa Synopſe, Origene ſur S. Matth. traité 31.*

Suſe ville tres-renommé de la Perſe, ſiſe entre la Babylone & la Perſide, eſleuë pour demeure Royale par Cyrus apres qu'il eut ſurmonté les Medes, où il y auoit vn Palais tres-ſuperbe ſupporté de colomnes d'or, enrichy de plus de pierres precieuſes d'ineſtimable valeur. Ses édifices eſtoient de brique & de bitume, & de meſme ſtructure que ceux de Babylone. Elle fut baſtie, ſelon Pline, par Darius Hiſtaſpes ; ou bien, ſelon Strabon, par Tithon pere de Memnon, de laquelle a pris le nom la prouince Suſiane. Le Liure d'Eſther nous fait mention que le Roy Aſſuerus y tint auſſi ſon ſiege. Quelques-vns eſtiment que c'eſt Baldac ſiege ordinaire des Califes des Sarrazins ; d'autres eſtiment qu'elle s'appelle

Suftra. Monfter liu. 5. de fa Cofmogr.

¶ Il y a vne prouince de ce nom au Royaume de Maroc en Afrique, où fe trouuent des mines d'or, de l'ambre en grande quantité, & du fuccre. *Magin.*

Sufiane ou Sufes, prouince de l'Empire Perfan, nommée Chus
par Niger, & Cufiftan par Mercator:
ainfi appellée de cette notable ville de
Sufe qui eft fa capitale. Elle eft bornée
du Nord par l'Affyrie: au Couchant de
la Babylone prés le fleuue du Tigre: au
Leuant par vne partie de la Perfide: & au
Midy par le Golfe Perfique. Il y faict
extrémement chaud à caufe de quelques
montagnes qui la deffendent du vent de
bize. Elle produict force froment & orge, comme auffi des mines d'or : l'on y
void quelques lieux pleins de bitume &
de naphte : les plantes y croiffent mal-
aifément, & y a grand nombre de ferpens dangereux. *Strab. liu. 15.*

Syagros ou Sygaros, Ifle fife au
Golfe d'Arabie, où il n'y a
point de chiens, mefmes fi l'on y en porte quelques vns d'ailleurs, apres auoir
couru çà & là ils tombent morts, felon
Pline liu. 6. chap. 28.

Sybaris ville de la Calabre ou Grande Grece, laquelle fut baftie
par les Achéens apres la deftruction de
la ville de Troye, entre les fleuues Cra-
tis & Sybaris : Elle vint à telle puiffance qu'elle commandoit à vingt-cinq notables villes fes voifines, mettant pour
vne fois en guerre 300000. combattans contre les Crotoniates. Pres cette
ville eft vn fleuue de mefme nom, lequel rend noire la toifon des moutons
qui en boiuent. *Pline liu. 31. chap. 6.* Les
peuples de cette ville nommez Sybarites furent extrémement voluptueux &
effeminez en toutes fortes de delices, &
principalement leur fuperfluité paroiffoit en ce qu'ayans quelque banquet

à faire ils conuioient vn an deuant,
afin que tant les conuians peuffent rechercher à l'aife les plus exquifes &
delicates prouifions, que les conuiez
ce qui eftoit neceffaire pour l'ornement
de leurs perfonnes, où ils paroiffoient
en habits tres-fomptueux & fuperfluitez grandes. Ils vindrent auffi à telle
molleffe que pour n'eftre point trou-
blez en leur dormir, ils chafferent hors
de leur ville tous manœuures qui meinent du bruit en l'exercice de leur
meftier, voire deffendirent la nourriture des coqs és maifons priuées : Ils
n'auoient autre exercice que les ieux
& les danfes, mefmes s'occupoient à
dreffer leurs cheuaux à fe manier au
fon de la flufte & autres inftrumens,
ce qui fut caufe de leur ruine : Car (felon Ariftote) les Crotoniates leurs ennemis ayans entendu cela, attitrerent
plufieurs meneftriers qu'ils menerent
en l'armée lefquels lors du conflict commencerent à fonner l'air auquel ils a-
uoient dreffé leurs cheuaux ; fi bien que
malgré les Efcuyers ils fe mirent en
defordre iufques à fe rendre dans le
camp de l'ennemy ; & par ce ftratage-
me ils furent totalement deffaicts, iaçoit qu'ils fuffent au nombre de bien
300000. hommes, comme a efté dict.
Strab. liu. 6.

Syene ville és frontieres d'Egypte &
d'Ethiopie, cinq mille ftades
au deffus d'Alexandrie, où le Soleil ne
rend point d'ombre au Midy le iour du
Softice, qui eft lors que le Soleil eft au
8. degré de l'Efcreuiffe, ce qui apparoif-
foit en vn puits qu'on y auoit fait exprés
lors que le Soleil ne rendoit point d'ombre. *Pline liu. 2. chap. 73.* Elle s'appelle
de prefent *Afne*, felon quelques vns, ou
Gaguera, felon d'autres.

Sylla nommé Lucius Cornelius, tres-
illuftre Capitaine Romain, fut
de la race des Patriciens Scipions, mais
pauure, fon pere luy ayant laiffé fort
peu de biens. Ayant efté efleu Quefteur

au premier Confulat de Marius, ils entrerent in pique pour l'honneur de la prife de Iugurtha. *Voy* Marius & Iugurtha. Et leur inimitié ayant commencé par vn fi leger fondement, proceda en auant par guerres ciuiles, effufion de fang, partialitez & diffenfions irremediables, iufques à ce que finalement elle fe termina en vne violente tyrannie & confufion de tout l'Eftat & Empire Romain. Il obtint la Preture par argent, & reftablit Ariobarzanes en la Cappadoce où il fut enuoyé. Contracta alliance auec les Parthes, & acquift grande reputation en la guerre des alliez. Ayant efté efleu Conful, il renouuella fa conteftation auec Marius, qui fut touchát la commiffion de la guerre contre Mithridates : Mais Marius ayant efté preferé il s'achemina à Rome, y entra de force & la traicta hoftilement ; dont onorgueilly il entreprift la deffaicte de Mithridates, où tout luy fucceda heureufement ; car toutes les villes Grecques fe rendirent à luy, fors Athenes qu'il força & faccagea : puis en fuitte remporta deux victoires fignalées contre Mithridates, qui furent fuiuis d'vn accord auantageux aux Romains. Dompta en apres l'Afie Mineur, & de là défit le ieune Marius & le Conful Norbanus en deux ou trois batailles. Chaffa Carbo, le contraignant de fe fauuer en Afrique ; puis ainfi victorieux remplift Rome de meurtres auec des procedures eftrangement iniques, fupportant au refte tous les plus mauuais garnemens de l'Italie defquels eftoit Cacilina. Apres fon triomphe & plufieurs mefchancetez commifes, il fe fift furnommer l'Heureux auec fes enfans : mais depuis il fe défit de la Dictature & remift le peuple en fon droict ancien. Enfin s'eftant plongé en vne vie infame & diffolue, il mourut d'vne phtiriafe ou maladie de poux. Ce Capitaine fut bien inftruict és lettres Grecques & Latines, auoit vn par-

ler graue, elegant & fententieux, mais fut grandement ambitieux, diffolu & cruel. *Plutarq. en fa vie.*

Syluain Dieu champeftre, que les Anciens, & fpecialement les Latins eftimoient prefider aux forefts, aux trouppeaux, & bornes de la terre. *Horace Od. 2. des Epodes.* Quelquesvns le font fils de Faune, mais Plutarque *en fes Paralelles* le dict eftre nay de l'incefte de Valeria auec Valerius fon pere. L'on dict que ce Dieu fut fort amoureux d'vn ieune garçon nommé Cypariffe, lequel eftant par Apollon tranfmué en vn cyprez (qui a retenu fon mefme nom chez les Latins) il porta toufiours depuis en fa main du cyprez. Feneftella *au liu. du Sacerdoce des Rom.* dict que Pan, Faune, & Syluain eft la mefme Diuinité. Leurs Preftres & ceux de leurs confrairies s'appelloient Luperques, & leurs feftes Lupercales. *Voy* Feune, Pan & Lupercales.

Syluerius Pape. *Voy* Silueri⁹.

Sylueftre, *Voy* Silueftre.

Syluia fille de Numitor & mere de Remus & Romulus. *Voy* Ilia.

Syluius Pofthum⁹ Roy des Albanois, fils d'Afcanius, & petit fils d'Ænée. Il fut nommé Syluius pource que par hazard il nafquit dans vne foreft dicte *Sylua* des Latins. Et de luy fes fucceffeurs au Royaume d'Alba furent appellez Syluiens, comme les Empereurs Romains Cefars, & les Roys des Parthes Arfacides. Il fut appellé Pofthumus pour ce qu'il nafquit apres que fon pere eut efté inhumé. Il regna 29. ans, du temps de Saül. *Genebr. en fa Chron.*

Symmachus natif de Sardaigne, 53. Pape, fut confirmé (nonobftant les effections d'vn Pierre & Laurens Antipapes) en la Chaire Pontificale par iugement d'vn Concile tenu en la prefence de Theodoric Roy des Goths. *Blond. liu. 3. Dec. 1. S. Greg. Dialog. 4. ch. 40. de ses Dialog.* Il appliqua tout son soin au gouuernement de l'Eglise: Chassa de Rome les Manichéens & fist brusler leurs Liures. *Sabell. liu. 2. Ennead. 8.* Employa ses thresors à nourrir les pauures, à bastir, enrichir & orner les Eglises. Fournissoit entretien, vestemens & argent à Eugenius Euesque de Carthage, & à 22. Euesques releguez en Sardaigne par Trasimond Roy des Vvandales. *Beda li. 2. de l'Ordre des temps.* Il fist tenir six Synodes dont est faict mention au tome 1. des Conciles: Adiousta à la Messe le *Gloria in excelsis.* Apres auoir dignement administré sa charge l'espace de 15. ans, 6. mois, 22. iours, mourut l'an de salut 515. De son temps Clouis I. Roy de France receut la Foy.

¶ Vn autre de ce nom, qui de Samaritain se fist Iuif & derechef circoncire; & depuis se rendit Chrestien, mais heretique Ebionite; ç'a esté luy qui a faict la troisiesme traduction du Vieil testament de l'Hebr. en Grec. Il viuoit soubs l'Empereur Seuere l'an 19. *Les SS. Epiph. Hierosme. Eusebe li. 6. chap. 14. de son Hist. Ecclef.*

Symplegades ou Cyanées, deux Isles ou plustost escueils, situées pres l'emboucheure du Pont Euxin ou Mer Maior, par de là le Bosphore de Thrace, lesquelles sont esloignées l'vne de l'autre d'vne si petite interuale qu'elles semblét se toucher ensemble; ce qui a donné sujet aut Poëtes de dire qu'elles se heurtoient ensemble, dont elles ont pris leur nom du verbe *Symplecesthai,* c'est à dire, Heurter. *Ouid. liu. 15. de ses Metam. Strab. Pline, & auires.*

Syphax puissant Roy de la Numidie, lequel s'estant reconcilié & faict alliance auec le peuple Romain, esmeu de l'authorité de Scipion l'Africain, rompit puis apres sa foy & fist alliance auec Annibal Chef des Carthaginois ennemis iurez des Romains, à ce incité par Sophonisba fille d'Asdrubal qu'il auoit espousée: Mais Masinissa qui estoit ligué auec Scipion, ayant esté despouillé de son Royaume paternel par ce Roy Syphax, entreprist la guerre contre luy, laquelle il conduisit si heureusement auec les forces Romaines qu'il defist son armée & le prist prisonnier, & depuis fut mené en triomphe à Rome par Scipion l'Africain où il mourut en prison en grande misere & pauureté, son Royaume ayant esté donné à Masinissa. *Plutarq. en la vie de Scipion.*

Syracuse ville de la Sicile, iadis tres-ample & l'vne des plus grandes & belles de toutes les villes de ce temps là, estant composée d c 4. grandes villes. Elle estoit ceinte d'vne triple muraille, grandement puissante pour auoir esté sa Metropolitaine de la Sicile apres que son Roy Gelon eut vaincu les Carthaginois. Elle est renommée par la Tyrannie des deux Denis pere & fils, comme aussi par les naissances du grand Mathematicien Archimede, & du Poëte Theocrite. L'an 1070. vne grande partie de ses edifices tomba par vn tremble-terre; & est de present pour la pluspart ruïnée. Ses peuples ont esté iadis grandement riches, mais fort voluptueux. *Monster liu. 2. de sa Cosmographie.* Quelques-vns estiment que c'est celle qu'on nomme Saragosse.

Syrenes, *Voy* **Sirenes.**

Syrian Philosophe Alexandrin, lequel enseignoit à Athenes & a escrit des Commentaires sur tout Homere, ensemble sept Liures sur la Republique d'Athenes, & autres. Son disciple & successeur fut Proclus. *Suid.*

Syrice Pape. *Voy* **Sirice.**

Syrie region tres-ample de l'Asie, laquelle est l'vne des plus renommées

mées du monde. Touchant son estenduë il y a grande diuersité entre les Topographes, mais la pluspart la bornent
à l'Orient par le fleuue Euphrate : au
Couchant par la mer Mediterranée &
l'Egyptiaque : au Nord par la Cilicie &
partie de la Cappadoce : & au Midy
par l'Arabie. Elle comprend selon Ptolemée les prouinces de la Phœnicie,
Palestine, Iudée, Idumée, Comagene,
Samarie, & Cœlesyrie, & s'y trouuoient
iadis les villes notables de Laodicée,
Hierapolis, Antioche, Apamée, Palmy-
re, Eliopolis, Ptolemaide, Sidon, Tyr,
Beryte, Botrys, Tripoly, Byblus, Seleucie, Cæsarée, & Damas. Les montagnes signalées de Carmel, du Cassin, &
le Liban s'y voyent, comme aussi les
fleuues renommez d'Euphrate, Chrysorrhoas & Singas. Et toutes ses prouinces sont en vn air fort temperé,
n'ayant ny les extremitez du froid, ny
celles de la chaleur. Mais Pline *liure* 5.
chap. 12. l'estend encore dauantage ; car
il y comprend de plus la Mesopotamie,
Babylone, & l'Assyrie, & luy donne
de longueur 470. milles, & de largeur
175. milles : mais plusieurs grands personnages comme Herodote, Porphyre,
Ammian Marcellin *liu*. 23. confondent
la Syrie auec l'Assyrie, & disent que
ceux qui sont appellez Syriens par les
Grecs, sont appellez par les autres, Assyriens, si bien que cette confusion &
conformité de noms a confondu les
bornes tant de la Syrie que de l'Assyrie :
Ioinct que l'Empire des Assyriens qui
a esté de grande estenduë, a comme
estouffé celle de la Syrie où les Roys
n'ont pas esté si puissans. Touchant
les mœurs, police & religion de ses habitans. *Voy* les mots de ses particulieres prouinces.

Syrictes certains peuples entre les
Nomades Indiens, qui
n'ont que deux trous plats au lieu de
nez, & qui ont les iambes recourbées
comme la queuë d'vn serpent. *Pline*
liu. 7. *chap*. 2.

Sirinx Nymphe d'Arcadie, laquelle
estant aimée du Dieu Pan
fut par luy poursuiuie iusques au fleuue Ladon où elle s'estoit rétirée : mais
de peur d'estre violée, elle fut (par l'aide
des Naïades ses sœurs) conuertie en
roseau, duquel depuis Pan fist vne
flutte qui chez les Grecs porte encore
son nom, & dont il fut le premier inuenteur. *Ouide. liu*. 1. *de ses Metam*.

Syrtes sont appellez ces deux bras
de la mer Lybienne, tirant
vers l'Egypte, tres-dangereux à cause
des sablons que l'eau y traisne qui attire & arreste les vaisseaux, dont ils sont
ainsi appellez du verbe Grec *Syrein* qui
signifie attirer. Le moindre de ces deux
est distant de Carthage de 300. milles,
& a de circuit bien autant : le plus grand
qui tire vers la Cyrenaique à de circuit
bien 635. milles, & l'vn & l'autre sont
grandement perilleux à cause que le
flux & reflux de la mer, comme aussi les
vents y remuent le sablon auec vne telle impetuosité & de telle façon, que
quelquefois la mer est tres-profonde &
gayable en vn mesme lieu, & peu de
temps entre deux, si bien que les nochers incertains de cette diuersité s'y as-
sablent le plus souuent. L'on met pareillement de ces Syrtes sur terre, specialement en Afrique vis à vis de la
Grande Syrte, car le vent y est si vehement & qui esmeut tellement le gra-
uier, qu'il faict des montagnes & des
fondrieres sablonneuses en vn mesme
instant, & ainsi faict perdre la route
non seulement aux passans, mais aussi
les accable le plus souuent, si bien qu'ils
sont contraints de se seruir d'ordinaire
du cours des Astres en leurs voyages.
Solin.

T

**Abereniens** ou Tibareniens, selon Strabon & Pline; certains peuples voisins des Chalybes pres le Pont Euxin, lesquels sont si grands obseruateurs de la Iustice, que mesmes ils ne veulent pas attaquer leurs ennemis en guerre, qu'ils ne leur ayent denoncé le lieu & l'heure du combat. Quand leurs femmes ont enfanté, les maris se mettent au lict & sont seruis par leurs femmes comme accouchées. *Val. Flacc. liu. 5. & Nymphodore rapporté par Cælius.*

Tabitha autrement nommée Dorcas, certaine vefue deuote que S. Pierre resuscita en Ioppé. *Act. 9.*

Tacite fut esleu Empereur par le Senat, l'Empire ayant esté six mois sans Souuerain, lequel estoit lors gouuerné par le Senat & par les Capitaines & Lieutenans d'Aurelian auparauant Empereur: laquelle longueur arriua d'autant que les soldats vouloient deferer cet honneur au Senat, & le Senat au contraire vouloit que cette eslection se fist par les soldats: le Senat toutefois pressé par les courtoisies des soldats esleut ce Tacite grand personnage & qui auoit esté Consul: il fut Princetres experimété en guerre, tresiuste & esloigné de toute ambition: il fist de tres bonnes Loix & ordonnances, & tousiours du consentement & aduis du Senat; dont s'ensuiuit tel heur en son administration (qui ne fut que

de six mois) que tout l'Empire fut en paix & la Iustice gardée & maintenuë: Mais le peu qu'il tint l'Empire, empescha de iouyr plus long temps d'vne si grande tranquillité, car il fut tué par des soldats, ou selon d'autres, mourut de fievre en la ville de Tarse, l'an de grace 274. Il fut fort temperé en son boire & en son manger, cóme en toute autre chose ; car mesmes il ne voulut que l'Imperatrice sa femme portast des pierreries de trop grande valeur. *Eusebe, Aurele, Victor, P. Orose, & autres.*

Tacite nommé Corneille, Historien tres fameux & Orateur eloquent, fut Gouuerneur de la Gaule Belgique soubs l'Empereur Adrian, & paruintiusques aux Vespasians par lesquels il fut esleué en grandes charges. Il a escrit l'Histoire des Empereurs depuis la mort d'Auguste, en 16 Liures d'Annales (dont les 6. 7. 8. 9. & 10. sont perdus) & 5. Liures d'Histoires. Son stile est pressé, elegant & sententieux. Flauius Vopiscus escrit que l'Empereur Tacite (comme estant de sa race) voulut qu'il fust mis dans toutes les Bibliotheques. Il fut familier de Pline le ieune & de Plutarque, mais ennemy des Chrestiens, & parle le plus souuent en Epicurien.

Tænare promontoire de la Laconie, situé au milieu de la plage Meridionale du Peloponnese, lequel s'aduance bien auant sur mer, & où il y a vne ville de mesme nom. En iceluy, selon Suidas, sont des gouffres & cauernes qui se vont rendre és Enfers, & là mesmes y auoit vn temple

dedié à Neptune où les Lacedemoniës
-tuerent les Ilotes qui y faisoient leurs
sacrifices. Là aupres se voyoit le lieu
par lequel, selon l'inuention des Poëtes, Hercule attira des Enfers le Chien
Cerbere, & a t'on creu que c'estoit la
gueule des Enfers mesmes. *Virg. liu. 4.
des Georg.* De ce cap se tiroit du marbre verd qui en fut appellé Tænarien.
Properce liu. 4.

Tage fleuue renommé du Portugal,
lequel prenant sa source des
hautes montagnes d'Orospeda qui seruent de limites au Royaume de Valence, ayant trauersé la Castille & le Portugal, se rend pres Lisbonne dans l'O-
cean Occidental par vne bouche de
plus de 2000. pas de largeur, L'on l'appelle vulgairement *Taio*, & est renōmé
pource qu'il traisne auec soy du sablon
d'or. *Solin en son Polihystor, Ortelius,
Mercator, & autres.* Mela dict qu'il produit quelques huystres où se trouuent
des perles.

Tages fut fils du Genie, selon Festus,
& petit fils de Iupiter, lequel
estant encore ieune enseigna aux douze nations d'Etrurie ou Toscane, l'art
de deuiner. Ciceron *au liu. 2. de la Di-
uination,* & Ouide *liu. 15. de ses Metam.*
le font fils de la Terre par vn accident
estrange : C'est qu'vn paysan de la Toscane labourant en son champ, aduint
que le coutre s'enfonça plus auant en
terre que de coustume, & tout aussi
tost sortit vn enfant de la motte qui arrestoit le soc de sa charuë, lequel fut
appellé Tages : Et bien qu'il fut ieune
d'ans, mais meur & vieil en prudence,
il se mist à instruire sur le champ les
Toscans qui s'estoient là assemblez, &
leur apprist les secrets du Destin &
beaucoup de sciences par lesquelles
nous pouuons auoir la cognoissance
des choses de l'aduenir, dont ces peuples se seruirent grandement, & la re-
duisirent par escrit, la communiquans
aux autres nations.

Talasse Dieu estimé par les Romains presider aux nopces,
comme Hymenée chez les Grecs ; c'est
pourquoy on auoit coustume de l'in-
uoquer au iour des espousailles, afin
que le mariage fust heureux, ce qui aduint pour telle raison. C'est que lors
que les Romains rauirent les filles des
Sabins (qui estoient venuës à Rome
pour voir quelques ieux que Romulus
faisoit celebrer) quelques vns en ayans
pris vne belle entr'autres & l'empor-
tans alloient crians parmy les ruës à
Talassius, à Talassius, afin que personne
n'attentast de leur oster, faisans entendre qu'ils la menoient pour femme à
Talasse qui estoit vn ieune homme Romain fort vaillant, bien conditionné,
& bien voulu d'vn chacun : Par ainsi
tous loüans la belle election qu'ils a-
uoient faicte, elle luy fut donnée en
mariage qui fut fort heureux ; dont depuis il fut reclamé par les Romains en
leurs nopces, afin qu'ils eussent autant
de contentement en leurs mariages
qu'il auoit eu au sien. *T. Liue liu. 1. Plutarq. en ses Problemes, & en la vie de Romulus.*

Talga Isle de la mer Caspienne, laquelle rapporte toutes sor-
tes de fruicts sans estre cultiuée ; &
pour ce suiet les nations voisines tiennent pour crime de sacrilege d'y toucher en aucune façon, estimans que cela est reserué pour les Dieux. *Pomp.
Mela liu. 3. Ptolem. liu. 6. chap. 9. Pline*
l'appelle *Tazata.*

Talmud interpr. de l'Hebr. *doctrine* ou *discipline*; est appellé
ce gros Liure & recueil de Traditions
Iudaïques où sont comprises toutes
les Loix, ordonnances & constitutions
qui ont esté faictes & promulguées en
diuers têps & lieux par les Iuifs, toutes
les sentéces & dicts notables des Rabbins, & toutes leurs expositions tant
sur les Loix Diuines qu'humaines, a-
uec infinis secrets & mysteres de la

langue Hebraïque, mais qui eſt meſlangé de pluſieurs reſueries, fables, & impietez : lequel Liure ce neantmoins les
Iuifs tiennent & ont en ſinguliere veneration, comme eſtant remply (à leur
dire) de toute ſapience tant diuine que
naturelle , & tant legale que politique,
pour lequel dauantage authoriſer, ils
aſſeurent que Moyſe receut de deux
ſortes de Loix ſur le mont Sinay, l'vne
qu'il redigea par eſcrit contenuë és cinq
liures du Pentateuque, & l'autre qu'il
donna & enſeigna de bouche à Ioſué,
lequel la monſtra puis apres aux plus
anciens des Hebrieux, & iceux aux Prophetes, & les Prophetes aux premiers
de la grãde Synagogue, le dernier deſquels fut Souuerain Pontife Simon le
Iuſte dont eſt parlé en S. Luc chap. 2. Et
iceluy cõſigna cette Loy verbale à quelques Rabbins ; & d'autant qu'ils virent leur nation eſparſe & diuiſée comme eſtrãgere en pluſieurs diuerſes parties de la terre, & de peur que leurs myſteres & religion ne vinſſent à ſe perdre, ils prirent aduis de rediger par eſcrit cette Loy, laquelle auparauant il
leur eſtoit deffendu d'exprimer par
characteres, ainſi que le deduict particulierement Elias Leuite Iuif de nation
en ſon Tisbi. Ce Talmud fut commencé
à compoſer 120. ans deuant la derniere
deſtruction de Hieruſalem, car R. Ie-
huda, R. Akiba, R. Nathan, & autres
redigerent en vn abregé ou Epitome la
Loy donnée de bouche qu'ils nommerent Miſna, c'eſt à dire doctrine repetée
ou leçon reiterée, c'eſtoit l'explication
ou gloſe de la Loy eſcrite : Du depuis,
& 300. ans apres, R. Iohānam auec pluſieurs autres Rabbins amplifierent &
augmenterent ce Miſna auec vn ſtile
plus clair & eloquent, & en compoſerent vn autre tome appellé le Talmud
Hieroſolymitain qui en ſon commencement fut fort petit : mais depuis ſuruenant d'autres Rabbins (& ſpecialement R. Aſſé qui fut grãd en erudition,

honneur & gloire mondaine) ils dreſſerent enuiron l'an 470. le Talmud Babylonien (qui fut auſſi appellé Chemara,
c'eſt à dire tradition) ainſi nommé à
cauſe des Rabbins aſſemblez en la ville
de Babylone pour ce faire. R. Moſe en
ſa Pref. ſur le Maiemonin : Et cettuy cy,
fut encore depuis augmenté par les
Rabbins ſuiuans, ſi bien qu'il eſt venu
à telle perfection qu'ils le tiennent
comme le ſommaire entier & abſolu de
toute leur Loy. Ce Liure eſt diuiſé en
ſix ordres, & chaque ordre en pluſieurs
traictez, & chaque traicté en diuers
chapitres ; & iaçoit qu'il comprenne
vne infinité de belles Loix & ordonnances Iudaïques, force ſecrets & myſteres de la Saincte langue Hebraïque,
des expoſitions tant literales qu'alle-
goriques, tres-hautes & ſubtiles, pluſieurs iudicieuſes ſentences des anciens
Docteurs Hebrieux, qu'il s'y voye dauantage touſiours expliqué quelque
myſtere de noſtre religion Chreſtienne
ſoit literallement ou figuratiuement,
ſi eſt-ce qu'à cauſe d'vn nombre infiny
de fables, reſueries & blaſphemes qui
y ſont parſemées, les SS. Peres en ont
interdict l'impreſſion & la lecture : &
de faict, en l'année 1559. il en fut brulé
à Rome par le commandement des In-
quiſiteurs de la Foy, douze mil Liures
de ces Talmuds trouuez en vne Bibliotheque dans la ville de Cremone. Sixte
Siennois liu. 2. de ſa Saincte Biblioth. deduict particulierement les traictez de
ce Talmud, enſemble les erreurs principaux qui y ſont contenus.

Tale ingenieur, neueu de Dædale, autrement nommé Perdix. Voy
Perdix.

Tamerlam ou Tamberlan, nommé par quelques au-
tres Temir-curluc, & par les Grecs Te-
miris ; fut appellé ce grand Empereur
des Tartares, Scythe de nation, de lieu
fort obſcur, mais lequel pour ſa valeur & experience au faict des armes

fut faict Empereur des Parthes & Tartares. Il fist des prouësses incroyables, car il deffit premierement en bataille les Moscouites, Polonnois, & Hongrois, mist en deroute Tamé Roy de la Chine; subingua les Scythes, Iberiens, Albanois, Perses, & Medes; se rendit Maistre de la Mesopotamie & de l'Armenie; de là ayant passé l'Euphrate auec vne armée de 400000. cheuaux, & de 600000. hommes de pied, il entra en l'Asie Mineur où il deffist Baiazeth Empereur des Turcs pres le Stella, y ayant auparauāt esté tuez 140000. hommes, & l'ayant pris prisonnier le mist dans vne cage de fer pour estre mené par tout le païs comme en triomphe, & duquel il se seruoit de marchepied quand il montoit à cheual : il passa de la en Egypte où il liura bataille au Soudan & le vainquit, & soubmist plusieurs autres Roys d'Afrique en son obeïssance : S'empara aussi de toute la Iudée & de Hierusalem, où il monstra quelque deuotion au sepulchre de nostre Seigneur. Il n'estoit pas toutesfois Chrestien ny Mahometan, bien reconnoissoit-il vn seul Dieu, c'est pourquoy il laissoit vn chacun viure à sa religion. Ainsi estant chargé des despoüilles de ses conquestes, il en enrichit la ville de Samarcandre où il se retira, & où il mourut l'an 1402. *Calcocondyl. liu. 2. & 3. des Aff. des Turcs, Iouius en ses Hommes illustres.* Ce Prince se faisoit appeller le Fleau de Dieu, aussi se rendoit il espouuentable par tout où il passoit : il auoit de coustume lors qu'il assiegeoit vne ville, de tendre le premier iour ses pauillons de blanc, au second de noir, & au tiers de rouge; ce qui demonstroit que s'ils se rendoient au premier iour il leur feroit grace, au second ils seroient chastiez pour peine de leur opiniastreté, mais le tiers ils seroient cruellement traictez, & qu'il mettoit tout à feu & à sang sans aucun pardon. Au reste on dict auoir

esté grandement iuste, & bien qu'il eut les yeux vifs & penetrans, si est-ce qu'il se monstroit affable à vn chacun. Il estoit dauantage fort chaste & modeste en ses habits. Il espousa la fille du Grand Cham de Tartarie, dont il eut quelques enfans qui n'imiterent pas ses vertus. *Æneas Syln. liure 2. de la Descript. de la terre, Ignace, &c.*

Tamise l'vn des principaux fleuues d'Angleterre, fort profond & grandement nauigable, lequel procede de deux sources assez esloignées l'vn de l'autre, sçauoir de Tama & d'Ise (dont aussi est composé son nom) lesquelles se ioignans pres d'Oxford, il se va apres plusieurs trauerses & rencontres de beaucoup de riuieres, & auoir arrousé la ville de Londres, rendre dans l'Ocean Oriental. *Magin en sa Geographie.*

Tanaïs fleuue tres grand & des plus signalez de l'Europe, appellé *Tane* par les Italiens, *Don* par les Moscouiues, & *Silio* par les Scythes; lequel sert de bornes à la Tartarie, ou Scythie Européenne & Asiatique, au trauers desquelles il passe. Les Cosmographes sont en different de la source: Ptolemée la prend des monts Ryphées: d'autres du mont Caucase: & Moster de la Duché de Retze en Moscouie. Quoy que c'en soit ce fleuue ayant trauersé la Scythie Européenne, rebrousse vers le Midy, & se va rendre dans les palus Meotides. *Ptolem. l. 5. c. 9. Strab. li. 11.*

Tanaquil femme de Tarquin l'Ancien, autrement appellée Caie Cæcilie *Voy* C. Cæcilie

Tancred Prince Normand, lequel par sa valeur conquesta les Royaumes de Naples & de Sicile, & alla auec vne puissante armée en la conqueste de la Terre Saincte, faicte soubs la conduicte de Godefroy de Buillon.

Tangut region de l'Asie Majeur, subjecte au Grand Cham

de Tartarie , comprenant fous foy plufieurs particulieres Prouinces & remarquables Citez, où fe voyent des ferpents que l'on nomme Salemandres qui peuuent viure vn long temps dans le feu fans fe brufler. L'on y troque la rheubarbe dont on faict trafic par toute la terre , & dict on qu'il y a plus de mil ans qu'il y auoit l'inuention d'Imprimerie. Il y a des deferts où les voyageurs paffans ont fouuent plufieurs vifions de Demons qui les appellent par leur nom, les deftournent de leur chemin, & ainfi les perdent. L'on y entend auffi en l'air certains inftrumens muficaux & le fon de quelques Cymbales. Il y a plufieurs Idolatres qui habitent cette contrée qui ont leurs pagodes confacrez à leurs Idoles. Il y a pareillement des Mahometans & des Chreftiens Neftoriens. *M. Paul Venitien en parle fort amplement.*

Tantale

fils de Iupiter & de la Nymphe Plote , lequel ayant receu chez foy la compagnie des Dieux leur feruit entr'autres mets fon fils Pelops qu'il auoit defpecé & mis à cuire, afin de faire effay de leur Diuinité ; ce que les Dieux ayans fort bien conneu n'y toucherent point, horfmis Ceres qui en mangea vne efpaule, mais il luy en fut rendu vne d'yuoire, comme il a efté dict *au mot de Pelops.* Or parce que Tantale auoit contaminé le feftin des Dieux y feruant de la viande humaine, & violé le droict d'hofpitalité par le meurtre de fon fils ; Iupiter le confina aux Enfers où il eft bourrelé de faim & de foif perpetuelle ; car il y a des pommes qui luy pendent fur le nez lefquelles s'efloignent lors qu'il en veut prendre, & de-mefme en eft il de l'eauë où il eft plongé iufques au menton, laquelle s'abbaiffe tout auffi toft qu'il fe met en peine d'en boire, tellement qu'il eft en continuel tourment. Quelques vns. comme Ouide & Ciceron *en fa 4. Tufcul.* difent qu'il eft pendu en l'air

auec vne roche penchante fur fon chef qui toutesfois & quantes qu'il penfe boire luy donne vn grand coup fur la tefte, laquelle peine il fouffre pour fon immoderée petulance de langue, d'autant qu'ayant efté appellé, mortel qu'il eftoit, à la table des Dieux il auoit babillé trop indifcrettement.

¶ *Par ce Tantale nous eft naïfuement reprefenté le Naturel de l'auaricieux, lequel eft pource dict fils de Iupiter à caufe de fes grands moyens: Et c'eft auffi ce que fignifie fa mere Plote (car ploutos chez les Grecs vaut autant à dire que richeffe.) Et d'autant qu'ils l'ont feinct au milieu des biens fans en pouuoir iouyr, l'hôme auare nous y eft depeinct au naturel pource qu'il eft toufiours trauaillé d'vn defir infatiable d'auoir, fans fçauoir comme il faut fe feruir de ce qu'il a, & mefmes craignant d'y toucher fe laiffe tourmenter à mille incommoditez.* ¶ *Et de vray ce Tantale fut vn Roy de Phrygie fort riche, mais tres-auare, ce qui a donné lieu à la fable.*

Taprobane

Ifle des plus grandes des Ifles Orientales, fituée entre la grande Iaua & Malaca, appellée de prefent Sumatra. *Voy* Sumatra.

Tarbes

ville capitale du pays & Comté de Bigorre, fife fur le fleuue d'Adour : les Latins l'appellent *Tarbam Bigerronum.* Elle eft ornée d'vn Euefché qui s'eftend fur bien 300. Paroiffes , & dependant de l'Archeuefché d'Aufch.

Tarentaifes

prouince du Duché de Sauoye, enfermée entre les Alpes & les riuieres d'Arch & d'Are qui fe meflent enfemble pres de Chamois. Sa ville capitale eft Mouftier honoré du titre d'Archeuefché, qui a pour fuffragans les Euefchez de Sion & d'Aofte.

Tarente

ville maritime tres-ancienne & tres forte de la Calabre ou Grande Grece, ennoblie d'vn port tres-celebre nommé pour ce Ta-

rentin, auec vn terrouër tres-fertil &
agreable. Ello fut premierement baftie
par Tarente fils de Neptune dont elle
a retenu le nom, & depuis fut grandement augmentée par les Lacedemoniens Partheniates conduicts par leur
Duc Phalante, lefquels en châfferent
les habitans, puis s'y habituerent. *Iuftin
liu. 3. Strab. liu. 6.* Leur richeffe & puiffance fut grande vn long-temps, & fe
gouuernerent par Democratie, mais
depuis les delices les rendirent mols &
effeminez ce qu'exprime leur nom qui
en langage Sabin fignifie *mol & delicat*)
& ruinerent leur Republique, fi bien
qu'ils furent contraincts pour fe maintenir contre leurs voifins, de mandier
fecours des Roys eftrangers, comme
d'Alexandre Roy des Moloffes, d'Agatocles, de Cleonyme, comme auffi de
Pyrrhus Roy des Epirotes, lors qu'ils
euurent guerre contre les Romains. De
cette ville font fortis plufieurs grands
perfonnages, & entr'autres Ariftoxe-
nes Muficien familier d'Ariftote & Architas le Mathematicien.

Tarpeia fille de Tarpeius Gouuerneur du Capitole fous le
Roy Romulus, lequel vendit à Tatius General des Sabins le Capitole, &
leur trahit la place, au moyen qu'elle
euft pour loyer de fa trahifon les braffelets d'or que fes foldats portoient en
leur bras gauche; ce qu'ayant execute,
& Tatius eftant dans la forterefle, il cõmanda aux Sabins que fuiuant la promeffe qu'on auoit faicte à Tarpeia, ils
n'efpargnaffent rien de ce qu'ils portoient en leurs bras; & luy mefme commença luy ayant ietté ces braffelets &
fon efcu, & les autres l'enfuiuirent,
mais en telle quantité qu'elle fut acca-
blée de braffelets & de pauois, & fut
enterrée au mont qui de fon nom fut
appellé Tarpeien, duquel on fouloit
anciennement precipiter les malfaicteurs. *Plutarq. en fes Paralelles & en
la vie de Romulus, T. Liue.*

Tarquin furnommé Prifcus ou
l'Ancien, fils de Demara-
tus Corinthien, & natif de Tarquinie
ville de Tofcane, fut premierement appellé Lucumo. Se voyant eftranger d'o-
rigine, il s'en vint à Rome à la fuafion
de Tanaquil fa femme) qui eftoit deui-
nereffe & auoit vn bel efprit) où comme il eftoit ingenieux & fort poly, il
acquift les bonnes graces d'Ancus Martius 4. Roy de Rome, lequel apres fa
mort le laiffa Gouuerneur de fon Eftat
& curateur de fes enfans; & ce neantmoins preferant fa commodité propre à celle de fes mineurs, fceut fi dextrement manier les affections du peuple qu'il fut creé Roy : Et pour eftablir plus puiffamment fon Royaume, il
accreuft la majefté des Senateurs & en
augmenta le nombre : mais il n'auoit
moins d'adreffe pour la guerre que de
fuffifance pour la paix ; car il vainquit
les Latins & les Sabins, & leur ofta plufieurs villes, & fubiugua douze peuples de la Tofcane apres leur auoir faict
fentir l'effort continuel de fes armes.
Il fut Autheur de tous les ornemens &
de toutes les enfeignes honorables qui
ont feruy depuis à faire efclatter la dignité de l'Empire, comme des verges &
haches des Magiftrats, des chaires d'y-
uoire des Senateurs, des anneaux &
cottes d'armes des Chevaliers, & autres magnificences. Mais apres auoir regné 38 ans, il fut tué dans fon Palais,
par la trahifon des enfans d'Ancus fon
predeceffeur. *Strab. l. 5. T. Liue liu. 1.
Flore liu. 1. chap. 5.* Il enfeigna aux Romains à faire des ftatuës des Dieux, felon Tertullien.

Tarquin II. du nom, feptiefme
& dernier des Roys
de Rome, fut furnommé le Superbe à
caufe de l'infolëce de fes deportemens,
Il aima mieux rauir par violence le
Royaume de fes ayeuls, que d'attendre
paifiblement la mort de Seruius Tullius fon beaupere qui le poffedoit.

Car il le fist assassiner à la suasion de sa femme fille de Seruius. S'estant donc esleué par des crimes à cette dignité, il s'y porta non point en Roy, mais en violent & outrageux Tyran : Soüilla le Senat de meurtres & de cruautez, & se rendit odieux à tout le monde par son excessif orgueil ; & neantmoins il fist quelques proüesses vtiles à son peuple, car il vainquit les Latins & les Sabins, & osta quelques villes aux Toscans ; subiugua les Gabiens, à quoy il employa la feincte de son fils Sextus. *Voy* Gabiens. Bastit vn temple des despoüilles qu'il auoit remportées sur les ennemis ; mais comme en creusant la terre pour planter les fondemens de l'edifice, les ouuriers eussent troué la teste d'vn homme, vn si fauorable prodige promettoit que Rome seroit vn iour le Chef de toute la terre ; mais enfin toute la ville se sousleua & rebella contre luy, pour auoir l'vn de ses fils violé Lucrece chaste & vertueuse Dame ; ce qui fut executé par Valerius Publicola & par Iunius Brutus autheurs & protecteurs de la liberté du peuple. Et bien qu'il eust esté maintenu par Porsenna Roy des Hetrusques, si est ce qu'il ne peut r'entrer en son Royaume ; & alors les resnes de l'Estat furent arrachées des mains des Roys, & les Consuls furent esleus. Ce qui arriua l'an 244. de la fondation de Rome, & le. 25. de son regne. *Plutar. en la vie de Publicola, Tite Liue, Florus l. 1. ch. 7.*

Tarquin surnommé Collatin, fils d'Eugerius, neueu de Tarquin le Superbe, & mary de la chaste Lucrece violée par Sext. Tarquin fils de Tarquin le Superbe, pour laquelle cause les Roys ayans esté chassez, il fut esleu premier Consul auec Brutus ; mais neantmoins il fut contraint de se deposer de sa charge & de se bannir volontairement à cause seulement qu'il portoit le nom de Tar-

quin fort odieux aux Romains. *T. Liue liu. 1.*

Tarragone ville ancienne, maritime de toutes celles d'Espagne, & si celebre qu'elle a communiqué son nom à vne partie d'icelle qui est le Royaume d'Arragon. Son terroüer porte du vin tres-genereux. *Mercat.*

Tarse ville tres-fameuse & capitale de la Cilicie, située en vne campagne arrousée du fleuue Cydnus. Quelques vns tiennent qu'elle fut bastie par Persée fils de Danaé, & d'autres par Sardanapale dernier Roy des Assyriens. *Strab. liu. 15.* Mais selon Iosephe elle fut bastie par Tarsus fils de Iauan. Elle est illustrée par la naissances d'Antipater, d'Archelaus, Nestor, des deux Athenodores Philosophes Stoïciens ; mais auec vn honneur plus grand par celle de l'Apostre S. Paul comme il tesmoigne luy-mesme. *Act. chap. 21. & 22.* Quelques vns l'appellent Tharsis.

Tartare fut estimé par les Anciens ce lieu tres-profond des Enfers qu'Homere appelle Barathre, & que Platon *en son Phædon* cuide estre au centre & au milieu de la terre, & qu'il dict en vn autre lieu estre la prison & demeure des reprouuez. Hesiode *en sa Theogonie* cuide que le Tartare soit nay du Chaos, & dict que le Tartare est autant esloigné de la terre qu'elle l'est du Ciel. Ce mot vient du verbe Grec *Tarattein,* c'est à dire troubler, pour ce que c'est le lieu de trouble & de confusion, par où il appert que les Anciens n'ont voulu monstrer autre chose que ce que nous appellons les Enfers.

Tartarie Royaume des plus grands de toute la terre habitable, car il comprend presque la tierce partie de l'Asie & quelque portion de l'Europe, où sont comprises la Sarmatie Asiatique, l'vne & l'autre Scythie, & la Prouince des Seres qu'on nomme de present de preſent Cathay. Elle prend ce nom du fleuue Tartar qu'il l'arrouſe, appellé *Mongul* par les habitans. Elle a pour ſes bornes du coſté du Leuant la mer Orientale de Sin, le deſtroit d'Anian, & le grand Royaume de la Chine: au Midy elle s'eſtend iuſques és Indes & en Perſe par les fleuues du Gange & d'Oxus: au Couchant la mer Caſpienne, partie de la Pologne & de la Moſcouie qu'on appelle Sarmatie Européenne: & au Nord la mer Glaciale ou Scythique. En cet eſpece ſont contenus beaucoup de grands Royaumes & prouinces de grande eſtenduë, ſi bien quelle occupe 40. degrez en latitude, & bien 145. de longitude; tellement que les Tartares les plus Septentrionaux ont leur plus long iour de quatre mois, comme auſſi en Hyuer leur nuit longue d'autant de mois. Son terröuer en la pluſpart de ſes contrées eſt montueux, & où ils'eſtend en la plaine eſt ſablonneux, n'eſtant arrouſé que de fort peu de fleuues, & par ainſi ſterile, deſert & inhabité. Il a auſſi grande faute de bois. ſi bien que les habitans ſe ſeruent de fiente de bœufs, & de cheuaux pour faire du feu, comme auſſi de pierres. L'air y eſt fort intemperé, car il y faict tantoſt extremement chaud, & tantoſt extremement froid auec des neiges qui y tombent en grande quantité: En Eſté les tonnerres & les foudres y ſont ſi terribles & effroyables que pluſieurs meurét en les oyant: les vents y ſont quelquefois ſi rudes & vehemens qu'ils arreſtent & iettent par terre ceux qui vont à cheual, arrachent les arbres & les renuerſent: Il n'y pleut iamais en Hyuer, mais ſouuent en Eſté; l'eau toutefois eſt ſi menuë qu'elle ne moüille preſque point la terre. M. Paul Venitien met vn fleuue appellé Quiam qu'il dict eſtre le plus grand de toute la terre, car il aſſeure qu'en quelques endroicts il eſt large de bien 6. milles, en quelques autres de 8. & en quelques autres de 10. & que ſa longueur eſt de

bien cent iournées de chemin. Au reſte ils ont vne grande quantité d'animaux priuez, cheuaux, chameaux, bœufs, &c. autant qu'en aucun autre endroict du monde. En quelque canton il y a auſſi abondance de froment, riz, & autres fruicts, comme auſſi de ſoyes, gingembre, poiure, canelle, muſc, poix, rheubarbe & ſuccre, & en quelques lieux de l'or, de l'argent, des pierres precieuſes & ſur tout des perles en quantité, veu qu'en la prouince de Canicla il y a vn lac qui en eſt tout remply: mais il n'eſt permis d'en prendre ſans la permiſſion du Grand-Cham, lequel on dict faire nourrir tous les ans dix mille iumens toutes blanches dont il boit le laict; qu'il entretient dix mille veneurs & dix mille Fauconniers pour le plaiſir de la chaſſe qui eſt tres-belle pour la quantité & diuerſité des animaux. En ce pays pres de la mer Caſpienne il ſe void vn ſingulier miracle en nature, c'eſt que de certaine ſemence (qui reſſemble à celle de melon) miſe en terre, naiſt vne plante laquelle porte la forme d'vn agneau, & pource les habitans du pays l'appellent *Bonarets*, qui en leur langue veut dire agneau. Il croiſt à la hauteur de deux pieds ou enuirō, a vne teſte, des yeux, des oreilles, & autres membres. a du ſang comme vn agneau, & au lieu de chair a vne ſubſtance qui reſſemble à celle d'eſcreuiſſe, qui eſt couuerte d'vne petite peau deliée, dequoy les habitans ſe ſeruent à fourrer leurs bonnets; il a auſſi des ongles qui ne ſont point de corne, mais de poil ou brins d'herbe reſſemblans aux pieds des agneaux vifs; la racine eſt au milieu du ventre, ils broutent les herbes qui croiſſent à l'entour, & vit auſſi long temps qu'elles viuent; car lors qu'il n'y en a plus, la racine ſeiche: au reſte cette plante animal eſt fort recherchée des loups & autres animaux de proye.

LA Tartarie eſt generallement diuiſée en cinq parties principales dont l'vne eſt appellée petite Tartarie, & eſt de l'Europe, enfermée entre les deux fleu-ues Boryſthene & Tanais, & comprend la Cherſonneſe Taurique : l'autre eſt la Tartarie deſerte appellée des Anciés Sarmatie Aſiatique : là 3. eſt Zagathay qui eſt la Scythie au deçà du mont Imaüs: là 4. eſt appellée Cathay auec le Royaume de Tangut qui eſt ce que les Anciens appelloient Scythie de la Imaüs, auec la region des Seres : & la 5. qui eſt vers le Nord & le Leuant s'ap-pelle l'ancienne Tartarie. La ville ca-pitale de cet Empire eſt Cambalu, qui eſt dans la prouince de Cathay, outre quelques autres ſignalées, comme Sa-marcandte baſtie par Tamerlan, Cain-do, &c. L'Empereur qui y commande eſt appellé vulgairement le Grand Cham de Tartarie, par les Turcs Vlu-cham, c'eſt à dire *Grand Prince*, par les Moſcouites Czar Cataiski qui ſignifie *Cæſar de Cathay*. C'eſt vn des plus puiſ-ſans Princes de la terre, non ſeulement à cauſe de l'eſtenduë de ſon Empire, mais auſſi pource qu'il eſt obey abſo-luëment & ſans contrediçt de tous ſes ſubieçts qui obſeruent ſes commande-mens comme ceux de Dieu meſme: Auſ-ſi met on ſon nom en lettres d'or au frontiſpice des temples & des villes ca-pitales de ſon Royaume ; & perſonne ne ſe peut dire proprietaire de quelque choſe que ce ſoit. Ils l'eſtiment fils de Dieu & luy font des ſacrifices. *Orte-lius, Magin, & autres.*

Tartares peuples de ce grand Em-pire, eſtoient iadis com-pris ſoubs le nom de Scythes, dont les vns habitoient au delà, les autres au deçà du mont Imaüs. Touchant les mœurs anciennes deſquels *voy* Scythes. Or combien qu'ils fuſſent cruels & en-durcis à la peine & à la fatigue, ſi eſt ce qu'ils eſtoient laſches & abbatus, ſans loix & ſans couſtumes, n'ayans aucuns Seigneurs, & eſtans ſubjeçts de leurs voiſins auſquels ils payoient tribut, iuſ-

ques en l'an de grace 1202. qu'vn nom-mé Cinchis ou Changuy Cam, lequel s'eſtant faiçt Empereur de ces peuples, conquiſt tout le pays qui eſt depuis le Royaume de la Chine & l'Ocean de Sin iuſques à la mer Caſpienne auec vne grande celerité, ſe rendant tribu-taires tous ſes peuples voiſins, & ſes ſubieçts plus hardis & redoutables, au lieu qu'ils ne ſe meſloient auparauant que d'eſtre paſteurs; & en fut quatrieſ-me Empereur Temit-curlut que nos Hiſtoriens nomment Tamerlan. Ils ſont de moyenne taille, ont la poiçtrine & les eſpaules fort larges, les yeux gros, de grandes mouſtaches ſur les leures, auec peu de barbe, portent leurs che-ueux longs pardeuant & les font raiz par derriere, tellement qu'ils ſont fort difformes; leur chant reſſemble aux hurlemens de loups, & boiuent touſ-iours iuſques à ce qu'ils ſoient enyurez. Ils n'ont ny villes ny villages pour leur ſeiour ordinaire, mais viuent emmy les champs ſoubs des tentes qu'ils appel-lent *Hordes*, auſſi ne s'arreſtent ils gue-res en vn lieu & ſont pour la pluſpart paſteurs. Ils ne ſe ſeruent ny de nappes ny de ſeruiettes, ains viuent fort ſale-ment : Sont grands magiciens, larrons, orgueilleux, pariures, paillards & So-domites, ſe ſaiſiſſent & s'approprient de tout ce qu'ils rencontrent par le che-min s'il n'a ſauf conduiçt de leur Prin-ce; ſont grands carnaciers ne ſe ſeruans d'herbes ny de legumes. Quelques vns d'entr'eux font roſtir les ennemis qu'ils prennent, en guerre, en mangent la chair & boiuent le ſang. Leur breuuage ordinaire eſt de laiçt de iument. Les habits des hommes ſont preſque ſem-blables à ceux des femmes : Ils pren-nent autant de femmes qu'ils en peu-uent nourrir, & nul degré de paren-tage ne les empeſche de ſe marier; mais n'en tiénent aucune pour eſpouſée iuſ-ques à ce qu'elle leur ait faiçt des en-fans. Ils ſont fort bons Archers, fort

adroicts à cheual , mais mauuais pietons. Ils menent en guerre leurs femmes , enfans , & mesmes des statuës
d'hommes qu'ils mettent sur des cheuaux afin de faire paroistre vn plus
grand nombre à l'ennemy. Ils vsent de
leurs victoires auec insolence, ne gardent nullement la foy promise. Ils se
font enterrer auec leurs plus precieux
habits & vn cheual caparaçonné, auec
quelques vns de leurs esclaues pour les
seruir en l'autre monde. Il n'y a aucun
vsage d'argent monnoyé qu'entre les
marchands, car tous les autres traffi-
quent par eschange. Lors qu'ils portent leur Roy en terre, ils tuent tous
ceux qu'ils rencontrent, à cette fin, disent ils, qu'ils l'aillent seruir en l'autre
monde.

QVANT à la religion, ils ont tousiours eu la croyance d'vn seul Dieu, &
mesme ont tousiours obserué le Pentateuque de Moyse, ce qui faict croire
qu'ils sont veritablement descendus
des dix Tribus d'Israël, par le commandement de Salmanasar Roy d'Assyrie,
au pays d'Arsareth sous Osée dernier
Roy d'Israël. Ils ont receu depuis pour
la pluspart la secte de Mahomet. Il y a
aussi quelques Chrestiens mais de secte
Nestorienne ; & y a encore quantité
d'Idolatres qui adorent le Soleil, la Lune, les Estoilles, & les quatre Elemens,
& leurs font des sacrifices : Quelques
vns d'entreux tiennent qu'il y a deux
Dieux, l'vn au Ciel, qui est en lieu fort
haut, & l'autre en terre qui est fort bas;
au premier ils ne demandent que santé
& bon entendement, & au second abô-
dance de biens. Ils croyent que les ames
sont immortelles, mais suiuent la metempsycose de Pythagore, & offrent à
leurs Dieux vne partie de leur boire, &
manger, deuant que d'y auoir touché.
*Monst. liu. 5. de sa Cosmogr. M. Paul Ve-
nitien, André Theuet en sa Cosmogr. vniuerselle, Ortelius, Mercator, & autres.*

Taruntius grand Philosophe &
Mathematicien, se mes-
loit du calcul de l'Astrologie en quoy il
estoit tenu fort excellent ; trouua par
la proposition que luy en fist M. Varron homme docte, l'heure & le iour de
la naissance de Romulus en la recueillant par la consequence de ses aduantures. *Plutarque en la vie de Romulus.*

Tatian Heretique, Autheur des Encratites appellez aussi de son
nom Tatianistes. *Voy Encratites.*

Tatius Capitaine General des Sabins, en la guerre qu'ils eurent contre le peuple Romain. Apres
auoir pris le Capitole par la trahison de
Tarpeia fille de Tarpeius qui en estoit
gouuerneur, il liura la bataille aux Romains, où ayant esté combattu tres-
asprement, & la victoire estant douteuse, les Sabines (qui auoient esté ra-
uies par les Romains, & à cause dequoy s'estoit esmeuë la guerre) firent
tant par leurs pleurs qu'ils procurerent
la paix entre ces deux nations; & par
cet accord les Sabins furent receus citoyens de la ville de Rome, faisant la 2.
Tribu nommée Tatiense, & Tatius
estably Roy en pareille authorité, &
ayant 700. Senateurs, comme Romulus. Mais la cinquiesme année de
son regne ayans quelques vns de ses
parens tué quelques Ambassadeurs venans de la ville de Laurentum à Rome,
dont il n'auoit voulu prendre vengeance, leurs amis le tuerent comme il sacrifioit en la ville de Lauinium auec Romulus. *T. Liue liu. 1. Plutarq. en la vie
de Romulus.*

Taureau second signe du Zodiaque auquel le Soleil en-
tre le 21. Auril. Il est composé de 14.
estoilles. Ceux qui ont escrit de l'Astronomie fabuleuse disent que c'est le
Taureau qui transporta Europe de
Phœnicie en Candie : Les autres, que
c'est Iô, laquelle Iupiter apres auoir

changée en vache, tranſlata au Ciel, *Hygin liu. 2. de ſa Poëſie Aſtron.*

Taurique Cherſonneſe

ainſi appellée à cauſe de certains peuples nommez Taures qui l'habitent. C'eſt vne preſqu'iſle tres-ample qui s'eſtend entre le Pont Euxin ou Mer Major, & les Palus Meotides, iuſques au Boſphore Cimmerien qui diuiſe l'Europe d'auec l'Aſie. Vers le Leuant elle eſt longüe de 24. milles, & large de 15. L'air y eſt fort temperé, le terroüer fertil en toutes ſortes de fruicts, & ſes campagnes propres au paſturage; les habitans ſont toutefois pareſſeux à cultiuer les champs. La diuerſité d'animaux ſauuages y rend la chaſſe plaiſante & agreable. Il y a de hautes montagnes qui là couppent par le milieu, & la diuiſent en la partie Boreale & Meridionale. Les Tartares appellez Criméens habitent ſa partie Boreale nommez auſſi Precopes, & en l'Auſtrale partie eſt Caffa iadis Theodoſe ſa capitale ville maritime & fort marchande, ancienne colonie des Gennois, ſur leſquels elle fut priſe il y a enuiron 150. ans. Elle eſt arrouſée de pluſieurs fleuues & entr'autres du Boryſthene, de Tanais, Ariel, Samara, & autres; il y a le Boſphore Cimmerien, le Palus Meotide, le Pont Euxin ou Mer Major qui l'enuironnent. Ses anciens habitans eſtoient fort cruels, inhoſpitaliers, ayás de couſtume de ſacrifier à la Deeſſe Diane, les eſtrangers & principalement les Grecs qui y abordoient; & de plus auoient de couſtume de prendre la teſte des ennemis qu'ils auoient pris en guerre, au haut de leur cheminée, eſtimans cela ſeruir à la garde de leurs maiſons. *Herodote liu. 4. Siliu liu. 4.* Mais de preſent ils enſuiuent la Loy Mahometane, tant pour la Police que pour la Religion; & la Iuſtice y eſt promptement adminiſtrée & ſans pro-

cés, auſſi ſont ils eſloignez d'enuie, d'ambition, de tout luxe, & de toute ſuperfluité, & ſont fort humains & hoſpitaliers. *Mercator en ſon Atlas en parle fort amplement.*

Taurus montagne des plus grandes de l'vniuers, car elle s'eſtend ſur pluſieurs nations, elle commence depuis la Mer de Maluc (ou ſelon Monſter, de la Pamphylie) & s'eſtend en Oriét iuſques à ce qu'elle ait attaint les Indes Orientales qu'elle diuiſe de la Scythie & autres nations Septetrionales, & lors elle ſe fourche en deux, tirant à la droicte vers les parties Septentrionales, & la gauche vers le Midy & quelque peu vers le Couchant, my-partiſant ainſi l'Aſie: La partie qui s'eſtend vers le Septentrion prend de grands circuits, mais elle eſt ſouuent contrainte de ſe retirer & recourber en terre par la rencontre des Mers, & neantmoins elle s'eſchappe touſiours par ſes deſtroicts, & s'eſtend au loin où elle change de pluſieurs noms; car en la Scythie & és Indes on l'appelle Imaus, & ailleurs Paropamiſſus, Circius, Coatras, Niphates, Sarpedon, Coragus, & autres noms; & és endroicts où il eſt le plus haut, on l'appelle Caucaſe, combien que quelques vns faſſent difference entre l'vne & l'autre. *Pline liu. 5. chap. 27.* Mais les Grecs appellent toutes ces montagnes d'vn nom commun Cerauniennes; & les Hebrieux, Ararath.

Taxila ville iadis tres-grande des Indes, entre les fleuues Indus & Hydaſpes, ſelon Pline, dont la couſtume de ſes habitans eſtoit que quand ils ne pouuoient marier leurs filles à cauſe de leur pauureté, de les mener au marché pour les vendre; & à cet effect monſtroient aux aſſiſtans toutes les pieces de ces filles. Ils auoient de couſtume d'expoſer les corps des morts aux vautours & autres oyſeaux de proye *Strab. liu.* 15.

Taygete fille d'Atlas & de Pleione, & l'vne des Pleiades, de laquelle Iupiter eut Lacedemon fondateur de la ville de Lacedemone. *Virg. Eclog.* 4.

¶ Il y eut vne montagne de ce nom en Laconie, si proche de Sparte qu'elle l'accabla & ruina presque toute, estant tombée dessus par vn tremblement de terre. *Pline liu.* 2. *chap.* 79. Cette montagne estoit consacrée à Castor & Pollux, au pied de laquelle ils auoient pris naissance, selon le tesmoignage d'Homere *en ses Hymnes.*

TE

Teare fleuue de la Thrace, lequel prenant sa source de trentehuiɛt fontaines, se va enfin rendre dedans le fleuue d'Hebre. L'on diɛt que Darius fils de Hystaspes prist tant de goust à ses eaux qu'il y demeura pres de trois iours, & là proche y fist eriger vne colomne, où estoient escris en lettre Grecque ces mots, *Ce fleuue a vne eau qui surpasse en bonté & beauté celle de tous les autres fleuues de la terre.* Herodote *liu.* 1.

Sᵗᵉ Tecle Disciple de S. Paul, premiere Vierge & Martyre entre les femmes Chrestiennes. *Baron. ann.* 47.

Tectosages estoient appellez certains peuples de la Gaule Narbonnoise, pres les monts Pyrenées, que nous appellons de present Languedociens lesquels firent de grandes conquestes; car ils trauerserent par la Grece auec vne grosse armée, & passerent iusques en Asie, & vindrent demeurer iusques en Phrygie, & en la meilleure partie de Cappadoce, selon Pline *liu.* 5. *chap.* 32.

¶ Il y eut des peuples de ce nom en Allemagne, habitans pres la forest Hercynie, dont fait mention Cesar *liu.* 6. *de ses Memoires.*

Tegée ville d'Arcadie où le Dieu Pan estoit grandement honnoré, lequel pour ce fut appellé Tegéen, comme aussi Mercure, selon Stace *liu.* 4. *de ses Sylues.*

Teglat Phalassar Roy d'Assyrie vint en Iudée du temps de Phacée Roy d'Israël, où il subiugua toute la region de Galaad, le pays d'outre le Iourdain, celuy de Galilée qui en est voisin, & de la terre de Nephtali & autres regions, dont il emmena les habitans en son Royaume. Il donna aussi secours à Achaz fils de Ioathan Roy de Iuda, contre les Roys d'Israël & de Syrie, lesquels ayant vaincu, Achaz luy donna les thresors de la maison Royale & du Temple, & commença lors à adorer les Dieux des Assyriens. 4. *Roys* 25. *&* 26. *Ioseph. liu.* 9. *chap.* 13. *&* 14.

Telamon Roy de l'Isle de Salamine, fils d'Æaque & frere de Peleus, & pere d'Aiax qui de luy fut appellé Telamonien; fut l'vn des Argonautes, & assista Hercules au siege de Troye, qui luy donna pour recompense Hesione fille de Laomedon. *Voy* Hesione.

Telchines enfans de Minerue & du Soleil, ou de Saturne & d'Aliope, lesquels ont habité quelquefois en l'Isle de Rhodes, d'où mesme elle a pris le nom de Telchine. Les vns tiennent que ce furent gens meffaisans, ou plustost Demons enuieux qui charmoient par leur simple regard; & faisoient plouuoir, gresler & neiger quand ils vouloient. L'on diɛt qu'auec la main ils peschoient de l'eau de Styx, & d'icelle arrousoient la terre, d'où prouenoit toute sorte d'incommoditez, maladie, peste & famine: On les a nommez pour cette raison Alastrores, du Grec *Alé,* c'est à dire, *nuisance,* c'est pourquoy Iupiter pour leur meschanceté les conuertit en rochers, selon le tesmoignage d'Ouide *liu.* 7 *de ses Metam.*

KKkkkkk iij

Quelques vns les confondent auec les Cabires, Curetes, Corybantes, Dactyles, & Ideiens, comme ayans esté nourrissons des enfans de Cybele. *Voy* Corybantes, Curetes, & Ideiens.

Telegon fils d'Vlysse & de Circé, lequel estant venu en âge & desirant voir son pere, s'achemina vers Ithaque lieu de son seiour : mais les domestiques luy ayans refusé l'entrée comme à vn estranger, il en tua quelques vns sur le champ, où estant suruenu Vlysse tout chenu pour secourir ses seruiteurs, il fut tué luy-mesme par la main de son fils. Ce qu'ayant depuis reconu il delaissa Ithaque & s'en vint en Italie où il ietta les fondemens de la ville de Tusculum. *Ouide li.3. des Fastes*; ou selon d'autres de Præneste. *Plutarq. en ses Paralelles.*

Telemaque fils d'Vlysse & de Penelope, lequel son pere allant à la guerre de Troye laissa pour compagnie à sa mere : Mais durant ce voyage ayant esté mal traicté par les Courtisans de sa mere, son pere estant de retour il luy presta la main afin de se vanger des iniures qu'il auoit endurées. *Homere en son Odyssée.*

Telensin Royaume d'Afrique, *Voy* Tremisen.

Telephanes certain charron de Cumes, lequel fut faict Roy des Lydiens par l'aduis de l'Oracle.

Telephe fils d'Hercule & de la Nymphe Augé, lequel par le commandement de son ayeul fut exposé és bois où il fut trouué comme vne biche l'alaictoit ; laquelle chose engendra par tout vne si forte opinion de sa future prouësse, que le Roy des Mysiens l'adopta & le laissa successeur de son Royaume. Estant donc faict Roy de Mysie, comme les Grecs alloient pour assieger Troye, il se mist en deuoir de leur fermer le passage : mais il fut blessé en vne escarmouche par A-

chille, & ne pouuant trouuer aucun medicament pour soulager la douleur de sa playe, il entendit de l'Oracle que son remede gisoit en celuy qui l'auoit nauré : s'estant donc reconcilié auec Achille, il impetra de luy de la roüilleure du fer de sa lance dequoy il fist vn emplastre qui le guarist entierement; ou plustost receut quelque remede de luy comme ayant esté instruict par le tres-expert Medecin Chiron. *Dictys Cretois au liu. 2. de la guerre de Troye, Ouide liu. 15. de ses Metam.*

Telesilla femme docte & bien versée en la Poësie, à laquelle pour ce sujet l'on dedia vne statuë au temple de Venus en la ville d'Argos, selon Pausanias.

Telesphore Grec de nation, d'Anachorete fut esleu Pape le IX. Restablit par vne nouuelle ordonnance, le ieusne du Caresme institué par les Apostres, lequel auoit esté mesprisé de plusieurs à cause des persecutions, *Cap. Statuimus, dist. 5.* & y adiousta aussi le nombre de quelques iours pour suppleer aux Dimanches esquels l'on ne ieusne point. *Charlem. és Coustumes anciennes de l'Eglise* Ordonna que le iour de la Natiuité de Iesus-Christ l'on celebrast trois Messes, significatiues de beaux mysteres. *De Consecrat. dist. 1. cap. Nocte Sancta.* Voulut qu'en la Messe l'on chantast le *Gloria in excelsis Deo.* Il nous a laissé vne Epistre Catholique *au tome 1. des Conciles.* Il renouuella pareillement l'institution des parrains au Baptesme dont faict mention *S. Denis ch. dernier de son Hierarch. Eccl.* Il fut martyrisé l'an de salut 150. apres auoir presidé 11. ans, 3. mois, 24. iours. *Irenée liu. 3. chap. 3. Eusebe liu. 4. chap. 5. Bede, &c.*

Tellias certain Deuin de l'Elide, lequel en la guerre que les Phocenses eurent contre les Thessaliens, leur donna inuention d'vne ruse qui eut fort heureux succez : C'est

qu'ayant choiſi 600. des plus courageux d'entr'eux, il blanchit eux & leurs
armes de plaſtre, puis les enuoya de
nuict en l'armée des Theſſaliens, les
encourageant de tuer tous ceux qui ne
paroiſtroiét blancs; laquelle nõuueauté
fut trouuée ſi eſtrange aux ennemis
(qui peut-eſtre eſtimoient que ce fuſſent quelques Dieux) qu'ils ſe mirent
en ſuitte & en demeura plus de 3000.
ſur la place. *Herodote liu. 8.*

Tellus fut eſtimée des anciens, Deeſſe de la Terre, qu'Homere appellé mere des Dieux , qui eſt pour
monſtrer que tous les elements ſont
engendrez l'vn de l'autre, & que la terre eſt le ſiege de tous. Ils la faiſoient
auſſi femme du Soleil ou du Ciel, pour
ce que le Soleil ou le Ciel produiſent
ordinairement en elle , la preparent &
rédent capables d'engendrer, receuant
comme en ſoy vne force & qualité qui
luy ſert comme de ſemence pour conceuoir. C'eſt pourquoy ils la peignoiét
comme vne femme toute couuerte de
tetins, pour ſignifier que la terre nourrit toutes ſortes d'animaux, pluſieurs la
prennent & confondent auec la Deeſſe Cerés, touchant laquelle *Voy* Cerés.

Tellus certain pauure bourgeois A-
thenien, homme de bien , lequel pour auoir laiſſé des enfans bien
eſtimez auec du bien ſuffiſamment; &
finallement pour eſtre mort courageuſement en combattant pour la liberté
de ſon pays, fut eſtimé par le Sage Solon, plus heureux que le riche Crœſus.
Plutarq. en la vie de Solon.

Tempé eſt appellé ce lieu de plaiſance de la Theſſalie, tant
renommé dans les Autheurs , ayant
bien 9. milles de long, & pres de 5. milles de large, lequel eſt aſſis entre les
deux montagnes d'Oſſa & d'Olympe,
& arrouſé de la riuiere de Penée, dont
les riues ſont bordées de boſcages
d'herbe verdoyante & d'arbriſſeaux où
les oyſeaux font vn concert ſi agreable

que l'amenité de ce lieu a faict qu'on
appelle generallement tout ſeiour de
plaiſance du nom de Tempé. *Pline liu.
4. chap. 8. Ouide liu. 1. de ſes Metamorphoſes.*

Templiers furent appellez ces
Cheualiers qui eſtoiét
de cet Ordre qui fut inſtitué premierement en Hieruſalem, y regnant Bau-
douïn III. enuiron l'an 1127. par certains Nobles Cheualiers iuſques au
nombre de neuf : Leſquels furent ainſi
appellez pource qu'ils ſe tenoiét en
vn Palais pres le Temple de Hieruſalem. Ils faiſoient principalement vœu
de deffendre les Pelerins oppreſſez par
les Mahometans : obſeruans au reſte
la reigle que leur preſcriuit S. Bernard,
portans des manteaux blancs & des
croix rouges par deſſus. *Tyrius liu. 12.
chap. 7.* Ils s'expoſerent du commencement à beaucoup de dangers pour la
deffenſe des Chreſtiens , ce qui fiſt
qu'ils acquirent beaucoup de richeſſes
leſquels furent en partie cauſe qu'enuiron 200. ans apres ils furent exterminez & bruſlez, & leur Ordre annullé
pour pluſieurs cas enormes qu'on leur
impoſoit ; ce qui fut faict par le iugement du Pape Clement V. Leurs biens
qu'ils auoient en France furent donnez aux Freres Hoſpitaliers de S. Iean
de Hieruſalem, qui depuis ont eſté appellez Cheualiers de Rhodes & de
Malte. *Volat. liu. 22. de ſon Anthrop.*

Tenedos Iſle de l'Archipel ſituée
entre celles de Metelin
& l'Helleſpont, eſloignée ſeulement de
5. milles de la terre ferme d'Aſie, ayant
en ſon circuit bien 10. milles, ou (ſelon
Strabon *liu. 13.*) 8. ſtades. Elle eſtoit iadis appellée Calydna & Leucophryn,
ſelon Euſtathe , comme auſſi Phœnice
& Lyrneſſe, ſelon Pline. Elle priſt ce
nom de Tenedos d'vn certain Tenedes
fils de Cydnus qui vint de la Troade
pour y planter nouuelle colonie, où il
baſtit vne ville de meſme nom qui lu-

donna depuis à toute l'Isle. Elle fut fleurissante deuant la guerre de Troye, ayant seruy de retraicte aux Grecs pendant qu'ils brassoient leur derniere trahison pour prendre la ville de Troye. *Virg. liu. 2. de l'Æneide.*

Tenos Isle de l Archipel, l'vne des Cyclades appellée Hydruse par Aristote , & par quelques autres Ophiussa à cause de l'abondance d'eaux, & de present *Tina* en laquelle est vne ville de mesme nom. Elle est sous la puissance des Venitiens , & seule entre les Cyclades s'est conseruée de la tyrannie du Turc. Magin *en sa Geograph.* Aristote *en ses Merueilles de nature ,* & Athenée *liu. 2. de ses Dipnosophistes,* disent qu'il y a vne fontaine, l'eau de laquelle ne reçoit point le meslange du vin.

Tentyris Isle que faict le Nil en Egypte où il y a vne ville de mesme nom , bien que Ptolemée *liu. 4.* la prenne pour vne Prouince. Ses peuples nommez Tentyrites sont seuls les maistres des crocodiles ; sont petites gents, mais ils ont vn cœur de l, on en ce faict, car ils les poursuiuent hardiment , & mesmes y vont chasser à la nage; & s'il en rencontre quelqu'vn , ils se iettent sur luy comme s'ils estoient à cheual ; s'il renuerse la teste pour les mordre , ils luy iettent vne masse dans la gueule, & tenans les deux bouts d'icelle s'en seruent de bride pour faire tourner ces crocodiles à gauche & à droicte, comme ils veulent ; mesmes ils les meinent en terre comme leurs prisonniers, & à leur seule parole les contraignent de vomir les corps de ceux qu'ils ont engloutis , afin de les enseuelir : C'est pourquoy les crocodiles fuyent cette Isle, car ils craignent mesme l'odeur & le souffle des Tentyrites, tout ainsi que les serpents celle des Psylles.

Teos ville de l'Ionie, située en vne presqu'Isle , renommée pour

les naissances du Poëte Anacreon (dont il fut appellé Tein) & de l'Historien Hecarée. *Strab. liu. 14.*

¶ Vne autre de ce nom en la Scythie pres d'vn Palus , remplie de poissons, sur l'eau duquel en temps serain nage tant d'huile que les voisins s'en seruent à leur vsage. *Estienne.*

Terée fils de Mars & Roy de Thrace, ayant espousé Progné fille de Pandion Roy d'Athenes y vint à la priere de sa femme pour luy mener sa sœur Philomele qu'elle desiroit voir : Mais s'estant enamouré d'elle, & l'ayant forcée, il luy couppa la langue de peur qu'elle ne descouurist son inceste, & la tint prisonniere en vn lieu escarté, faisant croire à sa sœur qu'elle estoit morte sur les chemins. Mais Philomele ayant trouué le moyen de le faire sçauoir à Progné, icelle choisit le temps des Orgies, & lors auec ses compagnes elle deliura sa sœur de prison, puis proiettant la vengeance d'vn tel crime, Progné mist en piece son fils Itys qu'elle fist manger à son mary Terée dont s'estant apperceu, poussé de desespoir comme il voulut les poursuiure furent tous conuertis en oyseaux , luy en huppe, Progné en hirondelle, Philomele en rossignol, & Itys en phaisan. *Ouide liu. 6. de ses Metamorph.*

Terence Poëte Comique natif de Carthage, & l'affranchy de Terence Lucain, par le moyen duquel reconnoissant la gentillesse de son esprit, il fut instruict és sciences liberales. Horace le censeur des Poëtes attribuë à Cæcilius , duquel Terence estoit familier, la grauité de ses sentences. M. Varron est d'aduis qu'il fut grandement aidé en la composition de ses Comedies par Scipion , & Lælius qui l'honnoroient de leur amitié. Il nous a laissé six Comedies. L'on tient qu'estant allé pour voir Athenes, il mourut sur mer : d'autres tiennent qu'il mourut en Arcadie, de regret d'auoir perdu

perdu quelques siennes œuures. Il fleurissoit enuiron l'an 591. de la fondation de
Rome. *Donat a descrit sa vie.*

¶ Vn autre surnommé Varron, Collegue au Consulat de P. Æmile, lequel se
retira à Canusium apres la déroute de
Cannes; & pour ce suiet fut loüé du peuple Romain, dautant qu'il n'auoit point
desesperé de la chose publique. *Plutarq.
& Tite Liue.*

Terentia femme de Ciceron, & assez cognuë par ses Epi-
stres, laquelle apres qu'il l'eut repudiée,
Saluste espousa, afin de pouuoir, comme
l'on dict, descouurir les secrets de son ennemy. Elle vescut 117. ans, selon *Pline
liu. 7. chap. 48.*

Tercere l'vne des sept & la principale des Isles Acores ou
Flamandes. *Voy* Acores.

Terminus fut estimé Dieu par les
Romains, des bornes
des terres, pour ce qu'apres le deceds
de Saturne il auoit assoupy tous les differends qui estoient entre les villageois
pour les fins & bornes de leur terre.
Numa Pompilius apres qu'il eut borné le territoire de la ville de Rome, luy
dedia vn temple au mont Tarpeien.
Ce Dieu estoit representé en forme
d'vne colomne ou d'vn tronc d'arbre, ou
d'autre chose dont on a de coustume
de borner & separer les champs. Son
temple deuoit estre descouuert par dessus, pour ce qu'il ne vouloit estre cir-
conscript d'aucune place : aussi dict on
que lors que le Roy Tarquin voulut
bastir vn temple à tous les Dieux, ils
cederent tous la place à Iupiter, fors ce
Dieu Terminus. *Gell. liu. 12. chap. 6.* en
cela voulans démonstrer l'estenduë de
l'Empire Romain, auquel ce Dieu ne
desiroit donner aucunes bornes; & par
ce qu'il ne voulut ceder à Iupiter, est
monstré que les Romains, par lesquels
il estoit principalement honoré, ont
faict beaucoup de conquestes contre le
droict & la raison, dont en font foy

les Histoires. Il auoit ses festes nommées Terminales, celebrées au mois
de Feburier, & neantmoins on ne luy sacrifioit aucune beste, parce qu'estant
comme conseruateur & garde de la paix
& d'amitié entre les voisins, ils estimoient que son sacrifice deuoit estre
conserué impolu & net de tout sang,
ainsi que dit Plutarque *en ses demandes
Romaines.*

Terpander excellent Poëte Lyrique Lesbien, lequel
adiousta encore trois cordes à la lyre
qui auparauant n'en auoit que quatre,
& donna des reigles pour la composition des vers Lyriques que d'autres attribuent à Philemon. *Suidas, Strab. liu.*
13. L'on dict qu'estant suruenu vne sedition entre les Lacedemoniens, l'O-
racle consulté fut d'aduis qu'on appellast le Musicien Terpander, lequel
fist tant par la douce harmonie de son
chant & de sa lyre, qu'il appaisa la sedition & remist le peuple en leur premiere concorde; dont arriua qu'apres
les Lacedemoniens donnerent les premiers rangs d'honneur pour l'excellence de la musique à ceux de Lesbos, &
specialement à ce Terpander, qu'ils nommoient par excellence le Chantre Lesbien.

Terpsichoré l'vne des neuf Muses, ainsi appellée
des mots Grecs *Terpein choron*, c'est à
dire, delecter les compagnies : Aussi
l'appelloit on Menestriere & baladine,
pource que les danses & balets sont de
son inuention, comme aussi la harpe,
selon quelques-vns : Si ce n'est que l'on
vueille dire que la science (entenduë
par les Muses) resiouit ses auditeurs &
suiuans. *Voy* Muses.

Terracine ville de la campagne de
Rome, petite, mais
fort peuplée, aussi son terroüer est tres-
plaisant & fertil en vins, citrons, limons, & autres semblables fruicts. Elle
estoit anciennement appellée Anxur.

Voy Anxur.

Terre de Labeur
contrée du Royaume de Naples en Italie, qui costoye la mer de Toscane, & est enfermée de la campagne de Rome, de la Basilicate & de l'Abruzze. Elle est ainsi appellée à cause qu'elle est tres-propre au labourage à cause de sa fertilité ; & pour ce aussi elle fut appellée Campanie ou Campagne heureuse, surpassant en la beauté & fertilité de son terrouër non seulement les autres contrées de l'Italie, mais de l'Europe. Sa Metropolitaine estoit iadis Capouë ville delicieuse, la place de laquelle a esté donnée à Naples qui est sa capitale & de tout le Royaume à qui elle communique son nom, outre 22. autres Citéz, comme Cumes, Puzzoli, Surrente, &c. 166. chasteaux, & 170. villages. Outre l'abondance grande qu'il y a de bleds, vins, & autres choses necessaires à la vie de l'homme, il s'y void beaucoup de sources d'eaux medicinales, & des bains de diuerse vertu. Il a des mines pleines de soufre, comme aussi d'autres d'où l'on tire de l'alun, là sont le lac Auerne, les monts Misene & Vesuue qui iette des flammes. Elle obeist au Roy d'Espagne, comme tout le Royaume de Naples, dont elle est l'vne des principales prouinces. *Mercator en son Atlas. Ortel.*

Tertullien
(nommé Q. Septimius) natif de Carthage, & fils d'vn Proconsul, Autheur Ecclesiastique, Prince des Escriuains Latins, selon S. Cyprien qui le lisoit tous les iours l'appellant son Maistre. *Niceph. li. 4. chap. 12. S. Hierosme en son Catalog.* (aussi fut il instruict en toutes sortes de disciplines tant diuines qu'humaines) Orateur tres-excellent, & selon Eusebe, Iurisconsulte, & peut estre disciple de Papinian, duquel est souuent faict mention au Droict. Son stile est remply de sentences, prompt & vehement,

mais moins poly & fort obscur, selon Lactance *liu. 5. de ses Diuines Institut.* Il se laissa couler du commencement en l'erreur des Montanistes ou Cataphrygiens, & pource escriuit quatre liures contres les Catholiques (qu'il appelle Psychiques) sçauoir les liures de la Monogamie, des viandes Iudaïques, du ieusne, & de la pudicité. Institua aussi vne nouuelle secte appellée de son nom Tertullianistes, que S. Augustin dict auoir esté esteincte de son temps. Entre ses principales erreurs, il croyoit que l'ame, quoy qu'immortelle, estoit neantmoins corporelle, composé de forme & de figure, & engendrée par le pere: Faisoit aussi Dieu corporel, iaçoit que sans figure: Que les ames des meschans estoient apres leur mort conuerties en Diables : Rejettoit la bigamie, ne permettant à aucun les secondes nopces, bien qu'apres la mort de sa partie. Ce neantmoins il vint à resipicence, ayant faict ce beau chefd'œuure *de la Prescription contre les Heretiques.* Il fleurissoit soubs l'Empereur Seuere enuiron l'an 200. de Iesus-Christ. *Eusebe liu. 5. chap. 5. de son Hist. Eccl.* Sixte Siennois rapporte les Liures *liu. 5. de sa saincte Biblioth.*

Tethys
fille du Ciel & de Veste sœur de Saturne, femme de Neptune, & mere de toutes les Nymphes & fleuues, selon Hesiode *en sa Theogonie.* Mais Ouide *liu. 5. des Fastes,* la fait fille de Titan qui estoit frere aisné de Saturne.

¶ L'on en met vne autre, fille de Nerée & de Doris, aussi Deesse marine, dont la premiere syllabe du nom s'escrit The, à la difference de la precedente, touchant laquelle *voy* Thetys.

Tetrapolis
contrée de la Syrie en laquelle il y auoit quatre villes remarquables, à sçauoir Antioche, Seleucie, Apamée, & Laodicée, lesquelles furent appellées sœurs à cause de leur concorde. *Strab liu. 15.*

Teucer Cretois, lequel regna en la Troade auec son gendre Dardanus, & qui ont donné l'origine aux Roys de Troye, qui pource fut nommée Teucrie, & ses habitans Teucriens. Il bastit la ville de Salamine en Cypre, selon Iustin *liu.* 44.

¶ Vn autre de ce nom, fils de Telamon & d'Hesione, & frere d'Aiax, tres-excellent archer lequel Homere *au li.* 8. *de l'Iliade*, represente comme caché soubs le pauois de son frere Aiax, & mettant à mort plusieurs Troyens.

Teutates estoit ainsi appellé le Dieu que les anciens Gaulois adoroient, qui estoit le Mercure des Romains, & luy sacrifioient des victimes. *Lucain liu.* 1. Platon le faict inuenteur de la Geometrie & de l'Astronomie.

Teuthras Roy de la Cilicie & de la Mysie qui espousa Augé. *Voy* Augé.

Teuthoniques ou Teuthons, certains Cheualiers dicts aussi Porte-croix & Marianes, à cause que leur ordre fut institué en l'Hospital Saincte Marie en Hierusalem. Ils prirent leur commencement enuiron l'an 1118. soubs le Pape Gelase II. en mesme temps que les Cheualiers de Iean de Hierusalem (dicts de present Cheualiers de Malte) & que les Templiers, desquelles deux ordres le leur estoit composé. Ils faisoient vœu d'accueillir les Pelerins, & de deffendre la religion par armes en cas de necessité. Celestin III. confirma leur ordre & leur donna celuy de S. Augustin, auec vne robbe blanche & vne croix noire. *Polyd. liu.* 7. *de l'Innention de choses.* Ayans esté contraincts d'abandonner la Terre Saincte, ils se retirerent en l'Allemagne où ils se rendirent Maistres d'vne partie de Prusse & de Liuonie qu'ils conuertirent à la foy; dont depuis ils furent appellez Cheualiers de Prusse.

Teuthons peuples de l'Allemagne ainsi appellez d'vn certain Teuthon qu'ils adoroient comme Dieu (que Tacite appelle Thuyscon) dont ils se vantent estre descendus.

T H

Thabor, interpr. de l'Hebr. *pureté* ou *eslection*, montagne size au milieu de Galilée, laquelle (selon Egesippe *liu.* 4. est haute de 30. stades, au sommet de laquelle il y a vne plaine large de 24. stades. C'est en cette montagne que Nostre Seigneur Iesus Christ fut transfiguré. *Matth.* 17. *Marc* 9. *Duc* 9.

Thaddée l'vn des douze Apostres. *Matth.* 10. Autrement appellé S. Iude & Lebbéen.

Thais courtisane tres-fameuse d'Alexandrie, laquelle venuë à Athenes pour y practiquer son mestier, attira à soy toute la ieunesse d'Attique. Le Poëte Menandre l'a fort celebrée par ses vers, dont elle a est appellée Menandréenne.

¶ Vne autre de mesme nom & de mesme vie, laquelle fut conuertie par S. Paphanuce *Volat. liu.* 20.

Thalasse, *Voy* **Talasse.**

Thales Milesien, le premier des sept Sages de Grece, descendu de Cadmus & d'Agenor, selon Herodote & Democrite, nasquit au premier an de la 35. Olympiade. Il s'entremesla au commencement des affaires de la chose publique, car mesmes il conseilla fort à propos les Milesiens de ne fauoriser Cresus, lequel fut puis apres vaincu par Cyrus. Depuis laissant la vie actiue, il s'addonna à la contemplatiue & solitaire: Nauigea en Egypte où il apprist les secrets de la Philosophie, & ainsi deuint des plus sages de la Grece; aussi ce fut luy qui leur enseigna premierement l'Astrologie & la Geo-

metrie & plusieurs autres beaux secrets
des choses naturelles ; ce qui le mist en
grande reputation , car il fut Autheur
de la secte Ionique , ayant eu beaucoup d'opinions qui luy sont particulieres, comme de mettre l'eau pour principe de toutes choses , dont *voy* Plutarque
au traicté des opinions des Philosophes.
Cuidoit le monde estre animé & plein
de Demons. L'on luy attribuë aussi plusieurs dicts notables , comme de dire ,
Que peu de parolles marquent la pruden-
ce de l'esprit. Il disoit , *Que de toutes cho-*
ses la plus ancienne c'est Dieu , pource
qu'il est sans principe : Que la plus belle est
le monde , pource qu'il a esté creé de Dieu :
Que la plus grande c'est le lieu , pour ce
qu'il contient tout : Que la plus viste &
prompte c'est l'esprit, pource qu'il s'estend
en vn instant par tout : Que la plus forte
est la necessité, pource qu'elle surmonte
toutes choses : Que la plus sage est le teps,
pource qu'au c luy l on trouue tout : Que
la plus difficile estoit de se cognoistre soy-
mesme. Interrogé comme l'on pourroit
bien & justement viure : *C'est* , dit-il , *si*
nous ne faisons p int ce que nous repre-
nons en autruy. L'Oracle d'Apollon mesme rendit tesmoignage de sa grande sagesse ; car comme certains Milesiens eussent pesché vn trepied ou vne table d'or,
& qu'il y eust debat entr'eux pour la
possession , ils conuinrent d'en remettre
le iugement à l'Oracle , lequel l'adiugea
au plus sage de la Grece ; si bien qu'il
fut premierement donné à Thales, lequel
le r'enuoya à vn autre Sage , ainsi fut
offert de main en main iusques à Solon qui l'enuoya à Apollon en Delphes , comme estant Dieu le premier &
plus sage de tous. Il mourut aagé de
90. ans, de chaud & de soif, estant pressé au spectacle de certains ieux Gymni-
ques. *Diog. Laerce liu. 1. de la vie des*
Philosophes.

¶ Vn autre de ce nom , Poëte Lyrique
Candiot , que Solon enuoya en Sparte , pour adoucir par ses chansons &

poësie les cœurs des Spartains, & les induire à aimer les choses honnestes , en
les destournant des seditions, inimitiez
& diuisions qui pour lors regnoient entr'eux ; si bien que ce fut luy qui prepara
la voye à Lycurgue par où il rangea depuis les Lacedemoniens à la raison. *Plu-*
tarq. en la Vie de Lycurgue.

Thalestris ou Thalestrie , Royne des Amazones, que
quelques vns appellent Myritée, ayant
entendu la renommée d'Alexandre le
grand , laissa son Royaume (qui estoit
pres les portes Caspiennes) & s'en vint
accompagnée de 300. femmes en Hyrcanie où il estoit pour lors, afin d'auoir
de luy lignée ; puis se sentant grosse, elle
s'en retourna en son Royaume. *Strab.*
liu. 11.

Thalie l'vne des neuf Muses, Deesse (comme estime Plutarque
en son banquet des sept Sages) des festins, qui rend les hommes sociables &
de plaisante compagnie , d'où elle a pris
son nom du verbe Grec *Thaliazein,* c'est
à dire, s'assembler. L'on la faict inuentrice de la Geometrie , & d'auoir aussi
monstré l'Agriculture , le moyen de
cultiuer & de planter les herbes & arbres ; & pource aucuns deduisent son
nom de *Thaleia* qui veut dire germe;
ou bien de *Thallein,* c'est à dire, verdir
& fleurir ; pource aussi qu'elle fauorise
les Poëtes dont la renommée est verdoyante , & iamais ne se flestrit , ou de
ceux qu'ils entreprennent de celebrer
par les vers.

Thamar (que quelques vns estiment auoir esté fille du
Prestre Melchisedech) espousa les deux
fils de Iuda fils de Iacob l'vn apres l'autre , sçauoir Her & Onan : mais son
beaupere ne la voulant encore bailler
à son autre fils Sela qui restoit (comme c'estoit la coustume des Iuifs que le
frere espousast la femme de son frere
mort) elle desirant auoir lignée se fist
engrosser de luy en qualité de femme

publique, laquelle il vouloit faire brûler l'ayant veu groffe, fi elle ne luy euft faict paroiftre qu'elle eftoit enceincte de fon faict, & qu'il ne luy auoit rendu la Iuftice portée par la Loy : dont elle enfanta apres Phares & Zara. Genefe chap. 38. dont eft defcendu Noftre Seigneur, felon la chair. Matth. 1.

¶ Vne autre de ce nom, fœur germaine d'Abfalon, & fille de Dauid, de laquelle fon frere de pere Ammon eftant deuenu amoureux & l'ayant violée, Abfalon, pour s'en venger, fift vn banquet expres à fes freres enfans du Roy où il le fift tuer. 2. Roys chap. 13.

Thamyras ou Thamyris Poëte Thracien fils de Philamnon & de la Nymphe Arfie, outre qu'il eftoit gracieux & beau, il auoit vn efprit accomply & doüé de toutes fortes de graces & perfections. Plutarque au traicté de la Mufique, dict qu'il efcriuit la guerre des Titans auec vn difcours fi net & poly, fi plein de douceur & d'attraicts que iamais l'on ne veid rien de plus gentil, ny de plus belle poëfie : mais comme il furpaffoit les autres en excellence d'efprit, il fe laiffa emporter à telle prefomption & temerité fi grande que de gaigner les Mufes dont il auoit receu tant de bienfaicts ; les ayans donc rencontrées, il les ofa deffier à telle condition que s'il eftoit vainqueur il ioüyroit de toutes à fon plaifir, que s'il perdoit il fe rendroit à leur difcretion ; dont aduint qu'ayant efté vaincu, elles l'aueuglerent & luy ofterent le fouuenir de tout ce qu'il çauoit faire, comme le tefmoigne Homere liu. 2. de l'Iliade, dont defpité il brifa fa harpe ; & de là eft venu le prouerbe (Thamyris affolé) contre ceux qui contre leur propre naturel fe mettent à faire quelque chofe inconfiderément.

¶ Ce qui eft icy de fabuleux, eft le deffy des Mufes & l'aueuglement ; & difent la deffufaucuns, que Thamyris a efté vn Poëte

fort elegant & poly en fon difcours, lequel en cinq mille vers comprift la Creation du monde ; mais qu'eftant deuenu orgueilleux & hautain, comme fes Liures euffent efté perdus, l'on commença à dire qu'il auoit efté rendu aueugle & de toutes fes plus belles perfections, tant de bien parler que de bien chanter ; Mais par là auffi nous eft enfeigné que nous deuons fuir toute vaine gloire & prefomption.

Tharbis fille du Roy d'Ethiopie, laquelle deuint amoureufe de Moyfe, lors qu'affiftant les Egyptiens il affiegeoit la ville de Saba eftoit cette fille, par le moyen de laquelle & du mariage qu'il contracta auec elle, la ville fut réduë, puis l'emmena enfemble les Egyptiens victorieux en leur pays, dont toutesfois apres il fut fort mal recompenfé. Iofephe li. 2 chap. 5. de fes Antiq. Iud.

Tharé fils de Nachor, engendra Abraham, aagé de 70. ans, & encore depuis Haran pere de Loth, & vn autre Nachor qui eut plufieurs enfans. Il quitta la terre des Chaldéens auec toute fa famille, pour les emmener en la terre de Chanaan, mais ils demeurerent en la contrée d'Haran où Tharé mourut aagé de 205. ans, l'an du monde 2083. Genef. 11. L'Efcriture le met au nombre des idolatres. Iofué 24.

Thaffe Ifle de l'Archipel, appellée Thalaffie par Ptolémée, & Ærie & Æthrie par Eufebe & Pline, & de prefent Thaffo. elle eft voifine de la Thrace, fife entre le fleuve Neffe & le mont Athos. Elle a enuiron 50. milles de circuit, & a vne ville de mefme nom qui fut baftie par les Phœniciens, fituée en vne plaine vers le Nord. Herodote liu. 2. Elle eft toute montueufe & pierreufe, & s'y voyent grand nombre de pins & fapins ; l'on y trouue encore quelques monceaux d'efcume de metail qui monftrent qu'il y auoit autrefois de bonnes mines : & de faict Philippe de Macedoine & Alexandre le Grand en retiroient 80. talents tous les ans. Elle eſt renommée pour ſes bons vins, & pour ſon marbre blanc dont les Romains faiſoient grand eſtat. *Magin en ſa Geographie.*

Thaumas pere d'Iris meſſagere de Iunon qui pour ce fut nommée Thaumantiade. *Virgile liu. de 9. de l'Æneide.* Ce mot veut dire, admirable, pour ce que la forme & bigarrure de l'Arc en ciel (entendu par Iris) le rend admirable à vn chacun.

Theagenes luyĉteur tres-celebre, car il remporta iuſques à 140. coronnes és ieux Olympiques, & pour ce fut mis par l'oracle d'Apollon au rang des Heros, & luy dreſſa t on vne ſtatuë de bronze apres ſa mort : mais comme vn certain ſien enuieux l'allaſt ſouuent battre à coups d'eſtriuieres, elle tomba finalement ſur luy & l'acc.ibla : Adonc ſes enfans ſeirent conuenir en iugement cette ſtatuë (car ſelon les Loix de Dracon, les choſes inanimées pouuoient eſtre actionnées d'homicide (laquelle fut condamnée d'eſtre iettee dans la mer; mais comme pour ce faict les Theſſaliens euſſent eſté affligez de famine, l'oracle enquis, reſpondit, qu'ils rappellaſſent leurs bannis; ce qu'ayans fort bien entendu de Theagenes : il firent peſcher cette ſtatuë & la firent remettre en ſa place, & depuis luy ſacrifierent comme à vn Dieu; ayant acquis la reputation de guarir pluſieurs maladies. *Pauſanias.* Suidas faict mention de trois autres Atheniens de ce nom.

Theano Cretoiſe, fille de Pythonacte, & femme de Pythagore, de laquelle il eut vn fils nommé Telauges. Il a eſcrit quelques Commentaires Philoſophiques, certains Apophthegmes en vers Heroïques. *Laerce liu. 8. de la vie des Philoſophes.*

¶ Vne autre de ce nom, femme d'Antenor, & Preſtreſſe de Pallas, dont eſt ſouuent faict mention dans Homere.

Theatins Religieux de l'Ordre autrement appellé la Societé de l'amour Diuin, lequel fut premierement inſtitué à Rome par Pierre Caraffe Eueſque de Theate (dont ils prirent leur nom, enuiron l'an 1528. ſoubs le Pape Clement V.) ayant auparauant renoncé à ſon Eueſché ; mais en fin il fut eſleué à la dignité Papale, ſoubs le nom de Paul IV. *Dieggo liu. 1. de ſes Explicat. Ortodox.*

Thebes nom de pluſieurs villes, & entr'autres de cette ſignalée d'Egypte baſtie par Buſiris, ayant de circuit 140 ſtades, & 100. portes, dont elle fut appellée Hecatompylos, & remplie de pluſieurs magnifiques edifices tant publics que priuez. *Herodote.* Mais qui eſt ruiné il y a long temps *Corn. Tacite liu. 1. de ſes Ann.* D'elle la contrée d'Egypte où elle eſtoit aſſiſe, fut appellée Thebaide.

¶ Vne autre de ce nom, fondée en la Bœoce par Cadmus fils d'Agenor, ou ſelon Varron *liu. 3. de l'Agriculture,* par Ogyges : Amplifiée & ceincte de murailles par Amphyon ; laquelle fut depuis deſtruicte par Alexandre le Grand. Elle fut appellée Heptapylos, pour ce qu elle auoit ſept portes. Elle eſt grandement ſignalée par ſes deux renommez Capitaines Epaminondas, & Pelopidas, & par les naiſſances des deux Bacchus & d'Hercules, & du Poëte Pindare. ¶ Il y en a encore vne autre de ce nom en Afrique. ¶ Vne autre en la Cilicie. ¶ Vne en la Baſilicate. ¶ Et vne en l'Iſle de Corſegue.

Themis ou Themiſtis fut fille du Ciel & de la Terre, ſelon les Poëtes, laquelle ne voulant eſpouſer Iupiter fut par luy engroſſée en la Macedoine. L'on l'a eſtimée cette Deeſſe qui preſcriuoit tout ce qui eſt ir decent de demander aux Dieux, & cela meſme ſignifie ſon nom qui vaut autant que, permis & loiſible.

Ses filles furent Dicé, Eunomie, & Irené, c'est à dire, *Iustice*, *Loy* & *Paix*. Elle a eu vn temple fort ancien en la Bœoce pres du fleuue Cephise. *Ouid. lin. 1. de ses Metamorph.* Quelques vns la confondent auec Iustice ou Astrée sa fille.

Themistius

Philosophe du temps de Iulian l'Apostat, par lequel il fut faict Preteur de Constantinople. A escrit dix liures sur la Physique, & quelques autres de la Philosophie. Il modera par son authorité la rigueur & cruauté qu'exerçoit l'Empereur Valens contre les Orthodoxes. *Suidas.*

Themistocles

Capitaine Athenien, tres-valeureux, fils de Nicocles, d'assez basse condition. Monstra son ambition & la grandeur de son courage dés ses ieunes ans à sa patrie. Ses premiers exploicts furent de reprimer la grandeur d'Aristides, l'ambition d'Epicydes, l'insolence des Barbares, & appaiser les troubles de la Grece. Resista en suitte à Xerxes Roy des Perses qui estoit entré en Grece, & le surmonta en bataille nauale pres Salamine, se seruant tousiours du conseil d'Aristides qu'il auoit faict r'appeller d'exil. Apres cette victoire, il receut force honneurs de ses citoyens, & fist rebastir Athenes. Mais s'estant esleué trop ambitieusement, & ayant practiqué plusieurs exactions sur le peuple, il fut banny pour cinq ans, pendant lesquels il fut sollicité de prendre party auec le Roy de Perse; & estant poursuiuy à mort par les siens pour en estre trouué suspect, il quitta la Grece & se refugia en Perse vers Xerxes qui l'accueillit auec plusieurs grands dons & honneurs. Et neantmoins estant semond d'entrer en guerre contre les Grecs, preferant l'amour de sa patrie à son particulier, & ne voulant d'autre-part mescontenter Xerxes, il se fist mourir soy mesme, grandement honnoré apres sa mort par le Roy, & ses enfans & amis

gracieusement traictez. Il fut magnifique, vaillant, courtois, gentil, & droicturier; doüé au reste d'vne heureuse memoire, mais desbauché en sa ieunesse, & tousiours ambitieux & hautain outre mesure. *Plutarq. en sa vie.*

Themistogenes

Historien Syracusain, a escrit les gestes & guerres de Cyrus qui sont comprises dans l'Histoire de Xenophon. *Suidas.*

Theocrite

Poëte Syracusain, ou de l'Isle de Coos, selon quelques-vns, fils de Praxagoras ou de Symmaque & de Philinne, lequel fleurissoit soubs Ptolemée fils de Lagus. A escrit des Liures intitulez Idylies, lesquels Virgile a imité en ses Bucoliques.

¶ Vn autre, Historien d'Isle de Chios, contemporain & emulateur de Theopompus au gouuernement de la Republique. A escrit l'Histoire Libyque & quelques Epistres. *Suidas.*

Theodamas

pere d'Hylas auec lequel & les Dryopiens qu'il auoit faict soufleuer, Hercule eut forte guerre & où mesme Dianire femme d'Hercule, qui faisoit effi e de gendarme, fut blessée : mais neantmoins Hercule le vainquit & emmena son fils Hylas. *Voy* Hylas.

Theodas

certain Iuif, imposteur & Magicien, lequel seduisit si bien le peuple qu'il amassa iusques à plus de 400. hommes, leur persuadant qu'ils eussent à quitter la ville & que par sa seule parole il asseicheroit les eaux du Iourdain; ce neantmoins enfin sa trouppe fut toute exterminée, & luy eut la teste tranchée, laquelle fut portée en Hierusalem. *Actes chap. 5. Eusebe liu. 2. chap. 11.*

Theodat

autrement appellé Dieudonné, Pape 70. *Voy* Dieudonné.

Teodat

ou Theude Roy d'Espagne. De son temps les

François pillerent l'Arragon & autres pays circonuoifins; & iaçoit qu'ils euffent efté deffaicts en fuitte par Theodifcle lors Capitaine General des Goths, dans les deftroicts des monts Pyrenées, ils renouuellerent leurs entreprifes, prirent Saragoffe & autres villes d'Efpagne, contraignans les habitans d'abiurer l'herefie Arriane. Theodat enfin apres auoir receu quelques pertes, faifant guerre aux Romains, fut tué en fa chambre par vn qui fe feignoit eftre fol. Ayant regné près de 18. ans, 6. mois. *Kafée.*

Theodebert fut fait Roy d'Auftrafie apres la mort de fon pere Childebert tué en bataille, contre Clotaire II. (encore enfant conduit par fa mere Fredegonde:) mais ayant voulu derechef remuer contre Clotaire à la fufcitation de Brunehault fa mere femme pernicieufe & ennemie de Fredegonde, il fut de rechef vaincu auec fon frere Thierry ; auec lequel auffi ayant eu guerre par les trames de la mefme ouuriere, il y perdit l'honneur & la vie, car il fut miferablement tué par ce fien frere. *P. Æmile liu.* 1.

Theodectes Cilicien, Orateur, difciple de Platon, d'Ifocrate, & d'Ariftote qui luy dedia fes Liures de Rhetorique. Il a efcrit quelques fables, & en vers l'art de Rhetorique, & des Illuftres Orateurs de fon temps. ¶ Il eut vn fils de mefme nom auffi Orateur qui a efcrit la loüange d'Alexandre Roy des Epirotes, de l'art de Rhetorique, & quelques autres Hiftoires. *Suidas.*

Theodifcle ou Theudifelle neueu de Totila Roy des Oftrogoths. S'empara du Royaumes d'Efpagne par fa valeur; car ayant efté General de l'armée des Goths, il fift tant de proüeffes, fpecialement contre les François, que les Grands d'Efpagne le fupporterent en cette vfurpation: Mais depuis ayant foüillé & rempli de paillardifes & de meurtres vne infinité d'honneftes familles, il fut maffacré par quelques Seigneurs dans la ville de Seuille, n'ayant gueres regné qu'vn an & demy. *Hift. d'Efp.*

Theodora vefue de Theophile Empereur d'Orient, eut la Regence de l'Empire pendant la minorité de Michel III. fon fils, qu'elle gouuerna auec grande prudence : fift remettre les Images des Saincts és temples, & r'appella d'exil ceux qui y auoiét efté enuoyez par fon mary, pour le maintien de l'honneur deub aux Images: fift paix auec le Roy des Bulgaires, donnant occafion de fa conuefion & de celle de fes fubiets. Puis voyant fon fils en aage de gouuerner, luy remit entre les mains la charge de l'Empire, & fe rendit Religieufe, ou felon d'autres, fon fils l'y contraignait, enuiron l'an 856. *Sabellic, Blonde.*

¶ Vne autre de ce nom, laquelle gouuerna premierement l'Empire d'Orient l'efpace de trois mois auec fa fœur Zoé, puis le tint toute feule enuiron deux ans apres la mort de Conftantin IX. Monomache qui auoit efpoufé fa fœur. Pendant lequel temps elle maintint la paix & tranquillité, fi bien que l'Empire receut vn grand honneur & aduantage d'eftre dominé d'vne telle femme. Elle s'affocia auec Michel l'Ancien dict Stratiotic, & peu de temps apres elle mourut enuiron l'an 1057.

Theodore (que quelques-vns nomment Theodofe) I. du nom, Grec de nation, 75. Pape, fut fort liberal aux pauures : racheta de la main des Sarrazins tous les captifs Dalmates & Iftriens, des threfors de l'Eglife. *Blonde liu.* 10. De fon temps eftoit encore valable l'eflection du Pape faicte par le Clergé & le peuple, laquelle eftoit confirmée par l'Exarque, comme Lieutenant General de l'Empereur. *Onuph.* Les Euefques de Cypre luy

luy escriuoit des Epiſtres Synodales où
ils le qualifient Pape vniuerſel & Pere
des Peres. *Baron. ann.* 641. Il mourut
enfin l'an 646. ayant preſidé 6. ans, 6.
mois moins 12. iours. *Adon de Vienne,*
Naucler, Palmer.

Theodore II. Romain, 118 Pape, aſſez turbu-

lent. Mourut 20. iours apres ſon eſlection, l'an 899. *Plat.*

Theodore dict Balſamon, Iuriſ-

conſulte & Theolo-
gien, lequel fut depuis eſleu Patriarche
d'Antioche, enuiron l'an 1186. apres
qu'elle euſt eſté priſe par les Turcs. A
eſcrit pluſieurs liures, comme luy meſme le teſmoigne en ſa *Preface ſur le Mo-*
nocanon, Nicetas.liu. 3.

Theodore Philoſophe, diſciple d'Ariſtippe, de Pyr-

rhon & de Zenon: Fut ſurnommé l'A-
thée, pour ce qu'il reiettoit tout ce
que l'on diſoit des Dieux. Introduiſit
en la ville d'Athenes l'Adiaphorie ou
Indifference; & pource de luy cette ſecte
fut nommée Theodorienne, par laquelle il promettoit à l'homme ſage de ſe
ſeruir de toutes ſortes de vices, diſant
que le ſacrilege, le larcin, & l'adultere
n'eſtoient point choſes vilaines de leur
nature ains ſeulement ſelon le vulgaire.
L'on dict qu'il mourut de poiſon par
le iugement que donnerent contre luy
les Areopagites. *Laërce liu.* 2, *de la vie*
des Philoſophes qui en faict mention de
pluſieurs autres.

Theodoret Eueſque de Cyre en Syrie, perſonnage

tres-éloquent, lequel a eſcrit diuers
Commentaires ſur l'Eſcriture Saincte,
auec vne facilité & élegance pareille
à ſa doctrine, imitant en ſes œuures S.
Chryſoſtome. Il fut contemporain de
S. Cyrille, & paruint iuſques au temps
du Pape Leon le Grand, auquel il eſcriuit vne Epiſtre pour eſtre reſtably en
ſon Eueſché duquel il auoit eſté dépo-
ſé iniuſtement par Dioſcorus Eueſque

d'Alexandrie. Il a pourſuiuy l'Hiſtoire
d'Euſebe, & paruient iuſques enuiron
l'an 426. Mourut l'an 450. Sixte Siennois *liu.* 4. *de ſa ſaincte Bibliotheq.* qui
faict mention de ſes Liures.

Theodoric I. du nom, qu'au-cuns appellent

Theodoret & Roderic, fut Roy des
Goths apres Vallia en Eſpagne, dont il
poſſedoit plus de la moitié auec vne
partie de la France, & faiſoit ſa demeure en la ville de Thoulouſe : Il monſtra
ſon courage en pluſieurs lieux, mais
ſpecialement en cette tres-grande &
tres-ſanglante bataille qui fut donnée
és champs Catelans contre Attila Roy
des Huns ; car il y auoit prés d'vn million d'hommes tant de part que d'autre, neuf ou dix Roys entre leſquels
eſtoit Merouée noſtre Roy de France,
& plus de deux cents mil qui demeurerent ſur la place, comme auſſi ce Theodoric bien qu'il fut du party vainqueur,
ayant regné 3. ans, enuiron l'an 450.
Procope, Paul Diacre, & autres.

Theodoric II. fils de Theo-doric I. ſucce-

da à Toriſmond ſon frere, au Royaume des Goths en Eſpagne. Fut vn Prince vaillant & vertueux, mais qui ſui-
uoit la ſecte Arrienne. Il ſurmonta Ri-
chaire Roy des Sueues qui meditoit
l'vſurpation de ſon Royaume ; & apres
l'auoir pris s'empara ſur luy du Portugal. Fut tué à Tholouze par ſon frere
Enric, ayant regné 14. ans. *Hiſtoire*
d'Eſpagne.

Theodoſe I. du nom, Empereur Romain, & fils d'vn

vaillant Capitaine nommé Theodoſius :
Fut eſleu par l'Empereur Gratian, premierement Lieutenant general de l'Empire, & de là à peu de temps Auguſte,
Empereur & ſon compagnon. Ses premiers exploicts furent contre les Goths
qu'il deſconfit totalement, & recouura
ſur eux toutes les terres perduës ; ce qui
occaſionna Gratian de partager l'Em-

M M M M m m m

pire auec luy, & luy donna Conſtantinople & la Thrace auec toutes les prouinces d'Orient, ainſi qu'auoit eu Valens ſon oncle ; & retint pour ſoy toutes les prouinces d'Occident : En ſuitte
dequoy Theodoſe entrepriſt ſes guerres contre les plus redoutables peuples
de la terre, tels qu'eſtoient les Goths,
les Alans, les Huns, & les Scythes, auſquels il liura de tres cruelles batailles
où il fut touſiours victorieux : En fin
toutefois il octroya la paix à Athanaric
Roy des Goths qu'il emmena à Conſtantinople : Mais peu de temps apres
Athanaric eſtant mort, les Goths qui le
ſuiuoient ſe rangerent au ſeruice de
Theodoſe qu'ils aſſiſterent tres-fidellement és guerres qui luy ſuruindrent.
Theodoret eſcrit qu'auſſi toſt qu'il eut
ſubiugué toutes les nations ſuſdites, il
miſt la main à la reformation de l'E-
gliſe, & s'employa à deſtruire la ſecte
des Arriens, laquelle eſtoit fort eſtenduë ès païs d'Orient, & pour cét effect
aſſembla vn Concile à Conſtantinople.
Ainſi ſe monſtra-t'il tres-ſage & tres-
puiſſant, tant és affaires de la religion
que de la guerre, ce qui le rendit tellement craint & redouté de toutes nations, que le Roy de Perſe luy enuoya
demander par ſes Ambaſſadeurs vne
paix perpetuelle qui luy fut accordée.
Et afin de mieux aſſeürer ſon Empire, il
eſleut pour compagnon en iceluy vn ſien
fils nommé Arcadius, bien qu'il fuſt
encore enfant. Mais apres la mort de
Gratian, il eut bien d'autres affaires,
car Maximus tyran qui auoit faict tuer
traiſtreuſement Gratian, s'eſtoit emparé de l'Empire d'Occident, ſi bien
que le ieune Valentinian n'ayant l'aſſeurance de luy reſiſter en Italie & venger la mort de ſon frere, ſe refugia en
Conſtantinople pour auoir ſecours de
Theodoſe, lequel apres auoir leué vne
puiſſante armée, vſa de tant de diligence qu'il aſſiegea Maximus dans la ville
d'Aquilée, & l'ayant pris le fiſt mou-

rir auec ſon fils Victor : En ſuitte de
quoy les Ambaſſadeurs de France, d'Allemagne, d'Eſpagne & d'Angleterre
vinrent pour luy preſter ſerment & iurer obeïſſance auec toute humilité Depuis il vint auec Valentinian à Rome
où on luy fiſt vn ſolemnel triomphe;
apres lequel il reforma pluſieurs couſtumes pernicieuſes, pouruoyant principalement aux choſes qui concernoient
la vraye religion : Mais s'en eſtant retourné à Conſtantinople apres qu'il eut
relaiſſé Valentinian pour commander
aux prouinces d'Occident, il fut auſſi
toſt r'appellé & conuié de retourner
par le meurtre aduenu de Valentinian
faict par Eugenius qui s'eſtoit reuolté.
Apres donc auoir laiſſé à Conſtantinople ſes fils Arcadius & Honorius qu'il
fiſt pour lors Empereur, il s'achemina
auec toutes ſes forces contre Eugenius & Argobaſtus, leſquels ſans doute
l'euſſent deffaict facilement, ſans vne
aſſiſtance miraculeuſe ; car en la bataille qui ſe donna, Dieu fiſt leuer vn vent
impetueux & horrible orage qui donnoit ſi furieuſement dans la face de ſes
ennemis qu'il leur faiſoit tourner la
veuë, meſmes portoit contre eux meſmes les fleſches, pierres & dards qu'ils
lançoient ; dont encouragé Theodoſe,
& recognoiſſant la Diuine faueur, tailla en piece le reſte de leur armée, ayant
pris Eugenius qu'il fiſt tuër toſt apres.
Depuis cette grande victoire, il demeura pacifique Seigneur de tout, & ſe
retira à Milan où il s'employa plus que
iamais au ſeruice de Dieu, & à la reformation des mœurs & de la Iuſtice. L'on
remarque en luy cette grande humilité
qu'il monſtra à S. Ambroiſe (qui eſtoit
lors Eueſque du lieu) lequel l'empeſcha plus de huict mois durant d'entrer
en l'Egliſe & de Communier, pour auoir
faict meurtrir bien ſept mil perſonnes
à Theſſalonique ville de Macedoine, à
cauſe de quelque meurtre que le peuple auoit comis ſur ſes Officiers. *Theo-*

doret, Paul Diacre, Ruffin & Caßiodore rapportent cette histoire & sa penitence. Se sentant proche de la mort, il establit ses enfans dans l'Empire, sçauoir Honorius à Rome & és prouinces d'Occident, & Arcadius à Constantinople & és prouinces d'Orient, leur ordonnant pour tuteurs (d'autant qu'ils estoient encore ieunes) sçauoir Stilicon à Honorius, & Ruffin à Arcadius. Ainsi mourut ce grand Prince, l'an de grace 397. le 50. de son aage, & le 17. de son Empire, 6. auec Gratian, & 11. tout seul selon le calcul de Prosper. Cet Empereur a esté l'vn des plus grands qu'ait eu la Chrestienté: Il ressembloit de visage & de corsage, & en beaucoup d'affections & inclinations naturelles à Trajan Empereur (dont il se disoit yssu) mais le surpassoit en beaucoup de vertus & genereuses complexions. Il fut extremement valeureux, tres-sage & prudent és affaires de la guerre, & d'vn tres-grand iugement pour bien & deuëment gouuerner; fut tres-religieux, amy de la Iustice, clement & de douce nature, toutefois vn peu trop prompt & cholere contre le mal. Au reste fort ioyeux en sa conuersation, & toutefois gardant la bien-seance & grauité requise. Honoroit les hommes doctes & de iugement, aussi auoit il vne grande cognoissance des beaux faicts des anciens. Il eut ses deux fils de sa premiere femme Flacilla, & vne fille de sa seconde nommée Galla fille de l'Empereur Valentinian I. du nom, *Paul Diacre, Theodoret, Ruffin, Caßiodore, Sext. Aurel. Victor, & autres.*

Theodose II. succeda à son pere Arcadius en l'Empire d'Orient, gouuernant encores Honorius celuy d'Occident. Il auoit esté laissé par son pere en la tutelle d'Isdigerte Roy des Perses & des Parthes, apres la mort duquel il contraignit son successeur nommé Barabanes de donner la paix aux Chrestiens,

l'ayant deffaict en plusieurs batailles. Apres la mort d'Honorius son oncle, il demeura seul Empereur, mais non sans contradiction; car plusieurs nations se sousleuerent, les Wandales, Sueues & Alans en Espagne, les Huns en Hongrie, les François (soubs la conduitte de Marcomir) qui vouloient s'emparer de la France dont ils auoient esté chassez. Il y eut aussi plusieurs Tyrans, & entr'autres vn nommé Iean qui se declara Empereur, & s'empara d'vne partie de l'Occident; ce que considerant Theodose, & n'osant abandonner l'Empire d'Orient, esleut pour Cesar en Occident Valentinian III. son cousin; en suitte de quoy Iean fut deffaict & occis à Rauenne apres auoir iouy du tiltre d'Empereur cinq ans, ainsi que tient Procopius & Caßiodore. De ce temps là les Wandales occupperent l'Afrique sur les Romains, & y persecuterent les Eglises Orthodoxes. Les Anglosaxons s'emparerent de l'Angleterre qui depuis l'ont tousiours gardée. Les Goths & Alans, de la pluspart de l'Espagne. Ce pendant Theodose, qui auoit esté en paix en ces contrées de l'Orient, fut attaqué par Attila tres-puissant Roy des Huns auquel il resista vertueusement par ses Lieutenans, iusques à ce qu'il fut frappé de peste à Constantinople, l'an de salut 454. ou 450. selon d'autres, ayant tenu l'Empire 42. ans, 14. ou 45. soubs la tutelle du Roy de Perse & pendant la vie d'Honorius, & 27. auec Valentinian son cousin. Ce Prince fut tres-religieux, assidu aux prieres & Diuins seruices, ieusnoit deux iours en la semaine, & reueroit infiniment l'Eglise & ses Pasteurs. Au reste fut tres bon, remply de vertus & esloigné de tous vices, fort studieux, amy des lettres & des hommes lettrez. Il dressa de tres-belles Librairies, & principalement de Liures en Theologie. Il eut pour femme Eudoxia tres-sage Princesse. *Mat.*

thieu, Palmer en ses additions faictes à Eusebe apres Prosper. Paul Diacre. Blond. & autres.

Theodose III.

fut faict Empereur contre son gré, par les soldats qui s'estoient rebellez contre Anastase. Il estoit de bas lieu, & nullement exercé en l'art militaire, mais de bonnes mœurs, auparauant Tresorier des reuenus de l'Empire : Ayant neantmoins accepté cette dignité, il leua vne puissante armée auec laquelle il déconfit en bataille Anastase (qui toutefois n'en tenoit conte) & l'ayant pris le priua de tous honneurs, puis le fist Prestre, & tost apres mourir pour s'estre efforcé de retourner à l'Empire. Mais à peine eut il loisir de donner quelque ordre aux affaires de la Religion (desquelles il estoit fort zelé) que Leon Lieutenant d'Anastase s'estant ioinct auec Artamaldus autre Capitaine de l'Empire, luy vinrent à l'encontre ; dont il s'estonna de telle façon qu'il renonça à l'Empire, & choisit de viure dans vn Monastere où il entra & y demeura apres auoir à peine tenu l'Empire vn an, ce qui aduint l'an de salut 717. *Palmer.*

Theodotion

natif de Pont (ou d'Ephese, selon Tritheme) de Marcioniste qu'il estoit estant Chrestien se fist Iuif. S'estant instruict és lettres Hebraïques, il traduisit le quatriesme apres les Septante deux, le Vieil testament de l'Hebrieu en Grec. *S. Epiphane en son liu. des Poids & Mesures.* Il viuoit enuiron l'an 200.

Theodotus

ou Theodotion, Rhetoricien & Precepteur du dernier Ptolemée auquel il conseilla de faire mourir Pompée qui s'estoit refugié vers luy ; & pour l'induire à cela, fist vne grande harangue, adioustant à la fin ce commun prouerbe, *Le mort ne mord plus* ; lequel aduis fut suiuy tout aussi-tost : Mais en fin pour euiter la punition que Iul. Cesar

fist de ses meurtriers, il s'enfuit de bonne heure, errant çà & là, hay de tout le monde. *Plutarque en la vie de Pompée.*

Theon

nom de plusieurs celebres personnages mentionnez par Suidas, entre lesquels fut ce Philosophe Alexandrin qui viuoit soubs l'Empereur Theodose le Vieil, & a escrit de l'Astrolabe, des Commentaires sur Ptolemée, & plusieurs Liures d'Astrologie. ¶ Vn autre aussi Alexandrin, Philosophe Stoicien qui viuoit du temps d'Auguste, lequel a escrit quelques Liures de Rhetorique & de Physique. ¶ Il y a encore plusieurs autres, mais moins signalés.

Theophile

fils de Michel le Begue Empereur d'Orient & son successeur, il fut bon Iusticier, & gouuerna paisiblement l'Empire, mais ennemy iuré de ceux qui portoient honneur aux Images. Les Sarrazins de son temps enuahirent vne partie de l'Italie & de la Sicile, ayant remporté sur luy deux victoires soubs la conduicte de Sabba Roy des Mores. Mais la plus-part de leur armée fut depuis engloutie par la mer. Il fist mourir tres iniustement vn sien vaillant Capitaine nommé Theodose, pour la crainte seule qu'il n'occupast l'Empire sur Michel III. son fils. Il mourut l'an de salut 842. & le 13. de son Empire. *Gennadius, Zonare.*

Theophile

sixiesme Patriarche d'Antioche apres S. Pierre : Fut tres docte & eloquent, duquel les Liures sont specifiez par Eusebe *liu. 4. chap. 23. de son Hist. Ecclesiast. & S. Hierosme en son Catal.* Il fleurissoit enuiron l'an 173. ¶ Vn autre de ce nom auquel S. Luc addresse les Actes des Apostres.

Theophilacte

Archeuesque d'Acridie ville de Bulgarie, fort versé en la lecture des Liures de S. Hierosme, lesquels il a reduict comme en vn abregé auec vn grand iugement. Il estoit en bruict l'an 900. ou selon Baronius en l'an 1071.

Theophraste

Philosophe Lesbien, appellé premierement Tyrtame, puis Theophraste, à cause de la douceur de son eloquence presque diuine ; aussi fut il le plus disert & le plus docte de tous les Peripateticiens. Il fut aussi disciple d'Aristote, & son successeur en son Eschole de Chalcide. Au reste doüé d'vne grande prudence & affabilité, ce qui le fist aimer des Atheniens. Eut iusques à deux mille disciples. Il disoit, *Qu'il n'y auoit rien plus vain que l'amour de la gloire : Que la despence la plus precieuse estoit celle du temps : Qu'vn homme docte n'estoit iamais estranger en aucun lieu, ny iamais auoit faute d'amis.* Il est renommé pour estre l'vn des principaux Autheurs d'entre les Grecs. *Pline liu. 15. chap. 1.* C'a esté le premier qui apres le deceds d'Alexandre le Grand redigea par escrit l'Histoire de son temps, & ce enuiron 440. de la fondation de Rome. *Pline liu. 13. chap. 16.* Fut le premier estranger qui escriuit des affaires des Romains, *liu. 3 chap 5.* Ses œuures dont nous en reste fort peu, sont rapportées par Diogene Laërce *liu. 5. de la vie des Philos.* Il mourut aagé de 85. ans.

Theopompus

Roy de Sparte, fut le premier qui y introduisit les Ephores, qui estoient comme certains Censeurs & reformateurs des Roys ; comme sa femme luy reprochast qu'il laisseroit à ses enfans l'authorité & puissance moindre qu'il ne l'auoit receuë de ses predecesseurs. Vray est, dit-il, *qu'elle ne sera pas si grande, mais elle sera de plus de durée.* Ainsi relaschant vn peu de ce qui estoit en la Royauté de trop roide & vehement, il cuita par vn mesme moyen & l'enuie & le peril. *Plutarq. & Val. le Grand liu. 4. chap. 1.*

¶ Vn autre, Orateur & Histotien, natif de l'Isle de Chios, fut disciple d'Isocrate, lequel a faict de deux liures vn Epitome d'Herodote, & l'Histoire Grecque commençant apres la guerre Peloponnesiaque où paracheue Thucydide ; mais il y entremesle beaucoup de fables, selon Ciceron *liu. 1. des Loix.* Mesmes fut troublé de son entendement, pour auoir voulu mesler l'Histoire sacrée auec la sienne profane. *Iosephe liu. 12. cap. 2. des Ant. & contre Appion.*

Thermodoon

fleuue de la côtrée de Themiscyre voisine de la Cappadoce, lequel est signalé par la demeure que faisoient les Amazones le long de ses riuages. *Virg. liu. 11. de l'Æneide.* Il s'appelle de present *Pormon,* selon Niger.

Thermopyles

montagne de la Grece, tres-spacieuse, laquelle commençant à la Leucadie presqu'Isle de l'Albanie, & de là se destournant vers l'Orient, se vient aboutir iusques à l'Archipelague, diuisant la Grece tout ainsi que l'Appennin (dict de present *Monte Fiscello*) faict l'Italie. Ce mot luy a esté donné parce qu'en quelques destroicts que les Grecs nomment *Pylas,* c'est à dire, portes, se trouuent des eaux chaudes appellées *Thermai* par les Grecs. *Strab. liu. 9.* Elle est signalée par cette mort glorieuse de Leonidas Roy dés Lacedemoniens ; lequel auec trois cents hommes seulement osa attaquer l'armée des Persans composée de trois cents mille, par laquelle il ne fut vaincu que pour estre las de vaincre. *Herodote liu. 7.*

Thermuth

fille de Pharaon, laquelle fist tirer Moyse qui auoit esté exposé dans vn fleuue, suiuant le commandement du Roy, & le fist nourrir. *Iosephe liu. 2. chap. 5. des Antiq. Iudaiq.*

Therouenne

ancienne ville de Picardie, capitale

du pays des Moriniens, selon Cesar. Elle pouuoit estre ainsi nommée de l'inutilité de son terrouër, comme qui diroit, terre vaine. Elle estoit honnorée d'Euesché, mais qui fut transporté à Bologne, apres que l'Empereur Charles le Quint l'eut faict razer soubs le regne de Henry II. Roy de France.

Thersa ville capitale du Royaume d'Israël, située en vne haute montagne, où les Roys faisoient leur demeure auparauant que Samarie fust bastie. 3. *Roys* 14. *&* 4. *Roys* 15.

Thersander fils de Polynice & d'Argie, lequel (selon Stace) alla à la guerre de Troye auec les autres Princes Grecs. Il estoit de ceux qui estoient cachez dans le cheual de bois. *Virg. liu. 2. de l'Æneide.*

Thersiloque fils d'Antenor, lequel fut tué au siege de Troye. Virgile *liu. 6. de l'Æneid.* le met au nombre des hommes belliqueux qui manient encore les armes és Enfers.

Thersite certain homme Grec, le plus maussade & mal basty de tous les Grecs, tant d'esprit que de corps, lequel s'estant aduancé d'iniurier Achille, fut par luy tué d'vn coup de poing. Homere *li. 2. de l'Iliade*, a si naïfuement descrit sa laideur, que quand nous voulons exprimer vne extreme deformité nous amenons en ieu celle de Thersite.

Thesée fils d'Ægée Roy d'Athenes & d'Æthre fille de Pithée Roy des Troezeniens. Ses genereux exploicts l'ont faict renommer, & nommer vn autre Hercule; car apres auoir euité le breuuage empoisonné que Medée sa belle mere luy auoit preparé, & que son pere l'eut recogneu & publiquement declaré pour son successeur au Royaume d'Athenes, il augmenta depuis grandement ses prouësses, se hazardant à toutes sortes de dangers & aduantures : Premierement, il tua le

taureau de Gete dans la plaine de Marathon : Occit le sanglier qui rauageoit les champs de Cremion en faueur des Corinthiens : Vainquit les Amazones, & emmena leur Royne Hyppolite qu'il espousa, & dont il eut vn fils de mesme nom : Deffist Creon Roy des Thebains lequel deffendoit la sepulture aux Argiens qui estoient morts au siege mis deuant Thebes : Accompagna Iason en la Colchide pour auoir la toison d'or : Tua le Minotaure : Enleua Ariadne & Phedre fille de Minos : dont ayant laissé la premiere en l'Isle de Chios, prit l'autre en mariage : Purgea le pays d'vne infinité de voleurs & bandouliers qui le rauageoient, Periphite, Procuste, Cercyon, & entr'autres Scynis voleur de l'Attique qui attachoit ceux qu'il prenoit à des arbres courbées par force, puis laissant redresser les rameaux les despeçoit ainsi miserablement. Il se trouua aux nopces de Pirithous où il assista les Lapithes contre les Centaures ; & depuis se l'associa & descendirent tous deux aux Enfers pour rauir Proserpine ; mais y ayant esté retenu, il en fut deliuré par Hercule, touchant laquelle descente *Voy* Pirithous. Finalement estant vaincu par les Atheniens, il se retira en l'Isle de Scyros où il fut tué par le Roy Lycomedes, d'autres disent qu'il mourut d'vne cheute. *Plut. en sa vie. Ouide liu. 7. de ses Metamorphoses.*

Thesmophores festes instituées en l'honneur de la Deesse Ceres, autrement appellées Cereales. *Voy* Cereales.

Thesmothetes estoient certains Iuges & Conseillers du corps du Conseil à Athenes au nombre de six ; lesquels auec l'Archon, le Roy, & le Polemarque gouuernoient toute la Republique. Ce nom leur fut donné par ce qu'ils auoient principalement en charge la

garde des Loix & le foing de les faire
executer, car on intentoit deuant eux
les actions criminelles & en decidoient,
donnoient ordre à la publication des
Loix ; faifoient que les Iuges les gar-
daffent & iugeaffent felon icelles , &
donnoient place aux Iuges felon leur
rang. *Demofth. en fon Oraifon contre
Æfchines , Pollux.*

Thefpies ville de la Bœoce, proche du mont Helicon &
du golfe Criffëen vers le Midy. Elle eft
fignalée par cette ftatuë de Cupidon ,
ouurage de Praxiteles , que la Courtifane Glycerion dedia à ce petit Dieu,
De cette ville les Mufes font auffi appellées Thefpiades.

Thefpis Athenien fils du Roy Ery-
ahée , & Roy de Bœoce,
lequel efmeu des proüeffes d'Hercule
le conuia en vn feftin , où l'ayant enyuré il lùy donna cinquante filles qu'il
auoit, lefquelles il depucela (s'il le faut
ainfi croire) toutes en vne nuict, dont
nafquirent autant d'enfans mafles qui
furent appellez Thefpiades , lefquels
auec Iolaus fon neueu vindrent habiter
en la Sardaigne où ils édifierent plufieurs
villes. *Diodore liu. 5.*

Thefprotie contrée de l'Epire
voifine de la Chao-
nie , dont les habitans font appellez
Thefprotes. *Strab.*

Theffalie contrée de la Grece, fife
entre la Macedoine, l'E-
pire & l'Attique , iaçoit que Gerbele
& autres Geographes modernes en
facent partie de la Macedoine. Elle eft
fituée en vne fort grande plaine toute
entourée de hautes montagnes, au refte
de fort grand rapport & merueilleufement agreable. Elle eftoit iadis comprife foubs l'Attique , & prift diuers
noms , car elle fut premierement appellée Æmonie de fon Roy Æmon, Pelafgie , Dryopis, & Hellen à caufe de
Hellen (fils de Deucalion qui y nafquit ;) comme auffi Pyrrhéenne (de

Pyrrha femme d'iceluy Deucalion au
temps duquel arriua le Deluge, felon
Ariftote ;) & mefme Grece, d'vn nommé Græcus qui y nafquit & y commanda ; & enfin Theffalie, de fon fils Thef-
falus. *Strab. liu. 9.* Elle eft de prefent
appellée *Comenolitari,* felon Caftalde.
Cette contrée eft des plus fertiles &
agreables de la Grece où fe nourrit
quantité de cheuaux qui font en grande eftime. Elle eft renommée par fes
montagnes qui font au nombre de 24.
felon les modernes (& felon Pline 34.
au front defquelles il met 75. villes,
liu. 4. chap. 8.) dont les plus fignalées
font Olympe & Piere confacrées aux
Mufes : Pelion & Offa memorables
par la guerre que firent les Geants aux
Dieux : Pinde & Othrys , par la demeure des Lapithes : Et de faict, l'on trouue
encore en fes contrées en de vieilles ma-
zures certains offemens qui excedent
de beaucoup en grandeur ceux des humains de ce temps. Elle eft auffi renommée pour fes fleuues Pénée , Enipée , & Pamife , &c. mais principalement par cét agreable fejour de Tempé
tant celebré des Anciens.

Les Theffaliens eftoient iadis fort
diffolus tant en habits , feftins , qu'en
autres fortes de delices voluptueufes ;
c'eft pourquoy ils tafcherent par tous
moyens d'introduire les Grecs en Perfe qui eftoient mols & delicieux. Ils ne
laifferent toutefois de fe porter vaillamment en guerre aux occafions , eftans
principalement forts en caualerie.
L'on leur impute d'auoir efté inconftans , trompeurs & traiftres. Cette prouince auoit iadis fes Roys particuliers,
& depuis eftant venue en la puiffance des
Macedoniens, fut conquife fur eux par
les Romains; puis paruint en l'obeïffance des Empereurs de Conftantinople fur lefquels les Turcs l'ont vfurpée
qui la poffedent maintenant , & defquels les habitans enfuiuent les mœurs
& la religion. *Monft. liu. 4. de fa Cofmogr.*

Velleius Patero. &c.

Thessalonique

ville capitale de toute la Macedoine : Elle fut iadis l'vne des plus belles de la Grece, tant en esten-duë qu'en la structure de ses edifices tant priuez que publics, & fleurissante entre toutes les autres, specialement au temps d'Auguste. Estant en la puissan-ce de l'Empereur d'Orient comme tou-te la Grece, l'Empereur Andronic qui possedoit l'Empire la deliura aux Ve-tiens, ausquels Amurath I. l'osta lors qu'il se rendit Maistre de la Macedoine & de l'Albanie. Le Sangiac de Macedoi-ne y faict sa demeure. Cette ville est encore grandement riche & renommée, & si marchande que l'on la peut com-parer à Naples en Italie. Ils y void des Iuifs, Chrestiens, & Turcs. Les Iuifs y sont en plus grand nombre, car ils y ont quatre vingts Synagogues. *Monst. liu. 4. de sa Cosmographie.*

Thessalus

Medecin, que Pline appelle le Prince des Methodiques, pource qu'il introdui-soit vne nouuelle methode qu'il pro-mettoit dans peu de temps, reiettant tous les preceptes des autres Mede-cins : Mais Galien le reprend de temeri-té *liu. 1. de sa Methode de Medecine.*

Thestiades

ou Thespiades, filles de Thespis, qu'Her-cules engrossa en vne nuict. *Voy* Thes-pis.

Thetys

Deesse marine, fille de Chi-ron, ou plustost, selon Ho-mere, de Nerée & de Doris. Fut gran-dement aimée de Iupiter pour sa beau-té : mais Promethée, ou, selon Ouide, Prothée ayant predit que si elle estoit mariée elle enfanteroit vn fils plus bra-ue & plus genereux que le pere ; cela refroidit son amour, craignant d'estre par luy depossedé de son throsne : si bien qu'il la donna en mariage à Pelée duquel toutefois elle fuyoit auparauant les embrassemens : & pour s'en deffen-

dre se transformoit en diuerses figures, tantost en arbre, tantost en rocher, en tygre, en lyon, &c. Mais enfin fauorisé de Neptune, il l'espia comme elle estoit endormie, & l'ayant liée il en eut la iouïs-sance ; dont enfin s'ensuiuirent ces nop-ces tant celebrées par les Poëtes (où la Discorde n'ayant esté appellée, fut cause de la ruine de Troye. *Voy* Discorde.) elle en eut le valeureux Achille. *Ouide liu. 11. de ses Metam.*

Theudas, *Voy* Theodas.

Theuet

nommé André, Angoul-moisin, renommé pour sa Cosmographie & ses pourtraicts des Hommes illustres qu'il dedia au Roy Henry III. l'an 1584.

Thisbé

fille Babylonienne, l'aman-te de Pyrame. *Voy* Pyrame.

Thoas

Roy de la prouince Tauri-qué, en laquelle Iphigenie fille d'Agamemnon fut transportée & par luy sacrée Prestresse de Diane la Taurique. Iceluy fut tué par Oreste aidé par cette Iphigenie sa sœur, comme ce Roy la vouloit destiner pour hostie de ses sacrifices. *Voy* Iphigenie.

¶ Vn autre de ce nom, Roy de Lemnos, fils de Bacchus & d'Ariadne fille de Minos. Fut pere d'Hypsiphile. *Voy* Hypsiphile.

Thola

de la Tribu d'Issachar, fut Prince & Iuge des Hebrieux qu'il gouuerna 23. ans, & mourut l'an du monde 2953. *Iuges* 10.

Tholon

ville de Prouence, dicte des Latins *Tolonum* & *Thoræntium*, laquelle est honorée d'E-uesché dependant de l'Archeuesché d'Arles.

S. Thomas

surnommé Didymus, l'vn des douze Apo-stres de Iesus Christ. *Matth.* 10. Mon-stra son incredulité en ce qu'il ne vou-lut croire Nostre Seigneur ressuscité qu'il ne l'eust veu & touché *Iean ch.* 20. Apres auoir presché vn long-temps és Indes és Indes, il y fut martyrifé & percé de lance en la ville de Calamine. *Baronius ann.* 44.

S. Thomas dit d'Aquin , l'ornement de l'Ordre de fainct Dominique, fut fils de Landulphe Comte d'Aquin en la Prouince de l'Abruze en Italie , & proche parent de l'Empereur Frederic II. Sa fcience a efté plus infufe qu'acquife ; & de fait, il fut fi illuftre en fa doctrine & en fa fainteté parmy les Docteurs de l'Eglife, qu'il en eft furnommé le Docteur Angelique, & le Prince des Theologiens Scholaftiques. Il a fait efclater fes merueilles dans Naples , Rome, Cologne, & fpecialement dans Paris , l'Vniuerfité de laquelle il a illuftrée, y ayant eu au commencement pour Precepteur Albert le Grand. C'eft luy qui a compofé tout l'Office du fainct Sacrement qui fe chante en l'Eglife Catholique. Ses efcrits en la quantité & en la diuerfité des matieres, mais fur tout en leur claire, folide & profonde doctrine, rauiffent les efprits de tous les Iurifconfultes , Philofophes & Theologiens du monde; fpecialement cét ouurage incomparable de fa Somme Theologique, qui eft la grande mer dont prefque tous les Theologiens qui l'ont fuiuy deriuent les ruiffeaux de leur fcience, ayant donné la forme & la methode à la Theologie, comme Ariftote l'a donnée à la Philofophie. Auffi fut-il grandement honnoré en fa vie, du fainct Siege,& de tous les Princes de la Chreftienté, & notamment de fainct Louys. Le Pape Pie V. a ordonné que fa Fefte feroit celebrée comme celle des quatre Docteurs de l'Eglife, & pour cét effect qu'il feroit appellé le cinquiefme Docteur. Il paffa de cette vie caduque en la celefte , le cinquantiefme de fon aage, & de falut 1274. *Gerfon liure* 4. *des Hommes Illuftres de l'Ordre des Freres Prefcheurs, Anthoine Pifamane , fainct Antonin de Florence en fa troifiefme Partie, tiltre* 18. *chapitre* 19.

¶ Vn autre de ce nom , Cardinal, furnommé Caietan à caufe de la ville de Caiete en Italie , dont il eftoit natif & Euefque, perfonnage de faincte vie : fut vn tres-fubtil Dialecticien , Philofophe admirable , & Theologien incomparable , lequel nous a laiffé plufieurs Liures en Theologie qui rendent tefmoignage de fa fuffifance , rapportez par Sixte Siennois *liu.* 4. *de fa faincte Bibliotheque,* où quelques Docteurs comme Ambroife Catharin , ont remarqué certaines opinions particulieres qui femblent s'efloigner de la Foy Catholique. Mourut l'an 1534.

¶ Vn autre de ce nom, Archeuefque de Cantorbie en Angleterre , martyrifé dans l'Eglife pour la deffenfe des immunitez Ecclefiaftiques, l'an 1170. *Baron. ann.* 1170.

Thon fut le premier entre les Egyptiens qui reduifit en art la Medecine. *Homere liu.* 4. *de l'Odyffée.*

¶ Vn autre de ce nom , Roy de Canopè en Egypte , lequel Menelaus tua ayant voulu rauir fa femme Helene. *Hellanic.*

Thomyris, *Voy* **Tomyris.**

Thophet, interpr. de l'Hebr. *tromperie,* certain lieu en la vallée des fils d'Ennon , qui fe void és fauxbourgs de Hierufalem, où iadis les Ifraëlites idolatres voüoient leurs enfans à l'Idole de Moloch, & les faifoient paffer le feu. *Ifaye* 30.

Thorax montagne de la Magnefie, où fut crucifié vn certain Daphitas Grammairien qui auoit de couftume de mefdire des Roys en fes vers; d'où vint le prouerbe , *Prens garde à Thorax ,* quand nous voulons donner aduis à quelqu'vn de reprimer l'infolence de la langue, de peur qu'il ne luy arriue le femblable. *Strab. liu.* 14.

Thouloufe ville des plus belles de France, fize fur la riuiere de Garonne , capitale du Languedoc: Habitée, felon les Anciens, par les Tectofages qui la fortifierent grandement, ayant efté premierement baftie par vn nommé Tholus, enuiron foixante ans deuant la fondation de Rome. L'on dit que ces Tectofages s'eftans efpandus en la Grece & en l'Afie, auoient facrilegement butiné force or, lequel leur portant mal-heur par vne maladie qui leur furuint, le ietterent dans vn lac profond, bien que d'autres difent que cét or eftoit venu du Temple de Delphes qu'iceux pillerent, eftans lors foubs la conduite de Brennus, & qu'ils le mirent dans le Temple de Iupiter qui eftoit à Thouloufe; quoy que c'en foit, il n'a apporté que mal-heur à ceux qui l'ont poffedé, comme aduint au Capitaine Romain Cepion, qui l'ayant pillé fut toft apres deffait par les Cimbres, & tous autres qui en ont eu la joüiffance, en ont reffenty de grandes calamitez, d'où eft venu le prouerbe, *l'Or de Thouloufe*, pour marquer vne chofe malencontreufe. Cette ville à qui Ammian Marcellin attribuë la préeminence & principauté fur toutes les autres Citez de Gaule, fut iadis decorée de plufieurs rares fingularitez, comme d'vn Amphitheatre & d'vn Capitole. Les Vvifigoths en ayans chaffé les Romains, en firent leur ville capitale & Royale, iufques à ce que les François les en chafferent foubs noftre Grand Cloüis; & depuis elle fut gouuernée par fes Comtes, lefquels furent choifis par Hugues Capet pour tenir rang entre les fix Princes laïcs qu'il honnora du titre de Pairs; mais enfin elle fut reünie à la Couronne par le Roy fainct Loüys, apres la mort de Raymond fon dernier Comte mort fans enfans. Cette ville (qui eft des plus grandes du Royaume) eft honorée du fecond Parlement de France, d'vn Archeuefché qui a fix Euefchez pour Suffragans, & d'vne Vniuerfité en Droict des plus fameufes de l'Europe. S. Martial enuoyé és Gaules par les Apoftres,

y eftablit S. Saturnin pour premier Euefques; & y a vne Eglife fondée en fon honneur où fe voyent les corps de fix Apoftres.

Thrace region tres ample de l'Europe, pres le Pont Euxin ou Mer Major: Fut ainfi appellée d'vn certain nommé Thrax fils de Mars, ou felon d'autres, d'vne certaine Nymphe enchantereffe dicte Thracie, ou bien de l'inhumanité & temerité (ainfi que le mot Grec le fignifie) de fes habitans, ou bien de l'afpreté de fon terroüer. Elle fe nommoit iadis Aria, Perfe, Odryfe, Æmonie, Byftonie, Creftonie, & Scythonie; & par les Hebrieux, Thyras, felon Iofephe; & de prefent elle s'appelle Romanie. Elle a pour fes bornes au Nord le mont Hæmus appellé par les Italiens, *Chefne du monde & montagne argentée*: au Leuant la Mer Maior, le deftroict de Conftantinople; & l'Hellefpont: au Couchant la haute Myfie, & partie de la Macedonie dont elle eft feparée par le fleuue Strymon: & au Midy par l'Archipel. Elle a de longueur qui eft de l'Orient iufques à l'Occident, vingt iourneés de chemin, & fept de largeur, fçauoir du Nord au Midy; elle eft affife entre le 42. degré de l'efleuation du Pole iufques au 44. où le plus long iour eft de quinze heures & vn tiers, & fa longitude s'eftend depuis le 47. degré iufques au 56. L'air y eft froid en la plus-grande partie, ce neanmoins il y a force belles plaines, où il fe faict grande recolte de bleds & de vins, fpecialement en tirant vers la Mer où le pays n'eft pas fi froid; mais elle manque d'arbres, & en quelques lieux fe faict l'alun. Ses montagnes plus celebres font Hæmus, Rhodope, Pangée où il y a quelques mines d'argent, &c. Ses fleuues font l'Hebre, le Neffe, Melas, & Strymon. Ses villes plus renommées eftoient Abdere dicte auffi Clazomene, Nicopolis, Philippi, Philippopolis, Adrianople, Traianopolis, Pe-

rynthe maintenant Heraclée, Apollonie, & Conftantinople qui eft fa capitale.

L e s Thraces eftoient farouches, fort
robuftes, & en grand nombre en leur
païs, fi bien que felon Herodote, ils
euffent efté inuincibles s'ils euffent peu
s'vnir enfemble foubs vn Chef. Ils eurent pour Legiflateur vn nommé Za-
molxis difciple de Pythagore, lequel
ils reputerent pour Dieu apres fa mort,
lors qu'il les eut quittez, afin de leur
donner vn plus grand defir de le reuoir
& d'obferuer fes Loix : Quand il ton-
noit ils defcochoient des flefches contre le Ciel, ne croyans point d'autres
Dieux que le leur. Ils fe lamentoient
à la naiffance des enfans, & fe refioüif-
foient quand ils venoient à mourir, &
fpecialement les Thraufes. Alex. d'A-
lex.liu.2.chap.25. Ceux qui habitoient
vne contrée de Thrace voifine des Cre-
ftons auoient plufieurs femmes, lef-
-quelles apres la mort de leurs maris
auoient vn grand debat entr'elles à qui
auoit efté la plus aimée de luy, & celle
qui eftoit iugée telle, eftoit facrifiée fur
fa tombe, les autres furuiuantes s'efti-
mans malheureufes & comme deshon-
norées. Les belles filles d'entre ces peuples eftoient expofées en vente & ache-
tées par les hommes, & auffi les laides
achetoient les hommes. Tenoient pour
chofes honorable de ne rien faire, &
de viure de larcin. Leurs Roys eftoient
electifs, & priuoient de la Royauté
ceux qui auoient des enfans, tant ils
craignoient de rendre le Royaume hereditaire, & mefmes ils luy donnoient
des Affeffeurs : & s'il venoit à faillir ils
le laiffoient mourir de faim. Ils font
encores furieux & pleins de cruautez,
ayans vn regard horrible, aiment à
boire dautant. Leur pays eft remply de
plufieurs diuers peuples, & de diuerfes
Religions, Turcs, Iuifs, & Chreftiens.
L'on remarque auffi en eux vne grande
diuerfité tant en leurs mœurs que reli-

gion, mais toutefois pour la plufpart
font Mahometans. Ils ont efté vn long-
temps foubs la fubiection des Romains;
puis apres la diuifion de l'Empire, ils recogneurent auffi-toft les Empereurs d'O-
rient, ayant efté leur ville capitale nommée Bizance, & depuis Conftantinople
choifie par les Empereurs Romains &
d'Orient, mais depuis ils en furent chaffez par Mahomet I I. y commandant
pour lors Conftantin I I. Cette ville eft
le fiege ordinaire & la demeure des Ot-
thomans. Monft.liu.4. de fa Cofmographie.

Thraſeas ou Thrafius, certain
deuin lequel lors d'vne
grande feichereffe aduenuë en Egypte,
alla trouuer fon Roy Bufiris, & luy dift
que s'il vouloit impetrer de la pluye
des Dieux, qu'il falloit immoler à Iupiter des paffans eftrangers. Et comme
le Tyran luy euft demandé de quelle
nation il eftoit, & qu'il fe fuft confeffé
eftranger : Toy donc, dift Bufiris, don-
neras le premier de l'eau à l'Egypte, &
ainfi fut facrifié. Ouide liu.3. de l'Art
d'aimer.

¶ Vn Philofophe Stoïcien de ce nom, lequel fupporta auec vne grande conftance la mort qui luy fut eniointe par le
cruel Neron. Tacite liu.16. Martial liu.
1. de fes Epigrammes.

Thraſumene lac d'Italie, en la
campagne de Pe-
roufe, fignalée par la victoire d'Annibal
fur le Conful Flaminius. Fut ainfi appellé d'vn certain ieune fils nommé Thrafu-
mene, que l'on dit auoir efté rauy là aupres par la Nymphe Ægile. Ouide liu.6.
des Faftes. Plutarque en la vie de Flaminius. Les Italiens l'appellent de prefent
Lago di Pergia.

Thraſybule noble Capitaine
Athenien de grand
courage & tres-affectionné enuers fa
patrie, lequel en chaffa les trente Tyrans auec main forte, & r'appella les
fugitifs d'Athenes leur reftituant leur

ancienne liberté. Et pour abolir puis apres tout souuenir des anciennes partialitez & diffensions ciuiles, il fift vn arreft dit par les Grecs Amniftie, par lequel on oublieroit tout le paffé, & ainfi remift l'Eftat en fa premiere fplendeur. Enfin il fut tué de nuict en fa tente par quelques mefchans garnemens de la populace, pour quelques imposts dont on les auoit chargez. *Xenophon liu. 4. des affaires Grecques. Val. le Grand liu. 4. chap. 1.*

Thrafylle Athenien, fort expert en l'Art Militaire, lequel gouuernant l'Eftat d'Athenes auec Thrafybule (qui eftoit Chef d'vne flotte) vainquit Mindare Lacedemonien Chef des Peloponnefiens, en bataille nauale pres la ville de Sefte. *Thucydide liu. 8.*

Thrafymaque Rhetoricien, natif de Chalcedoine, qui le premier a monftré en l'Oraifon la cadence de la periode, & l'artificieufe entrelaffure des mots. Il viuoit du temps d'Alexandre le Grand. *Suidas fait mention de fes œuures.*

Thraufes peuples de Thrace, lefquels auoient de couftume de lamenter à la naiffance des enfans, & de s'esiouïr & banqueter à leur mort. *Voy* Thrace.

Thucydide fage Capitaine Athenien, & Hiftoriographe tres-fidele. Il fut de la race de Miltiades & de Cimon, qui fe difoient yffus de Iupiter. Ayant efpoufé vne femme riche, il employa fes biens à l'ornement des lettres : Car ayant entrepris de defcrire la guerre Peloponnefiaque qu'eurent les Atheniens contre les Lacedemoniens, afin de ne rien coucher qui ne fuft bien aueré, il donnoit gages à des perfonnes de l'vn & de l'autre party, afin qu'ils luy rapportaffent fidelement ce qui s'y pafferoit : Il a donc defcrit en huict Liures cette guerre fort exactement, iufques au vingtiefme an d'icelle, où il difcourt de l'origine & progrés des peuples de toute la Grece & Ifles vo. fines ; mais non content de cela, repetant fa deduction, il recite au Liure premier fommairement & par forme de Prelude, l'Hiftoire des cinquante ans qui s'efcoulerent depuis la fuite de Xerxes ou Affuerus, où Herodote finir, iufques au commencement de la guerre du Peloponnefe, laquelle il traitte bien amplement, comme dit eft, iufques au vingtiefme an d'icelle. Son ftile eft fort bref & ferré. Demofthene, felon Denis d'Halicarnaffe, dit qu'il le defcriuit huict fois de fa main propre. Et fes Oraifons font grandement loüées de Ciceron & de Quintilian *liu.* 10. *chap.* 1. Il eut pour Precepteurs Anaxagoras en Philofophie, & en Rhetorique Antiphon. Il viuoit foubs Darius Longuemain Roy de Perfe, comme il le tefmoigne luy-mefme.

Thulé Ifle Septentrionale de l'Europe, dite de prefent Iflande. *Voy* Iflande.

Thurin ville capitale de Piedmont, appellée par Tacite, Pline & Ptolemée, *Augufta Taurinorum,* comme eftant l'ancienne demeure des peuples Taurins, ainfi dicts d'vn taureau qu'ils auoient pour enfeigne, comme les Marfillois dont ils ont tiré leur origine. Elle eft fituée fur la rencontre de la Dore auec le Pô, de forme quarrée, ayant quatre portes, renommée pour la fplendeur de fes edifices, & gentilleffe de fes habitans : Les Romains y menerent vne colonie, & Augufte y fift baftir la porte que l'on dit du Palais, & les Lombards y eftablirent le fiege de l'vn de leurs Ducs. Elle eft auffi de prefent honnorée de la demeure du Duc de Sauoye qui y a vn fuperbe Palais, d'vne Vniuerfité fameufe, & d'vn Euefché. Ses enuirons font fertils, & remplis de villages & maifons de plaifance.

Thuringe appellée vulgairement *Turingen,* eft vn Landgrauiat de la haute Allemagne, qui a au Leuant la riuiere du Sal : au Couchant la riuiere du Vver : au Nord la forest Hercynie : & au Midy celle de Thuringe, que l'on nomme Duringer-wild. Ce païs a de longueur douze lieuës d'Allemagne, & autant en largeur, & toutesfois il contient douze Comtez, douze Abbayes, cent quarante Citez, deux mille villages, & deux cens cinquante Chasteaux. Sa capitale ville est Erdford, l'vne des plus belles d'Allemagne ; Vveymar & Ilenac où il y a Vniuersité. Le terroüer est assez fertil en toutes sortes de fruicts, excepté du vin, & s'y trouue aussi quelques minieres d'or & d'argent, & de riches salines, comme pareillement du pastel en abondance. Ses peuples s'appelloient anciennement Sorabes, desquels la puissance s'accreut tellement, qu'ils erigerent vn Royaume qui s'estendoit iusques en la Franconie : Mais les François enuiron l'an 524. s'emparerent de ce païs & de la Franconie, & depuis elle vint en la puissance des Empereurs d'Allemagne, & Lothaire I l'erigea en Landgrauiat. Ses habitans sont robustes, de belle taille, & courageux contre l'ennemy. *Monst. liu 3 de sa Cosmogr.*

Thyeste fils de Pelops & d'Hippodamie, pere d'Ægisthe, & frere d'Atrée, qui luy fist manger l'enfant qu'il auoit eu par concubinage de sa belle sœur femme d'Atrée. *Voy* Atrée.

Thymbreen surnom d'Apollon, qui luy a esté donné, ou bien d'vne certaine campagne de la Troade nommée Thymbre ; ou bien d'vne ville ainsi appellée, en laquelle il estoit principalement adoré. Strabon dit qu'il y auoit vn Temple dedié à Apollon Thymbreen, où le fleuue dit Thymbreen se va rendre dans le Scamandre, auquel lieu Achille fut tué par Paris, d'où seroit venuë

la fiction, que Paris auoit esté tué par les flesches d'Apollon. *Virgile liu. 3. de l'Æneide.*

Thymelé certaine baladine & Musicienne, qui fut fort agreable à l'Empereur Domitian, de laquelle les chansons dont estoit iadis honoré Bacchus, furent appellées Thymelies ou Thymeleennes. *Martial liu. 1. de ses Epigrammes.*

Thymœthes fils de Priam & d'Arisbe, duquel comme sa mere fut accouchée au mesme iour qu'Hecube de Paris, & que les Deuins eussent predit, que la ruine de Troye deuoit arriuer par quelqu'vn qui estoit nay ce iour là. Priam commanda que l'vn & l'autre fussent mis à mort, ce qui fut executé seulement en la personne de ce Thymœthes, & Paris fut conserué par Hecube. D'autres disent que ce Thymœthes fut mary d'Arisbe, & qu'en desdain de ce que son fils auoit esté tué pour la raison susdite, il differa l'oceasion de s'en vanger iusques à la prise de Troye ; car bien qu'il sceut les embusches des Grecs qui estoient dans le cheual de bois, il conseilla neantmoins le premier sa reception dans la ville. *Seruius sur le liu. 2. de l'Æneide.*

T I

Tibareniens, *Voy* Tabereniens.

Tibere Neron I. du nom, Empereur Romain qui succeda au bon & valeureux Auguste son beau-pere, fut fils de Tiberius Neron & de Liuia, yssu de l'ancienne famille des Claudiens. Il fut le premier Empereur de Rome lequel herita de l'Empire paisiblement, n'ayant point eu besoin de le conquester, comme il auoit fallu faire à Iules Cesar & à Auguste. Tost apres les Legions Romaines qui estoient en Hongrie ayans esleu Pescennius, se mu-

tinerent, comme auſſi celles d'Allemagne ; mais les premieres furent repri-
mées par Druſus fils de Tibere, & les
autres par Germanicus ſon fils adoptif
& ſon neueu. Ce Prince fiſt pluſieurs
actes genereux à ſon commencement,
auec leſquels il couuroit pluſieurs meſchancetez qui s'enſuiuirent. Il refuſa
pluſieurs honneurs & tiltres magnifiques à luy decernées par le Senat. Con-
trefit le modeſte & patient, diſant;
Qu'en vne ville libre, les langues de-
uoient auſſi eſtre libres. Portoit vn grand
reſpect au Senat, apportant d'autrepart vn bon ordre par tout, & à ce que
la Iuſtice fut bien adminiſtrée : Meſmes ſollicité de hauſſer les tailles, il
reſpondit, *Que le bon paſteur deuoit*
tondre ſes brebis, non pas les eſcorcher.
Auec ſes maſques il couurit pour vn
temps ſon orgüeil, ſa cruauté, ſon ambition, & ſa luxure : Car incontinent
apres il ſe comporta en tres-meſchant
Prince, ſupporta les maluerſations des
Preteurs, Commiſſaires, & autres Officiers de Iuſtice, perſeuerant par fauſſes
accuſations, & fiſt mourir pluſieurs Princes & notables perſonnages de toutes
les Prouinces de l'Empire, & entr'autres Archelaus Roy de Cappadoce allié
du peuple Romain. Ayant conceu vn
maltalent contre Germanicus ſon neueu,
voyant que pluſieurs ſiens artifices ne
reüſſiſſoient, il le fiſt empoiſonner par
Cn. Piſon. Il y eut de ce temps quelques ſouleuemens en l'Afrique, ſuſci-
tées par vn nommé Tacfarim, & d'autres en France par Florus & Sacrouir,
mais qui furent aſſoupis par les Gouuerneurs des Prouinces. Cependant
Tibere apres s'eſtre fait eſlire Conſul,
& pris pour compagnon ſon fils Druſus, car les premiers Officiers de l'ancien Eſtat de Rome ſubſiſtoient encores : Il ſe retira en la Campagnie, &
ayant eſleué de bas lieu vn Elius Seia-
nus aux plus honnorables dignitez, l'audace de ce mignon fut telle qu'il deſ-

baucha la femme de Druſus, lequel
meſme en ſuitte il fiſt empoiſonner,
ayant deſſin de ſucceder à l'Empire.
Tibere de ſon coſté s'abandonna à toutes ſortes de ſales deſbordemens & infames luxures. Les gourmandiſes &
yurongneries luy eſtoient ordinaires, ſi
bien qu'on luy donna ce nom de *Bibe-*
rius mero, comme qui diroit, Amateur
de vin pur; auſſi ordonna-il des prix à
ceux qui beuuoient le mieux. Mais les
cruautez qu'il exerça ſurpaſſent toute
creance, car il fiſt mourir les plus Grands
& plus Illuſtres Citoyens de Rome, &
pour tres-legeres cauſes & ſuppoſées,
adiouſtant à leur mort de tres-griefs
tourmens, eſtimant à grande faueur lors
qu'ils ne leur donnoit qu'vne ſimple
mort. Ayant (comme a eſté dit) procuré la mort de Germanicus, il procura auſſi celle de trois de ſes fils, ne
pardonnant meſme à ſon grand amy
Sejan, qu'il fiſt executer pour pluſieurs
meſchancetez. Enfin il fut empoiſonné,
comme aucuns tiennent, par ſon neueu
Caligula, qu'il auoit nommé pour ſon
ſucceſſeur, & le ſoixante huictieſme an
de ſon aage, apres en auoir eſté vingt-
trois-Empereur, trente-neuf ans apres
la Natiuité de noſtre Sauueur, lequel
fut crucifié pour le genre humain le
dix-huictieſme de l'Empire d'iceluy, ſur-
quoy Tertullian rapporte *en ſon Apo-*
loge, Euſebe *en ſon Hiſtoire Eccleſiaſti-*
que, & autres veritables Autheurs, que
Tibere par la relation de Pilate qui condamna noſtre Seigneur, propoſa au Senat de le receuoir au nombre des Dieux,
ce qui n'eut point d'effect, ains ſeulement fiſt ceſſer la perſecution contre
les Chreſtiens. Ce Prince eſtoit de belle taille, beau de viſage, & ſi robuſte
de tous ſes membres, que d'vne chique-
naude il eſcrazoit la teſte d'vn enfant.
Au reſte ayant les yeux ſi grands & ſi
clairs, que ſe reueillant de nuict il voyoit
en obſcurité quelque eſpace de temps
comme s'il eut eu de la lumiere. Il fut

excellemment docte ès lettres Grecques & Latines, & se plaisoit en la Poësie. *Cor. Tacite, & Suetone en sa vie.*

Tibere II. fut esleu Empereur Romain, apres Iustin II. qui l'auoit nommé Cesar. Sophia (femme de Iustin) le voulut auoir pour mary, mais il la refusa, ne pouuant s'accorder auec son ambition & ses vicieux comportemens, à l'occasion dequoy elle machina sa mort par deux fois, à laquelle neantmoins il pardonna, comme aussi à Iustinian neueu de Iustin, qui auoit esté incité par elle. Il eut plusieurs heureux succez contre Hormisda Roy des Perses, soubs la conduicte de Maurice vaillant Capitaine qu'il fist son gendre. De son temps les Lombards empieterent grandement sur l'Italie où ils exercerent force pilleries & cruautez. Cependant Tibere oppressé de maladie mourut à Constantinople, apres auoir regné 7. ans, l'an 585. ou selon d'autres 589. Fut Prince valeureux, iuste, debonnaire, & grand aumosnier, ayant distribué aux pauures plusieurs thresors de l'Empire.

Tiberiade ville de la Galilée, pres le lac de Genezareth, bastie & ainsi appellée par Herode, en faueur de l'Empereur Tibere. ¶ De ce nom fut aussi appellé ce lac de Genezareth que les lettres Sainctes nomment Mer Tiberiade, & Mer de Galilée qui n'a toutefois qu'enuiron 20. milles de circuit, mais qui est fort poissonneux. *Voy* Genezareth.

Tiberin dict Syluius, Roy des Albanois, qui a donné le nom au Tibre. *Voy* Tibre.

Tibre fleuue tres-celebre de l'Italie, lequel prenant sa source du mont Appennim, n'estant qu'vn petit ruisseau, s'augmente de quarante deux fleuues ou torrents en l'espate de bien 150. milles; puis ayant diuisé la Toscane du Latium & la ville de Rome en

deux, se va rendre par deux bouches dans la Mer de Toscane, pres la ville d'Ostie. Tite-Liue dit qu'il prist ce nom de Tiberinus Syluius Roy des Albanois apres qu'il s'y fut submergé, estant auparauant nommé Albula. Et pource mesme iceluy Tiberin fut estimé Dieu de ce fleuue, & y presider. *Ouide liu.2. des Fastes.*

Tibulle (nommé Albius) Poëte Elegiographe, Contemporain d'Horace; excellent, mais fort lascif, ayant chanté auec passion ses amours auec Sulpicia, Naëra, Nemesis, & Delia. Mourut à Rome en la fleur de sa ieunesse. *Voy* Albius.

Tifernas disciple de Chrysoloras, & Precepteur de Budée. Il apporta les Lettres Grecques d'Italie en France. *Voy* Chrysoloras.

Tigranes puissant Roy de la grande Armenie, vainquit souuent les Perses: Occupa la Mesopotamie, comme aussi la Syrie, & vne grande partie de la Phœnicie qu'il osta à Philippes II. dernier Roy de Syrie, bien que Iustin *liu.* 40. *de son Histoire*, rapporte que les Syriens se donnerent volontairement à luy à cause de la discorde des Princes. Il fut depuis vaincu par Lucullus, lors qu'il donnoit secours au Roy Mithridates son beau-pere, contre les Romains, en vne grande & signalée bataille, dont *Voy* Lucullus. Et depuis encore entierement par Pompée le Grand qui le prist prisonnier, & le restablist toutesfois en son Royaume d'Armenie moyennant six milles talents. Depuis ce temps neantmoins la Syrie fut reduite en Prouince, & rendue tributaire aux Romains. Il mourut l'an du monde 4030. & le dix-huictiesme de son regne. *Plutarque és vies de Lucullus & de Pompée.*

Tigris fleuue tres-signalé de l'Asie, prenant sa source en la grande Armenie, d'vne belle & claire fontaine, ayant du commencement vn cours fort lent & pesant, mais depuis qu'il

eft entré au païs des Medes, il deüient
fi roide & violent, que pour ce on l'appelle Tigris, qui veut dire *flefche* en langage du païs. Il paffe par le lac d'Are-
thufe, & neantmoins n'y mefle point
fon eau ny fes poiffons qui ne l'aban-
donnent point ; & de là ayant trauerfé
le païs d'Arabie, où il reçoit plufieurs
fleuues, il arroufe la Mefopotamie vers
l'Orient, & apres s'eftre fourché en deux
braffieres, l'vne contre le Midy, l'autre tirant vers le Septentrion, & receu
grand nombre de fleuues, entre lefquels
eft l'Euphrate, ils fe reioignent enfemble ; puis fe va finalement rendre dans
le golfe de Perfe, ayant bien dix milles
de large en fon emboucheure. *Pline
liu. 6. chap. 27.* Les Theologiens tiennent que ce fleuue vient du Paradis ter-
reftre.

Timagoras

Athenien, lequel fut
condamné à la mort,
pou ce qu'ayant efté enuoyé en Ambaffade vers Darius Roy de Perfe, il
l'auoit adoré à la façon des Perfes. *Suidas.*

Timanthes

Peintre ancien fort
excellent, Contem-
porain de Zeuxis, mift en lumiere ce
riche & rare tableau d'Iphigenie, lequel eft loüé entre toutes fes pieces, auquel eftoit reprefenté Iphigenie deuant
l'Autel prefte à eftre immolée, & à l'entour d'elle vne compagnie fi dolente,
qu'il faifoit remarquer en chacun d'eux
toutes les fortes de trifteffes qui fe pouuoient imaginer : mais quand ce vint à
Agamemnon pere de cette ieune Princeffe, il en voulut couurir le vifage, ne
pouuant par fon pinceau dignement reprefenter l'affliction qu'il en conceuoit.
Val. le Grand liu. 8. chap. 12. Il peignit
auffi en vn petit tableau vn Cyclope
dormant, mais voulant faire remarquer
fa ftature gigantale, il fift des petits Satyres qui mefuroient fon poulce auec
des tiges d'herbes ; ainfi il falloit touf-
jours plus foubs-entendre à fes ouura-

ges qu'il n'en eftoit reprefenté. *Pline
liu. 35. chap. 10.*

Timée

Philofophe Platonicien, natif de Locres, foubs le nom
duquel Platon a produit fon Liure de
la Creation des chofes, que Ciceron
(comme quelques vns eftiment) a traduit en Latin, & intitulé de *l'Vniuerfité.*

Timochares

natif d'Ambracie,
familier de Pyrrhus
Roy d'Epire, lequel vint fecrettement
à Fabricius Conful Romain, luy promettant d'empoifonner le Roy moyennant
quelques prefens, ce qu'ayant mandé au
Senat, il enuoya auffi des Ambaffadeurs
à ce Roy, pour luy donner aduis qu'il
prift garde à fes familiers & domeftiques, & qu'ils attentoient à fa vie, & toutesfois fans defcouurir fpecialement le
mauuais deffein de Timochares. *A. Gell.
liu. 8. chap. 8.*

Timoclée

Dame Thebaine, d'illu-
ftre race, laquelle ayant
efté violée par vn certain Capitaine d'A-
lexandre le Grand, apres la prife de Thebes, prift occafion de vanger cette iniure
fur fon auarice : Car comme cét effronté
la preffoit de luy deceler le lieu de fon
threfor, elle luy monftra vn puits où elle
difoit l'auoir caché ; dans lequel tout
transporté d'aife il defcendit incontinent : Et alors Timoclée cognoiffant par
fa voix qu'il eftoit au fond, luy ietta fi
grande quantité de pierre qu'elle l'af-
fomma, & combla le puits de pierres, laquelle generofité fut loüée par Alexandre, lequel deflors defendit que l'on ne
commift plus de femblables excés en vne
maifon illuftre. *Plutarque au traitté des
vertueux faits des femmes.*

Timocreon

Rhodien, ancien
Poëte Comique, fi-
gnalé pour fa gourmandife & médi-
fance.

Timoleon

vaillant Capitaine de
Corinthe, lequel ayant
efté enuoyé pour fecourir Dion le
Syracu-

Syracufain contre les tyrannies de Dio-
nyfius, le chaffa de la ville de Syracufe cinquante iours apres, & rendit la
liberté au peuple : Deffift en fuitte les
Leontins & tua leur Roy. Mais finalement ayant heureufement feruy la
Republique Syracufaine, il perdit la
veuë, & mourut paifiblement en la Sicile où furent faictes fes funerailles
aux defpens du public. *Plutarq.*

Timomaque

certain Peintre
Bizátin qui fift
vn tableau d'vne Medée & d'vn Aiax
que Cefar acheta quatre vingts talents,
qui font enuiron quarante huict mil
efcus, & le dedia au Temple de Venus.

Timon

Philofophe tres-fage & é-
loquent du territoire Ar-
gien, lequel fut grandement chery de
Ptolemée Philadelphe, & fift profeffió
de la Rhetorique & de la Philofophie,
en la ville de Chalcedoine, auec grande reputation. A efcrit quelques Tragedies, Comedies & Satyres; auffi eftoit-
il d'efprit reprenant & Satyrique. Mourut à Athenes. *Laerce liu. 9. de la vie
des Philofophes.*

¶ Vn autre de ce nom, Athenien, du
tout barbare & ennemy de la focieté
des hommes, & pource il fut furnommé par les grecs Myfáthrope, c'eft à dire, *haïffant les hommes*: Et de faict, eftát
vn iour interrogé pourquoy il hayoit
ainfi tout le monde, & que cependant
il cheriffoit le petit Alcibiades. *Pource,*
dit-il, *que ie preuois qu'il fera caufe de la
ruine des Atheniens.* Et bié qu'il euitaft
toute forte de cópagnie, fi eft-ce qu'vn
iour il fe trouua en l'affemblée du peuple auquel il dift hautemét, qu'il auoit
vn figuier où plufieurs s'eftoient defia
pendus, mais qu'il le vouloit coupper
pour y baftir, & partant qu'il leur donnoit auis que s'il y en auoit quelqu'vn
qui fe vouluft pendre, il euft à fe depef-
cher prôptement. Son fepulchre eftoit
au riuage de la Mer, fur lequel eftoit

engraué cét Epitaphe que luy mefme
auoit faict:

Apres vn fort miferable & piteux
Icy m'a mis la mort en cette biere,
Or donc, Lecteur, du nom point ne
    t'enquiere.
Ainçois va t'en, & te perdent les
    Dieux.

Il viuoit du temps de la guerre Peloponnefiaque. *Laerce liu. 9. Plutarque
en la vie d'Antoine.*

Timothée

fils de Conon l'Athe-
nien, Capitaine renô-
mé, lequel par fes proüeffes amplifia
grandement les bornes du champ de
gloire que fon pere luy auoit laiffé; car
il eftoit bien difant, alaigre, laborieux,
bien experimenté és affaires de guerre,
& fur tout accompagné d'vn heur incomparable. L'on luy dreffa vne ftatuë en la place publique d'Athenes
pour la victoire par luy obtenuë contre les Lacedemoniens, & qu'il auoit
ceint des murs la ville d'Athenes. quelques fiens enuieux mirent fon Image
prés de celle de la Fortune, qui luy apportoit les villes toutes prifes & en-
ueloppées dans des filets, pendant qu'il
dormoit; ce qu'il reputoit à iniure, difant cét honneur luy eftre deub, & non
à la Fortune. Apres quoy l'on dict que
la Fortune irritée de fon ingratitude
renuerfa tellement fes deffeins qu'oncques depuis il ne fift chofe qui valuft.
Ciceron *liu. 1. de fes Off.* le recomman-
de pour fa doctrine & la beauté de fon
efprit.

¶ Vn autre de ce nom, Milefien, fils
de Therfander, Muficien qui adioufta
à la harpe la 10. & 11. corde. *Pline liu. 7.
ch. 57.* Il fleuriffoit du téps de Philippe
de Macedoine, & dict-on que le courage d'Alexandre le Grand fon fils s'ac-
croiffoit de beaucoup par la douceur
de fa Mufique, & eftoit par icelle excité
aux actiôs Martiales par le sô de fes in-
ftruméts. A efcrit 17. Liures de la Mufique, & quelques autres œuures. *Suidas.*

O.O O O o o o

Timothée natif de Lyftre ville de Lycaonie; d'vn pere Gentil, & d'vne mere Iuifue : Fut difciple de S. Paul, & par luy eſtably Eueſque d'Epheſe auquel il addreſſe deux ſiennes Epiſtres, & le fiſt compagnon de ſes voyages en Macedoine. *Act.16. & 19.* L'on void quatre Liures ſoubs ſon nom, addreſſées à l'Egliſe Catholique ; mais Saluian Eueſque de Marſeille dict qu'ils ſont de quelque autre Eſcriuain de ſon temps.

Tireſias Deuin tres-expert, fils d'Euere, lequel on dict qu'ayant veu vn iour deux ſerpents ſe frayer enſemble ſur le mont Cythæron, ayant obſerué lequel des deux eſtoit la femelle, il la tua, & à l'inſtant fut transformé en femme : Mais comme ſept ans apres il en eut derechef trouué deux accouplez, il en tua le maſle, & ainſi fut reintegré en ſa premiere forme d'hôme. Arriua puis apres qu'il ſuruint vn differend entre Iupiter & Iunon, afin de ſçauoir celuy qui plus receuoit de plaiſir & de contentement dé l'homme ou de la femme lors des deduicts amoureux, pour lequel decider ils prindrent Tireſias pour arbitre, comme iuge competant ; ayant ioüy des delices de l'vn & l'autre ſexe ; mais ayant ſententié en faueur de Iupiter, alleguant que la femme y auoit beaucoup plus de delectation, Iunon indignée l'aueugla. Mais Iupiter en recompenſe au lieu des yeux corporels, luy augmenta ceux de l'entendement, luy octroyant le don de prophetie. *Ouide liu. 3. de ſes Metam.* D'autres diſent neantmoins que cette priuatió de veuë luy aduint pour auoir apperceu Minerue toute nuë lors qu'elle ſe lauoit dans la fontaine d'Hippocrene. Strabó *liu. 9. de ſa Geogr.* dict que ſon ſepulchre fut au pied de Tilphoſſe montagne de la Bœoce pres d'vne fontaine de meſme nom, où ayant eſté relegué il y mourut pour en auoir beu de l'eau

eſtant ja ſur l'aage. Les Thebains luy inſtituerent des honneurs diuins.

Tiridates Roy d'Armenie, frere de Vologeſes Roy des Parthes; lequel apres pluſieurs guerres qu'il eut auec Corbulon Proconſul de Syrie, ayant eſté vaincu, traicta enfin auec les Romains, & receut le diademe de l'Empereur Neron. *Tacite liu. 15. de ſes Annales.*

Tirol Comté ſur les frontieres de l'Allemagne & de l'Italie, au milieu des Alpes qui faict partie de l'ancienne Rhœtie, Ses bornes ſont au Nord la Bauiere : au Midy la Lombardie : au Leuant la Marche Treuiſane & le Friuli : & au Couchant le pays de Suiſſe. Elle abonde en mines d'argent, d'airain, & de lethon, qui rapportent au Duc d'Auſtriche bien trois cêts mil eſcus de reuenu. Ses montagnes ſont fort hautes, couuertes de neiges, & remplies de beſtes ſauuages. Ses villes principales ſont Inſprug, là où eſt la demeure du Seigneur de la Prouince, la Chambre & le Parlement des pays d'Auſtriche ; Trente renommée pour ce Côcile general qui s'y tint l'an 1546. ſoubs le Pape Paul III. & autres villes. Cette Côté eſt des appartenances de la Maiſon d'Auſtriche, qui y fut adiointe l'an 1360. par Rodolphe fils de l'Empereur Albert, & Archiduc d'Auſtriche. *Cuſpinian.*

Tiſias diſciple de Corax. *Voy Corax.*

Tiſiphone l'vne des trois furies infernales, ainſi dicte des mots Grecs *Tiſis*, c'eſt à dire, vengeance; & *phonos*, qui veut dire, meurtre, pour ce qu'elle puniſſoit les meurtres ; ce qui a eſté feinct pour repreſenter le mal-heureux eſtat des meſchâs tant en la vie qu'en la mort. *Voy Alecton.*

Titan fils du Ciel & de la Terre (ou de Veſte) & frere aiſné de Saturne, lequel debuant ſucceder à ſon pere, ceda neâtmoins fon droiᶜᵗ d'Empire à fon frere puifné, à la requefte de fa mere, à telle condition qu'il n'eftueroit aucun mafle de fon eftoc, à ce qu'en fin la Couronne reuint à fes enfans : Mais ayans efté fecrettement Iupiter, Neptune & Pluton, nourris & efleuez par la fineffe de Rhée leur mere & femme de Saturne, Titan & fes enfans fe voyans defraudez de leur attente, & que l'on auoit enfraint la capitulation, prindrent les armes contre Saturne, lequel y fut vaincu & emprifonné en feure garde iufques à ce que Iupiter fon fils le dégagea, & deffift entierement ces Titans auec fon foudre. Quelques-vns, comme Diodore, ne mettent que fix Titans & fix filles, du nombre defquels fut Iapet pere de Promethée, & Hyperion qui fut pere du Soleil & de la Lune; dont le Soleil eft mefmes appellé Titan, & la Lune Titanis. Les Egyptiens en mettent iufques au nombre de 45. dont le Ciel en eut 17. de Titye, lefquels furent tous ainfi apppellez du mot Grec *Tifis*, c'eft à dire, vengeance, à caufe de celle qu'ils exercent contre Saturne. Quelques vns confondent ces Titans auec les Geants (bien que d'autres les diftinguent, en ce que les Titans firent la guerre à Saturne, & les Geants à Iupiter.) *Voy* Geants.

Titarefius (felon Homere) eft-ce fleuue de Theffalie, que Pline appelle Eurotus. *Voy* Eurotus.

Tite Empereur Romain, fils aifné de Vefpafian, fut vn tres-bon & tres excellent Prince, fi bien que pour fes belles & vertueufes qualitez il fut appellé *l'Amour & les delices du genre-humain*. Dés fon enfance il s'acquift tellement la cognoiffance des bonnes lettres qu'il ne fut moins docte és lettres Grecques qu'és Latines. Fut tres-adroict à manier vn cheual, tres-expert en la Mufique, éloquent Orateur & bon Poëte. Au refte doüé d'vne me-

moire excellente, d'vn folide iugement & grandement experimenté à efcrire des chiffres & abbreuiations, & côtrefaire parfaictement toutes fortes d'efcritures. Ayant depuis fuiuy les armes il y acquift beaucoup de reputation, & fpecialement en la guerre contre les Iuifs defquels il triompha auec fon pere, qui lors l'affocia à l'Empire, auquel eftant paruenu, il demonftra pleinement fa liberalité, fa clemence & debonnaireté finguliere : Auffi difoit-il fouuét, *qu'il n'eftoit pas honnefte qu'aucun partift iamais trifte & malcontét de deuant vn Prince*. Il rebaftift & fift certains grands edifices, & inftitua des feftes folemnelles, où (felon Eufebe & Suetone) l'on tua 5000. beftes, & y eut grand nombre de combats de Gladiateurs. Il fift auffi reprefenter vne bataille nauale, augmentant les prix & falaires ordonnez par fes predeceffeurs pour la magnificéce de tels fpectacles. Eftant furuenuë à Rome vne grande peftilence & vn grand embrazement, il vfa d'vne charité incroyable, fubuenant de fes propres reuenus à faire rebaftir les maifons bruflées, & voulut faire penfer les bleffez, & enfeuelir les morts. *Orofe.* Sa clemence & mifericorde furent telles qu'il pardônoit à prefque tous ceux qui auoient confpiré côtre luy ; mefme voulut temperer la rigueur des Loix en tous cas & offenfes ordinaires. Son frere Domitian ayant fouuent dreffé embufches à fa vie, il ne voulut pour cela l'efloigner d'aupres de foy, ains l'affocia à l'Empire, & le declara fon fucceffeur. Ces heroïques vertus le firent aimer infiniment de fes fubiects, de forte qu'il ne furuint iamais guerre, trouble ny defobeiffance aucune pendant fon regne ; lequel eut peu de durée, car il ne fut que 26. mois & 26. iours Empereur, & felon Eutrope quelque peu moins, la mort l'ayant preuenu l'an de falut 83 *Eutrope, Suetone, & autres, en fa vie.*

Tite Liue Historien Romain, fort celebre. *Voy Liue.*

Tithon fils de Laomedon Roy des Troyens, & frere de Priam, lequel l'Aurore enleua pour sa beauté & l'emmena en Ethiopie, dont elle eut Memnon. Et disent les Poëtes qu'à sa priere Iupiter le rendit immortel; mais que s'estant oubliée de demander qu'il ne vieillist point, il tomba en vne vieillesse si extréme que ne prenant plus de goust aux ioyes de ce monde, il obtint de son amoureuse d'estre transmué en vne cigale qui posant sa vieille peau ne meurt point. *Horace liu. 1. des Carmes.* ¶ L'on dict que l'Aurore en deuint amoureuse, pour ce qu'il auoit de constume de se leuer matin pour vaquer à l'estude de sagesse & aux variables vicissitudes du Ciel & de la nature; c'est pourquoy cette vigilance conferant beaucoup à sa santé & longue vie, il fut estimé auoir le don d'immortalité: & en ce qu'ils disent qu'il fut metamorphosé en cigale, cela ne signifie autre chose que le babil des vieilles gens qui sont pour la pluspart importuns & fascheux, se vantans sans cesse, louans le temps passé, & mesprisans le present, tels qu'Homere descrit son Nestor.

Titian certain Orateur Grec, Precepteur de l'Empereur Maximin, a escrit de fort beaux Liures de la Topographie. L'on l'appelloit le singe de son temps, pour ce qu'il auoit vne grande industrie & vne merueilleuse grace à imiter toutes choses. *Capitolin.*

Tityé fils de Iupiter & de la Nymphe Elare fille d'Orchomene, laquelle Iupiter ayant engrossée, craignant l'indignation de Iunon, il la cacha dans les entrailles de la terre; mais le terme expiré elle enfanta ce Tityé d'vne grandeur prodigieuse, au trauail duquel estant morte, la terre le nourrit & poussa hors, & pour cette cause il fut surnommé Terre-nay & Nourrisson de la terre. Depuis il fut si outrecuidé que d'attenter (à l'instiga-

tion de Iunon) à l'honneur de Latone mere d'Apollon, & pourtant Apollon & Diane l'assommerent à coups de flesches: Il fut dauantage foudroyé & relegué és Enfers où il gist là estendu, remplissant bien neuf arpens de terre. *Apollonius Rhodien.* Et endure qu'vn serpent (selon Homere) ou vautour se gorge de son foye sans cesse qui renaist tousiours auec la Lune: *Ouide liu. 4. de ses Metam. Virg. liu. 6 de l'Æneide, Homere liu. 11. de l'Odyssée.* ¶ Les Naturalistes mythologissent cette fable assez gentimét: Par Tityé sont entédus les bleds (car tityros en Grec vaut autant que tuyau de bled.) Eleare fille d'Orchomene (qui est vn fleuue de Thessalie) est dicte sa mere, dautant que l'humeur lactée qui est és semences prouient des eaux: Iupiter est l'air dont cette Nymphe conçoit; car toutes sories de semences tirent en leur saison leur generation de la disposition de l'air qui les faict pousser & sortir de terre; mais auant il faut quelles demeurent cachées, de crainte de Iunon, c'est à dire de l'iniure du temps: En suitte dequoy l'on void sortir Tityé qui est le tuyau; & non Eleare; par ce que c'est la semence qui est pourrie en terre: & à mesure qu'il croist, il semble vouloir s'attaquer au Ciel: Mais Apollon qui est le Soleil, par ses rayons, qui sont autant de flesches, le renuerse, c'est à dire le faict meur & prest à estre seié: L'on dict que son cœur est rongé, par ce que le dedans seul du bled est propre pour faire du pain & estre mangé, & l'escorce en est reiettée.

Tityre nom d'vn pastre mentionné és Bucoliques de Virgile & de Theocrite. Il a ainsi esté nommé du mot Grec *Tityros* qui signifie vn tuyau de bled, dont s'esbattent ordinairement les bergers pour faire flustes & flageolets.

Tiuoli ville tres-ancienne de l'Italie, en la campagne de Rome bastie long-temps deuant la fondation de Rome par vn nommé Tiburtus (dont

elle prift le nom de Tibur) qu'on tient
auoir efté fils de cét Amphiaraus qui
mourut à Thebes, cent ans deuant la
guerre de Troye. *Pline liu.16. chap.44.*
L'air y eft fort agreable, & s'y voyent
force antiquitez & lieux de plaifance,
comme auffi plufieurs fontaines fort
medicinales.

T L

Tlepoleme fils d'Hercule &
d'Aftioché laquelle
fon pere auoit enleuée d'Ephyre ville
du Peloponnefe: Homme fort & adroit
aux armes, lequel ayant mis à mort Licinius fon oncle fils de Mars, abandonna fon pays; & ayant fretté vn nombre
de vaiffeaux, fe retira en l'Ifle de Rhodes où il fe rendit maiftre de trois villes; & du temps de la guerre de Troye
vint au fecours des Grecs auec neuf nauires, où il fut m s à mort par Sarpedon
Roy de Lycie. *Homere li.2. de l'Iliade.*

T M

Tmole iadis Timole, montagne de
Lydie, dont le Pactole, qui
traifne auec foy des arenes d'or, prend
fa fource. *Ouide liu.6. de fes Metam.* Il
en fourt auffi vn fleuue de mefme nom
où l'ó trouuoit iadis des pierres de touche fort excellétes pour efprouuer l'or,
& ne s'en trouuoit point ailleurs cóme
veut Theophrafte. *Pline liu.33. chap.8.*

T O

Tobie, interpr. de l'Hebr. *bonté du*
Seigneur; Homme Iuif de la
Tribu de Nephthali, réply de pieté, lequel pendant qu'il eftoit en Niniue (du
temps que Salmanafar Roy des Affyriens tenoit le peuple Iuif captif qu'il
auoit tranfporté en fa terre) exerçoit
toutes fortes d'œuures charitables tát

en departant fes biens qu'en enfepul-
turant les morts; c'eft pourquoy Dieu
luy enuoya fon Ange Raphaël qui feruit de guide à fon fils hommé auffi Tobie le ieune, en vn voyage qui luy auoit
efté commandé par fon pere; où il le
preferua d'vn poiffon qui le deuoit deuorer: Luy fift efpoufer Sarra, laquelle
il deliura du malin efprit; & luy donna
inuention de faire recouurer la veuë à
fon pere, par le moyen du fiel d'vn poiffon: Ainfi cét Ange le ramena fain &
fauf à fon pere duquel il refufa
les prefens, fe declarant eftre l'Ange de
Dieu, & auffi toft difparut; & depuis le
vieil Tobie vefcut encore 102. ans, & le
fils 99. auec toute forte de profperités
& de benedictions. Il a luy mefme efcrit fon Liure en langue Hebraïque,
qui fut mis au 2. Canon des Hebrieux,
& depuis couché entre les Liures Canoniques par l'Eglife Chreftienne, l'an
410. au 5. Concile de Carthage où affifta
S. Auguftin, comme auffi par d'autres
Peres S. Cyprien *liu.1. contre les Iuifs,*
S. Irenée *liu.1 chap.34.* S. Chryfoftome
Homil.3 & S. Hierofme *en fa Preface*
fur Ionas.

Tolede ville capitale de la Caftille
neufue, fituée quafi au mi-
lieu de l'Efpagne, ayant bien 4. milles
de circuit: Elle eft fife en vn lieu fort
inégal, eftant en partie haut & en partie bas; mais fort bien munie & fortifiée de 150 tours, ornée d'vn grand nóbre de fuperbes édifices tant publics
que particuliers, fort peuplée; & font
fes Citadins grandement induftrieux.
Elle eft honnorée d'vn Archeuefché,
& des plus remarquables de l'Europe.
Ayant foubs foy 17. autres villes où il y
a Iurifdiction tant pour le téporel que
pour le fpirituel. L'on y a faict auffi vn
plus grand nombre de Conciles qu'en
aucune autre ville de la Chreftienté,
veu que l'on y en compte iufques à
18. ou 20. *Mercator.*

Tolon, *Voy* **Tholon.**

Tombut Royaume d'Afrique, en la region des Negres. Son Roy est fort opulent, possedant quelques autres Royaumes: aussi monstre-t'il sa puissance en sa garde, ordinaire qui est de 3000. Cheualiers, & d'vn nombre infiny de pietons qui se seruent de flesches empoisonnées. Il nourrit quantité d'hommes doctes, mais grand ennemy des Iuifs. Sa ville capitale est pareillement nómée Tombut, dont les maisons sont de croye & de chaulme fors le Palais du Roy. Les habitans de ce pays sont d'humeur fort douce qui passent la plus grande partie du temps à sauter & à danser. *Magin en sa Geographie.*

Tomyris Royne tres-belliqueuse des Scythes, laquelle indignée de ce que Cyrus auoit tué son fils Sargapises, duquel il auoit deffaict l'armée, l'ayant surpris par embusche ioüa de son reste, & se porta d'vn si grand courage, & auec tant d'adresse contre l'armée victorieuse, qu'elle mist au fil de l'espée iusques à 200000. Persans, sans qu'à grand peine il y eust aucun qui peust rapporter nouuelle de la déroute; & non cótente de ce, couppa la teste à Cyrus, laquelle plongeant elle mesme dans vne cuue pleine de sang, elle vsoit de tels propos, *Abbreue-ue toy de sang dont tu as tousiours eu soif, & duquel tu as tousiours esté insatiable. Iustin liu. 1. & Herodote li. 1.* Toutefois Xenophon dist que Cyrus mourut paisiblement entre les siens.

Tongres anciens peuples originaires des Gaulois, furét appellez Germains : Ayans quitté leur pays qui estoit en Brabant non loing d'Vtrecht, passerent le Rhin & habiterent d'autres contrées. S. Materne fut leur premier Apostre. *Monster en sa Cosmographie.*

Topazos Isle de la Mer rouge, loin de terre d'enuiron 300. stades, laquelle est si chargée de broüillards qu'à grande peine la peut-on descouurir d'où elle a pris le nom, pource qu'en la langue des Volges voisins de là, *Topazein* signifie chercher. Elle est renommée pour y auoir abondance de Topazes ou Chrysolites (qui sont certaines pierres precieuses) où s'en trouua vne de quatre coudées de long qui fut donnée à Berenice mere du Roy Ptolemée II. & d'icelle Ptolemée Philadelphe en fist faire vne statuë en l'honneur de la Royne Arsinoé sa femme. *Pline liu. 37. chap 8.*

Toscane region de l'Italie, tres-noble, tres-ancienne, & fort celebre, appellée premierement Gomora de Gomer fils aisné de Iapet, selon Berose & Ennius : Vmbrie, selon Pline, Ianicule de Ianus qui y commáda: Tyrrhenie, Hetrurie, & finalement Tuscie ou Toscane de son Roy Tuscus fils d'Hercule. Ses bornes sont à l'Orient le Latium, dont elle est separée par le Tybre : au Midy la Mer Mediterranée appellée Tyrrhene ou de Toscane : au Nord le mont Appennin : & au Couchant la Ligurie ou Seigneurie de Gennes dont elle est separée par le fleuue Macra. Cette prouince estant située comme au nombril de l'Italie, est doüée de tous les priuileges que la nature a accoustumé d'octroyer particulierement aux autres; car elle produict toutes sortes de fruicts en abondance, & specialemét des vins tres-genereux. L'air y est tres-benin : Ses campagnes, montagnes, vallées & bois tres-agreables : Ses fleuues & lacs grandement poissonneux. Il s'y trouue en quelques lieux, comme és ruisseaux de Volterre, certaines pierres precieuses cóme Agathes, Chalcedoines: &c. Il y a aussi des carrieres de marbre & de porphyre, & y trouue t'on des mines d'albastre, d'azur, de vitriol, & d'autres mineraux.

Ses peuples jadis nõmez Hetruſques, ont eſté des plus puiſſans d'Italie en armes, richeſſes, & police (ſelon T. Liue & Diodore) grandemẽt religieux & addonnez aux ſacrifiees, ceremonies & deuinations dont ils ont baillé l'inſtruction aux Romains, ſelon Denis d'Halicarnaſſe, auſquels auſſi ils ont donné l'inuention de la ſelle curule, de la robbe Pretexte, des faiſceaux, haches & autres enſeignes d'Empire, & ornemẽns de Magiſtrats. Ils inuenterent auſſi la trompette fort vtile en la guerre. Et quant à leur valeur, ils l'ont faiɾt paroiſtre & par mer & par terre; car Pline diɾt qu'ils ſubiuguerent 300. villes, qu'ils en baſtirent 11. par delà l'Apennin, où ils enuoyerent des colonies comme le teſmoignent T. Liue & Polybe: Ils ont eſté pareillement ſi puiſſans ſur Mer qu'ils ont donné leur nõ à toutes les coſtes d'Italie, car l'vne d'icelles eſt nommée Toſcane, & l'autre Adriatique de la ville d'Adria qui eſtoit de leur peuplade : Auſſi ont ils touſiours contrequarré la puiſſance des Romains, & pour en venir à bout, il a falu qu'ils ayent eſleu pluſieurs fois des Diɾtateurs : Mais enfin l'an de la fondation de Rome 474. ils furẽt tout à faiɾt ſubiuguez par le Conſul Coruncanus, & adioints à la République Romaine ; depuis lequel temps ils ont touſiours perſiſté en leur fidelité : Mais ſur le declin de l'Empire, les Goths, Lombards, & Hongres les ont ſubiugué à leur tour, & maintenant ils ſont ſubiets pour la pluſpart du Grand Duc de Toſcane, qui a ſon Eſtat compoſé de trois corps de République, de celuy de Florence, de Piſe, & de Sienne. Il y a neantmoins quelques parties de l'ancienne Hetrurie ou Toſcane qui recognoiſſent d'autres Seigneurs comme le Pape, le Roy d'Eſpagne, le Duc de Ferrare, les Gennois, & quelques autres ; & toute-fois la plus grande & no-

ble partie recognoiſt le Grand Duc de Toſcane qui faiɾt ſa demeure en la ville de Florence qui en eſt capitale, outre 14. autres villes entre leſquelles ſont Piſe, Sienne, Luques, Perouſe, Volterre. Elle eſt gouuernée de preſent par les deſcendans de l'Illuſtre race des Medicis, yſſus de ce grand perſonnage Coſme de Medicis qui fut ſurhommé le Pere de la patrie, & fut le Mœcenas & le Proteɾteur des plus excellens hommes de ſon ſiecle, tant aux lettres qu'aux armes, lequel apres auoir ietté le premier les fondemens de la ſplendeur de cette grande famille, paſſa en vne vie bié-heureuſe, l'an 1414.

Les Toſcans ont iadis eſté fort laſcifs, ſelon Athenée, ayans de couſtume de ſe faire ſeruir en leurs banquets par des filles toutes nuës, & de faire luiɾter les filles auec les hommes, ne reputãs à honte la nudité des femmes, nourriſſans d'autre part en commun les enfans qui procedoient d'icelles. Ils ſont de preſent grandement ſpirituels, accorts, aduiſez, diligens, & propres à toutes ſortes d'arts, & ſur tout excellens en faiɾt de marchandiſe. Tous ceux de cét Eſtat ſont bons Catholiques: Il y a trois Archeueſchez, ſçauoir Florence, Sienne, & Piſe, qui ont ſoubs eux pluſieurs ſuffragants tant en la Toſcane qu'en l'Iſle de Corſegue.

Totila Roy des Goths, ſe rendit effroyable à l'Italie du temps de l'Empereur Iuſtinian I. car il y fiſt pluſieurs exploiɾts & combats tant ſur mer que ſur terre, où il vainquit quelques Capitaines de l'Empereur : & nonobſtant la reſiſtance de Beliſaire qui auoit eſté enuoyé cõtre luy, il aſſiegea Rome, & apres l'auoir priſe la deſtruiſit preſque toute, faiſant bruſler le Capitole, & ietter par terre plus de la tierce partie des murailles ; enioignant que les Citoyens euſſent à abandonner la ville ſur peine de la vie : Et bien qu'il traiɾtaſt cruellement les Catholiques, fi eſt-ce qu'il pardonnoit à ceux qui auoient recours aux Egliſes : Ainſi demeura Rome bruſlée, ruinée, & toute deſerte par l'eſpace de bien 40. iours. *Procop. li.* 17. *Paul Diacre liu.* 3. Et bien que Beliſaire l'euſt faict rebaſtir & repeupler de nouueau, ſi eſt-ce que Totila y miſt le ſiege derechef, & ne l'ayāt peu prendre à cauſe de la vertueuſe deffenſe de Beliſaire, il attendit l'occaſion de ſon abſence, & la força : mais cette ſeconde priſe fut contraire à la premiere, car il ny fiſt aucun mal, ains au contraire taſcha de la rebaſtir. Par ſes exploicts il ſe rédit preſque maiſtre abſolu de l'Italie, mais Narſes autre Lieutenant de l'Empereur le vint attaquer, & luy ayant preſenté la bataille il le tua & deſconfit ſon armée, ayant regné 11. ans. *P. Ioue liu.* 1. *des Hommes Illuſtres.*

Toul ville Epiſcopale du pays Meſſin, ſize ſur la riuiere de Moſelle, dont fut S. Manſuet ſon premier Apoſtre. Elle dépend de l'Archeueſché de Treues.

Touraine pays & Duché de Frāce, ſituée entre les villes de Blois & de Saumur. C'eſt l'vne des plus fertiles & agreables prouinces de tout le Royaume, laquelle pour ce l'on appelle le Iardin de la France. L'air y eſt grandement pur & temperé, c'eſt pourquoy les bleds & vins y croiſſent en abondance, & principalement les fruicts qui y ſont fort excellens. Elle a pluſieurs belles villes, Tours (qui eſt ſa capitale) Amboiſe, Loudun, Langets ſur Loire, Loches, Chinon, &c. Cæſar *liu.* 11. *de ſes Comment.* faict grand eſtat de la valeur de ſes habitans : Les Comtes de Blois & de Champagne l'ont poſſedée quelque temps; mais Arthus Duc de Bretagne, fils de Godefroy Comte d'Anjou, qui l'auoit empietée ſur Thibauld III du nom en fut le dernier Comte; car ayant eſté tué par Iean Sans-terre ſon oncle, cette prouince

fut confiſquée au Domaine Royal par la felonnie de ce Iean: Depuis nos Rois l'ont erigée en Duché, & en ont meſmes appanagé leurs fils puiſnez, comme Charles V. ſon fils Louys.

LES Tourangeaux ſont remplis de gentilleſſe & douceur, & fort fidelles à leur Roy.

Tournay ville Epiſcopale des Païs bas, pres l'Eſcauld, laquelle a eſté poſſedée par les Anglois, comme auſſi par les François, ſur leſquels Charles le Quint la conqueſta: Elle dépendoit de l'Archeueſché de Rheims, mais de preſent elle recognoiſt celuy de Cambray.

Tours ville capitale du Duché de Touraine, ſize ſur la riuiere de Loire, appellée des Latins *Cæſarodunum Turonum*, à cauſe des tours dont ſes premiers fondateurs l'embellirent. Quelques vns la font baſtie par vn certain Turnus Troyen contemporain d'Ænée, ou bien de Turnus fils d'Æneas Syluius : quoy que s'en ſoit, cette ville eſt tres-ancienne, ayant eu ſon Egliſe cette gloire d'eſtre faicte dés la naiſſance de l'Egliſe, Metropolitaine de pluſieurs notables Eueſchez, cōme du Mans, d'Angers, & des neuf de la Bretagne, ayant pour pres de 1100. Paroiſſes ſur leſquelles elle s'eſtend. S. Gratian fut ſon premier Eueſque, qui fut ſuiuy de S. Martin le ſecond Apoſtre de France, & l'vn des plus grands Prelats de la premiere Chreſtienté, fort renommé tant en pieté qu'en miracles; ſi bien que les anciens François, & nos Rois meſmes venoient de toutes parts en cette ville pour honnorer ſon ſepulchre, cōme fiſt le premier Roy Chreſtien Clouis, Clotaire ſon petit fils, Charlemagne, Louys XI. & autres qui y ont faict des pelerinages, & ont grandement enrichy ſon Egliſe, lequel pelerinage ils faiſoient auſſi pour la reuerence qu'ils portoiēt à cette Ampoulle Saincte que Seuerus Sulpitius diſciple de S.

de sainct Martin, dit auoir esté apportée
miraculeusement du Ciel pour guarir
ses playes. Elle est renommée par la
naissance du Pape Martin IV. & pour
quatre Conciles Prouinciaux qui y ont
esté tenus en diuers temps par l'Eglise
Gallicane. Il y a vn Presidial & vne Ge-
neralité de Thresoriers pour le fait des
Finances.

T R

Trachonitide contrée de la
Cœlesyrie, dite
Decapolis. *Pline liu. 5. chap. 18.* Elle est
située entre le Liban & le lac Tiberiade,
dont fut Tetrarque Philippes fils d'Herode, au rapport de sainct Luc. Quelques-vns estiment qu'elle s'appelle de
present *Gessuri.*

Trajan succeda à l'Empire Romain,
au bon & sage Nerua qui
l'auoit adopté & creé Cesar dés son viuant. Il estoit natif de la ville d'Italique pres Seuille en Espagne, nay de
Noble race, non toutefois renommée
ny illustre en dignité. Les conquestes
& les belles qualitez de ce Prince, tant
en paix qu'en guerre, furent telles & si
grandes, qu'à peine (ainsi que tesmoigne Sext. Aurele) les Historiens les ont
ils sceu descrire : Aussi ne vid-on iamais
l'Empire de Rome si grand, si redoutable, ny en si grande reputation. Aussi-
tost qu'il fust esleu (ce qui fut auec grád
applaudissement de tous) il donna preuue de ses belles & rares vertus, se monstrant tousiours en faicts & en dicts
debonnaire, affable, paisible, tres-sage,
amy de iustice & de verité : Il s'employa
soudain à reformer les Loix, & à faire
qu'elles fussent obseruées inuiolable-
ment, allant luy mesme en l'audience
publique de la Iustice, où il decidoit
beaucoup de causes auec vne grande
& admirable equité : Il mist aussi ordre en toutes charges publiques, conferant les dignitez & Estats à ceux qui

pour leurs vertus en estoient dignes.
Sa liberté fut immense, car il faisoit
du bien à chacun, subuenant ordinairement aux paures. Il fut tres-soigneux de faire nourir & enseigner les
bonnes lettres à tous les enfans des citoyens Romains & de toute l'Italie. Il
aimoit les hommes de sçauoir & de reputation; aussi auoit il esté dressé par vn
grand Maistre l'excellent Philosophe
& sage Historien Plutarque. Il fist
aussi bastir plusieurs edifices publics &
necessaires, des ponts, des ruës, & des
Palais, sans toutefois se preualoir de la
sueur & labeur de son Peuple : Bref il
fut tres-vaillant & heureux, tres-sage
& droicturier en paix, & en guerre,
ayant toutes les vertus recommanda-
bles & conuenantes à vn Prince parfaict & accomply. Son premier dessein de guerre fut contre Decebalus
Roy de Dace (qui est vne prouince tres-
grande vers l'Orient) qu'il vainquit
par deux fois, & enfin rendit son pays
tributaire à l'Empire; dont il triompha
apres son retour à Rome : Depuis il se
rendit persecuteur des Chrestiens, qui
aduint le 10. an de son Empire, & fut
la 3. persecution de l'Eglise, selon Eusebe & P. Orose. Il adoucit neantmoins cette rigueur, à ce esmeu par les
Epistres de Pline le ieune. Il s'achemina en suite dans l'Asie où il subiugua
l'Armenie qu'il rendit subiecte de l'Empire, comme aussi les Parthes & d'autres pays circonuoisins. S'estant arresté
en Antioche ville de la Syrie, plusieurs
Ambassadeurs des Prouinces d'Orient
luy offrirent obeïssance de la part de
leurs Maistres. Continuant ses conquestes, il passa plus auant en Perse &
en l'Assyrie, où il se rendit Maistre de
tous les pays & prouinces qui sont deçà & de là les fleuues d'Euphrates & Tigris, à sçauoir de la Syrie, Babylone,
Chaldée, & des autres villes & prouinces de ce pays là. Dion mesme escrit
qu'il entra par la mer de Perse dans

PPP P ppp

l'Ocean, auec vne grande flotte, con-
queſtant vers les Indes toutes les villes
& havres d'icelle mer, & les aſſubjet-
tiſſant à l'Empire Romain : & euſt paſſé
plus outre ſi ſon aage & ſa ſanté luy
euſſent peu permettre, proteſtant ſouuent qu'il eſtimoit Alexandre bien-
heureux de ce qu'il auoit commencé
à regner eſtant encore enfant. Et jaçoit
qu'il y eut pluſieurs villes maritimes
& autres peuples qui ſe rebellerent
puis apres, ſi eſt-ce qu'il les reprima
à ſon retour auec vn heur & valeur incomparable, y eſtabliſſant des Roys
qui ſeroient vaſſaux de l'Empire. De
ce temps là auſſi les Iuifs ſe reuole-
rent de telle façon par tout, principalement en la prouince de Cyrene, en
l'Egypte, & en Afrique, qu'ils maſſacrerent tous les Grecs & Romains
qu'ils rencontroient : Meſmes Dion
eſcrit qu'ils en taillerent en piece plus
de 200000. dans ſa ſeule Iſle de Cypre, ne relaiſſans aucune perſonne
dans la ville de Salamine, au rapport
d'Euſebe & d'Oroſe : Ce qui conuia
Trajan d'y enuoyer ſes Lieutenans qui
exterminerent tous les Iuifs en toutes
les contrées. Mais comme il s'en retournoit à Rome, où on luy preparoit
vn tres-ſuperbe triomphe, il mourut en
la ville de Seleucie, aagé de 65. ans, ayant
tenu l'Empire 19. ans, 6. mois, l'an de
ſalut 119. Cét excellent Prince fut celuy qui ſubiugua plus de villes & prouinces, ou pour mieux dire, le plus
grand & le plus puiſſant homme. (eu
eſgard à la puiſſance humaine) de tous
ceux que le monde a oncques veu : Et
bien qu'il n'ait eſgalé Iules Ceſar en la
valeur des armes, & en quelques autres vertus; ſi eſt-ce qu'il l'a ſurmonté
en beaucoup d'autres notables parties
plus dignes d'vn vray Prince, ayant
gouuerné l'Empire auec ſi grande Majeſté, Iuſtice, & bon-heur, que l'on le
peut dire à bon droict la fleur & la
perle d'eſlite de tous les Empereurs

Payens. Il fut de grande ſtature, auoit
quelque peu la face noire, les cheueux
clair ſemez, & la barbe fort eſpaiſſe, le
nez aquilin, les eſpaules larges, & les
mains longues. Dion, Aurel. Victor, Eutrope, & autres.

Tranſſyluanie contrée de l'Europe, qui faict
partie de l'ancienne Dace, dicte de preſent par les Allemans Siebenburg, & par
les Hongrois Erdeli. Elle eſt ainſi appellée pour eſtre enuironnée de pluſieurs
foreſts & hautes montagnes, eſtant comme vne ville qui ſeroit murée & fortifiée de bouleuars. Elle a pour bornes à
ſon Couchant la Hongrie : au Nord la
Pologne : au Midy la Valachie : & à
l'Orient la Moldauie. Elle eſt abondante en toutes choſes neceſſaires à la
vie humaine, froment, vin, beſtail tant
priué que ſauuage, & comme Lyons,
alces, lynx, ours, aigles, & autres qui
ne ſont communs, & de tres-bons cheuaux. Elle a auſſi force mines de pluſieurs ſortes de metaux ; ſçauoir, d'or,
d'argent, de cuiure, d'airain, de plomb,
d'eſtain vif, de fer, & d'acier. L'on tire
auſſi de ſon terroüer quantité d'antimoine, de vitriol, de ſoulfre, de ſel.
L'on y void force bains tant d'eau
chaude que froide, des ſources d'eaux
qui ont preſque le gouſt de vin, &
d'autres qui ſe conuertiſſent en pierres auſſi-toſt qu'elles ſont hors de leur
ſource. Il y a quantité de miel dont ils
font la maluoiſie. Il y croiſt auſſi de
l'agaric & du terebinthe, auec vne infinité d'autres herbes vtiles à la Medecine. Elle a eſté habitée par diuerſes nations tels que les Iazyges, Meta-
naſtes, Getes, Baſtarnes, Sarmates,
Grecs, Romains, Scythes, Saxons, Hongrois, & finalement les Turcs. Les
Romains la ſubiuguerent fort tard
ſoubs l'Empereur Trajan apres qu'il
eut deffaict Decebale Roy des Daces,
& lors fut reduicte en prouince qui
receut les Loix Romaines, ſelon Iuſtin.

Elle fut depuis perduë 200. ans apres, soubs l'Empereur Galien , & enuahie par les Scythes conduicts par Attyla; & deslors ses habitans commencerent à quitter l'humanité des Romains, & à reprendre leur barbarie : Les Saxons apres s'en emparerent du temps de Charlemagne., & en suitte les Hongrois qui se meslant auec les Daces s'y habituerent & s'en rendirent Maistres soubs leur Roy Sainct Estienne, enuiron l'an 997. Il y a plusieurs villes notables, dont la capitale est Hermenstat ville fort belle & presque aussi grande que Vienne , Alba Iulia dicte vulgairement Vveissembnrg ville tres-ancienne, & autres.

Ses peuples nommez Valaques par plusieurs, & Transsyluaniens, sont fort farouches & barbares, communément ennemis des bonnes lettres: mais lesquels sont fort belliqueux & façonnez au mestier des armes, pouuans fournir iusques à cent mil hommes de guerre. Ils sont pour la plufpart Grecs Schismatiques, recognoissans le Patriarche de Constantinople ; & ce neantmoins ont beaucoup de choses communes auec les Payens, comme les deuinations, les enchantemens, iuremens par Iupiter & Venus qu'ils appellent saincte, la façond'enseuelir leurs morts, d'espouser plusieurs femmes & de les repudier, &c. Monst. liu. 3. de sa Cosmogr. Mercat. en son Atlas.

Trasimonde, 4. Roy des Vvandales en Afrique, ayant estroicte alliance d'amitié auec l'Empereur Anastase , destournoit les Chrestiens de la Foy , non pas par peine, mais par recompense. Procope. Relegua toutefois iusques à 220. Euesques en l'Isle de Sardaigne, apres auoir fermé leurs Eglises. Bede.

Trebisonde Ville franche & Imperiale, située prés le Pont Euxin , és lizieres de la Cappadoce, enuironnée d'vne grande & haute

montagne, selon Pline liu. 6. chap. 4. Elle fut bastie par les Grecs, & depuis renduë illustre pour auoir esté le siege d'vn Empire fondé par Isaac Comnene , ou selon d'autres par vn certain Seigneur nommé Constantin Gabra qui s'en qualifia Empereur malgré Manuel Comnene Empereur de Constantinople. Elle fut prise par Mahomet II. lequel fist mourir depuis son dernier Empereur nommé Dauid , & destruisit toute sa race. Il y a grand nombre de ses habitans Grecs Schismatiques. De cette ville estoit natif ce grand personnage George Trapezonce, lequel bien que grandement versé és langues Grecque & Latine & en toutes sciences, fut toutefois surpris d'vne telle maladie., qu il oublia iusques à son nom propre, & mourut l'an 1486.

Trebonius l'vn des meurtriers de Iules Cesar, lequel s'estant fuy en Asie, fut neantmoins surpris par Dolabella en la ville de Smyrne par lequel il fut massacré cruellement? Ciceron en ses Philippiques.

Treguier ou Landriguet ville maritime de la basse Bretagne, dont les peuples sont compris soubs le nom d'Osissinos dans Cesar en ses Comment. Elle est honnorée du tiltre d'Euesché qui s'estend sur bien 300. paroisses, & dépend de l'Archeuesché de Tours. Ce grand Iurisconsulte S. Yues en estoit Official.

Tremisen ou Telensin , Royaume d'Afrique , appellé du temps des Romains , Mauritanie Cæsarée. Son estenduë en longueur d'Orient en Occident est de 380. milles, mais sa largeur n'en a pas plus de 25. sçauoir depuis la Mer Mediterranée iusques aux deserts de Numidie. Il a pour ses bornes au Couchant les fleuues de Za & Muluie: au Midy les deserts de Numidie : au Leuant le grand fleuue que l'on nomme Magrada : & au Nord la Mer Mediterranée. Son

terrouër est fort aride & aspre principalement vers le Midy, car les champs
voisins de la marine sont plus fertils.
Sa Metropolitaine est Telensin, ville
iadis fort grande, qui auoit 16000. familles, mais de present elle est presque
toute ruinée. L'Empereur Charles le
Quint l'auoit prise en sa protection
contre le Roy de Fez, mais les Turcs
enfin s'en sont rendus Maistres. Ce
Royaume comprenoit aussi Bugie &
Alger, prouinces qui portent le nom de
leur capitale. *Magin en sa Geogr.*

Trente ville ancienne du Comté
de Tirol, size sur le fleuue
Atiso és frontieres de l'Italie, ainsi appellée du Trident ou Sceptre de Neptune, lequel les habitans reueroient,
& s'en void encore l'Idole dans le Temple de S. Vigile. Trogus l'a dict auoir
esté basti par les Gaulois. Theodoric
Roy des Ostrogoths la ceignit de muraille toute de pierres quarrées. Les
Lombards la possederent aussi apres
les Ostrogoths, luy donnans le tiltre
de Duché; & depuis Charlemagne en
ayant chassé Didier leur dernier Roy,
l'augmenta & incorpora à l'Empire :
mais en apres Charles Saxon donna cette Comté auec quelques autres terres à
l'Eglise. Ses habitans parlent bon Allemand & bon Italien. Elle est renommée
par ce Concile general qui y fut tenu
contre les Heretiques de ce temps, commencé l'an 1547. & finy l'an 1564. apres
plusieurs interruptions. *Surius en son
Hist. Sleidan liu. 19.*

Treues ville tres-ancienne des Gaules,
dicte des Latins *Aug. Tre-
uirorum*, & de present par les Allemands
Trier; qui fut bastie (selon Æneas Syluius) du temps d'Abraham, 2000. ans
deuant l'incarnation, par Trebeta fils de
Ninus Roy des Assyriens lequel chassé
du Royaume par sa marastre Semiramis, vint bastir cette ville pres la Moselle, en vne vallée fort delicieuse. Elle
fleurissoit iadis en richesses, peuples, &

bastimens superbes, dont se voyent encore quelques restes, & entr'autres son
Palais. Il y a aussi vne tres-ancienne Vniuersité où les sciences ont tellement fleury, que l'on y venoit de tous les parties
de l'Europe. Sainct Materne disciple de
sainct Pierre y planta la foy. Elle est honorée du tiltre d'Archeuesché qui s'estend sur les Euesche de Mets, Toul &
Verdun. Son Archeuesque est l'vn des
sept Electeurs & prend la qualité de
Grand Chancelier de l'Empire en France. Cette ville a donné le nom à la
contrée voisine qui est bornée de l'Archeuesché de Cologne, du pays de Hessen, des Duchez des deux Ponts & de
Luxembourg : En ce Diocese il y a quatre Comtez, quelques Baronnies &
autres Seigneuries. Le pays est inegal
& raboteux, & assez infertil, il y a
toutefois grande quantité d'animaux
tant priuez que sauuages, & abonde
en mines d'argent, fer & plomb. Il y a
vn lac où se trouuent quelques pierres vertes, iaunes, rouges qui appro-
chent fort de la beauté des esmerau-
des, hyacinthes, & rubis.

Ses peuples ont esté fort guerriers
& ne purent estre subiuguez qu'à grande
peine : Ils sont d'vn triste accueil & d'vne
habitude fort melancholique, mais endurcis au trauail. *Mercator en son Atlas,
Ortel.*

Treuisane Marche contrée
de l'I-
talie tres-celebre , ainsi appellée du
nom de Treuis l'vne de ses villes dicte
Taruisinum par Cassiodore ; iadis la
demeure des Marquis Lombards qui
y commandoient. Ses bornes sont au
Leuant l'embouchure du fleuue Bren-
te, & vne partie de la Mer Adriatique :
au Nord les Alpes qui separent l'Italie
de l'Allemagne : au Couchant la Lombardie pres le lac Benac & les fleuues
Mince & Sarca : & au Midy par l'embouchure du fleuue Atiso. Son air
est bien temperé, & ses champs sont

agreables & abondans en toutes sortes de grains, de fruicts, & bestiaux. Les Euganiens l'habiterent autrefois, mais ils en furent chassez par les Henetes ou Venitiens, selon T. Liue *liu. 1.* Ses villes sont Vicenze, Padouë, Verone, Treuise, qui a communiqué son nom à toute la contrée : Mais sa ville capitale est la superbe ville de Venise. *Magin.*

Tribonian Grec, Iurisconsulte tres-fameux, lequel du temps de l'Empereur Iustinian I. dressa auec seize autres de sa profession les 50. liures des Pandectes ou Digestes qu'il auoit recueillis de 2000. liures, & d'enuiron 300000. vers, lesquels il gera par tiltres selon l'ordre que nous auons maintenant, en l'espace de 3. ans, comme on peut voir *en l'Auant-propos des Digestes*, & l'an suiuant il fit aussi le Code, dict de Iustinian, qu'il auoit abregé des trois Codes, Hermogenien, Gregorien, & Theodosien, *Tit. de nouo Cod. faciendo, & Tit. de Iustinian. Cod. confirmando.* Mais il fut tres-auaricieux & contempteur de toute sorte de religion, & persuada mesmes à Iustinian qu'il ne mourroit point, ains qu'il seroit enleué au Ciel en chair. *Suidas.*

Tribun du peuple estoit apppellé, entre les Romains, ce Magistrat lequel fut esleu pour conseruer le droict & asseurer la liberté des petits & du peuple contre la puissance des Grands & Magistrats. Les Tribuns furent instituez tost apres cette notable diuision qui arriua entre le peuple & les Nobles, laquelle fut appaisée par Menenius Agrippa. L'on en crea premierement deux qui s'en associerent trois autres, si bien qu'ils estoient cinq: mais ce nombre fut augmenté iusques à dix par L. Trebonius. Leur authorité estoit tres-grande, ayans le pouuoir d'assembler les Comices des Consuls, Preteurs & autres Magistrats; rompre le Conseil du Senat, comme aussi d'ap-

prouuer & abroger ses Arrests, faire conuenir en iugement deuant le peuple tous autres Magistrats, comme aussi leurs collegues & associez au Tribunat; auoir l'œil sur les deniers publics, condamner aux amendes, & enfin auoir pleine iurisdiction sur tous, iusques là d'auoir faict quelque fois emprisonner les Consuls & mulcté les Dictateurs. Leur pouuoir au commencement ne s'estendoit que dans l'enclos de la banlieuë ou mille pas de la ville de Rome, mais depuis C. Cotta fit vne Loy, par laquelle il leur permist presider & auoir leurs honneurs dans les Prouinces : Mesmes apres les temps de Sylla (lequel fut tellement ennemy iuré de leur dignité, qu'il ordonna qu'ils seroient à iamais exclus des autres dignitez & offices) ils eurent le Gouuernement des Prouinces, ayant comme les Consuls la conduicte des armées, sçauoir des Sergens ou Licteurs auec leurs faisceaux : Si bien que iaçoit que ces Tribuns fussent seulement choisis d'entre le peuple; toutefois depuis les Nobles, Senateurs & Patriciens y voulurent participer, & les plus Grands le reputoient à vn extreme honneur, & specialement les Cesars, comme Auguste qui le fut trente sept années, Tibere cinq, Othon, Vespasian, & autres.

¶ Il y auoit encores d'autres especes de Tribuns appellez Tribuns Militaires, qui auoient vne puissance Consulaire : Ils furent instituez 317. ans apres la fondation de Rome, à la requeste de Canuleius se plaignant pour le peuple de ce qu'il n'estoit receu à la dignité des consuls, dont fut publiée vne Loy par laquelle ces Tribuns nouueaux auroient le mesme pouuoir & mesmes enseignes honoraires que les Consuls: L'on en crea premierement trois, puis par laps de temps le nombre fut augmenté, iusques là que le Iurisconsulte Pomponius tesmoigne y en auoir eu vingt tout à la fois. ¶ Il y auoit encores d'autres Tribuns qui auoient le foin du fifc, & iugeoient d'autres affaires du moindre confequence : dont voy *Alex. d'Alexand. li. 5. chap. 2. de fes Io. Geniaux.*

Tripoly ville de Barbarie, qui s'eft acquis grande reputation de noftre temps, à caufe des Corfaires qui y font leur demeure, & qui efcument toutes les coftes d'Italie, au lieu qu'autrefois il y auoit vn grand abord de marchands Venitiens, Genois, Siciliens, & autres. *Magin,*

¶ Il y a vne contrée de ce nom en Phœnicie, laquelle contient trois villes, Tyr, Sidon, & Aradon. *Pline liure 5. chap. 10*

Triptoleme fils d'Eleufius ou de Celée fils du Roy d'Eleufis, felon Paufanias ; lequel apporta en Grece le premier l'inuention de cultiuer les terres. Car l'on tient que comme la Deeffe Ceres voyageoit par toute la terre pour faire recherche de fa fille Proferpine, elle vint à Celée Roy d'Eleufine prouince d'Attique, lequel l'ayant receuë fort gracieufement, elle luy enfeigna en recompenfe la façon de labourer les terres, & auec cela prift en fa garde ce Triptoleme petit enfant nouueau nay de la Royne, lequel elle nourriffoit le iour de laiét diuin, & le cachoit la nuiét fous le feu, au defceu de fon pere lequel voyant que fon fils croiffoit trop, voulut en defcouurir la merueille, dont Ceres irrité fift mourir le pere, & donna à fon nourriffon ja grandelet vn char attelé de deux dragons, afin que voyageant il reftablift le labourage par tout le monde : mais ayant couru l'Europe & l'Afie, il arriua enfin en Scythie chez le Roy Lyncus qui entra en ialoufie contre luy, & delibera de le faire mourir, pour lequel mauuais deffein il fut changé par Ceres en Lynx. *Ouid. liu. 5. de fes Metamor. Seruius.* Il inftitua le premier en la ville d'Athenes la Fefte des Thef-

morphores, en l'honneur des Ceres, pour reconnoiffance de ce bien faiét.

¶ *Les Poetes on feint que Ceres cachoit la nuiét fous le feu Triptoleme où il fe nourriffoit merueilleufement bien, ce qui ne veut fignifier autre chofe que l'eftat des femences lors qu'elles font enclofes dans les entrailles de la terre ; car en Hyuer, lors que les nuiéts font longues, la froideur qui eft grande faiét retirer la chaleur fous la terre, d'où prouient vn merueilleux aliment aux racines : & en ce qu'ils l'ont feint auoir eu des embufches fur fa vie en la Scythie : par là nous eft demonftré la fterilité de cette terre qui eft fort ingrate pour fa froideur aux plus veillans & diligens laboureurs.*

Trifmegifte fut appellé Mercure, c'eft à dire, trois fois Grand, pource qu'il fut grand Philofophe, grand Preftre, & grand Roy, car les Egyptiens eflifoient leurs Preftres d'entre leurs Philofophes, & leurs Roys d'entre leurs Preftres. *Voy Hermes & Mercure.*

Tritheme, Autheur fameux, qui a compofé vn Liure des Efcriuains Ecclefiaftiques, & eft paruenu iufques en l'an 1494.

Triton Dieu marin fils de Neptune & d'Amphitrite ou de la Nymphe Salacie, ou bien (felon d'autres (d'Ocean & de Thetys. Les Poëtes le difent eftre le grand trompette de Neptune Roy des eaux, & le reprefentoient en figure d'homme iufques au nombril & ayant le bas finiffant en poiffon comme d'vne queuë de Dauphin, & qui auoit le deux pieds de deuant de cheual, portant toufiours en main vne conque creufe auec laquelle il trompetoit. *Ouide en l'Ep. de Didon à Ænée* le diét eftre porté par cheuaux bleus.

¶ *Qu'il y ayt eu des tritons, beaucoup d'Hiftoriens en font foy, Pline l. 9. c. 5. rapporte que certains Ambaffadeurs venus de Lifbonne tefmoignerent à l'Empereur Tibere, qu'ils auoient veu & ouy vn Triton*

ioüer de ſa conque en vne cauerne ſur le riuage de la mer. P .Girald és additions ſur
Ælian reſmoigne qu'eſtat en Albanie,il en
fut pris vn qui violoit les filles lors qu'il
les attrapoit ſur la coſte,& que de deſpit il
mourut de faim.¶ Par ces Tritons ſont entendues auſſi les eaux, ainſi dictes du nombre Ternaire, par ce qu'il y en a de trois
natures,car ou bien elles ſont ſalees,comme
celles de la mer;ou douces,comme celles des
fontaines;ou ameres, come celles des lacs:
Et cette triple repreſentation conuient fort
bien à leur triple vſage ; car les eaux ſer-
uen: non ſeulement à l'homme , mais auſſi
aux animaux irraiſonnables tant terreſtres qu'aquatiques , exprimées par ces
formes d'homme, de cheual, & de poiſſon.

Troade contrée de l'Aſie Mineur,
que Ptolemée appelle la
Baſſe Phrygie.Elle eſt ſituée prés l'Helleſpont, vis à vis du mont Athos ; &
s'eſtend (ſelon Homere) depuis le fleuue Aſope iuſques à l'embouchure du
fleuue Caïque. En icelle eſtoit cette renommée ville de Troye. Voy Troye.

Troezene ville du Peloponneſe,
pres le golfe Argien,
baſtie par vn certain Troezen fils de
Pelops Pitthée perte d'Æthra & ayeul
maternel de Theſée y regna. Ses habitans nommez Troezeniens auoient
vn temple dedié à Hippolyte,où les filles preſtes à marier eſtoient obligées
d'aller offrir leur cheuelure auant qu'eſpouſer ; comme auſſi il falloit que les
ieunes hommes y offriſſent la premiere
deſpoüille de leur barbe. Cœl. lin. 11.
chap. 24.

Troglodytes certains peuples
de l'Ethiopie qui
occupent le païs qui eſt entre le riuage
droict de la mer rouge & l'Egypte, qui
s'appelle de preſent Circie ſelon Caſtal-
de. Ils ſont ainſi nommez des cauernes
dictes des Grecs Trogloi,où ils habitent.
Ils n'ont point de paroles diſtinctes,ains
creſſinent ſeulement des dents au lieu
de parler , & viuent de ſerpents comme

nous faiſons de chair. Pline li. 5. chap. 8.
Auſſi leur terroüer eſt deſert , ſterile , &
ſablonneux. Strabon lin. 16. faict mention de leurs anciennes couſtumes: Mais
maintenant ils ſe conforment à celles
des Mahometans & Arabes , & en tout
ils ſont fort groſſiers , barbares , &
pauures.

Troïe ville iadis fort grande & fameuſe de l'Aſie Mineur ,en la
baſſe Phrygie , laquelle fut premierement appellée Ilium,comme auſſi Teucrie de Teucer, & Dardanie du Roy
Dardanus, & finallement Troïe de ſon
Roy Tros fils d'Ereſicthon. Elle eſt fort
celebrée par les vers d'Homere & de
Virgile , pour cette guerre funeſte
qu'elle ſouſtint l'eſpace de neuf ans
de la part des Grecs, qui la mirent en
tel eſtat qu'auiourd'huy à grand peine
en peut on remarquer la place. L'on
void ce neantmoins encore des ruines
admirables de cette grande ville : Car
l'on y trouue encore des ruines de fortes tours, des coloſſes de marbre tout
d'vne piece, & des portes preſque entieres, ſuiuant le rapport de Belon teſmoin oculaire, qui dict dauantage ; que
ces fleuues tant renommez de Simois,
de Xanthe, & de Scamandre, ne ſont
de preſent que petits ruiſſeaux qui ta-
riſſent en Eſté. Toute la contrée où elle
eſt ſituée eſt ſoubs la domination du
Turc qui la laiſſe toute deſolée à cauſe
de ſa ſterilité.

Troïle fils de Priam & d'Hecube,
pendant la vie duquel Troïe
ne pouuoit eſtre priſe. Et ce neantmoins
par vne audace & temerité de ieuneſſe,
ayant oſé attaquer Achille , il fut par
luy porté par terre & tué. Virgile liu. 1.
de l'Æneide.

Trophonius lequel ayant baſty
vn certain temple
en vn lieu cauerneux de la Lebadie
contrée de la Bœoce,& y ayant quelque
temps rendu des Oracles comme deuin
y mourut de faim; la place duquel priſt

vn certain Demon qui y rendoit ses Oracles; mais il effrayoit tellement ceux qui l'alloient consulter, par ses phantosmes & illusions, que de là en auant on ne les voyoit plus rire: dont vint le prouerbe de dire contre les melancholiques, *Qu'ils auoient veu l'Oracle en l'antre de Trophonius. Erasme en ses Adages.*

Troye ville notable de la Champagne, iadis le sejour & demeure ordinaire de ses Comtes, munie de fortes murailles, dont le sol est fecond. Attyla Roy des Huns l'ayant assiegée, fut destourné de la ruiner par S. Loup son Euesque. Les Normands en suitte la rauagerent; mais le Comte Robert les ayans chassez la repara. Il y a vn Bailliage & vn siege Presidial où ressortissent plusieurs sieges Royaux. Elle est honnorée de cinq ou six Conciles de l'Eglise Gallicane, & entr'autres, celuy de l'an 878. où le Roy Louys le Begue receut la Couronne par le Pape Iean VIII. Vn autre l'an 1007. que Nangiac appelle General, auquel presida le Pape Paschal II. (qui estoit venu demander secours au Roy contre les factions de l'Empereur) où fut defendu le mariage aux Prestres, les Simoniaques & Laics qui conferent les Benefices excommuniez : Et celuy qui fut celebré l'an 1127 où par le commandement du Legat du Pape presida S. Bernard, & y fut confirmé l'Ordre des Templiers. *Baron. ann.* 1127. Elle est pareillement ornée du tiltre d'Euesché qui s'estend sur 510. Paroisses, & despend de l'Archeuesché de Sens.

Tryphon certain Capitaine d'Alexandre Roy de Syrie, lequel ayant proietté de s'emparer du Royaume sur Antiochus fils de son Maistre, ne trouua meilleur expedient que d'occir Ionathas Machabée Capitaine des Iuifs qui estoit amy d'Antiochus; & à cet effet, il l'attira dans Ptolemaide, n'estant accompagné que de mil hommes, pour ce qu'il auoit enuoyé le reste de son armée en Iudée. S'en estant donc saisi, & feignant, qu'il le retenoit pour quelque argent qui estoit deub au Roy Antiochus; Simon frere de Ionathas, bien qu'il conneust la fraude, enuoya ce neantmoins l'argent & deux de ses fils en ostage, afin de le deliurer; & toutefois le traistre Tryphon tua Ionathas auec les ostages, *Machab. chap.* 12. *&* 13. & en suitte Antiochus qu'il auoit en sa garde: Mais Antiochus Soter le poursuiuit si viuement qu'apres l'auoir vaincu en bataille, il le fist tuer en la ville d'Apamée, le 3. an de son regne. *Iosephe liu.*13. *chap.*12. *des Antiq. Iudaiques.*

Tubal-Cain fils de Lamech & de sa femme Sella, lequel mist le premier en vsage le fer & l'airain, *Genes.* 4. dont il forgea des armes pour faire guerre, & lors les hommes commancerent à forger les simulachres & les adorer, selon Philon Iuif *liu.* 4. *des Antiq. Bibliq.* Mesmes fut aussi inuenteur des autres metaux, comme de l'or, de l'argent &c. dont en suitte furent faits les Idoles, comme le veut le Liure pretendu d'Enoch, cité par Tertullian *au liu. de l'Idolatrie.* Il y a apparence que pour la conformité du nom les Payens ont forgé leur Vulcain.

Tubero (nommé Quintus) certain Citoyen en Romain, lequel ayant esté du party de Pompée, se rangea apres la deffaite d'iceluy, au party de Cesar, & accusa Q. Ligarius d'en estre, lequel fut toutefois deffendu par Ciceron en cette Oraison que nous auons encore entre mains, intit. *Pour Q. Ligarius.*

Tulle ville du bas Limousin, remarquable par son Euesché (erigé par le Pape Iean XXII.) qui dépend de l'Archeuesché de Bourges.

Tullia

Tullia fille de Seruius Tullius 6. Roy des Romains, laquelle ayant esté mariée à Tarquin le Superbe, l'incita par ses mauuais conseils de mettre à mort son pere pour iouyr du Royaume; ce qu'ayant executé, cette desnaturée Princesse se hastant pour aller saluer son mary en qualité de Roy, fist passer son chariot par dessus le corps encore tout sanglant de son pere, quoy que les cheuaux espouuantez de ce spectacle en eussent horreur. *T. Liue liu. 1. Flor. liu. 1. chap. 6.*

¶ Vne autre de ce nom, fille de Ciceron, laquelle il appelle Tulliola par vne gracieuse diminution, & dont il faict souuent mention *en ses Epist. famil.*

Tullius (nommé Seruius) 6. Roy des Romains. *Voy* Seruius.

Tullus Hostilius successeur de Numa Pompilius, & 3. Roy des Romains, y ayant esté esleué par sa vertu, fist fleurir la discipline militaire, & donna l'art de combattre auec dexterité, si bien qu'il ne ceda en rien à Romulus: fist la guerre aux Albains, laquelle fut terminée par la victoire des trois Horaces contre les trois Curiaces: Mais les Albains ayans violé leur foy par l'assistance qu'ils donnerent aux ennemis des Romains, Tullus fist ruiner la ville d'Albe, & conduire tout son peuple, & transporter toutes ses richesses dans Rome. Il regna 32. ans. *T. Liue liu. 1. Flor. liu. 1. chap. 3.*

Tunes Royaume de Barbarie, lequel comprend toutes les prouinces qui sont depuis le fleuue Major iusques à celuy du pays de Mesrat; si bien qu'il occupe toute cette estenduë que les anciens appelloient Afrique propre, ou la Mineure, ou la Numidie ancienne. Le terroüer en est assez fertil en grains, oliues, & autres fruicts, comme aussi propre à nourrir le bestail, specialement du costé du Couchant, car de celuy du Leuant il manque d'eau

& n'est de bon rapport. L'on diuise communément ce Royaume en cinq parties, sçauoir les prouinces de Bugie, de Constantin, de Tunes, de Tripoly, & d'Ezzab. Sa capitale est Tunes ville fort ancienne, bastie des ruines de Carthage. Son circuit est d'enuiron cinq milles, peuplée de bien 10000. familles: Elle est pareillement fort celebre pour le grand trafic qui s'y faict des Venitiens, Gennois, & autres. Les Sarrazins y ont faict iadis leur demeure Royale, & S. Louys s'en empara sur eux, mais qui fut reprise tost apres. Pres de cette ville l'on void la Goulette, forteresse assise sur le destroict d'vn estang long de 10. milles. Elle fut prise par l'Empereur Charles le Quint, mais reprise par les Turcs: Il y a aussi Bonne en ce pays autrement dicte Hippone, Tripoly & autres. En ce canton estoit aussi l'ancienne ville de Carthage, dont ne restent que quelques ruines. Les habitans de ce pays sont de bonne complexion, portent aisément le trauail & viuent longuement. Et quant à la religion, ils ensuiuent celle de Mahomet, & sont soubs le commandemét du Turc. Pour les mœurs anciennes *Voy* Carthaginois.

Turcomanie prouince de l'Asie qui faict maintenant partie de l'ancéne haute Armenie, le reste estant compris sous le nom de Georgie. Elle confine au Nord auec la Colchide, dicte de presét *Mengrelie:* au Couchant auec l'Euphraté & la basse Armenie: au Leuant auec l'autre partie de l'Armenie Majeur qui est la Georgie: & au Midy auec la Mesopotamie. Ce pays est tout remply de montagnes, dont les plus celebres sont Periandre appellée auiourd'huy *Chielder*, l'Antitaure, que l'on dict *Montagne noire.* Ses costaux & vallées sont toutefois assez fertiles, & abondent en animaux, mais grandement subjectes aux neiges. La pluspart de ses habitás, comme estans descendus des Tartares, sont grands bandouliers, & ne viuent que soubs des tentes en paissant leurs trouppeaux : Il y en a toutesfois quelques vns qui exercent les arts mechaniques & s'addonnent au labourage. L'on y faict de fort beaux tapis & camelots ondez que pource l'on appelle de Turquie. *Magin en sa Geographie.*

Turcs peuples tres-renommez, autrement appellez Mahometans pource qu'ils ensuiuent la secte de Mahomet, & Mussulmans, c'est à dire, fideles. Ils se font aussi nommer Ismaëlites, se vantans d'estre yssus d'Ismaël fils d'Abraham & de sa seruante Agar (ainsi que l'asseure le Prophete Mahomet en son Alcoran) d'où ils ont pris le nom d'Agareniens Mais à dire vray, ils sont sortis des Scythes nation barbare, cruelle & tres belliqueuse ; car enuiron l'an de salut 880. selon Zonare, estans chassez de leur terre, ils passerent les portes Caspiennes, puis se ruerent dans l'Asie Mineur ; & de là coururent toute l'Armenie, la Perse, & la Medie, auec vne celerité grande ; & en suitte subiuguerent toutes les nations voisines, & specialement les Arabes & Sarrazins qui dominoient lors quasi par tout, ains plustost les associerent auec eux, leur donnans leur Loy Mahometane ; si bien que ces deux nations tres-puissantes furent iointes ensemble par vn mesme lien d'Estat & de Religion , & lors prirent le nom de Turcs qui succeda à celuy de Sarrazins. *Sabel. Ennead.* 8 .Ils ont establly vn Empire tres-puissant dans vne bonne partie de l'Asie, de l'Afrique, & de l'Europe vers l'Orient. Leur secte s'estendant à peu pres dans le tiers de toute la terre, & leur Gouuernement teporel dans plus de la moitié de ce tiers ; car le Persan & plusieurs autres Roys & Potentats embrassent leur Religion sans recognoistre toutesfois leur souueraineté. Leur Monarque qui se faict ap-

peller le Grand Seigneur, tient sa Porte en la ville de Constantinople (depuis que Mahomet II. en eut chassé Constantin XI. l'an 1454. dernier Empereur d'Orient) où presque tous les Grands Princes du monde ont leurs Ambassadeurs. La Iustice qui s'obserue entr'eux est fort brieue, n'estant embroüilée de Loix ny de formalitez & chicaneries comme en nostre Europe ; aussi font-ils peu d'estat des lettres. Leur discipline Militaire y est fort exacte , approchant de celle des Romains, Quant à leurs mœurs elles sont toutes diuerses selon la diuersité des nations qu'ils ont subiuguées, ausquelles ils relaissent toute liberté , fors celle du gouuernement. Pour ce qui regarde leur Religion, elle est comprise sommairement dans le Liure qu'ils appellent Alcoran. Touchant lesquelles choses, police, mœurs & Religion *voy les mots* Alcoran, & Mahomet. Comme aussi *A. Theuet liu. 2. & 6. de sa Cosmo. raph. Blond. Decad. li. 9. Postel en son liu. de l'Origine, Religion, & mœurs des Tartares, Persans, Arabes, & Turcs.*

Turelupins certains Heretiques imitans la secte bestiale des Philosophes Cyniques , lesquels portoient les parties honteuses à descouuert , & s'accouploient charnellement en public. *Sanderus heres. 168.*

Turquestan Royaume de la Scythie Septentrionale, iadis le pays des Parthes , borné par la Bactrie, la Caramanie deserte, la Paropamise, & la Drangiane. Hayton Armenien *chap. 3. & 15. de ses Hist. des Tartares,* & André Theuet *liu. 9. chap. 3. de sa Cosmogr.* tiennent que d'iceluy sont sortis les Turcs , & que du temps du Roy Pepin, en l'an 784. ils en sortirent & occuperent l'Armenie. Quelques vns tiennent que ç'est l'Arie de Ptolemée.

Tusculum ville du Latium distante de Rome de 12. mil-

les, baftie par Telegonus fils d'Vlyfſe &
de Circé. Elle fut deſtruite par les Papes, du temps de Frederic Ænobarbe,
dautant que ſes habitans auoient donné ſecours aux Imperialiſtes;ſi bien que
ce n'eſt plus qu'vne bourgade diſte par
les Italiens *Friſcata*.

Tutia certaine Vierge Veſtale, laquelle accuſée d'inceſte, pour
faire preuue de ſa chaſteté porta du Tibre au Temple de la Deeſſe Veſta, vn
crible plein d'eau. *T. Liue.*

T Y

Tybre fleuue d'Italie. *Voy* Tibre.

Tyché Nymphe marine, fille de l'O-
cean & de Thetys.

¶ De ce nom fut auſſi appellée la Fortune,& peut eſtre à cauſe des riſques &
hazards qui ſe rencontrent ſur mer où
elle domine le plus. *Cicer. en ſa 6. Verrine.*

Tydée fils d'Oenée Roy de Caly-
doine & d'Eurybœe ou d'Al-
thée, lequel ayant eſté chaſſé du pays
pour auoir mis à mort ſans y penſer
ſon frere Menalippe, ſe refugia vers
Adraſte Roy des Argiens qui luy donna ſa fille Deiphile en mariage; & comme Polynice qui auoit eſpouſé Argie
ſœur de ſa femme, l'euſt enuoyé vers
Eteocle pour le ſommer de luy rendre le Royaume de Thebes ſuiuant leur
accord; & qu'Eteocle l'eut trop ou-
trageuſement deſnié, il le deffia auec
tous ceux de ſa trouppe, à toutes ſortes
de combats eſquels il les vainquit; dont
les Thebains indignez luy dreſſerent
dès embuſches à ſon retour, eſtans au
nombre de cinquante, conduits par
deux Chefs nommez Mæon & Lycophron, mais leſquels il occit tous, horsmis Mæon auquel il pardonna, pour
faire rapport à Eteocle de cette déroute. Ayant depuis accompagné A-
draſte & Polynice deuant Thebes,apres
beaucoup de genereux exploiſts, il fut

bleſſé à mort par vn certain Menalippe.
Stace en ſa Thebeïde. De luy a eſté appellé Tydide ſon fils Diomede.

Tyndare Roy d'Oebalie,mary de
Lede, & pere putatif de
Caſtor & de Pollux, dont ils ſont appel-
lez Tyndarides. *Voy* Caſtor.

Typhon ou Typhœe fils du Tartare & de la Terre, ſelon
Heſiode *en ſa Theogonie*, ou pluſtoſt de
Iunon ſeule; car comme diſt Homere
en l'Hymne d'Apollon, cette Deeſſe indignée de ce que Iupiter auoit enfanté
Minerue ſans aide ny côpagnie, frappa
la Terre de ſa main, & s'engroſſa des
plus fortes vapeurs procedantes d'icelle, dont naſquit ce Typhon. Sa taille
eſtoit enormement prodigieuſe; car
d'vne main il touchoit l'Orient, & de
l'autre l'Occident, & donnoit de la
teſte aux eſtoilles; ſes yeux eſtoient côme autant de feux, vomiſſans de gros
boüillons de flammes par la bouche &
par ſes nazeaux: ſon corps eſtoit couuert de plumes entortillées de ſerpents,
& ſes cuiſſes & iambes venoient aboutir en gros dragons: En cette façon il ſe
preſenta auec les autres Geants pour
combattre & dethroſner les Dieux auſquels il fiſt de ſi belles offres qu'ils furét
contraints de s'enfuir en Egypte, où ils
ſe changerent en nouuelles formes;mais
finalement Apollon le tua à coups de
fleſches, ou ſelon les autres Iupiter le
foudroya, & luy entaſſa ſur le dos le
mont Gibel. Ouide *liu.5.de ſes Metam.*
deſcriuant ſon enorme grandeur, diſt
que la Sicile eſtant bornée de trois caps
ou promontoires,elle repoſe tout entierement ſur ſon corps, ayant le cap Pelore ſur la main droiſte: le Pachyn ſur la
gauche: le Lilybée ſur les cuiſſes: & le
mont Gibel ſur la teſte. *Strab. liure 13.
Homere.*

¶ *Quelques vns eſtiment que Typhon ait
eſté vn Roy d'Egypte fort cruel, lequel tua
ſõ frere Oſiris afin d'occuper le Royaume,
mais enfin qu'il fut vaincu par Iſis femme*

d'Oſiris qui luy fiſt porter la peine de ſon parricide. Diodore Sicilien.

¶ *Les Naturaliſtes rapportent cette fable de Typhon à la nature des vents dont les ſouffles, qui ſont leurs mains, s'eſtendent depuis le Leuant iuſques au Couchant, parcourant l'vne & l'autre plage non ſeulement en largeur mais auſſi en hauteur; à raiſon dequoy ce Typhon eſt creu frapper les nuës de ſon ſommet: les plumes denotent la viſteſſe d'iceux,& les ſerpents la nuiſance qu'ils apportent aucune fois, oubien à cauſe de leur mouuement circulaire & diuers rapportant au tortis d'vn ſerpent: Le feu que l'on a diſt qu'il iettoit des yeux & de la bouche, monſtre les qualitez des exhalaiſons dont ſont compoſez les vents, qui ſont chaudes & ſeiches. Qu'il aye voulu dethroſner les Dieux, cela eſt tiré de l'opinion du vulgaire qui prend les nuës pour le ciel: Et pource que le vent eſt quelquefois ſi violēt qu'il entraiſne auec rapidité les nuës, de là les Poëtes ont feint qu'il auoit troublé les Dieux de leur ſiege: Et d'autant que les rayons ardants du Soleil, ou bien Iupiter meſme, qui eſt la bonne temperature de l'air, corrige ſouuent cette violence, ils rapportent qu'Apollon le tua ou que Iupiter le foudroya: Et meſmes pource qu'il y a en Sicile pluſieurs lieux cauerneux où il y a quantité de vents ſoubſterrains & de feux enclos esbranlans la terre par tremblement, d'où ſortent des flammes de feu & des eaux bouïllantes qui ſont agitées par les vents, de là ils ont trouué ſujeſt de dire que ce Typhon giſoit ſoubs ces lieux.*

Tyr ville ancienne de la Phœnicie, ià-d'is fort puiſſante & tres-riche, appellée par les Sainſtes lettres *Sor*, & de preſent *Sur*, baſtie, ſelon Trogus, deuant la guerre de Troye, ou ſelon d'autres, apres la ruïne d'icelle par Agenor. Elle eſtoit iadis vne Iſle eſtant bien 700. pas auant dans la haute Mer: Mais Alexandre le Grand l'aſſiegeant, y fiſt tant de ramparts & combla ſi bien la

Mer qu'il ioignit cette Cité à la terre ferme. Depuis cette priſe ell e ne fut plus ſi illuſtre; elle auoit toutefois du temps des Roys Chreſtiens de Hieruſalem vn grand tour de muraille, baſtie ſur vne roche, & enuironnée de Mer: maintenant elle eſt toute ruinée, ne faiſant paroiſtre que quelques reſtes de marbre & colyſée, marques de ſon ancienne ſplendeur, & ſert de retraiſte aux corſaires. Elle eſt renommée par la teinſture de pourpre qui y eſt excellent. Les Tyriens, ſelon Tibulle *Eleg.* 7. ont eſté les premiers qui ont trouué l'inuention de la nauigation. Elle a eſté auſſi iadis honnorée du ſiege d'Archeueſché. *Monſter liu.* 5. *de ſa Coſmogr.*

Tyrannion certain Grāmairien lequel ayant eſté pris en la guerre Mithridatique par Lucullus, fut mené à Rome où il enſeigna aſſez long-temps; mais s'eſtant rendu ſuperbe entre ſes eſgaux, il fut appellé de ce nom, eſtant auparauant nommé Theophraſte. Il deuint ſi riche que mourant il laiſſa vne Bibliotheque garnie de 30000. volumes. *Suidas.*

Tyrrhenie (que l'on diſt de preſent Toſcane) noble contrée d'Italie, ainſi appellée de Tyrrhenus fils d'Atys qui y amena de ſon pays de Lydie des colons pour l'habiter. Et meſme la Mer voiſine qui l'arrouſe au Midy fut appellée Tyrrhene. *Voy* Toſcane.

Tyrtée certain Poëte Elegiographe, & Joüeur de fluſtes tres-expert, natif d'Athenes ou de Milet, ſelon d'autres, lequel fut eſleu par l'aduis de l'Oracle Chef des Lacedemoniens en la guerre qu'ils eurent contre les Meſſeniens, au choix duquel ils ne furent deceus; car il anima tellement les cœurs des ſoldats par ſes vers & doux airs de ſa fluſte, que les Lacedemoniens r'emporterent la viſtoire. *Platon en ſon liu. des Loix.* Plutarq. *en ſes Opuſcules.*

V

Abres ville du pays Narbonnois, dicte des Latins *Vabrincum*. Erigée en Euesché par le Pape Iean XXII. qui s'estend sur bien 500. paroisses, & dépend de l'Archeuesché de Bourges.

Vacune Deesse des Laboureurs, laquelle ils adoroient comme fauorable à ceux qui vaquoient à l'oisiueté. Ils celebroient ses festes en Hyuer, afin de pouuoir estre en repos apres la cueillette. *Ouide liu. 6. des Fastes.*

Valachie prouince située en cette partie de Thrace, qui estoit anciennement appellée Getique: Elle se nommoit Flaccie, d'vn certain Flaccus qui y amena vne colonie de Romains, apres qu'il en eût chassé les Getes, & pour ce sont ils presque conformes en mœurs & langage aux Italiens. Elle est bornée par le Danube, la Transsyluanie & le Pont Euxin, & faisoit anciennement partie de la Dace. Elle est diuisée en deux parties, en haute & basse: la haute qui s'appelle Moldauie, est assez fertile, mais destituée de bois, riche en mines de sel, d'or & d'argent, ayant mesme des fleuues qui l'entraisnent en leur sablon. Sa principale ville est Zuccanie demeure du Waiuode ou Gouuerneur de la prouince: la basse Valachie est appellée Transalpine, pource qu'elle est au delà des Alpes & montagnes de la Transsyluanie, laquelle est assez aspre & mal habitée: En icelle est la ville de Ternonese qui

est le siege d'vn autre Vvaiuode. Les Palatins & Vvaiuodes de cette prouince furent iadis tributaires du Roy de Hongrie, mais en l'an 1388. ils firent le serment de fidelité au Roy de Pologne Vladislaus Iaghelon: Et depuis en l'an 1461. le Turc se les rendit tributaires, & neantmoins bien qu'ils en possedent la plus grande partie, les deux Vvaiuodes se sont ioincts auec l'Empereur contre luy. *Monst. liu. 4. de sa Cosmogr.*

Valais contrée voisine & confederée des Suisses, dicte par les habitans *Vvalisserland*, laquelle est enuironnée de tous costez des Alpes & montagnes tres hautes, fors du costé du Nord qu'elle a les Cantons de Berne & de Lucerne. Sa longueur d'Orient en Occident peut estre d'enuiron cinq iournées de chemin, mais sa largeur est fort estroicte entre des montagnes. Ce pays quoy que montueux est neantmoins fertil en toutes choses necessaires à la vie. L'on y trouue aussi quelques veines d'argent, de plomb, d'airain, crystal & agaric. Il y a pareillement des fontaines d'eaux chaudes & bains tres-salutaires; vne fontaine de sel au territoire de Sion; des pierres qui brulent approchées du feu. Il y a grande quantité d'animaux tant priuez que sauuages, comme ours, sangliers, onces, cerfs, dains, cheureux, &c. entre lesquels est remarquable vne espece d'animal qu'on appelle bouc sauuage, lequel faict sa demeure au plus haut de montagnes, & se plaist tellement au froid, que lors qu'il luy manque, il perd la veuë. Ce pays est diuisé en haut

& bas : le haut eſt proprement la contrée de Sion qui comprend ſept communautez où Gouuernemens , & les
peuples en ſont appellez libres , & ſe
ſeruent de la langue Allemande : & le
bas en contiét ſix qui obeïſſent au haut
Valais dont les peuples s'appellent Ve-
ragres , & parlent Sauoyard. La capitale de tout ce pays eſt Sion , dont l'E-
ueſque eſt ſeigneur de tout le Valois
tant au temporel qu'au ſpirituel. Ses
habitans ſont aſſez humains & fort
ſubjets aux eſcroüelles. *Monſter liu.* 2.
de ſa Coſmogr. Mercator.

Valaſcha Royne de Boheme , laquelle ayant conſpiré
auec celles de ſon ſexe , ſe deffirent de
tous les hommes, & tindrét long temps
la principauté du Royaume ſans hommes à la façon des Amazones. *Volat.
en ſa Geographie.*

Valdeck, *Voy* Vvaldeck.

Valdo Heretique Chef des Vaudois.
Voy Vaudois.

Valence Royaume d'Eſpagne, ainſi
appellé de ſa principale
ville ; qui a pour bornes à l'Orient la
Mer Mediterranée : au Nord l'Arragon : à l'Occident la vieille & nouuelle Caſtille : & au Midy le Royaume de
Burſie. Son air eſt fort temperé & le
plus agreable de toute l'Eſpagne. Son
terroüer eſt remply de iardins & lieux
de plaiſance , où il y a des herbes fort
medicinales , fertil auſſi en grains , riz ,
ſucre, vins , huyles , fruicts. Il y a meſmes quelques minieres d'argent, comme auſſi des pierres entrecouppées de
veines & filèts d'or. Il y a des carrieres
de marbre , & y tire-t'on de l'albaftre &
de l'alun , de la chaux & du plaſtre en
pluſieurs lieux. Il priſt ce tiltre de Royaume enuiron l'an 788. auquel les Maures ont long-temps dominé ſoubs diuers Roys : Mais Iames Roy d'Arragon ayant aſſiegé Valence s'en empara
& en chaſſa Zaën Maure auec 50000.

des ſiens , auſquels ayant permis d'emporter leur or , argent , & autres meubles , la ville demeura deſerte iuſques à
ce que le Roy Iacques y enuoya de
nouueaux colons de Catalogne &
d'Arragon , & y eſtablit vne nouuelle
Republique. Sa capitale eſt Valence
(dont tout le Royaume a tiré ſon nom)
ville fort ancienne , ennoblie d'vne celebre Vniuerſité , & où ſe voyent encore de belles maques d'antiquité. Elle
eſt renommée pour le trafic de ſes ſoyes
& de ſes draps. En iceluy eſtoit auſſi la
renommée ville de Sagonte. Ses habitans ne ſont gueres propres aux armes à cauſe des delices de leur terroüer,
& retiennent encore le langage & les
anciennes couſtumes des Payens Maures dont ils ſont deſcendus. *Ortelius ,
Mercator en ſon Atlas.*

Valence ville ancienne, capitale du
Duché de Valentinois en
Dauphiné , que l'on dict auoir eſté baſtie par Romus fils d'Allobrox , ſur le
Rhoſne , en vn terroüer aſſez fertil.
Elle fut iadis colonie des Romains, dont
encore ſe voyent pluſieurs remarquables antiquitez. Felix diſciple de S. Irenée fut ſon premier Apoſtre & Eueſque. Son Eueſché s'eſtend ſur 325, paroiſſes, outre l'Eueſché de Die qui s'e-
ſtend ſur 150. autres & luy eſt annexé,
& dépend de l'Archeueſché de Vienne. Il y a vn ſiege Preſidial & vne Vniuerſité en Loix, où Cujas a leu publiquement.

Valens Empereur, fut aſſocié à l'Empire par ſon frere Valenti-
nian I. qui luy donna le Gouuernement
des prouinces d'Orient. S'eſtant reuolté à Conſtantinople vn certain Sicilien
nommé Procopius qui s'eſtoit declaré
Empereur , il le deffiſt , & tailla en pieces ſon armée, & l'ayant pris le fiſt eſ-
carteler par les branches d'vn arbre.
Chaſtia en ſuitte tres-ſeuerement les
rebelles , & pour ce fiſt razer de fond
en comble la ville de Calcedoine , pro-

che de Constantinople qui estoit leur retraicte. Apres la mort de Valentinian, se souciant peu de Gratian son neueu, il se mist à traicter cruellement les Chrestiës &-fauoriser les Arriës, & contraignoit les Moines de quitter leurs Cloistres. Pour lesquelles impietez les Goths chassez de leurs terres par les Huns leurs voisins, se vinrent deborder sur les terres de l'Empire vers l'Orient: Et bien que Valens leur eust accordé quelques prouinces qu'ils tiendroient comme vassaux, ils conuertirét en suitte leur obeissance en audace & desespoir; & avans faict vne armée entrerent dans la Thrace, s'emparerent des villes & forteresses, pour lesquels repousser Valens alla au deuant auec son armée, mais laquelle fut taillée en pieces; & luy s'en estant suy dans la maison d'vn paysan, les Goths y mirent le feu, & ainsi fut bruslé tout vif pour salaire de ses iniquitez, apres auoir regné 15 ans, onze auec Valentinian son fils, & le reste auec Gratian son neueu, l'an 382. selon S. Hierosme. Ce Prince fut meschant & mal heureux, sa demeure ordinaire estoit en Antioche où il faisoit de grandes extorsions sur le peuple; fauorisoit extrémement les Arriens, comme aussi les Iuifs; au reste permettoit toutes idolatries & sacrifices Payens, s'addonnant sur tout à la Magie & Astrologie Iudiciaire: mesmes dict-on que s'estant enquis qui luy succederoit, le Diable luy respondit que ce seroit vn certain le nom duquel se commençoit par T H, si bien qu'il en fist mourir plusieurs pour ce sujct, & mesmes il fist massacrer le tres-excellent Capitaine Theodose pere de Theodose I. lequel neantmoins luy succeda à l'Empire. *Cassiodore, Zonare, & Russin.*

Valentin Romain, 103. Pape, fut fort éloquent, & pour sa

saincteté il fut esleué au Pontificat, lequel il ne tint que 40. iours, au bout desquels il mourut en l'an 828. *Platine.*

Valentin Heretique, lequel ne

pouuant paruenir à l'Episcopat, apostasia de l'Eglise, & ietta son venin premierement en Egypte, puis vint à Rome soubs le Pape Higin, enuiron l'an 138. auec Cerdon, pour y publier ses erreurs qui estoient: Que Iesus Christ n'auoit rien pris de la Vierge Marie, ains auoit seulement passé par icelle cöme par vn tuyau. *S. Epiph. heres.* 31. Attribuoit le peché non au franc-arbitre, mais à la nature du monde. *S. August. heres.* 11. Disoit que l'ame seule seroit sauuée & non le corps. *Philastr. en son liu. des heres.* Tertullien a escrit contre luy.

Valentinian I. du nom, succeda à l'Empe-

reur Iouinian, semblable à luy en foy, en bonté, & autres vertueuses qualitez. Il estoit sorty de pauure & bas lieu, d'vn pere Höngrois, duquel (comme l'on dit) le mestier estoit de faire des cordes. Estant fort robuste & adroict tant de corps que d'esprit qu'il auoit excellent, il s'addonna à la guerre où il y fist des prouesses remarquables, ce qui l'aduança és plus belles charges de l'armée soubs Iulian l'Apostat & Iouinian Empereurs. Mais apres la mort de Iouinian, ils fut esleu en sa place à cause de sa bôté & valeur, mesmes en son absence. Il s'associa tost apres Valens son frere, auquel il donna pour son département les prouinces d'Orient, se reseruant celles d'Occident. De ce temps les Saxons, les Escossois, & autres nations Septentrionales allerent conquester l'Angleterre. Les Allemans & les Goths passerent en France pour l'enuahir & piller, lesquels aussi molesterent la Hongrie, les Cattes & Sarmates l'Austriche, & le Roy de Perse l'Armenie & la Mesopotamie. Ces sousleuemens causerent plusieurs sanglantes & furieuses guerres où Valentinian remporta de belles victoires tant par luy que par ses Lieutenans, specialement contre les

Saxons & Allemans qu'il fubiugua,
ayant lors fait fon fils Augufte lequel il
s'adioignit à l'Empire:Mais apres auoir
furmonté les Sarmates qui vouloient
enuahir la Hongrie, il fut furpris d'vne
apoplexie, ou felon quelques-vns, d'v-
ne cholere fi vehemente qu'il deceda le
11. de fon Empire, l'an de grace 379. Ce
Prince eft mis au rang des bons & vertueux, car outre qu'il fauorifoit grandement les Chreftiens (ce que ne faifoit fon frere Arrien & tres-méchant,)
il aimoit la Iuftice, ennemy capital des
vices, & fpecialement de l'auarice & de
la paillardife. Il laiffa de fa premiere
femme Seuera, Gratian ; & de fa feconde dicte Iuftine tres-belle & accomplie
Princeffe, Valentinian II. & trois filles.
P. Orofe, Caffiodore, P. Diacre.

Valentinian II. fut apres la
mort de Va-
lens fon oncle, affocié à l'Empire par
Gratian fon frere(tous deux fils de Valentinian I. Empereur d'Occidét;) mais
pource qu'il eftoit en bas aage, il ne
fift rien de memorable ; & tous les exploicts de ce temps font attribuez à
Gratian, ou pluftoft à Theodofe I. que
Gratian s'eftoit adioint pour compagnon à l'Empire : Car il reprima par fa
valeur les Goths qui s'eftoient iettez
fur l'Empire d'Orient, vainquit Maximus & Andragathius vfurpateurs &
meurtriers de Gratian. Et pour monftrer fa bonté grande & loyauté, laiffa
à Valentinian toutes les prouinces
d'Occident, bien qu'il eut peu facilement s'en emparer : Mais comme ce
ieune Empereur fut allé en France pour
remedier à quelques defordres, Arbo-
gaftus & Eugenius pour fe rendre
Maiftres de l'Empire, le firent eftran-
gler de nuict, faifant courir le bruict
qu'il s'eftoit luy mefme pendu, y ayant
18. ans que fon frere Gratian l'auoit creé
Empereur. Profper. P. Diacre.

Valentinian III. fut efleu
par Theo-

dofe II. fon coufin, pour Cefar en Occident, lequel auec la fage conduicte de
Placidia fa mere tres-vertueufe Princeffe, reprima la rebellion de Caftinus &
d'Ætius, qu'il s'acquift toutesfois apres
pour tres-loyaux feruiteurs ; & ainfi fe
rendit abfolu feigneur de toute l'Italie, & fut proclamé Empereur. Refifta
en France aux Goths & autres vfurpateurs conduicts par Theodoric & par
fon Lieutenant Ætius. Les Goths ce
neantmoins & les Alans s'emparerent
apres de l'Efpagne, & les Vvandales de
l'Afrique foubs leur Roy Genferic Heretique Arrien qui y perfecuta les Eglifes cruellement, nonobftant la refiftan-
ce de Valentinian. *Victor au liure qu'il
a faict de la perfecution de wandales.* Les
Françons d'autre part, fortis de Franconie prouince d'Allemagne, fe rendirent Maiftres de la France, foubs la
conduicte de leur Chef Marcomir, &
de fon fils Pharamond qui fut le premier Roy des Francs ou Francons. Cependant Attila Roy des Huns entra
dans l'Allemagne auec cinq cents mille
combatans ; ce qui contraignit Valentinian de traicter auec Genferic & Theodoric, afin de s'oppofer tous à cét ennemy fi puiffant, lequel ils deffirent
par la valeur & fage conduicte d'Ætius
Lieutenant de l'Empereur, de Meroüée
Roy de France, & autres Roys fuf-
nommez. Valentinian toutesfois ayant
fait mourir Ætius pour quelque foupçon de reuolte, Attila retourna dans
l'Italie & fe rendit Maiftre des Prouinces, & raza la ville d'Aquilée qu'il auoit
tenuë affiegée trois ans, ayant mefme
forcé Valentinian de luy doner fa fœur
Honoria pour femme. Mais Valentinian vn an apres la mort d'Attila, fut
tué à Rome par vn foldat d'Ætius à ce
induict par Maximus qui luy fucceda à
l'Empire apres l'auoir tenu 30. ans, fçauoir vingt cinq auec Theodofe II. fon
coufin & beau pere, & cinq auec Marcian Empereur d'Orient, enuiron l'an
de grace

de grace 456. *Procopius, Paul Diacre, & autres.*

Valere a esté le nom de plusieurs Grands personnages de Rome, lesquels ont eu ce priuilege d'estre enterrez dans la ville. *Plutarq. en la vie de Pompée.*

¶ Le plus notable desquels fut Valere Publicola qui fut esleu premier Consul auec Iunius Brutus, apres que les Rois eurent esté chassez de Rome. *Voy* Publicola.

¶ Vn autre qui fut son frere & Consul auec Posthumius Tubertus qui vainquit les Sabins; & pour ce l'on luy bastit vn Palais des deniers du public, duquel les portes s'ouuroient en dehors par honneur, estant la coustume que l'on ouuroit les autres au dedans.

¶ Vn autre surnommé Coruinus, lequel triompha des Samnites, & fut six fois Consul, & vescut bien 100. ans en pleine santé tant de corps que d'esprit. *T. Liue liu. 7. Decad. 1. Voy* Coruinus.

¶ Vn autre surnommé le Grand, lequel fut fort chery d'Auguste. Il a escrit neuf Liures des dicts & faicts memorables des hommes vertueux, qu'il dedia à Tibere.

¶ Vn autre surnommé Flaccus contemporain de Martial & de Quintilien, qui a escrit le voyage des Argonautes.

Valerian fut esleu Empereur Romain par ses soldats & ceux d'Æmilian son predecesseur, desquels il fut tué pour ce sujet. Ce Prince lors de son eslection auoit prés de 80. ans, lequel auoit seruy tres-vertueusement ses predecesseurs Empereurs en des charges honnorables: Mais la suitte monstra qu'il estoit tres-miserable & infortuné: Car apres auoir faict Auguste son fils aisné Gallienus, il entreprist la guerre contre Sapores Roy des Perses qui auoit enuahy les prouinces de l'Empire, lequel l'ayant pris prisonnier en vne bataille qu'il luy li-

ura, vsa en son endroit d'vne cruauté inoüye; car lors qu'il montoit à cheual, il le faisoit coucher à terre, mettant ses pieds sur son col, luy fist arracher les yeux, & ainsi le fist mourir apres six ou sept ans de prison. Ainsi à peine fut-il deux ans paisible Empereur: Agathias dict qu'il le fist escorcher tout vif, ce qui luy arriua, comme tesmoignent Eusebe & P. Orose, dautant qu'il auoit persecuté cruellement l'Eglise Chrestienne laquelle il auoit premierement fauorisée & honnorée. *Aurel, Victor, Eutrope.*

Valladolid ville tres-belle & ample de la vieille Castille, iadis le siege des Roys d'Espagne. Elle est illustrée par la naissance du Roy Philippe. Son terroüer est tres-fertil en toutes choses necessaires à la vie.

Vallia succeda à Sigeric, au Royaume des Goths en Espagne: Il se monstra amy de l'Empire Romain: rendit à l'Empereur Honorius sa sœur Placida vesue du feu Roy Ataulfe predecesseur de Sigeric. Depuis aussi l'Empereur Constantin second mary de Placidia, l'assista pour deschasser d'Espagne les nations Barbares, Wandales, Alans, & Sueues qui rauageoient les terres de l'Empire: Ainsi il acquist aux Goths les contrées qui sont depuis Thoulouse iusques à l'Ocean, & les monts Pyrenées: Mais voulant reprimer les Wandales qui rauageoient la Lithuanie, il finit sa vie apres auoir regné, selon aucuns, 22. ans. *Vasée.*

Valois Duché de l'Isle de France, qui s'estend depuis Senlis iusques en Picardie, ou sont comprises ses villes de Crespy, Senlis, Pont S. Maixant, & autres. Elle n'estoit iadis que Comté, dont fut le premier Comte Charles fils de Philippe III. & frere de Philippe le Bel, duquel est descenduë la race Royale des Valois qui commença à son fils Philippe VI. & finit à Henry III.

RRRRrrr

Valtoline contrée des Suisses, qui confine aux Grisons, ayant bien 60. milles de long, & 4. de large au plus. Il y a force chasteaux & bonnes places. Elle a esté usurpée par les Grisons sur les Ducs de Milan, mais l'Espagnol s'en est emparé de la pluspart ces dernieres années, & s'en veut rendre Maistre nonobstant la resistance des François.

Vandales certains peuples Septentrionaux, iadis grandement puissans & cruels, lesquels habiterent premierement és enuirons du fleuue Vandale dict de present Vistule, prés de Cracouie en Pologne, dont ils ont pris leur nom. Ils se déborderent de leur pays en grandes trouppes, enuiron l'an 400. accōpagnez des Alans, Germains, & Sueues, vindrent és Gaules qu'ils saccagerent ; & de là ayans passé les Pyrenées, allerent en Espagne, & occuperent cette partie qui costoye le destroit de Gibraltar vers l'Afrique, qu'ils nommerent Vandalie de leur nom, & de present Andalouzie, *Voy* Andalouzie. Mais 31. an apres en ayans esté chassez par les Goths ils trauerserent en Afrique, mettans tout à feu & à sang par où ils passoient, & y persecutans les Catholiques pour y introduire l'infidelité Arrienne : là ils s'emparerent de Carthage soubs leur Chef Genseric, lequel faisant guerre aux Romains se hazarda de venir iusques à Rome, qu'il prist, & en emmena vne infinité de captifs, entre lesquels estoit l'Imperatrice Eudoxia auec ses filles, la despoüillant de tous ses thresors, & specialement des precieux vaisseaux du temple que Vespasian auoit apporté de Hierusalem, & transporta tout en Carthage : Mais enfin Belisaire Lieutenant de l'Empereur Iustinian, le 7. an de son Empire prist Carthage, s'empara de ses despoüilles, & mist fin au Royaume des Vandales qui auoit presque duré cent ans en Afrique. *Onuphr. en son*

Emp. Rom. Monst. liu. 3. de sa Cosmogr.

Var fleuue qui separe la Prouence de la seigneurie de Gennes. *Pline liu. 3. chap. 5.*

Varane II. du nom, Roy de Perse, fut grand persecuteur des Chrestiens : Mais Theodose le ieune Empereur Romain l'ayant vaincu, fist appointement auec luy, afin qu'il les traictast plus doucement, ce qu'il fist, puis mourut le 20. an de son regne, & de salut l'an 447. laissant vn fils de mesme nom, qui continua cette paix tant enuers les Romains que Chrestiens, tout le temps qu'il regna, qui fut 17. ans. *P. Diacre, Socrat. en son Hist. Ecclesiastique.*

¶ Vn autre I. du nom, aussi Roy de Perse, successeur de Sapore, dont on ne trouue rien de signalé, auquel succeda Isdigerté.

Varron (nommé Marc Terence.) Noble Romain, l'vn des plus doctes & des plus versez és langues Latines & Grecques qui aye onques esté entre les Romains. Il a escrit iusques à 490. Liures, selon A. Gelle, & ce neantmoins l'on disoit de luy qu'il auoit tant leu qu'il n'auoit peu rien escrire, & qu'il auoit tant escrit qu'il n'auoit eu loisir de rien lire. *Quintil. liu. 10. chap. 1.* S. Augustin l'estime le plus docte de tous ceux qui ont iamais escrit, il a escrit aussi quelques Satyres à l'imitation du Philosophe Menippus, & pour ce les appelle Menippées, dont ne restent que quelques fragmens.

Varus (nommé Quintilius) Colonel d'Auguste, lequel fut enuoyé en Germanie auec trois legions pour le gouuernement de quelque prouince. Mais se confiant par trop en cette nation, mist les armes bas, & voulut les gouuerner par Loix à la façon des Romains ; mais il ne peut contenir la violence de ces Barbares, car sous la conduicte d'Arminius leur Chef, ils les prirent au despourueu, & taillerent

en pieces ses trois Legions. *Flor. liu. 4.*
chap. 12. dont Auguste eut tel despit
qu'il laissa croistre sa barbe & ses cheueux, repetant souuent ces mots, *Varus
rend moy mes Legions.* Virgile le louë en
sa 6. Eclog. & Horace déplore sa mort
liu. 1. des Carmes.

Vasthi femme d'Assuerus Roy des
Perses, laquelle il repudia
pour n'auoir voulu obeïr à son commandement, & en sa place espousa Esther.
Esther. chap. 1. & 2.

Vatican colline de Rome pres du
Tybre, tout ioignant le Ia-
nicule où est le Palais de S. Pierre. Elle
prend ce nom des responses ou oracles
(que les Latins appellent *Vaticinia*) que
le peuple Romain y receuoit aussi, selon Varron. Il y auoit en ce mesme lieu
vn Dieu ainsi nommé, qu'ils croyoient
estre Autheur de la premiere voix des
petits enfans qui est, *va*, dont le mot
Vatican est extraict. Et c'est ce que
nous appellons du Latin *Vagir*, c'est à
dire, braire. *Gell. liu. 16. chap. 17.*

Vatienus (nommé Cneus) certain
Romain, lequel pour s'e-
stre couppé les doigts de la main gauche de peur d'aller en la guerre Italique, fut par arrest du Senat condamné
en vne prison perpetuelle, & furent tous
ses biens confisquez. *Cœl. liu. 10. chap. 4.*

Vatinius certain citoyen Romain,
de vie fort peruerse &
meschante, lequel ayant deposé contre
Sextius dont Ciceron auoit pris la deffense, fut par iceluy rendu tellement
odieux à tout le peuple Romain, qu'il
a donné lieu au Prouerbe d'appeller
Vatinienne toute haine irreconciliable.
Catulle.

Vaudois Heretiques qui ont pris
leur nom & origine d'vn
certain Valdo homme riche de Lyon,
qui ayant donné tout son bien aux pauures se mist à dogmatiser presque les
semblables erreurs qui ont esté renou-
uellées par les Heretiques de ce temps,

qui pour cét effect mesmes se vantent
d'estre leurs freres. *Beze en la vie de Caluin.* Ils s'esleuerent enuiron l'an 1160.
& furent condamnez au Concile General dict troisiesme de Latran, soubs
le Pape Alexandre III. Ils auoient quelques autres erreurs esquels nos Noua-
teurs ne s'accordent comme : Que la
puissance & dignité du Sacerdoce consiste en la vertu & pieté : que le Magistrat tombant en peché perd sa dignité & office temporel ; & autres amplement deduictes par Prateole.

V. B

Vbiquetaires certains Heretiques autrément
nommez Brentiens, à cause de leur Autheur nommé Iean Brentius, qui affer-
moient que le corps de Iesus - Christ
depuis son Ascension estoit par tout.
*Florimond de Raymond liu. 2. chap. 14. de
l'Orig. de l'Heres.* Ils semerent leurs
erreurs enuiron l'an 1540.

V E

Vegece (nommé Flauius) Comte
de Constantinople, qui
fleurissoit du temps de l'Empereur Valentinian: A escrit en cinq Liures vn abregé de la Milice qu'il dedia à cét Empereur. *Raph. Volat. l. 20. de son Anthropol.*

Veies ville ancienne de l'Hetrurie, non
loin de Rome, dont la puissan-
ce fut si grande, que Camillus Chef
des Romains y tint le siege deuant dix
ans entiers, & encores ne la prist que
par mines ; le butin en fut si riche, que
l'on en consacra la dixiesme partie à
Apollon Pythien, & tout le peuple
Romain eut part au pillage. Ses habitans sont renommez pour l'entiere
deffaicte qu'ils firent en vn iour de
300. Nobles Romains de l'Illustre famille des Fabiens qui auoient entrepris de leur faire la guerre à leurs des-

pens en faueur de leur païs. *Flor. liu.1. chap.12. Ouide liu.3. des Fastes.*

Ve-joüe ou mauuais Iupiter, Dieu des anciens Romains, lequel ils adoroient, non en intention d'en receuoir quelque aide ou faueur, mais de peur qu'il ne leur causaſt quelque dommage : C'eſt ce que monſtroit ſon image, qui eſtoit (ſelon A. Gelle) comme d'vn ieune homme qui tenoit des fleſches toutes preſtes à eſlancer ; d'où l'on coniecture que par iceluy ils entendoient le Soleil, qui de ſes rayons, comme d'autant de fleſches, enuoye diuerſes maladies. *Cic liu.3. de la Nat. des Dieux.*

Velitre ville ſignalée des Volſques, deſquels les Romains apres les auoir vaincus, partagerent le terroüer. *Tite-Liue.* Elle eſt renommée pour auoir produit cette noble famille des Octauiens. *Sueton. en la vie d'Auguſte, chap.94.* Il y arriua vne ſi grande peſtilence, qu'à peine la dixieſme partie en reſchappa, dont les Romains furent contraints d'y enuoyer nouuelles colonies. *Dionyſ. liu.7.*

Vellay contrée du Languedoc, ſur les frontieres des reſſorts de Paris & de Thoulouſe, bornée par le Rhoſne. Ses peuples ſont appellez *Velauni* par Ceſar *liu.7. de ſes Comment.* Sa ville capitale eſt le Puys.

Velleius Paterculus Hiſtorié Romain. *Voy Paterculus.*

Venceſlaüs eſtant Roy de Boheme ſucceda à Charles IV. en l'Empire d'Occident qu'il gouuerna vingt-deux ans, mais ſeulement de nom, & le perdit finalement. Il fut Prince nonchalant & diſſolu, tellement que ſes ſubjets & les Eſlecteurs de l'Empire, voyans ces vicieux comportemens le priuerent de ſa dignité, eſliſans en ſa place vn nommé Rupert. Ainſi Venceſlaüs demeura content de ſon Royaume de Boheme, où il veſcut encore de-

puis dix-neuf ans, & mourut enuiron l'an de ſalut 1420. De ſon temps arriua ce ſchiſme notable entre Vrbain VI. & Clement VII. comme auſſi cette inſigne victoire remportée ſur les Chreſtiens par Baiazet, accompagné de 300000. combattans, & le ſiege de Conſtantinople, qui euſt eſté priſe ſans le ſouſleuement du grand Tamberlan qui diuertiſt les armes de Bajazet. *Æneas Siluius. Platine.*

Vendoſme ville capitale du Vendoſmois, qui commençant à Baugency (qui eſt la borne commune des deux Beauſſes, de la Sologne, & du Vendoſmois) s'eſtend iuſques en Xainctonge, conioint d'autre part à la Duché d'Angouleſme & païs circonuoiſins. Les Comtes d'Anjou l'ont poſſedée long-temps & fort illuſtrée : Elle fut erigée en Duché & Pairrie, l'an 1514. par le Roy François I. dont fut premier Duc Charles de Bourbon biſayeul de noſtre Roy. Cette ville eſt renommée par la naiſſance de Pierre Ronſard Prince des Poëtes François.

Venilie Nymphe, femme de Faune, ſœur d'Amata femme du Roy Latin. *Virg. liu.10.* Elle a eſté auſſi eſtimée femme de Neptune, autrement nommée Salacie, à laquelle ils ont donné ce nom de *Venire*, c'eſt à dire, venir, eu eſgard au naturel de la Mer, qui va & vient tantoſt hors de riue, & tantoſt ſe retire. D'icelle fait mention S. Auguſtin *liu.7. de la Cité de Dieu.*

Veniſe ville tres-celebre d'Italie en la Marche Treuiſane, appellée par le vulgaire *Vinegia*, qui eſt l'vne des plus grandes & plus nobles de toute l'Europe, ſoit que l'on conſidere la beauté de ſes edifices, ou la grandeur de ſa puiſſance. Quelques-vns la diſent auoir eſté baſtie par les Henetes peuples de Paphlagonie, qui ſous la conduite d'Antenor vindrent en cette contrée, en ayans chaſſé les Euganiens qui eſtoient les anciens habitans. D'autres difent qu'ils ne baftirent que Padouë, & que cette ville commença feulement a eftre baftie l'an 420. par les habitans d'Aquilée & de Padouë, defquels Attila auoit deftruit les villes. *Sabellic.* ou pluftoft fut edifiée par les Venetes Gaulois (qui font ceux de Vennes ville de Bretagne) felon Strabon *liu.* 4. Elle eft fituée au milieu des marefcages qui font en la derniere retraite & reculement du golfe Adriatique, embraffant enuiron foixante petites Ifles, dont les eaux la fortifient naturellement au lieu de murailles, tourions & ramparts. Elle eft retranchée par plufieurs canaux, fi bien que toutes les ruës ont leurs ruiffeaux, qu'enuiron quatre cens foixante ponts, tant de bois que de pierre, ioignent pour aller d'vn cofté à l'autre, & va-t'on par la ville auec des naffelles qu'on appelle gondoles, qui font bien au nombre de huict mille. Le circuit de cette ville eft d'enuiron huict milles d'Italie, recommandable au refte pour la grande eftenduë de fa feigneurie, abondance de peuple, quantité de rares richeffes, diuerfité de marchandifes qui y abordent iournellement de toutes les parts du monde, eftabliffement & foigneufe pratique de fes belles Loix & Couftumes. Il s'y void auffi grand nombre d'edifices publics & particuliers, tres-magnifiques & fomptueufement enrichis, dont le plus notable eft le Temple dedié à fainct Marc, bafty de marbre, & efclattant d'or en plufieurs lieux. Il y a auffi l'Arfenal qui a enuiron deux milles d'eftenduë, où plus de trois cens bons ouuriers trauaillent fans ceffe pour baftir des galeres, nauires, & autres vaiffeaux qui concernent le fait de la marine: fi bien qu'en cas de neceffité ils peuuent fournir plus de deux cents vaiffeaux prefts à combattre. Elle fe gouuerne en forme de République compofée de trois fortes de perfonnes, de Patrices ou Nobles qui ont le gouuernement de la feigneurie; de Bourgeois ou Citadins qui ont les

charges de Secretaires, Greffiers & autres Offices; puis des Artifans qui y pratiquent les arts mechaniques. Leur premiere forme de gouuernement fut par les Confuls: L'autre par les Tribuns, qui dura cinquante deux ans: Puis l'an 707. ils commencerent a eftre commandez par les Ducs qu'ils appellent *Dogé*, & retiennent encore cette forte de gouuernement. Apres qu'il a efté efleu, il eft porté à l'entrée du golfe, accompagné du Senat & des principaux de la ville, où il a de couftume apres les ceremonies de l'Euefque d'efpoufer la Mer, luy iettant comme pour doüaire vn anneau d'or. Il eft le Prince du Senat, mais il ne peut rien faire en paix ny en guerre que par l'aduis des Senateurs, & toutesfois les Refultats & Decrets fe publient en fon nom: Ainfi ont ils gouuerné leur Eftat auec tant de prudence & de bon confeil, que bien qu'ils ayent eu de grandes guerres, & que l'efpace de mille ans ils ayent pratiqué la fortune fort diuerfe, fi eft-ce qu'ils n'ont iamais efté affuiettis à aucun Prince eftranger, ains pluftoft fe font rendus Maiftres de beaucoup de Villes, d'Ifles & Prouinces, & entr'autres des Villes de Pergame, Creme, Verone, Vicenze, Padoue, & autres bonnes places de la Lombardie & d'Italie. Cette ville poffede prefque tout le Frioli auec l'Iftrie, & commande fur plufieurs Ifles & Villes fituées és riuages de Dalmatie & Efclauonie, comme fur les Ifles de Corfou, Candie, Cephalonie, Zanthe ou Zacinthe, Cerigo, Lucerigo & Zarré, defquelles Villes, Prouinces & Ifles, elle retire tous les ans bien deux millions d'or. Son premier Euefque luy fut donné l'an 774. & Eugene IV. l'erigea en Archeuefché l'an 1450. Il y a pareillement vne Académie fleuriffante, laquelle a efté enrichie par le Cardinal Beffarion d'vne belle Bibliotheque.

LES Venitiens font bons Catholiques, ils laiffent toutesfois viure les

Iuifs & Grecs en leur religion , font grandement iudicieux , graués & magnifiques en leurs actions , addonnez au trafic , bons Iufticiers, fins & plus adroicts fur mer que fur terre. Leurs femmes font fort fomptueufes & infolentes, *Sabellic & Bembus ont defcrit amplement leur Hiftoire.*

Veniffy Côté de la Prouence , dans laquelle fôt comprifes quatre Citez , Auignon, Carpentras , Cauaillon, & Vefon, qui font arroufées du Rhofne , de Durance , & de la Sorguë ; outre 80. autres places fermées de murailles lefquelles toutes recognoiffent l'Archeuefché d'Auignon qui en eft la capitale. Cette Comté fut confifquée par le Pape fur Raimond Comte de Thoulouse pour fon herefie. *Voy* Auignon.

Vennes ville de Bretagne, recômandée par Cefar (qui l'appelle *Venetia,* & d'autres *Cyanthü Venetorum & Veneiü*) pour eftre la plus puiffante de toute la cofte de la mer en fes quartiers là , furpaffant toutes les autres en la cognoiffance & practique de la marine , & ayant fes voifins pour tributaires. L'on dict auffi que fes peuples nommez Venetes eftans defcendus en Italie, fonderent la ville de Venife & luy donnerent leur nom,felon Strabon *liu.* 4. Auffi les Roys, Comtes & Ducs y faifoient fouuent leur demeure tant en temps de paix que de guerre. Elle eft honnorée du tiltre d'Euefché qui dépend de l'Archeuefché de Tours, & s'eftend fur 405. Paroiffes.

Ventidius Baffus Romain, lequel côbien que de bas lieu & obfcur , ayant efté vn long-temps Mulétier , s'acquift tant de reputation par les armes premierement foubs Iulqs Cefar , & en fuitte foubs M. Antoine, qu'il paffa puis apres par toutes les dignitez de Rome, car il fut Tribun du peuple , Preteur, Souuerain Pontife, & finalement Con-

ful, & deffift en trois victoires fignalées les Parthes, defquels il triompha, & apres fa mort fut enterré fort honnorablement aux defpens du public. *A. Gelle liu.* 15 *chap.* 4.

Venus a efté reputée par les anciens, Mere d'Amour, aime - ris, Deeffe des delices, des plaifirs, paffetemps, mignardifes, gentilleffes , & fpecialement de la generation & propagation de toutes chofes, accouplant enfemble par vn doux & voluptueux germe toutes fortes de creatures celeftes , terreftres , & aquatiques. C'eft pourquoy , felon Ciceron *liu.* 2. *de la Nat. des Dieux ,* elle fut appellée Venus du verbe Latin *venire ,* c'eft à dire, venir, pource qu'elle vient à toutes les creatures. Les Poëtes ont feint qu'elle auoit pris naiffance des genitoires de Cœlus que fon fils Saturne luy couppa & ietta dans la mer , dont de leur meflange auec l'efcume de la mer elle fut engendrée, & pour ce elle fut appellée par les Greçs *Aphrodité ,* du mot *aphros* qui fignifie efcume. Ciceron *li. 3. de la Nat. des Dieux ,* faict mention de quatre de ce nom: La premiere fut fille du Ciel & du Iour: La 2. procreée de l'efcume de la Mer, de laquelle Mercure engendra Cupidon : La 3. fut fille de Iupiter & de Dione qui fut mariée à Vulcan , & de l'adultere d'elle & de Mars nafquit Anteros ou Contr'amour: La 4. engendrée de Syrus & de Syria, autrement nommée Aftarte , laquelle efpoufa le bel Adonis. Mais les Poëtes communément ne font mention que de la feconde, à laquelle ils attribuent les actions des trois autres. L'on dict qu'elle fut conceuë dans vne conque ou nacre de perle, dans laquelle elle fut portée par les Zephyrs en l'Ifle de Cypre , où elle fut efleuée par les Nymphes. Platon *en fon Banquet* faict deux Venus & deux Cupidons (car iamais Venus n'eft fans fon Cupidon,) l'vne eft ancienne & fans mere, fille du Ciel laquelle nous nommons auſſi Vranie ou Celeſte, pure & nette, n'ayant autre ſoin & ne cherchant rien quelconque qu'vne ſplendeur réluiſante en la Diuinité : outre vn tres · feruent amour qu'elle produiĉt & engendre en nous, elle tasche continuellement d'attirer nos ames & les vnir à l'eſſence de Dieu, comme celle qui en eſt la propre marque & image : L'autre eſt plus ieune, fille de Iupiter & de Dione, & ſe nomme Pandeme ou Populaire, charnelle & voluptueuſe, ſe retirant és grottes & lieux eſcartez & obſcurs, recognoiſſant que ſes actions & comportemens ont beſoin de couuert, & requierent pluſtoſt la nuiĉt que le iour ; & pource Pauſanias en ſes Arcad. l'appelle Melæna, c'eſt à dire, noire. L'on luy donne Bacchus pour ſon Eſcuyer ; car Venus ou la volupté eſt bien plaiſante en la compagnie de Bacchus & du vin. L'on la mettoit, ſelon Pauſanias en ſes Meſſeniaq. & Plutarque en ſes Probl. auec Iupiter, Iunon, Suadele, & Diane, pour preſider aux nopces. Elle aima eſperduëment le ieune Adonis & Anchiſe, dont elle eut Ænée ; comme auſſi fut aimée de Mars, dont elle eut Anteros ; & de Mercure, dont elle eut Hermaphrodite ; & pareillement de pluſieurs autres, eſtant aſſez liberale de ſes faueurs, ne ſe ſouciant pas beaucoup de ſon mary Vulcain (qui eſtoit difforme & boiteux) & auſſi qu'elle ne l'auoit eſpouſé que par maniere d'acquit. Elle a obtenu pluſieurs ſurnoms ſelon les lieux & places où elle eſtoit adorée, ou pour quelque rencontre & occaſion ; ainſi elle fut appellée Salamienne, Paphienne, Ericyne, Idalienne, Acidalienne, Guidienne, Cytherée, Cyllenienne, Olympienne, Pontique, &c. L'on la peignoit ordinairement comme vne belle Courtiſane toute nuë auec ſon petit Cupidon, trainée dans vn chariot attellé de deux cygnes & autant de colombes & des moineaux, couron-

née de myrthes, ayant au milieu des mammelles vn falot ardent, tenant en la main droiĉte le globe du monde ; à l'entour de ſoy elle auoit les trois Graces qui luy eſtoient compagnes. La roſe & le myrthe luy eſtoient conſacrez, comme auſſi la myrrhe & la pomme. Comme il y auoit pluſieurs Venus, auſſi leurs ſeruices ſe faiſoient par diuerſes ceremonies & ſacrifiees : Car il n'eſtoit pas permis d'offrir du vin és-ſacrifices de celle qui s'appelloit Celeſte.

¶ *Venus n'eſt autre choſe que cét appetit ſecret & enuie d'engendrer, dont nature a fourny chaque animal pour ſe ioindre auec ſon ſemblable ; & pource que ce deſir a commencé dés l'origine du monde, elle eſt dite fille de Cœlus ou du Ciel, le premier des Dieux qui l'a infuſe en la nature meſme ; c'eſt pourquoy ceux qui veulent que l'ame humaine deſcende du Ciel en nos corps, & paſſaſt de ciel en ciel tire de chaque Sphere pluſieurs affeĉtiõs particulieres, diſent qu'elle tire de Venus l'appetit de côcupiſcence qui l'induit à luxure & aux deſirs laſcifs. L'on la feinĉt née en la Mer, pour donner à entendre combien eſt amere la vie des hommes laſcifs agitée continuellemẽt des ondes orageuſes & des penſées incertaines ; ou biẽ pource que la liqueur ſalée aide de beaucoup la vertu generatiue, & prouoque à luxure par ſa chaleur & acrimonie mordicatẽ, & õ la depeignoit cõmunement toute nuë, afin que ſa beauté paroiſſant excitaſt à l'amour, & pour eſtre plus preſte aux laſcifs embraſſemẽs ; ſi ce n'eſt que nous vueillions dire que les plaiſirs deſordonnez deſpouïllent l'homme de tout biẽ tant de corps que d'eſprit. Les pigeons & moineaux tiroïẽt ſon char, pource que ce ſont oyſeaux fort laſcifs. L'on luy mettoit auſſi des cygnes à cauſe de la beauté & neiteté de ſon plumage, eſtãs les propres & nets plus cõuenables à aimer. Ce globe qu'elle tiẽt en vne main & ces pommes en l'autre, mõſtrent le pouuoir qu'elle a ſur tout le mõde au ciel, & en la terre. L'õ mettoit vne Venus Vranie ou Celeſte, qui n'eſt autre choſe que cét amour pur & loyal esloigné de toute conuoitise charnelle & souilleure corporelle, tout celeste & diuin, tel que nous le deuós à Dieu, à la patrie, à nostre prochain, & aux gens de bien & vertueux : & d'autant qu'il ne peut proceder que d'vne affection bien sobre & temperee, on n'apporte point de vin en ses sacrifices qui cause toute sorte de resueries & intemperance ; au contraire de la populaire ou mondaine qui ne refuse point le vin, comme estant Deesse du commun peuple qui s'abandonne à toutes sortes de desbauches & dissolutions. Les Anciens ont feint que cette-cy aymoit Adonis qui est pris pour le Soleil, parce que Venus n'est rien sans la force de la chaleur. Ces graces l'accompagnoient, comme aussi Mercure, voulant donner à entendre que les embrassemens amoureux ont besoin de doux entretenemens, & de paroles agreables qui causent & conseruent souuent l'amour entre les personnes. Le myrthe luy estoit consacré, pource que l'on croit que cette plante a la force de faire naistre l'amour entre les personnes. Les roses, pource qu'elles ont vne gracieuse odeur qui represente la douceur des plaisirs amoureux : ou bien dautant que comme les roses sont colorées, & que malaisément elles se peuuent cueillir sans sentir les poinctures de leurs espines ; ainsi il semble que la volupté nous fait rougir, ayant souuenance de sa deformité : & comme la beauté de la rose se flestrit incontinent, ainsi font les plaisirs amoureux. La pomme luy est dediée comme symbole d'amour, à cause que par le moyen d'icelle plusieurs parties d'amourettes se sont iouées autrefois.*

¶ Au reste, nous pouuons recueillir de Lactance que ç'a esté vne femme fort dissoluë, qui pour auoir exercé long-temps l'art de puterie peut auoir donné lieu à la Fable.

¶ De ce nom est appellée l'vne des sept Planettes qui est au troisiesme Ciel, entre les Spheres du Soleil & de Mercure. L'on l'appelle Vesper ou Hesper au soir, & Lucifer au matin. Voy Lucifer.

Venusie
ville de la Daunie, dite de present *Puglia piana*, pres les frontieres de la Basilicate, renommée par la naissance d'Horace, qui pour ce est surnommé Venusin. Pline en fait mention *liu. 3. chap. 11.*

Vercelles
ville ancienne du Piedmont, au delà du Pô, que Pline *liu. 3. chap. 17.* met en l'onziesme region d'Italie. Son terroüer est grandement fertil, & y auoit iadis des mines d'or, selon Eusebe, dont parle aussi Pline. Il y fut tenu vn Concile l'an 1052. où presida le Pape Leon IX. qui fut le second contre l'erreur de Berengaire. *Palmer.*

Vercingentorix
Capitaine en Chef, esleu par les Chartrains, Auuergnats, & autres Gaulois, dont ayant assemblé vne puissante armée, elle fut deffaite par Cesar ; & s'estant retiré en la ville d'Alexia, où Cesar auoit mis le siege, fut contraint de se rendre (bien que les Gaulois fussent au nombre de plus de 300000. combattans) & emmené par Cesar pour son triomphe. *Plutarque en la vie de Cesar.*

Verdun
ville belle, riche, fort ancienne, & la seconde du païs Messin, appellée par Cesar *Virodunúm*, situèe sur vne colline tout ioignant le riuage de la Meuse. Son Euesque est l'vn des suffragants de l'Archeuesque de Treues.

Vergilies
estoilles qui sont sept en nombre, autrement appellées Pleiades. *Voy Pleiades.*

Verité
a esté reputée Deesse par les Anciens, fille de Saturne ou du Temps, & mere de la Vertu : Ils la peignoient en forme de femme belle, grande, habillée à la simplicité, reluisante en toute splendeur, mais principalement en ses yeux brillants comme estoilles.

¶ Plutarque en ses questions, la dit à iuste raison auoir esté estimée fille de Saturne, pource que ce fut vn Roy tres-entier, iuste, protecteur & zelateur de la Iustice : Si mieux

mieux l'on aime rapporter cela à l'*Histoire mere de verité*, qui de son temps commença à auoir cours: Mais l'on peut plus
veritablement la dire fille du temps, par
ce qu'auec luy les choses plus secrettes sont
enfin manifestées. Cette beauté & grandeur, connient bien à sa puissance &
splendeur ; & cet habit simple a sa candeur & naïneté. Les yeux que l'on luy
donne ainsi estincelans, doiuent estre
rapportez à l'homme de bien, pour ce
qu'en la recherche d'icelle il doit faire es-
claircir les yeux de son entendement pour
n'y estre trompé, attendu qu'elle est, comme disoit Democrité, plongée & abysmée
au fond du puits.

Vermandois Comté de Picardie, dont la capi-
tale est S. Quentin, outre trois des meilleures villes de Picardie qu'elle comprenoit, sçauoir, Laon, Soissons & la Fere. Elle fut ainsi appellée, selon quelques-vns d'vn certain Veromandion
Chef des Pannoniens ou Hongrois qui
y vindrent soubs sa conduicte, ou plustost des peuples Normands (qui sont les
habitans de Constances en Normandie)
lesquels habiterent cette contrée & luy
imposerent le nom. Son terrouër est assez fertil & presque tout plat, n'y ayant
qu'vne montagne signalée, dont prennent leur source les fleuues de l'Escauld
& la Somme : Il y a plusieurs forests
comme celles de Rotoigne, Bouhan,
celle de la Fere, &c. Vn nommé Pepin
fils de Bernard Roy d'Italie en fut le
premier Comte soubs le regne de Louys
le Debonnaire; mais enfin elle fut réünie
à la Couronne par Philippe II. dict Auguste, apres la mort d'Elizabeth Comtesse de Vermandois, femme de Philippe
le Grand Comte de Flandres duquel elle n'eut aucuns enfans.

Verone ville des plus belles d'Italie en la Marche Treuisa-
ne, sise sur le fleuue Tesin, laquelle fut
bastie par les Gaulois conduicts par
Brennus, & qui fut premierement de

luy appellée Brenone, & depuis Verone, comme tesmoigne Iustin *liu*. 20. bien
que quelques modernes Italiens la disent auoir esté bastie par les Toscans.
Cette ville est remarquable pour sa situation & beauté, & pour les traces de
ses antiquitez qui s'y font encor voir,
car il y a des arcs triomphaux, des colonnes anciennes, & entr'autres vn
Amphitheatre tres-grand & spacieux
qui est l'vn des plus beaux de l'Europe. L'air y est fort sain, & son terrouër
sterile en quelques lieux, mais en d'autres fort fertil, & specialement en huile & vins excellens. Il y a le lac Benac
qui est fort poissonneux ; & vne montagne pres de la ville, renommée pour
ses herbes medicinales. Les Gaulois,
Cenomans, Romains, Huns, Goths,
François, les Empereurs d'Allemagne,
les Scaligers, Galeaces, Carares l'ont
possedée les vns apres les autres; mais
en l'an 1405. les Venitiens s'en emparerent, & la possedent encore de present.
Elle a esté par trois fois ruïnée & razée, mais elle a esté tousiours réëdifiée
auec telle magnificence qu'elle tient
vn des premiers rangs entre toutes les
villes d'Italie. Ses habitans sont magnifiques, honorables, ingenieux, &
propres aux lettres. *Monst. liu. 2. de sa
Cosmographie.*

Verres certain citoyen Romain, lequel pour auoir administré
la Sicile comme Preteur, auec toute
sorte de violence & d'iniustice, fut
accusé de concussion par les Siciliens,
plaidant contre luy Ciceron, dont nous
auons encore entre mains les Oraisons
qui sont nommées Verrines.

Verticordia surnom de Venus,
que les Grecs ap-
pelloient Apostrophie. *Voy* Apostrophie.

Vertu fut estimée Deesse par les anciens, & luy fut consacré vn
temple à Rome par le Consul M. Marcel, coniointement auec celuy qui fut de-

dié à l'Honneur, & ne pouuoit on entrer
dans le temple d'Honeur que par celuy
de la Vertu, par là voulans monstrer
qu'il falloit posseder la vertu pour acquerir de l'honneur. L'on la peignoit
en diuerses formes, tantost comme vne
noble matrone pour monstrer la reuerence que l'on luy doit porter, tantost
comme vn homme armé pour monster
sa vigueur & sa constance aux perils.
Mais la plus notable & veritable peincture est celle de Lucian qui la descrit
en vn certain sien Dialogue, toute triste, dolente, mal vestuë & deschirée,
& fort mal traictée de Fortune, en sorte qu'il luy estoit deffendu de s'aller faire
voir à Iupiter, c'est à dire, de paroistre
au monde & d'estre esleuée aux honneurs.

Vertumne
Dieu des Iardins, ainsi
appellé pour ce qu'il
se changeoit en toutes formes, lequel
aima Pomone. Il est appelé Protée par
les Grecs. *Voy* Protée & Pomone.

Veseue, *Voy* Vesuue.

Veson
ville de la Comté de Venissy,
dicte Latins *Vasio vocortio-*
rum, dont l'Euesché depend de l'Archeuesché d'Auignon.

Vespasian
ayant esté esleu Empe-
reur de Rome contre
son gré par les Legions d'Orient lors
qu'il faisoit la guerre aux Iuifs, ses Lieutenans Antonius & Mutian deffirent
& meirent à mort son predecesseur Vitellius. Ce Prince estoit de la famille
des Flauiens, non illustrée toutefois
d'aucuns titres & dignitez. L'Empire
auoit besoin d'vn tel Chef apres les
guerres plus que ciuiles de Galba, O-
thon & Vitellius, soubs lesquels il fut
tellement deschiré qu'il s'en alloit de
fond en comble si Vespasian ne l'eust
soustenu par le moyen de son bon sens,
de sa douceur, magnanimité, & autres
siennes vertus heroiques. Il fut en reputation soubs les Empereurs Claude,

Caligula, & Neron, ayant passé par
toutes les charges de la Republique
plus honorables. Si bien, comme dict
Eutrope, il eut à combattre en personne
ne plus de trente fois en bataille rangée, dont il obtint les enseignes & les
ornemens du triomphe. Apres donc
qu'il eut receu nouuelles de la mort de
Vitellius, estant lors en Alexandrie, le
Senat Romain & plusieurs Roys luy
enuoyerent leurs Ambassadeurs, pour
confirmer & s'esiouïr de son eslection
à l'Empire. Cependant les Hollandois
& Frisons qui s'estoient sousleuez furent retenus & reprimez par Quintilius Cerialis son Lieutenant. Et Vespasian en suitte fut receu magnifiquement en triomphe dans Rome, ayant
relaissé son fils Titus pour poursuiure
la guerre des Iuifs qui fut tres-cruelle:
car selon Eusebe, Orose & plusieurs
autres Historiens, Hierusalem fut ruinée, le Temple de Salomon bruslé, & y
mourut partie de faim, partie par le
glaiue, plus de 1200000. personnes pendant & apres le siege; ce qui arriua, selon Eusebe, ie 40. an apres la passion de
Nostre Seigneur, y ayant 1102. ans que
le Temple auoit esté basty la premiere
fois par Salomon, & 591. qu'il auoit esté
rebasty du temps de Darius, apres auoir
esté destruict par les Chaldéens. La Iudée estant subiuguée, Titus & Vespasian son pere en triompherent à Rome,
en suitte dequoy Vespasian gouuernoit l'Empire paisiblement, executant
tout ce qui estoit seant à vn sage & vertueux Prince, tant en la correction des
abus & desordres qui se commettoient
au faict de la Iustice & des autres Estats,
comme és ornemens & reparations des
lieux desolez. Il fut tres-soigneux de
bastir de nouueau, & restaurer les bastimens publics. Fist bastir vn magnifique Temple à la Deesse Pallas, vn
Amphitheatre de singuliere & tres-par-
faicte architecture, dont l'on void encores les ruines à Rome. Reedifia le

Capitole , bref renouuella toute la ville
de Rome défigurée par les degasts &
dommages de l'embrazement qu'elle
auoit souffert du temps de Neron; mesmes auoit ce mesme soin de restablir
les ruines des autres prouinces : il se
monstra pour cét effect fort liberal enuers les artisans & ouuriers, comme aussi
donna de grands gages aux hommes
doctes en toutes professions ausquels il
assignoit amples salaires des deniers de
son espargne. Ses exploicts militaires
ne furent pas moindres , car il rendit
tributaires plusieurs prouinces à l'Empire (iaçoit qu'elles luy fussent obeis-
santes) içauoir en l'Asie Mineur, la Lycie, la Pamphylie, & la Cilicie, en l'A-
sie Majeur, la Comagene, la Thrace,
& la ville de Constantinople nommée
Bizance, les Isles de Rhodes & de Samos, auec plusieurs autres villes & contrées. Ces comportemens & complexions ordinaires furent tres-vertueuses.
Il se réueilloit deuant iour & donnoit
audience à ceux qui vouloient entrer
en sa Chambre, en la presence desquels
ils s'habilloit luy mesme, & ne donnoit
aucun lieu à l'oisiueté. Il estoit tres-mo-
deste, de plaisante rencontre, doux &
benin, sobre & temperé en son manger;
& iaçoit qu'il fut taxé d'auarice, si est ce
que les tailles qu'il leuoit il les distribuoit à plusieurs parties, grande liberalité. Il administra l'Empire 9 ans, auec
grande prudence & magnanimité, &
mourut aagé de 69. ans, l'an 81. de
Nostre Seigneur. *Aurele-Victor , Suetone , & autres.*

Vesper est appellé l'Estoille du Vespre, autrement nommée Hes-
per & Lucifer. *Voy Lucifer.*

Vesta Deesse que les anciens ont pris
pour le terre, ainsi appellée
des mots Latins *Vi sta,* parce qu'elle
se tient ferme & immobile par son poids;
ou bien parce qu'elle est inuestie & vestuë de toutes choses. Ils la disoient
estre mere de Saturne , c'est pourquoy

ils la qualifioient du tiltre de Mere des
Dieux, faisant son image comme vne
femme assise, ayant vne couronne sur
la teste, & autour d'elle plusieurs especes d'animaux qui luy faisoient ca-
resses, & la disoient estre mere de Saturne: Mais quelques-vns en establissoient vne autre qu'ils disoient estre sa
fille & d'Ops qui a esté tousiours vierge, & par icelle ils denotoient l'element du feu, lequel estant pur & eternel, pource l'appelloient Eternelle Vesta ; disant Homere *en ses Hymnes,*
& Orphée , qu'elle se tient és hautes
maisons des Dieux, & en la region
ætherée où elle a son siege perpetuel,
& en cette façon son nom est tiré du
mot Grec *Hestia* qui signifie foyer, lieu
où s'allume le feu; ou plustost peut estre
aussi deriué de l'Hebrieu *Esch ia*, c'est
à-dire , feu de Dieu : Car les anciens
Payens ayans entendu quelque chose
des sacrifices commandez de Dieu
soubs la Loy, du feu gardé au Tabernacle, & des holocaustes consommées
par le feu du Ciel, prirent facilement
creance que ce feu estoit Dieu, lequel
ils adoroient comme tel. Ænée se retirant en Italie y apporta le premier le
Sainct feu de Veste auec ses Penates
& Dieux familiers, luy fit bastir vn
temple , puis Ascanius son fils & Romulus, & enfin Numa Pompilius en
accomplit les ceremonies & luy bastit
& consacra vn temple en forme ronde
entre le Capitole & le Palais, dans lequel on gardoit le feu sans le laisser
esteindre. *Voy Vestales.* Ils la croyoient
gardienne de chaque maison en particulier, & luy offroient les primices de
toutes choses, l'estimans aussi presider
sur les festins, ésquels le premier vin
versé luy estoit consacré, comme il appert dans Homere *en l'Hymne de Vesta,*
Ouide liu. 6. de ses Fastes.
℧ *Cette peinture de Veste mere de Saturne,
represente assez clairement la terre, qu'ils
ont entenduë aussi soubs le nom de Rhode ou*

Cybele, Voy *Cybele. Et quelques autres de Cerés qui est la vertu de la terre: aussi luy presentoit-on des fleurs comme à celle qui les produit. Ils l'ont fait mere de Saturne, c'est à dire, du temps ; pource que deuant qu'il fut creé, la terre se trouuoit enueloppée en cette confuse masse du monde. La plus ieune est fille d'icèluy qui est le feu elementaire, parce que Dieu apres auoir creé le Ciel, crea aussi le corps des Elements dont le feu est le plus noble ; & pourtant la croit-on estre vierge, pource que la flamme n'engendre rien de soy-mesme, ny mesme souffre aucune immondice ou saleté, & pour ce luy brusloit-on de l'encens en ses sacrifices, comme au demon commis sur la plus haute partie du feu : & à bon droit luy offroit-on les primices de toutes les oblations, parce que sans les bienfaits & chaleurs de la terre, il ne peut rien naistre de tout ce qui est requis pour nostre nourriture. Mais parce que ces deux sont le plus souuent confonduës és Autheurs, il vaut mieux aussi les conioindre Mythologiquement, prenant pour la premiere le corps & la masse de la terre mesme ; & pour l'autre, le feu & la chaleur espanduë en ses entrailles.*

Vestales vierges à Rome, dediées au seruice de la Deesse Vesta. Leur Ordre fut premierement introduit en Italie par Ænée, & pleinement estably à Rome par Numa Pompilius, qu'il rendit honnorable par plusieurs priuileges & prerogatiues. La premiere qui entra au seruice de Vesta fut vne nommée Amata, & tous les autres furent d'elles appellées Amatæ. Elles n'estoient prises de moindre aage que de six ans, ny aussi plus aagées que de dix ans, & ne falloit qu'elles eussent aucune defectuosité en leurs corps, & que leur pere & mere n'eussent point esté de condition seruile, ny employez à sordides affaires. Elles demeuroient trente ans obligées à seruir, les premiers dix ans elles apprenoient leur Office, les autres dix ser-

uoient, & les dix derniers elles enseignoient les Nouices ; & les trente ans passez, elles estoient en liberté de se marier. Leur Office estoit de garder que le feu sacré ne vinst à s'esteindre, que s'il aduenoit, celle qui pour lors en auoit la garde, estoit chastiée, & rallumoit-on puis apres ce feu auec des miroüers ardents par la chaleur du Soleil. Que si elle venoit à soüiller sa pudicité, elle estoit premierement foüettée par le grand Pontife, puis enterrée toute viue en vne fosse, où l'on mettoit ce neantmoins quelque peu de pain & de laict auec vne lanterne allumée. *Plutarque en la vie de Numa, T. Liue liu. I.*

Vestphalie, que quelques-vns tiennent pour l'ancienne & vraye Saxe ou Occidentale, fut ainsi appellée (selon quelques-vns) de la Deesse Vesta qui y estoit honnorée. Ses bornes sont à l'Orient le fleuue Viser ; au Nord la Frise & le païs d'Vtrecht : au Couchant le Rhin : & au Midy les montagnes de Hessen que Ptolemée appelle Obnobies. Ce païs est plus propre au pasturage qu'au labourage, il y vient toutesfois quantité de fruicts, comme pommes, noix & glands, dont ils nourrissent quantité de porcs, & c'est dont ils font leur plus grand trafic. Il y a aussi force metaux en ce païs pres la ville de Cologne qui y est comprise : Ses autres villes sont Monster, Oldenbourg, Osnabourg, Minde, Dusseldorp, Vvesal, & Hervord. Les Cherusces, Teuthons, Lombards, Cauches y ont autresfois fait leur demeure, & Charlemagne fut le premier qui y planta la Foy Chrestienne, & fut contraint d'y establir des Inquisiteurs, lesquels secrettement en faisoient mourir les habitans, sans autre forme de procés ; dautant que ces peuples estoient si inconstans en leur Foy, qu'il n'y auoit autre moyen de les maintenir en la vraye Religion : Il y establit aussi quatre Eueschez qui sont Suffragans de l'Archeuesque de Cologne, lequel vne bonne partie de toute cette contrée recognoist aussi seigneur temporel. Ses habitans sont de belle taille, forts, robustes, ingenieux, & propres aux armes. C'est le septiesme cercle de l'Empire, composé de trois Ordres, Ecclesiastiques, Princes & Citez libres. *Mercat. en son Atlas.*

Vesule montagne de la Ligurie, ou riuiere de Gennes pres les Alpes, d'où le Pô prend sa source. *Pline liu. 3. chap. 16.*

Vesuue ou Veseue, fameuse montagne de la Campanie ou Terre de Labeur, proche de la ville de Nole, les enuirons de laquelle sont grandement fertils, mais au sommet d'icelle il y a vne Campagne du tout sterile, ce qui peut estre à cause des embrazemens qui y sont souuent aduenus, dont s'en void encore le terroüer tout rosty & cendreux: Ce qui arriua specialement soubs l'Empire de Titus, car les boüillons de feu s'en degorgerent de telle façon, que les Citez voisines en furent consommées, où y estant allé Pline second (celuy qui a escrit l'Histoire Naturelle) afin d'en rechercher la cause, il en fut estouffé par les flammes, comme l'escrit Pline le ieune *en vne Epistre à C. Tacite.*

Vexin, *Voy* **Vvelxin.**

V I

Vibius Virius certain Citoyen de Capoüe, lequel ayant esté Autheur de la reuolte que ses Concitoyens firent du party des Romains, voyant que celuy d'Annibal Chef des Carthaginois, qu'ils auoient embrassé alloit au declin, & que leur ville assiegée par Fuluius Romain estoit preste de se rendre, se retira chez luy accompagné de vingt-sept Senateurs de la Ligue, lesquels apres y auoir banqueté somptueusement, & s'estre enyurez pour se priuer du sentiment de la mort, ils se

l'aduancerent par le moyen du venin qu'ils prindrent tous; & apres s'estre embrassez, quelques-vns demeurerent pour estre bruslez en vn mesme buscher; d'autres s'en retournerent chez eux, où ils moururent deuant la reddition de la ville. *T. Liue liu. 6. decad. 3.*

Vicence ville renommée de la Marche Treuisane en Italie, bastie au pied d'vne colline par les Gaulois, selon Iustin; ou par les Toscans, selon d'autres. Elle donne son nom à vne contrée dont le terroüer est tresplaisant & fertil en toutes choses, qui est aussi renommée par ses carrieres de marbre, & par la grande quantité de meuriers dont ils nourrissent les vers à soye. Les Romains, Goths, Lombards, les Roys d'Italie, les Empereurs d'Allemagne, les Carares, Scaligers, Galeaces l'ont possedée les vns apres les autres, mais les Venitiens en sont de present les Maistres. *Mercator en son Atlas.* Ses habitans sont d'esprit vif, fort fideles, splendides en leur manger, & propres aux lettres, aux armes, & à la marchandise, selon Magin.

Viclef Anglois, homme d'esprit vif & de grande eloquence, corrompit la Foy Catholique par ses Predications & Liures qu'il composa au nombre de deux cens, desquels l'on recueillit quarante-cinq articles qui furent condamnez au Concile general de Constance, auec ordonnance que ses os fussent deterrez & iettez hors de l'Eglise; outre les erreurs qui sont renouuellez en ce temps qu'il publioit, il entremesla ceux de Marcion & des Manichéens, auec quelques autres siens erreurs particuliers, comme: Que les Prelats estans en peché mortel perdent leur puissance, & n'administrent veritablement les Sacremens: Que les Prelats & autres Ministres de l'Eglise ne doiuent auoir aucunes possessions: Que les Roys pecheurs ne sont point Roys: Que le frere & la sœur se peuuent espouser: Que les SS.

Auguſtin, Benoiſt & Bernard ſont dâm-
nez, & autres blaſphemes qu'on recueille
de ſes eſcrits. Il ſemoit ſes erreurs enuiron l'an 1552. Æneas Sylvius chap. 35. de
l'Hiſt. de Boheme.

Victoire Deeſſe adorée par les anciens, que Varron fait fille
du Ciel & de la Terre, à laquelle les Romains durant la guerre des Samnites bâ-
ſtirent vn Temple ſoubs le Conſulat de
L. Poſthumius, & M. Attilius Regulus,
& luy dedierent le Temple de Iupiter
tres-bon au Capitole, apres la déroute
de Cannes, ſelon T. Liue. L. Sylla eſtablit des ieux en ſon honneur. Les Atheniens auſſi luy baſtirent vn Temple dans
leur ville, laquelle ils peignoient ſans aiſles afin qu'elle ne peuſt s'enuoler de
leur ville, ainſi que les Lacedemoniens
auoient peint Mars enchaiſné afin qu'il
demeuraſt touſiours auec eux, ſelon
Pauſanias. Mais communémêt l'on la
peignoit en forme d'vne belle ieune fille
auec des aiſles, tenant d'vne main vne
couronne de laurier, ou d'oliuier blanc,
& de l'autre vne branche de palme :
Quelquesfois l'on la peignoit auec ſeulement vne couronne, ou bien auec vne
palme, ornée de trophées comme fait
Claudian, loüant Stilicon. Et d'autres
fois l'on la repreſentoit armée, gaye &
ioyeuſe de viſage, mais toute pleine de
pouſſiere & de ſueur, baillant auec ſes
mains ſanglantes, les deſpoüilles & les
priſonniers aux victorieux. Et les Egyptiens *en leurs Hieroglifiques* repreſentoient la Victoire par le moyen de l'Aigle, parce qu'iceluy ſurpaſſe en valeur
tous les autres oiſeaux, & pour ce les
Romains l'auoient en leurs eſtendars.

*A iuſte tiltre la Victoire eſt eſtimée
Deeſſe, fille du Ciel & de la Terre, puis
que les victoires & conqueſtes qui ſe font
en terre, prouiennent de la beneficence du
Ciel. L'on la faict icune & belle, pour
monſtrer ſa vigueur & le luſtre eſclat-
tant de ſa gloire : Mais d'autre part
l'on la faict fille & auec des aiſles, pour*

denoter ſon inconſtance au ſuccez incertain des guerres. L'on luy donne le Laurier en main, dont la verdeur perdurable ſignifie le renom immortel du victorieux; comme auſſi la palme qui denote ſon
courage inuincible, pource que cét arbre
ſe renforce contre tout ce qui le preſſe,
& que ſon bois ne ſe corrompt point comme les autres.

S. Victor I. Africain, 15. Pape, renommé en ſainćteté,
ardeur de zele & erudition. S'eſtant
meuë derechef queſtion touchant la celebration de la Paſque, il confirma le
decret de Pie I. ſon predeceſſeur, ordonnant qu'elle ſe feroit au Dimanche
apres la pleine Lune de Mars, & pource
excommunia les Aſiatiques qui ſous pretexte d'vne pretenduë tradition des SS.
Apoſtres Iean & Philippe la celebroient
au meſme temps que les Iuifs; leſquels
Heretiques furent appellez Quartode-
cumans, & condamnez par le poſterieur Concile general de Nice, par Ter-
tulien *liu. des Preſcript.* par S. Auguſtin
hereſ. 29. & autres. *Euſebe liu.* 5. chap. 23.
24. & 25. Il ordonna auſſi que le Bapteſme ſe conferaſt ſolemnellement les
Samedis de Paſques & de la Pentecoſ-
te, & toutefois qu'en cas de neceſſité l'on pourroit baptiſer en tout temps,
en tout lieu, & de toute eſpece d'eau
elementaire. Can. *Celebritatem de Con-
ſecr. diſt.* 3. Il nous a laiſſé quelques Liures & entr'autres deux Epiſtres, l'vne
addreſſée aux Africains, & l'autre à
Theophile Alexandrin. Il fut enfin martyriſé apres auoir gouuerné l'Egliſe 10.
ans, 3. mois, 10. iours, l'an de ſalut 206.
Damaſe, Bede. De ſon temps la Gaule
deuint toute Chreſtienne, & s'y recogneut vn grand zele ſoubs la perſecution de Seuere. *Niceph. liu.* 5. chap. 2.

Victor II. Natif de Bauiere, 158.
Pape, fut eſleué à la di-
gnité Pontificale par la faueur de l'Empereur Henry III. Aſſembla vn Concile à
Florence où pluſieurs Eueſques furent

depofez tant pour fimonie que pour leur incontinence. Il ne tint le Siege que 2. ans, 3. mois 14. iours, & mourut l'an 1057. *Naucler, Platine.*

Victor III.

de Beneuent, auparauant Abbé du mont Caffin, continuë l'inimitié de fon predeceffeur Gregoire contre l'Empereur Henry IV. par le commandement duquel il fut empoifonné en vn Calice l'an 1088. ayant tenu le Siege vn an, & 4. mois. *Platine.* A fa fuafion les Italiens eftans allez en Afrique y défirent cent mille Sarrazins. *Chroniq. de l'Abbaye du mont Caffin, liu. 3. chap. 70.*

Vidichind

Prince des Saxons, grand perfonnage, tres-prudent & valeureux. Il fut premierement Payen, mais Charlemagne l'ayant vaincu & fubiugué, la Saxe luy fift quitter la fuperftition, & par fon moyen les Saxons furent reduicts à la cognoiffance de la verité & en l'obeiffance de la Monarchie Françoife. *Crantz liu. 2. chap. 6. de fon Hift. de Saxe.* De luy font defcenduës des races fort illuftres d'où font fortis de grands Princes comme les deux Othons, les deux Henrys, l'Oyfeleur, & de Bamberg, tous Empereurs; Comme auffi les Ducs de Sauoye & de Saxe, les Marquis de Miffne; & felon les plus doctes Efcriuains, la troifiefme race de nos Roys.

Vienne

ville du bas Dauphiné, fur la riuiere du Rhofne, que quelques vns difent auoir efté baftie en deux ans (plus de 500. ans deuant Noftre Seigneur) par vn certain Vernerius Africain, dont elle fut premierement nommée Bienne. Les Latins l'appellent *Vienna Allobrogum*, & les Romains la furnommerent *Senatoria*, pour monftrer la grandeur du Senat de cette ville; & pour marque de fon antiquité, l'on void encore vn Amphitheatre prefque tout entier au dedans de fes murailles. Strabon l'appelle la Metropolitaine des Allobroges. L'empereur

Tibere y fift conduire cette haute tour où l'on tient que mourut Pilate. Les Empereurs Galba, Vitellius, & autres l'ont grandement enrichie. Mela dict qu'il y auoit vne Vniuerfité fort celebre du temps de ces Empereurs. Elle eftoit l'ancien patrimoine des Dauphins, pour cela nommez Dauphins de Viennois. S. Crefcent difciple de S. Paul la conuertit à la Foy, & en fut le premier Euefque, & depuis elle a efté erigée en Archeuefché qui s'eftend fur 800. Paroiffes, outre les Euefchez de Valence, Die, Grenoble, Viuiers, S. Iean de Morienne, & Geneue qui le recognoiffent pour Metropolitain. Il y a vn Bailliage & vn Prefidial.

Vienne

ville tres-fameufe de l'Allemagne, capitale de l'Auftriche, appellée Vilbonne par Antonin, par Ptolemée Iuliobone, & par d'autres Fabienne, & par les Turcs *Berz*. Tibere Neron l'affubiectit à l'Empire Romain, eftant auparauant habitée par les Sarmates, Senonois, & autres. L'on y plaça la 10. Legion des Romains en Allemagne, qui auoit pour enfeigne l'Aloüette. Cette ville qui eft affife fur le Danube, eft l'vne des plus belles de l'Europe, renommée pour la demeure des Empereurs, imprenable pour le fort & circuit de fes murailles hautes & efpaiffes, profonds foffez, ramparts, quantité de tours & bouleuarts bien munitionnez qui la mettent au rang des plus fortes places de l'Allemagne; auffi fe rendit elle redoutable par cette deffaicte des Turcs qui l'affiegeans l'an 1529. bien 80000. d'iceux demeurerent fur la place. La fplendeur de cette ville paroift auffi en la multitude de fes edifices tant publics que particuliers, magnifiquement baftis & enrichis. Elle receut la Religion Chreftienne l'an 464. par S. Seuerin qui en fut le premier Euefque, & y baftit deux temples. L'Empereur Frederic II. augmenta & orna cette ville de beaucoup, qui y eftablit vne Academie fleuriſſante en toutes ſciences. *Lazius & Othon de Friſingue ont deſcrit amplement l'Hiſtoire de cette ville.*

Vierge l'vn des ſignes du Zodiaque, qui porte vn eſpy de bled en ſa main. Quelques-vns eſtiment que ce ſoit la Deeſſe Iuſtice ou Aſtrée, laquelle ſeule communique les biens de la terre pour ſeruir aux hommes. D'autres que c'eſt Erigone fille d'Icare, qui pour ſa pieté fut tranſlatée au Ciel, ſelon Higin. *Voy Icare.*

Vigilance Eſpagnol de nation, Preſtre, mais Heretique ſignalé, que S. Hieroſme dict deuoir eſtre pluſtoſt nommé Dormitance. Sema ſes erreurs en France enuiron l'an 400. leſquels eſtoient, de rejetter l'honneur & inuocation des SS. taxant d'idolatrie ceux qui veneroient leurs ſepulchres, images, & ſacrées reliques. Se mocquoit des ceremonies Eccleſiaſtiques, comme des cierges, &c. Blaſmoit le ieuſne de l'Egliſe, & le celibat des Preſtres, S. Hieroſme a eſcrit vn Liure contre luy. *Onuphr. ann. 396.*

Vigilius Romain, 61. Pape, fut inſtalé en la dignité Pontificale par la faueur de l'Imperatrice Theodora, femme de Iuſtinian, à laquelle il auoit promis aſſez legerement de reſtablir au Siege de Conſtantinople Anthemius Heretique; mais s'en eſtant depuis repenty, & ne voulant l'abſoudre, l'Imperatrice le fiſt mener à Conſtantinople où il y fut cruellement affligé & outragé, conduit meſme par la ville auec vne corde au col, & finalement mis en griſon dont il fut relaché. Mais reuenant en Italie, il mourut à Syracuſe l'an 555, ayant tenu le Siege 18. ans, 7. mois. De ſon temps fut celebré le 2. Concile de Conſtantinople qui eſt le 5. General, & Totila prit Rome. *Niceph. li. 17. cap. 13, 26. & 27. Onuphr.*

Vincent de Lerins homme docte &

eloquent, lequel fleuriſſoit l'an de ſalut 420. du temps du Pape Innocent I. ce fut le fleau des Heretiques, comme apparoiſt par ce bref commonitoire qu'il nous a laiſſé. *Trithéme & Gennadius en leurs Catalogues.*

¶ Vn autre de ce nom, Iacobin, puis Eueſque, conſommé en toutes ſortes de ſciences tant diuines qu'humaines: A eſcrit vne Hiſtore vniuerſelle, & ſpecialement Eccleſiaſtique, intitulée le Miroir naturel, à commencer depuis la creation du monde iuſques à ſon temps qui eſtoit l'an 1250. *Sixte Siennois liu. 4. de ſa ſaincte Bibliotheque.*

Virbius qui eſtoit auparauant nommé Hippolyte. *Voy Hippolyte.*

Virgile nommé Publ. Maro, natif d'Andes pres la ville de Mantoüe, eſtimé ſans contredit le Prince des Poëtes Latins; auſſi ſon excellence a eſté telle qu'il a eſté admiré de tous les plus grands perſonnages. Tacite rapporte que les Romains oyans vn iour reciter ſes vers ſe leuerent & luy porterent autant d'honneur qu'à l'Empereur meſme. En ſon ieune aage il compoſa quelques petits Poëmes, puis les Bucoliques, & en ſuitte les Georgiques, & finalement ce grand œuure de l'Æneide où il a imité l'Iliade & l'Odyſſée d'Homere; le quel ouurage, bien que des plus excellens, il enioignit par ſon teſtament eſtre bruſlé, le iugeant eſtre imparfaict, mais l'Empereur Auguſte l'empeſcha. Les Grecs meſmes le firent traduire en leur langue. Sa pudeur & modeſtie luy acquirent le ſurnom de Parthenius, c'eſt à dire, vierge. *Pline liu. 7. chap. 30. Macrobe en ſes Saturnales chap. 2. 3. & 4. Volat. liu. 2. P. Crinit. & autres.*

Virginie contrée de l'Amerique, ainſi appellée d'Elizabeth Royne d'Angleterre, lors qu'en l'an 1584. l'Admiral Drach y fiſt vn voyage & quelques conqueſtes. Les naturels l'appell'appellent *Vingandacoa*. Il y a vne fertillité admirable en toutes fortes de fruicts tant neceffaires à la vie, que delicieux. Elle rapporte auffi de l'alun, de la poix, de la terebinthe, de la foye, du lin, quelques pierres precieufes: Il y a quelques mines de fer & de cuiure, mais fur tout du Maiz (qui eft vne forte de grain dont ils font du pain) qui y vient en grande abondance fans beaucoup de peine. Il s'y void auffi de toutes fortes d'animaux tant priuez que fauuages comme en noftre Europe, & quelques autres, comme Lyons & Perroquets. Il y a fort peu de villes, encore font elles petites & mal bafties. Ses peuples font grands Iufticiers, croyent l'immortalité des ames, mais font grands fauteurs & yurognes: Croyent qu'il y a plufieurs Dieux, & entre tous vn Souuerain qui fe fert des moindres tant en la creation que gouuernement du monde. *Mercat. en fon Atlas.*

Viriatus Capitaine fort expert & rufé des Lufitaniens en Efpagne, lequel de chaffeur eftoit deuenu brigand, & de brigand s'eftoit faict foudainemét General d'armée. S'eftant rendu Maiftre du Portugal, il courut & rauagea auec le fer & le feu par l'efpace de 14. ans tout ce qui eft & deçà & delà les fleuues de l'Ebre & du Tage: Surmonta les Preteurs M. Ventidius, Cl. Vnimanus, & Cn. Plancius, & donna tant de terreur aux Romains qu'il fallut vne puiffante armée auec vn Cóful pour le contrequarrer. Mais enfin Cepion eut recours à la tromperie, le faifant affaffiner: Ainfi mourut fort regretté & honnorablement enfepulturé. *T. Liue & Flore liu. 2. chap. 17.*

Vifgoths peuples originaires de la Gothie, contrée Septentrionale de l'Europe, lefquels s'efpandirent és côtrées Occidentales de l'Empire Romain, dont ils prindrent le nom de Vifigoth, c'eft à dire Gots Occiden-

taux, fous leur Roy Fridigerne; à la difference de ceux qui tirent vers l'Orient, lefquels furent appellez Oftrogoth, c'eft à dire Goths Orientaux. Ces Vifigoth s depuis s'emparerent de l'Aquitaine, & en fuitte de l'Efpagne dont ils chafferent les Vandales. *Voy* Goths.

Viftule fleuue tresfignalé de l'Europe, qui prend fa fource du mont Carpathus en la Sarmatie, lequel apres l'auoir diuifée d'auec l'Allemagne, receu plufieurs fleuues, & couru diuerfes prouinces, fpecialement en Pologne, Pruffe & Dannemarch, fe va rendre dans le golfe Codan en l'Allemagne. *Ptolem. Pline liu. 4. chap. 13.*

Vitalian Italien, 78. Pape, s'employa du tout à l'amplification de la religion & reformation de l'Eglife: Remift le chant qui fe faifoit en l'Eglife pour le feruice de Dieu, en fa premiere forme & pureté. Introduifit en l'Eglife les orgues & les inftrumens de Mufique: Enuoya Theodore Archeuefque & Adrian en Angleterre pour le confirmer en la religion, & continuer ce que S. Gregoire auoit commencé. *Bede liu. 2. de l'Ordre des temps.* Refifta à l'Empereur Conftant Monothelite, publiant fes decrets de la Trinité & des deux natures en Iefus-Chrift. Enfin il trefpaffa l'an de falut 671. apres auoir fainctement gouuerné l'Eglife 14. ans, 6. mois. *Adon de Vienne, Sigeb. Palmer. Onuphr.*

Vitellius fut d'vn chacun falüé Empereur, apres la mort funefte de Syluius Othon fon competiteur; mais fes deportemens furent fi enormes & déshonneftes, fes extorfiós & violences fi cruelles, qu'il merita d'eftre chafé toft apres de l'Empire par le bon Vefpafian. Premierement à l'imitation de Neron, il fift des feftes & diftributions publiques où il dependoit vne infinité de deniers pour gaigner la faueur de la populace. Ses banquets furent fi fomptueux que le moin-

dre de ſes repas ne couſtoit moins de
dix mil eſcus: dont entr'autres fut celuy
de ſon frere auquel on ſeruit deux mille
ſortes de tres-rares poiſſons, & de ſept
millé ſortes d'oyſeaux : Auſſi fut il tres-
gourmand & vilain, qui mangeoit les
viandes encores toutes fumantes. Sa
cruauté pareillement fut tres-ſignalée
enuers tous, intentant diuerſes accuſations contre des innocens qu'il faiſoit
mourir & pour de legeres cauſes. Ce
qui eſmeut les Legions d'Orient, d'eſlire Veſpaſian valeureux & excellent
Capitaine pour Empereur, qui eſtoit
lors occupé à la guerre des Iuifs: lequel
ayant accepté comme par force cette
dignité, s'y porta neantmoins vertueu-
ſement & auec grand heur; car Antonius & Mutian ſes Lieutenans deffirent
ceux de Vitellius eſtant lors à Rome,
& le reduiſirent à telle extremité apres
pluſieurs combats, qu'il iura publiquement de renoncer à l'Empire : Toutefois ayant contreuenu à cet accord, &
faict maſſacrer Flauius Sabinus frere
de Veſpaſian, ils l'aſſiegerent dans la
ville de Rome qu'ils forcerent ; Si bien
que Vitellius eſtant caché dans vne
chambre, fut tiré d'icelle la corde au
col, traiſné par les ruës auec mille outrages & moqueries. Et apres auoir
eſté longuement tourmenté & percé
de poinctes d'eſpées & de lances par
les ſoldats, il fut ietté dans le Tibre,
enſemble ſon frere & ſon fils, 8. mois
(ou quelque peu plus) apres ſa recep-
ption à l'Empire, l'an de grace 72. Corn.
Tacite, Suetone en ſa vie.

Vircebourg
que Ptolémée ap-
pelle *Artanum*, &
quelques autres *Herbipolis*; ville Metropolitaine de la Franconie, ſiſe en vne
plaine tout ioignant le fleuue de Mœin,
& ceincte de foſſez, murailles, tours
& baſtions grandement forts, remplie
de ſuperbes edifices, & bien peuplée.
S. Burchard fut ſon premier Euéſque,
l'an de ſalut 751. *Moſt. li. 3. de ſa Coſmogr.*

Virtemberg
prouince de l'Alle-
magne, qui a pour
bornes au Leuant & au Midy partie de
la Suaube : au Nord partie de la Franconie : & au Couchant le Palatinat du
Rhin. Son terroüer eſt arrouſé du fleuue Neccar qui luy donne d'excellens
paſturages & force fruicts en quelques
lieux, mais es d'autres il eſt pierreux &
plein de ſable, & ne rapporte point de
vin : Mais ſes fleuues & lacs ſont fort
poiſſonneux. Il y a en cette contrée
force villes & chaſteaux (outre vne infinité de villages) deſquelles Stutgarde
eſt la capitale & demeure des Ducs : Il
y a auſſi Tubinge où il y a vne Vniuerſité, & Virtemberg qui a donné ſon
nom à la contrée. Il s'y trouue quelques minieres d'argent, de fer, & d'airain. L'Empereur Maximilian honnora cette contrée du titre de Duché,
l'an 1495. *Mercat. en ſon Atlas.*

Vittemberg
ville capitale de la
haute Saxe, baſtie
ſur le fleuue d'Elbe par Vidichind, du
temps de Charlemagne. Elle eſt tres-
belle, forte, & ornée d'vne Vniuerſité
qui y fut erigée l'an 1502. *Mercat.*

Vitolde
certain Tyran de Lithua-
nie, trescruel & ſanguinai-
re ſi oncques il en fut: car à ſa ſimple
parole ſes ſubiects ſe faiſoient mourir
de peur d'encourir ſon indignation; car
ſi quelqu'vn luy deſobeiſſoit, il le faiſoit coudre dans vne peau d'ours, puis
l'expoſoit à des beſtes farouches pour
eſtre deſchiré. Quand il alloit par
pays, il auoit touſiours vn arc tendu
afin de tuer tous ceux qui marchoient
autrement qu'il deſiroit, & cette cruauté eſtoit ſon ieu ordinaire, ſelon Æ-
neas Syluius en ſon Hiſt. de Boh.

Vitruue
Veronois, Architecte ex-
cellent, dont nous auons
les œuures qu'il a faicts ſur ſon art ; leſquels ſont fort eſtimez, & pour cette
cauſe ont eſté traduicts en pluſieurs
langues.

Viuarets contrée du Languedoc, proche du Rhofne, dont le terroüer eſt pour la pluſpart montüeux; qui eſt cauſe qu'il n'eſt gueres fertil qu'en ſeigle & en vin. L'on y nourrit auſſi grande quantité de beſtail: Et és endroicts où il eſt plein, ſpecialement le long du Rhoſne il y croiſt des bleds, fruicts, vins excellens, de toutes ſortes de legumes, & ſur tout grande quantité de chanvres. Sa ville capitale eſt Viuiers, dicte des Latins *Vinarium* ou *Vinario Albienſium* (dont toute la contrée a pris le nom) laquelle eſt honnorée du tiltre d'Eueſché qui s'eſtend ſur 155. Paroiſſes, & depend de l'Aſcheueſché de Vienne.

Viuiers ville du Languedoc, capitale du Viuarets. *Voy* Viuarets.

. V L

Vladiſlaüs Roy de Pologne & de Hongrie, lequel eſtant perſuadé par les mauuais conſeils du Cardinal Iulian, rompit la treue auec le Turc, mais il fut deffaict en la bataille de Varne auec grand nombre de Chreſtiens, l'an 1444. apres auoir regné 11. ans. *Chalcondyl. liu. 7. des affaires Turqueſques, Bonifin liu. 6. decad. 3.*

Vlpian Tyrien, Iuriſconſulte fameux, Secretaire de l'Empereur Adrian, qui ſe ſert ſouuent de l'authorité de Pomponius és Liures des Pandectes. Eſtant gouuerneur des Gaules, il fut tué par vne ſedition populaire. *Volateran.*

Vlyſſe Roy des Iſles d'Ithaque & de Dulichie, fut fils de Laërte & d'Anticlée, lequel Homere en ſon Odyſſée (qu'il a eſcrit expres touchant ſa vie) faict homme bien diſant, experimenté és affaires, ſage, accort, inuincible en toutes ſortes de trauaux & d'aduerſitez. Il eut pour femme Penelopé, de laquelle il fut tellement amoureux, que pour s'exempter de la guerre de Troye

il contrefiſt l'inſenſé, duquel la ruſe & diſſimulation fut deſcouuerte par Palamedes. *Voy* Palamedes. Eſtant donc forcé de marcher en la guerre comme les autres Princes, il y monſtra pluſieurs preuues de ſa valeur & prudence: Car premierement il trouua moyen de recognoiſtre Achille qui ſe tenoit caché en habit de fille en la Cour de Lycomedes. *Voy* Achille. Comme auſſi d'auoir les fleſches d'Hercule dont eſtoit heritier Philoctete. Il enleua les cendres de Laomedon enſeuelies ſous la porte Scæe de la ville de Troye: Comme auſſi le Paladium ayant (accompagné de Diomede) entré dans la citadelle par vn eſgouſt. Ayant eſté derechef enuoyé auec le meſme pour eſpion, il rauit les cheuaux de Rhœſe Roy de Thrace non encores abbreuuez de fleuue Xanthe; toutes leſquelles choſes eſtoient fatales à la conſeruation de cette ville. Mais s'eſtant enaigry contre Palamedes, il braſſa ſi induſtrieuſement ſes menées contre luy par fauſſes & ſecrettes calomnies, qu'il le fiſt condamner & lapider comme conuaincu de trahiſon. Apres la mort d'Achille, il eut differend contre Aiax pour les armes du defunct, & y fut preferé. Apres la priſe de Troye, il tua Orſiloque fils d'Idomenée qui s'oppoſoit à ce qu'il n'euſt ſa part legitime du butin. Fiſt immoler Polyxene ſur le tombeau d'Achille, & fiſt precipiter le petit Aſtianax du haut d'vne tour en bas. Puis faiſant voile pour gaigner ſon pays, la tempeſte le ietta és coſtes des Ciconiens, deſquels ayant eſté mal traité, il priſt ſa route vers les Lothophages (qu'on nomme auiourd'huy Chelbéens) où ſes compagnons ayans gouſté du Lothe (que quelques vns eſtiment eſtre l'aliſier) ils en furent tellement attirez de la douceur qu'à peine les en peut il tirer: Il fut enſuitte ietté par vne autre tourmée vers la coſte de Sicile où le Geant Polypheme l'ayant attiré dans sa grotte auec ses compagnons luy en deuora six ; mais l'ayant aueuglé auec vn tison ardant, il eschappa de ses mains. *Voy* Polypheme. De là cinglàt és Isles Æolides, il obtint d'Æole Roy des vents (qui commandoit en ces Isles) tous les vents enfermez dans vn oustre, horsmis le doux Zephir ; si bien que ces vaisseaux n'en estans point agitez, peu s'en falloit qu'il n'eust gaigné son pays : Mais ses compagnons croyans que ce fust quelque thresor, voulurent ouurir ce sac, & alors les vents débondez le repousserent en ces Isles d'où il estoit party ; & ayant derechef requis en vain d'Æole le mesme present, il fut contrainct de se retirer & venir surgir au havre des Lestrigons peuples inhumains qui mangerent plusieurs des siens : De là il tira vers l'Isle où estoit la sorciere Circé, laquelle transmua par ses enchantemens plusieurs de ses compagnons en bestes ; mais assisté de l'antidote que luy auoit donné Mercure, il la contraignit de remettre ses gens en leur premiere forme ; ce qu'elle ayant faict, il l'entretint depuis & en eut deux enfans, Telegon & Ardée. L'ayant quittée, il prist le voyage des Enfers pour auoir aduis de sa mere Anticlée & du Prophete Tyresias, de ce qu'il auoit à faire. En apres il costóya les Isles des Sirenes, qu'il outrepassa sans danger, ayant euité leurs charmes, bouchant de cire les oreilles de ses compagnons, & s'estant faict garotter au mas du nauire : Comme aussi les dangereux escueils de Scylle & de Charybde où il perdit quelques vns des siens. Il fut depuis ietté par la tempeste en la coste de Sicile, au lieu où Phaëthuse fille du Soleil gardoit les trouppeaux de son pere : Mais ceux de sa trouppe en ayans rauy quelques bestes, firent tous naufrage, horsmis Vlysse qui fut porté finalement en l'Isle d'Ogigie où la Nymphe Calypso le receut, laquelle il entretint

sept ans durant & en eut des enfans. Mais Iupiter ayant delegué Mercure pour le faire sortir de là, il se mist derechef sur mer où Neptune luy fracassa son nauire, & c'eust esté faict de luy si la Deesse Leucothoé ne l'eust aidé d'vn aix sur lequel il fut porté au havre, là où le receut benignemét Nausicaé fille d'Arsinous Roy de Corfou, & par l'instinct de Pallas, le fist conduire vers la Royne Areté qui l'assista de vaisseaux, de presens & d'hommes qui le rendirent sain & sauf en Ithaque, où arriué il prist (par le conseil de Minerue) l'habit de mendiant, & se donna à cognoistre à son fils Telemaque, & à son porcher Eumæe qui luy presterent la main pour exterminer les Courtisans de sa femme Penelopé, qu'il tua tous en vne nuict. Au reste ayant entendu de l'Oracle qu'il deuoit estre mis à mort par l'vn de ses enfans, il delibera de se retirer en solitude ; mais Telegon fils de luy & de Circé, estant venu à Ithaque pour le voir, comme les seruiteurs luy eussent refusé la porte comme à vn estranger & incogneu, il en navra plusieurs, & finalement tua son pere Vlysse.

V O

Vogese montagne de la Gaule Belgique, separant la Bourgogne de la Lorraine, d'où prennent leur source les fleuues de Meuse & la Saosne. L'on l'appelle dé present *Mont des Fauilles.*

Volces ou Volges peuples habitans vers le Couchant de la Gaule Narbonnoise pardelà le Rhosne, dont ceux qui sont plus pres de ce fleuue sont appellez Arecomices ; & ceux qui en sont plus esloignez, voisins des Pyrenées, sont appellez Tectosages. *Voy* Arecomices & Tectosages. Et c'est le pays de Languedoc. *Ptolem. liu.* 3. *chap.* 16

Volhinie contrée de la Pologne, enfermée de la Lithua-

nie, Podolie, & Ruffie, fertile en toutes fortes de fruicts dont les forefts
font remplies de beftes fauuages , &
les eftangs de poiffons. Ses habitans
font courageux, guerriers, & vfent de
la langue des Rutheniens ou Ruffiens,
de leurs mœurs & religion.

Vologefe Roy des Parthes , du
temps de l'Empereur
Neron, lequel ayant faict Roy d'Armenie fon frere Tiridates contre le confentement des Romains, eut pource
guerre auec eux , laquelle ne finit iufques à ce que Tiridates receuft la couronne à Rome par les mains de Neron.
Voy Tiridates.

Volumnia mere de Coriolan , laquelle voyant que fon
fils tenoit la ville de Rome affiegée, &
la Republique en grande deftreffe, fe
refolut de l'aller trouuer pour atten-
drir fon cœur, afin d'auoir pitié de fon
pays ; ce qu'elle executa auec Vergilia
fa femme fi heureufement, que vaincu
de l'affection naturelle, il octroya la
paix à fa requefte contre l'aduis des
Principaux des Volfques dont il auoit
fuiuy le party, n'y ayant peu eftre induict par aucune autre confideration.
Plutarque en la vie de Coriolan.

Volupie Deeffe de volupté & de
plaifirs, à laquelle les Romains edifierent vn temple pres le havre, non loin de la porte Romanule
felon Varron *liu. 4. de la langue Lat.*
dont les anciens firent la ftatuë comme d'vne Royne haut efleuée fur vn
beau fiege qui tenoit comme la Vertu
fous fes pieds. A ceux qui de prime-
face la regardoient, elle fembloit belle
& iolie; car fes mignards atours & ornemens empruntez la rendoient plai-
fante ; mais fi quelqu'vn la vifitoit de
plus pres , ce n'eftoit que fard & degui-
fement, fon vifage deuenoit blefme &
pafle, l'on apperceuoit fes yeux lou-
ches, fes pieds tortus, & fa langue begue , telle que l'apperçeut Hercule

eftant au chemin fourchu du vice, &
de la vertu, lors que fe retirant d'icelle
ils'adioignit à la vertu.

Volufius Poëte inepte & ridicule,
natif de Padouë, lequel à
l'imitation d'Ennius fe mift a efcrire
en vers les Annales des Romains, dont
Catule fe gaudiffant dict que c'eft du
papier pour empaqueter les drogues
des Apoticaires.

Vormes ville tres anciéne de l'Al-
facie dont elle eft Metropolitaine, située pres le Rhin, en vn lieu
fort agreable : Elle a en fes enuirons
grande abondance de fromens & de
vins, & plus de deux cents tant villes
que villages qui hantent le marché de
Vormes, & peuuent s'en retourner le
mefme iour. Ses peuples furent iadis
nommez Vangions, & fut en grande
renommée tant enuers les Romains
que les anciens Roys de France : car Pepin, Charlemagne (qui y fut confacré)
& fes fils y faifoient leur demeure , &
fut alienée de la Couronne de France
dont elle dependoit (comme eftant au
deça du Rhin) par les fils de Louys le
Debonnaire, & fut donné à fon fils
Louys Roy de Germanie. Les Empereurs d'Allemagne l'ont auffi grandement cherie, côme leur ayant efté tres-
fidelle, lefquels tous y ont faict faire
plufieurs affemblées tant Politiques
qu'Ecclefiaftiques. Elle eftoit iadis
honorée d'Archeuefché des plus grâds
& riches de l'Allemagne, ayant fous
foy feize Suffragans : mais du temps
de Charlemagne elle fut reduicte en E-
uefché qui depend de l'Archeuefché
de Majence. *Monfter liu. 2. de fa Cofmographie.*

V R

Vr ville des Chaldéens, pays natal de
Tharé, & de fon fils Abraham. *Genef. 11* D'icelle eft faict mention en plufieurs lieux de l'Efcriture.

Vranie, l'vne des neuf Muses, qui vaut autant à dire comme *Cœleste*, du mot Grec *Ouranos* qui veut dire Ciel, pource qu'elle est reputée presider à l'Astronomie, ou d'autant qu'elle attire les courages & esleue les esprits iusques au Ciel. *Voy* Muses.

Vrbain I. Romain, 18. Pape, attira à la Foy vn grand nombre de payens par sa doctrine & saincteté : Decreta que l'Eglise pourroit posseder possessions & heritages qui seroient distribuez pour la nourriture des pauures, & que ceux qui les auroient, ou rauis, ou alienez fussent excommuniez, comme il est couché *en son Epist. Decretale*. Establit des Protonotaires, qui escriroient les Actes des Martyrs : Ordonna que les vaisseaux sacrez seroient d'or, d'argent ou d'estain, & non plus de verre. *Damase*. Fut martyrisé l'an de salut 224. Ayant sainctement administré sa charge l'espace de 4. ans, 10. mois, 12. iours. Il a escrit vne epistre à tous les Euesques. *Bede, S. Aug. Epist. 165. Naucler, Eusebe, & autres.*

Vrbain II. François de nation, natif de Chastillon au Diocese de Rheims, 165. Pape, personnage de grande saincteté & doctrine, vint en France où il assembla vn Concile à Clermont où il institua les Heures & Office de Nostre Dame. *Naucler.* Il y anima aussi tellement les Princes Chrestiens à la conqueste de la terre Saincte auec Pierre l'Hermite, que l'an 1096, il passa en Asie vne armée de six cent mille Chrestiens sous la conduicte de Godefroy de Bouillon, Eustache & Baudouin ses freres. *Voy* Godefroy. Excommunia ceux qui estoient esleuez aux dignitez de l'Eglise par les hommes Laïcs, & contraignit nostre Roy Philippes I. de reprendre sa femme Berthe, quittant celle auec laquelle il paillardoit. *Æmile liu. 3. Sigeb.* Permist à Pierre Roy de Nauarre de leuer les decimes, ensemble luy octroya le pa-

tronage des Eglises, sous pretexte de la guerre Saincte. Mais excommunia le Roy de Galice & tout le Diocese de Compostelle, pour auoir mis en prison leur Euesque. *Vasée.* Mourut l'an 1100. ayant tenu le siege 12. ans, 4. mois, 19. iours. *Palmer.* Platine tesmoigne qu'il a escrit contre les Heretiques.

Vrbain III. Milanois, 178. Pape, moyenna la paix entre Philippes Auguste Roy de France & le Comte de Flandres, comme aussi entre les Hongrois & les Venitiens. Imposa les decimes sur les Polonnois pour le recouuremét de la terre Saincte. *Chron. de Flandres liu. 6.* Excommunia les Danois pour ce qu'ils aduoüoient le mariage des Prestres. *Saxon liu. 15.* Ayant esté aduerty de la prise de Hierusalem par Saladin Sultan d'Egypte sur les Chrestiens qui l'auoient possedée sous neuf Roys, l'espace de 88. ans, il s'achemina à Venise pour moyenner l'vnion des Princes Chrestiens au secours : mais voyant que cela procedoit trop laschement, il en mourut de dueil, apres auoir presidé seulement vn an, 10. mois 15. iours, l'an 1187. *Platine Onuphr.*

Vrbain IIII. François de nation, fils d'vn sauetier de Troyes en Champagne, voyant l'Eglise persecutée par Manfred Roy de Sicile, il appella à son secours Charles d'Aniou frere du Roy de France auec tiltre de Roy de Naples. Enuoya vn Legat en Angleterre pour composer le differend d'entre son Roy Henry III. & les Grands du Royaume, *Polyd. Virgil. en son Hist. d'Angleterre.* Il institua la Feste du S. Sacrement, *Trithem. en sa Chron.* Puis mourut ayant tenu le Siege 3. ans, 1. mois, 4. iours, l'an 1265. *Valat. Naucler.*

Vrbain V. aussi François, Lymosin, 206. Pape, personnage de grande doctrine, fist prescher la Croisade contre les Turcs. *Hirsang en sa Chron.* Enfin mourut l'an de grace

1371. apres auoir gouuerné l'Eglise 8. ans, & 4. mois. Saincte Brigide Princeſſe de Suede receut de luy la confirmation de ſon Ordre. *Polyd. li. 7. chap. 4. de l'Inuention des choses. Palmer.*

Vrbain VI.
Napolitain, 208. Pape, fut creé par les Italiens, les François en ayans creé vn autre appellé Clement VII. qui ſe retira en Auignon : & ce Schiſme dura enuiron trentefix ans, iuſques au Concile de Conſtance. Il inſtitua la Feſte de la Viſitation de Noſtre Dame. *La Mer des Hiſt.* Paſſa ſon Pontificat (qui fut de 12. ans moins 4. mois) aſſez mal-heureuſement, laiſſant vne mauuaiſe opinion de ſa vie, & mourut l'an de grace 1389. De ſon temps Iean Hus ſema ſon hereſie en Boheme. *Æneas Sylu. chap. 35. de ſon Hiſt. de Boheme.*

Vrbain VII.
Romain, 236. Pape, mourut 15. iours apres ſon eſlection, l'an de ſalut 1590.

Vrbain VIII.
natif d'vne illuſtre famille de Florence, 242. Pape, fort verſé és langues & és ſciences, & ſpecialement en la langue Grecque & en la Poëſie : Au reſte grandement liberal enuers les hômes Doctes & autres perſonnes de merite. Apres auoir eſté enuoyé Nonce en France, il fut creé Cardinal par Paul V. & Eueſque de Spolette en la Romagne. S'eſt employé genereuſement à la pacification des differents de la Valtoline. A orné & annobly la ville de Rome de quelques Temples, Palais, & autres forterreſſes tres-ſuperbes. Enuoya ces dernieres années l'Illuſtriſſime Cardinal François Barberin ſon neueu pour Legat en France & en Eſpagne afin de faire vne réunion entiere de ces deux puiſſants Royaumes. Ce digne Prelat gouuerne encore de preſent fort ſainctement l'Eglise Catholique, à l'augmentation & gloire de laquelle Dieu le vueille combler de ſes celeſtes benedictions.

Vrbin
ville fort ancienne de l'Italie en la Marche d'Ancone, dont faict mention Pline & Tacite. Elle eſt fort belle & bien baſtie, en vn terroüer fertil en toutes ſortes de fruicts. Elle porte le titre de Duché dont ſon Duc poſſede ſept autres villes entre leſquelles ſont Piſaure & Foſſumbrune, & enuiron 300. chaſteaux tant en la Marche d'Ancone qu'en la Duché de Spolette. Elle eſt feudataire de l'Eglise, payant tous les ans pour reconnoiſſance de ſon Eſtat 2240. eſcus. Elle a de reuenu enuiron 100000. eſcus.

Vri
ou Vren, eſt le premier des treize Cantons des Suiſſes diuiſez en dix parties ou communautez. L'on l'appelloit Taureau du temps de I. Cæſar, & meſmes il a encore de preſent pour armes vn Taureau en champ de ſinople. Il commença de ſe gouuerner en forme de Republique, laquelle depuis reconneut l'Empire Romain.

Vrie Hethéen
l'vn des Capitaines de Dauid, & mary de Bethſabée, de laquelle Dauid ayant eu la iouyſſance, voulut pour couurir ſon crime le faire coucher auec ſa femme : Mais Vrie l'en refuſa, n'eſtant à ce qu'il diſoit conuenable qu'il ſe miſt à couuert & à ſon aiſe en ſa maiſon, pendant que l'Arche eſtoit dans les pauillons auec ſon General Ioab & toute l'armée d'Iſraël : ce que voyant Dauid, afin de s'en deffaire, eſcriuit à Ioab qu'il l'expoſaſt au plus dangereux lieu des ennemis ; ce qu'ayant eſté faict, il y fut tué, & en ſuitte le Roy eſpouſa ſa femme : Mais ayant eſté repris de ce peché par le Prophete Nathan, il en fiſt griefue penitence ; Et ce neantmoins bien que Dieu luy euſt pardonné, ne laiſſa de le punir temporellement tant par la mort du fils qui eſtoit iſſu de cet adultere, que par l'inceſte que commiſt Abſalon ſon fils auec ſes concubines. *2. des Roys chap. 11. 12. & 16.*

¶ Il y en eut vn autre de ce nom, Souuerain Prestre des Iuifs, lequel s'accommoda laschement aux volontez deprauées du Roy Achaz Apostat, pour le changement de la vraye religion. 4. Roys 16.

¶ Vn autre de ce nom, fils de Semeï, Prophete de Dieu, lequel ayant Prophetisé les mesmes choses que Ieremie ; & s'en estant fuy en Egypte, en fut retiré par le Roy Ioachim qui le fist occir. Ierem. 26.

Vrim & Thúmim

estoient appellées certaines pierres qui estoient au pectoral du Souuerain Pontife, par le regard desquelles les Prestres predisoient les choses futures & cachées ; laquelle sorte de prediction muette, cessa neantmoins apres la destruction du premier temple, 521. an apres auoir esté basty. Genebr. en sa Chron.

Ste Vrsule

Vierge, fille du Prince de la Grande Bretagne, laquelle auec onze mille Vierges ses compagnes sortirent de leur pays pour euiter la fureur des Saxons idolatres & s'acheminerent pour venir en la Petite : Mais ayans esté poussées par vne tourmente de Mer vers la coste d'Allemagne, elles furent prises par les Payens de la contrée, & menées à Cologne vers Attyla Roy des Huns qui les fist martyriser l'an de salut 453. G. Nangiac. Plusieurs autres Historiens toutefois asseurent qu'elles furent martyrisées du temps du Pape Pontian, sous la persecution de l'Empereur Decius, qui seroit plus de deux cents ans deuant le temps d'Attyla. Naucler.

Vsez

ville de Languedoc, dicte des Latins Vsetentium. Ciuitas laquelle est honorée du tiltre d'Euesché qui depend de l'Archeuesché de Narbonne, & fut erigée en Duché par le Roy Charles IX.

Vsunchassan

Empereur des Perses, fils ou petit fils de Tamberlan, espousa la fille de l'Empereur de Trebizonde qui estoit Chrestienne, laquelle luy ayant faict vn fils & trois filles, se rendit Religieuse. Assista en vain son gendre contre Mahomet II. lequel le despoüilla de son Empire de Trebizonde. L'vn de ses fils nommé Vgurlimehemet se reuolta contre luy par l'aide que le Turc luy donna : Mais Vsunchassan l'ayant attrapé dans la ville de Tauris, venant recueillir sa succession sur la feinte qu'il faisoit d'estre mort, le fist massacrer. Mourut à Tauris l an 1478. ayant regné 11. ans. Mirkond Persien en son Histoire de Perse.

V T

Vtine

ville de l'Italie, metropolitaine du Friuli, bastie (selon quelque vns) par les Huns, ou par les Ducs d'Austriche (selon d'autres) où fut trasporté le Siege du Patriarchat, apres la ruine d'Aquilée. La Republique de Venise y tient vn Gouuerneur. Magin en sa Geographie.

Vtique

ville signalée de l'Afrique proprement dicte, pres le fleuue Bagrada, esloignée de 30. milles de Carthage, apres la ruine de laquelle elle tint vn des premiers rangs entre les plus grandes d'Affrique. Elle est renommée par la mort de Caton qui s y fist mourir luy mesme. apres la desfaicte de Scipion par I. Cesar. Pline liu. 5. chap. 4. Voy Caton. Elle s'appelle de present Bezarte.

Vtrecht

contrée des Pays bas, de petite estéduë, ayant pour bornes au Midy, au Nord & au Leuant la Hollande; & au Couchant la Gueldre. Son terroüer est assez fertil, & est plus cultiué que celuy de Hollande, si ce n'est en quelques lieux qui sont sablonneux. Il y a huict villes, & plus de soixante & dix villages, dont la capitale est Vtrecht ville grande, agreable & bien

bien peuplée, dont l'Euefque eſt ſeigneur temporel de toute cette contrée,
(ce quiluy a eſté concedé par la liberalité des Roys de France) & la Hollande
le recognoiſt auſſi pour le ſpirituel.
Magin en ſa Geographie.

W

Vvabres, *Voy* **Vabres.**

Vvaldeck Comté d'Allemagne,
faiſant partie du Heſ-
ſen, fertile en bleds & vins, riche en
mines d'or, d'argent, airain, argent vif,
fer, plôb, ſel & alun. *Magin en ſa Geogr.*

Vvandales, *Voy* **Vandales.**

Vvelxin petite prouince de France
côprenant vne partie de
l'Iſle de Frâce, & vne partie de la Normandie : c'eſt pourquoy l'on la diuiſe
ordinairement en deux, ſçauoir en welxin le François, & en welxin le Normand, dont le 1. comprend les villes de
Giſors, Andely, Aumale, Eſtrepagny,
S. Cler ſur Epte, & quelques autres : &
au 2. ſont les villes de Ponthoiſe, Man-
te, Meulan, Magny, &c. Et tout ce pays
eſt en general fort fertil, rapportant ſur
tout quantité de bleds.

Vveſtphalie, *Voy* **Veſtphalie.**

Vvitichind, *Voy* **Vidichind.**

Vvisbourg, *Voy* **Visbourg.**

Vvirtemberg, *Voy* **Virtéberg.**

Vulcain fils de Iupiter & de Iunon,
eſtimé par les anciens, Dieu
du feu, lequel on dict que ſes parens
le voyans apres ſa naiſſance ſi laid &
difforme, ietterent du ciel en bas en
l'Iſle de Lemnos où il fut nourry par
Eurynome fille de Thetys, ou comme
veulent les autres, par des ſinges &
guenons. *Ciceron liu. 3. de la Nat. des*

Dieux, en faict quatre ; le 1. qui fut fils
du Ciel, qui eut de Minerue, Apollon,
que l'on dict auoir eſté protecteur &
gardien d'Athenes ; le 2. fut fils du Nil,
que les Egyptiens appelloient & tenoient pour leur Dieu tutelaire ; le 3. de
ce nom fut fils de Menale, qui auoit
poſſedé quelques Iſles en la coſte de
Sicile, nommées pour ce Iſles de Vulcain ; le 4. fut fils de Iupiter, & de Iunon qui fut forgeron en Lemnos. Mais
les geſtes des vns & des autres ſont rapportées à ce dernier, lequel on dict
auoir eſté boiteux & eſtropié de la
cheute qu'il eut en tombant du ciel.
Les Poëtes luy ont donné ſa retraicte
en l'Iſle de Lemnos, & qu'il tenoit ſa
boutique és cauernes du mont Gibel,
eſquelles l'on void bouillir & rejaillir
vne grande quantité de feu, & que là il
forgeoit des foudres à Iupiter, & les
armures des Dieux, & à leur requeſte,
de certains Heros, c'eſt ce qui l'a faict
eſtimer le plus excellent maneuure de
tous, de ſorte que tout ce qui eſtoit ela-
bouré auec art & induſtrie eſtoit dict
eſtre ſorty de ſa boutique, côme le collier d'Hermione, la couronne d'Ariadne, le chariot du Soleil, les armures
d'Achille & d'Ænée, auec beaucoup
d'autres tels ouurages. Les anciens le
mirent entre les Dieux, & en firent
la ſtatuë comme d'vn Forgeron, le plus
ſouuent tout nud, boiteux, fort laid, &
tenant en main vn gros marteau de fer,
aſſiſté de ſes trois compagnons, Brontes, Steropos, & Pyrachmon. Apres
que Iupiter eut mis à mort les Geants
par les foudres qu'il auoit fabriquées,
il luy demanda pour recompenſe en
mariage la Deeſſe Minerue, laquelle il
luy octroya ; mais cette chaſte Deeſſe
rebuta ſi bien ce boiteux qu'il n'y
ſceut paruenir ; dont en lieu d'icelle, il
luy donna Venus qui ne l'aima gueres
non plus à cauſe de ſa laideur, mais ſe
preſtoit à d'autres ce pendant que ſon
mary eſtoit à la forge ententif à ſe

besongne. Vne fois entr'autres il la
surprist auec Mars par le moyen de la
descouuerte que luy en fist le Soleil;
& les ayant ainsi enlacez tous deux
d'vn filet d'acier tres-subtil & tellement deslié qu'on le pouuoit voir, il
les exposa à la risée de tous les autres
Dieux. L'on auoit de coustume, selon
Seruius, quand on estoit victorieux,
d'amasser apres la victoire les armes des
ennemis, de les brusler & en faire vn
sacrifice à Vulcain, ce qui fut introduit
par Tarquin l'Ancien. Les Egyptiens,
selon Ælian, luy consacroient les
Lyons pour ce qu'ils sont de nature
chaude & ignée.

¶ Vulcain estant pris pour ce corps tres-pur
& sublime du feu, est à bon droit dict fils de
Iupiter & de Iunon; pource que selon les
Philosophes, il n'est autre chose que l'air, entendu par Iunon eschauffé par le mouue-
mēt des corps celestes designez par Iupiter.
Mais plus communement il est pris pour le
feu materiel & terrestre, & pource l'a-t'on
dit fils de Iupiter & de Iunon, attendu que
quād Iupiter qui signifie la chaleur, a attiré en haut les exhalaisons seiches & crasses,
leurs qualitez estans desja disposees elles
s'enflamment facilement, puis apres il aduient (comme aux foudres) que ce feu est
precipité en bas lors que sa matiere lourde
& impure gaignant le dessus le faict tomber
en terre, de cela il est rendu estropié & boiteux, parce que tel feu estant composé ne
tend pas directement en son lieu, mais s'y va
si nneusement & de trauers, ou bien pour
autant qu'il ne se peut soustenir de soymes-
me; mais luy faut tousiours de la matiere
pour estre entretenu. L'on tient que ce fut à
Lemnos à cause de la chaleur interieure
du lieu qui le rend sterile, ou bien dautant
que cette Isle a esté fort subiete aux foudres
& tonnerres; & pour cette cause on l'a dict
fabriquer les armes de Iupiter, ce qui ne se
doit prendre fabuleusement, attendu que la
foudre dont Dieu se sert, n'est composée que
de ce feu grossier & terrestre qui se voyant
entouré par la froideur de la moyenne region de l'air, faict ce grand esclat & est precipité en bas, & employé quelquefois à la
vengeance diuine. L'on luy donne Venus
pour femme, pource que la chaleur est requise pour l'accomplissement de la copulation charnelle. Il seruit à Iupiter de sage-
femme pour enfanter Minerue (qui represente vne parfaicte industrie) dautant que
la pluspart des arts mechaniques s'exercent par le feu, sans l'vsage duquel ils ne
produiroient aucun effect, & à cette cause
il est feinct forger les armes des autres
Dieux, parce que la chaleur est l'ouuriere
de tout ce qui se faict en la nature. Il enue-
loppa d'vn filet Mars & Venus, parce
que ceux qui naissent soubs ces deux Planettes, sont ordinairement paillards.

Vvlturne fleuue de la Campanie,
qui ayant passé par Ca-
pouë, se va rendre dans la mer pres de
Cümes. Mela liu. 2.

¶ De ce nom est appellé par les Latins,
le vent que les Grecs nomment Eurus.
Voy Eurus

Vvormes, Voy **Vormes,**

X

X E

Ainctonge prouince signalée du Royaume de France, bornée au Nord par le Poictou : au Leuant par l'Angoulmois & le Perigord : au Midy par la riuiere de Garonne : & au Couchant par la mer Oceane. Cette contrée est l'vne des plus fertiles de France, specialement en bleds & vins, dont elle en fournit l'Espagne & l'Angleterre, &c. Il y a plusieurs villes notables, comme S. Iean d'Angely, Iarnac, Broüage, renommé pour le sel que l'on y prend, Marans, Blaye, Soubise, &c. dont la capitale est Xainctes, que Pline & Ptolemée appellent *Mediolanum Sanctonum*, sise sur la riuiere de Charente qu'Ammian Marcellin met entre les premieres villes de Guienne, & d'icelle a pris le nom toute la contrée. Les Roys de la seconde race y mirent des Gouuerneurs qu'ils appellerent Comtes. Il s'y void encore des restes de la somptuosité des Romains. S. Eutrope enuoyé par S. Clement en fut le premier Apostre. Elle est honnorée d'vn Euesché duquel dependent enuiron 300. parroisses, & recognoist l'Archeuesque de Bordeaux.

Xanthe fleuue de la Troade, autrement appellé Scamandre, & luy a esté donné, ce premier nom de la proprieté de son eau qui a cette vertu de rendre la toison des brebis qui en auroient beu, de couleur iaune, que les Grecs appellent *Xanthum. Voy* Scamandre.

¶ Il y a vn fleuue de ce nom en la Lycie prenant sa source du mont Cadmus, lequel se va rendre dans la mer de Lycie, pres vne ville de mesme nom.

Xanthiens certains peuples d'Asie, lesquels estans assiegez en leur ville par Harpagus Lieutenant du Roy Cyrus, & reduicts aux extremitez, enfermerent leurs femmes, seruiteurs & meubles dans vne citadelle, & y mirent le feu, puis en suitte se ietterent à corps perdu dans l'armée où ils furent tous deffaicts. *Herodote liu. 1.*

Xanthippe femme du Philosophe Socrates, grandement hargneuse, & neantmoins iceluy estant interrogé par Alcibiades comme il la pouuoit supporter : *Pource, dist-il, qu'elle m'est vn exercice de patience, afin que ie puisse endurer plus facilement les autres maux. Laerce en la vie de ce Philosophe. Voy* Socrates.

X E

Xenarque Philosophe Peripateticien, natif de Seleucie, enseigna en Alexandrie, puis à Rome, fut contemporain du Philosophe Arius, & tres-familier de l'Empereur Auguste, duquel il fut grandement honoré. Il mourut fort vieil, ayant perdu la veuë. *Strab. liu. 14.*

Xenocrate natif de Chalcedoine, Philosophe renommé, disciple de Platon, & successeur de Speusippus en l'Academie où il enseigna l'espace de 25. ans. Il estoit d'vn esprit fort lent, tellement que

VVuuuuu ij

Platon l'accomparant à Aristote, disoit qu'il falloit donner vn mors à cettui-cy, & à l'autre des esperons. Il fut l'vn des plus seueres & continents Philosophes qui ayent iamais esté, tellement qu'il se couppoit & brusloit les parties honteuses lors qu'il se sentoit alleché de la volupté. L'on dict qu'vn iour quelques siens pour esprouuer sa chasteté, luy ayans mis dans son lit la Courtisane Phryné elle s'en retourna le lendemain toute honteuse, disant qu'elle auoit couché auec vne statuë & non pas auec vn homme. Il fut en telle reputation de preudhommie chez les Atheniens, que bien que l'on ne receust le tesmoignage d'aucun sans serment, on adioustoit ce neantmoins foy à sa simple parole. Ayant esté enuoyé par les Atheniens en Ambassade vers Philippe de Macedoine, & voyant que l'on honnoroit de presents, accueilloit auec grand honneur, & faisoit on banqueter ses associez, & que l'on ne tenoit aucun compte de luy bien qu'il fût chef de la Legation. Il commença à dire qu'il auoit vne grande obligation à Philippes de ce qu'il le redoutoit tout seul comme capable de recognoistre sa mauuaise volonté & perfidie enuers les Atheniens. Il refusa vne grande somme de deniers que luy donnoit Alexandre le Grand, disant que c'estoient les Roys qui en auoient besoin, & non les Philosophes. Il mourut aagé de 82. ans. Il a escrit plusieurs liures mentionnez par Diog. Laerce *liu. 4. de la vie des Philosophes. Suidas.*

Xenophanes, natif de Colophone, contemporain d'Anaximander, & disciple d'Archelaüs. Il disoit que la substance de Dieu estoit de forme spherique, & n'auoit rien de commun auec les hommes, qu'elle voyoit & oyoit tout, & qu'il est en toutes choses : Maintenoit que toutes choses creées estoiët suiettes

à corruption, & qu'il y auoit mondes infinis. Il viuoit vers la 60. Olympiade. *Laerce liu. 9. de la vie des Philosophes.*

Xenophile Musicien & Philosophe Pythagoricien, renommé pour auoir vescu 105. ans en parfaicte santé & en grande reputation. *Pline liu. 7. chap. 52. & Val. le Grand liu. 8. chap. 1.*

Xenophon grand Capitaine & Philosophe Athenien, disciple de Socrate & emulateur de Platon ; de belle & riche taille, & agreable à vn chacun ; & si eloquent que pour la douceur & facilité de son langage il fut appellé la Muse Attique : Ayant gagné la faueur du petit Cyrus, il porta les armes à son seruice, & apres sa mort remena les restes de son armée des derniers confins de Babylone, saine & sauue, bien que par des lieux aspres & de difficile accez, iusques en son pays. Il escriuit la premiere institution du grand Cyrus qu'il intitula Cyropædie où il ne s'estudia pas tant à suiure la verité de l'Histoire qu'à bien façonner & representer vn bon Capitaine, selon Ciceron *liu. 2. de l'Orateur.* Il deduict aussi les guerres du ieune Cyrus contre son frere Artaxerxes, six Liures des affaires des Grecs, & quelques autres mentionnez par Diog. Laerce *liu. 2. de la vie des Philosophes* qui en fait mention de six autres. Il fleurissoit enuiron la 89. Olympiade.

Xerxes Roy des Perses & Medes, que les Chaldéens appellét Artaxerxes, & l'escriture Assuerus fils de Darius Histaspes & d'Atossa fille de Cyrus, fut vn dès plus grands & puissants Princes du monde, mais tellement vain & orgueilleux qu'il iettoit des flesches à l'encontre du Soleil, & enuoyoit des cartels à la mer & aux montagnes pour les sommer de donner passage à son armée qui estoit innombrable. *Voy Assuerus.*

Y

Y O

Orch l'vne des principales villes d'Angleterre, située vers sa partie Septentrionale, & capitale d'vne prouince tres-ample de mesme nom, elle est renommée pour la fertilité de ses campagnes. Cette ville est fort ample, tres-peuplée, agreable, bien munie & remplie de superbes edifices tant priuez que publics. Elle est honorée des tiltres d'Archeuesché & de Duché. *Magin en sa Geographie.*

Ysabeau de Bauieres, féme du Roy Charles VI. mais laquelle ayant faict quelques mauuaises entreprises contre l'Estat, fut pour icelles releguée à Tours, & depuis deliurée par Iean Duc de Bourgogne, par le support duquel elle se fist declarer Regente du Royaume, pour l'occupation du Roy son mary en la phrenesie où il estoit detenu: Mais non contente de ce, ayant effacé de ses entrailles le commun sentiment de nature, fist la guerre à Charles VII. son fils, & la paix auec Henry V. Roy d'Angleterre lors ennemy capital de l'Estat François, auquel elle donna sa fille Catherine en maria-

Y V

ge, & moyennant iceluy Charles VI. declara Henry son legitime heritier de la Couronne, & en debouta son fils vnique Charles VII. Mais cette Ysabeau ou plustost Iezabel porta la peine de son peruers naturel; car le Duc de Bethfort craignant l'esprit de cette Medée, luy osta le maniement des affaires, & la sequestra à l'Hostel de S. Paul où elle mourut en grande pauureté, & fut enterrée sans aucune pompe. *Monstreler.*

Yuetot petite contrée de Normandie erigée en Royaume par Clotaire I. du nom Roy de France, pour l'expiation du meurtre qu'il auoit commis en la personne d'vn sien fidelle seruiteur nommé Gautier, seigneur d'Yuetot, dans vne Chappelle le iour du Sainct Vendredy comme il oyoit le seruice. Clotaire obeïssant au pape Eugene I. qui luy enioignit de reparer cette faute par ce moyen. *Gaguin, Æmile, & autres.* Ce tiltre de Royaume fut depuis changé en tiltre de Principauté dont la maison du Bellay iouït pour le iourd'huy.

Z

Abulon sixiéme fils de Iacob & de Lia. *Gen.* 30. & le 10. en ordre des enfás d'Israël. Son pere, lors de sa benediction, luy predit qu'il habiteroit au riuage de la mer, & seroit au havre des nauires s'estédans iusques à Sidon. *ch.* 49. De sa famille sortirent d'Egypte, sous la conduicte de Moyse, 57400. hommes tous portans armes. *Nomb. chap.* 1. Il mourut aagé de 124. ans, enuiron l'an du monde 2322.

Zacharie 14. Roy d'Israël, fils de Ieroboam I 1. apres la mort duquel il y eût 8. ans d'interregne, & ne regna que six mois : Car s'estant addonné à l'idolatrie, Sellum fils de Iabes conspira contre luy & le tua, enuiron l'an du monde 3393. & ainsi faillit en luy la posterité du Roy Iehu. 4. *Roys* 15.

¶ Vn autre de ce nom, fils de Ioiada, Grand Prestre & Prophete, lequel fut tué par Ioas Roy d'Israël, dans le temple, 2. *Paralip.* 24. *Matth.* 23. dont aucuns disent que les oracles & responses qui se donnoient par l'Ephod (qui estoit vn certain ornement du Grand Pontife par lequel ils predisoient) cesserent à cause du temple qui en fut pollu. *S. Epiphane.*

¶ Vn autre de ce nom l'vn des douze petits Prophetes, fils de Barachias, & contemporain d'Aggée, & predisant les mesmes choses dont nous auons le Liure assez obscur és sacrez cayers. Mourut l'an du monde 3460.

¶ Vn autre de ce nom, certain Prestre entre les Iuifs, mary de saincte Elizabeth, & pere de S. Iean Baptiste, la naissance duquel l'Ange luy annonça ; & pour son incredulité demeura muet iusques au temps de l'accomplissement de cette prophetie. Il est Autheur du Cantique qui commence *Benedictus Dominus Deus Israël. S. Luc chap.* 1.

Zacharie Grec, 93. Pape, renommé en doctrine & saincteté, Pacifia l'Italie, accordant Luitprand & Astulphe Roys des Lombards, auec les Romains. Confirma Pepin I. de sa seconde race, que les François auoient esleué à la Royauté au lieu de Childeric qui fut contraint de se faire Moine ; & dispensa les François du serment qu'ils luy auoient faict. *Æmile liu.* 2. *Can alius* 15. *quæst.* 6. Il racheta de la main des Infidelles grand nombre d'esclaues, & leur donna la liberté. Il repara, amplifia & embellit beaucoup d'Eglises, & specialement celle de Latran. Il fut grand hospitalier, fort benin & charitable enuers les pauures, specialement à ceux qui estoient gens de bien. Il nous a laissé deux Epistres addressantes à Boniface Archeuesque de Majence. Il traduisit du Latin en Grec, les Dialogues de S. Gregoire. Enfin ayant presidé 10. ans. 3. mois, il passa en vne meilleure vie, l'an de grace 752. *Platine, Sigeb.*

Zachée homme riche, & Prince des Publicains ; lequel estant monté sur vn sycomore pour voir Nostre Seigneur Iesus qui passoit auprès,

fut appellé par luy, & l'eſtant allé viſiter en ſa maiſon le conuertit. *Luc* 19.

Zacynthe Iſle de la mer Ionienne,
dicte vulgairemét *Zan-
the* ; diſtante du Peloponeſe d'enuiron 20. milles. Son terrouër eſt fort
gras, abondant en forment & bons
paſturages. Il y a auſſi quantité de vin
& d'huile, mais peu de bois. En icelle
il y a vne ville de meſme nom, ſituée
vers la mer, ſiſe ſur vne colline, & munie d'vne forte citadelle, elle eſt fort
ſubjecte au-tremble-terre. Ses habitans ſont Grecs, & obeïſſent à la Republique de Veniſe. *Magin, Mercat. en
ſon Atlas.*

Zagathai prouince de la Tartarie,
de grande eſtenduë, qui
eſt la Scythie au delà du mont Imaüs,
appellée de preſent *Altay.* Elle comprend toute cette eſtenduë de pays où
eſtoient les Prouinces de la Bactriane,
Sogdiane, & Margiane d'où ſont iſſus
les Maſſagetes peuples renommez pour
leur valeur. Elle a pour bornes au
Nord le fleuue Iaxarte dict de preſent
Cheſel : au Couchant la mer Caſpie : au
Midy le mont Paropamiſe ou Caucaſe : & au Leuant elle s'eſtend iuſques
au deſert de Lop. Sa capitale eſt Samarcandre ville fort illuſtre & d'vne
belle grandeur, & la metropolitaine
de toute la Tartarie. Ses peuples nommez auſſi Zagathai ſont les plus illuſtres d'entre les Tartares, fort ciuils &
addonnez aux arts & ſciences. *Magin
en ſa Geographie.*

Zaleucus Legiſlateur de la ville de
Locres en la Calabre ou
Grande Grece. Monſtra l'exemple d'v-
ne tres-ſeuere iuſtice ; car ſon fils ayant
eſté trouué en adultere (qui pour ce ſelon la Loy ordonnée par ſon pere deuoit auoir les deux yeux creuez) comme le peuple luy vouloit pardonner à
toute force, Zaleucus enfin vaincu par
ſes prieres ſe contenta de faire arracher
ſeulement vn œil à ſon fils, mais à luy

vn autre œil ; ainſi fut renduë là peine
deuë pour le crime ſelon ſon ordonnance, & par merueilleuſe attrepan-
ce d'equité ſe monſtra pere miſericor-
dieux & iuſte Legiſlateur. *Val. le Grand
liu. 6. chap. 5.*

Zambri (ou Zamar ſelon Ioſephe
liu. 8. chap. 7. des Ant. Iud.
cinquieſme Roy d'Iſraël, vſurpa le
Royaume ſur Ela, qu'il tua, & miſt à
mort toute la race de Baaſa : dont le
peuple eſtant eſmeu, conſtitua vn autre Roy mommé Amri, lequel ayant aſſiegé la ville de Therſa où eſtoit Zambri, voyant la ville priſe ſe bruſla luy
meſme auec le Palais Royal, le 7. iour
de ſon regne. 3. *Roys* 16.

Zamolſis ſeruiteur & diſciple de
Pythagore, Gete de na-
tion, lequel accompagna ſon Maiſtre
en Egypte, puis y ayant apris les couſtumes des Egyptiens s'en reuint en
ſon pays, lequel il poliça ſelon icelles,
auec vn ſi grand contentement de tous
les Getes qu'ils le deïfierent apres ſa
mort, croyans que tous ceux qui dece-
doient l'alloient trouuer ; meſmes en tiroient par ſort quelques vns qu'ils iettoient en l'air & les receuoient ſur des
poinctes de hallebardes & autres armes, afin d'aller (à ce qu'ils diſoient)
annoncer leurs affaires à ce Dieu. *Herodote liu. 4.*

Zanzibar ou Zanguebar, certaine
contrée Meridionale de
l'Afrique, remplie de forêts, fleuues &
mareſcages qui rendent l'air fort pe-
ſtilent & preſque infertile : Elle eſt de
grande eſtenduë, car en icelle ſont compris les Royaumes de Melinde, Mom-
bazze, Quiloa, Mozambique, &c. Ses
habitans ſont de couleur noire & ont
les cheueux friſez, addonez à l'idolatrie, aux empoiſonnemens & aux deuinations. *Magin en ſa Geographie.*

Zanthe Iſle de la mer Ionienne,
dicte iadis Zacinthe. *Voy*
Zacynthe.

Z E

Zebedée pere des SS Apostres Iean & Iacques. *Matth.* 4.

Zebet ou Zibit, ville fort belle, capitale de l'Arabie, située en vne plaine entre deux montagnes sur vne riuiere de mesme nom pres de la mer rouge. Elle est fort marchande. Le Turc y tient vn Beglerbei auec forte garnison. *Magin.*

Zeilan Isle tres-notable dés Indes Orientales, vers le golfe de Bengale, appellé par les Arabes *Tenarsim*, c'est à dire, *Terre delicieuse*. Barrius & autres Topographes estiment que c'est la Taprobane de Ptolemée. Sa longueur est de 78. lieuës: sa largeur de 44. & son circuit de 240. Elle n'est pas esloignée de l'Equateur: Et bien qu'elle soit située sous la Zone torride, ce neantmoins elle est tres-salubre, & a vn ciel fort temperé, tellement que plusieurs ont estimé que là estoit iadis le Paradis terrestre: aussi ses campagnes sont tousiours verdoyantes & ses arbres chargez de fleurs & de fruicts qui y sont tres-excellents, & d'vne exquise douceur. Il y croist de plusieurs sortes d'espiecries & autres odeurs aromatiques, clou de girofles, poyure, canelle, & autres: Elle a en abondance des chairs & poissons, comme aussi force Elephants qui sont grandement dociles: il s'y trouue pareillement quantité de pierres precieuses, comme Rubis Hyacinthes, Saphirs, Chrysolithes, Topases, Grenades, & autres. Cette Isle est grandement frequentée pour le trafic, & là y a sept ports signalez & quelques villes fort grandes, & entr'autres Colmuchi capitale d'vn Royaume dont huict autres sont tributaires. Les Portugais y auoient vne Citadelle. Ses habitans sont en partie Gentils, & en partie Mahometans: Ils sont blancs, de belle & haute taille, ayans le ventre grand & gras, pour la pluspart sont fort delicieux, pusillanimes & mal propres à la guerre, aussi ne se seruent-ils point de fer en leurs guerres: leur viure plus commun est de laict, beurre, formage, & riz, & leur boisson de certain suc de palmes: Vont tout nuds excepté les parties honteuses qu'ils ont couuertes. *Magin en sa Geographie.*

Zelande contrée signalée des Pays bas maritime, dont elle a pris le nom de *Zeland* qui signifie *Pays de mer.* Elle comprend plusieurs Isles qui sont toutes assises entre les riuieres de Meuse & de l'Escauld, & ont pour bornes au Nord la Hollande: au Leuant le Brabant: au Midy la Flandre: & au Couchant la mer Germanique. Et bien qu'il y ait quantité d'Isles qui croissent, diminuent & disparoissent selon le flux & reflux de la mer, il y en a toutefois sept principales dont il y en a trois au delà de la bouche de l'Escauld qui se nomment Orientales, sçauoir Scalde, Dauelande & Tolen; & quatre deçà l'Escauld vers l'Occident, sçauoir Vvalcheren, Zuytbeuelande, Nortbeuelande, & Vvolferdijck, & d'icelles C. Tacite fait mention sous le nom de Mattiaques. L'air n'y est gueres bon ny sain, & y faict fort froid mesmes en Esté pour les grandes exhalaisons des palus & marescages, ou pource que le pays est descouuert: Elle n'est toutesfois subiecte à la maladie contagieuse. Le terroüer est gras & fecond, & y recueille t'on du bled plus blanc & plus pesant qu'en tout autre pays; il est aussi tres-propre au pasturage, & rapporte quantité d'herbes autant medicinales que de bon goust. Il y a dix villes en cette contrée & plus de cent bourgades, & de toutes ces Isles la principale est Vvalcheren, où sont Mildebourg, Flessingue, & autres. L'an de salut 863 sous l'Empereur Charles le Chauue, fut creé premier Comte d'icelle, Thodoric fils de fils de Sigifbert Prince d'Aquitaine & ſes ſucceſſeurs y ont commandé continuellement iuſques à Philippes ſecond du nom Roy d'Eſpagne, de l'obeyſſance duquel les habitans ſe reuolterent. Iceux ont pris leur origine des Danois & Normands, leſquels ſortirent de cette Iſle de Dannemarch, nommée Zelande, ſe ſaiſirent des coſtes de la France, ſçauoir de la Neuſtrie, de la petite Bretagne, & de cette partie du Pays-bas, laquelle ils nommerent Zelande, du nom de leur pays naturel.

Ses habitans ſont ingenieux, fort preuoyans & accorts, leurs femmes de haute & belle taille, au reſte tres-propres en leurs maiſons, bien entendus en la marchandiſe, & fort experimentez en la nauigation. Cette Prouince eſt maintenant l'vn des plus fors remparts des Prouinces vnies, pource qu'elle a la mer libre & ouuerte auec grand nombre de nauires, & qu'il y a force bonnes places & ports. *Abr. Ortelius*, *Mercator. Voy* Pays-bas.

Zelpha ſeruante de Lia femme de Iacob, laquelle (ne pouuant plus auoir d'enfans) elle fit coucher auec ſon mary, dont elle eut deux fils Gad & Aſer (qui ſont deux des Chefs des douze Tribus d'Iſraël) *Geneſ. 30.*

Zenicete certain Pyrate fort renommé, lequel ayant occupé le Mont Olympe, où il auoit baſty vne forterceſſe, ruinoit par ſes continuels rauages la Lycie, la Pamphilie, & la Piſidie; mais lequel fut puis apres deffait par P. Seruilius, qui en ſuitte fut nommé Iſaurique: Et ſe voyant forcé dans ſa retraicte & ſur le poinct d'eſtre pris, il ſe bruſla auec toute ſa maiſon. *Strab. liu.* 14.

Zenobia tres-renommée Reyne des Palmyreniens, femme d'Odenat de la race des Ptolemées d'Egypte, laquelle tint vn long-temps l'Empire d'Orient malgré les Empereurs de Rome. Auſſi fut-elle d'vn grand cou-

rage, pouruoyant elle-meſme à ce qui regardoit le fait de la guerre, veſtuë comme l'on tient en habit d'homme; & en cette façon reſiſta puiſſamment aux Empereurs Gallien & Aureolus, mais enfin fut vaincuë par l'Empereur Aurelian, laquelle ayant priſe, il l'amena en triomphe liée auec des chaiſnes d'or, & neantmoins l'Empereur luy octroya la ville de Tiuoli pour y paſſer honneſtement ſes iours. Elle fut tres-ſçauante és lettres Latine, Egyptienne & Grecque. L'on dit qu'elle fut doüée de telle chaſteté qu'elle ne s'accoſtoit iamais de ſon mary que pour auoir lignée. *Trebellius Pollio.*

Zenodote Epheſien, Poëte & Grammairien tres celebre qui fleuriſſoit du temps du Roy d'Egypte Ptolemée I. & qui luy donna l'intendance de ſa Bibliotheque d'Alexandrie. Il fut le premier qui corrigea les liures d'Homere, & les redigea en bon ordre.

¶ Vn autre de ce nom, Alexandrin, qui a eſcrit des Commentaires ſur Platon, Homere & Heſiode. *Suidas.*

Zenon fut Empereur de l'Empire d'Orient, par la renonciation qu'en fit Léon ſecond ſon fils pour l'en inueſtir: dont l'Imperatrice ſa belle mere (car il auoit eſpouſé Ariadne fille aiſnée de l'Empereur Leon premier) eſtant indignée, elle induiſit vn puiſſant Capitaine nommé Baſilicus (que Iornandes dit auoir eſté ſon fils) à ſe faire proclamer Empereur, mais lequel toſt apres fut abandonné des ſiens, pour auoir embraſſé l'hereſie Neſtorienne, & en ſuitte fut enuoyé en exil auec ſon fils & ſa ſœur, où ils moururent; ſi bien que Zenon demeura paiſible en l'Empire. Cependant Odoacre s'eſtant emparé de l'Empire d'Occident, Theodoric Roy des Goths par la permiſſion de Zenon entrepriſt la conqueſte d'Italie ſur Odoacre, qu'il vainquit, & le deſpoüilla de ce qu'il auoit vſurpé,

XXXxxxx

tyranniquement. Zenon eut toſt apres
pour aduerſaires vn certain Illus Grand
Maiſtre de ſon Palais, lequel auoit fauſ-
ſement calomnié l'Imperatrice d'adultere, & vn autre ſien Capitaine nommé
Leontius, qui s'eſtoient reuoltez contre luy, mais qui furent trahis & tuez
par leurs ſoldats meſmes. Ainſi Zenon
veſcut le reſte de ſes iours en repos, &
mourut en Conſtantinople apres auoir
tenu l'Empire 17. ans, l'an de ſalut 494.
Ce Prince eſtoit difforme du corps &
de l'eſprit, ſubjet à l'yurognerie. De ſon
temps la pluſpart de la ville de Conſtantinople fut embraſée. *P. Diacre, Blonde, Iornandes, &c.*

Zenon natif de l'Iſle de Cypre, Philoſophe renommé, & princi-
pal Autheur de la ſecte des Stoïciens,
il fut en ſi bonne eſtime chez les Atheniens, qu'ils luy donnerent en garde les
clefs de la ville, l'honnorerent d'vne
Couronne d'or, & luy firent dreſſer
vne ſtatuë d'airain. Il fut reſſerré en
ſon parler, fort continent tant en ſon
viure qu'és autres voluptez. L'on rapporte de luy beaucoup de notables ſentences & apophthegmes. Voyant vn
iour vn ieune babillard, il luy diſt que
ſes oreilles s'eſtoient miſes ſur ſa langue, car, ce diſt-il, la nature nous a donné deux oreilles pour beaucoup entendre, & vne bouche pour peu parler: Il
diſoit que beaucoup de Philoſophes
eſtoient fols en la pluſpart des choſes,
& ſans experience aux petites. Il tenoit qu'il n'y auoit rien plus cher que
le temps. Il fut doüé d'vne excellente
beauté, & accompagné d'vn grand heur,
car il paruint iuſques à la 98. année de
ſon aage ſans auoir eſté malade, mais
comme il ſortoit de ſon eſchole s'eſtant
rompu le doigt contre vne pierre, il priſt
cela comme vn aduertiſſement de la
mort, dont il s'eſtrangla. Il auoit de
couſtume de demonſtrer par ſa main la
difference qu'il y a entre la Dialectique
& la Rhetorique, accomparant ſa main

eſtenduë à celle-cy, & la main cloſe à
celle-là. Auoit de couſtume de dire
que le ſage faiſoit bien toutes choſes,
& qu'il n'importoit ce qu'il fiſt. *Diogene Laërce, liure 7. de la vie des Philoſophes.*

¶ Vn autre de ce nom, natif de la ville
d'Elée, diſciple de Parmenides, auquel
Ariſtote attribuë l'inuention de la Dialectique, comme de la Rhetorique à
Empedocles, auſſi eſtoit-il non moins
bon Philoſophe que Politique. Sa conſtance eſt memorable & admirable, car
comme il eut induict certains ieunes
gens à deliurer leur pays de la ſeruitude où l'auoit miſe le Tyran Nearque,
& que cette conſpiration eut eſté deſcouuerte, il fut mis en la torture, & au
ſupplice de griefs tourments, pour ſçauoir de luy les complices de ſa coniuration; mais ce neantmoins il demeura
conſtant & inuincible, ne chargeant par
ſon accuſation que les amis intimes du
Tyran, & faiſant ſemblant de vouloir
parler à luy ſecrettement, il priſt à belles dents ſon oreille, laquelle il ne laſ-
cha point qu'il ne l'euſt arrachée; puis
ſe voyant forcé de plus belle à deſcouurir ſes complices, apres auoir argué
ſes concitoyens qu'il y eſtoit ſi puſilla-
nimes que d'obeyr au Tyran, il ſe tronçonna la langue & la luy ietta à la face;
en quoy faiſant il enflamma tellement le
courage de ceux auſquels il parloit, que
d'vn conſentement ils ſe ietterent ſur le
Tyran & le lapiderent. *Laërce liu. 4. de
la vie des Philoſophes, lequel en fait mention de ſix autres.*

Zetes frere de Calaïs, fils de Borée &
d'Orithye. *Voy* Calaïs.

Zethe fils de Iupiter & d'Antiope, &
frere d'Amphion, lequel il aſ-
ſiſta pour la ſtructure de la ville de Thebes. *Horace 1. de ſes Epiſt. epiſt. 17.*

Zeuxis natif d'Heraclée, Peintre excellent & fort renommé, il
acquiſt par ſon art tant de richeſſes,
qu'és jeux Olympiques faiſant monſtre

de fon valant, il y fit voir entr'autres chofes vn manteau où fon nom eftoit broché en broderie d'or. Ses ouurages furent en telle eftime, qu'ils ne trouuerent perfonne qui les fceuft dignement payer. Ses contemporains & emulateurs furent Androcyde, Tymanthe, Epompe, & Parrhafe, par lequel il fut furmonté en l'art de Peinture. *Voy* Parrhafe. On dit qu'ayant peint vn garçon qui portoit des raifins, comme les oyfeaux les venoient becquetter, il s'en mit en colere, fe plaignant de ce qu'ils n'auoient eu plutoft peur du garçon que d'auoir efté attirez par la naïueté des raifins. I'peignit auffi vne Heleine fur la veuë de cinq des plus belles filles de la Grece. *Pline liu. 10. chap. 35.*

Z O

Zodiaque
eft appellé par les Aftronomes ce cercle de la Sphere dont l'affiette eft oblique en forme defcharpe. Il eft couppé en deux parts efgales par l'Equateur, dont l'vne moitié contient les fix Signes Septentrionnaux vers le Pole Arctique, & l'autre moitié les fix autres Meridionaux vers le Pole Antarctique. L'on donne à ce cercle la largeur de douze degrez, dautant que les Planettes qui font fous luy leurs cours naturels & particuliers, fe iettent à l'efcart par fois vers le Septentrion, & par fois vers le Midy d'enuiron ces douze degrez. L'on le nomme Zodiaque, c'eft à dire, porte-vie, à caufe de la figure des animaux qui reprefentent ces douze Signes, comme le Taureau, le Belier, le Lyon, le Scorpion, &c.

Zoile,
certain Sophifte de la ville d'Amphipolis du temps de Ptolemée, cogneu pour cette feule impudence, qu'il ofa reprendre Homere, d'où il fut appellé *Homeromaftix*, c'eft à dire, le foüet d'Homere. Il dedia fes

Liures à Ptolemée efperant de luy quelque grand falaire, comme d'vne chofe qu'aucun n'auoit encore attenté; mais il fut deceu de fon efperance, car ce Roy luy fit refponfe qu'il s'eftonnoit grandement de ce que celuy-là eftoit indigent & neceffiteux, qui neartmoins eftoit plus docte qu'Homere, lequel auoit nourry depuis tant de milliers d'ans vn fi grand nombre d'hommes. L'on parle diuerfement de fa mort; Aucuns tiennent que par le commandement du Roy, conuaincu de meurtre, il fut pendu: D'autres, que retourné en fon pays, il fut precipité des efcueils Scironiens en bas. Tant-y-a que maintenant tous enuieux, qui pour auancer leur gloire defchirent celle d'autruy par la mefdifance, font qualifiez de ce nom. *Ouide liure premier du remede d'Amour.*

Zopyre
illuftre Seigneur de Perfe, fils de Megabyfes, l'vn de ceux qui arracherent le Royaume des Perfes de la main & puiffance des Mages. Iceluy voyant la ville de Babylone auoir efté affiegée en vain par Darius fon Maiftre, l'efpace de bien vingt mois, & eftre du tout imprenable, fe mutila le nez, les oreilles, & les leures; ainfi s'en alla vers les Babyloniens, fe plaignant de la cruauté de Darius, par lequel il auoit efté mis en tel eftat: Si bien que fes affiegez tenans cela pour vray, ioyeux d'autre part d'auoir rencontré vn tel allié, luy propoferent la conduite de leurs forces; ce qu'ayant accepté & fe voyant le Maiftre, rendit la ville à Darius, lequel depuis l'eut en tel eftime que fouuentefois il difoit qu'il aymoit mieux vn Zopyre que vingt Babyloniens. *Herodote liu. 3.*

¶ Vn autre de ce nom, certain Phyfionome, lequel ayant deuiné certaines chofes deshonneftes de Socrates, & qu'il l'eut iugé enclin à la defbauche & lafciueté, comme vn chacun fe moquoit de luy, Socrate les reprist, aduoüant la verité de sa science, & confessant son inclination telle, si par preceptes de Philosophie il n'eust corrigé son naturel.

Zoroastre Roy des Bactriens, tres-fameux Astrologue & Magicien, le premier de tous, (ainsi que dit Pline) qui exerça la Magie en Perse. *Pline liu.* 30. *ch.* 1. Il regna 400. ans deuant la guerre de Troye, du temps de Ninus, contre lequel il eut de fortes guerres, & enfin fut par luy vaincu & tué. Il predit aux Assyriens que leur regne ne defaudroit point s'ils pouuoient garder de ses cendres, mais il fut consumé du feu du Ciel, ou comme aucuns disent, occis par Ninus. Le mesme Pline dit que du premier iour de sa naissance il se prist à rire ; ce qui n'arriue d'ordinaire à tous qu'au soixante-deuxiesme iour. L'on dict aussi que le cerueau luy tressailloit tellement qu'il faisoit rebondir la main que l'on appliquoit sur son chef. Tous lesquels prodiges furent presage de sa grande & profonde science. *Pline liure* 7. *chapitre* 16.

Zorobabel fils de Samathiel, Iuge & Duc des Iuifs, desquels il fut le conducteur en leur retour de la Captiuité de Babylone, enuiron le 1. ou 2. an du regne de Cyrus; en suitte dequoy il fit auec Iosué & Nehemie le Prophete qui l'accompagnoient, réedifier le Temple de Hierusalem. 1. *Esdr.* *chap.* 3. 5. & 6. Ce qui arriua l'an du monde 3446. Il gouuerna le peuple Iuif cinquante-huict ans. *Philo Annji.* Il est compris en la Genealogie de nostre Seigneur *Matth.* 1.

Zosimus ou Sozimus Grec, Pape 43. nous a laissé 2. Epistres couchées *au to.* 1. *des Conciles.* Tint le siege vn an, trois mois, douze iours, enuiron l'an de grace 423. *Gennadius, Onuphr.* De son temps s'esleua l'heresie des Predestinez. *Sigebert en sa Chronique.*

¶ Vn autre de ce nom, qui a escrit l'Histoire Romaine, contenant 414. années, sçauoir depuis Auguste iusques à l'Empereur Honorius & Athalaric Roy des Goths qui ruina Rome. Mais ce faux Historien peruertit par tout la verité, donnant de fausses loüanges aux Payens & mauuais Empereurs Diocletian, Iulian, & autres; & ostant les vrayes aux bons & Catholiques Constantin, Gratian, Theodose, & suiuans: C'est pourquoy il est rejetté de tous les bons Historiens, Euagrius, Photius, Nicephore, & autres.

Z V

Zuingle Chanoine de Constance, & depuis fameux Heresiarque Sacramentaire, escriuit pour l'erreur de Berengaire, contre la reelle presence du Corps de Iesus-Christ au sainct Sacrement ; à quoy il fut induit par vn Esprit qui luy apparut, dont il tesmoigne luy-mesme ne se souuenir s'il estoit noir ou blanc, *en son Liure du Secours de l'Eucharistie.* Luther *en l'Assertion* 27. *contre les articles de Louuain*, le condamne d'heresie. Zurich le vante son premier Pasteur. Il fut tué en la guerre contre les Catholiques, l'an 1531. & son corps en apres bruslé. *Sander heres.* 209. *Genebrard en sa Chronologie.*

FIN.

OVIS PAR LA GRACE DE DIEV ROY DE FRANCE ET DE NAVARRE : A nos Amez & Feaux Conseillers, les Gens tenans nos Cours de Parlement, Maistres des Requestes ordinaires de nostre Hostel, Baillifs, Seneschaux, Preuosts, leurs Lieutenans, & à tous nos autres Iusticiers & Officiers qu'il appartiendra, Salut. Nostre bien-amé I E A N R O G E R, Maistre Imprimeur & Marchand Libraire en nostre bonne Ville de Paris : Nous a fait remonstrer qu'il a recouuré vn Liure intitulé, *Dictionnaire Historique, Poëtique, Geographique, Chronologique, où sont comprises & deduites sommairement les vies & faits des plus signalez personnages, tant de l'Histoire Diuine que Prophane, toutes les Fables auec leurs Mythologies, les lieux plus remarquables de la Cosmographie, ensemble les Mœurs, Polices & Religions de leurs habitans, tant anciens que modernes.* Mais craignant qu'apres vn long-temps, & beaucoup de frais employez pour l'impression, quelques autres ne le voulussent entreprendre au grand preiudice de l'exposant, s'il ne luy estoit pourueu de nos Lettres necessaires, humblement requerant icelles. A CES CAVSES, desirant bien & fauorablement traitter ledit exposant, luy auons permis & octroyé, permettons & octroyons de grace speciale par ces presentes, d'imprimer ou faire imprimer ledit Liure, par tel Imprimeur ou Libraire que bon luy semblera, en tels volumes & caracteres, & tant de fois que bon luy semblera, durant le temps & espace de sept ans, à commencer du iour qu'il sera acheué d'imprimer, à la charge que ledit R O G E R l'imprimera correctement, & sur bon papier. Defendons à tous Libraires & Imprimeurs, & autres personnes de quelque qualité qu'ils soient, d'imprimer ou faire imprimer, vendre & distribuer d'autre impression que de celle dudit R O G E R, ou ayant droit de luy, par toutes les Terres & Seigneuries de nostre obeïssance, ledit Liure durant ledit temps, sans le consentement & permission dudit exposant, ou de ceux ayans charge de luy ; sur peine de confiscation des Exemplaires, & trois mil liures d'amende, le tiers à Nous, vn tiers aux pauures Enfermez, & l'autre tiers audit Exposant, & de tous despens, dommages & interests enuers luy. A la charge d'en mettre trois Exemplaires, à sçauoir deux en nostre Bibliotheque, à present gardée au Conuent des Cordeliers en nostre Ville de Paris, & le troisiesme en celle de nostre tres-cher & Feal le sieur S E G V I E R, Cheualier, Chancelier de France, auant que les exposer en vente, à peine de nullité des presentes. Si vovs mandons, que tout le contenu en ces presentes, vous fassiez souffrir vser & jouir pleinement & paisiblement ledit Roger, & ceux qui auront pouuoir de luy, sans souffrir qu'il leur soit fait ou donné aucun trouble ou empeschement. Mandons au premier nostre Huissier, ou Sergent sur ce requis, de faire pour l'execution desdites presentes, tous actes, saisies & exploicts necessaires, sans demander autre permission : Nonobstant opposition ou appellation quelconque, Clameur de Haro, Chartre Normande, & autres Lettres à ce contraires. Vovlons qu'en mettant au commencement ou à la fin, vne coppie des presentes, ou Extraict d'icelles, elles soient tenuës pour deüement signifiées : Car tel est nostre plaisir. Donné à Paris le 19. iour d'Auril, l'an de Grace mil six cens quarante & vn. Et de nostre regne le trentevniesme.

Signé,   Par le Roy en son Conseil,

DEMONCEAVX.

Et seellé du grand seel en cire jaune.

Et ledit Roger a cedé & transporté la moitié du droict du Priuilege cy-dessus, à Gvillavme le Be', aussi Marchand Libraire à Paris, pour en jouir ensemblément le temps porté par iceluy, selon qu'il est plus amplement porté par ledit transport du 25. Septembre. 1643.

Les Exemplaires ont esté fournis, ainsi qu'il est porté par le Priuilege.

Acheué d'imprimer pour la seconde fois, le premier iour d'Octobre 1643.